NomosKommentar

Peter Feichtinger | Hans Malkmus [Hrsg.]

Entgeltfortzahlungs-recht

Arbeitsrecht | Sozialrecht | Bürgerliches Recht

Handkommentar

2. Auflage

Dr. Peter Feichtinger, Vizepräsident des Landesarbeitsgerichts Nürnberg | **Sabine Feichtinger**, Rechtsanwältin, Fachanwältin für Arbeitsrecht, Nürnberg | **Dirk Helge Laskawy**, Rechtsanwalt und Mediator (Univ. Bielefeld), Fachanwalt für Arbeitsrecht, Leipzig | **Hans Malkmus**, Vorsitzender Richter am Landesarbeitsgericht Nürnberg | **Peter Müller**, Rechtsanwalt, Fachanwalt für Arbeitsrecht, Heidelberg | **Wilfried Porzner**, Richter am Sozialgericht Nürnberg | **Eileen Rehfeld**, Rechtsanwältin, Fachanwältin für Arbeitsrecht, Leipzig | **Marco Schahandeh**, Rechtsanwalt, Fachanwalt für Arbeitsrecht, Heidelberg

Nomos

Die Deutsche Nationalbibliothek verzeichnet diese Publikation in der Deutschen Nationalbibliografie; detaillierte bibliografische Daten sind im Internet über http://dnb.d-nb.de abrufbar.

ISBN 978-3-8329-3755-3

2. Auflage 2010

Vorwort zur Zweiten Auflage

Nachdem die Zeit vor Erscheinen der 1. Auflage des vorliegenden Kommentars von mehrfachen gesetzlichen Änderungen des Entgeltfortzahlungsgesetzes geprägt war, bestand in dem darauf folgenden Zeitraum Gelegenheit, die Rechtsprechung zu verfestigen. Darüber hinaus mussten entgeltfortzahlungsrechtliche Fragen geklärt werden, die sich insbesondere im Zusammenhang mit der Flexibilisierung der Arbeitszeit und der Vergütung in der betrieblichen Praxis und dem grenzüberschreitenden Einsatz von Arbeitnehmern ergeben haben.

Außerhalb des Entgeltfortzahlungsgesetzes wurden die §§ 10 ff LFZG, durch das am 1.1.2006 in Kraft getretene „Gesetz über den Ausgleich der Arbeitgeberaufwendungen für Entgeltfortzahlung (Aufwendungsausgleichgesetz – AAG)" ersetzt. Die wesentliche Bedeutung dieser gesetzlichen Neuregelung besteht darin, dass das AAG nunmehr auch die Entgeltfortzahlung der Angestellten erfasst und die Erstattung der Mutterschaftsleistungen nach dem MuSchG auf alle Arbeitgeber erstreckt. Bereits am 1.4.2005 war die Entgeltfortzahlung im Krankheitsfall für Auszubildende im Rahmen der Novellierung des Berufsbildungsgesetzes ohne inhaltliche Änderungen in das Entgeltfortzahlungsgesetz integriert worden.

Mit der vorgelegten Neuauflage des Kommentars werden die entgeltfortzahlungsrechtlichen Regelungsbereiche auf den neuesten Stand gebracht. Neu werden folgende wichtige gesetzliche und tarifvertragliche Regelungen außerhalb des EFZG und des AAG kommentiert, die in einem Bezug zu Fragen der Vergütung im Krankheits- und Feiertagsfall stehen: §§ 615–619 BGB, § 2 PflegeZG, §§ 9, 10 BUrlG, § 13 BBiG, § 18 JArbSG, § 11 MuSchG, §§ 21, 22 TVöD, § 12 a AVR Caritas iVm Nr. XII der Anlage 1 zu den AVR, § 24 AVR DW EKD und §§ 44, 46, 48, 49, 275 SGB V. Die Thematik der Vergütung im Zusammenhang mit Krankheit und Feiertag soll möglichst geschlossen dargestellt werden. Damit erhalten die Rechtsanwender die Möglichkeit zur umfassenden und raschen Klärung anstehender einschlägiger Rechtsfragen.

Rechtsprechung und Schrifttum sind bis März 2010 berücksichtigt.

Nürnberg, im März 2010 *Peter Feichtinger/Hans Malkmus*

Bearbeiterverzeichnis

Dr. Peter Feichtinger, Vizepräsident des Landesarbeitsgerichts Nürnberg (§§ 3, 5, 7, 8 EFZG)

Sabine Feichtinger, Rechtsanwältin, Fachanwältin für Arbeitsrecht, Nürnberg (§§ 4 a, 9–11 EFZG, Einleitung AAG, §§ 1–12 AAG)

Dirk Helge Laskawy, Rechtsanwalt und Mediator (Universität Bielefeld), Fachanwalt für Arbeitsrecht, Leipzig, Lehrbeauftragter an der HTWK Leipzig (FH) (§ 615 BGB, §§ 9, 10 BUrlG, § 19 BBiG, § 18 JArbSG, § 11 MuSchG)

Hans Malkmus, Vorsitzender Richter am Landesarbeitsgericht Nürnberg (Einleitung EFZG, §§ 1, 4, 4 a, 6, 12, 13 EFZG)

Peter Müller, Rechtsanwalt, Fachanwalt für Arbeitsrecht, Heidelberg (§ 2 EFZG, § 2 PflegeZG, §§ 21, 22 TVöD, § 12 a AVR Caritas iVm Nr. XII der Anlage 1 zu den AVR, § 24 AVR DW EKD)

Wilfried Porzner, Richter am Sozialgericht Nürnberg (Vor §§ 44–51 SGB V, §§ 44, 46, 48, 49, 275 SGB V)

Eileen Rehfeld, Rechtsanwältin, Fachanwältin für Arbeitsrecht, Leipzig (§ 615 BGB, §§ 9, 10 BUrlG, § 19 BBiG, § 18 JArbSG, § 11 MuSchG)

Marco Schahandeh, Rechtsanwalt, Fachanwalt für Arbeitsrecht, Heidelberg (§§ 616–619 BGB)

Inhaltsverzeichnis

Gesetz über die Zahlung des Arbeitsentgelts an Feiertagen und im Krankheitsfall (Entgeltfortzahlungsgesetz)

Gesetz über den Ausgleich der Arbeitgeberaufwendungen für Entgeltfortzahlung (Aufwendungsausgleichsgesetz – AAG)

Bürgerliches Gesetzbuch (BGB)

Gesetz über die Pflegezeit (Pflegezeitgesetz – PflegeZG)

Mindesturlaubsgesetz für Arbeitnehmer (Bundesurlaubsgesetz)

Berufsbildungsgesetz (BBiG)

Gesetz zum Schutze der arbeitenden Jugend (Jugendarbeitsschutzgesetz – JArbSchG)

Gesetz zum Schutze der erwerbstätigen Mutter (Mutterschutzgesetz – MuSchG)

Sozialgesetzbuch (SGB) Fünftes Buch (V) – Gesetzliche Krankenversicherung –

Tarifvertrag für den öffentlichen Dienst (TVöD)

Richtlinien für Arbeitsverträge in den Einrichtungen des Deutschen Caritasverbandes (AVR Caritas)

Arbeitsvertragsrichtlinien der dem Diakonischen Werk der Evangelischen Kirche in Deutschland angeschlossenen Einrichtungen (AVR DW EKD)

Abkürzungsverzeichnis

ABl. EG (EU)	Amtsblatt der EG (seit Februar 2003 der EU)
aA	anderer Auffassung
aaO	am angegebenen Ort
ABl. Bay Arb Min	Amtsblatt des Bayerischen Staatsministeriums für Arbeit und Sozialordnung
Abs.	Absatz
AE	Arbeitsrechtliche Entscheidungen (Zeitschrift)
aF	alte Fassung
AFG	Arbeitsförderungsgesetz
AGB-DDR	Arbeitsgesetzbuch der DDR
AiB	Arbeitsrecht im Betrieb (Zeitschrift)
ALG	Gesetz zur Alterssicherung der Landwirte
Alt.	Alternative
Anm.	Anmerkung
AO	Abgabenordnung
AP	Arbeitsrechtliche Praxis (Nachschlagewerk des Bundesarbeitsgerichts)
ArbBeschFG	Arbeitsrechtliches Gesetz zur Förderung von Wachstum und Beschäftigung (Arbeitsrechtliches Beschäftigungsförderungsgesetz)
AR-Blattei ES	Arbeitsrecht-Blattei Entscheidungssammlung
AR-Blattei SD	Arbeitsrecht-Blattei Systematische Darstellungen
ArbG	Arbeitsgericht
ArbGG	Arbeitsgerichtsgesetz
ArbKrankhG	Gesetz zur Verbesserung der wirtschaftlichen Sicherung der Arbeiter im Krankheitsfalle (Arbeiterkrankheitsgesetz)
ArbuSozR	Arbeits- und Sozialrecht (Mitteilungsblatt des Arbeitsministeriums Baden-Württemberg)
ArEV	Verordnung über die Bestimmungen des Arbeitsentgelts in der Sozialversicherung (Arbeitsentgeltverordnung)
ArbRB	Der Arbeits-Rechts-Berater (Zeitschrift)
ARSt/ARST	Arbeitsrecht in Stichworten (Zeitschrift)
Art.	Artikel
ASiG	Gesetz über Betriebsärzte, Sicherheitsingenieure und andere Fachkräfte für Arbeitssicherheit
ASU Med	Arbeitsmed. – Sozialmed. – Umweltmedizin (Zeitschrift)
AtG	Altersteilzeitgesetz
AuA	Arbeit und Arbeitsrecht (Zeitschrift)
AU	Arbeitsunfähigkeit
AÜG	Arbeitnehmerüberlassungsgesetz
AuR	Arbeit und Recht (Zeitschrift)

BArbBl.	Bundesarbeitsblatt (Zeitschrift und Ministerialblatt)
BAG	Bundesarbeitsgericht
BAGE	Entscheidungssammlung des Bundesarbeitsgerichts (zitiert nach Band und Seite)
BAnz.	Bundesanzeiger
BAT	Bundesangestelltentarif
BB	Betriebs-Berater (Zeitschrift)
BBG	Bundesbeamtengesetz
BBiG	Berufsbildungsgesetz
Bd.	Band
BergG	Bergmannsgesetz
betr.	betreffend
BErzGG	Bundeserziehungsgeldgesetz
BetrAVG	Gesetz zur Regelung der betrieblichen Altersvorsorge
BetrVG	Betriebsverfassungsgesetz
BGB	Bürgerliches Gesetzbuch
BGBl.	Bundesgesetzblatt
BGHZ	Entscheidungen des Bundesgerichtshofs in Zivilsachen
BKGG	Bundeskindergeldgesetz
BlStR/BlStSozArbR	Blätter für Steuerrecht, Sozialversicherung und Arbeitsrecht (Zeitschrift)
BR	Bundesrat
BR-Drucks.	Bundesratsdrucksache
BSG	Bundessozialgericht
BSGE	Entscheidungssammlung des Bundessozialgerichts (zitiert nach Band und Seite)
BSHG	Bundessozialhilfegesetz
BT	Deutscher Bundestag
BT-Drucks.	Bundestagsdrucksache
BUrlG	Mindesturlaubsgesetz für Arbeitnehmer (Bundesurlaubsgesetz)
BuW	Betrieb und Wirtschaft (Zeitschrift)
BVerfG	Bundesverfassungsgericht
BVerfGE	Entscheidungssammlung des Bundesverfassungsgerichts (zitiert nach Band und Seite)
BVG	Bundesversorgungsgesetz
bzgl	bezüglich
bzw	beziehungsweise
DAR	Deutsches Autorecht (Zeitschrift)
DB	Der Betrieb (Zeitschrift)
ders.	derselbe
dh	das heißt
Die Beiträge	Beiträge zur Sozial- und Arbeitslosenversicherung (Zeitschrift)

DOK	Die Ortskrankenkasse (Zeitschrift)
DuD	Datenschutz und Datensicherung (Zeitschrift)
EFZG/EntgeltFG	Gesetz über die Zahlung des Arbeitsentgelts an Feiertagen und im Krankheitsfall (Entgeltfortzahlungsgesetz)
EGBGB	Einführungsgesetz zum Bürgerlichen Gesetzbuch
EhfG	Entwicklungshilfegesetz
Einl	Einleitung
ErfK/Bearbeiter	Erfurter Kommentar zum Arbeitsrecht
EStG	Einkommensteuergesetz
EuGH	Europäischer Gerichtshof
EuGVO	5. Verordnung (EG) Nr. 44/2001 des Rates über die gerichtliche Zuständigkeit und die Anerkennung und Vollstreckung von Entscheidungen in Zivil- und Handelssachen
EuZW	Europäische Zeitschrift für Wirtschaftsrecht
EWG-V	EWG-Vertrag
EWG-VO	EWG-Verordnung
EWiR	Entscheidungen zum Wirtschaftsrecht (Zeitschrift)
EzA	Entscheidungen zum Arbeitsrecht
f	folgend
ff	folgende
FLZG/Feiertagslohnz G	Gesetz zur Regelung der Lohnzahlung an Feiertagen (Feiertagslohnzahlungsgesetz)
Fn	Fußnote
FS	Festschrift
Gbl./GBl.	Gesetzblatt
GewO	Gewerbeordnung
GG	Grundgesetz für die Bundesrepublik Deutschland
GmbH	Gesellschaft mit beschränkter Haftung
grds.	grundsätzlich
GRG	Gesundheitsreformgesetz
GS	Großer Senat bzw Gesetzblatt
HaftpflG	Haftpflichtgesetz
HAG	Heimarbeitergesetz
HGB	Handelsgesetzbuch
Hs	Halbsatz
idF	in der Fassung
ieS	im engeren Sinne
IfSG	Infektionsschutzgesetz
InsO	Insolvenzordnung
IPR	Internationales Privatrecht
iSd	im Sinne des
iSv	im Sinne von
iVm	in Verbindung mit

JArbSchG	Jugendarbeitsschutzgesetz
JuS	Juristische Schulung (Zeitschrift)
JZ	Juristen Zeitung
KO	Konkursordnung
KR-Bearbeiter	Gemeinschaftskommentar zum Kündigungsschutzgesetz und zu sonstigen kündigungsrechtlichen Vorschriften
KSchG	Kündigungsschutzgesetz
KrV	Die Krankenversicherung (Zeitschrift)
KVLG	Gesetz über die Krankenversicherung der Landwirte
KVLG 1989	Zweites Gesetz über die Krankenversicherung der Landwirte
KVMG	Gesetz über die Verwaltung von Mitteln der Träger der Krankenversicherung
KVRS	Krankenversicherung in Rechtsprechung und Schrifttum (Zeitschrift)
LAG	Landesarbeitsgericht
LAGE	Entscheidungen der Landesarbeitsgerichte
LFZG/LohnFG	Gesetz über die Fortzahlung des Arbeitsentgelts im Krankheitsfalle (Lohnfortzahlungsgesetz)
LG	Landgericht
lit.	Buchstabe
LSG	Landessozialgericht
LS	Leitsatz
LStDV	Lohnsteuerdurchführungsverordnung
LuftVG	Luftverkehrsgesetz
MDK	Medizinischer Dienst der Krankenversicherung
mE	meines Erachtens
MRRG	Melderechtsrahmengesetz
mwN	mit weiteren Nachweisen
MTV	Manteltarifvertrag
MuSchG	Gesetz zum Schutz der erwerbstätigen Mutter (Mutterschutzgesetz)
NachwG	Nachweisgesetz
nF	neue Fassung
NJW	Neue Juristische Wochenschrift (Zeitschrift)
Nr.	Nummer
n.rkr.	nicht rechtskräftig
n.v.	nicht veröffentlicht
NWB	Neue Wirtschaftsbriefe (Zeitschrift und Loseblattsammlung)
NZA	Neue Zeitschrift für Arbeitsrecht
NZA-RR	NZA-Rechtsprechungs-Report Arbeitsrecht (Zeitschrift)

NZS	Neue Zeitschrift für Sozialrecht
NZV	Neue Zeitschrift für Verkehrsrecht
OLG	Oberlandesgericht
PersV	Die Personalvertretung (Zeitschrift)
PflegeVG	Pflege-Versicherungsgesetz
ProdhaftG	Produkthaftungsgesetz
ProstG	Prostitutionsgesetz
RABl.	Reichsarbeitsblatt (Ministerialblatt)
RAG	Reicharbeitsgericht
rd.	rund
RdA	Recht der Arbeit (Zeitschrift)
Rn	Randnummer
RGBl.	Reichsgesetzblatt
RKG	Reichsknappschaftsgesetz
rkr.	rechtskräftig
RRG 1992	Rentenreformgesetz 1992
RVO	Reichsversicherungsordnung
RzK	Rechtsprechung zum Kündigungsrecht (Loseblattsammlung)
S.	Seite
SachBezV	Sachbezugsverordnung
SAE	Sammlung arbeitsrechtlicher Entscheidungen (Zeitschrift)
SeemG	Seemannsgesetz
SG	Sozialgericht
SGB	Sozialgesetzbuch
SGB I	Sozialgesetzbuch – Erstes Buch (I) Allgemeiner Teil
SGB III	Sozialgesetzbuch – Drittes Buch (III) Arbeitsförderung
SGB IV	Sozialgesetzbuch – Viertes Buch (IV) Sozialversicherung
SGB V	Sozialgesetzbuch – Fünftes Buch (V) Gesetzliche Krankenversicherung
SGB VI	Sozialgesetzbuch – Sechstes Buch (VI) Rentenversicherung
SGB VII	Sozialgesetzbuch – Siebtes Buch (VII) Unfallversicherung
SGB IX	Sozialgesetzbuch – Neuntes Buch (IX) Rehabilitation und Teilhabe behinderter Menschen
SGB X	Sozialgesetzbuch – Zehntes Buch (X) Verwaltungsverfahren Schutz der Sozialdaten Zusammenarbeit der Leistungsträger und ihre Beziehungen zu Dritten
SGB XI	Sozialgesetzbuch – Elftes Buch (XI) – Pflegeversicherung
SGb	Die Sozialgerichtsbarkeit (Zeitschrift)
SGG	Sozialgerichtsgesetz

sog.	sogenannte
SozR	Sozialrecht (Entscheidungssammlung) Loseblattwerk
SozSich	Soziale Sicherheit (Zeitschrift)
SozVers	Die Sozialversicherung (Zeitschrift)
StGB	Strafgesetzbuch
StVG	Straßenverkehrsgesetz
StVO	Straßen-Verkehrsordnung
StVZO	Straßenverkehrs-ZulassungsOrdnung
SVGB	Gesetz über die Sozialversicherung Behinderter
TVG	Tarifvertragsgesetz
TzBfG	Gesetz über Teilzeitarbeit und befristete Arbeitsverträge (Teilzeit- und Befristungsgesetz)
u.a.	unter anderem
Urt.	Urteil
USK	Urteilssammlung für die gesetzliche Krankenversicherung
VAG	Gesetz über die Beaufsichtigung der Versicherungsunternehmen (Versicherungsaufsichtsgesetz)
VermBG	Vermögensbildungsgesetz
VersR	Versicherungsrecht (Zeitschrift)
VG	Verwaltungsgericht
vgl	vergleiche
VO	Verordnung
VRS	Verkehrsrechts-Sammlung
VVG	Gesetz über den Versicherungsvertrag (Versicherungsvertragsgesetz)
WA	Westdeutsche Arbeitsrechtsprechung
WzS	Wege zur Sozialversicherung (Zeitschrift)
ZAP	Zeitschrift für die Anwaltspraxis
zB	zum Beispiel
ZDG	Zivildienstgesetz
ZfA	Zeitschrift für Arbeitsrecht
ZfS	Zentralblatt für die Sozialversicherung, Sozialhilfe und Versorgung (Zeitschrift)
ZfSH	Zeitschrift für Sozialhilfe
ZIP	Zeitschrift für Wirtschaftsrecht und Insolvenzpraxis
zit.	zitiert
zT	zum Teil
ZTR	Zeitschrift für Tarif-, Arbeits- und Sozialrecht des öffentlichen Dienstes
ZPO	Zivilprozessordnung

Literaturverzeichnis

Baeck/Deutsch, Arbeitszeitgesetz (ArbZG) 2. Aufl. 2004

Bauer/Röder/Lingemann, Krankheit im Arbeitsverhältnis, 3. Aufl., 2006

Baumbach/Hopt, Handelsgesetzbuch (HGB), 33. Aufl., 2008

Baumbach/Lauterbach/Albers/Hartmann, Zivilprozessordnung, 68. Aufl., 2010

Baumgärtel/Laumen/Prütting, Handbuch der Beweislast, BGB §§ 611-811, 3. Aufl., 2009

Berchtold, Krankengeld, 1. Aufl. 2004

Boecken/Joussen, Handkommentar Teilzeit- und Befristungsgesetz, 2007 (zitiert: Hk-TzBfG/Bearbeiter)

Brecht, Entgeltfortzahlung an Feiertagen und im Krankheitsfall, 1995

Breier/Dassau/Kiefer/Lang/Langenbrinck, Tarifvertrag für den öffentlichen Dienst (TVöD), Kommentar, Stand: Oktober 2009

Buchner/Becker,Mutterschutzgesetz und Bundeselterngeld- und Elternzeitgesetz, 8. Aufl. 2008

Däubler, Arbeitskampfrecht, 2. Aufl., 1987

Däubler/Dorndorf/Bonin/Deinert, AGB-Kontrolle im Arbeitsrecht, 2. Aufl. 2008

Däubler/Hjort/Hummel/Wolmerath (Hrsg.), Handkommentar Arbeitsrecht, 2008 (zitiert: Hk-ArbR/Bearbeiter)

Dauner-Lieb/Heidel/Ring, BGB, AnwaltKommentar, 1. Aufl. 2005

Dornbusch/Fischermeier/Löwisch, Fachanwaltskommentar Arbeitsrecht, 2008

Erman/Westermann (Hrsg.), BGB, Handkommentar, 12. Aufl., 2008

Etzel, Rechtsprechung zum Kündigungsrecht (RzK) – Loseblattsammlung, Stand: Dezember 1997

Etzel/Bader/Fischermeier/Friedrich u.a., Gemeinschaftskommentar zum Kündigungsschutzgesetz und zu sonstigen kündigungsschutzrechtlichen Vorschriften, 9. Aufl., 2009 (zitiert: KR-Bearbeiter)

Färber/Klischan, Lohnzahlung an Feiertagen 1995

Fastabend/Schneider, Das Leistungsrecht der gesetzlichen Krankenversicherung, 2004

Feichtinger, Entgeltfortzahlung im Krankheitsfall, Schriften zur Arbeitsrecht-Blattei Neue Folge – Band 6 1999 (zitiert: Feichtinger, Entgeltfortzahlung)

Feichtinger, Krankheit im Arbeitsverhältnis, 1981 (zitiert: Feichtinger)

Feichtinger/Danko, Die Anhörung des Betriebsrats bei Kündigung, 2. Aufl., 2009 (zitiert: Feichtinger/Danko)

Fitting/Engels/Schmidt/Trebinger/Linsenmaier, Betriebsverfassungsgesetz, 24. Aufl., 2008 (zitiert: Fitting, BetrVG)

Gaul, Sonderleistungen und Fehlzeiten, 1994

Gaul, Das Arbeitsrecht der Betriebs- und Unternehmensspaltung, 2002

Gedon/Hurlebaus, Berufsbildungsrecht, Loseblatt, Stand: 51. EL, März 2009 (zitiert: Gedon/Hurlebaus)

Geigel, Der Haftpflichtprozess, 24. Aufl., 2004

Germelmann/Matthes/Prütting/Müller-Glöge, Arbeitsgerichtsgesetz, 6. Aufl., 2008

Gola/Wronka, Handbuch zum Arbeitnehmerdatenschutz, 4. Aufl., 2008 (zitiert: Gola/Wronka)

GK-BUrlG, Gemeinschaftskommentar zum Bundesurlaubsgesetz, 5. Aufl., 1992 (zitiert: GK-BUrlG/Bearbeiter)

GK-EFZR, Gemeinschaftskommentar zum Entgeltfortzahlungsrecht, bearbeitet und herausgegeben von Rolf Birk und Hans Prütting, 1993

Gola/Wronka, Handbuch zum Arbeitnehmerdatenschutz, 4. Aufl., 2008 (zitiert: Arbeitnehmerdatenschutz)

Gotthardt, Arbeitsrecht nach der Schuldrechtsreform, 2. Aufl., 2003 (zitiert: Gotthardt, Schuldrechtsreform)

Hanau/Steinmeyer/Wank, Handbuch des europäischen Arbeits- und Sozialrechts, 2002

Hauck/Noftz, Sozialgesetzbuch SGB V, Gesetzliche Krankenversicherung, Loseblatt-Kommentar, Stand: Juli 2009 (zitiert: Bearbeiter in Hauck/Noftz)

Henssler/Willemsen/Kalb, Arbeitsrecht Kommentar, 3. Aufl., 2008 (zitiert: HWK/Bearbeiter)

Herkert/Töltl, Berufsbildungsgesetz, Loseblatt-Kommentar, Stand: 67. EL, Juni 2009 (zitiert: Herkert/Töltl)

Hümmerich/Boecken/Düwell, Arbeitsrecht, AnwaltKommentar, 2. Aufl., 2009 (zitiert: Bearbeiter in Hümmerich/Boecken/Düwell)

Kaiser/Dunkl/Hold/Kleinsorge, Entgeltfortzahlungsgesetz, 5. Aufl., 2000

Kempen/Zachert, Tarifvertragsgesetz, 4. Aufl., 2006

Kittner/Zwanziger, Arbeitsrecht, Handbuch, 5. Aufl., 2009 (zitiert: Kittner/Zwanziger-Bearbeiter)

Knorr/Krasney, Entgeltfortzahlung – Krankengeld – Mutterschaftsgeld, Loseblatt-Kommentar, 7. Aufl., Stand: August 2009

Krauskopf, Soziale Krankenversicherung, Pflegeversicherung, Loseblatt-Kommentar, Stand: 65. EL, Februar 2009 (zitiert: Krauskopf-Bearbeiter)

Kreikebohm, Sozialgesetzbuch SGB IV, Gemeinsame Vorschriften für die Sozialversicherung, 1. Aufl. 2008

Kruse, Gesetzliche Krankenversicherung, 3. Aufl. 2009

Leinemann (Hrsg.), Kasseler Handbuch zum Arbeitsrecht, 2. Aufl., 2000 (zitiert: Kasseler Handbuch/Bearbeiter)

Leinemann/Linck, Urlaubsrecht, 2. Aufl., 2001

Leinemann/Taubert, Berufsbildungsgesetz: BBiG, Kommentar, 2. Aufl., 2008 (zitiert: Leinemann/Taubert)

Leitherer, Kasseler Kommentar Sozialversicherungsrecht, Loseblatt, Stand: 1.4.2009 (zitiert: KassKomm-Bearbeiter)

Lepke, Kündigung bei Krankheit, 12. Aufl., 2006

Löwisch/Rieble, Tarifvertragsgesetz 1992

Marienhagen/Künzl, Entgeltfortzahlungsgesetz, Loseblatt-Kommentar, Stand: 2006

Meisel/Sowka, Mutterschutz und Erziehungsurlaub, 5. Aufl., 1999

Meinel/Heyn/Herms, Teilzeit- und Befristungsgesetz, 2. Aufl., 2004

Meyer-Ladewig/Keller/Leitherer, SGG – Sozialgerichtsgesetz, Handkommentar, 9. Aufl., 2008

Müller/Berenz, Entgeltfortzahlungsgesetz und Aufwendungsausgleichsgesetz, 2006

Müller-Glöge/Preis/Schmidt (Hrsg.), Erfurter Kommentar zum Arbeitsrecht, 10. Aufl. 2010 (zitiert: ErfK/Bearbeiter)

Neumann/Biebl, Arbeitszeitgesetz, 15. Aufl., 2008

Neumann/Fenski, Bundesurlaubsgesetz, 9. Aufl., 2003

Niesel, Sozialgesetzbuch SGB III, Arbeitsförderung, Kommentar, 4. Aufl., 2007 (zitiert: Niesel/Bearbeiter)

Palandt, Bürgerliches Gesetzbuch, 69. Aufl., 2010 (zitiert: Palandt/Bearbeiter)

Peters, Handbuch der Krankenversicherung Teil 2: Kommentar zum 5. Buch des SGB, Loseblatt, Stand: 70. EL, 1.1.2009 (zitiert: Bearbeiter, Peters Handb KV II SGB V)

Rancke, Mutterschutz, Elterngeld, Elternzeit, Handkommentar, 1. Aufl., 2007

RGRK, Das Bürgerliche Gesetzbuch mit besonderer Berücksichtigung der Rechtsprechung des Reichsgerichts und des Bundesgerichtshofes, 12. Aufl. 1974 ff (zitiert: RGRK/Bearbeiter)

Richardi, Betriebsverfassungsgesetz mit Wahlordnung, 11. Aufl., 2008

Richardi/Wlotzke (Hrsg.), Münchener Handbuch zum Arbeitsrecht, 2. Aufl. 2000 (zitiert: MünchArbR/Bearbeiter) und 3. Aufl. 2009 (zitiert: MünchArbR/Bearbeiter, 3. Aufl.)

Rolfs/Giesen/Kreikebohm/Udsching, Online-Kommentar Arbeitsrecht, Edition 10, Stand: 1.12.2008 (zitiert: BeckOK/Bearbeiter)

Treber, Kommentar zum Entgeltfortzahlungsgesetz und zu den wesentlichen Nebengesetzen, 2. Aufl. 2007

Säcker/Rixecker (Hrsg.), Münchener Kommentar zum Bürgerlichen Gesetzbuch: BGB, Band 4: Schuldrecht, Besonderer Teil II §§ 611–704 BGB, EFZG, TzBfG, KSchG, 5. Aufl., 2009 (zitiert: MüKo/Bearbeiter)

Schaub, Arbeitsrechts-Handbuch, 13. Aufl., 2009 (zitiert: Schaub/Bearbeiter)

Schiefer/Worzalla, Das Arbeitsrechtliche Beschäftigungsförderungsgesetz und seine Auswirkungen für die betriebliche Praxis, 1996

Schliemann (Hrsg.), Das Arbeitsrecht im BGB, 2. Aufl., 2002 (zitiert: Bearbeiter in: ArbR BGB)

Schmidt/Koberski/Tiemann/Wascher, Heimarbeitsgesetz, 4. Aufl., 1998

Schmitt, Entgeltfortzahlungsgesetz und Aufwendungsausgleichsgesetz, 6. Aufl., 2007

Schulte-Mimberg/Sabel, Rechtsprechung zur Entgeltfortzahlung im Krankheitsfalle, 3. Aufl. 1991

Schüren/Hamann, Arbeitnehmerüberlassungsgesetz, 3. Aufl. 2007

Sievers, Kommentar zum Teilzeit- und Befristungsgesetz, 2. Aufl. 2007

Soergel, Kommentar zum BGB, 12. Aufl. 1987 ff (zitiert: Soergel/Bearbeiter)

Sponer/Steinherr/Matiaske/Fritz/Klaßen/Martens/Rieger, TVöD/TV-L, Gesamtkommentar, 49. Aufl., April 2009

Stahlhacke/Bachmann/Bleistein/Berscheid, Gemeinschaftskommentar zum Bundesurlaubsgesetz, 5. Aufl., 1992

Staudinger, J. von, Kommentar zum Bürgerlichen Gesetzbuch mit Einführungsgesetz und Nebengesetzen, Buch II: Recht der Schuldverhältnisse, §§ 616–630 BGB (Dienstvertragsrecht 2), 2002

Thomas/Putzo, Zivilprozessrecht, 30. Aufl., 2009

Tschöpe (Hrsg.), Anwaltshandbuch Arbeitsrecht, 2. Aufl. 2000 (zitiert: Tschöpe/Bearbeiter)

Vogelsang, Entgeltfortzahlung, 2003

Vossen, Entgeltfortzahlung bei Krankheit und an Feiertagen, 1997 (zitiert: Vossen)

Weber, Kommentar zum Berufsbildungsgesetz, Loseblatt, Stand: Juni 1999

Wedde/Gerntke/Kunz/Platow, Entgeltfortzahlungsgesetz, 2. Aufl. 1997

Weyand, Die tariflichen Ausschlussfristen in Arbeitsstreitigkeiten, 2. Aufl., 1995

Wiedemann, Tarifvertragsgesetz, 7. Aufl., 2007

Wille/Koch, Die Gesundheitsreform 2007, 2007

Wimmer (Hrsg.), Frankfurter Kommentar zur Insolvenzordnung, 3. Aufl., 2001 (zitiert: FK-InsO/Bearbeiter)

Wohlgemuth/Lakies/Malottke/Pieper/Proyer, Berufsbildungsgesetz, Kommentar, 3. Aufl., 2006 (zitiert: Wohlgemuth/Bearbeiter)

Worzalla/Süllwald, Kommentar zur Entgeltfortzahlung. 2. Aufl., 1999

von Wulfen, SGB X, Sozialverwaltungsverfahren und Sozialdatenschutz, 4. Aufl. 2001

Zmarzlik/Anzinger, Kommentar zum Arbeitszeitgesetz, 1995

Zmarzlik/Zipperer/Viethen, Mutterschutzgesetz, Mutterschaftsleistungen, Bundeserziehungsgeldgesetz, 9. Aufl., 2005

Zöller, Zivilprozessordnung, 28. Aufl., 2010 (zitiert: Zöller/Bearbeiter)

Gesetz über die Zahlung des Arbeitsentgelts an Feiertagen und im Krankheitsfall (Entgeltfortzahlungsgesetz)

Vom 26. Mai 1994 (BGBl. I S. 1014)
(FNA 800-19-3)
zuletzt geändert durch Art. 80 Drittes G für moderne Dienstleistungen am Arbeitsmarkt vom 23. Dezember 2003 (BGBl. I S. 2848)

Einleitung

Durch die Verwertung ihrer Arbeitskraft verschaffen sich die meisten Menschen die materielle Lebensgrundlage. Ist die Verwertung der Arbeitskraft nicht möglich, so kann dies nicht nur die gewohnte Lebensführung beeinträchtigen, sondern auch Notlagen auslösen. Ein sozialstaatlichen Grundsätzen verpflichtetes Gemeinwesen wird deshalb der Sicherung der Menschen, die nicht arbeiten können, besondere Beachtung schenken müssen. 1

Der deutsche Gesetzgeber hat mit dem in Art. 20 Abs. 1 GG verankerten Sozialstaatsprinzip den Auftrag erhalten, eine „gerechte Sozialordnung" herbeizuführen.[1] Dem ist der Gesetzgeber für die Fälle der krankheitsbedingten Unfähigkeit, arbeiten zu können, mit einer Kombination sozialrechtlicher Ansprüche des Arbeitnehmers gegenüber Sozialversicherungsträgern und arbeitsrechtlicher Ansprüche auf Entgeltfortzahlung gegenüber dem Arbeitgeber nachgekommen. 2

Die dem Arbeitgeber vom Gesetzgeber für einen bestimmten Zeitraum auferlegte Entgeltfortzahlungspflicht rechtfertigt sich besonders aus der einer jedem Arbeitsverhältnis immanenten Fürsorge, die der Arbeitgeber den von ihm persönlich abhängigen Arbeitnehmern zuteil werden lassen muss. Im System des bürgerlichen Rechts stellt die Verpflichtung, Entgeltfortzahlung im Krankheitsfall zu gewähren, eine Ausnahme vom Grundsatz „ohne Arbeit kein Lohn" dar. Mit dieser Umschreibung wird üblicherweise die synallagmatische Verknüpfung von Lohn und Arbeit im Arbeitsverhältnis (§§ 275 Abs. 1, 326 Abs. 1 Satz 1 BGB) zum Ausdruck gebracht. 3

Die Entwicklung der rechtlichen Grundlagen zur Vergütungszahlung im Krankheitsfall vollzog sich im Wesentlichen Ende des 19. Jahrhunderts und vor allem im 20. Jahrhundert. Aber bereits im Altertum und im Mittelalter finden sich Quellen, in denen von Lohnansprüchen ohne Arbeitsleistung berichtet wird.[2] Der Beginn der Neuzeit brachte darüber hinaus die Diskussion, ob der Arbeitgeber verpflichtet ist, die Heilungskosten für seine erkrankten Arbeitnehmer zu tragen. Hierzu vertraten die Spätscholastiker die Meinung, nur die Liebe, nicht das Recht verpflichte den Arbeitgeber zur Bestreitung von Heilungskosten. Hierin liegen wohl die Anfänge der Lehre von der Fürsorgepflicht.[3] 4

Die Entwicklung der Entgeltfortzahlung im Krankheitsfall in der modernen Zeit begann mit der Einführung des Art. 60 ADHGB (Allgemeines Deutsches Han- 5

1 BVerfG 12.3.1996 - 1 BvR 609/90 – BVerfGE 94, 241, 263.
2 Mayer-Maly, Vorindustrielles Arbeitsrecht, RdA 1975, 59, 61.
3 Mayer-Maly, aaO Fn 2.

delsgesetzbuch von 1861), für das Deutsche Reich mit Ausnahme von Bayern übernommen durch Reichsgesetz vom 16.4.1871 (RGBl. S. 63) und für Bayern durch Gesetz vom 22.4.1871 (RGBl. S. 87): „Ein Handlungsgehilfe, welcher durch unverschuldetes Unglück an der Leistung seines Dienstes zeitweise verhindert wird, geht dadurch seiner Ansprüche auf Gehalt und Unterhalt nicht verlustig. Jedoch hat er auf diese Vergünstigungen nur für die Dauer von sechs Wochen Anspruch."

6 Diese Regelung hatte Vorbildcharakter für die Entgeltfortzahlungsvorschriften für Betriebsbeamte, Werkleiter und Techniker (§ 133c GewO vom 1.6.1891, RGBl. I S. 261), für sonstige Dienstverpflichtete (§ 616 BGB vom 18.8.1896, RGBl. I S. 195) sowie für Handlungsgehilfen (§ 63 HGB vom 10.5.1897, RGBl. I S. 219). Die genannten Bestimmungen waren allerdings dispositiv, konnten also vertraglich abbedungen werden.

7 Zwingenden Charakter erhielten die Vorschriften erst mit den Verordnungen des Reichspräsidenten zur Sicherung der Wirtschaft und Finanzen vom 2.12.1930 (RGBl. I S. 517) und vom 5.6.1931 (RGBl. I S. 279), allerdings nur für Angestellte. Für Arbeiter blieben die gesetzlichen Entgeltfortzahlungsregelungen weiterhin vertraglich abdingbar. Die Unterscheidung zwischen Arbeitern und Angestellten prägte damit das System der Entgeltfortzahlung in den nächsten Jahrzehnten.

8 In der Zeit nach dem 2. Weltkrieg wurde die entgeltfortzahlungsrechtliche Behandlung der Arbeiter zunächst durch das Gesetz zur Verbesserung der wirtschaftlichen Sicherung der Arbeiter im Krankheitsfalle vom 26.6.1957 (BGBl. I S. 649) sowie in der Folge durch das Lohnfortzahlungsgesetz vom 27. 7. 1969 (BGBl. I S. 946) verbessert, jedoch derjenigen der Angestellten nicht angeglichen.

9 Im Gebiet der ehemaligen DDR richtete sich die Entgeltfortzahlung im Krankheitsfall auch nach der Wiederherstellung der Einheit Deutschlands nach den am 22.6.1990 von der Volkskammer der ehemaligen DDR verabschiedeten §§ 115a bis g AGB. Deren Regelungen lehnten sich weitgehend an die Vorschriften des LFZG an, galten im Unterschied hierzu aber auch für Angestellte.

10 Seit dem Inkrafttreten des EFZG am 1.6.1994 (BGBl. I S. 1014, 1065 ff) findet nunmehr in der gesamten Bundesrepublik Deutschland ein einheitliches gesetzliches Entgeltfortzahlungsrecht für Arbeiter und Angestellte Anwendung. In das EFZG wurde inhaltlich unverändert auch die Entgeltzahlung für Feiertage aufgenommen, die bis dahin im Gesetz zur Regelung der Lohnzahlung an Feiertagen vom 20.8.1951 (BGBl. I S. 479) geregelt war. Mit dem EFZG sollte, unabhängig von der Tarifbindung der Arbeitsvertragspartner und losgelöst von der tariflichen Regelungsmacht der Tarifvertragsparteien, ein einheitlicher Mindeststandard der Entgeltfortzahlung sichergestellt werden.[4]

11 Eine Änderung erfuhr das EFZG bereits zum 1.10.1996 durch das Arbeitsrechtliche Beschäftigungsförderungsgesetz (BGBl. I S. 1476), die im Wesentlichen in einer Absenkung der Entgeltfortzahlungshöhe auf 80 % des Arbeitsentgelts bestand.

12 Schon zum 1.1.1999 kehrte der Gesetzgeber mit der nunmehr aktuellen Fassung zur vollen Entgeltfortzahlung durch das Gesetz zu Korrekturen in der Sozialver-

4 BAG 26.9.2001 – 5 AZR 539/00 – AP Nr. 55 zu § 4 EntgeltFG.

sicherung und zur Sicherung der Arbeitnehmerrechte vom 19.12.1998 (BGBl. I S. 3843) zurück.

Rechtsdogmatische Fragen brachte schließlich auch das Gesetz zur Modernisierung des Schuldrechts (BGBl. I S. 3138) – in Kraft getreten zum 1.1.2002 – im Hinblick auf die Behandlung von Leistungsstörungen im Schuldrecht und damit auch des krankheitsbedingten Unvermögens, die geschuldete Arbeitsleistung zu erbringen, mit sich. So wird u.a. zu klären sein, ob und bejahendenfalls welche entgeltfortzahlungsrechtlichen Konsequenzen die Unterscheidung zwischen krankheitsbedingter Unmöglichkeit (§ 275 Abs. 1 BGB) und krankheitsbedingter Unzumutbarkeit (§ 275 Abs. 3 BGB) der Arbeitsleistung hat.[5] 13

§ 1 Anwendungsbereich

(1) Dieses Gesetz regelt die Zahlung des Arbeitsentgelts an gesetzlichen Feiertagen und die Fortzahlung des Arbeitsentgelts im Krankheitsfall an Arbeitnehmer sowie die wirtschaftliche Sicherung im Bereich der Heimarbeit für gesetzliche Feiertage und im Krankheitsfall.

(2) Arbeitnehmer im Sinne dieses Gesetzes sind Arbeiter und Angestellte sowie die zu ihrer Berufsbildung Beschäftigten.

Schrifttum: *Armbrüster,* Zivilrechtliche Folgen des Gesetzes zur Regelung der Rechtsverhältnisse der Prostituierten, NJW 2002, 2763; *Bauder*, Zur Selbständigkeit des Franchise-Nehmers, NJW 1989, 87; *Bauer/Diller/Lorenzen*, Das neue Gesetz zur Scheinselbständigkeit, NZA 1999, 169; *Bauschke*, AR-Blattei SD 110.1 und 110.2, Arbeitnehmer I und II; ders. AR-Blattei SD 120, Arbeitnehmerähnliche Personen; *Beuthien/Wehler*, Stellung und Schutz der freien Mitarbeiter im Arbeitsrecht, RdA 1978, 2; *Bezani*, Der arbeitsrechtliche Status von Rundfunk- und Fernsehmitarbeitern, NZA 1997, 856; *Bietmann*, Rundfunkfreiheit und Arbeitnehmerbegriff, NJW 1983, 200; *Bitter*, Zur Stellung der freien Mitarbeiter, RdA 1978, 24; *Boemke*, Arbeitsrechtlicher Status eines Co-Piloten, SAE 1995, 127; ders. Das Telearbeitsverhältnis – Vertragstypus und Vertragsgestaltung, DB 2000, 147. *Dollmann*, Praktikum und Vergütungsanspruch – Zwischen Einfühlungsverhältnis und verschleierter Probeanstellung, ArbRB 2006, 306; *Falkenberg*, Freie Mitarbeiter – Arbeitnehmer – arbeitnehmerähnliche Personen, DB 1969, 1409; *Flohr*, Aktuelle Tendenzen im Franchise-Recht, BB 2006, 389; *Franzen*, AR-Blattei SD 920, Internationales Arbeitsrecht; *Gaul*, Die wichtigsten Änderungen im Arbeits- und Sozialversicherungsrecht nach der Bundestagswahl, DB 1998, 2467; *Gittermann*, Arbeitnehmerstatus und Betriebsverfassung in Franchise-Systemen, 1995; *Gotthardt,* Einsatz von Arbeitnehmern im Ausland – Arbeitsrechtliche Probleme und praktische Hinweise für die Vertragsgestaltung, MDR 2001, 961; *Griebeling*, Die Merkmale des Arbeitsverhältnisses, NZA 1998, 1137; *Haager,* Die Entwicklung des Franchiserechts in den Jahren 1999, 2000 und 2001, NJW 2002, 1463; ders. Die Entwicklung des Franchiserechts seit dem Jahre 2002, NJW 2005, 3394; *Hanau/Steinmeyer/Wauk,* Handbuch des europäischen Arbeits- und Sozialrechts, 2002; *Hanau/Strick*, Zur aktuellen Diskussion um die Scheinselbständigkeit, AuA 1998, 185; *Haupt/Welslau*, Entgeltfortzahlung im Krankheitsfall, ZAP Fach 17. 281; *Heinze*, Einwirkungen des Sozialrechts ins Arbeitsrecht, NZA 2000, 5; *Heuser/Heidenreich/Fritz*, Auslandsentsendung und Beschäftigung ausländischer Arbeitnehmer, 3. Aufl. 2009; *Heußner*, Das abhängige Beschäftigungsverhältnis, AuR 1975, 307; *Hilger*, Rundfunkfreiheit und „freie Mitarbeiter", RdA 1981, 265; *dies.*, Zum „Arbeitnehmer-Begriff", RdA 1989, 1; *Hohmeister*, Anwendbarkeit arbeits- und sozialversicherungsrechtlicher Vorschriften auf Mitarbeiterverhältnisse seit dem 1.1.1999 durch das sog. Korrekturgesetz, NZS 1999, 179; *von Hoyningen-Huene*, Das Rechtsverhältnis zur stufenweisen Wiedereingliederung arbeits-

5 Vgl § 3 Rn 1; Gotthardt, Schuldrechtsreform Rn 100 ff; Schmitt, Die Auswirkungen der Schuldrechtsmodernisierung auf das Recht der Entgeltfortzahlung im Krankheitsfall, Gedaächtnisschrift für Meinhard Heinze, 2005, 785 ff.

unfähiger Arbeitnehmer (§ 74 SGB V), NZA 1992,49; *Hromadka*, Zur Begriffsbestimmung des Arbeitnehmers, DB 1998, 195; G. *Hueck*, Einige Gedanken zum Begriff des Arbeitnehmers, RdA 1969, 216; *Hümmerich*, Arbeitsverhältnis als Wettbewerbsgemeinschaft, NJW 1998, 2625; *Jobs*, Das Werkstattverhältnis gemäß §§ 136 ff. SGB IX, ZTR 2002, 515; *Junker*, Internationale Zuständigkeit und anwendbares Recht in Arbeitssachen, NZA 2005, 199; *von Koppenfels*, Die Entgeltfortzahlung im Krankheitsfall an der Schnittstelle von Arbeits- und Sozialrecht, NZS 2002, 241; *Krebs*, Die vermutete Scheinselbständigkeit nach § 7 Abs. 4 Satz 1 SGB IV, DB 1999, 1602; *Kreuder*, Arbeitnehmereigenschaft und „neue Selbständigkeit" im Lichte der Privatautonomie, AuR 1996, 386; *J. u. P. Kunz*, Typische Abgrenzungsfälle von (Schein-) Selbständigkeit im Lichte der Rechtsprechung, BuW 1995 406 u. 447; *dies.*, Scheinselbständigkeit und (arbeitnehmerähnlich) selbständig?, DB 1999, 846; *Laskowski*, Arbeits- und sozialrechtliche Auswirkungen des neuen Prostitutionsgesetzes, AuR 2002, 406; *Leuchten/Zimmer*, Das neue Gesetz zur Scheinselbständigkeit – Probleme in der Praxis, DB 1999, 381; *Lieb*, Die Schutzbedürftigkeit arbeitnehmerähnlicher Personen, RdA 1974, 257; *Linnenkohl*, Der „Kurierdienstfahrer" als selbständiger Gewerbetreibender, BB 2002, 622; *Löw*, Das Einfühlungsverhältnis, RdA 2007, 124; *Markovska*, Zwingende Bestimmungen als Schranken der Rechtswahl im Arbeitskollisionsrecht, RdA 2007, 352; *Müller*, Arbeitnehmer und freie Mitarbeiter, MDR 1998, 1061; *Oppertshäuser*, Das Internationale Privat- und Zivilprozessrecht im Spiegel arbeitsgerichtlicher Rechtsprechung, NZA-RR 2000, 393; *Preis/Kliemt/Ulrich*, AR-Blattei SD 1270, Das Probearbeitsverhältnis; *Reinecke*, Der Kampf um die Arbeitnehmereigenschaft – prozessuale, materielle und taktische Probleme, NZA 1999, 729; *Reiserer*, „Schluss mit dem Missbrauch der Scheinselbständigkeit", BB 1999, 366; *Richardi*, „Scheinselbständigkeit" und arbeitsrechtlicher Arbeitnehmerbegriff, DB 1999, 958; *Riesenhuber*, Die konkludente Rechtswahl im Arbeitsvertrag, DB 2005, 1571; *Rolfs*, Das Gesetz zur Förderung der Selbständigkeit – Neues Rundschreiben der Spitzenverbände der Sozialversicherungsträger, NZA 2000, 188; *Schlachter*, Grenzüberschreitende Arbeitsverhältnisse, NZA 2000, 57; *Schmidt*, Der vertraglich geregelte Fußballsport RdA 1972, 84; Schaub, Entgeltfortzahlung in neuem (alten) Gewand, NZA 1999, 177; *Schiefer*, Gesetz zu Korrekturen in der Sozialversicherung und zur Sicherung der Arbeitnehmerrechte, DB 1999, 48; *Schrader/Schubert*, Der Geschäftsführer als Arbeitnehmer, DB 2005, 1457; *Staab*, Der Arbeitnehmer-Gesellschafter der GmbH im Spannungsfeld zwischen Arbeitnehmerschutz und gesellschaftlichem Gläubigerschutz, NZA 1995, 608; *Thüsing*, Rechtsfragen grenzüberschreitender Arbeitsverhältnisse, NZA 2003, 1303; *Wank*, Arbeitnehmer und Selbständige, 1988; *ders.*, Die „neue Selbständigkeit", DB 1992, 90; *ders.*, Nebentätigkeit, 1995; *ders.*, Die Gesetzesänderung zum Arbeitnehmerbegriff, RdA 1999, 297; *ders.*, AR-Blattei SD 1565, Telearbeit; *Weltrich*, Zur Abgrenzung von Franchise- und Arbeitsvertrag, DB 1988, *806; Willemsen/Müntefering*, Begriff und Rechtsstellung arbeitnehmerähnlicher Personen, NZA 2008, 193; *Zwanziger*, Rechtliche Rahmenbedingungen für „Ein-Euro-Jobs", AuR 2005, 8.

A. Norminhalt

§ 1 EFZG kennt keine vergleichbaren Vorschriften in den entgeltfortzahlungsrechtlichen Vorgängerregelungen des LFZG, BGB, HGB und der GewO. § 1 Abs. 1 EFZG beschreibt den **sachlichen Regelungsgegenstand** des EFZG. § 1 Abs. 2 EFZG bestimmt den **Arbeitnehmerbegriff des EFZG** und damit dessen **persönlichen Geltungsbereich.** Keine Regelung findet sich zum **räumlichen Geltungsbereich** des Gesetzes. 1

Mit § 1 EFZG wird der bei der Novellierung zum 1.6.1994 im Vordergrund stehende Gesetzeszweck verdeutlicht, die Entgeltfortzahlung an Feiertagen und im Krankheitsfall zusammenzuführen und die Ungleichbehandlung zwischen den Arbeitnehmergruppen zu beseitigen. 2

Ohne ausdrückliche Erwähnung finden spezialgesetzliche Regelungen für die seemännisch Beschäftigten (§§ 48, 52 a SeemG) neben dem EFZG Anwendung. Das Verhältnis des **arbeitsrechtlichen Entgeltfortzahlungsanspruchs** zum **sozialrechtlichen Krankengeld- und Verletztengeldanspruch** ist nicht im EFZG sondern für das Krankengeld im SGB V (§§ 44 Abs. 3, 49 Abs. 1 Nr. 1 SGB V) sowie für das Verletztengeld im SGB VII (§ 52 Nr. 1 SGB VII) geregelt. Arbeitsrechtliche Entgeltfortzahlungsansprüche und sozialrechtliche Krankengeld-/Verletztengeldansprüche können aufgrund der gleichen gesetzlichen Anspruchsvoraussetzungen[1] für denselben Zeitraum bestehen. Allerdings ruht der Anspruch auf Kranken-/Verletztengeld so weit und so lange Versicherte beitragspflichtiges Arbeitsentgelt oder Arbeitseinkommen erhalten (§ 49 Abs. 1 Nr. 1 SGB V, § 52 Nr. 1 SGB VII); zum Arbeitsentgelt in diesem Sinne zählt auch der Entgeltfortzahlungsanspruch nach dem EFZG, da dieser aufrechterhaltener Arbeitsentgeltanspruch ist.[2] 3

1 Vgl § 3 EFZG und § 44 Abs. 1 Satz 1 SGB V für das Krankengeld sowie § 45 Abs. 1 Nr. 1 SGB VII für das Verletztengeld; siehe auch die Kommentierung zu §§ 44 ff SGB V.
2 Vgl § 3 Rn 2; § 49 SGB V Rn 4 ff; grundlegend: von Koppenfels, NZS 2002, 241 ff.

B. Regelungsgegenstand des EFZG (§ 1 Abs. 1 EFZG)

4 § 1 Abs. 1 EFZG enthält eine **Inhaltsübersicht** der im EFZG geregelten Bereiche:

- Zahlung des Arbeitsentgelts an gesetzlichen Feiertagen.
- Fortzahlung des Arbeitsentgelts im Krankheitsfall an Arbeitnehmer.
- Wirtschaftliche Sicherung im Bereich der Heimarbeit für gesetzliche Feiertage.
- Wirtschaftliche Sicherung im Bereich der Heimarbeit im Krankheitsfall.

Materiellrechtliche Wirkungen ergeben sich aus § 1 Abs. 1 EFZG nicht.

C. Persönlicher Geltungsbereich

I. Allgemeines

5 § 1 Abs. 2 EFZG gibt nicht den gesamten persönlichen Geltungsbereich des EFZG wieder, sondern enthält eine Umschreibung des Begriffs Arbeitnehmer im entgeltfortzahlungsrechtlichen Sinne. Daneben findet das EFZG aber auch Anwendung auf in Heimarbeit Beschäftigte sowie ihnen Gleichgestellte (§§ 10 Abs. 1, 11 Abs. 1 EFZG). Diese Begriffsbestimmungen finden sich nicht in § 1 Abs. 2 EFZG, sondern in § 1 Abs. 1 und 2 HAG, auf den in §§ 10 Abs. 1 und 11 Abs. 1 EFZG jeweils verwiesen wird. Auf **arbeitnehmerähnliche Personen** (vgl Rn 55) kommt das EFZG nicht zur Anwendung; im EFZG findet sich keine mit § 5 Abs. 1 Satz 2 ArbGG, § 12 a TVG und § 2 Satz 2 Hs 1 BUrlG vergleichbare Regelung.

II. Arbeitnehmer

1. Bedeutung des § 1 Abs. 2 EFZG

6 Das EFZG enthält keine Definition des unbestimmten Rechtsbegriffs (Arbeitnehmer), sondern geht wie andere arbeitsrechtliche Gesetze auch von einem bestehenden allgemeinen Arbeitnehmerbegriff des Arbeitsrechts aus.[3] Nach § 1 Abs. 2 EFZG sind Arbeitnehmer iSd EFZG Arbeiter und Angestellte sowie die zur Berufsbildung Beschäftigten.

7 **Arbeiter** und **Angestellte** sind Untergliederungen des Arbeitnehmerbegriffs; die Unterscheidung hat mit dem Inkrafttreten des EFZG an Bedeutung verloren (vgl Rn 79 f). Der Hinweis in § 1 Abs. 2 EFZG auf Arbeiter und Angestellte verdeutlicht dies, ohne allerdings zur Klärung des Arbeitnehmerbegriffs selbst beizutragen. Rechtsbegründende Wirkung hat die Einbeziehung der **„zu ihrer Berufsbildung Beschäftigten“** in den Kreis der Arbeitnehmer im entgeltfortzahlungsrechtlichen Sinne, da die zu ihrer Berufsbildung Beschäftigten (§ 1 Abs. 1 BBiG) nicht ohne weiteres dem allgemeinen Arbeitnehmerbegriff unterfallen.

2. Arbeitnehmerbegriff

a) Grundsätzliches

8 Der Einsatz menschlicher Arbeitskraft kann, soweit nicht als Gefälligkeit anzusehen, auf einer Vielzahl von rechtlichen Grundlagen beruhen. So können „Arbeits-Leistungen“ erbracht werden aufgrund eines Dienst- oder Werkvertrags,[4]

---

3 Vgl Schaub/Linck, § 98 Rn 2; ferner ausführlich Thüsing in: HWK vor § 611 BGB Rn 21.
4 Zur Abgrenzung vgl BGH 16.7.2002 – X ZR 27/01 – NJW 2002, 3323.

im Rahmen eines Beamtenverhältnisses, einer familienrechtlichen Mitarbeit, einer Inhaftierung, einer Arbeitnehmerüberlassung, eines gesellschaftsrechtlichen Verhältnisses oder des Vereinsrechts. Der Arbeitsvertrag ist nach der gesetzlichen Systematik ein **Unterfall des Dienstvertrags** (vgl § 621 BGB). Des umfassenden arbeitsrechtlichen Schutzes bedarf, wer **unselbstständige Arbeitsleistung** erbringt; insoweit besteht ein **strukturelles Ungleichgewicht im Leistungsverhältnis**. Dementsprechend ist Arbeitnehmer, wer **aufgrund eines privatrechtlichen Vertrags zur Dienstleistung in persönlicher Abhängigkeit** verpflichtet ist.[5] Entscheidend ist, dass eine Person zur Erbringung weisungsgebundener Arbeit vertraglich verpflichtet ist, also der Arbeitgeber ein Verfügungsrecht über einen Teil deren Arbeitskraft besitzt.[6] Eine **Rahmenvereinbarung**, welche nur die Bedingungen der erst noch abzuschließenden Arbeitsverträge wiedergibt, selbst aber noch keine Verpflichtung zur Arbeitsleistung begründet, ist daher kein Arbeitsvertrag.[7]

Der der Erbringung einer „Arbeitsleistung" zugrunde gelegte **Vertragstyp** kann **9**
grundsätzlich **frei gewählt** werden. Maßgebend für die Rechtsnatur eines solchen Vertragsverhältnisses ist aber nicht dessen Bezeichnung,[8] sondern der **wahre Wille der Vertragsparteien**. Dieser erschließt sich häufig anhand von **Indizien der Vertragsgestaltung** und der **praktischen Durchführung des Rechtsverhältnisses**.[9] In Zweifelsfällen erfolgt eine **Inhaltskontrolle** hinsichtlich der **Wahl des Vertragstyps nach § 307 Abs. 2 Nr. 2 BGB**.[10] Im Einzelfall kann die Berufung auf ein Arbeitsverhältnis unter dem Gesichtspunkt widersprüchlichen Verhaltens rechtsmissbräuchlich sein, wenn für den anderen Teil ein schützenswerter Vertrauenstatbestand geschaffen worden ist oder wenn andere besondere Umstände die Rechtsausübung als treuwidrig erscheinen lassen.[11]

b) Merkmale des Arbeitnehmerbegriffs

Der Gesetzgeber hat eine allgemeingültige Definition des Arbeitnehmers noch **10**
nicht erstellt.[12] Zur Klärung der Arbeitnehmereigenschaft ist daher auf eine Reihe von der Rechtsprechung und im Schrifttum entwickelten Einzelheiten abzustellen. Wegen der schwierigen, oft nicht zweifelsfreien Abgrenzung auf der Basis des Merkmals der persönlichen Abhängigkeit ist es nicht möglich, abstrakte, für

---

5 BAG 3.6.1975 – 1 ABR 98/74 – AP Nr. 1 zu § 5 BetrVG 1972 Rotes Kreuz.
6 BAG 14.2.1974 – 5 AZR 298/73 – AP Nr. 12 zu § 611 BGB Abhängigkeit.
7 BAG 3.11.1999 – 7 AZR 683/98 – RzK I 9 a Nr. 167; BAG 31.7.2002 – 7 AZR 181/01 – AP Nr. 2 zu § 4 TzBfG.
8 BAG 15.3.1978 – 3 AZR 819/76 – AP Nr. 26 zu § 611 BGB Abhängigkeit; haben die Parteien jedoch ein Arbeitsverhältnis vereinbart, so ist es in aller Regel auch als Solches einzuordnen, vgl BAG 10.2.2005 – 2 AZR 125/04 – AP Nr. 134 zu § 1 KSchG 1969 Betriebsbedingte Kündigung.
9 BAG 22.3.1995 – 5 AZB 21/94 – AP Nr. 21 zu § 5 ArbGG 1979; BAG 12.9.1996 – 5 AZR 104/95 – AP Nr. 122 zu § 611 BGB Lehrer, Dozenten; BAG 13.3.2008 – 2 AZR 1037/06 – AP Nr. 176 zu § 1 KSchG 1969 Betriebsbedingte Kündigung.
10 ErfK/Preis, § 611 BGB Rn 61.
11 BAG 8.11.2006 – 5 AZR 706/05 – AP Nr. 118 zu § 611 BGB Abhängigkeit.
12 Zu Definitionsversuchen in verschiedenen Gesetzesentwürfen vgl Kaiser/Dunkl/Hold/Kleinsorge, § 1 EFZG Rn 27 f.

alle Arbeitsverhältnisse geltende Kriterien aufzustellen; deshalb ist die unselbstständige von der selbstständigen Arbeit **typologisch** abzugrenzen.[13]

11 Das Gesetz bedient sich nicht eines tatbestandlich scharf kontrollierten Arbeitnehmerbegriffs, sondern der **Rechtsfigur des Typus.** Den jeweiligen Typus und dessen Kenntnis setzt das Gesetz stillschweigend voraus. Es übernimmt ihn so, wie ihn der Gesetzgeber in der sozialen Wirklichkeit idealtypisch, dh, im Normal- oder Durchschnittsfall vorfindet. Es ist nicht erforderlich, dass stets sämtliche als idealtypisch erkannten, dh, den Typus kennzeichnenden Merkmale (**Indizien**) vorliegen. Diese können vielmehr in unterschiedlichem Maße und verschiedener Intensität gegeben sein; je für sich genommen haben sie nur die Bedeutung von Anzeichen oder Indizien. Entscheidend ist jeweils ihre Verbindung, die Intensität und die Häufigkeit ihres Auftretens im konkreten Einzelfall. Maßgeblich ist das Gesamtbild.[14]

12 Nachdem für das Arbeitsrecht von einem einheitlichen Begriff des Arbeitnehmers auszugehen ist,[15] kann im Rahmen des EFZG zur Bestimmung der Arbeitnehmereigenschaft auch auf die in diesem Zusammenhang zu anderen Gesetzen ergangene Rechtsprechung zurückgegriffen werden.

Dies gilt allerdings nicht für die zum Arbeitnehmerbegriff im gemeinschaftsrechtlichen Sinne ergangene Rechtsprechung des EuGH etwa zu Art. 39 EG (Freizügigkeit der Arbeitnehmer).[16] Das gemeinschaftsrechtlich wesentliche Merkmal des Arbeitsverhältnisses besteht darin, dass jemand während einer bestimmten Zeit für einen anderen nach dessen Weisung Leistungen erbringt, für die er als Gegenleistung eine Vergütung erhält.[17] **Der gemeinschaftsrechtliche Begriff des Arbeitnehmers ist nicht eng auszulegen**, so werden von dieser Definition auch Beamte erfasst.[18]

aa) Privatrechtlicher Vertrag

(1) Grundsätzliches

13 Grundvoraussetzung für die Bejahung eines Arbeitsverhältnisses ist das Vorliegen eines **privatrechtlichen Vertrages.**[19] Die hierzu grundsätzlich erforderlichen beiderseitigen Willenserklärungen können ausdrücklich (schriftlich oder mündlich) oder stillschweigend abgegeben werden. Einen Formzwang kennt das Gesetz für Arbeitsverträge nicht, allerdings verpflichtet das **Nachweisgesetz** den Arbeitgeber, die wesentlichen Vertragsbedingungen schriftlich niederzulegen, die Niederschrift zu unterzeichnen und dem Arbeitnehmer spätestens einen Mo-

---

13 BAG 23.4.1980 – 5 AZR 426/79 – AP Nr. 34 zu § 611 BGB Abhängigkeit; aA ErfK/Preis, § 611 BGB Rn 54; MünchArbR/Richardi, § 23 Rn 42; Wank, Arbeitnehmer und Selbstständige, S. 23 ff.

14 Vgl BVerfG 20.5.1996 – 1 BvR 21/96 – AP Nr. 82 zu § 611 BGB Abhängigkeit zur Umschreibung des Begriffs „Abhängig Beschäftigter“.

15 BAG 25.3.1992 – 7 ABR 52/91 – AP Nr. 48 zu § 5 BetrVG 1972.

16 Vgl Bauschke, AR-Blattei SD 110.1 „Arbeitnehmer I“ Rn 28.

17 EuGH 17.7.2008 – C-94/07 – NZA 2008, 995.

18 Griebeling, NZA 1998, 1137 [1142]; zu den Unterschieden zwischen dem für die Anwendung des EFZG maßgebenden nationalen Arbeitnehmerbegriff und dem Arbeitnehmerbegriff nach der Rechtsprechung des EuGH vgl HK-ArbR/J. Schubert, EG Rn 64.

19 BAG 14.2.1974 – 5 AZR 298/73 – AP Nr. 12 zu § 611 BGB Abhängigkeit; BAG 7.5.1980 – 5 AZR 593/78 – AP Nr. 36 zu § 611 BGB Abhängigkeit; BAG 20.2.2008 – 5 AZR 290/07 – AP Nr. 4 zu § 16 SGB II; Bauschke AR-Blattei SD 110.1 „Arbeitnehmer I“ Rn 193.

nat nach dem vereinbarten Beginn des Arbeitsverhältnisses dem Arbeitnehmer auszuhändigen (§ 2 Abs. 1 NachwG). Ausnahmsweise können Arbeitsverhältnisse kraft Gesetzes oder gesetzlicher Fiktion begründet werden oder auf einen anderen Arbeitgeber übergehen. So in den Fällen des § 613 a Abs. 1 BGB (Betriebsübergang, wenn der Arbeitnehmer nicht von seinem Widerspruchsrecht nach § 613 a Abs. 6 BGB Gebrauch macht), des § 78 a Abs. 2 BetrVG (Übernahmeverlangen eines Jugend- und Auszubildendenvertreters), des § 9 Nr. 1 AÜG (gewerbsmäßige Arbeitnehmerüberlassung ohne erforderliche Erlaubnis) oder des § 1922 Abs. 1 BGB (Universalsukkzession beim Tod des Arbeitgebers).

Die Arbeitnehmereigenschaft kann durch Abschluss eines nur zum Schein abge- 14
schlossenen Arbeitsvertrages nicht erlangt werden (§ 117 Abs. 1 BGB). Ein **Scheingeschäft** nach § 117 Abs. 1 BGB liegt vor, wenn die Beteiligten ein Ziel durch den bloßen Schein eines wirksamen Rechtsgeschäftes erreichen, aber die mit dem betreffenden Rechtsgeschäft verbundenen Rechtswirkungen nicht eintreten lassen wollen.[20] Ohne Auswirkungen auf die Arbeitnehmereigenschaft bleibt die Abrede, die Arbeitsvergütung in einem Arbeitsverhältnis ohne Berücksichtigung von Steuern und Sozialversicherungsbeiträgen unter **Verstoß gegen §§ 1 Abs. 1, 2 Abs. 1 SchwarzArbG** „schwarz" auszuzahlen.[21]

Die Wirksamkeit des Arbeitsvertrages selbst ist jedoch keine Voraussetzung für 15
die Arbeitnehmereigenschaft;[22] die Willenserklärungen müssen auf den Abschluss eines Arbeitsvertrages **gerichtet** gewesen sein. Wirksamkeitsmängel bei der Abgabe von auf die Begründung eines Arbeitsverhältnisses gerichteten Willenserklärungen führen, wenn das Arbeitsverhältnis in Vollzug gesetzt wird, zur Annahme eines so genannten **„faktischen (fehlerhaften) Arbeitsverhältnisses"**. Hier ist an sich kein wirksames Vertragsverhältnis zustande gekommen (zB wegen eines Rechtsverstoßes nach §§ 134, 138 BGB) oder es ist rückwirkend durch Anfechtung (zB nach §§ 119, 123 BGB) nach § 142 Abs. 1 BGB vernichtet worden. Für die Dauer des gleichwohl **vollzogenen fehlerhaften Vertragsverhältnisses** bestehen jedoch die **gleichen Rechte und Pflichten wie im wirksam begründeten Arbeitsverhältnis.**[23] Grundlage des fehlerhaften Arbeitsverhältnisses ist der geschlossene und in Vollzug gesetzte – unwirksame – Arbeitsvertrag.[24] Ein bereits in Vollzug gesetzter Arbeitsvertrag kann damit im Ergebnis nicht mit rückwirkender Kraft angefochten werden. Dies gilt nicht, wenn der Arbeitnehmer im „fehlerhaften"Arbeitsverhältnis nicht gearbeitet hat (zB wegen Krankheit), das Arbeitsverhältnis also **„außer Funktion"** gesetzt wurde.[25] Kein „faktisches Arbeitsverhältnis" kommt in Betracht, wenn die Arbeitsleistung schon nach ihrer Art rechts- und gesetzwidrig ist und eine Schutzwürdigkeit unter Vertrauensgesichtspunkten nicht besteht.[26]

20 BAG 22.9.1992 – 9 AZR 385/91 – AP Nr. 2 zu § 117 BGB; BAG 10.2.2005 – 2 AZR 125/04 – AP Nr. 134 zu § 1 KSchG 1969 Betriebsbedingte Kündigung.
21 BAG 24.3.2004 – 5 AZR 233/03 – ZTR 2004, 547; BAG 26.2.2003 – 5 AZR 690/01 – AP Nr. 24 zu § 134 BGB.
22 BAG 15.11.1957 – 1 AZR 189/57 – AP Nr. 2 zu § 125 BGB; BAG 5.12.1957 – 1 AZR 594/56 – AP Nr. 2 zu § 123 BGB.
23 BAG 15.1.1986 – 5 AZR 237/84 – AP Nr. 66 zu § 1 LohnFG.
24 BAG 14.1.1987 – 5 AZR 166/85 – RzK I 4 a Nr. 9.
25 BAG 3.12.1998 – 2 AZR 754/97 – AP Nr. 49 zu § 123 BGB.
26 BAG 3.11.2004 – 5 AZR 592/03 – AP Nr. 25 zu § 134 BGB für den Fall der fehlenden Approbation eines Arztes.

16 Ähnliches gilt bei der Weiterbeschäftigung eines Arbeitnehmers während des Laufs eines Kündigungsschutzprozesses. Wird der Arbeitnehmer zur Vermeidung von Rechtsnachteilen (zB nach § 615 BGB) vom Arbeitgeber freiwillig weiterbeschäftigt, so wird dieses Arbeitsverhältnis nach den Grundsätzen des **faktischen Arbeitsverhältnisses** abgewickelt, wenn sich die Wirksamkeit der Kündigung herausstellt.[27] Erzwingt der Arbeitnehmer gerichtlich die Weiterbeschäftigung während des Kündigungsschutzprozesses (zB nach § 102 Abs. 5 BetrVG oder nach den vom Bundesarbeitsgericht entwickelten Grundsätzen),[28] ist dieses Arbeitsverhältnis im Falle der Wirksamkeit der Kündigung nach den Grundsätzen des **Bereicherungsrechts** abzuwickeln.[29]

17 Wird ein Arbeitsverhältnis von den Vertragsparteien irrtümlich als Rechtsverhältnis eines Selbstständigen angesehen (zB freies Mitarbeiterverhältnis), so ist dieses nach einem entsprechenden Statusurteil rückabzuwickeln. Hierfür ist die Differenz zwischen den Ansprüchen aus dem Arbeitsverhältnis und den dem Arbeitnehmer aus dem Rechtsverhältnis eines Selbstständigen zugeflossenen Leistungen zu berechnen.[30] Sofern nicht eine tarifliche Vergütungsregelung unmittelbar gilt, wird für das Arbeitsverhältnis die nach § 612 BGB übliche Vergütung oder, falls eine solche nicht bestimmbar ist, eine angemessene Vergütung nach §§ 316, 315 BGB geschuldet.[31] Die Veränderung des rechtlichen Status eines Mitarbeiters vom Selbstständigen zum Arbeitnehmer führt jedoch nicht von vornherein zur Unwirksamkeit der bestehenden Vergütungsvereinbarung.[32] Bei der Differenzberechnung sind die bei einem Arbeitsverhältnis sich aus dem EFZG ergebenden Ansprüche zu berücksichtigen. Der Nachweis zurückliegender Zeiten einer Arbeitsunfähigkeit sowie die Anwendung des Entgeltausfallprinzips zur Ermittlung der Höhe der zu leistenden Feiertags- und Krankenvergütung kann in diesen Fällen allerdings beträchtliche Schwierigkeiten aufwerfen.

(2) Einzelfälle

18 ■ Aufgrund familienrechtlicher Bindung mithelfende **Familienmitglieder** (§§ 1356, 1619 BGB) sind keine Arbeitnehmer; werden darüber hinausgehende Leistungen erbracht oder schließen Familienmitglieder (zur Absicherung) untereinander ausdrücklich einen Arbeitsvertrag, so liegt ein Arbeitsverhältnis vor, soweit es sich nicht um ein bloßes **Scheingeschäft** nach § 117 Abs. 1 BGB handelt.[33]

19 ■ **Familienhelferinnen** nach § 31 SGB VIII stehen regelmäßig in einem Arbeitsverhältnis.[34]

---

27 BAG 15.1.1986- 5 AZR 237/84 – AP Nr. 66 zu § 1 LohnFG; aA MünchArbR/Schulin, § 81 Rn 18.
28 BAG GS 27.2.1985 – GS 1/84 – AP Nr. 14 zu § 611 BGB Beschäftigungspflicht.
29 BAG 10.3.1987 – 8 AZR 146/84 – und 12.2.1992 – 5 AZR 297/90 – AP Nrn. 1 und 9 zu § 611 BGB Weiterbeschäftigung.
30 BAG 29.5.2002 – 5 AZR 680/00 – AP Nr. 27 zu § 812 BGB; grundlegend: Kolmhuber, „Verdecktes Arbeitsverhältnis" – Rückabwicklung nach Statusurteil, ArbRB 2003, 12.
31 BAG 21.11.2001 – 5 AZR 87/00 – AP Nr. 63 zu § 612 BGB.
32 BAG 12.12.2001 – 5 AZR 257/00 – AP Nr. 65 zu § 612 BGB.
33 Vgl Rn 14, sowie zum Ehegattenverhältnis: BAG 9.2.1995 – 2 AZR 389/94 – NZA 1996, 249; BSG 23.6.1994 – 12 RK 50/93 – AP Nr. 4 zu § 611 BGB Ehegatten-Arbeitsverhältnis; LAG Rheinland-Pfalz 28.1.2002 – 7 Sa 1390/01 – AR-Blattei ES 615 Nr. 5.
34 BAG 6.5.1998 – 5 AZR 347/97 – AP Nr. 94 zu § 611 BGB Abhängigkeit.

- **Beamte** sind als solche keine Arbeitnehmer iSd EFZG.[35] Hieran hat auch die Neuregelung des § 5 Abs. 1 Satz 3 BetrVG (Art. 9 des Gesetzes zur Errichtung eines Bundesaufsichtsamtes für Flugsicherung und zur Änderung und Anpassung weiterer Vorschriften vom 29.7.2009, BGBl. I S. 2424) nichts geändert. Neben dem Beamtenverhältnis wird ein Arbeitsverhältnis begründet, wenn Beamte im Betrieb eines privatrechtlichen Unternehmens aufgrund eines Arbeitsvertrages (zB im Rahmen einer Nebentätigkeit) tätig werden. Wird ein Beamter ohne Fortzahlung seiner Dienstbezüge beurlaubt, wird der Wille zur Begründung eines Arbeitsverhältnisses regelmäßig vorliegen.[36] Ein solcher Wille ist nicht anzunehmen, wenn Beamte im Rahmen ihres öffentlich-rechtlichen Dienstverhältnisses im Wege der Abordnung oder der Privatisierung öffentlich-rechtlicher Unternehmen in einem privatrechtlichen Unternehmen tätig werden.[37] 20

- **Dienstordnungs-Angestellte** der Sozialversicherung und ihrer Verbände werden gemäß § 354 Abs. 1 RVO durch privatrechtlichen Anstellungsvertrag eingestellt, sie sind daher Arbeitnehmer. Das für diese anzuwendende Dienstordnungsrecht ergibt sich aus als öffentlich-rechtliche Satzungen erlassenen Dienstordnungen (§§ 351 ff RVO), die weitgehend dem Beamtenrecht[38] folgen. 21

- Arbeiter und Angestellte im **öffentlichen Dienst** werden aufgrund eines privatrechtlichen Arbeitsvertrages tätig; für sie gilt das Arbeitsrecht in vollem Umfang. 22

- Die Tätigkeit der **Wehr- und Zivildienstleistenden** beruht nicht auf zivilrechtlichem Vertrag sondern auf einer aus dem Wehrpflichtgesetz und dem Zivildienstgesetz sich ergebenden gesetzlichen Verpflichtung. 23

- Weder die Teilnehmer des **freiwilligen ökologischen Jahres** iSd §§ 2, 3 des Gesetzes zur Förderung eines freiwilligen ökologischen Jahres idF der Bekanntmachung vom 15.7.2002 (BGBl. I, S. 2600 ff), zuletzt geändert durch Gesetz vom 9.12.2004 (BGBl. I, S. 3242 ff [3271]), noch des **sozialen Jahres** iSd §§ 2, 3 des Gesetzes zur Förderung eines freiwilligen sozialen Jahres idF der Bekanntmachung vom 15.7.2002 (BGBl. I, S. 2596 ff), zuletzt geändert durch Gesetz vom 9.12.2004 (BGBl. I, S. 3242 ff [3271]), haben einen zivilrechtlichen Arbeitsvertrag.[39] 24

- Ebenfalls keine Arbeitnehmer sind Personen, die aufgrund eines besonderen **Anstaltsverhältnisses** Leistungen erbringen, zB Strafgefangene[40] oder Blinde in beschützten Werkstätten sowie geistig Behinderte in Nervenheilanstalten. Etwas anderes gilt dann, wenn zwischen solchen Personen und einem exter- 25

35 BAG 28.3.2001 – 7 ABR 21/00 – AP Nr. 5 zu § 7 BetrVG 1972.
36 BAG 27.6.2001 – 5 AZR 424/99 – AP Nr. 20 zu § 611 BGB Faktisches Arbeitsverhältnis mit Anm. Blanke.
37 BAG 25.2.1998 – 7 ABR 11/97 – AP Nr. 8 zu § 8 BetrVG 1972; BAG 28.3.2001 – 7 ABR 21/00 – AP Nr. 5 zu § 7 BetrVG 1972; aA Fitting, § 5 BetrVG Rn 279 ff zum betriebsverfassungsrechtlichen Arbeitnehmerbegriff.
38 Vgl BAG 15.11.2001 – 6 AZR 382/00 – AP Nr. 74 zu § 611 BGB Dienstordnungs-Angestellte.
39 Vgl auch Joussen, Die arbeitsrechtliche Behandlung im Ausland tätiger Freiwilliger, NZA 2003, 1713.
40 Vgl BAG 3.10.1978 – 6 ABR 46/76 – AP Nr. 18 zu § 5 BetrVG 1972.

nen Auftraggeber eine Vereinbarung über die Erbringung von Arbeitsleistungen vorliegt.[41]

26 ■ Soweit das Rechtsverhältnis behinderter Menschen im Arbeitsbereich anerkannter Werkstätten (**§§ 136 ff SGB IX**) nicht auf einem Arbeitsvertrag beruht, handelt es sich bei dem **„Werkstattverhältnis“** um ein arbeitnehmerähnliches Rechtsverhältnis (§ 138 Abs. 1 SGB IX), auf das das EFZG keine Anwendung findet.[42]

27 ■ **Arbeitsgelegenheiten mit Mehraufwandsentschädigung** nach § 16 d SGB II (**„Ein-Euro-Job“**) begründen ein von Rechtssätzen des öffentlichen Rechts geprägtes Rechtsverhältnis und kein Arbeitsverhältnis. Dies gilt auch, wenn die gesetzlichen Zulässigkeitsschranken überschritten wurden.[43] Nachdem damit für „Ein-Euro-Jobs“ die Regeln über die Entgeltfortzahlung im Krankheitsfall nicht gelten,[44] kommt die allgemeine Vorschrift des § 616 BGB zur Anwendung.[45] Die zu den „Ein-Euro-Jobs“ entwickelten Grundsätze gelten auch für die einem Hilfsbedürftigen als Eingliederungsleistung bewilligte betriebliche Praxiserprobung bei einem privaten Unternehmen.[46]

28 ■ Einen eigenständigen Arbeitsvertrag müssen Personen haben, die im Rahmen einer **Arbeitsbeschaffungsmaßnahme** gemäß § 260 Abs. 1 SGB III auf Grund einer Zuweisung durch die Agentur für Arbeit für ein Unternehmen tätig werden (§ 260 Abs. 1 Nr. 4 SGB III). Dass die Agentur für Arbeit die Aufwendungen des Arbeitgebers ganz oder teilweise erstattet, ändert hieran nichts.

29 ■ Nicht als Arbeitsvertrag war der **Eingliederungsvertrag** iSd §§ 260 ff SGB III in der bis 31.12.2001 gültigen Fassung zu werten. Das Institut des Eingliederungsvertrages wurde vom Gesetzgeber durch das Job-AQTIV-Gesetz vom 14.12.2001 (BGBl. I, S. 3443) mit Wirkung ab 1.1.2002 abgeschafft. Werden nunmehr **Eingliederungszuschüsse** nach §§ 217 ff SGB III gewährt, so setzt dies das Zustandekommen eines Arbeitsverhältnisses voraus. Dies gilt auch, wenn der Eingliederungszuschuss im Hinblick auf einen Eingliederungsgutschein eines älteren Arbeitnehmers nach § 223 SGB III geleistet wird.

30 ■ Der **Entwicklungsdienstvertrag** eines Entwicklungshelfers nach § 4 EhfG ist kein Arbeitsvertrag, da der Entwicklungshelfer zugunsten des Trägers des Entwicklungsdienstes keine Dienste leistet. Demgegenüber kann das Rechtsverhältnis zwischen dem Entwicklungshelfer und dem ausländischen Projektträger ein Arbeitsverhältnis sein.[47]

---

41 Für Behinderte: vgl LAG Niedersachsen 22.9.1976 – 8(6) Sa 728/76 – ZfS 1978, 296; für Freigänger in Justizvollzugsanstalten nach § 39 Abs. 1 Strafvollzugsgesetz: vgl LAG Baden-Württemberg 15.9.1988 – 4 b Sa 41/88 – NZA 1989, 886.

42 Jobs, ZTR 2002, 515, 519.

43 BAG 20.2.2008 – 5 AZR 290/07 – AP Nr. 4 zu § 16 SGB II; BAG 26.9.2007 – 5 AZR 857/06 – AP Nr. 3 zu § 16 SGB II.

44 Treber, § 1 EFZG Rn 16.

45 Zwanziger, AuR 2005, 8 ff [11].

46 BAG 19.3.2008 – 5 AZR 435/07 – AP Nr. 5 zu § 16 SGB II.

47 BAG 27.4.1977 – 5 AZR 129/76 – AP Nr. 1 zu § 611 BGB Entwicklungshelfer mit insoweit zustimmender Anm. Herschel.

- Der Beschäftigung von **Ordensschwestern** und **Diakonissen** liegt kein zivilrechtlicher Vertrag zugrunde, wenn die religiöse oder caritative Motivation und die Verbandsbindung für die Erbringung der Arbeitsleistung ausschlaggebend sind.[48] Auch eine Krankenschwester, die Mitglied des **Roten Kreuzes** ist, wird nicht als Arbeitnehmerin angesehen; die Rechte und Pflichten dieses Personenkreises ergeben sich umfassend aus der Verbandszugehörigkeit und nicht aus einem daneben bestehenden besonderen Arbeitsverhältnis.[49] 31

- Demgegenüber wird in der Rechtsbeziehung zwischen so genannten **Gastschwestern** und der Schwesternschaft ein Arbeitsverhältnis gesehen,[50] da für das Tätigwerden der Gastschwestern nicht die caritative Bestimmung des Tendenzbetriebes, sondern die Tätigkeit des einzelnen Arbeitnehmers maßgebend ist.[51] Auch **Lernschwestern** werden als Arbeitnehmer gewertet.[52] 32

- Arbeitsleistungen, die allein in Zusammenhang mit einer **Vereinsmitgliedschaft** (welche zB die Leistung von Diensten in persönlicher Abhängigkeit als Mitgliedsbeitrag vorsehen kann)[53] erbracht werden, werden – auch wenn Aufwandsentschädigung geleistet wird – nicht im Rahmen eines Arbeitsverhältnisses erbracht. Auch ein besonderer Vertreter, dem die laufenden Geschäfte eines Vereins gemäß § 30 Satz 1 BGB zur alleinigen Erledigung übertragen worden sind, gilt nicht als Arbeitnehmer.[54] Möglich ist allerdings, dass neben der Vereinsmitgliedschaft ein Arbeitsvertrag mit dem Verein begründet wird.[55] Die Begründung **vereinsrechtlicher Arbeitspflichten** darf nicht zur Umgehung zwingender arbeitsrechtlicher Schutzbestimmungen führen.[56] Indizien für eine solche **Umgehung** können sich bereits aus dem Inhalt der Vereinssatzung ergeben, wenn etwa die Verpflichtung zur Arbeitsleistung ohne die Möglichkeit vereinsrechtlicher Einflussnahme oder für die Mitarbeit ein angemessenes Arbeitsentgelt vorgesehen ist. 33

- Ähnliches gilt auch für die Mitarbeit in Sekten. Da diese nicht als Kirchen anerkannt sind, sind deren hauptamtliche Mitarbeiter, die zugleich **Sektenmitglieder** sind, Arbeitnehmer.[57] Die Mitgliedschaft in Sekten als alleinige Rechtsgrundlage für die Tätigkeit von Sektenmitgliedern führt nicht zur Arbeitnehmerstellung; maßgebend sind vielmehr die Bestimmungen des Vereinsrechts. 34

---

48 ArbG Bremen 31.5.1956 – 1 Ca 578-9/55 – AP Nr. 4 zu § 5 ArbGG 1953.
49 BAG 18.2.1956 – 2 AZR 294/54 – AP Nr. 1 zu § 5 ArbGG 1953; BSG 28.8.1968 – 3 RK 70/65 – AP Nr. 7 zu § 611 BGB Rotes Kreuz; BAG 22.4.1997 – 1 ABR 74/96 – AP Nr. 18 zu § 99 BetrVG 1972 Einstellung; aA Fitting, § 5 BetrVG Rn 293.
50 BAG 4.7.1979 – 5 AZR 8/78 – AP Nr. 10 zu § 611 BGB Rotes Kreuz; BAG 14.12.1994 – 7 ABR 26/94 – AP Nr. 3 zu § 5 BetrVG 1972 Rotes Kreuz.
51 BAG 4.7.1979 – 5 AZR 8/78 – AP Nr. 10 zu § 611 BGB Rotes Kreuz.
52 BAG 29.10.1957, – 3 AZR 411/55 – AP Nr. 10 zu § 611 BGB Lehrverhältnis.
53 BAG 26.9.2002 – 5 AZB 19/01 – AP Nr. 83 zu § 2 ArbGG 1979.
54 LAG Berlin 28.4.2006 – 6 Ta 702/06 – MDR 2006, 1119 (LS).
55 BAG 10.5.1990 – 2 AZR 607/89 – AP Nr. 51 zu § 611 BGB Abhängigkeit.
56 BAG 22.3.1995 – 5 AZB 21/94 – AP Nr. 21 zu § 5 ArbGG 1979.
57 BAG 22.3.1995 – 5 AZB 21/94 – AP Nr. 21 zu § 5 ArbGG 1979; BAG 26.9.2002 – 5 AZB 19/01 – AP Nr. 83 zu § 2 ArbGG 1979.

bb) Auf die Leistung von Arbeit gerichtet

(1) Grundsätzliches

35 Arbeitnehmer kann nur sein, wer zur Leistung von „Arbeit" verpflichtet ist.[58] Arbeit ist dabei im wirtschaftlichen Sinne zu verstehen. Sie wird umschrieben als der planmäßige Einsatz der körperlichen und geistigen Kräfte zur Erreichung eines wirtschaftlich messbaren Zweckes.[59] Wenn auch allgemein von geringer praktischer Bedeutung, kann es in Einzelfällen auf dieses Abgrenzungsmerkmal ankommen.

(2) Einzelfälle

36 ■ Eine **Rahmenvereinbarung**, welche nur die Bedingungen der erst noch abzuschließenden Arbeitsverträge (zB zur Aushilfe oder Vertretung) wiedergibt, selbst aber noch **keine Verpflichtung zur Arbeitsleistung** auslöst, begründet kein Arbeitsverhältnis. Ein Vertrag, der keine Verpflichtung zur Dienstleistung begründet, ist kein Dienstvertrag und damit auch kein Arbeitsvertrag. Eine solche Rahmenvereinbarung stellt für sich weder eine Gesetzesumgehung noch einen Missbrauch einer an sich zulässigen rechtlichen Gestaltungsmöglichkeit dar.[60] Die nach Maßgabe einer Rahmenvereinbarung abgeschlossenen Einzelarbeitsverträge von jeweils kurzer Dauer müssen einer arbeitsgerichtlichen Befristungskontrolle nach § 14 Abs. 1 TzBfG Stand halten, um den Ausschluss der Entgeltfortzahlung nach § 3 Abs. 3 EFZG (vgl § 3 Rn 179 ff) rechtfertigen zu können.[61]

37 ■ **Wiedereingliederungsverhältnisse** [62] im Sinne des § 74 SGB V sind Rechtsverhältnisse eigener Art, die nicht auf die Leistung von Arbeit im Sinne des arbeitsvertraglichen Leistungsaustausches gerichtet sind.[63] Mit dem Wiedereingliederungsverhältnis, an dem regelmäßig der Versicherte, dessen Arbeitgeber, der behandelnde Arzt und die Krankenkasse beteiligt sind, soll dem weiterhin arbeitsunfähigen Arbeitnehmer Gelegenheit gegeben werden, zu erproben, ob er zur Wiederherstellung seiner vollen Arbeitsfähigkeit gelangen kann.[64] Das Wiedereingliederungsverhältnis stellt deshalb – ohne entsprechende Vereinbarung – weder ein neues noch eine Variante des fortbestehenden Arbeitsverhältnisses dar.[65]

38 ■ Nicht auf die Erbringung einer Arbeitsleistung ausgerichtet sind auch so genannte **„Einfühlungsverhältnisse"** oder **„Schnupperverhältnisse"** ohne Vergütungsanspruch und ohne Arbeitspflicht des potentiellen Arbeitnehmers.

58 BAG 31.7.2002 – 7 AZR 181/01 – AP Nr. 1 zu § 12 TzBfG.
59 BAG 10.5.1990 – 2 AZR 607/89 – AP Nr. 51 zu § 611 BGB Abhängigkeit; Schaub/Vogelsang, § 8 Rn 13.
60 BAG 31.7.2002 – 7 AZR 181/01 – AP Nr. 1 zu § 12 TzBfG; einschränkend: EuGH 4.7.2006 – C-212/04 – AP Nr. 1 zu Richtlinie 99/70/EG; EuGH 13.9.2007 – C-307/05 – AP Nr. 5 zu Richtlinie 99/70/EG.
61 Vgl zur früheren Rechtslage: BAG 16.4.2003 – 7 AZR 187/02 – AP Nr. 1 zu § 4 BeschFG 1996.
62 Grundlegend: von Hoyningen-Huene, NZA 1992, 49 ff.
63 BAG 28.7.1999 – 4 AZR 192/98 – AP Nr. 3 zu § 74 SGB V.
64 BAG 29.1.1992 – 5 AZR 37/91 – AP Nr. 1 zu § 74 SGB V; BAG 13.6.2006 – 9 AZR 229/05 – AP Nr. 12 zu § 81 SGB IX.
65 BAG 28.7.1999, aaO Fn 65.

Dabei handelt es sich ebenfalls um ein Rechtsverhältnis eigener Art,[66] das sich von einem (Probe-) Arbeitsverhältnis dadurch unterscheidet, dass der in den Betrieb aufgenommene potentielle Arbeitnehmer nicht dem Direktionsrecht, sondern nur dem Hausrecht des Arbeitgebers unterliegt und während eines kurzen Zeitraums von in der Regel nicht mehr als einer Woche ohne die Übernahme von Arbeitspflichten den Betrieb und die zu übernehmende Arbeit kennenlernen soll.[67]

- Eine **sportliche Betätigung** kann zur Arbeit im Rechtssinne werden, wenn der Sporttreibende mit der Ausnutzung seiner sportlichen Fähigkeiten bei persönlicher Abhängigkeit in erster Linie ein wirtschaftliches Interesse verfolgt und damit gleichzeitig ein solches des Vereins befriedigt, wie dies etwa für den **Lizenzfußballspieler** angenommen wird.[68] Als ein Indiz für die wirtschaftliche Zwecksetzung kann die Zusage eines vom bloßen Aufwendungsersatz zu unterscheidenden Entgelts anzusehen sein.[69] 39

cc) Persönliche Abhängigkeit

(1) Grundsätzliches

Entscheidendes Merkmal für das Vorliegen eines Arbeitsvertrages ist die Ver- 40
pflichtung, eine Dienstleistung im Rahmen einer vom Vertragspartner bestimmten **Arbeitsorganisation** zu erbringen.[70] Der sich hieraus ergebende Grad an **persönlicher Abhängigkeit** ist maßgebend dafür, ob der zur Arbeitsleistung Verpflichtete Arbeitnehmer ist.[71] Auf eine **wirtschaftliche Abhängigkeit** kommt es nicht an;[72] wirtschaftliche Zwänge allein können die Arbeitnehmereigenschaft nicht begründen. So ist auch die Unterzeichnung eines vom Dienstherrn vorformulierten Vertrages für sich noch nicht Ausdruck einer persönlichen Abhängigkeit, sondern einer wirtschaftlichen Unterlegenheit.[73]

Entscheidender Gesichtspunkt für die Feststellung der persönlichen Abhängig- 41
keit ist die **Intensität des Weisungsrechts.**[74] Je stärker der zur Dienstleistung Verpflichtete an Weisungen in **zeitlicher, örtlicher** und **fachlicher** Hinsicht gebunden ist, desto eher wird von einem Arbeitsverhältnis und nicht von einem freien Dienstverhältnis auszugehen sein. Abstrakte, für alle Arbeitsverhältnisse geltende Kriterien lassen sich hierzu nicht aufstellen.[75] Für die Abgrenzung von Bedeutung sind **nicht** die **Bezeichnung des Vertragsverhältnisses** oder die **Mo-**

---

66 Vgl Preis/Kliemt/Ulrich, AR-Blattei SD 1270 Das Probearbeitsverhältnis Rn 22 ff.

67 Zum Begriff vgl auch: LAG Hamm 24.5.1989 – 15 Sa 18/89 – LAGE § 611 BGB Probearbeitsverhältnis Nr. 2; LAG Bremen 25.7.2002 – 3 Sa 83/02 – AR-Blattei ES 1270 Nr. 26; LAG München 24.7.2008 – 2 Sa 653/07 – nv; Bertzbach, Zur Zulässigkeit von so genannten „Einfühlungsverhältnissen" FA 2002, 340; ErfK/Preis, § 611 BGB Rn 159; Löw, Das Einfühlungsverhältnis RdA 2007, 124; Dollmann, ArbRB 2006, 306; vgl auch Stellungnahme der Bundesregierung (BT-Drucks. 16/1706) AuR 2006, 230.

68 BAG 17.1.1979 – 5 AZR 498/77 – AP Nr. 2 zu § 611 BGB Berufssport; Jungheim, Vertragsbeendigung bei Arbeitsverträgen von Lizenzfußballspielern RdA 2008, 222.

69 BAG 10.5.1990 – 2 AZR 607/89 – AP Nr. 51 zu § 611 BGB Abhängigkeit; Schmidt, RdA 1972, 84 f.

70 BAG 19.11.1997 – 5 AZR 653/96 – AP Nr. 90 zu § 611 BGB Abhängigkeit.

71 BAG 30.11.1994 – 5 AZR 704/93 – AP Nr. 74 zu § 611 BGB Abhängigkeit; BAG 25.5.2005 – 5 AZR 347/04 – AP Nr. 117 zu § 611 BGB Abhängigkeit.

72 Vgl Rn 55.

73 BAG 30.9.1998 – 5 AZR 563/97 – AP Nr. 103 zu § 611 BGB Abhängigkeit.

74 BAG 30.11.1994 – 5 AZR 704/93 – AP Nr. 74 zu § 611 BGB Abhängigkeit.

75 BAG 19.11.1997 – 5 AZR 653/96 – AP Nr. 90 zu § 611 BGB Abhängigkeit.

dalitäten der Bezahlung sowie die **steuer- und sozialversicherungsrechtliche Behandlung** oder etwa die **Führung von Personalakten**, sondern in erster Linie die Eigenart und Organisation der jeweiligen Tätigkeit und die Umstände, unter denen die Dienstleistung zu erbringen ist.[76]

(2) Pflicht zur persönlichen Leistungserbringung

42 Ein Hinweis darauf, ob ein Rechtsverhältnis als Arbeitsverhältnis zu qualifizieren ist, kann sich aus der Verpflichtung ergeben, die geschuldete Leistung persönlich zu erbringen. Die **Pflicht zur persönlichen Leistungserbringung** ist ein **typisches Merkmal für ein Arbeitsverhältnis.** Es ist grundsätzlich davon auszugehen, dass Arbeitnehmer ihre Arbeitsleistung höchstpersönlich zu erbringen haben. Ist der zur Leistung Verpflichtete dagegen berechtigt, die Leistung durch Dritte erbringen zu lassen, so steht ihm ein eigener Gestaltungsspielraum zu, der gegen die Annahme eines Arbeitsverhältnisses spricht.[77] Dies gilt insbesondere dann, wenn der zur Dienstleistung Verpflichtete nach den tatsächlichen Umständen nicht in der Lage ist, seine vertraglichen Leistungspflichten allein zu erfüllen, sondern auf Hilfskräfte angewiesen ist.[78]

43 Allerdings gilt auch dieses nicht ausnahmslos. Allein die Berechtigung, die vertraglich geschuldete Leistung durch Dritte erbringen zu lassen, schließt die Annahme eines Arbeitsverhältnisses zumindest dann nicht aus, wenn die persönliche Leistungserbringung die Regel und die Leistungserbringung durch einen Dritten eine seltene Ausnahme darstellt, die das Gesamtbild der Tätigkeit nicht nennenswert verändert. Die Möglichkeit, Dritte zur Leistungserbringung einsetzen zu dürfen, stellt dann lediglich eines von mehreren im Rahmen einer Gesamtwürdigung zu berücksichtigenden Anzeichens dar.[79] Umgekehrt folgt aus der Verpflichtung zur persönlichen Leistungserbringung nicht automatisch, dass der Betreffende Arbeitnehmer ist, da die Auslegungsregel des § 613 BGB auch für freie Dienstverträge gilt.[80]

(3) Zeitliche Weisungsgebundenheit

44 Diesem Kriterium kommt im Hinblick auf die allgemeingültige Bestimmung des § 84 Abs. 1 Satz 2 HGB besondere Bedeutung zu. Typisch für ein Arbeitsverhältnis ist, dass der Arbeitgeber innerhalb eines bestimmten zeitlichen Rahmens nach seinen Bedürfnissen über die Arbeitsleistung des Arbeitnehmers verfügen kann.[81] Wenn der Dienstberechtigte innerhalb eines bestimmten zeitlichen Rahmens **über die geschuldete Arbeitsleistung verfügen kann**, ist ein Arbeitsverhält-

76 BAG 30.11.1994 – 5 AZR 704/93 – AP Nr. 74 zu § 611 BGB Abhängigkeit.

77 BAG 19.11.1997 – 5 AZR 653/96 – und 26.5.1999 – 5 AZR 469/98 – AP Nrn. 90 und 104 zu § 611 BGB Abhängigkeit; BGH 4.11.1998 – VIII ZB 12/98 – NZA 1999, 53 ff; BAG 13.3.2008 – 2 AZR 1037/06 – AP Nr. 176 zu § 1 KSchG 1969 Betriebsbedingte Kündigung Rn 25.

78 BAG 12.12.2001 – 5 AZR 253/00 – AP Nr. 111 zu § 611 BGB Abhängigkeit = AR-Blattei ES 110 Nr. 84.

79 BAG 19.11.1997, aaO Fn 77.

80 BAG 26.5.1999, aaO Fn 79.

81 BAG 27.3.1991 – 5 AZR 194/90 – und 13.11.1991 – 7 AZR 31/91 – und 4.12.2002 – 5 AZR 667/01 – AP Nrn. 53, 60 und 115 zu § 611 BGB Abhängigkeit.

nis zu bejahen.[82] Dem stehen flexible Arbeitszeitmodelle, bei denen der Mitarbeiter die Lage seiner Arbeitszeit selbst ausgestalten kann, nicht entgegen.[83] Auch im Rahmen flexibler Arbeitszeitmodelle, wie etwa der „Vertrauensarbeitszeit", wird ein bestimmtes vertragliches oder tarifvertragliches Arbeitszeitvolumen geschuldet, lediglich die Lage der Arbeitszeit unterliegt je nach Ausgestaltung des Arbeitszeitmodells der Einteilung durch den Arbeitnehmer.

Auch ohne Festlegung eines bestimmten geschuldeten Arbeitszeitvolumens kann 45 aber eine fehlende freie Bestimmung der Arbeitsdauer vorliegen, wenn ein **Mindestergebnis** geschuldet wird, welches dem Dienstverpflichteten keinen erheblichen Spielraum bei der notwendigen aufzuwendenden Arbeitszeit lässt.[84]

Andererseits sind Beschränkungen hinsichtlich der Disponibilität der Arbeitszeit, 46 die sich lediglich aus der Natur der geschuldeten Dienstleistung ergeben, nicht aussagekräftig. Dies ist etwa aufgrund der Bindung an einen **Stundenplan bei Volkshochschullehrern**[85] oder aufgrund der beschränkten Erreichbarkeit von Kunden zu bestimmten Zeiten bei **Außendienstmitarbeitern** der Fall.

Auch können im Rahmen von **Dienst- und Werkverträgen** von dem Dienstbe- 47 rechtigten oder dem Besteller **Termine für die Erledigung der Arbeiten** bestimmt werden, ohne dass daraus zwingend eine zeitliche Weisungsabhängigkeit folgt, wie sie für ein Arbeitsverhältnis regelmäßig kennzeichnend ist.[86]

(4) Örtliche Weisungsgebundenheit

Die für den Dienstberechtigten bestehende Möglichkeit, den **Ort** zu bestimmen, 48 an dem die Arbeitsleistung zu erbringen ist, ist ebenfalls **Ausdruck einer persönlichen Abhängigkeit** und spricht deshalb für die Arbeitnehmereigenschaft des Dienstverpflichteten.[87] Allerdings kann es auch die Eigenart der geschuldeten Leistung erfordern, dass sie an bestimmten Orten erbracht wird; eine solche Bindung besagt dann nichts über eine persönliche Abhängigkeit.[88]

Im **pädagogischen Bereich** ist es zum Beispiel typisch, dass die Unterrichtstätig- 49 keit nur in den zur Verfügung gestellten Räumen verrichtet werden kann.[89] Und im **journalistischen Bereich** gibt es unselbstständig Arbeitende, die ihre Arbeit wenigstens zum Teil an beliebigen Orten leisten können.[90] Auch steht die nur eingeschränkte örtliche Weisungsgebundenheit bei **Außendienstmitarbeitern**

82 BAG 30.10.1991 – 7 ABR 19/91 –, 13.11.1991 – 7 AZR 31/91 –, 9.6.1993 – 5 AZR 123/92 – und 20.7.1994 – 5 AZR 627/93 – AP Nrn. 59, 60, 66 und 73 zu § 611 BGB Abhängigkeit; BAG 26.8.2009 – 5 AZN 503/09 – für einseitig vom Arbeitgeber aufgestellte Dienstpläne.

83 BAG 12.6.1996 – 5 AZR 960/94 – AP Nr. 4 zu § 611 BGB Werkstudent; zu Arbeitszeitkonten vgl Ebert, Mehr Flexibilität mit Arbeitszeitkonten, ArbRB 2003, 24.

84 BAG 26.5.1999 – 5 AZR 469/98 – AP Nr. 104 zu § 611 BGB Abhängigkeit; BAG 5.12.1999 – 5 AZR 169/99 – AP Nr. 12 zu § 84 HGB.

85 BAG 13.11.1991 – 7 AZR 31/91 – AP Nr. 60 zu § 611 BGB Abhängigkeit.

86 BAG 27.3.1991 – 5 AZR 194/90 – und vom 19.11.1997 – 5 AZR 653/96 – AP Nrn. 53 und 90 zu § 611 BGB Abhängigkeit; BAG 13.3.2008 – 2 AZR 1037/06 – AP Nr. 176 zu § 1 KSchG 1969 Betriebsbedingte Kündigung Rn 22.

87 BAG 3.5.1989 – 5 AZR 158/88 – BB 1990, 779 f; BAG 23.4.1980 – 5 AZR 426/79 – und 6.5.1998 – 5 AZR 247/97 – AP Nrn. 34 und 102 zu § 611 BGB Abhängigkeit.

88 BAG 23.4.1980 – 5 AZR 426/79 – und 9.5.1984 – 5 AZR 195/82 – AP Nrn. 34 und 45 zu § 611 BGB Abhängigkeit; BAG 13.5.1992 – 7 AZR 195/91 – n.v.

89 BAG 25.8.1982 – 5 AZR 7/81 – AP Nr. 32 zu § 611 BGB Lehrer, Dozenten.

90 BAG 23.4.1980 – 5 AZR 426/79 – AP Nr. 34 zu § 611 BGB Abhängigkeit.

oder **Telearbeitnehmern** deren Arbeitnehmereigenschaft nicht entgegen. Bedeutsam ist dann vielmehr, inwieweit diese Personen trotz der Ungebundenheit in örtlicher Hinsicht in eine fremde Arbeitsorganisation eingegliedert sind.

(5) Fachliche Weisungsgebundenheit

50 Die Fremdbestimmtheit der Arbeit und damit die persönliche Abhängigkeit des Arbeitleistenden äußert sich auch in einer **fachlichen Weisungsgebundenheit.** [91] Das Fehlen dieses Merkmals führt auch hier aber nicht automatisch zu einer Verneinung der Arbeitnehmereigenschaft.[92] Bei Beschäftigungsverhältnissen, die eine besondere Qualifikation und Eigenverantwortung erfordern (zB bei **Wissenschaftlern** und **Chefärzten**) sind fachliche Weisungen häufig nur sehr eingeschränkt möglich. Trotzdem sind diese Personen als Arbeitnehmer anzusehen, wenn sie ihre Tätigkeit als Teil einer fremdbestimmten Arbeitsorganisation erbringen.[93]

(6) Eigenart und Organisation der zu leistenden Tätigkeit

51 Auch diese Merkmale besitzen Aussagekraft hinsichtlich des Grades der persönlichen Abhängigkeit. Manche Tätigkeiten können sowohl im Rahmen eines Arbeitsverhältnisses als auch im Rahmen eines anderen Rechtsverhältnisses erbracht werden, andere regelmäßig nur im Rahmen eines Arbeitsverhältnisses. Bei **untergeordneten** und **einfacheren Arbeiten** ist eher eine Eingliederung in eine fremde Arbeitsorganisation anzunehmen als bei Dienstverpflichteten, denen ein hohes Maß an **Gestaltungsfreiheit, Eigeninitiative** und **fachlicher Selbstständigkeit** verbleiben.[94] Bei solchen Diensten wird es vor allem darauf ankommen, ob sie innerhalb einer fremdbestimmten Arbeitsorganisation geleistet werden.[95] Die **Herausnahme** bestimmter Personengruppen **aus dem Anwendungsbereich eines Tarifvertrags** besagt nichts über deren Arbeitnehmerstatus und eine entsprechende Verkehrsanschauung.[96]

(7) Keine unternehmerische Freiheit

52 Das Vorliegen einer persönlich abhängigen Arbeit wird anzunehmen sein, wenn Dienstleistende darauf angewiesen sind, ihre Arbeitsleistung innerhalb einer fremden Arbeitsorganisation zu erbringen.[97] Gegen die Arbeitnehmereigenschaft spricht, wenn die Arbeitskraft – wie bei einem Unternehmer – nach selbst gesetzten Zielen unter eigener Verantwortung und mit eigenem Risiko am Markt verwertet wird. Aus der Möglichkeit, andere Beschäftigungen aufzunehmen, lässt sich dagegen ebensowenig auf den Status als Selbstständiger schließen, wie

91 BAG 15.3.1978 – 5 AZR 819/76 – AP Nr. 26 zu § 611 BGB Abhängigkeit.
92 BAG 3.10.1975 – 5 AZR 427/74 – und 2.6.1976 – 5 AZR 131/75 – AP Nrn. 16 und 20 zu § 611 BGB Abhängigkeit.
93 BAG 9.3.1977 – 5 AZR 110/76 – AP Nr. 21 zu § 611 BGB Abhängigkeit.
94 BAG 26.5.1999 – 5 AZR 469/98 – AP Nr. 104 zu § 611 BGB Abhängigkeit.
95 BAG 9.3.1977 – 5 AZR 110/76 – AP Nr. 21 zu § 611 BGB Abhängigkeit; BAG 13.3.2008 – 2 AZR 1037/06 – AP Nr. 176 zu § 1 KSchG 1969 Betriebsbedingte Kündigung Rn 20.
96 BAG 22.8.2001 – 5 AZR 502/99 – AP Nr. 109 zu § 611 BGB Abhängigkeit.
97 BAG 15.3.1978 – 5 AZR 819/76 – und 13.8.1980 – 4 AZR 592/78 – AP Nrn. 26 und 37 zu § 611 BGB Abhängigkeit; BAG 16.7.1997 – 5 AZB 29/96 – AP Nr. 37 zu § 5 ArbGG 1979; Kaiser/Dunkl/Hold/Kleinsorge, § 1 EFZG Rn 19.

aus dem Verbot jeder Nebentätigkeit auf den Status als Arbeitnehmer.[98] Ist ausdrücklich eine Konkurrenztätigkeit zugelassen, so ist dies allerdings für ein Arbeitsverhältnis untypisch (vgl § 60 HGB).[99]

(8) Sozial- und steuerrechtliche Kriterien

Die **sozial- und steuerrechtliche Einordnung** der Tätigkeit als Selbstständige oder Unselbstständige kann im Rahmen der arbeitsrechtlichen Beurteilung unter Umständen als Indiz herangezogen werden, ist aber nicht ausschlaggebend; eine Bindungswirkung besteht nicht.[100] 53

Sozialversicherungsrechtliche Vermutungsregeln (zB § 7 Abs. 4 SGB IV in den bis 31.12.2002 und 30.6.2009 geltenden Fassungen) haben für die arbeitsrechtliche Bestimmung des Arbeitnehmerbegriffs keine eigenständige Bedeutung. Der **sozialversicherungsrechtliche Beschäftigten- und der arbeitsrechtliche Arbeitnehmerbegriff sind nicht identisch** sondern zwei selbstständige Rechtsinstitute.[101] Dies ergibt sich bereits aus § 7 Abs. 1 Satz 1 SGB IV, wonach Beschäftigung die nicht selbstständige Arbeit, insbesondere in einem Arbeitsverhältnis ist. Der Gesetzgeber geht also ersichtlich davon aus, dass es sozialversicherungsrechtliche Beschäftigungsverhältnisse gibt, die kein Arbeitsverhältnis sind. 54

(9) Wirtschaftliche Abhängigkeit und soziale Schutzbedürftigkeit

Das Vorliegen dieser Kriterien ist allein nicht geeignet, die Arbeitnehmereigenschaft zu begründen.[102] Dem stehen bereits die gesetzlichen Regelungen zum Begriff der **arbeitnehmerähnlichen Person** entgegen. Nach § 5 Abs. 1 Satz 2 ArbGG gelten als Arbeitnehmer sonstige Personen, die wegen ihrer wirtschaftlichen Unselbstständigkeit als arbeitnehmerähnliche Personen anzusehen sind und nach § 12 a TVG gelten die Vorschriften des Tarifvertragsgesetzes unter den in § 12 a TVG genannten Voraussetzungen für Personen, die wirtschaftlich abhängig und vergleichbar einem Arbeitnehmer sozial schutzbedürftig sind (**arbeitnehmerähnliche Personen**).[103] Würde das Vorliegen einer wirtschaftlichen Abhängigkeit und/oder einer sozialen Schutzbedürftigkeit bereits die Arbeitnehmereigenschaft auslösen können, würden die gesetzlichen Regelungen zu arbeitnehmerähnlichen Personen, die gerade keine Arbeitnehmer im arbeitsrechtlichen Sinne sind, sondern lediglich als solche gelten können, ins Leere laufen. **Arbeitnehmerähnliche Personen** werden mangels gesetzlicher Regelung **vom Anwendungsbereich des EFZG daher nicht erfasst.** 55

98 BAG 15.12.1999 – 5 AZR 3/99 – AP Nr. 5 zu § 92 HGB; BAG 22.8.2001 – 5 AZR 502/99 – AP Nr. 109 zu § 611 BGB Abhängigkeit.

99 BAG 13.3.2008 – 2 AZR 1037/06 – AP Nr. 176 zu § 1 KSchG 1969 Betriebsbedingte Kündigung Rn 26.

100 BAG 26.5.1999 – 5 AZR 469/98 – AP Nr. 104 zu § 611 BGB Abhängigkeit; BAG 26.5.1999 – 5 AZR 664/98 – AP Nr. 10 zu § 35 GmbHG; BFH 2.12.1998 – XR 83/96 – BB 1999, 1477 ff.

101 ErfK/Rolfs, § 7 SGB IV Rn 2.

102 Für den Aspekt der sozialen Schutzbedürftigkeit aA: Kaiser/Dunkl/Hold/Kleinsorge, § 1 EFZG Rn 20 unter Bezugnahme auf BAG 23.4.1980 – 5 AZR 426/79 – AP Nr. 34 zu § 611 BGB Abhängigkeit.

103 Zum Begriff vgl BAG 17.6.1999 – 5 AZB 23/98 – AP Nr. 39 zu § 17 a GVG; zur Ausdehnung des arbeitsrechtlichen Schutzes arbeitnehmerähnlicher Personen im Diskussionsentwurf eines Arbeitsvertragsgesetzes (NZA 2007; Beil. zu Heft 21) siehe auch Willemsen/Müntefering, Begriff und Rechtsstellung arbeitnehmerähnlicher Personen, NZA 2008, 193 ff [200].

(10) Einzelfälle

56 ▪ **Gesetzliche Vertreter (Organe) juristischer Personen** sind als solche nicht Arbeitnehmer. Es ist allerdings zu unterscheiden zwischen der **Organstellung**, die durch körperschaftlichen Rechtsakt übertragen wird, und dem ihr zugrunde liegenden **schuldrechtlichen Anstellungsverhältnis**, aus dem sich die Verpflichtung zum Tätigwerden als Vertretungsorgan ergibt. Durch den Anstellungsvertrag wird in der Regel ein **freies Dienstverhältnis** begründet, im Einzelfall kann es sich – wenn ein entsprechender Grad an persönlicher Abhängigkeit erreicht wird – aber auch um ein Arbeitsverhältnis handeln.[104] Ein Arbeitsverhältnis setzt in diesen Fällen voraus, dass die Gesellschaft ein über ihr gesellschaftsrechtliches Weisungsrecht hinausgehendes Recht hat, dem Organ **arbeitsbegleitende** und **verfahrensorientierte Weisungen** zu erteilen und auf diese Weise die konkreten Modalitäten der Leistungserbringung bestimmen kann.[105]

57 ▪ Ist der Anstellungsvertrag als Dienstvertrag zu bewerten, so kann daneben noch ein – **ruhendes – Arbeitsverhältnis** zu der juristischen Person bestehen.[106] Die Annahme, dass dies im Zweifel zB dann der Fall ist, wenn ein in leitender Position beschäftigter Arbeitnehmer einer GmbH mit einer geringen Anhebung seiner Bezüge zum Geschäftsführer dieser GmbH bestellt wird,[107] hat das Bundesarbeitsgericht mittlerweile korrigiert.[108]

58 ▪ Unterbleibt die beabsichtigte Bestellung eines Dienstnehmers zum Geschäftsführer, so entsteht nicht ohne weiteres ein Arbeitsverhältnis. Gleiches muss für den Fall gelten, dass ein Geschäftsführer abberufen wird.[109]

59 ▪ **Gesellschafter** einer **GmbH** können deren Arbeitnehmer sein, wenn der Geschäftsführer der GmbH ihnen gegenüber weisungsbefugt ist.[110] Der Gesellschafter einer GmbH kann aber dann nicht deren Arbeitnehmer sein, wenn ihm mehr als 50 % der Stimmen zustehen; ob der Gesellschafter Geschäftsführer der GmbH ist und seine Leitungsmacht tatsächlich ausübt, ist unerheblich.[111]

---

104 BGH 9.2.1978 – II ZR 189/76 – AP Nr. 1 zu § 38 GmbHG; BAG 26.5.1999 – 5 AZR 664/98 – AP Nr. 10 zu § 35 GmbHG; aA: BGH 9.3.1987 – II ZR 132/86 – NJW 1987, 2073; Boemke, Anm. zu BAG 26.5.1999, aaO; vgl auch grundlegend: Gissel, Arbeitnehmerschutz für den GmbH-Geschäftsführer, 1987; Nägele, Der Geschäftsführeranstellungsvertrag – Begründung und Kündigung, ArbRB 2003, 29; Schrader/Schubert, Der Geschäftsführer als Arbeitnehmer, DB 2005, 1457; zur Frage des Status des Verhinderungsvertreters eines Organmitglieds vgl Meier, Der Rechtsstatus des Verhinderungsvertreters in Sparkassen – Arbeitnehmer oder Organmitglied?, NZA 2009, 702.

105 BAG 26.5.1999, aaO Fn 106.

106 BAG 9.5.1985 – 2 AZR 330/84 – BAGE 49, 81, 87 ff; BAG 27.6.1985 – 2 AZR 425/84 – AP Nr. 2 zu § 1 AngestelltenkündigungsG; BAG 7.10.1993 – 2 AZR 260/93 – AP Nr. 16 zu § 5 ArbGG 1979; BAG 28.9.1995 – 5 AZB 4/95 – AP Nr. 24 zu § 5 ArbGG 1979.

107 BAG 9.5.1985, aaO Fn 108.

108 BAG 8.6.2000 – 2 AZR 207/99 – AP Nr. 49 zu § 5 ArbGG 1979 mit Anm. Neu; vgl auch BAG 24.11.2005 – 2 AZR 614/04 – AP Nr. 19 zu § 1 KSchG 1969 Wartezeit.

109 BAG 25.6.1997 – 5 AZB 41/96 – AP Nr. 36 zu § 5 ArbGG 1979; BAG 26.8.2009 – 5 AZR 522/08 – NZA 2009, 1205.

110 BAG 9.1.1990 – 3 AZR 671/88 – AP Nr. 6 zu § 35 GmbHG; BAG 28.11.1990 – 4 AZR 198/90 – AP Nr. 137 zu § 1 TVG Tarifverträge: Bau.

111 BAG 6.5.1998 – 5 AZR 612/97 – AP Nr. 95 zu § 611 BGB Abhängigkeit; LAG Köln 29.9.2003 – 13 Ta 77/03 – NZA-RR 2004, 553.

- **Prokuristen** und **leitende Angestellte** im Sinne des § 5 Abs. 3 BetrVG sind regelmäßig Arbeitnehmer.[112] 60

- Bei **Versicherungs- oder Handelsvertretern** kommt es nicht auf das Bestehen einer eigenen Innen- und Außenorganisation seiner Vertretung[113] oder die Vereinbarung eines Wettbewerbsverbots[114] an. Zur Abgrenzung ebenfalls nicht geeignet sind vertragliche Pflichten des Versicherungs- oder Handelsvertreters, die nicht die geschuldete Tätigkeit, sondern sein sonstiges Verhalten betreffen.[115] Vertragliche Pflichten des Versicherungs- oder Handelsvertreters, die lediglich Konkretisierungen der Vorgaben aus § 86 HGB oder aufsichts- und wettbewerbsrechtlicher Vorschriften sind, begründen keine Weisungsabhängigkeit als Arbeitnehmer.[116] Ob ein Versicherungs- oder Handelsvertreter (**Einfirmenvertreter**) Arbeitnehmer oder Selbstständiger ist, bestimmt sich unter Berücksichtigung der Umstände des Einzelfalls nach § 84 Abs. 1 Satz 2 HGB.[117] Die von § 5 Abs. 3 Satz 1 ArbGG erfassten selbstständigen Einfirmenvertreter werden lediglich prozessual Arbeitnehmern gleich gestellt, die Anwendung arbeitsrechtlicher Vorschriften oder Grundsätze ist damit nicht verbunden.[118] 61

- Ein **Frachtführer** im Sinne des § 418 HGB, der nur für einen Auftraggeber fährt, ist nicht Arbeitnehmer, wenn weder Dauer noch Beginn und Ende der täglichen Arbeitszeit vorgeschrieben sind und er die – nicht nur theoretische – Möglichkeit hat, auch Transporte für eigene Kunden auf eigene Rechnung durchzuführen. Ob er diese Möglichkeit tatsächlich nutzt, ist nicht entscheidend.[119] Gegen die Annahme eines Arbeitsverhältnisses spricht auch, wenn dem Frachtführer vertraglich das Recht eingeräumt ist, die Fahrten durch Dritte durchführen zu lassen.[120] 62

- Ein **Kurierdienstfahrer**, der allein entscheidet, ob, wann und in welchem Umfang er tätig werden will, und für ausgeführte Frachtaufträge das volle vom Auftraggeber zu leistende Entgelt erhält, ist kein Arbeitnehmer des Unternehmens, das die Frachtaufträge annimmt und an die Kurierdienstfahrer weitergibt.[121] 63

- **Franchise-Nehmer** sind grundsätzlich nicht Arbeitnehmer.[122] Unter **Franchising** ist die Gesamtheit von Rechten an gewerblichem oder geistigem Ei- 64

112 BAG 13.7.1995 – 5 AZB 37/94 – AP Nr. 23 zu § 5 ArbGG 1979.
113 BAG 15.12.1999 – 5 AZR 566/98 – AP Nr. 9 zu § 84 HGB.
114 BAG 15.12.1999 – 5 AZR 770/98 – AP Nr. 6 zu § 92 HGB; BAG 20.9.2000 – 5 AZR 271/99 – AP Nr. 8 zu § 2 ArbGG Zuständigkeitsprüfung.
115 BAG 15.12.1999 – 5 AZR 3/99 – AP Nr. 5 zu § 92 HGB.
116 BAG 15.12.1999 – 5 AZR 169/99 – AP Nr. 12 zu § 84 HGB; BAG 20.8.2003 – 5 AZR 610/02 – NZA 2004, 39.
117 BAG 15.12.1999 – 5 AZR 3/99 – AP Nr. 5 zu § 92 HGB.
118 BAG 24.10.2002 – 6 AZR 632/00 – AP Nr. 3 zu § 89 HGB.
119 BAG 19.11.1997 – 5 AZR 653/96 – und 30.9.1998 – 5 AZR 563/97 – AP Nrn. 90 und 103 zu § 611 BGB Abhängigkeit.
120 LAG Köln 29.5.2006 – 14(5) Sa 1343/05 – BB 2006, 2312 (LS); LAG Nürnberg 19.4.2005 – 6 Sa 879/04 – n.v.
121 BAG 27.6.2001 – 5 AZR 561/99 – AP Nr. 6 zu § 611 BGB Arbeitnehmerähnlichkeit; Linnenkohl, BB 2002, 622 f; vgl ferner: LAG Nürnberg 28.5.2002 – 6 (2) Sa 347/01 – AR-Blattei ES 110 Nr. 85.
122 BAG 24.4.1980 – 3 AZR 911/77 – AP Nr. 1 zu § 84 HGB; zum Franchise-Nehmer als arbeitnehmerähnliche Person vgl BGH 4.11.1998 – VIII ZB 12/98 – NJW 1999, 218.

gentum, wie Warenzeichen, Handelsname, Ladenschilder, Gebrauchsmuster, Geschmacksmuster, Urheberrechten, Know-how oder Patenten, die zum Zwecke des Weiterverkaufs von Waren oder der Erbringung von Dienstleistungen an Endverbraucher genutzt werden, zu verstehen (EWG-VO 4087/88 vom 30.11.1988 ABl. EG 395 S. 46).[123] Im Franchise-Verhältnis wird dem Franchise-Nehmer vom Franchise-Geber gegen Entgelt die Erlaubnis eingeräumt, die genannten Rechte zum Zwecke der Vermarktung von Waren und Dienstleistungen zu nutzen. Der Franchise-Nehmer ist in das Vertriebs- und Absatzsystem des Franchise-Gebers eingegliedert, unterliegt auch gewissen Kontroll- und Anweisungsrechten des Franchise-Gebers, betreibt seine Geschäfte aber selbstständig auf eigene Rechnung.[124] Dem Franchise-Vertrag sind deshalb intensive Weisungs- und Bindungsrechte immanent.[125] Dass ein Franchise-Nehmer den für ein solches Rechtsverhältnis typischen Bindungen unterliegt, schließt die Annahme eines Arbeitsverhältnisses aber nicht aus. Entscheidend hierfür ist vielmehr, ob der Franchise-Nehmer weisungsgebunden und abhängig ist, oder ob er seine Chancen auf dem Markt selbstständig und im Wesentlichen weisungsfrei suchen kann.[126] Eine **Arbeitnehmerstellung** des Franchise-Nehmers ist anzunehmen, wenn dieser **de facto lediglich als Verkäufer des Franchise-Gebers** fungiert.[127]

65 ■ Für die Arbeitnehmereigenschaft von **Lehrkräften** und **Dozenten** ist allein noch nicht ausschlaggebend, dass ein verbindlicher Lehrplan besteht und die Schulzeit sowie der Unterrichtsort festgelegt sind,[128] soweit auf diese Beschränkungen im Rahmen der vertraglichen Vereinbarung Einfluss genommen werden konnte.[129] Erst die fachlichen Weisungsrechte, zB zur methodisch-didaktischen Ausgestaltung oder die einseitige Vorgabe des jeweiligen Unterrichtsgegenstandes können die persönliche Abhängigkeit begründen.[130] Die Eingliederung in den allgemeinen Schulbetrieb spricht ebenfalls für die Arbeitnehmereigenschaft.[131] Unerheblich ist demgegenüber, ob der Unterricht als **nebenberufliche Tätigkeit** erbracht wird.[132] Volkshochschuldozenten sind regelmäßig keine Arbeitnehmer, es sei denn, sie sind vergleich-

---

123 Zur Entwicklung des Franchiserechts in den Jahren 1999, 2000 und 2001 vgl Haager, NJW 2002, 1463 ff, seit dem Jahre 2002 Haager, NJW 2005, 3394 ff; vgl auch Flohr, Aktuelle Tendenzen im Franchise-Recht BB 2006, 389 ff.

124 Vgl Wank, DB 1992, 90 f; Bauder, NJW 1989, 78; Weltrich, DB 1988, 806; ErfK/Preis, § 611 BGB Rn 29 ff.

125 BGH 3.10.1984 – VIII ZR 118/83 – NJW 1985, 1894; BGH 5.10.1981 – II ZR 203/80 – NJW 1982, 1817.

126 BAG 16.7.1997 – 5 AZB 29/96 – AP Nr. 37 zu § 5 ArbGG 1979.

127 BGH 4.11.1998 – VIII ZB 12/98 – NZA 1999, 53; zum Franchise-Nehmer als arbeitnehmerähnliche Person vgl LAG Nürnberg 20.8.2002 – 6 Ta 63/02 – AR-Blattei ES 120 Nr. 17.

128 BAG vom 24.6.1992 – 5 AZR 384/91 – AP Nr. 61 zu § 611 BGB Abhängigkeit.

129 BAG 13.11.1991, – 7 AZR 31/91 – AP Nr. 60 zu § 611 BGB Abhängigkeit.

130 BAG 19.11.1997 – 5 AZR 21/97 – AP Nr. 133 zu § 611 BGB Lehrer, Dozenten. Zu den Unterschieden der Intensität der Einbindung in den Unterrichtsbetrieb an allgemein bildenden Schulen und bei privaten Bildungseinrichtungen vgl BAG 9.7.2003 – 5 AZR 595/02 – AP Nr. 158 zu § 611 BGB Lehrer, Dozenten.

131 BAG 26.7.1995 – 5 AZR 22/94 – AP Nr. 79 zu § 611 BGB Abhängigkeit; BAG 12.9.1996 – 5 AZR 104/95 – AP Nr. 122 zu § 611 BGB Lehrer, Dozenten; BAG 9.3.2005 – 5 AZR 493/04 – AP Nr. 167 zu § 611 BGB Lehrer, Dozenten.

132 BAG 24.6.1992 – 5 AZR 384/91 – AP Nr. 61 zu § 611 BGB Abhängigkeit.

bar einer Lehrkraft an einer allgemein bildenden Schule in den Lehrbetrieb eingegliedert.[133]

- **Zeitungsausteiler** können je nach Umfang und Organisation der übernommenen Tätigkeit Arbeitnehmer oder Selbstständige sein. Kann ein Zusteller das übernommene Arbeitsvolumen in der vorgegebenen Zeit nicht bewältigen, so dass er weitere Mitarbeiter einsetzen muss, so spricht das gegen die Annahme eines Arbeitsverhältnisses.[134] 66

- Bei den **Medienmitarbeitern**[135] wird eine Arbeitnehmerstellung in der Regel bei **nicht programmgestaltender Mitarbeit** in Form einer routinemäßigen Tätigkeit als Sprecher, Aufnahmeleiter und Übersetzer gegeben sein.[136] Bei der Tätigkeit **programmgestaltender Mitarbeiter** wird ein Arbeitsverhältnis angenommen, wenn innerhalb eines bestimmten zeitlichen Rahmens über die Arbeitsleistung des Mitarbeiters verfügt werden kann. Das ist zB der Fall, wenn ständige Dienstbereitschaft erwartet wird, die Arbeiten also letztlich „zugewiesen" werden. Nicht statusbegründend wirkt sich allein die Einbindung in ein festes Programmschema und die Vorgabe eines Programmverlaufs bei grogrammgestaltenden Mitarbeitern aus.[137] Das Zur-Verfügung-Stellen einer Arbeitsausstattung und die Verpflichtung Tätigkeitsberichte zu erstellen, reicht ebenfalls noch nicht für die Annahme der Arbeitnehmereigenschaft.[138] 67

- Die Beschäftigung als **Orchestermusiker oder Schauspieler** – auch zur Aushilfe – ist nicht nur als Arbeitnehmer, sondern auch als freier Mitarbeiter möglich. Für die Statusbestimmung ist entscheidend, welchen zeitlichen und fachlichen Weisungen der Musiker oder Schauspieler bei der Erbringung seiner Dienste tätsächlich unterliegt.[139] Die Pflicht, sich in die Gesamtkonzeption eines Werkes einzuordnen, stellt keine die Arbeitnehmereigenschaft begründende Weisungsgebundenheit dar.[140] 68

- Seit Inkrafttreten des ProstG (vom 20.12.2001, BGBl. I, S. 3983) können sich auch **Prostituierte** in einem Arbeitsverhältnis befinden. Der Gesetzgeber geht davon aus, dass Prostitution im Rahmen einer abhängigen Tätigkeit möglich ist (§ 3 ProstG). Zwar besteht lediglich ein eingeschränktes Weisungsrecht hinsichtlich des Inhalts der geschuldeten Leistung, jedoch kann die für die 69

133 BAG 17.1.2006 – 9 AZR 61/05 – EzA § 2 BUrlG Nr. 6.
134 BAG 16.7.1997 – 5 AZR 312/96 – AP Nr. 4 zu § 611 BGB Zeitungsausträger; BAG 12.12.2001 – 5 AZR 253/00 – AP Nr. 111 zu § 611 BGB Abhängigkeit = AR-Blattei ES 110 Nr. 84.
135 Vgl grundlegend Ohle, Statusverfahren von freien Mitarbeitern bei Presse, Rundfunk und Fernsehen ArbRB 2006, 371.
136 BAG 16.2.1994 – 5 AZR 402/93 – AP Nr. 15 zu § 611 BGB Rundfunk; BAG 30.11.1994 – 5 AZR 704/93 – AP Nr. 74 zu § 611 BGB Abhängigkeit; zur Bedeutung von einseitig vom Arbeitgeber aufgestellten Dienstplänen vgl BAG 26.8.2009 – 5 AZN 503/09 –n.v.
137 BAG 9.7.1993 – 5 AZR 123/92 – AP Nr. 66 zu § 611 BGB Abhängigkeit; BAG 14.3.2007 – 5 AZR 499/06 – AP Nrr. 13 zu § 611 BGB Arbeitnehmerähnlichkeit; BAG 20.5.2009 – 5 AZR 31/08 – n.v.
138 ArbG Berlin 8.1.2004 – 78 Ca 26918/03 – NZA-RR 2004, 546.
139 BAG 22.8.2001 – 5 AZR 502/99 – AP Nr. 109 zu § 611 BGB Abhängigkeit; LAG Nürnberg 28.4.2005 – 5 Ta 209/04 – n.v.
140 BAG 7.2.2007 – 5 AZR 270/06 – ZTR 2007, 507; LAG Köln 14.5.2003 – 7 Sa 863/02 – ZTR 2004, 93 (LS).

Annahme eines Arbeitsverhältnisses besonders wichtige Weisungsbefugnis bezüglich Arbeitszeit und Arbeitsort gegeben sein.[141]

III. Zu ihrer Berufsbildung Beschäftigte

1. Grundsätzliches

70 Der Begriff der Berufsbildung in § 1 Abs. 2 EFZG ist in dem im Berufsbildungsgesetz verwendeten Sinne zu verstehen. Damit zählt zur **Berufsbildung** (§ 1 Abs. 1 BBiG) zunächst die **Berufsausbildungsvorbereitung** (§ 1 Abs. 2 BBiG), die **Berufsausbildung** (§ 1 Abs. 3 BBiG), die **berufliche Fortbildung** (§ 1 Abs. 4 BBiG) und die **berufliche Umschulung** (§ 1 Abs. 5 BBiG). Darüber hinaus sind aber auch die Personen, die, soweit nicht ein Arbeitsverhältnis vereinbart ist, eingestellt werden, um berufliche Kenntnisse, Fertigkeiten, Fähigkeiten oder Erfahrungen zu erwerben, ohne dass es sich um eine Berufsausbildung im Sinne dieses Gesetzes handelt (§ 26 BBiG), Arbeitnehmer im Sinne des § 1 Abs. 2 EFZG.

71 Der ausdrücklichen Einbeziehung der zu ihrer Berufsbildung Beschäftigten in den Arbeitnehmerbegriff des § 1 Abs. 2 EFZG bedurfte es, da das Berufsbildungsgesetz keine umfassende Regelung für die Entgeltfortzahlung im Krankheitsfalle und an Feiertagen enthält und Berufsbildungsverhältnisse nicht ohne weiteres als Arbeitsverhältnisse anzusehen sind. Meist fehlt es an der vertraglichen Verpflichtung, „Arbeit" zu leisten;[142] der Zweck des Berufsausbildungsvertrages besteht darin, dem Auszubildenden eine ordnungsgemäße Berufsausbildung zuteil werden zu lassen, nicht jedoch darin, dem Ausbildenden die Arbeitsleistung des Auszubildenden zu verschaffen.[143] Während § 12 Abs. 1 Satz 2 BBiG in der bis 31.3.2005 geltenden Fassung noch ausdrücklich eine Verweisung auf das EFZG enthielt, findet sich ein solcher Verweis in § 19 BBiG in der Fassung ab 1.4.2005 (BGBl. I S. 931) nicht mehr, nachdem § 1 Abs. 2 EFZG ohnehin ausdrücklich regelt, dass die zur Berufsbildung Beschäftigten Arbeitnehmer iSd EFZG sind.[144]

2. Berufsausbildung

72 Hierunter fallen zunächst Personen, die aufgrund eines – nicht notwendigerweise schriftlichen – Berufsausbildungsvertrages die für einen anerkannten Ausbildungsberuf notwendigen Fertigkeiten, Kenntnisse und Fähigkeiten (**berufliche Handlungsfähigkeit**) vermittelt bekommen (§§ 10 ff, 4 ff BBiG).

73 Ohne Berufsausbildungsvertrag werden gemäß § 26 BBiG Personen von den Bestimmungen der §§ 10 bis 23 und 25 BBiG erfasst, die eingestellt werden, um berufliche Kenntnisse, Fertigkeiten, Fähigkeiten oder Erfahrungen zu erwerben, ohne dass es sich um eine Berufsausbildung im Sinne des Berufsbildungsgesetzes handelt.

74 Als solche können angesehen werden:

- **Berufsausbildungsvorbereitungsverhältnisse für Personen mit einem verringerten Entwicklungsstand**, die ohne spezielle Vorbereitung eine reguläre Ausbildung voraussichtlich nicht erfolgreich abschließen könnten (§ 68

141 Armbrüster, NJW 2002, 2763 ff; Laskowski, AuR 2002, 406 ff.
142 Vgl Rn 35.
143 BAG 13.12.1972 – 4 AZR 89/72 – AP Nr. 26 zu § 611 BGB Lehrverhältnis.
144 Vgl ErfK/Schlachter, § 19 BBiG Rn 7.

BBiG). Ein privatrechtlicher Qualifizierungsvertrag ist als Vertragsverhältnis iSd § 26 BBiG zu werten.[145]

- **Volontäre**, die analog § 82 a HGB sich gegenüber dem Arbeitgeber als Ausbildenden zur Leistung von Diensten und dieser sich zur Ausbildung der Person verpflichtet, ohne dass mit der Ausbildung eine vollständig abgeschlossene Fachausbildung in einem anerkannten Ausbildungsberuf beabsichtigt wäre.[146]
- **Praktikanten**, die sich im Rahmen einer Gesamtausbildung einer bestimmten betrieblichen Tätigkeit und Ausbildung unterziehen, ohne eine systematische Berufsausbildung zu absolvieren.[147] Die Abgrenzung von Praktikum und Arbeitsverhältnis[148] ist entgeltfortzahlungsrechtlich ohne Bedeutung, soweit jedenfalls das Praktikum als anderes Vertragsverhältnis iSd § 26 BBiG zu werten ist. § 26 BBiG findet aber keine Anwendung auf Praktika, die als **Bestandteil eines Studiums** von der (Fach-) Hochschule durchgeführt werden (§ 3 Abs. 2 Nr. 1 BBiG).[149] Keine Anwendung findet das BBiG auch auf Studenten an einer **Berufsakademie (BA)**, die auf der Grundlage eines Vertrages eine integrierte praktische Ausbildung bei einem Unternehmen absolvieren.
- **Anlern- und Traineeverhältnisse** dienen der betrieblichen Einarbeitung und dem Erwerb der für bestimmte Tätigkeiten an bestimmten Arbeitsplätzen erforderlichen Kenntnisse und Fertigkeiten. Gegenüber der allgemeinen Ausbildung zur Vorbereitung für die Ausübung eines Berufs ist das Anlernen erheblich enger begrenzt.[150] Von § 26 BBiG werden Anlern- und Traineeverhältnisse nicht erfasst, wenn sie – was in der betrieblichen Praxis heute allerdings meist der Fall sein wird – die Merkmale eines Arbeitsverhältnisses erfüllen.[151]

Von § 26 BBiG nicht erfasst werden: 75

- **Werkstudenten** und **Schüler in Ferienarbeit**, selbst wenn die Tätigkeit auch dem Ziel dient, Einblick in praktische Arbeitsabläufe im Hinblick auf eine spätere Berufswahl zu bekommen.[152]
- Personen, die nach §§ 53 ff, 58 ff BBiG **beruflich fortgebildet** oder **umgeschult** werden oder nur im Rahmen der **beruflichen Weiterbildung** bzw einer

145 Gedon/Hurlebaus, § 68 BBiG Rn 4 unter Hinweis auf BT-Drucks. 15/26 S. 30; aA Natzel, Das Berufsausbildungsvorbereitungsverhältnis DB 2003, 719 ff [720]; ErfK/Schlachter, § 1 BBiG Rn 2.

146 ErfK/Schlachter, § 26 BBiG Rn 2.

147 ErfK/Schlachter, § 26 BBiG Rn 3.

148 LAG Köln 31.5.2006 – 3 Sa 225/06 – NZA-RR 2006, 525; LAG Baden-Württemberg 8.2.2008 – 5 Sa 45/07 – DB 2008, 1574; Dollmann, Praktikum und Vergütungsanspruch – zwischen Einfühlungsverhältnis und verschleierter Probeanstellung, ArbRB 2006, 306; Orlowski, Praktikantenverträge - transparente Regelung notwendig!, RdA 2009, 38.

149 BAG 19.6.1974 – 4 AZR 436/73 – AP Nr. 3 zu § 3 BAT; BAG 25.3.1981 – 5 AZR 353/79 – AP Nr. 1 zu § 19 BbiG; BAG 16.10.2002 – 4 AZR 429/01 – AP Nr. 181 zu § 1 TVG Tarifverträge: Metallindustrie; BAG 27.9.2006 – 5 AZB 33/06 – n.v.; BAG 18.11.2008 – 3 AZR 192/07 – NZA 2009, 435; Heitzmann, Rechtlicher Status von Studierenden dualer Studiengänge, AuR 2009, 389.

150 LAG Bremen 29.7.1959 – 1 Sa 60/59 – AP Nr. 1 zu § 611 BGB Anlernverhältnis.

151 Gedon/Hurlebaus, § 19 BBiG Rn 17.

152 BAG 15.3.1991 – 2 AZR 516/90 – AP Nr. 2 zu § 47 BBiG; BAG 11.11.2008 – 1 ABR 68/07 – NZA 2009, 450.

beruflichen Anpassung, zB an neuere technische Entwicklungen, bestimmte, meist eng abgegrenzte betriebliche Bildungsmaßnahmen besuchen.[153]

- **Berufliche Rehabilitanden**, selbst wenn eine berufliche Erstausbildung vermittelt wird.[154]
- Teilnehmer an einem **freiwilligen sozialen Jahr**[155] und des **freiwilligen ökologischen Jahres.**[156]
- Vom Geltungsbereich des Berufsbildungsgesetzes ausdrücklich ausgenommen ist die Berufsbildung, soweit sie in berufsbildenden Schulen durchgeführt wird, die den Schulgesetzen der Länder unterstehen (§ 3 Abs. 1 BBiG) oder im Rahmen von Studiengängen an Hochschulen iSd § 3 Abs. 2 Nr. 1 BBiG stattfindet (vgl Rn 74) sowie die Berufsbildung in einem öffentlich-rechtlichen Dienstverhältnis (§ 3 Abs. 2 Nr. 2 BBiG) und die Berufsbildung auf Kauffahrteischiffen im Sinne des § 3 Abs. 2 Nr. 3 BBiG.

3. Berufliche Fortbildung und berufliche Umschulung

76 Das EFZG kommt für diese Berufsbildungsmaßnahmen nicht zur Anwendung, wenn ihnen ausschließlich Rechtsbeziehungen zur Bundesagentur für Arbeit zugrunde liegen und sie damit dem Arbeitsförderungsrecht (§§ 77 ff SGB III) unterfallen; dann erfolgt die Sicherung des Einkommens im Krankheitsfall nach den sozialrechtlichen Bestimmungen.[157] Entgeltfortzahlungsrechtliche Ansprüche können sich nur insoweit ergeben, als die **berufliche Fortbildung** oder **Umschulung** vollständig oder teilweise auf arbeitsvertraglicher Grundlage erfolgt und vom Arbeitgeber Arbeitsentgelt zu leisten ist.[158]

4. Heimarbeiter

77 **In Heimarbeit Beschäftigte** sind keine Arbeitnehmer iSd § 1 Abs. 2 EFZG, so dass die Bestimmungen des EFZG ohne ausdrückliche Inbezugnahme für diesen Personenkreis nicht gelten. Der in § 1 Abs. 1 EFZG auch zum Ausdruck gebrachte Gesetzeszweck der wirtschaftlichen Sicherung im Bereich der Heimarbeit für gesetzliche Feiertage und im Krankheitsfall wird über die §§ 10, 11 EFZG erreicht. Der hiervon erfasste Personenkreis der in Heimarbeit Beschäftigten und ihnen Gleichgestellten wird in §§ 10, 11 EFZG durch Bezugnahme auf die Begriffsbestimmung des Heimarbeitsgesetzes abgegrenzt.

78 Nach § 1 Abs. 1 HAG sind in Heimarbeit Beschäftigte die Heimarbeiter iSd § 2 Abs. 1 HAG sowie die Hausgewerbetreibenden iSd § 2 Abs. 2 HAG. Für die ihnen Gleichgestellten (§ 1 Abs. 2 HAG) kommt § 10 EFZG in vollem Umfang, § 11 EFZG nur dann zur Anwendung, wenn sie gerade hinsichtlich der Feiertagsbezahlung den in § 1 Abs. 1 HAG genannten Personen gleichgestellt wer-

153 BAG 20.2.1975 – 5 AZR 240/74 – AP Nr. 2 zu § 611 BGB Ausbildungsbeihilfe; BAG 15.3.1991 – 2 AZR 516/90 – AP Nr. 2 zu § 47 BBiG; BAG 10.2.1981 – 6 ABR 86/78 – AP Nr. 25 zu § 5 BetrVG 1972; Gedon/Hurlebaus, § 19 BBiG Rn 24.
154 BAG 26.1.1994 – 7 ABR 13/92 – AP Nr. 54 zu § 5 BetrVG 1972.
155 BAG 12.2.1992 – 7 ABR 42/91 – AP Nr. 52 zu § 5 BetrVG 1972.
156 Vgl hierzu auch Rn 24.
157 Schmitt, § 1 EFZG Rn 38.
158 Kaiser/Dunkl/Hold/Kleinsorge § 1 EFZG Rn 41; LAG Berlin 6.12.2004 – 16 Ta 2297/04 – LAGE § 2 ArbGG 1979 Nr. 47; LAG Nürnberg 26.3.2008 – 8 Ta 209/07 – n.v. für einen privatrechtlichen Weiterbildungsvertrag, für den nach § 77 Abs. 3 SGB III ein Bildungsgutschein erteilt wurde.

den.[159] Um dem EFZG und nicht dem HAG unterfallende Arbeitnehmer handelt es sich bei den im Rahmen eines „**Tele- oder Home-Office-Arbeitsverhältnisses**" Beschäftigten.[160]

5. Arbeiter und Angestellte

79 Die Unterscheidung hat im Hinblick auf die zunehmende Vereinheitlichung der Rechts- und Tarifbestimmungen für beide Arbeitnehmergruppen immer mehr an Bedeutung verloren.[161] Auch das Entgeltfortzahlungsgesetz regelt seit 1.6.1994 die Feiertagsvergütung und die Entgeltfortzahlung im Krankheitsfall für Arbeiter und Angestellte in gleicher Weise.

80 Seit Inkrafttreten des Aufwendungsausgleichsgesetzes vom 22.12.2005 (BGBl. I S. 3686) zum 1.10.2005/1.1.2006 ist die Unterscheidung auch für das Erstattungsverfahren obsolet geworden. Im Gegensatz zu §§ 10 ff EFZG aF werden vom Erstattungsverfahren nicht mehr nur Entgeltfortzahlungsansprüche von Arbeitern, sondern von allen Arbeitnehmern erfasst (§ 1 Abs. 1 AAG).[162]

6. Beweislastfragen

81 Wer sich eines Anspruchs aus dem EFZG berühmt, muss seine **Zugehörigkeit zu dem von § 1 EFZG erfassten Personenkreis** (Arbeitnehmer iSd § 1 Abs. 2 EFZG oder in Heimarbeit Beschäftigter oder diesen Gleichgestellter iSd §§ 10, 11 EFZG) als **anspruchsbegründende Voraussetzung** darlegen und im Bestreitensfall beweisen.[163] Die Eigenschaft als Arbeitnehmer oder als Heimarbeiter kann inzident im Rahmen einer Leistungsklage als Vorfrage, aber auch als Hauptfrage einer Statusklage festgestellt werden.[164]

82 Die **Vermutungsregel** des **§ 7 Abs. 4 Satz 1 SGB IV** in der bis 30.6.2009 geltenden Fassung hatte keine arbeitsrechtlichen Folgen (vgl Rn 54), sie löste im arbeitsgerichtlichen Verfahren insbesondere nicht die gesetzliche Vermutungsregel nach § 292 Satz 1 ZPO aus.

D. Räumlicher Geltungsbereich – Internationales Arbeitsrecht

I. Allgemeines

83 Voraussetzung für die Anwendung des EFZG ist die Anwendbarkeit deutschen Arbeitsrechts. Die Frage der Rechtsanwendung ist im EFZG nicht geregelt, sie richtet sich deshalb nach den **Grundsätzen des Internationalen Arbeitsrechts.** Dabei handelt es sich um **nationales Recht**, welches **Kollisionsregeln für vertragliche Schuldverhältnisse** enthält. In Deutschland finden sich diese seit 1.9.1986 in Art. 27 ff EGBGB (BGBl. 1986 I, S. 1142). Auch vor dem 1.9.1986 begründete Arbeitsverhältnisse unterliegen diesem neuen Internationalen Privatrecht, da sie

159 Vgl zu den Begriffen im Einzelnen § 10 Rn 4 ff.
160 Boemke, Das Telearbeitsverhältnis – Vertragstypus und Vertragsgestaltung, BB 2000, 147.
161 Schaub/Vogelsang, § 14 Rn 1 ff.
162 Siehe hierzu AAG Einl. Rn 3.
163 Vgl etwa LAG Köln 7.4.1994 – 10 Sa 1305/93 – NZA 1994, 1090.
164 BAG 20.7.1994 – 5 AZR 169/93 – AP Nr. 26 zu § 256 ZPO 1977.

keine abgeschlossenen Vorgänge im Sinne der Übergangsregelung des Art. 220 Abs. 1 EGBGB sind.[165]

84 Maßgebend für das anzuwendende Recht ist nach Art. 27 Abs. 1 Satz 1 EGBGB grundsätzlich die ausdrücklich oder stillschweigend getroffene Parteivereinbarung;[166] auf die Nationalität der Vertragspartner kommt es nicht an. Dieser **Grundsatz der freien Rechtswahl** wird für Arbeitsverträge und für Arbeitsverhältnisse von Einzelpersonen **durch Art. 6, 27 Abs. 3, 30, 34 EGBGB eingeschränkt.**[167] **Bei fehlender oder unwirksamer Rechtswahl gilt die Kollisionsregel des Art. 30 Abs. 2 EGBGB.**

85 Ist aufgrund des Kollisionsrechts **ausländisches Arbeitsrecht** anzuwenden, so hat das Gericht von Amts wegen dieses Recht zu ermitteln. Nur für den Fall, dass keine sicheren Feststellungen zum Inhalt des anzuwendenden Rechts getroffen werden können, kann das Gericht auf das nationale (deutsche) Arbeitsrecht zurückgreifen.[168] Davon kann aber erst nach vergeblichen Versuchen einer ausreichenden Feststellung Gebrauch gemacht werden.

86 Die Frage nach dem anzuwendenden Recht ist unabhängig von der Zuständigkeit deutscher Arbeitsgerichte zu klären. Die **Internationale Zuständigkeit** [169] richtet sich zunächst nach den §§ 12 ff ZPO iVm § 46 Abs. 2 ArbGG. Für die Internationale Zuständigkeit deutscher Gerichte gemäß § 23 Abs. 1, 1. Alt. ZPO ist über die Vermögensgelegenheit hinaus ein hinreichender Inlandsbezug des Rechtsstreits erforderlich.[170] Soweit in dem Europäischen Gerichtsstandübereinkommen Zuständigkeitsregeln enthalten sind,[171] gehen diese den Zuständigkeitsregeln der ZPO vor.[172]

II. Freie Rechtswahl

1. Zustandekommen und Ausgestaltung

87 Ob das EFZG oder ausländisches Recht Anwendung findet, können die Arbeitsvertragsparteien bestimmen. Es gilt hierfür grundsätzlich die Vertragsfreiheit. Daher kann für Inländer die Anwendung ausländischen Rechts und für Ausländer die Anwendung des EFZG vereinbart werden (Art. 27 Abs. 1 Satz 1 iVm Abs. 2 EGBGB). Die Rechtswahl wird durch einen **kollisionsrechtlichen Verwei-**

---

165 BAG 29.10.1992 – 2 AZR 267/92 – AP Nr. 31 zu Internat. Privatrecht-Arbeitsrecht; BAG 15.2.2005 – 9 AZR 116/04 – AP Nr. 15 zu § 612 a BGB; aA Palandt/Thorn, § 220 EGBGB Rn 4 mwN.

166 BAG 20.7.1967 – 2 AZR 372/66 – und 10.4.1975 – 2 AZR 128/74 – AP Nrn. 10 und 12 Internat. Privatrecht-Arbeitsrecht; BAG 15.2.2005 – 9 AZR 116/04 – AP Nr. 15 zu § 612 a BGB.

167 Vgl Rn 89 ff.

168 BGH 23.12.1981 – IV b ZR 643/80 – AP Nr. 21 zu Internat. Privatrecht-Arbeitsrecht.

169 Grundlegend: Junker, Internationale Zuständigkeit und anwendbares Recht in Arbeitssachen, NZA 2005, 199; Däubler, Die internationale Zuständigkeit der deutschen Arbeitsgerichte, NZA 2003, 1297.

170 BAG 17.7.1997 – 8 AZR 328/95 – AP Nr. 13 zu § 38 ZPO Internationale Zuständigkeit; BAG 12.12.2001 – 5 AZR 255/00 – AP Nr. 10 zu Art. 30 EGBGB nF.

171 Vgl insbesondere Art. 5 Nr. 1 EuGVVO; zum inhaltlich gleichlautenden Art. 5 Nr. 1 LugÜ vgl BAG 29.5.2002 – 5 AZR 141/01 – AR-Blattei ES 160.5.5 Nr. 5 = MDR 2002, 1268.

172 EuGH 27.2.2002 – Rs C 37/00 Weber – AP Nr. 4 zu Art. 5 Brüsseler Abkommen = NZA 2002, 459; BAG 20.4.2004 – 3 AZR 301/03 – und 23.1.2008 – 5 AZR 60/07 – AP Nrn. 21 und 22 zu § 38 ZPO Internationale Zuständigkeit; Thomas/Putzo, vor § 1 ZPO Rn 9.

sungsvertrag vorgenommen, dessen Zustandekommen Art. 27 Abs. 4 EGBGB regelt.[173] Die Rechtswahl kann dabei für den ganzen Vertrag oder nur für einen Teil getroffen werden (Art. 27 Abs. 1 Satz 3 EGBGB). Die Rechtswahl kann ausdrücklich oder konkludent getroffen werden, wenn sich mit hinreichender Sicherheit aus den Bestimmungen des Vertrages oder aus den Umständen des Falles ergibt, dass die Parteien ein bestimmtes Recht zur Anwendung bringen wollen (Art. 27 Abs. 1 Satz 2 EGBGB). Ein gewichtiges Indiz für eine konkludente Rechtswahl ist die arbeitsvertragliche Bezugnahme auf Tarifverträge und sonstige Regelungen am Sitz des Arbeitgebers[174] oder eine Gerichtsstandsvereinbarung.[175]

Die Wahl, ausländisches Recht zur Anwendung zu bringen, hängt grundsätzlich 88 nicht von einer Auslandsbeziehung des Schuldverhältnisses ab,[176] sie unterliegt aber einer Reihe von Beschränkungen nach Art. 27 Abs. 3, 30 Abs. 1, 34 und 6 EGBGB.[177] Eine Anwendung der in Art. 29 EGBGB enthaltenen Beschränkungen auf Arbeitsverhältnisse kommt indes im Hinblick auf die spezielle Regelung des Art. 30 EGBGB nicht in Betracht.[178] Darauf, ob ein Arbeitnehmer in dieser Eigenschaft Verbraucher iSd § 13 BGB sein kann, kommt es deshalb in diesem Zusammenhang nicht an.

2. Schranken durch Art. 27 Abs. 3 EGBGB

Hat das Arbeitsvertragsverhältnis **Verbindungen ausschließlich zu einem Staat,** 89 so können dessen zwingende Rechtsvorschriften durch eine Wahl des Rechts eines anderen Staates nicht ausgeschlossen werden (Art. 27 Abs. 3 EGBGB). Ein Auslandsbezug iSd Art. 27 Abs. 3 EGBGB kann sich nicht allein durch die Wahl eines fremden Rechts ergeben, aber zB durch unterschiedliche Staatsangehörigkeit der Parteien, einem ausländischen Arbeitsort oder einem Betriebssitz des Arbeitgebers im Ausland.[179]

3. Schranken durch Art. 30 Abs. 1 EGBGB

Weist das Arbeitsverhältnis einen **Auslandsbezug** auf, so darf die Rechtswahl 90 nicht zu einer Verschlechterung arbeitnehmerschützender zwingender Vorschriften führen, die mangels einer Rechtswahl nach Art. 30 Abs. 2 EGBGB anwendbar wären.[180] Für den Günstigkeitsvergleich kommt es nicht auf die punktuelle Regelung, sondern wie im Tarifvertragsrecht auf den jeweils in Frage stehenden

---

173 Palandt/Thorn, 68. Aufl., Art. 27 EGBGB (IPR) Rn 1; Gotthardt, MDR 2001, 961.
174 BAG 26.7.1995 – 5 AZR 216/94 – AP Nr. 7 zu § 157 BGB; BAG 12.12.2001 – 5 AZR 255/00 AP Nr. 10 zu Art. 30 EGBGB nF; Hanau/Steinmeyer/Wank, § 31 Rn 40.
175 Riesenhuber, Die konkludente Rechtswahl im Arbeitsvertrag, DB 2005, 1571.
176 Palandt/Thorn, 68. Aufl., Art. 27 EGBGB (IPR) Rn 3; Hanau/Steinmeyer/Wank, § 31 Rn 50.
177 Zur Konkurrenz der Schranken siehe Hanau/Steinmeyer/Wank, § 31 Rn 124 ff und 146 ff; vgl auch Gragert/Drenckhahn, „Fliegende Mütter" im internationalen Privatrecht, NZA 2003, 305 ff; Markovska, Zwingende Bestimmungen als Schranken der Rechtswahl im Arbeitskollisionsrecht, RdA 2007, 352.
178 So auch Palandt/Thorn, 68. Aufl., Art. 29 EGBGB (IPR) Rn 2.
179 ErfK/Schlachter, Art. 27, 30, 34 EGBGB Rn 15.
180 Vgl hierzu: Rn 96 ff; BAG 11.12.2003 – 2 AZR 627/02 – AP Nr. 6 zu Art. 27 EGBGB nF.

Regelungskomplex an.[181] Für die Bestimmung des anwendbaren Rechts nach Art. 30 EGBGB enthält Art. 30 Abs. 2 Nr. 1 EGBGB die Regelanknüpfung an die räumliche Dimension des Arbeitsverhältnisses.[182]

91 Die Begriffe Arbeitsvertrag und Arbeitsverhältnis sind wegen der nach Art. 36 EGBGB gebotenen einheitlichen Auslegung in den Vertragsstaaten unter Berücksichtigung der Rechtsprechung des **Europäischen Gerichtshofs** auszulegen.[183]

4. Schranken durch Art. 34 EGBGB

92 Durch Art. 34 EGBGB werden nationale Normen geschützt, die unabhängig vom Umfang des Auslandsbezugs eines Arbeitsverhältnisses nicht zur Disposition einer freien Rechtswahl stehen, wenn das Arbeitsverhältnis einen Bezug zur deutschen Rechtsordnung besitzt. Solche so genannten **Eingriffsnormen** sind aber nicht alle nach deutschem Recht zwingende Rechtsnormen.[184] Für den Charakter als Eingriffsnorm ist von maßgebender Bedeutung, dass der Gesetzgeber mit dieser Vorschrift zumindest auch im **Interesse des Gemeinwohls** und nicht nur im Individualinteresse getroffenen Regelungen unbedingte Geltung verschaffen wollte. Eine Norm, die öffentliche Gemeinwohlinteressen nur **reflexartig** schützt, ist **keine Eingriffsnorm iSv Art. 34 EGBGB.**[185] Damit sind zwingende Vorschriften, die vor allem dem Ausgleich widerstreitender Interessen der Vertragsparteien und damit Individualbelangen dienen, nicht als Eingriffsnorm anzusehen.[186] Als Ausnahmevorschrift ist Art. 34 EGBGB eng auszulegen.[187]

93 Hiervon ausgehend, handelt es sich bei **§ 3 EFZG** um eine **Eingriffsnorm** iSd Art. 34 EGBGB. Die Entgeltforzahlung bei Arbeitsunfähigkeit dient nicht nur Individualinteressen des Arbeitnehmers. § 3 Abs. 1 EFZG verfolgt vielmehr auch öffentliche Interessen. Ohne den gegen den Arbeitgeber gerichteten Entgeltfortzahlungsanspruch nach § 3 Abs. 1 EFZG könnte der Arbeitnehmer von der Krankenkasse die Zahlung von Krankengeld verlangen. Deren Verpflichtung zur Zahlung des Krankengelds bei Arbeitsunfähigkeit des Arbeitnehmers ruht, solange der Versicherte Zahlungen vom Arbeitgeber erhält (§ 49 Abs. 1 SGB V). § 3 EFZG dient damit ganz wesentlich der Entlastung der gesetzlichen Kran-

---

181 Thüsing, Rechtsfragen grenzüberschreitender Arbeitsverhältnisse, NZA 2003, 1303; Pietras, Der Teilzeitanspruch gemäß § 8 TzBfG und das deutsche internationale Privatrecht, NZA 2008, 1052.
182 BAG 11.12.2003 – 2 AZR 627/02 – AP Nr. 6 zu Art. 27 EGBGB nF.
183 ErfK/Schlachter Art. 27, 30, 34 EGBGB Rn 3.
184 BAG 24.8.1989 – 2 AZR 3/89 – AP Nr. 30 zu Internat. Privatrecht-Arbeitsrecht.
185 BAG 13.11.2007 – 9 AZR 134/07 – AP Nr. 8 zu Art. 27 EGBGB nF.
186 BAG 24.8.1989 – 2 AZR 3/89 – 29.10.1992 – 2 AZR 267/92 – und 3.5.1995 – 5 AZR 15/94 – AP Nrn. 30, 31 und 32 zu Internat. Privatrecht-Arbeitsrecht.
187 Palandt/Thorn, 68. Aufl., Art. 34 EGBGB (IPR) Rn 3; Mann, NJW 1988, 3075.

kenkassen[188] und damit mittelbar aller Beitragszahler. Deren Entlastung liegt im gesamtgesellschaftlichen Interesse.[189]

94 § 2 EFZG wird demgegenüber **nicht** als **Eingriffsnorm** angesehen werden können, da § 2 EFZG in erster Linie der wirtschaftlichen Kompensation des durch den arbeitsfreien Feiertag für den Arbeitnehmer an sich eintretenden Entgeltausfalls dient.[190]

5. Schranken durch Art. 6 EGBGB (ordre public)

95 Nach Art. 6 EGBGB ist eine **Rechtsnorm eines anderen Staates** nicht anzuwenden, wenn ihre Anwendung zu einem Ergebnis führt, das **mit wesentlichen Grundsätzen des deutschen Rechts offensichtlich unvereinbar** ist, insbesondere wenn die Anwendung gegen Grundrechte verstößt. Die Ausnahmevorschrift greift nur ein, wenn die Anwendung des ausländischen Rechts im Einzelfall zu einem Ergebnis führt, das zu der in der entsprechenden deutschen Regelung liegenden Gerechtigkeitsvorstellung in so starkem Widerspruch steht, dass die Anwendung des ausländischen Rechts schlechthin untragbar wäre.[191]

III. Anzuwendendes Recht ohne oder bei unwirksamer Rechtswahl

1. Grundsätzliches

96 Bei **fehlender Rechtswahl** unterliegen Arbeitsverträge und Arbeitsverhältnisse dem **Recht des gewöhnlichen Arbeitsortes** (lex loci laboris; Art. 30 Abs. 2 Nr. 1 EGBGB) oder, wenn ein solcher nicht feststellbar ist, dem **Recht der einstellenden Niederlassung** (lex loci contractus; Art. 30 Abs. 2 Nr. 2 EGBGB). Abweichend hiervon ist das Recht eines anderen Staates ausnahmsweise dann anzuwenden, wenn sich aus der Gesamtheit der Umstände ergibt, dass der Arbeitsvertrag oder das Arbeitsverhältnis engere Verbindungen zu diesem Staat aufweist (Art. 30 Abs. 2 Hs 2 EGBGB).

97 Art. 30 Abs. 2 EGBGB gilt für Arbeitsverträge[192] sowie für (faktische) Arbeitsverhältnisse, die ohne wirksamen Arbeitsvertrag in Vollzug gesetzt wurden.[193] Da Berufsausbildungsverträge keine Arbeitsverträge sind,[194] kommt angesichts des eindeutigen Gesetzeswortlauts Art. 30 Abs. 2 EGBGB für sie nicht zur Anwendung. Von Art. 30 Abs. 2 EGBGB werden alle mit der Begründung, dem Inhalt, der Erfüllung und der Beendigung eines Arbeitsverhältnisses zusammenhängenden Fragen erfasst.[195] Demzufolge fallen alle Regelungsbereiche des

188 Vgl § 12 Rn 2; MünchArbR/Boecken, 2. Aufl., § 82 Rn 32.

189 BAG 12.12.2001 – 5 AZR 255/00 – AP Nr. 10 zu Art. 30 EGBGB nF; MünchKomm/Martiny, Art. 30 EGBGB Rn 54; Soergel/von Hoffmann, BGB 13. Aufl., Art. 30 EGBGB Rn 23; aA Hessisches LAG 16.11.1999 – 4 Sa 463/99 – AR-Blattei ES 920 Nr. 7; Palandt/Thorn, 68. Aufl., Art. 34 EGBGB (IPR) Rn 3 b; Heilmann, AR-Blattei SD 340 Rn 236 ff; Schlachter, Anm. zu BAG 12.12.2001, AP Nr. 10 zu Art. 30 EGBGB nF; kritisch zur Begründung des BAG 12.12.2001: Gragert/Drenckhahn, aaO Fn 154.

190 Vgl § 2 Rn 58; BAG 20.7.1982 – 1 AZR 404/80 – AP Nr. 38 zu § 1 Feiertagslohnzahlungs G.

191 BAG 24.8.1989 – 2 AZR 3/89 – AP Nr. 30 zu Internat. Privatrecht-Arbeitsrecht.

192 Vgl Rn 13.

193 Vgl Rn 15.

194 Vgl Rn 71.

195 Palandt/Thorn, 68. Aufl., Art. 30 EGBGB (IPR) Rn 3.

EFZG unter Art. 30 Abs. 2 EGBGB, nicht aber die das Erstattungsverfahren regelnden Bestimmungen des Aufwendungsausgleichsgesetzes.

2. Gewöhnlicher Arbeitsort

98 Der **gewöhnliche Arbeitsort** wird durch den **tatsächlichen Mittelpunkt der Berufstätigkeit des Arbeitnehmers** bestimmt. Es handelt sich um den Ort, an dem der Arbeitnehmer in Erfüllung seines Vertrages gewöhnlich seine Arbeit verrichtet.[196] Der Begriff des Arbeitsortes ist dabei nicht auf eine bestimmte politische Gemeinde zu begrenzen, er umfasst vielmehr bei Einsatz an wechselnden Orten innerhalb eines Staates das gesamte Einsatz- bzw Staatsgebiet.[197] Nach der zum 1.4.2008 in Kraft getretenen neuen Bestimmung des § 48 Abs. 1 a ArbGG[198] richtet sich die Zuständigkeit deutscher Arbeitsgerichte nunmehr ebenfalls nach dem gewöhnlichen Arbeitsort des Arbeitnehmers. § 48 Abs. 1 a ArbGG stellt eine autonome Angleichung an Art. 19 Nr. 2 lit. a EuGVVO dar,[199] so dass die Bedeutung des in § 48 Abs. 1 a ArbGG verwendeten Rechtsbegriffs des gewöhnlichen Arbeitsortes der des Gemeinschaftsrechts entspricht.[200]

99 Durch eine **vorübergehende Entsendung in das Ausland** ändert sich der gewöhnliche Arbeitsort und die damit verbundene Regelanknüpfung des Art. 30 Abs. 2 Nr. 1 EGBGB noch nicht ohne weiteres (**Ausstrahlungstheorie**).[201] Von einer solchen Ausstrahlung eines inländischen Betriebs ist auszugehen, wenn die Entsendung eines Arbeitnehmers ins Ausland **zeitlich beschränkt** ist. Die Einsatzdauer kann dabei auch mehrere Jahre umfassen. Eine exakte Festlegung der höchstmöglichen Einsatzdauer ist nicht möglich; entscheidend kommt es auf die Verbundenheit des Arbeitsverhältnisses mit dem entsendenden Betrieb und die Rückkehrabsicht an.[202] Die Vereinbarung einer bloßen Rückkehrmöglichkeit spricht alleine noch nicht für eine vorübergehende Entsendung.[203]

3. Einstellende Niederlassung

100 Wird die Arbeit üblicherweise in mehreren Staaten und nicht in ein und demselben Staat verrichtet, kann ein gewöhnlicher Arbeitsort also nicht festgestellt werden, so ist – soweit nicht der Ausnahmetatbestand des Art. 30 Abs. 2 2. Hs EGBGB vorliegt (vgl Rn 104 f) – an das am Ort der einstellenden Niederlassung maßgebende Recht anzuknüpfen.[204] Dies gilt auch für das fliegende Personal von Luftfahrtunternehmen.[205]

---

196 BAG 29.10.1992 – 2 AZR 267/92 – AP Nr. 31 zu Internat. Privatrecht-Arbeitsrecht.

197 BAG 27.8.1964 – 5 AZR 364/63 – vom 26.2.1985 – 3 AZR 1/83 – und 29.10.1999 – 2 AZR 267/92 – AP Nrn. 9, 23, 31 zu Internat. Privatrecht-Arbeitsrecht.

198 Gesetz zur Änderung des Sozialgerichtsgesetzes und des Arbeitsgerichtsgesetzes vom 26.3.2008 (BGBl. I S. 444).

199 Domröse, Der gewöhnliche Arbeitsort des Arbeitnehmers als besonderer Gerichtsstand im arbeitsgerichtlichen Urteilsverfahren, DB 2008, 1626.

200 BR-Drucks. 820/07 S. 35.

201 BAG 13.11.2007 – 9 AZR 134/07 – AP Nr. 8 zu Art. 27 EGBGB nF Rn 36.

202 BAG 25.4.1978 – 6 ABR 2/77 – AP Nr. 16 zu Internat. Privatrecht – Arbeitsrecht; KR/Weigand, IPR Art. 27 ff EGBGB Rn 50; Gotthardt, MDR 2001, 961, 962; Gerauer, Rechtliche Situation bei Fehlen einer Rechtswahl beim Auslandseinsatz, BB 1999, 2083; für eine Beschränkung auf einen Zeitraum bis zu drei Jahren: u.a. Mastmann/Stark, Vertragsgestaltung bei Personalentsendungen ins Ausland, BB 2005, 1849.

203 BAG 7.12.1989 – 2 AZR 228/89 – AP Nr. 27 zu Internat. Privatrecht-Arbeitsrecht.

204 BAG 13.11.2007 – 9 AZR 134/07 – AP Nr. 8 zu Art. 27 EGBGB nF.

205 Hessisches LAG 16.11.1999 – 4 Sa 463/99 – AR-Blattei ES 920 Nr. 7.

Unter **Einstellung** ist der **Abschluss des Arbeitsvertrages** zu verstehen; auf den Einstellungsbegriff des § 99 Abs. 1 BetrVG, der auf die Eingliederung in einen Betrieb abstellt, kann nicht zurückgegriffen werden.[206] 101

Nach anderer Auffassung soll der Ort des Vertragsschlusses nicht maßgebend sein, wenn der Arbeitnehmer sofort nach Abschluss des Vertrags bei einer anderen Niederlassung zum Einsatz kommt. Dann bestimme sich die einstellende Niederlassung nach dem Ort der tatsächlichen organisatorischen Eingliederung des Arbeitnehmers.[207] Diese Auffassung verkennt, dass auf den Einstellungsort nur abzustellen ist, wenn eine Eingliederung in einen Betrieb nicht stattfindet und damit ein gewöhnlicher Arbeitsort iSd Art. 30 Abs. 2 Nr. 1 EGBGB nicht feststellbar ist. Wird ein Arbeitnehmer in einer Niederlassung tatsächlich organisatorisch eingegliedert, besitzt der Arbeitnehmer einen „gewöhnlichen Arbeitsort", so dass es eines Rückgriffs auf Art. 30 Abs. 2 Nr. 2 EGBGB nicht bedarf. 102

Als **Niederlassung** ist der einstellende Betrieb anzusehen, der keine eigene Rechtspersönlichkeit besitzen und nicht der zentrale Hauptsitz des Unternehmens sein muss.[208] Vielmehr muss es sich um eine „Außenstelle des Stammhauses" handeln, die über eine eigene Geschäftsführung verfügt, die auch im Zusammenhang mit Verträgen selbst Ansprechpartner ist.[209] 103

4. Ausnahmeklausel des Art. 30 Abs. 2 EGBGB

Ergibt die Gesamtheit der Umstände, dass der Arbeitsvertrag oder das Arbeitsverhältnis engere Verbindungen zu einem anderen Staat aufweist als zu dem, dessen Rechtsordnung aufgrund der Regelanknüpfungen der Art. 30 Abs. 2 Nrn. 1 und 2 EGBGB zur Anwendung käme, so ist das Recht des anderen Staates anzuwenden. Um die Regelanknüpfungen durchbrechen zu können, muss eine Mehrzahl von Einzelumständen vorliegen, die auf eine bestimmte Rechtsordnung weisen und insgesamt das Gewicht des von der Regelanknüpfung verwendeten Elements (Arbeitsort, Ort der einstellenden Niederlassung) deutlich übersteigen.[210] Das von der Regelanknüpfung berufene Recht wird nur verdrängt, wenn die Gesamtheit wichtiger und nicht nur nebensächlicher Anknüpfungsmerkmale zu einem anderen Ergebnis führt.[211] 104

Als Einzelmerkmale mit Indizfunktion in diesem Sinne kommen primär in Betracht, der Arbeitsort, der Sitz des Arbeitgebers, die Staatsangehörigkeit beider Vertragspartner und der Wohnsitz des Arbeitnehmers, also die räumliche Dimension des Arbeitsverhältnisses. Ergänzend sind die Vertragsdimension, also Vertragssprache und Währung, in der die Vergütung gezahlt wird, zu berücksichtigen und gegebenenfalls weitere vertragswesentliche Gesichtspunkte, die in 105

206 KR/Weigand, IPR Art. 27 ff EGBGB Rn 52; Schlachter, NZA 2000, 57 ff.
207 MünchKomm/Martiny, Art. 30 EGBGB Rn 42; Mankowski, Anm. zu Hessisches LAG 16.11.1999, AR-Blattei ES 920 Nr. 7; offen gelassen: BAG 12.12.2001 – 5 AZR 255/00 – AP Nr. 10 zu Art. 30 EGBGB nF.
208 MünchKomm/Martiny, Art. 30 EGBGB Rn 41.
209 BAG 13.11.2007 – 9 AZR 134/07 – AP Nr. 8 zu Art. 27 EGBGB nF.
210 BAG 24.8.1989 – 2 AZR 3/89 – und 29.10.1992 – 2 AZR 267/92 – AP Nrn. 30 und 31 zu Internat. Privatrecht-Arbeitsrecht; BAG 11.12.2003 – 2 AZR 627/02 – AP Nr. 6 zu Art. 27 EGBGB nF.
211 BAG 11.12.2003 – 2 AZR 627/02 – AP Nr. 6 zu Art. 27 EGBGB nF.

ihrer Gesamtheit hinreichendes Gewicht haben, um die Bedeutung der Regelanknüpfung zu überwinden.[212]

IV. Rechtslage ab 17.12.2009

106 Die Kollisionsregeln des EGBGB stellen die Inkorporation des europarechtlichen „Übereinkommens über das auf vertragliche Schuldverhältnisse anzuwendende Recht" (EVÜ) vom 19.6.1980[213] dar. Dieses Übereinkommen wurde von der Verordnung (EG) Nr. 593/2008 des Europäischen Parlaments und des Rates vom 17. Juni 2008 über das auf vertragliche Schuldverhältnisse anzuwendende Recht (Rom I)[214] abgelöst. Diese Verordnung gilt gemäß Art. 29 Rom I-VO ab 17. Dezember 2009; sie wird gemäß Art. 28 Rom I-VO **auf Verträge angewandt, die nach dem 17.12.2009 geschlossen werden.** Die bisherigen Anknüpfungsregeln gelten allerdings für Verträge fort, die bis zu dem genannten Stichtag abgeschlossen worden sind. Inhaltlich weist die Neuregelung keine einschneidenden Änderungen der bislang geltenden Anknüpfungsregeln auf. Fortentwicklungen des Anknüpfungsrechts finden sich in der Rom I-VO für Individualarbeitsverträge insbesondere zur freien Rechtswahl (Art. 8 Rom I-VO) sowie zu den Eingriffsnormen (Art. 9 Rom I-VO).

107 Art. 8 Abs. 1 Rom I-VO lässt auch für Individualarbeitsverträge die **freie Rechtswahl** zu wie sie in Art. 3 Rom I-VO vorgesehen ist. Art 3 Rom I-VO entspricht im Wesentlichen Art. 27 EGBGB.[215] Eine **Einschränkung** erfährt die Möglichkeit der freien Rechtswahl bei der Regelung arbeitsvertraglicher Inhalte durch Art. 8 Abs. 1 Satz 2 Rom I-VO. Danach darf die Rechtswahl der Parteien nicht dazu führen, dass von nicht zur Disposition stehenden Schutzgesetzen, die ohne Rechtswahl gelten würden, zum Nachteil des Arbeitnehmers abgewichen wird. Dies kann dazu führen, dass ein Arbeitsverhältnis hinsichtlich der einzelnen Regelungsbereiche den zwingenden Schutzvorschriften verschiedener staatlicher Herkunft unterliegen kann.[216]

108 Art. 9 Rom I-VO enthält eine bisher nicht vorhandene **Definition der sog. Eingriffsnormen.** Danach handelt es sich bei einer Eingriffsnorm um eine zwingende Vorschrift, deren Einhaltung von einem Staat als so entscheidend für die Wahrung seines öffentlichen Interesses, insbesondere seiner politischen, sozialen oder wirtschafltichen Organisation, angesehen wird, dass sie ungeachtet des nach Maßgabe der Rom I-VO auf den Vertrag anzuwendenden Rechts auf alle Sachverhalte anzuwenden ist, die in ihren Anwendungsbereich fallen. Die Anwendung der Eingriffsnormen der lex fori wird nach Art. 9 Abs. 2 Rom I-VO von der Rom I-VO nicht berührt. Ausländische Eingriffsnormen knüpfen nach Art. 9 Abs. 3 Rom I-VO an den **faktischen** und nicht an den rechtlichen **Erfüllungsort** an, dh, an die Normen des Staates, in dem die Leistungshandlungen vorzunehmen sind.[217] Durch die Definition der Eingriffsnorm in Art. 9 Rom I-

212 BAG 29.10.1992 aaO Fn 210; BAG 11.12.2003 aaO Fn 210; Palandt/Thorn, Art. 30 EGBGB (IPR) Rn 8.
213 BGBl 1986 II 810.
214 ABl. EU L 177 vom 4.7.2008.
215 Palandt/Thorn, Art. 3 Rom I (IPR) Rn 1.
216 Palandt/Thorn, Art. 8 Rom I (IPR) Rn 8.
217 Palandt/Thorn, Art. 9 Rom I (IPR) Rn 12.

VO wird sich an dem Verständnis, wonach es sich bei § 3 Abs. 1 EFZG um eine Eingriffsnorm handelt,[218] nichts ändern.

§ 2 Entgeltzahlung an Feiertagen

(1) Für Arbeitszeit, die infolge eines gesetzlichen Feiertages ausfällt, hat der Arbeitgeber dem Arbeitnehmer das Arbeitsentgelt zu zahlen, das er ohne den Arbeitsausfall erhalten hätte.

(2) Die Arbeitszeit, die an einem gesetzlichen Feiertag gleichzeitig infolge von Kurzarbeit ausfällt und für die an anderen Tagen als an gesetzlichen Feiertagen Kurzarbeitergeld geleistet wird, gilt als infolge eines gesetzlichen Feiertages nach Absatz 1 ausgefallen.

(3) Arbeitnehmer, die am letzten Arbeitstag vor oder am ersten Arbeitstag nach Feiertagen unentschuldigt der Arbeit fernbleiben, haben keinen Anspruch auf Bezahlung für diese Feiertage.

Schrifttum: *Ammermüller*, Gesetzliche Neuregelung des Kurzarbeitergeldes und der Lohnzahlung an Feiertagen, DB 1975, 2373; *Bepler*, Grundzüge und neuere Entwicklungen im Arbeitskampfrecht, AuA 1998, 228; *Birk*, Lohnfortzahlungsgesetz und Auslandsbeziehungen, DB 1973, 1551; *Buchner*, Die vergütungsrechtlichen Konsequenzen des tarifvertraglichen Freischichtmodells der Metallindustrie, BB 1988, 1245; *Färber/Klischan*, Lohnzahlung an Feiertagen, 1985; *Frey*, Die Feiertagsbezahlung, 2. Aufl. 1959; *Gotthardt*, Einsaz von Arbeitnehmern im Ausland – Arbeitsrechtliche Probleme und praktische Hinweise für die Vertragsgestaltung, MDR 2001, 961; *Güntner*, Die gesetzliche Verwirklichung der Feiertagsvergütung und die terminologische Erweiterung des Verwirkungsbegriffs im Sinne unzulässiger Rechtsausübung, AuR 1957, 17; *Klischan*, Feiertagsvergütung nach dem Feiertagslohnzahlungsgesetz, DB 1987, 331; *Kraegeloh*, Die Neureglung der Lohnzahlung an Feiertagen, DB 1951, 642; *Krüger*, Ein besonderer Fall des § 1 II des Gesetzes zur Lohnfortzahlung an Feiertagen, RdA 1959, 424; *Marschner*, Wegfall von Feiertagen im Zusammenhang mit der Einführung der Pflegeversicherung, DB 1995, 1026; *Mattner*, Sonn- und Feiertagsrecht, 1991; *Raab*, Entgeltfortzahlung an arbeitsunfähig erkrankte Arbeitnehmer an Feiertagen nach der Neuregelung des EFZG, NZA 1997, 1144; *Rancke*, Betriebsrisikolehre, Kurzarbeit und Lohnfortzahlung an Wochenfeiertagen, BB 1978, 506; *Ring*, Entgeltfortzahlung an Feiertagen, BuW 2001, 829; *Schliemann*, Neues und Bekanntes im Entgeltfortzahlungsgesetz, AuR 1994, 317; *Schwab*, Rechtsprobleme der Arbeit im Leistungslohn, NZA-RR 2009, 59; *Trinkner*, Feiertagsbezahlung bei unentschuldigter Arbeitsversäumnis, BB 1967, 211; *Ulber*, Feiertagsarbeit und Arbeitsschutz; AuR 2002, 281.

A. Allgemeines 1
I. Feiertagslohnzahlungsgesetz und EFZG 1
II. Gesetzeszweck 2
III. Inhaltliche Ausgestaltung 3
B. Voraussetzungen der Entgeltzahlung an Feiertagen 4
I. Bestehendes Arbeitsverhältnis 4
II. Arbeitsausfall infolge eines gesetzlichen Feiertages 8
1. Gesetzlicher Feiertag 8
a) Begriff 8
b) Geltungsbereich 12
aa) Im Inland Beschäftigte 12
(1) Arbeitnehmer mit gewöhnlichem Arbeitsort 14
(2) Arbeitnehmer ohne gewöhnlichen Arbeitsort 15
(3) Ausländische Arbeitnehmer 18
bb) Im Ausland Beschäftigte 19
2. Arbeitsausfall 21

218 Vgl Rn 93.

a) Am Feiertag 21
b) Am Ersatzruhetag (§ 11 Abs. 3 Satz 2 ArbZG) ... 23
3. Kausalzusammenhang 25
a) Grundsätzliches 25
b) Einzelfälle 26
aa) Krankheitsbedingte Arbeitsunfähigkeit 26
bb) Urlaub 29
(1) Erholungsurlaub 29
(2) Sonderurlaub 32
cc) Dienstplanmäßige Freistellung, Freischichten 35
dd) Schichtarbeit 39
ee) Flexible Arbeitszeit 42
ff) Witterungsbedingter Arbeitsausfall 45
gg) Arbeitskampf 50
hh) Kurzarbeit (§ 2 Abs. 2 EFZG) 56
C. **Berechnung des Feiertagsentgelts** . . 58
I. Grundsätzliches 58
II. Berechnung bei gleich bleibendem Arbeitsentgelt 60
III. Berechnung bei variablem Arbeitsentgelt 61
1. Ausgefallene Arbeitszeit 62
a) Feste Arbeitszeit 63
b) Überstunden 66
c) Schichtarbeit 68
d) Flexible Arbeitszeit 69
e) Darlegungs- und Beweislast 70
2. Arbeitsentgelt 71
a) Begriff 71
b) Zeitabhängige Vergütung 72
c) Zuschläge 73
d) Erfolgs- und leistungsabhängige Vergütung 74
e) Aufwendungsersatz 79
IV. Pauschalabgeltung der Feiertagsvergütung 81
V. Berechnung des Feiertagsentgelts beim Zusammentreffen mit Kurzarbeit (Abs. 2) 82
D. **Anspruchsverlust** 87
I. Unentschuldigtes Fernbleiben von der Arbeit (Abs. 3) 87
1. Grundsätzliches 87
2. Letzter Arbeitstag vor oder erster Arbeitstag nach dem gesetzlichen Feiertag 88
3. Fernbleiben von der Arbeit 92
4. Unentschuldigtes Fernbleiben 95
5. Umfang des Anspruchsverlustes 99
6. Darlegungs- und Beweislast 101
II. Ausschlussfristen 102
III. Verjährung 104
IV. Verzicht 105

A. Allgemeines

I. Feiertagslohnzahlungsgesetz und EFZG

1 Vor Inkrafttreten des EFZG zum 1.6.1994 war die Lohnzahlung an Feiertagen in einem eigenen Gesetz geregelt (Gesetz zur Regelung der Lohnzahlung an Feiertagen vom 2.8.1951, BGBl. I S. 479, in der Fassung vom 18.12.1975, BGBl. I S. 3091). Das EFZG hat die **Regelungen des Feiertagslohnzahlungsgesetzes inhaltlich im Wesentlichen übernommen,** so dass auf die hierzu ergangene Rechtsprechung auch für die Anwendung des EFZG zurückgegriffen werden kann. § 1 Abs. 1 Satz 1 und 2, Abs. 3 FLZG entspricht dem § 2 Abs. 1 bis 3 EFZG. Die Regelung des § 1 Abs. 2 FLZG findet sich nunmehr in § 4 Abs. 2 EFZG und die in § 2 FLZG geregelte Feiertagsvergütung für Heimarbeiter in § 11 EFZG. Mit Inkrafttreten des EFZG wurde das Feiertagslohnzahlungsgesetz aufgehoben (Art. 62 PflegeVG vom 5.6.1994, BGBl. I S. 1014).

II. Gesetzeszweck

2 Nach §§ 275 Abs. 1, 326 Abs. 1 BGB entfällt für den Arbeitgeber die Pflicht zur Vergütungszahlung für Tage, an denen der Arbeitnehmer seine Arbeitsleistung

nicht erbringt. Durch die **gesetzliche Regelung des § 2 EFZG wird der an sich eintretende Entgeltausfall kompensiert.**[1] Damit wird auch der durch das gesetzlich grundsätzlich verhängte Beschäftigungsverbot an gesetzlichen Feiertagen verfolgte Zweck, die staatlich anerkannten Feiertage als Tage der Arbeitsruhe und der seelischen Erhebung der Arbeitnehmer zu schützen (§ 1 Nr. 2 ArbZG) mittelbar gefördert.

III. Inhaltliche Ausgestaltung

§ 3 Abs. 1 Satz 1 EFZG gestaltet den Anspruch auf **Entgeltfortzahlung im Krankheitsfall** als **aufrechterhaltenen Anspruch** des Arbeitnehmers auf Arbeitsvergütung aus (vgl § 3 Rn 252). Demgegenüber wird durch § 2 EFZG aus sozialen Gründen ein an sich nicht bestehender **Anspruch auf Entgeltfortzahlung für den mit der Feiertagsruhe einhergehenden Arbeitsausfall erst begründet.**[2] Ein Anspruch auf Arbeitsbefreiung lässt sich auf § 2 Abs. 1 EFZG nicht stützen.[3] § 2 EFZG bestimmt lediglich die **Rechtsfolge, nicht die Voraussetzungen für den Arbeitsausfall wegen eines Feiertags.** Diese sind im Feiertagsrecht des Bundes und der einzelnen Bundesländer[4] sowie im Arbeitszeitrecht (insbesondere: §§ 9 ff ArbZG) geregelt. 3

B. Voraussetzungen der Entgeltzahlung an Feiertagen

I. Bestehendes Arbeitsverhältnis

§ 2 Abs. 1 EFZG stellt für den Feiertagsentgeltanspruch auf die Arbeitnehmereigenschaft ab, die sich aus § 1 Abs. 2 EFZG ergibt (vgl hierzu im Einzelnen: § 1 Rn 8 ff). 4

Das **Arbeitsverhältnis** muss **am Feiertag bestehen**; auf die zeitliche Dauer des Arbeitsverhältnisses kommt es ebenso wenig an, wie auf das vereinbarte Arbeitszeitvolumen. Werden Arbeitnehmer an einzelnen Tagen (unmittelbar) vor oder nach dem Feiertag befristet im Rahmen von sog. **Eintagesarbeitsverhältnissen** beschäftigt, so haben sie keinen Anspruch auf Feiertagsvergütung.[5] 5

Anderes muss gelten, wenn der Arbeitgeber Eintagesarbeitsverhältnisse bewusst unmittelbar vor und nach dem Feiertag legt, um die Beschäftigung am Feiertag – und damit die Bezahlung – zu umgehen.[6] Andererseits besteht für den Arbeitgeber keine Verpflichtung, ein Arbeitsverhältnis an einem Feiertag (zB dem 1. Januar) beginnen zu lassen.[7] 6

1 BAG 16.7.1959 – 1 AZR 582/57 – AP Nr. 6 zu § 1 FeiertagslohnzahlungsG, BAG 28.10.1966 – 3 AZR 186/66 – AP Nr. 23 zu § 1 FeiertagslohnzahlungsG.
2 BAG 28.10.1966 – 3 AZR 186/66 – AP Nr. 23 zu § 1 FeiertagslohnzahlungsG.
3 BAG 20.9.2000 – 5 AZR 20/99 – AP Nr. 1 zu § 8 BMT-G II.
4 Vgl hierzu: Nipperdey, Arbeitsrecht, Nrn. 251 ff.
5 BAG 14.7.1967 – 3 AZR 436/66 – AP Nr. 24 zu § 1 FeiertagslohnzahlungsG; Kaiser/Dunkl/Hold/Kleinsorge, § 2 EFZG Rn 10; Knorr/Krasney, § 2 EFZG Rn 8; Schmitt, § 2 EFZG Rn 19; Gola, § 2 EFZG Anm. 3.2;.
6 MünchArbR/Boewer, 3. Aufl., § 71 Rn 6; Schmitt, § 2 EFZG Rn 20; aA ErfK/Dörner, § 2 EFZG Rn 4.
7 Marschner, AR-Blattei SD 710 Rn 46.

7 Von Eintagesarbeitsverhältnissen zu unterscheiden sind **Dauerarbeitsverhältnisse mit nur gelegentlicher eintägiger Arbeitsverpflichtung.** [8]

II. Arbeitsausfall infolge eines gesetzlichen Feiertages

1. Gesetzlicher Feiertag

a) Begriff

8 Den Feiertagsentgeltanspruch nach § 2 EFZG können **nur gesetzlich anerkannte Feiertage** auslösen, die durch die **Feiertagsgesetze des Bundes und der Länder** festgelegt sind.[9]

9 Gesetzliche Feiertage sind in den einzelnen Bundesländern folgende Tage:

	Baden-Württ.	Bayern	Berlin	Brandenburg	Bremen	Hamburg	Hessen	Meckl.-Vorp.
Neujahr	•	•	•	•	•	•	•	•
Heilige Drei Könige	•	•						
Karfreitag	•	•	•	•	•	•	•	•
Ostermontag	•	•	•	•	•	•	•	•
1. Mai	•	•	•	•	•	•	•	•
Christi Himmelfahrt	•	•	•	•	•	•	•	•
Pfingstmontag	•	•	•	•	•	•	•	•
Fronleichnam	•	•					•	
Mariä Himmelfahrt		+						
3. Oktober	•	•	•	•	•	•	•	•
Reformationstag				•				•
Allerheiligen	•	•						
Buß- u. Bettag								
1. Weihnachtsfeiertag	•	•	•	•	•	•	•	•
2. Weihnachtsfeiertag	•	•	•	•	•	•	•	•
INSGESAMT	12	12-13	9	10	9	9	10	10

8 BAG 14.7.1967 – 3 AZR 436/66 – AP Nr. 24 zu § 1 FeiertagslohnzahlungsG mit ablehnender Anm. Trinkner; BAG 10.7.1996 – 5 AZR 113/95 – AP Nr. 69 zu § 1 FeiertagslohnzahlungsG.

9 Vgl zu den landesgesetzlichen Feiertagsregelungen: Nipperdey, Arbeitsrecht Nrn. 253 bis 268; Schmitt, § 2 EFZG Rn 2; durch Bundesrecht ist in Art. 2 II des Einigungsvertrages vom 31.8.1990, BGBl. II/885 der 3. Oktober als Nationalfeiertag bestimmt.

	Niedersachsen	NRW	Rheinl.-Pfalz	Saarland	Sachsen	Sachsen-Anh.	Schl.-Holst.	Thüringen
Neujahr	•	•	•	•	•	•	•	•
Heilige Drei Könige						•		
Karfreitag	•	•	•	•	•	•	•	•
Ostermontag	•	•	•	•	•	•	•	•
1. Mai	•	•	•	•	•	•	•	•
Christi Himmelfahrt	•	•	•	•	•	•	•	•
Pfingstmontag	•	•	•	•	•	•	•	•
Fronleichnam		•	•	•	x			+
Mariä Himmelfahrt				•				
3. Oktober	•	•	•	•	•	•	•	•
Reformationstag					•	•		•
Allerheiligen		•	•	•				+
Buß- u. Bettag					•			
1. Weihnachtsfeiertag	•	•	•	•	•	•	•	•
2. Weihnachtsfeiertag	•	•	•	•	•	•	•	•
INSGESAMT	9	11	11	12	11-12	11	9	10-12

• = gesetzlicher Feiertag

\+ = gesetzlicher Feiertag nur in Gebieten mit überwiegend katholischer Bevölkerung

x = gesetzlicher Feiertag nur in einigen Gemeinden der Landkreise Bautzen, Hoyerswerda und Kamenz

Im Stadtkreis Augsburg ist das Friedensfest am 8. August zusätzlich ein gesetzlicher Feiertag

Alle anderen religiösen Feier- und nationalen Gedenktage werden von § 2 EFZG nicht erfasst. Dies gilt auch für **landesgesetzlich geschützte kirchliche Feiertage** (Art. 139 WRV iVm Art. 140 GG). An diesen Tagen können Angehörige des Bekenntnisses, dem der Feiertag zuzurechnen ist, einen Anspruch auf unbezahlte oder unter Anrechnung auf den Urlaub erfolgende Freistellung haben.[10] 10

Keine gesetzlichen Feiertage sind der Weihnachtsabend am 24.12.[11] und Silvester; hierfür finden sich häufig tarifliche oder vertragliche Regelungen. Für Jugendliche besteht an den genannten Tagen gemäß § 18 Abs. 1 JArbSchG ein Be- 11

10 Schaub, § 106 Rn 2 ff; Kaiser/Dunkl/Hold/Kleinsorge, § 2 EFZG Rn 6; vgl auch: BVerfG 18.9.1995 – 1 BvR 1456/95 – NJW 1995, 3378.

11 BAG 30.5.1984 – 4 AZR 512/81 – AP Nr. 45 zu § 1 FeiertagslohnzahlungsG = AP Nr. 3 zu § 9 TVG 1969; gleiches gilt für den Oster- und Pfingstsonntag, vgl BAG 17.3.2010 – 5 AZR 317/09.

schäftigungsverbot für die Zeit nach 14 Uhr, das allerdings allein noch keinen gesetzlichen Entgeltzahlungsanspruch auslöst.

b) Geltungsbereich

aa) Im Inland Beschäftigte

12 Fallen der **gewöhnliche Arbeitsort** des Arbeitnehmers und der **Betriebssitz** zusammen, so ist dieser Ort für die Anwendung des einschlägigen Feiertagsrechts maßgebend.

13 Liegen der **Betriebssitz des Arbeitgebers** und der **Arbeitsort des Arbeitnehmers** in **verschiedenen Bundesländern**, so kommt es zunächst auf das Feiertagsrecht des Bundeslandes an, in dem der Arbeitsort liegt.[12] Keine rechtliche Bedeutung kommt dem Wohnort des Arbeitnehmers zu.[13]

(1) Arbeitnehmer mit gewöhnlichem Arbeitsort

14 Die primäre **Maßgeblichkeit des Arbeitsortes** ergibt sich aus Art. 30 Abs. 2 Nr. 1 EGBGB, der im innerdeutschen Kollisionsrecht entsprechend gilt.[14]

(2) Arbeitnehmer ohne gewöhnlichen Arbeitsort

15 Auf das **Feiertagsrecht des Betriebssitzes** ist nur abzustellen, wenn der Arbeitnehmer seine **Arbeit gewöhnlich nicht in ein- und demselben Bundesland** verrichtet, wie dies zB bei Außendienst- oder Montagemitarbeitern der Fall sein kann.[15]

16 Für die diesen Arbeitnehmerkreis betreffenden Fragen des Feiertagsentgeltanspruchs ist zu unterscheiden zwischen dem sich aus § 9 ArbZG ergebenden – **öffentlichrechtlichen – Beschäftigungsverbot** am Einsatzort und den – **privatrechtlichen – entgeltrechtlichen Folgen** nach § 2 Abs. 1 EFZG. Nach den Grundsätzen des **interlokalen Verwaltungsrechts** ist für das öffentlich-rechtliche Beschäftigungsverbot des § 9 ArbZG ausschließlich das **Recht maßgebend,** das am **Ort der Arbeitsleistung** gilt.[16] Die **privatrechtliche Vergütungspflicht** richtet sich demgegenüber **entsprechend Art. 30 Abs. 2 Nr. 2 EGBGB** nach den am **Betriebssitz geltenden Verhältnissen.**[17]

17 Dies bedeutet im Einzelnen:

- Arbeitet ein Arbeitnehmer ohne gewöhnlichen Arbeitsort an Tagen, an denen für den **Betriebssitz, nicht aber am Einsatzort** ein **gesetzlicher Feiertag** bestimmt ist, nicht, so besteht ein Feiertagsentgeltanspruch nach § 2 Abs. 1 EFZG.

---

12 MünchArbR/Boewer, 3. Aufl., § 71 Rn 3; ErfK/Dörner, § 2 EFZG Rn 5; Schmitt, § 2 EFZG Rn 28; aA Kaiser/Dunkl/Hold/Kleinsorge, § 2 EFZG Rn 7.

13 Kaiser/Dunkl/Hold/Kleinsorge, § 2 EFZG Rn 7.

14 Palandt/Thorn, Art. 30 EGBGB (IPR) Rn 1; Schaub, § 106 Rn 5.

15 Vgl Art. 30 Abs. 2 Nr. 2 EGBGB; zum Begriff des gewöhnlichen Arbeitsortes vgl auch EuGH 27.2.2002 – C 37/00 – AP Nr. 4 Brüsseler Abkommen = NZA 2002, 459; BAG 29.5.2002 – 5 AZR 141/01 – AR-Blattei ES 160.5.5 Nr. 5.

16 LAG Stuttgart 29.4.1955 – II Sa 5/55 – AP Nr. 1 zu Interlokales Privatrecht-Arbeitsrecht; Baeck/Deutsch, § 9 ArbZG Rn 9; Zmarzlik/Anzinger, § 9 ArbZG Rn 19.

17 So im Ergebnis wohl auch: Beitzke Anm. zu LAG Stuttgart 29.4.1955 – II Sa 5/55 – AP Nr. 1 zu Interlokales Privatrecht-Arbeitsrecht; Kaiser/Dunkl/Hold/Kleinsorge, § 2 EFZG Rn 7; aA LAG Stuttgart 29.4.1955 – II Sa 5/55 – AP Nr. 1 zu Interlokales Privatrecht-Arbeitsrecht.

- Arbeitet ein Arbeitnehmer ohne gewöhnlichen Arbeitsort an einem Tag, der zwar am Betriebssitz, nicht aber am Einsatzort gesetzlicher Feiertag ist, so handelt es sich um **Feiertagsarbeit**, für die der Arbeitnehmer nach den dem Arbeitsverhältnis zugrunde liegenden tariflichen, betrieblichen oder einzelvertraglichen Regelungen, nicht aber nach § 2 Abs. 1 EFZG zu vergüten ist.
- Fällt die Arbeit für **Arbeitnehmer ohne gewöhnlichen Arbeitsort am Einsatzort wegen eines gesetzlichen Feiertags** aus, der am **Betriebssitz kein gesetzlicher Feiertag ist**, so besteht kein Feiertagsentgeltanspruch nach § 2 Abs. 1 EFZG, da die Arbeit nicht infolge eines für das Arbeitsverhältnis maßgebenden gesetzlichen Feiertags ausfällt. Der für einen solchen Tag an sich nach § 326 Abs. 1 BGB entfallende Vergütungsanspruch des Arbeitnehmers wird sich aber aus § 615 Satz 3 BGB ergeben können. Die hiernach erforderliche **Verantwortlichkeit des Arbeitgebers für den Arbeitsausfall** wird regelmäßig aufgrund des **weisungsgebundenen Arbeitseinsatzes** des Arbeitnehmers und der **vertraglichen Risikoverteilung** zu bejahen sein.[18] Eine Anwendung des § 616 BGB scheidet aus, da die Arbeit wegen eines objektiven Leistungshindernisses und nicht infolge eines in der Person des Arbeitnehmers liegenden Grundes ausfällt.

(3) Ausländische Arbeitnehmer

18 Im Inland eingesetzte **ausländische Arbeitnehmer**, deren Arbeitsverpflichtung wegen eines deutschen Feiertags entfällt, haben einen Entgeltanspruch nach § 2 Abs. 1 EFZG, wenn ihr **Arbeitsverhältnis dem deutschen Arbeitsvertragsrecht unterliegt.** Unterbleibt die Arbeit an heimatlichen Feiertagen, die am Einsatzort keine gesetzlichen Feiertage sind, so löst dies keinen Entgeltanspruch nach § 2 Abs. 1 EFZG aus.[19]

bb) Im Ausland Beschäftigte

19 Vorstehend dargestellte Grundsätze gelten auch für Auslandseinsätze von Arbeitnehmern, die dem deutschen Arbeitsvertragsrecht unterliegen (vgl § 1 Rn 99). Dies bedeutet, dass bei einem **kurzfristigen Auslandseinsatz** (zB anlässlich einer Dienstreise) an **gesetzlichen Feiertagen** des Ortes des **deutschen Betriebssitzes** § 2 Abs. 1 EFZG zur Anwendung kommt, auch wenn im Einsatzland dieser Tag nicht als Feiertag bestimmt ist.[20] Zur Arbeitspflicht an solchen Tagen siehe Rn 16 f.

20 Entfällt die Arbeit wegen eines **nur im Ausland geltenden Feiertags**, so kommt § 2 Abs. 1 EFZG nicht zur Anwendung.[21] Der Anspruch des Arbeitnehmers auf Arbeitsvergütung wird sich in diesen Fällen aber meist aus § 615 Satz 3 BGB ergeben (vgl Rn 17). Aus § 616 BGB wird ein Anspruch regelmäßig nicht abgeleitet werden können (vgl Rn 17),[22] da der Verhinderungsgrund nicht in der Person des Arbeitnehmers liegt.

---

18 Zur Anwendung der Betriebsrisikolehre vgl Vossen, Rn 771.
19 Vgl ErfK/Dörner, § 2 EFZG Rn 6.
20 Vgl Rn 17; Wedde/Gerntke/Kunz/Platow, § 2 EFZG Rn 7; Gotthardt, MDR 2001, 961, 964; aA ErfK/Dörner, § 2 EFZG Rn 6; Knorr/Krasney, § 2 EFZG Rn 18; Kaiser/Dunkl/Hold/Kleinsorge, § 2 EFZG Rn 8; Schmitt, § 2 EFZG Rn 31; Vossen, Rn 771.
21 ErfK/Dörner, § 2 EFZG Rn 6.
22 AA ErfK/Dörner, § 2 EFZG Rn 6; Schmitt, § 2 EFZG Rn 30.

2. Arbeitsausfall

a) Am Feiertag

21 Der Arbeitsausfall iSd § 2 Abs. 1 EFZG wird sich regelmäßig aus dem öffentlichrechtlichen Beschäftigungsverbot des § 9 Abs. 1 ArbZG ergeben. Bei Arbeitnehmern ohne gewöhnlichen Arbeitsort kann die Arbeit aber auch wegen eines lediglich am Betriebssitz und nicht am Einsatzort geltenden Beschäftigungsverbotes ausfallen und die Rechtsfolgen des § 2 Abs. 1 EFZG auslösen (vgl Rn 16).

22 Arbeitet ein Arbeitnehmer an einem Feiertag, fällt also die Arbeit nicht aus, so kann der Entgeltanspruch hierfür nicht aus § 2 Abs. 1 EFZG abgeleitet werden, sondern ausschließlich aus § 611 Abs. 1 BGB iVm den tariflichen, betrieblichen oder einzelvertraglichen Regelungen.[23] Unerheblich hierfür ist, ob es sich um zulässige (§§ 10 ff ArbZG) oder unzulässige Feiertagsarbeit handelt.[24]

b) Am Ersatzruhetag (§ 11 Abs. 3 Satz 2 ArbZG)

23 Ein gesetzlicher Vergütungsanspruch besteht auch nicht für einen gemäß § 11 Abs. 3 Satz 2 ArbZG zu gewährenden Ersatzruhetag, wenn dieser auf einen ohnehin arbeitsfreien Tag fällt.[25] Der Ersatzruhetag muss auf einen Werktag, nicht aber auf einen Arbeitstag des Arbeitnehmers fallen, da § 11 Abs. 3 Satz 2 ArbZG keine Verdienstsicherung beinhaltet.[26]

24 Anderes gilt, wenn durch die Gewährung des Ersatzruhetages iSd § 11 Abs. 3 Satz 2 ArbZG Arbeit ausfällt. Ursächlich für diesen Arbeitsausfall ist dann der Feiertag, so dass für den Ersatzruhetag ein Feiertagsvergütungsanspruch nach § 2 Abs. 1 EFZG besteht.

3. Kausalzusammenhang

a) Grundsätzliches

25 Voraussetzung für den gesetzlichen Anspruch auf Feiertagsbezahlung ist, dass die Arbeit infolge des Feiertages ausgefallen ist. Der **Feiertag muss die alleinige Ursache für den Arbeitsausfall sein.**[27] Deshalb ist der Anspruch auf Bezahlung eines Feiertages dann nicht gegeben, wenn der Feiertag auf einen Wochentag fällt, an dem nach der betrieblichen Regelung ohnehin nicht gearbeitet worden wäre, oder wenn der Feiertag auf einen Wochentag fällt, an dem ein Arbeitnehmer nach seinem Arbeitsvertrag nicht zu beschäftigen war und für den er daher auch keinen Lohnanspruch hatte. Gleiches gilt, wenn die Arbeit an dem Feiertag, wenn dies ein Arbeitstag gewesen wäre, aus sonstigen Gründen nicht hätte geleistet werden können und der Arbeitnehmer dann im Hinblick auf den Ausfall

23 Kasseler Handbuch /Vossen Rn 538;.
24 Schmitt, § 2 EFZG Rn 34; MüKo/Müller-Glöge Anhang zu § 616 BGB § 2 EFZG Rn 10.
25 Schmitt, § 2 EFZG Rn 34.
26 BAG 12.12.2001 – 5 AZR 294/00 – AP Nr. 1 zu § 11 ArbZG; ErfK/Wank, § 11 ArbZG Rn 4; kritisch zu der Möglichkeit, einen ohnehin arbeitsfreien Tag als Ersatzruhetag zu bestimmen: Ulber, AuR 2002, 281 ff, der einen Verstoß gegen den Gleichheitssatz des Art. 3 Abs. 1 GG sieht, wenn Arbeitnehmer mit und ohne Feiertagsarbeit innerhalb des selben Zeitraums nicht die gleiche Zahl bezahlter arbeitsfreier Tage erhalten.
27 BAG 16.7.1959 – 1 AZR 582/57 – AP Nr. 6 zu § 1 FeiertagslohnzahlungsG; BAG 28.9.1962 – 1 AZR 347/61 – AP Nr. 14,zu § 1 FeiertagslohnzahlungsG, BAG; 6.4.1982 – 3 ATR 1079/79 – AP Nr. 36 zu § 1 FeiertagslohnzahlungsG; BAG; 2.12.1987 – 5 AZR 471/86 – AP Nr. 52 zu § 1 FeiertagslohnzahlungsG; BAG 19.4.1989 – 5 AZR 248/88 – AP Nr. 62 zu § 1 FeiertagslohnzahlungsG.

seiner Arbeit einen Lohnanspruch nicht gehabt hätte oder wenn das Arbeitsverhältnis am Wochenfeiertag ruht.[28] **Sinn der Regelung** des § 2 EFZG ist, dem Arbeitnehmer den **Entgeltanspruch zu erhalten, den er hätte, wenn seine Arbeit nicht gerade wegen des Feiertages ausgefallen wäre.**[29]

b) Einzelfälle

aa) Krankheitsbedingte Arbeitsunfähigkeit

Sowohl der gesetzliche Anspruch auf Feiertagsvergütung nach § 2 Abs. 1 EFZG 26
wie der auf Entgeltfortzahlung nach § 3 Abs. 1 EFZG setzen voraus, dass der Feiertag bzw die krankheitsbedingte Arbeitsunfähigkeit die **alleinige Ursache des Arbeitsausfalls** ist (vgl Rn 25 sowie § 3 Rn 59 ff). Beim Zusammentreffen beider Ursachen würde dies bedeuten, dass der Arbeitnehmer weder den Feiertagsvergütungsanspruch noch den Entgeltfortzahlungsanspruch hätte.

Der Gesetzgeber hat diese **Konkurrenz** in **§ 4 Abs. 2 EFZG** geregelt.[30] Danach 27
ist der Arbeitgeber verpflichtet, für eine Arbeitszeit, die gleichzeitig infolge einer Erkrankung und eines gesetzlichen Feiertages ausfällt, Entgeltfortzahlung nach § 3 EFZG zu leisten. Die Höhe dieses Anspruchs bestimmt sich allerdings nicht nach § 4 EFZG, sondern nach § 2 EFZG, so dass zB auch anfallende Überstunden bei der Entgeltfortzahlungsberechnung zu berücksichtigen sind. Soweit die Anspruchsvoraussetzungen des § 3 EFZG nicht gegeben sind (zB das Arbeitsverhältnis dauert noch nicht länger als vier Wochen oder die krankheitsbedingte Arbeitsunfähigkeit wurde vom Arbeitnehmer selbst verschuldet iSd § 3 Abs. 1 EFZG), hat der Arbeitnehmer weder einen gesetzlichen Anspruch auf Entgeltfortzahlung nach § 3 Abs. 1 EFZG noch auf Feiertagsvergütung nach § 2 Abs. 1 EFZG. In diesen Fällen tritt an die Stelle der Entgeltfortzahlung im Krankheitsfalle das Krankengeld der Sozialversicherung (§ 44 Abs. 1 Satz 1 SGB V).

Erkrankt ein Arbeitnehmer an einem Feiertag, an dem im Betrieb gearbeitet 28
worden wäre, erhält der Arbeitnehmer Entgeltfortzahlung im Krankheitsfall unter Berücksichtigung etwaiger Zuschläge für die Feiertagsarbeit.[31]

bb) Urlaub

(1) Erholungsurlaub

In den **Erholungsurlaub** fallende **gesetzliche Feiertage** werden nicht auf den Ur- 29
laub angerechnet (§ 3 Abs. 2 BUrlG). Für diese Feiertage besteht deshalb ein **Anspruch auf Feiertagsbezahlung** nach § 2 Abs. 1 EFZG,[32] der wegen der **unterschiedlichen Berechnungsmethode** in seiner Höhe von dem Urlaubsentgelt[33] abweichen kann.[34]

28 BAG 10.1.2007 – 5 AZR 84/06 – AP Nr. 6 zu § 611 BGB Ruhen des Arbeitsverhältnisses.
29 BAG 16.7.1959 – 1 AZR 582/57 – AP Nr. 6 zu § 1 FeiertagslohnzahlungsG.
30 Vgl grundlegend: Raab, NZA 1997, 1144 ff.
31 BAG 16.7.1980 – 5 AZR 989/78 – AP Nr. 35 zu § 1 FeiertagslohnzahlungsG; BAG 1.12.2004 -5 AZR 68/04 – AP Nr. 68 zu § 4 EntgeltFG.
32 BAG 6.5.1963 – 1 AZR 114/62 – AP Nr. 15 zu FeiertagslohnzahlungsG; BAG 31.5.1988 – 1 AZR 200/87 – AP Nr. 58 zu FeiertagslohnzahlungsG.
33 Vgl § 11 Abs. 1 BUrlG.
34 BAG 6.5.1963 – 1 AZR 114/62 – AP Nr. 15 zu FeiertagslohnzahlungsG.

30 Der Arbeitgeber hat die in einen bewilligten Urlaub fallenden gesetzlichen Feiertage selbst dann zu bezahlen, wenn für die nicht im Urlaub befindlichen Arbeitnehmer die Feiertagsbezahlung infolge einer **Aussperrung** entfällt.[35]

31 Fällt in den Zeitraum eines Erholungsurlaubs ein gesetzlicher Feiertag, an dem der Arbeitnehmer im Betrieb gearbeitet hätte, so kommt § 3 Abs. 2 BUrlG nicht zur Anwendung. Dieser Tag ist auf den Erholungsurlaub anzurechnen, so dass hierfür ein Anspruch auf Urlaubsentgelt (§ 11 Abs. 1 BUrlG), nicht aber auf Feiertagsbezahlung nach § 2 Abs. 1 EFZG besteht; der gesetzliche Feiertag ist in diesen Fällen nicht ursächlich für den Arbeitsausfall.[36]

(2) Sonderurlaub

32 Erhält der Arbeitnehmer auf eigenen Wunsch **unbezahlten Sonderurlaub,** so lösen in diesen Zeitraum fallende gesetzliche Feiertage **keinen Entgeltanspruch nach § 2 Abs. 1 EFZG** aus, da der Feiertag nicht alleinige Ursache für den Arbeitsausfall ist.[37]

33 Wird Sonderurlaub ab oder bis zu einem gesetzlichen Feiertag gewährt, so hängt der Feiertagsentgeltanspruch von der Auslegung der Sonderurlaubsvereinbarung ab.[38]

34 Wird **unbezahlter Sonderurlaub auf Veranlassung des Arbeitgebers** vereinbart – zB, um Betriebsferien auch mit Arbeitnehmern durchführen zu können, die keinen Urlaubsanspruch (mehr) haben –, so wird durch eine solche Regelung der gesetzliche **Anspruch** auf Bezahlung von in den Sonderurlaub fallenden gesetzlichen Feiertagen nach § 2 Abs. 1 EFZG **nicht berührt.**[39] Eine solche Vertragsgestaltung, durch die dem Arbeitnehmer die Bezahlung für gesetzliche Feiertage genommen würde, ist im Hinblick auf die zwingende Wirkung des § 2 Abs. 1 EFZG[40] nach § 134 BGB nicht wirksam.[41]

cc) Dienstplanmäßige Freistellung, Freischichten

35 Fällt ein gesetzlicher Feiertag auf einen Tag, an dem der Arbeitnehmer nach einem **bestehenden Dienst- oder Schichtplan,** oder als Ausgleichstag im Rahmen eines der Arbeitszeitverkürzung dienenden **Freischichtenmodells** nicht gearbeitet hätte, so ergibt sich wegen der **fehlenden Monokausalität** des Feiertags für den

35 BAG 31.5.1988 – 1 AZR 200/87 – AP Nr. 58 zu FeiertagslohnzahlungsG.
36 BAG 14.5.1964 – 5 AZR 239/63 – AP Nr. 94 zu § 611 BGB Urlaubsrecht mit Anmerkung Nikisch; MünchArbR/Boewer, 3. Aufl., § 71 Rn 7; Schmitt, § 2 EFZG Rn 56.
37 ErfK/Dörner, § 2 EFZG Rn 9; Kaiser/Dunkl/Hold/Kleinsorge, § 2 EFZG Rn 18; Schmitt, § 2 EFZG Rn 57 f.
38 BAG 27.7.1973 – 3 AZR 604/72 – AP Nr. 30 zu § 1 FeiertagslohnzahlungsG mit Anm. Schnorr von Carolsfeld.
39 BAG 6.4.1982 – 3 AZR 1079/79- AP Nr. 36 zu § 1 FeiertagslohnzahlungsG; Schmitt, § 2 EFZG Rn 57; MüKo/Müller-Glöge Anhang zu § 616 BGB § 2 EFZG Rn 19; aA ErfK/Dörner, § 2 EFZG Rn 9.
40 Vgl § 12 EFZG.
41 BAG 6.4.1982 – 3 AZR 1079/79- AP Nr. 36 zu § 1 FeiertagslohnzahlungsG.

Arbeitsausfall kein Anspruch auf Feiertagsbezahlung nach § 2 Abs. 1 EFZG.[42] Bei der dienstplanmäßigen Freistellung an einem Feiertag verringert sich auch nicht die Sollarbeitszeit eines Arbeitnehmers um die auf den Feiertag entfallenden Arbeitsstunden.[43] Fällt die Arbeitszeit aufgrund des Feiertages nicht aus, bleibt es deshalb grundsätzlich dabei, dass die volle monatliche Stundenzahl zu leisten ist. Sieht ein Tarifvertrag Freizeitgewährung für die am Feiertag geleistete Arbeit vor, ist diese gewährt, wenn im Stundenkonto bereits eine Verringerung der Sollstunden für den entsprechenden Monat vorgenommen wurde.[44]

Der Feiertagsentgeltanspruch ist aber nur dann ausgeschlossen, wenn die Arbeitsbefreiung des Arbeitnehmers nach einem **vorausbestimmten Plan** an bestimmten Kalendertagen **unabhängig von etwaigen Feiertagen** erfolgt.[45] Bei der Ausgestaltung von Dienstplänen und tariflichen oder betrieblichen Feiertagsregelungen ist darauf zu achten, dass keine gegen Art. 3 Abs. 1 GG verstoßende Schlechterstellung einzelner Arbeitnehmergruppen entsteht.[46] Der Umstand, dass für Arbeitnehmer, die im Schichtdienst beschäftigt werden, weniger Wochenfeiertage zum Arbeitsausfall führen können als für nicht im Schichtdienst tätige Arbeitnehmer, stellt allein noch keine sachlich nicht gerechtfertigte Ungleichbehandlung dar.[47] 36

Ein Anspruch auf Feiertagsbezahlung besteht auch dann, wenn die durch den Feiertag **ausgefallene Arbeitszeit** an anderen Tagen **nachgeholt** wird. Mit dem Nachholen der Arbeit werden zwar Einkommenseinbußen vermieden, der Anspruch auf die Feiertagsentlohnung entfällt aber durch den wirtschaftlichen Ausgleich nicht.[48] Wird in einem Betrieb mit regelmäßiger 5-Tage-Woche die an einem Wochenfeiertag ausfallende Arbeitszeit an einem sonst arbeitsfreien Tag vor- oder nachgeholt, bleibt der **Entgeltanspruch für den Feiertag unberührt.**[49] 37

Soweit es keine anderweitige Regelung gibt, handelt es sich bei der im Hinblick auf den Feiertag **stattfindenden Vor- oder Nacharbeit regelmäßig nicht** um **Mehrarbeit.** Bei der Prüfung der Frage, ob Mehrarbeit vorliegt, ist bei Fehlen einer gegenteiligen Regelung nur die tatsächliche Arbeitszeit anzusetzen. Zeiten 38

42 BAG 27.9.1983 – 3 AZR 159/81 – AP Nr. 41 zu § 1 FeiertagslohnzahlungsG; BAG 9.10.1996 – 5 AZR 345/95 – AP Nr. 3 zu § 2 EntgeltFG; BAG 24.1.2001 – 4 AZR 538/99 – AP Nr. 5 zu § 2 EntgeltFG; BAG 14.6.2006 – 5 AZR 405/05 – ZTR 2006, 592; BAG 13.7.2006 – 6 AZR 55/06 – AP Nr. 1 zu § 15 MTArb; BAG 13.6.2007 – 5 AZR 849/06 – AP Nr. 78 zu § 242 BGB Betriebliche Übung; LAG München 28.4.2008 – 6 Sa 967/07; LAG München 13.12.2007 – 2 Sa 590/07; LAG Düsseldorf 13.03.2009 – 10 Sa 95/09; ErfK/Dörner, § 2 EFZG Rn 11; Schmitt, § 2 EFZG Rn 47 f.

43 BAG 16.11.2000 – 6 AZR 338/99 – AP Nr. 44 zu § 15 BAT; BAG 21.03.2002 – 6 AZR 194/01 – ZTR 2003, 25.

44 LAG Köln 26.01.2009 – 2 Sa 934/08 – ZTR 2009, 310; LAG Baden-Württemberg 29.04.2009 – 17 Sa 4/09.

45 BAG 27.9.1983 – 3 AZR 159/81 – AP Nr. 41 z u § 1 FeiertagslohnzahlungsG; BAG 10.7.1996 – 5 AZR 113/95 – AP Nr. 69 zu § 1 FeiertagslohnzahlungsG; BAG 9.10.1996 – 5 AZR 345/95 – AP Nr. 3 zu § 2 EntgeltFG; LAG Hamm 1.12.2004 – 18 Sa 481/04; Schmitt, § 2 EFZG Rn 48.

46 BAG 20.9.2000 – 5 AZR 20/99 – AP Nr. 1 zu § 8 BMT-G II; BAG 13.6.2007 – 5 AZR 849/06 – AP Nr. 78 zu § 242 BGB Betriebliche Übung.

47 BAG 16.11.2000 – 6 AZR 338/99 – AP Nr. 44 zu § 15 BAT.

48 BAG 10.7.1996 – 5 AZR 113/95 AP Nr. 69 zu § 1 FeiertagslohnzahlungsG.

49 BAG 19.7.1957 – 1 AZR 143/56 – AP Nr. 4 zu § 1 FeiertagslohnzahlungsG; BAG 9.7.1959 1 AZR 4/58 – AP Nr. 5 zu § 1 FeiertagslohnzahlungsG.

der Nichtarbeit, wie etwa die am Feiertag ausgefallene Arbeitszeit, müssen außer Betracht bleiben.[50]

dd) Schichtarbeit

39 Trifft eine **gesamte Schicht** mit einem gesetzlichen Feiertag zusammen und unterbleibt deshalb die Arbeit, so ergibt sich der Feiertagsentgeltanspruch ohne weiteres aus § 2 Abs. 1 EFZG.[51]

40 Aber auch dann, wenn in einem Mehrschichtbetrieb infolge eines gesetzlichen Feiertages **die vor oder an dem Feiertag beginnende Nachtschicht ausfällt,** so ist für die ganze ausgefallene Schicht und **nicht nur für den in den Feiertag fallenden Teil Feiertagsvergütung** nach § 2 Abs. 1 EFZG zu leisten. Die gesamte Schicht fällt nämlich infolge des Feiertages aus.[52] Ob die Feiertagsschicht am Vortag oder am Feiertag selbst beginnt, bedarf einer vom Arbeitgeber oder, bei Existenz eines Betriebsrats, von den Betriebspartnern vorgenommenen Festlegung. Jedenfalls kann Feiertagsbezahlung grundsätzlich nur für **eine** Arbeitsschicht beansprucht werden.[53]

41 Wird die Feiertagsruhezeit gemäß § 9 Abs. 2 ArbZG um bis zu sechs Stunden verschoben, so ist für die Frage, ob gegebenenfalls zuschlagspflichtige Feiertagsarbeit vorliegt, auf die hierfür maßgebenden tariflichen, betrieblichen und einzelvertraglichen Regelungen zurückzugreifen.[54]

ee) Flexible Arbeitszeit

42 Sind **Dauer und Lage der Arbeitszeit** an einzelnen Tagen **nicht von vornherein bestimmt,** so kann die Feststellung, welche Arbeitszeit infolge eines gesetzlichen Feiertages ausfällt, erhebliche Schwierigkeiten bereiten. Die Dauer und die Lage der Arbeitszeit können dabei dem Abruf oder der Anordnung durch den Arbeitgeber unterliegen (zB Abrufarbeit iSd § 12 TzBfG oder Anordnung von Überstunden) oder aufgrund bestehender Regelungen vom Arbeitnehmer selbst flexibel gehandhabt werden (zB Gleitzeit oder Vertrauensarbeitszeit).

43 Soweit **keine tariflichen oder betrieblichen Regelungen** bestehen, ist auf Umstände zurückzugreifen, die **Indizwirkung** hinsichtlich der voraussichtlich geleisteten Arbeitszeit an einem gesetzlichen Feiertag entfalten können. Dabei wird es sich regelmäßig um die **typische Handhabung der Arbeitszeit** durch den Arbeitgeber oder den Arbeitnehmer in der Vergangenheit handeln. **Hilfsweise** kann auf eine **Durchschnittsbetrachtung** eines **repräsentativen Zeitraums** in der Vergangenheit abgestellt werden.[55]

44 Im arbeitsgerichtlichen Verfahren ist der **Arbeitnehmer** für das Vorliegen der **anspruchsbegründenden Indizien** und der **Arbeitgeber** für das Vorhandensein

---

50 BAG 26.3.1966 – 3 AZR 453/65 – AP Nr. 20 zu § 1 FeiertagslohnzahlungsG.
51 BAG 26.1.1962 – 1 AZR 409/60 – AP Nr. 13 zu § 1 FeiertagslohnzahlungsG.
52 BAG 26.1.1962 – 1 AZR 409/60 – AP Nr. 13 zu § 1 FeiertagslohnzahlungsG; ErfK/Dörner, § 2 EFZG Rn 11; MüKo/Müller-Glöge Anhang zu § 616 BGB § 2 EFZG Rn 13.
53 BAG 26.1.1962 – 1 AZR 409/60 – AP Nr. 13 zu § 1 FeiertagslohnzahlungsG.
54 BAG 1.12.1967 – 3 AZR 436/66 – AP Nr. 24 zu § 1 FeiertagslohnzahlungsG; BAG 31.1.1969 – 3 AZR 90/67 – AP Nr. 25 zu § 1 FeiertagslohnzahlungsG; BAG 17.5.1973 – 3 AZR 376/72 – AP Nr. 29 zu § 1 FeiertagslohnzahlungsG; BAG 28.6.1983 – 3 AZR 176/81 – AP Nr. 40 zu § 1 FeiertagslohnzahlungsG.
55 Kaiser/Dunkl/Hold/Kleinsorge, § 2 EFZG Rn 26; Wedde/Gerntke/Kunz/Platow, § 2 EFZG Rn 21.

von Umständen beweispflichtig, die die **Indizwirkung zu widerlegen** vermögen.[56]

ff) Witterungsbedingter Arbeitsausfall

Fällt in einem Betrieb die Arbeit wegen schlechten Wetters aus, so kann zunächst für einen gesetzlichen Feiertag in diesem Zeitraum wegen der fehlenden Alleinursächlichkeit für den Arbeitsausfall kein Feiertagsentgeltanspruch nach § 2 Abs. 1 EFZG entstehen. Die **Kausalität der Witterung für den Arbeitsausfall** ist anzunehmen, wenn der Arbeitgeber früher bei vergleichbarer ungünstiger Witterung die Arbeit hätte ausfallen lassen; entscheidend in diesem Zusammenhang kann auch sein, wie sich ein verständiger Arbeitgeber in solchen Fällen verhalten hätte.[57] 45

Ein witterungsbedingter Arbeitsausfall steht dem Feiertagsentgeltanspruch nach § 2 Abs. 1 EFZG aber dann nicht entgegen, wenn die **Unmöglichkeit oder Unzumutbarkeit der Beschäftigung** infolge ungünstiger Witterungsverhältnisse dem **Betriebsrisiko des Arbeitgebers** zuzurechnen ist,[58] was meist der Fall sein wird.[59] Die Verteilung des Betriebsrisikos kann abweichend einzelvertraglich oder durch Tarifvertrag geregelt sein.[60] 46

In der **Bauwirtschaft** oder einem sonstigen, von saisonbedingtem Arbeitsausfall betroffenen Wirtschaftszweig beschäftigte Arbeitnehmer können bei Vorliegen der sich aus §§ 175 f SGB III ergebenden Voraussetzungen einen gesetzlichen Anspruch auf **Saison-Kurzarbeitergeld** sowie ergänzende Leistungen haben..[61] Allerdings setzen diese Ansprüche voraus, dass der Arbeitsausfall ausschließlich saisonbedingt ist, dh regelmäßig in der Schlechtwetterzeit aufgrund witterungsbedingter oder wirtschaftlicher Ursachen eintritt, so dass ein Arbeitnehmer an einem gesetzlichen Feiertag wegen fehlender Monokausalität in beiden Fällen weder einen Anspruch auf Feiertagsvergütung noch auf Saison-Kurzarbeitergeld hat. 47

Häufig werden sich Entgeltansprüche wegen witterungsbedingten bzw saisonbedingten Arbeitsausfalls aus tariflichen oder betrieblichen Regelungen ergeben und durch diese mitgestaltet. 48

Wäre ein Arbeitnehmer aufgrund schlechter Witterung an einem gesetzlichen Feiertag nicht in der Lage, seinen Arbeitsplatz zu erreichen, kann wegen der fehlenden Ursächlichkeit des Feiertags für den Arbeitsausfall nach § 2 Abs. 1 EFZG kein Entgeltanspruch entstehen.[62] Ein solcher ergibt sich auch nicht aus § 616 Satz 1 BGB.[63] 49

---

56 BAG 29.9.1971 – 3 AZR 164/71 – AP Nr. 28 zu § 1 FeiertagslohnzahlungsG.
57 BAG 16.7.1959 – 1 AZR 582/57 – AP Nr. 6 zu § 1 FeiertagslohnzahlungsG.
58 BAG 14.5.1986 – 4 AZR 77/85 – AP Nr. 49 zu § 1 FeiertagslohnzahlungsG.
59 BAG 9.3.1983 – 4 AZR 301/80 – AP Nr. 31 zu § 615 BGB Betriebsrisiko.
60 BAG 14.5.1986 – 4 AZR 77/85 – AP Nr. 49 zu § 1 FeiertagslohnzahlungsG; BAG 9.3.1983 – 4 AZR 301/80 – AP Nr. 31 zu § 615 BGB Betriebsrisiko.
61 Saison-Kurzarbeitergeld eingeführt seit dem 1.4.2006 durch das Gesetz zur Förderung der ganzjährigen Beschäftigung, ersetzte das bis dahin geltenden Schlechtwettergeld bzw das Winterausfallgeld.
62 Schmitt, § 2 EFZG Rn 60 f.
63 BAG 8.9.1982 – 5 AZR 283/80 – AP Nr. 59 zu § 616 BGB.

gg) Arbeitskampf

50 **Streik und Aussperrung** als Mittel des Arbeitskampfes führen zu einer **Suspendierung der arbeitsvertraglichen Hauptpflichten.**[64] Damit ist ein gesetzlicher Feiertag, der in die Zeit eines Arbeitskampfes fällt, nicht allein ursächlich für den Arbeitsausfall, so dass der gesetzliche **Anspruch auf Feiertagsvergütung nicht** entstehen kann.[65] Gleiches gilt, wenn der **selbst nicht bestreikte Arbeitgeber** durch einen Streik gezwungen ist, seinen Betrieb vorübergehend zu schließen, ohne die Arbeitnehmer auszusperren[66] oder nur Teile des Betriebes bestreikt werden und dadurch die **Beschäftigung** nicht unmittelbar vom Streik betroffener Arbeitnehmer **unmöglich oder unzumutbar** wird.[67] Auch im Falle der **nicht rechtmäßigen Aussperrung** von Arbeitnehmern an einem gesetzlichen Feiertag ist nicht dieser ursächlich für den Arbeitsausfall, so dass eine Vergütung dieses Tages nicht auf der Grundlage des § 2 Abs. 1 EFZG erfolgen kann; insoweit wird dem ausgesperrten Arbeitnehmer ein **Schadensersatzanspruch** zustehen.[68] Die in die Zeit einer Aussperrung fallenden gesetzlichen Feiertage sind auch dann nicht zu bezahlen, wenn für den auf den Feiertag jeweils folgenden Arbeitstag, den sog. Brückentag, durch Betriebsvereinbarung Betriebsruhe unter Anrechnung auf den Tarifurlaub vereinbart worden ist.[69] Befindet sich allerdings ein Arbeitnehmer während des Arbeitskampfes in einem bewilligten Urlaub, so besteht für die in den Zeitraum des Urlaubs fallenden Feiertage ein gesetzlicher Anspruch auf Feiertagsbezahlung.[70]

51 Ein Feiertagsvergütungsanspruch nach § 2 Abs. 1 EFZG besteht auch dann, wenn **der Arbeitskampf unmittelbar vor einem Feiertag endet oder sich unmittelbar daran anschließt**; dann fällt die Arbeit ausschließlich infolge des gesetzlichen Feiertags aus.[71] Die Beendigung eines Streiks kann entweder durch die Aufnahme der Arbeit oder durch eindeutige Mitteilung des Streikendes durch die Gewerkschaft an den Arbeitgeber oder dessen Verband herbeigeführt werden.[72] Auch eine öffentliche Verlautbarung über die Medien kann eine solche unmittelbare Mitteilung ersetzen, wenn der Arbeitgeber davon vor dem Feiertag Kenntnis erhält und die Äußerung hinreichend bestimmt ist.[73] Erklärungen einzelner Arbeitnehmer, an dem Streik nicht mehr teilzunehmen, lassen die Suspendierung der Arbeitsverhältnisse dieser Arbeitnehmer nur enden, wenn die Arbeitsleistung angeboten und die Arbeit wieder aufgenommen wird.[74]

64 BAG GS vom 28.1.1955 – GS 1/54 – AP Nr. 1 zu Art. 9 GG Arbeitskampf; MüKo/Müller-Glöge Anhang zu § 616 BGB § 2 EFZG Rn 14.
65 BAG 31.5.1988 – 1 AZR 589/86 – AP Nr. 56 zu § 1 FeiertagslohnzahlungsG; BAG 11.5.1993 – 1 AZR 649/92 – AP Nr. 63 zu § 1 FeiertagslohnzahlungsG; BAG 1.3.1995 -1 AZR 786/94 – AP Nr. 68 zu § 1 FeiertagslohnzahlungsG; LAG Hamm 24.10.1985 – 8 Sa 1066/85 – LAGE Art. 9 GG Arbeitskampf Nr. 25 = BB 1986, 393 = DB 1986, 439; LAG Hamm 22.5.1986 – 8 Sa 269/85 – LAGE Art. 9 GG Arbeitskampf Nrn. 27 = NZA 1986, 612.
66 ErfK/Dörner, § 2 EFZG Rn 12.
67 Kaiser/Dunkl/Hold/Kleinsorge, § 2 EFZG Rn 22.
68 ErfK/Dieterich, Art. 9 GG Rn 265.
69 BAG 31.5.1988 – 1 AZR 192/87 – AP Nr. 57 zu § 1 FeiertagslohnzahlungsG.
70 BAG 31.5.1988 1 AZR 200/87 – AP Nr. 58 zu § 1 FeiertagslohnzahlungsG.
71 BAG 31.5.1988 1 AZR 589/86 – AP Nr. 56 zu § 1 FeiertagslohnzahlungsG; BAG 11.5.1993 – 1 AZR 649/92 – AP Nr. 63 zu § 1 FeiertagslohnzahlungsG.
72 BAG 31.5.1988 1 AZR 589/86 – AP Nr. 56 zu § 1 FeiertagslohnzahlungsG.
73 BAG 23.10.1996 – 1 AZR 269/96 – AP Nr. 146 zu Art. 9 GG Arbeitskampf.
74 BAG 1.3.1995 – 1 AZR 786/94 – AP Nr. 68 zu § 1 FeiertagslohnzahlungsG.

Wird ein Streik vor einem gesetzlichen Feiertag **lediglich für den Feiertag für ausgesetzt erklärt,** so führt dies nicht zu einer Beendigung des Arbeitskampfes. Die Hauptpflichten aus dem Arbeitsverhältnis bleiben weiterhin suspendiert, so dass ein Feiertagsentgeltanspruch nicht entstehen kann.[75] 52

Umstritten ist die Rechtslage, wenn der Streik am letzten Arbeitstag vor einem gesetzlichen Feiertag für beendet erklärt wird und am ersten Arbeitstag nach dem gesetzlichen Feiertag ein erneuter Streikaufruf erfolgt. Das Bundesarbeitsgericht ist in seiner Entscheidung vom 11.5.1993[76] davon ausgegangen, dass in einem solchen Fall die Arbeitszeit am Feiertag nicht infolge des Streiks, sondern im Sinne von § 2 Abs. 1 EFZG infolge des Feiertags ausfällt. Die Unterbrechung des Streiks für den Feiertag und den darauf folgenden Arbeitstag verletze nicht den Grundsatz der Verhältnismäßigkeit und sei auch nicht rechtsmissbräuchlich. Der Grundsatz der Kampfparität werde dadurch gewahrt, dass die Arbeitgeber mit einer Aussperrung an den „ausgesparten“ Tagen die Entstehung eines Anspruchs der Arbeitnehmer auf Feiertagsvergütung verhindern könnten.[77] 53

Diese Rechtsprechung hat das Bundesarbeitsgericht mit seiner Entscheidung vom 1.3.1995[78] – **einschränkend** – fortgeführt. Das Bundesarbeitsgericht hat darin in allgemeiner Form festgestellt, dass die durch den Arbeitskampf sich ergebende **Suspendierung der Hauptpflichten** aus dem Arbeitsvertrag erst durch eine **verbindliche gestaltende Erklärung** endet (vgl Rn 51). Zwar mache es keinen Unterschied, ob die Erklärung auf die endgültige oder nur vorübergehende Beendigung des Arbeitskampfes gerichtet ist; beachtlich sei eine solche Erklärung allerdings nur dann, wenn sie sich auf die **suspendierte Arbeitspflicht tatsächlich auswirken soll.** Erschöpfe sich hingegen der Sinn der Erklärung darin, **das objektiv unveränderte Streikgeschehen lediglich anders zu benennen,** um vertragsrechtliche Folgen herbeizuführen, so sei das **arbeitskampfrechtlich bedeutungslos;** die Suspendierung der Hauptpflichten bleibe bestehen. 54

Dem ist zuzustimmen. Der mit der Entscheidung des Bundesarbeitsgerichts vom 11.5.1993[79] vorgezeichnete Weg, den Feiertagsvergütungsanspruch durch eine Unterbrechung des Streiks für den Feiertag auszulösen, kann nur **unter Beachtung der in der Entscheidung vom 1.3.1995 vorgegebenen Voraussetzungen** Erfolg haben. Dies ist im Einzelfall als Tatfrage zu klären. 55

hh) Kurzarbeit (§ 2 Abs. 2 EFZG)

Fällt ein **gesetzlicher Feiertag** in eine **Kurzarbeitsperiode,** so kann an sich kein Feiertagsentgeltanspruch entstehen, da der Feiertag für den Arbeitsausfall nicht allein ursächlich ist. Diese Rechtsfolge galt bis zum Inkrafttreten des Haushaltstrukturgesetzes vom 18.12.1975 (BGBl. I S. 3091). Mit diesem Gesetz wurde 56

75 BAG 1.3.1995 – 1 AZR 786/94 – AP Nr. 68 zu § 1 FeiertagslohnzahlungsG; aA Däubler, Arbeitskampfrecht, 2. Aufl., Rn 569.

76 BAG 11.5.1993 – 1 AZR 649/92 – AP Nr. 63 zu § 1 FeiertagslohnzahlungsG mit ablehnender Anm. Belling/Hartmann.

77 So auch: Kaiser/Dunkl/Hold/Kleinsorge, § 2 EFZG Rn 20; ablehnend: Schmitt, § 2 EFZG Rn 45; Walker, SAE 1996, 92 Anm. zu BAG 1.3.1995 -1 AZR 786/94 – SAE 1996, 90; Richardi, SAE 1994, 304 Anm. zu BAG 11.5.1993 – 1 AZR 649/92 – SAE 1994, 301; MüKo/Müller-Glöge Anhang zu § 616 BGB § 2 EFZG Rn 15; offen gelassen: ErfK/Dörner, § 2 EFZG Rn 12.

78 BAG 1.3.1995 – 1 AZR 786/94 – AP Nr. 68 zu § 1 FeiertagslohnzahlungsG.

79 BAG 11.5.1993 – 1 AZR 649/92 – AP Nr. 63 zu § 1 FeiertagslohnzahlungsG.

die dem jetzigen § 2 Abs. 2 EFZG entsprechende Regelung des § 1 Abs. 1 Satz 2 FLZG geschaffen, wonach Arbeitszeit, die an einem gesetzlichen Feiertag gleichzeitig infolge von Kurzarbeit ausfällt und für die an anderen Tagen als an gesetzlichen Feiertagen Kurzarbeitergeld geleistet wird, **als infolge eines gesetzlichen Feiertages nach § 2 Abs. 1 EFZG ausgefallen gilt.** Damit sollte die Bundesanstalt für Arbeit (Bundesagentur für Arbeit) entlastet werden. Durch den Ausfall von Arbeit an gesetzlichen Feiertagen eintretende Einkommensverluste werden seither nicht mehr durch das Kurzarbeitergeld ausgeglichen, sondern **durch** die vom **Arbeitgeber** nach § 2 Abs. 1 und 2 EFZG **zu leistende Feiertagsvergütung.** Zu deren Berechnung siehe im Einzelnen unter Rn 82 ff.

57 Von der Regelung des § 2 Abs. 2 EFZG wird auch das **Zusammentreffen** von **gesetzlichen Feiertagen, Arbeitskampf** und **Kurzarbeit** erfasst. Der **Arbeitgeber** ist zur **Zahlung der Feiertagsvergütung** auch dann **verpflichtet,** wenn er ohne den Feiertag an diesem Tage nach den Grundsätzen über die Verteilung des Arbeitskampfrisikos zur Verweigerung der Lohnzahlung berechtigt wäre. § 2 Abs. 2 EFZG lässt die Berücksichtigung anderer Ursachen für den Arbeitsausfall nicht zu.[80] Fällt die Arbeit aber **zusätzlich** wegen **krankheitsbedingter Arbeitsunfähigkeit** aus, gilt die **spezial-gesetzliche Regelung des § 4 Abs. 2 EFZG.**

C. Berechnung des Feiertagsentgelts

I. Grundsätzliches

58 Wie die Berechnung der Entgeltfortzahlung im Krankheitsfall wird auch die der Feiertagsvergütung nach dem so genannten **Entgeltausfallprinzip** vorgenommen (vgl hierzu im Einzelnen § 4 Rn 26). Sinn der Regelung des § 2 EFZG ist es, dem Arbeitnehmer den Entgeltanspruch zu erhalten, den er hätte, wenn seine Arbeit nicht gerade wegen des Feiertags ausgefallen wäre.[81] Die **Arbeitnehmer sollen vor Entgelteinbußen geschützt werden, die sich dadurch ergeben würden, dass an Feiertagen nicht gearbeitet werden darf.**[82] Nachdem weitere Vergünstigungen im Gesetz nicht vorgesehen sind, darf das **gesetzliche** Feiertagsentgelt aber **nicht über die Bezüge hinausgehen,** die ein Arbeitnehmer zu erwarten hätte, wenn die Arbeit nicht aus Anlass des Feiertags ausfallen würde.[83]

59 Die für die Berechnung der Entgeltfortzahlung im Krankheitsfall **in § 4 Abs. 1, 1 a EFZG enthaltenen Einschränkungen** (Berücksichtigung lediglich der regelmäßigen Arbeitszeit und Ausschluss des zusätzlich für Überstunden gezahlten Arbeitsentgelts) **gelten für die Berechnung der Feiertagsvergütung nicht.** Unter Zugrundelegung der Arbeitszeit, die durch den gesetzlichen Feiertag ausgefallen ist, ist die als Gegenleistung hierfür nach tariflichen, betrieblichen und einzelvertraglichen Regelungen geschuldete Vergütung zu ermitteln. Für die in § 2 Abs. 1 EFZG nicht geregelte Bemessung des fortzuzahlenden Entgelts können Tarifvertragsparteien Auslegungsregeln schaffen.[84]

80 BAG 20.7.1982 – 1 AZR 404/80 – AP Nr. 38 zu § 1 FeiertagslohnzahlungsG.
81 BAG 16.7.1959 – 1 AZR 582/57 – AP Nr. 6 zu § 1 FeiertagslohnzahlungsG; BAG 19.4.1989 – 5 AZR 248/88 – AP Nr. 62 zu § 1 FeiertagslohnzahlungsG.
82 BAG 5.7.1979 – 3 AZR 173/78 – AP Nr. 33 zu § 1 FeiertagslohnzahlungsG.
83 BAG 5.7.1979 – 3 AZR 173/78 – AP Nr. 33 zu § 1 FeiertagslohnzahlungsG.
84 BAG 18.3.1992 – 4 AZR 387/91 – AP Nr. 64 zu § 1 FeiertagslohnzahlungsG.

II. Berechnung bei gleich bleibendem Arbeitsentgelt

60 Erhält der Arbeitnehmer ein **verstetigtes Entgelt** in gleich bleibender Höhe für einen bestimmten längeren Zeitraum (Woche, Monat) ohne dass die Höhe der Bezüge von der Zahl der geleisteten Arbeitsstunden abhängt, so ist darin die **Bezahlung etwaiger Feiertage eingeschlossen.**[85] Der sich aus § 2 Abs. 1 EFZG ergebende Anspruch ist damit erfüllt.[86]

III. Berechnung bei variablem Arbeitsentgelt

61 Bemessungsfaktoren für ein variables Arbeitsentgelt sind die Anzahl der zu leistenden Arbeitsstunden (**Zeitfaktor**) sowie die für die Vergütungsermittlung maßgebenden tariflichen, betrieblichen und einzelvertraglichen Regelungen (**Geldfaktor**).[87]

1. Ausgefallene Arbeitszeit

62 **Anders als bei der Entgeltfortzahlung im Krankheitsfall** ist für die Berechnung der Feiertagsvergütung **nicht** auf die **für den Arbeitnehmer maßgebende regelmäßige Arbeitszeit** abzustellen, sondern auf die **Arbeitszeit, die an dem gesetzlichen Feiertag ausgefallen** ist.[88] Hierfür ist die Arbeitszeitregelung entscheidend, die für die betroffenen Arbeitnehmer am Feiertag gegolten hätte, wenn dieser ein Arbeitstag gewesen wäre.[89] Zu der ausgefallenen individuellen Arbeitszeit eines Arbeitnehmers gehört auch die Zeit, in der der Arbeitnehmer zusätzlich vergütete Arbeitsleistungen außerhalb seines arbeitsvertraglich geschuldeten Aufgabenbereichs erbringt (zB Fahrtätigkeit zur und von einer Baustelle nach § 5 Nr. 4.4. BRTV-Bau eines als Isolierer beschäftigten Arbeitnehmers).[90]

a) Feste Arbeitszeit

63 Wird arbeitstäglich eine **gleich bleibende Zahl von Arbeitsstunden** geleistet, so ist diese der Berechnung der Feiertagsvergütung zugrunde zu legen.

64 Dies gilt auch dann, wenn zur Erreichung einer tariflichen Wochenarbeitszeit fest eingeplante **Freischichten** gewährt werden (sog. Freischichtenmodell). Wird zB in einem Betrieb für den tariflich die 35-Stunden-Woche gilt regelmäßig an fünf Tagen in der Woche jeweils acht Stunden gearbeitet, so wird die tariflich vorgesehene Wochenarbeitszeit durch die Gewährung von Freischichten herbeigeführt. Dies bedeutet, dass ein in dem **Freischichtenmodell** arbeitender Arbeitnehmer an den für ihn **maßgebenden Arbeitstagen acht Stunden,** unter Einbeziehung der Freischichten im **Durchschnitt** aber nur **sieben Stunden** arbeitet. Für die **Vergütung** eines auf einen Arbeitstag fallenden **Feiertags** sind gleichwohl **acht**

85 BAG 25.3.1966 – 3 AZR 358/65 – AP Nr. 19 zu § 1 FeiertagslohnzahlungsG.
86 ErfK/Dörner, § 2 EFZG Rn 14.
87 ErfK/Dörner, § 2 EFZG Rn 15.
88 BAG 2.12.1987 – 5 AZR 471/86 – AP Nr. 52 zu § 1 FeiertagslohnzahlungsG; BAG 2.12.1987 – 5 AZR 602/86 – AP Nr. 53 zu § 1 FeiertagslohnzahlungsG; BAG 2.12.1987 – 5 AZR 557/86 AP Nr. 54 zu § 1 FeiertagslohnzahlungsG mit Anm. Wank; BAG 24.10.2001 – 5 AZR 245/00 – AP Nr. 8 zu § 2 EntgeltFG; BAG 14.8.2002 – 5 AZR 417/01 – NZA 2003, 232; DB 2003, 155.
89 BAG 18.3.1992 – 4 AZR 387/91 – AP Nr. 64 zu § 1 FeiertagslohnzahlungsG; BAG 10.7.1996 – 5 AZR 113/95 – AP Nr. 69 zu § 1 FeiertagslohnzahlungsG.
90 BAG 16.1.2002 – 5 AZR 303/03 – AP Nr. 7 zu § 2 EntgeltFG.

Stunden zugrunde zu legen, da diese Arbeitszeit durch den Feiertag ausgefallen ist.[91]

65 Für zulässig wird aber gehalten, durch Betriebsvereinbarung oder durch Tarifvertrag zu bestimmen, dass eine **Zeitgutschrift** im Freischichtendienst nur für geleistete Arbeitstage und nicht für Feiertage erfolgt.[92]

b) Überstunden

66 Anders als bei der Entgeltfortzahlung im Krankheitsfall nach § 4 EFZG ist bei der Berechnung der Feiertagsvergütung nach § 2 EFZG die **Berücksichtigung von Überstunden nicht ausgeschlossen.** Entscheidend für eine solche Berücksichtigung ist, ob ein Arbeitnehmer ohne Feiertag Überstunden geleistet hätte. Zur Beurteilung dieser Frage ist auf **aussagekräftige Indizien** zurückzugreifen. In der Vergangenheit **regelmäßig geleistete Überstunden** sind meist Anzeichen dafür, dass an dem gesetzlichen Feiertag Überstunden ausgefallen sind.[93] Eine Indizwirkung kann sich auch daraus ergeben, dass an den Tagen vor und nach dem gesetzlichen Feiertag Überstunden geleistet worden sind. Anderes gilt jedoch, wenn mit diesen die an dem Feiertag ausfallende Arbeitszeit vor- oder nachgeholt wird, dann sind lediglich die an dem betreffenden Feiertag ausgefallenen Normalarbeitstunden der Feiertagsvergütung zugrunde zu legen.[94]

67 Eine tarifvertraglich vorgesehene Herausnahme von in Folge des Feiertags ausgefallenen Überstunden aus der Feiertagsbezahlung verstößt gegen § 12 EFZG und ist damit unzulässig.[95]

c) Schichtarbeit

68 Fällt eine Schicht wegen eines gesetzlichen Feiertags aus (vgl Rn 39 ff), so ist für die Berechnung der Feiertagsvergütung die **gesamte Schichtstundenzahl** auch dann maßgebend, wenn die ausgefallenen Stunden dem Feiertag unmittelbar vorausgehen oder folgen.[96] Eine Gutschrift auf dem Arbeitszeitkonto drückt nur eine andere Form des Vergütungsanspruchs aus.[97] Hinzuweisen ist auf die Regelung des **§ 9 Abs. 2 ArbZG,** wonach in mehrschichtigen Betrieben mit regelmäßiger Tag- und Nachtschicht der Beginn oder das Ende der Sonn- und Feiertagsruhe um bis zu 6 Stunden vor- oder zurückverlegt werden, wenn für die auf den Beginn der Ruhezeit folgenden 24 Stunden der Betrieb ruht. Wird von dieser

---

91 BAG 2.12.1987 – 5 AZR 471/86 – AP Nr. 52 zu § 1 FeiertagslohnzahlungsG; BAG 2.12.1987 – 5 AZR 602/86 – AP Nr. 53 zu § 1 FeiertagslohnzahlungsG; BAG 2.12.1987 – 5 AZR 557/86 AP Nr. 54 zu § 1 FeiertagslohnzahlungsG mit ablehnender Anm. Wank; BAG 14.8.2002 – 5 AZR 417/01 – AP Nr. 10 zu § 2 EFZG; ErfK/Dörner, § 2 EFZG Rn 15; Kaiser/Dunkl/Hold/Kleinsorge, § 2 EFZG Rn 27; Schmitt, § 2 EFZG Rn 70; aA Buchner, BB 1988, 1245; Klischan, DB 1987, 331; von Pappenheim, DB 1986, 2599.

92 BAG 2.12.1987 – 5 AZR 557/86 AP Nr. 54 zu § 1 FeiertagslohnzahlungsG; Kaiser/Dunkl/Hold/Kleinsorge, § 2 EFZG Rn 27.

93 BAG 26.3.1985 – 3 AZR 239/83 – AP Nr. 47 zu § 1 FeiertagslohnzahlungsG; BAG 18.3.1992 – 4 AZR 387/91 – AP Nr. 64 zu § 1 FeiertagslohnzahlungsG; ErfK/Dörner, § 2 EFZG Rn 15.

94 BAG 23.9.1960 – 1 AZR 561/59 – AP Nr. 12 zu § 1 FeiertagslohnzahlungsG; ErfK/Dörner, § 2 EFZG Rn 15; Schmitt, § 2 EFZG Rn 68.

95 AA wohl BAG 18.3.1992 – 4 AZR 387/91 – AP Nr. 64 zu § 1 FeiertagslohnzahlungsG zu II.4. der Gründe.

96 BAG 31.1.1969 – 3 AZR 439/68 – AP Nr. 26 zu § 1 FeiertagslohnzahlungsG; BAG 17.5.1973 – 3 AZR 376/72 – AP Nr. 29 zu § 1 FeiertagslohnzahlungsG.

97 LAG Hamm 1.12.2004 – 18 Sa 481/04 – mwN.

Möglichkeit Gebrauch gemacht, ist die in dieser Weise festgelegte Feiertagsruhe auch für den Entgeltanspruch nach § 2 Abs. 1 EFZG maßgeblich.[98]

d) Flexible Arbeitszeit

Die Dauer und die Lage der Arbeitszeit an den einzelnen Arbeitstagen wird in der betrieblichen Praxis in zunehmendem Maße aufgrund **flexibler Arbeitszeitmodelle** vom Arbeitgeber (Abrufarbeit iSd § 12 TzBfG) oder vom Arbeitnehmer (Gleitzeit, Vertrauensarbeitszeit) flexibel gestaltet. In solchen Fällen wird für die Ermittlung der an einem gesetzlichen Feiertag **ausgefallenen Arbeitszeit** auch hier auf **aussagekräftige Indizien** – insbesondere auf die Arbeitszeitgestaltung in zurückliegenden vergleichbaren Zeitabschnitten – zurückgegriffen werden müssen. Eine **Heranziehung der Referenzmethode** (vgl § 4 Rn 26) **kommt nicht in Betracht.**[99] Allerdings kann bei Fehlen sonstiger Indizien der durchschnittliche Arbeitszeitanfall eines bestimmten vorausgegangenen Zeitraums wiederum als Indiz für den Arbeitsausfall an einem gesetzlichen Feiertag herangezogen werden. Als aussagekräftig kann im **Zweifel** in analoger Anwendung des § 11 Abs. 1 Satz 1 BUrlG die **Arbeitszeit der 13 letzten, dem gesetzlichen Feiertag voraus gehenden Wochen** angesehen werden. 69

e) Darlegungs- und Beweislast

Für den Umfang der an einem Feiertag ausgefallenen Arbeitszeit trägt der Arbeitnehmer die – abgestufte – Darlegungs- und Beweislast. Der Arbeitnehmer hat zunächst tatsächliche Umstände vorzutragen, aus denen sich eine hohe Wahrscheinlichkeit dafür ergibt, dass die Arbeit allein wegen des Feiertags ausgefallen ist. Der Arbeitgeber hat sich hierzu konkret zu erklären (§ 138 Abs. 2 ZPO) und tatsächliche Umstände dafür darzulegen, dass der Feiertag für den Arbeitsausfall nicht ursächlich war. Gibt es für den Arbeitsausfall keine objektiven Gründe, außer dem, dass an einem Wochenfeiertag nicht gearbeitet werden darf, ist aufgrund der Darlegung des Arbeitnehmers davon auszugehen, dass die Arbeit wegen des Feiertags ausgefallen ist.[100] 70

2. Arbeitsentgelt

a) Begriff

Wie § 4 Abs. 1 EFZG für die Entgeltfortzahlung im Krankheitsfall (vgl § 4 Rn 78 ff), so verwendet auch § 2 Abs. 1 EFZG den Begriff „Arbeitsentgelt“, ohne ihn zu definieren. Für die Feiertagsvergütung ist damit der **Begriff „Arbeitsentgelt“** ebenfalls **nach allgemeinen arbeitsrechtlichen Grundsätzen** zu bestimmen. Danach ist unter Arbeitsentgelt der **Bruttoarbeitsverdienst** zu verstehen, soweit er als **Gegenleistung für Arbeit** aufgrund eines Arbeitsverhältnisses gewährt wird (vgl § 4 EFZG Rn 78). Vom arbeitsrechtlichen **Entgeltbegriff nicht erfasst werden reine Sozialleistungen** des Arbeitgebers (zB verbilligtes Kantinenessen) sowie **Leistungen**, die der **Erstattung von Aufwendungen oder Auslagen** dienen (vgl § 4 Rn 79). 71

98 BAG 23.1.2008 – 5 AZR 1036/06 – AP Nr. 42 zu § 1 TVG Tarifverträge: Lufthansa.
99 BAG 17.4.1975 – 3 AZR 289/74 – AP Nr. 32 zu § 1 FeiertagslohnzahlungsG.
100 BAG 24.10.2001 – 5 AZR 245/00 – AP Nr. 8 zu § 2 EntgeltFG.

b) Zeitabhängige Vergütung

72 Richtet sich das Arbeitsentgelt ganz oder teilweise nach dem **Umfang der erbrachten Arbeitsleistung,** so ist die Zahl der an einem gesetzlichen Feiertag ausgefallenen Arbeitsstunden mit der sich aus der geltenden tariflichen, betrieblichen oder einzelvertraglichen Regelung ergebenden oder zu ermittelnden Stundenvergütung zu multiplizieren.

c) Zuschläge

73 Soweit Zuschläge dem Entgeltbegriff zuzurechnen sind (zB Nacht- oder Schichtzuschläge), fließen sie in die Berechnung der Feiertagsvergütung ein. Dies gilt auch für **Überstundenzuschläge,** da § 2 EFZG eine § 4 Abs. 1 a Satz 1 EFZG vergleichbare Regelung nicht enthält.

d) Erfolgs- und leistungsabhängige Vergütung

74 Bei Vergütungen oder Vergütungsbestandteilen, die **vom Erfolg oder der Leistung des Arbeitnehmers abhängig** sind (zB Prämie, Akkordlohn, Provision, Zielvereinbarung), kommt es darauf an, welches Arbeitsergebnis der Arbeitnehmer während der ausgefallenen Arbeitszeit wahrscheinlich erzielt hätte.[101]

75 Für die Berechnung der Entgeltfortzahlung im Krankheitsfall stellt § 4 Abs. 1 a Satz 2 EFZG auf den von dem Arbeitnehmer in der für ihn maßgebenden regelmäßigen Arbeitszeit erzielbaren Durchschnittsverdienst ab. Eine solche Regelung findet sich in § 2 EFZG ebenfalls nicht. Für die Berechnung der Feiertagsvergütung sind – soweit in den einschlägigen Tarifverträgen oder Betriebsvereinbarungen nicht konkrete Festlegungen enthalten sind – **Erfahrungswerte zur Schätzung eines hypothetischen Geschehensablaufs** zu gewinnen.[102] Soweit andere aussagekräftige Anknüpfungspunkte nicht vorhanden sind, wird unter Zugrundelegung des Durchschnittsverdienstes eines repräsentativen Bezugszeitraums das ausgefallene leistungsbezogene Arbeitsentgelt **entsprechend § 287 Abs. 2 ZPO** zu **schätzen** sein. Der Bezugszeitraum ist so zu wählen, dass ein sachgerechtes Ergebnis erzielt wird; dabei ist die Eigenart der jeweiligen Branche und der dort verrichteten Tätigkeiten zu berücksichtigen.[103]

76 Als **Bezugszeitraum** können bei sich stets verändernden Arbeitsbedingungen im **Akkordlohn** (wie etwa im Baugewerbe) vier Wochen als geeignet angesehen werden,[104] je nach Umständen aber auch 13 Wochen betragen.[105] Bei stark schwankenden **erfolgsabhängigen** monatlichen **Einkünften** (zB Umsatzprovision) wird, um unbillige Zufallsergebnisse zu vermeiden, auf einen Zeitraum von 12 Monaten abgestellt werden müssen.

77 Wird der Arbeitseinsatz bei **Gruppenakkord** oder bei im Leistungslohn verrichteter **Gruppenarbeit** von der Gruppe selbst geregelt und ist für den Arbeitgeber nicht erkennbar, wie die Gruppe den Einsatz bestimmt hat, so erhält jedes Grup-

---

101 BAG 17.4.1975 – 3 AZR 289/74 – AP Nr. 32 zu § 1 FeiertagslohnzahlungsG.
102 BAG 29.9.1971 3 AZR 164/71 – AP Nrn. 28 zu § 1 FeiertagslohnzahlungsG; BAG 17.4.1975 – 3 AZR 289/74 – AP Nr. 32 zu § 1 FeiertagslohnzahlungsG.
103 BAG 4.6.1969 – 3 AZR 243/68 – AP Nr. 27 zu § 1 FeiertagslohnzahlungsG; BAG 29.9.1971 3 AZR 164/71 – AP Nrn. 28 zu § 1 FeiertagslohnzahlungsG; BAG 12.3.1971 – 3 AZR 224/70 – AP Nr. 9 zu § 1 FeiertagslohnzahlungsG Berlin; Kaiser/Dunkl/Hold/Kleinsorge, § 2 EFZG Rn 30; MünchArbR/Boewer, 3. Aufl., § 71 Rn 10.
104 BAG 29.9.1971 – 3AZR 164/71 – AP Nr. 28 zu § 1 FeiertagslohnzahlungsG.
105 MünchArbR/Boewer, 3. Aufl., § 71 Rn 10.

penmitglied den durch die Zahl der Gruppenmitglieder geteilten Bruchteil des Tagesverdienstes, den die Gruppe ohne die Feiertagsruhe erzielt hätte.[106] Hilfsweise ist auch in diesen Fällen auf den vorangegangenen Durchschnittsverdienst in einem aussagekräftigen Bezugszeitraum abzustellen.[107]

Bei der Berechnung der Feiertagsvergütung außer Betracht zu bleiben hat, inwieweit der Arbeitnehmer einen erfolgsabhängigen Vergütungsausfall dadurch ausgleichen kann, dass er seine Arbeitstätigkeit innerhalb der regelmäßigen Arbeitszeit intensiviert.[108] § 2 EFZG verfolgt das Ziel, den Arbeitnehmer für die ausgefallene Arbeitsleistung die Vergütung zu sichern, ohne die Gegenleistung erbringen zu müssen.[109] 78

e) Aufwendungsersatz

Der **Ersatz von Aufwendungen,** die dem Arbeitnehmer im Zusammenhang mit seiner Arbeit entstehen, **stellt keine Gegenleistung für die geschuldete Arbeit** dar und gehört damit **nicht zu dem für einen gesetzlichen Feiertag nach § 2 Abs. 1 EFZG zu zahlenden Arbeitsentgelt** (Zum Begriff des Aufwendungsersatzes vgl im Einzelnen: § 4 Rn 113 ff). Anderes ergibt sich auch nicht infolge eines Umkehrschlusses aus der Regelung des § 4 Abs. 1 a Satz 1 EFZG, wonach der Aufwendungsersatz ausdrücklich nicht zum fortzuzahlenden Arbeitsentgelt im Krankheitsfall gerechnet wird. Zwar fehlt in § 2 EFZG eine entsprechende Regelung, die Nichtberücksichtigung des echten Aufwendungsersatzes bei der Entgeltfortzahlung im Krankheitsfall ist aber lediglich als gesetzliche Konkretisierung des Entgeltausfallprinzips zu sehen, die somit auch für die dem selben Prinzip unterliegende Feiertagsvergütung gilt.[110] 79

Auslösungen sind kein Bestandteil des nach § 2 Abs. 1 EFZG fortzuzahlenden Arbeitsentgelts, wenn sie Ersatz für konkrete Mehraufwendungen des Arbeitnehmers sind, die nur an den Tagen entstehen, an denen er tatsächlich arbeitet. Demgegenüber sind Auslösungen von der Fortzahlung nicht ausgenommen, wenn der Anspruch im Falle der tatsächlichen Arbeitsleistung nicht davon abhängt, ob und in welchem Umfang dem Arbeitnehmer Aufwendungen tatsächlich entstehen.[111] 80

IV. Pauschalabgeltung der Feiertagsvergütung

Die Feiertagsvergütung kann durch eine **pauschale Erhöhung des laufenden Entgelts abgegolten** werden. **Dem steht der Zweck des § 2 Abs. 1 EFZG nicht entgegen.**[112] Unerheblich ist hierbei, ob Zeitlohn oder Leistungslohn gewährt wird; 81

106 Für den Gruppenakkord: BAG 28.2.1984 – 3 AZR 103/83 – AP Nr. 43 zu § 1 FeiertagslohnzahlungsG; BAG 26.2.2003 – 5 AZR 162/02 – AP 64 zu § 4 EntgeltFG; Worzalla/Süllwald, § 2 EFZG Rn 36; Kaiser/Dunkl/Hold/Kleinsorge, § 2 EFZG Rn 31; Schwab NZA-RR 2009, 59 f.

107 Worzalla/Süllwald, § 2 EFZG Rn 36.

108 BAG 17.4.1975 – 3 AZR 289/74 – AP Nr. 32 zu § 1 FeiertagslohnzahlungsG.

109 BAG 28.2.1984 – 3 AZR 103/83 – AP Nr. 43 zu § 1 FeiertagslohnzahlungsG.

110 BAG 24.9.1986 – 4 AZR 543/85 – AP Nr. 50 zu § 1 FeiertagslohnzahlungsG.

111 BAG 1.2.1995 – 5 AZR 847/93 – AP Nr. 67 zu § 1 FeiertagslohnzahlungsG; Schmitt, § 2 EFZG Rn 88, 96.

112 Zur Vorgängerregelung des § 1 LFZG vgl BAG 25.3.1966 – 3 AZR 358/65 AP Nr. 19 zu § 1 FeiertagslohnzahlungsG; BAG 22.10.1973 – 3 AZR 83/73 – AP Nr. 31 zu § 1 FeiertagslohnzahlungsG; BAG 28.2.1984 – 3 AZR 103/83 – AP Nr. 43 zu § 1 FeiertagslohnzahlungsG.

auch bei einem leistungs- oder erfolgsabhängigem Lohn kann ein auf Erfahrungswerten oder konkreten Feststellungen beruhender Zuschlag gezahlt werden, um das Feiertagsentgelt pauschal abzugelten.[113] Um der Gefahr der Umgehung des § 2 Abs. 1 EFZG entgegenzuwirken und dem Unabdingbarkeitsgrundsatz des § 12 EFZG Rechnung zu tragen, kann mit einer pauschalen Zahlung die gesetzliche Feiertagsvergütung aber nur dann wirksam abgegolten werden, wenn **der gewährte Zuschlag von vornherein erkennbar und geeignet ist, den gesetzlichen Anspruch zu erfüllen** (vgl auch § 12 Rn 48 f).[114]

V. Berechnung des Feiertagsentgelts beim Zusammentreffen mit Kurzarbeit (Abs. 2)

82 § 2 Abs. 2 EFZG ordnet an, dass Arbeitszeit, die an einem gesetzlichen Feiertag gleichzeitig infolge von Kurzarbeit ausfällt und für die an anderen Tagen als an gesetzlichen Feiertagen Kurzarbeitergeld geleistet wird, als infolge eines gesetzlichen Feiertages nach Abs. 1 ausgefallen gilt (vgl Rn 56 f). Die **Berechnung des Feiertagsentgelts** richtet sich in diesen Fällen wegen des **Entgeltausfallprinzips** allerdings nach der **Höhe des Kurzarbeitergeldes,** das der Arbeitnehmer ohne den Feiertag erhalten hätte.[115] Ansonsten würde der Arbeitnehmer an Feiertagen über den Gesetzeszweck hinausgehend nicht nur vor Entgelteinbußen geschützt werden, sondern finanzielle Vorteile haben.

83 Die auf das Feiertagsentgelt entfallenden **Sozialversicherungsbeiträge** hat der **Arbeitgeber allein** zu tragen.[116]

Gemäß § 249 Abs. 2 SGB V sowie § 168 Abs. 1 Nr. 1 a SGB VI (iVm § 24 Abs. 3 SGB III, § 192 Abs. 1 Nr. 4 SGB V, § 1 Nr. 1 Hs 1 SGB VI) trägt – ungeachtet der vorläufig bis zum 31.12.2010 befristeten Sonderregelung in § 421 t SGB III – der Arbeitgeber allein die Beiträge zur gesetzlichen Kranken- und Rentenversicherung für das Kurzarbeitergeld. Was für den Bezug von Kurzarbeitergeld gilt, muss aber auch für den Bezug von Feiertagsvergütung gelten, die gemäß § 2 Abs. 2 EFZG an die Stelle des Kurzarbeitergeldes tritt.[117]

84 Demgegenüber trifft die das Feiertagsentgelt betreffende **Lohnsteuerlast** den **Arbeitnehmer.**[118] Für das Feiertagsentgelt gilt die das Kurzarbeitergeld betreffende Steuerbefreiung des § 3 Nr. 2 EStG nicht.

85 Damit kann sich für den Arbeitnehmer eine **Schlechterstellung gegenüber dem Bezug von Kurzarbeitergeld ergeben.** Ein Widerspruch zu dem geltenden Ent-

113 BAG 28.2.1984 – 3 AZR 103/83 – AP Nr. 43 zu § 1 FeiertagslohnzahlungsG.

114 BAG 25.3.1966 – 3 AZR 358/65 AP Nr. 19 zu § 1 FeiertagslohnzahlungsG; BAG 22.10.1973 – 3 AZR 83/73 – AP Nr. 31 zu § 1 FeiertagslohnzahlungsG; BAG 28.2.1984 – 3 AZR 103/83 – AP Nr. 43 zu § 1 FeiertagslohnzahlungsG.

115 BAG 5.7.1979 – 3 AZR 173/78 – AP Nr. 33 zu § 1 FeiertagslohnzahlungsG mit Anm. Bernert; BAG 20.7.1982 – 1AZR 404/80 – AP Nr. 38 zu § 1 FeiertagslohnzahlungsG mit Anm. Gagel; Schmitt, § 2 EFZG Rn 119; MüKo/Müller-Glöge Anhang zu § 616 BGB § 2 EFZG Rn 32.

116 BAG 8.5.1984 – 3 AZR 194/82 – AP Nr. 44 zu § 1 FeiertagslohnzahlungsG; Schmitt, § 2 EFZG Rn 120; Kaiser/Dunkl/Hold/Kleinsorge, § 2 EFZG Rn 41 ff, ErfK/Dörner, § 2 EFZG Rn 17; MünchArbR/Boewer, 3. Aufl., § 71 Rn 10.

117 BAG 8.5.1984 – 3AZR 194/82 – AP Nr. 44 zu § 1 FeiertagslohnzahlungsG.

118 BAG 8.5.1984 – 3AZR 194/82 – AP Nr. 44 zu § 1 FeiertagslohnzahlungsG; Schmitt, § 2 EFZG Rn 121, Kasseler Handbuch/Vossen, 2.2 Rn 582; MünchArbR/Boewer, 3. Aufl., § 71 Rn 10; aA Wedde/Gerntke/Kunz/Platow, § 2 EFZG Rn 46.

geltausfallprinzip kann darin nicht gesehen werden. Das Entgeltausfallprinzip erlegt dem Arbeitgeber für gesetzliche Feiertage die vergütungsrechtlichen Verpflichtungen auf, die er ohne den Feiertag gehabt hätte. Eine solche Verpflichtung des Arbeitgebers besteht beim Kurzarbeitergeld lediglich hinsichtlich der alleinigen Übernahme der Sozialversicherungsbeiträge nicht aber hinsichtlich der den Arbeitnehmer treffenden Steuerlast. Das Entgeltausfallprinzip gebietet nicht, steuerliche Nachteile des Arbeitnehmers, die sich aus der Anwendung der Steuergesetze ergeben, auszugleichen.[119] Die steuerrechtliche Behandlung des Arbeitslohns ergibt sich aus den zwingenden öffentlich-rechtlichen Normen des EStG.[120] Die vom Bundesarbeitsgericht erzielten Ergebnisse sind nicht Ausdruck einer inkonsequenten Handhabung des Entgeltausfallprinzips,[121] sondern einer unbefriedigenden gesetzlichen Regelung.[122]

Beim **Zusammentreffen von krankheitsbedingter Arbeitsunfähigkeit, Kurzarbeit** und **gesetzlichem Feiertag** ist gemäß §§ 2 Abs. 2, 4 Abs. 2 EFZG Entgeltfortzahlung im Krankheitsfall zu leisten,[123] die sich auf die Höhe des Kurzarbeitergeldes beschränkt (vgl § 4 Rn 179). 86

D. Anspruchsverlust

I. Unentschuldigtes Fernbleiben von der Arbeit (Abs. 3)

1. Grundsätzliches

Nach § 2 Abs. 3 EFZG haben Arbeitnehmer, die am **letzten Arbeitstag vor oder am ersten Arbeitstag nach Feiertagen unentschuldigt der Arbeit fernbleiben,** keinen Anspruch auf Bezahlung für diese Feiertage. Die Bestimmung wurde gleichlautend aus dem Feiertagslohnzahlungsgesetz (§ 1 Abs. 3 FLZG) übernommen. Sie dient der **Verhinderung eigenmächtiger Verlängerung von Feiertagen** und will der **Bummelei vor und nach Feiertagen entgegenwirken.**[124] Zurückzuführen ist die Regelung auf den so genannten Bummelerlass vom 16.3.1940,[125] mit dem die Arbeitsleistung in der Kriegswirtschaft sichergestellt werden sollte. 87

2. Letzter Arbeitstag vor oder erster Arbeitstag nach dem gesetzlichen Feiertag

Nach dem klaren Wortlaut der Bestimmung kommt es auf den jeweiligen **Arbeitstag** und **nicht** den **Kalendertag vor oder nach dem gesetzlichen Feiertag** an.[126] Maßgebend für die Festlegung der von § 2 Abs. 3 EFZG erfassten Arbeitstage ist die jeweilige **individuelle Arbeitsverpflichtung** des einzelnen Arbeitnehmers, nicht sind es die allgemeinen betrieblichen Verhältnisse.[127] 88

---

119 BAG 8.5.1984 – 3AZR 194/82 – AP Nr. 44 zu § 1 FeiertagslohnzahlungsG.
120 BAG 19.10.2000 – 8 AZR 20/00 – AP Nr. 11 zu § 611 BGB Haftung des Arbeitgebers.
121 Schmitt, § 2 EFZG Rn 122.
122 Kaiser/Dunkl/Hold/Kleinsorge, § 2 EFZG Rn 44.
123 MünchArbR/Boewer, 3. Aufl., § 71 Rn 8; ErfK/Dörner, § 2 EFZG Rn 18; aA Schmitt, § 2 EFZG Rn 124, der davon ausgeht, dass Feiertagsvergütung zu leisten ist.
124 BAG 28.10.1966 – 3 AZR 186/66 – AP Nr. 23 zu § 1 FeiertagslohnzahlungsG.
125 RABl. 1940 I S. 125.
126 BAG 16.6.1965 – 1 AZR 56/65 – AP Nr. 18 zu § 1 FeiertagslohnzahlungsG; BAG 6.4.1982 – 3 AZR 1036/79 – AP Nr. 37 zu § 1 FeiertagslohnzahlungsG.
127 BAG 16.6.1965 – 1 AZR 56/65 – AP Nr. 18 zu § 1 FeiertagslohnzahlungsG; BAG 20.7.1982 – 1AZR 404/80 – AP Nr. 38 zu § 1 FeiertagslohnzahlungsG; Schmitt, § 2 EFZG Rn 127; ErfK/Dörner, § 2 EFZG Rn 22; MünchArbR/Boewer, 3. Aufl., § 71 Rn 12.

89 Der Feiertagsvergütungsanspruch entfällt, wenn zwischen dem Tag, an dem der Arbeitnehmer unentschuldigt fehlt, und dem Feiertag arbeitsfreie Wochenend-, Urlaubs-, Freischicht- oder sonstige Tage liegen, an denen für den Arbeitnehmer keine Arbeitsverpflichtung besteht. Unter den in § 2 Abs. 3 EFZG genannten Voraussetzungen erfasst der Anspruchsverlust auch mehrere aufeinander folgende gesetzliche Feiertage.[128]

90 Fehlt der Arbeitnehmer an einem Arbeitstag unentschuldigt, der für ihn **zugleich der erste Arbeitstag nach, wie auch der letzte Arbeitstag vor einem gesetzlichen Feiertag** ist, so verliert er den Anspruch für beide Feiertage.[129]

91 Fallen Feiertage in die Zeit einer **Betriebsruhe,** so ist der Feiertagsvergütungsanspruch für **sämtliche** in dieser Zeit liegenden **Feiertage** ausgeschlossen, wenn ein **Arbeitnehmer am letzten Tag vor oder am ersten Tag nach der Betriebsruhe unentschuldigt fehlt.**[130] Von dem gesetzlichen Anspruchsverlust des § 2 Abs. 3 EFZG nicht betroffen sind jedoch die Tage der Betriebsruhe, die keine Feiertage sind; inwieweit für diese eine Vergütungspflicht besteht, richtet sich nach der der Betriebsruhe zugrunde liegenden betrieblichen oder einzelvertraglichen Regelung.

3. Fernbleiben von der Arbeit

92 Um ein Fernbleiben von der Arbeit iSd § 2 Abs. 3 EFZG handelt es sich jedenfalls dann, wenn der Arbeitnehmer am letzten Tag vor oder am ersten Tag nach dem Feiertag im Betrieb **überhaupt nicht erscheint** oder die Arbeit **gänzlich verweigert.**[131] Der Wortlaut „Fernbleiben" ließe darauf schließen, dass der Anspruchsverlust das Fehlen während des ganzen Arbeitstages voraussetzt.[132] Demgegenüber nehmen das Bundesarbeitsgericht und die überwiegende Meinung im Schrifttum an, dass der Anspruchsausschluss auch bei einer Teilarbeitsversäumnis eintritt.[133]

93 Die Arbeitsversäumnis führt allerdings dann nicht zum Anspruchsverlust, wenn sie **verhältnismäßig nicht erheblich** ist. Davon ist auszugehen, wenn sie nicht mehr als die Hälfte des für § 2 Abs. 3 EFZG maßgebenden Arbeitstages umfasst.[134]

94 Auf die **zeitliche Lage des Arbeitsversäumnisses** innerhalb des jeweiligen Arbeitstages und einen **ursächlichen Zusammenhang zwischen Arbeitsversäumnis und gesetzlichem Feiertag kommt es nicht an.**[135] Dieser Auffassung wird teil-

128 ErfK/Dörner, § 2 EFZG Rn 22.
129 Schmitt, § 2 EFZG Rn 132; ErfK/Dörner, § 2 EFZG Rn 22; aA Krüger, RdA 1959, 424; Wedde/Gerntke/Kunz/Platow, § 2 EFZG Rn 51.
130 BAG 6.4.1982 – 3 AZR 1036/79 – AP Nr. 37 zu § 1 FeiertagslohnzahlungsG.
131 Schmitt, § 2 EFZG Rn 136; ErfK/Dörner, § 2 EFZG Rn 21.
132 So die Rechtsprechung des RAG zum Bummelerlass: RAG vom 13.2.1942, RAGE 26, 89.
133 BAG 28.10.1966 – 3 AZR 186/66 – AP Nr. 23 zu § 1 FeiertagslohnzahlungsG; ErfK/Dörner, § 2 EFZG Rn 21; MüKo/Müller-Glöge Anhang zu § 616 BGB § 2 EFZG Rn 36; MünchArbR/Boewer, 3. Aufl., § 71 Rn 13; Kaiser/Dunkl/Hold/Kleinsorge, § 2 EFZG Rn 48; Schmitt, § 2 EFZG Rn 137; Vogelsang, Rn 829.
134 BAG 4.3.1960 – 1 AZR 18/58 – AP Nr. 8 zu § 1 FeiertagslohnzahlungsG; BAG 28.10.1966 – 3 AZR 186/66 – AP Nr. 23 zu § 1 FeiertagslohnzahlungsG; Knorr/Krasney, § 2 EFZG Rn 53; aA ErfK/Dörner, § 2 EFZG Rn 21.
135 BAG 28.10.1966 – 3 AZR 186/66 – AP Nr. 23 zu § 1 FeiertagslohnzahlungsG; MünchArbR/Boewer, 3. Aufl., § 71 Rn 13; Kasseler Handbuch/Vossen, 2.2 Rn 558.

weise der Sinn und Zweck der Vorschrift, die eigenmächtige Freizeitverlängerung zu verhindern, entgegengehalten; das Fernbleiben von der Arbeit müsse deshalb zeitlich unmittelbar dem arbeitsfreien Feiertag vorausgehen oder sich ihm anschließen.[136] Dabei wird allerdings verkannt, dass das Gesetz nicht nur die **eigenmächtige Verlängerung von Feiertagen verhindern**, sondern auch der **Bummelei vor und nach Feiertagen entgegenwirken** will.[137] Für die Verwirklichung dieses Gesetzeszweckes ist die zeitliche Lage der Arbeitsversäumnis an den Arbeitstagen vor und nach einem gesetzlichen Feiertag aber unerheblich.

4. Unentschuldigtes Fernbleiben

Eine **Arbeitsversäumnis** ist als **unentschuldigt** im Sinne des § 2 Abs. 3 EFZG anzusehen, wenn sie **objektiv** als **vertragliche Pflichtverletzung** zu werten ist und den Arbeitnehmer **subjektiv** ein **Verschulden** trifft.[138] 95

Der **objektive Tatbestand** ist gegeben, wenn der Arbeitnehmer zur **Arbeitsleistung verpflichtet** gewesen wäre. Der Arbeitspflicht entgegenstehen kann zum Beispiel das Vorliegen eines Verhinderungsfalles iSd § 616 Satz 1 BGB, der Ausschluss der Leistungspflicht nach § 275 Abs. 1 bis 3 BGB oder ein kollektiv- oder einzelvertraglich geregelter persönlicher Hinderungsgrund. 96

Für die Beurteilung des **Verschuldens** in **subjektiver Hinsicht** ist der **Maßstab des § 276 Abs. 1 Satz 1 BGB** heranzuziehen.[139] 97

Über die genannten Fälle hinaus hat das Bundesarbeitsgericht ein unentschuldigtes Fernbleiben auch dann angenommen, wenn der Arbeitnehmer zwar „entschuldigt ist", sich aber nicht unverzüglich „entschuldigt hat", dh, den Grund seines Fernbleibens nicht unverzüglich dem Arbeitgeber mitgeteilt hat.[140] Ein solches Erfordernis kann aber weder dem Gesetzeswortlaut entnommen werden, noch verlangt der Gesetzeszweck (vgl Rn 2) zur Aufrechterhaltung des Feiertagsentgeltanspruchs eine unverzügliche Mitteilung.[141] **Solange der Arbeitnehmer den Grund für sein Fernbleiben allerdings nicht darlegt und beweist,**(vgl Rn 101) **ist der Arbeitgeber zur Feiertagsbezahlung nicht verpflichtet.** Einer analogen Anwendung des § 7 Abs. 1 Nr. 1 EFZG[142] bedarf es hierzu nicht. 98

5. Umfang des Anspruchsverlustes

Bei Vorliegen der Voraussetzungen des § 2 Abs. 3 EFZG **entfällt** der **Anspruch auf Feiertagsbezahlung** für den **gesamten Feiertag.** Dies gilt auch dann, wenn der Arbeitnehmer an den in § 2 Abs. 3 EFZG beschriebenen Arbeitstagen arbeitet, aber nicht in dem für den Anspruchserhalt notwendigen Umfang (vgl Rn 93). 99

136 Vogelsang, Rn 831; Kaiser/Dunkl/Hold/Kleinsorge, § 2 EFZG Rn 50; Nikisch, Anm. zu BAG 28.10.1966 – 3 AZR 186/66 – AP Nr. 23 zu § 1 FeiertagslohnzahlungsG.
137 BAG 28.10.1966 – 3 AZR 186/66 – AP Nr. 23 zu § 1 FeiertagslohnzahlungsG.
138 ErfK/Dörner, § 2 EFZG Rn 23; Schmitt, § 2 EFZG Rn 145; MünchArbR/Boewer, 3. Aufl., § 71 Rn 14; Kaiser/Dunkl/Hold/Kleinsorge, § 2 EFZG Rn 46.
139 MünchArbR/Boewer, 3. Aufl., § 71 Rn 14.
140 BAG 14.6.1957 – 1 AZR 97/56 – AP Nr. 2 zu § 1 FeiertagslohnzahlungsG; so auch: Schmitt, § 2 EFZG Rn 150.
141 ErfK/Dörner, § 2 EFZG Rn 24; Kaiser/Dunkl/Hold/Kleinsorge, § 2 EFZG Rn 47; MünchArbR/Boewer, 3. Aufl., § 81 Rn 14.
142 Vgl Vossen, Rn 803.

100 Sind die Voraussetzungen des § 2 Abs. 3 EFZG gegeben, und erhält der **Arbeitnehmer feste Monats- oder Wochenbezüge**, so können diese für den Feiertag **anteilig gekürzt** werden.[143]

6. Darlegungs- und Beweislast

101 Bei § 2 Abs. 3 EFZG handelt es sich um einen **rechtshindernden** (Fehlen vor dem Feiertag) oder um einen **rechtsvernichtenden** (Fehlen nach dem Feiertag) Tatbestand. Der **Anspruchsgegner** trägt grundsätzlich die **Beweislast** für das Vorliegen rechtshindernder oder -vernichtender Tatsachen.[144] Abweichend von dieser allgemeinen Beweisregel hat allerdings derjenige die **Tatsachen** zu **beweisen**, die sich in seiner **ausschließlichen Einfluss- und Wahrnehmungssphäre** ereignet haben. Im Rahmen des § 2 Abs. 3 EFZG bedeutet dies im Regelfall, dass der **Arbeitgeber das Fernbleiben des Arbeitnehmers, und dieser die seine Pflichtwidrigkeit und sein Verschulden betreffenden Umstände darzulegen und zu beweisen hat.**[145]

II. Ausschlussfristen

102 Auch der Feiertagsentgeltanspruch des § 2 Abs. 1 EFZG als unabdingbarer gesetzlicher Anspruch (§ 12 EFZG) kann von einer **tariflichen Ausschlussfrist erfasst** werden (vgl § 12 Rn 37 ff). Dies gilt sowohl für tarifliche Ausschlussfristen, die kraft Tarifbindung oder Allgemeinverbindlicherklärung, als auch für solche, die aufgrund einer einzelvertraglichen Bezugnahme anzuwenden sind.[146] Bei einer Teilverweisung ist der Anspruch von der Wirksamkeit der Klausel abhängig, da diese einer Inhaltskontrolle unerliegt.[147]

103 Der gesetzliche Feiertagsentgeltanspruch unterliegt aber nur dann einer tariflichen Verfallklausel, wenn diese auch gesetzliche Ansprüche und nicht lediglich tarifliche oder einzelvertragliche Ansprüche betrifft. Beruht der Anspruch auf Vergütung für die wegen eines Feiertages ausgefallene Arbeit allerdings auf § 2 Abs. 1 EFZG, so handelt es sich auch dann um einen gesetzlichen und nicht um einen tariflichen Anspruch, wenn die Vergütung selbst tariflich geregelt ist.[148]

III. Verjährung

104 Aufgrund der zum 1.1.2002 in Kraft getretenen Schuldrechtsreform (BGBl. I S. 3138) unterliegt der Feiertagsentgeltanspruch des § 2 Abs. 1 EFZG gemäß § 195 BGB nunmehr der regelmäßigen **Verjährungsfrist** von **drei Jahren,** deren Beginn sich nach § 199 Abs. 1 BGB richtet. Bis 31.12.2001 betrug die Verjährungsfrist für Feiertagsentgeltansprüche gemäß § 196 Abs. 1 Nrn. 8, 9 BGB aF zwei Jahre, deren Beginn in § 201 BGB aF geregelt war. Eine Überleitungsvorschrift zum Verjährungsrecht findet sich in Art. 229 § 6 EGBGB.

---

143 BAG 14.8.1985 – 5 AZR 384/84 – AP Nr. 40 zu § 63 HGB.
144 Baumbach/Lauterbach/Albers/Hartmann, ZPO, Anhang zu § 286 Rn 3, 10, 12.
145 MünchArbR/Boewer, 3. Aufl., § 71 Rn 15; Kaiser/Dunkl/Hold/Kleinsorge, § 2 EFZG Rn 57; ErfK/Dörner, § 2 EFZG Rn 26.
146 BAG 12.3.1971 – 3 AZR 224/70 – AP Nr. 9 zu § 1 FeiertagslohnzahlungsG Berlin.
147 ArbG Kaiserslautern 20.12.2007 – 7 Ca 1424/07 – ArbuR 2008, 117, 122; ErfK/Preis, §§ 194 ff BGB Rn 43.
148 BAG 10.12.1986 – 5 AZR 507/87 – AP Nr. 51 zu § 1 FeiertagslohnzahlungsG.

IV. Verzicht

Ein Verzicht auf gesetzliche Feiertagsentgeltansprüche ist nur unter den in § 12 EFZG Rn 15 ff dargestellten Voraussetzungen zulässig. 105

§ 3 Anspruch auf Entgeltfortzahlung im Krankheitsfall

(1) [1]Wird ein Arbeitnehmer durch Arbeitsunfähigkeit infolge Krankheit an seiner Arbeitsleistung verhindert, ohne daß ihn ein Verschulden trifft, so hat er Anspruch auf Entgeltfortzahlung im Krankheitsfall durch den Arbeitgeber für die Zeit der Arbeitsunfähigkeit bis zur Dauer von sechs Wochen. [2]Wird der Arbeitnehmer infolge derselben Krankheit erneut arbeitsunfähig, so verliert er wegen der erneuten Arbeitsunfähigkeit den Anspruch nach Satz 1 für einen weiteren Zeitraum von höchstens sechs Wochen nicht, wenn

1. **er vor der erneuten Arbeitsunfähigkeit mindestens sechs Monate nicht infolge derselben Krankheit arbeitsunfähig war oder**
2. **seit Beginn der ersten Arbeitsunfähigkeit infolge derselben Krankheit eine Frist von zwölf Monaten abgelaufen ist.**

(2) [1]Als unverschuldete Arbeitsunfähigkeit im Sinne des Absatzes 1 gilt auch eine Arbeitsverhinderung, die infolge einer nicht rechtswidrigen Sterilisation oder eines nicht rechtswidrigen Abbruchs der Schwangerschaft eintritt. [2]Dasselbe gilt für einen Abbruch der Schwangerschaft, wenn die Schwangerschaft innerhalb von zwölf Wochen nach der Empfängnis durch einen Arzt abgebrochen wird, die schwangere Frau den Abbruch verlangt und dem Arzt durch eine Bescheinigung nachgewiesen hat, daß sie sich mindestens drei Tage vor dem Eingriff von einer anerkannten Beratungsstelle hat beraten lassen.

(3) Der Anspruch nach Absatz 1 entsteht nach vierwöchiger ununterbrochener Dauer des Arbeitsverhältnisses.

Schrifttum: *Bährle*, Anfechtung eines Arbeitsvertrages und dessen Rückabwicklung, BuW 2002, 482; *Belling/Hartmann*, Ausschluss der Entgeltfortzahlung durch hypothetische Nichtleistung, ZfA 1994, 519; *Berenz*, Lohnfortzahlung an im Urlaub erkrankte Arbeitnehmer, DB 1992, 2442; *Boecken*, Probleme der Entgeltfortzahlung im Krankheitsfall, NZA 1999, 673; *ders.*, Entgeltfortzahlung bei nebentätigkeitsbedingtem Arbeitsunfall bzw. Unfall, NZA 2001, 233; *Borchert*, Der neue Bundesmanteltarifvertrag – Ärzte, NJW 1991, 1526; *Brill*, Einzelfragen bei Übergang des Lohnfortzahlungsanspruches des Arbeiters auf die Krankenkasse, DB 1970, 1538; *ders.*, Entgeltfortzahlung bei unbezahltem Urlaub, DOK 1980, 433; *Compensis*, Sozialrechtliche Auswirkungen der stufenweisen Wiedereingliederung arbeitsunfähiger Arbeitnehmer nach § 74 SGB V, NZA 1992, 631; *Eich*, Rechtsfragen bei Krankheit des Arbeitnehmers, BB 1988, 197; *Faßhauer*, Rechtsfragen zur unbezahlten Freistellung, NZA 1986, 453; *Feichtinger*, Entgeltfortzahlung bei Kündigung aus Anlass der Arbeitsunfähigkeit und Verzicht, DB 1983, 1202; *ders.*, Entgeltfortzahlung im Krankheitsfall, Arbeitsrecht-Blattei, SD 1000.3, Stand 1999; *Feldgen*, Das neue Entgeltfortzahlungsgesetz, DB 1994, 1289; *Fleck/Körkel*, Der Rückfall von Alkoholabhängigen im Arbeitsrecht, DB 1990, 274; *Gaul*, Aspekte der krankheitsbedingten Arbeitsunfähigkeit, DB 1992, 2189; *Gaul/Otto*, Unterrichtungsanspruch und Widerspruchsrecht bei Betriebsübergang und Umwandlung, DB 2002, 634; *Gerauer*, Keine Lohnfortzahlung bei Verletzungsfolgen beim Bungee-Springen, NZA 1994, 496; *Gola*, Zur missbräuchlichen Geltendmachung eines Anspruches auf Lohn- und Gehaltsfortzahlung im Krankheitsfall, DB 1985, 2044; *Gotthardt/Greiner*, Leistungsbefreiung bei Krankheit des Arbeitnehmers nach § 275 Abs. 1 oder 3 BGB, DB 2002, 2106; *Gutzeit*, Die schwangere Kranke vor dem BAG – Monokausale Wirrungen, NZA 2003, 81; *Habermann*, Das neue Entgeltfortzahlungsgesetz, NZS 1994, 458; *Herschel*, Erkrankung während unbezahlten Sonderurlaubes, DB 1981, 2431; *Hofmann*, Grenzen gesetzlicher Unabdingbarkeitsnormen im Arbeitsrecht. Zum Verzicht auf den Entgeltfortzahlungsanspruch im Krankheitsfall in: BAG-Festschrift, 1979 S. 217; *ders.*, Fristenprobleme bei der Fortsetzungserkrankung in: Festschrift Hilger/Stumpf, 1983, S. 343; *Houben*, Trifft den Arbeitnehmer eine vertragliche Pflicht, sich gesund zu halten?, NZA 2000, 128; *v. Hoyningen-Huene*, Das Rechtsverhältnis zur stufenweisen Wiedereingliederung arbeitsunfähiger Arbeitnehmer (§ 74 SGB V), NZA 1992, 49; *Joost*, Vertragsstrafe im Arbeitsrecht – Zur Inhaltskontrolle von Formularverträgen im Arbeitsrecht, ZIP 2004, 1981; *von Koppenfels*, Die Entgeltfortzahlung im Krankheitsfall an der Schnittstelle von Arbeits- und Sozialrecht, NZS 2002, 241; *Kruse*, Die Frage des Verschuldens bei Anspruch auf Entgeltfortzahlung im Krankheitsfall, BB 1976, 984; *Künzl*, Begriff des Verschuldens bei der Entgeltfortzahlung, BB 1989, 62; *ders.*, Rauchen und Nichtraucherschutz im Arbeitsverhältnis, ZTR 1999, 531; *Lepke*, Rechtsfolgen bei Verletzung von Verhaltensobliegenheiten des Arbeitnehmers bei feststehender oder behaupteter oder zweifelhafter Arbeitsunfähigkeit, DB 1974, 430, 478; *Lindemann*, Neuerungen im Arbeitsrecht durch die Schuldrechtsreform, AuR 2002, 81; *Lingemann*, Allgemeine Geschäftsbedingungen und Arbeitsvertrag, NZA 2002, 181; *Löwisch/Beck*, Keine Entgeltfortzahlung bei Schönheitsoperationen, BB 2007, 1960; *Marburger*, Zum Verschuldensbegriff im Bereich des Entgeltfortzahlung im Krankheitsfall, DB 1980, 399; *ders.*, Krankengeld bei Verzicht auf Lohnfortzahlung und bei Beendigung des Beschäftigungsverhältnisses, BB 1982, 2055; *ders.*, Neu geregelt: Entgeltfortzahlung im Krankheitsfall, BB 1994, 1417; *Milde*, Gehalt bei Arbeitsunfähigkeit während eines Streiks, SAE 1992, 288; *Müller*, Lohnfortzahlung bei Arbeitsunfähigkeit infolge Schwangerschaftsabbruches, DB 1986, 2667; *Müller-Glöge*, Aktuelle Rechtsprechung zum Recht der Entgeltfortzahlung im Krankheitsfall, RdA 2006, 105; *Müller-Roden*, Entgeltfortzahlung bei künstlicher Befruchtung, NZA 1989, 128; *Nebe*, (Re-)Integration von Arbeitnehmern: Stufenweise Wiedereingliederung und Betriebliches Eingliederungsmanagement – ein neues Kooperationsverhältnis, DB 2008, 1801; *Olderog*, Rechtsfragen bei Krankheit im Arbeitsverhältnis, BB 1989, 1684; *Pallasch*, Entgeltfortzahlung bei Schwangerschaftsabbruch nach der „Fristenlösungs-Entscheidung“ des BVerfG vom 28.5.1993, NZA 1993, 973; *Platzer*, Der Umfang des Forderungsüberganges bei Dritthaftung im Baugewerbe, BB 1993, 1212; *Reichold*, Anmerkungen zum Arbeitsrecht im neuen BGB, ZTR 2002, 202; *Reinecke*, Der Anspruch auf Entgeltfortzahlung beim Zusammentreffen mehrerer Verhinderungsgründe, DB 1991, 1168; *ders.*, Krankheit und Arbeitsunfähigkeit – die zentralen Begriffe des Rechts der Entgeltfortzahlung, DB 1998, 130; *Richardi*, Leistungsstörungen und Haftung im Arbeitsverhältnis nach dem Schuldrechtsmodernisierungsgesetz, NZA 2002, 1004; *Säcker*, Das neue Entgeltfortzahlungsgesetz und die individuelle und kollektive Vertragsfreiheit, AuR 1994, 1; *Schliemann*, Neues und Bekanntes im Entgeltfortzahlungsgesetz, ArbuR 1994, 317; *Schliemann/König*, Ärztliches Beschäftigungsverbot und krankheitsbedingte Arbeitsunfähigkeit der werdenden Mutter, NZA 1998, 1030; *Schmidt*, Kündigungen im Rahmen des § 74 SGB V – Beendigung des Wiedereingliederungsverhältnisses sowie des Arbeitsverhältnisses, NZA 2006, 893; *Sieg*, Einige Sonderprobleme der Entgeltfortzahlung nach neuem Recht, BB 1996, Beilage 17, S. 18; *Stoffels*, Arbeitsrechtliche Konsequenzen des zweiten Abtreibungsurteils des Bundesverfassungsgerichtes, DB 1993, 1718; *Stückmann*, Teilarbeits(un)fähigkeit und Entgeltfortzahlung, DB 1998, 1662; *ders.*, „Selbstverschuldete“ Arbeitsunfähigkeit – spart nur der Zufall Kosten?, DB 1996, 1822; *Tekkouk*, Notlagenindikation ja oder nein?, AuR 1994, 22; *Töns*, Der Krankengeldanspruch bei Kurzarbeit, DOK 1981, 253; ders., Arbeitsunfähigkeit während des Erziehungsurlaubs, BB 1986, 730; *Tröndle*, Lohnfortzahlung bei Schwangerschaftsabbruch, NJW 1989 2990; *Veit*, Der Anspruch auf Lohnfortzahlung für krankheitsbedingte Fehltage und auf Freizeitausgleich nach dem „Freischichtenmodell“, NZA 1990, 249; *Vossen*, Die Wartezeit nach § 3 III EFZG, NZA 1998, 354; *Weiland*, Sicherheitsgurt und Verschulden nach § 1 LohnFG, DB 1979, 1653; *Wetzling/Habel*, Betriebliches Eingliederungsmanagement und Mitwirkung des Arbeitgebers, NZA 2007, 1129; *Weyand*, Der Anspruch auf Mutterschutzlohn bei krankheitsbedingtem Beschäftigungsverbot, BB 1994, 1852; *Worzalla*, Neue Spielregeln bei Betriebsübergang – Die Änderungen des § 613 a BGB, NZA 2002, 353.

A. Allgemeines 1
B. Voraussetzungen des Entgeltfortzahlungsanspruchs 6
I. Bestehendes Arbeitsverhältnis . . 7
1. Allgemeine Grundsätze 7
2. Weiterbeschäftigung nach Kündigung während des Kündigungsschutzprozesses 11
3. Annahmeverzug 16
4. Betriebsübergang 17

II. Arbeitsunfähigkeit infolge Krankheit ... 21
1. Medizinischer Krankheitsbegriff ... 22
2. Arbeitsunfähigkeit ... 24
a) Krankheit und Arbeitsunfähigkeit ... 24
b) Teilarbeitsunfähigkeit ... 35
c) Stufenweise Wiedereingliederung ... 38
d) Krankheitsähnliche und andere vergleichbare Zustände ... 40
aa) Dauernde Arbeitsunfähigkeit ... 40
bb) Erwerbsminderung ... 42
cc) Trunk- und Drogensucht ... 44
dd) Bazillenträger und Bazillenausscheider ... 46
ee) Schwangerschaft ... 47
ff) Behinderung – Altersschwäche ... 48
gg) Arztbesuch ... 51
e) Feststellung der Arbeitsunfähigkeit ... 55
III. Kausalzusammenhang ... 59
1. Allgemeines ... 59
2. Einzelfälle ... 61
a) Arbeitskampf ... 61
b) Beschäftigungsverbot nach dem Infektionsschutzgesetz ... 66
c) Betriebsstilllegung/Betriebsrisiko ... 67
d) Elternzeit ... 68
e) Fehlende Genehmigung bzw Zustimmung bei Ausländerbeschäftigung ... 73
f) Fehlender Arbeitswille ... 75
g) Feiertag ... 76
h) Freischichtenmodell ... 77
i) Kurzarbeit ... 80
j) Schulungsveranstaltungen für Betriebsratsmitglieder ... 82
k) Schwangerschaft – Beschäftigungsverbot nach MuSchG ... 83
aa) Abgrenzung – Arbeitsunfähigkeit und Beschäftigungsverbot ... 83
bb) Darlegungs- und Beweislast ... 89
l) Urlaub ... 93
m) Vereinbarter Arbeitsausfall – Arbeitsfreistellung ... 101
n) Witterungsbedingter Arbeitsausfall ... 103
3. Darlegungs- und Beweislast ... 104
IV. Unverschuldete Arbeitsunfähigkeit ... 105
1. Allgemeine Grundsätze ... 105
2. Einzelfälle ... 108
a) Arbeitsunfälle ... 108
b) Gesundheitsschädigendes Verhalten ... 112
c) Krankheitsursache ... 114
d) Nebentätigkeiten ... 124
e) Selbstmordversuch ... 127
f) Schlägereien ... 128
g) Sportunfälle ... 133
h) Trunkenheit ... 138
i) Suchterkrankungen ... 144
j) Verkehrsunfälle ... 153
k) Sonstiges ... 166
V. Verschulden des Arbeitgebers oder Dritter ... 170
VI. Darlegungs- und Beweislast ... 173
VII. Erfüllung der Wartezeit ... 179
C. Arbeitsunfähigkeit infolge Schwangerschaftsabbruch, Sterilisation oder künstlicher Befruchtung ... 187
D. Rechtsmissbrauch ... 192
E. Anspruchszeitraum ... 200
I. Beginn, Dauer und Ende des Sechswochenzeitraumes ... 200
1. Beginn ... 200
a) Bei bestehendem Arbeitsverhältnis ... 200
b) Bei ruhendem Arbeitsverhältnis ... 204
2. Dauer ... 208
3. Ende ... 215
II. Neue Krankheit bei bestehender Arbeitsunfähigkeit ... 219
III. Wiederholte Arbeitsunfähigkeit ... 222
1. Wiederholte Arbeitsunfähigkeit infolge einer neuen Krankheit ... 222
2. Wiederholte Arbeitsunfähigkeit infolge derselben Krankheit ... 227

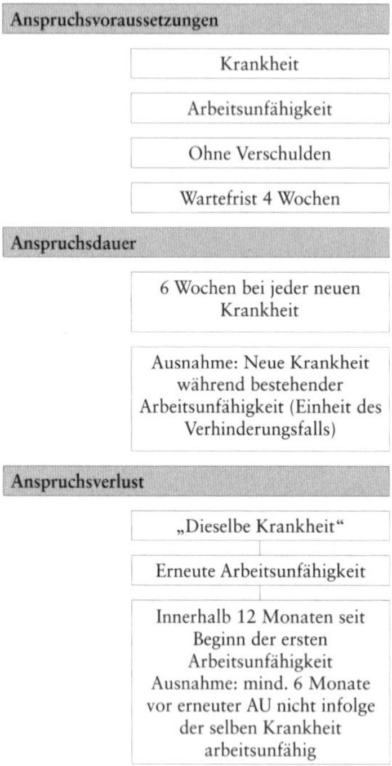

A. Allgemeines

1 Das Arbeitsverhältnis als gegenseitiges Leistungsaustauschverhältnis wird von dem Grundsatz „ohne Arbeit kein Lohn“ beherrscht (§§ 275, 326, 613 BGB). Dass der arbeitsunfähige Arbeitnehmer nicht arbeiten muss, folgt in der Regel aus § 275 Abs. 1 BGB.[1] Im Einzelfall kann sich eine Leistungsbefreiung auch aus

1 „Für den Schuldner“ unmöglich; Reichold ZTR 2002, 202, 208; Däubler NZA 2001, 1329, 1332; Lindemann AuR 2002, 81, 82 f.

§ 275 Abs. 3 BGB ergeben.[2] Die Rechtsfolge des § 326 Abs. 1 Satz 1 BGB („entfällt der Anspruch auf Gegenleistung") wird für den Fall der unverschuldeten Arbeitsunfähigkeit durchbrochen. Der arbeitsunfähige Arbeitnehmer hat gemäß § 3 Abs. 1 Satz 1 EFZG Anspruch auf Entgeltfortzahlung.

Nachdem das EFZG das bisherige gesetzlich zersplitterte und nach einzelnen Arbeitnehmergruppen differenzierte System der Entgeltfortzahlung im Krankheitsfall beseitigt hat, beinhaltet § 3 Abs. 1 EFZG den **Grundsatz der Entgeltfortzahlung** für alle Arbeitnehmer, die durch Arbeitsunfähigkeit infolge Krankheit an ihrer Arbeitsleistung verhindert sind, ohne dass sie ein Verschulden trifft. Der Anspruch besteht für die Zeit der Arbeitsunfähigkeit bis zur Dauer von sechs Wochen – bezüglich der Besonderheiten bei Fortsetzungserkrankung vgl Rn 222 ff. Soweit der Versicherte Entgeltfortzahlung gemäß § 3 Abs. 1 EFZG vom Arbeitgeber erhält, sind die Krankenkassen von der Verpflichtung zur Zahlung von Krankengeld freigestellt gemäß § 49 Abs. 1 Nr. 1 SGB V (vgl im Einzelnen die Ausführungen zu § 49 SGB V). Entsprechendes gilt hinsichtlich des Verletztengeldes aus der gesetzlichen Unfallversicherung (§§ 45–48, 52 SGB VII). 2

Anders als in § 1 Abs. 1 LFZG ist der Anspruch auf Entgeltfortzahlung nicht mehr davon abhängig, dass die Arbeitsunfähigkeit infolge Krankheit **nach Beginn der Beschäftigung** eingetreten ist. Damit hat § 3 Abs. 1 EFZG die Ungleichbehandlung zwischen Arbeitern und Angestellten beseitigt. Der Arbeitnehmer hat nunmehr nach Ablauf einer Wartezeit von vier Wochen (§ 3 Abs. 3 EFZG, vgl Rn 176 ff) Anspruch auf Entgeltfortzahlung. 3

Der früher für Arbeiter geltende Ausschluss der Entgeltfortzahlung für **kurzfristig** (§ 1 Abs. 3 Nr. 1 LFZG) und **geringfügig Beschäftigte** (§ 1 Abs. 3 Nr. 2 LFZG) ist in § 3 EFZG nicht mehr vorgesehen. Die Regelung trägt insoweit den verfassungsrechtlichen Bedenken aus dem Gesichtspunkt des Art. 3 Abs. 1 GG Rechnung.[3] § 3 EFZG findet somit uneingeschränkt Anwendung auf **Aushilfs- und Teilzeitarbeitnehmer.** 4

Als Konsequenz aus der so genannten „Fristenlösungs-Entscheidung" des Bundesverfassungsgerichts vom 28.5.1993[4] ist die frühere Regelung des § 1 Abs. 2 LFZG durch § 3 Abs. 2 Satz 2 EFZG dahingehend ergänzt worden, dass eine unverschuldete Arbeitsunfähigkeit infolge Schwangerschaftsabbruch auch dann vorliegt, wenn der Abbruch innerhalb von zwölf Wochen nach Empfängnis durch einen Arzt erfolgt und die Schwangere das vom Gesetz vorgesehene Beratungsverfahren durchlaufen hat. 5

---

2 Vgl auch Gotthardt, Schuldrechtsreform Rn 100 ff; Gotthardt/Greiner, DB 2002, 2106, die zwischen Fällen der krankheitsbedingten Unmöglichkeit der Arbeitsleistung, die von § 275 Abs. 1 BGB erfasst werden, und solchen der krankheitsbedingten Unzumutbarkeit der Arbeitsleistung – Aufnahme bzw Fortsetzung der Arbeit unter der Gefahr, den Gesundheitszustand zu verschlimmern – differenzieren, bei denen die Leistungsbefreiung aus § 275 Abs. 3 BGB folgt; ferner Richardi NZA 2002, 1004, 1007.

3 Vgl EuGH 13.7.1989 – Rs. 171/88 – AP Nr. 16 zu Art. 119 EWG-Vertrag, wonach der in § 1 Abs. 3 Nr. 2 LohnFG geregelte Ausschluss geringfügig beschäftigter Arbeiter wegen mittelbarer Frauendiskriminierung im Widerspruch zu Art. 119 Abs. 1 EWG-Vertrag stand und daher nicht mehr anzuwenden war; dieser Auffassung hat sich das BAG angeschlossen, vgl etwa BAG 9.10.1991 – 5 AZR 598/90 – AP Nr. 95 zu § 1 LohnFG.

4 NJW 1993, 1751; vgl hierzu ferner Pallasch NZA 1993, 973; Stoffels DB 1993, 1718.

B. Voraussetzungen des Entgeltfortzahlungsanspruchs

6 Der Arbeitnehmer hat gegen seinen Arbeitgeber auch ohne Arbeitsleistung Anspruch auf Fortzahlung des Arbeitsentgelts bis zur einer Dauer von 6 Wochen, wenn er ohne sein Verschulden arbeitsunfähig erkrankt ist (§ 3 Abs. 1 Satz 1 EFZG). Es müssen folgende Voraussetzungen gegeben sein:

- Es muss ein Arbeitsverhältnis bestehen (Rn 7 ff).
- Der/Die Arbeitnehmer/in muss durch Arbeitsunfähigkeit infolge Krankheit bzw Sterilisation oder Schwangerschaftsabbruch an seiner/ihrer Arbeitsleistung verhindert sein (Rn 21 ff, 187 ff).
- Die Arbeitsunfähigkeit infolge Krankheit darf vom Arbeitnehmer nicht verschuldet sein (Rn 105 ff).
- Erfüllung der Wartezeit (vgl Rn 179 ff).
- Der Arbeitnehmer hat die anspruchsbegründenden Tatsachen des Entgeltfortzahlungsanspruches darzulegen und ggfs. zu beweisen.[5]

I. Bestehendes Arbeitsverhältnis

1. Allgemeine Grundsätze

7 Der Entgeltfortzahlungsanspruch setzt zunächst das Bestehen eines Arbeitsverhältnisses voraus. Vom Entgeltfortzahlungsgesetz nicht erfasst werden daher Personen, die nicht aufgrund eines Arbeitsverhältnisses, sondern als **freie Mitarbeiter** tätig werden. Ist der Arbeitnehmerstatus strittig, hat derjenige, der Entgeltfortzahlung im Krankheitsfall fordert, seine Arbeitnehmereigenschaft darzulegen und zu beweisen.[6] Ferner im Einzelnen zum Arbeitnehmerbegriff § 1 Rn 8 ff.

8 Hat der Arbeitgeber ein bereits in Vollzug gesetztes Arbeitsverhältnis im Anschluss an eine Arbeitsunfähigkeit des Arbeitnehmers wegen **arglistiger Täuschung angefochten**, besteht kein Grund, von der allgemeinen Regel, wonach die Anfechtung stets rückwirkende Wirkung hat (§ 142 BGB), abzuweichen. Denn wer den Abschluss des Arbeitsvertrages durch eine arglistige Täuschung erschlichen hat, kann nicht darauf vertrauen, dass das Arbeitsverhältnis auch für die Zeit, in der es nicht mehr praktiziert worden ist, bis zur Anfechtungserklärung des Arbeitgebers als rechtsbeständig behandelt wird.[7] Der Arbeitnehmer hat daher für die Zeit, in der er wegen Arbeitsunfähigkeit keine Arbeitsleistung erbracht hat, **keinen Entgeltfortzahlungsanspruch**. Soweit der Arbeitgeber bereits Entgeltfortzahlung geleistet hat, hat er gegenüber dem Arbeitnehmer gem. § 812 Abs. 1 BGB einen Anspruch auf Rückgewährung der geleisteten Entgeltfortzahlung.[8]

---

5 BAG 13.7.2005 – 5 AZR 389/04 – AP Nr. 25 zu § 3 EntgeltFG; LAG Niedersachsen 7.5.2007 – 6 Sa 1045/05 – LAGE § 3 EntgeltfortzG Nr. 10.

6 LAG Köln 7.4.1994 – 10 Sa 1305/93 – NZA 1994, 1090.

7 BAG 3.12.1998 – 2 AZR 754/97 – AP Nr. 49 zu § 123 BGB unter Aufgabe der entgegenstehenden Rechtsprechung Urteile 18.4.1968 – 2 AZR 145/67 – AP Nr. 32 zu § 63 HGB und 20.2.1986 – 2 AZR 244/85 – AP Nr. 31 zu § 123 BGB; LAG Nürnberg 28.8.2003 – 8 Sa 142/03 – AR-Blattei ES 60 Nr. 36; Bährle, BuW 2002, 482 f; zur Kündigung des Arbeitsverhältnisses aus Anlass der Arbeitsunfähigkeit vgl § 8 EFZG Rn 3 ff.

8 Vgl zum Ausspruch auf Rückzahlung der geleisteten Entgeltfortzahlung bei **nichtigem Arbeitsvertrag** – erschlichenes Arbeitsverhältnis als Arzt – BAG 3.11.2004 – 5 AZR 592/03 – AP Nr. 25 zu § 134 BGB.

9 Der Anspruch auf Entgeltfortzahlung entsteht jedoch erst nach **vierwöchiger ununterbrochener Dauer des Arbeitsverhältnisses** (§ 3 Abs. 3 EFZG). Die Frist von 4 Wochen beginnt mit dem im Arbeitsvertrag (schriftlich oder mündlich) vereinbarten Tag der Arbeitsaufnahme (§ 187 Abs. 2 BGB). Im Einzelnen unten Rn 179 ff.

10 Damit kommt der Rechtsfigur des **sog. missglückten Arbeitsversuches** im Zusammenhang mit der Arbeitsaufnahme am Beginn eines Arbeitsverhältnisses keine Bedeutung mehr zu.[9]

2. Weiterbeschäftigung nach Kündigung während des Kündigungsschutzprozesses

11 **Fordert der Arbeitgeber** einen gekündigten Arbeitnehmer nach Ablauf der Kündigungsfrist **auf**, seine Tätigkeit bis zur Entscheidung über die Kündigungsschutzklage fortzusetzen, ist in der Regel davon auszugehen, dass das ursprüngliche Arbeitsverhältnis fortgeführt werden soll, bis Klarheit darüber besteht, ob die Kündigung wirksam ist oder nicht. Die Rechte und Pflichten der Parteien während dieses Zeitraums bestimmen sich dann grundsätzlich nach den Vereinbarungen des gekündigten Vertrages einschließlich der anzuwendenden arbeitsrechtlichen Schutzvorschriften. Daraus folgt, dass dem Arbeitnehmer, der während des **fortgesetzten Arbeitsverhältnisses arbeitsunfähig** wird, die für diesen Fall geltenden unabdingbaren gesetzlichen Ansprüche zustehen (zB § 3 Abs. 1 Satz 1, § 12 EFZG). Stellt sich später heraus, dass die **Kündigung** das ursprünglich begründete **Arbeitsverhältnis beendet** hat, war bei der Abrede über die Weiterbeschäftigung die vertragliche Grundlage des ursprünglichen Arbeitsverhältnisses bereits entfallen. In diesem Fall sind die Rechtsbeziehungen nach den Grundsätzen des **faktischen Arbeitsverhältnisses** abzuwickeln. Dem Arbeitnehmer verbleiben die für seine Arbeitsleistung gezahlten Vergütungen einschließlich der Ansprüche auf Krankenbezüge bei Arbeitsunfähigkeit.[10]

12 Bei einer **aufgrund entsprechender Verurteilung erfolgten Weiterbeschäftigung** während des Kündigungsrechtsstreits dagegen fehlt es am übereinstimmenden Willen der Parteien. Insbesondere bewirkt die Verurteilung nicht, dass das gekündigte Arbeitsverhältnis auflösend bedingt durch die rechtskräftige Entscheidung über die Kündigungsschutzklage fortbesteht.[11]

13 Das Weiterbeschäftigungsurteil verpflichtet den Arbeitgeber nur zu **tatsächlicher Beschäftigung**, nicht aber zum Abschluss eines Arbeitsvertrages mit dem Arbeitnehmer. Wird die Kündigungsschutzklage durch das Landesarbeitsgericht abgewiesen oder einigen sich Arbeitnehmer und Arbeitgeber durch gerichtlichen bzw

9 Vgl auch MünchArbR/Schulin § 81 Rn 21; ferner allgemein BAG 1. 6.1983 – 5 AZR 468/80 – AP Nr. 54 zu § 1 LohnFG; vgl ferner BSG 4.12.1997 – 12 RK 46/94 und 12 RK 3/97, USK 9722 und 9727 = DB 1998, 1818, wonach die Rechtsfigur des missglückten Arbeitsversuchs unter der Geltung des Fünften Buch Sozialgesetzbuch nicht mehr anzuwenden ist; die Versicherungspflicht kann deshalb nicht mehr wegen eines missglückten Arbeitsversuches verneint werden. Bei Verdacht von Manipulationen (zB Scheinarbeitsverhältnis) zulasten der Krankenkassen sind jedoch strenge Anforderungen an den Nachweis der Tatsachen, die die Krankenversicherungspflicht begründen, zu stellen.

10 BAG 15.1.1986 – 5 AZR 237/84 – AP Nr. 66 zu § 1 LohnFG; kritisch dazu Misera SAE 1986, 260 [261]; aA Ramrath DB 1987, 92 ff, der dem gekündigten Arbeitnehmer grundsätzlich nur Ansprüche mit Vergütungscharakter gewährt.

11 BAG 17.1.1991 – 8 AZR 483/89 – AP Nr. 8 zu § 611 BGB Weiterbeschäftigung.

außergerichtlichen **Vergleich** auf die Beendigung des Arbeitsverhältnisses zum ursprünglichen Kündigungstermin[12] steht die Wirksamkeit der Arbeitgeberkündigung fest. Der Lohnanspruch richtet sich dann nach allgemeinen Bestimmungen, dh der Arbeitnehmer hat gegen den Arbeitgeber Anspruch auf Ersatz des Wertes der geleisteten Arbeit (§ 812 Abs. 1 Satz 1, § 818 Abs. 2 BGB).[13]

14 Nachdem die Entgeltfortzahlung im Krankheitsfall keine Gegenleistung des Arbeitgebers für erbrachte oder noch zu erbringende Arbeitsleistungen darstellt, sondern eine gesetzlich oder tarifvertraglich vorgeschriebene Verpflichtung des Arbeitgebers ist, scheidet ein Entgeltfortzahlungsanspruch des Arbeitnehmers für Arbeitsunfähigkeiten während dieses Zeitraumes aus.[14]

15 Wird der Arbeitnehmer gemäß § 102 Abs. 5 BetrVG zu unveränderten Arbeitsbedingungen **tatsächlich weiterbeschäftigt**, besteht das bisherige Arbeitsverhältnis kraft Gesetzes auflösend bedingt durch die rechtskräftige Abweisung der Kündigungsschutzklage[15] fort. Liegen die Voraussetzungen des § 102 Abs. 5 Satz 1 BetrVG vor, entstehen auch **ohne tatsächliche Beschäftigung** Vergütungsansprüche, wie etwa der Anspruch auf Entgeltfortzahlung bei Arbeitsunfähigkeit.[16] Die Ansprüche auf Entgeltfortzahlung bleiben in diesem Fall aufrechterhalten. Eine bereicherungsrechtliche Rückabwicklung bei rechtskräftiger Abweisung der Kündigungsschutzklage findet nicht statt. Auch die Entbindung des Arbeitgebers von der Weiterbeschäftigungspflicht gemäß § 102 Abs. 5 Satz 2 BetrVG durch das Rechtsmittelgericht lässt für die Zeit bis zur Entbindungsentscheidung angefallene Vergütungsansprüche des Arbeitnehmers unberührt.[17]

3. Annahmeverzug

16 Wird der gekündigte Arbeitnehmer nach Ablauf der Kündigungsfrist bzw bei einer fristlosen Kündigung nach Zugang der Kündigung nicht weiterbeschäftigt und wird im Kündigungsschutzprozess festgestellt, dass die Kündigung rechtsunwirksam ist, gerät der Arbeitgeber in Annahmeverzug (§§ 615, 293 ff BGB). Der im Zeitraum der Nichtbeschäftigung arbeitsunfähig erkrankte Arbeitnehmer hat daher gemäß § 3 EFZG Anspruch auf Fortzahlung des Entgeltes, das er bei Arbeitsunfähigkeit erhalten hätte (vgl im Übrigen die Ausführungen zu § 615 BGB).[18]

---

12 Vgl BAG 17.4.1986 – 2 AZR 308/85 – AP Nr. 40 zu § 615 BGB.

13 Vgl BAG 10.3.1987 – 8 AZR 146/84 – AP Nr. 1 zu § 611 BGB Weiterbeschäftigung; BAG 1.3.1990, AP Nr. 7 zu § 611 BGB Weiterbeschäftigung; BAG 12.2.1992 – 5 AZR 297/90 – AP Nr. 9 zu § 611 BGB Weiterbeschäftigung; LAG Düsseldorf 27.3.1990 – 8 Sa 36/90 – LAGE § 611 BGB Nr. 30 Beschäftigungspflicht.

14 BAG 30.4.1997 – 7 AZR 122/96 – AP Nr. 20 zu § 812 BGB; BAG 10.3.1987 – 8 AZR 146/84 – AP Nr. 1 zu § 611 BGB Weiterbeschäftigung bezüglich des Anspruches auf Urlaub. Vgl auch Berkowsky BB 1986, 795 [798]; aA Dänzer/Vanotti DB 1985, 2610 [2614]; MünchArbR/Schulin § 81 Rn 20.

15 BAG 12.9.1985 – 2 AZR 324/84 – AP Nr. 7 zu § 102 BetrVG 1972 Weiterbeschäftigung; Feichtinger/Danko Rn 775 ff.

16 BAG 7.3.1996 – 2 AZR 432/95 – AP Nr. 9 zu § 102 BetrVG 1972 Weiterbeschäftigung.

17 BAG 7.3.1996 – 2 AZR 432/95 – AP Nr. 9 zu § 102 BetrVG 1972 Weiterbeschäftigung; MünchArbR/Schulin § 81 Rn 20; Feichtinger/Danko Rn 934 ff.

18 Vgl BAG 30.6.1976 – 5 AZR 246/75 – AP Nr. 3 zu § 7 BUrlG Betriebsferien; BAG 21.1.1993 – 2 AZR 309/92 – AP Nr. 53 zu § 615 BGB.

4. Betriebsübergang

Auch hinsichtlich der krankheitsbedingten Arbeitsunfähigkeit eines Arbeitnehmers tritt der Betriebserwerber in die Rechtsstellung des Betriebsveräußerers ein. Ist ein vom Betriebsübergang betroffener Arbeitnehmer während dieses **Überleitungszeitraums** wegen krankheitsbedingter Arbeitsunfähigkeit an der Arbeit verhindert, rechnet die bereits vom Betriebsveräußerer geleistete Entgeltfortzahlung in Bezug auf die Sechswochenfrist (vgl Rn 200 ff) auch zugunsten des Betriebserwerbers. Folgerichtig entfällt der Anspruch eines erkrankten Arbeitnehmers dem Betriebserwerber gegenüber, wenn der Betriebsveräußerer wegen einer **Wiederholungskrankheit** (vgl Rn 222 ff) von der Entgeltfortzahlungsverpflichtung freigestellt war oder wäre. Soweit wegen der „Wiederholungserkrankung" kein eigenständiger Entgeltfortzahlungsanspruch entsteht, da die Erkrankung zu einer anderen krankheitsbedingten Arbeitsunfähigkeit hinzugetreten war, sind die Voraussetzungen der arbeitgeberseitigen Entlastung im Fortsetzungsfall der Krankheit nicht gegeben. Dies gilt auch für den Erwerber des Betriebes.[19] 17

Widerspricht der Arbeitnehmer dem Betriebsübergang form- und fristgerecht (§ 613 a Abs. 6 BGB) und hat der **Betriebsübergang vor Ausübung des Widerspruchs** bereits **stattgefunden**, so wird das nach § 613 a Abs. 1 Satz 1 BGB zum **Betriebserwerber** entstandene Arbeitsverhältnis rückwirkend beendet und rückwirkend das Arbeitsverhältnis zum bisherigen Arbeitgeber wiederhergestellt.[20] Der Arbeitnehmer muss also so behandelt werden, als habe das Arbeitsverhältnis den gesamten Zeitraum über mit dem bisherigen Arbeitgeber fortbestanden. Die Rückabwicklung wird entsprechend den Grundsätzen des faktischen Arbeitsverhältnisses zu erfolgen haben.[21] Danach hat der Arbeitnehmer für die Dauer der tatsächlichen Durchführung eines Arbeitsverhältnisses quasivertragliche Ansprüche, wenn sich die Unwirksamkeit des Arbeitsverhältnisses erst nachträglich herausstellt oder die Unwirksamkeit – zB durch wirksame Anfechtung – nachträglich entsteht. Für die Dauer der tatsächlichen Beschäftigung ist das Rechtsverhältnis dann wie ein fehlerfrei zustande gekommenes Arbeitsverhältnis zu behandeln.[22] Daraus folgt bei krankheitsbedingter Arbeitsunfähigkeit nach Betriebsübergang aber vor ordnungsgemäßer und fristgerechter Ausübung des Widerspruchs (§ 613 a Abs. 6 BGB), dass der Arbeitnehmer **gegenüber** dem **Betriebserwerber mangels tatsächlicher Beschäftigung keinen Entgeltfortzahlungsanspruch** hat. Soweit der Betriebserwerber bereits Entgeltfortzahlung geleistet hat, hat er aus § 812 BGB gegenüber dem Arbeitnehmer einen Anspruch auf Rückgewährung der geleisteten Entgeltfortzahlung. 18

Ein **Entgeltfortzahlungsanspruch gegen** den **Betriebsveräußerer** scheidet ebenfalls aus, da die Arbeitsunfähigkeit nicht die alleinige Ursache für den Ausfall der Arbeit ist (Rn 59 f). Denn würde man die Arbeitsunfähigkeit unberücksichtigt lassen, so hätte der Arbeitnehmer ebenfalls nicht für den Veräußerer gearbeitet und somit kein Arbeitsentgelt – auch nicht über § 615 BGB – erhalten. 19

---

19 Gaul, Der Betriebsübergang S. 146 f.

20 BAG 22.4.1993 – 2 AZR 50/92 – AP Nr. 103 zu § 613 a BGB; BAG 13.7.2006 – 8 AZR 305/05 – AP Nr. 312 zu § 613 a BGB; BAG 27.11.2008 – 8 AZR 199/07 – n.v.

21 Worzalla NZA 2002, 353, 358; Gaul/Otto DB 2002, 634, 638; ferner LAG Köln 11.6.2004 – 12 Sa 374/04 – ZIP 2005, 591, für die Zeit nach Einfügung der Absätze 5 und 6 in § 613 a BGB ab 1.4.2002.

22 BAG 7.6.1972 – 5 AZR 512/71 – AP Nr. 18 zu § 611 BGB Faktisches Arbeitsverhältnis.

Dem Arbeitnehmer steht für einen Zeitraum, in dem er keinen Lohnanspruch gegen den Veräußerer erwerben kann, da er seine Arbeitskraft ausschließlich dem Erwerber angeboten hat, kein Entgeltfortzahlungsanspruch zu. Der Arbeitnehmer trägt also bei ausgeübtem Widerspruch grundsätzlich das Entgeltfortzahlungsrisiko hinsichtlich krankheitsbedingter Ausfallzeiten. In diesem Zeitraum steht ihm jedoch ein Anspruch auf Krankengeld zu (Rn 2). Etwas anderes hat nur dann zu gelten, wenn eine Verletzung des § 613 a Abs. 5 BGB für den verspäteten Widerspruch ursächlich ist. Bei Vorliegen der weiteren Voraussetzungen des § 280 BGB kann dann ein **Schadenersatzanspruch** gegenüber dem Betriebsveräußerer oder Betriebserwerber in Höhe der entgangenen Entgeltfortzahlung möglich sein.

20 **Widerspricht** der Arbeitnehmer einem **bevorstehenden Betriebsübergang**, ist sein Widerspruch als Angebot zur Arbeitsleistung gegenüber dem Betriebsveräußerer zu werten. Dies gilt aus dem Gesichtspunkt des Annahmeverzuges (§ 615 Satz 1 BGB) selbst dann, wenn der Betriebsveräußerer nach dem Übergang des Betriebs- oder Betriebsteils für den Arbeitnehmer keine Beschäftigungsmöglichkeit (mehr) hat.[23] Daraus folgt, dass der Arbeitnehmer bei krankheitsbedingter Arbeitsunfähigkeit gegen den Betriebsveräußerer Anspruch auf Entgeltfortzahlung hat.[24] Dem Entgeltforzahlungsanspruch kann jedoch § 615 Satz 2 BGB entgegenstehen. Danach muss sich der widersprechende Arbeitnehmer den Wert der Vergütungsansprüche anrechnen lassen, deren Erwerb er im Anschluss an den Betriebsübergang böswillig unterlassen hat. Hiervon ist insbesondere dann auszugehen, wenn der Betriebserwerber eine Weiterbeschäftigung auf demselben Arbeitsplatz mit derselben Tätigkeit und zu denselben Arbeitsbedingungen anbietet.[25]

II. Arbeitsunfähigkeit infolge Krankheit

21 Voraussetzung für eine Entgeltfortzahlung im Krankheitsfall ist, dass der Arbeitnehmer infolge seiner Krankheit arbeitsunfähig und deswegen an der Arbeitsleistung verhindert ist (§ 3 Abs. 1 Satz 1 EFZG). **Die Krankheitsursache ist grundsätzlich unerheblich.** Ein Anspruch auf Entgeltfortzahlung besteht mithin auch dann, wenn ein Arbeits-, Sport- oder Verkehrsunfall oder eine Wehrdienstbeschädigung vorliegt. Allerdings kann ein Eigenverschulden den Anspruch ausschließen (vgl ferner Rn 105 ff).[26]

1. Medizinischer Krankheitsbegriff

22 Allgemein wird medizinisch unter Krankheit ein Zustand verstanden, in welchem das **körperliche** oder **seelisch-geistige Leistungsvermögen**, unabhängig voneinander oder gemeinsam, infolge irgendwelcher Schädigungen oder Veränderungen beeinträchtigt oder gestört ist.[27] Dabei können die von der gesunden Norm abweichenden Erscheinungen innerer oder äußerer, ererbter oder erworbener Art und subjektiv empfunden oder objektiv feststellbar sein. Es muss ein

23 Gaul, Das Arbeitsrecht der Betriebs- und Unternehmensaufspaltung, § 11 Rn 66.
24 BAG 24.3.2004 – 5 AZR 355/03 – AP Nr. 22 zu § 3 EntgeltFG.
25 BAG 19.3.1998 – 8 AZR 139/97 – AP Nr. 179 zu § 613 a BGB; Gaul, aaO Fn 23, § 11 Rn 67 ff mwN.
26 BAG 21.4.1982 – 5 AZR 1019/79 – AP Nr. 49 zu § 1 LohnFG mit Anm. Gitter.
27 BAG 14.1.1972 – 5 AZR 264/71 – AP Nr. 12 zu § 1 LohnFG.

durch medizinische Symptome feststellbarer **regelwidriger Körper- oder Geisteszustand** vorliegen, der nach allgemeiner Erfahrung unter Berücksichtigung eines natürlichen Verlaufs des Lebensganges dem Zustand eines (gesunden) Menschen gleichen Alters und Geschlechts nicht entspricht. Folglich zählen hierzu **auch Psychosen, Depressionen, Neurosen** und andere rein seelische Erkrankungen, ebenso Schockschäden und andere psychoreaktive Störungen als Folge von Unfällen, organischen Krankheiten, Verletzungen oder schweren Belastungen. Voraussetzung ist allerdings, dass diese geistigen oder seelischen Störungen klinisch-funktionell manifestiert sind und Funktionsstörungen oder Beschwerden bewirken.

Auf welche **Ursachen** die **Krankheit** als solche zurückzuführen ist (zB auf Ver- **23**
anlagung, Ansteckung oder Unfall), ist **grundsätzlich unerheblich**. Auch eine durch einen Geburtsfehler verursachte gesundheitliche Störung ist eine Krankheit.[28]

2. Arbeitsunfähigkeit

a) Krankheit und Arbeitsunfähigkeit

Zum Begriff Arbeitsunfähigkeit vgl zunächst die **Arbeitsunfähigkeits-Richtlinien** **24**
(**AU-Richtlinien**;[29] abgedruckt im Anhang). Der gesetzlich nicht definierte, sondern als gegeben und bekannt vorausgesetzte Begriff der Arbeitsunfähigkeit deckt sich nicht mit dem medizinischen Krankheitsbegriff. **Arbeitsunfähigkeit iSd EFZG** liegt nur dann vor, wenn der Gesundheitszustand so gestört ist, dass der Arbeitnehmer ganz oder teilweise arbeitsunfähig ist; dh eine Krankheit erhält arbeitsrechtliche Bedeutung erst im Hinblick auf eine durch sie bedingte **Aufhebung oder Minderung der Arbeitsfähigkeit** des Arbeitnehmers.

Das Vorliegen einer Arbeitsunfähigkeit ist somit durch zwei Voraussetzungen **25**
gekennzeichnet.

- Es muss ein **regelwidriger** körperlicher[30] oder geistiger **Zustand** vorliegen, der durch eine ambulante oder stationäre ärztliche Heilbehandlung grundsätzlich behebbar erscheint. Darauf, ob der regelwidrige Zustand tatsächlich beseitigt werden kann oder – vielleicht auch schon von Krankheitsbeginn an erkennbar zur Erwerbsunfähigkeit führt, kommt es nicht an.[31]
- Die Krankheit muss eine **Arbeitsunfähigkeit** des Arbeitnehmers bedingen. Arbeitsunfähigkeit ist dann gegeben, wenn der Arbeitnehmer infolge der Krankheit (Unfall) **seiner vertragsmäßigen Arbeit nicht nachkommen** bzw

---

28 BAG 5.4.1976 – 5 AZR 397/75 – AP Nr. 40 zu § 1 LohnFG; BAG 17.3.1960 – 2 AZR 471/58 – AP Nr. 15 zu § 1 ArbKrankhG.

29 Richtlinien des Gemeinsamen Bundesausschusses über die Beurteilung der Arbeitsunfähigkeit und die Maßnahmen zur stufenweisen Wiedereingliederung (Arbeitsunfähigkeits-Richtlinien) nach § 92 Abs. 1 Satz 2 Nr. 7 SGB V idF 1.12.2003 (BAnz Nr. 61 S. 6501), zuletzt geänd. am 19.9.2006 (BAnZ Nr. 241, S. 7356).

30 Vgl ArbG Marburg 26.9.2006 – 2 Ca 156/06 – DB 2006, 2298 das **Unfruchtbarkeit** als Krankheit iSd EFZG ansieht; Hessisches LAG 14.5.2007 – 18 Sa 1900/06 – EEK 3323 hat dagegen ausdrücklich offengelassen, ob bei Arbeitsunfähigkeit wegen Hormonbehandlung zur Therapie der Unfruchtbarkeit der Arbeitnehmerin ein Entgeltfortzahlungsanspruch besteht.

31 BAG 29.2.1984 – 5 AZR 455/81 – AP Nr. 64 zu § 616 BGB.

nur mit der **Gefahr** nachkommen kann, die Heilung einer vorhandenen Krankheit nach ärztlicher Prognose zu verhindern oder zu verzögern.[32]

Beispiel: Ein Arbeitnehmer verliert aus einem Zahn eine Plombe und hat keine Beschwerden. Nach der vorstehenden Definition ist er damit krank im medizinischen Sinne, nicht jedoch arbeitsunfähig.[33]

26 Diese Begriffsbestimmung berücksichtigt den Umstand, dass Arbeitsunfähigkeit nicht den gesundheitlichen Zusammenbruch voraussetzt, der den Arbeitnehmer unmittelbar daran hindert, die vertragsgemäße Leistung zu erbringen.

27 Für die Frage, ob **Arbeitsunfähigkeit** vorliegt oder nicht, ist auf **objektive Gesichtspunkte** abzustellen. Die Kenntnis oder die **subjektive Wertung** des Arbeitnehmers kann für die Frage der Arbeitsunfähigkeit **nicht ausschlaggebend** sein. Dass der Arbeitnehmer tatsächlich eine Arbeitsleistung erbringt, steht daher der Arbeitsunfähigkeit nicht entgegen.[34] Maßgebend ist vielmehr die vom Arzt nach objektiven medizinischen Kriterien vorzunehmende Bewertung (Rn 55 ff).[35]

28 Die Beurteilung, ob eine durch Krankheit bedingte Arbeitsunfähigkeit vorliegt, hängt u.a. auch von den **näheren Umständen** und von der **Schwere der Erkrankung** ab. So werden leichte Erkrankungen oder Unpässlichkeiten, wie etwa ein leichter Katarrh (zB Schnupfen) eine leichte Magenverstimmung, eine unbedeutende Verletzung (zB geringfügige Hautabschürfungen oder Prellungen infolge eines Sturzes) oder eine einfache Zahnbehandlung in der Regel die Arbeitsfähigkeit des Arbeitnehmers nicht berühren. Selbst eine chronische Erkrankung (zB chronische Gastritis) wird nicht immer und stets, sondern nur bei akuten Krankheitsschüben eine Arbeitsunfähigkeit nach sich ziehen. Die **Art der vertraglich geschuldeten Arbeitsleistung** des Arbeitnehmers ist für die Beurteilung der Arbeitsunfähigkeit maßgebend.[36]

29 Der **Arzt hat** deshalb **den Arbeitnehmer** über Art und Umfang der **tätigkeitsbedingten Anforderungen zu befragen** und das Ergebnis bei der Beurteilung von Grund und Dauer der Arbeitsunfähigkeit zu berücksichtigen (vgl § 2 Abs. 5 AU-Richtlinie).

30 Eine Beinverletzung kann zwar die Arbeitsleistung eines Bauarbeiters unmöglich machen, nicht aber ohne weiteres auch die eines Büroangestellten. Von der

32 BAG 9.1.1985 – 5 AZR 415/82 – und 26.7.1989 – 5 AZR 491/88 – AP Nrn. 67 und 87 zu § 1 LohnFG; BAG 23.1.2008 – 5 AZR 393/07 – NZA 2008, 595; LAG Köln 15.2.2008 – 11 Sa 923/07 – NZA-RR 2008, 622; vgl auch § 2 Abs. 1 der AU-Richtlinien.

33 Demgegenüber wird der Begriff der Arbeitsunfähigkeit vom **Bundessozialgericht** weiter gefasst. Danach sind zusätzlich zu den Bedingungen des bisherigen Arbeits- und **Beschäftigungsverhältnisses ähnlich geartete Tätigkeiten mit einzubeziehen.** Arbeitsunfähigkeit liegt nach der Rechtsprechung des BSG somit vor, wenn weder die konkret vertraglich vereinbarte noch eine vergleichbare im Rahmen des Direktionsrechts zugewiesene Tätigkeit ausgeübt werden kann, BSG 7.8.1991 – 1/3 RK 28/89 – DOK 1992, 527; vgl auch von Hoyningen Huene NZA 1992, 49 [50].

34 LAG München 3.11.2000 – 10 Sa 1037/99 – LAGE § 626 BGB Nr. 131, aA LAG Rheinland-Pfalz 15.7.1988 – 6 Sa 370/88 – LAGE § 1 KSchG Krankheit Nr. 11 wonach in aller Regel von der Arbeitsunfähigkeit des Arbeitnehmers auszugehen ist, wenn er tatsächlich arbeitet.

35 BAG 26.7.1989 – 5 AZR 301/88 – AP Nr. 86 zu § 1 LohnFG.

36 BAG 25.6.1981 – 6 AZR 940/78 – AP Nr. 52 zu § 616 BGB; LAG Rheinland-Pfalz 4.11.1991 – 7 Sa 421/91 – LAGE § 1 LohnFG Nr. 32; ArbG Ludwigshafen 19.7.1983 – 5 Ca 185/83 – ARST 1985, 73 Nr. 51; vgl auch BSG 15.11.1984 – 3 RK 21/83 – NZA 1985, 373; BSG 7.8.1991 – 1/3 RK 28/89 – BSGE 69, 180; May SGb 1988, 473.

Rechtsprechung wird das Vorliegen einer Arbeitsunfähigkeit auch schon dann bejaht, wenn sich der Arbeitnehmer im Interesse seiner Gesundheit oder zur **Vorbeugung** akut drohender Arbeitsunfähigkeit nach ärztlicher Anordnung der Arbeit enthalten soll oder er sich auf ärztliches Anraten hin zur Vorbeugung einer drohenden Erkrankung oder zur Beseitigung von Unfallfolgen einer Operation unterzieht.[37]

Folglich liegt die Arbeitsunfähigkeit iSd § 3 Abs. 1 Satz 1 EFZG bei einer in Abständen von ein bis zwei Wochen vorbeugend durchgeführten **ambulanten Bestrahlungstherapie** gegen eine in unberechenbaren Schüben auftretende erbliche Krankheit (Schuppenflechte) vor, wenn der Arbeitnehmer zwar bei den einzelnen Behandlungen nicht arbeitsunfähig war, das Unterlassen der Behandlung seinen Zustand aber in absehbar naher Zeit zur Arbeitsunfähigkeit zu verschlechtern droht.[38] 31

Arbeitsunfähigkeit ist schließlich auch dann gegeben, wenn der Arbeitnehmer seine Arbeitsleistung wegen eines **Defekts des technischen Hilfsmittels**, auf das er angewiesen ist (zB Beinprothese), nicht erbringen kann. Für die Dauer der Reparatur besteht Arbeitsunfähigkeit (vgl § 2 Abs. 10 AU-Richtlinie).[39] Das Gleiche gilt für einen Zahnvollprothesenträger, solange beide Prothesen zur Wiederherstellung der Funktion durch Unterfütterungen in der Zahnarztpraxis verbleiben müssen, es sei denn, der Arbeitnehmer hätte während seiner Arbeit keinen Kontakt mit anderen Arbeitnehmern.[40] 32

Arbeitsunfähigkeit liegt nicht vor, wenn die Arbeitsunfähigkeit des Arbeitnehmers nur darauf zurückzuführen ist, dass der Arbeitnehmer infolge seiner Krankheit lediglich den **Arbeitsweg nicht zurücklegen kann**.[41] 33

Wenn der Arbeitnehmer aus ästhetischen Gründen **Schönheitsfehler** (zB Tätowierungen, Piercing, abstehende Ohren) durch einen chirurgischen Eingriff beseitigen lässt[42] bzw sich einer Laser-Behandlung gegen **Kurzsichtigkeit** unterzieht,[43] fehlt es zunächst an einer Krankheit iSd § 3 Abs. 1 EFZG.[44] Eine dennoch durchgeführte Operation, die zur krankheitsbedingten Arbeitsunfähigkeit führt, kann damit grundsätzlich keinen Entgeltfortzahlungsanspruch auslösen. Das Entgeltfortzahlungsgesetz verpflichtet den Arbeitgeber nur, das **normale Krankheitsrisiko** des Arbeitnehmers zu tragen. Dies wird auch durch § 52 Abs. 2 SGB V bestätigt, wonach die Krankenkasse Versicherte die sich eine Krankheit durch eine medizinisch nicht indizierte Maßnahme, wie zB ästhetische Operati- 34

37 Vgl BAG 14.1.1972 – 5 AZR 264/71 – AP Nr. 12 zu § 1 LohnFG; LAG Bremen 21.5.1971, DB 1971, 1310.

38 BAG 9.1.1985 – 5 AZR 415/82 – AP Nr. 62 zu § 1 LohnFG.

39 Vgl BSG 23.11.1971 – 3 RK 26/70 – NJW 1972, 1157; Wanner DB 1992, 94.

40 LAG Düsseldorf 10.1.1977 – 10 Sa 162/76 – BB 1977, 1652.

41 Vgl BAG 7.8.1970 – 3 AZR 484/69 – AP Nr. 4 zu § 11 MuSchG 1968 mit krit. Anm. Söllner; vgl auch LAG Frankfurt 17.1.1990 – 1 Sa 923/89 – LAGE § 1 LohnFG, wonach Arbeitsunfähigkeit iS des § 3 Abs. 1 EFZG auch dann vorliegt, wenn sich eine Krankheit auf einen Körperteil beschränkt, dessen Funktionsfähigkeit für die Verrichtung der Arbeit im Betrieb nicht unbedingt notwendig ist, für dessen Heilung der Arzt aber eine häusliche Heilbehandlung angeordnet hat, die im Betrieb nicht durchführbar ist.

42 LAG Hamm 23.7.1986 – 1 (9) Sa 528/86 – LAGE § 1 LohnFG Nr. 13.

43 ArbG Frankfurt aM 23.5.2000 – 4 Ca 8647/99 – BB 2000, 2101; ferner LAG Köln 28.8.1996 – 2 Sa 132/96 – LAGE § 7 BUrlG Nr. 34 zur Arbeitsunfähigkeit infolge nicht dringlicher Operation während gewährten Urlaubs.

44 So auch Löwisch/Beck, BB 2007, 1960.

on, eine Tätowierung oder ein Piercing zugezogen haben, nicht nur an den Kosten der Heilbehandlung zu beteiligen hat, sondern diesen auch das Krankengeld für die Dauer der Behandlung ganz oder teilweise zu versagen oder zu kürzen. Damit entfällt für medizinisch nicht indizierte Eingriffe auch das Bedürfnis der Kostenverlagerung auf den Arbeitgeber zur Entgeltfortzahlung in den ersten sechs Wochen.[45] Ist die Behandlung medizinisch notwendig, scheidet ein Verschulden aus (vgl ferner Rn 103 ff).

b) Teilarbeitsunfähigkeit

35 Möglich ist auch, dass der Arbeitnehmer infolge einer Krankheit nur **teilweise arbeitsfähig** ist, dh, dass er zwar nicht voll arbeiten kann, wohl aber zB am Tag nur einige wenige Stunden (Halbtagsarbeit) oder nur eine leichtere, wenn auch schlechter entlohnte Arbeit leisten kann. Auch **der vermindert Arbeitsfähige ist arbeitsunfähig krank** iS der einschlägigen Entgeltfortzahlungsbestimmungen, da er seine vertraglich geschuldete Arbeitsleistung nicht voll erfüllen kann. Denn auch die zeitlich nur **beschränkt mögliche** Arbeit wie auch die **inhaltlich eingeschränkte** Arbeit stellen im Verhältnis zu der vertraglich geschuldeten Arbeit eine andere Arbeitsleistung dar.[46] **Ein Anspruch des Arbeitnehmers entfällt**, wenn er krankheitsbedingt nicht seine volle, vertraglich vereinbarte Arbeitsleistung erbringen kann. Eine „Teilarbeitsunfähigkeit", ist dem geltendem Arbeits- und Sozialrecht unbekannt; der Arbeitgeber ist nach § 266 BGB grundsätzlich nicht verpflichtet, eine nur eingeschränkt angebotene Arbeitsleistung anzunehmen.[47]

36 Dies schließt jedoch im Einzelfall nicht aus, dass der Arbeitgeber in rechtlich zulässiger Weise – im Rahmen des Direktionsrechts (vgl § 106 GewO) – die **geschuldete Arbeitsleistung während der Dauer der Erkrankung** des Arbeitnehmers auf **Teiltätigkeiten zurückführt** und dadurch eine **Arbeitsunfähigkeit ausscheidet**. Voraussetzung ist jedoch, dass sich die Arbeitsleistung in selbständig bewertbare Teilleistungen zerlegen lässt und damit trotz Krankheit eine „Restarbeitsfähigkeit" (Teilarbeitsfähigkeit) erhalten bleibt. Derartige Teiltätigkeiten müssen dem Arbeitnehmer zumutbar sein. Die zugewiesene Leistung darf insbesondere nicht von untergeordneter Bedeutung sein und erst recht nicht zu einer Diskriminierung führen.[48] Sie muss bei verständiger Betrachtung aus der Sicht sowohl des Arbeitgebers als auch des Arbeitnehmers sinnvoll sein.

37 Unter Beachtung der vorstehend aufgezeigten Schranken schuldet der Arbeitgeber für die **teilweise Arbeitsleistung (quantitative Einschränkung)** im Verhältnis

45 Löwisch/Beck, BB 2007, 1960; vgl ferner BAG 6.8.1986 – 5 AZR 607/85 –, das einen Entgeltfortzahlungsanspruch bei Arbeitsunfähigkeit des Organspenders verneint.

46 BAG 25.10.1973 – 5 AZR 141/73 – AP Nr. 42 zu § 616 BGB; BAG 25.6.1981, – 6 AZR 940/78 – AP Nr. 52 zu § 616 BGB; BAG 29.1.1992 – 5 AZR 60/91 – EEK I/1074; LAG Rheinland-Pfalz 4.11.1991 – 7 Sa 421/91 – LAGE § 1 LohnFG Nr. 32; LAG Baden-Württemberg 1.9.2005 – 11 Sa 18/05 – EEK 3175; LAG Köln 29.6.2007 – 11 Sa 238/07; Schulin SGb 1984, 285 ff; ferner LAG Berlin 27.6.1990 – 13 Sa 40/90; LAGE § 611 BGB Nr. 5, wonach Teilarbeitsfähigkeit im Sozialversicherungsrecht keine Stütze findet.

47 BAG 29.1.1992 – 5 AZR 37/91 – AP Nr. 1 zu § 74 SGB V; BAG 13.6.2006 – 9 AZR 229/05 – AP Nr. 12 zu § 81 SGB IX.

48 BAG 20.3.1985 – 5 AZR 260/83 – n.v.; LAG Rheinland-Pfalz 4.11.1991 – 7 Sa 421/91; LAGE § 1 LohnFG Nr. 32; Stückmann DB 1998, 1662, 1665; aA LAG Hamm 20.7.1988 – 1 Sa 729/88 – LAGE § 1 LohnFG Nr. 21; Schmitt § 3 Rn 64, soweit der Arbeitnehmer die vertraglich geschuldete Arbeitsleistung nur in zeitlich eingeschränktem Umfang wahrnehmen kann (quantitative Abweichung).

zur gesamten Arbeitsleistung des Arbeitnehmers teils Arbeitsentgelt nach § 611 BGB und teils Entgeltfortzahlung gem. § 3 Abs. 1 EFZG. Bei **qualitativer Abweichung**, dh Zuweisung einer anderen Tätigkeit im bisherigen zeitlichen Umfang im Rahmen des Direktionsrechts (vgl Rn 36), folgt der Arbeitsentgeltanspruch aus § 611 BGB,[49] jedoch die **volle vereinbarte Vergütung**.[50]

c) Stufenweise Wiedereingliederung

Die unter Rn 35 f dargestellte Möglichkeit, den Arbeitnehmer entsprechend seiner „Restarbeitsfähigkeit" einzusetzen, wird auch nicht durch die in das Recht der gesetzlichen Krankenversicherung eingeführte Bestimmung des § 74 SGB V ausgeschlossen.[51] § 74 SGB V soll vielmehr die stufenweise Wiederaufnahme der Tätigkeit **als Maßnahme der Rehabilitation** die Wiedereingliederung in den Arbeitsprozess ermöglichen. An einer Wiedereingliederungsmaßnahme nach § 74 SGB V sind regelmäßig der Versicherte, der behandelnde Arzt, die Krankenkasse und das Unternehmen beteiligt, mit welchem der Versicherte in einem Arbeitsverhältnis steht. Zwischen den Parteien des Arbeitsverhältnisses stellt ein solches Wiedereingliederungsverhältnis ein Rechtsverhältnis eigener Art (§ 305 BGB), jedoch ohne entsprechende Vereinbarung weder ein neues noch eine Variante des fortbestehenden Arbeitsverhältnisses dar. Es ist nicht auf die für das Arbeitsverhältnis typische Leistungsbeziehung „Arbeit gegen Lohn" gerichtet.[52] Auch der Arbeitgeber des **öffentlichen Dienstes** kann ein Wiedereingliederungsverfahren iS des § 74 SGB V nicht einseitig verfügen; der Arbeitnehmer entscheidet, ob er sich trotz bestehender Arbeitsunfähigkeit krankschreiben lässt und deshalb seine Arbeit einstellt.[53] Entsprechend dem Sinn der Wiedereingliederungsmaßnahme betrifft die stufenweise Wiedereingliederung in erster Linie alle schweren oder chronischen Erkrankungen nach lang andauernder Arbeitsunfähigkeit (zB Herz- und Kreislauferkrankungen, Erkrankungen des Bewegungsapparates, Tumore). Damit ist die Zielsetzung der Wiedereingliederung ausdrücklich genannt und klargestellt, dass in diesen Fällen **keine arbeitsvertraglichen Verpflichtungen des Versicherten zur Arbeitsleistung** begründet werden, sondern ihm nur die Gelegenheit gegeben wird, sich bei quantitativ verringerter Tätigkeit zu erproben. Die entscheidende Rolle spielen dabei therapeutische Gründe.[54] 38

Nicht erfasst werden von § 74 SGB V jedoch zum einen von vornherein die Fälle, in denen der Arbeitnehmer im Rahmen des Direktionsrechts zu anderen Tätig- 39

49 BAG 20.3.1985 – 5 AZR 260/83 – n.v.

50 BAG 25.10.1973 – 5 AZR 141/73 – AP 42 zu § 616 BGB, ferner LAG München 31.7.1988 – 9 (2) Sa 972/84 – LAGE § 1 LohnFG Nr. 16; zur Teilarbeits(un)fähigkeit ausführlich ferner Stückmann DB 1998, 1662; aA LAG Hamm 20.7.1988 – 1 Sa 729/88 – LAGE § 1 LohnFG Nr. 21; LAG Berlin 27.6.1990 – 13 Sa 40/90 – LAGE § 611 BGB Nr. 5; RGRK/Matthes § 616 Rn 76.

51 BAG 29.1.1992 – 5 AZR 60/91 – EEK I /1074 aA Schmitt § 3 Rn 64.

52 BAG 28.7.1999 – 4 AZR 192/98 – AP Nr. 3 zu § 74 SGB V; BAG 13.6.2006 – 9 AZR 229/05 – AP Nr. 12 zu § 81 SGB IX; Schmitt, NZA 2007, 893, 894; Nebe, DB 2008, 1801.

53 LAG Düsseldorf 17.9.1999 – 10 Sa 806/99 – NZA-RR 2000, 54.

54 Vgl BAG 29.1.1992 – 5 AZR 37/91 – AP Nr. 1 zu § 74 SGB V; BAG 19.4.1994 – 9 AZR 462/92 – AP Nr. 2 zu § 74 SGB V; BAG 28.7.1999 – 4 AZR 192/98 – AP Nr. 3 zu § 74 SGB V; ferner Compensis NZA 1992, 631; Karlsfeld ArbRB 2002, 278; sowie AU-Richtlinien.

keiten zulässigerweise herangezogen werden kann.[55] Zum anderen schließt die Zielsetzung der Bestimmung gerade bei Kurzerkrankungen nicht den Einsatz des Arbeitnehmers in zeitlich geringerem Umfang im Rahmen seiner **Restarbeitsfähigkeit** aus. § 74 SGB V kann daher nicht als sozialgesetzliche Regelung gesehen werden, die die allgemeinen Grundsätze, wie sie oben unter Rn 35 f dargestellt worden sind, verdrängt.[56]

d) Krankheitsähnliche und andere vergleichbare Zustände

aa) Dauernde Arbeitsunfähigkeit

40 Nicht zur Arbeitsunfähigkeit führen angeborene Dauerzustände, die auf körperlichen Mängeln beruhen und durch ärztliche oder sonstige medizinische Behandlungen nicht behoben werden können (zB Blindheit, Taubheit uä).

41 Hiervon zu unterscheiden sind jedoch Krankheiten, die so schwer sind, dass sie – wenn auch von Krankheitsbeginn erkennbar – **nicht mehr behoben werden können,** die **Arbeitsverhinderung auf Dauer** (dauernde Arbeitsunfähigkeit) eintritt und der erkrankte Arbeitnehmer seiner bisher ausgeübten Arbeit nicht mehr oder nur auf die Gefahr hin nachgehen kann, seinen Zustand zu verschlimmern; für solche Krankheiten besteht der Entgeltfortzahlungsanspruch für die gesetzlich bestimmte Dauer.[57]

bb) Erwerbsminderung

42 Mit dem Gesetz zur Reform der Renten wegen verminderter Erwerbsfähigkeit vom 20.12.2000 (BGBl. I, 1827) hat der Gesetzgeber ab 1.1.2001 das System der Berufs- und Erwerbsunfähigkeitsrenten abgeschafft und durch die in sich abgestufte Erwerbsminderungsrente abgelöst. Die bisher ergangene arbeitsrechtliche Rechtsprechung zum Verhältnis Erwerbsunfähigkeit und Arbeitsunfähigkeit kann jedoch auch für die künftigen Fälle der Erwerbsminderung herangezogen werden. Erwerbsminderung liegt vor, wenn infolge Krankheit die Leistungsfähigkeit gemindert ist. Die Erwerbsminderung setzt jedoch nicht voraus, dass der Arbeitnehmer eine bisher vertraglich geschuldete Tätigkeit nicht mehr erbringen kann. Es ist damit nicht ausgeschlossen, dass ein Arbeitnehmer erwerbsgemindert, aber zugleich dennoch arbeitsfähig ist.[58] Andererseits schließt eine **volle Erwerbsminderung** iSd Rentenversicherungsrechts eine krankheitsbedingte Arbeitsunfähigkeit gemäß § 3 EFZG nicht aus. Es besteht kein Grund, den Arbeitgeber bei besonders schweren Erkrankungen des Arbeitnehmers, die

55 So wohl auch Schmitt, § 3 Rn 65, der zwischen qualitativer – inhaltliche – und quantitativer – zeitliche – Abweichung im Verhältnis zur der vertraglich geschuldeten Arbeitsleistung unterscheidet und § 74 SGB V bei qualitativer Abweichung für nicht anwendbar hält.

56 Vgl BAG 29.1.1992 – 5 AZR 60/91 – EEK I/1074 aA Schmitt § 3 Rn 67 mwN; Staudinger/Oetker BGB § 616 Rn 215 ff.

57 Vgl BAG 3.11.1961 – 1 AZR 383/60 – und 22.11.1952 – 2 AZR 205/62 – AP Nr. 1 und 2 zu § 78 SeemG; BAG 22.12.1971 – 1 AZR 180/71 – AP Nr. 2 zu § 6 LohnFG; LAG Hamm 29.8.2007 – 18 Sa 603/07.

58 Vgl BAG 14.5.1986 – 8 AZR 604/84 – AP Nr. 26 zu § 7 BUrlG Abgeltung; ferner BAG 7.6.1990 – 6 AZR 52/89 – AP Nr. 92 zu § 1 TVG Tarifverträge: Metallindustrie, hinsichtlich Erwerbsunfähigkeit; vgl auch Leopold BB 2001, 208.

sogar zeitweise oder dauernde volle Erwerbsminderung zur Folge haben, von den sozialen Verpflichtungen des Entgeltfortzahlungsgesetzes freizustellen.[59]

43 Die Erwerbsminderung des Arbeitnehmers begründet somit weder eine widerlegbare Vermutung noch ein Indiz für das Vorliegen einer Arbeitsunfähigkeit. Die Arbeitsunfähigkeit ist vielmehr jeweils eigenständig zu prüfen.

cc) Trunk- und Drogensucht

44 Nach heutiger Ansicht sind **Alkoholabhängigkeit** (Alkoholismus), Drogensucht (zB Medikamentenabhängigkeit) und **Nikotinabhängigkeit** Krankheiten im Rechtssinne.[60]

45 Alkoholabhängigkeit liegt vor, wenn der gewohnheitsmäßige, übermäßige Alkoholgenuss trotz besserer Einsicht nicht aufgegeben oder reduziert werden kann. Dabei ist nicht erforderlich, dass es schon zu körperlichen oder psychischen Symptomen einer Vergiftung gekommen ist. Wesentliches Merkmal dieser Erkrankung ist die physische oder psychische Abhängigkeit vom Alkohol. Sie äußert sich vor allem im Verlust der Selbstkontrolle. Der Alkoholiker kann, wenn er zu trinken beginnt, den Alkoholkonsum nicht mehr kontrollieren, mit dem Trinken nicht mehr aufhören. Dazu kommt die Unfähigkeit zur Abstinenz; der Alkoholiker kann auf Alkohol nicht mehr verzichten.[61]

dd) Bazillenträger und Bazillenausscheider

46 Als Kranke werden auch Bazillenträger und Bazillenausscheider behandelt, die zwar selbst gegen die Krankheit, die von den Bazillen hervorgerufen werden kann, immun und damit nicht arbeitsunfähig krank sind. Jedoch können durch sie andere Personen, insbesondere Mitarbeiter, angesteckt werden. Solche Personen dürfen in bestimmten Betrieben des **Lebensmittel- oder Gaststättengewerbes** nicht beschäftigt werden.[62]

ee) Schwangerschaft

47 Keine Krankheit bildet eine normal verlaufende Schwangerschaft. Eine Gesundheitsstörung liegt nicht vor. Etwas anderes gilt nur für die nicht normal verlaufende Schwangerschaft, also wenn die Schwangerschaft mit einer Fehlgeburt endet, oder wenn aufgrund von Komplikationen sonstige regelwidrige Schwanger-

59 BAG 29.9.2004 – 5 AZR 558/03 – AP Nr. 24 zu § 3 EntgeltFG = Feichtinger EWiR 2005, 113.

60 BSG 18.6.1968 – 3 RK 63/66 – DOK 1986, 736; BAG 1.6.1983 – 5 AZR 536/80 – AP Nr. 52 zu § 1 LohnFG; BAG 30.3.1988 – 5 AZR 42/87 – AP Nr. 77 zu § 1 LohnFG; LAG Berlin 1.7.1985 – 9 Sa 29/85 – DB 1985, 2690; LAG München 28.11.1986 – 3 Sa 544/86 – n.v.; LAG Frankfurt 6.2.1991 – 1 Sa 1185/89 – LAGE § 1 LohnFG Nr. 30; zu Rauchen als Suchterkrankung vgl ausführlich Künzl ZTR 1999, 531, 535 f.

61 BAG 1.6.1983 – 5 AZR 536/80 – AP Nr. 52 zu § 1 LohnFG; BAG 26.1.1995 – 2 AZR 649/94 – AP Nr. 34 zu § 1 KSchG 1969 Verhaltensbedingte Kündigung.

62 Vgl §§ 42 Abs. 1, 31 IfSG zur Regelung des Verdienstausfalls infolge Verbots der bisherigen Erwerbstätigkeit § 56 IfSG; ferner BGH 30.11.1978 – III ZR 43/77 – AP Nr. 1 zu § 49 BSeuchG; BAG 25.6.1970 – 2 AZR 376/69 – und 2.3.1971 – 1 AZR 227/70 – AP Nrn. 1 und 2 zu § 18 BSeuchG; LAG Düsseldorf 10.4.1968 – 6 Sa 276/67 – DB 1968, 1136; LG Tübingen 6.7.1966 – 1 Sa 31/66 – NJW 1966, 1865; BSG 27.5.1971 – 3 RK 28/68 – BSGE 33, 9.

schaftsbeschwerden eintreten, welche die Arbeitsunfähigkeit der Schwangeren bedingen.[63]

ff) Behinderung – Altersschwäche

48 Eine Behinderung iSd § 2 Abs. 1 SGB IX liegt bei Menschen vor, wenn ihre körperliche Funktion, geistige Fähigkeit oder seelische Gesundheit mit hoher Wahrscheinlichkeit länger als sechs Monate von dem für das Lebensalter typischen Zustand abweicht und daher ihre Teilhabe am Leben in der Gesellschaft beeinträchtigt ist.[64] Eine Arbeitsunfähigkeit ist damit nicht zwangsläufig verbunden.

49 Soweit ein schwerbehinderter Mensch jedoch aus gesundheitlichen Gründen seine arbeitsvertraglich geschuldete Leistung nicht mehr erbringen kann, hat er gemäß § 3 EFZG Anspruch auf Entgeltfortzahlung. Ein über den Sechswochenzeitraum hinausgehender Anspruch auf Fortzahlung der Arbeitsvergütung kann auch nicht aus dem SGB IX hergeleitet werden.[65]

50 Normale Alterserscheinungen, körperliche und psychische Leistungseinschränkungen (Altersschwäche), die sich im Alter entwickeln und nach ihrer Art und ihrem Umfang für das Alter typisch sind, sind nicht als Krankheiten im medizinischen Sinne anzusehen.

gg) Arztbesuch

51 Krankheitsbedingte, nicht mit einer Arbeitsunfähigkeit verbundene Arbeitsverhinderungen (vgl oben Rn 24 ff) lösen keinen Entgeltfortzahlungsanspruch gemäß § 3 Abs. 1 Satz 1 EFZG aus. Das gilt auch dann, wenn vom medizinischen Standpunkt aus betrachtet eine Krankheit vorliegt, die eine ambulante ärztliche Behandlung erforderlich und notwendig macht. Ein Arbeitnehmer, der während der Arbeitszeit gezwungen ist, den Arzt oder den Zahnarzt aufzusuchen oder sich zB ärztlich verordneten Massagen unterziehen muss, und diese Besuche nicht außerhalb der Arbeitszeit erledigen kann, fehlt deswegen aber nicht unberechtigt. Die Fortzahlung des Arbeitsentgelts des Arbeitnehmers für diese Zeit richtet sich in einem solchen Falle nach den allgemeinen Grundsätzen (§ 616 Satz 1 BGB), **nicht** nach dem Entgeltfortzahlungsgesetz. Vgl im Übrigen die Ausführungen zu § 616 BGB Rn 59 ff.

---

63 Vgl BAG 14.11.1984 – 5 AZR 394/82 – AP Nr. 61 zu § 1 LohnFG; zur Abgrenzung zwischen Arbeitsunfähigkeit und einem Beschäftigungsverbot nach § 3 Abs. 1 MuSchG vgl Rn 83 ff.

64 Vgl auch EuGH 11.7.2006 – C-13/05 – AP Nr. 3 zu EWG Richtlinie Nr. 2000/78; zum Begriff der Behinderung ferner LAG Berlin-Brandenburg 4.12.2008 – 26 Sa 343/00 – LAGE § 3 AGG Nr. 1.

65 BAG 10.7.1991 – 5 AZR 383/90 – AP Nr. 1 zu § 14 SchwbG 1986; BAG 23.1.2001 – 9 AZR 287/99 – AP Nr. 1 zu § 81 SGB IX.

Der Umstand, dass sich der Arbeitnehmer während der Arbeitszeit wegen einer Erkrankung in die **Behandlung eines Arztes** begeben muss, führt **noch nicht** zu einer **Arbeitsunfähigkeit.**[66] 52

Anders stellt sich die Situation dar, wenn sich der Arbeitnehmer in einem Krankheitszustand befindet, der ohne die ambulante ärztliche Behandlung in absehbarer Zeit zur Arbeitsunfähigkeit zu führen droht. Das ist zB der Fall bei einem Arbeitnehmer, der in Abständen von 1 bis 2 Wochen vorbeugend ambulant gegen eine in unberechenbaren Schüben auftretende Schuppenflechte bestrahlt wird. Hier geht das BAG[67] von Arbeitsunfähigkeit für die Dauer der ambulanten Behandlung aus. 53

Wird der Arbeitnehmer anlässlich des Arztbesuches arbeitsunfähig krank geschrieben, kann nicht zwischen einer sonstigen Arbeitsverhinderung und einer solchen wegen Krankheit unterschieden werden; es liegt vielmehr eine einheitliche Arbeitsverhinderung, dh Arbeitsunfähigkeit infolge Krankheit, vor.[68] 54

e) Feststellung der Arbeitsunfähigkeit

Die Frage, ob eine auf Krankheit beruhende Arbeitsunfähigkeit vorliegt, hat der Arzt festzustellen. Seine Entscheidung darf nur unter Berücksichtigung der Art der vom Arbeitnehmer auszuführenden Arbeitstätigkeiten an dem jeweiligen Arbeitsplatz erfolgen (vgl auch § 2 Abs. 5 AU-Richtlinie).[69] Die Feststellung der krankheitsbedingten Arbeitsunfähigkeit durch den Arzt setzt jedoch nicht ausnahmslos eine körperliche Untersuchung und die Einholung einer detaillierten Information über die Art der zu erbringenden Arbeitsleistung voraus. Welche Informationen der Arzt benötigt, um eine krankheitsbedingte Arbeitsunfähigkeit zu attestieren, hängt von der Art der festgestellten Erkrankung ab.[70] 55

Auf die persönlichen Ansichten der Arbeitsvertragsparteien kommt es ebenso wenig an, wie auf ihre Kenntnis über das Vorliegen der Arbeitsunfähigkeit. Maßgebend ist vielmehr die vom Arzt **nach objektiven medizinischen Kriterien** vorzunehmende Bewertung. Eine **gerichtliche Überprüfung** ist nur dahingehend möglich, ob der Arzt aufgrund des objektiven Befundes den arbeitsrechtlichen 56

---

66 BAG 29.2.1984 – 5 AZR 455/81 – AP Nr. 64 zu § 616 BGB; zum Inhalt tarifvertraglicher Regelungen bezüglich der Entgeltfortzahlung bei Arztbesuch vgl BAG 29.2.1984 – 5 AZR 92/82 – AP Nr. 22 zu § 1 TVG Tarifverträge: Metallindustrie; BAG 7.3.1990 – 5 AZR 189/89 – AP Nr. 89 zu § 616 BGB; BAG 27.6.1990 – 5 AZR 365/89 – AP Nr. 84 zu § 616 BGB; ferner Brill NZA 1984, 281 ff; kritisch zu der Rechtsprechung des BAG hinsichtlich der Bewertung der ambulanten Behandlung in entgeltfortzahlungsrechtlicher Hinsicht MünchArbR/Schulin § 81 Rn 40, 60, der bei ambulanter Behandlung grundsätzlich § 3 Abs. 1 EFZG anwendet; ferner LAG Köln 10.2.1993 – 8 Sa 894/92 – LAGE § 616 BGB Nr. 7, wonach für Arztbesuche während der Gleitzeit – sofern einzelvertraglich oder tarifvertraglich keine Regelung besteht – kein Anspruch auf Zeitgutschrift besteht.

67 Urteil 9.1.1985 – 5 AZR 415/82 – AP Nr. 62 zu § 1 LohnFG.

68 BAG 23.10.1963 – 4 AZR 33/63 – AP Nr. 37 zu § 616 BGB.

69 LAG Niedersachsen 12.6.1990 – 6 Sa 1438/89 – NZA 1990, 691; vgl § 2 Abs. 5 AU-Richtlinien.

70 LAG München 18.6.2009 – 3 Sa 1059/08 –.

Begriff der Arbeitsunfähigkeit richtig angewandt oder möglicherweise verkannt hat.[71]

57 Hierbei ist jedoch hervorzuheben, dass die rechtserheblichen, dh die zur Subsumtion erforderlichen Tatsachen nur teilweise medizinischer Art sind. Die Fragen, welche Tätigkeiten arbeitsvertraglich geschuldet sind und welche Anforderungen sie an den Arbeitnehmer stellen, betreffen außermedizinische Tatsachen. Die Feststellung der **Arbeitsunfähigkeit** durch den Arzt ist daher **für das Gericht** im Streitfall **nicht bindend**, wenn dieser von einer anderen als der ausgeübten Tätigkeit oder von falschen Vorstellungen über die Anforderungen dieser Tätigkeit an die physische und psychische Leistungsfähigkeit ausgegangen ist.[72]

58 Eine Vereinbarung in einem Prozessvergleich, dass die Feststellung der Arbeitsunfähigkeit **bindend** durch einen **bestimmten Arzt** getroffen werden soll, ist nach Auffassung des LAG München[73] eine unzulässige Schiedsabrede.

III. Kausalzusammenhang

1. Allgemeines

59 Die krankheitsbedingte Arbeitsunfähigkeit muss die **alleinige Ursache** dafür sein, dass der Arbeitnehmer seine Arbeitsleistung nicht erbringt.[74] Dies muss der **Arbeitnehmer darlegen** und **beweisen**, wenn der Arbeitgeber entsprechende Zweifel darlegt. An der **alleinigen Ursächlichkeit fehlt** es, wenn die Arbeit zumindest auch aus einem anderen Grund nicht geleistet worden ist (**Doppelkausalität**). Denn der Anspruch auf Entgeltfortzahlung ist nicht umfassender als der, den der Arbeitnehmer bei Arbeitsfähigkeit hat. Tatbestände, die bei Arbeitsfähigkeit zum Erlöschen des Arbeitsentgeltanspruches führen, haben dieselbe Wirkung auch während einer Arbeitsunfähigkeit für den Entgeltfortzahlungsanspruch (vgl zu den Einzelfällen Rn 60 ff).

60 Ist das **weitere Leistungshindernis**, das keine Entgeltfortzahlungspflicht begründet (zB Streik; fehlender Arbeitswille) nur **hypothetisch**, während die Arbeitsunfähigkeit tatsächlich kausal geworden ist, ist grundsätzlich davon auszugehen, dass das hypothetische Leistungshindernis nicht berücksichtigt wird.[75] Dies schließt jedoch – soweit dies aufgrund objektiver Umstände möglich ist – nicht aus, dass anhand eines hypothetischen Kausalverlaufs zu prüfen ist, ob die Arbeitsleistung erbracht worden wäre, wenn der Arbeitnehmer nicht arbeitsunfähig krank gewesen wäre. Es hat eine (**hypothetische**) **Prüfung der alternativen Ursachen** stattzufinden, um so zu ermitteln, ob die krankheitsbedingte Arbeits-

71 Vgl BAG 21.4.1961 – 1 AZR 62/80 – AP Nr. 32 zu § 1 ArbKrankhG; BAG 26.7.1989 – 5 AZR 301/88 – AP Nr. 86 zu § 1 LohnFG; LAG München 3.11.2000 – 10 Sa 1037/99 – LAGE § 626 BGB Nr. 131; vgl auch LAG Berlin 29.3.1988 – 8 Sa 72/87 – LAGE § 1 LohnFG Nr. 20, wonach Arbeitsunfähigkeit nicht vorliegt, wenn der Arbeitnehmer von seinem Leiden nichts weiß und auch keinerlei Beschwerden hat bzw bereit und in der Lage ist, die vertraglich geschuldeten Arbeiten zu verrichten, vgl LAG Rheinland-Pfalz 15.7.1988 – 6 Sa 370/88 – LAGE § 1 KSchG Krankheit Nr. 11 zum Begriff der Arbeitsunfähigkeit.

72 May SGb 1988, 478.

73 Urteil 29.11.1983 – 2 Sa 673/88 – LAGE § 3 LohnFG Nr. 3.

74 Ständige Rechtsprechung vgl etwa BAG 7.9.1988 – 5 AZR 558/87 – AP Nr. 79 zu § 1 LohnFG; BAG 5.7.1995 – 5 AZR 135/94 – AP Nr. 7 zu § 3 MuSchG 1968; BAG 26.6.1996 – 5 AZR 872/94 – AP Nr. 2 zu § 3 EntgeltFG; BAG 24.3.2004 – 5 AZR 355/03 – AP Nr. 22 zu § 3 EntgeltFG; aA Gutzeit NZA 2003, 81 ff.

75 Vgl hierzu Belling/Hartmann ZfA 1994, 519, 543; Reinecke DB 1991, 1168, 1174.

unfähigkeit die alleinige Ursache für das Nichtleisten der Arbeit ist. Hierbei handelt es sich notwendigerweise nur um eine **Wahrscheinlichkeitsannahme**, die es rechtfertigt, der Kausalitätsprüfung die später tatsächlich eingetretene Entwicklung zugrunde zu legen.[76] Zu berücksichtigen sind dabei nur **reale Ursachen**, die im konkreten Fall für den Ausfall der Arbeit auch wirksam geworden sind.[77] Bleibt offen, ob zB dem Arbeitnehmer die fehlende Arbeitserlaubnis erteilt worden wäre, so liegt eine zusätzliche Ursache für die Nichtleistung der Arbeit vor; die krankheitsbedingte Arbeitsunfähigkeit steht dann als alleinige Ursache für den Arbeitsausfall nicht fest.

2. Einzelfälle

a) Arbeitskampf

Arbeitskampfmaßnahmen sind als die primäre Ursache der Arbeitsverhinderung 61 jedenfalls dann anzusehen, wenn sie zum **Ruhen des Betriebes** – Aussperrung oder Streik aller Arbeitnehmer – geführt haben, das heißt, dass der arbeitsunfähig erkrankte Arbeitnehmer auch dann nicht hätte arbeiten können, wenn er gesund und arbeitsfähig gewesen wäre. In diesem Fall ist für die Zeit des Arbeitskampfes der Anspruch auf **Entgeltfortzahlung ausgeschlossen**. Hierbei ist es gleichgültig, ob der Arbeitnehmer vor Beginn oder während des Arbeitskampfes erkrankt ist.[78]

Eine Pflicht des Arbeitgebers zur Entgeltfortzahlung ist jedoch bei einem Streik 62 anzunehmen, wenn er die **arbeitswilligen Arbeitnehmer** weiterbeschäftigt und der vor Streikbeginn erkrankte Arbeitnehmer im Falle seiner Arbeitsfähigkeit seine Tätigkeit im Betrieb hätte fortsetzen können oder der nach Streikbeginn erkrankte Arbeitnehmer bis zu seiner Erkrankung zu den arbeitswilligen Arbeitnehmern gehört hatte.[79]

Ein Arbeitnehmer, der **während eines Urlaubs**, der **vor Beginn eines Streiks** ge- 63 währt wird, **arbeitsunfähig** erkrankt, behält seinen Anspruch auf Entgeltfortzahlung, solange er sich nicht am Streik beteiligt.[80] Das gleiche gilt, wenn der Arbeitnehmer vor Beginn des Arbeitskampfes für einen festliegenden Zeitraum von seiner Arbeitspflicht unter Fortzahlung des Arbeitsentgelts – **Schulungsveranstaltung gemäß § 37 Abs. 6 BetrVG** – befreit war.[81] Ein **Arbeitnehmer** ist nur dann zu den Streikteilnehmern zu rechnen, wenn er **konkludent** oder **ausdrücklich gegenüber dem Arbeitgeber erklärt**, dass er sich am **Streik beteilige** und deshalb seine Arbeitspflicht suspendiere.[82] Denn der Arbeitgeber kann nicht ohne weiteres davon ausgehen, dass alle Arbeitnehmer, die bei Streikbeginn nicht zur

76 BAG 26.6.1996 – 5 AZR 872/94 – AP Nr. 2 zu § 3 EntgeltFG bzgl fehlender Arbeitserlaubnis.
77 BAG 4.12.2002 – 5 AZR 494/01 – AP Nr. 17 zu § 3 EntgeltFG; BAG 24.3.2004 – 5 AZR 355/03 – AP Nr. 22 zu § 3 EntgeltFG.
78 BAG 8.3.1973 – 5 AZR 491/72 – AP Nr. 29 zu § 1 LohnFG; BAG 7.6.1988 – 1 AZR 597/86 – AP Nr. 107 zu Art. 9 GG Arbeitskampf; vgl ferner BAG 3.8.1999 – 1 AZR 735/98 – AP Nr. 156 zu Art. 9 GG Arbeitskampf, wonach die Teilnahme am Streik zum Ruhen der beiderseitigen Hauptpflichten aus dem Arbeitsverhältnis führt.
79 BAG 24.2.1961 – 1 AZR 17/59 – AP Nr. 31 zu § 1 ArbKrankhG.
80 BAG 1.10.1991 – 1 AZR 147/91 – AP Nr. 121 zu Art. 9 GG Arbeitskampf.
81 BAG 15.1.1991 – 1 AZR 178/90 – AP Nr. 114 zu Art. 9 GG Arbeitskampf.
82 BAG 1.10.1991 – 1 AZR 147/91 – AP Nr. 121 zu Art 9 GG Arbeitskampf; LAG Berlin 8.3.1991 – 5 Sa 40/90 – LAGE Art. 9 GG Arbeitskampf Nr. 42.

Arbeit erscheinen, Streikteilnehmer sind. Das ist jedenfalls eindeutig nicht der Fall bei Arbeitnehmern, die schon vor Streikbeginn von der Arbeit befreit waren.[83]

64 Der sich **am Streik beteiligende Arbeitnehmer** dagegen hat, wenn er während des Streiks arbeitsunfähig wird, keinen Entgeltfortzahlungsanspruch.[84] Das gilt selbstverständlich auch für den Arbeitnehmer, der trotz Arbeitsunfähigkeit sich weiterhin am Streik aktiv zB durch Streikpostenstehen, Verteilen von Flugblättern beteiligt.[85]

65 Für die Tatsachen, aus denen sich die **Arbeitskampfbereitschaft** des Arbeitnehmers ergeben und damit die Arbeitsunfähigkeit nicht die alleinige Ursache für den Ausfall der Arbeitsleistung gewesen sein soll, ist der **Arbeitgeber darlegungs- und beweispflichtig.**[86]

b) Beschäftigungsverbot nach dem Infektionsschutzgesetz

66 Besteht für einen Arbeitnehmer ein **gesetzliches Beschäftigungs- bzw Tätigkeitsverbot** (zB nach §§ 42 Abs. 1, 31 des Gesetzes zur Verhütung und Bekämpfung von Infektionskrankheiten bei Menschen – Infektionsschutzgesetz – vom 20.7.2000, [BGBl. I S. 1045] idF vom 5.11.2001 [BGBl. I. S. 2960]), so schließt das Ansprüche auf Entgeltfortzahlung nicht aus, wenn es Folge einer Erkrankung (offene Tuberkulose) ist. Nur wenn ein Beschäftigungsverbot unabhängig von einer krankheitsbedingten Arbeitsunfähigkeit besteht oder angeordnet wird, kommt diesem Beschäftigungsverbot selbstständige Bedeutung zu, mit der Folge, dass ein Entgeltfortzahlungsanspruch nach § 3 EFZG nicht gegeben ist (zu den mutterschutzrechtlichen Beschäftigungsverboten vgl Rn 83 ff).[87]

c) Betriebsstilllegung/Betriebsrisiko

67 Bei Betriebsstilllegungen sowie bei Arbeitsausfall infolge von Betriebsstörungen wie etwa Maschinenschäden, Defekte in Versorgungsleitungen des Betriebes, Witterungseinflüssen und sonstigen betriebsbedingten Ursachen, die den Ablauf des sonst normal funktionierenden Betriebes stören, ist der Arbeitgeber in der Regel nach der Lehre vom Betriebsrisiko zur Weiterzahlung des Arbeitsentgelts an seine Arbeitnehmer verpflichtet (§ 615 Satz 3 iVm Satz 1 BGB). Ein Arbeitnehmer, der in diesem Zeitraum arbeitsunfähig erkrankt, hat daher Anspruch auf Entgeltfortzahlung nach § 3 EFZG, da der Entgeltanspruch ausschließlich durch die krankheitsbedingte Arbeitsunfähigkeit entfallen würde.[88]

d) Elternzeit

68 Soweit eine Arbeitnehmerin oder ein Arbeitnehmer **Elternzeit** in Anspruch nehmen, ist bezüglich der Frage der Entgeltfortzahlung zunächst zu unterscheiden, ob sie während der Elternzeit Teilzeitarbeit nach § 15 Abs. 5 S. 1 iVm Abs. 7 BEEG ausüben. Wird während der Elternzeit **keine Teilzeitarbeit** erbracht, **ruhen die beiderseitigen Hauptpflichten**. Deshalb besteht bei Arbeitsunfähigkeit kein

83 BAG 1.10.1991 – 1 AZR 147/91 – AP Nr. 121 zu Art 9 GG Arbeitskampf.
84 BAG 24.2.1961 – 1 AZR 17/59 – AP Nr. 31 zu § 1 ArbKrankhG.
85 LAG Berlin 19.8.1985, LAGE § 1 LohnFG Nr. 7; LAG Berlin 12.12.1990, LAGE Art. 9 GG Arbeitskampf Nr. 43.
86 BAG 1.10.1991, aaO Fn 83.
87 BAG 26.4.1978 – 5 AZR 7/77 – AP Nr. 6 zu § 6 LohnFG.
88 Knorr/Krasney § 3 EFZG Rn 43.

Anspruch auf Entgeltfortzahlung. Die krankheitsbedingte Arbeitsunfähigkeit ist in diesem Fall nicht die alleinige und ausschließliche Ursache für den Ausfall der Arbeitsleistung.[89]

Im Unterschied zu § 9 BUrlG sieht das BEEG nicht vor, dass Beginn und Lauf der Elternzeit durch eine **vor Beginn** der Elternzeit **eingetretene Arbeitsunfähigkeit** des die Elternzeit in Anspruch nehmenden Elternteils berührt werden. Das gilt auch dann, wenn wegen der Gewährung von Krankengeld nach § 49 Abs. 1 Nr. 2 SGB V der Anspruch auf Erziehungsgeld entfällt. Denn gesundheitliche Beeinträchtigungen können zwar Arbeitsunfähigkeit zur Folge haben, sie müssen aber nicht oder nicht wesentlich die mit der Betreuung des Kindes verbundenen Aufgaben behindern.[90] 69

Soweit der Arbeitnehmer erklärt, er trete die Elternzeit erst am Ende der Arbeitsunfähigkeit an, ist die Arbeitsunfähigkeit für den Arbeitsausfall ursächlich. In diesem Fall besteht ein Anspruch auf Entgeltfortzahlung, und zwar auch dann, wenn möglicherweise oder sogar höchstwahrscheinlich der Arbeitnehmer ohne die Arbeitsunfähigkeit die Elternzeit sofort angetreten hätte.[91] 70

Dauert die **Arbeitsunfähigkeit über** die Beendigung der **Elternzeit hinaus** fort, beginnt der Sechswochenzeitraum für den Anspruch auf Entgeltfortzahlung erst ab dem Tag nach der Beendigung der Elternzeit zu laufen. Die Dauer der Arbeitsunfähigkeit während der Elternzeit wird auf diese Frist nicht angerechnet.[92] 71

Verrichtet der Arbeitnehmer während der Elternzeit nach § 15 Abs. 5 S. 1 iVm Abs. 7 BEEG **Teilzeitarbeit**, so hat er bei Arbeitsunfähigkeit infolge Krankheit entsprechend dem Umfang seiner Tätigkeit Anspruch auf Entgeltfortzahlung. Der Anspruch richtet sich gegen den Arbeitgeber, bei dem die Teilzeitarbeit ausgeübt wird. 72

e) Fehlende Genehmigung bzw Zustimmung bei Ausländerbeschäftigung

Staatsangehörige der neuen EU-Mitgliederstaaten bedürfen zur Ausübung einer Beschäftigung gemäß § 284 Abs. 1 SGB III einer Genehmigung durch die Bundesagentur für Arbeit. Für alle übrigen Ausländer ist gemäß § 39 Abs. 1 AufenthG ein Aufenthaltstitel erforderlich, der dem Ausländer die Ausübung einer Beschäftigung erlaubt und der nur mit Zustimmung der Bundesagentur für Arbeit erteilt werden kann. Wird ein ausländischer Arbeitnehmer trotz **fehlender** Genehmigung bzw Zustimmung beschäftigt und erkrankt er, so ist die fehlende Arbeitserlaubnis keine zusätzliche Ursache für die Arbeitsverhinderung, wenn davon auszugehen ist, dass der Arbeitnehmer ohne die Arbeitsunfähigkeit weiter beschäftigt worden wäre. Der Arbeitnehmer hat Anspruch auf Entgeltfortzahlung solange, bis der Arbeitgeber das faktische Vertragsverhältnis beendet. Der 73

---

89 BAG 22.6.1988 – 5 AZR 526/87 – AP Nr. 1 zu § 15 BEEG; BAG 29.9.2004 – 5 AZR 558/03 – AP Nr. 24 zu § 3 EntgeltFG; Hk-MuSchG/BEEG/Ranke, § 15 BEEG Rn 49.

90 BAG 22.6.1988 – 5 AZR 526/87 – AP Nr. 1 zu § 15 BEEG; Töns BB 1986, 727, 732; Maurer/Schmidt BB 1991, 1779, 1780 f.

91 BAG 17.10.1990 – 5 AZR 10/90 – AP Nr. 4 zu § 15 BEEG; aA Hk-MuschG/BEEG/Ranke § 15 Rn 50.

92 So auch BAG 29.9.2004 – 5 AZR 558/03 – AP Nr. 24 zu § 3 EntgeltFG.

hypothetische Kausalverlauf ist anhand der gesamten Umstände des Einzelfalles zu prüfen (vgl oben Rn 59).[93]

74 Etwas anderes gilt jedoch dann, wenn feststeht, dass der Arbeitgeber bei Kenntnis des Beschäftigungsverbotes den Arbeitnehmer nicht beschäftigt hätte. Erkrankt der Arbeitnehmer in diesem Fall, besteht kein Anspruch auf Entgeltfortzahlung.[94]

f) Fehlender Arbeitswille

75 Voraussetzung für den Entgeltfortzahlungsanspruch ist die grundsätzliche Arbeitswilligkeit des Arbeitnehmers. Hat der Arbeitnehmer längere Zeit unentschuldigt gefehlt, und ist während dieser Zeit vertragswidriger Arbeitsverweigerung Arbeitsunfähigkeit eingetreten, muss davon ausgegangen werden, dass der Arbeitnehmer auch im Zeitraum der Arbeitsunfähigkeit arbeitsunwillig gewesen ist. Der **Arbeitnehmer** trifft dann eine erweiterte **Darlegungs- und Beweislast** für seine Rückkehr zur Vertragstreue, dh, dass er während der Zeit der krankheitsbedingten Arbeitsunfähigkeit arbeitswillig gewesen ist, soweit der Arbeitgeber dies bestreitet.[95]

g) Feiertag

76 Die Höhe der nach § 3 EFZG zu leistenden Entgeltfortzahlung bestimmt sich gemäß § 4 Abs. 2 EFZG nach § 2 EFZG.[96]

h) Freischichtenmodell

77 Wird die für einen Wochentag (zB Freitag) normalerweise **anfallende Arbeit** durch Betriebsvereinbarung oder aufgrund eines Tarifvertrages in zulässiger Weise **anderweitig verteilt**, so hat der Arbeitnehmer, der an dem arbeitsfreien Tag (noch) arbeitsunfähig krank ist, für diesen Tag keinen Anspruch auf Entgeltfortzahlung. Alleinige Ursache des Arbeitsausfalls ist hier nicht die Krankheit des Arbeitnehmers, sondern die anderweitige Verteilung der Arbeitszeit.[97]

78 Ebenso besteht **kein Anspruch** des Arbeitnehmers auf **Nachgewährung** dieser Freischichttage.[98]

---

93 BAG 26.6.1996 – 5 AZR 872/94 – AP Nr. 2 zu § 3 EntgeltFG, MünchArbR/Schulin § 81 Rn 65.

94 BAG 26.6.1996 – 5 AZR 872/94 – AP Nr. 2 zu § 3 EntgeltFG; zum Bestand eines solchen Arbeitsverhältnisses vgl BAG 16.12.1976 – 3 AZR 716/75 – AP Nr. 4 zu § 19 AFG.

95 BAG 20.3.1985 – 5 AZR 229/83 – AP Nr. 64 zu § 1 LohnFG. BAG 4.12.2002 – 5 AZR 494/01 – AP Nr. 17 zu § 3 EntgeltFG, dazu Feichtinger EWiR 2005, 113; BAG 24.3.2004 – 5 AZR 355/03 – AP Nr. 22 zu § 3 EntgeltFG. Zur Problematik Ausschluss der Entgeltfortzahlung durch hypothetische Nichtleistung vgl ausführlich Belling/Hartmann ZfA 1994, 519 ff.

96 BAG 16.7.1980 – 5 AZR 989/78 – AP Nr. 35 zu § 1 FeiertagslohnzG; BAG 19.4.1989 – 5 AZR 248/88 – AP Nr. 62 zu § 1 FeiertagslohnzG; vgl ferner im Einzelnen die Ausführungen zu § 2 EFZG.

97 BAG 7.9.1988 – 5 AZR 558/87 – AP Nr. 79 zu § 1 LohnFG; BAG vom 8.3.1989 – 5 AZR 116/88 – AP Nr. 17 zu § 2 LohnFG; Schmitt, § 3 EFZG Rn 90.

98 BAG 2.12.1987 – 5 AZR 652/86 – AP Nr. 76 zu § 1 LohnFG; BAG vom 21.8.1991 – 5 AZR 91/91 – AP Nr. 4 zu § 1 TVG Tarifverträge: Schuhindustrie; LAG Berlin 20.3.1991 – 13 Sa 113/90 – LAGE § 1 LohnFG Nr. 28; LAG Rheinland-Pfalz 11.5.1990 – 6 Sa 1021/89 – LAGE § 4 TVG Einzelhandel Nr. 9.

Andererseits ist auch die Verpflichtung zur **Nachholung** durch Arbeitsunfähigkeit **ausgefallener Arbeitszeit** in einem tariflich vorgesehenen Ausgleichszeitraum **unzulässig.**[99] 79

i) Kurzarbeit

Soweit und solange während der Arbeitsunfähigkeit des Arbeitnehmers im Betrieb kurz gearbeitet wird, ist für die Berechnung des fortzuzahlenden Arbeitsentgelts die verkürzte Arbeitszeit auf der Basis des § 4 Abs. 1 Satz 1 EFZG maßgebend (§ 4 EFZG Rnn 170 ff). Wird überhaupt **nicht gearbeitet**, besteht **kein** Anspruch auf Entgeltfortzahlung.[100] Etwas anderes gilt nur dann, wenn der Arbeitgeber trotz der Einführung von Kurzarbeit nicht zu einer entsprechenden Lohnkürzung berechtigt ist, der erkrankte Arbeitnehmer also auch bei Arbeitsfähigkeit keine Lohnminderung erleiden würde, wie dies zB für den in § 19 Abs. 2 Hs 2 KSchG genannten Zeitraum der Fall sein kann. In einem solchen Falle muss der Arbeitgeber auch dem erkrankten Arbeitnehmer die auf der Grundlage der „normalen“ regelmäßigen Arbeitszeit errechnete Vergütung fortzahlen, weil andernfalls der erkrankte gegenüber dem gesunden Arbeitnehmer schlechter gestellt sein würde.[101] 80

Außer dem Anspruch auf das bei **Kurzarbeit** gemäß § 4 Abs. 3 EFZG verminderte Arbeitsentgelt hat der erkrankte Arbeitnehmer nach § 47 b Abs. 4 SGB V Anspruch auf Teilkrankengeld, und zwar in Höhe des Kurzarbeitergeldes, welches er erhalten würde, wenn er nicht arbeitsunfähig krank geworden wäre.[102] Durch diese Regelung wird gewährleistet, dass der erkrankte Arbeitnehmer gegenüber dem gesunden Arbeitnehmer finanziell keine Benachteiligung erleidet (ferner § 4 EFZG Rn 172 ff).[103] 81

j) Schulungsveranstaltungen für Betriebsratsmitglieder

Wird ein Betriebsratsmitglied, das an einer Schulungs- oder Bildungsveranstaltung gemäß § 37 Abs. 6 oder 7 BetrVG teilnimmt, arbeitsunfähig krank, hat es Anspruch auf Entgeltfortzahlung gemäß § 3 EFZG. Obwohl hier eine doppelte Kausalität für den Arbeitsausfall vorliegt, ist Entgeltfortzahlung zu gewähren, da ohne die krankheitsbedingte Arbeitsunfähigkeit ein Entgeltfortzahlungsanspruch gemäß § 37 Abs. 2 BetrVG bestünde.[104] Der Entgeltfortzahlungsanspruch erstreckt sich jedoch nicht auf Ansprüche auf **Arbeitsbefreiung** und sich hieraus ergebender Abgeltungsansprüche (vgl etwa § 37 Abs. 3 BetrVG).[105] 82

99 BAG 27.5.1993 – 6 AZR 359/92 – AP Nr. 22 zu § 611 BGB Musiker.
100 BAG 6.10.1976 – 5 AZR 503/75 – AP Nr. 6 zu § 2 LohnFG.
101 Vgl auch BAG 13.7.1977 – 1 AZR 336/75 – AP Nr. 2 zu § 87 BetrVG 1972 Kurzarbeit.
102 Vgl BSG 26.11.1986 – 7 RAr 2/85 – BSGE 61, 39 = NZA 1987, 611; Niesel/Röder § 172 SGB III Rn 12.
103 BAG 6.10.1976 – 5 AZR 503/75 – AP Nr. 6 zu § 2 LohnFG.
104 Knorr/Krasney § 3 EFZG Rn 42 a.
105 Zur tariflich vorgesehenen Abgeltung von Überstunden durch Freizeit; BAG 21.11.2001 – 5 AZR 265/00 – n.v.; bzgl Entgeltzahlung an Feiertagen BAG 20.9.2000 – 5 AZR 20/99 – AP Nr. 1 zu § 8 BMT-G II; ferner § 2 EFZG Rn 3.

k) Schwangerschaft – Beschäftigungsverbot nach MuSchG

aa) Abgrenzung – Arbeitsunfähigkeit und Beschäftigungsverbot

83 Liegt ein **Beschäftigungsverbot nach § 3 Abs. 1 MuSchG** vor (Voraussetzung: nach ärztlichem Zeugnis ist Leben oder Gesundheit von Mutter und Kind bei Fortdauer der Beschäftigung gefährdet) und **besteht gleichzeitig Arbeitsunfähigkeit** (anomaler Verlauf der Schwangerschaft), so ist ein **Entgeltfortzahlungsanspruch** gegeben.[106] Der Arbeitgeber hat in einem solchen Fall nicht den Mutterschutzlohn des § 11 Abs. 1 Satz 1 MuSchG zu zahlen, der an und für sich immer dann zu gewähren ist, wenn zwar ein Beschäftigungsverbot besteht, jedoch Anspruch auf Mutterschaftsgeld nicht gegeben ist.[107] Der Anspruch nach § 11 Abs. 1 Satz 1 MuSchG kommt nur dann in Betracht, wenn das Beschäftigungsverbot die **alleinige** nicht hinweg zu denkende **Ursache** für das Nichtleisten der Arbeit darstellt. Diesem Kausalitätserfordernis widerspricht es nicht, wenn ärztlicherseits bei **ein- und demselben medizinischen Erscheinungsbild** in einem bestimmten Stadium der Schwangerschaft **Arbeitsunfähigkeit attestiert**, in einem anderen Stadium hingegen ein **Beschäftigungsverbot festgestellt** wird.[108]

84 Dieser für die Zahlung des Mutterschutzlohnes erforderliche Ursachenzusammenhang ist unterbrochen, wenn **andere Gründe allein oder neben dem Beschäftigungsverbot** dazu führen, dass die schwangere Arbeitnehmerin mit der Arbeit aussetzt. Krankheitsbedingte Arbeitsunfähigkeit und Gefährdung des Lebens oder der Gesundheit von Mutter und Kind bei Fortdauer der Beschäftigung (§ 3 Abs. 1 MuSchG) schließen sich gegenseitig aus.[109] Beruhen die Beschwerden allein auf der Schwangerschaft, so kommt es darauf an, ob es sich um einen krankhaften Zustand handelt, der zur Arbeitsunfähigkeit der Schwangeren führt. Haben die **Schwangerschaftsbeschwerden dagegen keinen Krankheitswert** oder führen sie als solche nicht zur Arbeitsunfähigkeit, so kommt das **Beschäftigungsverbot nach § 3 Abs. 1 MuSchG** in Betracht. Je nachdem hat die Schwangere entweder einen – gesetzlich auf sechs Wochen beschränkten – Anspruch auf Entgeltfortzahlung wegen krankheitsbedingter Arbeitsunfähigkeit gegen den Arbeitgeber (§ 3 EFZG) und anschließend auf Krankengeld gegen die Krankenkasse (§ 44 SGB V; vgl im Einzelnen die Ausführungen zu § 44 SGB V), oder sie hat gegen den Arbeitgeber einen – nicht auf sechs Wochen beschränkten – Anspruch nach § 11 Abs. 1 Satz 1 MuSchG für die gesamte Dauer des mutterschutzrechtlichen Beschäftigungsverbots.[110]

85 Bewirkt eine **bestehende Krankheit** erst bei Fortführung der Beschäftigung die weitere Verschlechterung der Gesundheit und dadurch die Unfähigkeit zur Ar-

106 Zur Abgrenzung vgl ausführlich Schliemann/König NZA 1998, 1030 ff.

107 BAG 22.3.1995 – 5 AZR 874/93 – AP Nr. 11 zu § 12 MuSchG 1968; BSG 17.4.1991 – 1/3 RK 26/89 – NZA 1991, 911; LSG Baden-Württemberg 29.9.1978 – L 4 Kr 1323/77 – EEK I/653.

108 Hessisches LAG 23.3.2000 – 14 Sa 998/97 – n.v.

109 BAG 13.2.2002 – 5 AZR 588/00 – AP Nr. 22 zu § 11 MuSchG 1968; BAG 9.10.2002 – 5 AZR 443/01 – AP Nr. 23 zu § 11 MuSchG 1968; LAG Niedersachsen 20.1.2003 – 5 Sa 833/02 – LAGE § 11 MuSchG Nr. 4; aA Gutzeit NZA 2003, 81 ff.

110 BAG 12.3.1997 – 5 AZR 766/95 – AP Nr. 10 zu § 3 MuSchG 1968; BAG 1.10.1997 – 5 AZR 685/96 – AP Nr. 11 zu § 3 MuSchG 1968; BAG 13.2.2002 – 5 AZR 588/00 – AP Nr. 22 zu § 11 MuSchG 1968; aA LAG Bremen 28.8.1996 – 2 Sa 341/95 und 4 Sa 71/95 – LAGE § 11 MuSchG Nr. 3, wonach Mutterschutzlohn nur dann nicht in Betracht kommt, wenn eine nicht auf Schwangerschaft zurückführende Arbeitsunfähigkeit vorliegt; vgl kritisch Lembke NZA 1998, 349.

beitsleistung, kommt es darauf an, ob die **Ursache** hier **ausschließlich in der Schwangerschaft** liegt. Davon ist auszugehen, wenn die dem ärztlich angeordneten Beschäftigungsverbot zugrundeliegende Arbeitsunfähigkeit nur eine Schwangere treffen kann.[111] In diesem Fall ist das sich verwirklichende Risiko der §§ 3 Abs. 1, 11 MuSchG dem Arbeitgeber zuzuweisen, die **Arbeitsunfähigkeit** dagegen **subsidiär**. Der Anspruch auf Mutterschutzlohn ist hier gegenüber dem Anspruch auf Entgeltfortzahlung vorrangig. Bei einer anderen Auslegung liefe § 11 MuSchG leer.[112]

Stellt der Arzt Beschwerden fest, die auf der Schwangerschaft beruhen, so hat er zu prüfen und aus ärztlicher Sicht zu entscheiden, ob die schwangere Frau wegen eingetretener Komplikationen **arbeitsunfähig krank** ist oder ob, ohne dass eine Krankheit vorliegt, zum Schutz des Lebens und der Gesundheit von Mutter und Kind ein **Beschäftigungsverbot** geboten ist (§ 3 Abs. 1 MuSchG). Dabei steht dem Arzt ein Beurteilungsspielraum zu.[113] **86**

Beispiel: Das Vorbringen der Arbeitnehmerin, sie habe unter „**Mobbing**" gelitten, genügt jedoch nicht den Anforderungen an eine hinreichende Begründung des Beschäftigungsverbots. Ebenso wenig genügt das Vorliegen einer **Risikoschwangerschaft**. Dagegen können psychische Belastungen ein Beschäftigungsverbot begründen.[114] **87**

Die Arbeitnehmerin, der ein auf unrichtigen Angaben beruhendes ärztliches Beschäftigungsverbot erteilt worden ist, trägt das Lohnrisiko. Der Arbeitgeber seinerseits trägt das Risiko, das Gericht von der Unrichtigkeit des ärztlichen Beschäftigungsverbots überzeugen zu müssen.[115] **88**

bb) Darlegungs- und Beweislast

Der schriftlichen Bescheinigung nach § 3 Abs. 1 MuSchG kommt ein hoher Beweiswert zu. Die Arbeitnehmerin genügt ihrer Darlegungslast zur Suspendierung der Arbeitspflicht und zur Begründung eines Anspruchs aus § 11 Abs. 1 MuSchG zunächst durch Vorlage dieser ärztlichen Bescheinigung über das Beschäftigungsverbot.[116] Der Arbeitgeber, der ein Beschäftigungsverbot nach § 3 Abs. 1 MuSchG anzweifelt, kann allerdings vom ausstellenden Arzt Auskunft über die Gründe verlangen, soweit diese nicht der Schweigepflicht unterliegen. Der Arzt hat dem Arbeitgeber sodann mitzuteilen, von welchen tatsächlichen Arbeitsbedingungen der Arbeitnehmerin er bei Erteilung seines Zeugnisses ausgegangen ist und ob krankheitsbedingte Arbeitsunfähigkeit vorgelegen hat.[117] Legt die Arbeitnehmerin **trotz Aufforderung** des Arbeitgebers keine entsprechende ärztliche Bescheinigung vor, ist der Beweiswert eines zunächst nicht näher begrün- **89**

111 LAG Niedersachsen 16.3.2004 – 9 Sa 517/03 – LAGE § 11 MuSchG Nr. 5.
112 BAG 13.2.2002 – 5 AZR 588/00 – AP Nr. 22 zu § 11 MuSchG 1968; BAG 9.10.2002 – 5 AZR 443/01 – AP Nr. 23 zu § 11 MuSchG 1968.
113 BAG 5.7.1995 – 5 AZR 135/94 – AP Nr. 7 zu § 3 MuSchG 1968; vgl ferner BAG 21.3.2001 – 5 AZR 352/99 – AP Nr. 16 zu § 3 MuSchG 1968; BAG 13.2.2002 – 5 AZR 588/00 – AP Nr. 22 zu § 11 MuSchG 1968.
114 BAG 7.11.2007 – 5 AZR 883/06 – AP Nr. 21 zu § 3 MuSchG 1968.
115 BAG 31.7.1996 – 5 AZR 479/95 – AP Nr. 8 zu § 3 MuSchG 1968.
116 BAG 21.3.2001 – 5 AZR 352/99 – AP Nr. 16 zu § 3 MuSchG 1968; LAG Niedersachsen 20.1.2003 – 5 Sa 833/02 – LAGE § 11 MuSchG Nr. 4.
117 BAG 9.10.2002 – 5 AZR 443/01 – AP Nr. 23 zu § 11 MuSchG 1968; BAG 13.2.2002 – 5 AZR 588/00 – AP Nr. 8 zu § 3 MuSchG 1968.

deten ärztlichen Beschäftigungsverbots erschüttert. Nur **wenn der Arbeitgeber die tatsächlichen Gründe des Beschäftigungsverbots kennt, kann er prüfen, ob er der Arbeitnehmerin andere zumutbare Arbeit zuweisen kann, die dem Beschäftigungsverbot nicht entgegensteht.**[118]

90 Bei einem auf die **besonderen Bedingungen des Arbeitsplatzes gestützten Beschäftigungsverbot** kann der Arbeitgeber die **konkrete Beschreibung der zugrunde liegenden Umstände verlangen.** Unterbleibt eine entsprechende Erläuterung der tatsächlichen Voraussetzungen des Beschäftigungsverbots, ist dessen Beweiswert erschüttert. Auch genügt der Arbeitgeber, der die Berechtigung des Verbots anzweifelt, seiner Darlegungslast zunächst dadurch, dass er solche Probleme am Arbeitsplatz bestreitet. Es ist Sache der Arbeitnehmerin, sie näher zu erläutern und entsprechende Geschehnisse zu konkretisieren. Erst dann ist der Arbeitgeber gehalten, **dies substantiiert zu bestreiten und seinen Vortrag zu beweisen.** Das Mutterschutzgesetz hindert den Arbeitgeber auch nicht, Umstände darzulegen, die ungeachtet der medizinischen Bewertung den Schluss zulassen, dass ein Beschäftigungsverbot auf unzutreffenden tatsächlichen Voraussetzungen beruht.[119]

91 Ist der **Beweiswert** des ärztlichen Zeugnisses **erschüttert**, steht nicht mehr mit der gebotenen Zuverlässigkeit fest, dass die Arbeitnehmerin im Sinne von § 11 Abs. 1 MuSchG „wegen eines Beschäftigungsverbots" mit der Arbeit ausgesetzt hat. Es ist dann ihre Sache, die Tatsachen darzulegen und gegebenenfalls zu beweisen, die das Beschäftigungsverbot rechtfertigen. Zur Beweisführung kann die Arbeitnehmerin ihren behandelnden Arzt von seiner Schweigepflicht entbinden und ihn als sachverständigen Zeugen für die Verbotsgründe benennen. Dann kommt erst der näheren ärztlichen Begründung gegenüber dem Gericht ein ausreichender Beweiswert zu, wobei das Gericht den Arzt mit den festgestellten Tatsachen konfrontieren muss. Wegen der Komplexität und Schwierigkeit der Materie wird vielfach eine schriftliche Auskunft des Arztes (§ 377 Abs. 3 ZPO) nicht genügen, sondern dessen persönliche Befragung durch das Gericht erforderlich sein. Das Gericht wird das nachvollziehbare fachliche Urteil des Arztes weitgehend zu respektieren haben.[120] Befreit die Arbeitnehmerin den **Arzt nicht von seiner Schweigepflicht**, sind die tatsächlichen Behauptungen des Arbeitgebers der Entscheidungsfindung zugrunde zu legen.[121] Verkennt der Arzt die Voraussetzungen des § 3 Abs. 1 MuSchG ist der Beweis nicht erbracht.[122]

92 Für die Dauer der **Schutzfristen vor und nach der Geburt** (§ 3 Abs. 2 und § 6 Abs. 1 MuSchG) besteht bei Arbeitsunfähigkeit mangels Kausalität kein Anspruch auf Entgeltfortzahlung. Während dieses Zeitraums wird die Frau durch

118 Vgl BAG 15.11.2000 – 5 AZR 365/99 – AP Nr. 7 zu § 4 MuSchG 1968; BAG 21.4.1999 – 5 AZR 174/98 – AP Nr. 5 zu § 4 MuSchG 1968.

119 BAG 31.7.1996 – 5 AZR 474/95 – AP Nr. 8 zu § 3 MuSchG 1968; BAG 7.11.2007 – 5 AZR 883/06 – AP Nr. 21 zu § 3 MuSchG 1968; BAG 9.10.2002 – 5 AZR 443/01 – AP Nr. 23 zu § 11 MuSchG 1968 MüKo/Müller-Glöge, Anhang zu § 616 BGB, § 3 EFZG Rn 35.

120 BAG 9.10.2002 – 5 AZR 443/01 – AP Nr. 23 zu § 11 MuSchG 1968; BAG 7.11.2007 – 5 AZR 883/06 – AP Nr. 21 zu § 3 MuSchG 1968; Zmarzlik/Zipperer/Viethen/Vieß MuSchG 9. Aufl. § 3 MuSchG Rn 15.

121 BAG 31.7.1996 – 5 AZR 474/95 – AP Nr. 8 zu § 3 MuSchG 1968.

122 LAG Brandenburg 13.6.2003 – 5 Sa 490/02 – LAGE § 3 MuSchG Nr. 3.

Mutterschaftsgeld und Zuschuss (§§ 13, 14 MuSchG) und nicht durch Entgeltfortzahlung gesichert.[123]

l) Urlaub

Erkrankt der Arbeitnehmer während des bezahlten gesetzlichen oder tariflichen 93
Erholungsurlaubs, so sieht § 9 BUrlG eine Unterbrechung des Urlaubs vor. Die Zeit der Arbeitsunfähigkeit wird auf den Urlaub nicht angerechnet, vielmehr ist der Urlaub später nachzugewähren. Infolge der Urlaubsunterbrechung ist die krankheitsbedingte Arbeitsunfähigkeit die alleinige Ursache für den Entgeltausfall, so dass gemäß § 3 EFZG Anspruch auf Entgeltfortzahlung besteht.[124] Dies gilt auch dann, wenn der Urlaub in Gestalt allgemeiner Betriebsferien gewährt wird, obwohl hier auch ohne Arbeitsunfähigkeit eine Arbeitsleistung wegen der allgemeinen **Betriebsferien** nicht möglich wäre und damit die Krankheit für den Entgeltausfall nicht allein ursächlich ist. Denn es würde dem Schutzzweck des § 9 BUrlG widersprechen, dem Entgeltfortzahlungsanspruch des während des Betriebsurlaubs arbeitsunfähig erkrankten Arbeitnehmers die allgemeine Betriebsruhe aufgrund der Betriebsferien als die entscheidende Ursache für den Entgeltausfall entgegenzuhalten.[125]

Auf die Regelung des § 9 BUrlG kann sich der Arbeitnehmer nach dem Rechts- 94
gedanken des § 162 BGB jedoch nicht berufen, wenn er die Arbeitsunfähigkeit durch eine medizinisch nicht gebotene Entscheidung, sich während des gewährten Urlaubs einer Operation zu unterziehen, herbeigeführt hat.[126]

Erkrankt der Arbeitnehmer während eines **unbezahlten Urlaubs**, so besteht für 95
diese Zeit, da § 9 BUrlG keine Anwendung findet, kein Anspruch auf Entgeltfortzahlung, sofern nichts anderes vereinbart ist.[127]

Beispiel:

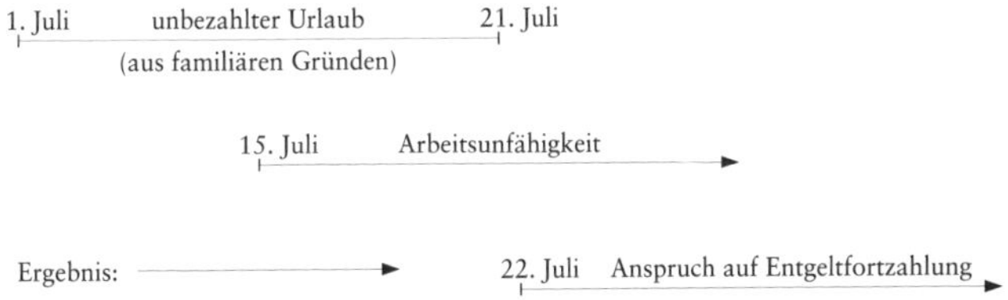

In diesen Fällen hat der Arbeitnehmer jedoch Anspruch auf Krankengeld gegen 96
die Krankenkasse.[128]

Nur wenn der unbezahlte Urlaub ausdrücklich zu Erholungszwecken bewilligt 97
worden ist, was der Arbeitnehmer beweisen muss, gilt das gleiche wie beim gesetzlichen Urlaub nach § 9 BUrlG. Für die Zeit der Arbeitsunfähigkeit braucht der Arbeitnehmer den zu Erholungszwecken gewährten unbezahlten Urlaub

123 Vgl BAG 26.8.1960 – 1 AZR 202/59 – AP Nr. 20 zu § 63 HGB; BAG vom 12.3.1997, aaO Fn 93; ferner BSG 26.11.1986 – 7 RAr 2/85 – BSGE 61, 39 = NZA 1987, 611.
124 Vgl BAG 10.2.1975 – 5 AZR 330/71 – AP Nr. 15 zu § 1 LohnFG.
125 BAG 16.3.1972 – 5 AZR 357/71 – AP Nr. 3 zu § 9 BUrlG m.Anm. Natzel.
126 LAG Köln 28.8.1996 – 2 Sa 132/96 – LAGE § 7 BUrlG Nr. 34.
127 BAG 25.5.1983 – 5 AZR 236/80 – AP Nr. 53 zu § 1 LohnFG mit Anm. Herschel.
128 BSG 27.11.1990 – 3 Rk 6/88 – AiB 1991, 344; aA noch BSG vom 14.12.1976 – 3 RK 50/74 – AP Nr. 7 zu § 9 BUrlG.

nicht zu nehmen mit der Folge, dass er die Fortzahlung seines Arbeitsentgelts für die Zeit der Arbeitsunfähigkeit verlangen kann.[129]

Beispiel:

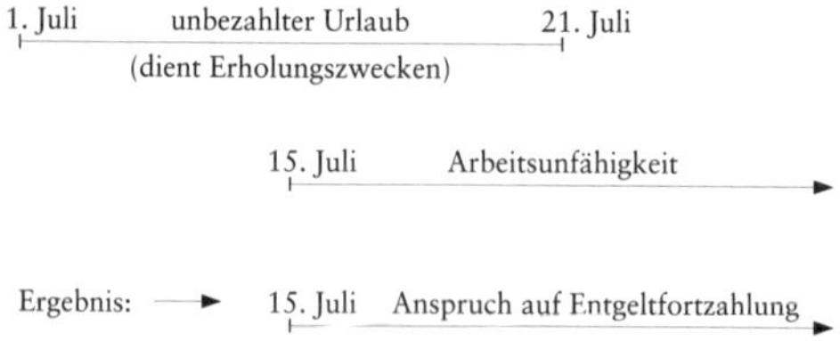

98 War der unbezahlte Urlaub von vornherein auf eine bestimmte Zeit befristet, so lebt mit Ablauf der Befristung grundsätzlich die Arbeitspflicht wieder auf, und zwar ohne Rücksicht darauf, dass nunmehr Arbeitsunfähigkeit besteht. Denn mit dem Wirksamwerden der Arbeitspflicht bei Beendigung des unbezahlten Urlaubs wird die Arbeitsunfähigkeit infolge Krankheit alleinige Ursache der Arbeitsverhinderung, mit der Folge, dass der Arbeitgeber von diesem Zeitpunkt an zur Entgeltfortzahlung verpflichtet ist. Schwieriger zu beurteilen ist die Frage der Ursächlichkeit zwischen Krankheit und Arbeitsverhinderung **bei unbezahltem Urlaub von unbestimmter Dauer**. In diesem Fall hängt die Bestimmung des Zeitpunktes, von dem an die Arbeitsunfähigkeit der einzige Grund der Arbeitsverhinderung ist, entscheidend davon ab, was die Arbeitsvertragsparteien über die Beendigung des Urlaubs vereinbart haben.

99 Eine Vereinbarung, die die **Beendigung eines unbezahlten Urlaubs** allein in das **Belieben des Arbeitgebers** stellt, so etwa eine Klausel, in der sich der Arbeitgeber vorbehält, wegen unsicherer Auftragslage allein zu bestimmen, wann der Arbeitnehmer aus dem unbezahlten Urlaub zurückkehren soll, ist nichtig. Eine solche Urlaubsvereinbarung ist jedoch in die zulässige Vereinbarung eines unbezahlten Urlaubs für eine bestimmte Zeit umzudeuten, deren Ende sich aus den berechtigten Interessen beider Parteien an dieser Beurlaubung ergibt. Für den Fall, dass die unbezahlte Beurlaubung etwa einerseits einem ausländischen Arbeitnehmer die Verrichtung von Feldarbeiten in der Heimat ermöglichen soll, andererseits die witterungsbedingte unsichere Auftragslage ohne Kündigung und ohne Belastung durch Entgeltfortzahlung durch den Arbeitgeber überbrücken soll, hat das Bundesarbeitsgericht nach der allgemeinen Lebenserfahrung einen Zeitraum von sechs Wochen für angemessen gehalten.[130]

100 Um bei Gewährung von unbezahltem Urlaub von vornherein Meinungsverschiedenheiten zu vermeiden, sollten die Voraussetzungen, unter denen das Ruhen des Arbeitsverhältnisses bei unbezahltem Urlaub enden soll, schriftlich festgelegt werden. Eine Vereinbarung, die für die Dauer des Sonderurlaubs das Ruhen des Arbeitsverhältnisses mit allen sich daraus ergebenden Folgen – Wegfall der Arbeits- und Lohnzahlungspflicht – bestimmt, ist rechtlich unbedenklich. Ihr steht insbesondere nicht § 9 BUrlG entgegen, wonach die Tage der Arbeitsunfähigkeit

129 BAG 23.12.1971 – 1 AZR 217/71 – AP Nr. 2 zu § 9 BUrlG; BAG 10.2.1972 5 AZR 330/71 – AP Nr. 15 zu § 1 LohnFG; BAG 17.11.1977 5 AZR 599/76 – AP Nr. 8 zu § 9 BUrlG.

130 BAG 13.8.1980 – 5 AZR 236/78 – AP Nr. 1 zu 1 BUrlG Unbezahlter Urlaub.

während des Urlaubs auf Jahresurlaub nicht anzurechnen sind. Denn § 9 BUrlG will allein den gesetzlichen Mindesturlaub absichern.[131]

m) Vereinbarter Arbeitsausfall – Arbeitsfreistellung

Für Tage, an denen die Arbeit gemäß einer wirksamen Betriebsvereinbarung **vereinbarungsgemäß** ohne Entgelt ersatzlos ausfällt (**Betriebsruhe**), hat der arbeitsunfähig erkrankte Arbeitnehmer keinen Anspruch auf Entgeltfortzahlung nach § 3 EFZG.[132] Wird der Arbeitnehmer nach der **Freistellungserklärung** des Arbeitgebers – Freistellung zum Ausgleich des Arbeitszeitskontos unter Fortzahlung der Vergütung – arbeitsunfähig krank, steht ihm nach den einschlägigen vertraglichen bzw tariflichen Bestimmungen das geschuldete Arbeitentgelt nach § 611 Abs. 1 BGB und nicht nach § 3 EFZG Entgeltfortzahlung zu.[133] 101

Bei **vereinbarter unwiderruflicher Freistellung** von der Arbeit unter Fortzahlung der Vergütung wird regelmäßig kein Rechtsgrund für eine Entgeltzahlungspflicht des Arbeitgebers geschaffen, die über die gesetzlich geregelten Fälle der Entgeltfortzahlung bei krankheitsbedingter Arbeitsunfähigkeit (vgl Rn 204 ff) hinausgeht. Eine über die Vorschriften des Entgeltfortzahlungsgesetzes hinausgehende Entgeltzahlungspflicht würde in erster Linie die Sozialversicherungsträger entlasten. Ein solcher Regelungswille kann ohne besondere Anhaltspunkte einer Freistellungsvereinbarung nicht entnommen werden.[134] 102

n) Witterungsbedingter Arbeitsausfall

Fällt in einem von der Witterung abhängigen Betrieb durch zwingende Witterungsgründe die Arbeit aus, entsteht für den arbeitsunfähig erkrankten Arbeitnehmer kein Anspruch auf Entgeltfortzahlung nach § 3 Abs. 1 EFZG, da die Arbeitsunfähigkeit nicht alleinige Ursache (vgl hierzu Rn 59 f) für den Arbeitsausfall ist.[135] Die Betriebseinschränkung aufgrund der Witterung fällt unter das **Betriebsrisiko** iSv § 615 BGB, denn die Beurteilung, inwieweit es sich wirtschaftlich lohnt, den Betrieb auch im Winter aufrecht zu erhalten, liegt beim Arbeitgeber.[136] Im Übrigen erhalten Arbeitnehmer bei saisonbedingtem Arbeitsausfall (1. Dezember bis 31. März) wegen zwingender Witterungsgründe Saison-Kurzarbeitergeld gem. § 175 SGB III. 103

131 BAG 17.11.1977 – 5 AZR 599/76 – AP Nr. 8 zu § 9 BUrlG.

132 BAG 9.5.1984 – 5 AZR 412/81 – AP Nr. 58 zu § 1 LohnFG; BAG 28.1.2004 – 5 AZR 58/03 – AP Nr. 21 zu § 3 EntgeltFG; BAG 10.1.2007 – 5 AZR 84/06 – AP Nr. 6 zu § 611 BGB Ruhen des Arbeitsverhältnisses, betreffend arbeitsvertragliche Ruhensvereinbarung für die Dauer der Schulferien.

133 BAG 11.9.2003 – 6 AZR 374/02 – AP Nr. 1 zu § 611 BGB Gleitzeit; ferner Frank, NZA 2008, 152, 153.

134 BAG 29.9.2004 – 5 AZR 99/04 – AP Nr. 23 zu § 3 EntgeltFG; LAG Hessen 24.1.2007 – 6 Sa 1393/06 – NZA-RR 2007, 401; ebenso ArbG Wetzlar 2.4.2003 – 2 Ca 708/02 – NZA-RR 2003, 625 bei Arbeitsfreistellung aufgrund Sozialplans; ferner Treber, EFZG, § 3 Rn 57.

135 BAG 24.6.1965 – 2 AZR 354/64 – AP Nr. 23 zu § 2 ArbKrankhG; ErfK/Dörner § 3 EFZG 22.

136 Vgl § 615 Satz 3 BGB sowie BAG 18.5.1999 – 9 AZR 13/98 – AP Nr. 7 zu § 1 TVG Tarifverträge: Betonsteingewerbe; BAG 9.7.2008 – 5 AZR 810/07 – AP Nr. 123 zu § 615 BGB.

3. Darlegungs- und Beweislast

104 Der Arbeitnehmer muss darlegen und beweisen, dass die **krankheitsbedingte Arbeitsunfähigkeit alleinige Ursache** für den Ausfall der Arbeitsleistung ist, wenn der Arbeitgeber entsprechende Zweifel darlegt.[137] Hat ein Arbeitnehmer etwa vor Beginn der Arbeitsunfähigkeit unentschuldigt gefehlt, trägt er die Darlegungs- und Beweislast dafür, dass er während der Zeit der krankheitsbedingten Arbeitsunfähigkeit **arbeitswillig** gewesen ist, soweit der Arbeitgeber dies bestreitet. Hat der Arbeitnehmer wochenlang unentschuldigt gefehlt und ist während dieser Zeit vertragswidriger Arbeitsverweigerung Arbeitsunfähigkeit eingetreten, wird nicht ohne weiteres anzunehmen sein, dass der Arbeitnehmer im Zeitraum der Entgeltfortzahlung arbeitswillig gewesen ist. Das BAG hat offen gelassen, ob bereits ein Tag oder einige Tage unentschuldigten Fehlens geeignet seien, den durchgehenden Arbeitswillen noch anzunehmen oder zu bezweifeln.[138]

IV. Unverschuldete Arbeitsunfähigkeit

1. Allgemeine Grundsätze

105 Der Arbeitnehmer hat nur dann einen Anspruch auf Entgeltfortzahlung, wenn er seine Arbeitsunfähigkeit infolge Krankheit nicht verschuldet hat. Das Verschulden kann sich sowohl auf die Herbeiführung der Krankheit wie auf die der Arbeitsunfähigkeit beziehen. Ob im Einzelfall ein solches Verschulden des Arbeitnehmers vorliegt, beurteilt sich nach den allgemein von Rechtsprechung und Schrifttum, namentlich zu § 616 BGB entwickelten arbeitsrechtlichen Grundsätzen. Im Sinne des § 3 Abs. 1 Satz 1 EFZG ist unter „Verschulden" **nicht eine schuldhafte und gegenüber dem Arbeitgeber zum Schadenersatz verpflichtende positive Vertragsverletzung** zu verstehen, sondern ein dem § 254 BGB ähnliches **anspruchsbeseitigendes Verschulden gegen sich selbst.** Zur Annahme eines solchen „Verschuldens gegen sich selbst" genügt allerdings nicht schon jede die Arbeitsunfähigkeit herbeiführende Fahrlässigkeit. Voraussetzung ist vielmehr, dass ein **gröblicher Verstoß gegen das von einem verständigen Menschen im eigenen Interesse billigerweise zu erwartende Verhalten vorliegt.** Die Arbeitsunfähigkeit darf demnach nicht auf ein unverständiges, ungewöhnlich leichtfertiges oder mutwilliges oder gegen die guten Sitten verstoßendes Verhalten des Arbeitnehmers zurückzuführen sein. In solchen Fällen von verschuldeter Arbeitsunfähigkeit wäre es unbillig, die Folgen eines solchen Verhaltens auf den Arbeitgeber abzuwälzen und ihn mit Entgeltfortzahlungsansprüchen des Arbeitnehmers zu belasten.[139]

106 Dass **dritte Personen** den Eintritt der Arbeitsunfähigkeit mitverschuldet haben, steht der Annahme eines groben, die Entgeltfortzahlung ausschließenden Eigen-

137 ErfK/Dörner, § 3 EFZG Rn 41, Treber, EFZG § 3 Rn 21, Vogelsang Rn 114.

138 BAG 20.3.1985 – 5 AZR 229/83 – AP Nr. 64 zu § 1 LohnFG; zur Darlegungslast des Arbeitnehmers bei wechselnden Arbeitsaufgaben infolge Direktionsrechts des Arbeitgebers vgl Hess. LAG 5.5.1975 – 1 Sa 1109/74 – BB 1975, 1637.

139 BAG 7.12.1972 – 5 AZR 350/72 – AP Nr. 26 zu § 1 LohnFG; BAG 22.3.1973 – 5 AZR 567/72 – AP Nr. 31 zu § 1 LohnFG; BAG 7.10.1981 – 5 AZR 338/79 – AP Nr. 45 zu § 1 LohnFG; BAG 11.11.1987 – 5 AZR 497/86 – AP Nr. 75 zu § 616 BGB; LAG Hamm 12.1.2005 – 18 Sa 1661/04 – EEK 3185; vgl auch Hofmann ZfA 1979, 275 (310), der den Verschuldensbegriff bei der Entgeltfortzahlung auf Vorsatz und grobe Fahrlässigkeit iSd § 276 BGB reduziert; ferner zum Begriff des Verschuldens Künzl BB 1989, 62 ff.

verschuldens des Arbeitnehmers an der Arbeitsunfähigkeit grundsätzlich nicht entgegen (vgl Rn 170 ff).[140]

Die Feststellung, ob eine verschuldete Krankheit vorliegt und deshalb ein Anspruch auf Fortzahlung des Arbeitsentgelts entfällt, kann schwierig sein. Es kommt auf die **Umstände des Einzelfalles** an, wobei die Tatsache, dass ohne Übernahme gewisser Risiken das Leben schlechterdings nicht vorstellbar ist, entsprechende Berücksichtigung bei der Beurteilung erfahren muss. 107

2. Einzelfälle

a) Arbeitsunfälle

Eine durch einen Arbeitsunfall verursachte Arbeitsunfähigkeit kann nur dann als verschuldet im Sinne des § 3 Abs. 1 EFZG angesehen werden, wenn der **Arbeitnehmer grob gegen Anordnungen des Arbeitgebers oder gegen Unfallverhütungsvorschriften verstoßen** hat.[141] Nur geringfügige Zuwiderhandlungen gegen derartige Schutzbestimmungen führen nicht zum Ausschluss des Entgeltfortzahlungsanspruches. Von einer selbstverschuldeten Arbeitsunfähigkeit wurde zB ausgegangen bei verbotswidriger Benutzung einer gefährlichen Kreissäge,[142] dem Versuch, einen Keilriemen bei laufendem Motor anzuziehen,[143] bei Arbeiten ohne Anseilschutz, wenn ein solcher Schutz aus Sicherheitsgründen erforderlich, vorgeschrieben oder berufsüblich ist[144] oder bei einem Arbeitsunfall, der auf ausdrücklich **untersagten Alkoholgenuss** zurückzuführen ist.[145] 108

Ein Verschulden ist ferner auch dann anzunehmen, wenn der Arbeitnehmer die vorgeschriebene und zur Verfügung gestellte **Sicherheitskleidung** wie etwa **Stechschutzhandschuhe,**[146] den vorgeschriebenen **Schutzhelm,**[147] die bereitgestellte **Schutzbrille,** die als Fliesenleger aufgrund Tarifvertrags mitzuführenden **Knieschützer**[148] oder die **Sicherheitsschuhe**[149] nicht benutzt und deshalb eine zur Arbeitsunfähigkeit führende Gesundheitsschädigung erleidet. Hierbei kann sich der Arbeitnehmer nicht darauf berufen, zB andere Sicherheitsschuhe getragen zu haben, wenn diese den Sicherheitszweck nicht erfüllt haben.[150] 109

Die **notwendige Sicherheitskleidung** muss jedoch vom Arbeitgeber auch tatsächlich **kostenfrei** zur Verfügung gestellt werden.[151] Will dagegen der Arbeitgeber zB Sicherheitsschuhe, die die Berufsgenossenschaft fordert, nur gegen Selbstbeteiligung der Arbeitnehmer zur Verfügung stellen, kann er sich bei einer durch das Fehlen dieser Schuhe verursachten Arbeitsunfähigkeit nicht auf ein Ver- 110

140 BAG 23.11.1971- 1 AZR 388/70 – AP Nr. 8 zu § 1 LohnFG; OLG Koblenz 14.7.1993 – 5 U 239/92 – MDR 1994, 386.
141 Vgl etwa BGH 8.10.1968 – VI ZR 164/67 – VersR 1969, 39.
142 BAG 25.6.1964 – 2 AZR 421/63 – AP Nr. 38 zu § 1 ArbKrankhG.
143 ArbG Passau 23.11.1971 – 1 Ca 432/71 – ARSt 1972, 111, Nr. 1137.
144 ArbG Heide 9.12.1971 – 1 Ca 222/71 – ARSt 1972, Nr. 1215.
145 LAG Saarland 25.6.1975 – 2 Sa 157/75 – AP Nr. 37 zu § 1 LohnFG.
146 LAG Nürnberg 14.8.1996 – 3 Sa 55/96 – n.v.
147 LAG Frankfurt 6.9.1965 – 1 Sa 237/65 – DB 1966, 884.
148 ArbG Passau 8.11.1988 – 2 Ca 344/88 D – BB 1989, 70.
149 LAG Baden-Württemberg 26.9.1978 – 7 Sa 18/78 – DB 1979, 1004, LAG Berlin 31.3.1981 – 3 Sa 54/80 – DB 1982, 707.
150 LAG Baden-Württemberg 26. 9.1978 – 7 Sa 18/79 – DB 1979, 1044.
151 Vgl BAG 18.8.1982 – 5 AZR 493/83 – AP Nr. 18 zu § 618 BGB, unter Hinweis auf § 618 Abs. 1 BGB.

schulden des Arbeitnehmers berufen. In diesem Fall steht dem Arbeitnehmer Entgeltfortzahlung zu.[152]

111 Soweit dem Arbeitgeber die gegen Unfallverhütungsvorschriften verstoßende Arbeitsweise bekannt ist, von ihm jedoch nicht beanstandet wird, ist eine hierbei eingetretene Verletzung nicht als selbstverschuldet anzusehen.[153]

b) Gesundheitsschädigendes Verhalten

112 Nach herrschender Auffassung[154] ist der Arbeitnehmer aufgrund der sich aus dem Arbeitsverhältnis ergebenden Treuepflicht im Falle seiner Erkrankung zu einem **sog. gesundheitsfördernden Verhalten** verpflichtet. Er hat danach alles zur Wiederherstellung seiner Arbeitsfähigkeit zu tun und alles zu unterlassen, was seine Genesung verzögern könnte. Insbesondere hat der arbeitsunfähig erkrankte Arbeitnehmer die ärztlichen Anordnungen zu befolgen und gesundheitsschädliche Ausgänge und Tätigkeiten zu vermeiden. Missachtet der Arbeitsunfähige die ärztlichen Anordnungen, so liegt ein den Anspruch auf Entgeltfortzahlung ausschließendes Selbstverschulden vor, wenn und soweit durch dieses Verhalten die Krankheit verschlimmert und damit die Arbeitsunfähigkeit verlängert wird. Hat somit das pflichtwidrige Verhalten des arbeitsunfähig erkrankten Arbeitnehmers die Krankheit nicht verschlimmert und die Dauer der Arbeitsunfähigkeit nicht hinausgezögert, bleibt ihm sein Anspruch auf Entgeltfortzahlung erhalten.[155]

113 Nimmt der Arbeitnehmer gegen den ärztlichen Ratschlag seine Arbeit vorzeitig wieder auf, und wird er kurz danach infolge allgemeiner körperlicher Schwäche, die Folge der vorzeitigen Arbeitsaufnahme ist, erneut arbeitsunfähig krank, so kann der Arbeitgeber die Entgeltfortzahlung nicht mit der Begründung verweigern, der Arbeitnehmer habe die erneute Arbeitsunfähigkeit selbst verschuldet, da er vorzeitig die Arbeit wieder aufgenommen hat.[156]

c) Krankheitsursache

114 Die schuldhafte Herbeiführung der Erkrankung durch den Arbeitnehmer selbst ist erfahrungsgemäß die Ausnahme. Ein allgemeiner dahingehender Verdacht gegenüber dem Arbeitnehmer, die Erkrankung ginge auf eigenes Verschulden zurück, wäre insbesondere auch mit der Menschenwürde nicht vereinbar.[157] Bei Erkältungs- oder Infektionskrankheiten ist dies seit langem anerkannt.[158]

115 Verschulden ist aber auch dann zu verneinen, wenn der Arbeitnehmer die Arbeitsunfähigkeit herbeiführt, um einen **regelwidrigen Gesundheitszustand**, der als solcher noch nicht zur Arbeitsunfähigkeit geführt hat, zu **beseitigen.**[159] Dies ist unter anderem anzunehmen bei stationärer Behandlung in einem Kranken-

152 ArbG Arnsberg 9.6.1970 – Ca 90/70 – DB 1971, 435.
153 LAG Düsseldorf 6.9.1971 – 12 Sa 233/71 – DB 1972, 50.
154 BAG 13.11.1979 – 6 AZR 934/77 – AP Nr. 5 zu § 1 KSchG 1969; BAG 26.8.1993 – 2 AZR 154/93 – AP Nr. 112 zu § 626 BGB; LAG Nürnberg 21.9.1979 – 5 Sa 55/79 – BB 1980, 262.
155 BAG 11.11.1965 – 2 AZR 69/95 – AP Nr. 40 zu § 1 ArbKrankhG Teilnahme an einer Wallfahrt, die die Dauer der Arbeitsunfähigkeit nicht verlängert hat; LAG München 3.11.2000 – 10 Sa 1037/99 – LAGE § 626 BGB Nr. 131.
156 ArbG Berlin 9.10.1974 – 10 Ca 299/74 – DB 1974, 2212.
157 BAG 9.4.1960 – 2 AZR 457/57 – AP Nr. 12 zu § 63 HGB.
158 Schmitt § 3 EFZG Rn 96.
159 Vgl Knorr/Krasney § 3 EFZG Rn 81; vgl ArbG Marburg 26.9.2006 – 2 Ca 156/06 – DB 2006, 2298, Unfruchtbarkeit als regelwidriger Zustand des Körpers.

haus, um Folgewirkungen eines angeborenen **Schielens** auf die Sehfähigkeit[160] oder eine angeborene **Lippen-Kiefer-Gaumenspalte**[161] oder eine Behinderung der **Nasenatmung**[162] operativ zu beseitigen (vgl hinsichtlich „**Schönheitsfehlern**" Rn 34).

Bei Arbeitsunfähigkeit wegen **Aids** ist für die Frage des Verschuldens zunächst auf das Verhalten, das zur Infektion geführt hat, abzustellen. Von einer selbstverschuldeten Arbeitsunfähigkeit in Aids-Fällen kann daher nur gesprochen werden, wenn sich gerade insoweit ein besonders leichtsinniges und damit vorwerfbares Verhalten feststellen lässt,[163] dh, die Infektion aufgrund sexueller Kontakte ohne entsprechende Schutzmaßnahmen mit unbekannten oder kaum bekannten Sexualpartnern bzw mit als HIV-infiziert bekannten Sexualpartnern erfolgt ist; oder wer es als Fixer unterlässt, Einmalbestecke zu verwenden.[164] 116

Nachdem der Arbeitgeber für die negative Anspruchsvoraussetzung des Selbstverschuldens des Arbeitnehmers beweispflichtig ist (vgl unten Rn 173 ff), die für die Entstehung der Krankheit erheblichen Umstände jedoch in der privaten Lebensführung des Arbeitnehmers begründet sind, ist in entsprechender Anwendung der Rechtsprechung des BAG zum Verschulden bei Alkoholabhängigkeit (vgl Rn 144 ff)[165] von einer **Mitwirkungspflicht des Aids-Kranken** bei der Aufklärung der Umstände, die zur Infektion führten, auszugehen.[166] 117

Verletzt der Arbeitnehmer seine Mitwirkungspflicht, geht dies zu seinen Lasten. Kann jedoch andererseits insbesondere Zeitpunkt und Anlass der Infektion nicht aufgeklärt werden, ist der Arbeitgeber zur Entgeltfortzahlung verpflichtet. Ein Erfahrungssatz, wonach Arbeitsunfähigkeit infolge Aids in der Regel selbstverschuldet ist, kann insbesondere im Hinblick auf die lange Inkubationszeit (10 bis 15 Jahre) zumindest derzeit nicht angenommen werden.[167] 118

Nicht als verschuldet gilt ferner die Arbeitsunfähigkeit als Folge einer ehelichen oder außerehelichen **Schwangerschaft**. Als Krankheit ist die Schwangerschaft nur dann anzusehen, wenn sie regelwidrig verläuft und mit gesundheitlichen Störungen (besondere anormale Schwangerschaftsbeschwerden, unvorhergesehene Komplikationen, Fehlgeburt) verbunden ist.[168] 119

Der Umstand, dass die Erkrankung (Coronarsklerose) auf **starkes Rauchen** zurückzuführen ist, begründet selbst bei einem Herzinfarktpatienten noch keine selbstverschuldete Arbeitsunfähigkeit.[169] Selbst wenn Umstände dafür sprechen, dass der Arbeitnehmer durch das Rauchen außergewöhnliche Risikofaktoren für den Eintritt einer Erkrankung oder die Verschlimmerung vorhandener Leiden schafft, kann sich der Arbeitnehmer grundsätzlich auf die Beurteilung des ihn behandelnden Arztes verlassen. Nur wenn der **Arzt** dem Patienten **das Rauchen** 120

160 BAG 5.4.1976 – 5 AZR 397/75 – AP Nr. 40 zu § 1 LohnFG.
161 LAG Frankfurt 8.12.1975 – 1 Sa 771/75 – EEK I/501.
162 LAG Hamm 9.3.1988 – 1 Sa 2102/87 – DB 1988, 1455.
163 Hinrichs, AiB 1988, 8 (15).
164 Eich NZA Beilage 2/1987 S. 10 (15).
165 BAG 1.6.1983 – 5 AZR 536/80 – AP Nr. 52 zu § 1 LohnFG.
166 Hinrichs AiB 1988, 16; Eich NZA Beilage 2/1987 S. 16.
167 Hinrichs AiB 1988, 16; aA Eich NZA Beilage 2/1987 S. 16.
168 BAG 14.11.1984 – 5 AZR 536/80 – AP Nr. 61 zu § 1 LohnFG; RAG 29.7.1941, ArbR-Samml. Bd. 42 S. 389; BAG 5.7.1975 – 5 AZR 135/94 – AP Nr. 7 zu § 3 MuSchG.
169 LAG Frankfurt 15.8.1983 – 1 Sa 432/83 – BB 1984, 1098.

untersagt und dieser sich über ein eindeutiges Verbot hinwegsetzt, handelt er in hohem Maße unvernünftig und damit selbstverschuldet.[170]

121 **Verschuldet der Arbeitnehmer** zwar nicht die Krankheit, wohl aber die **Verzögerung der Heilung** und die Wiederherstellung der Arbeitsfähigkeit, indem er etwa ärztliche Anordnungen nicht beachtet oder sonst dem Heilungsprozess entgegenwirkt, so besteht für die dadurch bedingte verlängerte Zeit der Arbeitsunfähigkeit kein Anspruch auf Entgeltfortzahlung.[171]

122 Von Fällen ausgesprochen **verwerflichen Verhaltens** abgesehen, gelten nach überwiegender Auffassung selbst durch außerehelichen Geschlechtsverkehr erworbene **Geschlechtskrankheiten** heute **nicht** mehr als verschuldet.[172]

123 Die Durchführung von **Hungerkuren** wird in der Regel als unverschuldet anzusehen sein, wenn seelische Belastungen und Konflikte die Ursache der zur Arbeitsunfähigkeit führenden mangelnden Nahrungsaufnahme sind.[173] Eine selbstverschuldete Arbeitsunfähigkeit wird dagegen dann anzunehmen sein, wenn der Arbeitnehmer ohne ärztliche Kontrolle die tägliche Nahrungsaufnahme praktisch einstellt, evtl auch, wenn er sog. Appetitzügler nimmt.[174]

d) Nebentätigkeiten

124 Erleidet ein Arbeitnehmer bei Ausübung einer **nebenberuflichen Tätigkeit oder nicht genehmigten Nebentätigkeit** einen Unfall, so hat er trotzdem Anspruch auf Entgeltfortzahlung gegen seinen Hauptarbeitgeber.[175] Nach neuerer Rechtsprechung des BAG ist es unerheblich, wann und bei welcher Gelegenheit sich ein Arbeitnehmer eine Krankheit zuzieht oder einen Unfall erleidet. Etwas anderes gilt nur dann, wenn die Nebentätigkeit gegen gesetzliche Bestimmungen verstößt, besonders gefährlich ist oder die Kräfte des Arbeitnehmers übersteigt.[176]

125 Dem Anspruch auf Entgeltfortzahlung gegen den Arbeitgeber des ersten (Haupt-)Arbeitsverhältnisses steht daher nicht entgegen, dass die Arbeitsunfähigkeit die Folge eines **Arbeitsunfalls** ist, den der **Arbeitnehmer in einem zweiten Arbeitsverhältnis** erlitten hat. Ein den Entgeltfortzahlungsanspruch ausschließendes Verschulden kann jedoch darin bestehen, dass der Arbeitnehmer eigenmächtig gegen die Bestimmungen des Arbeitszeitgesetzes verstößt und damit seine Gesundheit gefährdet.[177]

126 Die Geltendmachung von Ansprüchen auf Entgeltfortzahlung ist in diesen Fällen nach Auffassung des Bundesarbeitsgerichts[178] auch **nicht** dann als **rechtsmiss-**

---

170 BAG 17.4.1985 – 5 AZR 497/83 – DB 1986, 976; ferner Künzl ZTR 1999, 531, 535.
171 BAG 11.11.1965 – 2 AZR 69/65 – AP Nr. 40 zu § 1 ArbKrankhG; BAG 17.4.1985, DB 1986, 976 (Rauchen entgegen ärztlichen Verbots); LAG Baden-Württemberg (Mhm.) 9.10.1968 – 7 Sa 84/68 – AR-Blattei ES 1000 Nr. 113; Feichtinger S. 44 f; abweichend ArbG Heilbronn a.N. 24.9.1968 – Ca 335/68 – AR-Blattei ES 1000 Nr. 114.
172 LAG Saarland 10.3.1971 – 1 Sa 2/71 – EEK I/152; Soergel/Kraft § 616 BGB Rn 23; MünchKomm/Schaub § 616 BGB Rn 64.
173 LAG Hamm 20.12. 1972 – 2 Sa 612/72 – EEK I/407.
174 Knorr/Krasney § 3 EFZG Rn 86.
175 LAG Hamm 8.2.2006 – 18 Sa 1083/05 – NZA-RR 2006, 406; Treber § 3 EFZG Rn 73; ferner Wank, Nebentätigkeit des Arbeitnehmers, AR-Blattei SD 1230 Rn 167 ff.
176 BAG 7.11.1975 – 5 AZR 459/74 – AP Nr. 38 zu § 1 LohnFG; BAG 19.10.1983 – 5 AZR 195/81 – AP Nr. 62 zu § 616 BGB; ferner Feichtinger S. 45 f; MünchKomm/Schaub § 616 Rn 66 mwN; Boecken NZA 2001, 233 ff.
177 BAG 21.4.1982 – 5 AZR 1019/79 – AP Nr. 49 zu § 1 LohnFG.
178 BAG 7.11.1975 – 5 AZR 459/74 – AP Nr. 38 zu § 1 LohnFG.

bräuchlich anzusehen, wenn der Arbeiter seinen Lebensunterhalt überwiegend durch selbstständige Tätigkeit erzielt und sich hier eine Krankheit zuzieht oder einen Unfall erleidet.[179]

e) Selbstmordversuch

Beim misslungenen **Selbstmordversuch** hat das BAG seine frühere Rechtsprechung[180] aufgegeben, wonach es für unzulässig angesehen wurde, dem Arbeitgeber bei anschließender Arbeitsunfähigkeit in einem solchen Fall das Entgeltfortzahlungsrisiko zu überbürden. Nunmehr geht das BAG in der Regel von einer Unzurechnungsfähigkeit des Selbstmörders aus und damit von einer unverschuldeten Arbeitsunfähigkeit bei missglücktem Selbsttötungsversuch.[181] 127

f) Schlägereien

Ob eine Arbeitsunfähigkeit, die durch Schlägerei oder tätliche Auseinandersetzungen verursacht wird, als eine selbstverschuldete Krankheit anzusehen ist, hängt von den **Umständen des Einzelfalles** ab.[182] Hat der Arbeitnehmer durch grobe Beleidigungen oder Beschimpfungen die Tätlichkeiten provoziert[183] bzw aktiv den Beginn der Phase der Tätlichkeiten mit eingeleitet, liegt Selbstverschulden vor.[184] 128

Wird ein Arbeitnehmer hingegen von einem Dritten so gereizt, dass er diesem mit der flachen Hand ins Gesicht schlägt, so liegt kein Verschulden vor, wenn er im Verlauf der weiteren Auseinandersetzungen verletzt wird.[185] Ist die Schlägerei nach übermäßigem Alkoholgenuss entstanden, so ist eine Arbeitsunfähigkeit als Folge einer Verletzung selbstverschuldet.[186] Hierbei kommt es auch nicht darauf an, ob der Arbeitnehmer mit den Tätlichkeiten begonnen oder überhaupt selbst tätlich geworden ist, sofern er durch Beleidigungen den Streit provoziert hat.[187] Widersetzt sich ein Arbeitnehmer der Aufforderung eines Gastwirtes, das Lokal zu verlassen, kommt er bei dem Versuch, tätlich zu werden, zu Fall und wird dabei verletzt, handelt er schuldhaft.[188] 129

Soweit sich ein Arbeitnehmer **während** seiner **Arbeitsunfähigkeit** ohne rechtfertigenden Grund an einer Schlägerei beteiligt, in deren Verlauf er verletzt wird, besteht für den Arbeitgeber nach Ansicht des LAG Düsseldorf,[189] keine Verpflichtung, das Entgelt über den Zeitpunkt der Schlägerei hinaus weiterzuzahlen. 130

Wie entscheidend die Umstände des Einzelfalles für die Beurteilung der Verschuldensfrage sind, zeigt auch ein vom Bundesarbeitsgericht[190] entschiedener Fall: Ein angestellter Geschäftsführer eines Nachtlokals hatte ein Liebesverhältnis zu der in diesem Lokal als Barfrau beschäftigten Freundin eines als gefährlich 131

179 Vgl auch Schmitt Festschrift für Wolfgang Gitter, S. 847, 857 ff.
180 BAG 7.12.1972 – 5 AZR 301/72 – AP Nr. 25 zu § 1LohnFG.
181 BAG 28.2.1979 – 5 AZR 611/77 – AP Nr. 44 zu § 1 LohnFG.
182 BAG 13.11.1974 – 5 AZR 54/74 – AP Nr. 45 zu § 616 BGB; Knorr/Krasney § 3 EFZG Rn 97.
183 LAG Berlin 28.9.1962 – 3 Sa 65/62 – BB 1963, 270.
184 LAG Hamm 24.9.2003 – 18 Sa 785/03 – LAGE § 3 EntgeltfortzG Nr. 6.
185 LAG Berlin 18.7.1968 – 5 Sa 26/68 – EEK I/068.
186 LAG Hamm 6.4.1971 – 3 Sa 150/71 – DB 1971, 873.
187 LAG Frankfurt 11. 9. 1972 – 1 Sa 204/74 – EEK I/169.
188 ArbG Stade 19.10.1970 – Ca 472/70 – BB 1970, 1435.
189 LAG Düsseldorf 18.6.1971 – 12 Sa 328/71 – EEK I/176.
190 BAG 13.11.1974 – 5 AZR 54/74 – AP Nr. 45 zu § 616 BGB.

bekannten Kollegen aufgenommen. Dieser Kollege folgt den beiden heimlich in die Wohnung des Geschäftsführers und schlägt ihn da zusammen. Die durch den Überfall verursachte Arbeitsunfähigkeit des Geschäftsführers ist grundsätzlich nicht selbstverschuldet iSd § 3 Abs. 1 Satz 1 EFZG. Etwas anderes könnte nach Ansicht des Gerichts jedoch dann gelten, wenn der Geschäftsführer vor den Augen seines Arbeitskollegen mit dessen Freundin zusammengetroffen wäre und diesen dadurch provoziert hätte.

132 Ein **Erfahrungssatz**, dass die Teilnahme an einer Schlägerei in der Regel selbstverschuldet ist, lässt sich soweit nicht aufstellen.[191]

g) Sportunfälle

133 **Sportunfälle** sind in Anbetracht dessen, dass eine sportliche Betätigung letztlich der Gesunderhaltung oder der Gesundheitsförderung dient, jedenfalls dann nicht als verschuldet anzusehen, wenn sie sich bei **einem nicht besonders gefährlichen Sport** ereignen, der die **Leistungsfähigkeit** des Sport treibenden **Arbeitnehmers nicht wesentlich übersteigt** und der Arbeitnehmer **nicht** in besonders **grober Weise** und leichtsinnig gegen anerkannte **Regeln** der jeweiligen Sportart **verstößt.**[192]

134 Ausgehend von diesen Kriterien sind in der Rechtsprechung **folgende Sportarten als nicht gefährlich angesehen worden: Drachenfliegen,**[193] **Fallschirmspringen,**[194] **Fingerhakeln,**[195] **Karate,**[196] Teilnahme an der Deutschen **Motorradrennsportmeisterschaft,**[197] **Moto-Cross-Rennen,**[198] **Grasbahn-Rennen,**[199] **Ringen,**[200] **Schuhplatteln,**[201] **Skifahren**[202] **Skispringen**[203] und **Inline-Skating.** [204]

135 Das Kriterium der sog. gefährlichen Sportarten hat das BAG bisher lediglich abstrakt bejaht.[205] Es kommt jedoch nicht darauf an, welche Sportart, abstrakt gesehen, betrieben wird. Allein maßgebend ist vielmehr, ob der betreffende Arbeitnehmer nach seiner **individuellen körperlichen Leistungsfähigkeit** in der Lage ist, den letztlich bei jeder Sportart auftretenden Gefahrenmomenten wirksam zu begegnen. Die Leistungsfähigkeit des jeweiligen individuellen Sportlers ist nach seiner körperlichen Verfassung und Tüchtigkeit, Trainingsstand, Reaktionsvermögen, sportlichen Veranlagung und Erfahrung viel zu unterschiedlich, als dass

---

191 LAG Köln 12.2.2006 – 9 Sa 1303/05 – LAGE § 3 EntgeltfortZG Nr. 8.
192 BAG 25.2.1972 – 5 AZR 471/55 – AP Nr. 18 zu § 1 LohnFG; LAG München 20.2.1979 – 3 (4) Sa 1065/77 – BB 1979, 1453; BAG 21.1.1976 – 5 AZR 593/74 – AP Nr. 39 zu § 1 LohnFG; BAG 1.12.1976 – 5 AZR 601/75 – AP Nr. 42 zu § 1 LohnFG; BAG 7.10.1981 – 5 AZR 338/79 – AP Nr. 45 zu § 1 LohnFG.
193 BAG 7.10.1981, aaO Fn 170.
194 LAG Berlin 3.7.1969 – 5 Sa 57/68 – BB 1969, 1223; 12.2.1970 – 3 Sa 89/69 – DB 1970, 1838.
195 LAG Frankfurt 11.3.1974 – 1 Sa 27/74 – BB 1974, 1164.
196 ArbG Saarbrücken 29.4.1974 – 5 Ca 1382/73 – EEK I/439.
197 LAG Rheinland-Pfalz 29.10.1998 – 5 Sa 823/98 – LAGE § 3 EFZG Nr. 2.
198 LAG Frankfurt 9.7.1973 – 1 Sa 236/72 – BB 1973, 1358.
199 ArbG Verden 28.2.1973 – Ca 464/72 – ARSt 1973, 94.
200 ArbG Ludwigshafen 1.4.1970 – 1 Ca 757/69 – ARSt 1970, 100.
201 LAG Baden-Württemberg (Stgt.) 13.10.1970 – 4 Sa 61/70 – DB 1970, 2326.
202 LAG Bremen 20.8.1963 – 2 Sa 53/63 – BB 1964, 220.
203 LAG München 3.5.1972 – 4 Sa 536/71 – BB 1972, 1324.
204 LAG Saarland 2.7.2003 – 2 Sa 147/02 – NZA-RR 2003, 568.
205 Vgl aber ArbG Hagen 15.9.1989 – 4 Ca 648/87 – NZA 1990, 311, welches das **Kickboxen** als gefährliche Sportart angesehen hat.

eine generelle Wertung einer bestimmten Sportart als „besonders gefährlich" möglich wäre. Somit ist allein entscheidend, ob die Ausübung einer Sportart durch den einzelnen Sportler noch im vernünftigen Rahmen entsprechend seiner Leistungsfähigkeit steht. Bei der Beurteilung der persönlichen Eignung und Leistungsfähigkeit sind Faktoren zu berücksichtigen wie etwa Alter, Gesundheitszustand, Geschicklichkeit, ausreichendes Training, anfängertypische Selbstüberschätzung, Routine, Amateurstatus. Nimmt der Arbeitnehmer bei der Ausübung einer Sportart Gefahren auf sich, die, gemessen an seinem persönlichen Können, keine einigermaßen sichere Aussicht auf einen günstigen Ausgang mehr zulassen, ist eine hierdurch eintretende Arbeitsunfähigkeit selbstverschuldet.[206]

Ein Verschulden wird vom BAG ferner dann angenommen, wenn der **Arbeitnehmer in besonders grober Weise und leichtsinnig gegen anerkannte Regeln der jeweiligen Sportart** verstößt.[207] 136

Folglich sollte die Unterscheidung zwischen gefährlichen und nicht gefährlichen Sportarten aufgegeben werden. Vielmehr ist in jedem Einzelfall bei jeder Sportart zu untersuchen, ob der verletzte Arbeitnehmer besonders leichtsinnig gegen die anerkannten Regeln des Sports verstoßen hat oder ob er sich an dem Sport überhaupt oder in einer Weise beteiligt hat, die seinen bisherigen Ausbildungsstand und/oder seine Kräfte übersteigt.[208] 137

h) Trunkenheit

Unfälle infolge Trunkenheit, ob im Straßenverkehr (vgl Rn 161 ff) oder im häuslichen Bereich, sind in der Regel als selbstverschuldet anzusehen, weil darin ein gröblicher Verstoß gegen das von einem verständigen Menschen im eigenen Interesse zu erwartende Verhalten liegt.[209] 138

Davon ist auszugehen, wenn ein Arbeitnehmer, der im Anschluss an ein Richtfest in einem anderen Rohbau bei völliger Dunkelheit infolge Trunkenheit die Treppe hinabstürzt.[210] Der Verschuldensvorwurf besteht in derartigen Fällen darin, nicht rechtzeitig mit dem Trinken aufgehört, sondern durch weiteren Alkoholkonsum sich in einen Zustand versetzt zu haben, in dem ein kontrolliertes und sicheres Verhalten nicht mehr gewährleistet ist. Die Gefahren des Alkohols sind heute jedem Erwachsenen bekannt. So weiß auch jeder Arbeitnehmer, dass übermäßiger Alkoholgenuss die Fähigkeit, richtig zu reagieren, stark herabsetzt und dadurch die Gefahr von Unfällen erheblich vergrößert wird.[211] 139

Selbstverschulden liegt daher vor, wenn der Arbeitnehmer im Zustand der Trunkenheit eine Treppe hinabstürzt,[212] vom Stuhl fällt[213] oder über einen Stuhl stürzt.[214] 140

---

206 Feichtinger S. 49; Hofmann ZfA.1979, 275 (319); LAG Rheinland-Pfalz 29.10.1998 – 5 Sa 823/98 – LAGE § 3 EFZG Nr. 2; ferner ausführlich Arens AR-Blattei SD 1000.4 »Krankheit IV«; zum Bungee-Springen als »gefährliche Sportart« vgl Gerauer NZA 1994, 496.
207 BAG 7.10.1981 – 5 AZR 338/79 – AP Nr. 45 zu § 1 LohnFG.
208 ErfK/Dörner § 3 EFZG Rn 52.
209 LAG Hamm 4.3.1966 – 5 Sa 158/65 – BB 1966, 1066.
210 LAG Berlin 24.9.1979 – 9 Sa 51/79 – LAGE § 1 LohnFG Nr. 5.
211 BAG 11.3.1987 – 5 AZR 739/85 – AP Nr. 71 zu § 1 LohnFG.
212 ArbG Berlin 20.5.1980 – 12 Ca 124/80 – BB 1980, 1858.
213 ArbG Berlin 10.2.1965 – 27 Ca 418/64 – BB 1965, 1227.
214 BAG 11.3.1987 – 5 AZR 739/85 – AP Nr. 71 zu § 1 LohnFG.

141 Das gleiche gilt auch, wenn ein Arbeitnehmer in erheblich angetrunkenem Zustand die Straße betritt und dabei von einem Fahrzeug erfasst und verletzt wird.[215]

142 Führt Alkoholmissbrauch trotz ärztlichen Abstinenzgebots immer wieder zu einer Krankenhausbehandlung, so ist bei erneuter einschlägiger Erkrankung Selbstverschulden iSd § 3 EFZG anzunehmen. Die **Beweislast** für das ärztliche Alkoholverbot, für seine Verletzung sowie für die Ursächlichkeit zwischen Alkoholgenuss und Erkrankung trägt der Arbeitgeber.[216]

143 Schuldhaft handelt auch der Arbeitnehmer, der unter Alkoholeinfluss ein Kraftfahrzeug führt und deshalb einen Unfall verursacht, bei dem er Verletzungen erleidet. Das gilt auch dann, wenn er den Alkoholkonsum wegen Trunksucht (vgl Rn 44) nicht steuern kann, jedoch in der Lage ist, die Fahrt mit dem Kraftfahrzeug zu vermeiden.[217]

i) Suchterkrankungen

144 **Alkoholabhängigkeit** (Alkoholismus), **Drogensucht** (zB Medikamentenabhängigkeit) und **Nikotinabhängigkeit** sind Krankheiten im Rechtssinne.[218]

145 Von krankhaftem Alkoholismus ist auszugehen, wenn infolge psychischer oder physischer Abhängigkeit Gewohnheits- und übermäßiger Alkoholgenuss trotz besserer Einsicht nicht aufgegeben oder reduziert werden kann.[219]

Maßgebend für die Beurteilung, ob den Arbeitnehmer an der **krankhaften Alkoholabhängigkeit** ein **Verschulden** trifft, ist sein Verhalten vor dem Zeitpunkt, in dem die Alkoholabhängigkeit eingetreten ist. Es gibt keinen Erfahrungssatz, wonach eine krankhafte Alkoholabhängigkeit in der Regel selbstverschuldet ist.[220]

146 Im Einzelfall wird entscheidend sein, ob es sich um den sog. **„Delta-Alkoholismus“**, entstanden durch bewusstes und gewolltes, regelmäßig übermäßiges Trinken, oder um den sog. **„Gamma-Alkoholismus“**, allmählich oder „einschleichend“ hervorgerufen durch übliche Trinkgewohnheiten, handelt.[221]

147 Der **Arbeitnehmer muss** jedoch **an der Aufklärung** aller für die Entstehung des Anspruchs erheblichen Umstände **mitwirken.** Er muss den Arbeitgeber nach bestem Wissen auf Befragen über die Gründe aufklären, die nach seiner Auffassung zur Krankheit geführt haben. Die Pflicht des Arbeitnehmers ergibt sich aus seiner arbeitsvertraglichen Treuepflicht (§ 242 BGB). Dabei muss er auch den ihn behandelnden Arzt oder einen vom Gericht bestellten Gutachter von der **Schweigepflicht entbinden.** Soweit bei einem Streit über die Ursachen der Erkrankung

215 LAG Hamm 20.1.1971 – 5 Sa 685/70 – DB 1971, 495.
216 LAG Frankfurt 26.4.1971 – 1 Sa 31/71 – EEK I/220.
217 Hessisches LAG 23.7.1997 – 1 Sa 2614/96 – LAGE § 3 EFZG Nr. 1.
218 BSG 18.6.1968 – 3 RK 63/66 – DOK 1968, 736; BAG 7.12.1972 – 5 AZR 350/72 und 1.6.1983 – 5 AZR 536/80 – AP Nrn. 26 und 52 zu § 1 LohnFG; BAG 17.4.1985 – 5 AZR 497/83 – DB 1986, 976; LAG Berlin 1.7.1985 9 Sa 29/85 – DB 1985, 2690; LAG München 28.11.1986 – 3 Sa 544/86 – n.v.; ferner Künzl ZTR 1999, 531, 535 f.
219 BAG 26.1.1995 – 2 AZR 649/94 – AP Nr. 34 zu § 1 KSchG 1969 Verhaltensbedingte Kündigung.
220 AA noch BAG 7.12.1972 – 5 AZR 350/72 – AP Nr. 26 zu § 1 LohnFG; BAG 7.8.1991 5 AZR 410/90 – AP Nr. 94 zu § 1 LohnFG.
221 AA MünchArbR/Schulin § 81 Rn 94.

medizinische Wertungen erforderlich werden, werden die Gerichte in der Regel **Sachverständige** hinzuziehen müssen. Kann ein Verschulden des Arbeitnehmers nicht festgestellt werden, muss der Arbeitgeber die Vergütung fortzahlen.[222]

Kommt der Arbeitnehmer jedoch seiner Mitwirkungspflicht nicht nach, scheidet ein Entgeltfortzahlungsanspruch aus.[223] 148

Soweit die **Krankenkasse** auf sie kraft Gesetzes übergangene Entgeltfortzahlungsansprüche geltend macht, bedarf es **keiner Einwilligung des Arbeitnehmers** (Versicherten) **zur Verwertung** der im ärztlichen Untersuchungsbericht enthaltenen **personenbezogenen Daten**, um die entsprechenden Tatsachen zur Wahrnehmung ihrer Rechte in den Prozess einzuführen. Personenbezogene Daten sind Einzelangaben über persönliche und sachliche Verhältnisse (§ 35 Abs. 1 Satz 1 SGB I). Unter den **„persönlichen Verhältnissen"** sind die **Angaben** zu verstehen, welche die Identifizierung oder Charakterisierung des Betroffenen ermöglichen, wie Name, Anschrift, familiäre Verhältnisse, Arbeitsentgelt, aber auch **Diagnosen.** § 69 Abs. 1 Nr. 1 SGB X erlaubt die Offenbarung personenbezogener Daten, soweit sie für die Erfüllung einer gesetzlichen Aufgabe nach diesem Gesetz durch einen Leistungsträger iSd § 35 Abs. 1 SGB I oder die Durchführung eines damit zusammenhängenden gerichtlichen Verfahrens erforderlich sind. Die Geltendmachung von Forderungen, die nach § 115 Abs. 1 SGB X übergegangen sind, gehört zu den gesetzlichen Aufgaben nach dem Sozialgesetzbuch. Damit ist die Rechtsstellung der Krankenkasse (vgl im Übrigen Rn 263 ff) nicht nur verbessert, vielmehr ergibt sich für sie auch eine Verpflichtung zur Geltendmachung. Diese Verpflichtung folgt aus dem Interesse der Versichertengemeinschaft.[224] 149

Hat sich der an Alkoholabhängigkeit (Alkoholismus) erkrankte Arbeitnehmer einer **Entziehungskur** unterzogen, ist er dabei über Gefahren des Alkohols für sich aufgeklärt worden und ist es ihm anschließend gelungen, eine längere Zeit abstinent zu bleiben, so spricht bei einem **Rückfall** die **Lebenserfahrung** dafür, dass er die ihm erteilten dringenden Ratschläge missachtet und sich wieder dem Alkohol zugewandt hat. Dieses Verhalten wird im Allgemeinen den Vorwurf eines „Verschuldens gegen ihn selbst" begründen. Es ist dann Sache des **Arbeitnehmers,** die Beweisführung des Arbeitgebers zu widerlegen und zunächst im **Einzelnen darzulegen,** aus welchen Gründen sein Verhalten als nicht schuldhaft anzusehen sei. Der Hinweis, seine familiären und beruflichen Probleme hätten sich auch nach seiner Entziehungskur nicht geändert, reicht dafür nicht aus.[225] 150

Ebenso kann ein seit längerer Zeit an **Alkoholabhängigkeit** erkrankter Arbeitnehmer schuldhaft im entgeltfortzahlungsrechtlichen Sinne handeln, wenn er 151

222 BAG 11.11.1987 – 5 AZR 497/86 – AP Nr. 75 zu § 616 BGB; BAG 7.8.1991 – 5 AZR 410/90 – AP Nr. 94 zu § 1 LohnFG; vgl auch LAG Baden-Württemberg (Stgt.) 7.7.1981 – 1 Sa 30/80 – AP Nr. 53 zu § 616 BGB; ferner LAG Frankfurt 27.2.1987 – 1 Sa 1347/86 – n.v., das die **Mitwirkungspflicht** darauf beschränkt, dass der Arbeitnehmer die behandelnden Ärzte von der Schweigepflicht entbindet und die Handlungen vornimmt, die zur Erstellung eines Sachverständigengutachtens erforderlich sind.

223 LAG Hamm 13.2.1985 – 1 Sa 1599/84 – und 7.8.1985 – 1 Sa 939/85 – DB 1985, 1538 und 2516; LAG München 28.11.1986 – 3 Sa 544/86 – n.v. [bei Drogenabhängigkeit].

224 BAG 11.11.1987 – 5 AZR 478/86 – n.v.

225 BAG 11.11.1987 – 5 AZR 478/86 – n.v.; BAG 27.5.1992 – 5 AZR 297/91 – n.v.; LAG Frankfurt 28.4.1986 – 1 Sa 521/85 – LAGE § 1 LohnFG Nr. 12; aA LAG Frankfurt 6.2.1991 – 1 Sa 1185/89 – LAGE § 1 LohnFG Nr. 30.

nicht unter dem Einfluss von Alkohol stehend sein Kraftfahrzeug für den Weg zur Arbeitsstelle benutzt, während der Arbeitszeit erheblich Alkohol zu sich nimmt und nach Dienstende im Zustand der Trunkenheit einen Verkehrsunfall verursacht, bei dem er verletzt wird. Das Verschulden des Arbeitnehmers ist hier in der Tatsache zu sehen, dass er sich am Morgen, als er nicht unter Alkoholeinfluss stand, in seinen Wagen gesetzt und in den Straßenverkehr begeben hat.[226]

152 Die vorstehend dargelegten Grundsätze gelten auch bei Arbeitsunfähigkeit infolge **Drogensucht, Tablettenabhängigkeit und Nikotinsucht.**[227] Auch hier kann nur anhand der Umstände des Einzelfalles entschieden werden, ob die Arbeitsunfähigkeit verschuldet oder unverschuldet ist. Inwieweit der Arbeitnehmer durch **Rauchen** ungewöhnliche gesundheitliche Risiken eingeht, unterliegt der Beurteilung des ihn behandelnden Arztes, auf die sich der Arbeitnehmer verlassen kann. Selbst wenn Umstände dafür sprechen, dass der Arbeitnehmer durch das Rauchen außergewöhnliche Risikofaktoren für den Eintritt seiner Erkrankung oder für die Verschlimmerung vorhandener Leiden schafft, muss es dem ärztlichen Urteil überlassen bleiben, die subjektiven Auswirkungen (psychische Lage des Patienten) eines Verbots dagegen abzuwägen.[228] Der Genuss von Rauschmitteln kann ebenfalls nicht ohne weiteres als grober Verstoß gegen die vom Arbeitnehmer im eigenen Interesse objektiv zu erwartende und üblicherweise angewandte Sorgfalt angesehen werden. Denn **Rauschmittel** können aus unterschiedlichen Gründen, die nicht vorwerfbar sein müssen, genommen werden. Sie können zur Schmerzlinderung ärztlicherseits verordnet sein, sie können aus Neugier aber auch aus grobem Leichtsinn genommen werden. Es müssen somit besondere Umstände hinzutreten, die vom Arbeitgeber darzulegen und zu beweisen seien.

j) Verkehrsunfälle

153 Hat der Arbeitnehmer die **Vorschriften der Straßenverkehrsordnung grob fahrlässig,** besonders leichtfertig oder vorsätzlich **nicht beachtet** und infolgedessen einen Verkehrsunfall verursacht, so ist die dabei erlittene Verletzung als selbstverschuldet anzusehen.[229]

154 Ob ein **Dritter an dem Verkehrsunfall eine Mitschuld hat,** steht einem den Entgeltfortzahlungsanspruch ausschließenden Eigenverschulden nicht entgegen.

155 Selbstverschuldet ist eine unfallbedingte Arbeitsunfähigkeit, die durch eine grobe **Vorfahrtsverletzung** verursacht wurde,[230] oder wenn der Unfall auf falsches **Überholen** zurückzuführen ist.[231]

---

226 BAG 30.3.1988 – 5 AZR 42/87 – AP Nr. 77 zu § 1 LohnFG; vgl hierzu auch Künzl BB 1989, 62 ff.

227 BAG 17.4.1985 – 5 AZR 497/83 – BBK 1986, 76.

228 BAG 17.4.1985 – 5 AZR 497/83 – BBK 1986, 76.

229 BAG 23.11.1971 – 1 AZR 388/70 – AP Nr. 8 zu § 1 LohnFG; BGH 18.12.1996 – IV ZR 321/95 – NJW 1997, 1012; BAG 12.11.1998 – 8 AZR 221/97 – AP Nr. 117 zu § 611 BGB Haftung des Arbeitnehmers; Schmitt § 3 EFZG Rn 153 f; zum »Augenblicksversagen« und grober Fahrlässigkeit im Straßenverkehr; Haberstroh MDR 2000, 1349.

230 LAG Frankfurt 9.7.1973 1 Sa 758/72 – EEK I/424; Sächsisches LAG 8.11.2000 – 2 Sa 112/00 – LAGE § 3 EFZG Nr. 3.

231 LAG Düsseldorf 23.2.1959 – 6 Sa 51/58 – BB 1959, 813.

Grob fahrlässig handelt nach Auffassung des OLG Karlsruhe ein Autofahrer, der sich während der Fahrt nach einer brennenden Zigarette, die ihm hinuntergefallen ist, bückt, um sie aufzuheben, dabei das Steuer verreißt und dadurch einen Verkehrsunfall verursacht.[232] Grob fahrlässig handelt auch ein Autofahrer, der sich durch Niesen und Suchen eines Taschentuches dermaßen vom Verkehr ablenken lässt, dass er einen Unfall verursacht, der zur Arbeitsunfähigkeit führt.[233] 156

Selbstverschuldet handelt ein Arbeitnehmer, der kurz nach Erwerb der Fahrerlaubnis mit seinem Pkw auf einer ihm unbekannten Landstraße bei Dunkelheit und starkem Regen eine kurvenreiche Strecke mit einer Geschwindigkeit von etwa 60 km/h befährt, eine beschilderte Kurve übersieht und infolgedessen von der Fahrbahn abkommt. Dieser Arbeitnehmer hat nach Ansicht des LAG Hamm[234] seine unfallbedingte Arbeitsunfähigkeit in unverständlicher, besonders leichtfertiger Weise herbeigeführt.

Verschuldet ist die Arbeitsunfähigkeit auch, die auf Verkehrsunfällen beruht, die auf **Überfahren** einer auf **„Rot"** geschalteten Ampel,[235] Missachtung eines **Stopp-Schildes,**[236] auf ein riskantes Ausweichmanöver bei 90 km/h wegen eines Hasens auf der Fahrbahn,[237] auf Fahren **bei Nacht ohne Licht,**[238] auf selbstverschuldete Überanstrengung infolge zu langer Autofahrt,[239] Benutzung eines **nicht verkehrssicheren Pkws**[240] oder auf unvorsichtiges Überqueren einer belebten Straße[241] zurückzuführen ist. Das gleiche gilt bei einem zur Arbeitsunfähigkeit führenden Verkehrsunfall, bei dem infolge **Telefonierens mit dem Handy** der Fahrer den Wechsel einer Ampel von „Rot" nach „Grün" übersehen hat.[242] 157

Eine Überschreitung der Geschwindigkeitsbeschränkung im Stadtverkehr von 50 km/h um 8 km/h dagegen stellt für sich allein noch keine grobe Fahrlässigkeit dar. Entscheidend ist bei einem Unfall hier vielmehr die Gesamtverkehrssituation, zB Straßen- und Sichtverhältnisse.[243] 158

Das Nichtanlegen des **Sicherheitsgurtes** entgegen § 21 a Abs. 1 StVO bzw Nichttragen des **Schutzhelmes** (vgl § 21 a Abs. 2 StVO) führen ebenfalls zum Ausschluss des Entgeltfortzahlungsanspruchs, wenn die zur Arbeitsunfähigkeit des 159

232 Urteil 14.7.1978 – 14 U 39/77 – VersR 1979, 32.
233 OLG Naumburg 8.10.1996 – 7 U 108/96 – NZV 1997, 442 = VersV 1997, 870; dagegen keine grobe Fahrlässigkeit bei Griff nach der auf der Ablage liegenden Zigarettenschachtel, OLG Nürnberg 28. 4.1994 – 8 U 2242/93 – n.v.
234 Urteil 4.10.1971 – 3 Sa 650/71 – DB 1971, 2166; ferner OLG Düsseldorf 10.10.2002 – 10 U 184/01 – MDR 2003, 330, nächtlicher Auffahrunfall mit 170 km/h.
235 BAG 12.11.1998 – 8 AZR 221/97 – AP Nr. 117 zu § 611 BGB Haftung des Arbeitnehmers; BGH 8.7.1992 – IV ZR 223/91 – JurBüro 1992, 592; BGH 29.1.2003 – IV ZR 173/01 – MDR 2003, 505; LAG Köln 9.11.2005 – 3 (7) Sa 369/05 – LAGE § 611 BGB Arbeitnehmerhaftung Nr. 2; ferner LAG Nürnberg 23.3.2004 – 6 Sa 292/03 – n.v., das Selbstverschulden bei einem ortsunkundigen Fahrer schon bei Überqueren einer Kreuzung in der späten „Gelb-Phase" annimmt.
236 OLG Zweibrücken 12.7.1991 – 1 U 30/91 – n.v.
237 BGH 18.12.1996 – IV ZR 321/95 – n.v.
238 ArbG Braunschweig 24.2.1965 – 3 Ca 1064/64 – WA 1965, 126.
239 LAG Düsseldorf 1.6.1966 8 Sa 56/66 – DB 1966, 1484.
240 ArbG Marburg 24.8.1990 – 2 Ca 226/90 – DB 1991, 869; ArbG Celle 11.11.1970 – 2 Ca 519/70 – ARSt 1971, 22 bezüglich abgefahrener Reifen.
241 BAG 23.11.1971 – 1 AZR 388/70 – AP Nr. 8 zu § 1 LohnFG.
242 BAG 12.11.1998 – 8 AZR 221/97 – AP Nr. 117 zu § 611 BGB Haftung des Arbeitnehmers.
243 LAG Baden-Württemberg 19.2.1974 – 7 Sa 122/72 – DB 1975, 1035.

Arbeitnehmers führenden Verletzungen nicht eingetreten wären, wenn er sich ordnungsgemäß angeschnallt bzw den Schutzhelm getragen hätte. Ob sich der Unfall im Rahmen einer Privatfahrt oder Dienstfahrt ereignet, ist dabei unerheblich.[244]

160 Eine Anschnallpflicht besteht nicht beim **Anhalten** vor einer Ampel. Nach § 21 a Abs. 1 Satz 1 StVO müssen die vorgeschriebenen Sicherheitsgurte „während der Fahrt" angelegt werden, dh auch bei **Schrittgeschwindigkeit**. Bei Rückwärtsfahren mit Schrittgeschwindigkeit und Fahrten auf Parkplätzen besteht keine Anschnallpflicht.[245] Die Gurtpflicht gilt auch für Frauen.[246]

Behauptet der Arbeitnehmer, er hätte auch bei angelegtem Gurt gleich schwere, zur Arbeitsunfähigkeit führende Verletzungen gehabt, muss er dies **beweisen**.[247]

161 Verkehrsunfälle infolge **Trunkenheit** sind stets selbstverschuldet. Das Führen eines Kraftfahrzeuges in alkoholbedingt fahruntüchtigem Zustand gehört zu den schwersten Verkehrsverstößen überhaupt. Wer sich in absolut fahruntüchtigem Zustand an das Steuer eines Kraftfahrzeuges setzt, handelt grundsätzlich grob fahrlässig.[248]

162 Das Gleiche gilt, wenn sich ein Arbeitnehmer nach erheblichem nächtlichen Alkoholgenuss und wenig Schlaf in der Frühschicht (5 Uhr) an das Steuer eines LKWs setzt und infolge des Restalkohols und der Übermüdung einen Verkehrsunfall verursacht.[249]

163 Selbstverschuldet ist auch eine Arbeitsunfähigkeit, wenn ein an Alkoholabhängigkeit erkrankter Arbeitnehmer in Kenntnis seiner Krankheit trinkt und dann im Zustand der Trunkenheit einen Verkehrsunfall verursacht, bei dem er verletzt wird.[250]

164 Verschulden ist aber auch dann anzunehmen, wenn sich ein Arbeitnehmer von einem Fahrer befördern lässt, von dem er weiß oder wissen muss, dass dieser infolge übermäßigen Alkoholgenusses nicht mehr fahrtüchtig ist und durch diesen Fahrer einen Verkehrsunfall verursacht wird, der zur Arbeitsunfähigkeit des Arbeitnehmers führt.[251]

---

244 BAG 7.10.1981 – 5 AZR 338/79 – und – 5 AZR 1113/79 – AP Nrn. 45 und 46 zu § 1 LohnFG; OLG Karlsruhe 23.8.1989 – 1 U 347/88 – NZV 1989, 470; sowie die krit. Anm. Denck BB 1982, S. 682 sowie Frank DAR 1982, 118; Weber NJW 1986, 2667; ferner LAG Berlin 18.7.1979 – 5 Sa 53/79 – DB 1979, 2281; Feichtinger S. 52 f; Kuckuk, DB 1980 302.

245 § 21 a Abs. 1 Satz 2 Nr. 3 StVO; vgl OLG Celle vom 10.10.1985 – 1 Ss OWi 374/895 – DAR 1986, 28; OLG Stuttgart 27.9.1985 – 3 Ss 653/85 – VRS 1986, 49; zur Befreiung von der Gurtpflicht aus gesundheitlichen Gründen, vgl VG Frankfurt 8.6.1988 – III/3 – E 1271/87 – NJW 1989, 1234; BGH 29.9.1992 – VI ZR 286/91 – NJW 1993, 53.

246 BGH 10.3.1981 – VI ZR 236/79 – VersR 1981, 548.

247 OLG Düsseldorf 7.2.1983 – 1 U 132/82 – DAR 1985, 59.

248 BGH 23.1.1985 – IV a ZR 128/83 – BB 1985, 697; BGH 9.10.1991 – IV ZR 264/90 – NZV 1992, 27 = VersR 1991, 1367; LAG Hamm 4.3.1966 – 5 Sa 158/65 – DB 1966, 986.

249 LAG München 21.9.1995 – 4 Sa 1114/94 – LAGE § 611 BGB Arbeitnehmerhaftung Nr. 20.

250 BAG 30.3.1988 – 5 AZR 42/87 – AP Nr. 77 zu § 1 LohnFG; aA Künzl BB 1989, 62.

251 LAG Düsseldorf 2.10.1968 – 3 Sa 185/68 – DB 1968, 1908; LAG Frankfurt 24.4.1989 – 1 Sa 1544/88 – DB 1989, 2031.

Wie bedeutsam für die Verschuldensfrage die Umstände des Einzelfalles sind, zeigt auch der vom LAG Frankfurt[252] entschiedene Fall. Dort hatte ein LKW-Fahrer vor Antritt der Fahrt **Tabletten eingenommen** und später einen Unfall erlitten. Das Gericht hat eine selbstverschuldete Arbeitsunfähigkeit verneint, da das vom Arbeitnehmer eingenommene Medikament keinen Beipackzettel, etwa mit dem Hinweis: „Es ist Vorsicht geboten, wenn eine besondere Konzentrationsleistung wie zB Kraftfahren, erforderlich ist", enthielt. Ferner hat es zugunsten des Arbeitnehmers berücksichtigt, dass er sich in einer erheblichen Pflichtenkollision (Zusage der Fahrt in einem persönlichen Gespräch mit dem Arbeitgeber am Vorabend) befunden hatte. 165

k) Sonstiges

Über die vorstehend dargelegten Fallgruppen hinaus hat sich die Rechtsprechung mit einer Vielzahl von weiteren Sachverhalten befasst. So wurde unter anderem ein **Verschulden angenommen** bei Verletzung eines Hobby-Fotografen im Dunkeln durch besonders **aggressive Säure,**[253] ferner bei leichtfertigem Hantieren mit einer schussbereiten Handfeuerwaffe,[254] bei einem **Sprung vom Balkon,** um einen Ehestreit zu beenden[255] oder bei einer Handverletzung infolge Benutzung eines **Trinkglases als Würfelbecher.**[256] Dagegen ist die Arbeitsunfähigkeit eines an körperliche Arbeit Gewöhnten, der sich beim Herausheben eines Motors aus einem Pkw verhoben hat, als nicht selbstverschuldet angesehen worden.[257] 166

Eine verschuldete Arbeitsunfähigkeit infolge eines **Hundebisses** liegt vor, wenn der Arbeitnehmer, obwohl vom Hundehalter gewarnt, einen Hund streichelt.[258] 167

Keine selbstverschuldete Arbeitsunfähigkeit ist bei einem Sturz von einer unsachgemäß aufgestellten Leiter beim **Schneiden von Obstbäumen** im eigenen Garten angenommen worden, da dem Arbeitnehmer die Gefahr eines Unfalls nicht bewusst war. Im privaten Bereich des Arbeitnehmers sind die Verhütungsvorschriften der Berufsgenossenschaften nicht anwendbar.[259] Ebenso indiziert allein der Umstand, dass sich ein Motorradunfall auf einer Rennstrecke ereignete, noch kein Verschulden.[260] 168

Bloßes **unvorsichtiges Verhalten** indiziert noch kein Verschulden iSd § 3 Abs. 1 EFZG. Eine selbstverschuldete Arbeitsunfähigkeit ist daher bei einem Verkaufsfahrer einer Getränkegroßhandlung verneint worden, der aus einer zurückgegebenen Sprudelflasche getrunken hatte, die teilweise mit hochgradiger Salmiaklauge gefüllt war.[261] 169

252 Urteil 2.10.1978 – 1 Sa 463/78 – BB 1979, 1504; zum **Haschischkonsum** im Straßenverkehr vgl OLG Köln 24.8.1990 – Ss 400/90 – NJW 1990, 2945.
253 ArbG Köln 6.4.1984 – 2 Ca 10532/83 – DB 1985, 604.
254 ArbG Hildesheim 11.8.1970 – 2 Ca 437/70 – BB 1970, 1096 = EEK/I 063.
255 ArbG Berlin 18.6.1971 – 10 Ca 258/71 – DB 1971, 1360.
256 LAG Düsseldorf 24.6.1958 – 5 Sa 167/58 – DB 1958, 1423.
257 LAG Berlin 28.11.1997 – 6 Sa 95/97 – n.v.
258 ArbG Wetzlar 4.4.1995 – 1 Ca 589/94 – vgl aber auch LAG Nürnberg 2.8.1995 – 3 Sa 289/95 – n.v., das eine durch Hundebiss veranlasste Arbeitsunfähigkeit aufgrund der besonderen Umstände des Einzelfalles als unverschuldet angesehen hat.
259 LAG Baden-Württemberg 18.11.1986 – 10 Sa 64/86 – BB 1987, 477.
260 LAG Köln 2.3.1994 – 7 Sa 1311/93 – LAGE § 1 LohnFG Nr. 33.
261 LAG Hamm 9.6.1967 – 5 Sa 328/67 – DB 1967,1269.

V. Verschulden des Arbeitgebers oder Dritter

170 Der Arbeitgeber ist aufgrund seiner ihm obliegenden **Fürsorgepflicht** gehalten, Leben und Gesundheit des Arbeitnehmers im Rahmen des ihm Möglichen, zB durch Zurverfügungstellung einwandfreier Arbeitsgeräte und Arbeitsräume usw, zu schützen.[262]

171 Verletzt er oder einer seiner Erfüllungsgehilfen schuldhaft diese Pflicht und verursacht er dadurch eine Erkrankung des Arbeitnehmers, so ist er diesem zum Schadensersatz verpflichtet. Für die Dauer der Arbeitsunfähigkeit hat der Arbeitgeber dem Arbeitnehmer insbesondere die Vergütung fortzuzahlen, und zwar ohne die bei unverschuldeter Krankheit bestehende zeitliche Beschränkung von 6 Wochen. Eine gewisse Beschränkung der Schadensersatzpflicht besteht gemäß §§ 104 ff SGB VII (vgl § 6 EFZG Rn 15 ff). Gegenüber dem Entgeltfortzahlungsanspruch ist also der Schadensersatzanspruch grundsätzlich der weitergehende. Eine nähere Erörterung kann daher vorliegend unterbleiben.[263]

172 Hat ein **Dritter** die Arbeitsunfähigkeit des Arbeitnehmers verschuldet (zB durch einen Verkehrsunfall), so berührt dies den Entgeltfortzahlungsanspruch grundsätzlich nicht. Der nach § 823 BGB oder anderen gesetzlichen Vorschriften (zB HaftpflG, StVG, LuftVG) schadensersatzpflichtige Dritte kann deswegen nicht verlangen, dass sich der Arbeitnehmer die an ihn gem. § 3 EFZG gewährten Leistungen auf seinen Schadensersatzanspruch anrechnen lässt. Vielmehr bestimmt § 6 EFZG, dass der **Anspruch** des **Arbeitnehmers auf Schadensersatz wegen Verdienstausfalls** gegen einen schadensersatzpflichtigen Dritten **kraft Gesetzes** in Höhe des nach Maßgabe des Entgeltfortzahlungsgesetzes fortgezahlten Entgelts auf den Arbeitgeber übergeht (vgl im Einzelnen § 6 EFZG Rn 5 ff).

VI. Darlegungs- und Beweislast

173 Der **Arbeitgeber** trägt nach ständiger Rechtsprechung des Bundesarbeitsgerichts[264] die **Darlegungs- und Beweislast** dafür, dass die krankheitsbedingte Verhinderung an der Arbeitsleistung durch den Arbeitnehmer selbstverschuldet war. Allerdings gilt auch hier für den Arbeitgeber die allgemeine Rechtsregel des **sog. Anscheinsbeweises**, wonach zwar nicht die Beweislast umgekehrt, wohl aber dem Beweispflichtigen, das heißt hier dem Arbeitgeber, der obliegende Beweis aufgrund von Lebenserfahrungsgrundsätzen erleichtert wird. Steht danach ein bestimmter Lebenssachverhalt fest, der nach der Lebenserfahrung von vornherein auf ein schuldhaftes Verhalten des arbeitsunfähig erkrankten Arbeitnehmers schließen lässt, so muss der Arbeitnehmer konkrete Tatsachen, die es nicht gerechtfertigt erscheinen lassen, von diesem Lebenserfahrungssatz auszugehen, behaupten und nötigenfalls beweisen.[265]

262 BAG 8.5.1996 – 5 AZR 315/95 – AP Nr. 23 zu § 618 BGB.
263 Vgl im Einzelnen Koch AR-Blattei SD 1000.6 „Krankheit VI"; Friedrich in: ArbR BGB § 618 Rn 225 ff.
264 Urteil 23.11.1971 – 1 AZR 404/70 – AP Nr. 9 zu § 1 LohnFG; BAG 7.8.1991 – 5 AZR 410/90 – AP Nr. 94 zu § 1 LohnFG.
265 LAG Hamm 12.1.2005 – 18 Sa 1661/04 – EEK 3185; LAG Düsseldorf 30.9.1977 – 9 Sa 1184/77 – DB 1978, 215; zum prima-facie-Beweis, Zöller-Greger vor § 284 ZPO Rn 29; vgl aber Hofmann ZfA 1979, 924 ff, der die Beweislast dem Arbeitnehmer zuordnet, jedoch ergänzt durch seinen zugunsten des Arbeitnehmers sprechenden Beweis des ersten Anscheins.

Beispiele: Wer ohne ersichtlichen Grund auf einen haltenden Wagen auffährt, hat nach den Grundsätzen des Beweises des ersten Anscheins in besonders eklatanter Weise das Verkehrsgeschehen außer Acht gelassen und gegen die Grundregeln des **Straßenverkehrsrechts, die jedem vernünftigen Verkehrsteilnehmer einleuchten, verstoßen und damit die Arbeitsunfähigkeit selbst verschuldet herbeigeführt.**[266] Bei einem Arbeitnehmer, der auf dem Weg zur Arbeit in eine **Schlägerei** gerät und in deren Verlauf verletzt wird, ist entsprechend den Rechtsgrundsätzen des sog. Anscheinsbeweises von einem Selbstverschulden auszugehen. Denn jeder verständige Arbeitnehmer weiß, dass eine tätliche Auseinandersetzung zu erheblichen körperlichen Verletzungen führen kann. Handelt er dieser Erfahrung zuwider und beteiligt er sich an einer Schlägerei, so nimmt er auch deren Folgen schuldhaft gegen sich in Kauf. Diese Schlussfolgerung kann der Arbeitnehmer nur dadurch entkräften, dass er Umstände vorträgt, die sein Eigenverschulden ausräumen.[267] 174

Ein Arbeitnehmer, der infolge eines Sturzes vom Baugerüst, bei einem zu unterstellenden **Blutalkoholgehalt** von 1 ‰ arbeitsunfähig krank wird, hat nach der Lebenserfahrung selbstverschuldet gehandelt. Das gilt insbesondere, wenn im Betrieb schriftlich auf Alkoholgefahren hingewiesen und Alkoholgenuss während der Arbeitszeit verboten wurde.[268] 175

Hat ein Arbeitnehmer im Zeitpunkt des Verkehrsunfalls den **Sicherheitsgurt** nicht angelegt, besteht nach Meinung des LAG Berlin[269] der Beweis des ersten Anscheins dafür, dass die Verletzungen auf das Nichtanlegen des Sicherheitsgurtes zurückzuführen sind. Zwar sei denkbar, dass auch bei Anlegen eines Sicherheitsgurtes Verletzungen auftreten würden, insoweit wäre jedoch dann der Arbeitnehmer darlegungs- und beweispflichtig. Dem kann jedoch nicht gefolgt werden, soweit es sich um Verletzungen handelt, die auch bei angelegtem Gurt entstanden wären. 176

Im Übrigen kann bei **bestimmten** typischen Gruppen von **Unfallverletzungen** ein **Anscheinsbeweis** auch dafür bejaht werden, dass ein verletzter PKW-Insasse den Sicherheitsgurt nicht benutzt hat[270] und damit selbstverschuldet gehandelt hat. 177

Ein **gesetzlicher Forderungsübergang** auf die Krankenkassen (vgl Rn 263 ff) ändert nichts an den Regeln der Darlegungs- und Beweislast.[271] 178

VII. Erfüllung der Wartezeit

Entgegen der früheren bis 30.9.1996 geltenden Rechtslage, die einen Anspruch auf Entgeltfortzahlung ab dem Zeitpunkt der vertraglich vereinbarten Arbeitsaufnahme gewährte, ist das Entstehen eines solchen Anspruchs nunmehr an eine **Wartezeit** von vier Wochen geknüpft. Nach § 3 Abs. 3 EFZG entsteht ein Anspruch auf Entgeltfortzahlung erst nach **vierwöchiger ununterbrochener Dauer des Arbeitsverhältnisses** (vgl zum Begriff § 1 EFZG Rn 8 ff). Das bedeutet, dass während der ersten vier Wochen kein Anspruch entsteht. Dauert eine in der 179

266 LAG Berlin 18.7.1979 – 5 Sa 53/79 – DB 1979, 2281; ArbG Kiel 27.6.1980 – 3 b Ca 659/80 – BB 1980, 1214.
267 LAG Düsseldorf 30.9.1977 – 9 Sa 1184/77 – DB 1978, 215.
268 LAG Saarland 25.6.1975 – 2 Sa 157/74 – AP Nr. 37 zu § 1 LohnFG.
269 Urteil 18.7.1979 – 5 Sa 53/79 – DB 1979, 2281.
270 BGH 3.7.1990 – VI ZR 239/89 – NJW 1991, 230.
271 BAG 7.8.1991 – 5 AZR 410/90 – AP Nr. 94 zu § 1 LohnFG.

Wartezeit auftretende Arbeitsunfähigkeit über den Vierwochenzeitraum hinaus an, so ist mit Beginn des ersten Tages der fünften Woche Entgeltfortzahlung zu leisten.[272] Erkrankt der Arbeitnehmer während der **Wartezeit**, erhält er keine Entgeltfortzahlung. Zur Zahlung von **Krankengeld** vgl Rn 186.

180 Maßgebend für den **Beginn der Wartezeit** ist der Zeitpunkt des rechtlichen Beginns des Arbeitsverhältnisses nach § 187 Abs. 2 Satz 1 BGB. Bei **Betriebsübergang** (§ 613 a Abs. 1 BGB) wird die beim bisherigen Betriebsinhaber zurückgelegte Wartezeit angerechnet.[273]

181 Die **Wartezeit endet** mit Ablauf des Tages der vierten Woche, der dem Tag vorhergeht, der durch seine Benennung dem Anfangstag der Frist entspricht (§ 188 Abs. 2 BGB). § 193 BGB gilt nicht, so dass die Wartezeit auch an einem Sonntag enden kann.[274]

Beispiel: Die Parteien vereinbaren als Arbeitsbeginn Dienstag, den 1. August. In diesem Fall ist der 1. August der erste Tag der vierwöchigen Wartezeit (§ 187 Abs. 2 BGB).
Der letzte Tag der Wartezeit ist Montag, der 28. August (§ 188 Abs. 2 BGB). Ist der Arbeitnehmer am 29. August noch oder erstmalig arbeitsunfähig, beginnt mit diesem Tag die Entgeltfortzahlungsverpflichtung gemäß § 3 Abs. 1 EFZG.

182 § 3 Abs. 3 EFZG fordert eine **ununterbrochene Dauer** des Arbeitsverhältnisses. Dies setzt jetzt **nicht** voraus, dass der Arbeitnehmer während der Wartefrist auch **tatsächlich gearbeitet** hat. Die Vierwochenfrist läuft auch dann weiter, wenn sich der Arbeitnehmer im Urlaub befindet oder erkrankt ist oder wenn ein anderer Tatbestand des Ruhens des Arbeitsverhältnisses gegeben ist. § 3 Abs. 3 EFZG stellt ausschließlich auf den **rechtlichen** Bestand des Arbeitsverhältnisses ab. Die Vierwochenfrist beginnt bei einer Unterbrechung jeweils von neuem.[275]

183 Besteht zwischen einem **beendeten** und einem **neubegründeten Arbeitsverhältnis** zu **demselben** Arbeitgeber ein enger sachlicher Zusammenhang, wird der Lauf der Wartezeit des § 3 Abs. 3 EFZG in dem neuen Arbeitsverhältnis nicht erneut ausgelöst. Dies entspricht auch der Rechtsprechung zu § 1 Abs. 1 KSchG.[276] In diesem Fall ist das gesetzgeberische Ziel des § 3 Abs. 3 EFZG, die Kostenbelastung bei Neueinstellungen zu verringern, verwirklicht, wenn der Arbeitnehmer nach Beginn des ersten Arbeitsverhältnisses die Wartezeit des § 3 Abs. 3 EFZG erfüllt hat.[277]

184 Wird der **Auszubildende** im Anschluss an das Berufsausbildungsverhältnis nahtlos in ein Arbeitsverhältnis übernommen, entsteht keine neue Wartezeit gemäß § 3 Abs. 3 EFZG für die Entgeltfortzahlung im Krankheitsfall. Nach dem Zusammenhang und dem Zweck des § 3 Abs. 3 EFZG erfüllt der Arbeitnehmer die

272 BAG 26.5.1999 – 5 AZR 476/98 – AP Nr. 10 zu § 3 EntgeltFG; BAG 12.12.2001 – 5 AZR 248/00 – AP Nr. 12 zu § 3 EntgeltFG; LAG München 2.12.1998 – 9 Sa 865/98 – n.v.; Bauer/Lingemann BB 1986: Beilage 17 S. 18; Schmitt, § 3 EFZG Rn 308; aA Buschmann AuR 1996, 285,290, der in § 3 Abs. 3 EFZG eine aufschiebende Bedingung für die Entstehung des Anspruchs sieht.
273 Hanau RdA 1997, 205, 207.
274 Vossen NZA 1998, 354, 355.
275 Treber, § 3 EFZG Rn 107.
276 BAG 20.8.1998 – 2 AZR 76/98 – AP Nr. 9 zu § 1 KSchG 1969 Wartezeit; BAG 27.6.2002 – 2 AZR 270/01 – AP Nr. 15 zu § 1 KSchG 1969 Wartezeit.
277 BAG 22.8.2001 – 5 AZR 699/99 – AP Nr. 11 zu § 3 EntgeltFG.

Wartezeit auch in einem dem Arbeitsverhältnis vorausgehenden Ausbildungsverhältnis. Werden demnach Berufsausbildungsverhältnis und anschließendes Arbeitsverhältnis für die Erfüllung der Wartezeit als Einheit angesehen, folgt daraus für die Dauer des Entgeltfortzahlungsanspruches des übernommenen Arbeitnehmers, dass Arbeitsunfähigkeitszeiten im Ausbildungsverhältnis nach § 3 Abs. 1 Satz 2 EFZG zu berücksichtigen sind.[278]

Während der Wartezeit bezieht der erkrankte Arbeitnehmer, sofern er nicht wegen Geringfügigkeit eine versicherungsfreie Beschäftigung (vgl § 7 Hs 1 SGB V iVm § 8 Abs. 1 Nr. 1 oder Nr. 2 SGB IV) ausübt, im Regelfall von seiner Krankenkasse **Krankengeld** gemäß § 44 Abs. 1 Satz 1 SGB V (vgl im Einzelnen die Ausführungen zu § 44 SGB V). **185**

Der **Krankengeldanspruch ruht nicht** nach § 49 Abs. 1 Nr. 1 SGB V, da der Arbeitnehmer während der Wartezeit keinen Entgeltfortzahlungsanspruch hat. Der Anspruch auf Krankengeld kann jedoch in der Wartezeit an der **fehlenden Versicherungspflicht** gemäß § 186 Abs. 1 SGB V scheitern. Denn die Versicherungspflicht stellt neben der Beschäftigung gegen Arbeitsentgelt nach § 5 Abs. 1 Nr. 1 SGB V auf den Eintritt in das Beschäftigungsverhältnis ab (§ 186 Abs. 1 SGB V). Dies setzt die **tatsächliche Aufnahme der Arbeit** voraus, selbst wenn dies ausnahmsweise trotz bestehender Arbeitsunfähigkeit geschieht.[279] **186**

C. Arbeitsunfähigkeit infolge Schwangerschaftsabbruch, Sterilisation oder künstlicher Befruchtung

Nach § 3 Abs. 2 EFZG gilt als unverschuldete Arbeitsunfähigkeit im Sinne des § 3 Abs. 1 EFZG auch die Arbeitsverhinderung, die infolge einer nicht rechtswidrigen Sterilisation oder eines **nicht rechtswidrigen Abbruchs der Schwangerschaft** eintritt. Unter **Sterilisation** versteht man den Eingriff, der die Fortpflanzungsfähigkeit dauernd oder zeitweilig verhindert. Solche Eingriffe sind bei Männern und bei Frauen möglich. Unter **Schwangerschaftsabbruch** ist die Entfernung der Leibesfrucht zu verstehen. Beide Eingriffe müssen von einem approbierten Arzt vorgenommen werden, auch wenn sich der Hinweis „**durch einen Arzt**" in § 3 Abs. 2 EFZG nur auf den Schwangerschaftsabbruch bezieht. Auch eine ordnungsgemäße und rechtmäßige Sterilisation kann nur von einem Arzt vorgenommen werden. **187**

Ein durch einen Arzt vorgenommener **Schwangerschaftsabbruch** ist bei Vorliegen eines **Indikationstatbestandes nicht rechtswidrig**, dh **188**

- wenn er mit Einwilligung der Schwangeren von einem Arzt vorgenommen wird und unter Berücksichtigung der gegenwärtigen und zukünftigen Lebensverhältnisse der Schwangeren nach ärztlicher Erkenntnis angezeigt ist, um eine Gefahr für das Leben oder die Gefahr einer schwerwiegenden Beeinträchtigung des körperlichen oder seelischen Gesundheitszustandes der Schwangeren abzuwenden, und die Gefahr nicht auf eine andere für sie zumutbare Weise abgewendet werden kann (§ 218 a Abs. 2 StGB; **medizinische Indikation**) oder

278 BAG 20.8.2003 – 5 AZR 436/02 – AP Nr. 20 zu § 3 EntgeltFG; Feichtinger, EWiR 2004, 279.
279 BSG 4.12.1997 – 12 RK 3/97 – NZS 1998, 234; Vossen NZA 1998, 354, 356.

- wenn er mit Einwilligung der Schwangeren von einem Arzt vorgenommen wird und nach ärztlicher Erkenntnis an der Schwangeren eine rechtswidrige Tat nach den §§ 176 bis 179 StGB (sexueller Missbrauch, Vergewaltigung, sexuelle Nötigung) begangen worden ist und dringende Gründe für die Annahme sprechen, dass die Schwangerschaft auf der Tat beruht und seit der Empfängnis nicht mehr als zwölf Wochen vergangen sind (§ 218 a Abs. 3 StGB; **kriminologische Indikation**).

189 Zwar rechtswidrig aber unverschuldet iSd § 3 Abs. 1 EFZG ist ein Schwangerschaftsabbruch auch **ohne Indikationstatbestand**, wenn die Schwangerschaft **innerhalb von zwölf Wochen** nach der Empfängnis durch einen Arzt abgebrochen wird, die schwangere Frau den Abbruch verlangt und **dem Arzt durch eine Bescheinigung nachgewiesen** hat, dass sie sich mindestens drei Tage vor dem Eingriff **von einer anerkannten Beratungsstelle** hat **beraten** lassen (§ 3 Abs. 2 Satz 2 EFZG). Die Neuregelung entspricht im Wesentlichen der bisherigen Rechtslage und trägt der Entscheidung des BVerfG[280] über die Verfassungsmäßigkeit von Bestimmungen bei Schwangerschaftsabbrüchen Rechnung. Dort ist unter anderem festgestellt, dass es der verfassungsrechtlichen Schutzpflicht für das ungeborene Leben nicht widerspricht, wenn die arbeitsrechtlichen Grundsätze dahingehend ausgelegt und angewendet werden, dass eine Verpflichtung zur Entgeltfortzahlung auch dann besteht, wenn die Arbeitsunfähigkeit die Folge eines auf der Grundlage der Beratungsregelung erfolgten Schwangerschaftsabbruchs ist. Es ist daher verfassungsrechtlich nicht zu beanstanden, auch in diesen Fällen die Arbeitsunfähigkeit als unverschuldet anzusehen.

190 **Darlegungs- und beweispflichtig** für einen den Anspruch auf Entgeltfortzahlung nach § 3 Abs. 1 Satz 1 EFZG ausschließenden Eingriff ist, da es sich um einen Vorwurf des Verschuldens handelt, der Arbeitgeber (Rn 170 ff). Im Übrigen hat das BVerfG,[281] das auch bei einem rechtswidrigen aber straffreien Schwangerschaftsabbruch eine unverschuldete Arbeitsunfähigkeit bejaht (Rn 186), die Notwendigkeit verneint, dass die Arbeitnehmerin die Gründe ihrer Entscheidung für den Abbruch Dritten darzulegen hat. Es lehnt jede Verpflichtung ab, dem Arbeitgeber offenzulegen, dass die Arbeitsunfähigkeit auf einen nicht gerechtfertigten Schwangerschaftsabbruch zurückzuführen ist. Unter diesen Umständen ist es auch nicht unbillig, die abbruchbedingte Arbeitsunfähigkeit der Arbeitnehmerin dem Risikobereich des Arbeitgebers zuzurechnen.

191 Im Rahmen des Gesetzes über die 19. Anpassung der Leistungen nach dem Bundesversorgungsgesetz sowie zur Änderung weiterer Leistungen sozialrechtlicher Vorschriften (KOV-Anpassungsgesetz 1990 – KOVAnpG 1990) vom 29.6.1990 (BGBl. I S. 1211) werden unter bestimmten Voraussetzungen Maßnahmen **zur künstlichen Befruchtung** rückwirkend ab 1.1.1989 in die Leistungspflicht der gesetzlichen Krankenversicherung einbezogen. Nach § 27 a Abs. 1 Ziff. 1–5 SGB V gehören danach medizinische Maßnahmen zur Herbeiführung einer Schwangerschaft zu den Leistungen der gesetzlichen Krankenversicherung, wenn diese Maßnahmen nach ärztlicher Feststellung erforderlich sind, nach ärztlicher Feststellung hinreichende Erfolgsaussicht besteht, die Personen, die diese Maßnahme in Anspruch nehmen wollen, miteinander verheiratet sind, ausschließlich

280 Urteil 28.5.1993 – 2 BvF2/90 – NJW 1993, 1751; BT-Drucks. S. 12/5263, S. 12.
281 Urteil 28.5.1993 – 2 BvF2/90 – NJW 1993, 1751; Kasseler Handbuch/Vossen 2.2 Rn 112; aA ArbG Iserlohn 14.3.1986 – 3 Ca 2578/85 – DB 1986, 1927, 1928.

Ei- und Samenzellen der Ehegatten verwendet werden und bestimmte Beratungen durchgeführt worden sind. Das Recht der Entgeltfortzahlung im Krankheitsfall sollte an dieser Regelung anknüpfen und Arbeitsunfähigkeit bejahen, soweit die Voraussetzungen des § 27 a SGB V erfüllt sind; sind die Voraussetzungen für die Inanspruchnahme von Krankenversicherungsleistungen nicht erfüllt, ist auch Arbeitsunfähigkeit iSd Entgeltfortzahlung zu verneinen.[282]

D. Rechtsmissbrauch

Dem Anspruch des Arbeitnehmers auf Entgeltfortzahlung kann **ausnahmsweise** der Einwand der **unzulässigen Rechtsausübung entgegengehalten werden**, dh wenn die Geltendmachung gegen den Grundsatz von Treu und Glauben (§ 242 BGB) verstoßen würde. Dieser Einwand ist jedoch wegen des zwingenden Charakters des Entgeltfortzahlungsanspruches nur auf Ausnahmefälle zu beschränken und greift somit nicht bei jeder arbeitsvertraglichen Pflichtverletzung ein.[283] Das BAG[284] hat einen Verstoß gegen Treu und Glauben (§ 242 BGB) unter dem Aspekt des widersprüchlichen Verhaltens u.a. dann angenommen, wenn der Arbeitnehmer bereits längere Zeit unentschuldigt gefehlt bzw ankündigt hat, seine Arbeitspflicht nicht zu erfüllen. 192

Ein Missbrauch der Entgeltfortzahlung ist auch anzunehmen, wenn sich der Arbeitnehmer das **Arbeitsverhältnis erschlichen** hat, indem er in Kenntnis oder in der sicheren Erwartung, arbeitsunfähig zu werden, den Arbeitsvertrag abgeschlossen hat, ohne davon den Arbeitgeber vorher zu unterrichten[285] bzw eine binnen kürzester Zeit eintretende Maßnahme der medizinischen Vorsorge oder Rehabilitation verschweigt, soweit es sich um ein befristetes, zweckgebundenes Arbeitsverhältnis[286] handelt. Das Gleiche gilt, wenn ein Arbeitnehmer bei seiner Einstellung die **Frage nach chronischen Krankheiten**, die sich auf die geschuldete Arbeitsleistung unmittelbar nachteilig auswirken können, nicht wahrheitsgemäß beantwortet hat. Hier entfällt dann der gemäß § 3 Abs. 3 EFZG (vgl Rn 179 ff) erst nach vierwöchiger ununterbrochener Dauer des Arbeitsverhältnisses entstehende Entgeltfortzahlungsanspruch, sofern das Arbeitsverhältnis erst kurze Zeit besteht und es sich um die erste Arbeitsunfähigkeit aufgrund der verschwiegenen Krankheit handelt.[287] 193

Ebenso scheidet ein Entgeltfortzahlungsanspruch für die Zeit nach Erfüllung der Wartezeit (§ 3 Abs. 3 EFZG) aus, wenn der Arbeitnehmer **bereits bei Abschluss des Arbeitsvertrages arbeitsunfähig krank war** und die Arbeitsunfähigkeit auch noch in dem Zeitpunkt fortbesteht, zu dem er die Arbeit vereinbarungsgemäß 194

282 Schmitt § 3 EFZG Rn 74 ff; Vogelsang, Entgeltfortzahlung Rn 80, 135; Zur Entgeltfortzahlung bei Hormonbehandlung wegen Beseitigung der Unfruchtbarkeit vgl ArbG Arnsberg 20.8.1992 – 2 Ca 469/92 – AiB 1993, 466.
283 Vgl BAG 9.4.1960 – 2 AZR 457/57 – AP Nr. 12 zu § 63 HGB; Knorr/Krasney, § 3 EFZG Rn 154; ferner Gola DB 1985, 2044 ff.
284 Urteil 4.12.2002 – 5 AZR 494/01 – AP Nr. 17 zu § 3 EntgeltFG.
285 LAG Stuttgart 30.6.1953 – II Sa 94/53 – AP Nr. 1 zu § 63 HGB; LAG Berlin 6.7.1973 – 3 Sa 48/73 – EEK I/384.
286 LAG Berlin 18.4.1978 – 3 Sa 115/77 – EEKK I/65.
287 BAG 7.2.1964 – 1 AZR 251/63 – AP Nr. 6 zu § 276 BGB Verschulden bei Vertragsschluss; BAG 22.10.1980 – 5 AZR 1050/79 – n.v.

antreten soll. Darauf, ob der Arbeitnehmer die Arbeit noch begonnen hat oder nicht, kommt es nicht an.[288]

195 Als unzulässige Rechtsausübung stellt sich das Verlangen nach Entgeltfortzahlung auch dann dar, wenn die Geltendmachung mit dem früheren **nach Eintritt der Arbeitsunfähigkeit liegenden Verhalten** des Arbeitnehmers nicht zu vereinbaren ist. Das ist etwa der Fall, wenn der Arbeitnehmer **die Zeit seiner Erkrankung zur Begehung strafbarer** oder anderer sittlich und rechtlich zweifelsfrei zu missbilligender **Handlungen** (zB Schwarzarbeit) **benutzt.**[289] Dem Anspruch auf Entgeltfortzahlung steht der Einwand der unzulässigen Rechtsausübung auch dann entgegen, wenn sich der Arbeitnehmer während der Arbeitsunfähigkeit ohne rechtfertigenden Grund an einer Schlägerei beteiligt. Der Arbeitgeber ist in diesem Fall nicht verpflichtet, über den Zeitpunkt der Schlägerei hinaus das Entgelt weiterzuzahlen.[290]

196 Erklärt der Arbeitnehmer auf Befragen bei der Einstellung, er sei gesund, und wird ihm dann auf einen zuvor gestellten Antrag nach Beginn des Arbeitsverhältnisses **eine Maßnahme der medizinischen Vorsorge oder Rehabilitation bewilligt**, so steht seinem Anspruch auf Entgeltfortzahlung nach Erfüllung der Wartezeit für die Zeit der Maßnahme nicht der Einwand des Rechtsmissbrauchs entgegen. Damit scheidet auch ein Anspruch des Arbeitgebers, die während dieser Zeit zu gewährende Entgeltfortzahlung als entstandenen Schaden geltend zu machen, aus.[291]

197 Erleidet der Arbeitnehmer bei einer **sportlichen Betätigung gegen Entgelt**, die er neben seiner beruflichen Arbeit ausübt, eine zur Arbeitsunfähigkeit führende Verletzung, so dürfte seinem Entgeltfortzahlungsbegehren nicht mehr der Einwand des Rechtsmissbrauchs entgegenstehen, nachdem das BAG an seiner früheren Trennung der Risikosphären bei Mehrfachbeschäftigung nicht mehr festhält (vgl Rn 124).[292]

198 Den Einwand des **Rechtsmissbrauchs** kann der Arbeitgeber auch **nicht mit Tatumständen** begründen, die bei der **Verschuldensprüfung** zum Ergebnis **führten**, der Arbeitnehmer habe **nicht schuldhaft** gehandelt.[293]

199 Wird der Arbeitnehmer als **Organspender** aufgrund eines ärztlichen Eingriffs, der zur Knochen-, Gewebe- oder Organtransplantation unumgänglich ist, krank

---

288 BAG 26.7.1989 – 5 AZR 491/88 – AP Nr. 87 zu § 1 LohnFG.

289 BAG 11.11.1965 – 2 AZR 69/65 – AP Nr. 40 zu § 1 ArbKrankhG; LAG München 9.5.1986 – 4 Sa 130/86 – ABlBayArbMin. 1987 C 22 (Unfall bei Schwarzfahrt); vgl auch LAG Nürnberg 21.9.1979 – 5 Sa 55/79 – BB 1980, 262, wonach eine Arbeitsleistung ohne Entgelt für eine kurze Zeitspanne während der attestierten Arbeitsunfähigkeit allein den Anspruch noch nicht rechtsmissbräuchlich erscheinen lässt.

290 LAG Düsseldorf 18.6.1971 – 12 Sa 328/71 – EEK I/176.

291 BAG 27.3.1991 – 5 AZR 58/90 – AP Nr. 92 zu § 1 LohnFG; ArbG Limburg 9.4.1997 – 1 Ca 817/96 – BB 1997, 2006.

292 BAG 7.11.1975 – 5 AZR 459/74 – AP Nr. 38 zu § 1 LohnFG; Gola DB 1985, 2046; ders. § 3 EFZG Anm. 3.5.2; aA LAG Nürnberg 26.3.1981 – 5 Sa 143/80 – ABlBayArbMin. 1981 C 46, betreffend Verletzung bei sportlicher Betätigung als Lizensfußballspieler; vgl auch LAG Nürnberg 22.10.1981 – 5 Sa 58/81 – ABlBayArbMin. 1982 C 30, wenn der zur Arbeitsunfähigkeit führende Unfall durch eine besonders risikobehaftete Tätigkeit in der eigenen gewinn- und marktorientierten Landwirtschaft geschieht; so auch BAG 9.3.1973 – 5 AZR 523/72 – AP Nr. 30 zu § 1 LohnFG.

293 BAG 21.4.1982 – 5 AZR 1019/79 – AP Nr. 49 zu § 1 LohnFG; ferner BAG 19.10.1983 – 5 AZR 195/81 – AP Nr. 62 zu § 616 BGB.

und ist er deswegen zur Erbringung der vertraglich geschuldeten Arbeitsleistung außerstande, dann überschreitet diese Arbeitsunfähigkeit **die Grenze des allgemeinen vom Arbeitgeber zu tragenden Krankheitsrisikos**, weil sie den Arbeitnehmer nicht wie ein normales Krankheitsschicksal trifft. Vielmehr nimmt der Arbeitnehmer die Arbeitsunfähigkeit bewusst als unvermeidbare Begleiterscheinung hin, um mit der Organspende eine ethisch hoch stehende und rechtlich zulässige Hilfeleistung für einen anderen zu erbringen. Eine auf diese Weise verursachte Arbeitsunfähigkeit wird nicht mehr von dem sozialen Schutzzweck der die Entgeltfortzahlung im Krankheitsfall regelnden Grundnorm des § 3 Abs. 1 EFZG erfasst, so dass dem Arbeitnehmer wegen des Lohnausfalls ein Anspruch gegen den Versicherungsträger zusteht, der für die Heilbehandlung des Organempfängers aufzukommen hat.[294]

E. Anspruchszeitraum

I. Beginn, Dauer und Ende des Sechswochenzeitraumes

1. Beginn

a) Bei bestehendem Arbeitsverhältnis

Der Anspruch auf Entgeltfortzahlung gemäß § 3 Abs. 1 EFZG beginnt mit dem objektiven Eintritt der Arbeitsunfähigkeit, ohne Rücksicht darauf, zu welchem Zeitpunkt der Arzt diese Arbeitsunfähigkeit festgestellt hat.[295] 200

Voraussetzung ist allerdings, dass die **Wartezeit** des § 3 Abs. 3 EFZG erfüllt ist (vgl oben Rn 179 ff). Für die Berechnung der Dauer der Entgeltfortzahlung gelten die Fristenregeln der §§ 187 ff BGB. Die Frist **beginnt** demnach grundsätzlich mit dem Tag, der auf denjenigen folgt, an dem die Dienstleistung des Arbeitnehmers wegen Arbeitsunfähigkeit infolge Krankheit unmöglich wurde.[296]

Wird der Arbeitnehmer an einem arbeitsfreien Samstag, an einem Sonn- oder Feiertag arbeitsunfähig krank, so beginnt die Frist nach § 187 BGB erst am darauf folgenden Tag. § 193 BGB findet hier keine Anwendung.[297] Tritt die **Arbeitsunfähigkeit während der Arbeitszeit** auf, wird der angebrochene Arbeitstag bei der Berechnung des Sechswochenzeitraums nicht einberechnet. Der Arbeitnehmer erhält für die ausgefallenen Arbeitsstunden dieses Tages das volle Arbeitsentgelt.[298] 201

Etwas anderes gilt jedoch dann, wenn der Arbeitnehmer **vor Beginn der Arbeitszeit** erkrankt. In diesem Fall ist es geboten, um die bisherige Lebensgrundlage des erkrankten Arbeitnehmers nicht zu beeinträchtigen, möglichst nahtlos den Entgeltfortzahlungszeitraum mit dem vorangegangenen Zeitraum der Arbeitsfähigkeit zu verbinden, um damit eine ununterbrochene Arbeitsentgeltzahlung zu gewährleisten. Dies bedingt, mit dem mit einer vollen Fehlschicht belasteten 202

294 BAG 6.8.1986 – 5 AZR 607/85 – AP Nr. 68 zu § 1 LohnFG.
295 Schmitt § 3 EFZG Rn 172 f; Treber, § 3 EFZG Rn 110.
296 BAG 6.9.1989 – 5 AZR 621/88 – AP Nr. 45 zu § 63 HGB.
297 Knorr/Krasney § 3 EFZG Rn 169.
298 BAG 4.5.1971 – 1 AZR 305/70 – AP Nr. 3 zu § 1 LohnFG; Kasseler Handbuch/Vossen 2.2 Rn 118.

ersten Tag der Arbeitsunfähigkeit zugleich den gesetzlichen Sechswochenzeitraum beginnen zu lassen.[299]

203 Erkrankt der Arbeitnehmer **nach Ende der Arbeitszeit,** decken sich der Beginn der Entgeltfortzahlung und der nach dem Wortlaut des § 187 Abs. 1 BGB berechnete Beginn der Sechswochenfrist. Die Frist beginnt danach am darauf folgenden Tag, also am ersten Tag, an dem der Arbeitnehmer seine Arbeit wegen Arbeitsunfähigkeit nicht aufnehmen kann (§ 187 Abs. 1 BGB).

b) Bei ruhendem Arbeitsverhältnis

204 Ruht zur Zeit des Eintritts der Arbeitsunfähigkeit das Arbeitsverhältnis, so beginnt der Anspruch auf Entgeltfortzahlung erst mit dem Ende des Ruhenszeitraums. Ein Arbeitsverhältnis ruht – soweit das Ruhen nicht bereits durch gesetzliche Bestimmungen angeordnet wird, wie zB § 1 ArbPlSchG, § 1 EignungsübungsG –, wenn die wechselseitigen Hauptpflichten aus dem Arbeitsvertrag, die Pflicht des Arbeitnehmers zur Arbeitsleistung und die Pflicht des Arbeitgebers zur Zahlung der vereinbarten Vergütung, suspendiert sind und somit der jeweilige Gläubiger von seinem Schuldner die Erbringung der Leistung nicht mehr verlangen kann.[300]

205 Von einem Ruhen des Arbeitsverhältnisses ist unter anderem auszugehen:

- nach § 1 Abs. 1 ArbPlSchG während des **Grundwehrdienstes** oder einer Wehrübung;[301]
- während des **Wehrdienstes ausländischer Arbeitnehmer** in ihrem Heimatland, wenn sie Staatsangehörige eines Mitgliedstaates der EG sind (Art. 48 Abs. 2 EWG-Vertrag, Art. 9 Abs. 1 VO (EWG) Nr. 38/64, Art. 7 Abs. 1 VO (EWG) Nr. 1612/68);[302]
- während der Abstellung eines Arbeitnehmers durch den Arbeitgeber (Stammfirma) zu einer **Arbeitsgemeinschaft;**[303]
- während eines **unbezahlten Urlaubs;**[304]
- während der **Elternzeit,** in der keine erlaubte Teilzeitarbeit erbracht wird.[305]

206 Während der für Frauen vor und nach der Entbindung **geltenden Beschäftigungsverbote gemäß §§ 3 Abs. 2 und 6 Abs. 1 MuSchG** ruht das Arbeitsverhältnis ebenfalls. Eine über die Schutzfrist hinaus bestehende Arbeitsunfähigkeit der Arbeitnehmerin führt somit erst von dem Tage nach Ablauf des Beschäftigungsverbotes an wieder zu einem Entgeltfortzahlungsanspruch gegenüber dem Arbeitgeber.[306]

---

299 BAG 21.9.1971 – 1 AZR 65/71 – AP Nr. 6 zu § 1 LohnFG; BAG 7.3.1990 – 5 AZR 189/89 – AP Nr. 83 zu § 616 BGB.
300 BAG 9.8.1995 – 10 AZR 539/94 – AP Nr. 181 zu § 611 BGB Gratifikation.
301 BAG 2.3.1971 – 1 AZR 284/70 – AP Nr. 1 zu § 1 ArbPlSchG.
302 Vgl EuGH 15.10.1969 – 15/69 – AP Nr. 2 zu Art. 177 EWG-Vertrag; BAG 5.12.1969 – 5 AZR 215/68 -AP Nr. 3 zu Art. 177 EWG-Vertrag.
303 BAG 23.12.1971 – 1 AZR 126/71 – AP Nr. 10 zu § 1 LohnFG.
304 BAG 14.6.1974 – 5 AZR 467/73 – AP Nr. 36 zu § 1 LohnFG; BAG 15.5.1975 – 5 AZR 293/74 – AP Nr. 4 zu § 37 BAT.
305 BAG 22.6.1988 – 5 AZR 526/87 – AP Nr. 1 zu § 15 BEEG mit Anm. Sowka; BAG 10.2.1993 – 10 AZR 450/91 – AP Nr. 8 zu § 15 BErzGG; BAG 29.9.2004 – 5 AZR 558/03 – AP Nr. 24 zu § 3 EntgeltFG; ferner Rn 68 ff.
306 BAG 26.8.1960 – 1 AZR 202/59 – AP Nr. 20 zu § 63 HGB.

Dagegen besteht bei einem Beschäftigungsverbot nach § 3 Abs. 1 MuSchG bei gleichzeitiger Arbeitsunfähigkeit der Arbeitnehmerin ein Anspruch auf Entgeltfortzahlung (vgl oben Rn 83 ff).[307] Das Arbeitsverhältnis ruht auch nicht an den Tagen, an denen die Arbeit infolge **schlechten Wetters** oder **Kurzarbeit** ausfällt.[308] 207

2. Dauer

Der Anspruch auf Fortzahlung des Arbeitsentgelts besteht bis zu einer Dauer der Arbeitsunfähigkeit von 6 Wochen (§ 3 Abs. 1 Satz 1 EFZG); die im Gesetz festgelegte Höchstdauer beträgt also 42 Kalendertage.[309] Mitgezählt werden dabei auch die Tage, an denen nicht gearbeitet wird, wie etwa Sonn- und Feiertage und freie Tage aufgrund eines Schichtplanes oder Freizeitausgleiches.[310] 208

Diese zeitliche Begrenzung gilt auch für **Aufstockungsleistungen** bei krankheitsbedingter Arbeitsunfähigkeit in der Arbeitsphase eines Altersteilzeitverhältnisses.[311] 209

Ebenso kann auch bei einer dauernden **unwiderruflichen Freistellung** des Arbeitnehmers von der Arbeitspflicht nicht davon ausgegangen werden, dass über das Ende des Entgeltfortzahlungszeitraumes hinaus eine Vergütungspflicht des Arbeitgebers besteht. Die Annahme einer weitergehenden Zahlungspflicht widerspräche den Interessen der Vertragsparteien, denn durch eine von Rechtsvorschriften unabhängigen Vergütungspflicht des Arbeitgebers würden allein die Sozialleistungsträger – bei Arbeitsunfähigkeit die Krankenkassen (Krankengeld gemäß § 44 SGB V; vgl § 44 SGB V Rn 9 ff) – entlastet werden. Etwas anderes gilt nur dann, wenn dies von den Parteien ausdrücklich vereinbart worden ist.[312] 210

Bei der Berechnung der Dauer der sechs Wochen bleiben lediglich solche Tage außer Betracht, für die wegen **Ruhens** des Arbeitsverhältnisses kein Anspruch auf Entgeltfortzahlung besteht; die **Sechswochenfrist „verlängert"** sich um diese Tage.[313] Nach früherer Rechtsprechung des BAG hätte sich die Sechswochenfrist nicht um die Tage verlängert, an denen der erkrankte Arbeitnehmer, wäre er arbeitsfähig geblieben, wegen einer **Arbeitskampfmaßnahme** nicht hätte arbeiten können.[314] Dem steht die neuere Arbeitskampfrechtsprechung des BAG entgegen, wonach die Teilnahme am **Streik** zum Ruhen der beiderseitigen Hauptpflichten aus dem Arbeitsverhältnis führt.[315] Das gleiche gilt, wenn der Arbeitgeber gegenüber dem Arbeitnehmer die **Aussperrung** erklärt, auch in diesem Fall 211

---

307 BAG 22.3.1995 – 5 AZR 874/93 – AP Nr. 12 zu § 11 MuSchG 1968; Marburger BB 1994, 1418; vgl hierzu ferner Zmarzlik/Zipperer/Viethen/Vieß, vor § 3 MuSchG Rn 3 ff.
308 BAG 27.8.1971 – 1 AZR 69/71 – AP Nr. 5 zu § 1 LohnFG.
309 BAG 4.5.1971 – 1 AZR 305/70 – AP Nr. 3 zu § 3 LohnFG; BAG 22.8.2001 – 5 AZR 699/99 – AP Nr. 11 zu § 3 Entgelt FG.
310 ErfK Dörner § 3 EFZG 34; Schmitt § 3 EFZG Rn 198; Treber § 3 EFZG Rn 199.
311 BAG 15.8.2006 – 9 AZR 639/05 – AP Nr. 32 zu § 1 TVG Altersteilzeit.
312 BAG 23.1.2008 – 5 AZR 393/07 – NZA 2008, 389.
313 BAG 15.5.1975 – 5 AZR 293/74 – AP Nr. 4 zu § 37 BAT; BAG 29.9.2004 – 5 AZR 558/03 – AP Nr. 24 zu § 3 EntgeltFG.
314 BAG 22.2.1973 – 5 AZR 461/72 – AP Nr. 28 zu § 1 LohnFG; BAG 8.3.1973 – 5 AZR 491/72 – AP Nr. 29 § 1 LohnFG.
315 BAG 3.8.1999 – 1 AZR 735/98 – AP Nr. 156 zu Art. 9 GG Arbeitskampf; Treber, § 3 EFZG Rn 115.

sind die beiderseitigen Rechte und Pflichten aus dem Arbeitsverhältnis suspendiert.[316]

212 Die Sechswochenfrist **verlängert sich nicht** um die Tage, an denen der erkrankte **Bauarbeiter, wäre** er arbeitsfähig geblieben, wegen schlechten Wetters mit der Arbeit hätte aussetzen müssen.[317]

213 Fällt in die Frist ein bezahlter gesetzlicher Feiertag, so ist dieser auf die Gesamtanspruchsdauer anzurechnen.[318]

214 **Krankheitstage während der Wartezeit** der ersten vier Wochen mindern dabei den Anspruchszeitraum nicht. Dies verdeutlicht die Verweisung auf Abs. 1 in § 3 Abs. 3 EFZG.[319]

3. Ende

215 **Mit Ablauf** des Sechs-Wochen-Zeitraumes entfällt der Anspruch des Arbeitnehmers auf Fortzahlung des Entgelts auch dann, wenn die auf Krankheit beruhende Arbeitsunfähigkeit noch andauert, es sei denn, der Arbeitnehmer hat aufgrund einer kollektiv- oder einzelvertraglichen Vereinbarung die Fortzahlung der Vergütung für einen längeren Zeitraum zu beanspruchen. Das **Ende** der Sechs-Wochen-Frist bestimmt sich nach § 188 Abs. 2 BGB. Die Sechswochenfrist endet deshalb mit Ablauf desjenigen Tages der sechsten Woche, der durch seine Benennung dem Tage entspricht, an welchem die Arbeitsunfähigkeit eintrat.[320]

216 **Beispiele:** Wird der Arbeitnehmer an einem Freitag während der Arbeitsschicht arbeitsunfähig krank, beginnt die Sechswochenfrist, am Samstag und endet nach sechs Wochen am Freitag. Erkrankt der Arbeitnehmer an einem Freitag vor Beginn der Arbeitsschicht, so beginnt der Anspruch auf Entgeltfortzahlung am Freitag und endet nach sechs Wochen am Donnerstag.

217 **Vor Ablauf** der Sechswochenfrist entfällt der Entgeltfortzahlungsanspruch mit Eintritt der Arbeitsfähigkeit des Arbeitnehmers; mit der Wiederaufnahme der Arbeit tritt an die Stelle des Entgeltfortzahlungsanspruchs nach § 3 Abs. 1 EFZG der Anspruch auf das vertraglich bzw tariflich geschuldete Arbeitsentgelt.[321]

218 Der Anspruch auf Entgeltfortzahlung endet ferner mit **Ende des Arbeitsverhältnisses.**[322] Das gleiche gilt, wenn das Arbeitsverhältnis einverständlich in ein Ru-

---

316 BAG 27.6.1995 – 1 AZR 1016/94 – AP Nr. 137 zu Art. 9 GG Arbeitskampf, ErfK/Dörner, § 3 EFZG Rn 17.

317 BAG 27.8.1971 – 1 AZR 69/71 – AP Nr. 5 zu § 1 LohnFG.

318 BAG 19.4.1989 – 5 AZR 248/88 – AP Nr. 62 zu § 1 FeiertagslohnzahlungsG.

319 BAG 26.5.1999 – 5 AZR 476/98 – AP Nr. 10 zu § 3 EntgeltFG; LAG München 2.12.1998 – 9 Sa 865/98 – n.v.; ArbG Frankfurt 3.8.1998 – 2 Ca 5023/98 – BB 1998, 1850 = ZTR 1998, 472; aA LAG Niedersachsen 19.1.1998 – 11 Sa 1740/97 – LAGE § 8 EntgeltfortzG Nr. 1.

320 BAG 22.2.1973 – 5 AZR 461/72 – AP Nr. 28 zu § 1 LohnFG.

321 BAG 14.9.1983 – 5 AZR 70/81 – AP Nr. 55 zu § 1 LohnFG; ferner LAG Berlin 10.5.2001 – 10 Sa 2695/00 – LAGE § 626 BGB Nr. 135, das darauf hinweist, dass der Arbeitgeber nach Ablauf der in der Arbeitsunfähigkeitsbescheinigung attestierten Periode die Annahme der vom Arbeitnehmer angebotenen Arbeitskraft nicht von der Vorlage einer „Gesundschreibung" abhängig machen darf. Liegt objektiv Leistungsfähigkeit vor, trägt der Arbeitgeber bei Ablehnung des Arbeitskraftangebots das Risiko der Entgeltfortzahlung.

322 BAG 24.11.1956 – 2 AZR 345/56 – AP Nr. 4 zu § 611 BGB Fürsorgepflicht.

hestandsverhältnis umgewandelt wird.[323] Der Entgeltfortzahlungsanspruch endet schließlich auch dann, wenn das Arbeitsverhältnis aus anderen als den in § 8 Abs. 1 EFZG genannten Gründen gekündigt und vor Ablauf des Sechswochenzeitraums beendet wird (vgl im Einzelnen § 8 EFZG Rn 39 ff).

II. Neue Krankheit bei bestehender Arbeitsunfähigkeit

Grundsätzlich löst jede **neue Erkrankung** einen neuen Anspruch auf Entgeltfort- 219
zahlung für die Dauer dieser Erkrankung – höchstens für 6 Wochen – aus, gleichgültig, wie oft der Arbeitnehmer erkrankt oder wie viele Tage der Arbeitsfähigkeit zwischen den einzelnen Erkrankungen liegen. Erkrankt der Arbeitnehmer aber an einer neuen Krankheit, **während er noch arbeitsunfähig ist,** so liegt eine einheitliche Arbeitsunfähigkeit vor; durch die neue Erkrankung wird kein neuer Entgeltfortzahlungsanspruch ausgelöst – **Grundsatz der Einheit des Verhinderungsfalles.**[324]

Beispiel:

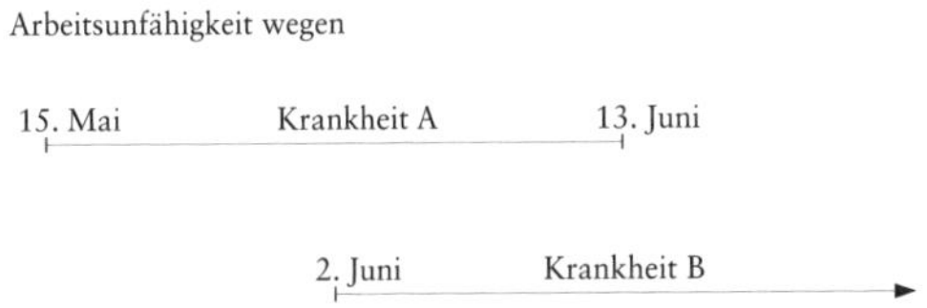

Die Arbeitsunfähigkeit wegen Krankheit B tritt zu der Arbeitsunfähigkeit wegen Krankheit A hinzu. Es handelt sich um eine einheitliche Entgeltfortzahlung. Somit besteht Anspruch auf 6 Wochen Entgeltfortzahlung vom 15. Mai bis zum 25. Juni (= 42 Tage).

Das gilt auch dann, wenn der Arbeitnehmer die **erste Erkrankung selbst ver-** 220
schuldet und deshalb keine Entgeltfortzahlung erhalten hat.[325]

Über die **Dauer** krankheitsbedingter Arbeitsunfähigkeit und damit über das Ende 221
des Verhinderungsfalles entscheidet der Arzt. Gibt die ärztliche Bescheinigung für das **Ende der Arbeitsunfähigkeit** lediglich einen Kalendertag an, wird damit in der Regel Arbeitsunfähigkeit bis zum Ende der üblichen Arbeitszeit des betreffenden Arbeitnehmers an diesem Kalendertag bescheinigt.[326]

III. Wiederholte Arbeitsunfähigkeit

1. Wiederholte Arbeitsunfähigkeit infolge einer neuen Krankheit

Beim Vorliegen der entsprechenden Voraussetzungen löst jeder Krankheitsfall 222
grundsätzlich immer wieder den Anspruch auf Entgeltfortzahlung gemäß § 3 Abs. 1 EFZG aus. Eine Beschränkung, etwa dergestalt, dass der Entgeltfortzahlungsanspruch zB nur einmal bis zu einer Gesamtdauer von 6 Wochen im Jahr

323 BAG 3.11.1961 – 1 AZR 383/60 – AP Nr. 1 zu § 78 SeemG.
324 BAG 12.9.1967 – 1 AZR 367/66 – AP Nr. 27 zu § 133 c GewO; BAG 19.6.1991 – 5 AZR 304/90 – AP Nr. 93 zu § 1 LohnFG; BAG 2.2.1994 – 5 AZR 345/93 – AP Nr. 99 zu § 1 LohnFG; LAG Rheinland-Pfalz 8.12.2006 – 3 Sa 585/06 – LAGE § 3 EntgeltfortzG Nr. 9.
325 LAG Frankfurt 9.12.1985 – 1 Sa 626/85 – NZA 1986, 432.
326 BAG 12.7.1989 – 5 AZR 377/88 – AP Nr. 77 zu § 616 BGB; ferner LAG Berlin 10.5.2001 – 10 Sa 2695/00 – LAGE § 626 BGB Nr. 135.

besteht, kennt das Gesetz nicht; eine **Zusammenrechnung mehrerer Krankheitszeiten findet nicht statt.** Dieser Grundsatz gilt uneingeschränkt jedenfalls dann, wenn es sich um **verschiedene voneinander unabhängige Krankheitsfälle** handelt.[327]

223 Erkrankt der Arbeitnehmer an einer neuen Krankheit, **nach dem Ende der attestierten ersten Krankheit**, so entsteht ein neuer Entgeltfortzahlungsanspruch, auch wenn er die **Arbeit noch nicht wieder aufgenommen** hat, weil er nur wenige außerhalb der Arbeitszeit liegende Stunden arbeitsfähig war.[328]

224 **Beispiel:**

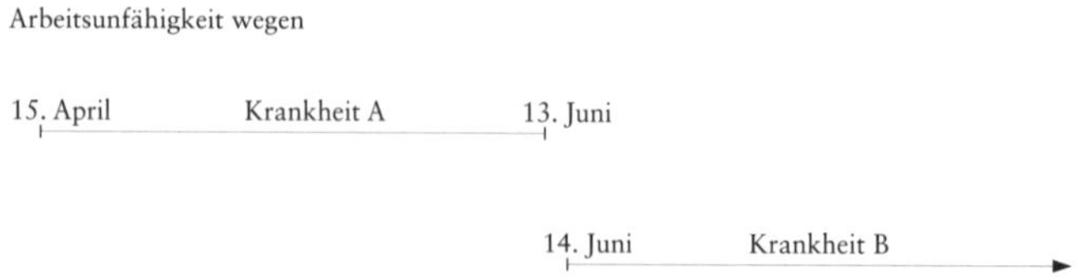

Obwohl der Arbeitnehmer zwischen den Zeiten der Arbeitsunfähigkeit nicht gearbeitet hat, hat der Arbeitgeber für je 42 Tage Arbeitsunfähigkeit Entgeltfortzahlung zu leisten, da Arbeitsunfähigkeit wegen Krankheit B nicht zur Arbeitsunfähigkeit wegen Krankheit A hinzugetreten ist; es liegt keine Einheit des Verhinderungsfalles vor.

225 Nimmt der Arbeitnehmer seine Tätigkeit einer ärztlichen Beurteilung folgend wieder auf, so ist der Verhinderungsfall – die krankheitsbedingte Arbeitsunfähigkeit – in der Regel beendet. Die krankheitsbedingte Arbeitsunfähigkeit kann jedoch dann weiter bestehen, wenn die Arbeitsaufnahme lediglich einen missglückten Arbeitsversuch darstellt. Ein **„missglückter Arbeitsversuch“** liegt nur vor, wenn **objektiv feststeht**, dass der Beschäftigte bei Aufnahme der Arbeit zu ihrer Verrichtung **nicht fähig** war oder er die Arbeit nur unter schwerwiegender Gefährdung seiner Gesundheit – etwa unter der Gefahr einer weiteren Verschlimmerung seines Leidens – würde verrichten können, und wenn er die Arbeit entsprechend der darauf zu gründenden Erwartung vor Ablauf einer wirtschaftlich ins Gewicht fallenden Zeit aufgegeben hat.[329]

226 Um einen solchen handelt es sich, wenn der Arbeitnehmer aufgrund der bei der Arbeit auftretenden krankheitsbedingten Behinderung nur unter Schmerzen arbeiten kann und wenn daraufhin die ärztliche Behandlung fortgesetzt werden muss. Diese fortlaufend bestehende krankheitsbedingte Arbeitsunfähigkeit löst dann nur einmal einen Anspruch, auf Entgeltfortzahlung für die Dauer von 6 Wochen aus.[330] Dem steht die Aufgabe der Rechtsfigur des missglückten Ar-

327 BAG 13.7.2005 – 5 AZR 389/04 – AP Nr. 25 zu § 3 EntgeltFG.
328 BAG vom 2.12.1981 – 5 AZR 89/90 – AP Nr. 48 zu § 1 LohnFG; LAG Nürnberg 29.4.2008 – 6 Sa 749/07 – ZTR 2008, 441.
329 BAG 26.7.1989 – 5 AZR 491/88 – AP Nr. 87 zu § 1 LohnFG; Treber, § 3 EFZG Rn 128.
330 BAG 1.6.1983 – 5 AZR 468/80 – AP Nr. 54 zu § 1 LohnFG.

beitsversuches im Sozialrecht seit Inkrafttreten des SGB V zum 1.1.1989 nicht entgegen.[331]

2. Wiederholte Arbeitsunfähigkeit infolge derselben Krankheit

a) Grundsatz

Wird der Arbeitnehmer innerhalb von zwölf Monaten infolge derselben Krankheit wiederholt arbeitsunfähig, hat er, soweit nicht die Ausnahmetatbestände von § 3 Abs. 1 Satz 2 Nr. 1 und 2 EFZG erfüllt sind, nur Anspruch auf Entgeltfortzahlung bis zur Dauer von insgesamt sechs Wochen. Ein Anspruch auf Entgeltfortzahlung für einen weiteren Zeitraum von sechs Wochen besteht danach, sofern der Arbeitnehmer vor der erneuten Arbeitsunfähigkeit mindestens sechs Monate nicht infolge derselben Krankheit arbeitsunfähig war (§ 3 Abs. 1 Satz 2 Nr. 1 EFZG), bzw seit Beginn der ersten Arbeitsunfähigkeit infolge derselben Krankheit eine Frist von zwölf Monaten abgelaufen ist (§ 3 Abs. 1 Satz 2 Nr. 2 EFZG). 227

b) Begriff „dieselbe Krankheit"

Eine wiederholte Arbeitsunfähigkeit infolge derselben Krankheit liegt vor, wenn 228 die wiederholte Erkrankung **auf demselben medizinisch nicht ausgeheilten Grundleiden beruht**, dh auf dieselbe chronische Veranlagung des Patienten zurückzuführen ist.[332] Der regelwidrige Körper- oder Geisteszustand, der die Krankheitsursache bildet, braucht dabei weder ständig Krankheitserscheinungen hervorzurufen, noch fortlaufend Behandlungsbedürftigkeit bewirken. Es genügt vielmehr, wenn ein medizinisch nicht ausgeheiltes Grundleiden latent weiter besteht und nach einem beschwerdefreien oder beschwerdearmen Intervall erneut Krankheitssymtome hervorruft, die zur Arbeitsunfähigkeit führen.[333] Nicht zu fordern ist dagegen, dass auch die einzelnen **Krankheitserscheinungen** untereinander in einem besonderen Fortsetzungszusammenhang stehen müssen. Es ist daher zwischen dem Grundleiden und den jeweiligen Krankheitserscheinungen zu unterscheiden.[334] Allein der Umstand, dass der Arbeitnehmer während der Arbeitsunfähigkeit Beschwerden verspürt, die erst später zu einer eigenständigen Arbeitsunfähigkeit führen, lässt diese nicht zu einer Fortsetzungserkrankung werden.[335]

Beispiele: Beispiele einer Fortsetzungserkrankung sind etwa eine nicht ausge- 229 heilte Lungenentzündung, die zu einem Rückfall führt, mehrfache akute Erkrankungen rheumatischer Ursache oder eine in bestimmten Schüben auftretende Psychose. Eine Fortsetzungserkrankung liegt auch dann vor, wenn etwa ein Epileptiker bei verschiedenen, zeitlich auseinander liegenden Anfällen Verletzungen an unterschiedlichen Körperteilen erleidet (zB starke Hautabschürfungen, Arm-

331 BSG 4.12.1997 – 12 RK 3/97 – NZS 1998, 234; BSG 16.2.2005 – B 1 KR 8/04 R – SozR 4-2500 § 44 Nr. 4, das seine Rechtssprechung zur Rechtsfigur des missglückten Arbeitsversuches inzwischen aufgegeben hat.
332 BAG 18.5.1957 – 2 AZR 600/56 – AP Nr. 3 zu § 63 HGB; BAG 29.6.2000 – 6 AZR 50/99 – AP Nr. 11 zu § 37 BAT; LAG Frankfurt a.M 12.6.1978 – 1 Sa 1126/77 – NJW 1979, 616; vgl auch Hofmann Festschrift für Gerhard Müller, S. 225 [229].
333 Vgl BSG 7.12.2004 – B 1 KR 10/03 R – USK 2004 – 51; ferner Treber § 3 EFZG, Rn 129.
334 BAG 14.11.1984 – 5 AZR 394/82 – AP Nr. 61 zu § 1 LohnFG; BAG 4.12.1985 – 5 AZR 656/84 – AP Nr. 42 zu § 63 HGB.
335 LAG Rheinland-Pfalz 4.3.2004 – 11 Sa 2074/03 – EEK 3148.

bruch, Bisswunde an der Zunge, Beinbruch). Maßgebend ist nicht, welcher Körperteil bei einem Anfall jeweils verletzt wird.[336] Das gleiche gilt, wenn ein Knochenbruch zuerst mit einer Verschraubung behandelt worden ist und diese Verschraubung später wieder entfernt werden muss.[337] Fortsetzungszusammenhang ist ferner anzunehmen, wenn die einzelnen Erkrankungen jeweils für sich genommen auf die Schwangerschaft zurückzuführen sind.[338]

230 Hat die **erste Erkrankung** keine sechs Wochen gedauert, so ist bei einer **erneuten Erkrankung** am gleichen Grundleiden, die vor Ablauf der genannten sechs Monate eintritt (vgl Rn 227 ff), das Entgelt noch bis zu einer Gesamtdauer von sechs Wochen fortzuzahlen.

231 Einer erneuten Erkrankung am gleichen Grundleiden steht die Bewilligung **einer Maßnahme der medizinischen Vorsorge oder Rehabilitation** gemäß § 9 EFZG wegen dieses Leidens gleich.[339] Für die Frage, ob der Arbeitnehmer länger als sechs Monate nicht an dem Grundleiden erkrankt war, kommt es auf den Antritt der Kur und nicht auf deren Bewilligung an.[340]

c) Sechsmonatszeitraum

232 Die Einschränkung, dass der Entgeltfortzahlungsanspruch des Arbeitnehmers innerhalb von zwölf Monaten auf insgesamt sechs Wochen wegen derselben Krankheit begrenzt ist, gilt dann nicht, wenn der **Arbeitnehmer** vor der erneuten Arbeitsunfähigkeit **mindestens 6 Monate nicht infolge derselben Krankheit arbeitsunfähig** war (§ 3 Abs. 1 Satz 2 Nr. 1 EFZG). Liegen also zwischen der vorausgegangenen und der neuen Arbeitsunfähigkeit wegen derselben Krankheit mindestens 6 Monate, so besteht ein neuer Anspruch auf Entgeltfortzahlung bis zu sechs Wochen.[341]

233 Für die Berechnung der Sechsmonatsfrist (§ 3 Abs. 1 Satz 2 Nr. 1 EFZG) gelten die §§ 187 Abs. 1, 188 Abs. 2 und 3 BGB, dh der Sechsmonatszeitraum beginnt mit dem dem Ende der vorhergehenden Arbeitsunfähigkeit wegen derselben Krankheit folgenden Tag und endet mit Ablauf desjenigen Tages des sechsten folgenden Monats, der dem Tag vorhergeht, der durch seine Zahl dem Anfangstag der Sechsmonatsfrist entspricht.[342]

234 **Beispiel:** Ein Arbeitnehmer erkrankt am 15.1. Seine Arbeitsunfähigkeit dauert bis 20.3. Sein Arbeitsentgelt muss bis 26.2. fortgezahlt werden (sechs Wochen). Der Sechsmonatszeitraum beginnt hier am 21.3. und endet mit Ablauf des 20.9. (§ 188 Abs. 2 und 3 BGB). Würde der Arbeitnehmer am 21.9. erneut an demselben Grundleiden erkranken, stünde ihm ein neuer Entgeltfortzahlungsanspruch zu. Wäre er jedoch **bereits am 20.9. an demselben Grundleiden krank**

336 BAG 4.12.1985 – 5 AZR 656/84 – AP Nr. 42 zu § 63 HGB; weitere Beispiele vgl Hofmann Festschrift für Hilger/Stumpf; S. 343, 348.
337 LAG Frankfurt 12.6.1978 – 1 Sa 1126/77 – NJW 1979, 616.
338 BAG 12.3.1997 – 5 AZR 766/95 – AP Nr. 10 zu § 3 MuSchG 1968, graviditätsbedingte Krankheiten.
339 BAG 18.1.1995 – 5 AZR 818/93 – AP Nr. 8 zu § 7 LohnFG.
340 BAG 2.6.1966 – 2 AZR 325/65 – und 1.2.1973 – 5 AZR 383/72 – AP Nrn. 30 und 33 zu § 63 HGB; ferner LAG Berlin 15.6.1981 9 Sa 18/81 – AP Nr. 5 zu § 7 LohnFG.
341 BAG 22.8.1984 – 5 AZR 489/81 – AP Nr. 60 zu § 1 LohnFG.
342 Vgl BAG 30.8. 1973 – 5 AZR 202/73 – AP Nr. 33 zu § 1 LohnFG, das den Sechsmonatszeitraum durch Rückberechnung vom Beginn der erneuten Erkrankung ermittelt.

geworden, so wäre der Sechsmonatszeitraum noch nicht vollendet. Er hätte in diesem Falle **keinen Anspruch auf Entgeltfortzahlung**.

Soweit der Arbeitnehmer innerhalb des Zeitraums von sechs Monaten an einer 235
anderen Krankheit arbeitsunfähig erkrankt, wird hierdurch der Sechsmonatszeitraum nicht unterbrochen. In diesem Falle hat der Arbeitnehmer unter der Voraussetzung des § 3 Abs. 1 Satz 2 Nr. 1 EFZG sowohl für die Wiederholungskrankheit als auch für die andere Krankheit den Entgeltfortzahlungsanspruch nach § 3 Abs. 1 Satz 1 EFZG. Eine Zusammenrechnung dieser Krankheitszeiten findet nicht statt.

Eine **Vorerkrankung** kann nicht als Teil einer Fortsetzungserkrankung angese- 236
hen werden, wenn sie **lediglich** zu einer bereits bestehenden, ihrerseits zur Arbeitsunfähigkeit führenden Krankheit **hinzugetreten** ist, ohne einen eigenen **Anspruch auf Entgeltfortzahlung** auszulösen.[343]

Tritt eine Krankheit, die sich später als Fortsetzungskrankheit herausstellt, zu 237
einer bereits bestehenden, zur Arbeitsunfähigkeit führenden Krankheit hinzu und dauert sie über deren Ende hinaus an, so ist sie, für die Zeit, in der sie die alleinige Ursache der Arbeitsunfähigkeit war, als Teil der späteren Fortsetzungserkrankung zu werten.[344]

Beispiel: 238

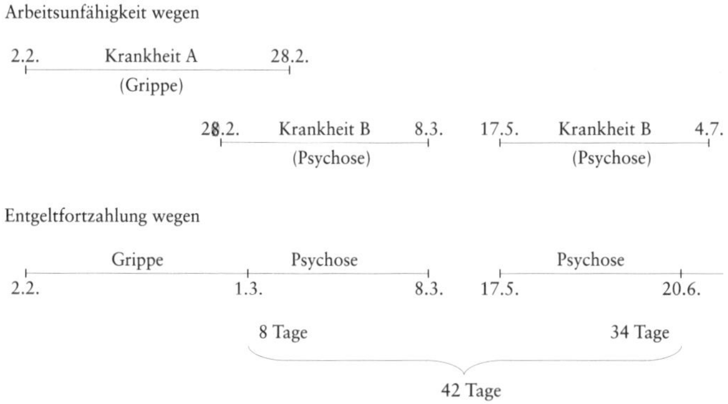

Die Arbeitsunfähigkeit wegen Psychose (Krankheit B) ist am 20.2. zu der bereits seit 2.2. bestehenden Arbeitsunfähigkeit wegen Grippe (Krankheit A) hinzugetreten. Ein Entgeltfortzahlungsanspruch wegen der Psychose entsteht ab dem 1.3., da erst ab diesem Zeitpunkt die Psychose alleinige Ursache der Arbeitsunfähigkeit ist. Nur diese 8 Tage werden auf den sechswöchigen Entgeltfortzahlungszeitraum wegen der Psychose als Fortsetzungskrankheit angerechnet.

Führen zwei Krankheiten jeweils für sich betrachtet nicht zur Arbeitsunfähigkeit, 239
sondern nur weil sie zusammen auftreten, liegt eine Fortsetzungserkrankung auch vor, wenn später eine der beiden Krankheiten erneut auftritt und allein zur

343 BAG 19.6.1991 – 5 AZR 304/90 – AP Nr. 93 zu § 1 LohnFG.
344 BAG 2.2.1994 – 5 AZR 345/93 – zu § 1 LohnFG.

Arbeitsunfähigkeit führt. Auch in diesem Fall ist die erneut auftretende Krankheit Ursache einer vorausgegangenen Arbeitsunfähigkeit.[345]

d) Zwölfmonatszeitraum

240 Der Arbeitnehmer erlangt aber auch dann einen neuen Anspruch auf Entgeltfortzahlung für die Dauer von bis zu sechs Wochen, wenn **seit Beginn der ersten Arbeitsunfähigkeit infolge derselben Krankheit eine Frist von zwölf Monaten abgelaufen** ist (§ 3 Abs. 1 Satz 2 Nr. 2 EFZG). Die **Zwölfmonatsfrist** rechnet vom Beginn der ersten Arbeitsunfähigkeit an (**Methode der Vorausberechnung**). Sie ist nicht mit dem Kalenderjahr identisch. Alle Wiederholungserkrankungen, die während dieses 12-Monatszeitraums eintreten, lösen einen Entgeltfortzahlungsanspruch nur für insgesamt 42 Kalendertage aus.[346] War der Arbeitnehmer jedoch **länger als zwölf Monate durchgehend arbeitsunfähig**, entsteht mit Beginn des dreizehnten Monats kein neuer Anspruch, da keine erneute Arbeitsunfähigkeit vorliegt, sondern die „erste Arbeitsunfähigkeit" iSd § 3 Abs. 1 Satz 2 Nr. 2 EFZG.[347]

241 **Beispiel:** Ein Arbeitnehmer war wegen derselben Krankheit arbeitsunfähig vom 20.3. bis 10.4. = 22 Tage – Entgeltfortzahlung; vom 24.8. bis 20.9. = 28 Tage –, davon 20 Tage bis 12.9. Entgeltfortzahlung, vom 13. bis 20.9. Anspruch gegen die Krankenkasse auf Krankengeld; vom 10.2. bis 19.3. des Folgejahres – keine Entgeltfortzahlung, Anspruch gegen Krankenkasse auf Krankengeld.

Die Zwölfmonatsfrist beginnt mit dem 20.3. und endet mit Ablauf desjenigen Tages des folgenden zwölften Monats, der dem Tag vorhergeht, der durch seine Zahl dem Anfangstag der Frist entspricht (§ 188 Abs. 2 und 3 BGB). hier also dem 19.3. des Folgejahres. Für alle Erkrankungen wegen derselben Krankheit, die innerhalb dieses Zeitraums auftreten, kann nur einmal für insgesamt 42 Kalendertage (sechs Wochen) Entgeltfortzahlung beansprucht werden (im geschilderten Beispiel folglich bis zum 12.9.). Erkrankt der Arbeitnehmer zwar noch innerhalb der Zwölfmonatsfrist, dauert die Krankheit jedoch über die Frist hinaus, lebt der Anspruch wieder auf. Erkrankt also der Arbeitnehmer im vorstehenden Zahlenbeispiel am 10.2. des Folgejahres und dauert die Krankheit bis 28.3., hat er gegen den Arbeitgeber für die Zeit vom 20.3. bis 28.3. des Folgejahres Anspruch auf Entgeltfortzahlung. Denn **mit Ablauf der Zwölfmonatsfrist wird dem Arbeitgeber wieder zugemutet**, dem an demselben Leiden arbeitsunfähig erkrankten Arbeitnehmer erneut für die Dauer von sechs Wochen das Entgelt fortzuzahlen.[348]

---

345 BAG 13.7.2005 – 5 AZR 389/04 – AP Nr. 25 zu § 3 EntgeltFG.

346 BAG 30.8.1973 – 5 AZR 202/73 – AP Nr. 33 zu § 1 LohnFG; BAG 6.10.1976 – 5 AZR 500/76 – AP Nr. 41 zu § 1 LohnFG; BAG 16.12.1987 – 5 AZR 510/86 – AP Nr. 73 zu § 1 LohnFG.

347 Vogelsang Rn 204.

348 So ErfK/Dörner § 3 EFZG Rn 90; Treber § 3 EFZG Rn 139 aA neuerdings BAG 14.3.2007 – 5 AZR 514/06 – AP Nr. 29 zu § 3 EntgeltFG, das unter Hinweis auf den Wortlaut „Wird der Arbeitnehmer ... arbeitsunfähig" die Auffassung vertritt, dass ein neuer Entgeltfortzahlungsanspruch nur entsteht, wenn der Arbeitnehmer nach Ablauf der Zwölfmonatsfrist „erneut infolge derselben Krankheit arbeitsunfähig erkranke".

Bei einer **Maßnahme der medizinischen Vorsorge** oder Rehabilitation bestimmt sich die Zwölfmonatsfrist nach dem Zeitpunkt des Antritts der Maßnahme, nicht nach dem Zeitpunkt der Bewilligung.[349]

e) Verhältnis zwischen Sechsmonats- und Zwölfmonatszeitraum

War ein **wiederholt an demselben medizinisch nicht ausgeheilten Grundleiden** arbeitsunfähig erkrankter Arbeitnehmer zwischenzeitlich, dh zwischen den einzelnen Arbeitsunfähigkeitszeiten mindestens sechs Monate nicht **infolge derselben Krankheit arbeitsunfähig**, so wird dadurch der Fortsetzungszusammenhang zwischen der früheren und der nach diesem Sechsmonatszeitraum erneut auftretenden Arbeitsunfähigkeit unterbrochen. Die spätere Arbeitsunfähigkeit ist dann eine im entgeltfortzahlungsrechtlichen Sinne neue Krankheit. Dies hat zur Folge, dass bei der Berechnung des Zwölfmonatszeitraums nach § 3 Abs. 1 Satz 2 Nr. 2 EFZG diejenigen auf demselben Grundleiden beruhenden Arbeitsunfähigkeitsfälle, die vor dieser im entgeltfortzahlungsrechtlichen Sinne neuen Erkrankung liegen, außer Betracht bleiben. Für den Arbeitnehmer entsteht somit in diesen Fällen erneut ein Entgeltfortzahlungsanspruch für die Dauer von sechs Wochen.[350] **242**

Beispiel: Der Arbeitnehmer B war in der Zeit vom 4.3. bis zum 12.4. und vom 30.4. bis zum 3.6. des Folgejahres sowie vom 30.1. bis zum 27.2. des darauf folgenden Jahres aufgrund desselben Leidens arbeitsunfähig krank. Für die Krankheitszeiten erhielt er vom Arbeitgeber jeweils Entgeltfortzahlung gemäß § 3 Abs. 1 EFZG. In der Zeit vom 18.5. bis zum 28.6. des darauf folgenden Jahres war der Arbeitnehmer B erneut infolge derselben Krankheit arbeitsunfähig erkrankt. Hier ist der Arbeitgeber nur noch verpflichtet, das Entgelt bis zum 30.5. fortzuzahlen, da er bereits 29 Kalendertage während der Arbeitsunfähigkeit vom 30.1. bis zum 27.2. Entgelt fortgezahlt hat. Denn zwischen der dritten Arbeitsunfähigkeit, die vom 30.1. bis zum 27.2. dauerte, und der letzten Arbeitsunfähigkeit, die am 18.5. begann und am 28.6. endete, besteht noch ein Fortsetzungszusammenhang. Beide auf derselben Krankheit beruhenden Arbeitsunfähigkeitsfälle liegen innerhalb eines Zeitraums von zwölf Monaten, so dass der Arbeitgeber nach § 3 Abs. 1 Satz 2 Nr. 2 EFZG für die Arbeitsunfähigkeitsfälle das Arbeitsentgelt nur für insgesamt sechs Wochen fortzuzahlen hat. Ein Fall des § 3 Abs. 1 Satz 2 Nr. 1 EFZG, der voraussetzt, dass der Arbeitnehmer zwischenzeitlich mindestens sechs Monate nicht infolge derselben Krankheit arbeitsunfähig war und der den Fortsetzungszusammenhang unterbrechen würde, liegt hier nicht vor. **243**

IV. Wechsel des Arbeitsverhältnisses

Ob eine Fortsetzungserkrankung vorliegt, ist allein danach zu beurteilen, ob der **Arbeitnehmer in diesem Arbeitsverhältnis** bereits einmal an dem gleichen Grundleiden erkrankt war. Erkrankungen und Entgeltfortzahlungen in einem früheren Arbeitsverhältnis spielen grundsätzlich keine Rolle.[351] **244**

349 BAG 2.6.1966 – 2 AZR 325/65 – AP Nr. 30 zu § 63 HGB.
350 BAG 6.10.1976 – 5 AZR 500/75 – und 16.12.1987 – 5 AZR 510/86 – AP Nrn. 41 und 73 zu § 1 LohnFG.
351 BAG 13.1.1972 – 5 AZR 314/71 – AP Nr. 11 zu § 1 LohnFG mit Anm. Paulsdorff.

245 Deshalb sind Arbeitsunfähigkeitszeiten wegen derselben Krankheit, für die bereits Entgeltfortzahlung von einem früheren Arbeitgeber geleistet wurde, bei der Berechnung des Entgeltfortzahlungsanspruches im neuen Arbeitsverhältnis nicht mitzurechnen. Ausnahmsweise können **jedoch zwei rechtlich selbständige Arbeitsverhältnisse**, die der Arbeitnehmer zu demselben Arbeitgeber begründet hatte, wie **ein einheitliches Arbeitsverhältnis** zu behandeln sein, wenn zwischen ihnen ein enger sachlicher Zusammenhang besteht. Dieser enge Zusammenhang ist zu bejahen, wenn der Arbeitnehmer aus betrieblichen Gründen entlassen und nach 4 Wochen zu unveränderten Bedingungen wieder eingestellt worden ist.[352]

246 Ein anderes Arbeitsverhältnis ist es, wenn der Arbeitnehmer zu einer **Arbeitsgemeinschaft abgestellt** wird. Erkrankt er dort und nach seiner Rückkehr zum Stammbetrieb erneut am gleichen Leiden, so liegt keine Fortsetzungserkrankung vor.[353]

247 Wird der Betrieb von einem neuen Betriebsinhaber übernommen (**Betriebsübergang**) und tritt dieser in die Rechte und Pflichten aus dem vorher begründeten Arbeitsverhältnis ein, so gestattet es § 613 a Abs. 1 BGB dem neuen Betriebsinhaber, vor dem rechtsgeschäftlichen Übergang liegende Arbeitsunfähigkeitszeiten, die auf derselben Krankheit beruhen, auf die Dauer der Entgeltfortzahlung anzurechnen (vgl im Einzelnen Rn 17 ff).

V. Darlegungs- und Beweislast

248 Für das Vorliegen eines **neuen Verhinderungsfalles**, nach beendeter vorangegangener Arbeitsunfähigkeit ist der **Arbeitnehmer** darlegungs- und beweispflichtig.[354]

249 Für das **Bestehen einer Fortsetzungskrankheit** hatte nach der früheren Rechtsprechung des BAG der **Arbeitgeber** die **Darlegungs- und Beweislast.** Bei der ihm obliegenden Beweisführung kam ihm wie jeder beweisbelasteten Partei die Erleichterung des Anscheinsbeweises zugute.[355] Lagen objektive Anhaltspunkte dafür vor, dass der Arbeitnehmer infolge derselben Krankheit wiederholt arbeitsunfähig geworden ist (§ 3 Abs. 1 Satz 2 EFZG – Fortsetzungskrankheit), oblag dem **Arbeitgeber** eine Erkundigungspflicht. Danach war er gehalten, durch Rückfrage bei Arzt oder Krankenkasse zu klären, ob eine Fortsetzungskrankheit besteht. Der **Arbeitnehmer** war dabei nach Treu und Glauben zur Mitwirkung verpflichtet. Er musste den **Arzt oder** die **Krankenkasse** von der **Schweigepflicht befreien**, damit diese die erforderliche Auskunft erteilen können. Solange der Arbeitnehmer die Mitwirkung abgelehnt hatte, konnte der Arbeitgeber die Fortzahlung des Arbeitsentgelts verweigern. Die Befreiung von der Schweigepflicht erstreckte sich nur auf die Frage, ob eine Fortsetzungskrankheit vorlag. Weitere Auskünfte (insbesondere über den Krankheitsbefund) kamen nicht in Betracht.[356]

352 BAG 2.3.1983 – 5 AZR 194/80 – AP Nr. 51 zu § 1 LohnFG.
353 BAG 23.12.1971 – 1 AZR 126/71 – AP Nr. 10 zu § 1 LohnFG; Schwab, NZA-RR 2008, 169, 173.
354 LAG Berlin 22.6.1990 – 6 Sa 34/90 – ARSt 1990, 173.
355 BAG 4.12.1985 – 5 AZR 656/84 – AP Nr. 42 zu § 63 HGB; BAG 12.3.1997 – 5 AZR 86/85 – AP Nr. 10 zu § 3 MuSchG 1968.
356 BAG 19.3.1986, AP Nr. 67 zu § 1 LohnFG.

Nachdem für den Arbeitgeber keine Möglichkeit besteht, die wertende Mitteilung der Krankenkasse zu überprüfen, hat nach neuerer Rechtsprechung des BAG der **Arbeitnehmer** die anspruchsbegründenden Tatsachen des Entgeltfortzahlungsanspruches darzulegen und ggf zu beweisen. Ist er innerhalb der Zeiträume des § 3 Abs. 1 Satz 2 EFZG länger als sechs Wochen arbeitsunfähig, muss er darlegen, dass keine Fortsetzungserkrankung vorliegt. Wird dies vom Arbeitgeber bestritten, obliegt dem Arbeitnehmer die Darlegung der Tatsachen, die den Schluss erlauben, es habe keine Fortsetzungserkrankung vorgelegen. Der Arbeitnehmer hat dann den Arzt von der Schweigepflicht zu entbinden. Die Folgen der Nichterweislichkeit einer Fortsetzungserkrankung sind allerdings vom Arbeitgeber zu tragen, denn nach der sprachlichen Fassung des § 3 Abs. 1 S. 2 Nr. 1 und 2 EFZG trifft den **Arbeitgeber** die **objektive Beweislast**.[357] 250

Bei der oben dargestellten Mitwirkungspflicht des Arbeitnehmers (Rn 244) verbleibt es jedoch, wenn dieser zum Kreis der **geringfügig Beschäftigten** nach § 8 SGB IV gehört und deshalb gemäß § 7 Hs 1 SGB V von der gesetzlichen Krankenversicherung befreit ist. In diesem Fall entfällt die Anwendbarkeit des § 69 Abs. 4 SGB X.[358] 251

F. Bestand des Entgeltfortzahlungsanspruchs

I. Allgemeines

Das vom Arbeitgeber bei krankheitsbedingter Arbeitsunfähigkeit fortzuzahlende Arbeitsentgelt hat trotz des abweichenden Wortlauts von § 3 Abs. 1 Satz 1 EFZG keinen selbstständigen Vergütungscharakter (vgl § 1 Abs. 1, § 4 Abs. 1 EFZG). Es ist der während der Arbeitsunfähigkeit **aufrechterhaltene Vergütungsanspruch** und teilt dessen rechtliches Schicksal.[359] Der Entgeltfortzahlungsanspruch folgt damit allen für die Vergütungsforderung geltenden rechtlichen Regeln.[360] Er ist im Rahmen der gesetzlichen Bestimmungen **pfändbar** (§§ 850 ff ZPO); soweit er der Pfändung unterliegt, kann gegen ihn **aufgerechnet** werden (§§ 387 ff BGB). Besonderheiten gelten für die Fälligkeit des Entgeltfortzahlungsanspruches (Rn 253) sowie die Anwendbarkeit von Ausschlussfristen (Rn 256 ff). 252

II. Fälligkeit

Der Entgeltfortzahlungsanspruch gemäß § 3 Abs. 1 Satz 1 EFZG wird grundsätzlich mit den normalen Arbeitsentgeltansprüchen fällig. Dies gilt auch im Anwendungsbereich des § 8 Abs. 1 Satz 1 EFZG.[361] Kommt es jedoch nach Beendigung des Arbeitsverhältnisses vor dem normalen Entgeltzahlungstermin zu einer **Schlussabrechnung**, liegt darin in der Regel die Vereinbarung, dass alle noch ausstehenden Ansprüche aus dem Arbeitsverhältnis bereits mit dieser Schlussabrechnung fällig werden sollen.[362] Soweit über den Fälligkeitstermin keine ta- 253

357 BAG 13.7.2005 – 5 AZR 389/04 – AP Nr. 25 zu § 3 EntgeltFG.
358 Treber, § 3 EFZG Rn 149.
359 BAG 20.8.1980 – 5 AZR 955/78 – AP Nr. 12 zu § 6 LohnFG; BAG 16.1.2002 – 5 AZR 430/00 – AP Nr. 13 zu § 3 EntgeltFG, Kasseler Handbuch/Vossen 2.2. Rn 400; ErfK/Dörner § 3 EFZG Rn 100.
360 BAG 26.10.1971 – 1 AZR 40/71 – und 20.8.1980 – 5 AZR 218/78 – AP Nrn. 1 und 11 zu § 6 LohnFG.
361 BAG 20.8.1980 – 5 AZR 218/78 – AP Nr. 11 zu § 6 LohnFG.
362 BAG 20.8.1980 – 5 AZR 218/78 AP Nr. 11 zu § 6 LohnFG.

rifliche, betriebliche (vgl § 87 Abs. 1 Nr. 4 BetrVG) oder einzelvertragliche Vereinbarung getroffen ist, gilt § 614 BGB für Arbeitnehmer und § 18 Abs. 2 BBiG für Auszubildende. Danach ist die Arbeitsvergütung nach Leistung der Dienste (§ 614 Satz 1 BGB) bzw bei der Zeitvergütung nach Ablauf der einzelnen Zeitabschnitte, zB Monaten oder Wochen (§ 614 Satz 2 BGB) und die nach Monaten zu bemessende Ausbildungsvergütung (§ 18 Abs. 1 Satz 1 BBiG) spätestens am letzten Arbeitstag des Kalendermonats (§ 18 Abs. 2 BBiG) zu entrichten. Für die Feststellung der Fälligkeit nach § 614 BGB ist bei Arbeitsunfähigkeit die Leistung von Diensten zu unterstellen.[363]

III. Unabdingbarkeit/Verzicht

254 Vergleiche hierzu die Ausführungen unter § 12 Rn 14 ff.

IV. Verjährung/Verwirkung

255 Der Gesetzgeber hat mit dem am 1.1.2002 in Kraft getretenen Gesetz zur Modernisierung des Schuldrechts unter anderem das Verjährungsrecht neu geregelt (zu den Übergangsregelungen vgl Art. 229 EGBGB § 6). Die Regelverjährung wurde von 30 auf 3 Jahre verkürzt (§ 195 BGB). Der Anwendungsbereich des § 195 BGB wurde gegenüber dem § 195 BGB aF wesentlich erweitert. Die aufgehobenen zwei-, drei- und vierjährigen Sonderverjährungsfristen der §§ 196, 197, 786 und 852 BGB aF gehen in § 195 BGB auf. Damit verjährt der Anspruch auf Entgeltfortzahlung nicht mehr in zwei Jahren (§ 196 Abs. 1 Nrn. 8 und 9 BGB aF), sondern erst in **drei Jahren**. Die regelmäßige Verjährungsfrist beginnt mit Schluss des Jahres, in dem der Anspruch entstanden ist, und der Anspruchsteller von den anspruchsbegründenden Tatsachen Kenntnis erlangt hat oder ohne grobe Fahrlässigkeit hätte erlangen können (§ 199 Abs. 1 Nrn. 1, 2 BGB). Der **Anspruch des Arbeitgebers** aus ungerechtfertigter Bereicherung nach §§ 812 ff BGB auf Erstattung von irrtümlich zu viel gezahltem oder fortgezahltem Arbeitsentgelt (vgl § 5 Rn 179 f) verjährt ebenfalls in drei Jahren. Eine vorzeitige **Verwirkung** des Anspruchs auf Entgeltfortzahlung kommt nur unter ganz besonderen Umständen in Betracht.[364]

V. Ausschlussfristen

256 Kommt auf das Arbeitsverhältnis eine **tarifliche Ausschlussfrist** zur Anwendung, so gelten derartige Verfallfristen auch für den Entgeltfortzahlungsanspruch.[365] Die tarifliche Ausschlussfrist gilt auch für den nicht organisierten Arbeitnehmer, wenn mit diesem die Anwendung des Tarifvertrages einzelvertraglich vereinbart worden ist.[366] Dabei ist es dem nicht organisierten Arbeitnehmer zuzumuten, sich um die Kenntnis der für die kraft einzelvertraglicher Vereinbarung geltende tarifliche Regelung zu bemühen. Die tarifliche Ausschlussfrist ist für ihn auch dann verbindlich, wenn ihm der Inhalt des Tarifvertrages vom Arbeitgeber nicht im Einzelnen bekannt gemacht worden ist.[367] Nichts anderes ergibt sich auch

---

363 Kasseler Handbuch/Vossen 2.2 Rn 402.
364 LAG Frankfurt 15.2.1995 – 1 Sa 1242/94 – BB 1995, 2325.
365 BAG 16.1.2002 – 5 AZR 430/00 – AP Nr. 13 zu § 3 EntgeltFG.
366 BAG 26.10.1994 – 5 AZR 404/93 – AP Nr. 22 zu § 70 BAT.
367 BAG 12.3.1971 – 3 AZR 224/70 – AP Nr. 9 zu § 1 FeiertagslohnzahlungsG Berlin; BAG 18.2.1992 – 9 AZR 611/90 – AP Nr. 115 zu § 4 TVG Ausschlussfristen.

aus § 2 Abs. 1 Satz 1 NachwG. Der Arbeitgeber genügt seinen Pflichten zum Nachweis der wesentlichen Vertragsbedingungen dadurch, dass er **allgemein auf** den **einschlägigen Tarifvertrag hinweist.** Ein ausdrücklicher Hinweis auf die tarifliche Ausschlussfrist unter Nennung ihres Inhalts ist zur Erfüllung des § 2 Abs. 1 Satz 1 NachwG nicht erforderlich.[368] **Verletzt** der Arbeitgeber seine **Nachweispflicht** gem. § 2 NachwG und verfällt der Entgeltfortzahlungsanspruch infolgedessen wegen Versäumung der tariflichen Ausschlussfrist, muss der Arbeitnehmer nach Schadensersatzgrundsätzen (§§ 280, 286 BGB) so gestellt werden, als wäre der Anspruch nicht verfallen. Dem Arbeitnehmer kann nicht entgegengehalten werden, ein Schaden sei nicht entstanden, da er Anspruch auf Krankengeld habe.[369]

Sind die Ausschlussfristen im Rahmen **vorformulierter Vertragsbedingungen** (§ 305 Abs. 1 Satz 1 BGB) zum Inhalt des Arbeitsvertrages geworden, findet eine Kontrolle auf deren Angemessenheit nach §§ 307 ff BGB statt. Beruht die Ausschlussfrist jedoch auf Tarifvertrag, Betriebsvereinbarung oder Dienstvereinbarung, scheidet eine Inhaltskontrolle aus (§ 310 Abs. 4 Satz 1 BGB). Das Gleiche gilt, wenn auf den gesamten Tarifvertrag Bezug genommen wird, da dann die **Angemessenheitsvermutung** eingreift.[370] Wird dagegen nur auf einen Teil des Tarifvertrages, etwa die Ausschlussfrist, Bezug genommen, kann die Angemessenheit nicht ohne weiteres vermutet werden. In diesen Fällen unterliegt daher die einzelne Tarifbestimmung der gleichen Inhaltskontrolle (§ 307 Abs. 1 iVm Abs. 2 BGB) wie andere Klauseln in allgemeinen Geschäftsbedingungen.[371] Von einer unangemessenen Benachteiligung im Sinne von § 307 Abs. 1 Satz 1 BGB wird jedoch auch bei solchen in Bezug genommenen tariflichen Ausschlussklauseln nicht ausgegangen werden können.[372] 257

Ausschlussfristen, die nach dem Grundsatz der Vertragsfreiheit zulässigerweise **einzelvertraglich** vereinbart werden, unterliegen einer Angemessenheitskontrolle nach § 307 Abs. 1 iVm Abs. 2 BGB. Bisher hat die Rechtsprechung ihre Wirksamkeit anhand der §§ 134, 138, 242, 315 BGB geprüft.[373] Ausgehend von diesen Grundsätzen hat das Bundesarbeitsgericht[374] einer einzelvertraglich vereinbarten Ausschlussklausel die Wirksamkeit versagt, da sie der Verwender ohne besonderen Hinweis und ohne drucktechnische Hervorhebung unter falscher bzw missverständlicher Überschrift eingeordnet hat. Die nunmehr bei einzelver- 258

368 BAG 5.11.2003 – 5 AZR 676/02 – AP Nr. 7 zu § 2 NachwG; BAG 17.4.2002 – 5 AZR 89/01 – AP Nr. 6 zu § 2 NachwG; LAG Niedersachsen 7.12.2000 – 10 Sa 1505/00 – NZA-RR 2001, 145; LAG Bremen 9.11.2000 – 4 Sa 138/00 – LAGE § 2 NachwG Nr. 9; aA LAG Schleswig-Holstein 8.2.2000 – 1 Sa 563/99 – LAGE § 2 NachwG Nr. 8.

369 BAG 5.11.2003 – 5 AZR 676/02 – AP Nr. 7 zu § 2 NachwG.

370 BAG 26.4.2006 – 5 AZR 403/05 – AP Nr. 188 zu § 4 TVG Ausschlussfristen; Lindemann AuR 2002, 81, 86; Gotthardt, Schuldrechtsreform Rn 309 ff.

371 Lindemann AuR 2002, 81, 86.

372 Reinecke DB 2002, 583, 586 aA Nägele/Chwalisz Schuldrechtsreform – Das Ende arbeitsvertraglicher Ausschlussfristen, MDR 2002, 1341.

373 BAG 17.6.1997 – 9 AZR 801/95 – AP Nr. 2 zu § 74 b HGB; BAG 13.12.2000 – 10 AZR 168/05 – AP Nr. 2 zu § 241 BGB; LAG Köln 18.11.1996 – 3 Sa 852/96 – AR-Blattei ES 350 Nr. 153; LAG Köln 28.6.2000 – 2 Sa 346/00 – ZTR 2001, 74; Hess. LAG 29.3.2006 – 6(8/1) Sa 1612/05 – AR-Blattei ES 1000.3.1 Nr. 256; ferner § 12 EFZG Rn 39.

374 Urteil 29.11.1995 – 5 AZR 447/94 – AP Nr. 1 zu § 3 AGB-Gesetz.

traglichen Ausschlussfristen vorzunehmende Angemessenheitskontrolle nach § 307 Abs. 1 iVm Abs. 2 BGB würde zu keinem anderen Ergebnis führen.[375]

259 Die schriftliche **Geltendmachung** eines Anspruchs auf Entgeltfortzahlung im Krankheitsfall genügt zur Wahrung der Ausschlussfrist für eine **erneute** Zeit krankheitsbedingter **Arbeitsunfähigkeit** nicht, wenn dazwischen eine Zeit ohne krankheitsbedingte Arbeitsunfähigkeit liegt. Denn die erneute Arbeitsunfähigkeit auch aufgrund derselben Erkrankung bildet nicht denselben, sondern einen neuen Sachverhalt, der zu einem neuen Entgeltfortzahlungsanspruch führt. Ein einheitlicher („derselbe") Sachverhalt könnte nur dann angenommen werden, wenn der Arbeitnehmer durchgehend arbeitsunfähig krank gewesen wäre. Bei verschiedenen Zeiten krankheitsbedingter Arbeitsunfähigkeit, zwischen denen eine Zeit der Arbeitsfähigkeit liegt, entstehen Ansprüche auf Entgeltfortzahlung dem Grunde nach jeweils neu.[376]

VI. Insolvenz

260 Der Entgeltfortzahlungsanspruch teilt auch in der **Insolvenz** das rechtliche Schicksal des Arbeitsentgelts. Es ist daher zunächst zu differenzieren, zu welchem Zeitpunkt der Anspruch entstanden ist. Rückständige Arbeitsentgeltansprüche aus der Zeit vor dem Eröffnungsantrag sind nach § 38 InsO lediglich Insolvenzforderungen. Anders als nach der mit Wirkung vom 1.1.1999 aufgehobenen Konkursordnung nehmen die rückständigen Forderungen der Arbeitnehmer auch aus dem Zeitraum unmittelbar vor dem Eröffnungsantrag keine bevorzugte Stellung als Masseverbindlichkeiten ein.[377] Die als Insolvenzforderungen begründeten Arbeitsentgeltansprüche, also auch Ansprüche auf Entgeltfortzahlung, sind von den Arbeitnehmern nach Maßgabe der §§ 174 ff InsO beim Insolvenzverwalter zur Insolvenztabelle anzumelden.[378]

Arbeitsentgeltansprüche des Arbeitnehmers nach Eröffnung des Insolvenzverfahrens sind nach § 55 Abs. 1 Nr. 2 InsO Masseverbindlichkeiten.

261 Im Übrigen werden noch nicht befriedigte Ansprüche des Arbeitnehmers auf Entgeltfortzahlung in den in § 183 Abs. 1 Satz 1 SGB III genannten drei Insolvenzereignissen für die vorausgehenden drei Monate des Arbeitsverhältnisses durch das **Insolvenzgeld** abgedeckt. In § 183 Abs. 1 Satz 1 SGB III wird klargestellt, dass nur folgende drei Insolvenzereignisse, und zwar gleichrangig, in Betracht kommen: Die Eröffnung des Insolvenzverfahrens (Abs. 1 Satz 1 Nr. 1), die Abweisung mangels Masse (Abs. 1 Satz 1 Nr. 2) und die vollständige Beendigung der Betriebstätigkeit unter den weiteren Voraussetzungen des Abs. 1 Satz 1 Nr. 3.[379]

375 BAG 25.5.2005 – 5 AZR 572/04 – AP Nr. 1 zu § 310 BGB; BAG 19.3.2008 – 5 AZR 429/07 – AP Nr. 11 zu § 305 BGB, zur zweistufigen Ausschlussfrist; vgl ferner Lingemann NZA 2002, 181, 189 f; aA Nägele/Chwalisz a.a.O Fn 330.

376 BAG 26.10.1994 – 5 AZR 404/93 – AP Nr. 22 zu § 70 BAT.

377 FK-InsO/Schumacher, § 38 Rn 5 a.

378 Vgl auch BGH 20.10.2008 – II ZR 211/07 – NZA-RR 2009,148, wonach sich der Schutzzweck der Insolvenzverschleppungshaftung gem. § 823 Abs. 2 BGB iVm § 64 Abs. 1 GmbHG, § 130 a Abs. 1 HGB nicht auf den Schaden erstreckt, der einem Arbeitnehmer durch die Uneinbringlichkeit eines Anspruchs auf Entgeltfortzahlung wegen krankheitsbedingter Arbeitsunfähigkeit entsteht.

379 Vgl hierzu im Einzelnen Niesel/Krodel, SGB III, § 183 Rn 32 ff.

Für **Ansprüche** auf Arbeitsentgelt für die Zeit **nach Beendigung des Arbeitsverhältnisses** besteht kein Anspruch auf Insolvenzgeld (§ 184 Abs. 1 Nr. 1 SGB III). Der Ausschluss des Entgeltanspruchs für die Zeit nach Beendigung des Arbeitsverhältnisses entspricht dem Schutzgedanken des Insolvenzgeldes. Demzufolge sind Ansprüche auf Entgeltfortzahlung bei Kündigung aus Anlass der Arbeitsunfähigkeit oder vom Arbeitgeber zu vertretender fristloser Eigenkündigung des Arbeitnehmers, die über die Beendigung des Arbeitsverhältnisses hinausgehen (vgl im Einzelnen die Ausführung zu § 8 EFZG) **nicht insolvenzgeldfähig.**[380] 262

G. Rechtsstellung der Krankenkasse bei Forderungsübergang

I. Allgemeines

Der in der gesetzlichen Krankenversicherung versicherte Arbeitnehmer hat unter den in §§ 44 ff SGB V genannten Voraussetzungen Anspruch auf **Krankengeld**, wenn die Krankheit zur Arbeitsunfähigkeit geführt hat (siehe § 44 SGB V Rn 1 ff). Dieser Anspruch richtet sich gegen die Krankenkasse und ruht soweit und solange Versicherte beitragspflichtiges Arbeitsentgelt oder Arbeitseinkommen erhalten; dies gilt nicht für einmalig gezahltes Arbeitsentgelt. **Zuschüsse des Arbeitgebers zum Krankengeld** gelten nicht als beitragspflichtiges Arbeitsentgelt, sofern sie zusammen mit dem Krankengeld das Nettoarbeitsentgelt (§ 47 SGB V) nicht um mehr als 50 € im Monat übersteigen (§ 47 SGB V; vgl auch § 49 SGB V Rn 7). 263

Erhält der versicherte Arbeitnehmer während der Krankheit (Arbeitsunfähigkeit) Entgeltfortzahlung, ruht sein Anspruch auf Krankengeld (§ 49 Abs. 1 Nr. 1 SGB V). Erfüllt der Arbeitgeber den Anspruch auf Entgeltfortzahlung nicht, muss die Krankenkasse dem Versicherten Krankengeld zahlen. In diesem Falle geht nach § 115 Abs. 1 SGB X der Anspruch des Versicherten gegen den Arbeitgeber bis zur Höhe des **gezahlten Krankengeldes** auf die Krankenkasse über. Zweck der Vorschrift ist es, dem Sozialleistungsträger (Krankenkasse) die Leistungen zurückzuerstatten, die nicht angefallen wären, wenn der Arbeitgeber seiner Leistungspflicht rechtzeitig nachgekommen wäre (vgl im Einzelnen § 49 SGB V Rn 12 ff).[381] 264

Der Forderungsübergang nach § 115 Abs. 1 SGB X betrifft nicht nur Entgeltfortzahlungsansprüche aufgrund gesetzlicher Vorschriften, sondern auch solche, die auf Tarifvertrag oder Einzelvertrag beruhen. Die Ansprüche gehen auf die Krankenkasse in dem Zeitpunkt über, **in dem das Krankengeld gezahlt** wird. Die Krankenkasse tritt in die Rechtsstellung des Arbeitnehmers ein.[382] Der Anspruchsübergang nach § 115 Abs. 1 SGB X gilt auch für die **Ersatzkassen.** 265

Der Arbeitgeber kann der Krankenkasse alle **Einwendungen** entgegensetzen, die zur Zeit des Anspruchsübergangs gegen den Arbeitnehmer begründet waren (§ 404 iVm § 412 BGB). So etwa auch den Einwand, eine Entgeltfortzahlungspflicht habe nicht bestanden, da eine Fortsetzungserkrankung vorlag.[383] 266

380 Niesel/Krodel SGB III, § 185 Rn 5.
381 BAG 26.5.1993 – 5 AZR 405/92 – AP Nr. 3 zu § 115 SGB X.
382 BAG 20.8.1980 – 5 AZR 218/78 – AP Nr. 11 zu § 6 LohnFG.
383 Vgl LAG Köln 2.8.2002 – 11 Sa 1097/01 – ZTR 2003, 148 zur Beweisführung der Krankenkasse bei vom Arbeitgeber behaupteter Fortsetzungserkrankung.

267 Die Krankenkasse kann den übergegangenen Entgeltanspruch in eigenem Namen gegen den Arbeitgeber geltend machen. **Zuständig** sind nach § 2 Abs. 1 Nr. 3 lit. a ArbGG die **Arbeitsgerichte**.

268 Hat der Arbeitnehmer einen **Schadensersatzanspruch** (vgl § 6 EFZG Rn 20 ff) und hat ein Versicherungsträger oder Träger der Sozialhilfe aufgrund des Schadensereignisses Sozialleistungen erbracht (zB Krankenbehandlung gem. §§ 27 ff SGB V, Krankengeld gem. §§ 44 ff SGB V), so geht dieser auf anderen gesetzlichen Vorschriften beruhende Ersatzanspruch **kraft Gesetzes auf** den **Versicherungsträger oder Träger der Sozialhilfe** über (§ 116 SGB X; ferner im Einzelnen § 6 EFZG Rn 32 ff).

II. Tarifliche Ausschlussfristen

269 Finden auf das Arbeitsverhältnis des Arbeitnehmers tarifliche Ausschlussfristen Anwendung, so gelten sie auch für die Krankenkasse, auf die der Entgeltfortzahlungsanspruch gemäß § 115 Abs. 1 SGB X übergeht. Eine Tarifbindung der Krankenkasse nach § 3 TVG ist hier nicht notwendig. Vielmehr folgt aus § 404 BGB, dass der Schuldner einer abgetretenen oder kraft Gesetzes übergegangenen Forderung (§§ 412, 404 BGB) – hier der Arbeitgeber – dem neuen Gläubiger, der Krankenkasse, die Einwendungen entgegensetzen kann, die zur Zeit der Abtretung der Forderung gegen den bisherigen Gläubiger (Arbeitnehmer) begründet waren.[384] Die Nichtwahrung der Ausschlussfristen gehört zu den **rechtsvernichtenden Einwendungen** iSd § 404 BGB. Der Arbeitgeber kann somit einwenden, der Anspruch auf Entgeltfortzahlung des Arbeitnehmers sei nicht innerhalb der kollektiv- oder einzelvertraglich begründeten Ausschlussfrist geltend gemacht worden.[385] Verlangt die Ausschlussfrist die gerichtliche Geltendmachung des Anspruches, wirkt eine rechtzeitige Klageerhebung durch den Arbeitnehmer auch zugunsten der Krankenkasse. Nimmt der Arbeitnehmer jedoch die Klage wieder zurück und entfällt damit die fristwahrende Wirkung der Klageerhebung, muss sich die Krankenkasse die Handlungsweise des Arbeitnehmers anrechnen lassen.[386]

270 Auf den Ablauf der Ausschlussfristen kann sich der Arbeitgeber jedoch nicht berufen, wenn er sich geweigert hat, rechtzeitig eine Verdienstbescheinigung zur Berechnung des Krankengeldes auszustellen und dadurch die Krankenkasse den übergegangenen Entgeltfortzahlungsanspruch verspätet geltend gemacht hat.[387]

III. Rechtsstellung bei beendetem Arbeitsverhältnis

271 Vgl hierzu im Einzelnen § 8 Rn 44 ff.

IV. Verzicht und Forderungsübergang nach § 115 Abs. 1 SGB X

272 Die Frage, ob ein wirksamer Verzicht des Arbeitnehmers auf Entgeltfortzahlung[388] auch im Verhältnis zwischen Arbeitgeber und Krankenkasse wirkt, ent-

384 BAG 8.6.1983 – 5 AZR 632/80 – AP Nr. 78 zu § 4 TVG Ausschlussfristen; LAG Köln 17.3.2004 – 3 Sa 1288/03 – LAG-Report 2005, 36.
385 BAG 7.12.1983 – 5 AZR 425/80 – AP Nr. 84 zu § 4 TVG Ausschlussfristen.
386 BAG v. 24.5.1973 – 5 AZR 21/73 – AP Nr. 52 zu § 4 TVG Ausschlussfristen.
387 ArbG Herne 20.11.1981 – 4 Ca 2358/81 – ARSt, 1982, 71. Zum Forderungsübergang nach § 115 Abs. 1 SGB X vgl im Einzelnen Rn 258 ff.
388 Vgl zur Zulässigkeit eines Verzichts auf Entgeltfortzahlung § 12 Rn 13 ff.

scheidet sich danach, ob der Verzicht vor oder nach dem Forderungsübergang gemäß § 115 Abs. 1 SGB X erfolgt ist. Nach § 412 BGB finden auf einen gesetzlichen Forderungsübergang, wie er in § 115 Abs. 1 SGB X vorgesehen ist, die Vorschriften der §§ 399 bis 404, §§ 406 bis 410 BGB entsprechende Anwendung. Nach § 404 BGB kann der Schuldner (Arbeitgeber) dem neuen Gläubiger (Krankenkasse) die Einwendungen entgegensetzen, die zur Zeit der Abtretung (hier: der Zeit des gesetzlichen Forderungsübergangs) begründet waren. Der Arbeitgeber kann sich deshalb gegenüber der Krankenkasse auch darauf berufen, der Anspruch sei durch einen Verzicht des Arbeitnehmers untergegangen, wenn diese Einwendung im Zeitpunkt des Forderungsübergangs, dh der Gewährung des Krankengeldes an den Arbeitnehmer, begründet gewesen ist. Ist also der Verzicht wirksam **vor dem Übergang der Forderung**, der Krankengeldgewährung, ausgesprochen worden, ist keine Forderung auf die Krankenkasse übergegangen, da sie schon vorher untergegangen war.[389]

Ist der Forderungsübergang gemäß § 115 Abs. 1 SGB X auf die Krankenkasse bereits eingetreten und verzichtet der Arbeitnehmer danach auf seinen Entgeltfortzahlungsanspruch, ist ein solcher Verzicht nur dann wirksam, wenn der Arbeitgeber in diesem Zeitpunkt den **Forderungsübergang nicht kannte** (vgl §§ 412, 407 Abs. 1 BGB). Für eine derartige Kenntnis iSd § 407 Abs. 1 BGB reicht es nicht aus, dass der Arbeitgeber von der Krankenversicherungspflicht Kenntnis hat. Erforderlich ist vielmehr, dass der Arbeitgeber die positive Kenntnis des Umstandes hat, der den Forderungsübergang letztlich auslöst, nämlich die Kenntnis von der Gewährung des Krankengeldes. Diese Kenntnis kann er durch Mitteilung der Krankenkasse über die Krankengeldgewährung für einen bestimmten Zeitraum in bestimmter Höhe erhalten oder durch eine entsprechende Information des Arbeitnehmers. Die Mitteilung der Krankenkasse kann dabei auch bereits vor der tatsächlichen Zahlung des Krankengeldes erfolgen.[390] 273

Einigt sich der Arbeitgeber nach Empfang einer solchen Mitteilung mit dem **Arbeitnehmer** über den Entgeltfortzahlungsanspruch, muss er damit rechnen, dass zwischenzeitlich Krankengeld gezahlt worden ist und der Arbeitnehmer über den Anspruch nicht mehr verfügen kann. Dem kann der Arbeitgeber begegnen, indem er sich erkundigt, ob Krankengeld bereits gezahlt worden ist. Ist das nicht der Fall, kann der Arbeitnehmer ungeachtet der erfolgten Mitteilung noch über den Entgeltfortzahlungsanspruch verfügen.[391] 274

§ 4 Höhe des fortzuzahlenden Arbeitsentgelts

(1) Für den in § 3 Abs. 1 bezeichneten Zeitraum ist dem Arbeitnehmer das ihm bei der für ihn maßgebenden regelmäßigen Arbeitszeit zustehende Arbeitsentgelt fortzuzahlen.

389 Feichtinger S. 121; vgl ferner BAG 20.8.1980 – 5 AZR 218/78 – AP Nr. 11 zu § 6 LohnFG.

390 Feichtinger DB 1983, 1206; Krebs DOK 1972 S. 926 [928]; Hofmann Festschrift 25 Jahre Bundesarbeitsgericht S. 217 [236 f]; BAG 20.8.1980 – 5 AZR 218/78 – AP Nr. 11 zu § 6 LohnFG; vgl auch LAG Frankfurt 27.6.1983 – 1 Sa 891/82 – AR-Blattei ES 1000.3.1 Nr. 164.

391 BAG 20.8.1980 – 5 AZR 218/78 – AP Nr. 11 zu § 6 LohnFG.

(1 a) [1]Zum Arbeitsentgelt nach Absatz 1 gehören nicht das zusätzlich für Überstunden gezahlte Arbeitsentgelt und Leistungen für Aufwendungen des Arbeitnehmers, soweit der Anspruch auf sie im Falle der Arbeitsfähigkeit davon abhängig ist, daß dem Arbeitnehmer entsprechende Aufwendungen tatsächlich entstanden sind, und dem Arbeitnehmer solche Aufwendungen während der Arbeitsunfähigkeit nicht entstehen. [2]Erhält der Arbeitnehmer eine auf das Ergebnis der Arbeit abgestellte Vergütung, so ist der von dem Arbeitnehmer in der für ihn maßgebenden regelmäßigen Arbeitszeit erzielbare Durchschnittsverdienst der Berechnung zugrunde zu legen.

(2) Ist der Arbeitgeber für Arbeitszeit, die gleichzeitig infolge eines gesetzlichen Feiertages ausgefallen ist, zur Fortzahlung des Arbeitsentgelts nach § 3 verpflichtet, bemißt sich die Höhe des fortzuzahlenden Arbeitsentgelts für diesen Feiertag nach § 2.

(3) [1]Wird in dem Betrieb verkürzt gearbeitet und würde deshalb das Arbeitsentgelt des Arbeitnehmers im Falle seiner Arbeitsfähigkeit gemindert, so ist die verkürzte Arbeitszeit für ihre Dauer als die für den Arbeitnehmer maßgebende regelmäßige Arbeitszeit im Sinne des Absatzes 1 anzusehen. [2]Dies gilt nicht im Falle des § 2 Abs. 2.

(4) [1]Durch Tarifvertrag kann eine von den Absätzen 1, 1 a und 3 abweichende Bemessungsgrundlage des fortzuzahlenden Arbeitsentgelts festgelegt werden. [2]Im Geltungsbereich eines solchen Tarifvertrages kann zwischen nichttarifgebundenen Arbeitgebern und Arbeitnehmern die Anwendung der tarifvertraglichen Regelung über die Fortzahlung des Arbeitsentgelts im Krankheitsfalle vereinbart werden.

Schrifttum: *Annuß*, Arbeitsrechtliche Aspekte von Zielvereinbarungen in der Praxis, NZA 2007, 290; *Bauer/Lingemann*, Probleme der Entgeltfortzahlung nach neuem Recht, BB 1996, Beilage 17, 8; *Berenz*, Aktuelle Probleme bei der Entgeltfortzahlung im Krankheitsfall, DB 1995, 2166; *Berwanger*, Zielvereinbarungen und ihre rechtlichen Grundlagen, BB 2003, 1499; *Birk*, Bei Krankheit droht Sozialhilfe, AuR 1996, 294; *Boecken*, Probleme der Entgeltfortzahlung im Krankheitsfall, NZA 1999, 673; *Bontrup*, Veränderungen im Entgeltfortzahlungsgesetz – Erhöhung der Wettbewerbsfähigkeit oder Umverteilung, AuA 1996, 405; *Brors*, Die individualarbeitsrechtliche Zulässigkeit von Zielvereinbarungen, RdA 2004, 273; *Buchner*, Entgeltfortzahlung im Spannungsfeld zwischen Gesetzgebung und Tarifautonomie, NZA 1996, 1177; *Däubler*, Das Gesetz zu Korrekturen in der Sozialversicherung und zur Sicherung der Arbeitnehmerrechte, NJW 1999, 601; *Diller*, Das neue Entgeltfortzahlungsgesetz, NJW 1994, 1690; *Feldgen*, Das neue Entgeltfortzahlungsgesetz, DB 1994, 1289; *Fischer*, Der privat genutzte Dienstwagen und das Ende des Entgeltfortzahlungszeitraums, FA 2003, 105; *Gaul*, Rechtsprobleme der Akkordentlohnung, BB 1990, 1549; *Gaul*, Gesetz zur Förderung von Wachstum und Beschäftigung, AuA 1996, 264; *Grobys*, Variable Vergütung – Besonderheiten aus arbeitsrechtlicher Sicht, NJW-Spezial 2004, 177; *Heiden*, Entgeltvariabilisierung durch Zielvereinbarungen, DB 2009, 1705; *Heinze*, Krankenstand und Entgeltfortzahlung – Handlungsbedarf und Anpassungserfordernisse, NZA 1996, 785; *Hidalgo/Rid*, Wie flexibel können Zielbonussysteme sein? BB 2005, 2686; *Hold*, Änderung des Rechts der Entgeltfortzahlung im Krankheitsfall ab 1.1.1999, ZTR 1999, 103; *ders.*, Das neue Entgeltfortzahlungsgesetz, AuA 1994, 193; *Hümmerich*, Zielvereinbarungen in der Praxis, NJW 2006, 2294; *Kamanabrou*, Die Auslegung tariflicher Entgeltfortzahlungsklauseln – zugleich ein Beitrag zum Verhältnis der Tarifautonomie zu zwingenden Gesetzen, RdA 1997, 22; *Kappenhagen*, Lohnausfallprinzip und Bezugsmethode, 1991; *Kehrmann*, Das so genannte „Arbeitsrechtliche Beschäftigungsförderungsgesetz", Der Personalrat 1996, 213; *Kehrmann*, Neues Recht der Entgeltfortzahlung bei Krankheit und an Feiertagen, AiB 1994, 322; *Laber/Reinartz*, Flexibilität und Zielvereinbarungen, ArbRB 2008, 125; *Leinemann*, Der urlaubsrechtliche und der entgeltfortzahlungs-rechtliche Freischichttag, BB 1998, 1414; *ders.*, Der urlaubsrechtliche und entgeltfortzahlungsrechtliche Freischichttag, in: Tarifautonomie für ein neues Jahrhundert, Festschrift für Günter Schaub zum 65. Geburtstag, 443; *ders.*, Fit für ein neues Arbeitsvertragsrecht, BB 1996, 1381; *Lembke*, Die Gestaltung von Vergütungsvereinbarungen, NJW 2010, 257; *Lieb*, Zur Problematik der Provisionsfortzahlung im Urlaubs-, Krankheits- und Feiertagsfall, DB 1976, 2207; *Link/Wierer*, Entgeltfortzahlung per Gesetz oder Tarifvertrag, AuA 1996, 408; *Löwisch*, Der arbeitsrechtliche Teil des so genannten Korrekturgesetzes, BB 1999, 102; *ders.*, Das Arbeitsrechtliche Beschäftigungsförderungsgesetz, NZA 1996, 1009; *ders.*, Höhe der Feiertags- und Krankenvergütung im Freischichtenmodell, SAE 1989, 120; *Lorenz*, Das Arbeitsrechtliche Beschäftigungsförderungsgesetz, DB 1996, 1973; *Marburger*, Neu geregelt – Entgeltfortzahlung im Krankheitsfall, BB 1994, 1417; *Marschner*, Sachbezüge, AR-Blattei SD 1380; *Matthes*, Zum Verhältnis von Lohnfortzahlung und Schlechtwettergeld, BB 1970, 1200; *Mauer*, Zielbonusvereinbarungen als Vergütungsgrundlage im Arbeitsverhältnis, NZA 2002, 540; *Preis*, Das arbeitsrechtliche Beschäftigungsförderungsgesetz 1996, NJW 1996, 3369; *ders.*, Konstitutive und deklaratorische Klauseln in Tarifverträgen, in: Tarifautonomie für ein neues Jahrhundert, Festschrift für Günter Schaub zum 65. Geburtstag, 571; *Reiserer*, Zielvereinbarung – ein Instrument der Mitarbeiterführung, NJW 2008, 609; *Sabel*, Begriff „regelmäßige Arbeitszeit" im Sinne des § 2 Abs. 1 Satz 1 LFZG, WzS 1974, 5; *Schaub*, Entgeltfortzahlung im neuen (alten) Gewand?, NZA 1999, 177; *Scheddler*, Neues ab 1. Januar '99 im Arbeits- und Sozialrecht, AuA 1999, 52, 54; *Schliemann*, Neues und Bekanntes im Entgeltfortzahlungsgesetz, AuR 1994, 317; *Schmitt*, Die Berücksichtigung von Überstunden bei der Entgeltfortzahlung im Krankheitsfall, Festschrift 50 Jahre Bundesarbeitsgericht, 197; *Schneider*, Lohnfortzahlung im Krankheitsfall bei Mitgliedern von Akkordgruppen, RdA 1973, 300; *Schwedes*, Das Arbeitsrechtliche Beschäftigungsförderungsgesetz, BB 1996, Beilage 17; *Veit*, Der Anspruch auf Lohnfortzahlung für krankheitsbedingte Fehlzeiten und auf Feiertagsausgleich nach dem Freischichtenmodell, NZA 1990, 249; *Viethen*, Entgeltfortzahlungsgesetz 1996, KrV 1997, 17; *Waltermann*, Entgeltfortzahlung bei Arbeitsunfällen und Berufskrankheiten nach neuem Recht, NZA 1997, 177; *Wedde*, Besteht aufgrund der MTV der Metall-, Elektro- und Stahlindustrie trotz der gesetzlichen Neuregelung (§ 4 Abs. 1 EFZG n.F.) weiterhin ein Anspruch auf 100 %ige Fortzahlung des Entgelts im Krankheitsfall?, AuR 1996, 421; *Westhoff*, Die Fortzahlung der Provision bei Krankheit, Urlaub und in anderen Fällen der Arbeitsverhinderung, NZA 1986, Beilage 3, 25; *Wirges*, Überstundenvergütung als regelmäßiges Arbeitsentgelt, DB 2003, 1576; *Zachert*, Auslegungsgrundsätze und Auslegungsschwerpunkte bei der aktuellen Diskussion um die Entgeltfortzahlung, DB 1996, 2078.

A. Allgemeines 1
I. Inhalt 1
II. Entstehungsgeschichte 5
B. Höhe der Entgeltfortzahlung 10
I. Rechtslage seit dem 1.1.1999 ... 10
II. Rechtslage für die Zeit vom 1.10.1996 bis 31.12.1998 12
1. Grundsatz 12
2. Arbeitsunfähigkeit infolge Arbeitsunfall oder Berufskrankheit 13
3. Bedeutung tariflicher Entgeltfortzahlungsregelungen 14
4. Anrechnung auf den Erholungsurlaub 19
5. Übergangsprobleme 22
C. Bemessungsgrundlagen 25
I. Berechnungsmethode 26
1. Entgeltausfallprinzip 26
2. Modifikation des Entgeltausfallprinzips 27
3. Einzelfragen 28
II. Berechnungsgrundlagen 31
1. Regelmäßige Arbeitszeit 31
a) Allgemeines 31
b) Einzelfälle 40
aa) Überstunden 40
bb) Bereitschafts- und Rufbereitschaftsdienste 55
cc) Arbeit auf Abruf 58
dd) Arbeitsplatzteilung (Jobsharing) 62
ee) Teilzeit, geringfügige Beschäftigung 63
ff) Freischichten 68
gg) Flexible Arbeitszeit mit Arbeitzeitkonto, Vertrauensarbeitszeit 71
hh) Schichtarbeit 74
ii) Saisonarbeit 76
2. Arbeitsentgelt 78
a) Grundsätzliches 78
b) Fortzuzahlendes Arbeitsentgelt 83
aa) Grundvergütung 84
bb) Überstundenvergütung 86

cc) Vergütung für Pausen-, Wasch- und Umkleidezeiten sowie für Bereitschafts- und Rufbereitschaftsdienste 88
dd) Zulagen und Aufstockungsleistungen 89
ee) Leistungsprämien und Leistungszulagen; Zuverlässigkeitsprämien, Provisionen und Gewinnbeteiligung 91
ff) Trink- und Bedienungsgelder, Troncsystem ... 95
gg) Natural- und Sachleistungen 98
hh) Vermögenswirksame Leistungen 108
ii) Arbeitgeberanteile zur Sozialversicherung 109
c) Nicht fortzuzahlende Leistungen 112
aa) Aufwendungsersatz 113
(1) Begriff 113
(2) Wege- und Fahrgelder 120
(3) Reisekostenvergütung und Spesen 123
(4) Auslösung und Trennungsentschädigung ... 125
(5) Schmutzzulagen 130
bb) Überstundenzuschläge 131
cc) Sondervergütungen, Gratifikationen und sonstige einmalige Zuwendungen 132
dd) Mankogeld 138
ee) Leistungen Dritter 140
ff) Karenzentschädigung 142
D. **Berechnung der Entgeltfortzahlung in Einzelfällen** 143
I. Festlohn 143
II. Zeitlohn 144
1. Bei fester Arbeitszeit 144
2. Bei variabler Arbeitszeit 148
III. Leistungslohn (Akkord- und Prämienlohn, Leistungszulagen) 151
1. Grundsätzliches 151
2. Einzelakkord, -prämie 157
3. Gruppenakkord, -prämie ... 162
4. Leistungszulagen (Umsatzprovision, Gewinnbeteiligung, Erfolgsprämie, Bonus) 163
IV. Arbeitsunfähigkeit und Feiertag 170
V. Arbeitsunfähigkeit und Kurzarbeit 172
E. **Abweichung durch Tarifvertrag** ... 183
I. Inhalt und Umfang der Tariföffnungsklausel 183
1. Allgemeines 183
2. Abweichende Bemessungsgrundlage 187
a) Grundsätzliches 187
b) Andere Berechnungsmethode 189
c) Andere Berechnungsgrundlagen 190
II. Arbeitsvertragliche Bezugnahme auf Tarifvertrag (Unterwerfungsvereinbarung) 194

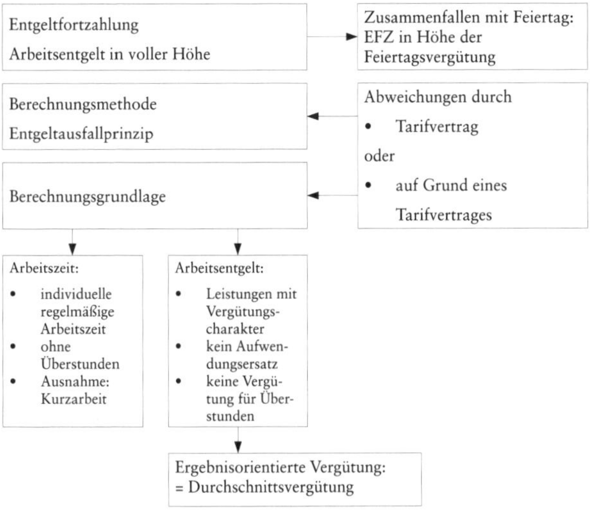
Entgeltfortzahlung
Arbeitsentgelt in voller Höhe
Zusammenfallen mit Feiertag: EFZ in Höhe der Feiertagsvergütung
Berechnungsmethode
Entgeltausfallprinzip
Abweichungen durch
• Tarifvertrag
oder
• auf Grund eines Tarifvertrages
Berechnungsgrundlage
Arbeitszeit:
• individuelle regelmäßige Arbeitszeit
• ohne Überstunden
• Ausnahme: Kurzarbeit
Arbeitsentgelt:
• Leistungen mit Vergütungscharakter
• kein Aufwendungsersatz
• keine Vergütung für Überstunden
Ergebnisorientierte Vergütung: = Durchschnittsvergütung

A. Allgemeines

I. Inhalt

§ 4 Abs. 1 EFZG bestimmt die Höhe des dem Arbeitnehmer während der Arbeitsunfähigkeit für den in § 3 Abs. 1 EFZG bezeichneten Zeitraum fortzuzahlenden Arbeitsentgelts. Als Berechnungsgrundlage ist hierfür das Arbeitsentgelt maßgebend, das dem Arbeitnehmer für den Entgeltfortzahlungszeitraum unter Berücksichtigung der für ihn maßgebenden regelmäßigen Arbeitszeit zustehen würde. Entscheidend für die **Höhe der Entgeltfortzahlung** ist grundsätzlich, **was der Arbeitnehmer verdient hätte, wenn er nicht krank geworden wäre.** § 4 EFZG geht also wie die Bestimmung des § 2 LFZG vom **Entgeltausfallprinzip**[1] aus. Die sich hierauf beziehende Rechtsprechung und Literatur zu den Vorgängerregelungen können deshalb auch zur Interpretation des § 4 EFZG herangezogen werden. 1

§ 4 Abs. 1 a EFZG enthält **Modifikationen des Entgeltausfallprinzips** hinsichtlich des für Überstunden gezahlten Arbeitsentgelts sowie für Leistungen, die der Arbeitnehmer im Falle seiner Arbeitsfähigkeit für Aufwendungen erhält, die ihm während der Arbeitsunfähigkeit nicht entstehen. Außerdem wird aus Gründen der Praktikabilität beim Leistungslohn (zB Akkord- oder Prämienlohn) auf den erzielbaren Durchschnittsverdienst abgestellt. 2

§ 4 Abs. 2 und 3 EFZG regeln das **Zusammentreffen** von **krankheitsbedingter Arbeitsunfähigkeit** mit **gesetzlichen Feiertagen** und **Kurzarbeit.** 3

Die **Öffnungsklausel** des § 4 Abs. 4 Satz 1 EFZG lässt unabhängig vom **Günstigkeitsprinzip** eine vom Gesetz abweichende Festlegung der Bemessungsgrundlage des fortzuzahlenden Arbeitsentgelts durch Tarifvertrag zu. Im Geltungsbereich eines solchen Tarifvertrages kann zwischen nicht tarifgebundenen Arbeit- 4

1 Vgl Rn 26.

gebern und Arbeitnehmern die Anwendung der tarifvertraglichen Regelung über die Fortzahlung des Arbeitsentgelts im Krankheitsfall vereinbart werden.

II. Entstehungsgeschichte

5 § 4 EFZG hat zum **1.6.1994** die Bestimmung des für Arbeiter geltenden § 2 LFZG abgelöst. In den bis zu diesem Zeitpunkt für Angestellte maßgebenden Regelungen (§§ 616 Abs. 2 Satz 1 BGB, 133 c Satz 1 GewO, 63 Abs. 1 Satz 1 HGB) war die Höhe der fortzuzahlenden Krankenvergütung nicht geregelt. Es bestand jedoch Einigkeit, dass auch für die Angestellten die fortzuzahlenden Leistungen nach dem so genannten modifizierten Entgeltausfallprinzip[2] zu bemessen waren, wie es in § 2 LFZG seinen Niederschlag gefunden hatte.[3]

6 Von dem zum 1.6.1994 in Kraft getretenen § 4 EFZG werden nunmehr alle Arbeitnehmer, einschließlich der zu ihrer Berufsbildung Beschäftigten erfasst. Neu in § 4 EFZG wurde auch die Regelung zur Lösung des Konflikts zwischen Arbeitsunfähigkeit und gesetzlichen Feiertagen in Absatz 3 aufgenommen (früher: § 1 Abs. 2 FLZG). Durch die Öffnung der gesetzlichen Regelung in Bezug auf die Bemessungsgrundlage sollte der vom Bundesarbeitsgericht zu § 2 LFZG vertretenen Auffassung, die Tarifvertragsparteien könnten nur hinsichtlich der Berechnungsmethode[4] nicht aber der Berechnungsgrundlage von den gesetzlichen Regelungen abweichen,[5] der Boden entzogen werden.[6]

7 Zum **1.10.1996** wurde die Höhe der Entgeltfortzahlung durch das „Arbeitsrechtliche Gesetz zur Förderung von Wachstum und Beschäftigung (Arbeitsrechtliches Beschäftigungsförderungsgesetz)“ vom 25.9. 1996 (BGBl. I S. 1476) neu geregelt. Nach § 4 Abs. 1 Satz 1 EFZG aF reduzierte sich der Anspruch auf Entgeltfortzahlung im Krankheitsfall von 100 % auf 80 % soweit die Arbeitsunfähigkeit nicht auf einen Arbeitsunfall oder eine Berufskrankheit zurückzuführen war (§ 4 Abs. 1 Satz 2 EFZG aF). Der Arbeitnehmer hatte die Möglichkeit, die Absenkung der Entgeltfortzahlung zu vermeiden, indem er sich für je fünf Krankheitstage den ersten Tag auf den Erholungsurlaub anrechnen ließ (§ 4 a EFZG aF). Mit § 4 b Satz 1 EFZG aF wurden ferner Vereinbarungen zugelassen, Sondervergütungen, die zusätzlich zum laufenden Arbeitsentgelt erbracht werden, für Zeiten der Arbeitsunfähigkeit infolge Krankheit in bestimmtem Umfang (§ 4 b Satz 2 EFZG aF) zu kürzen.

8 Das „Gesetz zur sozialrechtlichen Behandlung von einmalig gezahltem Arbeitsentgelt“ vom 12.12.1996 (BGBl. I S. 1859) trug in der Folge dem Inkrafttreten des SGB VII zum 1.1.1997 Rechnung. Seit **1.1.1997** wird in § 4 Abs. 1 Satz 2 EFZG statt auf die unfallversicherungsrechtlichen Bestimmungen der Reichsversicherungsordnung auf die Bestimmungen des SGB VII Bezug genommen.

9 Mit dem „Gesetz zu Korrekturen in der Sozialversicherung und zur Sicherung der Arbeitnehmerrechte“ (Korrekturgesetz) vom 19.12.1998 (BGBl. I S. 3843) wurden die zum 1.10.1996 eingetretenen Kürzungen der Entgeltfortzahlung mit Wirkung zum **1.1.1999** ohne Übergangsregelung im Wesentlichen wieder rück-

2 Rn 27.
3 Schmitt, § 4 EFZG Rn 2.
4 Vgl Rn 26 ff.
5 BAG 3.3.1993 – 5 AZR 132/92 – AP Nr. 25 zu § 2 LohnFG.
6 Schmitt, § 4 EFZG Rn 15.

gängig gemacht. Der Anspruch auf Entgeltfortzahlung beträgt seither wieder 100 %, was die Streichung des § 4 a EFZG aF mit sich brachte. § 4 b EFZG aF wurde zu § 4 a EFZG. Wie bei der Ermittlung des Urlaubsentgelts nach § 11 Abs. 1 Satz 1 BUrlG bleibt seit 1.1.1999 auch für die Berechnung der Entgeltfortzahlung das zusätzlich für Überstunden gezahlte Arbeitsentgelt unberücksichtigt (§ 4 Abs. 1 a Satz 1 EFZG).

B. Höhe der Entgeltfortzahlung

I. Rechtslage seit dem 1.1.1999

Nach § 4 Abs. 1 EFZG ist dem Arbeitnehmer im Krankheitsfall für den in § 3 Abs. 1 EFZG bezeichneten Zeitraum[7] das ihm bei der für ihn maßgebenden regelmäßigen Arbeitszeit zustehende Arbeitsentgelt ungekürzt fortzuzahlen. Hierbei gilt grundsätzlich das so genannte **Entgeltausfallprinzip.** Im Hinblick auf die Beschränkungen des § 4 Abs. 1 a EFZG, denen die zur Berechnung der Entgeltfortzahlung im Einzelfall heranzuziehenden Grundlagen unterliegen (Überstunden bleiben unberücksichtigt; Abstellen auf den erzielbaren Durchschnittsverdienst im Leistungslohn), handelt es sich allerdings um **ein modifiziertes Entgeltausfallprinzip.**[8] 10

Das **fortzuzahlende Arbeitsentgelt** ist grundsätzlich **als Bruttolohn** zu zahlen. Sofern Lohnbestandteile nur bei tatsächlicher Arbeitsleistung steuerfrei sind – wie etwa Nachtzuschläge –, gehen die im Falle der Erkrankung darauf entfallende Lohnsteuer und die entsprechenden Sozialversicherungsbeiträge zulasten des Arbeitnehmers. Die steuer- und sozialversicherungsrechtliche Behandlung des Arbeitslohns ergibt sich aus den zwingenden öffentlich-rechtlichen Normen des EStG.[9] 11

II. Rechtslage für die Zeit vom 1.10.1996 bis 31.12.1998

1. Grundsatz

Die Höhe der Entgeltfortzahlung hat in der Zeit vom 1.10.1996 bis 31.12. 1998 gemäß § 4 Abs. 1 Satz 1 EFZG aF 80 % des dem Arbeitnehmer bei regelmäßiger Arbeitszeit zustehenden Arbeitsentgelts betragen. 12

2. Arbeitsunfähigkeit infolge Arbeitsunfall oder Berufskrankheit

Beruhte die Arbeitsunfähigkeit auf einem **Arbeitsunfall** gemäß § 8 SGB VII oder auf einer **Berufskrankheit,** so fand keine Kürzung des fortzuzahlenden Arbeitsentgelts statt (§ 4 Abs. 1 S. 2 EFZG aF). Dies galt bei einem Arbeitsunfall jedoch nur bezogen auf das Arbeitsverhältnis, in dem der Arbeitsunfall eingetreten war (§ 4 Abs. 1 Satz 2 Hs 2 EFZG aF). Befand sich der Arbeitnehmer in weiteren Arbeitsverhältnissen, so erfolgte die Entgeltfortzahlung dort nur auf der 80 %-Basis. 13

---

7 Vgl § 3 Rn 200 ff.
8 BAG 26.6.2002 – 5 AZR 592/00 und 24.3.2004 – 5 AZR 146/03 – AP Nrn. 61 und 66 zu § 4 EntgeltFG; vgl auch Rn 27.
9 BAG 31.5.1978 – 5 AZR 116/77 – AP Nr. 9 zu § 2 LohnFG; BAG 19.10.2000 – 8 AZR 20/00 – AP Nr. 11 zu § 611 BGB Haftung des Arbeitgebers.

3. Bedeutung tariflicher Entgeltfortzahlungsregelungen

14 Durch die zum 1.10.1996 eingetretene Absenkung der Entgeltfortzahlungshöhe stellte sich in vielen Fällen die Frage nach der rechtlichen Bedeutung tarifvertraglicher Entgeltfortzahlungsregelungen. Zu klären war insbesondere, ob solche Regelungen aus der Zeit vor dem 1.10.1996 **rechtsbegründend (konstitutiv)** den Entgeltfortzahlungsanspruch in Höhe von 100 % festschreiben oder lediglich **rechtswiedergebend (deklaratorisch)** die gesetzliche Rechtslage in Bezug nehmen wollten. Die Auslegung dieser, dem normativen Teil der Tarifverträge zuzurechnenden Regelungen ist dabei nach ständiger Rechtsprechung des Bundesarbeitsgerichts nach den für die Auslegung von Gesetzen geltenden Regeln vorzunehmen.[10]

15 Tarifliche Vorschriften, die auf geltende – ohnehin anwendbare – Vorschriften verweisen, sind **im Zweifel deklaratorisch**. Mit einer Verweisung bringen die Tarifvertragsparteien in aller Regel zum Ausdruck, dass das Gesetz und nicht der Tarifvertrag maßgeblich sein soll.[11]

Verweist ein Tarifvertrag hinsichtlich der Höhe der Entgeltfortzahlung lediglich allgemein auf die – auch bereits außer Kraft getretenen – **gesetzlichen Bestimmungen**, sind damit die jeweils geltenden gesetzlichen Bestimmungen anzuwenden. Das heißt, es galt in der Zeit vom 1.10.1996 bis 31.12.1998 die Beschränkung des fortzuzahlenden Arbeitsentgelts auf 80 %.[12]

16 Von der gesetzlichen Absenkung der Entgeltfortzahlung wurden nach dem Günstigkeitsprinzip solche tarifvertraglichen Regelungen nicht berührt, die insoweit **konstitutiv** die Entgeltfortzahlung in voller Höhe vorsehen. Ein tariflicher Anspruch auf Fortzahlung von 100 % des Arbeitsentgelts ist dann zu bejahen, wenn die Tarifvertragsparteien eine umfassende, rechnerisch lückenlose Regelung über die Bemessung der Entgeltfortzahlung im Krankheitsfall getroffen haben, sie also nicht nur Berechnungsmethode und -grundlagen, sondern auch das Ergebnis der Berechnung vorgegeben haben.[13] Solche Formulierungen lauten etwa, dass der Arbeitnehmer im Krankheitsfall pro Tag in Höhe eines 1/22 des monatlichen Verdienstes zu vergüten ist,[14] für jeden Krankheitstag 1/65 des Gesamtverdienstes der letzten drei Monate[15] oder 1/364 des Bruttoarbeitsentgelts der letzten zwölf Abrechnungsmonate[16] erhält. Der Wille zur Schaffung einer eigenständi-

---

10 BAG 16.6.1998 – 1 ABR 67/97 – AP Nr. 92 zu § 87 BetrVG 1972 Lohngestaltung; Preis, Konstitutive und deklaratorische Klauseln in Tarifverträgen, Festschrift Schaub, 571; zur Rechtsprechungsübersicht des BAG sowie zum Meinungsstand vgl Sandmann, Die Unterscheidung zwischen deklaratorischen und konstitutiven Tarifvertragsklauseln aus verfassungsrechtlicher Sicht, RdA 2002, 73 ff.

11 BAG 30.8.2000 – 5 AZR 19/99 – AP Nr. 15 zu § 1 TVG Tarifverträge: Großhandel; BAG 14.2.1996 – 2 AZR 201/95 – AP Nr. 50 zu § 622 BGB; BAG 29.1.1997 – 2 AZR 370/96 – AP Nr. 22 zu § 1 TVG Tarifverträge: Textilindustrie; vgl auch ErfK/Franzen, § 1 TVG Rn 94 und Sandmann, aaO Fn 10, die die Rechtsprechung des BAG verfassungsrechtlich für bedenklich halten.

12 BAG 1.7.1998 – 5 AZR 456/97 – AP Nr. 1 zu § 1 TVG Tarifverträge: Fleischindustrie; BAG 28.8.1998 – 5 AZR 127/98 – und 26.8.1998 – 5 AZR 15/98 – AP Nrn. 4 und 5 zu § 1 TVG Tarifverträge: Betonsteingewerbe; BAG 21.10.1998 – 5 AZR 92/98 – AP Nr. 5 zu § 1 TVG Tarifverträge: Gaststätten; BAG 21.10.1998 – 5 AZR 144/98 – AP Nr. 2 zu § 1 TVG Tarifverträge: Bäcker.

13 BAG 30.8.2000 – 5 AZR 117/99 – AP Nr. 10 zu § 1 TVG Tarifverträge: Gaststätten.

14 BAG 16.6.1998 – 5 AZR 728/97 – AP Nr. 3 zu § 1 TVG Tarifverträge: Gaststätten.

15 BAG 26.8.1998 – 5 AZR 769/97 – AP Nr. 17 zu § 1 TVG Tarifverträge: Holz.

16 BAG 9.10.2002 – 5 AZR 356/01 – AP Nr. 63 zu § 4 EntgeltFG.

gen Regelung zur Höhe der Entgeltfortzahlung kann auch bejaht werden bei einer Formulierung, nach der „alle Arbeitnehmer bei Arbeitsunfähigkeit infolge Krankheit oder Unfall Anspruch auf Zahlung des vollen Gehalts bzw Lohnes entsprechend dem Lohnfortzahlungsgesetz" haben.[17]

Keine eigenständige Regelung der Höhe der Entgeltfortzahlung ist demgegenüber anzunehmen, wenn die tarifliche Regelung nur die Methode und die Berechnung der Entgeltfortzahlung anders als das Gesetz bestimmt hat,[18] oder der Tarifvertrag lediglich die Weiterzahlung des Gehalts vorsieht, ohne Angaben zur Höhe zu machen.[19] 17

In vielen Tarifverträgen findet sich die Verpflichtung des Arbeitgebers, einen **Zuschuss zum Krankengeld** ab der 7. Krankheitswoche zu zahlen. Die Bedeutung solcher Regelungen im Rahmen der Auslegung bemisst sich danach, ob lediglich **allgemein** auf die gesetzlichen Bestimmungen **verwiesen** wird oder die einschlägigen gesetzlichen Vorschriften **wort- oder inhaltsgleich übernommen** worden sind. Verweist der Tarifvertrag auf die gesetzlichen Bestimmungen, kann auch aus einer Tarifregelung über den Zuschuss zum Krankengeld ab der 7. Krankheitswoche nicht auf eine eigenständige Tarifregelung zur Höhe der Entgeltfortzahlung im Sechswochenzeitraum geschlossen werden.[20] Dagegen spricht bei **wort- oder inhaltsgleicher Übernahme** der einschlägigen gesetzlichen Bestimmungen in einer Tarifregelung über den **Zuschuss zum Krankengeld** ab der 7. Krankheitswoche für eine eigenständige Regelung der Höhe der Entgeltfortzahlung.[21] 18

4. Anrechnung auf den Erholungsurlaub

Durch **Verzicht auf Urlaubstage** konnte der Arbeitnehmer gemäß § 4 a Abs. 1 EFZG aF **die Kürzung der Entgeltfortzahlung vermeiden**. Der Arbeitnehmer konnte vom Arbeitgeber spätestens bis zum dritten Arbeitstag nach dem Ende der Arbeitsunfähigkeit verlangen, dass ihm von je fünf Tagen, an denen er infolge Krankheit an seiner Arbeitsleistung verhindert war, der erste Tag auf den Erholungsurlaub angerechnet wurde (§ 4 a Abs. 1 Satz 1 EFZG aF). Mehrere Arbeitsunfähigkeitszeiträume, in denen der Arbeitnehmer arbeitsunfähig erkrankt war, wurden zusammengerechnet (§ 4 a Abs. 1 Satz 2 EFZG aF). Diese Regelung bewirkte, dass ein Arbeitnehmer, der zB an zwei Tagen arbeitsunfähig erkrankte und von der **Anrechnungsmöglichkeit** Gebrauch machte, bei der nächsten Krankheitsperiode noch weitere drei Krankheitstage Entgeltfortzahlung in Höhe von 100 % nach § 4 a Abs. 1 Satz 4 EFZG aF erhielt. 19

Durch die Anrechnung durfte jedoch der gesetzliche Jahresurlaub nach § 3 BUrlG, § 19 JArbSchG und den §§ 53, 54 SeemG sowie der Zusatzurlaub nach 20

17 BAG 5.5.1999 – 5 AZR 530/98 – AP Nr. 6 zu § 1 TVG Tarifverträge: Gaststätten.
18 BAG 8.9.1999 – 5 AZR 671/98 – AP Nr. 19 zu § 1 TVG Tarifverträge: Holz.
19 BAG 10.2.1999 – 5 AZR 698/98 – AP Nr. 1 zu § 1 TVG Tarifverträge: Getränkeindustrie; BAG 12.4.2000 – 5 AZR 372/98 – AP Nr. 20 zu § 1 TVG Tarifverträge: Holz.
20 BAG 16.6.1998 – 5 AZR 67/97 – AP Nr. 6 zu § 1 TVG Tarifverträge: Schuhindustrie; BAG 21.10.1998 – 5 AZR 115/98 – AP Nr. 1 zu § 1 TVG Tarifverträge: Speditionsgewerbe.
21 BAG vom 16.6.1998 – 5 AZR 638/97 – AP Nr. 212 zu § 1 TVG Tarifverträge: Bau; vgl hierzu allgemein: Heinze, NZA 1996, 785, 788; Buschmann, AuR 1996, 285, 290; Lorenz, DB 1996, 1973, 1976; Wedde, AuR 1996, 421; Zachert, DB 1996, 2073.

§ 47 SchwbG (jetzt: § 125 SGB IX) nicht unterschritten werden (§ 4 a Abs. 2 EFZG aF).

21 Die **Anrechnungsmöglichkeit** war nach § 4 a Abs. 3 EFZG aF **ausgeschlossen,** wenn der Urlaub aus betrieblichen Gründen für alle Arbeitnehmer oder für bestimmte Arbeitnehmergruppen einheitlich im Betrieb festgelegt war (zB Betriebsferien). Gleiches galt, wenn der Urlaub üblicherweise durch arbeitsfreie Zeiträume als abgegolten galt (zB Ferien für angestellte Lehrer und Hochschuldozenten). Durch diese Regelung wurde gewährleistet, dass der einzelne Arbeitnehmer durch die Anrechnung von Krankheitstagen auf den Erholungsurlaub nicht die an gesamtbetrieblichen Erfordernissen ausgerichteten Regelungen unterläuft.

5. Übergangsprobleme

22 Durch die am 1.1.1999 in Kraft getretene Neuregelung haben Arbeitnehmer, die infolge Krankheit arbeitsunfähig werden, wieder Anspruch auf Entgeltfortzahlung in Höhe von 100 % des Arbeitsentgelts. War der Arbeitnehmer von einem Tag nach dem 9.12.1998 bis zum 1.1.1999 oder darüber hinaus durch Arbeitsunfähigkeit infolge Krankheit an seiner Arbeitsleistung verhindert, waren für diesen Zeitraum die ab 1.1.1999 geltenden Vorschriften maßgebend, es sei denn, dass diese für den Arbeitnehmer ungünstiger sind (§ 13 EFZG).

23 Arbeitsvertragliche oder tarifvertragliche Regelungen, die unter der bis 31.12.1998 geltenden Rechtslage eine Entgeltfortzahlung in bis dahin zulässigem Umfang vorsahen, die aber die ab 1.1.1999 gesetzlich vorgegebene Höhe nicht erreichen, sind ab diesem Zeitpunkt **unwirksam**; sie unterliegen keinem Bestandsschutz.[22]

24 Wurde in der Zeit bis 31.12.1998 in Tarifverträgen eine Entgeltfortzahlung in Höhe von 100 % in Verbindung mit einer gleichzeitigen Verschlechterung anderer Arbeitsbedingungen vereinbart, so haben diese auch über den 31.12.1998 hinaus Bestand.[23] Eine Korrektur kann nur dann infrage kommen, wenn ein entsprechender Vorbehalt aufgenommen wurde. Die Grundsätze über den **Wegfall der Geschäftsgrundlage** sind auf den normativen Teil von Tarifverträgen nicht ohne weiteres anwendbar.[24] Soweit ein Wegfall der Geschäftsgrundlage überhaupt anerkannt werden kann,[25] führt dieser lediglich dann zur Unwirksamkeit, wenn ein Festhalten am Vertrag schlechthin untragbare Ergebnisse zur Folge hätte. Im Übrigen könnte, gegebenenfalls nach Anerkennung einer vorzeitigen Kündigungsmöglichkeit, nur eine Pflicht der Tarifvertragsparteien angenommen werden, über eine Anpassung des Tarifvertrags zu verhandeln. Hierbei kommen verschiedene Lösungen in Betracht. Die staatlichen Gerichte dürfen keinesfalls der Einschätzung der Tarifparteien vorgreifen und die Tarifregelung in einem bestimmten Sinne modifizieren.[26]

---

22 Vgl Kaiser/Dunkl/Hold/Kleinsorge, § 4 EFZG Rn 76; Löwisch, BB 1999, 102.

23 BAG 13.3.2002 – 5 AZR 648/00 – AP Nr. 58 zu § 4 EntgeltFG.

24 Vgl BAG 15.12.1976 – 4 AZR 531/75 – AP Nr. 1 zu § 1 TVG Arbeitsentgelt; BAG 12.9.1984 – 4 AZR 336/82 – AP Nr. 135 zu § 1 TVG Auslegung.

25 Vgl grundlegend: Hey, Wegfall der Geschäftsgrundlage bei Tarifverträgen, ZfA 2002, 275 ff.

26 BAG 13.3.2002 – 5 AZR 648/00 – und 26.6.2002 – 5 AZR 592/00 – AP Nrn. 58 und 61 zu § 4 EntgeltFG.

C. Bemessungsgrundlagen

Die **Bemessungsgrundlagen** stellen die Grundlage für die Bestimmung der Höhe der Entgeltfortzahlung dar. Hierzu gehören die **Berechnungsmethode** (Ausfall- oder Referenzprinzip) sowie die **Berechnungsgrundlage.**[27] Die Berechnungsgrundlage setzt sich aus **Geld- und Zeitfaktor** zusammen. Sie betrifft Umfang und Bestandteile des der Entgeltfortzahlung zugrunde zu legenden Arbeitsentgelts sowie die Arbeitszeit des Arbeitnehmers.[28] 25

I. Berechnungsmethode

1. Entgeltausfallprinzip

In § 4 EFZG hat sich der Gesetzgeber nicht wie im Bundesurlaubsrecht (§ 11 Abs. 1 BUrlG), im Mutterschutzrecht (§ 11 Abs. 1 Satz 1 MuSchG) oder im Krankenversicherungsrecht beim Krankengeld (§ 47 Abs. 2 SGB V) für das Referenzprinzip, sondern für das Entgeltausfallprinzip entschieden. Beim **Referenzprinzip** wird für die Ermittlung des zu leistenden Entgelts auf das Entgelt abgestellt, das der Arbeitnehmer in einem vergangenheitsbezogenen Zeitraum zu beanspruchen hatte. Demgegenüber bemisst sich nach dem **Entgeltausfallprinzip** das an den arbeitsunfähigen Arbeitnehmer fortzuzahlende Arbeitsentgelt grundsätzlich rein hypothetisch danach, was er verdient haben würde, wenn er während der Krankheitszeit hätte arbeiten können.[29] Aus dem Entgeltausfallprinzip folgt auch, dass für die Berechnung des während der Arbeitsunfähigkeit fortzuzahlenden Entgelts im Regelfall von den **gleichen Berechnungsgrundsätzen** ausgegangen werden muss, nach denen der Arbeitnehmer seinen Arbeitsverdienst während seiner Arbeitsfähigkeit erhält.[30] Das Entgeltausfallprinzip erhält dem Arbeitnehmer grundsätzlich die volle Vergütung einschließlich etwaiger Zuschläge. Lediglich Leistungen, die nicht an die Erbringung der Arbeitsleistung in einem bestimmten Zeitabschnitt gekoppelt sind, sondern hiervon unabhängig aus besonderem Anlass gezahlt werden, bleiben unberücksichtigt.[31] 26

2. Modifikation des Entgeltausfallprinzips

Das **Entgeltausfallprinzip** gilt nach § 4 Abs. 1 a Satz 2 EFZG in **modifizierter Form**, wenn der Arbeitnehmer eine auf das Ergebnis der Arbeit abgestellte Vergütung, also **Leistungsentgelt** erhält. Aus Praktikabilitätsgründen wird dann der von dem Arbeitnehmer in der für ihn maßgebenden regelmäßigen Arbeitszeit erzielbare Durchschnittsverdienst der Berechnung zugrunde gelegt;[32] hierfür wird häufig ein Rückgriff auf die Vergangenheit unumgänglich sein.[33] Nach § 4 Abs. 1 a Satz 1 EFZG wird das Entgeltausfallprinzip weiterhin eingeschränkt bei der Bemessung der Entgeltfortzahlung für **Überstunden**, die infolge der Arbeits- 27

27 BAG 13.3.2002 – 5 AZR 648/00 – und 24.3.2004 – 5 AZR 346/03 – AP Nrn. 58 und 66 zu § 4 EntgeltFG.
28 BAG 24.3.2004 – 5 AZR 346/03 – AP Nr. 66 zu § 4 EntgeltFG.
29 BAG 15.2.1978 – 5 AZR 739/76 – AP Nr. 8 zu § 2 LohnFG; BAG 22.10.1980 – 5 AZR 438/78 – AP Nr. 10 zu § 2 LohnFG; BAG 24.3.2010 – 10 AZR 58/09.
30 BAG 4.10.1978 – 5 AZR 886/77 – AP Nr. 11 zu § 611 BGB Anwesenheitsprämie; BAG 14.6.1989 – 5 AZR 505/88 – AP Nr. 18 zu § 2 LohnFG.
31 BAG 14.1.2009 – 5 AZR 89/08 – DB 2009, 909.
32 Vgl Rn 155.
33 BAG 9.10.2002 – 5 AZR 356/01 – AP Nr. 63 zu § 4 EntgeltFG.

unfähigkeit nicht geleistet werden. Insoweit bleibt das zusätzlich für Überstunden gezahlte Arbeitsentgelt unberücksichtigt.[34]

3. Einzelfragen

28 Entscheidend für die Entgeltfortzahlung sind die Verhältnisse des Betriebs und des Arbeitsplatzes, denen der Arbeitnehmer zugeordnet ist. Änderungen in den Arbeitsbedingungen während des Entgeltfortzahlungszeitraums, wie zB Änderungen der maßgebenden Tarifverträge, sind zu berücksichtigen.[35]

29 Bei der **hypothetischen Betrachtung** im Rahmen des Entgeltausfallprinzips bleiben aber solche Umstände außer Betracht, deren Verwirklichung nicht wegen der Krankheit des Arbeitnehmers unterbleibt. Die Arbeitsunfähigkeit muss die **alleinige Ursache** (**monokausal**) für den Ausfall der der Entgeltfortzahlung zugrunde zu legenden Arbeitsleistung sein.[36] Unterlässt es daher ein Arbeitgeber aus nicht in der Krankheit des Arbeitnehmers liegenden Gründen eine ursprünglich geplante **Versetzung** eines Arbeitnehmers in einen anderen Betrieb während der Krankheit des Arbeitnehmers zu vollziehen, so bleiben entgeltfortzahlungsrechtlich die Verhältnisse in dem bisherigen Betrieb maßgebend. Soweit jedoch die Arbeitsunfähigkeit des Arbeitnehmers der Zuweisung eines anderen Arbeitsplatzes entgegensteht, sind die Verhältnisse dieses in Aussicht genommenen Arbeitsplatzes maßgebend.

30 Hätte sich die regelmäßige Arbeitszeit des Arbeitnehmers im Falle seiner Nichterkrankung nach Eintritt der Arbeitsunfähigkeit geändert, so ist die **geänderte Arbeitszeit** von ihrem fiktiven Beginn an für die Entgeltfortzahlung maßgebend.

II. Berechnungsgrundlagen

1. Regelmäßige Arbeitszeit

a) Allgemeines

31 Dem Arbeitnehmer ist im Krankheitsfall „das ihm bei der für ihn maßgebenden regelmäßigen Arbeitszeit zustehende Arbeitsentgelt fortzuzahlen“. Unter **„regelmäßige Arbeitszeit“** iSd § 4 EFZG ist also weder die gesetzliche (§§ 2, 3 ArbZG) noch die tarifliche, noch die betrieblich regelmäßige Arbeitszeit zu verstehen, sondern die Arbeitszeit, die jeweils für den anspruchsberechtigten Arbeitnehmer „maßgebend“ ist; maßgebend ist die jeweils auf den betreffenden Arbeitnehmer bezogene **individuelle Arbeitszeit.**[37] Diese individuelle Arbeitszeit kann auf Gesetz, Tarifvertrag, Betriebsvereinbarung oder auf betrieblicher Übung beruhen und wird dann in der Regel mit der Arbeitszeit der anderen Arbeitnehmer des Betriebes oder zumindest der Betriebsabteilung übereinstimmen. Ist die Arbeitszeit hingegen einzelvertraglich ausdrücklich oder stillschweigend geregelt, kann sie allerdings auch erheblich von der normalen betrieblichen Arbeitszeit abwei-

34 Vgl Rn 40 ff.

35 BAG 22.10.1980 – 5 AZR 438/78 – AP Nr. 10 zu § 2 LohnFG; zu Entgeltänderungen vgl BAG 9.6.1982 – 5 AZR 501/80 – AP Nr. 51 zu § 242 BGB Gleichbehandlung; vgl auch EuGH 30.3.2004 – C-147/02 – AP Nr. 1 zu Art. 119 EG zur Berücksichtigung einer Lohnerhöhung bei der Berechnung des Mutterschaftsgeldes.

36 BAG 19.1.2000 – 5 AZR 637/98 – AP Nr. 19 zu § 611 BGB Berufssport; BAG 28.1.2004 – 5 AZR 58/03 – AP Nr. 21 zu § 3 EntgeltFG.

37 BAG 21.11.2001 – 5 AZR 296/00 – AP Nr. 56 zu § 4 EntgeltFG.

chen, wie sich aus den Worten „bei der **für ihn** maßgebenden ... Arbeitszeit" ergibt.[38]

Der Begriff der **Regelmäßigkeit** setzt, bezogen auf den Zeitraum, für den Entgeltfortzahlung gewährt werden muss, eine gewisse **Stetigkeit und Dauer voraus**. Welche Arbeitszeit für das fortzuzahlende Krankenentgelt berücksichtigt werden muss, hängt also alleine davon ab, ob sie im Entgeltfortzahlungszeitraum selbst regelmäßig anfällt. Nicht kommt es darauf an, ob sie vor oder nach dem Entgeltfortzahlungszeitraum regelmäßig angefallen ist.[39] **32**

Auf die Verhältnisse außerhalb des Fortzahlungszeitraums wird in Zweifelsfällen nur dann abzustellen sein, wenn sie **Indizwirkung** für die Bestimmung der regelmäßigen Arbeitszeit innerhalb des Entgeltfortzahlungszeitraums entfalten. Indiz für die Regelmäßigkeit einer Arbeitszeit kann der Inhalt allgemeiner Anordnungen des Arbeitgebers oder von Betriebsvereinbarungen sein. **33**

Bei **Schwankungen der individuellen Arbeitszeit** ist zur Bestimmung der „regelmäßigen" Arbeitszeit eine **vergangenheitsbezogene Betrachtung** zulässig und geboten. Soweit kein aussagekräftigerer Zeitraum zur Verfügung steht, ist der **Durchschnitt der vergangenen zwölf Monate** maßgebend.[40] **34**

Krankheits- und Urlaubstage sind nicht in die Durchschnittsberechnung einzubeziehen, soweit die ausgefallene Arbeitszeit selbst auf einer Durchschnittsberechnung beruht. Nimmt der Arbeitnehmer Freizeitausgleich in Anspruch, mindert das seine durchschnittliche regelmäßige Arbeitszeit, soweit nicht nur Überstundenzuschläge „abgefeiert" werden.[41] Demgegenüber werden bezahlte Kurzzeitpausen im Gegensatz zu normalen Pausen der Arbeitszeit zugerechnet.[42] **35**

Unbezahlte Fehlzeiten vor Beginn der Arbeitsunfähigkeit haben keinen Einfluss auf die Feststellung der regelmäßigen Arbeitszeit im Sinne von § 4 Abs. 1 Satz 1 EFZG. Aus in der Vergangenheit angefallenen Fehlzeiten kann nicht mit ausreichender Sicherheit darauf geschlossen werden, dass diese auch gerade im Entgeltfortzahlungszeitraum angefallen wären, wäre der Arbeitnehmer arbeitsfähig geblieben.[43] **36**

Die **Vereinbarung über die Arbeitszeit muss nicht wirksam sein**. Auch Arbeitszeiten, die gegen gesetzliche oder tarifliche Höchstarbeitszeiten verstoßen, fließen in die Berechnung der Entgeltfortzahlung ein, wenn sie Teil der regelmäßigen Arbeitszeit sind. Arbeitszeitbeschränkende Vorschriften dienen dem Schutz des Arbeitnehmers, sie bewahren den Arbeitgeber nicht vor der Verpflichtung, die darüber hinausgehende Arbeitszeit zu vergüten.[44] **37**

Die gesetzliche Regelung zwingt somit dazu, **in jedem Einzelfall** die regelmäßige – und zwar zweckmäßigerweise die tägliche – Arbeitszeit des anspruchsberechtigten Arbeitnehmers zu ermitteln und zu prüfen, ob sie, ungeachtet aus welchen **38**

38 BAG 26.6.2002 – 5 AZR 592/00 – und 24.3.2004 – 5 AZR 346/03 – AP Nrn. 61 und 66 zu § 4 EntgeltFG.
39 Vgl BAG 15.2.1978 – 5 AZR 739/76 – AP Nr. 8 zu § 2 LohnFG.
40 Vgl Rn 39; BAG 21.11.2001 – 5 AZR 296/00 – AP Nr. 56 zu § 4 EntgeltFG; BAG 26.6.2002 – 5 AZR 592/00 – AP Nr. 61 zu § 4 EntgeltFG.
41 BAG 26.6.2002 – 5 AZR 592/00 -- AP Nr. 61 zu § 4 EntgeltFG; BAG 28.1.2004 – 5 AZR 58/03 – AP Nr. 21 zu § 3 EntgeltFG.
42 BAG 24.5.2007 – 6 AZR 706/06 – AP Nr. 24 zu § 1 TVG Tarifverträge: DRK.
43 Vgl BAG 20.10.1966 – 2 AZR 455/65 – AP Nr. 29 zu § 2 ArbKrankhG.
44 BAG 26.6.2002 – 5 AZR 153/01 – AP Nr. 62 zu § 4 EntgeltFG.

rechtlichen oder tatsächlichen Gründen, von der normalen betrieblichen Arbeitszeit abweicht. Auf diese Weise stellt der Gesetzgeber sicher, dass der Arbeitnehmer auch während der Krankheitszeit – zeitlich begrenzt auf sechs Wochen – entsprechend dem Entgeltausfallprinzip die ihm tatsächlich zustehende Vergütung erhält.

Ist die Arbeitszeit **ungleichmäßig verteilt** oder leistet der Arbeitnehmer **Teilzeitarbeit**, so ist die während des Entgeltfortzahlungszeitraums anfallende Arbeitszeit für die Entgeltfortzahlung entscheidend. Besondere Probleme bringt deren Ermittlung mit sich, wenn der Umfang der zu leistenden Arbeit während des Fortzahlungszeitraums vom Arbeitgeber noch nicht festgelegt war oder der Arbeitnehmer im Rahmen eines flexiblen Gleitzeitsystems über die Arbeitszeit verfügen kann. Zur Bestimmung der regelmäßigen Arbeitszeit iSd § 4 Abs. 1 EFZG wird auch in diesen Fällen im Zweifel eine vergangenheitsbezogene Betrachtung zulässig und geboten sein.[45]

39 Im Hinblick auf die zur Bestimmung der regelmäßigen Arbeitszeit iSd § 4 Abs. 1 EFZG in Zweifelsfällen vorzunehmende vergangenheitsbezogene Betrachtung genügt der **Arbeitnehmer** seiner **Darlegungslast** zu der für ihn maßgebenden regelmäßigen Arbeitszeit gemäß § 4 Abs. 1 EFZG im Normalfall dadurch, dass er den **Arbeitszeitdurchschnitt der vergangenen zwölf Monate** darlegt. Das Maß der zu fordernden Substantiierung richtet sich nach der Einlassung des Arbeitgebers.[46] Überstunden hat der Arbeitgeber, wenn sie sich nicht bereits aus dem Vortrag des Arbeitnehmers ergeben, entsprechend der Fassung des § 4 Abs. 1 a EFZG einzuwenden. Der **Arbeitgeber**, der eine **aus Überstunden resultierende Minderung der zu berücksichtigenden durchschnittlichen Arbeitszeit** geltend macht, trägt hierfür die **Darlegungs- und Beweislast.**[47]

b) Einzelfälle

aa) Überstunden

40 Im EFZG ist der Begriff Überstunden nicht bestimmt. Es ist daher davon auszugehen, dass der Begriff im Gesetz in seiner allgemein üblichen Bedeutung verwendet wird. Überstunden leistet danach regelmäßig ein Arbeitnehmer, wenn er vorübergehend über die für sein Beschäftigungsverhältnis geltende regelmäßige Arbeitszeit hinaus arbeitet. Für sie ist kennzeichnend, dass sich der Inhalt der vom Arbeitnehmer in dieser Zeit geschuldeten Arbeitsleistung nicht ändert. Der Arbeitnehmer arbeitet lediglich „länger als üblich" und insoweit **„außerhalb seiner regelmäßigen Arbeitszeit"**.[48]

41 Auch für den **entgeltfortzahlungsrechtlichen Begriff der Überstunden** kommt es daher nicht auf generelle, sich aus Tarifvertrag oder der Betriebsüblichkeit ergebende Arbeitszeitvorgaben an. Maßgebend ist vielmehr die jeweilige individuelle regelmäßige Arbeitszeit des Arbeitnehmers. Überstunden iSd § 4 Abs. 1 a EFZG liegen nur dann vor, wenn die individuelle regelmäßige Arbeitszeit des Arbeitnehmers überschritten wird, also Arbeitszeit wegen bestimmter besonde-

---

45 BAG 26.6.2002 – 5 AZR 592/00 – und – 5 AZR 153/01 – AP Nrn. 61 und 62 zu § 4 EntgeltFG.

46 Zur Abstufung der Darlegungs- und Beweislast vgl BAG 24.10.2001 – 5 AZR 245/00 – AP Nr. 8 zu § 2 EntgeltFG; Schmitt, FS 50 Jahre BAG, 197, 211.

47 BAG 21.11.2001 – 5 AZR 457/00 – AuR 2001, 509 = AiB 2002, 778.

48 BAG 24.10.2000 – 9 AZR 634/99 – AP Nr. 50 zu § 11 BUrlG.

rer Umstände **vorübergehend zusätzlich** geleistet wird.[49] Um einen solchen Fall handelt es sich nicht bei Zusatzschichten, die zu Freischichten an Brückentagen oder während einer Betriebsruhe führen sollen. Hier wird nicht Arbeitszeit zusätzlich geleistet, sondern anders verteilt. Kann ein Arbeitnehmer in der festgelegten Zusatzschicht wegen Krankheit nicht arbeiten, so ist die deswegen ausgefallene Arbeitszeit dem Arbeitszeitkonto des Arbeitnehmers gutzuschreiben.[50] Gegenstand eines Anspruchs auf Entgeltfortzahlung kann auch ein Anspruch auf Zeitgutschrift sein.[51]

Damit ist die bisherige Rechtsprechung des BAG[52] zu der Frage, unter welchen Umständen Überstunden zu der persönlichen regelmäßigen Arbeitszeit des Arbeitnehmers gehören, obsolet. Der **entgeltfortzahlungsrechtliche Überstundenbegriff und der Begriff der für den Arbeitnehmer maßgebenden regelmäßigen Arbeitszeit schließen sich gegenseitig aus.** 42

Begrifflich liegen keine Überstunden iSd § 4 Abs. 1 a EFZG mehr vor, wenn der **Arbeitnehmer ständig eine bestimmte Arbeitszeit** leistet, die über seine individuelle, den arbeitsvertraglichen Regelungen zu entnehmende Arbeitszeit hinaus geht. Wird regelmäßig eine bestimmte erhöhte Arbeitszeit abgerufen und geleistet, ist dies **Ausdruck der vertraglich geschuldeten Leistung.**[53] 43

Für die Frage, ab wann ein Arbeitnehmer ständig eine bestimmte Arbeitszeit leistet, die dann zur individuellen regelmäßigen Arbeitszeit iSd § 4 Abs. 1 EFZG wird, ist eine vergangenheitsbezogene Betrachtung zulässig und geboten; dabei ist grundsätzlich auf einen **Vergleichszeitraum** von **zwölf Monaten vor Beginn der Arbeitsunfähigkeit** abzustellen. Gerade dieser Zeitraum wird den besonderen Eigenarten eines Arbeitsverhältnisses gerecht, um unbillige Zufallsergebnisse zu vermeiden.[54] Bestätigt wird diese Auffassung des BAG insbesondere durch die betrieblichen und tarifvertraglichen Gegebenheiten, die für das Erreichen der „Normalarbeitszeit“ häufig ebenfalls auf den Zeitraum eines Jahres abstellen (**Jahresarbeitszeitkonto**). 44

Bei dem Vergleichszeitraum von zwölf Monaten handelt es sich nicht lediglich um einen Referenzzeitraum zur praktikablen Berechnung des Lohnausfalls, sondern um die rechtsgeschäftliche Bestimmung der beständigen Arbeitszeit.[55] Sehen betriebliche oder tarifliche Regelungen allerdings kürzere oder längere Ausgleichszeiträume für das Erreichen der „Normalarbeitszeit“ vor, werden diese für die Festlegung des Vergleichszeitraums maßgebend sein müssen. Enthält bereits der **Arbeitsvertrag** die **Verpflichtung, eine bestimmte Anzahl von Überstunden zu leisten,** so wird es sich bei diesen „Überstunden“ von vornherein nicht um Überstunden iSd § 4 Abs. 1 a EFZG handeln. Durch diese vertragliche Ab- 45

49 BAG 21.11.2001 – 5 AZR 296/00 – AP Nr. 56 zu § 4 EntgeltFG.

50 LAG Hamm 1.9.2004 – 18 Sa 697/04 – n.v.; Knorr/Krasney, § 4 EFZG Rn 18.

51 BAG 28.1.2004 – 5 AZR 58/03 – AP Nr. 21 zu § 3 EntgeltFG.

52 Urteile 16.3.1988 – 5 AZR 40/87 – AP Nr. 78 zu § 1 LohnFG, und 3.5.1989 – 5 AZR 249/88 – AP Nr. 29 zu § 2 LohnFG.

53 BAG 21.11.2001 – 5 AZR 296/00 – AP Nr. 56 zu § 4 EntgeltFG mit kritischer Anm. Worzalla = RdA 2003, 48 mit Anm. Schmitt; BAG 21.11.2001 – 5 AZR 247/00 – EEK 3058; BAG 26.6.2002 – 5 AZR 592/00 – AP Nr. 61 zu § 4 EntgeltFG; Wirges, DB 2003, 1576.

54 BAG 21.11.2001 – 5 AZR 296/00 – AP Nr. 56 zu § 4 EntgeltFG; BAG 21.11.2001 – 5 AZR 265/00 – n.v.; BAG 26.6.2002 – 5 AZR 592/00 – AP Nr. 61 zu § 4 EntgeltFG.

55 BAG 21.11.2001 – 5 AZR 457/00 – AuR 2001, 509.

rede werden die „Überstunden" Teil der individuellen regelmäßigen Arbeitszeit iSd § 4 Abs. 1 EFZG. Eine ständig erbrachte Mindestarbeitsleistung (Arbeitszeitsockel) kann nämlich als konkludent vereinbart angesehen werden, wenn der Arbeitgeber die entsprechende Arbeitsleistung vom Arbeitnehmer erwartet und entgegennimmt.[56] Auf einen in der Vergangenheit liegenden Vergleichszeitraum kommt es dann nicht an. Gleiches muss in den Fällen gelten, in denen dem Arbeitnehmer für zu leistende **„Überstunden"** eine **Pauschale** in gleich bleibender Höhe gewährt wird. Damit wird der Wille der Parteien zum Ausdruck gebracht, dass eine bestimmte Anzahl von „Überstunden" mit einer gewissen Stetigkeit geleistet und damit Teil der individuellen regelmäßigen Arbeitszeit wird.[57] Sind in dem festen Monatsentgelt, das die Vergütung für eine bestimmte arbeitsvertraglich vereinbarte Zahl von Mehrarbeitsstunden beinhaltet, auch Überstundenzuschläge enthalten, so sollen diese nach Auffassung des BAG nicht entgeltfortzahlungspflichtig und deshalb aus dem Monatsentgelt herauszurechnen sein.[58] Wird – wie weit verbreitet – eine monatliche **Pauschale zur „Abgeltung aller geleisteten Überstunden"** gewährt, so ist diese Pauschale ungeachtet einer im Hinblick auf das Transparenzgebot des § 307 Abs. 1 Satz 2 BGB anzunehmenden Unwirksamkeit der bezweckten Abgeltung im Krankheitsfalle fortzuzahlen.[59]

46 Soweit Überstunden begrifflich vorliegen, wird allgemein davon ausgegangen, dass sie für die Berechnung der Entgeltfortzahlung nicht mehr berücksichtigungsfähig sind. Seit In-Kraft-Treten der Neufassung des § 4 Abs. 1 a EFZG zum 1.1.1999, gehört das zusätzlich für Überstunden gezahlte Arbeitsentgelt nicht zum fortzuzahlenden Arbeitsentgelt nach § 4 Abs. 1 EFZG. Diese Regelung wird überwiegend in der Weise verstanden, dass **nicht nur Überstundenzuschläge, sondern bereits die Überstunden selbst und die für sie zu zahlende Grundvergütung für die Berechnung der Entgeltfortzahlung unberücksichtigt** bleiben.[60]

47 Als Beleg wird vor allem die amtliche Begründung[61] für die Neuregelung des § 4 Abs. 1 a EFZG angeführt, die folgenden Wortlaut hat: „Durch die Ergänzung in § 4 Abs. 1 a Satz 1 EFZG wird festgelegt, dass bei der Bemessung der Entgeltfortzahlung Überstundenvergütungen nicht mehr berücksichtigt werden. Dabei bleiben sowohl die Grundvergütung für die Überstunden als auch die Überstundenzuschläge außer Betracht."

56 BAG 21.11.2001 – 5 AZR 265/00 – n.v.

57 Feichtinger/Malkmus, Anm. zu BAG 21.11.2001 – 5 AZR 296/00 – AR-Blattei ES 1000.3.1 Nr. 235; LAG Düsseldorf 16.1.2001 – 8 Sa 1457/00 – NZA-RR 2001, 363; BAG 26.6.2002 – 5 AZR 153/01 – AP Nr. 62 zu § 4 EntgeltFG.

58 BAG 26.6.2002 – 5 AZR 153/01 – aaO; dieser Auffassung steht jedoch entgegen, dass es sich bei den Zuschlägen für Arbeitszeit, die keine Überstunden iSd § 4 Abs. 1 a EFZG darstellt, nicht um „Überstundenzuschläge" iSd Vorschrift handeln kann (vgl Rn 52).

59 LAG Schleswig-Holstein 5.11.2002 – 5 Sa 147c/02; zur Unwirksamkeit einer solchen Klausel: LAG Düsseldorf 11.7.2008 – 9 Sa 1958/07 – AuR 2009, 57 (Ls).

60 BAG 21.11.2001 – 5 AZR 296/00 – AP Nr. 56 zu § 4 EntgeltFG; Schmitt, § 4 EFZG Rn 130; Schmitt, FS 50 Jahre BAG, 197; Kaiser/Dunkl/Hold/Kleinsorge, § 4 EFZG Rn 61; ErfK/Dörner, § 4 EFZG Rn 7; Däubler, NJW 1999, 601, 605; Löwisch, BB 1999, 102, 105; LAG Düsseldorf 8.6.2000 – 2 Sa 374/00 – DB 2001, 155 (LS).

61 Vgl BT-Drucks. 14/45 S. 24.

Im Allgemeinen Teil der Gesetzesbegründung wird u.a. ausgeführt:

„Wie dies bei der Berechnung des Urlaubsentgelts bereits geregelt ist, werden Überstundenvergütungen bei der Bemessung der Entgeltfortzahlung künftig nicht mehr berücksichtigt. In den meisten Tarifbereichen, in denen eine Entgeltfortzahlung in Höhe von 100 % vereinbart ist, haben die Tarifvertragsparteien die Überstundenvergütung aus der Bemessung der Entgeltfortzahlung herausgenommen. Die gesetzliche Beschränkung wirkt sich deshalb entlastend vor allem für die nicht tarifgebundenen Arbeitgeber aus, die auch von der gesetzlichen Anhebung der Entgeltfortzahlung unmittelbar betroffen werden.“

Dem hat sich das BAG angeschlossen und ist im Übrigen davon ausgegangen, 48 dass auch der Wortlaut und der Zusammenhang der Norm hinreichend zum Ausdruck bringen, dass **das Gesetz sowohl die Grundvergütung als auch die Zuschläge für Überstunden ausklammert**.

Die Ausführungen des BAG[62] zur Interpretation des vom Gesetzgeber in § 4 49 Abs. 1 a EFZG verwendeten Wortlauts lassen indes die Schwierigkeiten erkennen, den Gesetzeswortlaut mit dem ausdrücklich erklärten Willen des Gesetzgebers in Einklang zu bringen. Aus der Stellung des Wortes „zusätzlich“ ableiten zu wollen, dass auch die Grundvergütung für Überstunden von § 4 Abs. 1 a Satz 1 EFZG erfasst wird, erscheint nicht zwingend. Vielmehr spräche der Wortlaut des § 4 Abs. 1 a Satz 1 EFZG dafür, nur die Überstundenzuschläge bei der Berechnung der Entgeltfortzahlung außer Betracht zu lassen; nur insoweit kann es sich begrifflich um **zusätzlich** für Überstunden gezahltes Arbeitsentgelt handeln. Zur vollständigen Herausnahme der Überstunden und der hierfür geleisteten Vergütung aus der Berechnung der Entgeltfortzahlung hätte die Formulierung lauten müssen: „Zum Arbeitsentgelt nach Absatz 1 gehören nicht das für Überstunden gezahlte Arbeitsentgelt und ...“.

Missverständlich ist die Gesetzesbegründung auch, soweit sie auf die Berechnung 50 des Urlaubsentgelts Bezug nimmt. Mit dem Hinweis auf die bereits vorgenommene Regelung der Berechnung des Urlaubsentgelts wollte der Gesetzgeber zum Ausdruck bringen, dass damit vergleichbar auch Überstundenvergütungen bei der Bemessung der Entgeltfortzahlung nicht mehr zu berücksichtigen seien. Dem steht jedoch die Rechtsprechung des BAG entgegen. Danach ist auch nach der Änderung urlaubsrechtlicher Vorschriften durch das Arbeitsrechtliche Beschäftigungsförderungsgesetz vom 25.9.1996 der Arbeitgeber nach § 1 BUrlG verpflichtet, das Entgelt für alle infolge der urlaubsbedingten Arbeitsbefreiung ausfallenden Arbeitsstunden einschließlich der Überstunden zu vergüten. Lediglich bei der Bemessung des im Referenzzeitraums erzielten Durchschnittsverdienstes (Geldfaktor) bleiben die in diesem Zeitraum angefallenen Überstunden unberücksichtigt.[63]

Trotz der Auslegungsschwierigkeiten wird im Hinblick auf den zum Ausdruck 51 gebrachten gesetzgeberischen Willen der vom BAG[64] und der überwiegend im Schrifttum vertretenen Meinung zu folgen sein. Die vom Gesetzgeber bezweckte

62 Urteil 21.11.2001 – 5 AZR 296/00 – AP Nr. 56 zu § 4 EntgeltFG.
63 Vgl BAG 9.11.1999 – 9 AZR 771/98 – AP Nr. 47 zu § 11 BUrlG.
64 Urteil 21.11.2001 – 5 AZR 296/00 – AP Nr. 56 zu § 4 EntgeltFG; vgl auch BAG 26.6.2002 – 5 AZR 153/01 – AP Nr. 62 zu § 4 EntgeltFG, wonach die Herausnahme der Überstundengrundvergütung aus der Entgeltfortzahlung in dem Wortlaut und dem Zusammenhang der Norm hinreichend Ausdruck findet.

Kostenentlastung[65] träte nur sehr eingeschränkt ein, würde § 4 Abs. 1 a Satz 1 EFZG lediglich die Anhebung des Geldfaktors durch Überstunden verhindern, nicht aber die Einbeziehung der geleisteten Überstunden selbst.[66]

52 Soweit **einzel- und tarifvertragliche Zuschläge für Überstunden oder Mehrarbeit** vorgesehen sind, welche nicht als „Überstunden" iSd EFZG zu werten sind, umfasst die gesetzliche Entgeltfortzahlung im Krankheitsfall auch solche Zuschläge.[67] Denn das zusätzlich für Überstunden gezahlte Arbeitsentgelt bleibt nur unberücksichtigt, wenn es sich um Überstunden iSd § 4 Abs. 1 a EFZG handelt. Tarifliche Überstunden, die zur maßgebenden regelmäßigen Arbeitszeit des betroffenen Arbeitnehmers gehören, lösen jedoch einen auch die tariflichen Überstundenzuschläge umfassenden Entgeltfortzahlungsanspruch nach § 4 Abs. 1 EFZG aus.

53 Dem steht nicht entgegen, dass Überstundenzuschläge einen Ausgleich für die besondere Belastung des Arbeitnehmers darstellen, die bei einer überlangen wöchentlichen Arbeitszeit besteht, bei Arbeitsunfähigkeit dagegen entfällt.[68] Auch Erschwernis- und Lästigkeitszulagen gehören – obgleich die Belastungen während der Arbeitsunfähigkeit nicht auftreten – zum fortzuzahlenden Arbeitsentgelt, da sie eine besondere Vergütung für die besondere Art der zu verrichtenden Tätigkeit sind.[69] Nichts anderes kann für Zulagen gelten, die dem Ausgleich übermäßiger Arbeitsbelastungen dienen.

54 Tarifliche Mehrarbeitszuschläge werden von der Entgeltfortzahlung dann nicht erfasst, wenn sie subsidiär für den Fall vorgesehen sind, dass eine primär vorgesehene Abgeltung der geleisteten Mehrarbeit durch Freizeit nicht erfolgt (vgl zB § 37 Abs. 3 Satz 3 BetrVG). Der Entgeltfortzahlungsanspruch ist auf die Zahlung des Entgelts und nicht auf Freizeitausgleich gerichtet. Ein Freizeitausgleich setzt im Grundsatz die tatsächliche Erbringung der Mehrarbeit voraus und ist aufgrund eines Ausfalls der Arbeit durch krankheitsbedingte Arbeitsunfähigkeit kaum denkbar.[70] Folgerichtig wird der subsidiäre Vergütungsanspruch von der Entgeltfortzahlung nicht erfasst.

bb) Bereitschafts- und Rufbereitschaftsdienste

55 **Bereitschaftsdienst** liegt vor, wenn der Arbeitnehmer sich an einer vom Arbeitgeber bestimmten Stelle innerhalb oder außerhalb des Betriebs aufzuhalten hat, um bei Bedarf seine volle Arbeitstätigkeit unverzüglich aufnehmen zu können.[71] **Rufbereitschaft** verpflichtet den Arbeitnehmer ebenfalls, auf Abruf die Arbeit aufzunehmen. Er kann sich hierfür an einem Ort seiner Wahl aufhalten, der dem Arbeitgeber anzuzeigen ist oder an dem er über Funksignalempfänger oder

65 Vgl Rn 47.
66 Vgl ErfK/Dörner, § 4 EFZG Rn 7; Kaiser/Dunkl/Hold/Kleinsorge, § 4 EFZG Rn 61; Löwisch BB 1999, 102, 105; Vogelsang, Rn 459.
67 Feichtinger/Malkmus, aaO Fn 57; aA BAG 21.11.2001, aaO Fn 53, in einem in LS 3 aufgestellten obiter dictum; BAG 21.11.2001 – 5 AZR 265/00 – n.v.; BAG 26.6.2002 – 5 AZR 592/00 – und – 5 AZR 153/01 – AP Nrn. 61 und 62 zu § 4 EntgeltFG; MünchKomm BGB/Müller-Glöge, Anh. zu § 616 BGB, § 4 EFZG Rn 11.
68 So aber: BAG 21.11.2001 – 5 AZR 265/00 – n.v.
69 Vgl Rn 89; BAG 16.7.1997 – 5 AZR 780/96 – EEK I/1194.
70 BAG 21.11.2001 – 5 AZR 265/00 – n.v.
71 BAG 10.6.1959 – 4 AZR 567/56 – AP Nr. 5 zu § 7 AZO; BAG 24.10.2000 – 9 AZR 634/99 – AP Nr. 50 zu § 11 BUrlG.

(Funk-)Telefon jederzeit erreichbar ist.[72] In beiden Fällen besteht die Verpflichtung des Arbeitnehmers darin, erreichbar zu sein und jederzeit auf Abruf tätig zu werden. Damit erbringt der Arbeitnehmer gegenüber seiner „normalen“ Arbeit eine andere, zusätzliche Leistung.[73]

Werden Bereitschaft- oder Rufbereitschaftsdienste nicht nur ausnahmsweise, sondern beständig (zB während jeweils einer Woche im Monat) geleistet, liegt – unabhängig von der arbeitszeitrechtlichen Bewertung – hinsichtlich dieser Dienste regelmäßige Arbeitszeit iSd § 4 Abs. 1 EFZG vor. Steht dem Arbeitnehmer in einem solchen Fall für den Bereitschafts- oder Rufbereitschaftsdienst eine (Pauschal-)Vergütung zu, so ist diese im Krankeitsfall fortzuzahlen.[74] 56

Wird der Arbeitnehmer im Rahmen des Bereitschafts- oder Rufbereitschaftsdienstes zur Arbeitsleistung herangezogen, so erbringt er damit seine „volle“ vertraglich geschuldete Arbeit.[75] Ob die hierfür aufgewendete Zeit den Überstunden iSd § 4 Abs. 1 a Satz 1 EFZG oder der regelmäßigen Arbeitszeit iSd § 4 Abs. 1 EFZG zuzurechnen ist, ist nach den vorstehend dargestellten Grundsätzen[76] zu beurteilen. 57

cc) Arbeit auf Abruf

Haben Arbeitgeber und Arbeitnehmer nach § 12 Abs. 1 TzBfG vereinbart, dass der Arbeitnehmer seine Arbeitsleistung entsprechend dem Arbeitsanfall zu erbringen hat (**Arbeit auf Abruf**), so ist der Entgeltfortzahlung die vom Arbeitgeber vor der Erkrankung festgelegte Dauer der Arbeitszeit zugrunde zu legen. Bei der Arbeit auf Abruf hängen nämlich Lage und Dauer der Arbeitszeit innerhalb eines bestimmten Bezugszeitraums von der Festlegung des Arbeitgebers ab. Aufgrund des auch für Abrufarbeitsverhältnisse geltenden Entgeltausfallprinzips muss für die gesamte Dauer der krankheitsbedingten Arbeitsunfähigkeit festgestellt werden, ob und in welchem Umfang der Arbeitnehmer gearbeitet hätte.[77] 58

Hat eine Festlegung der Arbeitszeit nach Dauer und Lage noch nicht stattgefunden, so wird auf die Arbeitsanforderungen des Arbeitgebers in der Vergangenheit zurückgegriffen werden können, wenn und soweit ihnen Indizwirkung zukommt;[78] Beweisschwierigkeiten kann durch eine abgestufte Darlegungs- und Beweislast begegnet werden.[79] Ist ein zuverlässiger Rückschluss nicht möglich, gilt nach § 12 Abs. 1 Satz 3 TzBfG eine wöchentliche Arbeitszeit von 10 Stunden als vereinbart.[80] 59

72 BAG 26.2.1958 – 4 AZR 388/55 – AP Nr. 3 zu § 7 AZO; BAG 24.10.2000, aaO Fn 71.
73 BAG 24.10.2000, aaO Fn 71.
74 Vgl auch Rn 88.
75 BAG 24.10.2000, aaO Fn 71.
76 Rn 40 ff; vgl BAG 21.11.2001 – 5 AZR 296/00 – AP Nr. 56 zu § 4 EntgeltFG.
77 Vgl Löwisch/Schüren, BB 1984, 925, 930; Hanau, RdA 1987, 25, 29.
78 Für einen Einjahres-Bezugszeitraum: Rudolf, Bandbreitenregelungen, NZA 2002, 1012.
79 Vgl BAG 24.10.2001 – 5 AZR 245/00 – AP Nr. 8 zu § 2 EntgeltFG zum Arbeitsausfall an Feiertagen.
80 Kaiser/Dunkl/Hold/Kleinsorge, § 4 EFZG Rn 71; Knorr/Krasney, § 4 EFZG Rn 21; ErfK/Preis, § 12 TzBfG Rn 39; Meinel/Heyn/Herms, § 12 TzBfG Rn 49 f.

60 Mit dem Entgeltausfallprinzip nicht zu vereinbaren[81] ist die Meinung, im Hinblick auf die vor allem im Rahmen vereinbarter längerer Bezugszeiträume[82] bestehenden praktischen Schwierigkeiten und Missbrauchsmöglichkeiten sei es gerechtfertigt, für die Tage der krankheitsbedingten Arbeitsunfähigkeit generell einen Anspruch auf Entgeltfortzahlung in durchschnittlicher Höhe anzunehmen, soweit nicht nach dem zugrunde liegenden Vertrag eine Beschäftigung ausgeschlossen gewesen wäre.[83]

61 Bei Vorliegen entsprechender Anhaltspunkte dafür, dass die Entgeltfortzahlung des Arbeitnehmers **vereitelt** werden soll, können Arbeitsanforderungen des Arbeitgebers als unzulässige Rechtsausübung im Sinne des § 242 BGB gewertet werden.[84]

dd) Arbeitsplatzteilung (Jobsharing)

62 Teilen sich zwei oder mehrere Arbeitnehmer die Arbeitszeit an einem Arbeitsplatz, so richtet sich auch hier die Entgeltfortzahlung im Krankheitsfall nach dem Entgeltausfallprinzip. Es ist somit darauf abzustellen, ob und inwieweit der Arbeitnehmer, wäre er nicht arbeitsunfähig erkrankt, gearbeitet hätte. In der Regel wird diese Frage der jeweilige **Arbeitsplan** beantworten. Verrichtet der Arbeitnehmer außerhalb der nach dem Arbeitsplan für ihn maßgebenden Arbeitszeit Tätigkeiten, zB weil er einen arbeitsunfähig erkrankten Arbeitnehmer vertritt,[85] und wird er während dieser Zeit ebenfalls arbeitsunfähig krank, so hat er auch für diese Zeit Anspruch auf Entgeltfortzahlung.[86]

ee) Teilzeit, geringfügige Beschäftigung

63 **Teilzeitarbeitnehmer** haben seit Inkrafttreten des Entgeltfortzahlungsgesetzes – ungeachtet des Umfangs der vereinbarten Arbeitszeit – Anspruch auf Entgeltfortzahlung.[87] Teilzeitbeschäftigt ist ein Arbeitnehmer, dessen regelmäßige Wochenarbeitszeit kürzer ist als die eines vergleichbaren vollzeitbeschäftigten Arbeitnehmers (§ 2 Abs. 1 Satz 1 TzBfG). Hierzu rechnen gemäß § 2 Abs. 2 TzBfG auch Arbeitnehmer, die eine **geringfügige Beschäftigung** im Sinne des § 8 Abs. 1 Nr. 1 SGB IV ausüben.

64 Die Entgeltfortzahlung der Teilzeitarbeitnehmer richtet sich nach der während der krankheitsbedingten Ausfallzeit vertraglich vorgesehenen Arbeitszeit. Ist die Arbeitszeit unregelmäßig verteilt und fällt die Krankheitszeit (auch) auf arbeitsfreie Tage, so werden nach dem Entgeltausfallprinzip diese Zeiten für die Berechnung der Entgeltfortzahlung nicht berücksichtigt; hiervon unberührt bleibt

81 Vgl BAG 24.10.2001 – 5 AZR 245/00 – AP Nr. 8 zu § 2 EntgeltFG zum Arbeitsausfall an Feiertagen.
82 Zur Zulässigkeit einer Vereinbarung von Bezugszeiträumen, die über eine Woche hinausgehen vgl Meinel/Heyn/Herms, § 12 TzBfG Rn 21 ff.
83 So Hako TzBfG/Boecken, § 12 Rn 11; MünchArbR/Schulin, 2. Aufl., § 82 Rn 31; GK-EFZR/Birk, § 2 Rn 31; Ostermeier, Die Lohnvereinbarung in Abrufarbeitsverhältnissen mit unterschiedlichen Stundenlöhnen, RdA 2008, 86, 89 f; ArbG Elmshorn 22.10.1993, BB 1994, 360.
84 Schmitt, § 4 EFZG Rn 41 f.
85 Vgl § 13 Abs. 1 TzBfG.
86 Vgl Knorr/Krasney, § 4 EFZG Rn 19; Zietsch, NZA 1997, 526.
87 Vgl § 3 Rn 4.

die Einrechnung dieser Tage in den Sechswochenzeitraum des § 3 Abs. 1 Satz 1 EFZG.[88]

Ist die verkürzte Arbeitszeit über einen längeren Zeitraum ungleichmäßig verteilt (zB **Jahresarbeitszeit** oder **Altersteilzeit im Blockmodell**), wird das Arbeitsentgelt aber kontinuierlich unter Zugrundelegung der durchschnittlichen monatlichen Arbeitszeit gezahlt, so ist auch im Krankheitsfall das verstetigte Arbeitsentgelt fortzuzahlen. Der Umfang der dem Arbeitnehmer für solche krankheitsbedingten Fehltage gutzuschreibenden Arbeitszeit richtet sich aufgrund des Entgeltausfallprinzips allerdings danach, welche Arbeitszeit tatsächlich ausgefallen ist.[89] Für den Teilzeitarbeitnehmer besteht aber keine Verpflichtung, die krankheitsbedingt ausgefallenen Arbeitszeiten ohne erneute Arbeitsvergütung nachzuleisten.[90] 65

Arbeitsunfähigkeit während der **Freistellungsphase** bei der **Altersteilzeit im Blockmodell** oder bei einem **Zeitwertkontenmodell** löst keinen Entgeltfortzahlungsanspruch aus.[91] Der Arbeitnehmer erhält im Falle der Altersteilzeit das Altersteilzeitentgelt und den Aufstockungsbetrag nach § 3 Abs. 1 Nr. 1 AtG aufgrund seiner vorgeleisteten Arbeit. Ein **Wertguthaben** für die Entstehung solcher Ansprüche in der Freistellungsphase kann indes grundsätzlich **nicht für Fehlzeiten in der Arbeitsphase** erworben werden, während derer **kein Entgeltfortzahlungsanspruch** besteht.[92] 66

Wird die **Arbeitszeit** während der Arbeitsunfähigkeit einvernehmlich nach § 8 Abs. 3 und 4 TzBfG oder kraft Gesetzes nach § 8 Abs. 5 Satz 2 TzBfG **verringert**, so ist ab diesem Zeitpunkt für die Berechnung der Entgeltfortzahlung die geänderte Arbeitszeit maßgebend. 67

ff) Freischichten

Viele Tarifverträge sehen wöchentliche Arbeitszeiten von unter 40 Stunden vor. Nachdem – vor allem im Rahmen des **Schichtbetriebes** – eine Schicht häufig immer noch 8 Stunden und die Wochenarbeitszeit damit 40 Stunden umfasst, wird die tarifliche Wochenarbeitszeit durch Gewährung von in der Regel unbezahlter freier Tage (**Freischichten**) herbeigeführt.[93] Der Entgeltfortzahlung zugrunde zu legen sind für die Krankheitstage die Arbeitsstunden, die entsprechend der regelmäßigen Arbeitszeit ausgefallen sind. War für den Tag der Arbeitsunfähigkeit ein Arbeitstag vorgesehen, so ist der hierfür zu leistenden Entgeltfortzahlung die 68

88 Vgl § 3 Rn 200.
89 Vgl zum Arbeitszeitkonto Rn 71 f und BAG 13.2.2002 – 5 AZR 470/00 – und 28.1.2004 – 5 AZR 58/03 – AP Nrn. 57 zu § 4 und 21 zu § 3 EntgeltFG; aA Kaiser/Dunkl/Hold/Kleinsorge, § 4 EFZG Rn 69, die davon ausgehen, dass die theoretisch anfallende, gleichbleibende monatliche Arbeitszeit auch Grundlage für die Entgeltfortzahlung im Krankheitsfall ist.
90 GK-TZA/Lipke, Art. 1, § 2 Rn 149.
91 Ahlbrecht, Altersteilzeit im Blockmodell – Rechtlicher Rahmen und Sonderprobleme, BB 2002, 2440; Debler, Altersteilzeit – „Störfälle" und andere unvorhergesehenen Ereignisse, NZA 2001, 1285; Ars/Blümke/Scheithauer, Nach dem FlexiG II – Neue Spielregeln für Zeitwertkonten (Teil I), BB 2009, 1358, 1363.
92 Gaul/Cepl, Wichtige Änderungen im Altersteilzeitgesetz, BB 2000, 1727, 1732; Tschöpe/Schulte, Arbeitsrecht, 2. Aufl, Teil 7 B Rn 28 f.
93 Grundlegend: Leinemann, Der urlaubsrechtliche und entgeltfortzahlungsrechtliche Freischichttag, Festschrift Schaub, 443; Veit, NZA 1990, 249.

ausgefallene tatsächliche Betriebsnutzungszeit (in der Regel 8 Stunden) und nicht die tarifliche Arbeitszeit zugrunde zu legen.[94]

69 Fällt ein Krankheitstag auf einen Tag, der als **unbezahlter Freischichttag** vorgesehen war, so besteht wie bei einer Erkrankung an einem arbeitsfreien Sonntag gemäß § 3 EFZG kein Anspruch auf Entgeltfortzahlung, weil die krankheitsbedingte Arbeitsunfähigkeit nicht die **alleinige Ursache** für den Arbeitsausfall war.[95] Freischichttage sind auch **nicht nachzugewähren**, wenn der Arbeitnehmer an diesen Tagen arbeitsunfähig krank ist, da die Freischichten der Einhaltung der tariflichen Arbeitszeit dienen sollen, nicht aber einem besonderen Erholungsbedürfnis des Arbeitnehmers.[96] Anderes gilt, wenn die wöchentliche Arbeitszeit von weniger als 40 Stunden (Beispiel: 37,5 Stunden) in der Weise herbeigeführt wird, dass die normale tägliche Arbeitszeit 8 Stunden beträgt, das Entgelt hierfür aber aufgrund einer Vereinbarung nach § 4 Abs. 4 EFZG[97] nur für die durchschnittlich geschuldete tägliche Arbeitszeit (Beispiel: 7,5 Stunden) geleistet wird. Die dem hierdurch erforderlich werdenden Zeitausgleich dienenden **bezahlten Freischichten** (Beispiel: 7,5 Stunden) werden dann von der Entgeltfortzahlung erfasst.[98]

70 Für die Berechnung der Entgeltfortzahlung im Freischichtenmodell stellen tarifvertragliche Regelungen häufig auf einen in der Vergangenheit liegenden **Referenzzeitraum** ab, was nach § 4 Abs. 4 Satz 1 EFZG zulässig ist.[99] Geht es bei einer tariflichen Regelung darum, die Arbeitnehmer auch beim Freischichtenmodell in einer Periode krankheitsbedingter Arbeitsunfähigkeit beim Entgelt so zu stellen, wie sie im Referenzzeitraum gestanden haben, so sind die Freischichttage im Referenzzeitraum bei der Bemessung des Teilers zur Berechnung der Entgeltfortzahlung – anders als bei der Urlaubsvergütung – mitzurechnen. Entscheidend ist also, wie viele Arbeitsstunden der Arbeitnehmer im Referenzzeitraum insgesamt zu leisten hatte; das lässt sich nur berechnen, wenn die Freischichten in die Gesamtzahl der Arbeitstage und damit in den Teiler zur Berechnung der fortzuzahlenden Arbeitsstunden einbezogen werden.[100]

gg) Flexible Arbeitszeit mit Arbeitzeitkonto, Vertrauensarbeitszeit

71 Zur **Flexibilisierung der Arbeitszeit** finden in der betrieblichen und tariflichen Praxis zunehmend **Arbeitszeitkonten** Verbreitung. Dabei wird von einer bestimmten – wöchentlichen oder monatlichen – Arbeitszeit ausgegangen, die in einzelnen Wochen oder Monaten über- oder unterschritten werden kann und innerhalb eines festgelegten Zeitraums (zB ein halbes Jahr oder ein Jahr) durch entsprechend kürzere oder längere Arbeitszeit in anderen Wochen oder Monaten ausgeglichen wird. Letztlich wird hierbei auf das im Gesetz geregelte Ausgleichs-

94 BAG 14.6.1989 – 5 AZR 505/88 – AP Nr. 18 zu § 2 LohnFG.
95 Vgl § 3 Rn 29 und 77.
96 BAG 18.12.1990 – 1 ABR 11/90 – AP Nr. 98 zu § 1 TVG Tarifverträge: Metallindustrie; BAG 21.8.1991 – 5 AZR 91/91 – AP Nr. 4 zu § 1 TVG Tarifverträge: Schuhindustrie; BAG 30.1.1991 – 5 AZR 78/90 – EEK I/1039.
97 Zur Zulässigkeit vgl BAG 9.10.2002 – 5 AZR 356/01 – AP Nr. 63 zu § 4 EntgeltFG.
98 Schmitt § 4 EFZG Rn 45.
99 BAG 5.11.2003 – 5 AZR 108/03 – AP Nr. 65 zu § 4 EntgeltFG; vgl auch Rn 185.
100 Vgl BAG 5.10.1988 – 5 AZR 352/87 – AP Nr. 80 zu § 1 LohnFG; BAG 15.5.1991 – 5 AZR 440/90 – AP Nr. 21 zu § 2 LohnFG; BAG 10.7.1996 – 5 AZR 284/95 – AP Nr. 142 zu § 1 TVG Tarifverträge: Metallindustrie.

verfahren zur Herbeiführung der werktäglichen Höchstarbeitszeit des § 3 Satz 1 ArbZG (§ 3 Satz 2 ArbZG) zurückgegriffen.

Das Arbeitsentgelt wird im Rahmen dieser Zeitmodelle regelmäßig unabhängig 72
von der konkret geleisteten Arbeitszeit in gleich bleibender Höhe auf der Grundlage der festgelegten – wöchentlichen oder monatlichen – Arbeitszeit ausgezahlt. Für Zeiten der Arbeitsunfähigkeit ist auch in dieser Höhe Entgeltfortzahlung zu gewähren. Im Normalfall wird dem Arbeitszeitkonto für jeden Tag der Arbeitsunfähigkeit mit Entgeltfortzahlung eine Stundenzahl gutgeschrieben, die im Durchschnitt des Ausgleichszeitraums vom Arbeitnehmer arbeitstäglich geleistet werden muss. Steht jedoch fest, dass während der Arbeitsunfähigkeit der Arbeitnehmer von der festgelegten regelmäßigen Arbeitszeit abweichend **kürzer oder länger gearbeitet** hätte, so wird im Hinblick auf das Entgeltausfallprinzip **dem Zeitkonto die im Entgeltfortzahlungszeitraum tatsächlich ausgefallene Arbeitszeit gutgeschrieben.**[101] Gegenstand des Entgeltfortzahlungsanspruchs im Krankheitsfall ist in diesen Fällen ein **Anspruch auf Zeitgutschrift**, denn ein Arbeitszeitkonto drückt nur in anderer Form den Arbeitsentgeltanspruch des Arbeitnehmers aus.[102] Während des Zeitraums einer Krankheit können sich auf dem Arbeitszeitkonto damit „Plus-“ oder „Minusstunden“ ergeben. So können wegen Krankheit ausfallende Arbeitsstunden ins Soll gestellt werden, wenn der arbeitsunfähige Arbeitnehmer während der Dauer einer Betriebsruhe das verstetigte Arbeitsentgelt erhält.[103]

Weist das Arbeitszeitkonto einen negativen Kontostand auf, so kann uU die Entgeltfortzahlung als **Vorschuss** gelten, wenn der Arbeitnehmer allein darüber bestimmen kann, ob er weniger als die regelmäßige wöchentliche Arbeitszeit arbeitet.[104] Der gesetzliche Entgeltfortzahlungsanspruch ist nämlich aufrecht erhaltener Vergütungsanspruch und teilt dessen rechtliches Schicksal.[105]

Wird im so genannten **„Vertrauensarbeitszeitmodell“** gearbeitet, so entscheidet 73
der Arbeitnehmer im Rahmen der einzel- oder tarifvertraglich geschuldeten Arbeitszeit weitgehend autonom über den Umfang der an den einzelnen Tagen geleisteten Arbeitszeit. Das Arbeitsentgelt wird meist in gleich bleibender Höhe verstetigt ausgezahlt. In diesen Fällen wird in aller Regel davon auszugehen sein, dass **an jedem krankheitsbedingten Fehltag die geschuldete normale Arbeitszeit ausgefallen ist.**

Dies schließt allerdings nicht aus, dass im Einzelfall der Ausfall einer darüber hinaus gehenden Arbeitszeit geltend gemacht werden kann. Die Realisierung solcher Ansprüche wird in der Praxis jedoch nicht unerhebliche Schwierigkeiten aufwerfen, da es der Natur der **„Zeitautonomie“** eines Arbeitnehmers entspricht, dass es Arbeitszeitvorgaben für einzelne Tage nicht gibt, welche den Arbeitsaus-

101 BAG 13.2.2002 – 5 AZR 470/00 – AP Nr. 57 zu § 4 EntgeltFG; zur Führung eines Arbeitszeitkontos vgl BAG 11.2.2009 – 5 AZR 341/08 – AP Nr. 44 zu § 1 TVG Tarifverträge: Lufthansa; vgl auch Rn 149.

102 BAG 28.1.2004 – 5 AZR 58/03 – AP Nr. 21 zu § 3 EntgeltFG.

103 BAG 28.1.2004 – aaO – Fn 102.

104 Zum Charakter einer Entgeltzahlung bei negativem Arbeitszeitkonto als Vorschuss vgl BAG 13.12.2000 – 5 AZR 334/99 – AP Nr. 31 zu § 394 BGB; zur Ausgleichspflicht eines Negativsaldos in Folge einer Arbeitsunfähigkeit vgl BAG 5.11.2003 – 5 AZR 108/03 – AP Nr. 65 zu § 4 EntgeltFG; vgl auch Rn 149.

105 BAG 16.1.2002 – 5 AZR 430/00 – AR-Blattei ES 1000.3.1 NR. 237 = AP Nr. 13 zu § 3 EntgeltFG.

fall in Folge Krankheit erkennen ließen. Zur Bestimmung der regelmäßigen Arbeitszeit in einem Vertrauensarbeitszeitmodell wird daher der Rückgriff auf eine **vergangenheitsbezogene Betrachtung** geboten sein.[106] Häufig wird es hierzu indes an der Erfassung entsprechender Arbeitszeitdaten fehlen. Auch wenn der Arbeitgeber verpflichtet ist, die anfallenden Arbeitszeitdaten zur Kenntnis zu nehmen, um zu gewährleisten, dass – soweit verbindlich – die gesetzlichen und tariflichen Höchstarbeitszeitgrenzen eingehalten werden,[107] so werden in der Praxis Arbeitszeitaufzeichnungen häufig nur hinsichtlich der acht Stunden übersteigenden werktäglichen Arbeitszeit erstellt, um der Dokumentationspflicht des § 16 Abs. 2 ArbZG zu genügen. Damit wird aber die konkrete Arbeitszeit, die ein Arbeitnehmer in den vergangenen zwölf Monaten geleistet hat, nicht ohne weiteres erkennbar.

hh) Schichtarbeit

74 Arbeitet ein Arbeitnehmer in **Schichtarbeit**, so ergibt sich die der Entgeltfortzahlung zugrunde zu legende regelmäßige Arbeitszeit aus dem sich häufig über einen längeren Zeitraum erstreckenden **Schichtplan**. Erkrankt der Arbeitnehmer in einer Woche, in der zB nur 34 Stunden gearbeitet werden, so ist dies für ihn die maßgebliche regelmäßige Arbeitszeit.

75 Besteht kein Schichtplan oder lässt sich anhand des Schichtplans (zB Wechselschicht mit täglich wechselnden Arbeitszeiten) die regelmäßige Arbeitszeit nicht ohne weiteres feststellen, ist für die Berechnung der Entgeltfortzahlung auf Indizien zurückzugreifen. Im Zweifel werden die in der Vergangenheit geleisteten Arbeitszeiten Indizwirkung entfalten. Dabei wird auf die letzten drei Monate vor der Erkrankung abzustellen sein,[108] soweit nicht ein anderer Zeitraum aussagekräftiger ist.

ii) Saisonarbeit

76 In **Saisonbetrieben** ergibt sich innerhalb bestimmter Zeiträume ein erhöhter Arbeitsanfall – Saison –, was zu unterschiedlichen Arbeitszeiten während und außerhalb der Saison führt. Tritt die Arbeitsunfähigkeit während der Saison ein, ist von der erhöhten Arbeitszeit als der „regelmäßigen Arbeitszeit" auszugehen, während außerhalb der Saison die Normalarbeitszeit als „regelmäßige Arbeitszeit" anzusehen ist.[109]

77 Erkrankt der Arbeitnehmer vor Beginn der Saison, ist vom Beginn der Saison an die längere Arbeitszeit bei der Berechnung der Entgeltfortzahlung zugrunde zu legen. Endet die Saison während der Arbeitsunfähigkeit, so ist von ihrem Ende an die normale Arbeitszeit Berechnungsgrundlage für die Entgeltfortzahlung. Denn alle Veränderungen, die während der Arbeitsunfähigkeit eintreten, sind bei der Berechnung der Entgeltfortzahlung zu berücksichtigen.[110]

106 BAG 26.6.2002 – 5 AZR 592/00 – und – 5 AZR 153/01 – AP Nrn. 61 und 62 zu § 4 EntgeltFG; vgl auch Rn 38 f.
107 BAG 6.5.2003 – 1 ABR 13/02 – AP Nr. 61 zu § 80 BetrVG 1972.
108 Vgl Knorr/Krasney, § 4 EFZG Rn 27; Schmitt, § 4 EFZG Rn 61.
109 Vgl Kaiser/Dunkl/Hold/Kleinsorge, § 4 EFZG Rn 62.
110 Vgl Rn 28 ff.

2. Arbeitsentgelt

a) Grundsätzliches

Der im Gesetz nicht definierte entgeltfortzahlungsrechtliche **Begriff des Arbeitsentgelts** bestimmt **sich nicht nach steuerrechtlichen** oder **sozialversicherungsrechtlichen**, sondern ausschließlich nach **arbeitsrechtlichen Grundsätzen**. Danach ist unter Arbeitsentgelt im Sinne des § 4 Abs. 1 EFZG der **Bruttoarbeitsverdienst** zu verstehen, soweit er als **Gegenleistung für Arbeit aufgrund eines Arbeitsverhältnisses** gewährt wird.[111] 78

Entscheidend kommt es darauf an, dass es sich um arbeitsvertragliches Entgelt für Arbeitsleistung handelt.

Unerheblich ist, ob das Entgelt ganz oder teilweise der Lohnsteuer- oder Sozialversicherungspflicht unterliegt. Nicht vom arbeitsrechtlichen Entgeltbegriff werden reine **Sozialleistungen** des Arbeitgebers (zB verbilligtes Kantinenessen) oder solche Leistungen erfasst, die der **Erstattung von Aufwendungen** oder **Auslagen** dienen.[112] 79

Indes unterliegt nicht jedes Arbeitsentgelt im arbeitsrechtlichen Sinne der (Entgelt-) Fortzahlung. Dem Gesetzeswortlaut des § 4 Abs. 1 EFZG ist zu entnehmen, dass fortzuzahlendes Arbeitsentgelt einen Bezug zu der im Entgeltfortzahlungszeitraum anfallenden Arbeitszeit aufweisen muss. **Einmalzahlungen** oder einmalige Zuwendungen des Arbeitgebers aus besonderem Anlass gehören nicht zum fortzuzahlenden Arbeitsentgelt iSd § 4 Abs. 1 EFZG.[113] Im Regelfall gehört zum fortzuzahlenden Arbeitsentgelt nur das **fortlaufend gezahlte Arbeitsentgelt**. Hierbei handelt es sich um regelmäßige Zahlungen, die von den Arbeitsvertragsparteien als Teil der Arbeitsvergütung und damit als unmittelbare Gegenleistung für die vom Arbeitnehmer zu erbringende Arbeitsleistung vereinbart wurden.[114] Die Vergütung muss für **bestimmte Zeitabschnitte** iSd § 614 Satz 2 BGB oder für eine **bestimmte Leistung innerhalb einer genau bemessenen Zeit** versprochen worden sein.[115] 80

Das fortzuzahlende Arbeitsentgelt ist eine echte Lohn- oder Gehaltszahlung, auf die alle hierfür maßgebenden arbeitsrechtlichen (zB gesetzliche Verjährungs- oder tarifvertragliche Ausschlussfristen) sowie steuer- und sozialversicherungsrechtliche Vorschriften zur Anwendung kommen.[116] Sofern Vergütungsbestandteile nur bei tatsächlicher Arbeitsleistung steuerfrei sind – wie etwa Nachtzuschläge – geht die im Falle der Erkrankung darauf entfallende Lohnsteuer – und die entsprechenden Sozialversicherungsbeiträge – zulasten des Arbeitnehmers.[117] Die steuer- und sozialrechtliche Behandlung des Arbeitslohns ergibt sich 81

111 BAG 20.5.1959 – 2 AZR 452/58 – AP Nr. 1 zu § 2 ArbKrankhG; BAG 12.9.1959 – 2 AZR 50/59 – AP Nr. 9 zu § 2 ArbKrankhG; BAG 11.1.1978 – 5 AZR 829/76 – AP Nr. 7 zu § 2 LohnFG.

112 Vgl Rn 113 ff.

113 Kaiser/Dunkl/Hold/Kleinsorge, § 4 EFZG Rn 12; Knorr/Krasney, § 4 EFZG Rn 36; Worzalla/Süllwald, § 4 EFZG Rn 36; Treber, § 4 EFZG Rn 33.

114 BAG 25.4.2007 – 5 AZR 627/06 – AP Nr. 7 zu § 308 BGB.

115 BAG 21.1.2009 – 10 AZR 216/08 – zum Charakter einer Anwesenheitsprämie als laufendes Entgelt; BAG 18.3.2009 – 10 AZR 289/08 – NZA 2009, 535.

116 Kaiser/Dunkl/Hold/Kleinsorge, § 4 EFZG Rn 14; Müller/Berenz, § 4 EFZG Rn 14; Knorr/Krasney, § 4 EFZG Rn 38.

117 BAG 31.5.1978 – 5 AZR 116/77 – AP Nr. 9 zu § 2 LohnFG; LAG Hamm 19.1.1977 – 2 Sa 1322/76 – DB 1977, 871.

aus den zwingenden öffentlichrechtlichen Normen des EStG und des Sozialversicherungsrechts.[118]

82 Während der Arbeitsunfähigkeit eintretende **Entgeltänderungen** sind aufgrund des Entgeltausfallprinzips[119] bei der Entgeltfortzahlung zu berücksichtigen.[120]

b) Fortzuzahlendes Arbeitsentgelt

83 Zum **fortzuzahlenden Arbeitsentgelt im Sinne des Entgeltfortzahlungsgesetzes** gehören folgende Arbeitgeberleistungen:

aa) Grundvergütung

84 Dabei handelt es sich um das Entgelt, das aufgrund eines Arbeitsvertrages als Zeitlohn[121] für bestimmte Zeiträume (Stunden-, Tages-, Wochen- oder Monatslohn) oder als Leistungslohn[122] für festgelegte Arbeitsergebnisse (Prämien- oder Akkordlohn) geschuldet wird. Hierzu zählen auch die für Urlaub und für Feiertage gewährten Leistungen (Urlaubs- und Feiertagsentgelt), nicht aber zusätzliches Urlaubsgeld und Urlaubsabgeltung.[123] Abzustellen ist auf die Brutto- und nicht auf die Nettobeträge.

85 Deshalb gehören zum Arbeitsentgelt auch die **Arbeitgeberanteile zur Sozialversicherung.**[124] Die Beiträge sind während des Entgeltfortzahlungszeitraums weiterhin an die Krankenkasse abzuführen. Zu entrichten sind auch die Beiträge des Arbeitgebers zur **Kranken- und Altersversorgung** des Arbeitnehmers; auf deren rechtliche Ausgestaltung kommt es hierbei nicht an.[125]

bb) Überstundenvergütung

86 Sowohl die für Überstunden geleistete Grundvergütung wie die hierfür gezahlten Zuschläge gehören seit dem Inkrafttreten des Gesetzes zu Korrekturen in der Sozialversicherung und zur Sicherung der Arbeitnehmerrechte vom 19.12.1998 (BGBl. I, S. 3843) nicht mehr zum fortzuzahlenden Arbeitsentgelt.[126]

87 Werden Überstunden beständig geleistet, so können sie Teil der regelmäßigen Arbeitszeit iSd § 4 Abs. 1 EFZG werden.[127] Die hierfür geschuldete Vergütung unterliegt damit der gesetzlichen Entgeltfortzahlung. Diese umfasst dann andere etwaige einzel- oder tarifvertraglich geschuldete Mehrarbeitszuschläge, welche für das Überschreiten bestimmter Arbeitszeitgrenzen innerhalb der regelmäßigen Arbeitszeit iSd § 4 Abs. 1 EFZG vorgesehen sind.[128]

---

118 BAG 19.10.2000 – 8 AZR 20/00 – AP Nr. 11 zu § 611 BGB Haftung des Arbeitgebers.
119 Vgl Rn 26.
120 BAG 9.6.1982 – 5 AZR 501/80 – AP Nr. 51 zu § 242 BGB Gleichbehandlung; vgl auch Rn 28 ff.
121 Vgl Rn 144 ff.
122 Vgl Rn 151 ff.
123 Knorr/Krasney, § 4 EFZG Rn 40; Kaiser/Dunkl/Hold/Kleinsorge, § 4 EFZG Rn 15.
124 BGH 27.4.1965 – VI ZR 124/64 – AP Nr. 3 zu § 249 BGB; BGH 23.6.1965 – III ZR 185/62 – AP Nr. 4 zu § 249 BGB.
125 ErfK/Dörner, § 4 EFZG Rn 12; Schmitt, § 4 EFZG Rn 79.
126 Vgl Rn 40 ff.
127 Vgl Rn 43.
128 Vgl Rn 52; Feichtinger/Malkmus, Anm. zu BAG 21.11.2001 – 5 AZR 296/00 – AR-Blattei ES 1000.3.1. Nr. 235; aA BAG 21.11.2001 – 5 AZR 296/00 – AP Nr. 56 zu § 4 EntgeltFG; BAG 26.6.2002 – 5 AZR 153/01 – n.v. und – 5 AZR 592/00 – AP Nrn. 61 und 62 zu § 4 EntgeltFG.

cc) Vergütung für Pausen-, Wasch- und Umkleidezeiten sowie für Bereitschafts- und Rufbereitschaftsdienste

Werden Pausen-, Wasch- und Umkleidezeiten vergütet, so gehört diese Vergütung zum fortzuzahlenden Arbeitsentgelt.[129] Gleiches gilt für das Entgelt, welches für regelmäßig anfallende Bereitschafts- und Rufbereitschaftsdienste[130] geleistet wird; hierbei handelt es sich um einen variablen Bestandteil des monatlichen Arbeitsentgelts.[131] 88

dd) Zulagen und Aufstockungsleistungen

Lohn- und Gehaltszulagen sind fortzuzahlendes Arbeitsentgelt, soweit sie **laufend** und aufgrund der besonderen Bedingungen des Arbeitsverhältnisses gezahlt werden.[132] Dies ist regelmäßig anzunehmen bei **Erschwernis-, Lästigkeits-, Schicht-, Nacht-, Sonn-** und **Feiertags-** [133] sowie **Gefahrenzulagen,**[134] wenn sie eine besondere Vergütung für die besondere Art der zu verrichtenden Tätigkeit sind. Stellen Zulagen hingegen einen Ausgleich für einen erhöhten allgemeinen Aufwand oder Aufwendungen dar, wie meist bei **Auslösungen, Fahrkostenzuschüssen, Tages-** und **Übernachtungsgeldern** der Fall, so gehören sie nicht zum fortzuzahlenden Arbeitsentgelt.[135] 89

Fortzuzahlen sind auch **Sozialzulagen** wie **Kinder-, Familien-, Orts- und Wohnungszuschläge.**[136] Für die Dauer des Entgeltfortzahlungszeitraums besteht neben dem Anspruch auf das der tatsächlichen Arbeitsleistung entsprechende Teilentgelt, ferner der Anspruch auf die vereinbarten **Aufstockungsleistungen** (Mindestnettobetrag und zusätzliche Rentenbeiträge) im Rahmen eines **Altersteilzeitarbeitsverhältnisses.**[137] 90

ee) Leistungsprämien und Leistungszulagen; Zuverlässigkeitsprämien, Provisionen und Gewinnbeteiligung

Regelmäßige zusätzliche **Prämien** oder **Leistungszulagen** für quantitativ oder qualitativ gute Arbeitsleistungen sowie für die **Zuverlässigkeit** eines Arbeitnehmers (zB als **Antrittsgebühr**) zählen ebenfalls zum Arbeitsentgelt. So etwa **Inkassoprämien**, die Auslieferungsfahrer für die von ihnen bei Kunden kassierten Rechnungsbeträge erhalten. **Provisionen**, die der Arbeitnehmer während seiner Arbeitsunfähigkeit nicht hat verdienen können (zB **Umsatzprovisionen**), sind ebenfalls weiter zu zahlen. Es ist dabei von dem mutmaßlichen Provisionsausfall auszugehen. Mangelt es bei schwankender Vergütung an Vereinbarungen oder anderen festen Anhaltspunkten für die Frage des mutmaßlich erzielten Entgelts, 91

129 Zur Vergütung von Pausenzeiten vgl BAG 23.1.2001 – 9 AZR 4/00 – AP Nr. 22 zu § 1 TVG Tarifverträge: Holz.
130 Vgl Rn 55 ff.
131 BAG 20.6.2000 – 9 AZR 437/99 – AP Nr. 2 zu § 1 TVG Tarifverträge: Stahlindustrie.
132 LAG Hamm 19.1.1977 – 2 Sa 1322/76 – DB 1977, 871; Kaiser/Dunkl/Hold/Kleinsorge, § 4 EFZG Rn 18; Knorr/Krasney, § 4 EFZG Rn 43.
133 BAG 1.12.2004 – 5 AZR 68/04 – AP Nr. 68 zu § 4 EntgeltFG; BAG 14.1.2009 – 5 AZR 89/08 – DB 2009, 209; BAG 24.3.2010 – 10 AZR 58/09.
134 BAG 13.3.2002 – 5 AZR 648/00 – AP Nr. 58 zu § 4 EntgeltFG = AR-Blattei ES 1000.3.1 Nr. 242; BAG 16.7.1997 – 5 AZR 780/96 – EEK I/1194.
135 Vgl Rn 113 ff.
136 ErfK/Dörner, § 4 EFZG Rn 12.
137 BAG 15.8.2006 – 9 AZR 639/05 – AP Nr. 32 zu § 1 TVG Altersteilzeit.

ist gem. § 287 Abs. 2 ZPO zu schätzen.[138] Je nachdem, wie stark die monatlichen Provisionseinkünfte in der Vergangenheit geschwankt haben, wird man einen Bezugszeitraum von 3, 6 oder 12 Monaten, in Extremfällen sogar von mehreren Jahren zugrunde legen müssen. Bei Abschlüssen, die in der Regel nur alle Wochen oder Monate zustande kommen, ist ein sachgerechtes Ergebnis allein bei Anwendung eines längerfristigen Referenzzeitraums zu gewinnen.[139] Bei Anwesenheitsprämien, mit denen die Zuverlässigkeit der Arbeitnehmer honoriert werden soll, muss durch Auslegung der jeweiligen Vereinbarung ermittelt werden, ob es sich um laufendes Arbeitsentgelt oder um eine Sondervergütung handelt. Die Zahlungsweise kann dabei für die Einordnung als laufendes und damit nicht kürzbares Entgelt sprechen.[140]

92 Soweit **Provisionen** oder **Gewinnbeteiligungen** während der Arbeitsunfähigkeit fällig werden, sind sie auch bei Nichtbestehen eines Entgeltfortzahlungsanspruchs (zB wegen Erschöpfung der Anspruchsdauer oder im Falle eines Verschuldens des Arbeitnehmers) zu zahlen.[141]

93 Nicht in die Krankenbezüge einzubeziehen sind **Prämien**, die in keinem Bezug zu den Krankheitszeiten stehen. So wird zB eine Prämie für eine „vorzeitige Quotenerfüllung" oder einer „Quotenübererfüllung" nicht für eine laufende Arbeitsleistung gezahlt, sondern dafür, dass das für einen bestimmten Zeitraum bzw für das ganze Geschäftsjahr vorgegebene „Soll" vorzeitig erfüllt bzw überschritten wird.[142]

94 Zum fortzuzahlenden Entgelt zählen auch **Prämien für Berufsfußballspieler**, die für jeden von der Mannschaft gewonnenen Meisterschaftspunkt – Punktprämien – gezahlt werden. Die tatsächliche Ungewissheit über den Einsatz des Spielers und den Spielverlauf rechtfertigt es nicht, anstelle des Entgeltausfallprinzips das auf die Vergangenheit bezogene Referenzprinzip zu vereinbaren.[143] Steht allerdings fest, dass der Berufsfußballspieler auch ohne Erkrankung nicht zum Einsatz gekommen wäre, so kann der Prämienanspruch schon wegen der fehlenden alleinigen Kausalität der Arbeitsunfähigkeit für den Ausfall der Arbeitsleistung[144] nicht Gegenstand des gesetzlichen Entgeltfortzahlungsanspruchs sein.[145]

ff) Trink- und Bedienungsgelder, Troncsystem

95 **Bedienungsgelder** gehören zum fortzuzahlenden Arbeitsentgelt, wenn sie aufgrund einer rechtlichen Verpflichtung gewährt werden.[146]

---

138 BAG 18.9.2001 – 9 AZR 307/00 – AP Nr. 37 zu § 611 BGB Mehrarbeitsvergütung.
139 BAG 11.1.1978 – 5 AZR 829/76 – AP Nr. 7 zu § 2 LohnFG; BAG 5.6.1985 – 5 AZR 459/83 – AP Nr. 39 zu § 63 HGB; Westhoff, NZA 1986, Beilage Nr. 3 S. 25 ff.
140 BAG 21.1.2009 – 10 AZR 216/08 – NZA-RR 2009, 385 (LS); zur Antrittsgebühr vgl BAG 18.3.2009 – 5 AZR 186/08 – ZTR 2009, 274 (LS); ErfK/Dörner, § 4 EFZG Rn 12.
141 Feichtinger, Entgeltfortzahlung Rn 335.
142 BAG 5.6.1985 – 5 AZR 459/83 – AP Nr. 39 zu § 63 HGB.
143 BAG 6.12.1995 – 5 AZR 237/94 – AP Nr. 9 zu § 611 BGB Berufssport; vgl auch LAG Niedersachsen 11.1.1989 – 5 Sa 1345/88 – LAGE § 616 BGB Nr. 3 zu Sieg- und Unentschiedenprämien eines Lizenzfußballspielers.
144 Vgl § 3 Rn 59 f.
145 BAG 19.1.2000 – 5 AZR 637/98 – AP Nr. 19 zu § 611 BGB Berufssport.
146 Knorr/Krasney, § 4 EFZG Rn 60; Vossen, Rn 543; Salje, Trinkgeld als Lohn, DB 1989, 321, 323.

Trinkgelder, die den einzelnen Mitgliedern des Personals in Gaststätten und Beherbergungsbetrieben von den Gästen freiwillig gegeben werden, gehören bei Fehlen einer besonderen arbeitsvertraglichen Vereinbarung hingegen nicht zum Arbeitsentgelt.[147] 96

Anderes gilt, wenn Trinkgelder im Hinblick auf ihre Üblichkeit bei der Vergütungsabsprache berücksichtigt werden und deshalb nur ein relativ niedriges Fixum vereinbart wird.[148] Diese Fallgestaltung kann nicht anders beurteilt werden als bei einer Vergütung nach dem so genannten **Troncsystem**. Dieses kommt im Allgemeinen bei Arbeitnehmern von Spielbanken zur Anwendung, ist aber auch in Hotel- und Gaststättenbetrieben anzutreffen. Es bedeutet, dass sich die Vergütungsansprüche der Arbeitnehmer ausschließlich oder teilweise aus dem freiwillig gewährten Gesamtspendenaufkommen der Gäste oder Besucher ergeben.[149] Der auf den einzelnen Arbeitnehmer entfallende Anteil am Tronc ist damit fortzuzahlendes Arbeitsentgelt.[150]

Fraglich erscheint allerdings, ob im Hinblick auf die Bestimmung des ab 1.1.2003 geltenden § 107 Abs. 3 GewO[151] eine Entgeltzahlung aus einem vom Arbeitgeber verwalteten Trinkgeldtronc mit dem dann geltenden arbeitsrechtlichen Grundsatz der Nichtanrechnung von Trinkgeld noch zu vereinbaren ist.[152] 97

gg) Natural- und Sachleistungen

Sachbezüge zählen als so genannte Naturallohnleistungen zum Arbeitsentgelt im Sinne des EFZG, wenn sie in einem **Gegenseitigkeitverhältnis zur Arbeitsleistung** stehen, sie sind dem Arbeitnehmer im Krankheitsfall dann grundsätzlich fortzugewähren. Hierzu gehören insbesondere Deputate, freie Verpflegung und Unterkunft, Heizung, Kleidung, Nahrungsmittel und sonstige Waren. 98

Die Möglichkeit, einen **Dienstwagen** im Rahmen eines Arbeitsverhältnisses auch für private Fahrten nutzen zu können, ist eine zusätzliche Gegenleistung für geschuldete Arbeitsleistung.[153] Die dem Arbeitnehmer vom Arbeitgeber eingeräumte Privatnutzung eines Firmenfahrzeugs ist deshalb als Sachbezug anzusehen, der ebenfalls Vergütungscharakter hat.[154] Gleiches gilt für die zugelassene private Nutzung eines dienstlichen **Mobiltelefons**[155] 99

147 BAG 28.6.1995 – 7 AZR 1001/94 – AP Nr. 112 zu § 37 BetrVG 1972.
148 Knorr/Krasney, § 4 EFZG Rn 60; aA Schmitt, § 4 EFZG Rn 115.
149 ErfK/Preis, § 611 BGB Rn 508.
150 ErfK/Dörner, § 4 EFZG Rn 12.
151 BGBl. I, S. 3412.
152 Düwell, Neues Arbeitsrecht in der Gewerbeordnung, ZTR 2002, 461, 463; das BAG scheint ohne weiteres von der Zulässigkeit des Troncsystems auszugehen, vgl BAG 15.2.2006 – 10 AZR 59/05 – AP Nr. 26 zu § 611 BGB Croupier.
153 BAG 23.6.1994 – 8 AZR 537/92 – AP Nr. 34 zu § 249 BGB; BAG 16.11.1995 – 8 AZR 240/95 – 27.5.1999 und 19.12.2006 – 9 AZR 294/06 – AP Nrn. 4, 12 und 21 zu § 611 BGB Sachbezüge; BAG 5.9.2002 – 8 AZR 702/01 – AP Nr. 1 zu § 280 BGB nF; BAG 24.3.2009 – 9 AZR 733/07 – NZA 2009, 861.
154 LAG Köln 29.11.1995 – 2 Sa 843/95 – LAGE § 616 BGB Nr. 8; Nägele/Schmidt, Das Dienstfahrzeug, BB 1993, 1797, 1799.
155 MüKomm/Müller-Glöge, BGB Anhang zu § 616 BGB, § 4 EFZG Rn 17.

100 **Aktienbezugsrechte (-optionen)**[156] können im Einzelfall zu den Sachbezügen gehören.[157] Voraussetzung hierfür ist das Bestehen eines arbeitsvertraglichen Verpflichtungstatbestandes. Häufig werden Ansprüche aus einer Aktienoptionsgewährung allerdings nicht aus dem für das EFZG maßgebenden Arbeitsvertrag resultieren; der Arbeitsvertrag ist in diesen Fällen vielmehr nur Motiv für die Gewährung von Aktienoptionen durch Dritte.[158] Als Arbeitsentgelt kommen solche von Dritten gewährte Bezugsrechte nur in Betracht, wenn der Dritte sie nach der Abrede der Arbeitsvertragsparteien an Stelle des Arbeitsentgelts oder neben dem zwischen ihnen vereinbarten Arbeitsentgelt erbringen soll.[159] Entgeltfortzahlungsansprüche erfassen Aktienbezugsrechte nur, wenn die Bezugsrechte laufendes Arbeitsentgelt iSd § 4 Abs. 1 EFZG (vgl Rn 80) sind.

101 Der Arbeitgeber hat dem Arbeitnehmer die Sachbezüge während der krankheitsbedingten Arbeitsunfähigkeit grundsätzlich fortzugewähren. Dieser Anspruch – auch auf **private Nutzung eines Firmenfahrzeugs** – endet, soweit keine für den Arbeitnehmer gegenüber dem Gesetz günstigere Regelung vorhanden ist, mit Ablauf des sechswöchigen Entgeltfortzahlungszeitraums des § 3 Abs. 1 Satz 1 EFZG; eines Widerrufsvorbehaltes bedarf es hierzu nicht.[160]

Kann die Sachleistung wegen der Erkrankung nicht entgegengenommen werden, so hat sie der Arbeitgeber in bar abzugelten. Damit soll der Arbeitnehmer solche Barleistungen erhalten, dass er in die Lage versetzt wird, die ausgefallenen **Sachbezüge** sich anderweitig zu beschaffen.[161] Keine Barabgeltung kann für freie Unterkünfte beansprucht werden, wenn der Arbeitgeber die Unterkunft bereitzustellen hat.[162]

102 Bei im Voraus für einen kalendermäßig längeren Zeitraum zu gewährenden Sachbezügen (zB **Deputat**kohlen für das so genannte Kohlenjahr) werden die Voraussetzungen für eine Barabgeltung regelmäßig nicht gegeben sein. Sofern nicht kollektiv- oder einzelvertraglich etwas anderes bestimmt ist, kann der arbeitsunfähige Arbeitnehmer in den Fällen keine Barabgeltung verlangen, in denen er wegen seiner Krankheit vergleichbare Leistungen von anderer Seite erlangt. Einen Anspruch auf Barabgeltung der zugesagten freien Unterkunft und Verpflegung kommt zB dann nicht in Betracht, wenn der Arbeitnehmer diese Leistungen im Falle eines Krankenhausaufenthaltes im Rahmen der Krankenhilfe (§ 44 SGB V) auf Kosten der Krankenkasse erlangt.[163]

103 Soweit eine Barabgeltung zu leisten ist, ist für die Ermittlung des angemessenen Wertes des Sachbezugs die aufgrund § 17 Abs. 1 Satz 1 Nr. 3 SGB IV erlassene

156 Zum Begriff: BAG 16.1.2008 – 7 AZR 887/06 – AP Nr. 144 zu § 37 BetrVG 1972 Rn 17.
157 ErfK/Preis, § 107 GewO Rn 4; LAG Düsseldorf 30.10.2008 – 5 Sa 977/08 – DB 2009, 687.
158 BAG 16.1.2008, aaO Rn 15, Fn 156.
159 BAG 16.1.2008, aaO Rn 16, Fn 156.
160 LAG Köln 22.6.2001 – 11 (6) Sa 391/01 – NZA-RR 2001, 523; LAG Baden-Württemberg 27.7.2009 – 15 Sa 25/09 – DB 2009, 2050; Lohr, Rechtsfragen der Überlassung eines Dienstfahrzeuges, MDR 1999, 1353, 1355.
161 BAG 22.9.1960 – 2 AZR 507/59 – AP Nr. 27 zu § 616 BGB.
162 Kasseler Handbuch/Vossen, 2.2 Rn 355.
163 BAG 22.9.1960 – 2 AZR 507/59 – AP Nr. 27 zu § 616 BGB; Kasseler Handbuch/Vossen, 2.2 Rn 355.Soergel/Kraft, § 616 BGB Rn 45.

Sozialversicherungsentgeltverordnung [164] heranzuziehen; die dort angegebenen Werte können als Anhaltspunkt für den tatsächlichen Wert eines Sachbezugs dienen.[165]

Die im Falle der Barabgeltung für die Sachbezüge eingesetzten Beträge sind der errechneten fortzuzahlenden Vergütung im Übrigen hinzuzurechnen. Es hat also eine gesonderte Berechnung der abzugeltenden Sachbezüge zu erfolgen. Das empfiehlt sich schon aus Gründen der Klarstellung, nachdem nicht selten Sachbezüge teils weiter gewährt, teils abgegolten werden. Aus der Abrechnung muss ersichtlich sein, welche Sachbezüge und in welcher Höhe abgegolten werden. 104

Kapitäne und Besatzungsmitglieder von Kauffahrteischiffen können weder an Bord noch bei Verlassen des Schiffes eine Barabgeltung erhalten (§§ 42 ff, 78, 47 SeemG). Solange sich der Erkrankte an Bord befindet, erhält er im Rahmen der Krankenfürsorge neben der Heuer (Arbeitsentgelt) Verpflegung und Unterbringung (Unterkunft); verlässt der Erkrankte das Schiff, endet nach §§ 47 Abs. 1, 78 Abs. 1 SeemG die Krankenfürsorgepflicht.[166] 105

Auch für Naturalvergütungen fand für die Zeit vom 1.10.1996 bis 31.12.1998 die Absenkungsregelung des § 4 Abs. 1 Satz 1 EFZG aF Anwendung,[167] da der Gesetzgeber weder in § 3 Abs. 1 Satz 1 EFZG noch in § 4 Abs. 1 Satz 1 EFZG aF zwischen Geld- und Sachleistungen unterschieden hat. Soweit die Absenkung nicht gemäß § 4 Abs. 1 Satz 2 EFZG aF ausgeschlossen war, waren teilbare Sachbezüge pro Krankheitstag um 20 % zu reduzieren. Bei nicht teilbaren Sachleistungen, wie etwa der Privatnutzung eines Firmenfahrzeuges, musste der Arbeitnehmer dem Arbeitgeber pro Krankheitstag 20 % des für eine Barabgeltung in Betracht kommenden Betrages erstatten.[168] 106

Die **Zulässigkeit der Gewährung von Sachbezügen als Arbeitsentgelt** ist ab 1.1.2003 in **§ 107 Abs. 2 GewO** ausdrücklich geregelt.[169] Danach können Sachbezüge als Teil des Arbeitsentgelts nur vereinbart werden, wenn dies dem Interesse des Arbeitnehmers oder der Eigenart des Arbeitsverhältnisses entspricht. Gemäß § 107 Abs. 2 Satz 5 GewO muss das Arbeitsentgelt aber jedenfalls in Höhe des Pfändungsfreibetrages in Geld geleistet werden. 107

hh) Vermögenswirksame Leistungen

Vermögenswirksame Leistungen, die der Arbeitgeber laufend gemäß § 2 des 5. VermBG erbringt, gehören zum Arbeitsentgelt nach § 4 EFZG. Die vermögenswirksam angelegten Teile des Arbeitseinkommens sind Arbeitsentgelt besonderer Art und bleiben trotz dieser Anlage Arbeitsentgelt im arbeitsrechtlichen Sinne.[170] 108

164 Verordnung über die sozialversicherungsrechtliche Beurteilung von Zuwendungen des Arbeitgebers als Arbeitsentgelt vom 21.12.2006 (BGBl. I S. 3385), zuletzt geändert durch Art. 1 Zweite ÄndVO vom 19.10.2009 (BGBl. I S. 3667).

165 Feichtinger, AR-Blattei SD 1000.3 Rn 207; Knorr/Krasney, § 4 EFZG Rn 61; Kasseler Handbuch/Vossen, 2.2. Rn 356.

166 Kaiser/Dunkl/Hold/Kleinsorge, § 4 EFZG Rn 28.

167 Vgl Rn 12 ff.

168 Vossen, Rn 546.

169 BGBl. I, S. 3412.

170 BAG 30.1.1968 – 1 AZR 179/67 – AP Nr. 1 zu § 13 II. VermBG; Knorr/Krasney, § 4 EFZG Rn 63.

ii) Arbeitgeberanteile zur Sozialversicherung

109 Zum Arbeitsentgelt gehören die **Arbeitgeberanteile zur Sozialversicherung.** [171] Erfasst hiervon werden die Beiträge zur Kranken-, Renten-, Arbeitslosen- und Pflegeversicherung,[172] die während des Entgeltfortzahlungszeitraums weiterhin an die Krankenkasse abzuführen[173] sind.

110 Zu entrichten sind auch die Beiträge des Arbeitgebers zur **Kranken- und Altersversorgung** des Arbeitnehmers; auf deren rechtliche Ausgestaltung kommt es hierbei nicht an.[174]

111 Hat der Arbeitgeber sich verpflichtet, auch **Arbeitnehmeranteile zur Sozialversicherung** zu übernehmen, so gehören auch diese zum fortzuzahlenden Arbeitsentgelt.[175]

c) Nicht fortzuzahlende Leistungen

112 Zu den nicht fortzuzahlenden Leistungen des Arbeitgebers iSd § 4 Abs. 1 EFZG gehören die aufgrund ausdrücklicher gesetzlicher Regelung in § 4 Abs. 1 a Satz 1 EFZG nicht zum Arbeitsentgelt nach § 4 Abs. 1 EFZG gehörenden Leistungen[176] sowie solche, die von vornherein den Arbeitsentgeltbegriff des § 4 Abs. 1 EFZG nicht erfüllen.[177]

aa) Aufwendungsersatz

(1) Begriff

113 Der Begriff des Aufwendungsersatzes iSd § 4 Abs. 1 a Satz 1 EFZG entspricht dem des früheren § 2 Abs. 1 Satz 2 LFZG.[178] Nach § 4 Abs. 1 a Satz 1 EFZG gehören Leistungen des Arbeitgebers als Ersatz von Aufwendungen des Arbeitnehmers nicht zum Arbeitsentgelt nach § 4 Abs. 1 EFZG, wenn der Leistungsanspruch im Falle der Arbeitsfähigkeit davon abhängig ist, dass dem Arbeitnehmer entsprechende Aufwendungen tatsächlich entstanden sind sowie, dass dem Arbeitnehmer solche Aufwendungen während der Arbeitsunfähigkeit nicht entstehen. Nur wenn beide Voraussetzungen kumulativ vorliegen, handelt es sich um einen bei der Entgeltfortzahlung nicht zu berücksichtigenden **Aufwendungsersatz.** Für den arbeitsrechtlichen Begriff des Aufwendungsersatzes sind steuer- und sozialversicherungsrechtliche Regelungen (§ 3 b Abs. 1 EStG, §§ 14, 17 Abs. 1 SGB IV) unerheblich.[179]

114 Soweit die gesetzliche Bestimmung den Ausgleich für **tatsächlich entstandene Aufwendungen** nicht zum Arbeitsentgelt im Sinne des § 4 Abs. 1 EFZG rechnet, kommt ihr lediglich klarstellender Charakter zu. Werden vom Arbeitgeber Aufwendungen ausgeglichen, die dem Arbeitnehmer entstanden sind, so fällt eine solche Arbeitgeberleistung bereits nicht unter den entgeltfortzahlungsrechtlichen

171 BGH 27.4.1965 – VII ZR 124/64 – AP Nr. 3 zu § 249 BGB; BGH 23.6.1965 – III ZR 185/62 – AP Nr. 4 zu § 249 BGB.
172 Knorr/Krasney, § 4 EFZG Rn 41.
173 Kaiser/Dunkl/Hold/Kleinsorge, § 4 EFZG Rn 16.
174 ErfK/Dörner, § 4 EFZG Rn 12; Schmitt, § 4 EFZG Rn 79.
175 Schmitt, § 4 EFZG Rn 80.
176 Rn 113 ff.
177 Rn 78 ff.
178 Schliemann, AuR 1994, 317.
179 BAG 14.1.2009 – 5 AZR 89/08 – DB 2009, 909.

Arbeitsentgeltbegriff des § 4 Abs. 1 EFZG.[180] Der **reine Aufwendungsersatz stellt keine Gegenleistung für eine vom Arbeitnehmer erbrachte Arbeit dar**, sondern einen Ausgleich für entstandene Vermögensopfer.[181]

Als Arbeitsentgelt fortzuzahlen ist der Aufwendungsersatz demzufolge, wenn er einem Arbeitnehmer unabhängig von notwendigen Aufwendungen gezahlt wird. In der Praxis wird dies insbesondere anzunehmen sein, wenn der Aufwendungsersatz bewusst in einer Höhe gezahlt wird, der **die notwendigen Aufwendungen übersteigt**. Ob im Einzelfall Arbeitsentgelt oder Aufwendungsersatz im gesetzlichen Sinne vorliegt, ist anhand der inhaltlichen Ausgestaltung und des objektiven Zwecks der gewährten Leistung, indes nicht aufgrund der gewählten Bezeichnung zu beurteilen.[182] Dem Aufwendungsersatzcharakter steht nicht entgegen, dass der **Mehraufwand pauschaliert** gezahlt wird.[183] 115

Maßgeblich ist, dass in den Fällen, für welche die Leistung vorgesehen ist, **typischerweise besondere Aufwendungen** anfallen, die jedenfalls **in der Regel den Umfang der gewährten Leistung erreichen**. Nicht erforderlich ist hingegen, dass diese Aufwendungen bei jedem Arbeitnehmer anfallen, der die Voraussetzungen für die Gewährung erfüllt. Denn eine Pauschalierung des typischen Mehraufwands ist zulässig. Sinn der Pauschalierung ist gerade, vom Nachweis des tatsächlich entstandenen Aufwands im Einzelfall abzusehen und statt dessen die Gewährung der Pauschalleistung an leicht feststellbare objektive Umstände zu knüpfen, bei deren Vorliegen nach der Lebenserfahrung eine hohe Wahrscheinlichkeit für das Entstehen derartiger Aufwendungen gegeben ist.[184] 116

Ist der Arbeitnehmer typischerweise weder rechtlich verpflichtet noch faktisch darauf angewiesen, entsprechende Mehraufwendungen zu tätigen, **sondern steht es in seinem freien Belieben, die Leistung zur Verbesserung seines Lebensstandards zu verwenden**, so fehlt regelmäßig der für den Aufwendungsersatz erforderliche enge sachliche Zusammenhang mit wirklichen Mehraufwendungen. Es handelt sich dann um ein **zusätzliches Arbeitsentgelt**.[185] Für die Beantwortung der Frage, ob typischerweise derartige Mehraufwendungen anfallen, ist die steuerliche Behandlung nicht entscheidend; die **Festsetzung steuerfreier Pauschalbeträge** durch die als sachkundig anzusehende Finanzverwaltung kann aber als **Indiz** herangezogen werden.[186] 117

Dient eine Leistung nicht vorwiegend der Abgeltung eines wirklichen Mehraufwands, sondern sollen jedenfalls auch besondere Belastungen ausgeglichen, insbesondere die körperliche und nervliche Beanspruchung abgegolten werden, und ist insoweit eine hinreichend klare Aufspaltung der Leistung nicht möglich, so ist sie insgesamt kein Aufwendungsersatz.[187] 118

180 Rn 78 ff.
181 Ermann/Edenfeld, § 611 BGB Rn 410.
182 BAG 15.7.1992 – 7 AZR 491/91 – AP Nr. 19 zu § 46 BPersVG; BAG 5.4.2000 – 7 AZR 213/99 – AP Nr. 131 zu § 37 BetrVG 1972.
183 BAG 27.7.1994 – 7 AZR 81/94 – AP Nr. 14 zu § 46 BPersVG; Schmitt, § 4 EFZG Rn 138.
184 BAG 27.7.1994, aaO Fn 183.
185 BAG 15.7.1992, aaO Fn 182; BAG 5.4.2000, aaO Fn 182.
186 BAG 27.7.1994, aaO Fn 183.
187 BAG 5.4.2000, aaO Fn 182.

119 Eigenständige Bedeutung kommt der Regelung des § 4 Abs. 1 a Satz 1 EFZG zu, soweit der Aufwendungsersatz beim fortzuzahlenden Arbeitsentgelt dann unberücksichtigt bleiben soll, wenn die **Aufwendungen dem Arbeitnehmer während der Arbeitsunfähigkeit nicht entstehen**. Im Umkehrschluss hat dies zur Folge, dass der Aufwendungsersatz bei der Berechnung der Entgeltfortzahlung des Arbeitnehmers zu berücksichtigen ist, wenn dem Arbeitnehmer die Aufwendungen auch während der Arbeitsunfähigkeit entstehen. Um dem Gesetzeszweck des EFZG gerecht zu werden[188] wird damit eine nicht dem Arbeitsentgeltbegriff des § 4 Abs. 1 EFZG unterfallende Leistung des Arbeitgebers zum fortzugewährenden Arbeitsentgelt gerechnet. Andererseits wird mit dieser Regelung verhindert, dass der erkrankte Arbeitnehmer einen höheren Verdienst erlangt als der vergleichbare arbeitsfähig gebliebene Arbeitnehmer.

(2) Wege- und Fahrgelder

120 Um nicht zu berücksichtigenden Aufwendungsersatz handelt es sich bei der Übernahme tatsächlich entstandener Kosten für die Strecke zwischen Wohnung und Arbeitsstätte des Arbeitnehmers – gegebenenfalls gegen Nachweis – durch den Arbeitgeber.[189]

121 Solche Aufwendungen sind nur dann weiter zu erstatten, wenn sie dem Arbeitnehmer während der Krankheit weiterhin entstehen oder bereits entstanden sind. Dies kann zum Beispiel der Fall sein bei vom Arbeitgeber gewährtem Zuschuss zu einer Garagenmiete oder zur KFZ-Steuer oder bei bereits verauslagten Kosten durch Kauf einer Wochen- oder Monatskarte.

122 Werden vom Arbeitgeber Leistungen ohne Rücksicht auf Entfernung und Dauer der Fahrzeit erbracht, so sind sie in der Regel als Entschädigung für besondere Erschwernisse und zusätzlichen Zeitaufwand zum Arbeitsentgelt zu rechnen; dies gilt auch dann, wenn die Leistung arbeitstäglich erbracht wird.[190]

(3) Reisekostenvergütung und Spesen

123 Im Regelfall wird es sich bei Leistungen, die dem Ausgleich des tatsächlichen Aufwands oder des Mehraufwands dienen, welcher sich im Zusammenhang mit der Durchführung von **Dienstreisen** oder dem auswärtigen Einsatz von Arbeitnehmern ergibt, um nicht fortzuzahlenden Aufwendungsersatz handeln.[191]

124 Erfolgt die Zahlung **ohne Nachweis eines Aufwands oder eines Mehraufwands** und hat der Arbeitnehmer die Möglichkeit, die Leistungen des Arbeitgebers zur **Verbesserung seines Lebensstandards** zu verwenden, so gehören die Leistungen des Arbeitgebers zum Arbeitsentgelt.[192]

---

188 Vgl § 12 Rn 2.
189 BAG 17.12.1964 – 2 AZR 72/64 – AP Nr. 39 zu § 1 ArbKrankhG.
190 BAG 11.2.1976 – 5 AZR 615/74 – AP Nr. 10 zu § 611 BGB Anwesenheitsprämie.
191 LAG Düsseldorf 6.9.1971 – 12 Sa 233/71 – DB 1972, 50; LAG Hamm 2.6.1970 – 8 Sa 418/70 – BB 1971, 221 = DB 1971, 436; Kaiser/Dunkl/Hold/Kleinsorge, § 4 EFZG Rn 40; Knorr/Krasney, § 4 EFZG Rn 78.
192 BAG 5.4.2000 – 7 AZR 213/99 – AP Nr. 131 zu § 37 BetrVG 1972; LAG Hamm 2.6.1970 – 8 Sa 418/70 – BB 1971, 221 = DB 1971, 436; LAG Düsseldorf, aaO Fn 160; Knorr/Krasney, § 4 EFZG Rn 78; Kaiser/Dunkl/Hold/Kleinsorge, § 4 EFZG Rn 40.

(4) Auslösung und Trennungsentschädigung

Auslösungen und **Trennungsentschädigungen**, die dem Arbeitnehmer wegen einer vorübergehenden oder dauernden auswärtigen Beschäftigung gezahlt werden, gelten als Aufwendungsersatz, wenn sie – auch als Pauschalzahlung – dem Ausgleich der durch den auswärtigen Einsatz entstehenden Mehraufwendungen und immateriellen Belastungen in der persönlichen Lebensführung dienen.[193] 125

Auch hier gilt aber, dass maßgebend für die Bewertung als Aufwendungsersatz oder als Arbeitsentgelt nicht auf die von den Vertragsparteien gewählten Bezeichnungen abzustellen ist, sondern auf den wirklichen Willen. Dieser wird sich häufig nur anhand von Indiztatsachen erschließen lassen, welche Rückschlüsse auf den wahren Leistungszweck ermöglichen.[194] 126

So spricht für den Charakter einer als Auslösung oder Trennungsentschädigung bezeichneten Leistung als Arbeitsentgelt iSd § 4 Abs. 1 EFZG, wenn die Zahlungen **unabhängig von einem auswärtigen Einsatz** erfolgen oder wenn die Auslösung oder Trennungsentschädigung von vornherein **die Höhe der möglichen Aufwendungen übersteigen.** [195] 127

Dafür, dass es sich um Arbeitsentgelt handelt, spricht auch die Gewährung einer Auslösung für einen Einsatz auf einer Arbeitsstelle in geringer Entfernung (so genannte **Nahauslösung**), bei der die tägliche Rückkehr zum Betriebssitz oder Wohnort des Arbeitnehmers ohne weiteres möglich und zumutbar ist.[196] Für diese Einschätzung wird angenommen, dass eine auswärtige Beschäftigung in einer Entfernung von bis zu fünf Kilometern abgesehen von den Fahrtkosten keinen Mehraufwand verursacht.[197] Darüber hinaus wird in diesem Zusammenhang ausnahmsweise[198] auch auf die steuerrechtliche Bewertung zurückgegriffen. Unterliegt die Auslösung teilweise der Steuerpflicht, so wird dieser Teil als Arbeitsentgelt gewertet.[199] 128

Auslösungen, die nach dem „Bundestarifvertrag vom 6.10.1992 idF vom 20.11.1995/30.7.1997 für die besonderen Arbeitsbedingungen der **Montagearbeiter** in der Eisen-, Metall- und Elektroindustrie einschließlich des Fahrleitungs-, Freileitungs-, Ortsnetz- und Kabelbaues (BMTV)" gewährt werden, sind weder als Fern- noch als Nahauslösung Teil des Arbeitsentgelts iSd § 4 Abs. 1 EFZG.[200] 129

(5) Schmutzzulagen

Ob solche Leistungen als Arbeitsentgelt oder als Aufwendungsersatz anzusehen sind, hängt auch hier von dem Leistungszweck ab. Soll mit der **Schmutzzulage** einer besonderen Erschwernis Rechnung getragen werden (**Erschwerniszulage**), 130

193 BAG 24.4.2001 – 3 AZR 355/00 – EzA § 1 BetrAVG Nr. 73.
194 BAG 8.11.1962 – 2 AZR 109/62 – AP Nr. 15 zu § 2 ArbKrankhG.
195 BAG 8.11.1962, aaO, Fn 194.
196 BAG 15.6.1983 – 5 AZR 399/82 – AP Nr. 13 zu § 2 LohnFG.
197 BAG 24.9.1986 – 4 AZR 543/85 – AP Nr. 50 zu § 1 FeiertagslohnzahlungsG.
198 Vgl Rn 78 f.
199 BAG 14.8.1985 – 5 AZR 76/85 – AP Nr. 14 zu § 2 LohnFG; BAG 10.2.1988 – 7 AZR 36/87 – AP Nr. 64 zu § 37 BetrVG 1972; BAG 1.2.1995, AP Nr. 67 zu § 1 FeiertagslohnzahlungsG; Kaiser/Dunkl/Hold/Kleinsorge, § 4 EFZG Rn 43; Knorr/Krasney, § 4 EFZG Rn 76.
200 BAG 28.1.1982 – 6 AZR 911/78 – AP Nr. 11 zu § 2 LohnFG; BAG 15.6.1983 – 5 AZR 598/80 – und – 5 AZR 399/82 – AP Nrn. 12 und 13 zu § 2 LohnFG.

handelt es sich um Arbeitsentgelt;[201] soll sie hingegen die dem Arbeitnehmer durch den Schmutz entstehenden Aufwendungen, zB die Kosten für Reinigung und erhöhten Verbrauch der Arbeitskleidung abgelten, so liegt ein Aufwendungsersatz vor. Stellt der Arbeitgeber die Arbeitskleidung und zahlt daneben eine Schmutzzulage, so spricht dies gegen deren Charakter als Aufwendungsersatz.[202]

bb) Überstundenzuschläge

131 Bei der Bemessung der Entgeltfortzahlung bleiben sowohl die Grundvergütung für Überstunden als auch die Überstundenzuschläge außer Betracht.[203] Soweit es sich allerdings lediglich um Überstunden iSv einzel- oder tarifvertraglichen Regelungen, nicht aber um solche iSd § 4 Abs. 1 a Satz 1 EFZG handelt, gehören Überstundenzuschläge zum fortzuzahlenden Entgelt.[204]

cc) Sondervergütungen, Gratifikationen und sonstige einmalige Zuwendungen

132 Gratifikationen und sonstige einmalige Zuwendungen, wie **Weihnachtsgeld, Treueprämien**, Erziehungsgelder, Studienbeihilfen, **Jubiläumsgeschenke** und ähnliche Zuwendungen, zählen im weiteren Sinne zum Einkommen des Arbeitnehmers. Diese Zuwendungen, für die meist soziale und fürsorgliche Erwägungen maßgebend sind, werden vom Arbeitgeber entweder aus besonderem Anlass, zur Honorierung der Betriebstreue oder, sofern sie leistungsbezogen sind, zur zusätzlichen Honorierung der Gesamtarbeitsleistung innerhalb eines längeren (nicht nur die Krankheitsperiode betreffenden) Zeitraums gewährt.

Demgegenüber ist kennzeichnend für eine **laufende Vergütung**, dass sie **nach Zeitabschnitten** iSd § 614 Satz 2 BGB bemessen wird.[205]

133 Durch die Regelung in § 4 Abs. 1 EFZG wird verdeutlicht, dass das fortzuzahlende Arbeitsentgelt in einem Bezug zu der Arbeitszeit während des Entgeltfortzahlungszeitraums stehen muss. Dies ergibt sich außerdem bereits aus § 3 Abs. 1 Satz 1 EFZG, wonach ein arbeitsunfähiger Arbeitnehmer für sechs Wochen so zu stellen ist, als hätte er gearbeitet.

134 Durch das Gesetz wird damit lediglich der laufende, als Gegenleistung für die tägliche Arbeitsleistung gedachte Arbeitsverdienst gesichert[206] und nicht zusätzliche einmalige Zuwendungen wie **Weihnachtsgeld** oder sonstige **Sondervergütungen**.[207] Eine einmalige, zusätzlich zum laufenden Arbeitsentgelt erbrachte Arbeitgeberzuwendung liegt vor, wenn sie sich kraft der ihr beigelegten Bestimmung als solche erweist. Fehlt es daran, so muss jede Arbeitgeberzahlung unabhängig von der Zahlungsart der Regel und der Erfahrung des Arbeitslebens entsprechend als Teil des zur unmittelbaren Abgeltung der Arbeitsleistung bestimmten Lohnes angesehen werden.[208]

---

201 Vgl Rn 89 f.
202 Knorr/Krasney, § 4 EFZG Rn 77.
203 Vgl Rn 40 ff.
204 Vgl Rn 52 ff; aA BAG 21.12.2001 – 5 AZR 296/00 – AP Nr. 56 zu § 4 EntgeltFG; BAG 26.6.2002 – 5 AZR 592/00 – AP Nr. 61 zu § 4 EntgeltFG.
205 BAG 18.3.2009 – 10 AZR 289/08 – Rn 23, NZA 2009, 1366; vgl auch Rn 80 und § 4 a Rn 25 ff.
206 Kasseler Handbuch/Vossen, 2.2 Rn 343.
207 BAG 15.2.1990 – 6 AZR 381/88 – AP Nr. 15 zu § 611 BGB Anwesenheitsprämie.
208 BAG 20.9.1972 – 5 AZR 239/72 – AP Nr. 76 zu § 611 BGB Gratifikation.

Aus der Nichtberücksichtigung der Sondervergütungen bei der Berechnung der fortzuzahlenden Vergütung folgt jedoch nicht, dass der Arbeitnehmer – gleichsam als Folge der Arbeitsunfähigkeit – den Anspruch auf diese Zuwendung verliert. Das Entgeltfortzahlungsgesetz lässt diese Ansprüche unberührt; Einmalzahlungen wirken sich nicht auf die Berechnung des fortzuzahlenden Arbeitsentgelts aus.[209] Der Anspruch auf Einmalzahlungen hängt vom Vorliegen der in der jeweiligen Rechtsgrundlage statuierten Tatbestandsvoraussetzungen ab; er entsteht unabhängig davon, ob die Fälligkeit während oder außerhalb eines Arbeitsunfähigkeitszeitraums eintritt. 135

Sondervergütungen erhalten den Charakter einer **Anwesenheitsprämie**, wenn sich Arbeitsunfähigkeitszeiträume anspruchsmindernd auswirken sollen; solche Regelungen sind nur unter den in § 4 a EFZG genannten Voraussetzungen[210] zulässig. 136

Nur unter den gleichen Voraussetzungen kann deshalb das Entstehen des Sondervergütungsanspruchs davon abhängig gemacht werden, dass der Arbeitnehmer nicht arbeitsunfähig erkrankt war. Durch Formulierung weitergehender Anspruchsvoraussetzungen würden ansonsten dieselben Rechtsfolgen erreicht, die bei einer Ausgestaltung als Kürzungsmöglichkeit nach § 12 EFZG gesetzlich verboten wären.[211] 137

dd) Mankogeld

Zuwendungen, die der Arbeitnehmer zum Ausgleich des Risikos erhält, das er im Hinblick auf eine – vereinbarte oder sich aus gesetzlichen Grundlagen ergebende – Haftung für aufgetretene Fehlmengen in einem ihm anvertrauten Warenbestand oder einer ihm anvertrauten Kasse trägt, werden als so genanntes **„Mankogeld“** bezeichnet. Dabei handelt es sich um eine Sozialleistung zur Verminderung des Haftungsrisikos.[212] 138

Als solche ist das Mankogeld regelmäßig als fortzuzahlendes Arbeitsentgelt iSd § 4 Abs. 1 EFZG einzuordnen.[213] Aufwendungsersatzcharakter kann dem Mankogeld in seltenen Ausnahmefällen zukommen, wenn es zum Ausgleich tatsächlicher Mehraufwendungen des Arbeitnehmers bestimmt ist.[214] 139

ee) Leistungen Dritter

Erhält der Arbeitnehmer von Dritten Leistungen, die im Zusammenhang mit dem Arbeitsverhältnis stehen, so gehören diese nicht zum fortzuzahlenden Arbeitsentgelt. Dies gilt in erster Linie für beitrags- oder umlagefinanzierte **Sozialleistungen der Sozialversicherungsträger**, insbesondere der Bundesagentur für Arbeit. **Saison-Kurzarbeitergeld** und **Wintergeld** (§§ 175 f SGB III) sowie **Kurzarbeitergeld** (§§ 169 ff SGB III) stellen kein Entgelt für erbrachte Arbeitsleistung dar, sondern sind Förderleistungen der Bundesagentur für Arbeit. 140

209 Kasseler Handbuch/Vossen, 2.2 Rn 344.
210 Vgl § 4 a Rn 34 ff.
211 BAG 25.7.2001 – 10 AZR 502/00 – AP Nr. 1 zu § 4 a EntgeltFG; Gola, S. 186; aA Bauer/Lingemann, BB 1996, Beilage 17, S. 8, 14.
212 BAG 27.10.1988 – 6 AZR 177/87 – n.v.
213 MünchArbR/Boecken, § 84 Rn 31; ErfK/Dörner, § 4 EFZG Rn 12.
214 Schmitt, § 4 EFZG Rn 70; MünchArbR/Boecken, aaO.

141 Von Dritten gewährte **Aktienbezugsrechte** (**-optionen**) kommen als Arbeitsentgelt nur in Betracht, wenn der Dritte sie nach der Abrede der Arbeitsvertragsparteien an Stelle oder neben dem zwischen ihnen vereinbarten Arbeitsentgelt erbringen soll.[215] Gleiches gilt für Erfolgsbeteiligungen nach einem sog. **Carried-Interest-Plan**, bei dem ein Angestellter eine Gesellschafterstellung in einer Beteiligungsgesellschaft des Arbeitgebers mit der Aussicht erhält, an einem etwaigen Veräußerungsgewinn der Beteiligungsgesellschaft beteiligt zu werden. Auch hier schuldet der Arbeitgeber selbst nicht ohne das Hinzutreten besonderer Umstände die Zahlung von Carried Interest.[216]

ff) Karenzentschädigung

142 Bei einer aufgrund eines Wettbewerbsverbots zu zahlenden Karenzentschädigung iSd § 74 Abs. 2 HGB handelt es sich nicht um Arbeitsentgelt, für welches im Krankheitsfall Entgeltfortzahlung zu leisten wäre. Nachdem es grundsätzlich nicht darauf ankommt, warum der Arbeitnehmer den Wettbewerb unterlässt, entfällt die Pflicht zur Zahlung einer Karenzentschädigung allerdings nicht deshalb, weil der Arbeitnehmer arbeitsunfähig ist.[217]

D. Berechnung der Entgeltfortzahlung in Einzelfällen

I. Festlohn

143 Liegt eine **„Festlohn"-Vereinbarung** ohne konkreten Stundenumfang vor, ist dieser Lohn fortzuzahlen. Eine pauschale Vergütung lässt sich nicht in verschiedene fortzahlungspflichtige und nicht fortzahlungspflichtige Bestandteile aufteilen. Bei der Vereinbarung einer stets gleich bleibenden Vergütung ohne feste Arbeitszeitdauer und ohne Arbeitszeitkonto mit Zeitausgleich wird vom Arbeitnehmer regelmäßig die Ableistung der anfallenden Arbeit erwartet. Daraus ergibt sich ein bestimmter Arbeitszeitdurchschnitt, der grundsätzlich die regelmäßige Arbeitszeit darstellt.[218]

II. Zeitlohn

1. Bei fester Arbeitszeit

144 Steht die (arbeitstägliche) regelmäßige Arbeitszeit fest, ist bei im **Zeitlohn** (Stunden-, Tages-, Wochen- oder Monatslohn) beschäftigten Arbeitnehmern die Berechnung des ihnen fortzuzahlenden „zustehenden" Arbeitsentgelts verhältnismäßig unproblematisch. Dies gilt jedenfalls dann, wenn keine anderen zum Arbeitsentgelt iSv § 4 Abs. 1 EFZG zählende Leistungen[219] mit zu berücksichtigen sind.

145 Das fortzuzahlende Arbeitsentgelt ist durch Multiplikation des **Stundenlohns** mit der arbeitstäglichen (regelmäßigen) Stundenzahl und des so errechneten ar-

215 BAG 16.1.2008 – 7 AZR 887/06 – AP Nr. 144 zu § 37 BetrVG 1972 Rn 17; Lembke, NJW 2010, 257.
216 BAG 3.5.2006 – 10 AZR 310/05 – DB 2006, 1499.
217 BAG 23.11.2004 – 9 AZR 595/03 – AP Nr. 75 zu § 74 HGB.
218 BAG 26.6.2002 – 5 AZR 592/00 – AP Nr. 61 zu § 4 EntgeltFG Rn 51; zu den Ausnahmen vgl Rn 38 f.
219 Rn 83 ff.

beitstäglichen Arbeitsentgelts mit der Anzahl der durch Krankheit ausgefallenen Arbeitstage[220] zu ermitteln.

Bei **Wochenlohn**empfängern ist im Allgemeinen keine besondere Berechnung notwendig; der vereinbarte Wochenlohn ist einfach fortzuzahlen. Eine detaillierte Berechnung ist allenfalls dann erforderlich, wenn noch andere Leistungen zu berücksichtigen sind. Ein Zurückrechnen auf den Stunden- oder Tageslohn ist daher grundsätzlich entbehrlich und nur dann unumgänglich, wenn die Krankheit über den Zeitraum von sechs Wochen hinaus fortdauert, die Entgeltfortzahlungspflicht also während der Lohnzahlungsperiode entfällt. 146

Bei **Monatslohn** ist entsprechend zu verfahren, dh, er ist durch die Anzahl der in dem betreffenden Monat tatsächlich anfallenden Arbeitstage (einschließlich der gesetzlichen Feiertage) zu teilen und das Ergebnis ist dann aufgrund einer konkreten Berechnungsweise mit der Anzahl der krankheitsbedingt ausgefallenen Arbeitstage zu multiplizieren.[221] 147

2. Bei variabler Arbeitszeit

Wird die Arbeitszeit variabel vom Arbeitgeber oder Arbeitnehmer festgelegt (**flexible Arbeitszeitmodelle**), [222] so ist zu unterscheiden, ob die während bestimmter Zeitabschnitte geleisteten Stunden konkret vergütet werden oder ein fester Wochen- oder Monatslohn gezahlt wird und schwankende Arbeitszeiten über ein Zeitkonto im Rahmen eines festgelegten Zeitraums ausgeglichen werden. 148

Im ersten Fall muss die Entgeltfortzahlung gegebenenfalls tageweise aufgrund der durch Arbeitsunfähigkeit ausgefallenen Arbeitszeit errechnet werden. Bei festen Wochen- oder Monatsvergütungen ist diese Vergütung auch während der Arbeitsunfähigkeit fortzuzahlen. Einem bestehenden **Arbeitszeitkonto** [223] wird im Normalfall für jeden Tag der Arbeitsunfähigkeit eine Stundenzahl gutgeschrieben, die im Durchschnitt des Ausgleichszeitraums vom Arbeitnehmer arbeitstäglich geleistet werden muss. Ein Arbeitszeitkonto drückt aus, in welchem Umfang der Arbeitnehmer Arbeit geleistet hat und deshalb Vergütung beanspruchen kann, bzw in welchem Umfang er noch Arbeitsleistung für die vereinbarte Vergütung erbringen muss. Für Zeiten der Nichtarbeit kann der Arbeitnehmer eine Gutschrift verlangen, wenn aufgrund von normativen oder einzelvertraglichen Regelungen eine Vergütungspflicht besteht, denn die Arbeitspflicht gilt in diesen Fällen als erfüllt. **Aus der Gegenüberstellung der gutgeschriebenen Arbeitszeit und der vereinbarten Arbeitszeit („Arbeitszeitsoll") ergibt sich der für den Vergütungsanspruch und/oder den Umfang der weiteren Arbeitspflicht** 149

220 Einschließlich der vergütungspflichtigen Feiertage, vgl hierzu Rn 170 f.

221 BAG 14.8.1985 – 5 AZR 384/84 – AP Nr. 40 zu § 63 HGB; aA LAG Hamm 6.9.1974 – 3 Sa 501/74 – EzA § 611 BGB Nr. 17, das vorbehaltlich einer anderen Regelung der Parteien aus Praktikabilitätsgründen bei vereinbartem Monatsgehalt für jeden Kalendertag, an dem das Arbeitsverhältnis bestanden hat, 1/30 des Monatsgehalts ansetzt, und zwar unabhängig davon, wie viele Kalendertage der fragliche Monat umfasst.

222 Zu den Gestaltungsmöglichkeiten vgl Wisskirchen/Bissels, Arbeiten, wenn Arbeit da ist – Möglichkeiten und Grenzen der Vereinbarungsbefugnis zur Lage der Arbeitszeit, NZA Beilage 1/2006, 24 ff; Groeger/Sadtler, Möglichkeiten und Grenzen der flexiblen Gestaltung des Umfangs der Arbeitszeit, ArbRB 2009, 117.

223 Vgl Rn 72.

maßgebliche Arbeitszeitsaldo.[224] Gegenstand eines Anspruches auf Entgeltfortzahlung im Krankheitsfall kann daher auch ein **Anspruch auf Zeitgutschrift** sein.[225] Steht fest, dass während der Arbeitsunfähigkeit der Arbeitnehmer vom Durchschnitt abweichend kürzer oder länger gearbeitet hätte, so fließt diese Stundenzahl in das Zeitkonto ein; die Arbeit gilt bei krankheitsbedingter Arbeitsunfähigkeit nur insoweit als erbracht, wie Arbeitsleistung für den betreffenden Tag geplant war.[226] Damit kann die Entgeltfortzahlung im Krankheitsfall **Vorschusscharakter** erhalten.[227] Eine betriebliche Regelung zur flexiblen Verteilung der Arbeitszeit, nach der die sich in der Phase der verkürzten Arbeitszeit ergebende Zeitschuld nur durch tatsächliche Arbeitsleistung, nicht aber bei krankheitsbedingter Arbeitsunfähigkeit in der Phase der verlängerten Arbeitszeit ausgeglichen wird, verstößt gegen das Entgeltausfallprinzip des § 4 Abs. 1 EFZG.[228] Nicht ausgeschlossen ist demgegenüber bei einem verstetigten Arbeitsentgelt, dass auch für Krankheitstage während einer vereinbarten Betriebsruhe die hierdurch ausfallende Arbeitszeit im Arbeitszeitkonto ins Soll gestellt wird, damit die arbeitsunfähigen Arbeitnehmer den arbeitsfähigen Arbeitnehmern gleichgestellt werden.[229]

150 Zur Berechnung der Entgeltfortzahlung im **Vertrauensarbeitszeitmodell** vgl Rn 73 und bei Arbeitszeiten im **Freischichtenmodell** oder aufgrund **kapazitätsorientierter Arbeit** nach § 12 TzBfG vgl Rn 58 ff, 68 ff.

III. Leistungslohn (Akkord- und Prämienlohn, Leistungszulagen)

1. Grundsätzliches

151 Der Begriff des Leistungslohns oder -entgelts ist nicht abschließend geregelt, er wird in sehr unterschiedlicher Weise verwendet.[230] Gemeinsames Merkmal aller Leistungslohnformen ist, worauf auch in § 4 Abs. 1 a Satz 2 EFZG entscheidend abgestellt wird, die **Abhängigkeit der Vergütung von einem Arbeitsergebnis** und nicht lediglich von der aufgewendeten Arbeitszeit.[231]

152 Als Bezugsgrößen für eine Leistungsvergütung kommt die Arbeitsmenge (**Akkordlohn**) oder/und Bezugsgrößen wie Arbeitsqualität, Materialeinsatz, Nutzungsgrad der Maschinen, Einhaltung von Terminen sowie die Erreichung von vereinbarten Zielen (**Prämienlohn**) in Betracht. Die Vergütung kann dabei ausschließlich als Prämien- oder Akkordlohn ausgestaltet sein oder in der Weise, dass sie sich aus einem – meist auf Tarifverträgen beruhenden – Zeit- oder Akkordlohn als Grundlohn, sowie einem zusätzlichen Prämienlohn zusammensetzt, welcher häufig auf betrieblicher Ebene vereinbart wird.

---

224 BAG 11.2.2009 – 5 AZR 341/08 – EzA-SD 2009 Nr. 10, 16; BAG 19.3.2008 – 5 AZR 328/07 – AP Nr. 1 zu § 611 BGB Feiertagsvergütung.
225 BAG 28.1.2004 – 5 AZR 58/03 – AP Nr. 21 zu § 3 EntgeltFG.
226 Vgl BAG 7.5.2003 – 5 AZR 256/02 – NZA 2004, 49; vgl auch Rn 72.
227 Vgl Rn 72.
228 BAG 13.2.2002 – 5 AZR 470/00 – AP Nr. 57 zu § 4 EntgeltFG.
229 BAG 28.1.2004 – 5 AZR 58/03 – AP Nr. 21 zu § 3 EntgeltFG; zum Problem des Negativsaldos eines Arbeitszeitkontos in Folge einer Arbeitsunfähigkeit vgl BAG 5.11.2003 – 5 AZR 108/03 – AP Nr. 65 zu § 4 EntgeltFG; vgl auch Rn 72.
230 Vgl MünchArbR/Kreßel, 2. Aufl., § 66 Rn 2.
231 Vgl auch LAG Schleswig-Holstein 18.4.2002 – 4 Sa 444/01 – AR-Blattei ES 1000.3.1 Nr. 244.

Akkord- wie auch Prämienlohn können sich auf die Arbeitsergebnisse des einzelnen Arbeitnehmers (**Einzelakkord oder -prämie**) oder auf die einer Arbeitsgruppe (**Gruppenakkord oder -prämie**) beziehen.[232] 153

Abhängig vom Ergebnis der Arbeit sind ferner **Leistungszulagen**, die für das Erreichen bestimmter Ergebnisse und Ziele zusätzlich zum Zeitlohn gewährt werden (zB **Umsatzprovisionen, Gewinnbeteiligungen, Erfolgsprämien, Bonuszahlungen**). 154

Zu einer auf das Ergebnis der Arbeit abgestellten Vergütung iSd § 4 Abs. 1 a Satz 2 EFZG zählt damit das **Leistungsentgelt im engeren Sinn** (Akkord- und Prämienlohn) sowie die **Vergütung, die neben dem Zeitlohn als Zulage bei Erreichen bestimmter Ergebnisse und Ziele gezahlt wird** (Leistungszulage). Erhält der Arbeitnehmer eine solche auf das Ergebnis der Arbeit abgestellte Vergütung, bereitet die Anwendung des Entgeltausfallprinzips[233] Schwierigkeiten, weil ein Arbeitsergebnis für die Zeit der Arbeitsunfähigkeit des Arbeitnehmers gerade nicht vorliegt. Der Gesetzgeber hat im Hinblick auf diese Schwierigkeiten in § 4 Abs. 1 a Satz 2 EFZG bestimmt, dass dem Arbeitnehmer in einem solchen Fall der von ihm in der für ihn maßgebenden regelmäßigen Arbeitszeit **„erzielbare Durchschnittsverdienst"** fortzuzahlen ist. Diese Regelung bedeutet jedoch nicht die Aufgabe des Entgeltausfallprinzips für die Fälle des Leistungslohns. Vielmehr ist die Berechnungsmethode anzuwenden, die dem Entgeltausfallprinzip am besten gerecht wird.[234] 155

Arbeitet der Arbeitnehmer teils im Zeitlohn, teils im Leistungslohn, so ist für die Errechnung der fortzuzahlenden Vergütung jeweils der entsprechende Anteil für den Zeitlohn und für den Leistungslohn zu ermitteln.[235] 156

2. Einzelakkord, -prämie

Der durch die krankheitsbedingte Arbeitsunfähigkeit entstandene Vergütungsausfall ist unter Zugrundelegung der **konkreten Arbeits- und Vergütungsbedingungen** des erkrankten Arbeitnehmers – gegebenenfalls unter entsprechender Anwendung des § 287 Abs. 2 ZPO – zu ermitteln. Beim Akkord- und Prämienlohn muss der Lohn weitergezahlt werden, den der Arbeitnehmer erzielt hätte, wenn er nicht krank geworden wäre.[236] Fehlt es für die Ermittlung dessen, was der Arbeitnehmer ohne die Arbeitsunfähigkeit voraussichtlich verdient hätte, an hinreichenden Anhaltspunkten, so wird auf den in einem vergleichbaren zurückliegenden Zeitraum vom Arbeitnehmer erzielten Verdienst abzustellen sein.[237] 157

Als Bezugszeitraum ist der Zeitraum heranzuziehen, der am ehesten Rückschlüsse auf die Zeit der Arbeitsunfähigkeit ermöglicht. Bei im Wesentlichen **gleich-** 158

---

232 BAG 26.4.1961 – 4 AZR 71/58 – AP Nr. 14 zu § 611 BGB Akkordlohn; BAG 8.12.1981 – 1 ABR 55/79 – AP Nr. 1 zu § 87 BetrVG 1972 Prämie.

233 Rn 26.

234 BAG 22.10.1980 – 5 AZR 438/78 – AP Nr. 10 zu § 2 LohnFG; BAG 26.2.2003 – 5 AZR 162/02 – AP Nr. 64 zu § 4 EntgeltFG; MüKo/Müller-Glöge, BGB Anhang zu § 616 BGB § 4 EFZG Rn 22.

235 Feichtinger, Entgeltfortzahlung Rn 332.

236 BAG 26.2.2003 – 5 AZR 162/02 – AP Nr. 64 zu § 4 EntgeltFG.

237 Kaiser/Dunkl/Hold/Kleinsorge, § 4 Rn 89; Knorr/Krasney, § 4 EFZG Rn 88; Schmitt, § 4 EFZG Rn 157 ff; BAG 29.9.1971 – 3 AZR 164/71 – AP Nr. 28 zu § 1 Feiertagslohnzahlungsg; BAG 18.9.2001 – 9 AZR 307/00 – AP Nr. 37 zu § 611 BGB Mehrarbeitsvergütung.

mäßigen Arbeits- und Akkord- oder Prämienbedingungen wird ein **Bezugszeitraum von vier Wochen** ausreichend sein.[238] Unterliegen die Bedingungen der leistungsabhängigen Vergütung stärkeren **Schwankungen**, so ist auf einen längeren **Referenzzeitraum von drei Monaten oder dreizehn Wochen** zurückzugreifen.[239] Darüber hinausgehende Vergleichszeiträume werden nur in Ausnahmefällen in Betracht kommen, zB dann, wenn die Arbeitsbedingungen über längere Zeiträume hinweg Schwankungen unterliegen.

159 Als Bezugszeiträume sind nur solche geeignet, in denen der Arbeitnehmer tatsächlich vergleichbare Akkord- oder Prämienarbeiten geleistet hat. Sind die während der Arbeitsunfähigkeit ausgefallenen Arbeiten nicht in der unmittelbar vorausgehenden Zeit angefallen, sondern während eines länger zurückliegenden Zeitraums, so ist auf diesen abzustellen.

160 Änderungen in den Akkord- und Prämienregelungen, die sich während des Bezugszeitraums oder während der Zeit der Arbeitsunfähigkeit ergeben, haben Auswirkungen auf den während der Arbeitsunfähigkeit erzielbaren Verdienst und müssen deshalb berücksichtigt werden. Der im Bezugszeitraum erzielte Durchschnittsverdienst ist dann den geänderten Akkord- und Prämienbedingungen anzupassen.

161 Sind vergleichbare Bezugszeiträume nicht vorhanden, zB, weil der Arbeitnehmer erst vor kurzem die (Akkord/Prämien-)Arbeit aufgenommen hat, ist auf die Vergütung der Arbeitnehmer abzustellen, die hinsichtlich Ausbildung, Fähigkeiten, Leistungsfähigkeit und Erfahrung sowie der Akkord- und Prämienbedingungen vergleichbar sind.[240]

3. Gruppenakkord, -prämie

162 Bei Arbeiten im **Gruppenakkord oder -prämie** ist in erster Linie der Vergleich mit den verbleibenden Gruppenmitgliedern sachgerecht. Aus ihrem Verdienst lässt sich meist mit der erforderlichen Sicherheit schließen, was das erkrankte Gruppenmitglied verdient hätte, wenn es nicht krank geworden wäre. Das gilt auch bei einer aus zwei Personen bestehenden Gruppe, wenn der verbleibende Arbeitnehmer allein auf Akkord- oder Prämienbasis weiter arbeitet.[241] Ändern sich die Arbeits- und Verdienstbedingungen der Gruppe während des Entgeltfortzahlungszeitraums im Vergleich zum Bezugszeitraum, so entfällt die Grundlage für einen Vergleich der Arbeitsverdienste zwischen dem erkrankten und den verbleibenden Gruppenmitgliedern. Dies ist zB dann der Fall, wenn sich die Zusammensetzung der Gruppe nicht unerheblich ändert. Um auch in diesen Ausnahmefällen, deren Vorliegen der Arbeitnehmer darzulegen hat,[242] zu sachgerechten Ergebnissen zu gelangen, die mit dem Entgeltausfallprinzip im Einklang stehen, muss, wie beim Einzelakkord oder der Einzelprämie an den Verdienst angeknüpft werden, den der arbeitsunfähige Arbeitnehmer vor seiner Erkran-

238 Vgl BAG 29.9.1971 – 3 AZR 164/71 – AP Nr. 28 zu § 1 FeiertagslohnzahlungsG; Knorr/Krasney, § 4 EFZG Rn 87; Schmitt, § 4 EFZG Rn 157; Kasseler Handbuch/Vossen, 2.2 Rn 385.
239 Kasseler Handbuch/Vossen, 2.2 Rn 385; Knorr/Krasney, § 4 EFZG Rn 87.
240 Kaiser/Dunkl/Hold/Kleinsorge, § 4 EFZG Rn 89; Knorr/Krasney, § 4 EFZG Rn 88.
241 BAG 26.2.2003 – 5 AZR 162/02 – AP Nr. 64 zu § 4 EntgeltFG.
242 BAG 26.2.2003 – 5 AZR 162/02 – AP NR. 64 zu § 4 EntgeltFG.

kung bei annähernd gleichen Arbeitsbedingungen erzielt hatte.[243] Dieser erzielbare Durchschnittsverdienst ist auch für die Dauer der nachfolgenden Erkrankung für die Berechnung des fortzuzahlenden Entgelts maßgebend.[244] Gleiches gilt, wenn die Erkrankung eines Gruppenmitglieds dazu führt, dass der Rest der Gruppe auf Zeitlohn übergehen muss.[245]

4. Leistungszulagen (Umsatzprovision, Gewinnbeteiligung, Erfolgsprämie, Bonus)

Sonstige leistungsabhängige Vergütungsbestandteile, wie zB **Umsatzprovision, Gewinnbeteiligung, Bonus** oder **Erfolgsprämie**, gehören zum fortzuzahlenden Arbeitsentgelt, wenn sie **laufend** gezahlt werden. Auch nur **einmal im Jahr erbrachte Leistungen** können laufendes Arbeitsentgelt darstellen, wenn sie für die während eines bestimmten Zeitraums erbrachte Arbeitsleistung oder für das in einem bestimmten Zeitraum erzielte Arbeitsergebnis gezahlt wurden.[246] Die Abgrenzung zwischen laufendem Arbeitsentgelt und Sonderzahlung in der Rechtsprechung des Bundesarbeitsgerichts erscheint nicht einheitlich. So geht das BAG davon aus, dass die Sondervergütung der Arbeitgeber zusätzlich zum laufenden Arbeitsentgelt erbringt; sie wird nicht in jedem Abrechnungszeitraum fällig.[247] Um keine Sonderzahlung handelt es sich auch nach Auffassung des BAG hingegen im Einklang mit der hier vertretenen Meinung, wenn dem Entgelt Provisionscharakter zukommt, was der Fall ist, wenn ein Entgelt allein nach der individuellen Leistung des Arbeitnehmers in der Vergangenheit bemessen wird oder wenn Einmalzahlungen als Gegenleistung für die erbrachte Arbeit pauschal, ebentuell nachträglich, für mehrere Lohnzahlungsperioden vorgesehen sind.[248] Demgegenüber soll der ausschließliche Zweck einer Vergütung, die während eines Bezugszeitraums geleistete Arbeit zusätzlich zu vergüten, dem Sonderzahlungscharakter einer solchen Leistung nicht entgegenstehen.[249] 163

Für die Berechnung einer fortzuzahlenden **Leistungszulage** während der Arbeitsunfähigkeit kommt es wie beim Leistungslohn im engeren Sinn entscheidend darauf an, tatsächliche Grundlagen dafür heranzuziehen, in welcher Höhe dem Arbeitnehmer ein solches Entgelt ohne Eintritt der Arbeitsunfähigkeit zugestanden hätte. Dies gilt auch für Provisionen und Prämien, die der Arbeitnehmer aufgrund seiner Arbeitsunfähigkeit nicht hat verdienen können (zB **Umsatzprovision**). Es ist dabei von dem mutmaßlichen Provisions- oder Prämienausfall auszugehen, der erforderlichenfalls nach § 287 Abs. 2 ZPO zu schätzen ist. 164

243 Vgl Rn 157.
244 BAG 22.10.1980 – 5 AZR 438/78 – AP Nr. 10 zur § 2 LohnFG; Knorr/Krasney, § 4 EFZG Rn 89; Kasseler Handbuch/Vossen, 2.2 Rn 386; MünchArbR/Kreßel, 2. Aufl., § 67 Rn 49.
245 LAG Düsseldorf 9.10.1975 – 14 Sa 548/75 – AuR 1976, 218.
246 Siehe im Einzelnen § 4 a Rn 25 ff; Schaub/Linck, § 77 Rn 6; BSG 23.3.2006 – B 11 a AL 29/05 R – ZIP 2006, 1414 = NZA-RR 2007, 101; aA Schmitt, § 4 a EFZG Rn 16.
247 BAG 21.1.2009 – 10 AZR 216/08; BAG 23.5.2007 – 10 AZR 363/06 – AP Nr. 24 zu § 1 TVG Tarifverträge: Großhandel; BAG 24.11.2004 – 10 AZR 221/04 – EzA § 4 TVG Bankgewerbe Nr. 4.
248 BAG 21.1.2009 – aaO – Fn 247; BAG 24.11.2004 – aaO – Fn 247; BAG 27.8.2008 – 5 AZR 820/07 – AP Nr. 36 zu § 307 BGB Rn 15.
249 BAG 30.7.2008 – 10 AZR 606/07 – AP Nr. 274 zu § 611 BGB Gratifikation Rn 34; BAG 18.3.2009 – 10 AZR 249/08 – EzA-SD 2009 Nr. 10, 5 ff.

165 Wie beim Akkord- oder Prämienlohn wird im Normalfall von dem durchschnittlichen Verdienst eines **aussagekräftigen Bezugszeitraums** auszugehen sein. Je nachdem, wie stark die monatlichen Provisionseinkünfte in der Vergangenheit geschwankt haben, wird man einen Bezugszeitraum von drei, sechs oder zwölf Monaten, in Extremfällen sogar von mehreren Jahren zugrunde legen müssen. Bei Abschlüssen, die in der Regel nur alle Wochen oder Monate zustande kommen, ist ein sachgerechtes Ergebnis allein bei Anwendung eines längerfristigen Referenzzeitraums zu gewinnen.[250]

166 Um Zufallsergebnisse auszuschließen, muss der Bezugszeitraum so bemessen werden, dass die Länge der Referenzperiode mit der Häufigkeit der leistungsabhängigen Zahlungen korrespondiert. Außergewöhnliche, einmalige Ereignisse im Vergleichszeitraum haben unberücksichtigt zu bleiben.[251]

167 Ist die Festlegung eines **Referenzzeitraums nicht möglich**, weil sich ihm keine hinreichenden Anknüpfungspunkte für die Berechnung der Entgeltfortzahlung entnehmen lassen, so ist auf die Leistungsvergütung der **Arbeitnehmer mit vergleichbaren Arbeits- und Vergütungsbedingungen** sowie **ähnlicher Ausbildung, Leistung und Erfahrung abzustellen.**[252]

168 Im Gegensatz zu den Akkord- und Prämienentgeltsystemen im engeren Sinn besteht bei den Leistungszulagen, wie bei **Umsatzprovisionen** oder **Erfolgsprämien**, nicht ohne weiteres ein unmittelbarer zeitlicher Zusammenhang zwischen Leistung und Vergütung des Arbeitnehmers.[253] So kann sich etwa die krankheitsbedingte Arbeitsunfähigkeit eines Arbeitnehmers erst nach dem Entgeltfortzahlungszeitraum mindernd auf später fällig werdende leistungsabhängige Vergütungsbestandteile auswirken. Dies ist zB der Fall, wenn ein **Außendienstmitarbeiter** während der Arbeitsunfähigkeit keine Kunden besuchen kann und der von ihm erzielte Umsatz und die daraus resultierenden, erst mit größerer zeitlicher Verzögerung fällig werdenden Provisionsansprüche niedriger ausfallen, als sie es ohne Arbeitsunfähigkeit gewesen wären. Um den Schutzzweck des Entgeltfortzahlungsgesetzes und das Entgeltausfallprinzip zu verwirklichen, ist auch die nach der Arbeitsunfähigkeit fällig werdende leistungsabhängige Vergütung nach dem erzielbaren Durchschnittsverdienst zu ermitteln. Hierfür ist wiederum ein geeigneter aussagekräftiger Bezugszeitraum[254] heranzuziehen.

169 Diese Grundsätze sind auch zur entgeltfortzahlungsrechtlichen Behandlung laufend gezahlter Vergütungsbestandteile anzuwenden, welche vom Erreichen von Arbeitszielen innerhalb eines bestimmten Zeitraums abhängig sind, die vom Arbeitgeber einseitig vorgegeben (**Zielvorgaben**) oder von Arbeitgeber und Arbeitnehmer gemeinsam festgelegt (**Zielvereinbarungen**) wurden (sog. **Zielbonusregelungen**). Krankheitsbedingte Zeiten der Arbeitsunfähigkeit können sich dabei unterschiedlich auswirken. Werden die Ziele erreicht, so entsteht der Bonusanspruch grundsätzlich auch dann, wenn der Bezugszeitraum Zeiten ohne Entgeltfortzahlung umfasst. Eine proportionale Kürzung des Bonusanspruchs für solche Zeiten kommt in Betracht, wenn die definierten Ziele von einem zeitbezogenen

250 BAG 11.1.1978 – 5 AZR 829/76 – AP Nr. 7 zu § 2 LohnFG; BAG 5.6.1985 – 5 AZR 459/83 – AP Nr. 39 zu § 63 HGB; Westhoff, NZA 1986, Beilage Nr. 3, S. 25 ff.
251 Schmitt, § 4 EFZG Rn 159.
252 Schmitt, § 4 EFZG Rn 160.
253 MünchArbR/Boecken, § 84 Rn 50.
254 Vgl Rn 158 ff.

Arbeitseinsatz des Arbeitnehmers nicht abhängen (Beispiele: Kundenfreundlichkeit als Ziel ohne Berücksichtigung des Arbeitsergebnisses oder Erreichen von Unternehmenszielen). Besondere Bedeutung wird in diesem Zusammenhang den in den Bonusregelungen zum Ausdruck gebrachten Zwecken der festgelegten Ziele zukommen. Soweit eine Ziel(bonus)vereinbarung als Allgemeine Geschäftsbedingung iSd § 305 Abs. 1 BGB zu werten ist, kann das Transparenzgebot (§ 307 Abs. 1 Satz 2 BGB) sowie die Unklarheitenregelung (§ 305 c Abs. 2 BGB) entscheidungserheblich werden.[255] Werden vorgegebene oder vereinbarte Ziele, die von einem zeitbezogenen Arbeitseinsatz des Arbeitnehmers abhängen (Beispiel: persönlicher Umsatz oder Ertrag) wegen der Arbeitsunfähigkeit nicht erreicht, so dürfen sich Zeiten mit Entgeltfortzahlung im Gegensatz zu solchen ohne Entgeltfortzahlung nicht bonusmindernd auswirken.[256] Hierzu ist der erzielbare Durchschnittsverdienst unter Heranziehung eines geeigneten Bezugszeitraums oder, wenn dieser nicht aussagekräftig ist, geeigneter Vergleichspersonen fiktiv zu ermitteln.[257] Unter Umständen kann auch ein Anspruch des Arbeitnehmers in Betracht kommen, die vereinbarten (arbeitszeitabhängigen) Ziele entsprechend den im Rahmen des Entgeltfortzahlungszeitraums des § 3 Abs. 1 Satz 1 EFZG aufgetretenen krankheitsbedingten Fehlzeiten zu korrigieren.[258]

IV. Arbeitsunfähigkeit und Feiertag

Beim Zusammentreffen von **Arbeitsunfähigkeit und Feiertag** ist kausal für den Ausfall der Arbeit sowohl die Arbeitsunfähigkeit als auch der Feiertag. In solchen Fällen der **Doppelkausalität** bestünde an sich weder ein Anspruch auf Entgeltfortzahlung im Krankheitsfall noch ein Anspruch auf Feiertagsvergütung.[259] Diese Rechtsfolge verhindert § 4 Abs. 2 EFZG, wonach beim Zusammentreffen von Arbeitsunfähigkeit und Feiertag sich die Entgeltfortzahlung aus § 3 Abs. 1 EFZG und nicht aus § 2 EFZG ergibt. Die Höhe der Entgeltfortzahlung bemisst sich jedoch nicht nach § 4 Abs. 1 EFZG, sondern nach § 2 EFZG.[260] Damit wird die Gleichbehandlung arbeitsunfähiger und arbeitsfähiger Arbeitnehmer an Feiertagen hergestellt.[261] 170

Anderes gilt, wenn der arbeitsunfähige Arbeitnehmer an einem gesetzlichen Feiertag hätte arbeiten müssen; dann richtet sich die Höhe der Entgeltfortzahlung unter Berücksichtigung etwaiger **Feiertagszuschläge** nach § 4 Abs. 1 EFZG. Fei- 171

255 Grobys, NJW-Spezial 2004, 177; Däubler ZIP 2004, 2209; Heiden, DB 2009, 1705.

256 Berwanger, BB 2003, 1499; Brors RdA 2004, 273; Hidalgo/Rid, BB 2005, 2686; Hümmerich NJW 2006, 2294; Annuß NZA 2007, 290; Laber/Reinartz ArbRB 2008, 125; Reiserer NJW 2008, 609.

257 Vgl Bauer/Göpfert, Zielvereinbarungen auf dem arbeitsrechtlichen Prüfstand, BB 2002, 882, 885; Mauer, Zielbonusvereinbarungen als Vergütungsgrundlage im Arbeitsverhältnis, NZA 2002, 540, 544; Lindemann/Simon, Flexible Bonusregelungen im Arbeitsvertrag, BB 2002, 1807, 1812; Heiden, Entgeltvariabilisierung durch Zielvereinbarungen, DB 2009, 1705.

258 Vgl Köppen, Rechtliche Wirkungen arbeitsrechtlicher Zielvereinbarungen, DB 2002, 374, 379.

259 Vgl § 3 Rn 59, § 2 Rn 26 ff.

260 Vgl § 2 EFZG Rn 26 ff; Feichtinger/Malkmus, Anm. zu BAG 1.12.2004 – 5 AZR 68/04 – EWiR 2005, 347.

261 Kaiser/Dunkl/Hold/Kleinsorge, § 4 EFZG Rn 97; Worzalla/Süllwald, § 4 EFZG Rn 39.

ertagszuschläge sind nicht generell nur bei tatsächlicher Arbeitsleistung zu zahlen.[262]

V. Arbeitsunfähigkeit und Kurzarbeit

172 Die entgeltfortzahlungsrechtlichen Folgen des Zusammentreffens von **Arbeitsunfähigkeit und Kurzarbeit** sind in § 4 Abs. 3 EFZG geregelt. Die Anwendung dieser Bestimmung setzt das Vorliegen gesetzlicher Kurzarbeit im Sinne des SGB III voraus; andere Fälle verkürzter Arbeitszeit – zB aufgrund betrieblicher oder tarifvertraglicher Regelungen – werden von § 4 Abs. 3 EFZG nicht erfasst.[263]

173 In konsequenter Anwendung des Entgeltausfallprinzips[264] bestimmt § 4 Abs. 3 Satz 1 EFZG, dass dann, wenn im Betrieb verkürzt gearbeitet wird und deshalb das Arbeitsentgelt des Arbeitnehmers auch im Falle seiner Arbeitsfähigkeit eine Minderung erfahren würde, die verkürzte Arbeitszeit als maßgebende regelmäßige Arbeitszeit iSd § 4 Abs. 1 EFZG[265] anzusehen ist. So weit und so lange während der Arbeitsunfähigkeit des Arbeitnehmers innerhalb des Anspruchszeitraums von sechs Wochen im Betrieb kurz gearbeitet wird, ist also für die Berechnung des fortzuzahlenden Arbeitsentgelts die verkürzte Arbeitszeit maßgebend. Etwas anderes gilt nur dann, wenn der Arbeitgeber trotz der Einführung von Kurzarbeit nicht zu einer entsprechenden Lohnkürzung berechtigt ist, der erkrankte Arbeitnehmer also auch bei Arbeitsfähigkeit keine Lohnminderung erleiden würde, wie dies zB für den in § 19 Abs. 2 Hs 2 KSchG genannten Zeitraum der Fall sein kann. Dann muss der Arbeitgeber auch dem erkrankten Arbeitnehmer die auf der Grundlage der „normalen" regelmäßigen Arbeitszeit errechneten Vergütung fortzahlen, weil andernfalls der erkrankte Arbeitnehmer gegenüber dem gesunden schlechter gestellt sein würde.

174 Die gesetzliche Regelung, die ohne Rücksicht darauf maßgebend ist, ob die Kurzarbeit vor oder nach Eintritt der Arbeitsunfähigkeit des Arbeitnehmers im Betrieb eingeführt worden ist, erfordert gegebenenfalls eine doppelte Berechnung des fortzuzahlenden Arbeitsentgelts, nämlich dann, wenn während des Arbeitsunfähigkeitszeitraums von der Vollarbeit zur Kurzarbeit oder umgekehrt übergegangen wird.

175 Ist zB ein Arbeitnehmer zwei Wochen arbeitsunfähig krank, so muss, wenn in der ersten Woche kurz (zB an fünf Tagen in der Woche jeweils 5 Stunden = 25 Wochenstunden) und in der zweiten Woche wieder voll (zB 45 Stunden an fünf Tagen) gearbeitet wird, das fortzuzahlende Arbeitsentgelt für jede Woche gesondert berechnet werden. Beträgt der Stundenlohn des erkrankten Arbeitnehmers 10 € brutto, sieht die Berechnung folgendermaßen aus:

- Erste Woche: 5 Stunden täglich x 10 € = 50 € x 5 Tage = 250 €.
- Zweite Woche: 9 Stunden täglich x 10 € = 90 € x 5 Tage = 450 €.
- Das fortzuzahlende Arbeitsentgelt beträgt somit: 700 € brutto.

---

262 BAG 16.7.1980 – 5 AZR 989/78 – AP Nr. 35 zu § 1 FeiertagslohnzahlungsG; BAG 1.12.2004 – 5 AZR 68/04 – AP Nr. 68 zu § 4 EntgeltFG.

263 ErfK/Dörner, § 4 EFZG Rn 21; zum Fall des witterungsbedingten Arbeitsausfalls während der Kurzarbeit vgl BAG 22.4.2009 – 5 AZR 310/08 – EZA-SD Nr. 15, 6-8.

264 Vgl Rn 26.

265 Vgl Rn 32.

Wird infolge der Kurzarbeit zB nur an drei Tagen in der Woche im Betrieb gearbeitet, so ist dem erkrankten Arbeitnehmer auch nur für diese drei Tage die Vergütung fortzuzahlen (im vorherigen Beispielsfall würde der Arbeitnehmer für die erste Woche also 9 Stunden täglich x 10 € = 90 € x 3 Tage = 270 € brutto erhalten); ein Anspruch auf Fortzahlung der Vergütung für die beiden anderen arbeitsfreien Arbeitstage besteht dagegen nicht. 176

Denkbar ist auch eine einheitliche Berechnung, nämlich in der Weise, dass zunächst die durchschnittliche arbeitstägliche Stundenzahl ermittelt wird, die dann mit dem Stundenlohn multipliziert wird. Das so errechnete durchschnittliche tägliche Arbeitsentgelt wird dann wiederum mit der Anzahl der durch die Krankheit ausgefallenen Arbeitstage vervielfältigt (im obigen Beispiel würde also die Rechnung lauten: 7 Stunden arbeitstäglich x 10 € = 70 € x 10 Arbeitstage = 700 € brutto). Diese Berechnungsart, mag sie in der Regel auch zum gleichen Ergebnis führen, ist jedoch nicht korrekt und steht mit dem Wortlaut des § 4 Abs. 3 EFZG („für ihre Dauer") in Widerspruch. Der gesonderten Berechnung ist daher schon aus diesem Grunde der Vorzug einzuräumen, zumal sie einfacher zu handhaben ist und infolge ihrer besseren Übersichtlichkeit weniger Anlass zu Missverständnissen geben kann. 177

Neben dem Anspruch auf das bei Kurzarbeit gemäß § 4 Abs. 3 Satz 1 EFZG verminderte Arbeitsentgelt kann der erkrankte Arbeitnehmer einen **Anspruch auf Sozialversicherungsleistungen** haben. 178

Wird der Arbeitnehmer während des Bezugs von Kurzarbeitergeld arbeitsunfähig krank, so sind die durch die Kurzarbeit betroffenen Ausfallstunden zu ermitteln. Für diese hat der Arbeitnehmer einen Anspruch gegen die Bundesagentur für Arbeit auf Zahlung von **Kurzarbeitergeld** nach den §§ 169 ff SGB III wie sich klarstellend aus § 172 Abs. 1 a SGB III ergibt.[266] 179

Wird der Arbeitnehmer vor Beginn des Arbeitsausfalls arbeitsunfähig krank und hat er einen Entgeltfortzahlungsanspruch, wird daneben nach § 47 b Abs. 4 Satz 1 SGB V ein Teilkrankengeld in Höhe des Kurzarbeitergeldes gewährt, das dem Arbeitnehmer ohne Arbeitsunfähigkeit zugestanden hätte.[267] 180

Bei einem Zusammentreffen von **Arbeitsunfähigkeit, gesetzlichen Feiertagen** und **gesetzlicher Kurzarbeit** ist die Bedeutung der Regelung des § 4 Abs. 3 Satz 2 EFZG umstritten.[268] Unter Hinweis auf den Wortlaut der Bestimmung des § 4 Abs. 3 Satz 2 EFZG wird die Meinung vertreten, dass für gesetzliche Feiertage während der Kurzarbeit Entgeltfortzahlung im Krankheitsfall unter Zugrundelegung der ungekürzten Arbeitszeit zu leisten sei.[269] Zu Recht wird dieser Auffassung entgegengehalten, dass sich damit der kranke Arbeitnehmer besser stellen würde als der gesunde, was dem das Entgeltfortzahlungsgesetz beherrschenden Entgeltausfallprinzip zuwiderlaufen würde.[270] Im Ergebnis kann einem arbeitsunfähigen Arbeitnehmer **Entgeltfortzahlung** deshalb nur in der Höhe der 181

266 Niesel/Krodel, § 172 SGB III Rn 9; ErfK/Dörner, § 4 EFZG Rn 21.
267 Niesel/Krodel, § 172 SGB III Rn 13.
268 Vgl ErfK/Dörner, § 4 EFZG Rn 22; MünchArbR/Boecken, § 84 Rn 45; Knorr/Krasney, § 4 EFZG Rn 93.
269 Kaiser/Dunkl/Hold/Kleinsorge, § 4 EFZG Rn 103; Feichtinger, Entgeltfortzahlung Rn 358; MünchArbR/Boecken, § 84 Rn 45.
270 ErfK/Dörner, § 4 EFZG Rn 22; Schmitt, § 4 EFZG Rn 182; Kasseler Handbuch/Vossen, 2.2 Rn 377; Knorr/Krasney, § 4 EFZG Rn 93.

vom Arbeitgeber zu leistenden Feiertagsvergütung zustehen, die bei Zusammentreffen mit Kurzarbeit **sich auf die Höhe des Kurzarbeitergeldes beschränkt.**[271] Nur dieses Ergebnis steht auch im Einklang mit der sich aus § 4 Abs. 2 EFZG ergebenden Wertung des Gesetzgebers für den Fall des Zusammentreffens von Arbeitsunfähigkeit und Feiertag.

182 Für den gekürzten Feiertagslohn, der zu zahlen ist, wenn ein gesetzlicher Feiertag in eine Kurzarbeitsperiode fällt, muss der Arbeitgeber die Sozialversicherungsbeiträge allein tragen; Lohnsteuer ist hingegen einzubehalten und abzuführen, ohne dass der Arbeitgeber dafür einen Ausgleich an den Arbeitnehmer zahlen müsste.[272]

E. Abweichung durch Tarifvertrag

I. Inhalt und Umfang der Tariföffnungsklausel

1. Allgemeines

183 Der in § 12 EFZG verankerte Grundsatz, wonach die Vorschriften des EFZG unabdingbar sind und nicht zu Ungunsten des Arbeitnehmers abgeändert werden können, wird von einer Ausnahme durchbrochen. Durch § 4 Abs. 4 EFZG wird den Tarifvertragsparteien gestattet, von den Absätzen 1, 1 a und 3 des § 4 EFZG durch Tarifvertrag auch zu Ungunsten des Arbeitnehmers eine abweichende Bemessungsgrundlage des fortzuzahlenden Arbeitsentgelts festzulegen. Damit hat der Gesetzgeber des EFZG, wie schon mit § 13 Abs. 1 Satz 1 BUrlG im Urlaubsrecht, auch bei der Entgeltfortzahlung im Krankheitsfall das so genannte **tarifvertragliche Vorrangprinzip** eingeführt.

184 **Als Ausnahmeregelung ist die Vorschrift des § 4 Abs. 4 EFZG eng auszulegen.** Das Recht, abweichende Vereinbarungen auch zu Ungunsten der Arbeitnehmer zu treffen, steht nur den Tarifvertragsparteien in Tarifverträgen zu; eine entsprechende Anwendung auf die Parteien einer Betriebsvereinbarung oder eines Einzelarbeitsvertrages ist ausgeschlossen.[273] Auch auf sonstige, von tariffähigen Parteien abgeschlossene schuldrechtliche Normenverträge, die nicht ausdrücklich als Tarifvertrag bezeichnet sind und damit nicht als Tarifvertrag gewertet werden können,[274] kann § 4 Abs. 4 EFZG nicht zur Anwendung kommen. Um keinen Tarifvertrag iSd § 4 Abs. 4 EFZG handelt es sich auch bei einer auf dem sog. „Dritten Weg" von einer kirchlichen „Arbeitsrechtlichen Kommission" beschlossenen Regelung.[275] Wie sich im Umkehrschluss aus der ausdrücklichen Erwähnung der Regelungen der Kirchen und öffentlich-rechtlichen Religionsgesellschafte in § 7 Abs. 4 ArbZG, § 21 a Abs. 3 JArbSchG und § 3 Abs. 1 Nr. 1 ATzG ergibt, können kirchliche Regelungen gesetzliche Öffnungsklauseln nur nutzen, wenn sich dies aus dem jeweiligen Gesetz eindeutig ergibt;[276] bei § 4 Abs. 4 EFZG ist dies nicht der Fall. Ansonsten besteht nur die Möglichkeit, im

271 Vgl § 2 EFZG Rn 86; BAG 5.7.1979 – 3 AZR 173/78 – AP Nr. 33 zu § 1 FeiertagslohnzahlungsG; BAG 20.7.1982 – 1 AZR 404/80 – AP Nr. 38 zu § 1 FeiertagslohnzahlungsG.
272 BAG 8.5.1984 – 3 AZR 194/82 – AP Nr. 44 zu § 1 FeiertagslohnzahlungsG.
273 LAG Niedersachsen 11.2.1987 – 4 Sa 1315/86 – LAGE § 2 LohnFG Nr. 2.
274 BAG 14.4.2004 – 4 AZR 232/03 – AP Nr. 188 zu § 1 TVG Auslegung.
275 BAG 25.3.2009 – 7 AZR 710/07 – BB 2009, 773 zu der Öffnungsklausel des § 14 Abs. 2 Satz 3 TzBfG; aA v. Tiling, Öffnung tarifdispositiven Gesetzesrechts zugunsten kirchlicher Arbeitsrechtsregelungen trotz fehlender „Kirchenklausel", ZTR 2009, 458.
276 Richardi, Arbeitsrecht in der Kirche, 4. Aufl., § 8 Rn 12.

Geltungsbereich eines Tarifvertrages eine Unterwerfungsvereinbarung[277] abzuschließen. Die Einführung des Vorrangprinzips findet letztlich in der Tarifautonomie und in der begründeten Erwartung ihre Rechtfertigung, dass die Tarifpartner entsprechend ihrer sozialpolitischen Verantwortung von ihrem Recht zu abweichenden Regelungen nicht nur sparsamen, sondern auch nur dann Gebrauch machen, wenn sie sachgerecht und notwendig sind. Die Überlegungen, die den Gesetzgeber zur Einführung des tariflichen Vorrangprinzips veranlasst haben, decken sich weitgehend mit denen zu § 13 BUrlG.[278]

Wenn die Tarifvertragsparteien gemäß § 4 Abs. 4 EFZG eine von § 4 Abs. 1, 185
1 a und 3 EFZG abweichende Regelung vereinbaren, so muss von ihnen aus Gründen der Rechtssicherheit allerdings auch verlangt werden, dass sie dies eindeutig und unmissverständlich zum Ausdruck bringen. Der Vorrang der Tarifautonomie vor der gesetzlichen Regelung ist nur sinnvoll und für das Arbeitsleben tragbar, wenn er sachgerecht und gesetzestechnisch klar gehandhabt wird.[279] Die insoweit eindeutige Regelung des § 4 Abs. 1, 1 a und 3 EFZG kann somit nur durch eine in gleicher Weise eindeutige tarifliche Regelung verdrängt werden, andernfalls verbleibt es bei der gesetzlichen Regelung.

Der **Tarifvorrang** des § 4 Abs. 4 EFZG wird ausdrücklich auf die Festlegung 186
einer von § 4 Abs. 1, 1 a und 3 EFZG abweichenden Bemessungsgrundlage beschränkt. Nachteilige Änderungen gegenüber sonstigen Bestimmungen des EFZG sind nicht zulässig. Dies gilt auch für lediglich mittelbar gegen die nicht dem tariflichen Vorrangprinzip unterliegenden zwingenden Vorschriften verstoßende Tarifregelungen. Schließlich findet die durch § 4 Abs. 4 EFZG eingeräumte Gestaltungsmacht ihre Grenze dort, wo der Anspruch auf Entgeltfortzahlung in seiner Substanz angetastet wird.[280]

2. Abweichende Bemessungsgrundlage

a) Grundsätzliches

Die Tarifvertragsparteien können **nur bezüglich der Bemessungsgrundlage** des 187
fortzuzahlenden Arbeitsentgelts, also der in § 4 Abs. 1, 1 a und 3 EFZG geregelten Materie eine für den Arbeitnehmer ungünstigere Regelung in einem Tarifvertrag vereinbaren. Gebunden sind die Tarifvertragsparteien allerdings an den **Grundsatz der vollen Entgeltfortzahlung** (100 %) **im Krankheitsfall**, denn dieser Grundsatz folgt aus dem nicht tarifdispositiven § 3 Abs. 1 Satz 1 EFZG iVm § 4 Abs. 1 EFZG;[281] ebenfalls nicht unterschritten werden darf die in § 3 Abs. 1 EFZG festgelegte **Dauer von sechs Wochen**. Eine für den Arbeitnehmer günstigere Vereinbarung ist dagegen an die Beschränkung des § 4 Abs. 4 Satz 1

277 Vgl Rn 194 ff.
278 Vgl daher auch Neumann/Fenski, § 13 BUrlG Rn 11 ff mwN.
279 BAG 9.7.1964 – 5 AZR 450/63 – AP Nr. 1 zu § 13 BUrlG; BAG 21.4.1966 – 5 AZR 510/65 – AP Nr. 3 zu § 7 BUrlG; BAG 10.8.1967 – 5 AZR 81/67 – AP Nr. 9 zu § 13 BUrlG; BAG 28.1.1982 – 6 AZR 911/78 – AP Nr. 11 zu § 2 LohnFG; BAG 20.1.2010 – 5 AZR 53/09 – DB 2010, 562; BAG 24.3.2010 – 10 AZR 58/09 – zu § 21 TVöD-K; Boldt in Festschrift für Nipperdey zum 70. Geburtstag, 1965, S. 26; Stahlhacke/Bachmann/Bleistein/Berscheid, § 13 BUrlG Rn 14 ff; Neumann/Fenski, § 13 BUrlG Rn 3.
280 BAG 24.3.2004 – 5 AZR 346/03 – AP Nr. 66 zu § 4 EntgeltFG.
281 BAG 13.3.2002 – 5 AZR 646/00 – AP Nr. 58 zu § 4 EntgeltFG; BAG 24.3.2004 – aaO Fn 280; BAG 18.11.2009 – 5 AZR 975/08 – n.v.

EFZG nicht gebunden; sie ist in vollem Umfang möglich und kann auch durch eine Betriebsvereinbarung oder einen Einzelarbeitsvertrag erfolgen.

188 Während das BAG unter Geltung des § 2 Abs. 2 Satz 1 LohnFG die dort enthaltene **Tariföffnungsklausel** einschränkend nur auf die **Berechnungsmethode** der Krankenbezüge erstreckte,[282] gehören zur **Bemessungsgrundlage** iSd § 4 Abs. 4 Satz 1 EFZG sowohl die **Berechnungsmethode**[283] als auch die **Berechnungsgrundlage.**[284] Die Möglichkeiten der Tarifvertragsparteien zu einer abweichenden Regelung im Rahmen des § 4 Abs. 1, 1 a und 3 EFZG sind dementsprechend vielfältig, um einen den jeweiligen praktischen Bedürfnissen angepassten Berechnungsmodus zu finden.

b) Andere Berechnungsmethode

189 **Anstelle des Entgeltausfallprinzips** können die Tarifvertragsparteien insbesondere das **Referenzprinzip** (Vorverdienstprinzip) vereinbaren, was gerade beim Akkordlohn und bei anderen Leistungslohnarbeiten besonders angezeigt ist.[285]

c) Andere Berechnungsgrundlagen

190 Die sich hierauf beziehenden abweichenden tarifvertraglichen Regelungen können sich sowohl auf die **Arbeitszeit (Zeitfaktor)** wie auf das **Arbeitsentgelt (Geldfaktor)** beziehen. So ist es den Tarifvertragsparteien möglich, bestimmte zusätzliche Leistungen ausdrücklich aus der Entgeltfortzahlung auszuklammern und zB aus Vereinfachungsgründen nicht die „individuelle", sondern die „betriebsübliche", „tarifvertragliche" oder die „gesetzliche" Arbeitszeit für maßgeblich zu erklären oder Werk- oder Kalendertage zur Grundlage des Entgeltfortzahlungsanspruchs zu machen.[286] Gegenstand einer abweichenden Regelung kann schließlich auch die Entgeltfortzahlung bei Kurzarbeit oder bei witterungsbedingtem Arbeitsausfall sein. Selbst gegen eine tarifliche Vereinbarung, die nur eine **pauschalierte** Berücksichtigung von **Zulagen** oder **Auslösungen** und ähnlichen Leistungen bei der Entgeltfortzahlung vorsieht, werden grundsätzlich keine Bedenken bestehen.[287] **Tarifliche Zuschläge**, die im Arbeitsverhältnis regelmäßig anfallen, können nach § 4 Abs. 4 EFZG von der Entgeltfortzahlung im Krankheitsfall auch ganz ausgenommen werden. Die Tarifvertragsparteien müssen bei einer Mehrzahl tariflicher Zuschläge nicht einzelne hiervon bei der Entgeltfort-

---

282 BAG 3.3.1993- 5 AZR 132/92 – AP Nr. 25 zu § 2 LohnFG; vgl aber auch BAG 21.9.1971 – 1 AZR 336/70 – AP Nr. 1 zu § 2 LohnFG.

283 Vgl Rn 26 ff.

284 Vgl Rn 31 ff; BAG 26.8.1998 – 5 AZR 740/97 – AP Nr. 33 zu § 1 TVG Tarifverträge: Druckindustrie; BAG 13.3.2002- 5 AZR 648/00 – AP Nr. 58 zu § 4 EntgeltFG; BAG 9.10.2002 – 5 AZR 356/01 – AP Nr. 63 zu § 4 EntgeltFG; BAG 24.3.2004 – 5 AZR 346/03 – AP Nr. 66 zu § 4 EntgeltFG; BAG 20.1.2010 – 5 AZR 53/09 – DB 2010, 562; ErfK/Dörner, § 4 EFZG Rn 24; vgl auch BT-Drucks. 12/5798, S. 26.

285 Vgl BAG 16.3.1988 – 5 AZR 40/87 – AP Nr. 78 zu § 1 LohnFG; BAG 5.10.1988 – 5 AZR 352/87 – AP Nr. 80 zu § 1 LohnFG; BAG 8.3.1989 – 5 AZR 116/88 – AP Nr. 17 zu § 2 LohnFG; BAG 9.10.2002 – 5 AZR 356/01 – AP Nr. 63 zu § 4 EntgeltFG.

286 BAG 13.7.1994 – 7 AZR 477/93 – AP Nr. 97 zu § 37 BetrVG 1972; BAG 9.10.2002 – 5 AZR 356/01 – und 24.3.2004 – 5 AZR 346/03 – AP Nrn. 63 und 66 zu § 4 EntgeltFG; BAG 18.11.2009 – 5 AZR 975/08 – n.v.

287 BAG 21.9.1971 – 1 AZR 88/71 –, 2.10.1974 – 5 AZR 555/73 -, 28.1.1982 – 6 AZR 911/78 – und 8.3.1989 – 5 AZR 116/88 – AP Nrn. 2, 5, 11 und 17 zu § 2 LohnFG.

zahlung bestehen lassen. Die tarifliche Grundvergütung muss allerdings erhalten bleiben.[288]

191 Der Grundsatz der vollen Entgeltfortzahlung (100 %)[289] bedeutet nicht, dass sich die von den Tarifvertragsparteien getroffene Regelung nicht nachteilig für die Arbeitnehmer auswirken darf. Die Schlechterstellung kann sich bereits aufgrund einer anderen Berechnungsmethode oder einer Modifikation des Geld- und/oder Zeitfaktors ergeben.

Wie sich dem Wortlaut des § 12 EFZG entnehmen lässt, entspricht dies auch dem Willen des Gesetzgebers. Mit § 12 EFZG jedoch nicht zu vereinbaren ist es, die Höhe der Entgeltfortzahlung generell zu reduzieren, dh an Stelle von 100 % einen geringeren Prozentsatz des Arbeitsentgelts fortzuzahlen.[290] Ebenfalls als Verstoß gegen § 12 EFZG wäre zu werten, wenn ein Tarifvertrag den Zeitfaktor der Entgeltfortzahlung auf die regelmäßige tarifliche Arbeitszeit beschränkt, bei einer gleichzeitig höheren betriebsüblichen Arbeitszeit.[291] In einem solchen Fall würde nicht nur die regelmäßige individuelle Arbeitszeit einzelner Arbeitnehmer aus Gründen der Typisierung und Pauschalierung unberücksichtigt bleiben,[292] sondern es würde zu einer unzulässigen generellen Reduzierung der Entgeltfortzahlung im Hinblick auf die Grundvergütung kommen.

192 Abweichende tarifvertragliche Vereinbarungen sind auch dann nicht mehr zulässig, wenn sie die gesetzlich vorgesehene Entgeltfortzahlung in ihrem **Wesensgehalt** beschränken. Dies ist der Fall, wenn der mit der Entgeltfortzahlung verfolgte Zweck der **Absicherung des Lebensstandards** des arbeitsunfähigen Arbeitnehmers für sechs Wochen, wie er sich aus § 3 Abs. 1 EFZG ergibt, unzumutbar eingeschränkt wird. Nachdem dieser Zweck primär durch die Fortzahlung der regelmäßig anfallenden Vergütung und nicht durch Zuschläge und Zulagen erreicht wird,[293] erlaubt die Öffnungsklausel den Tarifvertragsparteien, jedenfalls solche zusätzlichen Leistungen von der Entgeltfortzahlung auszunehmen.[294] Als Maßstab für die Zumutbarkeit der Einschränkung des Lebensstandards kann auf die in der Zeit vom 1.10.1996 bis 31.12.1998 geltende Gesetzeslage[295] zurückgegriffen werden, die eine Absenkung der Entgeltfortzahlung auf 80 % als zumutbar erkennen lässt.[296]

193 Obschon hierbei kein kleinlicher Maßstab anzulegen ist, müssen die Tarifvertragsparteien auch darauf achten, dass sie durch abweichende Vereinbarungen nicht nur unmittelbar, sondern auch nicht mittelbar gegen die nicht dem tariflichen Vorrangprinzip unterliegenden gem. § 12 EFZG zwingenden Vorschriften verstoßen. Solche tarifvertraglichen Vorschriften wären – wenn auch die Gefahr, dass derartige Vereinbarungen getroffen werden könnten, geringer ist als etwa im Urlaubsrecht – gemäß § 134 BGB nichtig.[297] Als **mittelbarer Verstoß** gegen den Grundsatz der vollen Entgeltfortzahlung (100 %) wäre etwa eine Tarifver-

288 BAG 13.3.2002 – 5 AZR 648/00 – AP Nr. 58 zu § 4 EntgeltFG.
289 Vgl Rn 187.
290 BAG 24.3.2004 – 5 AZR 346/03 – AP Nr. 66 zu § 4 EntgeltFG.
291 Vgl Feichtinger/Malkmus, EWiR 2004, 753.
292 Vgl BAG 24.3.2004 – 5 AZR 346/03 – AP Nr. 66 zu § 4 EntgeltFG.
293 BAG 15.2.1990 – 6 AZR 381/88 – AP Nr. 15 zu § 611 BGB Anwesenheitsprämie.
294 BAG 13.3.2002 – 5 AZR 648/00 – AP Nr. 58 zu § 4 EntgeltFG.
295 Vgl Rn 12.
296 Vgl BAG 24.3.2004 – 5 AZR 346/03 – AP Nr. 66 zu § 4 EntgeltFG.
297 Vgl Neumann/Fenski, § 13 BUrlG Rn 16.

einbarung zu werten, die Zeit- und Geldfaktoren nur anteilig berücksichtigt und damit zu einer prozentualen Kürzung der Entgeltfortzahlung führt.[298]

II. Arbeitsvertragliche Bezugnahme auf Tarifvertrag (Unterwerfungsvereinbarung)

194 Ebenso wie in § 13 Abs. 1 Satz 2 BUrlG, ist auch in § 4 Abs. 4 Satz 2 EFZG vorgesehen, dass vom Entgeltfortzahlungsgesetz abweichende tarifliche Bestimmungen auch zwischen nicht tarifgebundenen Arbeitgebern und Arbeitnehmern dann Geltung haben, wenn diese die Anwendung der tarifvertraglichen Regelung vereinbaren. Mit dieser gesetzlichen Bestimmung soll die Möglichkeit eröffnet werden, innerhalb eines Betriebes, in dem erfahrungsgemäß nicht nur organisierte Arbeitnehmer beschäftigt werden, eine einheitliche Regelung über die Fortzahlung des Arbeitsentgelts im Krankheitsfall zu schaffen. Die große praktische Bedeutung der gesetzlichen Vorschrift liegt mithin darin, dass die Situation, innerhalb eines Betriebes für organisierte und nicht organisierte Arbeitnehmer unterschiedliche Vorschriften anwenden zu müssen, beseitigt werden kann. Zwar wird auch durch eine **Inbezugnahme der tariflichen Regelung** gemäß § 4 Abs. 4 Satz 2 EFZG keine echte Tarifbindung zwischen den Vertragsparteien geschaffen,[299] der Vorteil liegt aber darin, dass auf diese Weise auch die für den Arbeitnehmer ungünstigeren Bestimmungen des Tarifvertrages übernommen werden können. Ohne die Möglichkeit einer Inbezugnahme könnten die Arbeitsvertragsparteien nach dem Günstigkeitsprinzip nur die für den Arbeitnehmer günstigeren tarifvertraglichen Bestimmungen übernehmen und somit das auf eine einheitliche betriebliche Regelung über die Entgeltfortzahlung im Krankheitsfall gerichtete Ziel nicht erreichen.[300]

195 Die nicht tarifgebundenen Arbeitsvertragsparteien können – ungeachtet dessen, ob beide oder nur eine Vertragspartei nicht tarifgebunden ist – nur die tarifvertragliche Regelung übernehmen, die bei bestehender Tarifgebundenheit für sie maßgebend wäre; dh, der Tarifvertrag ist maßgebend, in dessen räumlichen, sachlichen und persönlichen Geltungsbereich das Arbeitsverhältnis bei Tarifbindung fallen würde. Den Arbeitsvertragsparteien ist es also weder erlaubt, sich irgendeinen nicht einschlägigen Tarifvertrag, dessen Regelung sie übernehmen möchten, auszusuchen, noch von der für sie in Betracht kommenden Tarifregelung einzelne ihnen nicht genehme Bestimmungen von der Übernahme auszuschließen. Dies bedeutet allerdings nicht die Verpflichtung, den Tarifvertrag insgesamt arbeitsvertraglich in Bezug zu nehmen; § 4 Abs. 4 Satz 2 EFZG verlangt vielmehr lediglich, dass die **tarifvertraglichen Regelungen, die die Fortzahlung des Arbeitsentgelts im Krankheitsfall betreffen, als Ganzes übernommen werden.**[301]

196 Die rechtliche Wirksamkeit der Inbezugnahme des Tarifvertrages gemäß § 4 Abs. 4 Satz 2 EFZG verlangt nicht die Einhaltung einer bestimmten Form, je-

298 BAG 24.3.2004 – 5 AZR 346/03 – AP Nr. 66 zu § 4 EntgeltFG.
299 Vgl Annuß, Die einzelvertragliche Bezugnahme auf Tarifverträge, BB 1999, 2558 ff; Waas, Zur Rechtsnatur der Bezugnahme auf einen Tarifvertrag nach deutschem Recht, ZTR 1999, 540 ff.
300 Feichtinger, Entgeltfortzahlung Rn 417.
301 Vgl hierzu auch Neumann/Fenski, § 13 BUrlG Rn 23; Stahlhacke/Bachmann/Bleistein/Berscheid, § 13 BUrlG Rn 33; ErfK/Dörner, § 4 EFZG Rn 28.

doch ist die sich aus § 2 Abs. 1 NachwG ergebende Dokumentationspflicht zu beachten.

Durch den Abschluss einer **Unterwerfungsvereinbarung** iSd § 4 Abs. 4 Satz 2 EFZG begeben sich die Arbeitsvertragsparteien nicht ihrer Vertragsfreiheit. Denn eine echte Tarifbindung, die die Vertragsfreiheit der Arbeitsvertragsparteien aufheben würde, tritt dadurch nicht ein. Die Inbezugnahme der tariflichen Regelung über die Entgeltfortzahlung kann von den Vertragsparteien einvernehmlich jederzeit wieder aufgehoben werden. Wird dann in den Grenzen der Zulässigkeit nichts anderes vereinbart, tritt anstelle der aufgehobenen Unterwerfungsvereinbarung wieder die gesetzliche Regelung. Ohne Zutun der Arbeitsvertragsparteien endet die Unterwerfungsvereinbarung nur dann, wenn der in Bezug genommene Tarifvertrag ersatzlos wegfällt oder der in Bezug genommene Tarifvertrag für allgemeinverbindlich erklärt wird (§ 5 TVG); im letztgenannten Fall tritt dann eine echte Tarifbindung ein. **197**

Durch eine **Betriebsvereinbarung** kann eine **Inbezugnahme einer tarifvertraglichen Regelung über die Entgeltfortzahlung im Krankheitsfall nicht erfolgen**. Gegen die Zulässigkeit spricht nicht nur der Gesetzeswortlaut des § 4 Abs. 4 Satz 2 EFZG, der sich eindeutig nur auf den Einzelarbeitsvertrag bezieht, sondern auch der Umstand, dass dann namentlich dem Arbeitnehmer ohne Rücksicht auf seinen Willen alle tarifvertraglichen Regelungen aufgedrängt werden könnten. Dem Arbeitnehmer soll aber nach der gesetzlichen Regelung die Möglichkeit verbleiben, selbst darüber zu entscheiden, ob er sich der – meist für ihn ungünstigeren – tarifvertraglichen Regelung über die Fortzahlung des Arbeitsentgelts im Krankheitsfall unterwerfen will.[302] **198**

§ 4 a Kürzung von Sondervergütungen

[1]Eine Vereinbarung über die Kürzung von Leistungen, die der Arbeitgeber zusätzlich zum laufenden Arbeitsentgelt erbringt (Sondervergütungen), ist auch für Zeiten der Arbeitsunfähigkeit infolge Krankheit zulässig. [2]Die Kürzung darf für jeden Tag der Arbeitsunfähigkeit infolge Krankheit ein Viertel des Arbeitsentgelts, das im Jahresdurchschnitt auf einen Arbeitstag entfällt, nicht überschreiten.

Schrifttum: *Adam*, Die Sondervergütung im Arbeitsrecht, ZTR 1998, 438, *Bauer/Lingemann*, Probleme der Entgeltfortzahlung nach neuem Recht, BB 1996, Beilage 17, 8; *Bayreuther,* Freiwilligkeitsvorbehalte: Zulässig, aber überflüssig?, BB 2009, 102; *Blanke/Diederich*, Die Rehabilitierung der Anwesenheitsprämie, AuR 1991, 321; *Boecken*, Probleme der Entgeltfortzahlung im Krankheitsfall, NZA 1999, 673; *Düwell*, Das Arbeitsrechtliche Gesetz zur Förderung von Wachstum und Beschäftigung, AiB 1996, 393; *Dzida*, Anm. zu BAG 10.12.2008 – 10 AZR 35/08 – NJW 2009, 1372; *Gaul*, Gesetz zur Förderung von Wachstum und Beschäftigung, AuA 1996, 264; *Gaul*, Der Zweck von Sonderzahlungen, BB 1994, 494 und 565; *Hanau*, Ergänzende Hinweise zur Neuregelung der Entgeltfortzahlung im Krankheitsfall, RdA 1997, 205; *Hinrichs*, Das Arbeitsrechtliche Beschäftigungsförderungsgesetz, AiB 1996, 589; *Hold*, Änderung des Rechts der Entgeltfortzahlung im Krankheitsfall ab 1. Januar 1999, ZTR 1999, 103; *Kroeschell*, Die AGB-Kontrolle von Widerrufs- und Freiwilligkeitsvorbehalten, NZA 2008, 1393; *Lembke*, Die Gestaltung von Vergütungsvereinbarungen, NJW 2010, 257; *Lindemann/Simon*, Flexible Bonusregelungen im Arbeitsvertrag, BB 2002, 1807; *Löwisch*, Das Arbeitsrechtliche Beschäftigungsförderungsgesetz, NZA 1996,

302 ErfK/Dörner, § 4 EFZG Rn 28.

1009; *Lorenz*, Das Arbeitsrechtliche Beschäftigungsförderungsgesetz, DB 1996 1973; *Preis*, Das Arbeitsrechtliche Beschäftigungsförderungsgesetz 1996 NJW 1996, 3369; *Salomon*, Rechtsfolgen des Zusammentreffens von Freiwilligkeitsvorbehalten und Gratifikationszweckvereinbarungen, NZA 2009, 656; *ders.*, Die freiwillige Verpflichtung zur Gratifikationszahlung und die Divergenz der Rechtsprechung zur ergänzenden Vertragsauslegung durch BGH und BAG, NZA 2009, 1076; *Schaub*, Entgeltfortzahlung im neuen (alten) Gewand?, NZA 1999, 177; *Scheddler*, Neues ab 1. Januar 1999 im Arbeits- und Sozialrecht, AuA 1999, 52, 54; *Schiefer*, Die schwierige Handhabung der Jahressonderzahlungen, NZA 1993, 1015; *ders.*, Die schwierige Handhabung der Jahressonderzahlungen, NZA-RR 2000, 561; *Schwarz*, Sonderzahlungen: Ausfall und Kürzung bei Fehlzeiten, NZA 1996, 571; *Schwedes*, Das Arbeitsrechtliche Beschäftigungsförderungsgesetz, BB 1996, Beilage 17, 2; *Sowka*, Die Kürzung von Sonderzuwendungen wegen Fehlzeiten, NZA 1993, 783; *Tofall*, Zeiten ohne Arbeitsleistung und Jahressonderzahlungen, ZTR 1997, 446; *Vossen*, Das 13. Monatsgehalt, in FS Arbeitsgesetzgebung und Arbeitsrechtsprechung, 1995, 617.

A. Allgemeines 1
I. Entstehungsgeschichte 1
II. Inhalt 2
III. Anwendungsbereich 4
B. Kürzungsvereinbarung 10
I. Grundsätzliches 10
II. Kürzungsvereinbarungen in Tarifverträgen 15
III. Kürzungsvereinbarungen in Betriebsvereinbarungen 16
IV. Kürzungsvereinbarungen in Einzelarbeitsverträgen 17
C. Krankheitsbedingte Fehlzeiten 22
D. Sondervergütungen 25
I. Begriff 25
II. Einzelfälle 28
1. Weihnachtsgratifikation, 13. Monatsgehalt, Jahressonderzahlung 28
2. Anwesenheitsprämie 30
3. Aufwendungsersatz 32
E. Kürzung der Sondervergütung 34
I. Umfang 34
II. Berechnung 36
1. Arbeitsentgelt 37
2. Jahreszeitraum 41
3. Arbeitstägliches Entgelt im Jahresdurchschnitt 42
4. 1/4 des arbeitstäglichen Arbeitsentgelts 43
III. Berechnungsbeispiel 44
F. Bestehende Regelungen 45

Kürzungsgegenstand:

Sondervergütungen =
Leistungen, die nicht zum
laufenden Arbeitsentgelt gehören

Kürzungsvoraussetzungen:

1) Kürzungsvereinbarung

2) Krankheitsbedingte Fehlzeiten

Kürzungsumfang:

max. ¼ des arbeitstäglichen Entgelts
für jeden Tag der Arbeitsunfähigkeit
infolge Krankheit

A. Allgemeines

I. Entstehungsgeschichte

1 Die Regelung des § 4 a EFZG wurde durch das Arbeitsrechtliche Beschäftigungsförderungsgesetz vom 25.9.1996 (BGBl. I, S. 1476) zum 1.10.1996 als § 4 b

EFZG in das EFZG aufgenommen. Mit Wegfall des bis zum 31.12.1998 gültigen § 4 a EFZG aF durch das Gesetz zu Korrekturen in der Sozialversicherung und zur Sicherung der Arbeitnehmerrechte vom 19.12.1998 (BGBl. I, S. 3843) erhielt die Vorschrift ohne weitere inhaltliche Änderung mit Wirkung vom 1.1.1999 die Bezeichnung § 4 a. Mit der Bestimmung des früheren § 4 b EFZG wollte der Gesetzgeber die Möglichkeit schaffen, beschäftigungsfeindliche hohe Lohnzusatzkosten zu begrenzen und der seit 1990 geltenden Rechtsprechung des Bundesarbeitsgerichts zur Kürzung von Sonderzahlungen wegen krankheitsbedingter Fehlzeiten[1] eine sichere Grundlage geben.[2]

II. Inhalt

Nach § 4 a EFZG sind – unter Beachtung der statuierten Voraussetzungen – Vereinbarungen über die Kürzung von Leistungen, die der Arbeitgeber zusätzlich zum laufenden Arbeitsentgelt erbringt (Sondervergütungen), auch für Zeiten der Arbeitsunfähigkeit infolge Krankheit zulässig. § 4 a EFZG selbst bildet jedoch **keine unmittelbare Rechtsgrundlage für die Kürzung einer Sondervergütung**, sie räumt dem Arbeitgeber kein einseitiges Recht ein, solche Leistungen ohne entsprechende vorherige rechtliche Vereinbarung zu kürzen. Die Kürzung einer Sondervergütung wegen krankheitsbedingter Fehlzeiten bedarf vielmehr einer eigenen rechtlichen Grundlage in Gestalt einer „Vereinbarung". Diese kann Gegenstand eines Tarifvertrags, einer Betriebsvereinbarung oder eines Einzelvertrags sein. Die inhaltliche Ausgestaltung einer solchen Vereinbarung muss den Vorgaben des § 4 a EFZG entsprechen. So darf die Kürzung der Sondervergütung für jeden Tag der Arbeitsunfähigkeit infolge Krankheit 1/4 des Arbeitsentgelts, das im Jahresdurchschnitt auf einen Arbeitstag entfällt, nicht überschreiten. Dabei ist die **Kürzungshöchstgrenze** des § 4 a Satz 2 EFZG für jeden Arbeitnehmer **konkret** zu ermitteln. Jeder Arbeitnehmer hat durch das Gesetz eine nach den individuellen Umständen zu bemessende Anrechnungsgrenze erhalten.[3] Sondervergütungen dürfen nur **für die Zukunft** gekürzt werden, also für künftige Zeiten der Arbeitsunfähigkeit, die nach Abschluss der Kürzungsvereinbarung auftreten.[4] Für die Fälle der rein freiwilligen arbeitsleistungsbezogenen Sonderzuwendungen sieht das BAG unter teilweiser Aufgabe seiner bisherigen Rechtsprechung[5] eine Zahlungsdifferenzierung nach aufgetretenen krankheitsbedingten Fehlzeiten in der Vergangenheit auch ohne Kürzungsvereinbarung als zulässig an.[6] 2

Die rechtliche Bedeutung des § 4 a EFZG ist letztlich darin zu sehen, dass Vereinbarungen, die den Vorgaben des § 4 a EFZG entsprechen, keinen Verstoß gegen das **Maßregelungsverbot** des § 612 a BGB darstellen. Auch eine **Inhaltskon-** 3

1 BAG 15.2.1990 – 6 AZR 381/88 – AP Nr. 15 zu § 611 BGB Anwesenheitsprämie.
2 BT-Drucks. 13/4612, S. 2, 11; BAG 15.12.1999 – 10 AZR 626/98 – AP Nr. 221 zu § 611 BGB Gratifikation.
3 BAG 26.10.1994 – 10 AZR 482/93 – AP Nr. 18 zu § 611 BGB Anwesenheitsprämie; BAG 19.4.1995 – 10 AZR 136/94 – AP Nr. 172 zu § 611 BGB.
4 BAG 26.10.1994 – 10 AZR 482/93 – AP Nr. 18 zu § 611 BGB Anwesenheitsprämie.
5 BAG 26.10.1994 – 10 AZR 482/93 – AP Nr. 18 zu § 611 BGB Anwesenheitsprämie.
6 BAG 7.8.2002 – 10 AZR 709/01 – AP Nr. 2 zu § 4 a EntgeltFG = AR-Blattei ES 1000.3.1 Nr. 247 mit Anm. Feichtinger/Malkmus; zur Möglichkeit der freien Zweckbestimmung bei freiwilligen Sonderzahlungen vgl auch BAG 30.7.2008 – 10 AZR 606/07 – und 10.12.2008 – 10 AZR 35/08 – AP Nrn. 274 und 281 zu § 611 Gratifikation; BAG 1.4.2009 – 10 AZR 353/08 – ArbRB 2009, 230.

trolle der Kürzungsvereinbarungen nach § 307 Abs. 1 Satz 2 BGB oder deren Wertung in § 308 Nr. 4 BGB findet dann nicht statt (§ 307 Abs. 3 Satz 1 BGB). Die Zulässigkeit von Kürzungen im Hinblick auf andere als durch Krankheit bedingte Fehlzeiten ist hingegen grundsätzlich an § 612 a BGB und – bei Vorliegen der Anwendbarkeitsvoraussetzungen – an §§ 305 ff BGB zu messen. Für Regelungen in Tarifverträgen und Betriebsvereinbarungen kommen die §§ 305 ff BGB als Prüfungsmaßstab allerdings nicht in Betracht (§ 310 Abs. 4 Satz 1 BGB).

III. Anwendungsbereich

4 § 4 a EFZG regelt unmittelbar nur die Möglichkeit, Vereinbarungen über die Kürzung von Sondervergütungen für Zeiten der Arbeitsunfähigkeit infolge Krankheit (§ 3 Abs. 1 Satz 1 EFZG) zu treffen. Durch die Verweisung in § 9 Abs. 1 EFZG auf § 4 a EFZG wird aber ferner sichergestellt, dass Maßnahmen der medizinischen Vorsorge und Rehabilitation entgeltfortzahlungsrechtlich auch bezüglich der Kürzung von Sondervergütungen wie Zeiten der Arbeitsunfähigkeit behandelt werden. Damit besteht die Möglichkeit, eine Kürzung der Sondervergütung auch für solche Zeiten zu vereinbaren, in denen der Arbeitnehmer der Arbeit wegen Teilnahme an einer Maßnahme der medizinischen Vorsorge oder Rehabilitation iSd § 9 EFZG fern bleibt.

5 Die Bestimmung findet keine unmittelbare Anwendung auf andere Fehlzeiten, wie etwa der Arbeitsverhinderung aus persönlichen Gründen im Sinne des § 616 BGB; insoweit kommt aber eine analoge Anwendung des § 4 a EFZG in Betracht.[7] Nicht zur Anwendung kommt § 4 a EFZG hinsichtlich arbeitskampfbedingter Fehltage, bei denen die Kürzungsvereinbarung allerdings auch ohne Rückgriff auf § 4 a EFZG statthaft ist.[8] Kürzungsvereinbarungen im Hinblick auf Fehlzeiten, die sich aufgrund von Beschäftigungsverboten des Mutterschutzgesetzes ergeben, sind unzulässig.[9]

6 Dem Anwendungsbereich des § 4 a EFZFG unterfallen Sonderzahlungen (zB 13. Monatsgehalt oder Gewinnbeteiligung) nicht, die in das vertragliche Austauschverhältnis von Vergütung und Arbeitsleistung eingebunden sind und mit denen kein weitergehender Zweck verfolgt wird. Auf solche arbeitsleistungsbezogene Sonderzahlungen mit Rechtsanspruch entsteht für Zeiten, in denen bei Arbeitsunfähigkeit infolge Krankheit kein Entgeltfortzahlungsanspruch mehr besteht, gemäß §§ 275 Abs. 1, 326 Abs. 1 BGB auch kein anteiliger Anspruch auf die Sonderzahlung. Einer gesonderten arbeitsvertraglichen Kürzungsvereinbarung bedarf es in diesen Fällen nicht.[10]

---

7 Schmitt, § 4 a EFZG Rn 13; Hanau, RdA 1997, 205, 208; für Fehltage wegen der Pflege eines erkrankten Kindes des Arbeitnehmers (§ 45 SGB V) offen gelassen von BAG 31.7.2002 – 10 AZR 578/01 – AP Nr. 3 zu § 1 TVG Tarifverträge: Wohnungswirtschaft.

8 BAG 3.8.1999 – 1 AZR 735/98 – AP Nr. 156 zu Art. 9 GG Arbeitskampf; ErfK/Dörner, § 4 a EFZG Rn 9.

9 EuGH 21.10.1999 – C-333/97 – AP Nr. 14 zu Art. 119 EG-Vertrag; BAG 10.12.2008 – 10 AZR 35/08 – AP Nr. 281 zu § 611 Gratifikation.

10 BAG 19.4.1995 – 10 AZR 49/94 – AP Nr. 173 zu § 611 BGB Gratifikation; BAG 8.9.1998 – 9 AZR 273/97 – AP Nr. 2 zu § 611 BGB Tantieme; BAG 21.3.2001 – 10 AZR 28/00 – AP Nr. 1 zu § 4 b EntgeltFG; Vossen, Das 13. Monatsgehalt, FS Arbeitsgesetzgebung und Arbeitsrechtsprechung, 617, 627; Sowka, NZA 1993, 783; Tofall, ZTR 1997, 446, 449.

Anders verhält es sich nach Auffassung des BAG, wenn mit der durch Rechtsanspruch abgesicherten Sonderzahlung nicht nur die Arbeitsleistung zusätzlich vergütet werden soll, sondern auch die Belohnung für erwiesene Betriebstreue bezweckt wird. Danach bedarf die Kürzung einer solchen **Sonderzahlung mit Mischcharakter** für Zeiten, in denen kein Entgeltfortzahlungsanspruch mehr besteht, auch hinsichtlich des die Arbeitsleistung betreffenden Teils der Sonderzahlung einer **ausdrücklichen Kürzungsregelung.**[11]

Auch mit **freiwilligen Jahressonderzahlungen** (zB Weihnachtszuwendung) wird regelmäßig der Zweck verbunden sein, die im Betrieb während des Bezugszeitraumes **geleistete Arbeit zusätzlich zu vergüten**. Dabei handelt es sich jedoch um kein Arbeitsentgelt, das kraft Gesetzes für Zeiten der Arbeitsunfähigkeit fortgezahlt werden muss. Bei solchen, die in der Vergangenheit tatsächlich erbrachte Arbeitsleistung ausschließlich freiwillig belohnenden Sonderzuwendungen können krankheitsbedingte Fehlzeiten in der Vergangenheit bei der Gewährung der Sonderzahlung an einzelne Arbeitnehmer ohne Verstoß gegen das Maßregelungsverbot des § 612 a BGB berücksichtigt werden. Einer **vorherigen Kürzungsvereinbarung iSd § 4 a Satz 1 EFZG bedarf es** insoweit **nicht**, weil auch die Sonderzahlung nicht vereinbart ist und der Arbeitnehmer auf diese Zahlung nicht vertrauen kann. Voraussetzung der Zulässigkeit einer nach krankheitsbedingten Fehlzeiten vorgenommenen **Differenzierung bei der Gewährung der Sonderzahlung** ist allerdings, dass sie **in den durch § 4 a Satz 2 EFZG vorgegebenen Grenzen** erfolgt.[12] 7

Wird mit der freiwilligen oder durch Rechtsanspruch abgesicherten Sonderzahlung **ausschließlich** die erbrachte und/oder die künftige **Betriebstreue** und nicht auch die Arbeitsleistung zusätzlich belohnt, so kommt eine Zuwendungskürzung wegen aufgetretener krankheitsbedingter Fehlzeiten nicht ohne weiteres in Betracht. Der Leistungszweck wird in diesen Fällen von den Fehlzeiten nicht tangiert. Im Nachhinein können nicht weitere Anspruchsvoraussetzungen aufgestellt werden, die auf andere nicht genannte Zwecke schließen lassen.[13] 8

Sehen Sonderzahlungsregelungen, mit denen die Arbeitsleistung und/oder die Betriebstreue honoriert wird, **selbst die Kürzung für den Fall des Auftretens krankheitsbedingter Fehlzeiten vor**, so erhalten die jeweiligen Sonderzahlungen 9

11 BAG 24.10.1990 – 6 AZR 341/89 – AP Nr. 2 zu § 1 TVG Tarifverträge: Glasindustrie; BAG 5.8.1992 – 10 AZR 171/91 – AP Nr. 143 zu § 611 BGB Gratifikation; ErfK/Preis, § 611 BGB Rn 679; kritisch zu dieser Auffassung Sowka, NZA 1993, 783, 784, der zu Recht zu bedenken gibt, dass nicht begründbar ist, weshalb bei Sonderzuwendungen mit Mischcharakter bei Verfehlung des Zweckes »Betriebstreue« der Anspruch auf die Sonderzuwendung ganz entfallen, die Nichterbringung der Arbeitsleistung sich auf die Sonderzuwendung jedoch nicht auswirken soll; vgl hierzu auch Tofall, ZTR 1997, 446; für eine Abkehr von der Unterscheidung zwischen „Sonderleistung mit Mischcharakter“ sowie „Arbeitsentgelt im engeren und weiteren Sinn“ nunmehr auch BAG 1.4.2009 – 10 AZR 292/08 – ZTR 2009, 485.

12 BAG vom 7.8.2002, – 10 AZR 709/01 – AR-Blattei ES 1000.3.1 Nr. 247 mit Anm. Feichtinger/Malkmus, sowie die Anm. Oetker, EWiR 2002, 1001, Windt/Kinner, BB 2002, 2554, Mues, ArbRB 2002, 328 und Treber § 4 a EFZG, Rn 14; zu den rechtlichen Gestaltungsmöglichkeiten freiwilliger Sonderzahlungen vgl auch BAG 30.7.2008 – 10 AZR 606/07 – AP Nr. 274 zu § 611 BGB Gratifikation; BAG 1.4.2009 – 10 AZR 393/08 – AP Nr. 84 zu § 242 BGB Betriebliche Übung.

13 BAG 10.12.2008 – 10 AZR 35/08 – AP Nr. 281 zu § 611 Gratifikation.

auch den **Charakter einer Anwesenheitsprämie.**[14] Bei deren Ausgestaltung müssen die von § 4 a Satz 2 EFZG vorgegebenen Grenzen beachtet werden.[15]

Enthält die Sonderzahlungsregelung selbst keine Kürzungsmöglichkeit wegen krankheitsbedingter Fehlzeiten, so setzt die Kürzung der Sonderzahlung in den in Rn 6 und 7 nicht dargestellten Fällen eine Kürzungsvereinbarung iSd § 4 a Satz 1 EFZG voraus (siehe hierzu Rn 10 ff).

B. Kürzungsvereinbarung

I. Grundsätzliches

10 Grundlage für die Kürzung von Sondervergütungen kann eine entsprechende Vereinbarung in einem Arbeitsvertrag, einer Betriebsvereinbarung oder einem Tarifvertrag sein. Zum Zeitpunkt des Inkrafttretens des früheren § 4 b EFZG aF zum 1.10.1996 bestehende individual- oder kollektivrechtliche Kürzungsvereinbarungen wurden durch die gesetzliche Regelung nicht berührt, soweit sie für den Arbeitnehmer keine höheren Kürzungsraten als im Gesetz normiert vorsehen. Denn gemäß § 12 EFZG kann von § 4 a EFZG nicht zu Ungunsten des Arbeitnehmers abgewichen werden. § 4 a EFZG ist insoweit auch gegenüber Tarifverträgen und sonstigen Vereinbarungen eine einseitig zwingende Gesetzesnorm iSd § 12 EFZG.

11 Individualrechtliche Kürzungsvereinbarungen sind formlos gültig, bedürfen zur Erfüllung der sich aus § 2 Abs. 1 Nr. 6 NachwG ergebenden Verpflichtung der Aushändigung aber einer vom Arbeitgeber unterzeichneten Niederschrift. Unzulässig sind Vereinbarungen, die eine Kürzung in unbestimmtem Umfang vorsehen. Der Umfang der Kürzung muss in der Vereinbarung konkret angegeben werden.[16]

12 Bei der inhaltlichen Ausgestaltung der Kürzungsvereinbarungen haben die Vertrags-, Tarif- oder Betriebspartner neben den in § 4 a EFZG enthaltenen Vorgaben die sich aus den allgemeinen Bestimmungen – insbesondere die sich aus Art. 3 GG und dem **arbeitsrechtlichen Gleichbehandlungsgrundsatz** – ergebenden Grenzen zu beachten. Werden in einer Regelung etwa Arbeitnehmergruppen verschieden behandelt, so müssen für die vorgesehene Differenzierung Gründe von solcher Art und solchem Gewicht bestehen, dass sie die ungleiche Rechtsfolge rechtfertigen können.[17] Allein der wesentlich höhere Krankenstand bei gewerblichen Arbeitnehmern im Verhältnis zu dem der Angestellten in einem Betrieb vermag zB eine unterschiedliche Kürzung von Gratifikationen wegen krankheitsbedingter Fehlzeiten nicht zu rechtfertigen, so lange nicht ausgeschlossen werden kann, dass der höhere Krankenstand der gewerblichen Arbeitnehmer auf die betrieblichen Arbeitsbedingungen zurückzuführen ist und nicht in der Sphäre der gewerblichen Arbeitnehmer liegt.[18] Arbeitsbedingungen kön-

14 Vgl Kania/Wackerbarth, Anwesenheitsprämie, AR-Blattei SD 90, Rn 13.
15 BAG 25.7.2001 – 10 AZR 502/00 – AP Nr. 1 zu § 4 a EntgeltFG; vgl auch Rn 30.
16 LAG Hamm 7.3.2007 – 18 Sa 1663/06 – NZA 2008, 52.
17 BVerfG 1.9.1997 – 1 BvR 1929/95 – AP Nr. 203 zu § 611 BGB Gratifikation.
18 Vgl BVerfG aaO Fn 15; aA BAG 19.4.1995 – 10 AZR 136/94 – AP Nr. 172 zu § 611 BGB Gratifikation, wonach es sachlich gerechtfertigt sein soll, bereits aufgrund unterschiedlich hoher Krankenstände bei gewerblichen Arbeitnehmern und Angestellten die Berücksichtigung der krankheitsbedingten Fehlzeiten bei der Jahressonderzahlung in unterschiedlicher Weise vorzunehmen.

nen sich nämlich auf die Höhe des durchschnittlichen Krankenstandes innerhalb einer Arbeitnehmergruppe dadurch auswirken, dass sie sich selbst gesundheitsschädigend auswirken, oder aber derart, dass bereits bei geringfügigen Erkrankungen Arbeitsunfähigkeit eintritt, während andere Arbeiten noch ausgeübt werden könnten.

Gewährt ein Arbeitgeber eine Sonderzahlung, deren Höhe sich nach der Zahl der Anwesenheitstage berechnet und die im Hinblick auf Rückzahlungsklauseln auch die Betriebstreue für die Zukunft bezweckt, nur solchen Arbeitnehmern, die neue verschlechternde Arbeitsverträge unterschrieben haben, verstößt dies gegen den arbeitsrechtlichen Gleichbehandlungsgrundsatz.[19]

Umstritten ist die Zulässigkeit von Kürzungsvereinbarungen, die sich auf **Kleingratifikationen** (bis etwa € 100,–) beziehen, die nach der früheren Rechtsprechung des Bundesarbeitsgerichts von der Kürzungsmöglichkeit ausgenommen waren.[20] Angesichts des in Kenntnis dieser Rechtsprechung formulierten Gesetzeswortlauts, der auf die Höhe der Sondervergütung nicht abstellt, kann die im Wege des Richterrechts gebildete Ausnahme von der Kürzungsmöglichkeit keine Anwendung mehr finden.[21] 13

Demgegenüber sind Kürzungsvereinbarungen zulässig, die unterschiedliche Kürzungsraten im Hinblick auf die Dauer der Betriebszugehörigkeit oder die Art der Tätigkeit und den damit verbundenen gesundheitlichen Anforderungen sowie den Gesundheitsbeeinträchtigungen vorsehen. Unzulässig sind jedenfalls pauschale Differenzierungen nach den in § 75 Abs. 1 BetrVG genannten Merkmalen. 14

II. Kürzungsvereinbarungen in Tarifverträgen

Bei Sondervergütungen, die auf einem Tarifvertrag beruhen, ist eine Kürzung nur durch eine entsprechende Vereinbarung im Tarifvertrag möglich. Etwas anderes gilt nur dann, wenn der die Sondervergütung regelnde Tarifvertrag durch eine Öffnungsklausel eine abweichende Vereinbarung gestattet (§ 4 Abs. 3 TVG). 15

Keine tarifvertragliche Kürzungsmöglichkeit iSd § 4 a EFZG liegt vor, wenn der Arbeitgeber für jeden Tag der Entgeltfortzahlung eine nicht vergütungspflichtige Vor- und Nacharbeit verlangen darf.[22]

III. Kürzungsvereinbarungen in Betriebsvereinbarungen

Ist die Sondervergütung durch Betriebsvereinbarung geregelt, so muss eine Kürzungsvereinbarung ebenfalls in einer Betriebsvereinbarung enthalten sein. 16

IV. Kürzungsvereinbarungen in Einzelarbeitsverträgen

Ist die Sondervergütung Gegenstand eines Einzelarbeitsvertrags, so kann eine Kürzungsklausel auch nur einzelvertraglich vereinbart werden. Eine in einem Tarifvertrag oder einer Betriebsvereinbarung enthaltene Kürzungsklausel kann sich auf eine Sondervergütung, die im Einzelvertrag ihre Rechtsgrundlage findet, 17

19 BAG 30.7.2008 – 10 AZR 497/07 – NZA 2008, 1412; BAG 1.4.2009 – 10 AZR 353/08 – ArbRB 2009, 230.
20 BAG 15.2.1990 – 6 AZR 381/88 – AP Nr. 15 zu § 611 BGB Anwesenheitsprämie.
21 Treber, § 4 a EFZG Rn 23; Schmitt, § 4 a EFZG Rn 19; Kaiser/Dunkl/Hold/Kleinsorge, § 4 a EFZG Rn 18; aA ErfK/Dörner, § 4 a EFZG Rn 7.
22 BAG 5.12.2001 – 10 AZR 242/01 – NZA 2002, 584.

wegen des Günstigkeitsprinzips nicht anspruchsmindernd auswirken. Weigert sich der Arbeitnehmer, eine entsprechende Vereinbarung abzuschließen, so bleibt dem Arbeitgeber, sofern der Anspruch auf Sondervergütung bereits arbeitsvertraglich besteht, nur der Weg über eine Änderungskündigung, die allerdings sozial gerechtfertigt im Sinne des § 1 Abs. 1 KSchG sein muss. Das Bestreben des Arbeitgebers, gleiche einzelvertragliche Arbeitsbedingungen für alle Arbeitnehmer zu schaffen, genügt allein noch nicht, eine Änderungskündigung sozial zu rechtfertigen.[23]

18 Eine einzelvertragliche Kürzungsvereinbarung muss für den Arbeitnehmer klar und eindeutig abgefasst sein.[24]

19 Steht eine individualrechtlich freiwillig gewährte Sondervergütung iSd § 4 a EFZG unter einem Widerrufsvorbehalt, so ist ein solcher nicht ohne weiteres als Kürzungsvereinbarung iSd § 4 a EFZG auszulegen. Gleichwohl kann ein Arbeitgeber krankheitsbedingte Fehlzeiten zum Anlass nehmen, von einem Widerrufsvorbehalt Gebrauch zu machen.

20 Ein Vorbehalt, der den Widerruf einer Sondervergütung wegen krankheitsbedingter Fehlzeiten unter Außerachtlassung der in § 4 a EFZG vorgegebenen Grenzen ermöglichen würde, wäre schon wegen Umgehung des durch § 12 EFZG geschützten § 4 a EFZG und wegen der dann vorliegenden, nach § 612 a BGB verbotenen Maßregelung als unzulässig anzusehen.

Im Übrigen muss die Wirksamkeit und Ausübung eines vorbehaltenen Widerrufsrechtes den Anforderungen der §§ 308 Nr. 4, 307 und § 310 Abs. 4 Satz 2 BGB sowie § 315 Abs. 3 Satz 1 BGB und § 106 GewO genügen. Die widerrufliche Leistung muss nach Art und Höhe eindeutig sein, damit der Arbeitnehmer erkennen kann, was ggf „auf ihn zukommt". Die Widerrufsgründe müssen zumindest die Richtung angeben, aus der der Widerruf möglich sein soll.[25]

21 Der Arbeitgeber wiederum trägt die Darlegungs- und Beweislast dafür, dass die Ausübung seines Widerrufsrechtes als einseitiges Leistungsbestimmungsrecht dem Arbeitnehmer gem. § 308 Nr. 4 BGB zumutbar war.[26] Praktische Schwierigkeiten können sich im Hinblick auf die Beurteilung der Frage ergeben, ob und inwieweit krankheitsbedingte Fehlzeiten für einen Widerruf ausschlaggebend waren. Der Arbeitnehmer muss beweisen, dass seine krankheitsbedingten Fehlzeiten tragender Beweggrund für die Rechtsausübung des Arbeitgebers waren; zugunsten des Arbeitnehmers kann hierbei der Beweis des ersten Anscheins in Betracht kommen.[27]

---

23 BAG 1.7.1999 – 2 AZR 826/98 – AP Nr. 53 zu § 2 KSchG 1969.

24 Vgl zur Unklarheitenregel im Arbeitsrecht LAG Hamm 23.2.2001 – 15 Sa 1572/00 – NZA-RR 2001, 525 f, die ab 1.1.2002 auch gesetzlich in §§ 305 c Abs. 2, 307 Abs. 1 Satz 2 BGB ihren Niederschlag gefunden hat; LAG Hamm 7.3.2007 – 18 Sa 1663/06 – NZA 2008, 52.

25 BAG 7.9.1994 – 10 AZR 716/93 – AP Nr. 11 zu § 511 BGB Lohnzuschläge; BAG 13.5.1987 – 5 AZR 125/86 – AP Nr. 4 zu § 305 BGB Billigkeitskontrolle; vgl nunmehr auch: § 308 Nr. 4 BGB; BAG 12.1.2005 – 5 AZR 364/04 – AP Nr. 1 zu § 308 BGB, BAG 30.7.2008 – 10 AZR 606/07 – AP Nr. 274 zu § 611 BGB Gratifikation.

26 Vgl Palandt/Grüneberg, § 315 BGB Rn 19, BAG 12.1.2005 – 5 AZR 364/04 – AP Nr. 1 zu § 308 BGB.

27 BAG 2.4.1987 – 2 AZR 227/86 – AP Nr. 1 zu § 612 a BGB.

C. Krankheitsbedingte Fehlzeiten

22 Von § 4 a EFZG werden alle Zeiten der Arbeitsunfähigkeit infolge Krankheit iSd § 3 Abs. 1 Satz 1 EFZG erfasst, unabhängig davon, ob für sie Entgeltfortzahlungsansprüche bestehen oder nicht. Entscheidend ist aufgrund des Gesetzeszweckes allerdings, dass der Arbeitnehmer tatsächlich der Arbeit ferngeblieben ist. Erbringt der Arbeitnehmer trotz einer bestehenden Arbeitsunfähigkeit seine Arbeitsleistung, so können solche Zeiten nicht zu einer Kürzung der Sondervergütung führen.

23 Für Fehlzeiten wegen der Pflege eines erkrankten Kindes des Arbeitnehmers (§ 45 SGB V) sowie sonstiger persönlicher Gründe iSd § 616 BGB kann eine analoge Anwendung des § 4 a EFZG in Betracht kommen.[28]

24 Die Kürzungsmöglichkeit des § 4 a EFZG erstreckt sich aufgrund der Verweisung in § 9 EFZG auch auf **Maßnahmen der medizinischen Vorsorge und Rehabilitation.** Für hieraus sich ergebende Fehltage ist die Vereinbarung über die Kürzung einer Sondervergütung auch ohne Vorliegen einer krankheitsbedingten Arbeitsunfähigkeit zulässig.

D. Sondervergütungen

I. Begriff

25 Nach der Legaldefinition des § 4 a EFZG sind Sondervergütungen Leistungen, die der Arbeitgeber zusätzlich zum laufenden Arbeitsentgelt erbringt. Damit ist nur klar gestellt, dass das laufende Arbeitsentgelt, dh, die versprochene Vergütung für bestimmte Zeitabschnitte oder die Vergütung für eine bestimmte Leistung innerhalb einer genau bemessenen Zeit von § 4 a EFZG nicht berührt wird. Eine allgemein gültige Abgrenzung zwischen laufender Zahlung und einer Sonderzahlung ist nicht möglich.[29] Unerheblich für den Rechtscharakter einer Leistung als Sondervergütung ist, wie oft sie im Jahr geleistet wird. Auch nur einmal im Jahr erbrachte Leistungen können laufendes Arbeitsentgelt darstellen, wenn sie für die während eines bestimmten Zeitraums erbrachte Arbeitsleistung oder für das in einem bestimmten Zeitraum erzielte Arbeitsergebnis gezahlt werden.[30] Nicht entscheidend kommt es auf die Bezeichnung einer Leistung als Sondervergütung an; maßgeblich ist vielmehr, ob sie sich nach Vorstehendem als solche erweist.[31]

26 Für die Bestimmung als Sondervergütung oder als laufendes Arbeitsentgelt kommt es auch nicht darauf an, ob es sich um eine freiwillige Leistung oder eine solche mit Rechtsanspruch handelt. In der Regel werden Geldleistungen des Arbeitgebers, die aus besonderem Anlass oder aus besonderen Gründen gezahlt

28 Vgl Rn 5.
29 BAG 25.7.2001 – 10 AZR 502/00 – AP Nr. 1 zu § 4 a EntgeltFG; ErfK/Dörner, § 4 a EFZG Rn 5; ausdrücklich eine allgemein gültige Abgrenzung offen gelassen: BAG 30.7.2008 – 10 AZR 606/07 – AP Nr. 274 zu § 611 BGB Gratifikation; Bayreuther, Freiwilligkeitsvorbehalte: Zulässig, aber überflüssig?, BB 2009,102.
30 Eine solche Sonderleistung wird durch die laufende Arbeitsleistung pro rata temporis verdient, nur die Auszahlung ist hinausgeschoben; vgl BAG 21.1.2009 – 10 AZR 216/08 – AP Nr. 283 zu § 611 BGB Gratifikation; vgl auch Swoboda/Kinner, Mitarbeitermotivation durch arbeitsvertragliche Sonderzahlungen, BB 2003, 418, 419; aA Schmitt, § 4 a EFZG Rn 16; siehe auch Rn 28.
31 BAG 20.9.1972 – 5 AZR 239/72 – AP Nr. 76 zu § 611 BGB Gratifikation.

werden, als Sondervergütung iSd § 4 a EFZG und nicht als laufendes Arbeitsentgelt anzusehen sein.

27 Als Sondervergütungen iSd § 4 a EFZG gelten im Regelfall: Jahressonderzahlungen, Weihnachts- und Abschlussgratifikationen, Jahresprämien, Unfallverhütungsprämien, Treueprämien für längere Betriebszugehörigkeit, Pünktlichkeitsprämien, Jubiläumsgeschenke, Urlaubszuschüsse, Urlaubs- und Ferienbeihilfen.

II. Einzelfälle

1. Weihnachtsgratifikation, 13. Monatsgehalt, Jahressonderzahlung

28 In der Praxis werden (jährliche) Einmalzahlungen mit unterschiedlichen Bezeichnungen versehen. Für die Frage, ob es sich um **laufendes Arbeitsentgelt** oder um eine **Sondervergütung** handelt, ist jedoch nicht die Bezeichnung, sondern der Inhalt der Vereinbarung maßgeblich.[32] Laufendes Arbeitsentgelt liegt nur dann vor, wenn die Vergütung **ausschließlich** bereits verdientes Entgelt für geleistete Arbeit oder für das Erreichen bestimmter Arbeitsergebnisse darstellt und sie von der Erfüllung weiterer Voraussetzungen (zB Betriebstreue oder Zuverlässigkeit) nicht abhängig ist;[33] in den letztgenannten Fällen handelt es sich um Sondervergütungen iSd § 4 a Satz 1 EFZG. Leistungsabhängige Vergütungen (zB Gewinnbeteiligungen, Bonusregelungen, Zielvereinbarungen), die ausschließlich eine Gegenleistung für die erbrachte Arbeit darstellen, gehören auch dann zum laufenden Arbeitsentgelt, wenn sie jährlich nur einmal zur Auszahlung gelangen.[34]

29 Ist die Kürzung der Sonderzahlung wegen aufgetretener Fehlzeiten in einem bestimmten Bezugszeitraum vorgesehen, so weist die Sonderzuwendung auch Elemente der Anwesenheitsprämie auf.[35]

2. Anwesenheitsprämie

30 Dient eine Geldleistung dem **Anreiz zur dauerhaften Arbeitsaufnahme**, also dazu, die Zahl der berechtigten oder unberechtigten Fehltage in einem Bezugszeitraum möglichst gering zu halten, so handelt es sich um eine **Anwesenheitsprämie**, die nicht zum laufenden Arbeitsentgelt gehört.[36] Die Anwesenheitsprämie kann entweder in der Weise ausgestaltet sein, dass **für jeden Tag der Arbeitsaufnahme** eine **Geldleistung** gezahlt wird oder aber **eine Einmalzahlung wegen aufgetretener Fehlzeiten gekürzt** wird. Auch im letztgenannten Fall müssen die Kürzungsvorgaben des § 4 a EFZG beachtet werden. Denn dem Zweck des Gesetzes widerspräche es, wenn durch Formulierung einer Anspruchsvorausset-

32 BAG 19.4.1995 – 10 AZR 136/94 – AP Nr. 172 zu § 611 BGB Gratifikation.
33 ErfK/Dörner, § 4 a EFZG Rn 5 f; Schwarz, NZA 1996, 571, 573.
34 Vgl Rn 25–27; MünchArbR/Hanau, 2. Aufl., § 69 Rn 16; Dunkl/Hold/Kleinsorge, § 4 a EFZG Rn 10; Knorr/Krasney, § 4 a EFZG Rn 3; Lindemann/Simon, Flexible Bonusregelungen im Arbeitsvertrag, BB 2002, 1807, 1813; unklar: BAG 21.1.2009 – 10 AZR 216/08 – AP Nr 283 zu § 611 BGB Gratifikation, das sowohl auf den Gesichtspunkt der pro rata temporis entstehenden Entgeltleistung als auch auf die Frage der Fälligkeit in jedem Abrechnungszeitraum abstellt; ErfK/Dörner, § 4 a EFZG Rn 5; Vogelsang, Rn 568 ff.
35 Siehe hierzu Rn 30 f.
36 BAG 25.7.2001 – 10 AZR 502/00 – AP Nr. 1 zu § 4 a EntgeltFG.

zung dieselbe Rechtsfolge erreicht würde, die bei einer Formulierung als Kürzungsmöglichkeit gesetzlich verboten wäre.[37]

31 Gewährt der Arbeitgeber eine Anwesenheitsprämie für ein Quartal nur dann, wenn in diesem Zeitraum kein krankheitsbedingter Fehltag liegt, enthält diese Zusage die Kürzung einer Sondervergütung iSd § 4 a EFZG. Dem Arbeitnehmer steht deshalb bei krankheitsbedingten Fehlzeiten ein der gesetzlichen Kürzungsmöglichkeit entsprechender, anteiliger Anspruch auf die Anwesenheitsprämie zu.[38]

3. Aufwendungsersatz

32 Leistungen, die der Arbeitnehmer zusätzlich zum Arbeitsentgelt **als Ersatz für entstandene Aufwendungen** erhält, stellen keine Sondervergütung iSd § 4 a EFZG dar. Leistungen mit reinem Aufwendungsersatzcharakter entfallen für krankheitsbedingte Fehltage, an denen die Aufwendungen nicht entstehen;[39] die in § 4 a EFZG vorgegebenen Grenzen kommen insoweit nicht zur Anwendung.

33 Handelt es sich bei dem geleisteten „Aufwendungsersatz" um Entgelt oder sind darin Entgeltanteile enthalten,[40] so liegt auch insoweit eine Sondervergütung iSd § 4 a EFZG nicht vor. Eine Kürzung solcher Leistungen kommt deshalb nicht in Betracht.[41]

E. Kürzung der Sondervergütung

I. Umfang

34 Kürzungsvereinbarungen müssen die in § 4 a Satz 2 EFZG festgelegten Höchstgrenzen beachten. Danach darf die Kürzung für jeden Tag der Arbeitsunfähigkeit 1/4 des Arbeitsentgelts, das im Jahresdurchschnitt auf einen Arbeitstag entfällt, nicht überschreiten. Berücksichtigungsfähig sind nicht nur solche Ausfalltage, für die ein Entgeltfortzahlungsanspruch nach § 3 Abs. 1 EFZG besteht, sondern alle Tage, an denen der Arbeitnehmer wegen Arbeitunfähigkeit nicht gearbeitet hat.[42]

35 Mit der gesetzlichen Regelung wurden die von der Rechtsprechung vor dem Inkrafttreten des § 4 b EFZG aF zum 1.1.1996 festgelegten Obergrenzen für eine Kürzung von Sondervergütungen wegen krankheitsbedingter Fehlzeiten[43] nicht übernommen.

II. Berechnung

36 Die Berechnung der in § 4 a EFZG vorgesehenen Kürzungsobergrenzen erfolgt in vier Schritten. Zunächst ist das Arbeitsentgelt zu bestimmen (1.), das innerhalb eines Jahres (2.) verdient wird; dann muss das auf einen Arbeitstag im Jahres-

37 BAG 25.7.2001, aaO Fn 36; aA Bauer/Lingemann, BB 1996, Beilage 17, S. 8, 14.
38 BAG 25.7.2001 – 10 AZR 502/00 – AP Nr. 1 zu § 4 a EntgeltFG.
39 Vgl § 4 EFZG Rn 119.
40 Vgl § 4 EFZG Rn 114 f.
41 Vgl BAG 11.2.1976 – 5 AZR 615/74 – AP Nr. 10 zu § 611 BGB Anwesenheitsprämie.
42 Vgl Rn 22.
43 Vgl BAG 15.2.1990 – 6 AZR 381/88 – und 26.10.1994 – 10 AZR 482/93 – AP Nrn. 15 und 18 zu § 611 BGB Anwesenheitsprämie; BAG 19.4.1995 – 10 AZR 136/94 – und 24.5.1995 – 10 AZR 619/94 – AP Nrn. 172 und 175 zu § 611 BGB Gratifikation.

durchschnitt entfallende Arbeitsentgelt (3.) und hiervon 1/4 (4.) ermittelt werden.

1. Arbeitsentgelt

37 Damit ist das gesamte laufend gezahlte Arbeitsentgelt iSd § 4 a Satz 1 EFZG und nicht die Sondervergütung selbst zu verstehen. Obwohl § 4 a Satz 2 EFZG nur den Begriff des „Arbeitsentgelts" und nicht den des „laufenden Arbeitsentgelts" verwendet, gebietet die Systematik der Bestimmung diese Auslegung. Außerdem nimmt § 4 a Satz 1 EFZG selbst eine klare Trennung von Sondervergütung und laufendem Arbeitsentgelt vor.[44] § 4 a Satz 2 EFZG kann für die Kürzungsberechnung im Einzelfall nicht von einem anderen Arbeitsentgeltbegriff ausgehen als § 4 a Satz 1 EFZG, wonach sich die Kürzung einer Sondervergütung nicht auf das laufende Arbeitsentgelt erstrecken darf.

38 Nicht zum Arbeitsentgelt iSd § 4 a Satz 2 EFZG gehört bereits begrifflich geleisteter Aufwendungsersatz.[45]

39 Der Begriff des Arbeitsentgelts iSd § 4 a Satz 2 EFZG entspricht dem in § 4 Abs. 1 EFZG verwendeten Begriff des Arbeitsentgelts,[46] nicht aber dem des fortzuzahlenden Arbeitsentgelts iSd § 4 Abs. 1 EFZG. Die in § 4 Abs. 1 a EFZG enthaltene Sonderregelung für Überstunden gilt nicht im Rahmen des § 4 a EFZG, so dass Entgelt für Überstunden einschließlich der darauf entfallenden etwaigen Zuschläge unabhängig vom Umfang des Regelungsinhalts des § 4 Abs. 1 a EFZG[47] zum Arbeitsentgelt iSd § 4 a Satz 2 EFZG gehört.

40 Im Hinblick auf § 12 EFZG und das Fehlen einer Öffnungsklausel steht die Festlegung dessen, was als Arbeitsentgelt iSd § 4 a Satz 2 EFZG zu verstehen ist, nur im Rahmen des Günstigkeitsprinzips zur Disposition der Parteien, die eine Kürzungsvereinbarung treffen.[48]

2. Jahreszeitraum

41 Die gesetzliche Regelung lässt offen, auf welcher zeitlichen Grundlage der Durchschnittsverdienst zu ermitteln ist. Angesichts des offenen Gesetzeswortlauts ist es zulässig, entweder auf das zum Zeitpunkt der Fälligkeit der Sondervergütung vergangene volle Kalenderjahr oder das zu diesem Zeitpunkt vergangene Zeitjahr abzustellen. Ein Abstellen lediglich auf einen Teil des laufenden Kalenderjahres ist mit dem Wortlaut des § 4 a Satz 2 EFZG nicht in Einklang zu bringen.

3. Arbeitstägliches Entgelt im Jahresdurchschnitt

42 Zur Berechnung des im Jahresdurchschnitt auf einen Arbeitstag entfallenden Arbeitsentgelts ist der Jahresverdienst durch die Zahl der im Jahreszeitraum (2.) angefallenen Arbeitstage zu dividieren. Hierzu sind die im Urlaubsrecht des § 3 BUrlG entwickelten Grundsätze heranzuziehen.[49] Bei Zugrundelegung des Ka-

---

44 AA ErfK/Dörner, § 4 a EFZG Rn 13; offen gelassen: BAG 15.12.1999 – 10 AZR 626/98 – AP Nr. 221 zu § 611 BGB Gratifikation.

45 Vgl § 4 EFZG Rn 114; so wohl auch: Knorr/Krasney, § 4 a EFZG Rn 14; aA Kaiser/Dunkl/Hold/Kleinsorge, § 4 a EFZG Rn 20; Feichtinger, Entgeltfortzahlung, Rn 405.

46 Vgl hierzu § 4 EFZG Rn 78 ff.

47 Vgl § 4 EFZG Rn 40 ff.

48 ErfK/Dörner, § 4 a EFZG Rn 17.

49 Vgl ErfK/Dörner, § 4 a EFZG Rn 12.

lenderjahres mit 52 Wochen ergeben sich für den in der Fünftagewoche beschäftigten Arbeitnehmer 260 Arbeitstage.[50] In den Jahreszeitraum fallende gesetzliche Wochenfeiertage sowie Urlaubstage bleiben unberücksichtigt, weil für sie Entgelt geleistet wird.[51] Entsprechend sind die jährlichen Arbeitstage der Arbeitnehmer zu ermitteln, deren Arbeitszeit auf weniger oder mehr als fünf Arbeitstage in der Woche oder unregelmäßig verteilt ist (zB Abrufarbeit iSd § 12 TzBfG).

4. 1/4 des arbeitstäglichen Arbeitsentgelts

Der Kürzungsbetrag für jeden Tag der Arbeitsunfähigkeit infolge Krankheit beträgt 1/4 des nach (3.) berechneten Arbeitsentgelts, das im Jahresdurchschnitt auf einen Arbeitstag entfällt. 43

III. Berechnungsbeispiel

Eine Kürzungsvereinbarung bezieht sich auf eine Sonderzahlung in Höhe eines Monatsgehalts. Das Monatseinkommen des Arbeitnehmers beträgt € 2.000,–, das Jahreseinkommen ohne die Sonderzahlung somit € 24.000,–. Die Arbeitszeit des Arbeitnehmers ist auf fünf Arbeitstage in der Woche verteilt, somit fallen 260 Arbeitstage im Jahr an. Bei € 24.000,– Jahresarbeitsentgelt entfallen danach im Jahresdurchschnitt auf einen Arbeitstag € 24.000,– : 260 Tage = € 92,31. Fehlt der Arbeitnehmer im laufenden Jahr an 10 Arbeitstagen wegen einer Arbeitsunfähigkeit infolge Erkrankung, kann der Arbeitgeber bei entsprechender Kürzungsvereinbarung für jeden dieser 10 Tage die Sondervergütung (Sonderzahlung) bis zu 1/4 des arbeitstäglichen Arbeitsentgelts (1/4 von € 92,31 = € 23,08) kürzen. Der Kürzungsumfang beträgt dann 10 x € 23,08 = € 230,80. Der Arbeitnehmer erhält infolge der Kürzung der Sonderzahlung nur noch € 2.000,– abzüglich € 230,80 = € 1.769,20 als Sondervergütung. 44

F. Bestehende Regelungen

Zum Zeitpunkt des Inkrafttretens des früheren § 4 b EFZG zum 1.10.1996 bestehende individual- oder kollektivrechtliche Kürzungsvereinbarungen wurden durch die gesetzliche Regelung nicht berührt, soweit sie für den Arbeitnehmer keine höheren Kürzungsraten, als in § 4 a EFZG normiert, vorsehen. Denn nach § 12 EFZG kann von § 4 a EFZG nicht zu Ungunsten des Arbeitnehmers abgewichen werden. § 4 a EFZG ist insoweit auch gegenüber Tarifverträgen und sonstigen Vereinbarungen eine einseitig zwingende Gesetzesnorm.[52] 45

Überschreiten Kürzungsvereinbarungen aus der Zeit vor dem 1.10.1996 die in § 4 a EFZG (§ 4 b EFZG aF) vorgegebenen Grenzen, so sind sie gesetzeskonform auf die gesetzlichen Obergrenzen zu reduzieren.[53] Gleiches gilt für Kürzungsvereinbarungen, die nach dem 30.9.1996 abgeschlossen wurden und höhere Kürzungsraten vorsehen als in § 4 a EFZG normiert. Eine geltungserhaltende Reduktion wird zukünftig dann nicht mehr in Betracht kommen, wenn Kür- 46

50 BAG 22.10.1991 – 9 AZR 621/90 – AP Nr. 6 zu § 3 BUrlG.
51 AA Knorr/Krasney, § 4 a EFZG Rn 15, die unter Berücksichtigung von zehn Feiertagen auf 250 Arbeitstage jährlich abstellen; aA auch: Bauer/Lingemann, BB 1996, Beilage 17, S. 8, 14, die unter Abzug von 30 Urlaubstagen von 230 Arbeitstagen ausgehen.
52 Vgl § 12 EFZG Rn 12.
53 AA Bauer/Lingemann, BB 1996, Beilage 17, S. 8, 14.

zungsvereinbarungen als Allgemeine Geschäftsbedingungen iSd § 305 BGB ausgestaltet und unwirksam sind.

§ 5 Anzeige- und Nachweispflichten

(1) [1]Der Arbeitnehmer ist verpflichtet, dem Arbeitgeber die Arbeitsunfähigkeit und deren voraussichtliche Dauer unverzüglich mitzuteilen. [2]Dauert die Arbeitsunfähigkeit länger als drei Kalendertage, hat der Arbeitnehmer eine ärztliche Bescheinigung über das Bestehen der Arbeitsunfähigkeit sowie deren voraussichtliche Dauer spätestens an dem darauffolgenden Arbeitstag vorzulegen. [3]Der Arbeitgeber ist berechtigt, die Vorlage der ärztlichen Bescheinigung früher zu verlangen. [4]Dauert die Arbeitsunfähigkeit länger als in der Bescheinigung angegeben, ist der Arbeitnehmer verpflichtet, eine neue ärztliche Bescheinigung vorzulegen. [5]Ist der Arbeitnehmer Mitglied einer gesetzlichen Krankenkasse, muß die ärztliche Bescheinigung einen Vermerk des behandelnden Arztes darüber enthalten, daß der Krankenkasse unverzüglich eine Bescheinigung über die Arbeitsunfähigkeit mit Angaben über den Befund und die voraussichtliche Dauer der Arbeitsunfähigkeit übersandt wird.

(2) [1]Hält sich der Arbeitnehmer bei Beginn der Arbeitsunfähigkeit im Ausland auf, so ist er verpflichtet, dem Arbeitgeber die Arbeitsunfähigkeit, deren voraussichtliche Dauer und die Adresse am Aufenthaltsort in der schnellstmöglichen Art der Übermittlung mitzuteilen. [2]Die durch die Mitteilung entstehenden Kosten hat der Arbeitgeber zu tragen. [3]Darüber hinaus ist der Arbeitnehmer, wenn er Mitglied einer gesetzlichen Krankenkasse ist, verpflichtet, auch dieser die Arbeitsunfähigkeit und deren voraussichtliche Dauer unverzüglich anzuzeigen. [4]Dauert die Arbeitsunfähigkeit länger als angezeigt, so ist der Arbeitnehmer verpflichtet, der gesetzlichen Krankenkasse die voraussichtliche Fortdauer der Arbeitsunfähigkeit mitzuteilen. [5]Die gesetzlichen Krankenkassen können festlegen, daß der Arbeitnehmer Anzeige- und Mitteilungspflichten nach den Sätzen 3 und 4 auch gegenüber einem ausländischen Sozialversicherungsträger erfüllen kann. [6]Absatz 1 Satz 5 gilt nicht. [7]Kehrt ein arbeitsunfähig erkrankter Arbeitnehmer in das Inland zurück, so ist er verpflichtet, dem Arbeitgeber und der Krankenkasse seine Rückkehr unverzüglich anzuzeigen.

Schrifttum: *Becker*, Detektive zur Überwachung von Arbeitnehmern?, Schriften zur AR-Blattei, Bd. 13, 1981; *ders.*, Die Widerlegung ärztlicher Arbeitsunfähigkeitsatteste seit der Änderung der §§ 368 m, 368 n, 369 b RVO, DB 1983, 1235; *Berenz*, Anzeige- und Nachweispflichten bei Erkrankung im Ausland, DB 1995, 1462; *ders.*, Lohnfortzahlung an in Urlaub erkrankte Arbeitnehmer, DB 1992, 2142; *Borchert*, Die Arbeitsunfähigkeitsbescheinigung – Zum Beweiswert im Arbeits- und Sozialrecht, AuR 1990, 375; *Brill*, Die Bedeutung der ärztlichen Arbeitsunfähigkeitsbescheinigung im Lohnfortzahlungsrecht, WzS, 1980, 69; *ders.*, Vertrauensärztliche Begutachtung der Arbeitsunfähigkeit auf Verlangen des Arbeitgebers, BlStSozArbR 1984, 1; *ders.*, Der Nachweis der Arbeitsunfähigkeit des Arbeiters, DOK 1984, 218; *ders.*, Überprüfungsmöglichkeiten des Arbeitgebers bei Zweifeln an der Arbeitsunfähigkeit des Arbeitnehmers, DOK 1985, 64; *Clausen*, Beweiswert einer Arbeitsunfähigkeitsbescheinigung im Entgeltfortzahlungsprozess, AuR 1989, 330; *Diller*, Krankfeiern seit 1.6.1994 schwieriger? NJW 1994, 1690; *Edenfeld*, Die Krankenkontrolle des Arbeitgebers, DB 1997, 2273; *Feichtinger*, Lohn- und Gehaltsfortzahlung im Krankheitsfalle, Schriften zur AR-Blattei, Bd. 19,1989; *ders.*, Anzeige- und Nachweispflichten bei Arbeitsunfähigkeit, AR-Blattei SD 1000.2; *Feichtinger/Pohl*, Verminderter Beweiswert der Arbeitsunfähigkeitsbescheinigung – Entgeltfortzahlungs- und kündigungsrechtliche Konsequenzen, Beil. 4 zu DB

1984; *Gaul*, Missbrauch einer krankheitsbedingten Arbeitsunfähigkeit, NZA 1993, 865; *ders.*, Aspekte der krankheitsbedingten Arbeitsunfähigkeit, DB 1992, 2189; *Gola*, Krankenkontrolle, Datenschutz und Mitbestimmung, BB 1995, 2318; *Hanau/Kramer*, Zweifel an der Arbeitsunfähigkeit DB 1995, 94; *Hanel*, Beweiswert einer ärztlichen Arbeitsunfähigkeitsbescheinigung, Personal 1984, 335; *Hunold*, Krankheit des Arbeitnehmers, 3. Aufl. 1994; *ders.*, Verweigerung der Entgeltfortzahlung und Medizinischer Dienst, DB 1995, 676; *ders.*, Betriebsvereinbarung Krankengespräche, Personalbüro 2009, 1589; *Iraschko-Luscher/Kieckenbeck*, Welche Krankheitsdaten darf der Arbeitgeber von seinem Mitarbeiter abfragen?, NZA 2009, 1239; *Jansen*, Die Arbeitsunfähigkeitsbescheinigung, Diss. 2001; *Keller*, Die ärztliche Untersuchung des Arbeitnehmers im Rahmen des Arbeitsverhältnisses, NZA 1988, 561; *Kramer*, Die Vorlage der Arbeitsunfähigkeitsbescheinigung, BB 1996, 1662; *Krasney*, Das ärztliche Gutachten und seine Bedeutung im Betrieb, ASU Med 2007, 614; *Lambeck*, Zum Beweiswert ärztlicher Arbeitsunfähigkeitsbescheinigungen im Entgeltfortzahlungsprozess, NZA 1990, 88; *Leipold*, Schwer zu fassen: Die Arbeitsunfähigkeitsbescheinigung nach deutschem und europäischem Recht, Arbeitsrecht in der Bewährung: Festschrift für Otto Rudolf Kissel zum 65. Geburtstag, S. 629; *Lepke*, Kündigung bei Krankheit, 10. Aufl. 2000; *ders.*, Detektivkosten als Schadensersatz im Arbeitsrecht, DB 1985, 1231; *ders.*, Rechtsfolgen bei Verletzung von Verhaltensobliegenheiten des Arbeitnehmer bei feststehender oder behaupteter, aber zweifelhafter krankheitsbedingter Arbeitsunfähigkeit I und II, DB 1974, 430, 478; *ders.*, Zur arbeitsrechtlichen Bedeutung ärztlicher Arbeitsunfähigkeitsbescheinigung, DB 1993, 2025; *ders.*, Pflichtverletzungen des Arbeitnehmers bei Krankheit als Kündigungsgrund, NZA 1995, 1084; *Marburger*, Zweifelsfragen aus Anlass der Arbeitsunfähigkeitsmeldung im Zusammenhang mit der Entgeltfortzahlung, BB 1978, 1419; *ders.*, Die Krankmeldung bei Arbeits- und Dienstunfähigkeit, PersV 1982, 274; *ders.*, Vertrauensärztliche Untersuchung auf Verlangen des Arbeitgebers, BB 1987, 1310; *ders.*, Bescheinigung der Arbeitsunfähigkeit bei Erkrankung im Ausland, BB 1988, 557; *Nöth*, Einfluß von Krankheiten und Maßnahmen der medizinischen Vorsorge oder Rehabilitation auf den Urlaub, AR-Blattei SD 1640.4; *Paschmann*, Anzeige der Arbeitsversäumnis, ZTR 1991, 152; *Peter*, Die Arbeitsunfähigkeitsbescheinigung als europäisches Rechtsproblem, RdA 1999, 374; *Pauly*, Kündigung wegen Nebenbeschäftigung während der Arbeitsunfähigkeit, DB 1981, 1282; *Petersmeier*, Arbeitsunfähigkeitsbescheinigung und Mitbestimmung des Betriebsrates, Personal 1982, 32; *Reinecke*, Die arbeitsrechtliche Bedeutung der ärztlichen Arbeitsunfähigkeitsbescheinigung, DB 1989, 2069; *ders.*, Beweisfragen im Kündigungsschutzprozess, NZA 1989, 577; *Rühle*, Der Beweiswert der ärztlichen Arbeitsunfähigkeitsbescheinigung, BB 1989, 2046; *Schaub*, Rechtsfragen der Arbeitsunfähigkeitsbescheinigung nach dem Entgeltfortzahlungsgesetz, BB 1994, 1629; *Schliemann*, Neues und Bekanntes im Entgeltfortzahlungsgesetz, AuR 1994, 317; *Schmitt*, Entgeltfortzahlung im Krankheitsfall an Teilzeitkräfte, Festschrift für Wolfgang Gitter, S. 847; *Stück/Wein*, Die ärztliche Untersuchung des Arbeitnehmers, NZA-RR 2005, 505; *Stückmann*, „Krankfeiern" und „Krankschreiben" – Überlegungen zur Entgeltfortzahlung im Krankheitsfalle, NZS 1994, 529; *ders.*, Teilarbeits(un) fähigkeit und Entgeltfortzahlung, DB 1998, 1662; *Weiland*, Die rückdatierte Arbeitsunfähigkeitsbescheinigung, BB 1979, 1096; *Willemsen*, Anstandspflichten des Arbeitnehmers, DB 1981, 2619; *Worzalla*, Die Anzeige- und Nachweispflicht nach § 5 I EFZG.

A. Anzeige der Arbeitsunfähigkeit 1
I. Anzeigepflicht 1
1. Allgemeines 1
2. Zeitpunkt und Zweck 4
II. Form, Adressat und Inhalt der Anzeige 11
1. Form 11
2. Adressat 13
3. Inhalt – erneute Anzeige 15
III. Erkrankung im Ausland 21
1. Gesetzliche Regelung 21
2. Vereinfachtes Verfahren 26
B. Nachweis der Arbeitsunfähigkeit . . 33
I. Nachweispflicht 33
1. Allgemeine Grundsätze 33
a) Vorlagefrist 38
b) Vorzeitige Vorlagepflicht 43
c) Tarifvertragliche Regelungen 52
d) Folgebescheinigung 55
2. Urlaub 58
a) Vor Urlaubsantritt 62
b) Während des Urlaubs ... 64
II. Die ärztliche Bescheinigung 71
1. Allgemeines 71
2. Ärztliche Untersuchungspflicht 83
3. Rückwirkende Attestierung der Arbeitsunfähigkeit 85

4. Kosten 88
III. Überprüfbarkeit der Arbeitsunfähigkeit 89
1. Grundsatz der Arztwahlfreiheit 89
2. Hausbesuche, Krankenkontrollen, Krankengespräche 97
3. Begutachtung durch den Medizinischen Dienst 104
a) Zweifel an der Arbeitsunfähigkeit 104
b) Benachrichtigung des Arbeitgebers 119
c) Folgen der Verweigerung von Untersuchungsmaßnahmen 122
IV. Beweiskraft der Arbeitsunfähigkeitsbescheinigung 126
1. Grundsatz – Beweislast des Arbeitnehmers 126
2. Zweifel hinsichtlich des Vorliegens der Arbeitsunfähigkeit 133
3. Fälle erschütterter Beweiskraft 138
a) Erklärungen des Arbeitnehmers vor der Erkrankung 139
b) Verhalten des Arbeitnehmers während der Dauer der bescheinigten Arbeitsunfähigkeit; Ausübung von Nebentätigkeiten 144
c) Zweifelsfälle im Zusammenhang mit Ausstellung und Inhalt der Arbeitsunfähigkeitsbescheinigung 153
aa) Die ohne vorangegangene Untersuchung ausgestellte bzw die unzureichende Arbeitsunfähigkeitsbescheinigung 153
bb) Rückwirkende Feststellung 156
cc) Verweigerung der Begutachtung durch den Medizinischen Dienst 158
dd) Arztwechsel/Widersprüchliche Atteste 160
d) Zweifelsfälle aufgrund sonstiger Umstände 165
4. Beweislast des Arbeitnehmers bei erschütterter Beweiskraft des ärztlichen Attestes 169
a) Beweislast 169
b) Rückzahlungsverpflichtung des Arbeitnehmers 179
5. Beweiswert ausländischer Arbeitsunfähigkeitsbescheinigungen 181
a) Allgemeines/EU-Staaten 181
b) AU-Bescheinigungen aus Ländern außerhalb der EU 185
c) Beeinträchtigung des Beweiswertes 187
C. Rückmeldepflicht 196
D. Rechtsfolgen bei Verletzung der Anzeige- und Nachweispflichten 198
I. Leistungsverweigerungsrecht 198
II. Schadensersatz – Vertragsstrafe 199
III. Kündigung 203
1. Allgemeines 203
2. Verletzung der Anzeigepflicht 208
3. Verletzung der Nachweispflicht 213
4. Rechtsfolgen der Kündigung 215

Pflichten des Arbeitnehmers
Anzeigepflicht
Nachweispflicht
Voraussetzung: AU (auch außerhalb des EFZ-Zeitraums)
Voraussetzung: AU länger als 3 Kalendertage (im EFZ-Zeitraum)
Frist: Unverzüglich = ohne schuldhaftes Zögern
Frist: darauf folgender Tag (4. Tag) Außer: vorzeitig verlangt
Form: formlos
Form: Ärztliche Bescheinigung Erkrankung im Ausland: Beachtung der Sozialversicherungsabkommen
Adressat: Arbeitgeber Erkrankung im Ausland: Zusätzlich Krankenkasse
Adressat: Arbeitgeber
Inhalt: • Arbeitsunfähigkeit • Voraussichtliche Dauer • Erkrankung im Ausland: Adresse des Aufenthaltsorts
Inhalt: • Arbeitsunfähigkeit • Voraussichtliche Dauer • Erkrankung im Ausland: Sozialversicherungsabkommen
bei Fortdauer der Arbeitsunfähigkeit: Erneute Anzeigepflicht
Bei Fortdauer der Arbeitsunfähigkeit: Folgebescheinigung
Verletzung der Anzeigepflicht
Verletzung der Nachweispflicht
• Abmahnung, Kündigung • Leistungsverweigerungsrecht bei Auslandserkrankung
Leistungsverweigerungsrecht

A. Anzeige der Arbeitsunfähigkeit

I. Anzeigepflicht

1. Allgemeines

Nach der bis 30.5.1994 unter der Geltung des Lohnfortzahlungsgesetzes anzuwendenden Rechtslage war die Verpflichtung, im Falle krankheitsbedingter Arbeitsunfähigkeit dem Arbeitgeber unverzüglich die Arbeitsunfähigkeit sowie deren voraussichtliche Dauer mitzuteilen in den alten Bundesländern nur für Arbeiter gesetzlich geregelt (§ 3 LFZG). Für Angestellte bestanden entsprechende Verpflichtungen, soweit nicht einzel- bzw tarifvertraglich geregelt, aufgrund der sich aus dem Arbeitsverhältnis ergebenden Treuepflicht. In den neuen Bundesländern war die Anzeigepflicht für alle Arbeitnehmer, also auch für Angestellte gesetzlich in § 115 a Abs. 4 Satz 1 AGB-DDR bestimmt. Die Anzeigepflicht stellt eine sog. unselbstständige Nebenpflicht dar. D.h. ihre **Erfüllung ist nicht im Rechtswege** selbstständig **erzwingbar**. Die Erfüllung der Anzeigepflicht ist auch keine Anspruchsvoraussetzung des Entgeltfortzahlungsanspruches nach § 3 EFZG.[1] 1

1 Knorr/Krasney § 5 EFZG Rn 6.

2 Der Arbeitgeber kann auf die Erfüllung der Anzeigepflicht **verzichten**; sie entfällt, wenn der Arbeitgeber von der Arbeitsunfähigkeit ohnehin Kenntnis hat (zB Betriebsunfall).

3 § 5 Abs. 1 Satz 1 EFZG verpflichtet nunmehr alle Arbeitnehmer – Arbeiter und Angestellte –, dem Arbeitgeber die Arbeitsunfähigkeit und deren voraussichtliche Dauer unverzüglich mitzuteilen.[2] Die Anzeigepflicht obliegt allen Arbeitnehmern, unabhängig davon, ob ihnen ein Entgeltfortzahlungsanspruch zusteht oder nicht.[3] Das heißt, der Arbeitnehmer ist auch nach Ablauf des sechswöchigen Entgeltfortzahlungszeitraums zur Anzeige verpflichtet.[4] Sie besteht auch während der vierwöchigen Wartezeit des § 3 Abs. 3 EFZG.

2. Zeitpunkt und Zweck

4 Die Anzeige der Arbeitsunfähigkeit und deren voraussichtliche Dauer hat unverzüglich zu erfolgen. Einer besonderen Aufforderung durch den Arbeitgeber bedarf es hierzu nicht; die Anzeige hat **unaufgefordert** zu erfolgen. Unverzüglich bedeutet **„ohne schuldhaftes Zögern“** (§ 121 Abs. 1 Satz 1 BGB), dh nicht sofort, sondern innerhalb einer den Umständen nach angemessenen Frist. Die Anzeige soll den Arbeitgeber in die Lage versetzen, die durch den Ausfall des Arbeitnehmers bedingten und zur Aufrechterhaltung des ordnungsgemäßen Betriebs- und Arbeitsablaufs erforderlichen Dispositionen baldmöglichst treffen zu können. Dabei ist die Anzeige nicht nur unverzüglich abzusenden; der Arbeitgeber muss von ihr auch unverzüglich Kenntnis nehmen können.

Dies gilt auch dann, wenn die Arbeitsunfähigkeit zu einem Zeitpunkt eintritt, zu dem die Erbringung einer Arbeitsleistung nicht unmittelbar bevorsteht und für den Arbeitnehmer absehbar ist, dass die Arbeitsunfähigkeit bis zum Zeitpunkt der Wiederaufnahme der Arbeit andauert.[5]

5 Aus dem unter Rn 4 dargestellten Sinn und Zweck der Mitteilungspflicht folgt, dass § 5 Abs. 1 Satz 1 EFZG auch auf **Teilzeitkräfte** uneingeschränkt Anwendung findet. Somit ist auch der Arbeitnehmer, der nur freitags und samstags arbeitet, zur unverzüglichen Anzeige der Arbeitsunfähigkeit verpflichtet, wenn er am Montag arbeitsunfähig erkrankt und glaubt, bis Freitag nicht wieder arbeitsfähig zu sein.[6] Entsprechendes gilt, wenn der Arbeitnehmer während des **Erholungsurlaubes** arbeitsunfähig wird. Die Pflicht zum unverzüglichen Nachweis der Arbeitsunfähigkeit bleibt davon unberührt (Rn 65 f).

6 Aus den vorstehenden Ausführungen folgt, dass dem Arbeitnehmer über das Fortbestehen der Arbeitsunfähigkeit keine Anzeigepflicht trifft, wenn der Arbeitgeber das **Arbeitsverhältnis gekündigt** hat, da er mit der Kündigung zum Ausdruck gebracht hat, einen künftigen Arbeitseinsatz des Arbeitnehmers nicht mehr in seine Planung einzubeziehen. Die Aufforderung zur Erbringung der Arbeitsleistung im Rahmen eines Prozessrechtsverhältnisses lässt die Anzeigepflicht wieder aufleben. Ausnahmsweise kann die Anzeigepflicht bei widersprüchlichem

---

2 Zum Arbeitnehmerbegriff § 1 EFZG Rn 8 ff.
3 Vgl etwa Lepke NZA 1995, 1084, 1085.
4 LAG Schleswig-Holstein 17.12.2003 – 3 Sa 415/03 – NZA-RR 2004, 241.
5 MünchArbR/Boecken, § 85 Rn 13.
6 Schmitt Festschrift für Gitter, S. 847, 850.

Verhalten des Arbeitgebers nach Treu und Glauben (§ 242 BGB) bereits innerhalb der Kündigungsfrist suspendiert sein.[7]

Eine **briefliche Anzeige** wird in der Regel nicht als unverzügliche Benachrichtigung anzusehen sein.[8] 7

Ob die Anzeige unverzüglich erfolgt ist, kann nicht generell, sondern nur unter Berücksichtigung der konkreten Umstände des Einzelfalles beurteilt werden. In der Regel dürfte jedoch eine **telefonische Benachrichtigung** des Arbeitgebers bereits in der ersten halben Stunde nach Arbeitsbeginn am ersten Tag der Arbeitsunfähigkeit durch den Arbeitnehmer bzw Familienangehörige als erforderlich angesehen werden.[9] 8

Der Arbeitnehmer darf insbesondere mit der Anzeige nicht warten, bis eine ärztliche Diagnose vorliegt.[10] 9

Nicht schuldhaft ist eine verspätete Information des Arbeitgebers, wenn der Arbeitnehmer etwa durch eine schwere Verletzung (Bewusstlosigkeit) daran gehindert ist, den Arbeitgeber selbst oder durch einen Dritten über die Arbeitsunfähigkeit zu informieren.[11] 10

II. Form, Adressat und Inhalt der Anzeige

1. Form

Die Anzeige ist an **keine besondere Form** gebunden. Sie kann mündlich, fernmündlich, schriftlich oder elektronisch vorgenommen werden. 11

Die Mitteilung kann durch den Arbeitnehmer oder **durch einen Dritten** (Nachbarn, Arbeitskollegen usw) erfolgen. Einer rechtsgeschäftlichen Bevollmächtigung des Dritten bedarf es hierbei nicht. 12

2. Adressat

Die Anzeige hat gegenüber dem Arbeitgeber zu erfolgen. Ausreichend ist jedoch die Benachrichtigung solcher **Personen**, die **zur Entgegennahme derartiger Mitteilungen zuständig** sind, wie etwa der Leiter der Personalabteilung oder der Dienstvorgesetzte, dh derjenige, der für Entscheidungen in Personalfragen des Arbeitnehmers zuständig ist. Ob der unmittelbare Vorgesetzte, der nur hinsichtlich der Arbeitsausrüstung weisungsbefugt ist, zur Entgegennahme berechtigt ist, bestimmt sich nach den Umständen des Einzelfalles. Die Anzeige an den Vorarbeiter wird regelmäßig unzureichend sein. Nicht berechtigt zur Entgegennahme der Anzeige sind Betriebsräte, Telefonisten, Pförtner oder Arbeitskollegen. Diese 13

7 LAG Schleswig-Holstein 17.12.2003 – 3 Sa 415/03 – NZA-RR 2004, 241.
8 BAG 31.8.1989 – 2 AZR 13/89 – AP Nr. 23 zu § 1 KSchG 1969 Verhaltensbedingte Kündigung; MünchKomm/Schaub § 616 BGB Rn 118.
9 Knorr/Krasney § 5 EFZG Rn 10. Vgl auch ArbG Oldenburg 19.1.1982 – 4 Ca 2362/81 – ARSt 1982, 105, das eine arbeitsvertragliche Vereinbarung, nach der eine Verhinderung sechs Stunden vor Schichtbeginn anzuzeigen ist, für nichtig hält.
10 BAG 31.8.1989 – 2 AZR 13/89 – AP Nr. 23 zu § 1 KSchG 1969 Verhaltensbedingte Kündigung.
11 Schmitt, § 5 EFZG Rn 25; ferner zum entschuldbaren **Irrtum** über die Umstände der Anzeigepflicht vgl LAG Köln 2.2.1983 – 5 Sa 1122/82 – DB 1983, 1771.

Personen können jedoch als Erklärungsboten des Arbeitnehmers angesehen werden.[12]

14 Der Arbeitgeber ist jedoch befugt, gegebenenfalls unter Beachtung der Mitbestimmungsrechte des Betriebsrats (§ 87 Abs. 1 Nr. 1 BetrVG), festzulegen, gegenüber welcher Stelle im Betrieb die Anzeige abzugeben ist.

3. Inhalt – erneute Anzeige

15 Der **Arbeitnehmer** hat nach § 5 EFZG dem Arbeitgeber nicht nur die Arbeitsunfähigkeit als solche, sondern auch deren **voraussichtliche Dauer** unverzüglich anzuzeigen. Ausreichend ist die Angabe der vom Arbeitnehmer geschätzten Krankheitsdauer, die immer nur laienhaft sein kann und damit **unverbindlich** ist. Der Arbeitnehmer hat nur mitzuteilen, dass er infolge Krankheit arbeitsunfähig ist, eine Mitteilung der **Art der Erkrankung** ist **nicht** notwendig. Mit der „Anzeige“ verlangt das Gesetz vom Arbeitnehmer nicht eine ärztlich gesicherte Diagnose, sondern eine **Selbstdiagnose.**[13]

16 Eine ergänzende **zweite Mitteilung** ist dann zu fordern, wenn sich nach Rücksprache mit dem behandelnden Arzt ergibt, dass die vom Arzt prognostizierte Dauer erheblich von der dem Arbeitgeber durch den Arbeitnehmer zunächst mitgeteilten abweicht. Die Anzeigepflicht des § 5 Abs. 1 Satz 1 EFZG besteht aber auch dann, wenn die Erkrankung **über die mitgeteilte voraussichtliche Dauer** hinaus weiter **andauert.** § 5 Abs. 1 Satz 1 EFZG kann nicht dahingehend verstanden werden, dass nur die Ersterkrankung und deren voraussichtliche Dauer unverzüglich mitzuteilen sind. Auch **das weitere Andauern krankheitsbedingter Arbeitsunfähigkeit** über den dem Arbeitgeber zuvor angegebenen Endtermin hinaus löst erneut die Pflicht zur unverzüglichen Mitteilung (Anzeige) aus. Dies gilt auch für Zeiten, in denen dem Arbeitnehmer kein Entgeltfortzahlungsanspruch zusteht. Ein solches Verständnis gebietet auch die Interessenlage. Im Interesse einer rechtzeitigen Disposition für die zu erledigenden Arbeiten und die dabei einzusetzenden Arbeitnehmer ist der Arbeitgeber darauf angewiesen, dass ihm der Arbeitnehmer unverzüglich mitteilt, dass seine Arbeitsunfähigkeit über die bisher vorausgesehene Dauer hinaus noch fortbesteht und wie lange dieser Zustand voraussichtlich noch anhalten wird.[14]

17 **Ausnahmsweise** kann aufgrund von Treu und Glauben (§ 242 BGB) oder einzelvertraglicher, tarifvertraglicher oder betrieblicher Regelungen (Betriebsvereinbarung) eine **weitergehende Mitteilungspflicht** bestehen, **wenn die Art der Krankheit** besondere Dispositionen des Arbeitgebers erfordert. So etwa bei ansteckenden Krankheiten, die Maßnahmen zum Schutz der Mitarbeiter fordern oder ein Dritter haftet (§ 6 Abs. 2 EFZG).[15]

18 Problematisch erscheint eine Offenbarungspflicht für den Fall, dass eine HIV-Infektion (**Immunschwächekrankheit Aids** = Acquired Immune Deficiency Syn-

---

12 Vgl BAG 18.2.1965 – 1 AZR 274/64 – AP Nr. 26 zu § 9 MuSchG m.Anm. Bulla; Schmitt, § 5 EFZG Rn 35.

13 BAG 31.8.1989 – 2 AZR 13/89 – AP Nr. 23 zu § 1 KSchG 1969 Verhaltensbedingte Kündigung.

14 BAG 15.1.1986 – 7 AZR 128/83 – AP Nr. 93 zu § 626 BGB; BAG 7.12.1988 – 7 AZR 122/88 – AP Nr. 26 zu § 1 KSchG 1969 Verhaltensbedingte Kündigung; ArbG Weiden 15.1.2009 – 2 Ca 730/08 – rkr.; Hanau/Kramer DB 1995, 94.

15 Vgl Knorr/Krasney § 5 EFZG Rn 12; Wetzling/Habel, NZA 2007, 1129, 1133.

drome) vorliegt. Im Einzelfall kann zwar ein berechtigtes und schützenwertes Interesse des Arbeitgebers bestehen, von der Aids-Erkrankung Kenntnis zu erhalten.[16] Da jedoch vom Aids-Infizierten infolge der spezifischen Übertragungsformen grundsätzlich keine direkte Gefährdung der Arbeitskollegen, im Gegensatz zu anderen Viruserkrankungen, ausgeht, scheidet auch regelmäßig eine Verpflichtung zur Mitteilung des Krankheitsbefundes aus.[17]

19 Hat der Arbeitnehmer **positive Kenntnis** vom Vorliegen einer **Fortsetzungserkrankung**, muss er dem Arbeitgeber gegenüber entsprechende Angaben machen (vgl § 3 EFZG Rn 249 ff).

20 Eine Pflicht dem Arbeitgeber im **Inland** den **Aufenthaltsort** mitzuteilen, besteht auch bei langanhaltender Krankheit nicht.[18] Der Aufenthaltsort ist dem Arbeitgeber, wie der gesetzlichen Regelung zu entnehmen ist, nur bei einem Aufenthalt im Ausland mitzuteilen.

III. Erkrankung im Ausland

1. Gesetzliche Regelung

21 Hält sich der Arbeitnehmer bei Beginn der Arbeitsunfähigkeit im Ausland auf, so ist er verpflichtet, dem Arbeitgeber die Arbeitsunfähigkeit, deren voraussichtliche Dauer und die **Adresse am Aufenthaltsort** in der **schnellstmöglichen Art der Übermittlung** mitzuteilen (§ 5 Abs. 2 Satz 1 EFZG). Die Übermittlung hat somit unverzüglich, ggf durch Luftpost, Telefonat, Telegramm, per E-Mail oder Telefax, zu erfolgen. Eine Benachrichtigung mittels einfachen Briefes bzw Einschreibens ist nicht ausreichend.[19]

22 Mit der Verpflichtung, die Adresse am Aufenthaltsort mitzuteilen, hat der Gesetzgeber auf die Rechtsprechung des EuGH im Paletta-Fall[20] reagiert. In dieser Entscheidung hat der EuGH Art. 18 Abs. 1 bis 4 der EWG-VO Nr. 574/72 dahingehend ausgelegt, dass auch der Arbeitgeber in tatsächlicher wie in rechtlicher Hinsicht an die vom Sozialversicherungsträger des Wohn- oder Aufenthaltsortes bzw des dortigen Arztes getroffenen ärztlichen Feststellungen über den Eintritt und die Dauer der Arbeitsunfähigkeit gebunden ist, sofern er nicht – wozu ihn Art. 18 Abs. 5 der EWG-VO Nr. 574/72 ermächtigt – den betroffenen Arbeitnehmer durch einen Arzt seiner Wahl untersuchen lässt.[21] Diese wohl ohnehin nur theoretische Möglichkeit lief jedoch leer, da der Arbeitgeber den Aufenthaltsort nicht kannte.[22]

16 Vgl Eich NZA 1987 Beilage 2, S. 11 ff (12); Hinrichs Der Betriebsrat 1987, 693.
17 Eich aaO Fn 16, zur diesbezüglichen Offenbarungspflicht des Arbeitnehmers bzw zum Fragerecht des Arbeitgebers bei Begründung des Arbeitsverhältnisses Hinrichs AiB 1988, 8 ff; Klak BB 1987, 1382; Löwisch DB 1987, 936; Richardi NZA 1988, 73; sowie Feichtinger AR-Blattei SD 1000.1 »Krankheit des Arbeitnehmers I« Rn 65 f.
18 LAG Bremen 30.6.2005 – 3 Ta 22/05 – NZA-RR 2005, 633; LAG Berlin 23.8.2001 – 7 Ta 1587/01 – LAGE § 4 KSchG Nr. 46; LAG Köln 14.3.2003 – 4 Ta 3/03 – LAGE § 5 KSchG Nr. 106 a aA LAG Niedersachsen 8.11.2002 – 5 Ta 257/02 – LAGE § 4 KSchG Nr. 48.
19 LAG Köln 12.5.2000 – 4 Sa 310/00 – NZA-RR 2001, 22; Schmitt § 5 EFZG Rn 142; Diller NJW 1990, 1690, 1693.
20 EuGH 3.6.1992 – RsC 45/90 – AP Nr. 1 zu Art. 189 EWG-VO Nr. 574/72.
21 BAG 19.2.1997 – 5 AZR 747/93 – AP Nr. 3 zu Art. 18 EWG – VO Nr. 574/72.
22 BT-Drucks. 12/5798 S. 26.

23 Darüber hinaus obliegen dem Arbeitnehmer **dieselben Anzeige- und Nachweispflichten dem Arbeitgeber** gegenüber, **wie** wenn er **im Inland** erkrankt wäre. Bei **Fortdauer** der Arbeitsunfähigkeit ist der Arbeitnehmer trotz fehlender ausdrücklicher gesetzlicher Regelung verpflichtet, für die Mitteilung der Arbeitsunfähigkeit die schnellstmögliche Art der Übermittlung zu wählen. Die vom Arbeitnehmer im Falle der Erkrankung während eines Auslandsaufenthaltes vorzulegende ärztliche Bescheinigung über die Arbeitsunfähigkeit braucht jedoch anders als bei Erkrankungen im Inland nicht den Vermerk des behandelnden Arztes zu enthalten (§ 5 Abs. 2 Satz 6 EFZG), da auch der Krankenkasse unverzüglich eine Bescheinigung über die Arbeitsunfähigkeit mit Angaben über den Befund und die voraussichtliche Dauer der Arbeitsunfähigkeit übersandt wird.[23]

24 Die durch die Mitteilung entstehenden **Kosten** hat der Arbeitgeber zu tragen (§ 5 Abs. 2 Satz 2 EFZG).

25 Ist der Arbeitnehmer in einer **gesetzlichen Krankenkasse** versichert, ist er verpflichtet, auch dieser die Arbeitsunfähigkeit und deren voraussichtliche Dauer unverzüglich anzuzeigen (§ 5 Abs. 2 Satz 3 EFZG). Dauert die Arbeitsunfähigkeit länger als angezeigt, so ist der Arbeitnehmer verpflichtet, der gesetzlichen Krankenkasse die voraussichtliche Fortdauer der Arbeitsunfähigkeit mitzuteilen (§ 5 Abs. 2 Satz 4 EFZG). Diese **Mitteilung an die Krankenkasse** muss anders als die Mitteilung an den Arbeitgeber (vgl Rn 21) nicht durch die schnellstmögliche Art der Übermittlung erfolgen. Die **Fortdaueranzeige** ist aber dann nicht erforderlich, wenn der arbeitsunfähig erkrankte Arbeitnehmer in den Geltungsbereich dieses Gesetzes zurückkehrt; in diesem Fall muss er seine Rückkehr unverzüglich dem Arbeitgeber und der Krankenkasse anzeigen (§ 5 Abs. 2 Satz 7 EFZG). Eine **Kostentragungspflicht** des Arbeitgebers für die durch die Information der gesetzlichen Krankenkasse entstandenen Kosten besteht nicht.

2. Vereinfachtes Verfahren

26 Die gesetzlichen Krankenkassen können festlegen, dass der Arbeitnehmer **Anzeige- und Mitteilungspflichten** gegenüber der gesetzlichen Krankenkasse auch gegenüber **einem ausländischen Sozialversicherungsträger** erfüllen kann (§ 5 Abs. 2 Satz 5 EFZG). Soweit eine entsprechende Verpflichtung des Arbeitnehmers vorgesehen ist, wird der ausländische Sozialversicherungsträger in die Lage versetzt, möglichst schnell eventuellen Zweifeln an der Arbeitsunfähigkeit nachzugehen.[24]

27 Aus Gründen der Vereinfachung haben die Spitzenverbände der Krankenkassen sich mit Billigung der Bundesvereinigung der deutschen Arbeitgeberverbände in Bezug auf den Nachweis der Arbeitsunfähigkeit bei Erkrankung im Ausland auf ein **vereinfachtes Verfahren** geeinigt, das anstelle des in § 5 Abs. 2 EFZG vorgesehenen tritt. Hat danach der Arbeitnehmer die für den jeweiligen Auslandsaufenthalt im Krankheitsfall vorgesehenen Formalitäten erfüllt, muss er dem Arbeitgeber keine besondere ärztliche Bescheinigung über die Arbeitsunfähigkeit

---

23 BAG 20.2.1985 – 5 AZR 180/83 – AP Nr. 4 zu § 3 LohnFG und – 5 AZR 43/84 – AiB 1986, 20; Treber § 5 EFZG Rn 71 ff.
24 BT-Drucks. 12/5263, S. 14.

senden. Eine besondere Anzeige an die deutsche Krankenkasse ist gleichfalls nicht erforderlich.[25]

Der ausländische Versicherungsträger lässt in der Regel den Versicherten durch einen Vertrauensarzt untersuchen und unterrichtet dann die deutsche Krankenkasse vom Beginn und der voraussichtlichen Dauer der Arbeitsunfähigkeit. Die deutsche Krankenkasse setzt ihrerseits den Arbeitgeber davon in Kenntnis, dass sich der Arbeitnehmer unter Beachtung des zwischenstaatlichen Krankenversicherungsrechts arbeitsunfähig gemeldet hat.[26] 28

Derartig vereinfachte Verfahren sind entweder in **zwischenstaatlichen Sozialversicherungsabkommen** geregelt oder für Erkrankungen in Ländern der Europäischen Union in den **EWG-Verordnungen** Nr. 1408/71 (Anwendung der Systeme der sozialen Sicherheit auf Arbeitnehmer und deren Familien, die innerhalb der Gemeinschaft zu- und abwandern) und Nr. 574/72 (Durchführungsverordnung für EWG-Nr. 1408/71). Zu beachten ist jedoch, dass die EWG-Verordnungen auch für die Staaten, die dem Europäischen Wirtschaftsraum (EWR) angehören – Island, Liechtenstein und Norwegen – gelten. 29

Sozialversicherungsabkommen bestehen unter anderem mit folgenden Ländern: Marokko, Schweiz, Tunesien und Türkei. Wie bei der Stellung des Antrags auf Krankengeld im Ausland zu verfahren ist, erläutern für die in Frage kommenden Staaten mehrsprachige Merkblätter der Krankenkassen. 30

So bestimmen Art. 18 EWG-VO Nr. 574/72 und zwischenstaatliche Sozialversicherungsabkommen wie das deutsch-türkische Abkommen über die soziale Sicherheit nebst Durchführungsverordnung,[27] dass sich der Arbeitnehmer an den ausländischen Sozialversicherungsträger zu wenden hat.[28] Dies können auch die deutschen Krankenkassen festlegen (§ 5 Abs. 2 Satz 5 EFZG). 31

Bei Arbeitsunfähigkeit in einem Staat, mit dem kein Sozialversicherungsabkommen besteht, ist das vereinfachte Verfahren nicht anzuwenden. Für den Entgeltfortzahlungsanspruch sind die arbeitsrechtlichen Pflichten aus § 5 Abs. 2 EFZG zu erfüllen (vgl Rn 21 ff). Das vereinfachte Verfahren gilt nur für Arbeitnehmer, die **Mitglied** in der gesetzlichen Krankenversicherung sind, nicht jedoch für bei einem **privaten Krankenversicherungsunternehmen** versicherte Arbeitnehmer. Für den letzteren Personenkreis bleibt es im Hinblick auf die Nachweispflichten bei der Regelung des § 5 Abs. 1 EFZG. 32

B. Nachweis der Arbeitsunfähigkeit

I. Nachweispflicht

1. Allgemeine Grundsätze

Dauert die Arbeitsunfähigkeit länger als drei Kalendertage, ist der Arbeitnehmer gemäß § 5 Abs. 1 Satz 2 EFZG gehalten, eine ärztliche Bescheinigung über das Bestehen der Arbeitsunfähigkeit sowie deren voraussichtliche Dauer spätestens 33

25 BAG 20.2.1985 – 5 AZR 180/83 – AP Nr. 4 zu § 3 LohnFG; BAG 20.2.1985 – 5 AZR 43/84 – AiB 1986, 20; LAG München 23.5.1973 – 4 Sa 589/73 – EEK I/14; LAG Köln 4.1.1989 – 2 (7) Sa 105/87 – LAGE § 3 LohnFG Nr. 4.

26 Berenz DB 1995, 1462, 1463.

27 Abgedruckt in: Plöger/Wortmann Deutsche Sozialversicherungsabkommen mit ausländischen Staaten, XX, Türkei.

28 Vgl auch LAG Köln 4.1.1989 – 2 (7) Sa 105/87 – LAGE § 3 LohnFG Nr. 4.

an dem darauf folgenden Arbeitstag vorzulegen. Ist der Arbeitnehmer Mitglied einer gesetzlichen Krankenkasse, muss die ärztliche Bescheinigung einen Vermerk des behandelnden Arztes darüber enthalten, dass der Krankenkasse unverzüglich eine Bescheinigung über die Arbeitsunfähigkeit mit Angaben über den Befund und die voraussichtliche Dauer der Arbeitsunfähigkeit übersandt wird (§ 5 Abs. 1 Satz 5 EFZG).

34 Eine Verpflichtung des Arbeitnehmers zur Vorlage eines ärztlichen Attests bei **Kurzerkrankungen** (bis zu drei Tage) kommt entgegen der bisherigen Rechtslage ohne konkrete Aufforderung des Arbeitgebers (§ 5 Abs. 1 Satz 3 EFZG, s. auch Rn 43 ff) nicht in Betracht.[29]

35 Der Arbeitgeber kann daher nach Ablauf dieser grundsätzlich nachweisfreien Tage auch bei fortgesetzter Erkrankung jedenfalls dann **nicht nachträglich von seinem Recht auf vorzeitige Vorlage Gebrauch machen**, wenn der Arbeitnehmer rechtzeitig telefonisch sein Fehlen angezeigt hat und durch den Arbeitgeber nicht an diesem ersten Tag auf einen besonderen Nachweis verwiesen wurde.[30]

36 Auch in diesem Fall ist es dem Arbeitgeber nicht verwehrt, die Arbeitsunfähigkeit des Arbeitnehmers nachträglich zu bestreiten. Hierin ist nicht stets ein widersprüchliches Verhalten zu sehen. Der Arbeitnehmer muss vielmehr damit rechnen, dass sich häufig erst im Laufe der Zeit Zweifel an der Arbeitsunfähigkeit ergeben. Bestreitet der Arbeitgeber die krankheitsbedingte Arbeitsunfähigkeit des Arbeitnehmers in zulässiger und hinreichender Weise, hat der Arbeitnehmer diese nachzuweisen.[31]

37 Die Erfüllung der **Nachweispflicht** stellt jedoch **keine materielle Voraussetzung für** die Entstehung des **Entgeltfortzahlungsanspruches** dar. Zum Entstehungstatbestand des Anspruchs gehört vielmehr nur der Eintritt einer auf Krankheit beruhenden Arbeitsunfähigkeit (vgl zum Leistungsverweigerungsrecht bei Verletzung der Nachweispflicht § 7 EFZG Rn 7 ff). Diesen Zustand hat der Arbeitnehmer im Streitfalle zu beweisen. Durch § 5 Abs. 1 EFZG werden die Beweismöglichkeiten nicht auf das Attest beschränkt. Der Arbeitnehmer kann sich im Zivilprozess vielmehr aller zulässigen Beweismittel zum Nachweis seiner Arbeitsunfähigkeit bedienen.[32] Dies gilt auch bei Erkrankung im Ausland (vgl zur Beweislast im Einzelnen Rn 126 ff).[33]

a) Vorlagefrist

38 Bei der Berechnung der Vorlagefrist findet § 187 Abs. 1 BGB, wonach der **Tag der Erkrankung** unberücksichtigt bliebe, anders als nach dem bisherigen Recht, keine Anwendung.[34] § 5 Abs. 1 Satz 2 EFZG stellt nicht auf eine Frist, sondern

29 So auch Schliemann AuR 1974, 317, 322; Diller NJW 1994, 1690, 1692; Kleinsorge NZA 1994, 640, 642; aA Müller/Berenz § 5 EFZG Rn 6.
30 LAG Nürnberg 18.6.1997 – 4 Sa 139/05 – LAGE § 5 EntgeltfortzG Nr. 2; zustimmend Kasseler Handbuch/Vossen 2.2 Rn 254; aA Worzalla NZA 1996, 61, 63.
31 BAG 26.2.2003 – 5 AZR 112/02 – AP Nr. 8 zu § 5 EntgeltFG.
32 BAG 1.10.1997 – 5 AZR 499/96 – AP Nr. 4 zu § 5 EntgeltFG.
33 BAG 23.1.1985 – 5 AZR 592/82 – AP Nr. 63 zu § 1 LohnFG; BAG 27.6.1990- 5 AZR 314/89 – AP Nr. 7 zu § 3 LohnFG; BAG 12.6.1996 – 5 AZR 960/94 – AP Nr. 4 zu § 611 BGB Werkstudent; BAG 1.10.1997 – 5 AZR 499/96 und 5 AZR 726/96, AP Nrn. 4, 5 zu § 5 EntgeltFG.
34 Lepke Rn 470; Treber, § 5 EFZG Rn 24.

auf einen Zeitpunkt, nämlich den „darauf folgenden Tag“ ab.[35] Die Bestimmung enthält daher eine Wartezeit, deren Beginn sich nach § 187 Abs. 2 BGB richtet.[36] **Erster Kalendertag** iSd § 5 Abs. 1 Satz 2 EFZG ist daher derjenige, an dem die **Arbeitsunfähigkeit eintritt.** Das gilt auch dann, wenn der Arbeitnehmer **zwischen Dienstschluss und 24.00 Uhr arbeitsunfähig** erkrankt.[37] Unklar ist jedoch, ob das Attest am 4. oder 5. Kalendertag nach Beginn der krankheitsbedingten Arbeitsunfähigkeit vorzulegen ist. Nach dem Wortlaut des Gesetzes wäre die Arbeitsunfähigkeitsbescheinigung spätestens am 5. Kalendertag vorzulegen, sofern dies der erste Arbeitstag ist. Denn länger als drei Tage dauert die Krankheit erst am 4. Tag, so dass der darauf folgende Tag der Fünfte ist. Nach der Begründung des Gesetzes jedoch soll die Pflicht zur Vorlage einer ärztlichen Bescheinigung über die Arbeitsunfähigkeit **ab dem vierten Krankheitstag** bestehen. Der amtlichen Begründung (BT-Drucks. 12/5798, S. 21 und 24) ist zu folgen, da der Wortlaut von § 5 Abs. 1 Satz 2 EFZG auch dahingehend ausgelegt werden kann, dass mit dem darauf folgenden Arbeitstag der Tag nach dem 3. Kalendertag gemeint ist. Eine solche Auslegung entspricht auch dem Zweck der Neuregelung, die Kontrolle der Arbeitsunfähigkeit zu verschärfen. Das Abstellen auf den Kalendertag führt dazu, dass bei Erkrankungen am **Samstag** oder **Sonntag** das ärztliche Attest grundsätzlich am Dienstag bzw Mittwoch vorliegen muss.[38]

Arbeitstag im Sinne des § 5 Abs. 1 Satz 2 EFZG ist jeder Tag, an dem im Betrieb 39
gearbeitet wird.[39] Je nach Art des Betriebes kann dies auch ein **Feiertag** sein. Ob hierbei unter „Arbeitstag“ nur ein Tag zu verstehen ist, an dem für den erkrankten Arbeitnehmer, wäre er arbeitsfähig gewesen, eine Arbeitsverpflichtung bestanden hätte, ist umstritten. So wird die Auffassung vertreten, dass die Vorlagepflicht am 4. Tag nicht besteht, sofern der Arbeitnehmer an diesem zB infolge **Schichtplans** oder als **Teilzeitbeschäftigter arbeitsfrei** hätte. Zur Begründung wird angeführt, mangels Entgeltfortzahlungspflicht bestehe für den Arbeitgeber hier auch kein Informationsinteresse.[40] Dem kann nicht gefolgt werden. Der Sinn und Zweck der Verpflichtung zur Vorlage einer ärztlichen Bescheinigung über die Arbeitsunfähigkeit und deren voraussichtliche Dauer besteht nicht allein darin, das Leistungsverweigerungsrecht des Arbeitgebers zu beseitigen, das ihm nach § 7 Abs. 1 Nr. 1 EFZG (vgl Rn 4 ff) so lange zusteht, bis der Arbeitnehmer seiner Vorlagepflicht nachgekommen ist. Der Nachweispflicht kommt auch für die Planung der Arbeitsorganisation Bedeutung zu. Insbesondere wenn sich aus der Krankmeldung des Arbeitnehmers keine einigermaßen zuverlässigen Anhaltspunkte über die Dauer der Erkrankung ergeben oder wenn die persönliche Meldung des Arbeitnehmers aus anderen Gründen nicht als zuverlässig anzusehen ist, ist es gerade Aufgabe des ärztlichen Attestes, diese Unsicherheit zu beseitigen.[41]

35 Schmitt § 5 EFZG Rn 50 ff; Diller NJW 1994,1690, 1691, aA Gola § 5 EFZG Anm. 2.
36 Kramer BB 1996,1662, 1663.
37 Vgl hierzu ausführlich Kramer BB 1996, 1662, 1664.
38 Schaub BB 1994, 1629; Diller NJW 1994, 1690, 1691; Stückmann NZS 1994, 529, 532; Kasseler Handbuch/Vossen 2.2. Rn 183.
39 Schliemann AuR 1994, 317, 322.
40 Diller NJW 1994,1690, 1692.
41 BAG 15.1.1986 – 7 AZR 128/83 – AP Nr. 93 zu § 626 BGB; Lepke Rn 470; Vogelsang Rn 289 ff.

40 Obwohl § 5 Abs. 1 Satz 2 EFZG nach seinem eindeutigen Wortlaut für alle Arbeitnehmer und damit auch für **Teilzeitbeschäftigte** mit einer **unregelmäßigen Verteilung der Arbeitszeit auf die Wochentage** gilt, wird auf die Vorlage einer ärztlichen Arbeitsunfähigkeitsbescheinigung dann zu verzichten sein, wenn die Erkrankung nicht zu einem Arbeitsausfall führt.[42] Dies ist zB bei einem Arbeitnehmer der Fall, der nach seinem Arbeitsvertrag nur freitags und samstags arbeitet, am Sonntag erkrankt, jedoch bis darauf folgenden Freitag voraussichtlich wieder arbeitsfähig sein wird. Zur Nachweispflicht bei Arbeitsunfähigkeit während des Urlaubs Rn 62 ff.

41 Unter **„dem darauf folgenden Arbeitstag"** ist der nächstmögliche dem 3-Tagezeitraum des § 5 Abs. 1 Satz 2 EFZG folgende Arbeitstag des Betriebes zu verstehen, und zwar unabhängig davon, ob der Arbeitnehmer, wäre er nicht arbeitsunfähig krank geworden, an diesem Tag zur Arbeitsleistung verpflichtet gewesen wäre.[43]

Beispiele: Erkrankt der Arbeitnehmer am Montag, so ist er verpflichtet, eine ärztliche Arbeitsunfähigkeitsbescheinigung bis spätestens Donnerstag vorzulegen. Ist der Donnerstag ein Feiertag und wird an diesem Tag sowie am Freitag, Samstag und Sonntag im Betrieb nicht gearbeitet, so besteht die Vorlagepflicht erst am nächsten Montag (der erste Arbeitstag nach drei Kalendertagen der Erkrankung). Wäre der Arbeitnehmer am Sonntag zur Arbeitsleistung verpflichtet, müsste er das ärztliche Attest spätestens an diesem Tag vorlegen, da dann der Sonntag der erste Arbeitstag nach drei Kalendertagen der Erkrankung ist. Erkrankt der Arbeitnehmer am Freitag, so laufen die drei Kalendertage freitags, samstags und sonntags, so dass die Vorlagepflicht am Montag besteht.

42 Für die Einhaltung der Frist ist nicht die Absendung des Attestes maßgebend, sondern deren **Zugang**, dh, das Attest muss spätestens mit Ablauf des maßgebenden Arbeitstages iSd § 5 Abs. 1 Satz 2 EFZG (Rn 38 f) in den Machtbereich des Arbeitgebers (§ 130 BGB) gelangt sein. Zur Frage des „Vertretenmüssens" bei verspätetem Zugang des Attestes vgl § 7 EFZG Rn 21 ff.

b) Vorzeitige Vorlagepflicht

43 § 5 Abs. 1 Satz 3 EFZG berechtigt den Arbeitgeber, die **Vorlage** der ärztlichen Bescheinigung **früher** als am ersten Arbeitstag nach dem Ablauf von drei Kalendertagen **zu verlangen.** Der Arbeitgeber, der in der Bestimmung der Frist insoweit frei ist, kann danach bereits für den **ersten Tag der Arbeitsunfähigkeit** ein ärztliches Attest verlangen.[44] Obwohl die Geltendmachung des Vorlageverlangens „billigem Ermessen" entsprechen muss, ist doch zu berücksichtigen, dass § 5 Abs. 1 Satz 3 EFZG die Voraussetzungen dafür konkretisiert. Das Vorlageverlangen bedarf weder einer Begründung noch muss der Arbeitgeber sachliche Gründe für die Vorlage haben, wie bereits der Wortlaut des § 5 Abs. 1 Satz 3 EFZG verdeutlicht, der keinerlei einschränkende Voraussetzungen vorsieht.[45]

42 Schmitt Festschrift für Gitter, S. 847, 852.
43 Schliemann AuR 1994, 317, 323; Hanau/Kramer DB 1995, 94, 95; Lepke Rn 471.
44 BAG 1.10.1997 – 5 AZR 726/96 – AP Nr. 5 zu § 5 EntgeltFG mit Anm. Schmitt; aA Hanau/Kramer DB 1995, 95, die den Begriff »früher« einschränkend dahingehend verstehen, dass der Arbeitgeber die Arbeitsunfähigkeitsbescheinigung erst ab dem zweiten Krankheitstag verlangen kann; so auch Lepke, NZA 1995, 1084, 1086.
45 Lepke Rn 475; Schaub BB 1994, 1629.

Das Vorlageverlangen ist an **keine bestimmte Form** gebunden Es kann mündlich, telefonisch oder schriftlich von Fall zu Fall gegenüber dem einzelnen Arbeitnehmer erfolgen oder bereits in den Arbeitsverträgen geregelt werden.[46] Unzulässig wäre es jedoch, wenn der Arbeitgeber die Namen der Arbeitnehmer, die zur sofortigen Vorlage eines Attestes verpflichtet sind, im Betrieb allgemein bekannt macht.[47]

Soweit der Arbeitgeber von seiner Befugnis gemäß § 5 Abs. 3 Satz 3 EFZG Gebrauch macht und eine entsprechende Verpflichtung bei **Neuabschluss von Arbeitsverträgen** in diese aufnimmt, kann dies nur unter Beachtung der Mitbestimmungsrechte des Betriebsrats geschehen. Die nach § 5 Abs. 1 Satz 3 EFZG zulässige Anweisung des Arbeitgebers, Zeiten der Arbeitsunfähigkeit unabhängig von deren Dauer generell durch eine vor Ablauf des dritten Kalendertages nach Beginn der Arbeitsunfähigkeit vorzulegende Bescheinigung nachzuweisen, betrifft eine Frage der betrieblichen Ordnung im Sinne von § 87Abs. 1 Nr. 1 BetrVG (vgl Rn 46).[48] Es widerspräche dem Zweck des Mitbestimmungsrechts, wenn es dadurch ausgeschlossen werden könnte, dass der Arbeitgeber mit einer Vielzahl von Arbeitnehmern durch Abschluss gleich lautender Einzelarbeitsverträge eine vorzeitige Vorlagepflicht vereinbaren könnte.[49] Maßgebend für das Vorliegen eines Mitbestimmungstatbestandes – hier § 87 Abs. 1 Nr. 1 BetrVG – ist nicht die äußere Form (Arbeitsvertrag), sondern der wahre Charakter der Maßnahme (kollektiver Bezug).[50] 44

Nachdem der Gesetzgeber das Verlangen nach früherer Attestvorlage an keine Voraussetzungen geknüpft hat, bestehen entgegen der Auffassung von Schaub[51] keine Bedenken gegen eine **generalisierende Regelung.**[52] Auch der Hinweis von Schaub[53] auf § 12 EFZG rechtfertigt keine andere Beurteilung, da § 5 Abs. 1 Satz 3 EFZG dem Arbeitgeber ausdrücklich das Recht eingeräumt hat, vorzeitig die Vorlage eines ärztlichen Attestes zu verlangen. Die Ausübung dieser vom Gesetz eingeräumten Befugnis muss jedoch **„billigem Ermessen“** entsprechen.[54] Dies ergibt sich nunmehr ausdrücklich aus § 106 Satz 2 GewO. Dh, dass „alle wesentlichen Umstände des Falles abgewogen werden müssen und die beiderseitigen Interessen angemessen zu berücksichtigen sind“.[55] Davon ist regelmäßig auszugehen, wenn der Arbeitgeber von dieser gesetzlichen Möglichkeit Gebrauch macht, um eine missbräuchliche Inanspruchnahme der Entgeltfortzahlung zu verhindern. Sachgerecht wäre danach etwa das vorzeitige Vorlage- 45

46 Lepke Rn 476; Schmitt § 5 EFZG Rn 73.
47 Gola § 5 EFZG Anm. 5; Schmitt § 5 EFZG Rn 40.
48 BAG 25.1.2000 – 1 ABR 3/99 – AP Nr. 34 zu § 87 BetrVG 1972 Ordnung des Betriebes.
49 Vgl BAG 20.8.1991 – 1 AZR 326/90 – und 14.6.1994 – 1 ABR 63/93 – AP Nrn. 50 und 69 zu § 87 BetrVG 1972 Lohngestaltung; BAG, Großer Senat 3.12.1991 – GS 2/90 – AP Nr. 51 zu § 87 BetrVG 1972 Lohngestaltung; LAG Hamburg 21.5.2008 – H 3 TaBV 1/08 – LAGE § 87 BetrVG 2001 Gesundheitsschutz Nr. 3.
50 Fitting § 87 BetrVG Rn 19.
51 BB 1994, 1629, 1630.
52 So auch Diller NJW 1994,1690,1692; Schliemann AuR 1994, 317, 324; Hanau/Kramer DB 1995, 96.
53 Schaub, BB 1994, 1629.
54 Vgl auch Lepke Rn 476 mwN.
55 BAG 23.6.1993 – 5 AZR 337/92 – AP Nr. 42 zu § 611 BGB Direktionsrecht.

verlangen des Arbeitgebers bei Arbeitnehmern mit häufigen Kurzerkrankungen oder mit auffälligen Erkrankungen am Wochenanfang.[56]

46 Soweit der Arbeitgeber eine vorzeitige Attestvorlage durch **allgemeine Regelungen**, wie gleich lautende **Arbeitsvertragsklauseln** (vgl Rn 44) oder durch einen **Aushang am Schwarzen Brett** festlegt, kann dies nur unter Beachtung des **Gleichbehandlungsgrundsatzes** geschehen. Dieser verbietet eine Differenzierung zwischen verschiedenen Arbeitnehmern aus sachfremden Gründen und gebietet eine Gleichbehandlung von Arbeitnehmern in denselben Verhältnissen. Insbesondere darf der Arbeitgeber nicht willkürlich bestimmte Arbeitnehmergruppen diskriminieren, beispielsweise nur von Arbeitern, weiblichen bzw ausländischen Mitarbeitern oder Betriebsräten die unverzügliche Vorlage eines Attestes verlangen. Unbedenklich wäre es dagegen, wenn von Arbeitnehmern, die häufiger freitags oder montags arbeitsunfähig erkranken, die sofortige Vorlage eines ärztlichen Attests gefordert wird.[57] Zulässig wäre es daher auch, einzelne Betriebs- oder Personalräte, die außergewöhnliche krankheitsbedingte Fehlzeiten aufweisen,[58] zur vorzeitigen Attestvorlage aufzufordern.

47 Der **Arbeitnehmer** hat die Umstände **darzulegen**, aus denen auf eine **Verletzung des Gleichbehandlungsgrundsatzes** zu schließen ist. Erst dann trifft den Arbeitgeber die Beweislast, dass diese Umstände nicht ausreichen oder er sachliche Gründe für sein Verlangen hat.[59]

48 Bejaht man die Zulässigkeit **genereller Regelungen** etwa durch einen allgemeinen Aushang, ist fraglich, ob eine solche Regelung ein **Mitbestimmungsrecht des Betriebsrats** gemäß § 87 Abs. 1 Nr. 1 BetrVG auslöst. Nach der zutreffenden Rechtsprechung des BAG betreffen Vorschriften über die Pflicht des Arbeitnehmers, im Falle einer Krankheit ein ärztliches Attest vorzulegen, Fragen der Ordnung des Betriebes und des Verhaltens der Arbeitnehmer im Betrieb.[60]

49 Ein solches Mitbestimmungsrecht kommt nach § 87 Abs. 1 Eingangssatz BetrVG jedoch nur in Betracht, wenn eine gesetzliche oder tarifliche Regelung nicht besteht. Ob eine gesetzliche Regelung im Sinne des Einleitungssatzes des § 87 Abs. 1 BetrVG besteht, kann nur aus dem Normzweck der Bestimmung erschlossen werden. Die Mitbestimmung in sozialen Angelegenheiten dient dem Schutz der Arbeitnehmer und hier insbesondere der gleichberechtigten Teilhabe an den sie betreffenden Entscheidungen. Daraus folgt, dass die notwendige Mitbestimmung des Betriebsrats nur dann ausgeschlossen ist, wenn eine Angelegenheit iSd § 87 BetrVG **durch** ein **Gesetz abschließend inhaltlich geregelt** ist.[61]

---

56 Vgl auch LAG Berlin vom 6.5.1998 – 4 Sa 5/98 – AE 1998, 8; Treber § 5 EFZG Rn 37.
57 Diller NJW 1994, 1690; ferner Schaub BB 1994, 1629.
58 Vgl etwa BAG 18.2.1993 – 2 AZR 526/92 – AP Nr. 35 zu § 15 KSchG 1969; Schmitt § 5 EFZG Rn 83 ff.
59 LAG Berlin 6.5.1998 – 4 Sa 5/98 – AE 1999, 8.
60 BAG 25.1.2000 – 1 ABR 3/99 – AP Nr. 34 zu § 87 BetrVG 1972 Ordnung des Betriebes; LAG Hamburg 21.8.2008 – H 3 TaBV 1/08 – LAGE § 87 BetrVG 2001 Gesundheitsschutz Nr. 3; aA Diller NJW 1994, 1690, 1692, der in einer solchen Regelung zu Unrecht ausschließlich einen Bezug zur individuellen Arbeitsleistung sieht, die allein das Verhältnis Arbeitgeber und einzelner Arbeitnehmer betrifft; Lepke Rn 475.
61 BAG 18.4.1989 – 1 ABR 100/87 – AP Nr. 18 zu § 87 BetrVG 1972 Tarifvorrang; BAG 4.7.1989 – 1 ABR 40/88 – AP Nr. 20 zu § 87 BetrVG 1972 Tarifvorrang, mit Anm. Dütz/ Rotter.

Eine solche gesetzliche Regelung liegt jedoch nicht vor, wenn einer Vertragspartei lediglich rechtliche Gestaltungsmöglichkeiten gegeben werden, etwas zu verlangen oder etwas durchzuführen. Der soziale Schutzzweck des Mitbestimmungsrechts kann nur durch eine die sachliche Substanz selbst regelnde gesetzliche Norm verdrängt werden.[62] 50

Der Arbeitgeber ist gemäß § 5 Abs. 1 Satz 3 EFZG uneingeschränkt **„berechtigt"**, die Vorlage der ärztlichen Bescheinigung früher zu verlangen. In welcher Art und Weise dies geschehen kann (Zeitpunkt, Form und betroffener Personenkreis), bestimmt § 5 Abs. 1 Satz 3 EFZG jedoch nicht. **§ 5 Abs. 1 Satz 3 stellt damit keine inhaltliche Regelung** hinsichtlich der vorzeitigen Vorlage der Arbeitsunfähigkeitsbescheinigung dar. Der Arbeitgeber kann daher allgemeine Regelungen zur Vorlagepflicht nur unter Beachtung des Mitbestimmungsrechts des Betriebsrats nach § 87 Abs. 1 Nr. 1 BetrVG einführen.[63] 51

c) Tarifvertragliche Regelungen

Bestehende tarifliche Regelungen, die etwa vorsehen, dass für die ersten drei Tage der Arbeitsunfähigkeit kein Attest vorgelegt werden muss, stellen eine gegenüber dem EFZG günstigere Regelung dar, da sie eine vorzeitige Vorlage auf Anforderung des Arbeitgebers (§ 5 Abs. 1 Satz 3 EFZG) ausschließen. Soweit solche Regelungen, die Vereinbarungen im Sinne der Überleitungsvorschriften (Art. 67 Abs. 2 PflegeVG) sind, einen eigenständigen Regelungscharakter haben, ist von ihrer Weitergeltung auszugehen.[64] 52

Verweist die tarifliche Regelung lediglich **auf die gesetzlichen Bestimmungen** und kommt ihr damit nur deklaratorische Bedeutung zu, treten an ihre Stelle die neuen gesetzlichen Bestimmungen des EFZG, dh § 5 Abs. 1 EFZG. 53

Gegenstand einer tariflichen Regelung kann auch die Verpflichtung des Arbeitnehmers sein, eine ärztliche Arbeitsunfähigkeitsbescheinigung bereits **ab dem ersten Krankheitstag** vorlegen zu müssen. Dass § 5 Abs. 1 Satz 3 EFZG ein Verlangen des Arbeitgebers voraussetzt, steht auch einer normativen tariflichen Regelung, die ein solches Verlangen begründet, nicht entgegen. Eine solche tarifliche Regelung stellt auch **keine Abweichung zu Ungunsten des Arbeitnehmers** iSd § 12 EFZG dar. Besteht eine entsprechende Tarifregelung, kann durch Betriebsvereinbarung (vgl § 77 Abs. 3 BetrVG) nicht festgelegt werden, dass diese Verpflichtung erst ab dem dritten Tag der Arbeitsunfähigkeit besteht. Das gilt selbst dann, wenn der Tarifvertrag eine Präzisierung der Pflichten auf betriebliche Ebene vorsieht.[65] 54

62 BAG 13.3.1973 – 1 ABR 16/72 – AP Nr. 1 zu §87 BetrVG 1972 Werkmietwohnungen, mit Anm. Richardi.

63 BAG 25.1.2000 – 1 ABR 3/99 – AP Nr. 34 zu § 87 BetrVG 1972 Ordnung des Betriebes; s. auch im Ergebnis Schaub BB 1994, 1629 1630; aA Krämer BB 1996, 1662, 1666; bzgl der Frage der Zuständigkeit der **Einigungsstelle** hinsichtlich der Modalitäten der Anzeige- und Nachweispflichten; vgl ferner LAG Hamm 19.9.1995 – 13 TaBV 101/95 – LAGE § 98 ArbGG Nr. 28.

64 Müller-Berenz Entgeltfortzahlungsgesetz; Art. 67 PflegeVG Rn 10; Schaub BB 1994, 1629, 1630; Schliemann AuR 1994, 317, 324; aA Hanau/Kramer DB 1995, 96, die solchen tariflichen Regelungen keine konstitutive Wirkung beimessen, so dass das Recht des Arbeitgebers gemäß § 5 Abs. 1 Satz 3 EFZG nicht durch § 12 EFZG ausgeschlossen ist.

65 BAG 26.2.2003 – 5 AZR 112/02 – AP Nr. 8 zu § 5 EntgeltFG.

d) Folgebescheinigung

55 Dauert die Arbeitsunfähigkeit länger als in der Bescheinigung angegeben, ist der Arbeitnehmer verpflichtet, eine **neue ärztliche Bescheinigung** vorzulegen (§ 5 Abs. 1 Satz 4 EFZG). Eine Regelung darüber, bis zu welchem Zeitpunkt dies zu geschehen hat, enthält das Gesetz nicht. Ausgehend vom Sinn und Zweck des ärztlichen Attests ist zu fordern, dass die Folgebescheinigung spätestens im Laufe des Tages vorzulegen ist, an dem der Arbeitnehmer nach der Erstbescheinigung seinen Dienst wieder hätte antreten müssen.[66] Die Frist des § 5 Abs. 1 S. 2 EFZG wird dem Arbeitnehmer dann einzuräumen sein, wenn sich die Fortdauer der Arbeitsunfähigkeit erst zum Zeitpunkt des vorgesehenen Wiederantritts der Arbeit zeigt.[67]

56 Eröffnet der Arzt dem Arbeitnehmer schon früher, dass die Arbeitsunfähigkeit länger dauert als zunächst bescheinigt, so ist der Arbeitnehmer bereits ab diesem Zeitpunkt zur Vorlage der Folgebescheinigung verpflichtet.[68]

57 Die Verpflichtung des Arbeitnehmers, dem Arbeitgeber vom Arzt ausgestellte Arbeitsunfähigkeitsbescheinigungen vorzulegen, besteht auch **nach Ablauf der sechswöchigen Entgeltfortzahlung**. Dies ergibt sich sowohl aus dem Wortlaut des § 5 EFZG, der keine Ausnahme vorsieht, als auch aus dem Sinn und Zweck der Bestimmung. Die Pflicht zur Vorlage eines ärztlichen Attestes soll eine unkontrollierte Selbstbefreiung des Arbeitnehmers von der Arbeitspflicht auch dann verhindern, wenn kein Entgeltfortzahlungsanspruch besteht.[69] Eine Pflicht, **monatlich** eine neue Arbeitsunfähigkeitsbescheinigung bei unbefristet bescheinigter Arbeitsunfähigkeit vorzulegen, folgt jedoch auch **nicht** aus Treu und Glauben.[70]

2. Urlaub

58 Es entspricht ständiger Rechtsprechung des BAG, dass der Urlaubsanspruch ein durch Gesetz bzw Tarifvertrag bedingter Freistellungsanspruch des Arbeitnehmers gegen den Arbeitgeber von aufgrund des Arbeitsverhältnisses bestehenden Arbeitspflichten ist.[71]

59 Es ist daher ausgeschlossen, dass ein Arbeitnehmer während der Arbeitsunfähigkeit Urlaub nimmt, da die Erfüllung des Urlaubsanspruchs während dieser

66 Lepke Rn 479; aA, Schmitt § 5 EFZG Rn 97 ff, der § 5 Abs. 1 S. 2 und S. 3 EFZG analog anwendet, wonach die neue Arbeitsunfähigkeitsbescheinigung spätestens am vierten Tag nach dem ursprünglich bescheinigten Endtermin der Arbeitsunfähigkeit beigebracht werden muss; ähnlich Treber § 5 EFZG Rn 39.

67 Worzalla/Süllwald § 5 EFZG Rn 77.

68 Knorr/Krasney § 5 EFZG Rn 36.

69 LAG Köln 2.11.1988 – 2 Sa 850/88 – LAGE § 3 LohnFG Nr. 2; LAG Sachsen-Anhalt 24.4.1996 – 3 Sa 449/95 – LAGE § 626 BGB Nr. 99; ArbG Weiden 15.1.2009 – 2 Ca 730/08 – rkr.; Treber § 5 EFZG Rn 38; zur Mitbestimmung des Betriebsrats gem. § 87 Abs. 1 Ziff. 1 BetrVG bei formularmäßigem Auskunftsverlangen des Arbeitgebers über Fortsetzungserkrankung vgl Hessisches LAG 6.9.2001 – 5 TaBV 5/01 – n.v.

70 LAG Köln 9.6.1995 – 4 Sa 51/95 – LAGE § 1 KSchG Verhaltensbedingte Kündigung Nr. 48; Lepke Rn 479.

71 BAG 13.11.1986 – 8 AZR 68/83 – AP Nr. 28 zu § 13 BUrlG; ferner Leinemann NZA 1985, 137 (138).

Zeit unmöglich ist. Eine doppelte Freistellung von der Arbeitspflicht sowohl wegen Krankheit als auch wegen Urlaubsgewährung gibt es nicht.[72]

Von diesem Grundsatz kann auch nicht durch Tarifvertrag abgewichen werden.[73] 60

Eine **Ausnahme** von dem vorstehenden Grundsatz hatte der Gesetzgeber, in dem durch das Gesetz zu Korrekturen in der Sozialversicherung und zur Sicherung der Arbeitnehmerrechte wieder aufgehobenen **§ 4 a EFZG** aF zugelassen. § 4 a Abs. 1 Satz 6 EFZG aF bestimmte, dass die Regelung des § 9 BUrlG im Fall der **Anrechnung von Krankheitstagen auf den Erholungsurlaub** nicht anzuwenden ist. 61

a) Vor Urlaubsantritt

Wird ein Arbeitnehmer **vor seinem Urlaubsantritt** arbeitsunfähig krank, so richtet sich der Nachweis der Erkrankung nach den vorstehend aufgeführten allgemeinen Grundsätzen (Rn 33 ff). 62

Die Vorschrift des § 9 BUrlG, die bestimmt, dass die Erkrankung durch ein ärztliches Zeugnis nachzuweisen ist, findet keine Anwendung. Das gilt selbst dann, wenn die vor der Urlaubszeit schon begonnene Erkrankung während des festgelegten Urlaubs fortdauert. Mit der Arbeitsunfähigkeit wird die Urlaubsfestlegung hinfällig. Die unterschiedliche Behandlung beruht darauf, dass der Arbeitgeber bei einer Erkrankung vor Urlaubsantritt leichtere Nachprüfungsmöglichkeiten hat als bei einer Erkrankung während des Urlaubs.[74] 63

b) Während des Urlaubs

Nach § 9 BUrlG ist die Arbeitsunfähigkeit **während des Urlaubs** durch ein ärztliches Zeugnis nachzuweisen. Es handelt sich hierbei um eine Ordnungsvorschrift; das ärztliche Attest ist **nicht** Voraussetzung für die Nichtanrechnung. Ist kein Arzt erreichbar (zB Unfall auf Berghütte), so kann der Beweis ausnahmsweise auch auf andere Weise geführt werden (vgl ferner die Ausführungen zu § 10 BUrlG Rn 5 ff).[75] 64

Eine Frist für die Vorlage des Attestes ist im Gesetz nicht ausdrücklich vorgeschrieben, jedoch leitet die herrschende Lehre aus der Treuepflicht des Arbeitnehmers (§ 242 BGB) die Verpflichtung her, das Attest **unverzüglich**, dh ohne schuldhaftes Zögern vorzulegen. 65

Urlaubsrechtliche Konsequenzen bei verspäteter Vorlage können nicht gezogen werden.[76] 66

Die **Tarifvertragsparteien** können jedoch Einzelheiten regeln, wie etwa **Frist und Form** der **Mitteilungspflicht** des Arbeitnehmers im Krankheitsfall. So kann etwa bestimmt werden, dass ein Arbeitnehmer seine im Urlaub aufgetretene Erkran- 67

---

72 BAG 13.11.1986 – 8 AZR 212/84 und 8 AZR 68/83 – AP Nrn. 26 und 28 zu § 13 BUrlG; BAG 24.11.1987 – 8 AZR 140/87 – AP Nr. 41 zu § 7 BUrlG Abgeltung.

73 BAG 13.11.1986 – 8 AZR 68/83 – AP Nr. 28 zu § 13 BUrlG; Leinemann AuR 1987, 193, 198.

74 Vgl Neumann/Fenski § 9 BUrlG Rn 2 ff; aA Leinemann/Link § 9 BUrlG Rn 5.

75 ZB Zeugnis des Hüttenwirts; vgl auch Neumann/Fenski § 9 BUrlG Rn 6, der allerdings die Fälle des anderweitigen Nachweises auf offenkundige oder schwere Erkrankungen (Beinbruch, hohes Fieber oder dgl.) beschränken will.

76 Neumann/Fenski § 9 BUrlG Rn 5; Leinemann/Link § 9 BUrlG Rn 14.

kung unverzüglich anzeigen muss, wenn er erreichen will, dass die Tage der Arbeitsunfähigkeit nicht auf den Urlaub angerechnet werden. Diese Regelung ist auch insoweit wirksam, wie sich die Anzeigepflicht auf den gesetzlichen Mindesturlaub bezieht.[77]

68 Unzulässig sind dagegen tarifliche Regelungen, die den Arbeitnehmer bei Erkrankung im Urlaub zu vorzeitiger Attestvorlage verpflichten (§ 12 EFZG).[78]

69 Soweit in Tarifverträgen gelegentlich dem Arbeitgeber das Recht eingeräumt wird, im Krankheitsfall als Unterlage für die Nichtanrechnung der Krankheitstage ein **amts-** oder **vertrauensärztliches Attest zu verlangen**, werden derartige Bestimmungen in der Rechtslehre überwiegend als **bedenklich** angesehen. Zum einen, weil die Aufgaben des Amts- oder Vertrauensarztes öffentlich-rechtlich festgelegt sind und durch die Tarifvertragsparteien nicht erweitert werden können, zum anderen, weil die Beibringung eines solchen Nachweises unter Umständen, insbesondere bei Erkrankungen im Ausland, eine **unzumutbare Belastung** für den Arbeitnehmer darstellen würde.[79]

70 Im Übrigen findet die Regelungsbefugnis der Tarifvertragsparteien dort ihre Grenze, wo in die Individualsphäre des Arbeitnehmers eingegriffen wird. Dass durch Tarifvertrag, Betriebsvereinbarung oder Einzelabmachungen auch günstigere Regelungen getroffen werden können, ergibt sich aus § 13 Abs. 1 Satz 3 BUrlG.

II. Die ärztliche Bescheinigung

1. Allgemeines

71 Die ärztliche Bescheinigung muss einen bestimmten Mindestinhalt haben. Aus ihr muss hervorgehen, dass es sich um das **Zeugnis eines Arztes** handelt. Sie muss den **Namen des Arbeitnehmers** enthalten, die **Arbeitsunfähigkeit bescheinigen** und deren **voraussichtliche Dauer** angeben (§ 5 Abs. 1 Satz 2 EFZG). Die Dauer kann sich entweder aus der Angabe zweier Zeitpunkte (Arbeitsunfähigkeit von ... bis ...) oder eines berechenbaren Zeitraums (14 Tage vom Datum der Bescheinigung an) ergeben.

72 Im Einzelnen sind sie in den „Erläuterungen zur Vereinbarung über Vordrucke für die vertragsärztliche Versorgung“ vom 1.4.1995 idF der 10. Änderungsvereinbarung, in Kraft getreten am 1.4.2002, niedergelegt. Dort heißt es zur Arbeitsunfähigkeitsbescheinigung (auszugsweise):

1. **„Die Beurteilung der Arbeitsunfähigkeit und ihrer voraussichtlichen Dauer erfordert im Hinblick auf ihre Bedeutung eine besondere Sorgfalt.** Arbeitsunfähigkeit darf deshalb nur aufgrund einer ärztlichen Untersuchung bescheinigt werden. Eine Arbeitsunfähigkeitsbescheinigung ist nur für einen Versicherten auszustellen, der Anspruch auf Entgeltfortzahlung hat, andernfalls ist nur für die Erstbescheinigung das Muster 1 auszustellen. Für die weitere Bescheinigung ist der Krankengeldauszahlungsschein zu verwenden.

77 BAG 15.1.1987 – 8 AZR 647/86 – AP Nr. 9 zu § 9 BUrlG; vgl ferner LAG Köln 2.2.1983 – 5 Sa 1122/82 – DB 1983, 1771.
78 Vgl ferner Rn 50.
79 So LAG Baden-Württemberg (Stuttgart) 29.3.1958 – IV Sa 9/58 – AP Nr. 32 zu § 611 BGB Urlaubsrecht; gegen solche Klauseln ferner Neumann/Fenski § 9 BUrlG Rn 5; Wolff Das Bundesurlaubsgesetz und Tarifverträge, Diss. Köln 1965 S. 84.

Arbeitsunfähigkeit besteht auch während einer stufenweisen Wiedereingliederung.

2. Die Arbeitsunfähigkeitsbescheinigung muss erkennen lassen, ob es sich um eine **Erst- oder Folgebescheinigung** handelt. Das Kästchen „Erstbescheinigung“ ist von dem Arzt anzukreuzen, der die Arbeitsunfähigkeit erstmalig festgestellt hat, ansonsten ist das Kästchen „Folgebescheinigung“ (auch bei Mit-/Weiterbehandlung) anzukreuzen. Tritt eine neue Erkrankung auf und hat zwischenzeitlich, wenn auch nur kurzfristig, Arbeitsfähigkeit bestanden, ist „Erstbescheinigung“ anzukreuzen.
3. **Bei Vorliegen eines Arbeitsunfalls** ist „Arbeitsunfall/Arbeitsunfallfolgen“ und zutreffendenfalls **„Dem Durchgangsarzt zugewiesen“** anzukreuzen. Sollte der behandelnde Vertragsarzt von der Vorstellungspflicht befreit sein, so ist in dieser Zeile „befreit“ einzutragen.
4. In der Zeile „Arbeitsunfähigkeit seit ...“ ist einzutragen, von welchem Tag an bei dem Versicherten nach dem vom Vertragsarzt erhobenen Befund Arbeitsunfähigkeit besteht. Dabei soll Arbeitsunfähigkeit für eine vor der ersten Inanspruchnahme des Vertragsarztes liegende Zeit grundsätzlich nicht bescheinigt werden. Eine Rückdatierung des Beginns der Arbeitsunfähigkeit auf einen vor dem Behandlungsbeginn liegenden Tag ist nur ausnahmsweise und nur nach gewissenhafter Prüfung und idR nur bis zu zwei Tagen zulässig.
5. Bei erstmaliger Ausstellung der Arbeitsunfähigkeitsbescheinigung (Erstbescheinigung) ist in jedem Falle sowohl die Zeile **„Arbeitsunfähig seit ...“** als auch die Zeile **„Festgestellt am ...“** auszufüllen, und zwar auch dann, wenn die Daten übereinstimmen. Handelt es sich um eine **Folgebescheinigung**, kann die Eintragung des Datums in der Zeile „Arbeitsunfähig seit ...“ unterbleiben.
6. In den Zeilen „Arbeitsunfähig seit ...“ und „Voraussichtlich arbeitsunfähig bis einschließlich ...“ sind die **Daten sechsstellig** (zB 01.02.00) anzugeben, damit missbräuchliche Änderungen verhindert werden.
7. In das Kästchen **„Voraussichtlich arbeitsunfähig bis einschließlich ...“** ist das Datum einzusetzen, bis zu welchem aufgrund des erhobenen ärztlichen Befundes Arbeitsunfähigkeit besteht. Der Vertragsarzt hat auf diese Angabe besondere Sorgfalt zu verwenden, weil das bescheinigte Datum für die Entgeltfortzahlung wichtig ist. Besteht an arbeitsfreien Tagen **Arbeitsunfähigkeit, zB an Samstagen, Sonntagen,** Feiertagen, Urlaubstagen oder an arbeitsfreien Tagen aufgrund einer flexiblen Arbeitszeitregelung (sog. „Brückentage“), ist sie auch für diese Tage zu bescheinigen.
   Bei Einweisung zur sofortigen stationären Krankenhausbehandlung ist anstelle der Eintragung des Datums zu vermerken „Stationäre Krankenhausbehandlung“.
8. Die **Feststellung der Arbeitsunfähigkeit** darf weder vor- noch rückdatiert werden; es ist vielmehr der Tag einzusetzen, an dem die Arbeitsunfähigkeit ärztlich festgestellt wurde.
   Dieses Datum kann also auch der Tag sein, an welchem ein anderer Arzt (Arzt im Bereitschafts- oder Notfalldienst, Durchgangsarzt) die Arbeitsunfähigkeit anstelle des die Unterschrift leistenden *Vertragsarztes* bereits vorher festgestellt hat.

9. Bei der Ausfüllung der Zeile **„Diagnose: ...“** ist zu beachten, dass u.a. erkannt werden soll, ob eine Begutachtung durch den Medizinischen Dienst der Krankenkassen (MDK) angezeigt ist oder nicht.
10. Der Arzt soll den für ihn bestimmten Durchschlag der Arbeitsunfähigkeitsbescheinigung (Muster 1 c) mindestens **12 Monate aufbewahren.**
11. Die Richtlinien des Gemeinsamen Bundesausschusses über die Beurteilung der Arbeitsunfähigkeit und die Maßnahmen zur stufenweisen Wiedereingliederung (Arbeitsunfähigkeits-Richtlinien) sind zu beachten.

73 Der Arbeitnehmer hat die **Bescheinigung eines Arztes** vorzulegen. Die Bescheinigung eines **Heilpraktikers** oder eines sonstigen Angehörigen eines Heilberufes ist grundsätzlich **unzureichend.** Dies gilt auch für die **Behandlungsbescheinigung einer Klinik.** Aussteller der Urkunde ist die Klinik. Hierbei ist davon auszugehen, dass die Urkunde von einer vertretungsberechtigten Person ausgestellt und unterschrieben worden ist. Der Urkunde ist jedoch nicht zu entnehmen, dass diese Person der den Arbeitnehmer behandelnde Arzt war.[80]

74 Nach § 31 des Bundesmantelvertrages Ärzte in der ab 1.1.1995 gültigen Fassung (BMV-Ä), der für die Krankenkassen und Kassenärzte verbindlich ist (§ 87 SGB V), darf die Beurteilung der Arbeitsunfähigkeit und ihrer voraussichtlichen Dauer sowie die Ausstellung der Bescheinigung nur aufgrund einer ärztlichen Untersuchung erfolgen. Auf der Grundlage des § 92 Abs. 1 Nr. 7 SGB V und in Ergänzung zu § 31 BMV-Ä bestimmen die Richtlinien des Gemeinsamen Bundesausschusses über die Beurteilung der Arbeitsunfähigkeit und die Maßnahmen zur stufenweisen Wiedereingliederung (Arbeitsunfähigkeits-Richtlinien) die näheren Einzelheiten hierzu. Sie sind Bestandteil des § 1 Abs. 3 BMV-Ä. Zu verwenden ist von den Kassenärzten für die Arbeitsunfähigkeitsbescheinigung der dafür vorgesehene **Mustervordruck** (§ 5 Abs. 1 AU-Richtlinien). Die Verletzung dieser Vorschrift hat keinen Einfluss auf den Entgeltfortzahlungsanspruch, wenn die vom Mustervordruck abweichende Bescheinigung den Anforderungen des § 5 Abs. 1 EFZG entspricht.

75 Die Arbeitsunfähigkeit gilt in der Regel als **bis zum Ende** der vom erkrankten Arbeitnehmer üblicherweise an diesem Kalendertag **zu leistenden Arbeitsschicht bescheinigt** und nicht bis zum Ende des Kalendertags [Mitternacht].[81] Fällt der letzte Tag der Arbeitsunfähigkeit auf einen arbeitsfreien **Samstag, Sonntag oder Feiertag,** ist im Einzelfall auszulegen, ob sich die Arbeitsunfähigkeit nur auf Teile des genannten letzten Tages bezieht oder auf den letzten Tag insgesamt; die Arbeitsunfähigkeit kann durchaus auch für arbeitsfreie Tage bescheinigt werden.[82]

76 Die in der ärztlichen Bescheinigung angegebene Dauer der Arbeitsunfähigkeit bedeutet jedoch nicht, dass der Arbeitnehmer nicht verpflichtet wäre, die Arbeit auch früher aufzunehmen, falls die Arbeitsunfähigkeit entgegen der Erwartung des Arztes früher endet. Da die Bescheinigung keine materielle Voraussetzung für den Anspruch auf Entgeltfortzahlung darstellt, begründet sie den Anspruch auch nicht für die prognostizierte Dauer der Arbeitsunfähigkeit. Ist der **Arbeit-**

80 LAG Hamm 3.12.2003 – 18 Sa 567/03 – ZTR 2004, 164.
81 BAG 2.12.1981 – 5 AZR 89/90 – AP Nr. 48 zu § 1 LohnFG m.Anm. Trieschmann.
82 BAG 14.9.1983 – 5 AZR 70/81 – AP Nr. 55 zu § 1 LohnFG; vgl § 5 Abs. 4 AU-Richtlinien.

nehmer wieder arbeitsfähig, so erlischt sein Anspruch auf Entgeltfortzahlung, auch wenn die Bescheinigung die Fortdauer der Arbeitsunfähigkeit bestätigt.[83]

Ist der Arbeitnehmer **Mitglied einer gesetzlichen Krankenkasse,** muss die Bescheinigung ferner den Vermerk des behandelnden Arztes darüber enthalten, dass der Krankenkasse unverzüglich eine Bescheinigung über die Arbeitsunfähigkeit mit Angaben über den Befund und die voraussichtliche Dauer der Arbeitsunfähigkeit übersandt wird (§ 5 Abs. 1 Satz 5 EFZG). Dem Arbeitgeber soll damit zur Kenntnis gebracht werden, dass die Krankenkasse unterrichtet ist, um ggf eine Begutachtung durch den Medizinischen Dienst der Krankenversicherung veranlassen zu können (Rn 104 ff). Dieser Vermerk entfällt, wenn der Arbeitnehmer – zB wegen geringfügiger Beschäftigung versicherungsfrei ist, § 7 SGB V – nicht Mitglied der gesetzlichen Krankenversicherung ist. Meldet der behandelnde Arzt die Arbeitsunfähigkeit der Krankenkasse nicht innerhalb einer Woche nach deren Beginn, ruht der Anspruch auf Krankengeld (§ 49 Abs. 1 Nr. 5 SGB V). Auf die Entgeltfortzahlung hat die nicht rechtzeitige Unterrichtung der gesetzlichen Krankenkasse keinen Einfluss.[84] 77

Letztendlich muss die Bescheinigung für den Arbeitgeber vom behandelnden Arzt **datiert und unterschrieben** sein.[85] 78

Die dem Arbeitgeber zu übergebende Bescheinigung darf **keine Angaben über Art und Ursache der Krankheit** (Diagnose) enthalten. Der Arzt darf insoweit ohne Einwilligung seines Patienten keine Auskünfte erteilen. Verletzt er seine Schweigepflicht, macht er sich strafbar gemäß § 203 Abs. 1 Nr. 1 StGB.[86] 79

Ist der Arbeitnehmer nach ärztlicher Feststellung **teilweise in der Lage, seine bisherige Tätigkeit zu verrichten,** soll der Arzt dies nach § 74 SGB V auf der Arbeitsunfähigkeitsbescheinigung vermerken (zur Wiedervereingliederung vgl § 8 der AU-Richtlinien). Er soll dabei Art und Umfang der möglichen Tätigkeiten angeben und in geeigneten Fällen die Stellungnahme des Betriebsarztes oder mit Zustimmung der Krankenkasse die Stellungnahme des Medizinischen Dienstes (§ 275 SGB V) einholen. 80

Die Ausstellung der **Bescheinigung,** die der Versicherte für den Anspruch auf Fortzahlung des Arbeitsentgelts benötigt, **gehört zur ärztlichen Versorgung** (§ 73 Abs. 2 Nr. 9 SGB V). 81

Ärztliche Bescheinigungen, die unter Verstoß gegen die Grundsätze des § 31 BMV-Ä bzw der AU-Richtlinien ausgestellt worden sind, stellen kein ordnungsgemäßes Attest iS von § 5 EFZG dar.[87] 82

2. Ärztliche Untersuchungspflicht

Nach § 31 Abs. 1 BMV-Ä darf die **Arbeitsunfähigkeit nur aufgrund einer ärztlichen Untersuchung** bescheinigt werden (vgl auch § 4 der AU-Richtlinien). 83

83 BAG 23.1.1985 – 5 AZR 592/82 – AP Nr. 63 zu § 1 LohnFG.
84 Kaiser/Dunkl/Hold/Kleinsorge § 5 EFZG Rn 35.
85 Knorr/Krasney § 5 EFZG Rn 33.
86 BAG 19.3.1986 – 5 AZR 86/85 – AP Nr. 67 zu § 1 LohnFG; Marburger BB 1987, 1310.
87 LAG Berlin 27.5.1991 – 9 Sa 16/91 – LAGE § 3 LohnFG Nr. 12; NZA 1991, 898; Knorr/Krasney, § 5 EFZG Rn 32; Lepke Rn 512.

84 Der Arzt allein hat den Inhalt der Arbeitsunfähigkeitsbescheinigung dem Patienten und der Krankenkasse gegenüber zu verantworten. Er darf sich deshalb im Regelfall **nicht ausschließlich auf die Angabe des Patienten verlassen.**[88]

3. Rückwirkende Attestierung der Arbeitsunfähigkeit

85 Weiter ist anerkannt, dass die Arbeitsunfähigkeit für eine **vor der ersten Inanspruchnahme des Arztes** liegende Zeit grundsätzlich nicht bescheinigt werden soll. Eine **Rückdatierung** des Beginns der Arbeitsunfähigkeit auf einen vor dem Behandlungsbeginn liegenden Tag ist nur **ausnahmsweise** und nur nach gewissenhafter Prüfung und in der Regel **nur bis zu zwei Tagen zulässig** (§ 5 Abs. 3 AU-Richtlinien).[89]

86 Das Gleiche gilt auch für die rückwirkende Bescheinigung über das **Fortbestehen der Arbeitsunfähigkeit** (§ 5 Abs. 3 AU-Richtlinien).

87 Im weiteren Verlauf soll die Arbeitsunfähigkeit zum **Zwecke der Erlangung von Krankengeld** regelmäßig nicht für einen mehr als sieben Tage zurückliegenden Zeitraum bescheinigt werden (§ 6 Abs. 2 AU-Richtlinien). Ist der Kranke entgegen ärztlicher Anordnung ohne triftigen Grund länger als eine Woche nicht zur Behandlung erschienen und wird er bei der Untersuchung für arbeitsfähig befunden, ist die Bescheinigung über die letzte Arbeitsunfähigkeitsperiode zu versagen. In diesem Fall darf lediglich die Arbeitsfähigkeit ohne den Tag ihres Wiedereintritts bescheinigt werden; zusätzlich ist der vorletzte Behandlungstag anzugeben (§ 6 Abs. 3 AU-Richtlinien).

4. Kosten

88 Die Vorlage der ärztlichen Bescheinigung ist eine Verpflichtung des **Arbeitnehmers.** Er ist auch **verpflichtet, die Kosten zu tragen.** Bei Inanspruchnahme eines Kassenarztes ist die Ausstellung der Bescheinigung gemäß § 73 Abs. 2 Nr. 9 SGB V kostenfrei. Eine Kostenübernahme durch den Arbeitnehmer kommt daher nur in Betracht, wenn die Leistungspflicht der Kasse entfällt, da der Arbeitnehmer ohne zwingenden Grund keinen Kassenarzt in Anspruch genommen hat oder eine Versicherungspflicht nicht besteht. Eine Kostentragungspflicht für **weitere Arbeitsunfähigkeitsbescheinigungen** nach Ablauf der Sechswochenfrist des § 3 Abs. 1 EFZG besteht für den Arbeitgeber ebenso wenig, wie für die Zeit davor.[90] Dies gilt insbesondere auch für den Fall, dass der Arbeitgeber von dem im Gesetz vorgesehenen Recht gemäß § 5 Abs. 1 Satz 3 EFZG (vgl Rn 43 ff) – vorzeitige Vorlagepflicht – Gebrauch macht und dies Kosten auslöst (zB **Praxisgebühr,** § 28 Abs. 4 SGB V), die sonst nicht entstanden wären.

III. Überprüfbarkeit der Arbeitsunfähigkeit

1. Grundsatz der Arztwahlfreiheit

89 Dem Arbeitnehmer ist es **grundsätzlich freigestellt, den Arzt auszuwählen,** der seine Arbeitsunfähigkeit durch eine Bescheinigung bestätigt. Dieser Grundsatz

88 BAG 11.8.1976 – 5 AZR 422/75 – AP Nr. 2 zu § 2 LohnFG; vgl auch Stückmann NZS 1994, 529, 535.

89 Vgl LAG München 29.3.1976 – 4 Sa 25/75 – ARSt 1977, 95; LAG Köln 21.11.2003 – 4 Sa 588/03 – NZA-RR 2004, 572; Weiland BB 1979, 1096 ff; zum Beweiswert vgl unten Rn 126 ff.

90 Lepke Rn 483.

der freien Arztwahl, der in Art. 1 Abs. 1 GG iVm Art. 2 Abs. 1 GG wurzelt, findet vor allem in der Vorschrift des § 76 SGB V seinen Niederschlag. Auch ein in der gesetzlichen Krankenversicherung pflichtversicherter Arbeitnehmer kann sich an einen nicht zur Kassenpraxis zugelassenen Arzt wenden, mit dem er dann eine privaten Behandlungsvertrag abschließt. Hieraus folgt, dass der Arbeitgeber seinem Arbeitnehmer grundsätzlich nicht vorschreiben kann, einen bestimmten Arzt (zB Werks-, Betriebs- oder Amtsarzt) aufzusuchen.[91]

Im Übrigen bestimmt § 3 Abs. 3 ASiG ausdrücklich, dass es nicht zu den Auf- 90
gaben der **Betriebsärzte** gehört, Krankmeldungen der Arbeitnehmer auf ihre Berechtigung zu überprüfen.[92]

Kollektive **Vereinbarungen** auf betrieblicher Ebene oder einzelvertragliche Ab- 91
machungen, die den Anspruch auf Entgeltfortzahlung generell davon abhängig machen, dass der Arbeitnehmer sich im Fall der Arbeitsunfähigkeit durch einen vom Arbeitgeber **bestimmten Arzt untersuchen** lässt, sind **unzulässig**.

Das BAG[93] hat jedoch die Frage **unentschieden** gelassen, ob in Tarif- oder Ein- 92
zelverträgen Nachweispflichten vereinbart werden können, die über die gesetzliche Regelung (§ 5 Abs. 1 Satz 2 EFZG) hinausgehen. In diesem Zusammenhang ist jedoch darauf hinzuweisen, dass die Beachtung der Anzeige- und Nachweispflicht des § 5 EFZG keine materielle Voraussetzung für die Entstehung des Entgeltfortzahlungsanspruches darstellt. Zum Entstehungstatbestand des Anspruchs gehört vielmehr nur der Eintritt einer auf Krankheit beruhenden Arbeitsunfähigkeit. Diesen Umstand muss der Arbeitnehmer im Streitfalle beweisen. Hierzu kann sich der Arbeitnehmer aller im Zivilprozess zulässigen Beweismittel zum Nachweis seiner Arbeitsunfähigkeit bedienen.[94]

Die **Weigerung** eines tatsächlich arbeitsunfähig erkrankten Arbeitnehmers, sich 93
betriebsärztlich untersuchen zu lassen, stellt folglich weder einen Grund zur fristlosen Kündigung dar, noch wirkt sie sich auf den Entgeltfortzahlungsanspruch aus.[95] Ausnahmsweise wird man jedoch den Arbeitgeber für befugt ansehen müssen, dem Arbeitnehmer einen bestimmten Arzt vorzuschreiben, wenn ihm hierbei ein überwiegendes Interesse zur Seite steht. Ein solches überwiegendes Interesse ist bezüglich der Feststellung der Tauglichkeit des Arbeitnehmers für eine bestimmte Tätigkeit, die ein anderer Arzt nicht ausreichend zu beurteilen vermag, angenommen worden.[96]

---

91 Vgl LAG Hamm 30.10.1984 – 7 Sa 1045/84 – ARSt 1986, Nr. 1097; LAG Hamm 16.2.1977 – 2 Sa 772/76 – DB 1977, 828; LAG Berlin 30.4.1979 – 9 Sa 58/78 – LAGE § 626 BGB Nr. 6; LAG Berlin 27.11.1989 – 9 Sa 82/89 – LAGE § 242 BGB Nr. 2; Becker S. 29; Weiland BB 1979, 1096 (1100); zur ärztlichen Untersuchung des Arbeitnehmers ferner Stück/Wein NZA-RR 2005, 505.

92 ArbG Stuttgart 21.1.1983 – 7 Ca 381/82 – DB 1983, 2094; ferner Freimuth Betriebsärzte und ihre Inanspruchnahme durch Betriebs- und Personalräte, AiB 1994, 130; Lepke Rn 536.

93 Urteil 4.10.1978 – 5 AZR 326/77 – AP Nr. 3 zu § 3 LohnFG.

94 Vgl BAG 23.1.1985 – 5 AZR 592/82 – AP Nr. 63 zu § 1 LohnFG; ferner Rn 37.

95 BAG 18.12.1980 – 2 AZR 934/77 – AP Nr. 4 zu § 1 TVG Tarifverträge: Bundesbahn m.Anm. Willemsen; BAG 23.1.1985 – 5 AZR 592/82 – AP Nr. 63 zu § 1 LohnFG.

96 LAG Berlin 27.11.1989 – 9 Sa 82/89 – LAGE § 242 BGB Nr. 2 mwN; ferner LAG Düsseldorf 31.5.1996 – 15 Sa 180/95 – NZA-RR 1997, 88 zur Verpflichtung des Arbeitnehmers sich einer von der Berufgenossenschaft durch Unfallverhütungsvorschriften vorgeschriebenen Vorsorgeuntersuchung zu unterziehen; vgl im Übrigen Keller NZA 1988, 561.

94 Rechtlich unbedenklich sind jedoch **tarifvertragliche Regelungen**, die den Arbeitgeber ermächtigen, bei gegebener Veranlassung durch einen **Vertrauensarzt** oder das **Gesundheitsamt** feststellen zu lassen, ob der Arbeitnehmer arbeitsfähig und frei von ansteckenden und Ekel erregenden Krankheiten ist.[97] Eine Pflicht des Arbeitnehmers zur Duldung einer ärztlichen Untersuchung besteht auch bei begründeten Zweifeln, ob der Arbeitnehmer **nur vorübergehend durch Krankheit an der Arbeitsleistung verhindert oder auf Dauer eine teilweise bzw volle Erwerbsminderung** (vgl § 43 SBG VI) vorliegt. Eine solche Tarifregelung trägt dem Umstand Rechnung, dass die Entgeltfortzahlungsbestimmungen von ihrer Zweckbestimmung her nur vorübergehende krankheitsbedingte Ausfälle des Arbeitnehmer erfassen sollen und der Arbeitgeber aufgrund der Arbeitsunfähigkeitsbescheinigung nicht feststellen kann, ob nur Arbeitsunfähigkeit vorliegt oder eine Erwerbsminderung gegeben ist.[98]

95 Weigert sich der Arbeitnehmer in diesen Fällen, sich amtsärztlich untersuchen zu lassen, stellt dies zwar eine Pflichtverletzung dar, die den Arbeitgeber regelmäßig zur Abmahnung, unter Umständen auch zur Kündigung berechtigt,[99] nicht jedoch zur Verweigerung der Entgeltfortzahlung.

96 Zweifel am Bestehen der Arbeitsunfähigkeit berechtigen den Arbeitgeber auch, die Einschaltung des Medizinischen Dienstes zu verlangen (§ 275 Abs. 1 Nr. 3 b SGB V; vgl hierzu Rn 104 ff; ferner § 275 SGB V Rn 4 ff).

2. Hausbesuche, Krankenkontrollen, Krankengespräche

97 Gelegentliche Hausbesuche, insbesondere unter Einschaltung des Betriebsrats, sind zulässig. Unzulässig dagegen sind kontinuierliche Besuche durch den Arbeitgeber oder seine Beauftragten. Der Arbeitnehmer darf in diesem Fall den Zutritt zur Wohnung und die Erteilung von Auskünften verweigern. Die Einschaltung von Auskunftsbüros ist grundsätzlich unzulässig.[100]

98 Unter engen Voraussetzungen hat der Arbeitgeber einen Anspruch auf Erstattung der durch die **Beauftragung einer Detektei** mit der Überwachung des ar-

---

97 Vgl § 3 Abs. 4 TVöD, frühere Regelung § 7 Abs. 2 Satz 1 BAT; § 4 Abs. 1 Tarifvertrag für Musiker in Kulturorchestern 1.7.1971; zum Begriff des Vertrauensarztes iSd § 7 Abs. 2 BAT BAG 7.11.2002 – 2 AZR 475/01 – AP Nr. 19 zu § 620 BGB Kündigungserklärung; vgl ferner Keller NZA 1988, 561, 564.

98 BAG 6.11.1997 – 2 AZR 801/96 – AP Nr. 142 zu § 626 BGB betreffend §§ 59, 7 Abs. 2 Angestelltentarifvertrag der Deutschen Bundesbank.

99 BAG 25.6.1992 – 6 AZR 279/91 – Nr. 21 zu § 611 BGB Musiker; BAG 15.7.1993 – 6 AZR 512/92 – NZA 1994, 851; LAG Düsseldorf 8.4.1993 – 12 Sa 74/93 – LAGE § 615 BGB Nr. 39.

100 Feichtinger/Pohl DB 1984, Beilage S. 4; ferner zur Krankenkontrolle des Arbeitgebers, Edenfeld DB 1997, 2273.

beitsunfähig krankgeschriebenen Arbeitnehmers entstandenen Kosten in einem vertretbaren Umfang.[101]

Voraussetzung ist jedoch, dass im Zeitpunkt der Beauftragung **Tatsachen** vor- 99
gelegen haben, **aufgrund derer der begründete Verdacht** gegeben war, dass sich der Arbeitnehmer die **Krankschreibung erschlichen hat**. Dies ist etwa dann der Fall, wenn sich der Arbeitnehmer vor seiner Krankschreibung Dritten gegenüber dahingehend geäußert hat, dass er „es jetzt dem Arbeitgeber zeigen und dem Arzt eine Erkrankung vorspielen werde“, um alsdann während der Krankschreibung bestimmte private Dinge zu erledigen, die mit einer derartigen Erkrankung nicht zu vereinbaren sind. Die bloße Krankschreibung nach Widerruf eines zunächst bewilligten freien Tages durch den Arbeitgeber reicht hierzu jedoch nicht aus.[102]

Hervorzuheben ist jedoch, dass der **Beweiswert von Hausbesuchen und Kran- 100
kenkontrollen nur sehr gering** ist, da die im Regelfall medizinisch nicht vorgebildeten Krankenkontrolleure den Gesundheitszustand nicht beurteilen können. Das ArbG Kaiserslautern ist daher zutreffend der Ansicht, dass ein Krankenbesucher nicht darüber zu befinden hat, ob ein arbeitsunfähig geschriebener Arbeitnehmer wirklich krank und arbeitsunfähig ist.[103]

Auch aus der Tatsache der **häuslichen Abwesenheit** lassen sich nur selten und 101
schwer Schlussfolgerungen auf den Gesundheitszustand des Arbeitnehmers ziehen. Je nach Art der Erkrankung können Spaziergänge usw medizinisch angezeigt sein. Insbesondere ledige oder alleinstehende Arbeitnehmer sind nicht verpflichtet, sich in der Wohnung aufzuhalten. Sie können sich auch in die Obhut von Verwandten oder Bekannten begeben. Im Übrigen ist der Arbeitnehmer nicht verpflichtet, sich während der Arbeitsunfähigkeit zu Hause aufzuhalten. Es obliegt ihm lediglich die Pflicht, alles zu unterlassen, was den Gesundungsprozess gefährdet oder verzögert.[104]

---

101 LAG Berlin 20.2.1978 10 Sa 97/77 – DB 1978, 1748; LAG Hamm 26.2.1980 – 7 Sa 1530/79 – ARSt 1981, 143, Nr. 1185; vgl allgemein Becker S. 27 ff; ders. in DB 1983, 1253 ff, 1256; ebenso BAG 3.12.1985 – 3 AZR 277/84 – BB 1987, 689, das generell für den Fall des **konkreten Tatverdachts und des Nachweises der vertragswidrigen** und unerlaubten **Handlung** den Anspruch auf Erstattung der notwendigen Detektivkosten als begründet erachtet, bestätigt durch BAG 17.9.1998 – 8 AZR 5/97 – AP Nr. 113 zu § 611 BGB Haftung des Arbeitnehmers sowie BAG 28.5.2009 – 8 AZR 226/08 – DB 2009, 2379 unter Hinweis auf die Möglichkeit des Begutachtungsverfahrens nach § 275 Abs. 1 Nr. 3 Buchst. b iVm § 275 Abs. 1 a Satz 3 SGB V – vgl hierzu Rn 104 ff – ferner zur **Geltendmachung von Detektivkosten** vgl LAG Hamm 28.8.1991 – 15 Sa 437/91 – LAGE § 1 KSchG Verhaltensbedingte Kündigung Nr. 34; sowie Rn 193 f.

102 Feichtinger/Pohl DB 1984, Beilage 4 S. 4; zustimmend Hunold S. 111 f; ferner Brill DOK 1985, 64 (68).

103 ArbG Kaiserslautern 24.2.1977 – 4 Ca 509/76 – ARSt 1978, 57; ferner Edenfeld DB 1997, 2278.

104 BAG 2.3.2006 – 2 AZR 53/05 – AP Nr. 14 zu § 626 BGB.

102 Inwieweit **Krankengespräche** zwischen Arbeitgeber und Arbeitnehmern der **Mitbestimmung des Betriebsrats** gem. § 87 Abs. 1 Nr. 1 BetrVG unterliegen, ist in der Rechtsprechung der Instanzgerichte umstritten.[105]

103 Das Bundesarbeitsgericht hat ein Mitbestimmungsrecht des Betriebsrats gemäß § 87 Abs. 1 Nr. 1 BetrVG bejaht, wenn die **Führung der Krankengespräche formalisiert** ist (zB gleichförmiger Ablauf und die generelle Aufforderung zu einer schriftlichen Entbindung des behandelnden Arztes von der Schweigepflicht) und zur Aufklärung eines überdurchschnittlichen Krankenstandes mit einer nach abstrakten Kriterien ermittelten Mehrzahl von Arbeitnehmern dient. Bei solchen Krankengesprächen geht es um das Verhalten der Arbeitnehmer in Bezug auf die betriebliche Ordnung und nicht um das Verhalten bei der Arbeitsleistung selbst. Eine mitbestimmungsfreie Individualmaßnahme läge dagegen vor, wenn sie allein durch Umstände veranlasst wäre, die in der Person einzelner Arbeitnehmer begründet wären, ohne die übrige Belegschaft zu berühren.[106]

Soweit **Gesundheitsdaten in die Personalakte** aufgenommen werden dürfen, hat der Arbeitnehmer Anspruch darauf, dass dies unter Berücksichtigung seiner Interessen geschieht.[107]

3. Begutachtung durch den Medizinischen Dienst

a) Zweifel an der Arbeitsunfähigkeit

104 Nach § 275 Abs. 1 SGB V sind die Krankenkassen (Orts-, Land-, Innungs- und Betriebskrankenkassen) sowie die Ersatzkrankenkassen u.a. (vgl § 4 Abs. 2 SGB V) verpflichtet, eine Begutachtung der Arbeitsunfähigkeit durch den Medizinischen Dienst zu veranlassen, wenn es zur Sicherung des Behandlungserfolges, insbesondere zur Einleitung von Maßnahmen der Leistungsträger für die Wiederherstellung der Arbeitsfähigkeit (§ 275 Abs. 1 Nr. 3 a SGB V) oder zur **Beseitigung von Zweifeln an der Arbeitsunfähigkeit** erforderlich ist (§ 275 Abs. 1 Nr. 3 b SGB V). Vgl im Übrigen die Ausführungen zu § 275 SGB V.

105 Durch § 275 Abs. 1 Nr. 3 b SGB V nF werden die Krankenkassen **bereits bei Zweifeln** und nicht nur „begründeten Zweifeln" verpflichtet, eine Begutachtung der Arbeitsunfähigkeit durch den Medizinischen Dienst zu veranlassen. Damit hat der Gesetzgeber die Einschaltung des Medizinischen Dienstes, die nach § 275 Abs. 1 Nr. 3 b SGB V aF nur bei begründeten Zweifeln eine Begutachtung ermöglichte, wesentlich erleichtert.

106 **Zweifel an der Arbeitsunfähigkeit** sind gemäß § 275 Abs. 1 a Satz 1 SGB V insbesondere – keine abschließende Aufzählung – anzunehmen, wenn der Versi-

105 Vgl hierzu bejahend LAG Hamburg 10.7.1991 – 8 TaBV 3/91 – LAGE § 87 BetrVG Betriebliche Ordnung Nr. 8; Hessisches LAG 7.12.1993 – 5 TaBV 99/93 – ARSt 1994, 142 (Einholung von Krankenberichten); verneinend LAG Baden-Württemberg 5.3.1991 – 14 TaBV 15/90 – LAGE § 87 BetrVG Nr. 9 Betriebliche Ordnung; LAG Frankfurt 24.3.1992 – 4 TaBV 137/91 – NZA 1993, 237; LAG Hamburg 21.5.2008 – H 3 TaBV 1/08 – LAGE § 87 BetrVG 2001 Gesundheitsschutz Nr. 3; ferner Raab NZA 1993, 193; Ehler BB 1992, 1926; Hunold, Personalbüro 2009, 1589 ff.

106 BAG 8.11.1994 – 1 ABR 22/94 – AP Nr. 24 zu § 87 BetrVG 1972 Ordnung des Betriebs; für den Bereich des Öffentlichen Dienstes vgl VG Frankfurt 10.12.2001 – 23 L 2237/01 (V) – NZA-RR 2002, 615.

107 BAG 12.9.2006 – 9 AZR 271/06 – AP Nr. 1 zu § 611 BGB Personalakte; vgl zur Zulässigkeit der Speicherung von Gesundheitsdaten Iraschka-Luscher/Kieckenbeck, NZA 2009, 1239, 1241.

cherte **auffällig häufig** oder **auffällig häufig nur kurze Dauer** arbeitsunfähig ist oder der Beginn der **Arbeitsunfähigkeit** häufig auf einen **Arbeitstag am Beginn oder am Ende der Woche** fällt oder die Arbeitsunfähigkeit von einem **Arzt** festgestellt worden ist, der durch die **Häufigkeit der von ihm ausgestellten Bescheinigungen** über Arbeitsunfähigkeit auffällig geworden ist.

Von einer „auffälligen Häufigkeit" iSd § 275 Abs. 1 a Satz 1 SGB V wird etwa dann auszugehen sein, wenn der betroffene Arbeitnehmer im Vergleich zu den übrigen Arbeitnehmern des Betriebes bzw bei Großbetrieben seiner Abteilung um 50 % erhöhte Krankheitswerte wie der Durchschnitt seiner Vergleichsgruppe aufweist.[108] Zweifel an der Arbeitsunfähigkeit sind gemäß § 275 Abs. 1 a Satz 1 SGB V auch dann gegeben, wenn der Beginn der Arbeitsunfähigkeit häufig auf einen **Arbeitstag am Beginn oder Ende der Woche** fällt oder die Arbeitsunfähigkeit von einem Arzt festgestellt worden ist, der durch die **Häufigkeit der von ihm ausgestellten Bescheinigungen** über Arbeitsunfähigkeit auffällig geworden ist. Soweit das Gesetz den Zweifel aufgrund eines bestimmten Anfangstages der Arbeitsunfähigkeit vermutet, ist nicht eine Vergleichsgruppe von anderen Arbeitnehmern, sondern der vermeintlich **kranke Arbeitnehmer selbst Vergleichsmaßstab**. Folglich sind die Erkrankungen des betreffenden Arbeitnehmers, bei denen der Anfangstag der Arbeitsunfähigkeit auf einen Arbeitstag am Beginn oder Ende der Woche fällt, mit den Erkrankungen zu vergleichen, bei denen der Anfangstag der Arbeitsunfähigkeit auf einen Arbeitstag in der Wochenmitte fällt. Sind die erstgenannten Erkrankungen um 50 % höher als die letztgenannten, so stellt dies regelmäßig eine Wiederholung dar, die nicht mehr nachvollziehbar erscheint und damit Zweifel an der Arbeitsunfähigkeit begründet. In diesem Zusammenhang ist jedoch darauf hinzuweisen, dass, um in diesen Fällen Zweifel an der Arbeitsunfähigkeit annehmen zu können, ausreichende statistische Daten – ein längerer Beobachtungszeitraum – vorhanden sein müssen.[109] 107

Darüber hinaus sind Zweifel an der Arbeitsunfähigkeit nach den von den Spitzenverbänden der Krankenkassen erlassenen, auf § 282 Satz 3 SGB V beruhenden und nach § 210 Abs. 2 SGB V verbindlichen „Richtlinien über die Zusammenarbeit der Krankenkassen mit den Medizinischen Diensten der Krankenversicherung" vom 27.8.1990 (vgl Ziffer 3.1.3.2)[110] insbesondere auch aus folgenden Gründen angezeigt: 108

- **Attestierung** von Arbeitsunfähigkeit **außerhalb des Fachgebietes** des Arztes.
- Das Vorliegen einer Krankheit im versicherungsrechtlichen Sinn ist fraglich.
- **Häufige Arbeitsunfähigkeit** wegen wechselnder leichter Befindlichkeitsstörungen.
- Häufiger Arztwechsel.
- **Erneute Bescheinigung von Arbeitsunfähigkeit** durch einen **anderen Arzt** nach Feststellung von Arbeitsfähigkeit durch den bisher behandelnden Arzt.
- Regelmäßige Arbeitsaufnahme kurz vor Begutachtung durch den Medizinischen Dienst.

108 Hanau/Kramer DB 1995, 94, 98; Vogelsang Rn 384.
109 Hanau/Kramer DB 1995, 94, 98.
110 Vgl ferner Ziffer 4.1.2 (2-4) der Anleitung zur sozialmedizinischen Beratung und Begutachtung bei Arbeitsunfähigkeit (ABBA 2004).

- **Fehlverhalten des Arbeitnehmers** im Hinblick auf das bescheinigte Krankheitsbild.
- Arbeitsunfähigkeitsmeldung nach innerbetrieblichen Differenzen oder nach Beendigung des Arbeitsverhältnisses.
- **Vorherige Ankündigung** der Arbeitsunfähigkeit durch den Arbeitnehmer.

109 Um eine effektive Kontrolle durch den Medizinischen Dienst sicherzustellen, sind die **Krankenkassen verpflichtet, unverzüglich**, dh ohne schuldhaftes Zögern, nach Vorlage der ärztlichen Feststellung über die Arbeitsunfähigkeit zu **prüfen, ob Zweifel an der Arbeitsunfähigkeit bestehen** (§ 275 Abs. 1 a Satz 2 SGB V). Nach § 275 Abs. 1 a Satz 3 SGB V kann der **Arbeitgeber verlangen**, dass die Krankenkasse eine gutachtliche Stellungnahme des Medizinischen Dienstes zur Überprüfung der Arbeitsunfähigkeit einholt. Voraussetzung für sein Begehren ist dabei nicht, dass er seine Zweifel an der Arbeitsunfähigkeit konkret begründet. Der Verzicht auf das Tatbestandsmerkmal „begründet“ darf jedoch, worauf Hanau/Kramer[111] zu Recht hinweisen, nicht dahingehend missverstanden werden, dass nunmehr jeder **subjektive**, durch objektive Umstände nicht nachvollziehbare Verdacht des **Arbeitgebers** genügt, um die Krankenkasse zu veranlassen, den medizinischen Dienst einzuschalten. **Unterlässt** der **Arbeitgeber** bei Zweifeln an der Arbeitsunfähigkeit des Arbeitnehmers den **Medizinischen Dienst einzuschalten**, wirkt sich ein solches Verhalten nicht zu seinem Nachteil aus. Aus dem Antragsrecht folgt noch keine Obliegenheit oder gar eine Antragspflicht.[112]

110 Die **Krankenkasse** ihrerseits kann jedoch **von der Einschaltung des Medizinischen Dienstes absehen**, wenn sich die medizinischen Voraussetzungen der Arbeitsunfähigkeit eindeutig aus den der Krankenkasse vorliegenden ärztlichen Unterlagen ergeben (§ 275 Abs. 1 a Satz 4 SGB V). Darüber hinaus ist dem Medizinischen Dienst durch § 275 Abs. 1 b SGB V ein **eigenständiges Überprüfungsrecht** bei den behandelnden Vertragsärzten im Hinblick auf die Ausstellung von Arbeitsunfähigkeitsbescheinigungen eingeräumt.

111 Die Ärzte des Medizinischen Dienstes sind bei der Wahrnehmung ihrer medizinischen Aufgaben nur ihrem ärztlichen Gewissen unterworfen (§ 275 Abs. 5 Satz 1 SGB V). Insoweit darf ihnen niemand Weisungen erteilen; an diese wären sie nicht gebunden. Ihre ärztlichen Feststellungen zur Frage der Arbeitsunfähigkeit sind daher auch von den Gerichten für Arbeitssachen hinzunehmen.[113] Andererseits hat der **Medizinische Dienst** gegenüber dem behandelnden Arzt **keine Weisungsbefugnis.** Er darf auch nicht in die Behandlung des Kassenarztes eingreifen (§ 275 Abs. 5 Satz 2 SGB V).

112 **Unterlässt** die **Krankenkasse** die Herbeiführung der **Untersuchung**, obwohl die gesetzlichen Voraussetzungen vorliegen, so hat der Arbeitgeber die Möglichkeit, die Krankenkasse durch Widerspruch und **Klage** (vgl § 54 Abs. 3 SGG) vor dem **Sozialgericht** zur Einschaltung des Medizinischen Dienstes zu zwingen. Wegen der Langwierigkeit eines solchen Verfahrens wird es sich hierbei jedoch nur um eine theoretische Möglichkeit handeln, von der in der Praxis nur in den seltensten Fällen Gebrauch gemacht wird.[114]

---

111 DB 1995, 94, 97.
112 Lepke Rn 519.
113 LAG München 13.11.1997 – 4 Sa 1195/96 – n.v.
114 Vgl Feichtinger/Pohl DB 1984 Beilage 4 S. 5; Becker DB 1983, 1253 ff, 1254.

Unabhängig davon dürfte jedoch in diesen Fällen sowie in den Fällen der nicht rechtzeitigen Untersuchung die Unaufklärbarkeit über die Arbeitsunfähigkeit zulasten der Krankenkassen gehen.[115] So hat das BSG in anderem Zusammenhang bereits entschieden, dass der Versicherte keinen Nachteil erleiden darf, wenn die Feststellung der Arbeitsunfähigkeit aus Gründen unterbleibt, die dem Verantwortungsbereich der Krankenkasse zuzuordnen sind.[116] 113

Soweit der Arbeitgeber durch die unterlassene Begutachtung einen Schaden erleidet, kann er die Krankenkasse gemäß § 839 BGB, Art. 34 GG auf Schadensersatz in Anspruch nehmen. 114

Der gesetzlich geregelte Vorladungsanspruch des Arbeitgebers ist jedoch nur von beschränktem Wert, weil die Krankenkasse ihrerseits den vorgeladenen Arbeitnehmer **nicht** zur Befolgung der **Vorladung** oder zur **Duldung der Untersuchung zwingen kann** (vgl im Einzelnen Rn 122 ff). 115

Die **Stellungnahme des Medizinischen Dienstes** zur Arbeitsunfähigkeit ist im **Verhältnis** zum **Arbeitgeber nicht rechtsverbindlich**. Der Medizinische Dienst hat allein für die Verwaltung die medizinischen Gesichtspunkte der Arbeitsunfähigkeit ärztlich zu prüfen, dh zu begutachten. Seine Aufgabe besteht darin, eine sachkundige Beurteilung der medizinischen Sachverhalte abzugeben, die für die Feststellung, ob Arbeitsunfähigkeit vorliegt oder nicht, bedeutsam sind.[117] Die §§ 275 ff SGB V regeln lediglich das Verhältnis zwischen der Krankenkasse und dem Versicherten, nicht jedoch das Verhältnis zwischen Arbeitgeber und Arbeitnehmer. Über die unbestimmten Rechtsbegriffe einer Arbeitsunfähigkeit und Krankheit haben im Rechtsstreit dagegen allein die Gerichte zu entscheiden. Die Gutachten des Medizinischen Dienstes zur Feststellung der Arbeitsunfähigkeit (§ 4 AU-Richtlinien) sind für die Gerichte nicht bindend.[118] 116

Dagegen ist die **gutachtliche Stellungnahme** des Medizinischen Dienstes **für den behandelnden Arzt grundsätzlich verbindlich** (§ 7 Abs. 2 Satz 1 AU-Richtlinien). 117

Ist der Kassenarzt mit dem Gutachten des Medizinischen Dienstes nicht einverstanden, kann er bei der Krankenkasse ein **Obergutachten** (Zweitgutachten) beantragen (§ 7 Abs. 2 Satz 2 AU-Richtlinien). Unternimmt er nichts, ist das Gutachten des Medizinischen Dienstes verbindlich (vgl § 7 Abs. 1 Satz 1 AU-Richtlinien). 118

b) Benachrichtigung des Arbeitgebers

Das Ergebnis seiner Begutachtung hat der Medizinische Dienst dem Arbeitnehmer, dessen Kassenarzt und der Krankenkasse mitzuteilen; dem Kassenarzt und der Krankenkasse sind auch die erforderlichen Angaben über den Befund zu machen (§ 277 Abs. 1 SGB V). Solange ein **Anspruch auf Fortzahlung des Arbeitsentgelts** besteht und daher der Anspruch auf Krankengeld ruht, hat die Kasse dem **Arbeitgeber** das Ergebnis der Untersuchung mitzuteilen, wenn das Gutachten des Medizinischen Dienstes mit der Bescheinigung des Kassenarztes **im Ergebnis nicht übereinstimmt** (§ 277 Abs. 2 Satz 1 SGB V). „Im Ergebnis" be- 119

115 Hanau/Kramer DB 1995, 94, 99.
116 BSG 28.10.1981 – 3 RK 59/80 – BSGE 52, 254 = NJW 1982,715.
117 Knorr/Krasney § 275 SGB V Rn 9.
118 LSG Niedersachsen 21.10.1999 – 4 KR 23/99 – NZB – Breithaupt 2000, 269; Knorr/Krasney § 275 SGB V Rn 10.

deutet, dass es sich um Meinungsverschiedenheiten handeln muss, die für den Entgeltfortzahlungsanspruch von Bedeutung sein müssen: die Frage der Arbeitsunfähigkeit und die Dauer der Arbeitsunfähigkeit.

120 Der Arbeitgeber wird folglich informiert, wenn entweder keine Arbeitsunfähigkeit oder eine kürzere oder längere als die vom Arzt bescheinigte vorliegt. Eine Divergenz in der **Diagnose** (Art, Umfang der Erkrankung) ist dem Arbeitgeber nicht mitzuteilen, da die Mitteilung an den Arbeitgeber keine Angaben über die Krankheit des Arbeitnehmers enthalten darf (§ 277 Abs. 2 Satz 2 SGB V).

121 Die Krankenkasse hat den Arbeitgeber auch dann zu benachrichtigen, wenn der Arbeitnehmer der Vorladung zur Untersuchung durch den Medizinischen Dienst gemäß § 275 Abs. 1 Nr. 3 b SGB V ohne einleuchtenden Grund nicht nachkommt.[119]

c) Folgen der Verweigerung von Untersuchungsmaßnahmen

122 **Erscheint der Arbeitnehmer nicht zur Begutachtung** oder verweigert er die notwendige Untersuchungsmaßnahme, ohne dass hierfür ein Grund vorliegt, und kann der Medizinische Dienst aufgrund der ihm vorliegenden Unterlagen und sonstiger Umstände die vom Kassenarzt bescheinigte Arbeitsunfähigkeit nicht bestätigen, ist als Ergebnis der Begutachtung festzustellen, dass die **Bescheinigung über die Arbeitsunfähigkeit nicht bestätigt** werden kann. Dieses Ergebnis ist dem Arbeitnehmer, dem Kassenarzt und der Krankenkasse mitzuteilen, die hiervon ebenfalls den Arbeitgeber zu unterrichten hat.[120]

123 In **sozialversicherungsrechtlicher** Hinsicht berechtigt die Nichtbefolgung der Vorladung zum Medizinischen Dienst oder die Verweigerung der notwendigen Untersuchung durch den Arbeitnehmer die Krankenkasse, gemäß § 66 Abs. 1 SGB I das Krankengeld zu versagen oder zu entziehen. Voraussetzung ist jedoch, dass der Versicherte auf diese Folgen schriftlich hingewiesen worden ist (§ 66 Abs. 3 SGB I). Die Gründe, die den Versicherten zur Ablehnung der Untersuchung oder zur Nichtbefolgung der Vorladung berechtigen können, ergeben sich aus § 65 SGB I.

Ergibt sich aus den ärztlichen Unterlagen, dass der Versicherte aufgrund seines Gesundheitszustandes nicht in der Lage ist, einer Vorladung des Medizinischen Dienstes Folge zu leisten oder wenn der Versicherte einen Vorladungstermin unter Berufung auf seinen Gesundheitszustand absagt und der Untersuchung fernbleibt, soll die **Untersuchung in der Wohnung** des Versicherten stattfinden. Verweigert er hierzu seine Zustimmung, kann ihm ebenfalls die Leistung versagt werden (§ 276 Abs. 5 SGB V). Die §§ 65, 66 SBG I bleiben davon unberührt.

124 Diese Möglichkeit kommt aber erst dann in Betracht, wenn der Arbeitgeber die Entgeltfortzahlung eingestellt hat und der Versicherte Krankengeld nach §§ 44 ff SGB V in Anspruch nehmen will.

125 Eine dem § 66 SGB I vergleichbare Bestimmung kennt das **Arbeitsrecht** nicht. Der Arbeitgeber hat deshalb auch **kein Recht**, die **Entgeltfortzahlung generell** allein deshalb **zu verweigern**, weil der Arbeitnehmer ohne triftigen Grund die

119 Becker DB 1983, 1253 ff, 1255; ebenso Marburger BB 1987, 1310 ff, 1314 unter Hinweis auf das Schreiben des Bundesministers für Arbeit und Sozialordnung 1.4.1970, DOK 1970, 387.

120 Vgl Knorr/Krasney § 277 SGB V Rn 9.

vertrauensärztliche Begutachtung verhindert hat. In der Verweigerung des Arbeitnehmers, sich der angeordneten Untersuchung zu unterziehen, liegt keine arbeitsvertragliche Pflichtverletzung, da insoweit nur das Verhältnis Krankenkasse und Versicherter angesprochen ist.[121] Zur **Erschütterung des Beweiswertes** der Arbeitsunfähigkeitsbescheinigung in diesem Falle vgl unter Rn 133 ff.

IV. Beweiskraft der Arbeitsunfähigkeitsbescheinigung

Beweiskraft der Arbeitsunfähigkeitsbescheinigung und seine Erschütterung

Beweislast
für die Arbeitsunfähigkeit trägt der Arbeitnehmer

↓

Beweisführung
regelmäßig durch Vorlage einer AU-Bescheinigung (Freiheit der Arztwahl) als Indiz für die Arbeitsunfähigkeit

↓

Beweiswert
kann vom Arbeitgeber durch konkrete Tatsachen erschüttert werden, die Zweifel an der Richtigkeit des Attestes begründen (z.B. Ankündigung einer Krankheit)

↓

Ist der Beweiswert erschüttert, muss Arbeitnehmer durch weitere Beweise seine Arbeitsunfähigkeit nachweisen (z.B. Arzt als sachverständigen Zeugen)

1. Grundsatz – Beweislast des Arbeitnehmers

Nach herrschender Meinung muss der **Arbeitnehmer** im Entgeltfortzahlungs- 126
prozess das Vorliegen seiner Arbeitsunfähigkeit nachweisen. Dies folgt bereits aus den allgemeinen Regeln der Beweislast, wonach der Gläubiger die anspruchsbegründenden Tatsachen zu beweisen hat. **In der Regel** wird der Arbeitnehmer den ihm obliegenden Beweis mit der **Vorlage einer ärztlichen Bescheinigung** erbringen. Dadurch hat er seine Nachweispflichten **grundsätzlich** erfüllt.[122] Dies gilt auch bei **psychischen Erkrankungen**, deren Diagnose im Wesentlichen nicht auf objektiven Befunden, sondern auf subjektiven Angaben des Patienten beruht.[123]

Kann der Arbeitnehmer seine **Arbeitsunfähigkeit nicht durch ärztliches Attest** 127
nachweisen, hat er konkrete Tatsachen darzulegen, die den Schluss auf eine krankheitsbedingte Arbeitsunfähigkeit zulassen. Dh, er muss im Einzelnen vortragen, welche physischen oder psychischen Gründe vorgelegen und welche Auswirkungen sie auf seine Arbeitsfähigkeit gehabt haben. Ferner muss er darlegen, wo er sich zum fraglichen Zeitpunkt aufgehalten hat. Die pauschale Behauptung,

121 LAG Hamm 26.6.1984 – 7 Sa 228/84 – BB 1995, 273; Kasseler Handbuch/Vossen 2.2 Rn 217; Lepke Rn 520.
122 BAG 1.10.1997 – 5 AZR 726/96 – AP Nr. 5 zu § 5 EntgeltFG mit Anm. Schmitt; BGH 16.10.2001 – VI ZR 408/00 – NZA 2002, 40; zur **Arbeitsfähigkeitsbescheinigung** vgl Kleinebrink ArbRB 2002, 274.
123 LAG Sachsen-Anhalt 8.9.1998 – 8 Sa 676/97 – AuR 1999, 317.

er habe sich krank bzw unwohl gefühlt, reicht hierfür nicht aus. Soweit der Arbeitnehmer für einen solchen unsubstantiierten Sachvortrag Zeugenbeweis anbietet, ist der Beweisantritt unzulässig und unbeachtlich.[124]

128 Der ordnungsgemäß ausgestellten ärztlichen **Arbeitsunfähigkeitsbescheinigung** kommt ein **hoher Beweiswert** zu.[125] Sie ist der für Arbeitnehmer gesetzlich vorgesehene und gewichtigste Nachweis für die Tatsache einer krankheitsbedingten Arbeitsunfähigkeit (§§ 5 Abs. 1 Satz 2, 7 Satz 1 Nr. 1 EFZG). Aus diesen Regelungen folgt, dass der Arbeitnehmer seiner Nachweispflicht über das Vorliegen einer zu Leistungen nach § 3 EFZG berechtigenden Arbeitsunfähigkeit mit der Vorlage der ärztlichen Bescheinigung genügt; denn nach Vorlage dieser Bescheinigung kann der Arbeitgeber die Fortzahlung des Arbeitsentgelts nicht mehr mit dem bloßen Bestreiten verweigern, es liege keine Arbeitsunfähigkeit vor. **Insoweit ist dem § 5 Abs. 1 Satz 2 und § 7 Satz 1 Nr. 1 EFZG die normative Wertung zu entnehmen, dass die Arbeitsunfähigkeitsbescheinigung das für den Arbeitnehmer grundsätzlich erforderliche, aber auch ausreichende Beweismittel für seinen Anspruch nach § 3 EFZG darstellt.** Das gilt nicht nur für den außerprozessualen Bereich, sondern auch dann, wenn der Arbeitgeber mit schlichtem Bestreiten der Arbeitsunfähigkeit die Leistung verweigert und der Arbeitnehmer auf den Klageweg angewiesen ist.

129 In den Bestimmungen des Entgeltfortzahlungsgesetzes kommt letztlich zum Tragen, dass der Gesetzgeber nach der Lebenserfahrung die vom Arzt ausgestellte Bescheinigung als den auf der ärztlichen Sachkunde beruhenden Nachweis der Arbeitsunfähigkeit wertet (**Indizienbeweis**). Damit stimmt überein, dass im Sozialrecht gemäß § 46 Satz 1 Nr. 2 SGB V der Anspruch auf Krankengeld (im ambulanten Bereich) ebenfalls von der ärztlichen Feststellung der Arbeitsunfähigkeit abhängt.[126]

130 Trotz der vom Arbeitnehmer vorgelegten Arbeitsunfähigkeitsbescheinigung können jedoch im Einzelfall **Zweifel an dessen Arbeitsunfähigkeit** bestehen. In prozessualer Hinsicht begründet die vorgelegte ärztliche Bescheinigung keine gesetzliche Vermutung iSd § 292 ZPO für die vom Arbeitnehmer behauptete und in der Bescheinigung bestätigte Arbeitsunfähigkeit. Andernfalls wäre der **Arbeitnehmer** im Prozess – wie das BAG zutreffend ausführt – nicht verpflichtet,

---

124 BAG 26.2.2003 – 5 AZR 112/02 – AP Nr. 8 zu § 5 EntgeltFG; BAG 1.10.1997 – 5 AZR 726/96 – AP Nr. 5 zu § 5 EntgeltFG; BAG 26.8.1993 – 2 AZR 154/93 – AP Nr. 112 zu § 626 BGB; BAG 17.6.2003 – 2 AZR 123/02 – AP Nr. 13 zu § 543 ZPO 1977.

125 BAG 17.6.2003 – 2 AZR 123/02 – AP Nr. 13 zu § 543 ZPO 1977; LAG Düsseldorf 17.7.2003 – 11 Sa 183/03 – DB 2003, 2603.

126 BAG 27.4.1994 – 5 AZR 747/93 (A) – AP Nr. 100 zu § 1 LohnFG; BAG 15.7.1992 – 5 AZR 312/91 – AP Nr. 98 zu § 1 LohnFG; Bestätigung der bisherigen Rechtsprechung vgl etwa BAG 11.8.1976 – 5 AZR 422/75 – AP Nr. 2 zu § 3 LohnFG; so auch zum neuen Recht Hessisches LAG 30.1.1995 – 11 Sa 480/93 – LAGE § 7 BUrlG Nr. 6 Abgeltung; LAG Düsseldorf 17.7.2003 – 11 Sa 183/03 – DB 2003, 2603; **gegen** LAG München 9.11.1988 – 5 Sa 292/88 – NZA 1989, 597; zum Anscheinsbeweis vgl MünchArbR/Schulin § 83 Rn 19 sowie allgemein BGH 10.2.1993 – XII ZR 241/91 – NJW 1993, 1391; vgl ferner BSG 26.2.1992 – 1/3 RK 13/90 – SozR 3-2200 § 182 Nr. 12 = EEK I/1087, das die von einem deutschen Arzt ausgestellte Bescheinigung regelmäßig für den Nachweis der Arbeitsunfähigkeit genügen lässt. Vgl ferner Stückmann NZS 1994, 529, 534, der unter Hinweis auf § 106 Abs. 3 a SGB V dem Arzt eine Schadensersatzpflicht auferlegt, wenn von ihm die Arbeitsunfähigkeit eines Arbeitnehmers grob fahrlässig oder vorsätzlich falsch festgestellt worden ist; der ärztlichen Arbeitsunfähigkeitsbescheinigung misst er nur begrenzten Beweiswert bei.

die bestrittene Behauptung seiner Arbeitsunfähigkeit zu beweisen, sondern lediglich die Tatsache, dass der Arzt die Arbeitsunfähigkeitsbescheinigung ausgestellt hat. Der **Arbeitgeber** dagegen müsste dann den **vollen Nachweis für das Nichtvorliegen der Tatsache der Arbeitsunfähigkeit als Hauptbeweis führen**; eine Erschütterung der Beweiskraft wäre nicht ausreichend.[127]

Auch im EFZG findet sich kein Anhaltspunkt für eine gesetzliche Vermutung iSd § 292 ZPO. Die Annahme einer gesetzlichen Vermutung würde im Übrigen zu unsachgemäßen Ergebnissen führen bzw das Prozessrisiko des Arbeitgebers unzumutbar erhöhen, da der Arbeitgeber im Regelfall die ärztliche Diagnose nicht kennt. Vom Arbeitgeber würde folglich Unmögliches verlangt, wollte man ihm den vollen Nachweis für das Nichtvorliegen der Arbeitsunfähigkeit auferlegen.[128] 131

Wird eine ärztliche Bescheinigung in einem Rechtsstreit über die Arbeitsunfähigkeit des Arbeitnehmers vorgelegt, so begründet diese daher lediglich den **vollen Beweis** dafür, dass die in ihr enthaltenen ärztlichen Feststellungen vom ausstellenden Arzt abgegeben worden sind (§ 416 ZPO). Diese Beweisregel ergreift also **nicht den Inhalt der Erklärung**, die Tatsache der Arbeitsunfähigkeit. Hinsichtlich der inhaltlichen Richtigkeit gilt vielmehr die Bestimmung des § 286 ZPO. Danach hat das Gericht unter Berücksichtigung des gesamten Inhalts der Verhandlungen und des Ergebnisses der Beweisaufnahme nach freier Überzeugung zu entscheiden, ob eine tatsächliche Behauptung für wahr oder für unwahr zu erachten ist, wobei die genannte Vorschrift eine individuelle Würdigung des gesamten Inhalts und des Ergebnisses einer etwaigen Beweisaufnahme gebietet. Das Gericht hat dabei auch die prozessualen und vorprozessualen Handlungen, Erklärungen und Unterlassungen der Parteien und ihrer Vertreter zu würdigen.[129] 132

2. Zweifel hinsichtlich des Vorliegens der Arbeitsunfähigkeit

Hat der Arbeitgeber Zweifel an der Arbeitsunfähigkeit, so obliegt es ihm, den allein durch die Vorlage der Bescheinigung normalerweise schon als erbracht anzusehenden Beweis hinsichtlich des Vorliegens von Arbeitsunfähigkeit zu erschüttern. Der Arbeitgeber muss in diesem Falle die gegen die Arbeitsunfähigkeit oder ihre Dauer sprechenden Umstände im Einzelnen darlegen und beweisen. 133

Hierbei muss es sich um **Tatsachen** handeln, die ernsthafte und objektiv begründete Zweifel an dem tatsächlichen Bestehen der Arbeitsunfähigkeit aufkommen lassen.[130] Der Arbeitgeber kann sich also nicht darauf beschränken, die Arbeits- 134

127 Vgl LAG Berlin 27.5.1991 – 9 Sa 16/91 – LAGE § 3 LohnFG Nr. 12; Gola BB 1987, 538, 541; ferner Stückmann NZS 1994, 529, 534; Vogelsang Rn 351.

128 Vgl BAG 11.8.1976 – 5 AZR 422/75 – AP Nr. 2 zu § 3 LohnFG; LAG Berlin 27.5.1991 – 9 Sa 16/91 – LAGE § 3 LohnFG Nr. 12; LAG Hamm 26.6.1984 – 7 Sa 228/84 – BB 1985, 273.

129 BAG 19.2.1997 – 5 AZR 747/93 – AP Nr. 3 zu Art. 18 EWG-Verordnung Nr. 574/72; BAG 15.7.1992 – 5 AZR 321/91 – AP Nr. 98 zu § 1 LohnFG; LAG Berlin 27.5.1991 – 9 Sa 16/91 – LAGE § 3 LohnFG Nr. 12; LAG Baden-Württemberg 9.5.2000 – 10 Sa 85/97 – LAGE § 1 LohnFG Nr. 34; Reinecke DB 1989, 2069, 2070.

130 Vgl auch Stückmann NZS 1994, 529, 534, der zur Erschütterung des Beweiswertes einer ärztlichen Bescheinigung einfache Zweifel des Arbeitgebers im Hinblick auf § 275 SGB V für ausreichend hält, nachdem bei Mitgliedern der gesetzlichen Krankenkassen der Arbeitgeber schon bei einfachen Zweifeln eine Überprüfung der Arbeitsunfähigkeit durch den medizinischen Dienst verlangen kann.

unfähigkeit pauschal zu bestreiten. Vielmehr muss er **konkrete Tatsachen** vorbringen und gegebenenfalls beweisen, die **objektive Zweifel an der Richtigkeit der ärztlichen Arbeitsunfähigkeitsbescheinigung** begründen.[131]

135 Im Rahmen des § 286 ZPO hat dann eine **erschöpfende Würdigung aller für und gegen das Vorliegen einer Erkrankung sprechenden Umstände** stattzufinden. Trägt der Arbeitgeber Umstände in vorstehend umschriebenem Sinne im Prozess vor, so wird er sich häufig mangels anderer geeigneter Beweismittel für seine Behauptung, der Arbeitnehmer sei nicht arbeitsunfähig krank gewesen, auf die Vernehmung des Arztes, der das Attest ausgestellt hat, als sachverständigen Zeugen (§ 414, §§ 373 ff ZPO) berufen.[132]

136 **Weigert** sich der **Arbeitnehmer** in diesem Fall, den Arzt nach §§ 383 Abs. 1 Nr. 6, 385 Abs. 2 ZPO von seiner **Schweigepflicht** zu entbinden, verstößt er gegen die ihm obliegende prozessuale Mitwirkungspflicht nach § 138 Abs. 2 ZPO. Der Arbeitnehmer muss sich dann prozessrechtlich so behandeln lassen, wie jemand, der dem anderen die Beweisführung bzw Beweiserschütterung vorwerfbar unmöglich macht oder erschwert, dh vereitelt. Das führt dazu, dass das **Verhalten des Arbeitnehmers** im Rahmen der freien Beweiswürdigung (§ 286 ZPO) zugunsten des Arbeitgebers wirkt, der die gegen eine Arbeitsunfähigkeit sprechenden Indizien vorbringt.[133]

137 Die **Möglichkeit der Erschütterung des Beweiswertes der Arbeitsunfähigkeitsbescheinigung** mit der Folge der Verweigerung der Entgeltfortzahlung durch den Arbeitgeber ist auch **nicht durch § 275 SGB V ausgeschlossen** worden.[134] Unabhängig davon, dass das Verfahren nach § 275 SGB V nur für die in der gesetzlichen Krankenversicherung versicherten Arbeitnehmer gilt (vgl Rn 116),[135] regelt es auch insoweit lediglich das Verhältnis zwischen der Krankenkasse und dem Versicherten, nicht jedoch das Verhältnis zwischen Arbeitgeber und Arbeitnehmer (vgl Rn 116). Darüber hinaus weist Hunold zutreffend darauf hin, dass gerade bei der großen Zahl zweifelhafter Arbeitsunfähigkeitsfälle bei Kurzerkrankungen bis zu einer Woche, das Verfahren nach § 275 SGB V bei Nichtvorliegen einer Arbeitsunfähigkeitsbescheinigung schon daran scheitert, dass der medizinische Dienst ohne Arbeitsunfähigkeitsbescheinigung nicht tätig wird.[136] Für den Arbeitgeber besteht somit auch neben dem Verfahren nach § 275 SGB V die Möglichkeit, durch konkrete Tatsachen (Rn 133 f) den Beweiswert der Arbeitsunfähigkeitsbescheinigung zu erschüttern.

---

131 BAG 27.4.1994 – 5 AZR 747/93 (A) – AP Nr. 100 zu § 1 LohnFG; LAG Düsseldorf 16.12.1980 – 24 Sa 1230/80 – DB 1981, 900; LAG Berlin 14.8.1998 – 9 TaBV – BB 1999, 421; vgl auch Vogelsang Rn 353 ff.

132 Vgl Lepke Rn 522 ff.

133 Vgl Baumbach/Lauterbach/Albers/Hartmann ZPO, Anh. § 286 Rn 26 ff; Thomas/Putzo ZPO, § 286 Rn 17 ff; BGH 10.2.1992 – XII ZR 241/91 – NJW 1993, 1391; ferner zur prozessualen Mitwirkungspflicht des Arbeitnehmers etwa bei Kündigung wegen Kurzerkrankungen vgl BAG 6.9.1989 – 2 AZR 19/89 – und 2 AZR 118/89 – AP Nrn. 21 und 22 zu § 1 KSchG 1969 Krankheit.

134 So auch Gola § 5 EFZG, Anm. 11.4.3; Hunold DB 1995, 676 f; Edenfeld DB 1997, 2273, 2276; aA Hanau/Kramer DB 1995, 94, 99.

135 Ferner Hanau/Kramer DB 1995, 99.

136 Hunold DB 1995, 676.

3. Fälle erschütterter Beweiskraft

Der Beweiswert einer von einem Arbeitnehmer vorgelegten Arbeitsunfähigkeitsbescheinigung kann auch außerhalb des Verfahrens nach § 275 SGB V etwa durch folgende Umstände, die vom **Arbeitgeber** durch **konkrete Tatsachen darzulegen** und gegebenenfalls **zu beweisen** sind, erschüttert werden. 138

a) Erklärungen des Arbeitnehmers vor der Erkrankung

Erhebliche Zweifel an der Arbeitsunfähigkeit sind angebracht, wenn ein Arbeitnehmer kurz vor seiner Krankmeldung Erklärungen – zB Ankündigung einer Krankschreibung – abgibt, die vermuten lassen, dass eine Erkrankung nur vorgeschützt wird.[137] 139

Denn wer schon vorher an einem bestimmten Tag oder zu einer bestimmten Zeit nicht oder nicht mehr arbeiten will, kann sich später grundsätzlich nicht darauf berufen, dass er an diesem Tag oder zu dieser Zeit auch wegen einer Krankheit nicht hätte arbeiten können.[138] In einem solchen Fall fehlt es schon an der Arbeitsunfähigkeit als alleiniger Ursache der Arbeitsverhinderung. 140

Zahlreiche Entscheidungen befassen sich mit der Ankündigung einer Erkrankung für den Fall, dass gewissen Wünschen, zB nach Urlaub[139] oder Versetzung, nicht entsprochen wird, und der Arbeitnehmer dann eine Arbeitsunfähigkeitsbescheinigung vorlegt. Erhebliche Zweifel an der Arbeitsunfähigkeit sind folglich gegeben, wenn dem Arbeitnehmer aus betrieblichen Gründen ein beabsichtigter Kurzurlaub von drei Tagen verweigert wird und er daraufhin gegenüber einem Mitarbeiter der Personalabteilung äußert, „es gebe ja noch andere Mittel und Wege, um nicht arbeiten zu müssen".[140] 141

Das Gleiche gilt, wenn der Arbeitnehmer die Vorlage einer Arbeitsunfähigkeitsbescheinigung für den Fall androht, dass der Arbeitgeber die gewünschte Arbeitsfreistellung nicht gewährt, eine angeordnete Einteilung für die Schichtarbeit an zwei Tagen nicht abändert bzw wenn er eine zusätzliche Arbeit übernehmen müsse.[141] 142

Der Umstand, dass eine Sekretariatsmitarbeiterin die Vertretung in einem anderen Sekretariat ablehnt, und nachfolgend zwei weitere Mitarbeiterinnen, die die- 143

---

137 BAG 4.10.1978 – 5 AZR 326/77 – AP Nr. 3 zu § 3 LohnFG; LAG Köln 17.4.2002 – 7 Sa 462/01 – MDR 2002, 1130; LAG Berlin 14.11.2002 – 16 Sa 970/02 – ZTR 2003, 149; zur Frage der Zulässigkeit einer **fristlosen Kündigung** bei »Androhung« einer künftigen Erkrankung vgl BAG 12.3.2009 – 2 AZR 251/07 – NZA 2009, 779; BAG 5.11.1992 – 2 AZR 147/92 – AP Nr. 4 zu § 626 BGB Krankheit; LAG Rheinland-Pfalz 9.6.2008 – 5 Sa 58/08 – n.v.

138 Vgl Feichtinger/Pohl DB 1984, Beilage 4 S. 7 mwN; ferner LAG Saarbrücken 18.12.1963 – Sa 116/63 – DB 1964, 115; ArbG Rheine 25.4.1967 – 2 Ca 5/67 – BB 1967, 1484; zur Darlegungs- und Beweislast bei außerordentlicher fristloser Kündigung wegen Ankündigung einer Erkrankung BAG 12.3.2009 – 2 AZR 251/07 – NZA 2009, 779.

139 BAG 17.6.2003 – 2 AZR 123/02 – AP Nr. 13 zu § 543 ZPO 1977.

140 Vgl LAG Düsseldorf 19.10.1973 – 5 Sa 580/73 – DB 1973, 2533, 1.2.1978 – 16 Sa 795/77 – DB 1978, 750 ArbG Düsseldorf 25.9.1980 – 11 Ca 679/80 – DB 1981, 588; LAG Hamm 27.5.1982 – 8 Sa 44/82 – DB 1982, 2705; LAG München, 6.7.1994 – 7 Sa 177/94 – n.v.

141 Vgl LAG Hamm 23.5.1984 – 5 (8) Sa 226/84 – DB 1985, 49; LAG Hamm 18.1.1985 – 16 Sa 1111/84 – DB 1985, 927; LAG Köln 17.4.2002 – 7 Sa 462/01 – NZA-RR 2003, 15.

se Aufgaben übernehmen sollen, sich nacheinander krank melden, lässt noch nicht auf ein kollusives **Verhalten und die Annahme** schließen, **die Mitarbeiterinnen seien nicht arbeitsunfähig krank**. Solange nichts dafür vorgetragen werden kann, dass dies auf einer Absprache unter den Mitarbeiterinnen beruht, lassen sich keine zwingenden Rückschlüsse ziehen, die den Beweiswert der Arbeitsunfähigkeitsbescheinigung erschüttern.[142]

b) Verhalten des Arbeitnehmers während der Dauer der bescheinigten Arbeitsunfähigkeit; Ausübung von Nebentätigkeiten

144 Nach der herrschenden Meinung und Rechtsprechung ist der Arbeitnehmer während seiner Arbeitsunfähigkeit verpflichtet, sich so zu verhalten, dass er möglichst bald wieder gesund wird, und alles zu unterlassen, was seine Genesung verzögern könnte. Diese Verpflichtung wird aus der jedem Arbeitsverhältnis innewohnenden **Treuepflicht** des Arbeitnehmers hergeleitet.[143]

145 Unabhängig von der Frage, ob der Arbeitnehmer während seiner Erkrankung darüber hinaus auch noch einer besonderen Verpflichtung unterliegt, alles zu unterlassen, was auch nur den Anschein erweckt, er sei gar nicht krank, wird der Beweiswert einer vom Arbeitnehmer vorgelegten Arbeitsunfähigkeitsbescheinigung jedenfalls dann als erschüttert anzusehen sein, wenn der Arbeitgeber Tatsachen vorträgt und gegebenenfalls beweist, **wonach das Verhalten des betroffenen Arbeitnehmers so sehr im Widerspruch zu seiner Krankschreibung steht, dass auch für einen Laien die Unvereinbarkeit von bescheinigter Krankheit und tatsächlichem Verhalten erkennbar wird.**[144]

146 Davon ist auszugehen, wenn der Arbeitnehmer während einer ärztlich attestierten Arbeitsunfähigkeit etwa schichtweise eine **Nebenbeschäftigung bei einem anderen Arbeitgeber** ausübt,[145] bzw anderweitig eine **gleich gelagerte Arbeit** (zB Küchenhilfe nimmt während ihrer Arbeitsunfähigkeit eine Arbeit als Putzhilfe auf) leistet.[146]

147 Diesem Sachverhalt ist vergleichbar der Fall, dass ein Arbeitnehmer, ohne in einem Arbeitsverhältnis tätig zu sein, während einer Arbeitsunfähigkeit **private Tätigkeit** verrichtet, mit deren Vornahme die vom Arzt bescheinigte Arbeitsunfähigkeit nicht vereinbar ist.[147]

148 Als von der Rechtsprechung **ausreichend für die Erschütterung des Beweiswertes** einer Arbeitsunfähigkeitsbescheinigung wurden ferner angesehen: **Schwarz-**

142 LAG Düsseldorf 17.6.1997 – 8 Sa 403/97 – BB 1997, 1902.

143 BAG 11.11.1965 – 2 AZR 69/65 – AP Nr. 40 zu § 1 ArbKrankhG; BAG 13.11.1979 – 6 AZR 934/77 – AP Nr. 5 zu § 1 KSchG 1969; BAG 26.8.1993 – 2 AZR 154/93 – AP Nr. 112 zu § 626 BGB; ferner LAG Hamm 28.8.1991 – 15 Sa 437/91 – LAGE § 1 KSchG Verhaltensbedingte Kündigung Nr. 34; LAG Hamm 2.2.1995 – 4 Sa 1850/94 – LAGE § 67 ArbGG Nr. 3; LAG München 3.11.2000 – 10 Sa 1037/99 – LAGE § 626 BGB Nr. 131.

144 Vgl LAG Frankfurt 1.4.1987 – 10 Sa 995/86 – LAGE § 626 BGB Nr. 30; LAG Düsseldorf Kammer Köln 25.6.1981 – 3 Sa 220/81 – BB 1981, 1522; Hess. LAG 14.6.2007 – 11 Sa 296/06; vgl ferner Feichtinger/Pohl DB 1984, Beilage 4 S. 7; Lepke DB 1974, 478, 482; Willemsen DB 1981, 2619, die zu Recht auf das Vorliegen der Voraussetzungen des so genannten venire contra factum proprium nach § 242 BGB hinweisen.

145 BAG 26.8.1993 – 2 AZR 154/93 – AP Nr. 112 zu § 626 BGB.

146 LAG Düsseldorf 25.6.1981 – 3 Sa 220/81 – BB 1981, 1552.

147 BAG 27.4.1994 – 5 AZR 747/93 (A) – AP Nr. 100 zu § 1 LohnFG.

arbeit, Mitarbeit in der Gaststätte des Ehegatten,[148] **Mithilfe am Bau des eigenen Hauses,**[149] **Arbeit auf dem landwirtschaftlichen Anwesen.**[150]

Das Landesarbeitsgericht Nürnberg hat allerdings mangels Erschütterung des Beweiswertes des ärztlichen Attestes den Entgeltfortzahlungsanspruch eines Arbeitnehmers bejaht, der während der Krankheit mit **Arbeitskleidung in einer Scheune** angetroffen wurde, als er eine Sämaschine an einen Schlepper anschloss, weil er weder gegen die ärztlichen Anordnungen noch gegen Verhaltensmaßregeln verstoßen, noch seine Tätigkeit zu einer Verschlimmerung oder Verzögerung der Krankheit geführt hatte.[151]

Keinen Beweiswert hat auch die Arbeitsunfähigkeitsbescheinigung eines Arbeit- **149**
nehmers, wenn dieser während der attestierten Erkrankung als **Tänzer** (im Ausland) auftritt. Wer als **Tänzer** auftreten kann und auftritt, ist nach der allgemeinen Lebenserfahrung auch in der Lage, seine arbeitsvertraglichen Pflichten (zB als Verkäufer) zu erfüllen und damit nicht arbeitsunfähig krank.[152]

Ungeeignet, die Arbeitsunfähigkeit eines Arbeitnehmers nachzuweisen, ist auch **150**
eine ärztliche Bescheinigung, wonach der Arbeitnehmer wegen Rückenneuralgien, **LWS-Syndroms** und Bandscheibenschadens krank gewesen sein soll, wenn er in der Zeit der bescheinigten Arbeitsunfähigkeit regelmäßig **Fahrstunden** genommen und sich auf die Fahrprüfung vorbereitet hat.[153] Dagegen kann allein das Ablegen einer **Führerscheinprüfung** im Ausland ohne Hinzutreten weiterer Umstände – geringer Zeitaufwand – noch nicht den Beweiswert eines ärztlichen Attestes erschüttern.[154] Das Gleiche ist anzunehmen bei einer **Auslandsreise** des Arbeitnehmers an seinen Heimatort, um die Krankheit auszukurieren.[155] Ähnlich hat auch das LAG Frankfurt[156] bei einer Flugreise nach Las Palmas während einer aufgrund eines LWS-Syndroms attestierten Arbeitsunfähigkeit den Beweiswert des ärztlichen Attestes noch nicht als erschüttert angesehen. **Maßgebend** sind somit jeweils die konkreten **Umstände des Einzelfalles.**

Der **mehrstündige Besuch eines Spielkasinos** dagegen mit einer längeren An- und **151**
Abfahrt im PKW am Abend des Tages, an dem der Arbeitnehmer durch seinen Hausarzt krankgeschrieben war, ist geeignet, erhebliche Vorbehalte hinsichtlich der Richtigkeit der attestierten Arbeitsunfähigkeit zu begründen.[157]

Dasselbe gilt, wenn der Arbeitnehmer während einer Krankschreibung wegen eines Gichtanfalles im Bein zu abendlicher Stunde eine **Kirmesveranstaltung** besucht.[158] Demgegenüber kann allein aus der Tatsache, dass sich der **Arbeitnehmer** trotz seiner Krankmeldung **nicht zu Hause** aufhält, noch nicht der Schluss gezogen werden, dass eine Arbeitsunfähigkeit **nicht** vorliegt.[159] Das Gleiche gilt,

148 LAG Schleswig-Holstein 7.6.1977 – 1 Sa 207/77 – BB 1977, 1762.
149 LAG Düsseldorf 16.12.1980 – 24 Sa 1230/80 – DB 1981, 900.
150 LAG Hamm 8.10.1970 – 4 Sa 534/70 – DB 1970, 2379.
151 LAG Nürnberg 21.9.1979 – 5 Sa 55/79 – BB 1980, 262.
152 LAG München 21.2.1979 – 7 Sa 1051/77 – ABl. BayArbMin. 1979, C 42.
153 ArbG Iserlohn 23.10.1980 – 1 Ca 503/80 – ARSt 1981, 1178.
154 BAG 21.3.1996 – 2 AZR 543/95 – AP Nr. 42 zu § 123 BGB.
155 BAG 21.3.1996 – 2 AZR 543/95 – AP Nr. 42 zu § 123 BGB.
156 Urteil 1.4.1987 – 10 Sa 995/86 – LAGE § 626 BGB Nr. 30.
157 LAG Hamm 11.5.1982 – 13 Sa 85/82 – DB 1983, 235; LAG Sachsen-Anhalt 1.3.1995 – 8 Sa 1135/94 – n.v.
158 ArbG Solingen 14.1.1982 1 Ca 1077/81 – ARSt 1983, Nr. 18.
159 Lepke Rn 498 mwN.

wenn ein nicht bettlägerig, krankgeschriebener Arbeitnehmer während einer längeren Arbeitsunfähigkeit einmal pro Woche für eine ¾ Stunde an einem sog. „Kieser-Rückentraining" teilnimmt.[160]

152 Schließlich spricht auch der **Umstand**, dass ein Arzt für eine längere Zeit **Arbeitsunfähigkeit** feststellt, diese aber auf Wunsch des Arbeitnehmers erst **ab** einem **späteren Zeitpunkt bescheinigt** und der Arbeitnehmer bis dahin noch seine bisherige Tätigkeit ausübt, **nicht gegen** das Vorliegen von **Arbeitsunfähigkeit**, wenn verständliche Gründe für die Weiterarbeit bestehen. So etwa, wenn ein Arbeitnehmer trotz bescheinigter Arbeitsunfähigkeit noch einige Tage bis zum Beginn einer Kur seine bisherige Tätigkeit verrichtet. Auch der Aufenthalt in den Räumlichkeiten einer – im Verhältnis zum eigenen Arbeitgeber – Konkurrenzfirma während einer ärztlich bescheinigten Arbeitsunfähigkeit gibt noch keinen Anlass zu ernstlichen Zweifeln an der Richtigkeit der Arbeitsunfähigkeitsbescheinigung.[161]

c) Zweifelsfälle im Zusammenhang mit Ausstellung und Inhalt der Arbeitsunfähigkeitsbescheinigung

aa) Die ohne vorangegangene Untersuchung ausgestellte bzw die unzureichende Arbeitsunfähigkeitsbescheinigung

153 Die Beweiskraft einer vom Arbeitnehmer vorgelegten Arbeitsunfähigkeitsbescheinigung ist erschüttert, wenn diese allein aufgrund einer **fernmündlichen Krankheitsmeldung** der Ehefrau gegenüber dem Arzt ausgestellt worden ist.[162]

In diesem Falle hat der Arzt den Arbeitnehmer vor Ausstellung der Bescheinigung nicht entsprechend den Grundsätzen des § 31 BMV-Ä iVm den AU-Richtlinien untersucht, dh den Befund nicht selbst erhoben.[163]

154 Eine solche Arbeitsunfähigkeitsbescheinigung stellt keine ordnungsgemäße Arbeitsunfähigkeitsbescheinigung dar und hat daher im Prozess nur noch die Bedeutung einer **Parteierklärung**. Gleichwohl wäre es nicht richtig, eine solche ohne vorangegangene Untersuchung ausgestellte Arbeitsunfähigkeitsbescheinigung von vornherein und vollständig aus der Beweiswürdigung auszuklammern. Vielmehr kann sie bei der Würdigung aller für und gegen die Erkrankung sprechenden Umstände nach § 286 ZPO durchaus einen gewissen Beweiswert haben. Dabei können sowohl die Art der Erkrankung wie auch die Dauer des Arzt-Patienten-Verhältnisses eine Rolle spielen. Der Tatrichter wird in solchen Fällen nach den Gründen fragen müssen, warum es im Einzelfall zu einer solchen Bescheinigung gekommen ist.[164]

155 Eine Arbeitsunfähigkeitsbescheinigung kann auch dann ohne Beweiswert sein, wenn sich der Arzt ersichtlich **nicht mit den Auswirkungen der Krankheit auf die vom Arbeitnehmer zu leistende Arbeit auseinander gesetzt hat** und der Arbeitgeber insoweit Tatsachen vorträgt. Davon ist etwa auszugehen, wenn der

160 LAG Berlin 16.4.2003 – 13 Sa 122/03 – ZTR 2003, 468.
161 LAG München 4.4.2008 – 3 Sa 1149/07 – n.v.
162 BAG 11.8.1976 – 5 AZR 422/75 – AP Nr. 2 zu § 3 LohnFG.
163 LAG Hamm 9.3.1971 – 3 Sa 30/71 – DB 1971, 970 und 21.5.1975 – 2 Sa 362/75 – DB 1975, 1228; LAG Berlin 27.5.1991 – 9 Sa 16/91 – LAGE § 3 LohnFG Nr. 12; ferner § 4 Abs. 1 AU-Richtlinien.
164 BAG 11.8.1976 – 5 AZR 422/75 – AP Nr. 2 zu § 3 LohnFG; LAG Hamm 29.1.2003 – 18 Sa 1137/02 – EEK 3129.

Arzt zB eine Thorax-(Brustkorb) Prellung diagnostiziert, ohne Feststellungen darüber zu treffen, ob diese Prellung so schmerzhaft ist, dass dem Arbeitnehmer seine Tätigkeit als kaufmännischer Angestellter im Verkauf nicht zugemutet werden kann.[165]

bb) Rückwirkende Feststellung

Wie oben (Rn 85 ff) ausgeführt, soll eine rückwirkende Feststellung der Arbeits- **156** unfähigkeit auf einen vor dem Behandlungsbeginn liegenden Tag nur ausnahmsweise und nach gewissenhafter Prüfung und in der Regel nur bis zu zwei Tagen erfolgen. Denn die notwendigen medizinischen Feststellungen bezüglich einer Arbeitsunfähigkeit können für einen noch länger zurückliegenden Zeitraum grundsätzlich nicht mehr mit der erforderlichen Sicherheit getroffen werden. Verstößt der behandelnde Arzt gegen diese Verpflichtung, ist der Beweiswert des ärztlichen Attestes erschüttert.[166]

So ist nach Auffassung des LAG Hamm bei jeder rückwirkenden Festsetzung des **157** Beginns der Erkrankung der Beweiswert der Arbeitsunfähigkeitsbescheinigung beeinträchtigt, da der Arbeitnehmer in der Regel seine Arbeitsunfähigkeit nicht mit einem Attest beweisen kann, das der Arzt ohne vorausgegangene Untersuchung ausgestellt hat.[167] Der Beweiswert des ärztlichen Attestes wird aber auch dann beeinträchtigt, wenn die Rückdatierung der Bescheinigung lediglich deshalb erfolgt, weil der Gesamteindruck des Arbeitnehmers und dessen Bekundungen dazu Anlass geben.[168]

cc) Verweigerung der Begutachtung durch den Medizinischen Dienst

Allein die Verweigerung des Arbeitnehmers, sich der Begutachtung durch den **158** Medizinischen Dienst zu unterziehen, die zur **Sicherung des Heilerfolges** (§ 275 Abs. 1 Nr. 3 a SGB V) dienen soll, begründet keine ernsthaften Zweifel an der Arbeitsunfähigkeit.[169]

Die **unberechtigte Nichtbefolgung der Vorladung** zur Untersuchung kann jedoch **159** dem Arbeitgeber dann Anlass zu ernsthaften Zweifeln an der bestehenden Arbeitsunfähigkeit geben, wenn die Krankenkasse die Ladung gerade **zur Beseitigung von Zweifeln an der Arbeitsunfähigkeit** (vgl Rn 100 ff) veranlasst hat.[170] Dh, es müssen weitere Umstände hinzutreten, wie zB die zweifelhafte Diagnose des Arztes, Zweifel bezüglich der Dauer der bescheinigten Arbeitsunfähigkeit, krankheitswidriges Verhalten des Arbeitnehmers oder Nichtbeachtung ärztli-

165 Hessisches LAG 11.6.1993 – 9 Sa 123/93 – LAGE § 626 BGB Nr. 74.
166 LAG Mecklenburg-Vorpommern 30.5.2008 – 3 Sa 195/07 – LAGE § 1 KSchG Verhaltensbedingte Kündigung Nr. 101; LAG Köln 21.11.2003 – 4 Sa 588/03 – NZA 2004, 572.
167 Vgl LAG Hamm 15.8.1978 – 6 Sa 206/78 – DB 1978, 2180; vgl auch Weiland BB 1979, 1096, 1098.
168 LAG Hamm 15.8.1978 – 6 Sa 206/78 – DB 1978, 2180; Weiland BB 1979, 1096, 1098.
169 LAG Hamm 26.6.1984 – 7 Sa 228/84 – BB 1985, 273; vgl LAG Hamm 29.1.2003 – 18 Sa 1137/02 – EEK 3129 das den Beweiswert eines ärztlichen Attests immer als erschüttert ansieht, wenn der Arbeitnehmer eine Untersuchung durch den Medizinischen Dienst verhindert.
170 LAG Hamm 26.6.1984 – 7 Sa 228/78 – BB 1985, 273; vgl ferner LAG Berlin 27.5.1991, LAGE § 3 LohnFG Nr. 12; vgl auch BAG 3.10.1972 5 AZR 215/72 – AP Nr. 1 zu § 5 LohnFG.

cher Anordnungen, um das Verhindern der Begutachtung durch den Medizinischen Dienst gemäß § 286 ZPO zu berücksichtigen.[171]

dd) Arztwechsel/Widersprüchliche Atteste

160 Wechselt der Arbeitnehmer den Arzt, nachdem ihn der zunächst aufgesuchte Arzt nicht krank schreibt, so beeinträchtigt dies allein noch nicht den Beweiswert der vom „neuen“ Arzt ausgestellten Arbeitsunfähigkeitsbescheinigung. Für einen Arztwechsel können nämlich gewichtige Gründe bestehen; so etwa ein fehlendes Vertrauensverhältnis zwischen Arzt und Patient. Auch kann der die Arbeitsunfähigkeit verneinende Arzt sich geirrt haben.

161 Das gilt auch dann, wenn der nunmehr aufgesuchte **Arzt dafür bekannt ist, leicht Arbeitsunfähigkeitsbescheinigungen auszustellen.** Denn es würde zu nicht hinnehmbaren Unsicherheiten für den Arbeitnehmer und Patienten führen, wenn das Arbeitsgericht allein aufgrund dieses „Bekanntseins“ Arbeitsunfähigkeitsbescheinigungen dieses Arztes in Zweifel ziehen würde. In einem solchen Fall ist es vielmehr Angelegenheit der Ärztekammer oder des Sozialversicherungsträgers, sich einzuschalten und gegebenenfalls die kassenärztliche Zulassung zu entziehen.[172]

162 Der Beweiswert der ärztlichen Arbeitsunfähigkeitbescheinigungen von **unterschiedlichen Ärzten**, die der Arbeitnehmer nach einer Auseinandersetzung mit dem Arbeitgeber danach zeitlich lückenlos nacheinander konsultiert, ist dagegen erschüttert.[173]

163 Liegen hinsichtlich der krankheitsbedingten Arbeitsunfähigkeit einander **widersprechende ärztliche Bescheinigungen vor**, so ist damit noch nicht ohne weiteres die Arbeitsfähigkeit des Arbeitnehmers nachgewiesen. Der **Arbeitnehmer kann** sich nämlich **grundsätzlich** auf das **Attest**, in dem die Arbeitsunfähigkeit bescheinigt wird, **verlassen.**[174]

164 Denn der Arbeitnehmer kann die Richtigkeit oder Unrichtigkeit der ärztlichen Diagnose mangels eigener medizinischer Fachkenntnisse meist nicht beurteilen. Etwas anderes gilt jedoch dann, wenn die ärztliche Diagnose, die die Arbeitsunfähigkeit feststellt, wie der Arbeitnehmer weiß, maßgeblich auf seinen durch objektive Befunde nicht nachprüfbaren **subjektiven Angaben** beruht und die **objektive Unrichtigkeit** dieser ärztlichen Diagnose durch ein **weiteres Attest** dargetan wird. In einem solchen Fall kann ein Arbeitnehmer bei Vorliegen subjektiver Beschwerden die Arbeitsleistung berechtigterweise nur dann verweigern,

---

171 Vgl LAG Hamm 26.6.1984 – 7 Sa 228/78 – BB 1985, 273. Vgl auch Knorr/Krasney § 5 EFZG Rn 45; Hunold S. 104 f.

172 ArbG Bielefeld 13.2.1981 – 5 Ca 2460/80 n.v.; Brill DOK 1985, 64 (66); zur Einschaltung des Medizinischen Dienstes vgl oben Rn 104 ff.

173 LAG Hamm 10.9.2003 – 18 Sa 721/03 – LAGE § 5 EFZG Nr. 8; LAG Niedersachsen 7.5.2007 – 6 Sa 1045/05 – LAGE § 3 EFZG Nr. 10; Hess. LAG 14.6.2007 – 11 Sa 296/06.

174 LAG Hamm 18.1.1985 – 16 Sa 1111/84 – DB 1985, 927, 928; LAG Baden-Württemberg 24.6.1982 – 11 Sa 34/82 – n.v.; LAG Hamm 28.8.1991 – 15 Sa 437/91 – LAGE § 1 KSchG Verhaltensbedingte Kündigung Nr. 34; Brill DOK 1985, 64 (66).

wenn vernünftige Zweifel an der Richtigkeit des die Arbeitsfähigkeit bestätigenden Attestes vorliegen und ersichtlich sind.[175]

d) Zweifelsfälle aufgrund sonstiger Umstände

Erschüttert ist der Beweiswert einer Arbeitsunfähigkeitsbescheinigung auch dann, wenn sich nach einer Auseinandersetzung mit dem Arbeitgeber 8 von 15 Arbeitern einer **Kolonne arbeitsunfähig krank schreiben** lassen, selbst wenn dies durch jeweils verschiedene Ärzte geschieht. Etwas anderes ist hier nur dann anzunehmen, wenn die Arbeitsunfähigkeit aufgrund der Art der Krankheit und der zu erbringenden Leistung einem sachkundigen Beobachter ohne weiteres erkennbar ist.[176] 165

Der Beweiswert eines ärztlichen Attestes ist schließlich gemindert, wenn zB **Arbeitskollegen**, die regelmäßig im **selben PKW** zur Arbeitsstelle fahren, gleichzeitig arbeitsunfähig krank werden oder wenn sämtliche Arbeitnehmer eines Betriebes, denen vom Arbeitgeber gekündigt worden ist, gleichzeitig arbeitsunfähig krank werden, ohne dass ein besonderer Umstand, wie zB eine Epidemie oder ein Unfall, gegeben ist.[177] 166

Als erschüttert ist auch der Beweiswert eines ärztlichen Attestes angesehen worden, wenn der erkrankte Arbeitnehmer, obwohl in der gesetzlichen Krankenkasse versichert, die Versicherungsleistung nicht in Anspruch nimmt, sondern „privat" die Kosten trägt.[178] 167

Dagegen ist allein die Tatsache, dass ein Arbeitnehmer am Kündigungstag noch voll arbeitet und sich am nächsten Tag zum Arzt begibt, der ihn arbeitsunfähig krank schreibt, noch nicht ausreichend, den Beweiswert dieser Arbeitsunfähigkeitsbescheinigung in Zweifel zu ziehen.[179] 168

4. Beweislast des Arbeitnehmers bei erschütterter Beweiskraft des ärztlichen Attestes

a) Beweislast

Legt der Arbeitgeber Umstände im vorstehend umschriebenen Sinne dar und kann er sie im Bestreitensfalle beweisen, so erschüttert es die Beweiskraft der ärztlichen Arbeitsunfähigkeitsbescheinigung mit der Folge, dass der **Arbeitnehmer** nun gehalten ist, den **Beweis für seine Arbeitsunfähigkeit** zu führen.[180] Die Vorlage der ärztlichen Arbeitsunfähigkeitsbescheinigung allein reicht dann nicht aus. 169

---

175 Vgl LAG Bayern (München) 31.7.1973 – 4 a Sa 627/73 – ABl. BayArbM 1974, C 21. Zum **Verhältnis** kassenärztliche **Arbeitsunfähigkeitsbescheinigung** und Begutachtung durch den Medizinischen Dienst vgl oben Rn 104 ff.

176 ArbG Berlin 5.6.1980 – 12 Ca 671/79 – BB 1980, 1105.

177 ArbG Elmshorn 9.11.1982 – 10 Ca 371/82 – BB 1983, 125.

178 LAG Niedersachsen 14.5.1996 – 7 Sa 2214/95 – LAGE § 7 EFZG Nr. 1.

179 LAG Hamm 9.4.1975 – 2 Sa 132/75 – DB 1975, 1035.

180 BAG 11.8.1976 – 5 AZR 422/75 – AP Nr. 2 zu § 3 LohnFG; BAG 15.7.1992 – 5 AZR 312/91 – AP Nr. 98 zu § 1 LohnFG; BAG 26.8.1993 – 2 AZR 154/93 – AP Nr. 112 zu § 626 BGB; ferner ArbG Wetzlar 27.11.1985 – 2 Ca 228/85 – NZA 1986, 160; Sowka NZA 1990, 91.

170 In diesen Fällen hat der Arbeitnehmer die Möglichkeit, Umstände vorzutragen, die den Beweiswert der Arbeitsunfähigkeitsbescheinigung wieder herstellen.[181] Im Bestreitensfall muss er – anders als im Kündigungsrechtsstreit – diese Umstände beweisen. Gelingt ihm das, ist die ärztliche Bescheinigung in ihrem Beweiswert nicht beeinträchtigt.[182]

171 Der Arbeitnehmer kann aber auch durch **andere Beweismittel** seine Arbeitsunfähigkeit beweisen. Er kann sich hierzu sämtlicher im Zivilprozess zulässigen Beweismittel bedienen.[183]

172 So kann der Nachweis der Arbeitsunfähigkeit sowohl durch die Vorlage einer weiteren ärztlichen Bescheinigung oder durch Zeugenaussagen geschehen. Kann der Arbeitnehmer seine **Arbeitsunfähigkeit nicht durch ärztliches Attest nachweisen**, hat er konkrete Tatsachen darzulegen, die den Schluss auf eine krankheitsbedingte Arbeitsunfähigkeit zulassen. Dh, er muss im Einzelnen vortragen, welche physischen oder psychischen Gründe vorgelegen und welche Auswirkungen sie auf seine Arbeitsfähigkeit gehabt haben. Die pauschale Behauptung, er habe sich krank bzw unwohl gefühlt, reicht hierfür nicht aus. Soweit der Arbeitnehmer für einen solchen unsubstantiierten Sachvortrag Zeugenbeweis anbietet, ist der Beweisantritt unzulässig und unbeachtlich.[184] Eine Beweisführung durch **medizinische Laien**, dh nicht sachverständige Zeugen, ist jedoch nur da möglich, wo die Anzeichen für die betreffenden Erkrankungen (zB Fieber, Bewusstlosigkeit, Erbrechen) auch von medizinisch nicht gebildeten Personen erkannt werden können und aufgrund solcher Beobachtungen und Feststellungen auf eine Arbeitsunfähigkeit infolge Erkrankung geschlossen werden kann. Erforderlichenfalls muss die Frage, ob die auf diese Weise ermittelten Krankheitsmerkmale eine akute Krankheit darstellen und eine Arbeitsunfähigkeit bedingt haben, durch einen medizinischen Sachverständigen beantwortet werden.[185]

173 Im Übrigen wird der Arbeitnehmer im Prozess seiner Beweispflicht in der Regel dadurch nachkommen können, dass er den Arzt als Aussteller der Arbeitsunfähigkeitsbescheinigung von seiner Schweigepflicht entbindet und **als Zeugen** benennt. Erforderlich ist dann aber jedenfalls, dass der **Arbeitnehmer substantiiert vorträgt, woran er erkrankt gewesen ist**, dh er ist gehalten, die Krankheitssymptome, die für die Krankschreibung ursächlich waren, aus seiner Sicht, als medizinischer Laie, konkret zu schildern und hierfür Beweis anzubieten. Die in der Praxis häufig nur aufgestellte Behauptung des Arbeitnehmers, er sei arbeitsunfähig krank gewesen, Beweis: Dr. med. XY ist hierfür jedenfalls unzurei-

181 LAG Köln 17.4.2002 – 7 Sa 462/01 – MDR 2002, 1130; BAG 26.8.1993 – 2 AZR 154/93 – AP Nr. 112 zu § 626 BGB.
182 Feichtinger S. 87, 88; Sieg Anm. zu BAG 11.8.1976 in SAE 1977, 132, 138.
183 BAG 23.1.1985 – 5 AZR 592/82 – AP Nr. 63 zu § 1 LohnFG; BAG 1.10.1997 – 5 AZR 726/96 – AP Nr. 5 zu § 5 EntgeltFG; ArbG Wetzlar 27.11.1985 – 2 Ca 228/85 – NZA 1986, 160.
184 BAG 26.2.2003 – 5 AZR 112/02 – AP Nr. 8 zu § 5 EntgeltFG.
185 LAG Hamm 9.3.1971 – 3 Sa 70/71 – DOK 1971, 607; Pauly DB 1981, 1282, 1286 f; Brill DOK 1985, 64, 67.

chend.[186] Die Durchführung einer solchen Beweiserhebung würde auf die Erhebung eines unzulässigen **Ausforschungsbeweises** hinauslaufen.[187]

Beispiel 1: Ist die Beweiskraft des Attestes zB dadurch erschüttert, dass der krankgeschriebene Arbeitnehmer abends ein Restaurant aufsucht, so müsste er entweder darlegen und beweisen, dass der Restaurantbesuch aufgrund seiner besonderen Lebensumstände zur Nahrungsaufnahme notwendig war oder dass aus medizinischer Sicht der Restaurantbesuch nicht im Widerspruch zur Art seiner Erkrankung steht. 174

Beispiel 2: Ist der Beweiswert der Arbeitsunfähigkeitsbescheinigung dadurch erschüttert, dass der Arbeitnehmer gleich nach Ausspruch der ordentlichen Arbeitgeberkündigung seine Erkrankung für den Lauf der Kündigungsfrist angekündigt hat, hat er im Einzelnen darzulegen und zu beweisen, aufgrund welcher objektivierbarer Umstände er sich bereits im Zeitpunkt der „Ankündigung" krank gefühlt hat bzw dass er seiner Arbeitsverpflichtung nachkommen wollte, daran infolge Krankheit, die er unter konkreter Darlegung der Krankheitssymptome zB durch einen sachverständigen Zeugen (Arzt) nachzuweisen hat, gehindert war. 175

Beispiel 3: Hat der Arbeitnehmer während der Krankschreibung anderweitig **gearbeitet** bzw sich betätigt, muss er konkret darlegen und beweisen, weshalb er gesundheitlich nicht in der Lage gewesen ist, in seinem Arbeitsverhältnis zu arbeiten. Neben der Art der Erkrankung hat er im Einzelnen darzulegen, welche Verhaltensregeln ihm der Arzt gegeben hat, dass er immer noch nicht die seinem Arbeitgeber geschuldete Arbeit verrichten konnte, wohl aber die, die er anderweitig erbracht hat.[188] 176

Erforderlich ist aber stets gemäß § 286 ZPO eine **Würdigung aller** erhobenen Beweise und aller in diesem Zusammenhang für und gegen das Vorliegen einer Erkrankung sprechenden **Umstände.**[189] 177

Für den Tatrichter empfiehlt sich in solchen Fällen auch regelmäßig, das persönliche Erscheinen des Arbeitnehmers zum Termin anzuordnen (vgl § 51 ArbGG iVm § 141 ZPO), um diesen nach den Gründen im Einzelnen zu fragen (zB warum eine Rückdatierung erfolgt ist oder eine ärztliche Untersuchung nicht stattgefunden hat). Gelingt es dem Arbeitnehmer in diesen Fällen nicht, auf andere Weise darzulegen und zu beweisen, dass die Krankheit die alleinige Ursache für die Verhinderung an der Arbeitsleistung war, scheidet ein Anspruch auf Entgeltfortzahlung für den jeweils fraglichen Zeitraum aus.[190] 178

---

186 Feichtinger/Pohl DB 1984 Beilage 4 S. 9; Lepke Rn 522 ff vgl auch BAG 26.8.1993 – 2 AZR 154/93 – AP Nr. 112 zu § 626 BGB.

187 Vgl zum Vorliegen eines Ausforschungsbeweises BAG 25.8.1982 – 4 AZR 878/79 – AP Nr. 2 zu § 1 TVG Tarifliche Übung; BAG 28.3.1990 – 4 AZR 615/89 – AP Nr. 130 zu § 1 TVG Tarifverträge: Bau; BAG 15.12.1999 – 5 AZR 566/98 – AP Nr. 9 zu § 84 HGB; LAG Köln 26.6.1998 – 11 Sa 1665/97 – LAGE § 611 BGB Arbeitnehmerbegriff Nr. 37.

188 BAG 26.8.1993 – 2 AZR 154/93 – AP Nr. 112 zu § 626 BGB; LAG Berlin 14.8.1998 – 9 TaBV 4/98 – BB 1999, 421.

189 BAG 11.8.1976 – 5 AZR 422/75 – AP Nr. 2 zu § 3 LohnFG; BAG 19.2.1997 – 5 AZR 747/93 – AP Nr. 3 zu Art. 18 EWG-VO Nr. 574/72.

190 Feichtinger/Pohl DB 1984 Beilage 4 S. 9; vgl ferner BAG 20.3.1985 – 5 AZR 229/83 – AP Nr. 64 zu § 1 LohnFG.

b) Rückzahlungsverpflichtung des Arbeitnehmers

179 Gelingt es dem Arbeitnehmer nicht, die begründeten Zweifel des Arbeitgebers an der Arbeitsunfähigkeit auszuräumen (vgl Rn 133 ff), kann der Arbeitgeber die geleistete Entgeltfortzahlung aus dem Gesichtspunkt der ungerechtfertigten Bereicherung in vollem Umfang zurückverlangen.

180 Hat der **Arbeitgeber** jedoch **Entgeltfortzahlung** bereits **gewährt**, obwohl konkrete Umstände vorliegen, die den Beweiswert der Arbeitsunfähigkeitsbescheinigung erschüttert haben, trifft ihn, sofern er gegen unstreitige Lohnforderungen des Arbeitnehmers mit diesen Leistungen **aufrechnen** will, die volle **Beweislast** dafür, dass der Arbeitnehmer die Entgeltfortzahlung ohne Rechtsgrund erhalten hat (§ 812 Abs. 1 Satz 1 1. Alt. BGB). Denn wer gegen eine unstreitige Hauptforderung mit einer bestrittenen Gegenforderung aufrechnet, hat die Wirksamkeit der Aufrechnung und damit grundsätzlich den Bestand seiner behaupteten Gegenforderungen zu beweisen. Er wendet eine rechtsvernichtende Tatsache, Erlöschen der Hauptforderung durch Aufrechnung (§ 389 BGB) ein, deren Vorliegen er nach den allgemeinen Grundsätzen der Beweislast zu beweisen hat. Dem Umstand, **dass der Beweiswert der Arbeitsunfähigkeitsbescheinigung erschüttert ist, kommt bei dieser Fallgestaltung keine Bedeutung zu.** Der **Arbeitgeber** hat somit zu **beweisen**, dass der **Arbeitnehmer nicht arbeitsunfähig** krank war. Für andere Anspruchsgrundlagen, zB § 823 Abs. 2 BGB iVm § 263 StGB, gilt das Gleiche. Ob einer Aufrechnung nach § 394 BGB Pfändungsgrenzen entgegenstehen, hängt davon ab, ob der Arbeitnehmer den Arbeitgeber vorsätzlich geschädigt hat, indem er ihn veranlasste, für eine bloß vorgetäuschte Krankheit Entgeltfortzahlung zu gewähren, § 263 StGB.[191]

5. Beweiswert ausländischer Arbeitsunfähigkeitsbescheinigungen

a) Allgemeines/EU-Staaten

181 Im Urteil vom 12.3.1987 hat der EuGH[192] entschieden, dass Art. 18 Abs. 1 bis 4 der Verordnung (EWG) Nr. 574/72 dahingehend auszulegen ist, dass der zuständige Träger, dh die Krankenkasse bei Vorliegen zwischenstaatlichen Sozialversicherungsrechts – sei es EG-Recht, sei es Recht aus einem Sozialversicherungsabkommen – die **Feststellung des ausländischen Versicherungsträgers über das Bestehen von Arbeitsunfähigkeit** in tatsächlicher und rechtlicher Hinsicht **hinzunehmen** hat, **soweit** sie **nicht** den Versicherten **in seinem Wohnland** durch einen Arzt ihres Vertrauens hat **untersuchen lassen.**

182 Diese Rechtsprechung hat der EuGH im Urteil vom 3.6.1992[193] dahingehend erweitert, dass Art. 18 der Verordnung (EWG) Nr. 574/72 auch dann gilt, wenn der zuständige Träger der Arbeitgeber ist. Dh, der **Arbeitgeber** ist in tatsächlicher und rechtlicher Hinsicht an die vom Träger des Wohn- oder Aufenthaltsorts getroffenen **ärztlichen Feststellungen über** den Eintritt und die Dauer der **Arbeitsunfähigkeit gebunden**, sofern er die betroffene Person **nicht durch einen Arzt seiner Wahl untersuchen lässt**, wozu ihn Art. 18 Abs. 5 der Verordnung (EWG)

191 BAG 26.8.1993 – 2 AZR 154/93 – AP Nr. 112 zu § 626 BGB; LAG Rheinland-Pfalz 8.12.2006 – 3 Sa 585/06 – LAGE § 3 EFZG Nr. 9; LAG München 21.7.1988 – 4 Sa 1168/87 – LAGE § 812 BGB Nr. 1.
192 EuGH 12.3.1987 – Rs. 22/86 – AP Nr. 9 zu Art. 119 EWG-Vertrag.
193 EuGH 3.6.1992 – Rs. C – 45/90 – AP Nr. 1 zu Art. 18 EWG-VO Nr. 574/72.

Nr. 574/72 ermächtigt.[194] Der EuGH begründet diese Entscheidung insbesondere mit dem Hinweis, dass Zielsetzung des Art. 18 der Verordnung (EWG) Nr. 574/72 ist, Beweisschwierigkeiten für einen Arbeitnehmer zu vermeiden, dessen Arbeitsfähigkeit in der Zwischenzeit wiederhergestellt ist, und damit eine größtmögliche Freizügigkeit der Wanderarbeitnehmer zu fördern, die eine der Grundlagen der Gemeinschaft darstellt. Der Umstand, dass die Arbeitgeber in vielen Fällen nicht in der Lage sind, von der in Art. 18 Abs. 5 der Verordnung (EWG) Nr. 574/72 vorgesehenen Befugnis sachgerecht Gebrauch zu machen, steht nach Auffassung des EuGH der vorgenommenen Auslegung des Art. 18 der Verordnung (EWG) Nr. 574/72 aufgrund seines Wortlauts und seiner Zielsetzung nicht entgegen.[195]

Nachdem **gemeinschaftlichen Entscheidungen** durch Art. 189 Abs. 4 EWG-Vertrag **verbindliche Wirkung** zuerkannt ist,[196] kann sich der Arbeitgeber, sofern er nicht von der Möglichkeit des Art. 18 Abs. 5 der Verordnung (EWG) Nr. 574/72 Gebrauch macht, nicht mehr einseitig über das ärztliche Attest des ausländischen Arztes schlicht hinwegsetzen.[197] Damit ist es dem Arbeitgeber verwehrt, auf die allgemeinen Grundsätze zurückzugreifen, die geeignet sind, den Beweiswert der Arbeitsunfähigkeitsbescheinigung zu erschüttern (Rn 128 ff). Die bisher zur Frage des Beweiswertes ausländischer Arbeitsunfähigkeitsbescheinigungen ergangene Rechtsprechung ist folglich[198] für den **Bereich der Europäischen Union**[199] überholt.[200] **183**

Dem Arbeitgeber ist es jedoch **nicht verwehrt, Nachweise zu erbringen,** anhand deren das nationale Gericht ggf feststellen kann, dass der **Arbeitnehmer missbräuchlich oder betrügerisch** eine gem. Art. 18 der Verordnung Nr. 574/72 festgestellte Arbeitsunfähigkeit gemeldet hat, ohne krank gewesen zu sein.[201] **184**

Das bedeutet:

- Der Arbeitnehmer hat dann **keinen Anspruch auf Entgeltfortzahlung** im Krankheitsfall nach dem Entgeltfortzahlungsgesetz iVm Art. 22 der Verordnung (EWG) Nr. 1408/71 und den Art. 18 und 24 der Verordnung (EWG)

194 BAG 19.2.1997 – 5 AZR 747/93 – AP Nr. 3 zu Art. 18 EWG-VO Nr. 574/72.

195 EuGH 3.6.1992 – Rs. C-45/90 – AP Nr. 1 zu Art. 18 EWG-VO Nr. 574/72. Ein **Verzeichnis der deutschsprachigen Ärzte in Italien,** die Kontrolluntersuchungen durchführen, kann unter dem Titel „Entgeltfortzahlung im Krankheitsfall/Rundschreiben des AOK-Bundesverbandes vom 10.11.1993“ bei den Ortskrankenkassen angefordert werden.

196 Vgl etwa EuGH 10.11.1992 – Rs. C-156/91 – NJW 1993, 315; EuGH 6.10.1970 – Rs. 9/70 – NJW 1970, 21, 82.

197 Vgl auch Gaul NZA 1993, 865, 869, aA Lepke DB 1993, 2025, 2028; ders. 503 ff, der die Auffassung des EuGH zur Bindungswirkung für nicht überzeugend hält, da es nicht Aufgabe des EuGH ist, nationales Recht auszulegen und anzuwenden; ferner Leipold Festschrift für Otto Rudolf Kissel, S. 629 ff.

198 Vgl etwa BAG 20.2.1985 – 5 AZR 180/83 – AP Nr. 4 zu § 3 LohnFG.

199 Zu den Mitgliedsstaaten vgl Art. 194 EWG-Vertrag.

200 BAG 19.2.1997– 5 AZR 747/93 – AP Nr. 3 zu Art. 18 EWG-VO Nr. 574/72; vgl auch Lepke DB 1993, 2028, der mit beachtlichen Gründen darauf hin weist, dass diese Ansicht zu einer sachlich nicht gerechtfertigten Besserstellung der im EU-Ausland erkrankten Arbeitnehmer führt, so auch BAG 27.4.1994 – 5 AZR 747/93 (A) – AP Nr. 100 zu § 1 LohnFG.

201 EuGH Urteil 2.5.1996 – Rs. C-206/94 – AP Nr. 2 zu Art. 18 EWG-VO Nr. 574/72; kritisch zu dieser Rechtsprechung des EuGH Vogelsang Rn 371 ff; ferner Lepke Rn 503 ff.

Nr. 574/72, wenn er in Wirklichkeit nicht arbeitsunfähig krank war und sein **Verhalten missbräuchlich oder betrügerisch** war. Allerdings handelt der Arbeitnehmer in aller Regel missbräuchlich oder betrügerisch, wenn er sich arbeitsunfähig krank schreiben lässt, obwohl er es nicht ist.

- Die **Beweislast** dafür, dass der Arbeitnehmer nicht arbeitsunfähig krank war, trägt der **Arbeitgeber**. Es reicht – anders als bei im Inland ausgestellten Arbeitsunfähigkeitsbescheinigungen – nicht aus, dass der Arbeitgeber Umstände beweist, die nur zu ernsthaften Zweifeln an der krankheitsbedingten Arbeitsunfähigkeit Anlass geben.[202]

b) AU-Bescheinigungen aus Ländern außerhalb der EU

185 Was den Beweiswert von Arbeitsunfähigkeitsbescheinigungen aus Ländern außerhalb der EU betrifft, verbleibt es bei den bisherigen von der Rechtsprechung aufgestellten Grundsätzen. Danach ist zunächst davon auszugehen, dass einer von einem ausländischen Arzt im Ausland ausgestellten Arbeitsunfähigkeitsbescheinigung im Allgemeinen der **gleiche Beweiswert** zukommt wie einer von einem deutschen Arzt ausgestellten Bescheinigung. Die Bescheinigung muss jedoch erkennen lassen, dass der ausländische Arzt zwischen einer bloßen Erkrankung und einer mit Arbeitsunfähigkeit verbundenen Krankheit unterschieden und damit eine den Begriffen des deutschen Arbeits- und Sozialversicherungsrechts entsprechende Beurteilung vorgenommen hat. Diesen Anforderungen genügt etwa eine in der Türkei ausgestellte Arbeitsunfähigkeitsbescheinigung, soweit sie die im Deutsch-Türkischen Sozialversicherungsabkommen bestimmten Vorgaben erfüllt.[203]

186 Andererseits kann der Nachweis einer im Ausland aufgetretenen Arbeitsunfähigkeit auch **durch andere Beweismittel** geführt werden (vgl Rn 126 ff).[204]

c) Beeinträchtigung des Beweiswertes

187 Der **Beweiswert** ärztlicher Atteste eines ausländischen Arztes kann sowohl aus dem **Inhalt der Bescheinigungen** (Zweifel an deren sachlicher Richtigkeit), als auch aus weiteren **besonderen Umständen** (innerhalb von sechs Jahre zum vierten Mal im Erholungsurlaub in der Heimat erkrankt) **beeinträchtigt** werden.[205]

188 Zweifel am Vorliegen einer Arbeitsunfähigkeit von Arbeitnehmern im Ausland, so vor allem von ausländischen Arbeitnehmern im Heimatland, werden somit dann als begründet anzusehen sein, wenn die nach dem jeweiligen Abkommen über die Soziale Sicherheit bestimmten Anforderungen nicht erfüllt sind (vgl Rn 24 ff) und der Arbeitnehmer sich hierfür nicht auf eine einleuchtende Erklärung stützen kann.[206] Stellt danach zB ein so genannter **Privatarzt in der Tür-**

202 BAG 19.2.1997– 5 AZR 747/93 – AP Nr. 3 zu Art. 18 EWG-VO Nr. 574/72; LAG Baden-Württemberg 9.5.2000 – 10 Sa 85/97 – LAGE § 1 LohnFG Nr. 34; Treber § 5 EFZG Rn 83 f.

203 BAG 19.2.1997 – 5 AZR 83/86 – AP Nr. 4 zu § 3 EntgeltFG; BAG 20.2.1985 – 5 AZR 180/83 – AP Nr. 4 zu § 3 LohnFG; BAG 1.10.1997 – 5 AZR 499/96 – AP Nr. 4 zu § 5 EntgeltFG; Lepke Rn 500 f; vgl auch BSG 26.2.1992, 1/3 RK 13/90 – EEK I/1087 = SozR 3 – 2200 § 182 Nr. 12, wonach weder die Krankenkasse noch der Arbeitgeber an die Feststellung einer Arbeitsunfähigkeit in Staaten außerhalb der EU gebunden sind.

204 BAG 1.10.1997 – 5 AZR 499/96 – AP Nr. 4 zu § 5 EntgeltFG.

205 BAG 18.9.1985 – 5 AZR 240/84 – n.v.

206 So auch LAG Düsseldorf 25.8.1999 – 17 Sa 812/99 – LAGE § 5 EntgeltfortzG Nr. 2 a bzgl Erkrankung in Griechenland.

kei eine Arbeitsunfähigkeitsbescheinigung aus und wird diese von der Sozialversicherungsanstalt nicht ausdrücklich bestätigt, so reicht allein schon dieser formale Gesichtspunkt aus, um den Beweiswert dieser Bescheinigung in Zweifel zu ziehen.

Eine solche streng formalistische Betrachtungsweise erscheint hier deshalb angebracht, weil vor allem bei längeren Auslandsaufenthalten eine genaue Überprüfung der Arbeitsunfähigkeit im Nachhinein – von Ausnahmefällen abgesehen – nur sehr schwer möglich ist. **189**

Als beeinträchtigt hat das BAG den Beweiswert einer ärztlichen Bescheinigung angesehen, wenn einem Arbeitnehmer **innerhalb von sieben Jahren zum fünften Male gegen Ende seines Heimaturlaubes** oder im unmittelbaren Anschluss daran Arbeitsunfähigkeit bestätigt worden ist, da Zufälle dieser Art der Lebenserfahrung widersprächen.[207] Das LAG München[208] hat zwar bei wiederholter Erkrankung im Anschluss an einen Heimaturlaub ebenfalls den Beweiswert der ausländischen Arbeitsunfähigkeitsbescheinigung als erschüttert angesehen, andererseits in einem solchen Fall noch **keinen Beweis des ersten Anscheins** für eine fehlende Arbeitsunfähigkeit angenommen. Ähnlich LAG München[209] bezüglich eines ausländischen Arbeitsunfähigkeitsattestes aus **Palästina** nach wiederholter Erkrankung während des jeweiligen Heimaturlaubes. Dies gilt jedoch nicht, wenn der betreffende Arbeitnehmer **im Anschluss** an seine Rückkehr weiterhin behandlungsbedürftig ist und sein Zustand einen **mehrwöchigen Krankenhausaufenthalt** erfordert.[210] **190**

Erhebliche Zweifel an der Arbeitsunfähigkeit bestehen auch dann, wenn bei der von einem **marokkanischen Arzt** wegen Nierenerkrankung bzw chronischer Nierenbeschwerden erfolgten Krankschreibung aufgrund einer **nachträglich** erfolgten speziellen Untersuchung **weder laborchemisch, bakteriologisch noch röntgenologisch ein organisches Leiden nachgewiesen werden konnte**. Ist damit die von dem ausländischen Arzt gestellte Diagnose derartigen Zweifeln ausgesetzt, so berühren diese Zweifel auch die hierauf gestützte Notwendigkeit einer „Arbeitsunterbrechung".[211] Das Gleiche gilt ferner, wenn die Arbeitsunfähigkeit durch einen **Arzt außerhalb seines Fachgebietes** (Pathologen!) im Wesentlichen aufgrund subjektiver Angaben (Lumbago) attestiert wird.[212] **191**

Zweifel sind aber auch dann begründet, wenn sich der Inhalt einer **Arbeitsunfähigkeitsbescheinigung**, die einem türkischen Arbeitnehmer während des Urlaubs von einem Arzt in der Türkei ausgestellt wurde, nur auf den Hinweis beschränkt, der betreffende Patient sei krank und über eine evtl Arbeitsunfähigkeit **keine näheren Aussagen** trifft; darüber hinaus ferner festgestellt werden kann, dass dieser Arbeitnehmer in den drei vorangegangenen Jahre von demselben Arzt jeweils nach Ablauf des Urlaubs für 2–3 Wochen krankgeschrieben worden war, wobei einmal das Ende der Krankheitszeit mit dem Ende des Mutterschaftsur- **192**

207 BAG 20.2.1985 – 5 AZR 180/83 – AP Nr. 4 zu § 3 LohnFG; LAG Hamm 20.2.2001 – 11 Sa 1104/00 – LAGE § 3 EntgeltFG Nr. 4.
208 Urteil 21.7.1988 – 4 Sa 1168/87 – LAGE § 812 BGB Nr. 1.
209 LAG München 9.11.1988 – 2 Sa 673/88 – LAGE § 3 LohnFG Nr. 3.
210 Ferner LAG Baden-Württemberg 9.9.1988 – 5 Sa 1/88 – AiB 1989, 89 f.
211 LAG Hamm 1.12.1981 – 7 Sa 723/81 – DB 1982, 232.
212 LAG Düsseldorf 25.8.1999 – 17 Sa 812/99 – LAGE § 5 EntgeltfortzG Nr. 2 a.

laubs der Ehefrau, die mit ihm den Urlaub in der Türkei verbracht hatte, zusammengefallen war.[213]

193 Als gemindert ist auch der Beweiswert einer Arbeitsunfähigkeitsbescheinigung, die einem ausländischen Arbeitnehmer von einem Arzt außerhalb der EU ausgestellt wurde, anzusehen, wenn sich der Arbeitnehmer, wie bereits im Jahr zuvor, **erneut aus dem Urlaub** aus seinem Heimatland **arbeitsunfähig krank gemeldet** hatte und – nachdem das Vorliegen von Arbeitsunfähigkeit von der Betriebskrankenkasse angezweifelt worden war – der Medizinische Dienst im Wege einer **aktenmäßigen Begutachtung** der aus dem Ausland stammenden Atteste zu dem Ergebnis gelangt ist, dass eine mit Arbeitsunfähigkeit zu verbindende Krankheit nicht vorgelegen hat.[214]

194 Des Weiteren ist der Beweiswert einer Arbeitsunfähigkeitsbescheinigung eines ausländischen Arbeitnehmers gemindert, der für einen **Kurzurlaub** (eine Woche) eine **mit hohen Kosten** verbundene Heimreise antritt und dann während des Heimaturlaubs für mehrere Wochen, auf die gleiche Weise **wie im Jahr zuvor, „arbeitsunfähig" wird.** Ebenso ist der Fall zu beurteilen, wenn mehrere ausländische Arbeitnehmer, die aus demselben Heimatdorf stammen, zum gleichen Zeitpunkt gemeinsam dorthin in Urlaub fahren und sich von dort, wie schon in den Jahren zuvor, beim Arbeitgeber krank melden. Das Gleiche gilt nach Auffassung des LAG Hamm, wenn ein Arbeitnehmer unter anderem zum zweiten Mal hintereinander in seinem Heimatland angeblich erkrankt und die streitige Erkrankung gleichzeitig mit seiner Ehefrau beendet hat, so dass der gemeinsame Aufenthalt im Heimatland gemeinsam verlängert worden und zu Ende gegangen ist.[215]

195 Andererseits wird der Entgeltfortzahlungsanspruch bei **nachgewiesener Arbeitsunfähigkeit** nicht dadurch ausgeschlossen (vgl Rn 180), dass der während eines Auslandsaufenthalts erkrankte Arbeitnehmer die Vorschriften eines bestehenden zwischenstaatlichen Sozialversicherungsabkommens nicht eingehalten hat.[216]

C. Rückmeldepflicht

196 Nach Wiederherstellung seiner **Arbeitsfähigkeit** muss sich der Arbeitnehmer beim Arbeitgeber zur Arbeitsaufnahme zurückmelden bzw einfinden. Dem steht nicht entgegen, dass die vorgelegte ärztliche Bescheinigung bereits den Zeitpunkt bestimmt, zu dem die Arbeitsunfähigkeit endet. Zum einen kann die Arbeitsunfähigkeit länger als vorgesehen andauern, zum anderen kann der Arbeitnehmer vorzeitig wieder arbeitsfähig werden.[217]

197 Die Rückmeldepflicht besteht selbst dann, wenn nach Beendigung der Arbeitsunfähigkeit **Betriebsferien** durchgeführt werden.[218]

---

213 Vgl etwa LAG Hamm 7. 9. 1982 – 7 Sa 651/82 – n.v.

214 Vgl ArbG Stuttgart 16.9.1982 – 10 Ca 371/82 – BB 1982, 125.

215 LAG Hamm 19.1.1982 – 7 Sa 1347/81 – zitiert bei Hoppe BlStSozArbR 1982, 328; ähnlich LAG Hamm 7.5.1981 – 10 Sa 1364/80 – zitiert bei Hoppe BlStSozArbR 1982, 328; ferner LAG Hamm 7.9.1982 – 7 Sa 651/82 – n.v.; LAG Düsseldorf 25.8.1999 – 17 Sa 812/99 – LAGE § 5 EntgeltfortzG Nr. 2 a.

216 LAG Hamm 7.3.1990 – 1 Sa 1612/89 – LAGE § 5 LohnFG Nr. 3.

217 Lepke Rn 546 ff; zur Feststellung der Arbeitsfähigkeit vgl LAG Rheinland-Pfalz 11.3.2004 – 6 Sa 2076/03 – LAG Report 2005, 93.

218 Lepke Rn 546 mwN.

D. Rechtsfolgen bei Verletzung der Anzeige- und Nachweispflichten

I. Leistungsverweigerungsrecht

Siehe Ausführungen zu § 7 EFZG. 198

II. Schadensersatz – Vertragsstrafe

Hat der Arbeitnehmer rechtswidrig und schuldhaft die Krankmeldung oder die Vorlage einer ärztlichen Bescheinigung unterlassen, so kann er wegen Verletzung arbeitsvertraglicher Nebenpflichten zum Schadensersatz wegen **positiver Forderungsverletzung** (§ 280 Abs. 1 BGB) verpflichtet sein. Umfang und Grenzen des Schadensersatzanspruchs richten sich nach §§ 249 ff BGB.[219] Der Schaden des Arbeitgebers besteht nicht in dem schlichten Fehlen; vielmehr muss infolge der unterlassenen Krankmeldung oder des Nachweises ein besonderer Schaden erwachsen sein. Dies ist zB der Fall, wenn der Arbeitgeber bei unverzüglicher Krankmeldung die Maschine oder dgl. noch hätte anderweitig besetzen können. Unter Umständen kommt auch ein Anspruch auf Erstattung der durch die **Beauftragung einer Detektei** mit der Überwachung des Arbeitnehmers entstandenen Kosten in Betracht, wenn im Zeitpunkt der Beauftragung konkrete Tatsachen vorliegen, die den Verdacht begründen, der Arbeitnehmer habe die Arbeitsunfähigkeit erschlichen (vgl Rn 98 f). 199

Soweit die **Detektivkosten** im Zusammenhang mit einem Rechtsstreit entstehen, 200 gehören sie zu den nach §§ 91 ff ZPO von der unterlegenen Partei zu tragenden Kosten des Rechtsstreits.[220] Soweit hier eine entsprechende prozessuale Kostentragungspflicht etwa mangels Rechtsstreits nicht entsteht, ergibt sich der materielle Schadens- und Aufwendungsersatzanspruch des Arbeitgebers gegenüber dem Arbeitnehmer auf Ersatz der Detektivkosten insbesondere aus positiver Forderungsverletzung (§ 280 BGB) oder einer unerlaubten Handlung (§ 823 Abs. 2 BGB iVm § 263 StGB). Der Arbeitnehmer hat dem Arbeitgeber die durch das Tätigwerden eines Detektivs entstandenen **notwendigen Kosten** – dh diejenigen Aufwendungen, die eine vernünftige, wirtschaftlich denkende Person nach den Umständen des Falles zur Beseitigung der Störung bzw zur Schadensverhütung nicht nur als zweckmäßig, sondern als erforderlich ergriffen hätte – zu ersetzen, wenn der Arbeitgeber anlässlich eines **konkreten** Tatverdachts gegen den Arbeitnehmer einem Detektiv die Überwachung des Arbeitnehmers überträgt und der **Arbeitnehmer einer vorsätzlichen vertragswidrigen Handlung überführt wird.**[221]

219 Vgl BAG 13.11.2001 – 9 AZR 590/99 – AP Nr. 37 zu § 242 BGB Auskunftspflicht; Gotthardt, Schuldrechtsreform, Rn 46.

220 LAG Düsseldorf 4.4.1995 – 7 Ta 243/94 – NZA 1995, 808; LAG Berlin 20.9.2001 – 17 Ta 6117/01 (Kost) – LAGE § 91 ZPO Nr. 31; aA LAG Hamburg 7.11.1995 – 3 Ta 13/95 – LAGE § 91 ZPO Nr. 26.

221 BAG 3.12.1985 – 3 AZR 327/84 – BB 1987, 689; BAG 17.9.1998 – 8 AZR 5/97 – AP Nr. 113 zu § 611 BGB Haftung des Arbeitnehmers; BAG 28.5.2009 – 8 AZR 226/08 – DB 2009, 2379; LAG Hamm 28.8.1991 – 15 Sa 437/91 – LAGE § 1 KSchG Verhaltensbedingte Kündigung Nr. 34; OLG Hamm 31.8.1992 – 23 W 92/92 – JurBüro 1993, 293; LAG Hamm 7.11.1995 – 6 Sa 187/95 – DB 1996, 278; LAG München 3.11.2000 – 10 Sa 1037/98 – LAGE § 626 BGB Nr. 131; LAG Köln 22.5.2003 – 6 (3) Sa 194/03 – LAGE § 626 BGB Nr. 150; hierzu ferner ausführlich Becker Detektive zur Überwachung von Arbeitnehmern?, S. 27 ff; ders. DB 1983, 1253 ff (1256); Kramer BB 1996, 1662, 1665 f; vgl ferner Lingemann/Göpfert DB 1997, 374.

201 Dem Arbeitgeber kann uU der Einwand des **Mitverschuldens** (§ 254 BGB) entgegengesetzt werden, wenn er eine Erkundigung über den Verbleib des Arbeitnehmers unterlässt.[222]

202 Ob arbeitsvertragliche **Nebenverpflichtungen**, wie die Pflicht, sich unverzüglich krank zu melden (§ 5 Abs. 1 Satz 1 EFZG), überhaupt durch eine **Vertragsstrafenvereinbarung** gesichert werden können, ist zweifelhaft.[223] Soweit von ihrer grundsätzlichen Zulässigkeit ausgegangen wird.[224] ist jedoch zu beachten, dass die Vertragsstrafenabrede nach ihren Voraussetzungen so klar sein muss (Transparenzgebot), damit sich der Betroffene in seinem Verhalten auf sie einrichten kann.[225] Darüber hinaus sind bei vorformulierten Arbeitsverträgen die §§ 305–309 BGB zu beachten[226] § 309 Nr. 6 BGB steht der Zulässigkeit solcher Vertragsstrafenabreden schon vom Wortlaut her nicht entgegenstehen (vgl auch § 12 EFZG Rn 44).

III. Kündigung

1. Allgemeines

203 Verstößt der Arbeitnehmer gegen die ihm obliegenden Nebenpflichten, seine Arbeitsunfähigkeit unverzüglich anzuzeigen (§ 5 Abs. 1 Satz 1 EFZG, vgl oben Rn 11 ff) bzw ein ärztliches Attest vorzulegen (§ 5 Abs. 1 Satz 2–4 EFZG, vgl oben Rn 33 ff), kann dies Grund zur fristgerechten Kündigung, unter Umständen sogar zur fristlosen Kündigung sein.[227] Hierbei wird davon auszugehen sein, dass ein **einmaliger Verstoß** gegen eine solche Nebenpflicht im Regelfall lediglich eine **Abmahnung** seitens des Arbeitgebers rechtfertigt. Erst im Wiederholungsfall ist eine **ordentliche Kündigung** begründet.[228]

---

222 LAG Bremen 17.5.1960 2 Sa 23/60 – BB 1960, 1246.

223 Vgl BAG 5.2.1986 5 AZR 564/84 – AP Nr. 12 zu § 339 BGB; ferner Reichenbach NZA 2003, 309.

224 Vgl etwa BAG 4.9.1964 – 5 AZR 511/63 – AP Nr. 3 zu § 339 BGB; zur Zulässigkeit einer formularmäßigen Vereinbarung einer Vertragsstrafe in Arbeitsverträgen nach der Schuldrechtsreform vgl BAG 21.4.2005 – 8 AZR 425/04 – AP Nr. 3 zu § 307 BGB; BAG 18.8.2005 – 8 AZR 65/05 – AP Nr. 1 zu § 336 BGB.

225 Vgl BAG 21.4.2005 – 8 AZR 425/04 – AP Nr. 3 zu § 307 BGB; LAG Berlin 22.5.1997 – 1 Sa 4/97 – NZA-RR 1998, 53; ferner Söllner AuR 1981, 97 (104), der eine Vertragsstrafe allenfalls für den Fall der schuldhaften Schlechterfüllung der Arbeitspflicht für zulässig erachtet; ferner ausführlich Preis/Stoffels AR-Blattei SD 1710 »Vertragsstrafe« Rn 156 ff.

226 BAG 18.8.2005 – 8 AZR 65/05 – AP Nr. 1 zu § 336 BGB; ferner Reichold, ZTR 2002, 202, 207 f; Gotthardt, Schuldrechtsreform, Rn 277 ff, 325 ff.

227 Vgl aber LAG Schleswig-Holstein 17.12.2003 – 3 Sa 415/03 – NZA-RR 2004, 241, das eine Meldepflichtverletzung verneint, wenn der Arbeitgeber das Arbeitsverhältnis gekündigt und dadurch zum Ausdruck gebracht hat, den Arbeitnehmer nicht mehr einsetzen zu wollen.

228 BAG 31.8.1979 – 2 AZR 13/89 – AP Nr. 23 zu § 1 KSchG 1969 Verhaltensbedingte Kündigung; BAG 16.8.1991 – 2 AZR 604/90 – AP Nr. 27 zu § 1 KSchG 1969 Verhaltensbedingte Kündigung; BAG 23.9.1992 – 2 AZR 199/92 – EzA § 1 KSchG 1969 Verhaltensbedingte Kündigung Nr. 44; LAG Frankfurt 22.1.1990 – 10 (2) Sa 913/89 – LAGE § 1 KSchG Verhaltensbedingte Kündigung Nr. 30; LAG Köln 1.6.1995 – 5 Sa 250/95 – LAGE § 611 BGB Abmahnung Nr. 42; ferner Hessisches LAG 7.7.1997 – 16 Sa 2328/96 – LAGE § 626 BGB Nr. 115; LAG Köln 22.12.2005 – 6 Sa 1398/04 – EEK 3221.

Von dieser Regel ist auch nicht zugunsten **spezieller Branchen**, die auf eine rechtzeitige Unterrichtung besonders dringend angewiesen sein mögen, eine Ausnahme zu machen.[229] 204

Nicht gefolgt werden kann jedoch in diesem Zusammenhang der Auffassung des LAG Baden-Württemberg,[230] wonach die Verletzung der Mitteilungspflicht nur dann Kündigungsgrund nach § 1 Abs. 2 KSchG sein kann, wenn dem Arbeitgeber daraus ein Schaden oder sonstiger Nachteil entstanden ist. Denn kündigungsrechtlich relevant ist schon die Pflichtverletzung als solche, ein weitergehender Schaden des Arbeitgebers ist hierbei zur Rechtfertigung einer fristgemäßen Kündigung nicht erforderlich.[231] 205

Hat der Arbeitnehmer jedoch die Krankmeldung bzw die Vorlage eines ärztlichen Attestes trotz entsprechender Abmahnung wiederholt unterlassen, kann darin eine beharrliche Arbeitspflichtverletzung und damit ein wichtiger Grund zur fristlosen Entlassung gesehen werden.[232] 206

Unzulässig sind einzelvertragliche Vereinbarungen oder tarifliche Regelungen, wonach bereits die **einmalige** Nebenpflichtverletzung des Arbeitnehmers, sich rechtzeitig krank zu melden, die außerordentliche **fristlose Kündigung zur Folge hat.** Denn das Recht zur außerordentlichen Kündigung ist für beide Vertragsteile unabdingbar. Die Vereinbarung bestimmter Tatbestände als wichtiger Grund iSd § 626 Abs. 1 BGB über das gesetzliche Maß hinaus ist unwirksam.[233] 207

2. Verletzung der Anzeigepflicht

Ausgehend von den vorstehend genannten Grundsätzen ist jedoch entscheidend auf die **Umstände des jeweiligen Einzelfalles** abzustellen. Hierbei ist hervorzuheben, dass der Arbeitgeber wegen der Auswirkungen auf den Betriebsablauf in aller Regel ein größeres Interesse an einer schnellen Unterrichtung über die Arbeitsunfähigkeit hat als an deren Nachweis durch ärztliches Attest.[234] 208

So ist bei **Angestellten in verantwortlicher Position** ein besonders strenger Maßstab anzulegen. Dieser Personenkreis kann sich bei plötzlicher Erkrankung jedenfalls dann, wenn seine Anwesenheit im Betrieb aus besonderem Anlass (hier: Probelauf einer von ihm entwickelten Maschine) notwendig ist, nicht darauf beschränken, dem Arbeitgeber seine Arbeitsunfähigkeit durch Übersendung einer ärztlichen Bescheinigung ohne jede Erläuterung einfach nur anzuzeigen. In einem solchen Fall muss sich der Angestellte vielmehr – sofern ihm das aus besonderen, vor allem aus Gesundheitsgründen nicht unmöglich ist – darum kümmern und den Arbeitgeber entsprechend unterrichten, was in seinem Aufgabenbereich oh- 209

229 LAG Berlin 18.8.1980 – 9 Sa 42/80 – DB 1980, 2195; LAG Köln 12.11.1993 – 13 Sa 726/93 – LAGE § 1 KSchG Verhaltensbedingte Kündigung Nr. 40.

230 Urteil 30. 6.1966 – 4 Sa 25/66 – DB 1966, 1360.

231 Vgl auch BAG 16.8.1991 – 2 AZR 604/90 – AP Nr. 27 zu § 1 KSchG 1969 Verhaltensbedingte Kündigung; LAG Köln 12.11.1993 – 13 Sa 726/93 – LAGE § 1 KSchG Verhaltensbedingte Kündigung Nr. 40; LAG Köln 22.12.2005 – 6 Sa 1398/04 – EEK 3221.

232 Vgl auch LAG Hamm 23.3.1971 – 3 Sa 104/70 – BB 1971, 616.

233 BAG 22.11.1973 – 2 AZR 580/72 – AP Nr. 67 zu § 626 BGB; LAG Berlin 18.8.1980 – 9 Sa 42/80 – DB 1980, 2195; Feichtinger/Huep AR-Blattei SD 1010.8 „Die außerordentliche Kündigung" Rn 69 ff.

234 BAG 15.1.1986 – 7 AZR 128/83 – AP Nr. 93 zu § 626 BGB; BAG 16.8.1991 – 2 AZR 604/90 – AP Nr. 27 zu § 1 KSchG 1969 Verhaltensbedingte Kündigung.

ne seine Anwesenheit geschehen soll. Tut er dies bei einem solchen Sachverhalt nicht, so rechtfertigt sich daraus eine fristlose Kündigung, da es dem Arbeitgeber dann nicht zuzumuten ist, den Angestellten bis zum Ablauf der Frist für die ordentliche Kündigung weiterzubeschäftigen.[235]

210 Eine Pflichtverletzung, die den Arbeitgeber zur Kündigung berechtigt, ist dann anzunehmen, wenn ein an Grippe erkrankter Heizer seine Arbeitsunfähigkeit nicht unverzüglich anzeigt und dadurch die Produktion zum Stillstand kommt. Etwas anderes gilt jedoch, wenn der Arbeitnehmer beispielsweise wegen hohen Fiebers und Bettlägerigkeit nicht in der Lage ist, seinen diesbezüglichen Pflichten umgehend nachzukommen.[236]

211 Die Verletzung der Anzeigepflicht ist bei einem erst kurzfristig (2 ½ Monate) in einem Kleinbetrieb beschäftigten Arbeitnehmer als wichtiger Grund iSd § 626 BGB angesehen worden, da er selbst am 6. Kalendertag seines Fehlens den Arbeitgeber noch nicht über seine Arbeitsunfähigkeit informiert hatte.[237]

212 Dagegen ist die Verletzung der Anzeigepflicht bei **Fortdauer der Erkrankung** als nicht zu schwerwiegend anzusehen, da das Fehlen den Arbeitgeber nicht unvorbereitet trifft. Denn die vorangehende Arbeitsunfähigkeitsbescheinigung kennzeichnet die prognostizierte Dauer der Arbeitsunfähigkeit stets nur mit einem „voraussichtlich" und bringt damit von vornherein eine Ungewissheit über die weitere Entwicklung der Arbeitsunfähigkeit des Arbeitnehmers zum Ausdruck.[238] Die **wiederholte** Verletzung der Anzeigepflicht bei Folgeerkrankungen nach entsprechender Abmahnung kann jedoch eine ordentliche Kündigung rechtfertigen.[239]

3. Verletzung der Nachweispflicht

213 Die Verpflichtung, die Arbeitsunfähigkeit durch ärztliches Attest nachzuweisen, tritt regelmäßig hinter die Pflicht zurück, den Arbeitgeber unverzüglich über den Eintritt der Arbeitsunfähigkeit und ihre voraussichtliche Dauer zu unterrichten. Deshalb ist auch die mehrfache Nichtvorlage einer Arbeitsunfähigkeitsbescheinigung am ersten Tag nach der Erkrankung, trotz entsprechender Verpflichtung, nicht stets geeignet, eine außerordentliche Kündigung zu rechtfertigen. Eine Verletzung der Nachweispflicht kann daher nur unter besonderen Umständen wichtiger Grund für eine außerordentliche Kündigung sein. Angesichts des regelmäßig geringen Gewichts dieser Pflichtverletzung bedarf es der Feststellung erschwerender Umstände des Einzelfalles, die ausnahmsweise eine außerordentli-

235 BAG 30.1.1976 – 2 AZR 518/74 – AP Nr. 2 zu § 626 BGB Krankheit; ferner BAG 15.1.1986 – 7 AZR 128/83 – AP Nr. 93 zu § 626 BGB.

236 LAG Niedersachsen 13.3.1967 – 6 Sa 51/67 – AuR 1967, 318; vgl auch LAG Berlin 6.2.1984 – 9 Sa 132/83 –, das eine fristgerechte Kündigung einer Stationshilfe in einer Klinik für rechtswirksam angesehen hat, die trotz wiederholter Abmahnung erneut ihre Anzeigepflicht verletzt hat.

237 BAG 20.8.1980 – 2 AZR 1086/78 – AP Nr. 13 zu § 6 LohnFG m.Anm. Trieschmann.

238 LAG Köln 12.11.1993 – 13 Sa 726/93 – LAGE § 1 KSchG Verhaltensbedingte Kündigung Nr. 40.

239 LAG Köln 1.6.1995 – 5 Sa 250/95 – LAGE § 611 BGB Abmahnung Nr. 42.

che Kündigung rechtfertigen.[240] Häufig wird jedoch bei nicht nachgewiesener Arbeitsunfähigkeit unentschuldigtes Fehlen anzunehmen sein.

Daraus folgt, dass die erneute verspätete Vorlage der Arbeitsunfähigkeitsbescheinigung durch einen **Auszubildenden** auch im Wiederholungsfalle nach vergeblicher, einschlägiger und ordnungsgemäßer Abmahnung nicht geeignet ist, eine außerordentliche Kündigung des Ausbildungsverhältnisses zu rechtfertigen.[241] **214**

4. Rechtsfolgen der Kündigung

Kündigt der Arbeitgeber wegen einer der vorstehenden Pflichtverletzungen das Arbeitsverhältnis rechtswirksam, endet der Entgeltfortzahlungsanspruch. Eine Beendigung des Arbeitsverhältnisses aus Anlass der Arbeitsunfähigkeit liegt in diesen Fällen nicht vor.[242] **215**

§ 6 Forderungsübergang bei Dritthaftung

(1) Kann der Arbeitnehmer auf Grund gesetzlicher Vorschriften von einem Dritten Schadensersatz wegen des Verdienstausfalls beanspruchen, der ihm durch die Arbeitsunfähigkeit entstanden ist, so geht dieser Anspruch insoweit auf den Arbeitgeber über, als dieser dem Arbeitnehmer nach diesem Gesetz Arbeitsentgelt fortgezahlt und darauf entfallende vom Arbeitgeber zu tragende Beiträge zur Bundesagentur für Arbeit, Arbeitgeberanteile an Beiträgen zur Sozialversicherung und zur Pflegeversicherung sowie zu Einrichtungen der zusätzlichen Alters- und Hinterbliebenenversorgung abgeführt hat.

(2) Der Arbeitnehmer hat dem Arbeitgeber unverzüglich die zur Geltendmachung des Schadensersatzanspruchs erforderlichen Angaben zu machen.

(3) Der Forderungsübergang nach Absatz 1 kann nicht zum Nachteil des Arbeitnehmers geltend gemacht werden.

Schrifttum: *Benner*, Entgeltfortzahlung und Dritthaftung, DB 1999, 482; *Bickel*, Gesetzlicher Übergang eines Schadensersatzanspruches eines Arbeiters wegen Verdienstausfalls auf den Arbeitgeber bei Lohnfortzahlung, DB 1970, 1128; *Birk*, Lohnfortzahlungsgesetz und Auslandsbeziehungen, DB 1973, 1551; *Boecken*, Probleme der Entgeltfortzahlung im Krankheitsfall, NZA 1999, 673; *Gitter*, Die gesetzliche Unfallversicherung nach der Einordnung ins Sozialgesetzbuch – ein Versicherungszweig ohne Reformbedarf? BB 1998, Beilage 6; *Hammacher*, Rechtsprobleme bei dem Einsatz von Autokranen, BB 1992, 1510; *Hanau*, Schadensersatzansprüche des Arbeitnehmers und des Arbeitgebers gegen Dritte unter Berücksichtigung der Lohnfortzahlungspflicht des Arbeitgebers, AR-Blattei, Schadensersatz im Arbeitsrecht II; *Jahnke*, Entgeltfortzahlung und Regress des Arbeitgebers im Schadenfall seines Arbeitnehmers, NZV 1996, 169; *Kleb-Braun*, Der Abzug häuslicher Ersparnisse bei Krankenhausbehandlung eines durch Fremdverschulden geschädigten Arbeitnehmers, NJW 1985, 663; *Lehmann*, Umfang des Forderungsüberganges bei der Dritthaftung nach § 4 LFZG, DB 1972, 1390; *Marburger*, Zur Konkurrenz zwischen Ersatzansprüchen des Arbeitgebers und der Krankenkasse bei KFZ-Unfall des Arbeitnehmers, DB 1975, 932; *ders.*, Zweifelsfragen bei Anwendung des § 4 Lohnfortzahlungsgesetz, BB 1972, 320; *ders.*, Ausschluss der Arbeit-

240 BAG 15.1.1986 – 7 AZR 128/83 – AP Nr. 93 zu § 626 BGB; ferner LAG Sachsen-Anhalt 24.4.1996 – 3 Sa 449/95 – LAGE § 626 BGB Nr. 99; LAG Köln 17.11.2000 – 4 Sa 1066/90 – NZA-RR 2001, 367.
241 LAG Baden-Württemberg 5.1.1990 – 1 Sa 23/89 – LAGE § 15 BBiG Nr. 7.
242 Vgl Feichtinger DB 1983, 1202 ff.

geberhaftung bei Arbeitsunfällen und Arbeitgeberansprüchen nach § 4 LFZG, DB 1976, 1528; *ders.*, Konkurrenz zwischen Arbeitgeber und Krankenkassen bei Schadenersatzansprüchen, RdA 1987, 334; *ders.*, Haftungsfreistellung bei Arbeitsunfällen, BB 2000, 1781; *Marschner*, Schadensersatz und Sozialversicherung, AR-Blattei SD 1400.4 (Stand November 2000); *Mittelmeier*, Arbeitgeberregress bei Fortzahlung des Arbeitsentgelts – insbesondere beim Weihnachtsgeld und Urlaubsentgelt –, VersR 1987, 846; *Neumann-Duesberg*, Forderungsübergang auf den Arbeitgeber bei Dritthaftung im Falle der Gehaltsfortzahlung an Angestellte, BB 1970, 493; *Olderog*, Rechtsfragen bei Krankheit im Arbeitsverhältnis, BB 1989,1684; *Ortlepp*, Die Behandlung des Unfallversicherungsbeitrages im Rahmen des § 4 LFZG, BlStRSozArbR 1971, 118; *ders.*, Schadensausgleich zwischen Betrieb und Drittschädiger im Rahmen des § 4 LFZG, BlStRSozArbR 1972, 201; *Platzer*, Der Umfang des Forderungsübergangs bei Dritthaftung im Baugewerbe, BB 1993, 1217; *Riedmaier*, Schadensersatz wegen Arbeitsunfähigkeit, VersR 1978, 110; *ders.*, Pauschalierte Berechnung des Verdienstausfallschadens von Arbeitnehmern, VersR 1978, 1002; *ders.*, Nochmals: Pauschalierte Berechnung des Verdienstausfallschadens von Arbeitnehmern, BB 1979, 687; *ders.*, Übergang der Schadensersatzansprüche Unfallverletzter Arbeitnehmer (Beamter) auf Arbeitgeber (Dienstherren) – Zur Problematik des sog. Arbeitgeberschadens, DB 1980, 64; *Ritze*, Zur Einschränkung des Rückgriffsrechts der Träger der sozialen Sicherheit gemäß § 67 Abs. 2 VVG, BB 1976, 1672; *Rolfs*, Die Neuregelung der Arbeitgeber- und Arbeitnehmerhaftung bei Arbeitsunfällen durch das SGB VII, NJW 1996, 3177; *ders.*, Aktuelle Entwicklungen beim unfallversicherungsrechtlichem Haftungsausschluss (§§ 104 ff SGB VII), DB 2001, 2294; *Sabel*, Schadensersatz für anteiliges Weihnachtsgeld und Urlaubsentgelt, VersR 1973, 302; *Schmidt*, Der Umfang der Haftungsfreistellungen bei Personenschäden – insbesondere nach § 106 Abs. 3 SGB VII, BB 2002, 1859; *Schmidt*, Umfang des Schadensersatzes bei Dritthaftung nach dem Lohnfortzahlungsgesetz, DB 1972, 190; *Schröder*, Eingesparte Verpflegungskosten und kein Ende?, NVZ 1992, 139; *Sieg*, Mechanismen zur Minderung des Risikos der Entgeltfortzahlung bei Krankheit BB 1996, 1766; *Strick*, Berechnung des Verdienstausfalls, AR-Blattei SD 1400.3 (Stand Oktober 1998); *Waltermann*, Forderungsübergang auf Sozialleistungsträger, NJW 1996, 1644; *ders.*, Änderungen im Schadensrecht durch das neue SGB VII, NJW 1997, 3401; *ders.*, Entgeltfortzahlung bei Arbeitsunfällen und Berufskrankheiten nach neuem Recht, NZA 1997, 177; *ders.*, Haftungsfreistellung bei Personenschäden, NJW 2004, 901; *Wältermann*, Forderungsübergang nach dem EFZG bei Dritthaftung, DP 1996, 199; *ders.*, Haftungsfreistellung bei Personenschäden – Grenzfälle und neue Rechtsprechung, NJW 2004, 901; *Zeitlmann*, Übergang der Lohnfortzahlung bei mitwirkendem Verschulden des Arbeitnehmers, Personal 1976, 273.

A. Allgemeines 1
B. Anwendungsbereich 3
C. Voraussetzungen des Forderungsübergangs 5
- I. Schadensersatz des Arbeitnehmers gegen Dritte 5
- II. Schadensersatz aufgrund gesetzlicher Vorschriften 20
- III. Schadensersatz wegen Verdienstausfalls 24
- IV. Entgeltfortzahlung aufgrund Gesetzes 26
- V. Tatsächliche Leistung des Arbeitgebers 29
- VI. Nicht zum Nachteil des Arbeitnehmers 30

D. Vollzug des Forderungsübergangs 32
- I. Gegenstand des Forderungsübergangs 32
- II. Zeitpunkt des Forderungsübergangs 33
- III. Umfang des Forderungsübergangs 36
- IV. Höhe des Forderungsübergangs 39

E. Mitteilungspflicht des Arbeitnehmers 44
F. Verhältnis der Erstattungsansprüche zueinander 49
- I. Allgemeines 49
- II. Verhältnis der Ansprüche des Arbeitnehmers und des Sozialversicherungsträgers 51
  1. Voraussetzungen und Rechtsfolgen des § 116 SGB X 51
  2. Konkurrenz bei beschränkter Haftung des Dritten 54
  3. Konkurrenz bei fehlender Leistungsfähigkeit des Dritten 56

III. Verhältnis der Ansprüche des Arbeitgebers und der Sozialversicherungsträger 57
1. Grundsatz 57
2. Konkurrenz bei Krankenhauspflege 58
3. Arbeitgeber erfüllt Entgeltfortzahlungsanspruch nicht 59
G. Prozessuales 61

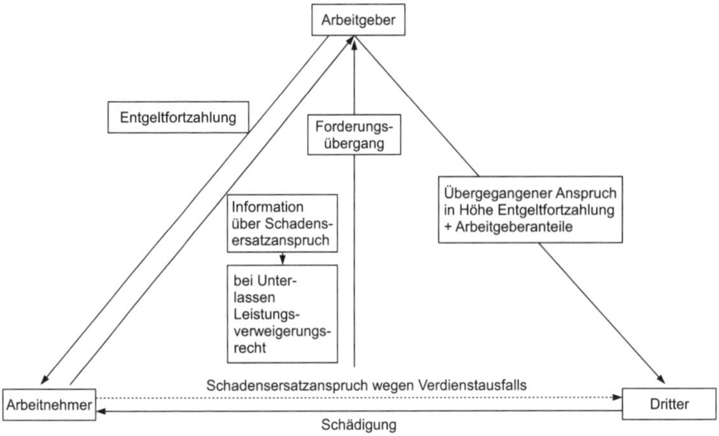

A. Allgemeines

1 Wird die Arbeitsunfähigkeit des Arbeitnehmers durch einen Dritten verursacht (zB der Dritte verschuldet einen Verkehrsunfall, bei dem der Arbeitnehmer verletzt wird, oder der Arbeitnehmer wird schuldlos im Rahmen einer Schlägerei verletzt), so kann der Arbeitnehmer gegen den Dritten aus unerlaubter Handlung (§§ 823 ff BGB, §§ 249 ff BGB) oder nach den Grundsätzen der so genannten Gefährdungshaftung[1] **Schadensersatzansprüche** haben, und zwar **unabhängig** von dem gegen den Arbeitgeber gerichteten **Anspruch auf Entgeltfortzahlung.** Dieser beruht auf arbeitsrechtlichen Überlegungen und Zielvorstellungen, nicht verfolgt er den Zweck, dem geschädigten Arbeitnehmer einen Ausgleich für einen Schadensfall zu verschaffen.[2] Wegen dieses Normzwecks kann weder der Arbeitgeber den Arbeitnehmer auf die Ansprüche gegen den schädigenden Dritten verweisen mit dem Ziel, sich von seiner Pflicht zur Fortzahlung der Vergütung zu befreien, noch der Dritte mit dem Hinweis auf die Leistungspflicht des Arbeitgebers seine eigene Schadensersatzpflicht mindern. Daraus hat die Rechtsprechung und Rechtslehre schon seit langem – wenn auch mit unterschiedlicher Begründung – zur Verhinderung einer ungerechtfertigten Bereicherung des Arbeitnehmers und zur Vermeidung von Unbilligkeiten abgeleitet, dass der Arbeitnehmer verpflichtet ist, seine **Ersatzansprüche gegen den Dritten an den Arbeitgeber in Höhe der fortgezahlten Vergütung abzutreten.**[3]

1 Vgl zB §§ 1 ff HaftpflG; §§ 33 ff LuftVG; §§ 7 ff StVG; § 833 BGB; §§ 1 ff ProdHaftG.
2 BGH 20.6.1974 – III ZR 27/73 – AP Nr. 1 zu § 4 LohnFG.
3 BAG 23.6.1994 – 8 AZR 292/93 – EEK I/1148; BGH 19.6.1952 – III ZR 295/51 – BGHZ 7, 30, 43; BGH 31.5.1954 – GSZ 2/54 – BGHZ 13, 360; BGH 27.4.1965 – VI ZR 124/64 – AP Nr. 3 zu § 249 BGB.

2 Aus dieser Rechtsprechung hat der Gesetzgeber – zunächst für Arbeiter und nunmehr für alle Arbeitnehmer – die Konsequenzen gezogen und nach dem Vorbild des § 87a Bundesbeamtengesetz (BBG) und § 116 SGB X, § 4 LFZG und später den gleich lautenden § 6 EFZG ausgestaltet. Danach geht, wenn der Arbeitnehmer aufgrund gesetzlicher Vorschriften von einem Dritten Schadensersatz wegen des ihm durch die Arbeitsunfähigkeit entstandenen Verdienstausfalls beanspruchen kann, dieser Anspruch insoweit auf den Arbeitgeber über, als dieser aufgrund des EFZG Arbeitsentgelt fortzahlt und hierauf Beiträge zur Bundesanstalt für Arbeit, Arbeitgeberanteile an Beiträgen zur Sozialversicherung und zur Pflegeversicherung sowie zu Einrichtungen einer zusätzlichen Alters- und Hinterbliebenenversorgung abgeführt hat. Es handelt sich also um einen **gesetzlichen Forderungsübergang** iSd § 412 BGB (cessio legis), der sich auch ohne, ja selbst gegen den Willen des Arbeitnehmers vollzieht; der Arbeitgeber ist nicht mehr auf eine (schuldrechtliche) Forderungsabtretung des Arbeitnehmers angewiesen. Ersatzansprüche für andere Schäden, zB Heilungskosten, sind gemäß § 116 Abs. 2 und 3 SGB X zwischen Arbeitnehmer und Sozialversicherungsträger aufzuteilen.[4]

B. Anwendungsbereich

3 Der Forderungsübergang nach § 6 EFZG findet nur im Rahmen von Arbeitsverhältnissen statt. Eine – auch nur entsprechende – Anwendung auf andere Rechtsverhältnisse, wie zB das Dienstvertragsverhältnis eines GmbH-Geschäftsführers, ist nicht möglich.[5] In diesen Fällen kommt aber eine Pflicht des Verletzten in Betracht, seinen Anspruch gegen den Schädiger analog §§ 255, 285 BGB abzutreten.[6]

4 Ob § 6 EFZG auch dann anzuwenden ist, wenn sich die **Schädigung** nicht im Inland, sondern im **Ausland** ereignet, wird in der Rechtsprechung unterschiedlich beantwortet. So haben sich bei einer Schädigung in Österreich das Oberlandesgericht Wien (vom 7.12.1972, EEK I/361) und das Bezirksgericht Bregenz (vom 12.10.1973, EEK I/401), im früheren Jugoslawien das Gemeindegericht Pula – jetzt Kroatien – (vom 18.10.1978, EEK I/609) für die Anwendbarkeit des § 6 EFZG ausgesprochen, während das Landesarbeitsgericht Baden-Württemberg (Mannheim)[7] dies verneint hat. Hier ist der Auffassung des Landesarbeitsgerichts Baden-Württemberg zu folgen, da § 6 EFZG nur innerhalb des Territoriums der Bundesrepublik Deutschland Geltung hat.[8] Auch im Falle einer **Schädigung im Ausland** ist der Arbeitnehmer aber jedenfalls in entsprechender Anwendung der §§ 255, 285 BGB verpflichtet, seine Ansprüche gegen den Schädiger gemäß § 398 BGB an den Arbeitgeber abzutreten. Insoweit kann auf die Erwägungen zurückgegriffen werden, die vor Inkrafttreten des EFZG zu einer Abtretungspflicht für Angestellte geführt haben.[9] Im Übrigen ist das jeweils am Schadensort maßgebende (ausländische) Recht zu beachten.

---

4 Vgl Becker, Anm. zu AR-Blattei „Schadensersatz im Arbeitsrecht: Entscheidung 61".
5 BGH 23.5.1989 – VI ZR 284/88 – BGHZ 107, 325, 328.
6 BGH 23.5.1989 – VI ZR 284/88 – BGHZ 107, 325, 329; Palandt/Heinrichs, Vor § 249 Rn 136; vgl auch Rn 1.
7 Urteil 7.11.1972 – 7 Sa 67/72 – AP Nr. 3 zu § 812 BGB.
8 Feichtinger, Entgeltfortzahlung Rn 423; aA Birk, DB 1973, 1551; Kaiser/Dunkl/Hold/Kleinsorge, § 6 EFZG Rn 4; Knorr/Krasney, § 6 EFZG Rn 8; Vossen, Rn 648.
9 Vgl hierzu: BGH 22.6.1956 – VI ZR 140/55 – AP Nr. 6 zu § 616 BGB.

C. Voraussetzungen des Forderungsübergangs

I. Schadensersatz des Arbeitnehmers gegen Dritte

5 **Dritter iSd § 6 Abs. 1 EFZG** kann jede natürliche oder juristische Person mit Ausnahme des Arbeitgebers sein. Hat der Arbeitgeber den Schaden verursacht, kommt demnach ein Forderungsübergang nach § 6 EFZG in der Regel nicht in Betracht.[10]

6 Trotz der Haftungsfreistellung des § 104 SGB VII[11] muss sich jedoch ein für einen Unfall mitverantwortlicher **Unternehmer** sein eigenes **Mitverschulden** anrechnen lassen, wenn er Ansprüche gegen einen zweiten Schädiger geltend macht. Der Anspruch nach § 6 EFZG wird dann um das Mitverschulden des Arbeitgebers gemindert.[12]

7 Nach dem Wortlaut des § 6 Abs. 1 EFZG würde der gesetzliche Forderungsübergang auch dann eintreten, wenn es sich bei dem schädigenden Dritten um einen **in häuslicher Gemeinschaft** mit dem geschädigten Arbeitnehmer lebenden **Familienangehörigen** handelt und die Schadenszufügung nicht vorsätzlich erfolgt ist. In § 6 EFZG fehlt eine dem § 67 Abs. 2 VVG entsprechende Bestimmung, die in solchen Fällen den Forderungsübergang ausschließt. Die Rechtsprechung hat jedoch bei einem derart gelagerten Sachverhalt auch bei Fehlen einer solchen einschränkenden Bestimmung, nämlich im Zusammenhang mit § 116 SGB X, stets den Ausschluss eines Forderungsübergangs angenommen.[13]

8 Für § 6 EFZG kann – wie bereits für § 4 LFZG – nichts anderes gelten. Die im Wesentlichen gleiche Interessenlage und der mit dem EFZG verfolgte soziale Schutzzweck, damit der Gesamtzusammenhang der rechtlichen Ordnung des Problems, gebieten es, die in § 67 Abs. 2 VVG zum Ausdruck gekommene Wertung des Gesetzes ebenso wie in den Fällen des § 116 SGB X und des § 87 a BBG auf den Rechtsübergang nach § 6 EFZG anzuwenden.[14] In Kenntnis dieser Rechtsprechung hat der Gesetzgeber – wie sich aus den Gesetzesmaterialien ohne weiteres ergibt[15] – den gesetzlichen Forderungsübergang in § 4 LFZG für Arbeiter statuiert und in § 6 EFZG auf alle Arbeitnehmer erweitert. Aus dem Fehlen eines dem § 67 Abs. 2 VVG entsprechenden Zusatzes in § 6 Abs. 1 EFZG kann jedenfalls nicht gefolgert werden, dass insoweit eine von der Rechtsprechung abweichende Auslegung bzw Anwendung Platz greifen soll.[16]

9 Der Forderungsübergang bleibt auch dann ausgeschlossen, wenn für das dem Arbeitnehmer gegenüber schadensersatzpflichtige Familienmitglied eine (Haftpflicht-)Versicherung eintritt.[17]

10 Zu den Familienangehörigen zählen – ungeachtet des Grades der Verwandtschaft und der Schwägerschaft sowie des Bestehens einer Unterhaltspflicht – alle

10 MünchKomm/Schaub, § 616 BGB Rn 140; Knorr/Krasney, § 6 EFZG Rn 31; Schmitt, § 6 EFZG Rn 24.
11 Vgl Rn 15 ff.
12 BGH 9.6.1970 – VI ZR 311/67 – NJW 1970, 1546.
13 BGH 11.2.1964 – VI ZR 271/62 – AP Nr. 7 zu § 1542 RVO; BGH 9.1.1968 – VI ZR 44/66 – AP Nr. 12 zu § 1542 RVO.
14 Vgl zu § 4 LFZG: BGH 4.3.1976 – VI ZR 60/75 – AP Nr. 2 zu § 4 LohnFG.
15 Vgl BT-Drucks. IV 817/S. 11.
16 BGH 29.1.1985 – VI ZR 88/83 – EEK I/817; Feichtinger, Entgeltfortzahlung Rn 425.
17 BGH 14.7.1970 – VI ZR 179/68 – BGHZ 54, 256; BGH 4.3.1976 – VI ZR 60/75 – AP Nr. 2 zu § 4 LohnFG.

Personen, die miteinander verwandt, verschwägert oder verheiratet sind.[18] Zu den Angehörigen sind ferner Adoptiv- und Pflegekinder zu rechnen.[19]

11 Nach bislang überwiegender Meinung werden hingegen Partner in einer **nichtehelichen auf Dauer angelegten Lebensgemeinschaft** bei der Anwendung des § 6 EFZG nicht als Familienangehörige gewertet.[20] Davon kann nunmehr für **gleichgeschlechtliche Lebenspartner iSd Gesetzes** nicht mehr ausgegangen werden. Zum 1.8.2001 ist das Gesetz über die Eingetragene Lebenspartnerschaft vom 16.2.2001 (BGBl. I 266 ff), zuletzt geändert durch das FGG-Reformgesetz vom 17.12.2008 (BGBl. I S. 2586), in Kraft getreten. Lebenspartner iSd LPartG gelten gemäß § 11 Abs. 1 LPartG grundsätzlich als Familienangehörige. Gleichgeschlechtliche nicht eingetragene Lebenspartnerschaften sowie nicht gleichgeschlechtliche nichteheliche Lebensgemeinschaften sind hingegen bei Anwendung des § 6 EFZG nach wie vor nicht als Familienangehörige anzusehen.

12 Für die Festlegung des Begriffs **„häusliche Gemeinschaft“** kann auf die zu § 116 Abs. 6 SGB X und § 67 Abs. 2 VVG ergangene Rechtsprechung zurückgegriffen werden. Danach müssen die Beteiligten im Regelfall in einem Hausstand zusammenleben. Das räumliche Zusammenleben kann zwar zeitweise unterbrochen sein. Diese Phasen dürfen aber nur vorübergehender Natur sein, sei es, dass das räumliche Zusammenleben für einen von vornherein bestimmten Zeitraum von relativ kurzer Dauer aufgehoben ist, sei es – bei einer im Voraus nicht zeitlich festgelegten Trennung –, dass sich dieser Zeitraum nach den Umständen als vorübergehende Episode darstellt.[21] Für das Bestehen einer häuslichen Gemeinschaft verheirateter oder eine Lebenspartnerschaft führender Personen spricht ein Anschein, solange eine dauernde Trennung den Meldebehörden nicht gemäß § 12 Abs. 1 Satz 2 iVm § 12 Abs. 2 Satz 2 MRRG gemeldet wurde. Eine Bindungswirkung wie im Verwaltungsrecht[22] ergibt sich im Rahmen des § 6 EFZG hieraus allerdings nicht.

13 Die häusliche Gemeinschaft und die Familienzugehörigkeit müssen im Rahmen des § 6 EFZG spätestens mit Vollzug des Regresses und nicht bereits zum Zeitpunkt des Schadensereignisses vorliegen.[23]

14 Endet eine zum Zeitpunkt des Schadensereignisses bestehende häusliche Gemeinschaft oder Familienzugehörigkeit vor Vollzug des Regresses, so besteht kein Grund mehr, den Forderungsübergang auf den Arbeitgeber nicht eintreten zu lassen.[24] Maßgebend für den Forderungsübergang ist zudem nicht wie bei § 116 Abs. 1 SGB X der Zeitpunkt des Schadensereignisses, sondern der Zeitpunkt der Erfüllung der sich aus dem EFZG ergebenden Ansprüche.[25]

18 BGH 15.1.1980 – VI ZR 270/78 – LM Nr. 41 zu § 67 VVG.
19 Schulte-Mimberg/Sabel, S. 231.
20 BGH 1.12.1987 – VI ZR 50/87 – NJW 1988, 1091; Schmitt, § 6 EFZG. Rn 31; ErfK/Dörner, § 6 EFZG Rn 8; aA Kaiser/Dunkl/Hold/Kleinsorge, § 6 EFZG Rn 16; Vogelsang, Rn 655; zweifelnd zu § 116 Abs. 6 SGB X: von Wulffen/Schmalz, § 116 SGB X Rn 35.
21 BSG 16.8.1973 – 3 RK 63/71 – BSGE 36, 117; BSG 3.6.1981 – 3 RK 64/79 – BlStSozArbR 1981, 363.
22 Vgl BVerwG 20.3.2002 – 6 C 12/01 – NJW 2002, 2579.
23 Schmitt, § 6 EFZG Rn 23; BGH 14.7.1970 – VI ZR 179/68 – BGHZ, 54, 256.
24 AA Schulte-Mimberg/Sabel, S. 231 unter Hinweis auf BGH 15.1.1980 – VI ZR 270/78 – EEK I/672.
25 Vgl Rn 33 f, 53.

Der Forderungsübergang ist ferner ausgeschlossen, wenn der Arbeitnehmer durch einen **Arbeitsunfall**, den ein anderer Betriebsangehöriger fahrlässig verursacht hat, verletzt wird. Aufgrund des auch Entgeltfortzahlungsansprüche erfassenden **Haftungsausschlusses gemäß § 105 SGB VII iVm § 104 SGB VII** kann ein in der gesetzlichen Unfallversicherung Versicherter Ansprüche auf Ersatz des Personenschadens wegen eines durch **betriebliche Tätigkeit** verursachten Arbeitsunfalls gegen einen in demselben Betrieb tätigen Betriebsangehörigen nicht geltend machen. Da kein Anspruch besteht, der auf den Arbeitgeber übergehen könnte, bleibt für einen Forderungsübergang kein Raum. Dies gilt selbst dann, wenn der Schädiger haftpflichtversichert ist. 15

Ist der Arbeitsunfall allerdings **vorsätzlich** herbeigeführt worden[26] oder bei der **Teilnahme am allgemeinen Verkehr**[27] erfolgt, greift der Haftungsausschluss nach § 104 Abs. 1 SGB VII nicht ein und die Voraussetzungen für den Eintritt des gesetzlichen Forderungsübergangs gemäß § 6 Abs. 1 EFZG sind wieder gegeben.[28] Die vorsätzliche Herbeiführung eines Arbeitsunfalls iSd §§ 104 ff SGB VII setzt voraus, dass der – zumindest bedingte – **Vorsatz des Schädigers sowohl die Verletzungshandlung als auch den konkreten Verletzungserfolg erfasst.**[29] Den Vorwurf vorsätzlichen Verhaltens muss den Unternehmer selbst und nicht ein Organmitglied einer juristischen Person treffen.[30] Keine den Haftungsausschluss der §§ 104 ff SGB VII ausschließende **Teilnahme am allgemeinen Verkehr** liegt vor, wenn der Versicherte im betrieblichen Interesse auch außerhalb der Betriebsstätte unterwegs ist, er mithin den Weg in Ausübung der versicherten Tätigkeit zurücklegt, dieser Teil der versicherten Tätigkeit ist und damit der Arbeit im Betrieb gleichsteht.[31] So gilt ein vom Arbeitgeber durchgeführter Transport der Arbeitnehmer zur und von der Arbeitsstelle mit einem betriebseigenen Fahrzeug auch dann als Betriebsweg, wenn die Arbeitnehmer von ihrer Wohnung abgeholt werden oder dort abgesetzt werden sollen. Entscheidend für die Sperrwirkung der §§ 104 ff SGB VII ist nämlich, dass sich der Versicherte in die **betriebliche Sphäre** begibt, also in einen Bereich, der der Organisation des Unternehmers und dessen Ordnungsgewalt unterliegt[32] und sich damit ein **betriebsbezogenes Haftungsrisiko** verwirklicht hat.[33]

26 Vgl BAG 10.10.2002 – 8 AZR 103/02 – AP Nr. 1 zu § 104 SGB VII; Hessisches LAG 23.11.2001 – 9 Sa 175/01 – ZTR 2002, 346 f; LAG Köln 11.8.2000 – 4 Sa 553/00 – AR-Blattei ES 860.2 Nr. 1; LAG Köln 26.7.2002 – 4 Sa 309/02 – MDR 2003, 339.

27 Vgl LAG Niedersachsen 3.12.2001 – 17 Sa 310/01 – LAGE § 105 SGB VII Nr. 5.

28 Vgl grundlegend: Marschner, AR-Blattei SD 1400.4, Schadensersatz und Sozialversicherung; Marburger, Haftungsfreistellung bei Arbeitsunfällen, BB 2000, 1781 ff; Rolfs, Die Neuregelung der Arbeitgeber- und Arbeitnehmerhaftung bei Arbeitsunfällen durch das SGB VII, NJW 1996, 3177 ff; derselbe, Aktuelle Entwicklungen beim unfallversicherungsrechtlichen Haftungsausschluss (§§ 104 ff SGB VII), DB 2001, 2294 ff; ferner Friedrich in: ArbR BGB § 618 Rn 244 ff.

29 BAG 22.4.2004 – 8 AZR 159/03 – AP Nr. 3 zu § 105 SGB VII; BAG 19.8.2004 – 8 AZR 349/03 – AP Nr. 4 zu § 104 SGB VII; LAG Köln 11.8.2000 – aaO – Fn 26.

30 ErfK/Rolfs, § 104 SGB VII Rn 12.

31 BAG 19.8.2004 – 8 AZR 349/03 –, 24.6.2004 – 8 AZR 292/03 – und 30.10.2003 – 8 AZR 548/02 – AP Nrn. 4.3 und 2 zu § 104 SGB VII; Rolfs, DB 2001, 2294.

32 BAG 19.8.2004 – 8 AZR 349/03 – AP Nr. 4 zu § 104 SGB VII; vgl auch LAG Schleswig-Holstein 2.6.2009 – 5 Sa 41/09 – DB 2009, 1884 für den Fall, dass ein Arbeitnehmer mit einem Firmen-KFZ einen Unfall erleidet, welches er allein zur dienstlichen Nutzung mit nach Hause nimmt.

33 BGH 25.10.2005 – VI ZR 334/04 – AP Nr. 1 zu § 8 SGB VII.

16 Der Haftungsausschluss nach § 105 Abs. 1 SGB VII betrifft auch solche Personen, die regelmäßig einem anderen Betrieb angehören, aber **vorübergehend im Unfallbetrieb tätig** sind. Ein Betriebsfremder wird im Unfallbetrieb tätig, wenn er in diesen **eingegliedert** ist. Dafür ist entscheidend, dass der Geschädigte Aufgaben des anderen Unternehmens wahrgenommen hat und die Förderung der Belange dieses Unternehmens seiner Tätigkeit auch im Übrigen das Gepräge gegeben hat; dh, er muss „**wie ein Beschäftigter dieses Unternehmens**" tätig geworden sein.[34] Dies ist vor allem bei so genannten **Leiharbeitnehmern** der Fall, die im Rahmen eines Arbeitnehmerüberlassungsvertrages in einem fremden Betrieb arbeiten. Ein Abhängigkeitsverhältnis wirtschaftlicher oder persönlicher Art zu dem Unfallbetrieb muss aber nicht vorliegen. Die Tätigkeit des Geschädigten oder Schädigers kann auch lediglich in einer **Hilfeleistung** bestehen, sofern sie über bloße „**Arbeitsberührung**" [35] hinausgeht und im **unmittelbaren Zusammenhang mit den Arbeitsvorgängen des Unfallbetriebes** steht. Löst zB der Fahrer eines Transportunternehmens, dessen Fahrzeug mit Stahlträgern beladen wurde, nach Beendigung des Ladevorgangs die Kranseile, so wird er vorübergehend wie ein Arbeitnehmer des Betriebs tätig, mit dessen Kran die Beladung vorgenommen wurde.[36] Erfüllt der Verletzte sowohl Zwecke des Stammbetriebs als auch des Unfallbetriebs, kommt es für die Zuordnung seiner Tätigkeit darauf an, welche Aufgaben ihr das „Gepräge" gegeben.[37] Ein Fall bloßer Arbeitsberührung wäre etwa anzunehmen, wenn der Monteur einer Fremdfirma im Rahmen eines – echten – Werkvertrages im Betrieb tätig wird. Zum Betriebsangehörigen im Sinne des § 105 SGB VII wird auch nicht der LKW-Fahrer eines Subunternehmers, der zur Durchführung von Transportleistungen auf der Baustelle des Generalunternehmers verpflichtet ist und dessen Weisungen zu beachten hat.[38] Verursacht neben einem gemäß §§ 104, 105 SGB VII haftungsprivilegierten Unternehmer oder Arbeitskollegen des Verletzten ein weiterer Schädiger den Arbeitsunfall, so kann der Arbeitgeber über § 6 EFZG nur insoweit Ersatz verlangen, als ohne die Haftungsfreistellung beim Ausgleich im Innenverhältnis nach § 426 Abs. 1 Satz 1 BGB iVm § 254 BGB der Zweitschädiger letztlich zu leisten hätte.[39]

17 **Betriebliche Tätigkeit iS von § 105 Abs. 1 SGB VII** ist grundsätzlich mit versicherter Tätigkeit gem. § 8 Abs. 1 S. 1 SGB VII, nicht aber mit solcher gem. § 8 Abs. 2 Nr. 1 bis 4 SGB VII gleichzusetzen. Das **Verlassen des Arbeitsplatzes** einschließlich des Weges auf dem Werksgelände bis zum Werkstor stellt regelmäßig noch eine betriebliche Tätigkeit iSv § 105 Abs. 1 SGB VII dar. Der Weg von dem Ort der Tätigkeit (§ 8 Abs. 2 SGB VII) beginnt mit dem Durchschreiten oder Durchfahren des Werkstores.[40] Auch ein **Streit unter Arbeitskollegen** kann der betrieblichen Tätigkeit iSv § 105 Abs. 1 SGB VII zugerechnet werden, wenn der Schädiger bei objektiver Betrachtungsweise aus seiner Sicht im Betriebsinteresse handeln durfte, sein Verhalten unter Berücksichtigung der Verkehrsüblichkeit nicht untypisch ist und keinen Exzess darstellt. Auch wenn Tätlichkeiten grund-

34 BAG 19.2.2009 – 8 AZR 188/08 – DB 2009, 1134.
35 Vgl BGH 8.4.2003 – VI ZR 251/02 – MDR 2003, 991.
36 BAG 28.2.1991 – 8 AZR 521/89 – AP Nr. 21 zu § 637 RVO.
37 BGH 28.10.1986 – VI ZR 181/85 – AP Nr. 14 zu § 636 RVO; BGH 11.10.1988 – VI ZR 67/88 – AP Nr. 15 zu § 636 RVO.
38 BGH 5.7.1988 – VI ZR 299/87 – MDR 1988, 1047.
39 Schulte-Mimberg/Sabel, S. 237; BGH 9.6.1970 – VI ZR 311/67 – BGHZ 54, 177.
40 BAG 14.12.2000 – 8 AZR 92/00 – AP Nr. 1 zu § 105 SGB VII.

sätzlich nicht betrieblich veranlasst sind, so kann ein Stoß vor die Brust, mit dem ein LKW-Fahrer die Arbeitsleistung eines Arbeitskollegen beanstandet, noch als betriebliche Tätigkeit iSd § 105 Abs. 1 SGB V angesehen werden, da ein solcher Schubser unter Berücksichtigung der Verkehrsüblichkeit unter LKW-Fahrern nicht untypisch ist.[41]

Das **Haftungsprivileg** nach §§ 104, 105 SGB VII gilt gem. § 106 Abs. 3 SGB VII auch dann, wenn **Versicherte mehrerer Unternehmen** vorübergehend betriebliche Tätigkeiten auf einer **gemeinsamen Betriebsstätte** verrichten ohne in den Unfallbetrieb eingegliedert zu sein. Der Begriff der gemeinsamen Betriebsstätte iSv § 106 Abs. 3 Alt. 3 SGB VII[42] erfasst über die Fälle der Arbeitsgemeinschaft hinaus **wechselseitig aufeinander bezogene betriebliche Aktivitäten** von Versicherten mehrerer Unternehmen, die bewusst und gewollt bei einzelnen Maßnahmen ineinander greifen, miteinander verknüpft sind, sich ergänzen oder unterstützen, wobei es ausreicht, dass die gegenseitige Verständigung stillschweigend durch bloßes Tun erfolgt.[43] Ein lediglich **einseitiger Bezug reicht nicht** aus.[44] 18

Die Haftungsprivilegierung bei vorübergehender betrieblicher Tätigkeit auf einer **gemeinsamen Betriebsstätte** iSd § 106 Abs. 3 3. Alt. SGB VII gilt nicht zugunsten eines dort persönlich **nicht selbst tätigen Unternehmers.**[45] § 106 Abs. 3 Alt. 3 SGB VII kommt aber einem versicherten Unternehmer zugute, wenn er selbst eine vorübergehende betriebliche Tätigkeit auf einer gemeinsamen Betriebsstätte verrichtet und dabei den Versicherten eines anderen Unternehmens verletzt.[46] Das Haftungsprivileg kommt gleichfalls nicht für arbeitnehmerähnliche Personen zur Anwendung.[47] 19

II. Schadensersatz aufgrund gesetzlicher Vorschriften

In erster Linie kommen verschuldensabhängige Ansprüche aus unerlaubter Handlung gemäß §§ 823 ff BGB in Betracht. Hierzu rechnen auch Ansprüche aus Amtspflichtverletzungen nach § 839 BGB, Art. 34 GG; Leistungen des Arbeitgebers aufgrund des Entgeltfortzahlungsgesetzes stellen für den unfallgeschädigten Arbeitnehmer keine anderweitige Ersatzmöglichkeit iSd § 839 Abs. 1 Satz 2 BGB dar, nachdem die Entgeltfortzahlung nicht den Zweck verfolgt, dem geschädigten Arbeitnehmer einen Anspruch für einen Schadensfall zu verschaffen.[48] 20

41 BAG 22.4.2004 – 8 AZR 269/03 – AP Nr. 18 zu § 628 BGB.
42 Grundlegend mit Fallgruppen: Freyberger, Haftungsprivilegierung – Der Begriff der „gemeinsamen Betriebsstätte“, MDR 2001, 541.
43 BAG 12.12.2002 – 8 AZR 94/02 – AP Nr. 2 zu § 105 SGB VII; BGH 17.10.2000, NJW 2001, 443; BGH 14.9.2004 – VI ZR 32/04 – NZA 2005, 643; OLG Hamm 2.7.2002 – 9 W 1/02 – MDR 2002, 1435; vgl auch LG Memmingen 16.1.2001 – 2 O 1355/00 – NZA-RR 2001, 266; zur Frage, unter welchen Voraussetzungen die Haftungsprivilegierung des § 106 Abs. 3 Art. 3 SGB VII auch für Amtshaftungsansprüche gilt vgl BGH 27.6.2002 – III ZR 234/01 – NJW 2002, 3096.
44 BGH 16.12.2003 – VI ZR 103/03 – ZIP 2004, 568.
45 BGH 3.7.2001 – VI ZR 384/00 – AP Nr. 4 zu § 106 SGB VII; BGH 25.6.2002 – VI ZR 279/01 – MDR 2002, 1313; BGH 29.10.2002 – VI ZR 283/01 – MDR 2003, 152.
46 BGH 3.7.2001 – VI ZR 198/00 – AP Nr. 3 zu § 106 SGB VII.
47 LAG Berlin 11.4.2003 – 6 Sa 2262/02 – AR-Blattei ES 160.10.2 Nr. 70.
48 BGH 20.6.1974 – III ZR 27/73 – AP Nr. 1 zu § 4 LohnFG.

21 Daneben sind verschuldensunabhängige Schadensersatzansprüche aus dem Gesichtspunkt der Gefährdungshaftung[49] geeignet, den Forderungsübergang nach § 6 EFZG auszulösen, aber auch gesetzliche Schadensersatzansprüche wegen der schuldhaften Verletzung vertraglicher Pflichten (zB §§ 280 Abs. 1, 536 a Abs. 1 BGB). Im Unterschied hierzu werden Ansprüche des Arbeitnehmers, die auf die Erfüllung eines Vertrages – insbesondere eines Versicherungsvertrages – gerichtet sind, vom Forderungsübergang nicht erfasst. Insoweit handelt es sich nicht um gesetzliche, sondern um vertragliche Ansprüche.

22 In jedem Fall muss es sich um einen **privatrechtlichen Schadensersatzanspruch** handeln; öffentlich-rechtliche Entschädigungsansprüche, die sich aus sozialem Entschädigungsrecht ergeben (zB Infektionsschutzgesetz, Bundesversorgungsgesetz, Katastrophenschutzgesetze der Länder), führen nicht zu einem Forderungsübergang nach § 6 Abs. 1 EFZG.[50] Der Arbeitgeber kann hier allerdings möglicherweise von der zuständigen juristischen Person des öffentlichen Rechts die Erstattung seiner Aufwendungen aus eigenem Recht – etwa nach § 16 g BVG, § 56 Abs. 5 IfSG – verlangen.[51]

23 **Familienrechtliche Unterhaltsansprüche** sind keine Schadensersatzansprüche und fallen demnach nicht unter § 6 Abs. 1 EFZG. Ist die Geltendmachung eines an sich bestehenden Schadensersatzanspruchs – gleich aus welchem Grunde – für den Geschädigten, zB wegen eines Forderungsverzichtes, ausgeschlossen, so kann auch im Falle des § 6 Abs. 1 EFZG ein Forderungsübergang nicht eintreten. Der Schädiger kann nach §§ 412, 404 BGB dem Arbeitgeber nämlich die Einwendungen entgegensetzen, die zur Zeit des gesetzlichen Forderungsübergangs gegen den Arbeitnehmer begründet waren. Die Folgen für den Entgeltfortzahlungsanspruch des Arbeitnehmers ergeben sich dann gegebenenfalls aus § 7 Abs. 1 Nr. 2 EFZG,[52] wenn der Arbeitnehmer den gesetzlichen Forderungsübergang nach § 6 Abs. 1 EFZG verhindert. Dies ist etwa der Fall, wenn der Arbeitnehmer mit dem Schädiger einen Abfindungsvergleich schließt, ohne vorher mit dem Arbeitgeber Kontakt aufzunehmen und ohne mit den behandelnden Ärzten schriftlich abzuklären, ob aus ärztlicher Sicht Bedenken gegen den Abschluss eines Abfindungsvergleichs bestehen.[53]

III. Schadensersatz wegen Verdienstausfalls

24 Durch die Leistungen nach dem Entgeltfortzahlungsgesetz entsteht bei dem geschädigten Arbeitnehmer insoweit an sich kein Schaden. Nach ihrem sozialen Schutzzweck muss die Entgeltfortzahlung bei der Schadensfeststellung allerdings unberücksichtigt bleiben.[54] Mit dem Tatbestandsmerkmal „Schadensersatz wegen des Verdienstausfalls, der ihm durch die Arbeitsunfähigkeit entstanden ist" wird deshalb lediglich klargestellt, dass solche Ersatzansprüche des Arbeitnehmers auf den Arbeitgeber übergehen können, die sich auf den **Schaden** beziehen,

49 Vgl die Hinweise unter Rn 1.
50 AA zu § 18 Abs. 3 Satz 1 HessBRSHG (Hessisches Brandschutzhilfeleistungsgesetz) LAG Hessen 17.11.2000 – 2 Sa 2265/99 – NZA-RR 2001, 545.
51 Vgl Schulte-Mimberg/Sabel, S. 226; Sieg, BB 1996, 1766 f; Waltermann, NJW 1996, 1648; Bauer/Opolony, Arbeitsrechtliche Fragen bei Katastrophen, NJW 2002, 3503, 3505.
52 Vgl hierzu § 7 Rn 25 sowie BSG 13.5.1992 – 1/3 RK 10/90 – NZA 1993, 142 ff.
53 LAG Schleswig-Holstein 18.7.2006 – 2 Sa 155/06 – NZA-RR 2006, 568.
54 Vgl Rn 1.

den der Arbeitnehmer erleiden würde, wenn er vom Arbeitgeber keine Entgeltfortzahlung erhielte.

Der **Verdienstausfall** umfasst dabei alle Leistungen des Arbeitgebers, die ein **Entgelt für die Arbeitsleistung** des Arbeitnehmers darstellen und somit haftungsrechtlich dessen Erwerb iSd § 842 BGB zuzurechnen sind.[55] Entscheidend für den Entgeltbegriff in diesem Zusammenhang ist somit eine **schadensrechtliche** und nicht eine arbeitsrechtliche **Beurteilung.** Andere Schadensersatzansprüche des Arbeitnehmers, die sich zB auf Sachschäden, Heilungskosten oder Schmerzensgeld beziehen, können dementsprechend nicht auf den Arbeitgeber übergehen. 25

IV. Entgeltfortzahlung aufgrund Gesetzes

Voraussetzung für den gesetzlichen Forderungsübergang nach § 6 Abs. 1 EFZG ist die sich **aus dem Entgeltfortzahlungsgesetz ergebende rechtliche Verpflichtung des Arbeitgebers zur Entgeltfortzahlung.** Eine alleinige Leistungsverpflichtung des Arbeitgebers aufgrund anderer Tatbestände, wie zB eines Tarifvertrages oder Einzelarbeitsvertrages, löst den Forderungsübergang nach § 6 Abs. 1 EFZG nicht aus. 26

Gleiches gilt, wenn das EFZG zwar grundsätzlich zur Anwendung kommt, eine **gesetzliche Leistungspflicht** im Einzelfall aber **nicht besteht.** Leistet ein Arbeitgeber Entgeltfortzahlung trotz fehlender gesetzlicher Anspruchsvoraussetzungen, so kann hieraus kein gesetzlicher Forderungsübergang nach § 6 Abs. 1 EFZG resultieren.[56] Die Gegenmeinung will Ausnahmen für den Fall zulassen, dass die Entgeltfortzahlungspflicht des Arbeitgebers nur durch ein Verschulden des Arbeitnehmers iSd § 3 Abs. 1 Satz 1 EFZG ausgeschlossen ist, weil es nach dem sozialen Schutzzweck des EFZG dem Arbeitgeber überlassen bleiben sollte, ob er gegenüber dem Arbeitnehmer den schweren Vorwurf eines groben Selbstverschuldens erhebt.[57] Nachdem es sich bei dem Verschulden iSd § 3 Abs. 1 Satz 1 EFZG aber nicht um eine zur Disposition des Arbeitgebers stehende Einrede handelt,[58] sondern um eine Anspruchsvoraussetzung im Sinne einer von Amts wegen zu berücksichtigenden Einwendung, kann der von der Gegenmeinung aufgezeigte Lösungsweg mit dem Gesetzeswortlaut des § 6 EFZG nicht in Einklang gebracht werden. 27

Soweit der Arbeitgeber aufgrund nicht gesetzlicher Bestimmungen oder im Einzelfall **freiwillige Entgeltfortzahlung** leistet, wird der Arbeitnehmer verpflichtet sein, etwaige Schadensersatzansprüche gegen Dritte entsprechend §§ 255, 285 BGB rechtsgeschäftlich an den Arbeitgeber abzutreten.[59] Hat der Arbeitgeber **irrtümlich ohne Rechtsgrund Entgeltfortzahlung** geleistet, so erfolgt eine Rückabwicklung der Leistung nach § 812 ff BGB.[60] 28

55 BGH 11.11.1975 – VI ZR 128/74 – und 28.1.1986 – VI ZR 30/85 – LM § 842 BGB Nrn. 12 und 29; BGH 4.7.1972 – VI ZR 114/71 – NJW 1972, 1703; GK-EFZR/Steckhan, § 4 LFZG Rn 16.

56 Kaiser/Dunkl/Hold/Kleinsorge, § 6 EFZG Rn 23 f.

57 OLG Koblenz 14.7.1993 – 5 U 239/92 – MDR 1994, 386; GK-EFZR/Steckhan, § 4 LFZG Rn 47 unter Hinweis auf Marienhagen, LFZR § 4 Rn 7 und OLG Düsseldorf 29.6.1976 – 4 U 281/75 – AP Nr. 3 zu § 4 LohnFG.

58 Vgl § 3 Rn 105.

59 Vgl Rn 3.

60 Kaiser/Dunkl/Hold/Kleinsorge, § 6 EFZG Rn 24.

V. Tatsächliche Leistung des Arbeitgebers

29 Das Bestehen der Entgeltfortzahlungsleistungspflicht des Arbeitgebers allein reicht, anders als in den Fällen des § 87a BBG und § 116 SGB X, für den gesetzlichen Forderungsübergang des § 6 Abs. 1 EFZG nicht aus. Dieser setzt vielmehr voraus, dass der Arbeitgeber das fortzuzahlende Arbeitsentgelt an den Arbeitnehmer **tatsächlich geleistet** und die hierauf entfallenden und von ihm zu tragenden Beiträge zur Bundesanstalt für Arbeit, zur Sozialversicherung, zur Pflegeversicherung sowie zu Einrichtungen der zusätzlichen Alters- und Hinterbliebenenversorgung abgeführt hat. § 6 Abs. 1 EFZG beschränkt den übergegangenen Erstattungsanspruch des Arbeitgebers also auf die Höhe der von ihm erbrachten Leistungen.[61] Darüber hinausgehende Schadensersatzansprüche des Arbeitnehmers können nur im Wege der rechtsgeschäftlichen Abtretung gemäß § 398 BGB auf den Arbeitgeber übertragen werden.

VI. Nicht zum Nachteil des Arbeitnehmers

30 Der in § 6 Abs. 1 EFZG statuierte gesetzliche Forderungsübergang dient vor allem den berechtigten Interessen des Arbeitgebers; er soll aber nicht zu einer Benachteiligung des Arbeitnehmers führen. Deshalb bestimmt § 6 Abs. 3 EFZG, dass der **Forderungsübergang nicht zum Nachteil des Arbeitnehmers** geltend gemacht werden darf. Damit soll indes nicht verhindert werden, dass dem Arbeitnehmer bei Durchsetzung seiner Ansprüche gegenüber dem Schädiger der Forderungsübergang entgegengehalten wird; § 6 Abs. 3 EFZG ändert nämlich nichts am **Wegfall der Aktivlegitimation** des Arbeitnehmers infolge des Forderungsübergangs. Vielmehr wird sichergestellt, dass sich eine Inanspruchnahme des Dritten durch den Arbeitgeber nicht nachteilig auf die Durchsetzung der beim Arbeitnehmer verbliebenen Ansprüche auswirken darf. Bedeutsam wird dies vor allem in den Fällen, in denen die Ersatzpflicht des Dritten betragsmäßig beschränkt ist (zB durch § 12 StVG) oder Schadensersatzansprüche wegen unzureichender Leistungsfähigkeit des Dritten nicht oder nicht vollständig realisiert werden können. § 6 Abs. 3 EFZG löst eine sich hieraus ergebende **Konkurrenz zwischen Ansprüchen des Arbeitnehmers und des Arbeitgebers** zulasten des Arbeitgebers.

31 Der Arbeitnehmer hat ein **Befriedigungsvorrecht**, das sich nicht nur auf übergangsfähige Ansprüche iSd § 6 Abs. 1 EFZG bezieht, sondern auch auf weiterreichende Ansprüche, wie etwa auf Schmerzensgeld oder auf Ersatz von Sachschaden. Keine Frage des Vorrechtes entsteht jedoch bei Haftungsbeschränkungen des Dritten infolge eines **Mitverschuldens des Arbeitnehmers** (§ 254 BGB). Denn dann werden sowohl die auf den Arbeitgeber übergegangenen als auch die beim Arbeitnehmer verbliebenen Schadensersatzansprüche entsprechend der **Haftungsquote** des Dritten anteilig gekürzt, so dass insoweit kein Konkurrenzproblem auftritt.[62]

61 Vgl Rn 39 ff.

62 Vgl GK-EFZR/Steckhan, § 4 LFZG Rn 89; OLG Koblenz 14.7.1993 – 5 U 239/92 – MDR 1994, 386; aA Kaiser/Dunkl/Hold/Kleinsorge, § 6 EFZG Rn 38 ff; Knorr/Krasney, § 6 EFZG Rn 74.

D. Vollzug des Forderungsübergangs

I. Gegenstand des Forderungsübergangs

Gegenstand des Forderungsübergangs sind die Schadensersatzansprüche des Arbeitnehmers gegen den schädigenden Dritten wegen des Verdienstausfalls. 32

II. Zeitpunkt des Forderungsübergangs

Nach den Bestimmungen des § 87a BBG und des § 116 SGB X erfolgt der Anspruchsübergang in aller Regel im Zeitpunkt des schädigenden Ereignisses, und zwar auch dann, wenn zu dieser Zeit die haftungsausfüllenden Umstände noch nicht eingetreten sind und deshalb der Anspruch noch nicht durchsetzbar ist.[63] Im Gegensatz hierzu ist für den Forderungsübergang nach § 6 Abs. 1 EFZG der **Zeitpunkt der Erfüllung** der sich aus dem EFZG ergebenden Ansprüche des Arbeitnehmers durch den Arbeitgeber maßgebend.[64] 33

Der **Forderungsübergang** wird sich als Folge dieser Regelung häufig nicht in einem Akt, sondern **sukzessive** vollziehen. Dies gilt vor allem für Beiträge zur Bundesanstalt für Arbeit sowie zur Sozial- und Pflegeversicherung, aber auch für die Zahlung einmaliger Leistungen wie Weihnachts- und Urlaubsgeld, die regelmäßig nicht gleichzeitig mit der Vergütungszahlung an den Arbeitnehmer erbracht werden. 34

Bis zu dem Zeitpunkt des Forderungsübergangs ist der Arbeitnehmer **aktiv legitimiert**, dh, er kann noch selbst Schadensersatz vom schädigenden Dritten verlangen. In einem solchen Fall steht dem Arbeitgeber insoweit ein **endgültiges Leistungsverweigerungsrecht** nach § 7 Abs. 1 Nr. 2 EFZG zu.[65] 35

III. Umfang des Forderungsübergangs

Der Umfang des Forderungsübergangs richtet sich zunächst nach dem gesamten nach Maßgabe des § 3 Abs. 1 und § 4 EFZG fortgezahlten **Bruttoarbeitsentgelt**. Wie sich aus § 4 EFZG ergibt, ist Arbeitsentgelt iSd § 6 EFZG alles, was der Arbeitnehmer aufgrund des Arbeitsvertrages vom Arbeitgeber verlangen kann. Ausgenommen sind nur bestimmte Entschädigungen für Aufwendungen, die während der Arbeitsunfähigkeit nicht entstehen (§ 4 Abs. 1a Satz 1 EFZG). Das **Arbeitsentgelt iSd § 6 Abs. 1 EFZG ist schadensrechtlich zu beurteilen**, es beschränkt sich also nicht auf Vergütungen, die die Erbringung von Arbeitsleistungen voraussetzen.[66] 36

Über die Vergütung des Arbeitnehmers im engeren Sinne hinaus, sind **maßgebend für den Umfang des Forderungsübergangs**: 37

- anteiliges **Urlaubsentgelt, Urlaubsgeld** sowie **Weihnachtsgeld**.[67] Zu berücksichtigen sind auch **Freistellungstage**, mit denen erbrachte Mehrarbeit ausgeglichen wird.[68] Bei der Berechnung des Verdienstausfalls ist das mit den

63 BGH 13.2.1996 – VI ZR 318/94 – NJW 1996, 1674 f.
64 BGH 4.4.1976 – VI ZR 252/76 – EEK I/599.
65 Vgl § 7 Rn 25.
66 Vgl BAG 12.12.1989 – 8 AZR 195/88 – n.v.; BGH 7.5.1996 – VI ZR 102/95 – AP Nr. 36 zu § 249 BGB.
67 BAG 12.12.1989 – 8 AZR 195/88 – n.v.
68 BGH 7.5.1996 – aaO – Fn 66.

Krankheitstagen multiplizierte jährliche Urlaubs- und Weihnachtsgeld auf die Jahrestage abzüglich der Urlaubs- und Freistellungstage zu verteilen;[69]

- **anteiliges 13. Monatseinkommen;**[70]
- Ersatz des **Schwerbehindertenurlaubs;**[71]
- die auf das Bruttoarbeitsentgelt entfallenden **Arbeitgeberbeiträge zur Sozialversicherung** und **Pflegeversicherung** [72] sowie eventuelle Beiträge an Einrichtungen der **zusätzlichen Alters- und Hinterbliebenenversorgung;**[73]
- in der Bauwirtschaft die Beiträge an die **Urlaubs- und Lohnausgleichskasse der Bauwirtschaft** zur Finanzierung des Urlaubs und der tarifvertraglichen Lohnausgleichsregelung.[74]

38 Für den Forderungsübergang nach § 6 EFZG unerheblich sind:

- **Beiträge zur gesetzlichen Unfallversicherung**; sie sind haftungsrechtlich nicht als vom Schädiger zu ersetzendes Arbeitsentgelt des versicherten Arbeitnehmers anzusehen, da eine solche Zurechnung ihrer Ausgestaltung als genossenschaftliche Umlage, die wirtschaftlich in die Zuständigkeit des Arbeitgebers fällt, widersprechen würde;[75]
- die nach § 354 SGB III zu entrichtende **Umlage für die produktive Winterbauförderung;**[76]
- das vom Arbeitgeber gezahlte **Sterbegeld;**[77]
- **Ruhegehälter** des Arbeitgebers oder einer Unterstützungskasse;
- **Abfindungen** des Arbeitgebers;[78]
- **Rechtsanwaltskosten** zur Durchsetzung einer Schadensersatzforderung, die außerhalb eines Prozesses aufgewendet werden.[79]

IV. Höhe des Forderungsübergangs

39 Unter der Voraussetzung, dass dem Arbeitnehmer tatsächlich Schadensersatzansprüche gegen einen Dritten wegen seiner Arbeitsunfähigkeit zustehen, gehen diese gemäß § 6 Abs. 1 EFZG grundsätzlich in Höhe des **gesamten** nach Maßgabe des § 3 Abs. 1 und § 4 EFZG **fortzuzahlenden Bruttoarbeitsentgelts** auf den Arbeitgeber über.

40 Der Arbeitgeber kann im Wege des Forderungsübergangs Ersatzansprüche gegen den Dritten allerdings immer nur in der Höhe erwerben, in der sie auch dem

69 BGH 7.5.1996 – aaO – Fn 66.
70 BGH 29.2.1972 – VI ZR 192/70 – NJW 1972, 766 f.
71 Vgl Sieg, Mechanismen zur Minderung des Risikos der Entgeltfortzahlung bei Krankheit, BB 1996, 1766, 1767.
72 Die ausdrückliche Erwähnung der Pflegeversicherung hat nur klarstellende Bedeutung; vgl Schmitt, § 6 EFZG Rn 51.
73 BGH 11.11.1975 – VI ZR 128/74 – DB 1976, 58 und 28.1.1986 – VI ZR 30/85 – LM § 842 BGB Nr. 29.
74 BGH 28.1.1986 – aaO Fn 73; Platzer, Der Umfang des Forderungsübergangs bei Dritthaftung im Baugewerbe, BB 1993, 1212 ff; Geigel/Rixecker, Der Haftpflichtprozess, 23. Aufl., 9. Kap. Rn 19; aA Kaiser/Dunkl/Hold/Kleinsorge, § 6 EFZG Rn 30.
75 BGH 11.11.1975 – VI ZR 128/74 – DB 1976, 58; OLG Koblenz 30.9.1974 – 12 U 224/73 – NJW 1975, 881.
76 BGH 28.1.1986 – aaO Fn 73; Knorr/Krasney, § 6 EFZG Rn 54.
77 BGH 29.11.1977 – VI ZR 177/76 – NJW 1978, 536.
78 BGH 16.1.1990 – VI ZR 170/89 – NJW 1990, 1360.
79 Knorr/Krasney, § 6 EFZG, Rn 62.

Arbeitnehmer zugestanden haben.[80] Hat bei der Entstehung des Schadens ein **Mitverschulden des Arbeitnehmers** mitgewirkt (zB an dem Verkehrsunfall, der zu seiner Arbeitsunfähigkeit geführt hat, trifft den Arbeitnehmer ein Mitverschulden von 1/3), so **mindert** dies auch im gleichen Verhältnis die **Ersatzansprüche** des Arbeitnehmers gegen den Dritten. Auch nur in dieser entsprechenden Höhe gehen infolgedessen die Ersatzansprüche gemäß § 6 EFZG auf den Arbeitgeber über.[81] Da nur ein grobes Verschulden des Arbeitnehmers gegen sich selbst den Entgeltfortzahlungsanspruch ausschließt,[82] kann das Vorliegen eines Mitverschuldens dazu führen, dass der Arbeitgeber zwar die volle Vergütung gemäß § 3 Abs. 1 EFZG an den Arbeitnehmer weiterzahlen muss, den Dritten deswegen aber nur teilweise auf Ersatz in Anspruch nehmen kann.

Der Forderungsübergang kann auch dann nicht in voller Höhe stattfinden, wenn 41
der Arbeitgeber bei schwieriger Rechtslage Entgeltfortzahlung in an sich nicht gerechtfertigter Höhe leistet, um Auseinandersetzungen zu vermeiden.[83]

In der **vom 1.10.1996 bis 31.12.1998 geltenden Fassung** des § 4 Abs. 1 Satz 1 42
EFZG beschränkte sich die Entgeltfortzahlung im Krankheitsfall auf 80 vom Hundert des dem Arbeitnehmer bei der für ihn maßgebenden regelmäßigen Arbeitszeit zustehenden Arbeitsentgelts; eine volle Entgeltfortzahlung war gesetzlich nur noch bei Vorliegen eines Arbeitsunfalls oder einer Berufskrankheit (§ 4 Abs. 1 Satz 2 EFZG aF) oder bei Einsatz von Urlaubstagen nach § 4 a Abs. 1 EFZG aF vorgesehen. Dies bedeutete, dass in den Fällen des § 4 Abs. 1 Satz 1 EFZG nur in Höhe von 80 vom Hundert des maßgebenden Arbeitsentgelts Schadensersatzansprüche des Arbeitnehmers gemäß § 6 Abs. 1 EFZG auf den Arbeitgeber übergehen konnten. Darüber hinausgehende Entgeltfortzahlungen des Arbeitgebers konnten von diesem gegenüber dem Schädiger nur geltend gemacht werden, wenn der Arbeitnehmer insoweit seine Ersatzansprüche gegen den Schädiger an den Arbeitgeber rechtsgeschäftlich abgetreten[84] oder der Arbeitnehmer den Arbeitgeber ermächtigt hatte, seinen Anspruch in Prozessstandschaft mitzuverfolgen.[85]

Machte der Arbeitnehmer gemäß der bis 31.12.1998 geltenden Fassung des § 4 43
Abs. 1 EFZG von der Möglichkeit der Anrechnung von Krankheitstagen auf seinen Erholungsurlaub Gebrauch, so war das für den Urlaubstag gezahlte Entgelt Urlaubsentgelt und nicht Krankenvergütung.[86] Demzufolge konnte sich der Forderungsübergang nach § 6 Abs. 1 EFZG nicht auf das Urlaubsentgelt beziehen.

E. Mitteilungspflicht des Arbeitnehmers

Um dem Arbeitgeber entsprechend dem Gesetzeszweck die Möglichkeit zu ver- 44
schaffen, gegen den ersatzpflichtigen Schädiger vorgehen zu können, wird der Arbeitnehmer in § 6 Abs. 2 EFZG verpflichtet, dem Arbeitgeber **unverzüglich** die zur Geltendmachung des Schadensersatzanspruchs **erforderlichen Angaben** zu

80 Vgl hierzu auch Benner DB 1999, 482.
81 Vgl OLG Koblenz 14.7.1993 – 5 U 239/92 – MDR 1994, 386.
82 Vgl § 3 Rn 105.
83 AA Sieg, BB 1996, Beilage 17, 18 ff; OLG Koblenz 14.7.1993 – 5 U 239/92 – MDR 1994, 386.
84 Vgl Rn 28.
85 Vgl Sieg, BB 1996, Beilage 17, 18 ff, 20.
86 Vgl § 4 a Abs. 1 Satz 3 EFZG in der bis 31.12.1998 gültigen Fassung.

machen. Erforderlich sind nur solche Angaben, die zur Geltendmachung des Schadensersatzanspruchs wegen Verdienstausfalls benötigt werden.[87]

45 **Anzugeben** sind neben **Name**, **Anschrift** und **Haftpflichtversicherung** des ersatzpflichtigen Dritten, vor allem auch **Zeit und Ort** des Unfalls sowie eine **genaue Schilderung des Unfallgeschehens**. Zu benennen sind ferner alle Personen, die am Unfall beteiligt waren oder als Zeugen in Betracht kommen, insbesondere der Polizeibeamte, der den Unfall aufgenommen hat. Auch alle sonstigen Einzelheiten, die den Arbeitgeber in die Lage versetzen, die Erfolgsaussichten besser zu beurteilen oder die Geltendmachung der Schadensersatzansprüche erleichtern, sind mitzuteilen. Wenn der Arbeitnehmer, der bei einer Schlägerei zusammengeschlagen wurde, zB weiß, dass der Schläger nicht haftpflichtversichert ist, so muss er auch diesen Umstand dem Arbeitgeber zur Kenntnis bringen, weil dies für die Frage, ob die Ansprüche uU auch gerichtlich durchgesetzt werden sollen, wesentlich ist.

46 Die Mitteilungspflicht wird schon dann ausgelöst, wenn die **Schadensersatzpflicht** eines Dritten **in Betracht** kommt. § 6 Abs. 2 EFZG soll dem Arbeitgeber bereits die Prüfung ermöglichen, ob ein Schadensersatzanspruch besteht und dessen Verfolgung sinnvoll ist.[88]

47 Die **Mitwirkungspflicht** des Arbeitnehmers beschränkt sich jedoch auf die Angaben, die der Arbeitnehmer aus seinem Wissen machen kann. Er ist also zB nicht verpflichtet, nach der Person des unbekannten Schädigers (Fahrerflucht bei Verkehrsunfall) persönlich Nachforschungen anzustellen oder anstellen zu lassen. Inwieweit Nachforschungen zumutbar sind, ist nach Lage des Einzelfalls zu entscheiden.[89]

48 Die Angaben sind dem Arbeitgeber grundsätzlich **ohne besondere Aufforderung** unverzüglich, dh ohne schuldhaftes Zögern zu machen. Solange der Arbeitnehmer dieser ihm obliegenden Verpflichtung nicht nachkommt, kann der Arbeitgeber die Entgeltfortzahlung gemäß § 7 EFZG **vorläufig** verweigern.[90] Werden die erforderlichen Angaben so spät gemacht, dass der Arbeitgeber seinen Anspruch gegen den Schädiger nicht mehr durchsetzen kann, so kann sich auch ein **endgültiges** Leistungsverweigerungsrecht ergeben.[91]

F. Verhältnis der Erstattungsansprüche zueinander

I. Allgemeines

49 Die Schädigung eines Arbeitnehmers durch einen Dritten wirft zunächst Fragen zu dem Verhältnis des Schadensersatzanspruchs des Arbeitnehmers (zB aus §§ 823, 842 BGB) zum übergegangenen Anspruch des Arbeitgebers nach § 6 Abs. 1 EFZG auf. Dieses Verhältnis wird bestimmt durch § 6 Abs. 3 EFZG. Hiernach kann der Forderungsübergang nach § 6 Abs. 1 EFZG nicht zum Nachteil des Arbeitnehmers geltend gemacht werden.[92]

---

87 Schmitt, § 6 EFZG Rn 64; Feichtinger, Entgeltfortzahlung Rn 452 ff.
88 Schmitt, § 6 EFZG Rn 64; Kasseler Handbuch/Vossen, 2.2 Rn 446.
89 Vgl LAG Düsseldorf 24.4.1974 – 6 Sa 1299/73 – BB 1974, 1300.
90 Vgl § 7 Rn 25 ff.
91 Vgl § 7 Rn 29.
92 Vgl Rn 30.

Soweit Leistungen von Trägern der Sozialversicherung erbracht werden, ist weiter zu klären, in welcher **Konkurrenz** deren Erstattungsansprüche nach §§ 116, 115 SGB X zu den Ansprüchen von Arbeitnehmer und Arbeitgeber stehen. 50

II. Verhältnis der Ansprüche des Arbeitnehmers und des Sozialversicherungsträgers

1. Voraussetzungen und Rechtsfolgen des § 116 SGB X

Im Verhältnis zwischen **Arbeitnehmer und Sozialversicherungsträger** ist zu deren Gunsten gemäß **§ 116 SGB X** ebenfalls ein **gesetzlicher Forderungsübergang** vorgesehen. Weitere Regelungen zum Übergang von Schadensersatzansprüchen finden sich zB in § 81 a BVG, § 33 SGB II, § 93 SGB XII und § 56 Abs. 7 IfSG. § 116 Abs. 1 SGB X gilt für die Leistungen der Sozialversicherungs- und Sozialhilfeträger sowie über § 116 Abs. 10 SGB X für die Leistungen der Bundesagentur für Arbeit. 51

Voraussetzung für den Übergang eines Schadensersatzanspruchs gemäß § 116 SGB X ist zunächst, dass ein Versicherungsträger oder Träger der Sozialhilfe aufgrund des Schadensereignisses Sozialleistungen zu erbringen hat, die der Behebung eines Schadens der gleichen Art dienen und sich auf den selben Zeitraum wie der vom Schädiger zu leistende Schadensersatz beziehen (§ 116 Abs. 1 SGB X). Dies bedeutet, dass Schadensersatzansprüche des Arbeitnehmers, die aufgrund anderer gesetzlicher Vorschriften entstanden sind, übergehen, soweit der Sozialleistungsträger Leistungen zu erbringen hat, die mit dem Schadensersatzanspruch des Arbeitnehmers sachlich und zeitlich kongruent sind. 52

Anders als bei § 6 Abs. 1 EFZG ist der Forderungsübergang gemäß § 116 SGB X nicht an die tatsächliche Erbringung der Leistung geknüpft, sondern er wird bereits dann ausgelöst, wenn Sozialleistungsträger aufgrund des Schadensereignisses Leistungen zu erbringen haben. Der Zeitpunkt des Forderungsübergangs wird also in der Regel der des Schadensereignisses sein.[93] 53

2. Konkurrenz bei beschränkter Haftung des Dritten

Ist die Haftung eines Dritten aus Rechtsgründen (zB § 12 StVG, § 37 LuftVG, § 9 HPflG) begrenzt, hat die Rechtsprechung zum früheren **§ 1542 RVO** ein **Quotenvorrecht des Sozialversicherungsträgers** angenommen.[94] Nach **§ 116 Abs. 2 SGB X** hat nunmehr der **Geschädigte** das **Quotenvorrecht**, dh, der Schadensersatzanspruch geht auf den Sozialversicherungsträger nur über, soweit er nicht zum Ausgleich des Schadens des Geschädigten oder seiner Hinterbliebenen erforderlich ist. 54

Ist die Schadensersatzforderung durch Mitverschulden oder Mitverantwortlichkeit des geschädigten Arbeitnehmers begrenzt, geht auf den Sozialleistungsträger gemäß § 116 Abs. 3 SGB X von dem bei unbegrenzter Haftung übergehenden Ersatzanspruch nur der Anteil über, der der Haftungsquote des Schädigers entspricht. In diesem Falle steht dem Arbeitnehmer, bis auf den Sonderfall der Hilfsbedürftigkeit im Sinne des SGB XII (vgl § 116 Abs. 3 Satz 3 SGB X), kein 55

93 Vgl Waltermann, Forderungsübergang auf Sozialleistungsträger, NJW 1996, 1644 ff; BGH 13.2.1996 – VI ZR 318/94 – NJW 1996, 1674.

94 BGH 28.2.1961 – VI ZR 114/60 – AP Nr. 5 zu § 1542 RVO; BGH 13.7.1972 – III ZR 150/69 – AP Nr. 14 zu § 1542 RVO.

Quotenvorrecht gegenüber dem Sozialversicherungsträger zu. Der Sozialversicherungsträger ist vorrangig zu befriedigen.[95]

3. Konkurrenz bei fehlender Leistungsfähigkeit des Dritten

56 Haftet der Dritte unbeschränkt für die Schadensersatzforderung, ist er jedoch tatsächlich nicht in der Lage, die Schadensersatzansprüche voll zu befriedigen, haben die Ansprüche des Arbeitnehmers sowohl im Verhältnis zum Sozialleistungsträger (§ 116 Abs. 4 SGB X), als auch im Verhältnis zum Arbeitgeber (§ 6 Abs. 3 EFZG) Vorrang.

III. Verhältnis der Ansprüche des Arbeitgebers und der Sozialversicherungsträger

1. Grundsatz

57 Zu einer **Gläubigerkonkurrenz** zwischen **Arbeitgeber** und **Sozialleistungsträger** kann es regelmäßig **nicht** kommen, da sich die jeweiligen Ansprüche zeitlich und sachlich in der Regel nicht decken. Soweit dies der Fall sein könnte, bleibt im Hinblick auf den gemäß § 116 Abs. 1 SGB X bereits zu einem früheren Zeitpunkt stattfindenden Forderungsübergang auf den Sozialleistungsträger für einen Forderungsübergang auf den Arbeitgeber gemäß § 6 Abs. 1 EFZG kein Raum.[96]

2. Konkurrenz bei Krankenhauspflege

58 Eine Gläubigerkonkurrenz zwischen Arbeitgeber und Sozialleistungsträger kann nur eintreten, wenn dieser während der Zeit der Entgeltfortzahlung im Krankenhaus Pflege gewährt. Dann geht der Schadensersatzanspruch des Arbeitnehmers für Verdienstausfall insoweit auf den Sozialleistungsträger über, als er Verpflegungskosten einspart, für die er sonst seinen Arbeitslohn hätte verwenden müssen. Das Quotenvorrecht des Sozialleistungsträgers bewirkt hier, dass sich der auf den Arbeitgeber übergehende Ersatzanspruch um die **durch den Krankenhausaufenthalt ersparten Verpflegungskosten verringert**.[97] Kommt es zu einer solchen echten Gläubigerkonkurrenz, ist zu beachten, dass auch insoweit der Forderungsübergang nach § 6 Abs. 1 EFZG oder § 116 SGB X nicht zum Nachteil des Arbeitnehmers geltend gemacht werden darf. Der Arbeitgeber kann wegen § 6 Abs. 3 EFZG die Entgeltfortzahlung gegenüber dem Arbeitnehmer nicht entsprechend kürzen, weil der Arbeitnehmer durch den Krankenhausaufenthalt Verpflegungskosten erspart.[98]

3. Arbeitgeber erfüllt Entgeltfortzahlungsanspruch nicht

59 Kein Konkurrenzproblem liegt vor, wenn sich der Arbeitgeber weigert, an den Arbeitnehmer Entgeltfortzahlung zu leisten. In einem solchen Fall hat der Kranken- bzw Unfallversicherungsträger **Krankengeld-** bzw **Verletztengeldleistungen** zu erbringen. Diese Ansprüche stehen dem Arbeitnehmer dem Grunde nach von Beginn einer Arbeitsunfähigkeit an aus dem Versichertenverhältnis zu (§ 46

95 Feichtinger, Entgeltfortzahlung Rn 449 f.
96 Vgl Schmitt, § 6 EFZG Rn 90.
97 BGH 18.5.1965 – VI ZR 262/63 – AP Nr. 8 zu § 1542 RVO; BGH 3.4.1984 – VI ZR 253/82 – NJW 1984, 2628; OLG Hamm 23.11.1999 – 27 U 93/99 – NZA-RR 2000, 298.
98 Vgl Knorr/Krasney, § 6 EFZG Rn 72; Kaiser/Dunkl/Hold/Kleinsorge, § 6 EFZG Rn 41 ff.

Abs. 1 SGB V); sie ruhen lediglich gemäß § 49 Nr. 1 SGB V, soweit und so lange der Versicherte Arbeitsentgelt oder Arbeitseinkommen erhält.[99]

Erbringt ein Sozialleistungsträger Leistungen, weil ein Arbeitgeber den Entgeltfortzahlungsanspruch des Arbeitnehmers nicht erfüllt, geht dieser Anspruch in Höhe der tatsächlich erbrachten Sozialleistung gemäß § 115 SGB X auf den Leistungsträger über. 60

G. Prozessuales

Durch den gesetzlichen Forderungsübergang gemäß § 6 EFZG wird die Rechtsnatur des **Schadensersatzanspruches** gegenüber dem Dritten nicht verändert, so dass grundsätzlich die **ordentlichen Gerichte zuständig** sind. Eine Zuständigkeit der Arbeitsgerichte ist nach § 2 Abs. 1 Nr. 9, § 3 ArbGG nur dann gegeben, wenn es sich bei dem Schädiger um einen Arbeitnehmer desselben Arbeitgebers handelt und das schädigende Ereignis im Zusammenhang mit dem Arbeitsverhältnis steht, ohne dass ein Haftungsausschluss nach § 105 Abs. 1 Satz 1 SGB VII vorliegt.[100] 61

Macht der **Arbeitnehmer** die erforderlichen Angaben gemäß § 6 Abs. 2 EFZG nicht, ist er **darlegungs-** und **beweispflichtig** dafür, dass er alles ihm Zumutbare zur Feststellung der erforderlichen Angaben unternommen hat, es sei denn, die Gesamtumstände sprechen ohnehin für ein Nichtverschulden des Arbeitnehmers.[101] 62

§ 7 Leistungsverweigerungsrecht des Arbeitgebers

(1) Der Arbeitgeber ist berechtigt, die Fortzahlung des Arbeitsentgelts zu verweigern,

1. **solange der Arbeitnehmer die von ihm nach § 5 Abs. 1 vorzulegende ärztliche Bescheinigung nicht vorlegt oder den ihm nach § 5 Abs. 2 obliegenden Verpflichtungen nicht nachkommt;**
2. **wenn der Arbeitnehmer den Übergang eines Schadensersatzanspruchs gegen eine Dritten auf den Arbeitgeber (§ 6) verhindert.**

(2) Absatz 1 gilt nicht, wenn der Arbeitnehmer die Verletzung dieser ihm obliegenden Verpflichtungen nicht zu vertreten hat.

Schrifttum: *Feichtinger*, Anzeige- und Nachweispflichten bei Arbeitsunfähigkeit, AR-Blattei, SD 1000.2 Krankheit des Arbeitnehmers II; *Hammacher*, Rechtsprobleme bei dem Einsatz von Autokranen, BB 1992, 1510; *Hanau*, Schadensersatzansprüche des Arbeitnehmers und des Arbeitgebers gegen Dritte unter Berücksichtigung der Lohnfortzahlungspflicht des Arbeitgebers, AR-Blattei, Schadensersatz im Arbeitsrecht II; *Marburger*, Konkurrenz zwischen Arbeitgeber und Krankenkassen bei Schadenersatzansprüchen, RdA 1987, 334; *Olderog*, Rechtsfragen bei Krankheit im Arbeitsverhältnis, BB 1989, 1684; *Platzer*, Der Umfang des Forderungsübergangs bei Dritthaftung im Baugewerbe, BB 1993, 1217; *Schneider*, Die Fortzahlung des Arbeitsentgelts im Krankheitsfalle – Ein Leitfaden für das Lohn- und Gehaltsbüro, Die Sozialversicherung 1996, 114; *Twesten*, Das Recht des Arbeitgebers auf Verweigerung der Entgeltfortzahlung im Krankheitsfall, Die Leistungen 1988, 705.

99 Vgl § 1 Rn 3; Schmitt, § 6 EFZG Rn 92 ff.
100 Kasseler Handbuch/Vossen, 2.2. Rn 430.
101 ArbG Gelsenkirchen 7.6.1984 – 3 Ca 666/84 – AuR 1985, 161.

A. **Allgemeines** ... 1
B. **Vorläufiges Leistungsverweigerungsrecht gemäß § 7 Abs. 1 Nr. 1 EFZG** ... 4
I. Verletzung der Nachweispflichten aus § 5 Abs. 1 EFZG ... 7
II. Verletzung der Pflichten aus § 5 Abs. 2 EFZG ... 11
III. Umfang des Leistungsverweigerungsrechts ... 16
IV. Verschulden ... 21
C. **Endgültiges Leistungsverweigerungsrecht gem. § 7 Abs. 1 Nr. 2 EFZG** ... 25
I. Allgemeines ... 25
II. Verhinderung des Forderungsüberganges ... 28
III. Umfang des Leistungsverweigerungsrechts ... 30
IV. Verschulden ... 33
V. Entgeltfortzahlung trotz Leistungsverweigerungsrecht ... 37
D. **Prozessuales** ... 38
I. Geltendmachung ... 38
II. Beweislast ... 40

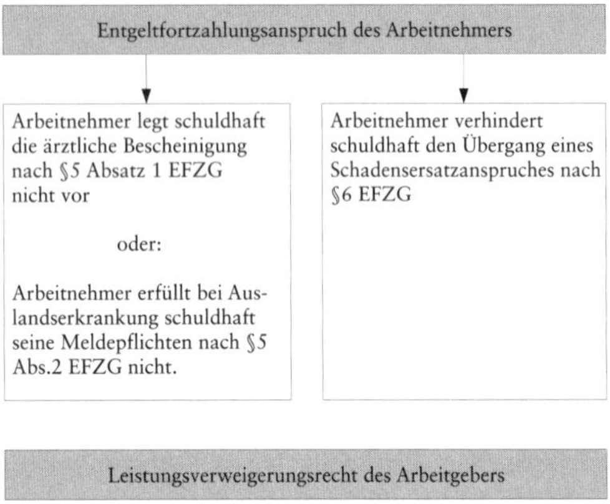

A. Allgemeines

1 § 7 EFZG berechtigt den Arbeitgeber für den Fall, dass der Arbeitnehmer bestimmte Nebenpflichten verletzt, die Fortzahlung des Arbeitsentgelts an den arbeitsunfähig Erkrankten oder einen in einer Maßnahme der medizinischen Vorsorge oder Rehabilitation befindlichen Arbeitnehmer (§ 9 Abs. 1 EFZG) zu verweigern. Dieses gesetzliche Leistungsverweigerungsrecht besteht nur bei Verletzung der in § 7 EFZG **abschließend festgelegten Nebenpflichten**. Kommt der Arbeitnehmer einer Begutachtung durch den Medizinischen Dienst gemäß § 275 Abs. 1 Nr. 3 b SGB V nicht nach, begründet dies kein Leistungsverweigerungsrecht des Arbeitgebers. Eine analoge Anwendung auf andere Pflichtverletzungen des Arbeitnehmers kommt ebenfalls nicht in Betracht.[1] Ebenso scheidet wegen des Unabdingbarkeitsgrundsatzes des § 12 EFZG eine einzel- oder kollektivvertragliche Erweiterung aus.[2] Sowohl die Anzeige- und Nachweispflichten nach § 5 EFZG als auch die Informationspflicht nach § 6 EFZG sind so genannte unselbstständige Nebenpflichten, deren Nichterfüllung den Arbeitgeber nicht be-

1 ErfK-Dörner, § 7 EFZG Rn 3; Treber § 7 EFZG Rn 2.
2 Treber § 7 EFZG Rn 2.

rechtigt, seine Leistungen unter Hinweis auf § 273 BGB zu verweigern. Folglich scheidet auch eine Verurteilung Zug um Zug bei Geltendmachung des Leistungsverweigerungsrechtes aus.

Daneben kann § 273 BGB u.a. dann Bedeutung zukommen, wenn der Arbeitgeber gegen den Arbeitnehmer einen Schadensersatzanspruch geltend machen kann. Dies kann etwa der Fall sein, wenn auf Grund der Verletzung der sich aus § 5 Abs. 1 EFZG ergebenden Pflichten dem Arbeitgeber ein Schaden entsteht. Der Arbeitgeber kann dann wegen der Verletzung der Mitteilungspflicht bzw des daraus resultierenden Schadensersatzanspruchs ein Zurückbehaltungsrecht nach § 273 BGB und wegen der Verletzung der Nachweispflicht ein Leistungsverweigerungsrecht aus § 7 EFZG ausüben.[3] 2

§ 7 EFZG entspricht bis auf einige unwesentliche redaktionelle Änderungen den bis zum Inkrafttreten dieses Gesetzes geltenden Bestimmungen des § 5 LFZG für Arbeiter sowie des § 115 d AGB sowohl für Angestellte und Arbeiter in den neuen Bundesländern. § 7 EFZG hat diese unterschiedliche Rechtslage beseitigt. Dem Arbeitgeber steht nunmehr auch gegenüber Angestellten und zu ihrer Berufsausbildung Beschäftigten (vgl § 1 Abs. 2 EFZG) ein gesetzliches Leistungsverweigerungsrecht zu. Das Leistungsverweigerungsrecht nach § 100 Abs. 2 SGB IV aF[4] – Hinterlegung des Sozialversicherungsausweises – ist zum 1.1.2003, nachdem es sich in der betrieblichen Praxis nicht bewährt hat (BT-Drucks. 15/26 S. 26), ersatzlos entfallen. 3

B. Vorläufiges Leistungsverweigerungsrecht gemäß § 7 Abs. 1 Nr. 1 EFZG

Das vorläufige Leistungsverweigerungsrecht des Arbeitgebers besteht nur in den in § 7 Abs. 1 Nr. 1 EFZG aufgezählten Fällen sowie bei Nichtvorlage der Kurbescheinigung in Folge Bezugnahme des § 9 Abs. 1 EFZG auf § 7 EFZG (§ 9 Rn 54, 59 ff). Die Verletzung anderer nicht in § 7 Abs. 1 Nr. 1 EFZG geregelter Verpflichtungen kann das besondere Leistungsverweigerungsrecht nicht begründen (Rn 1). Wegen möglicher anderer nachteiliger Rechtsfolgen für den Arbeitnehmer vgl § 5 EFZG Rn 199 ff. 4

§ 7 Abs. 1 Nr. 1 EFZG betrifft nur die Rechtsfolgen einer fehlenden oder verspäteten Vorlage der Arbeitsunfähigkeit. Die Norm begründet ein Leistungsverweigerungsrecht des Arbeitgebers und schließt damit dessen Verzug aus, regelt aber nicht die Darlegungs- und Beweislast im Entgeltfortzahlungsprozess abweichend von den allgemeinen Regeln.[5] 5

Demzufolge berechtigt die **Verletzung der Mitteilungspflichten** nach § 5 Abs. 1 Satz 1 EFZG den Arbeitgeber nicht, die Fortzahlung des Arbeitsentgelts zu verweigern. Praktisch würde ein solches Leistungsverweigerungsrecht ohnehin nicht zum Tragen kommen, wenn der Arbeitnehmer fristgerecht die ärztliche Bescheinigung vorlegt. Tut er dies nicht, erübrigt sich die Statuierung eines Leistungsverweigerungsrechts, da dieses dann bereits aus § 7 Abs. 1 Nr. 1 EFZG folgt.[6] 6

3 Schmitt § 7 EFZG Rn 2, Knorr/Krasney § 7 EFZG Rn 7.
4 Vgl hierzu BAG 21.8.1997 – 5 AZR 530/96 – AP Nr. 2 zu § 100 SGB IV.
5 BAG 26.2.2003 – 5 AZR 112/02 – AP Nr. 8 zu § 5 EntgeltFG.
6 Knorr/Krasney § 7 EFZG Rn 15; Schmitt § 7 EFZG Rn 19; aA Müller-Berenz § 7 EFZG Rn 3.

I. Verletzung der Nachweispflichten aus § 5 Abs. 1 EFZG

7 Ein vorläufiges Leistungsverweigerungsrecht steht dem Arbeitgeber zu, wenn der Arbeitnehmer – schuldhaft, siehe unten Rn 33 ff – die ärztliche Bescheinigung über die Arbeitsunfähigkeit gemäß § 5 Abs. 1 EFZG nicht bzw nicht rechtzeitig vorlegt (zur Berechnung der Vorlagefrist vgl § 5 EFZG Rn 38 ff).

8 Ein Leistungsverweigerungsrecht scheidet aus, wenn der **Arbeitgeber** auf die **Vorlage** des ärztlichen Attestes **verzichtet** hat. Dagegen entfällt das Leistungsverweigerungsrecht nach § 7 Abs. 1 Nr. 1 EFZG nicht schon deshalb, weil der Arbeitgeber auf andere Weise von der Arbeitsunfähigkeit Kenntnis erlangt hat.[7] Die Kenntnis von der Arbeitsunfähigkeit – zB Betriebsunfall – führt lediglich dazu, dass der Arbeitnehmer seiner Anzeigepflicht nicht nachkommen muss (vgl § 5 EFZG Rn 2). Das berechtigte Interesse des Arbeitgebers, möglichst frühzeitig durch einen Arzt zu erfahren, wie lange die Arbeitsunfähigkeit voraussichtlich dauert, wird dadurch nicht beseitigt.

9 Das Recht, die Entgeltfortzahlung zu verweigern, steht dem Arbeitgeber auch dann zu, wenn der Arbeitnehmer zwar rechtzeitig das ärztliche Attest vorlegt, dieses jedoch nicht den in § 5 Abs. 1 EFZG festgelegten Anforderungen (vgl hierzu ausführlich § 5 EFZG Rn 71 ff; zum Verschulden Rn 33 ff). Das Fehlen des Vermerks des behandelnden Arztes darüber, dass der Krankenkasse unverzüglich eine Bescheinigung über die Arbeitsunfähigkeit mit Angaben über den Befund und die voraussichtliche Dauer der Arbeitsunfähigkeit übersandt wird (§ 5 Abs. 1 Satz 5 EFZG), führt jedoch nur dann zu einem Leistungsverweigerungsrecht, wenn der Arbeitnehmer Mitglied einer gesetzlichen Krankenkasse ist.[8]

10 Das Leistungsverweigerungsrecht besteht auch dann, wenn sich die Arbeitsunfähigkeit über den in der Erstbescheinigung angegebenen Termin hinaus verlängert und der Arbeitnehmer die **ärztliche Folgebescheinigung** (vgl § 5 EFZG Rn 55 ff) nicht rechtzeitig vorlegt.[9] Das Leistungsverweigerungsrecht bei Nichtvorlage der Folgebescheinigung bezieht sich jedoch nicht auf die in der ursprünglichen Arbeitsunfähigkeitsbescheinigung angegebene Zeit.[10]

II. Verletzung der Pflichten aus § 5 Abs. 2 EFZG

11 Dem Arbeitgeber steht ein vorläufiges Leistungsverweigerungsrecht auch dann zu, wenn der Arbeitnehmer bei einer Erkrankung außerhalb des Geltungsbereichs des Gesetzes seine Pflichten aus § 5 Abs. 2 EFZG verletzt. Welche Pflichten dem Arbeitnehmer hierbei im Einzelfall obliegen, hängt davon ab, ob nach § 5 Abs. 2 Satz 1 EFZG zu verfahren ist, oder ob ein vereinfachtes Verfahren auf der Basis der EWG-Verordnungen Nr. 1408/71 und 574/72 bzw zwischenstaatliche Sozialversicherungsabkommen Anwendung finden (vgl im Einzelnen § 5 EFZG Rn 21 ff).

12 Soweit das **„normale"** Verfahren nach § 5 Abs. 2 Satz 1 EFZG gilt, ist der Arbeitnehmer verpflichtet, dem Arbeitgeber die Arbeitsunfähigkeit, deren voraussichtliche Dauer und die Adresse am Aufenthaltsort in der schnellstmöglichen

7 Schmitt § 7 EFZG Rn 12 f.
8 So auch Schmitt § 7 Rn 14.
9 LAG Saarbrücken 10.3.1971 – 1 Sa 2/71 – EEK I/152; Schmitt § 7 EFZG Rn 15.
10 Schmitt § 7 Rn 17.

Art der Übermittlung mitzuteilen (vgl § 5 EFZG Rn 21 ff) und ihm am vierten Tag der Erkrankung eine ärztliche Bescheinigung vorzulegen, die Angaben über den Namen des erkrankten Arbeitnehmers, die Tatsache der Arbeitsunfähigkeit und über die voraussichtliche Dauer der Arbeitsunfähigkeit enthält. Soweit der Arbeitnehmer in der **gesetzlichen Krankenkasse** versichert ist, ist er verpflichtet, auch dieser die Arbeitsunfähigkeit und deren voraussichtliche Dauer unverzüglich anzuzeigen (§ 5 Abs. 2 Satz 3 EFZG). Dauert die Arbeitsunfähigkeit länger als angezeigt, so ist der Arbeitnehmer gemäß § 5 Abs. 2 Satz 4 EFZG verpflichtet, dies sowohl dem Arbeitgeber als auch der Krankenkasse mitzuteilen und dem Arbeitgeber, eine ärztliche Arbeitsunfähigkeitsbescheinigung vorzulegen (vgl auch § 5 EFZG Rn 25).

Verletzt der Arbeitnehmer diese Pflichten schuldhaft (vgl zum Verschulden Rn 33 ff), berechtigt dies den Arbeitgeber, die Entgeltfortzahlung **zeitweilig** zu verweigern.[11] Das zeitweilige Leistungsverweigerungsrecht wandelt sich auch dann nicht automatisch in ein endgültiges Leistungsverweigerungsrecht um, wenn der Arbeitnehmer in die Bundesrepublik zurückkehrt, ohne seine Urlaubsanschrift angegeben zu haben; darin kann unter Umständen eine Beweisvereitelung gesehen werden.[12] 13

Bestimmen sich die Anzeige- und Nachweispflichten nach dem **modifizierten Verfahren** gemäß § 5 Abs. 2 Satz 5 EFZG (vgl im Einzelnen § 5 EFZG Rn 26 ff), sind die dort vorgesehenen Pflichten auch im Rahmen des § 7 Abs. 1 Nr. 1 EFZG zu berücksichtigen. Soweit der Arbeitnehmer die nach den Merkblättern der Krankenkassen angegebenen Formalien beachtet, erfüllt er seine Verpflichtungen aus § 5 Abs. 2 EFZG, so dass ein Leistungsverweigerungsrecht des Arbeitgebers nicht in Betracht kommt. 14

Kehrt der Arbeitnehmer aus dem Ausland zurück, hat er diese **Rückkehr** unverzüglich dem Arbeitgeber und der Krankenkasse anzuzeigen (§ 5 Abs. 2 Satz 7 EFZG). Verletzt der Arbeitnehmer diese Pflicht, ist der Arbeitgeber berechtigt, von seinem Leistungsverweigerungsrecht Gebrauch zu machen (ferner Rn 19 f).[13] 15

III. Umfang des Leistungsverweigerungsrechts

Die Verletzung der dem Arbeitnehmer nach § 5 Abs. 1 EFZG obliegenden Nachweispflicht führt nur zu einem zeitweiligen Leistungsverweigerungsrecht. Dies gilt auch für den Fall, dass der Arbeitgeber die „sofortige“ Vorlage der Arbeitsunfähigkeitsbescheinigung gemäß § 5 Abs. 1 Satz 3 EFZG (vgl § 5 Rn 43) verlangt und der Arbeitnehmer dieser Pflicht erst verspätet nachkommt.[14] Es besteht als rechtshemmende Einrede im Regelfall nur so lange, bis der Arbeitnehmer seiner Vorlagepflicht nachkommt oder auf andere Weise den Beweis der Arbeitsunfähigkeit erbringt.[15] 16

11 BAG 1.10.1997 – 5 AZR 726/96 – AP Nr. 5 zu § 5 EntgeltFG; Schmitt § 7 EFZG Rn 28.
12 BAG 19.2.1997 – 5 AZR 83/96 – AP Nr. 4 zu § 3 EntgeltFG mit Anm. Schmitt; zur Frage der Erschütterung des Beweiswertes der AU-Bescheinigung in diesem Fall vgl § 5 EFZG Rn 133 ff.
13 Vgl auch Helml § 7 EFZG Rn 7.
14 BAG 1.10.1997 – 5 AZR 726/96 – AP Nr. 5 zu § 5 EntgeltFG.
15 BAG 23.1.1985 – 5 AZR 592/82 – AP Nr. 63 zu § 1 LohnFG.

17 Danach entfällt das Leistungsverweigerungsrecht und der Arbeitgeber muss an den Arbeitnehmer, rückwirkend vom Beginn der Arbeitsunfähigkeit an das Arbeitsentgelt für die Dauer von 6 Wochen fortzahlen.[16] Die Verpflichtung des Arbeitgebers zur rückwirkenden Zahlung des Entgelts führt allerdings nicht dazu, dass der **Anspruch rückwirkend fällig** wird und der Arbeitgeber in Schuldnerverzug gerät.[17]

18 Nur in besonders gelagerten Ausnahmefällen verspäteter Erfüllung der Nachweispflicht aus § 5 Abs. 1 EFZG kann die Geltendmachung des **Entgeltfortzahlungsanspruchs** durch den Arbeitnehmer **rechtsmissbräuchlich** sein. Voraussetzung hierfür ist jedoch, dass zu der zeitlichen Verzögerung noch besondere Umstände hinzutreten, insbesondere ein Verhalten des Arbeitnehmers, das den Arbeitgeber zu der Annahme bewogen hat, der Arbeitnehmer wolle den Anspruch auf Entgeltfortzahlung nicht mehr geltend machen.[18]

Beispiel: Der Arbeitnehmer scheidet im Anschluss an seine Krankheit aus dem Arbeitsverhältnis – vielleicht sogar unter Vertragsbruch – aus und legt erst ein Jahr später das ärztliche Zeugnis unter gleichzeitiger Geltendmachung des Entgeltfortzahlungsanspruchs vor.

19 Das **zeitweilige** Leistungsverweigerungsrecht wird jedoch zu einem **endgültigen**, wenn der Arbeitnehmer nach einer **Erkrankung im Ausland** in die Bundesrepublik zurückkehrt, ohne zuvor der zuständigen gesetzlichen Krankenkasse über die Arbeitsunfähigkeit und deren Dauer Mitteilung gemacht zu haben (§ 5 Abs. 2 Satz 3 EFZG) oder aber gemäß einem bestehenden zwischenstaatlichen Sozialversicherungsabkommen dem zuständigen ausländischen Sozialversicherungsträger eine Arbeitsunfähigkeitsbescheinigung des behandelnden Arztes vorgelegt zu haben. Die nachträgliche Mitteilung der Arbeitsunfähigkeit kann hier ihren Zweck, die gesetzliche Krankenkasse bzw den ausländischen Sozialversicherungsträger möglichst schnell in die Lage zu versetzen, eventuellen Zweifeln an der Arbeitsunfähigkeit nachzugehen,[19] nicht mehr erfüllen. Das Gleiche gilt, wenn der Arbeitnehmer zum Beispiel **zunächst keinen Arzt in Anspruch nimmt** und ein nach wiederhergestellter Arbeitsfähigkeit aufgesuchter Arzt die rückwirkende Ausstellung einer Bescheinigung, zu der er nicht berechtigt ist, verweigert. Hier gerät der Arbeitnehmer in nicht mehr behebbare Beweisschwierigkeiten, so dass schon aus diesem Grunde der Arbeitgeber das Arbeitsentgelt nicht fortzuzahlen hat.[20]

20 Die **Beachtung der Nachweispflichten** nach § 5 EFZG stellt **keine materielle Voraussetzung** für die Entstehung des Entgeltfortzahlungsanspruchs dar. Der Arbeitnehmer kann sich vielmehr aller im Zivilprozess zulässigen Beweismittel

16 AA ArbG Wuppertal 20.11.1980 – 5 Ca 3406/80 – EEK I/690, das verspätete Anzeigen bei Erkrankungen im Ausland nicht mehr als „unverzüglich" – nach § 5 Abs. 2 Satz 1 EFZG ... in der schnellstmöglichen Art. der Übermittlung ... und daher nicht mehr als Meldungen iSd § 5 Abs. 2 EFZG ansieht. In einem solchen Fall seien die versäumten Pflichten nicht mehr nachholbar, so dass von einem dauernden Leistungsverweigerungsrecht auszugehen sei.

17 Schmitt § 7 EFZG Rn 31; Treber § 7 EFZG Rn 12.

18 BAG 27.8.1971 – 1 AZR 107/71 – AP Nr. 1 zu § 3 LohnFG mit Anm. Trieschmann, BAG 28.6.1973 – 5 AZR 23/73 – EEK I/378 Schmitt § 7 Rn 34.

19 LAG Düsseldorf 12.10.1989 – 5 Sa 588/89 – LAGE § 5 LFZG Nr. 2; LAG Niedersachsen 14.5.1996 – 7 Sa 2214/95 – LAGE § 7 EFZG Nr. 1.

20 Knorr/Krasney § 7 EFZG Rn 25.

zum Nachweis seiner Arbeitsunfähigkeit bedienen (vgl § 5 Rn 37, 126 ff). Das Leistungsverweigerungsrecht endet somit auch dann, wenn der Arbeitnehmer seine Arbeitsunfähigkeit anders als durch ärztliches Attest mit den ihm sonst zur Verfügung stehenden Beweismitteln belegt.[21]

IV. Verschulden

Das vorläufige Leistungsverweigerungsrecht nach § 7 Abs. 1 Nr. 1 EFZG kann der Arbeitgeber jedoch nur dann geltend machen, wenn der Arbeitnehmer die Verletzung der ihm obliegenden Pflichten **zu vertreten hat**. Nach § 276 Abs. 1 BGB, der auch vorliegend Anwendung findet, hat der Schuldner **Vorsatz und Fahrlässigkeit** zu vertreten. Fahrlässig in diesem Sinne handelt, wer die im Verkehr erforderliche Sorgfalt außer Acht lässt (§ 276 Abs. 2 BGB). Auf den Grad der Fahrlässigkeit kommt es im Anwendungsbereich des § 7 EFZG nicht an; das Leistungsverweigerungsrecht besteht auch bei leichter Fahrlässigkeit. 21

Bedient sich der Arbeitnehmer zur Erfüllung der ihm obliegenden Pflichten **eines Dritten**, so hat er auch für dessen Verschulden nach § 278 Satz 1 BGB einzustehen. 22

Bei der Beurteilung dessen, ob der **Arbeitnehmer die Verletzung** der ihm obliegenden Verpflichtung zu vertreten hat (§ 7 Abs. 2 EFZG), ist **kein allzu strenger Maßstab** anzulegen. So wird zB den Arbeitnehmer nicht nur dann kein Verschulden iS dieser Vorschrift treffen, wenn der Brief mit dem ärztlichen Attest auf der Post verloren geht oder die verspätete Vorlage des Attestes oder die verspätete Mitteilung an die Krankenkasse auf den langen Postweg zurückzuführen sind, sondern im Allgemeinen auch dann, wenn der Arbeitnehmer infolge der durch die Krankheit bedingten Aufregung die ärztliche Bescheinigung verspätet abschickt oder die Absendung uU sogar ganz vergisst. Im letzteren Falle dürfte allerdings nur in besonderen Ausnahmefällen kein Verschulden anzunehmen sein. 23

Ein Verschulden kann auch dann nicht angenommen werden, wenn die Arbeitsunfähigkeitsbescheinigung den Anforderungen des § 5 Abs. 1 EFZG nicht entspricht, weil etwa die voraussichtliche Dauer der Arbeitsunfähigkeit nicht angegeben ist. In einem solchen Fall kann der Arbeitnehmer nicht für die Nachlässigkeit seines Arztes verantwortlich gemacht werden.[22] 24

C. Endgültiges Leistungsverweigerungsrecht gem. § 7 Abs. 1 Nr. 2 EFZG

I. Allgemeines

Der Arbeitgeber erwirbt den Schadensersatzanspruch gegen den Dritten gemäß § 6 EFZG nicht nur in der Weise und in dem Umfang, wie dieser dem **Arbeitnehmer** zusteht, sondern er ist zu seiner Durchsetzung auch auf dessen **Mithilfe angewiesen** (vgl § 6 EFZG Rn 44 ff). Es wäre daher unbillig und würde dem Grundsatz von Treu und Glauben widersprechen, wenn zwar der Arbeitgeber die Vergütung aufgrund § 3 Abs. 1 EFZG fortzahlen müsste, der Arbeitnehmer aber die Geltendmachung und Durchsetzung der Schadensersatzansprüche ge- 25

21 BAG 15.1.1986 – 7 AZR 128/83 – AP Nr. 93 zu § 626 BGB; BAG 23.9.1992 – 2 AZR 199/92 – n.v. BAG 1.10.1997 – 5 AZR 726/96 – AP Nr. 5 zu § 5 EntgeltFG mit Anm. Schmitt; BAG 26.2.2003 – 5 AZR 112/02 – AP Nr. 8 zu § 5 EntgeltFG.
22 Knorr/Krasney § 7 EFZG Rn 24; Schmitt § 7 EFZG Rn 56.

gen den Dritten vereiteln oder verhindern könnte. Dem Arbeitgeber wird daher das Recht eingeräumt, die Fortzahlung des Arbeitsentgelts u.a. zu verweigern, solange der Arbeitnehmer seiner ihm nach § 6 Abs. 2 EFZG obliegenden Verpflichtung zur Auskunftserteilung nicht nachkommt oder wenn der Arbeitnehmer den gemäß § 6 Abs. 1 EFZG statuierten gesetzlichen Forderungsübergang verhindert (§ 7 Abs. 1 Nr. 2 EFZG).

26 Obwohl im Unterschied zu den früher geltenden gesetzlichen Regelungen (vgl § 5 Nr. 1 LFZG und § 115 d lit. a AGB-DDR), die bei nicht **unverzüglicher Mitteilung** der zur Durchsetzung des Schadensersatzanspruches **erforderlichen Angaben** durch den Arbeitnehmer (§ 6 Abs. 2 EFZG) dem Arbeitgeber ein vorläufiges Leistungsverweigerungsrecht einräumten, diese Möglichkeit in § 7 Abs. 1 Nr. 1 EFZG nicht mehr vorgesehen ist, steht dem Arbeitgeber nach wie vor ein **zeitweiliges Leistungsverweigerungsrecht** zu, solange der Arbeitnehmer seine Pflichten nicht erfüllt.[23]

27 Abgesehen von **besonderen Fällen**, in denen wegen illoyaler, verspäteter Auskunftserteilung dem Arbeitgeber die (nachträgliche) Erfüllung der Entgeltfortzahlung nach Treu und Glauben nicht mehr zugemutet werden kann, die **Geltendmachung** der Entgeltfortzahlung durch den Arbeitnehmer sich also im Einzelfall als **unzulässige Rechtsausübung** darstellt, führt die Ausübung des zeitweiligen Leistungsverweigerungsrechts in der Regel nicht zum Anspruchsverlust. Die praktische Bedeutung des zeitweiligen Leistungsverweigerungsrechts liegt daher vor allem darin, dass der Arbeitnehmer auf diese Weise veranlasst werden soll, seiner Auskunftspflicht nachzukommen. Der Arbeitnehmer kann nämlich durch nachträgliche Erfüllung seiner Pflicht zur Auskunft jederzeit das Recht des Arbeitgebers zur Verweigerung der Entgeltfortzahlung beseitigen.

II. Verhinderung des Forderungsüberganges

28 Das **dauernde** Leistungsverweigerungsrecht gemäß § 7 Abs. 1 Nr. 2 EFZG führt zum **Anspruchsverlust** des Arbeitnehmers. Dies ist der Fall, wenn der Arbeitnehmer schuldhaft (§ 7 Abs. 2 EFZG) den Übergang von Schadensersatzansprüchen auf den Arbeitgeber verhindert. Eine rückwirkende Heilung ist dann nicht mehr möglich. Dadurch, dass sich der Forderungsübergang auf den Arbeitgeber nicht sofort mit der Entstehung des Schadensersatzanspruchs vollzieht, sondern erst dann, wenn der Arbeitgeber das fortzuzahlende Arbeitsentgelt an den Arbeitnehmer gezahlt hat, ist es dem Arbeitnehmer daher leicht möglich, zum Nachteil des Arbeitgebers einen **Vergleich (Abfindungsvergleich) mit dem schädigenden Dritten bzw dessen Haftpflichtversicherung** abzuschließen,[24] diesem gegenüber sogar ganz auf Schadensersatzansprüche zu **verzichten** (§ 397 BGB) oder seine Forderung gegen den Schädiger an einen anderen abzutreten (§ 398 BGB). Sich darauf beziehende Einwendungen muss der Arbeitgeber gegen sich gelten lassen (§§ 404, 412 BGB). Es ist daher durchaus sachgerecht, dass unter solchen Umständen der Arbeitgeber die Entgeltfortzahlung endgültig verweigern kann.

29 Ein **endgültiges Leistungsverweigerungsrecht** ist demzufolge auch dann anzunehmen, wenn der infolge eines Unfalls arbeitsunfähige Arbeitnehmer seinem

23 Knorr/Krasney § 7 EFZG Rn 30; Schmitt § 7 EFZG Rn 47; Treber § 7 Rn 19.
24 BAG 7.12.1988 – 5 AZR 757/87 – AP Nr. 2 zu § 5 LohnFG.

Arbeitgeber widersprüchliche oder falsche Angaben über die Unfallursachen macht, so dass der Arbeitgeber an der Durchsetzung von Regressansprüchen gehindert ist. Dies gilt auch dann, wenn der Arbeitnehmer die erforderlichen Angaben erst 15 Monate nach dem Unfall macht.[25]

III. Umfang des Leistungsverweigerungsrechts

Umstritten und höchstrichterlich noch nicht geklärt ist die Frage, ob der Arbeitgeber auch dann berechtigt ist, die Entgeltfortzahlung in vollem Umfang zu verweigern, wenn der Arbeitnehmer den Übergang eines Schadensersatzanspruches gegen einen Dritten nur teilweise vereitelt. Hierbei sind zwei Sachverhaltsgestaltungen möglich: 30

- Der Dritte ist nur zum Teil schadensersatzpflichtig, da den **Arbeitnehmer ein Mitverschulden** an dem schädigenden Ereignis trifft.
- Der Arbeitnehmer **verfügt nur teilweise** über den Anspruch.

Kann der Arbeitnehmer wegen Mitverschuldens von dem Dritten nur einen Teil des ihm entstandenen Schadens ersetzt verlangen, können auf den Arbeitgeber auch nur in diesem Umfang Ansprüche übergehen. Denn soweit ein Anspruch des Arbeitnehmers wegen Mitverschuldens (§ 254 BGB) nicht entstanden ist, kann die Rechtsfolge des § 6 Abs. 1 EFZG nicht eintreten. Damit fehlt es insoweit auch an dem Tatbestandsmerkmal des § 7 Abs. 1 Nr. 2 EFZG, dem Verhindern des Anspruchsübergangs.[26] 31

Hat der Arbeitnehmer über den ihm in vollem Umfang zustehenden **Schadensersatzanspruch teilweise verfügt** und damit insoweit einen Anspruchsübergang auf den Arbeitgeber verhindert, so kann der Arbeitgeber, ausgehend vom Sinn und Zweck der Bestimmung, nicht die Entgeltfortzahlung nach § 7 Abs. 1 Nr. 2 in voller Höhe verweigern, sondern nur in dem Umfang, wie der Anspruchsübergang tatsächlich unterbunden worden ist.[27] 32

IV. Verschulden

Voraussetzung für die Geltendmachung des Leistungsverweigerungsrechts ist ferner, dass der **Arbeitnehmer die Verletzung** der ihm obliegenden Pflichten **zu vertreten** hat (§ 7 Abs. 2 EFZG), dh der Arbeitnehmer muss entweder fahrlässig oder vorsätzlich seiner Auskunftspflicht nicht nachgekommen sein oder den Übergang des Schadensersatzanspruches gegen den Dritten auf den Arbeitgeber verhindert haben. Nach der Legaldefinition des § 276 Abs. 2 BGB handelt zwar fahrlässig, wer die im Verkehr erforderliche Sorgfalt außer Acht lässt. Dennoch wird man bei der Beurteilung keinen allzu strengen Maßstab anlegen und schon jede geringe Nachlässigkeit als Fahrlässigkeit werten dürfen.[28] 33

25 LAGBaden-Württemberg 16.11.1981 – 8 Sa 58/81 – MDR 1982, 527; ArbG Kaiserslautern 16.2.1983 – 4 Ca 157/82 – ARSt 1984, 116 Nr. 103; bestätigt durch LAG Rheinland-Pfalz 7.12.1983 – 2 Sa 637/83; zur Frage, ob in diesen Fällen auch der Anspruch auf Krankengeld ruht, BSG 13.5.1992 – 1/3 RK 10/90 – NZA 1993, 142.

26 So zutreffend Helml § 7 EFZG Rn 10 Schmitt § 7 EFZG Rn 50; Treber § 7 EFZG Rn 21; aA Knorr/Krasney § 7 EFZG Rn 32; vgl auch § 6 EFZG Rn 40.

27 Helml § 7 EFZG Rn 11; Schmitt § 7 EFZG Rn 50; Treber § 7 EFZG Rn 21; aA Knorr/Krasney § 7 EFZG Rn 32, die auch in diesen Fällen ein Leistungsverweigerungsrecht in voller Höhe bejahen.

28 Vgl BAG 7.12.1988 – 5 AZR 757/87 – AP Nr. 2 zu § 5 LohnFG; zum Begriff des Verhinderns iSd § 162 BGB vgl BGH 17.5.1965 – III ZR 239/64 – BB 1965, 1052.

34 Der Arbeitnehmer hat es also zB **nicht zu vertreten**, wenn er infolge **Krankenhausaufenthalts** (etwa weil er nur mit Mühe schreiben oder sprechen kann) dem Arbeitgeber die erforderlichen Angaben zur Geltendmachung von Schadensersatzansprüchen gegen den Dritten nicht unverzüglich geben kann oder wenn er in der berechtigten **Annahme**, der Unfall werde keine **Arbeitsunfähigkeit** nach sich ziehen, die Feststellung der Personalien des Schädigers unterlässt. Das Gleiche muss gelten, wenn es ihm aus wichtigem Grund nicht zugemutet werden kann (vgl auch § 65 Abs. 1 Nr. 2 SGB I bzgl Sozialleistungsträger), den Schädiger zu benennen oder wenn die Angaben ihn oder ihm nahe stehende Personen (§ 383 Abs. 1 Nr. 1 bis 3 ZPO) der Gefahr strafrechtlicher Verfolgung oder eines Verfahrens nach dem Gesetz über Ordnungswidrigkeiten aussetzen würden (vgl auch § 65 Abs. 3 SGB I).[29]

35 Dagegen hat es der Arbeitnehmer zu vertreten, wenn er dem Arbeitgeber die erforderlichen Angaben ohne ersichtlichen Grund oder aus Böswilligkeit einfach nicht macht oder wenn er mit dem Schädiger oder dessen Haftpflichtversicherung einen **Abfindungsvergleich** (§ 779 BGB) schließt, obwohl er damit rechnen muss, dass sich noch Folgen aus dem Schadensfall in Gestalt weiterer Erkrankungen einstellen werden, die einen Entgeltfortzahlungsanspruch gegen den Arbeitgeber entstehen lassen.[30]

Beispiel: Ein Arbeitnehmer der nach einem unverschuldeten Verkehrsunfall mit dem Schädiger eine Vereinbarung über die **Abgeltung aller aus dem Unfall herrührenden Forderungen** trifft, handelt **schuldhaft**, wenn er nicht zuvor mit dem Arbeitgeber Kontakt aufnimmt und mit den ihn wegen des Unfalls behandelnden Ärzten schriftlich abklärt, ob aus ärztlicher Sicht Bedenken gegen den Abschluss eines Abfindungsvergleiches bestehen.[31]

36 Trifft den **Arbeitnehmer** an der Verletzung der ihm obliegenden Verpflichtungen **kein Verschulden**, so muss der Arbeitgeber die Vergütung an den Arbeitnehmer nach § 3 Abs. 1 EFZG fortbezahlen, selbst auf die Gefahr hin, dass er von dem Dritten nur sehr spät oder überhaupt keinen Ersatz erlangen kann. Die Entgeltfortzahlung an den Arbeitnehmer kann der Arbeitgeber – zeitweilig oder dauernd – mithin nur dann verweigern, wenn insoweit ein Verschulden des Arbeitnehmers vorliegt.

V. Entgeltfortzahlung trotz Leistungsverweigerungsrecht

37 Hat der Arbeitgeber **Entgeltfortzahlung gewährt** obwohl ihm gemäß § 7 Abs. 1 Nr. 2 EFZG ein dauerndes Leistungsverweigerungsrecht zustand, kann er **Rückzahlung** des Arbeitsentgelts gemäß § 813 Abs. 1 BGB verlangen. Dies gilt nicht, wenn der Leistende (Arbeitgeber) positive Kenntnis vom Fehlen der Leistungsverpflichtung hatte (vgl § 814 BGB). Kennt ein Vertreter die Rechtslage und damit die Nichtschuld, so kommt es auf sein Wissen nur dann an, wenn er seinerseits als Vertreter die Leistung erbringt.[32]

29 Vgl BSG 10.11.1977 – 3 RK 44/75 – NJW 1978, 1702.
30 BAG 7.12.1988 – 5 AZR 757/87 – AP Nr. 2 zu § 5 LohnFG.
31 LAG Schleswig-Holstein 18.7.2006 – 2 Sa 155/06 – NZA-RR 2006, 568.
32 BAG 7.12.1988 – 5 AZR 757/87 – AP Nr. 2 zu § 5 LohnFG.

D. Prozessuales

I. Geltendmachung

Der Arbeitgeber muss von seinem Leistungsverweigerungsrecht keinen Gebrauch machen. Beruft er sich jedoch **in dem Prozess**, in dem er von dem Arbeitnehmer auf Entgeltfortzahlung in Anspruch genommen wird, hierauf, so führt dies, wenn es sich um ein zeitweiliges Leistungsverweigerungsrecht handelt (dilatorische oder rechtshemmende Einrede), zur Abweisung der Klage als zurzeit unbegründet, und wenn es sich um ein dauerndes Leistungsverweigerungsrecht handelt (peremtorische oder rechtsvernichtende Einrede), zur Abweisung der Klage als unbegründet schlechthin. 38

Eine **Verurteilung Zug um Zug** kommt auch bei der Geltendmachung eines zeitweiligen Leistungsverweigerungsrechts **nicht in Betracht**. Da sich keine zwei selbstständigen Leistungspflichten gegenüberstehen, finden die Vorschriften über das Zurückbehaltungsrecht, und damit auch § 274 BGB keine, jedenfalls keine uneingeschränkte Anwendung.[33] 39

II. Beweislast

Die Voraussetzungen des Leistungsverweigerungsrechts, dh die Verletzung der in § 7 Abs. 1 EFZG genannten Pflichten, hat der Arbeitgeber im Prozess darzulegen und im Streitfall zu beweisen. Wendet der Arbeitnehmer demgegenüber ein, er habe die Nichterfüllung dieser Verpflichtungen nicht zu vertreten, so trifft ihn hierfür die Darlegungs- und Beweislast.[34] 40

Kann der **Arbeitnehmer** die erforderlichen Angaben gemäß § 6 Abs. 2 EFZG nicht machen, ist er grundsätzlich **darlegungs-** und **beweispflichtig** dafür, dass er alles ihm Zumutbare zur Ermittlung der erforderlichen Angaben unternommen hat, es sei denn, die Gesamtumstände sprechen ohnehin für ein Nichtverschulden des Arbeitnehmers.[35] 41

§ 8 Beendigung des Arbeitsverhältnisses

(1) [1]Der Anspruch auf Fortzahlung des Arbeitsentgelts wird nicht dadurch berührt, daß der Arbeitgeber das Arbeitsverhältnis aus Anlaß der Arbeitsunfähigkeit kündigt. [2]Das gleiche gilt, wenn der Arbeitnehmer das Arbeitsverhältnis aus einem vom Arbeitgeber zu vertretenden Grunde kündigt, der den Arbeitnehmer zur Kündigung aus wichtigem Grund ohne Einhaltung einer Kündigungsfrist berechtigt.

(2) Endet das Arbeitsverhältnis vor Ablauf der in § 3 Abs. 1 bezeichneten Zeit nach dem Beginn der Arbeitsunfähigkeit, ohne daß es einer Kündigung bedarf, oder infolge einer Kündigung aus anderen als den in Absatz 1 bezeichneten Gründen, so endet der Anspruch mit dem Ende des Arbeitsverhältnisses.

Schrifttum: *Birk/Brühler*, Anm. zu BAG Urteil vom 20.8.1980 – 5 AZR 227/79 – AR-Blattei Krankheit III A Entscheidung 102; *Brill*, Beendigung des Arbeitsverhältnisses und Lohnfort-

33 Vgl BT-Drucks. IV/87 S. 10 zu § 4 und S. 11 zu § 6.
34 Helml § 7 EFZG Rn 18; Schmitt § 7 EFZG Rn 59; Treber § 7 EFZG Rn 24.
35 ArbG Gelsenkirchen 7.6.1984 – 3 Ca 972/84 – AuR 1985, 161.

zahlung, DOK 1971, 725; *Feichtinger*, Entgeltfortzahlung bei Kündigung aus Anlass der Arbeitsunfähigkeit und Verzicht, DB 1983, 1202; *Gaumann/Schafft*, Anspruch auf Entgeltfortzahlung bei Kündigung aus Anlass der Erkrankung innerhalb der Wartezeit des § 3 III EFZG?, NZA 2000, 811; *Heither*, Die Rechtsprechung des Bundesarbeitsgerichts zu § 6 LohnFG, ZIP 1984, 403; *ders.*, Der Verhinderungsfall im Recht der Lohnfortzahlung bei Krankheit, in Festschrift für Hilger und Stumpf, 1983, 299; *Hofmann*, Grenzen gesetzlicher Unabdingbarkeitsnormen im Arbeitsrecht – Zum Verzicht auf den Entgeltfortzahlungsanspruch im Krankheitsfall, in Festschrift 25 Jahre BAG, 1979, 217; *Lepke*, Zum Kündigungsrecht des Arbeitgebers bei Erkrankungen des Arbeitnehmers, DB 1970, 439; *ders.*, Hepatitis-Infektion des Arbeitnehmers als Grund für eine fristgerechte Kündigung durch den Arbeitgeber, DB 2008, 467; *Marburger*, Sozialversicherungsrechtliche Auswirkungen bei Beendigung des Arbeitsverhältnisses durch fristlose Kündigung, BB 1981, 559; *Müller-Glöge*, Aktuelle Rechtsprechung zum Recht der Entgeltfortzahlung im Krankheitsfall, RdA 2006, 105, 111; *Schwerdtner*, Ausnahmen von der Lohnfortzahlung (befristetes Arbeitsverhältnis), NZA 1988, 593; *Süße*, Die Kündigung „aus Anlaß" der Arbeitsunfähigkeit (§ 6 Abs. 1 Satz 1 LohnFG) bei Vorliegen einer dauernden Beeinträchtigung der Leistungsfähigkeit aus gesundheitlichen Gründen, DB 1972, 189.

A. Allgemeines 1
B. Entgeltfortzahlung über die Beendigung des Arbeitsverhältnisses hinaus 4
I. Kündigung durch den Arbeitgeber aus Anlass der Arbeitsunfähigkeit (§ 8 Abs. 1 Satz 1 EFZG) 4
1. Begriff „aus Anlass" 4
2. Einzelfälle 9
II. Einvernehmliche Beendigung auf Initiative des Arbeitgebers 23
III. Darlegungs- und Beweislast 26
IV. Kündigung durch den Arbeitnehmer 31
V. Dauer des Entgeltfortzahlungsanspruches 37
C. Wegfall der Entgeltfortzahlung bei Beendigung des Arbeitsverhältnisses 39
I. Beendigung des Arbeitsverhältnisses ohne Kündigung 39
II. Kündigung aus anderen als in § 8 Abs. 1 EFZG genannten Gründen 43
D. Rechtsstellung der Krankenkasse bei Beendigung des Arbeitsverhältnisses 44
I. Ansprüche für die Zeit eines behaupteten Fortbestandes des Arbeitsverhältnisses (§ 3 Abs. 1 EFZG) 44
II. Ansprüche bei Beendigung des Arbeitsverhältnisses aus Anlass der Arbeitsunfähigkeit 49

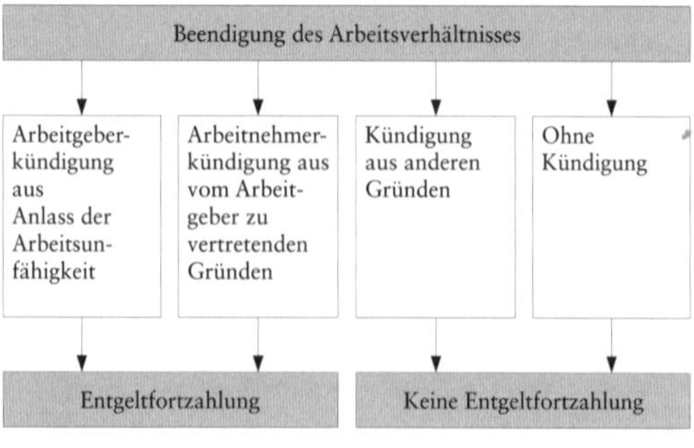

A. Allgemeines

1 Ansprüche auf Vergütung im Krankheitsfall setzen grundsätzlich das Bestehen des Arbeitsverhältnisses voraus. Wird das **Arbeitsverhältnis rechtswirksam gekündigt** oder endet es aus anderen Gründen (zB Ablauf der Befristung), entfällt

daher in der Regel auch der Entgeltfortzahlungsanspruch (vgl im Einzelnen Rn 39 ff). Eine Ausnahme gilt unter anderem für die Fälle, in denen der Arbeitgeber das Arbeitsverhältnis aus Anlass der Arbeitsunfähigkeit (§ 8 Abs. 1 Satz 1 EFZG) kündigt. Sinn der vorstehend zitierten Bestimmung ist zu verhindern, dass sich der Arbeitgeber durch Beendigung des Arbeitsverhältnisses aus Anlass der Arbeitsunfähigkeit seiner Verpflichtung zur Entgeltfortzahlung zulasten der Sozialversicherung[1] entzieht.

Der Arbeitnehmer behält daher den Anspruch auf Entgeltfortzahlung – höchstens für insgesamt sechs Wochen – über die wirksame Beendigung des Arbeitsverhältnisses hinaus **bis zum Ende des Verhinderungsfalles** (nicht der Krankheit), der Anlass der Kündigung war. Der Entgeltfortzahlungsanspruch während des bestehenden Arbeitsverhältnisses knüpft hinsichtlich seines zeitlichen Umfangs nur an die Dauer der Arbeitsunfähigkeit, nicht an eine bestimmte Krankheit an. Das Gleiche muss deshalb auch für Ansprüche nach § 8 Abs. 1 Satz 1 EFZG gelten.[2] Ein neuer Verhinderungsfall ist ein neues Risiko für den Arbeitnehmer; für dieses Risiko muss der alte Arbeitgeber nicht mehr einstehen. 2

Kündigt der Arbeitgeber das Arbeitsverhältnis **während der ersten vier Wochen** aus Anlass der Arbeitsunfähigkeit, entsteht wegen § 3 Abs. 3 EFZG (vgl § 3 EFZG Rn 179 ff) für diesen Zeitraum kein Anspruch auf Entgeltfortzahlung gemäß § 8 Abs. 1 Satz 1 EFZG, da diese Vorschrift **keine originäre Anspruchsgrundlage** für die Entgeltfortzahlung enthält.[3] Dauert die Arbeitsunfähigkeit über den Ablauf der Wartezeit hinaus an, hat der Arbeitnehmer gemäß § 8 Abs. 1, § 3 Abs. 1 EFZG Anspruch auf Entgeltfortzahlung bis zur Gesamtdauer von sechs Wochen. Die in den ersten vier Wochen liegenden Arbeitsunfähigkeitszeiten sind nicht anzurechnen. Dies gilt auch dann, wenn das **Arbeitsverhältnis** durch eine aus Anlass der Arbeitsunfähigkeit ausgesprochene Kündigung **noch innerhalb der Wartezeit beendet** worden ist. Sinn und Zweck des § 8 Abs. 1 Satz 1 EFZG sprechen für eine Auslegung, nach der auch **„die Entstehung“** des Entgeltfortzahlungsanspruchs durch eine krankheitsbedingte Kündigung nicht berührt wird.[4] 3

B. Entgeltfortzahlung über die Beendigung des Arbeitsverhältnisses hinaus

I. Kündigung durch den Arbeitgeber aus Anlass der Arbeitsunfähigkeit (§ 8 Abs. 1 Satz 1 EFZG)

1. Begriff „aus Anlass“

Eine Kündigung aus Anlass der Arbeitsunfähigkeit liegt vor, wenn gerade die Arbeitsunfähigkeit den entscheidenden Anstoß für den Arbeitgeber zum Ausspruch der Kündigung gegeben hat. Der Anlass der Kündigung ist vom Kündigungsgrund zu unterscheiden. Während der Grund mit der Krankheit regelmäßig nichts zu tun haben wird, sondern im Verhalten, in der Person oder in betrieb- 4

1 BAG 28.11.1979 – 5 AZR 955/77 – AP Nr. 10 zu § 6 LohnFG; BAG 26.5.1999 – 5 AZR 476/98 – AP Nr. 10 zu § 3 EntgeltFG.
2 BAG 2.12.1981 – 5 AZR 953/79 – AP Nr. 19 zu § 6 LohnFG; zum Grundsatz der Einheit des Verhinderungsfalles BAG 2.12.1981, AP Nr. 48 zu § 1 LohnFG; Heither Festschrift für Hilger/Stumpf S. 299; ferner § 3 EFZG Rn 208 ff.
3 BAG 17.4.2002 – 5 AZR 2/01 – AP Nr. 1 zu § 8 EntgeltFG.
4 BAG 26.5.1999 – 5 AZR 476/98 – AP Nr. 10 zu § 3 EntgeltFG; Hessisches LAG 29.3.2006 – 6 (8/1) Sa 1612/05 – AR-Blattei ES 1000.3.1 Nr. 256.

lichen Belangen zu finden ist und vom Arbeitgeber bisher nicht für den Ausspruch einer Kündigung genutzt wurde, ist die Arbeitsunfähigkeit der Anlass, wenn sie die Entscheidung des Arbeitgebers beeinflusst hat, gerade zu diesem Zeitpunkt der Kündigungsgrund auszunutzen und die Kündigung zu erklären.[5] Es genügt also, wenn die Arbeitsunfähigkeit einen objektiven Geschehensablauf in Gang gesetzt hat, der schließlich den Entschluss des Arbeitgebers zur Kündigung auslöst. Hierbei muss nach dem Wortlaut des § 8 Abs. 1 Satz 1 EFZG die **Arbeitsunfähigkeit bei Ausspruch der Kündigung nicht objektiv vorliegen.** Der Arbeitgeber, für den Anlass der Kündigung die **bevorstehende Arbeitsunfähigkeit** ist, kündigt das Arbeitsverhältnis ebenfalls „aus Anlass der Arbeitsunfähigkeit". Es bedarf lediglich hinreichender sicherer Anhaltspunkte der bevorstehenden Arbeitsunfähigkeit (zB Operation). Bloße **Vermutungen** oder vage Ankündigungen können keine Grundlage dafür sein, dass die Arbeitsunfähigkeit objektive Ursache der Kündigung ist. Steht dagegen die künftige Arbeitsunfähigkeit so gut wie sicher fest, kann sie Grundlage der Kündigung sein.[6]

5 Dass sonstige hinzutretende Umstände den Kündigungsgrund beeinflussen oder gar erst hervorrufen, schadet nicht, so lange die **Arbeitsunfähigkeit** sich als eine die Kündigung **wesentlich mitbestimmende Ursache** darstellt.[7]

6 **Subjektiv** setzt eine „Anlasskündigung" im Regelfall voraus, dass der Arbeitgeber **Kenntnis** von der krankheitsbedingten **Arbeitsunfähigkeit** des Arbeitnehmers hat, weil nur dann die Arbeitsunfähigkeit für ihn Anlass zur Kündigung gewesen sein kann.[8]

7 Hierbei muss sich der Arbeitgeber jedoch die **Kenntnis anderer Personen** zurechnen lassen, wenn diese dienstliche Vorgesetzte des Arbeitnehmers sind und diesem gegenüber den Arbeitgeber (personell) repräsentieren.[9]

8 Der Begriff „aus Anlass" ist entsprechend dem Zweck, den Arbeitgeber an einer Umgehung der Entgeltfortzahlung zu hindern, **weit auszulegen.**[10]

2. Einzelfälle

9 Eine Kündigung aus Anlass der Arbeitsunfähigkeit liegt somit vor, wenn sie mit Rücksicht auf die **Folgen** ausgesprochen wird, die sich **aus einer Erkrankung** für den Arbeitgeber ergeben; zB die Unfähigkeit, überhaupt zu arbeiten oder die Unfähigkeit, gerade die Arbeit auszuführen, die der Arbeitnehmer ausgeführt hatte, bevor er erkrankte. Die Arbeitsunfähigkeit scheidet als Anlass für die Kündigung nicht dadurch aus, dass die Arbeitsverhinderung auf Dauer eintritt oder der erkrankte Arbeitnehmer seiner bisher ausgeübten oder einer anders gearteten Erwerbstätigkeit überhaupt nicht mehr oder nur auf die Gefahr hin nachgehen kann, seinen Zustand zu verschlimmern.[11]

10 Aus Anlass der Arbeitsunfähigkeit erfolgt eine Kündigung auch dann, wenn sie ausgesprochen wird, um durch **anderweitige Besetzung des verwaisten Arbeits-**

5 Müller-Glöge, RdA 2006, 105 (111) mwN.
6 BAG 17.4.2002 – 5 AZR 2/01 – AP Nr. 1 zu § 8 EntgeltFG.
7 BAG 26.4.1978 – 5 AZR 5/77 – AP Nr. 5 zu § 6 LohnFG; zum gesamten Problemkreis vgl auch Feichtinger DB 1983, 1212.
8 BAG 17.4.2002 – 5 AZR 2/01 – AP Nr. 1 zu § 8 EntgeltFG.
9 LAG Berlin 6.6.1977 – 9 Sa 67/76 – BB 1978, 206.
10 Feichtinger DB 1983, 1212; Schmitt § 8 EFZG Rn 28.
11 BAG 22.12.1971 – 1 AZR 180/71 – AP Nr. 2 zu § 6 LohnFG.

platzes des erkrankten Arbeitnehmers Störungen im Betriebsablauf zu vermeiden[12] oder wenn sich ein Arbeitgeber bei der Kündigung lediglich auf die wirtschaftlichen Lasten der Entgeltfortzahlung und deren Folgen für seinen Betrieb berufen kann. Auch eine Kündigung wegen **dringender betrieblicher Erfordernisse** kann sich als „Anlasskündigung“ darstellen, wenn der Arbeitgeber ohne Rücksicht auf seine soziale Auswahl gerade das Arbeitsverhältnis des erkrankten Arbeitnehmers kündigt.[13] Das Gleiche gilt für eine Kündigung wegen eines **Beschäftigungsverbotes** (zB § 42 IfSG), das unmittelbare Folge der Erkrankung ist.[14]

Die Vergütungszahlungsansprüche des Arbeitnehmers aus § 8 Abs. 1 Satz 1 EFZG werden auch nicht dadurch ausgeschlossen, dass der Arbeitnehmer die ordentliche oder außerordentlich **Kündigung unbeanstandet hinnimmt.**[15] Denn Voraussetzung für die Vergütungsansprüche ist eine wirksame Kündigung. 11

In den Fällen, in denen der Arbeitgeber vor **Ablauf der Nachweisfrist** des § 5 Abs. 1 Satz 1 EFZG kündigt und nicht abwartet, ob der Arbeitnehmer eine krankheitsbedingte Arbeitsunfähigkeit nachweist bzw anzeigt, kann er sich nicht darauf berufen, er habe von der Krankheit keine Kenntnis gehabt, da der Arbeitnehmer unentschuldigt gefehlt habe.[16] 12

Die Nachweisfrist, richtiger die Wartefrist, die sich als eigenständige Frist nur in ihrer Dauer an § 5 Abs. 1 Satz 1 EFZG orientiert,[17] beginnt mit dem Fehlen des Arbeitnehmers, nicht erst mit dessen Arbeitsunfähigkeit[18] und endet mit Ablauf der vollen Wartefrist von vier Kalendertagen;[19] nicht mit Dienstschluss, sondern um 24.00 Uhr. Fällt der letzte Tag der Frist auf einen Samstag, Sonntag oder gesetzlichen Feiertag, endet die Frist mit Ablauf des nächsten Werktages (§ 193 BGB). 13

Kündigt ein Arbeitgeber in Kenntnis der Arbeitsunfähigkeit des Arbeitnehmers oder vor Ablauf der Wartefrist, kann er sich daher in der Regel nicht darauf berufen, er habe nicht aus Anlass der Arbeitsunfähigkeit gekündigt, sondern allein deswegen, weil der Arbeitnehmer die Arbeitsunfähigkeit nicht rechtzeitig angezeigt habe. Denn wollte man in diesen Fällen den Anlass für eine ausgesprochene Kündigung allein in der Verletzung der Anzeigepflicht sehen, wäre die Bestimmung des § 8 Abs. 1 Satz 1 EFZG bedeutungslos.[20] 14

Das schließt nicht aus, dass der Arbeitgeber **ausnahmsweise** die Verletzung der Mitteilungs- oder Anzeigepflicht zum Anlass für eine Kündigung nehmen kann und auch tatsächlich genommen hat. Voraussetzung ist jedoch, dass die Verletzung der Anzeige- und Nachweispflichten aus § 5 EFZG (vgl im Einzelnen § 5 15

12 BAG 26.10.1971 – 1 AZR 40/71 – AP Nr. 1 zu § 6 LohnFG.
13 BAG 28.11.1979 – 5 AZR 725/77 – AP Nr. 8 zu § 6 LohnFG.
14 BAG 26.4.1978 – 5 AZR 7/77 – AP Nr. 6 zu § 6 LohnFG.
15 BAG 28.11.1979 – 5 AZR 849/77 – AP Nr. 9 zu § 6 LohnFG.
16 BAG 26.4.1978 – 5 AZR 5/77 – AP Nr. 5 zu § 6 LohnFG; BAG 20.8.1980 – 5 AZR 1086/78 – AP Nr. 13 zu § 6 LohnFG.
17 Vgl Trieschmann, gemeinsame Anm. zu AP Nrn. 11, 13, 16, 17 und 18 zu § 6 LohnFG unter I 4 a.
18 BAG 20.8.1980 – 5 AZR 1086/78 – AP Nr. 13 zu § 6 LohnFG.
19 Vgl BAG 29.8.1980 – 5 AZR 1051/79 – AP Nr. 18 zu § 6 LohnFG.
20 Feichtinger DB 1983, 12012.

EFZG Rn 1 ff). unter Berücksichtigung aller Umstände eine solches Gewicht hat, dass sie einem vernünftigen Arbeitgeber Anlass für eine Kündigung gibt.[21]

16 Von einer Anlasskündigung kann nicht die Rede sein, wenn der Arbeitgeber einen unentschuldigt fehlenden Arbeitnehmer zwar vor Ablauf der Nachweisfrist kündigt, der Arbeitnehmer jedoch erst **nach Ausspruch der Kündigung** innerhalb der Nachweisfrist **arbeitsunfähig** erkrankt ist.[22] Jede andere Beurteilung würde dem Arbeitgeber die Möglichkeit nehmen, auf ein tatsächlich unentschuldigtes Fehlen des Arbeitnehmers mit einer Kündigung sofort zu reagieren, ohne dass er befürchten muss, seine Kündigung werde als Anlasskündigung beurteilt. Ebenso scheidet eine Anlasskündigung aus, wenn der Arbeitgeber kündigt, weil der (gesunde) Arbeitnehmer zur Erreichung eigener Ziele (zB Urlaubsgewährung) mit einer „Erkrankung“ droht und sich anschließend arbeitsunfähig meldet.[23]

17 Hat der Arbeitnehmer für sein Fehlen bereits einen **anderen Grund angegeben** (zB Beaufsichtigung der Kinder), besteht für den Arbeitgeber keine Veranlassung abzuwarten, ob innerhalb der Nachweisfrist noch eine Krankmeldung erfolgt. Eine in diesem Falle ausgesprochene Kündigung seitens des Arbeitgebers stellt sich dann nicht als Anlasskündigung dar.[24]

18 Eine Anlasskündigung kann auch nicht angenommen werden, wenn der Arbeitgeber sich im Falle des unentschuldigten Fehlens des Arbeitnehmers vor Ausspruch einer Kündigung **nach dem Grund des Fernbleibens erkundigt** und keine Auskunft erhält, die auf eine mögliche Arbeitsunfähigkeit hinweist.[25]

19 **Wartet** der Arbeitgeber die Nachweisfrist **ab**, und kündigt er dann, ohne von der Arbeitsunfähigkeit Kenntnis zu haben, darf er normalerweise davon ausgehen, dass der Arbeitnehmer unentschuldigt fehlt, auch wenn er zwischenzeitlich erkrankt ist.[26] Der Einwand des Arbeitgebers, von der Arbeitsunfähigkeit keine Kenntnis gehabt zu haben, ist in diesem Fall erheblich. Die später erlangte **Kenntnis** von der Krankheit ist auch dann unschädlich, wenn sie nach Abgabe aber **vor Zugang der Kündigungserklärung** erfolgt ist.[27]

20 Die vorstehenden Grundsätze gelten aber nicht nur beim erstmaligen krankheitsbedingten Fehlen des Arbeitnehmers, sondern auch dann, wenn der Arbeitnehmer nach dem Ende der zunächst bescheinigten Dauer der Arbeitsunfähigkeit die Arbeit nicht wieder aufnimmt, sondern weiter fehlt. Kündigt der Arbeitgeber in einem solchen Fall, ohne abzuwarten, ob ihm eine **Folgebescheinigung** zugeht, ist davon auszugehen, dass er aus Anlass der Fortdauer der Arbeitsunfähigkeit gekündigt hat, auch wenn er bei Ausspruch der Kündigung davon noch keine positive Kenntnis hatte.[28]

21 BAG 20.8.1980 – 5 AZR 1192/79 – AP Nr. 17 zu § 6 LohnFG; LAG Köln, 14.1.1993 – 5 Sa 853/92 – LAGE § 6 LohnFG Nr. 2; ferner § 5 Rn 203 ff.
22 BAG 20.8.1980 – 5 AZR 227/79 – AP Nr. 14 zu § 6 LohnFG.
23 Müller-Glöge, RdA 2006, 105 (111); Vogelsang Rn 243.
24 BAG 20.8.1980 – 5 AZR 126/80 – n.v.; Feichtinger DB 1983, 1203.
25 LAG Nürnberg 30.1.1989 – 7 Sa 76/87 – n.v.
26 BAG 20.8.1980 – 5 AZR 1086/78 – AP Nr. 13 zu § 6 LohnFG.
27 Staudinger-Oetker § 616 BGB Rn 266; Schmitt § 8 EFZG Rn 42.
28 Feichtinger, DB 1983, 1202, 1203.

Die Nachweisfrist für die Folgebescheinigung (vgl im Einzelnen § 5 EFZG Rn 55 ff) ist hier aus § 5 Abs. 1 Satz 2 EFZG zu entnehmen und beginnt mit dem Ende der zunächst bescheinigten Dauer der Arbeitsunfähigkeit.[29] 21

Um eine Anlasskündigung kann es sich nach Auffassung des BAG[30] schließlich auch dann handeln, wenn der Arbeitgeber einem erkrankten Arbeitnehmer **zum voraussichtlichen Ende der Arbeitsunfähigkeit** kündigt, ohne abzuwarten, ob die Arbeitsunfähigkeit über das zunächst angenommene Datum hinaus andauert und der Arbeitnehmer dann weiter krank ist. Dass der Arbeitgeber die Arbeitsunfähigkeit zunächst hingenommen hatte, schließt eine Anlasskündigung nicht aus. 22

II. Einvernehmliche Beendigung auf Initiative des Arbeitgebers

Für den Bereich der Entgeltfortzahlung war in der Rechtsprechung des Bundesarbeitsgerichts[31] zunächst die Frage unbeantwortet geblieben, ob der Entgeltfortzahlungsanspruch in analoger Anwendung des § 8 Abs. 1 Satz 1 EFZG auch dann über das Ende des Arbeitsverhältnisses hinaus weiterbesteht, wenn das Arbeitsverhältnis aus Anlass der Arbeitsunfähigkeit auf Initiative des Arbeitgebers durch **Aufhebungsvertrag** beendet wird. Diese Frage hat das Bundesarbeitsgericht zunächst für den Fall einer vorausgegangenen Kündigung bejaht.[32] Es hat hierbei insbesondere auf seine Rechtsprechung zur Beurteilung von Ansprüchen im Zusammenhang mit dem Ausscheiden des Arbeitnehmers aus dem Arbeitsverhältnis hingewiesen. In allen diesen Fällen hat das Bundesarbeitsgericht[33] – und insoweit ist die herrschende Meinung in der Literatur dem gefolgt[34] – **nicht auf die formelle Seite** (Aufhebungsvertrag oder Kündigung) abgestellt, sondern auf den **materiellen Auflösungsgrund**. Diese Auffassung steht auch nicht in Widerspruch zu § 8 Abs. 2 EFZG, da diese Bestimmung nur die Fälle betrifft, in denen das Arbeitsverhältnis ohne Rücksicht auf die Arbeitsunfähigkeit ohnehin enden würde, nicht dagegen einen vom Arbeitgeber angeregten Aufhebungsvertrag aus Anlass der Arbeitsunfähigkeit erfasst.[35] 23

Ein nach § 8 Abs. 1 Satz 1 EFZG gegebener Entgeltfortzahlungsanspruch wird auch nicht dadurch berührt, dass das Arbeitsverhältnis später durch einen **Prozessvergleich** in gegenseitigem Einvernehmen beendet worden ist.[36] Dieser Rechtsgrundsatz findet ferner dann Anwendung, wenn durch den Aufhebungsvertrag das Arbeitsverhältnis **nicht zum ursprünglichen Kündigungstermin**, sondern zu einem früheren oder späteren Zeitpunkt beendet wird. Denn wie dargestellt, ist allein auf den Anlass zur Beendigung des Arbeitsverhältnisses, den ma- 24

29 Vgl BAG 29.8.1980 – 5 AZR 1051/79 – AP Nr. 18 zu § 6 LohnFG.
30 Urteil 20.8.1980 – 5 AZR 896/79 – AP Nr. 16 zu § 6 LohnFG.
31 Urteil 28.7.1976 – 5 AZR 315/75 – AP Nr. 4 zu § 6 LohnFG.
32 BAG 28.11.1979 – 5 AZR 955/77 – AP Nr. 10 zu § 6 LohnFG.
33 Vgl zum Schadensersatz wegen Auflösungsverschulden nach § 628 Abs. 2 BGB, vgl BAG 10.5.1971 – 3 AZR 126/70 – AP Nr. 6 zu § 628 BGB; BAG 8.8.2002 – 8 AZR 574/01 – AP Nr. 14 zu § 628 BGB; Unverfallbarkeit der Versorgungsanwartschaft für den Fall der arbeitgeberseitigen Kündigung, vgl BAG 26.2.1976 – 3 AZR 166/75 – AP Nr. 172 zu § 242 BGB Ruhegehalt.
34 Vgl etwa MünchKomm/Schwertner § 628 BGB Rn 13; KR/Weigand § 628 BGB Rn 20; Staudinger-Oetker § 616 BGB Rn 273; Schmitt § 8 EFZG Rn 20.
35 BAG 28.11.1979 – 5 AZR 955/77 – AP Nr. 10 zu § 6 LohnFG.
36 BAG 20.8.1980 – 5 AZR 944/79 – n.v.; LAG Berlin 30.1.1979 – 3 Sa 90/78 – ARSt 1979, 152; Feichtinger, DB 1983, 1202, 1203.

teriellen Auflösungsgrund, abzustellen. Der Zeitpunkt, zu dem das Arbeitsverhältnis im gegenseitigen Einvernehmen aufgelöst wird, ist dabei ohne Bedeutung.[37]

25 Die gleichen Überlegungen gelten auch für den Fall, dass der Arbeitgeber die Auflösung des Arbeitsverhältnisses aus Anlass der Arbeitsunfähigkeit durch einen Aufhebungsvertrag betreibt, **ohne zuvor gekündigt zu haben.** Denn dem gesetzgeberischen Zweck des § 8 Abs. 1 EFZG würde nur unvollkommen entsprochen, wenn der Arbeitgeber nicht verpflichtet wäre, Entgeltfortzahlung zu leisten, wenn es ihm gelingt, den Arbeitnehmer zu einer einvernehmlichen Auflösung des Arbeitsverhältnisses zu veranlassen, so dass eine Kündigung entbehrlich wird.[38]

III. Darlegungs- und Beweislast

26 Die **Darlegungs- und Beweislast** dafür, dass aus Anlass der Arbeitsunfähigkeit gekündigt worden ist, trifft im Streitfall als anspruchsbegründende Tatsache grundsätzlich den **Arbeitnehmer**. Dh, der Arbeitnehmer muss darlegen und beweisen, dass der Arbeitgeber im Zeitpunkt der Kündigung positive Kenntnisse von der Arbeitsunfähigkeit hatte. Bloßes Kennenmüssen reicht nicht aus.

27 Hat der Arbeitgeber jedoch im zeitlichen Zusammenhang mit der Krankmeldung oder der Anzeige, dass eine bekannte Arbeitsunfähigkeit fortdauert, gekündigt, spricht der **Beweis des ersten Anscheins** dafür, dass die Arbeitsunfähigkeit oder deren Fortdauer Anlass der Kündigung war.[39]

28 Das Gleiche gilt, wenn der Arbeitgeber vor Ablauf der Wartefrist kündigt; in diesem Fall muss er sich so behandeln lassen, als habe er Kenntnis von der krankheitsbedingten Arbeitsunfähigkeit gehabt. Auch in diesem Fall spricht der Beweis des ersten Anscheins dafür, dass er aus Anlass der Arbeitsunfähigkeit gekündigt hat.[40]

29 Ein solcher Anscheinsbeweis kann nicht mehr angenommen werden, wenn der Arbeitgeber nach Ablauf der Wartefrist das Arbeitsverhältnis eines in Wirklichkeit noch arbeitsunfähig erkrankten Arbeitnehmers wegen unentschuldigten Fehlens fristlos kündigt. Hier muss der Arbeitnehmer entsprechend den allgemeinen prozessualen Grundsätzen beweisen, dass der Arbeitgeber bei Ausspruch der Kündigung positive Kenntnis vom Weiterbestehen der Arbeitsunfähigkeit hatte.[41]

30 Den Beweis des ersten Anscheins kann der Arbeitgeber nur dadurch erschüttern, dass er Tatsachen vorträgt und erforderlichenfalls beweist aus denen sich ergibt, dass andere Gründe seinen Kündigungsentschluss bestimmt haben.[42] Eine solche

37 BAG 20.8.1980 – 5 AZR 567/78 – n.v.
38 BAG 20.8.1980 – 5 AZR 589/79 – AP Nr. 15 zu § 6 LohnFG; BGB-RGRK/Matthes § 616 Rn 163; Heither ZIP 1984, 403, 406; Feichtinger DB 1983, 1202, 1203.
39 BAG 20.8.1980 – 5 AZR 1192/79 – AP Nr. 17 zu § 6 LohnFG; BAG 5.2.1998 – 2 AZR 270/97 – AP Nr. 3 zu § 1 TVG Tarifverträge: Apotheken; LAG Hamm 12.1.2005 – 18 Sa 1661/04 – EEK 3185.
40 Vgl Schmitt § 8 EFZG Rn 46; Heither ZIP 1984, 403, 406; Feichtinger DB 1983, 1202, 1203.
41 Vgl LAG Frankfurt aM 12.7.1976 – 1 Sa 104/76 – DB 1977, 501; LAG Köln 14.1.1993 – 5 Sa 853/92 – LAGE § 6 LohnFG Nr. 2.
42 BAG 5.2.1998, aaO Fn 37; LAG Hamm 12.1.2005 – 18 Sa 1661/04 – EEK 3185.

Erschütterung des Anscheinsbeweises ist nach Ansicht des LAG München etwa dann gegeben, wenn im Kündigungszeitpunkt die Einleitung und Durchführung von Massenentlassungen lief.[43]

IV. Kündigung durch den Arbeitnehmer

Der Entgeltfortzahlungsanspruch bleibt auch dann erhalten, wenn der Arbeitnehmer das Arbeitsverhältnis aus einem vom Arbeitgeber zu vertretenden Grunde kündigt, der den Arbeitnehmer zur Kündigung aus wichtigem Grund ohne Einhaltung einer Kündigungsfrist berechtigt. 31

Mit dieser Regelung soll verhindert werden, dass der Arbeitgeber sich der Pflicht, Entgeltfortzahlung zu leisten, dadurch entzieht, dass er in vertragswidriger Weise eine fristlose Eigenkündigung des Arbeitnehmers veranlasst.[44] 32

§ 8 Abs. 1 Satz 2 EFZG nimmt Bezug auf § 626 Abs. 1 BGB, dh, es müssen Tatsachen vorliegen, aufgrund derer dem Arbeitnehmer unter Berücksichtigung aller Umstände des Einzelfalles und unter Abwägung der Interessen beider Vertragsteile die Fortsetzung des Arbeitsverhältnisses bis zum Ablauf der Kündigungsfrist oder bis zur vereinbarten Beendigung des Arbeitsverhältnisses nicht zugemutet werden kann. Das Vorliegen dieser Tatsachen muss der Arbeitgeber zu vertreten haben. 33

Hierbei ist zu beachten, dass für eine außerordentliche Kündigung durch den Arbeitnehmer grundsätzlich die gleichen Maßstäbe und Grundsätze wie für die außerordentliche Kündigung durch den Arbeitgeber gelten.[45] Als Gründe für eine fristlose Kündigung vonseiten des Arbeitnehmers kommen unter anderem in Betracht **Tätlichkeiten, Beleidigungen**, dazu zählt auch, wenn der Arbeitgeber den Arbeitnehmer offensichtlich ungerechtfertigt und leichtfertig einer strafbaren Handlung verdächtigt,[46] sowie die nachhaltige Verletzung von Arbeitsschutzvorschriften[47] und der Umstand, dass der Arbeitgeber längere Zeit hindurch mit der Arbeitsentgeltzahlung erheblich in Verzug gerät. 34

Entscheidend ist, dass ein solcher vom Arbeitgeber zu vertretender **Grund zur fristlosen Kündigung vorliegt**. Der Entgeltfortzahlungsanspruch bleibt dem Arbeitnehmer – sofern der Zeitraum von sechs Wochen noch nicht abgelaufen ist – über das Ende des Arbeitsverhältnisses hinaus als auch dann erhalten, wenn er trotz der Berechtigung zur fristlosen Kündigung nur fristgemäß kündigt.[48] Erfolgt die Kündigung des Arbeitnehmers jedoch aus anderen Gründen, so endet sein Anspruch auf Entgeltfortzahlung mit dem Ende des Arbeitsverhältnisses. 35

Die **Darlegungs- und Beweislast** für das Vorliegen eines vom Arbeitgeber zu vertretenden wichtigen Grundes trifft nach den allgemeinen Regeln den kündigen- 36

43 LAG München 8.12.1986 – 4 Sa 798/76 – ABlBayArbMin. 1978 C 19.
44 Schmitt § 8 EFZG Rn 48.
45 BAG 19.6.1967 – 2 AZR 287/66 – AP Nr. 1 zu § 124 GewO; LAG Niedersachsen 17.1.2003 – 10 Sa 1034/02 – LAGE § 626 BGB 2002 Eigenkündigung Nr. 1; Feichtinger/Huep AR-Blattei SD 1010.8 Die außerordentliche Kündigung Rn 393 ff.
46 BAG 24.2.1964 – 5 AZR 201/63 – AP Nr. 1 zu § 607 BGB; KR/Fischermeier § 626 BGB Rn 469.
47 Vgl BAG 28.10.1971 – 2 AZR 15/71 – AP Nr. 62 zu § 626 BGB.
48 Schmitt § 8 EFZG Rn 52.

den Arbeitnehmer. Beweislasterleichterungen kommen anders als im Anwendungsbereich des § 8 Abs. 1 Satz 1 EFZG (vgl oben Rn 26 ff) nicht in Betracht.[49]

V. Dauer des Entgeltfortzahlungsanspruches

37 Liegen die Voraussetzungen des § 8 Abs. 1 EFZG vor, so ist der Arbeitgeber trotz Beendigung des Arbeitsverhältnisses zur Entgeltfortzahlung für die Zeit der Arbeitsunfähigkeit des Arbeitnehmers bis zur Dauer von höchstens sechs Wochen verpflichtet. Die Entgeltfortzahlungspflicht aus § 8 Abs. 1 EFZG endet jedoch vorzeitig, wenn die Arbeitsunfähigkeit des Arbeitnehmers vor Ablauf der Sechswochenfrist entfällt (Rn 2).

38 Das Gleiche gilt, wenn der Arbeitnehmer nach einer nur kurzen Zeit der Arbeitsfähigkeit erneut arbeitsunfähig erkrankt. In diesem Fall endet mit Ablauf der Kündigungsfrist der Entgeltfortzahlungsanspruch auch während der erneut eingetretenen Arbeitsverhinderung,[50] denn der Entgeltfortzahlungsanspruch endet, sobald die Arbeitsverhinderung als Folge derjenigen Krankheit wegfällt, die Anlass der Kündigung war. Bestehen bleibt der Entgeltfortzahlungsanspruch aus § 8 Abs. 1 EFZG jedoch dann, wenn während der Sechswochenfrist zu der ursprünglichen Krankheit eine andere hinzutritt, die die erste überdauert.[51]

C. Wegfall der Entgeltfortzahlung bei Beendigung des Arbeitsverhältnisses

I. Beendigung des Arbeitsverhältnisses ohne Kündigung

39 Endet das Arbeitsverhältnis ohne dass es einer Kündigung bedarf, entfällt der Anspruch auf Entgeltfortzahlung, auch wenn die Arbeitsunfähigkeit noch andauert und der Zeitraum für die Anspruchsdauer von sechs Wochen noch nicht abgelaufen ist (§ 8 Abs. 2 EFZG).

40 Eine Beendigung des Arbeitsverhältnisses ohne Kündigung iSv § 8 Abs. 2 EFZG liegt zB vor bei einverständlicher Auflösung (Auflösungs- oder Aufhebungsvertrag), sofern der Arbeitgeber nicht gerade die Arbeitsunfähigkeit des Arbeitnehmers zum Anlass genommen hat, mit diesem die einvernehmliche Beendigung des Arbeitsverhältnisses zu vereinbaren,[52] bei **Erreichung des Vertragszwecks** (§ 620 Abs. 2 BGB), bei Nichtigkeit (§§ 134, 138 BGB) oder **Anfechtung** des Arbeitsverhältnisses (§§ 119, 123 BGB). Der Anspruch auf Entgeltfortzahlung fällt in diesen Fällen mit Wirkung für die Zukunft weg. Wird das **Arbeitsverhältnis durch Gerichtsurteil** nach einer aus Anlass der Arbeitsunfähigkeit ausgesprochenen sozial ungerechtfertigten Kündigung gem. § 9 Abs. 1 KSchG **aufgelöst**, bleibt ein zu dieser Zeit bestehender Entgeltfortzahlungsanspruch für die gesamte Dauer (vgl Rn 37 f) auch über den Auflösungszeitpunkt hinaus erhalten. Dies gilt obwohl die Beendigung des Arbeitsverhältnisses letztlich nicht auf der Willenserklärung des Arbeitgebers beruht und auch keine wirksame Kündigung vorliegt. Ebenso wenig wie der Arbeitgeber, der die Eigenkündigung des Arbeitnehmers nach § 8 Abs. 1 Satz 2 EFZG veranlasst hat, kann auch der Arbeitgeber

---

49 So zu Recht Schmitt § 8 EFZG Rn 54.

50 MünchArbR/Schulin § 82 Rn 55.

51 BAG 2.12.1981 – 5 AZR 953/79 – AP Nr. 19 zu § 6 LohnFG; Schmitt § 8 EFZG Rn 56; Treber § 8 EFZG Rn 34.

52 BAG 20.8.1980 – 5 AZR 589/79 – AP Nr. 15 zu § 6 LohnFG; vgl ferner unter Rn 23 f.

privilegiert werden, der die Tatsachen gesetzt hat, die zur Auflösung des Arbeitsverhältnisses durch Gerichtsurteil führen.[53]

Das gilt auch für den **Tod** des Arbeitnehmers, der nach allgemeinen arbeitsrechtlichen Grundsätzen das Arbeitsverhältnis automatisch beendet. Die bereits vor dem Tod entstandenen, aber noch nicht erfüllten Ansprüche auf Entgeltfortzahlung gehen jedoch auf die Erben über. **41**

Die **Insolvenz des Arbeitgebers,** der **Betriebsinhaberwechsel** oder die **Betriebsaufgabe** führen dagegen nicht zu einer automatischen Beendigung des Arbeitsverhältnisses. Der Anspruch auf Entgeltfortzahlung wird durch diese Tatsachen grundsätzlich nicht beeinträchtigt, es sei denn, es wird deswegen gekündigt (vgl etwa § 113 Abs. 1 InsO). Eine Kündigung aus Anlass des Betriebsübergangs ist jedoch unwirksam (§ 613 a Abs. 4 Satz 1 BGB). Der Anspruch auf Entgeltfortzahlung bleibt damit unberührt. Zur Frage der Insolvenzgeldfähigkeit für Entgeltfortzahlungsansprüche nach Beendigung des Arbeitsverhältnisses vgl § 3 EFZG Rn 262. **42**

II. Kündigung aus anderen als in § 8 Abs. 1 EFZG genannten Gründen

Kündigungen des Arbeitsverhältnisses durch den Arbeitgeber, sowohl ordentliche als außerordentliche, die das Arbeitsverhältnis wirksam beenden und nicht aus Anlass der Arbeitsunfähigkeit erfolgen (Rn 4 ff) sowie Kündigungen vonseiten des Arbeitnehmers, die nicht darauf zurückzuführen sind, das der Arbeitgeber die Voraussetzungen für eine fristlose Kündigung durch den Arbeitnehmer erfüllt hat, führen zum Wegfall des Entgeltfortzahlungsanspruches mit Beendigung des Arbeitsverhältnisses. **43**

D. Rechtsstellung der Krankenkasse bei Beendigung des Arbeitsverhältnisses

I. Ansprüche für die Zeit eines behaupteten Fortbestandes des Arbeitsverhältnisses (§ 3 Abs. 1 EFZG)

Erfüllt der Arbeitgeber den Anspruch auf Entgeltfortzahlung nicht, muss die Krankenkasse dem Versicherten Krankengeld zahlen. In diesem Fall geht nach § 115 Abs. 1 SGB X der Anspruch des Versicherten gegen den Arbeitgeber bis zur Höhe des gezahlten Krankengeldes auf die Krankenkasse über. Der Forderungsübergang tritt somit ein, wenn der Versicherte Anspruch auf Fortzahlung des Arbeitsentgelts während seiner Arbeitsunfähigkeit gegen den Arbeitgeber hat, der **Arbeitgeber** diesen Anspruch **bei Fälligkeit nicht erfüllt** und die Krankenkasse dem Versicherten Krankengeld gezahlt hat. **44**

Ist das Arbeitsverhältnis eines Arbeitnehmers aufgrund ordentlicher oder fristloser Kündigung durch den Arbeitgeber beendet worden und macht die Krankenkasse aus übergegangenem Recht (§ 115 Abs. 1 SGB X) Entgeltfortzahlungsansprüche geltend, hat sie hinsichtlich Dauer und Beendigung des Arbeitsverhältnisses ihres Versicherten die vorhandene Rechtslage hinzunehmen. Das heißt, akzeptiert ein unter **Kündigungsschutz** stehender Arbeitnehmer eine Arbeitgeberkündigung (vgl § 7 KSchG), kann die Krankenkasse nicht geltend ma- **45**

53 ErfK/Dörner § 8 EFZG Rn 14.

chen, die Kündigung habe das Arbeitsverhältnis nicht aufgelöst, da sie sozial ungerechtfertigt sei.[54]

46 Andererseits ist es der Krankenkasse, sofern das **Kündigungsschutzgesetz** auf das Arbeitsverhältnis ihres Versicherten **keine Anwendung** findet, nicht verwehrt, den übergegangenen Entgeltfortzahlungsanspruch gemäß § 3 EFZG iVm § 115 Abs. 1 SGB X mit dem Vorbringen zu begründen, das Arbeitsverhältnis sei durch die **fristlose Kündigung** nicht beendet worden. Zu beachten ist jedoch, dass dieses Recht der Krankenkasse verwirken kann.[55] Die Krankenkasse muss, um Rechtsnachteile zu vermeiden, ein im Einzelnen vom Arbeitgeber dargelegtes Verhalten des Klägers substantiiert, dh mit entsprechenden positiven Gegenangaben, bestreiten.[56]

47 Hat jedoch ein solcher dem Kündigungsschutzgesetz nicht unterliegender Arbeitnehmer zunächst **Feststellungsklage** gegen die fristlose Kündigung erhoben, diese aber später **zurückgenommen**, können die vorstehend genannten Grundsätze keine Anwendung finden. In diesem Falle hat der Arbeitnehmer deutlich zu erkennen gegeben, dass er die Kündigung akzeptiert. Eine solche Entscheidung ihres Versicherten muss die Krankenkasse hinnehmen. Damit scheidet ein Anspruch der Krankenkasse gegen den Arbeitgeber aus übergegangenem Recht nach § 3 EFZG für die Zeit der Kündigungsfrist aus.

48 Einigen sich Arbeitgeber und Arbeitnehmer in einem gerichtlichen oder außergerichtlichen **Vergleich** über die Beendigung des Arbeitsverhältnisses, so muss die Krankenkasse diese Vereinbarung auch dann gegen sich gelten lassen, wenn sie zuvor an den Arbeitnehmer schon Krankengeld gezahlt hatte und ein etwaiger Entgeltfortzahlungsanspruch des Arbeitnehmers nach § 3 EFZG für die Zeit nach der **einvernehmlichen Beendigung des Arbeitsverhältnisses** deshalb kraft Gesetzes auf sie übergegangen war. Denn das Interesse von Arbeitnehmer und Arbeitgeber, durch Vergleich die Ungewissheit über die Wirksamkeit einer Kündigung zu beheben, ist höher zu bewerten als das Interesse der Krankenkasse an der Erfüllung des auf sie übergegangenen Anspruchs.[57]

II. Ansprüche bei Beendigung des Arbeitsverhältnisses aus Anlass der Arbeitsunfähigkeit

49 Soweit die Arbeitsunfähigkeit des Arbeitnehmers Anlass für die Beendigung des Arbeitsverhältnisses ist, wird dadurch der Anspruch auf Entgeltfortzahlung nicht berührt (§ 8 Abs. 1 Satz 1 EFZG). Das bedeutet, dass der Arbeitnehmer in diesen Fällen bei fortbestehender Arbeitsunfähigkeit über das Ende des Arbeitsverhältnisses hinaus für die Höchstzeit von sechs Wochen Anspruch auf Entgeltfortzahlung hat. Die Krankenkasse ihrerseits kann in diesen Fällen, auch wenn der **Arbeitnehmer** die **Kündigung** unbeanstandet hinnimmt, geltend machen, dass die Kündigung aus Anlass der Arbeitsunfähigkeit erfolgt ist und damit Entgeltfortzahlungsansprüche auf sie übergegangen sind.[58] Dies gilt auch dann, wenn

54 BAG 29.11.1978 – 5 AZR 457/77 – und 20.8.1980 – 5 AZR 227/79 – AP Nrn. 7 und 14 zu § 6 LohnFG.
55 BAG 29.11.1978 – 5 AZR 457/77 – AP Nr. 7 zu § 6 LohnFG; zur Verwirkung vgl auch KR-Friedrich § 13 KSchG Rn 306 f.
56 LAG Berlin 15.4.1980 – 3 Sa 11/80 – ARSt 1981, 112 Nr. 1147.
57 BAG 20.8.1980 – 5 AZR 227/79 – AP Nr. 14 zu § 6 LohnFG.
58 BAG 20.8.1980 – 5 AZR 589/79 – AP Nr. 15 zu § 6 LohnFG.

der Arbeitgeber die Arbeitsunfähigkeit des Arbeitnehmers zum Anlass nimmt, mit diesem die **einvernehmliche Beendigung des Arbeitsverhältnisses** zu vereinbaren.[59] Unbeachtlich ist dabei, ob durch einen solchen Aufhebungsvertrag das Arbeitsverhältnis zum ursprünglichen Kündigungstermin oder zu einem früheren oder späteren Zeitpunkt beendet wird.[60]

Zum Verzicht des Arbeitnehmer auf den Entgeltfortzahlungsanspruch allgemein und deren Wirkung der Krankenkasse gegenüber siehe § 12 EFZG Rn 20 ff; § 3 EFZG Rn 272 ff. **50**

§ 9 Maßnahmen der medizinischen Vorsorge und Rehabilitation

(1) [1]Die Vorschriften der §§ 3 bis 4 a und 6 bis 8 und gelten entsprechend für die Arbeitsverhinderung infolge einer Maßnahme der medizinischen Vorsorge oder Rehabilitation, die ein Träger der gesetzlichen Renten-, Kranken- oder Unfallversicherung, eine Verwaltungsbehörde der Kriegsopferversorgung oder ein sonstiger Sozialleistungsträger bewilligt hat und die in einer Einrichtung der medizinischen Vorsorge oder Rehabilitation durchgeführt wird. [2]Ist der Arbeitnehmer nicht Mitglied einer gesetzlichen Krankenkasse oder nicht in der gesetzlichen Rentenversicherung versichert, gelten die §§ 3 bis 4 a und 6 bis 8 entsprechend, wenn eine Maßnahme der medizinischen Vorsorge oder Rehabilitation ärztlich verordnet worden ist und in einer Einrichtung der medizinischen Vorsorge oder Rehabilitation oder einer vergleichbaren Einrichtung durchgeführt wird.

(2) Der Arbeitnehmer ist verpflichtet, dem Arbeitgeber den Zeitpunkt des Antritts der Maßnahme, die voraussichtliche Dauer und die Verlängerung der Maßnahme im Sinne des Absatzes 1 unverzüglich mitzuteilen und ihm

a) eine Bescheinigung über die Bewilligung der Maßnahme durch einen Sozialleistungsträger nach Absatz 1 Satz 1 oder

b) eine ärztliche Bescheinigung über die Erforderlichkeit der Maßnahme im Sinne des Absatzes 1 Satz 2

unverzüglich vorzulegen.

Schrifttum: *Hock*, Die Neuregelung der Kur im BAT, ZTR 1996, 201.

A. **Allgemeines** 1
B. **Voraussetzungen des Entgeltfortzahlungsanspruches Versicherter** 7
I. Maßnahme der medizinischen Vorsorge und Rehabilitation 8
1. Medizinische Vorsorge 8
2. Medizinische Rehabilitation 12
3. Medizinische Notwendigkeit 18
4. Stationäre Durchführung 22
II. Bewilligung durch Sozialleistungsträger 26
1. Sozialleistungsträger 26
2. Vorherige Bewilligung der Maßnahme 32
III. Anwendbare Vorschriften 34
1. § 3 EFZG 37
2. §§ 4, 4 a EFZG 51
3. § 6 EFZG 53
4. § 7 EFZG 54
5. § 8 EFZG 55
C. **Anzeige- und Nachweispflicht** 56
I. Anzeigepflicht 57
II. Nachweispflicht 58

59 BAG 20.8.1980 – 5 AZR 589/79 – AP Nr. 15 zu § 6 LohnFG.
60 BAG 20.8.1980 – 5 AZR 567/78 – n.v.

III. Rechtsfolgen bei Pflichtverletzungen ... 62
1. Leistungsverweigerungsrecht ... 63
2. Schadensersatzansprüche ... 66
3. Kündigung ... 67
D. Voraussetzungen des Entgeltfortzahlungsanspruches Nichtversicherter ... 69
I. Maßnahme der medizinischen Vorsorge oder Rehabilitation ... 71
II. Ärztliche Verordnung ... 72
III. Nachweispflicht ... 74

A. Allgemeines

1 Die am 1.6.1994 in Kraft getretene Regelung des § 9 EFZG – zuletzt geändert durch Art. 38 des SGB IX vom 19.6.2001 (BGBl. I S. 1046) – zur Entgeltfortzahlung im Zusammenhang mit Maßnahmen der medizinischen Vorsorge und Rehabilitation hat die bisherige nach einzelnen Arbeitnehmergruppen differenzierende und unterschiedlich ausgestaltete Entgeltfortzahlung bei Kuren abgelöst und auf eine einheitliche Grundlage gestellt. Mit § 9 EFZG wurde die unterschiedliche Behandlung von Arbeitern (§ 7 LFZG) und Angestellten, für die eine vergleichbare Bestimmung in den alten Bundesländern nicht bestand, sowie die in den neuen Bundesländern geltende Regelung des § 115 a Abs. 2 AGB-DDR, beseitigt. Den gewerblichen und technischen Angestellten gewährte man in den alten Bundesländern einen Anspruch auf Entgeltfortzahlung, indem die Notwendigkeit, einer Kur sich unterziehen zu müssen, als Unglücksfall iSd § 133 c GewO[1] bzw des § 63 HGB[2] angesehen wurde, sofern eine Interessenabwägung ergab, dass das Interesse des Angestellten an der Erhaltung, Besserung oder Wiederherstellung seiner Gesundheit das Interesse des Arbeitgebers an der Leistung der versprochenen Dienste überwog.[3] Für sonstige Angestellte leitete man unter ähnlichen Voraussetzungen einen Entgeltfortzahlungsanspruch aus § 616 Abs. 2 BGB her.[4] Arbeitnehmer der neuen Bundesländer hatten Anspruch auf Entgeltfortzahlung während der Kur nur dann, wenn diese von einem Sozialversicherungsträger bewilligt worden war (vgl auch Rn 7).

2 Das EFZG unterscheidet somit nicht zwischen Arbeitern und Angestellten, stattdessen aber **zwischen gesetzlich versicherten und nicht gesetzlich versicherten** Arbeitnehmern.[5]

3 Die Begriffe „Vorbeugungs-, Heil- oder Genesungskur" sind dabei formell an die sozialversicherungsrechtlichen Regelungen (vgl §§ 23 f, 40 f SGB V; §§ 9 ff, 15 SGB VI) angepasst worden und durch die Begriffe **„Maßnahmen der medizinischen Vorsorge und Rehabilitation"** ersetzt worden. Eine materiell-rechtliche Änderung des „Kur-Begriffes" ist damit nicht verbunden. Die **berufliche Rehabilitation** wird dagegen von § 9 EFZG nicht erfasst.[6]

4 Die Bestimmung regelt die Entgeltfortzahlung bei einer Vorsorge- oder Rehabilitationsmaßnahme, ohne dass der Arbeitnehmer arbeitsunfähig sein muss. Besteht jedoch **während einer solchen Maßnahme Arbeitsunfähigkeit** und liegen

1 Vgl BAG 24.2.1961 – 1 AZR 165/59 – AP Nr. 22 zu § 63 HGB.
2 BAG 6.5.1965 – 2 AZR 409/64 – AP Nr. 29 zu § 63 HGB.
3 BAG 28.11.1963 – 2 AZR 117/63 – AP Nr. 25 zu § 133 c GewO.
4 Schmitt § 9 EFZG Rn 5.
5 Schmitt, Lohnfortzahlung in den neuen Bundesländern, Rn 30; ders. § 9 EFZG Rn 6.
6 BT-Drucks. 12/5263 S. 15.

sowohl die Voraussetzungen des § 3 EFZG als auch des § 9 EFZG vor, geht der Anspruch nach § 9 Abs. 1 EFZG dem Anspruch nach **§ 3 EFZG** als **lex specialis** vor.[7]

Die Regelung des § 10 Abs. 1 Satz 1 BUrlG, eingeführt durch das Arbeitsrechtliche BeschFG vom 25.9.1996 (BGBl. I, S. 1476), die den Arbeitgeber berechtigte, von je fünf Tagen, an denen der Arbeitnehmer infolge einer Maßnahme der medizinischen Vorsorge oder Rehabilitation an seiner Arbeitsleistung verhindert war, die ersten zwei Tage auf den Erholungsurlaubsanspruch anzurechnen, wenn nicht gleichzeitig eine Arbeitsunfähigkeit iSd § 3 EFZG vorlag, eine Anschlussrehabilitation, eine Vorsorgekur für Mütter, eine Genesungskur oder eine Kur für Beschädigte gemäß § 11 Abs. 2 BVG, wurde durch das Gesetz zu Korrekturen in der Sozialversicherung und zur Sicherung der Arbeitnehmerrechte vom 19.12.1998 (BGBl. I, S. 3843) zum 1.1.1999 wieder aufgehoben. Damit wurde die ursprüngliche Fassung des § 10 BUrlG wiederhergestellt. Eine Anrechnung von Maßnahmen der medizinischen Vorsorge oder Rehabilitation auf den Urlaub kommt daher nicht (mehr) in Betracht, soweit ein Anspruch auf Fortzahlung des Arbeitsentgelts nach den gesetzlichen Vorschriften über die Entgeltfortzahlung im Krankheitsfall besteht (vgl im Einzelnen die Ausführungen zu § 10 BurlG). 5

In Anpassung an die sozialversicherungsrechtlichen Regelungen, die künftig auf die Möglichkeit der **ärztlich verordneten Schonungszeit verzichten**, trifft auch das EFZG keine Regelung über die Entgeltfortzahlung bei ärztlich verordneten Schonungszeiten. Um dem Arbeitnehmer gleichwohl im Anschluss an eine Maßnahme der medizinischen Vorsorge oder Rehabilitation noch für einen gewissen Zeitraum die Möglichkeit zur Erholung einzuräumen, wird der **Arbeitgeber verpflichtet**, dem Arbeitnehmer auf dessen Verlangen Urlaub zu gewähren (§ 7 Abs. 1 Satz 2 BUrlG).[8] 6

B. Voraussetzungen des Entgeltfortzahlungsanspruches Versicherter

§ 9 Abs. 1 EFZG unterscheidet zwischen Arbeitnehmern, die Mitglied einer gesetzlichen Krankenkasse und/oder auch in der gesetzlichen Rentenversicherung versichert sind (Satz 1) und nicht versicherten Arbeitnehmern (Satz 2, vgl im Einzelnen Rn 69 ff). Unabhängig davon setzt der Anspruch auf Entgeltfortzahlung nach § 9 Abs. 1 EFZG in jedem Fall voraus, dass es sich um eine Maßnahme der medizinischen Vorsorge oder Rehabilitation handelt und dass diese Maßnahme in einer Einrichtung der medizinischen Vorsorge oder Rehabilitation oder einer vergleichbaren Einrichtung durchgeführt wird. Bei Versicherten muss die Maßnahme vorher von einem Sozialleistungsträger bewilligt worden sein (Rn 26 ff); bei Nichtversicherten ärztlich verordnet sein (Rn 72 f). 7

7 Vossen, Entgeltfortzahlung Rn 415.

8 MüKo/Müller-Glöge Anhang zu § 616 BGB, § 9 EFZG Rn 12; vgl dazu kritisch Leinemann AuR 1995, 93 f; der bei ärztlich verordneten Schonungszeiten einen gesetzlichen Entgeltfortzahlungsanspruch nunmehr aus § 616 BGB ableitet.

I. Maßnahme der medizinischen Vorsorge und Rehabilitation

1. Medizinische Vorsorge

8 Im Bereich der **gesetzlichen Krankenversicherung** liegt unter anderem nach § 23 Abs. 1 Nr. 1 SGB V eine medizinische Vorsorgemaßnahme vor, wenn ärztliche Behandlung und Versorgung mit Arznei-, Verband-, Heil- und Hilfsmitteln notwendig sind, um eine Schwächung der Gesundheit, die in absehbarer Zeit voraussichtlich zu einer Krankheit führen würde, zu beseitigen.[9] Reichen ambulante Leistungen nicht aus, kann die Krankenkasse nach § 23 Abs. 4 SGB V Behandlung und Unterkunft und Verpflegung in einer Vorsorgeeinrichtung iSv § 107 Abs. 2 Nr. 1 lit. a, Nr. 2 SGB V erbringen, mit der ein Vertrag nach § 111 SGB V besteht.

9 Als stationäre medizinische Vorsorgemaßnahme der Krankenversicherung kann auch die **sog. Vorsorgekur für Mütter** von § 24 Abs. 1 Satz 1 SGB V erfasst werden. Nicht dazu zählen dagegen Kuren, die nur das Allgemeinbefinden verbessern sollen oder der Vorbeugung gegen allgemeine Abnutzungserscheinungen dienen. Entscheidend ist nicht, wie die Maßnahme bezeichnet wird, sondern ob sie der Vorbeugung, Heilung oder Genesung dient und somit eine gezielte therapeutische Maßnahme in Bezug auf ein konkretes Krankheitsgeschehen oder nur eine allgemeine vorbeugende Maßnahme darstellt.[10]

10 Als Maßnahme der medizinischen Vorsorge der **Rentenversicherung** kommen stationäre medizinische Leistungen zur Sicherung der **Erwerbsfähigkeit** für Versicherte in Betracht, die eine besonders gesundheitsgefährdende, ihre Erwerbsfähigkeit ungünstig beeinflussende Beschäftigung ausüben; sie gelten nach § 31 Abs. 1 Nr. 2 SGB VI als sonstige Leistungen der Rehabilitation.

11 Als medizinische Vorsorgemaßnahme der **Kriegsopferversorgung** kommt nach § 11 Abs. 2 Satz 1 BVG die Behandlung in einer Kureinrichtung (Badekur) in Betracht, wenn sie notwendig ist, um einer in absehbarer Zeit zu erwartenden Verschlechterung des Gesundheitszustandes, einer Pflegebedürftigkeit oder einer Arbeitsunfähigkeit vorzubeugen (§ 11 Abs. 2 BVG). Der Begriff **„Badekur"** ist in diesem Zusammenhang jedoch irreführend, da es sich auch hier um eine medizinische Vorsorgemaßnahme handelt, wie sie in § 23 Abs. 4 SGB V im Bereich der Krankenversicherung vorgesehen ist.[11]

2. Medizinische Rehabilitation

12 Medizinische Rehabilitationsmaßnahmen der **Krankenversicherung**, die als ambulante nicht von § 9 Abs. 1 EFZG erfasste Maßnahme bzw stationär als Rehabilitationskur (§ 40 Abs. 2 SGB V) in Betracht kommen, dienen dazu, eine Krankheit zu erkennen, zu heilen, ihre Verschlimmerung zu verhüten oder Krankheitsbeschwerden zu lindern (§ 27 Abs. 1 Satz 1 SGB V) oder um eine Behinderung oder Pflegebedürftigkeit zu vermeiden oder sie nach Eintritt zu beseitigen oder zu bessern oder eine Verschlimmerung zu verhüten (§ 11 Abs. 2 SGB V). Unter diesen Voraussetzungen kann auch eine **Müttergenesungskur**

9 Zur sog. Vorbeugungskur vgl BAG 29.11.1973 – 5 AZR 205/73 – AP Nr. 2 zu § 7 LohnFG; BAG 14.11.1979 – 5 AZR 930/77 – AP Nr. 4 zu § 7 LohnFG; BAG 31.1.1991 – 8 AZR 462/89 – n.v.

10 BAG 29.11.1973 – 5 AZR 205/73 – AP Nr. 2 zu § 7 LohnFG.

11 Kasseler Handbuch/Vossen Rn 298; Treber § 9 EFZG Rn 10.

nach § 41 Abs. 1 Satz 1 SGB V eine medizinische Rehabilitationsmaßnahme darstellen.

Die **Rentenversicherung** erbringt medizinische Leistungen zur Rehabilitation, um den Auswirkungen einer Krankheit oder einer körperlichen, geistigen oder seelischen Behinderung auf die Erwerbsfähigkeit der Versicherten entgegenzuwirken oder sie zu verhindern und dadurch Beeinträchtigungen der Erwerbsfähigkeit der Versicherten oder ihr vorzeitiges Ausscheiden aus dem Erwerbsleben zu verhindern oder sie möglichst dauerhaft in das Erwerbsleben wieder einzugliedern (§ 9 Abs. 1 Satz 1 SGB VI). Die medizinischen Rehabilitationsmaßnahmen der Rentenversicherung werden vor allem stationär einschließlich der erforderlichen Unterkunft und Verpflegung in Einrichtungen erbracht, die unter ständiger ärztlicher Verantwortung und unter Mitwirkung von besonders geschultem Personal entweder vom Träger der Rentenversicherung selbst betrieben werden oder mit denen ein Vertrag besteht. Die Einrichtung muss nicht unter ständiger ärztlicher Verantwortung stehen, wenn die Art der Behandlung dies nicht erfordert (§ 15 Abs. 2 SGB VI). 13

Auch **Nach- und Festigungskuren** wegen Geschwulsterkrankungen sind nach § 31 Abs. 1 Satz 1 Nr. 3 SGB VI als medizinische Rehabilitationsmaßnahmen anzusehen, die stationär erbracht werden. **Berufsfördernde Leistungen** zur Rehabilitation, die von der Rentenversicherung erbracht werden, lösen dagegen **keinen Anspruch** auf Entgeltfortzahlung nach § 9 EFZG aus. Bei Arbeitsunfähigkeit ergibt sich allerdings ein Anspruch auf Entgeltfortzahlung aus § 3 EFZG.[12] 14

Weitere Maßnahmen der medizinischen Rehabilitation gewähren der **Unfallversicherungsträger** im Rahmen der Heilbehandlung nach Eintritt des Versicherungsfalles (§ 33 SGB VII) sowie die **Versorgungsverwaltung** nach §§ 10 Abs. 1 Satz 1, 11 Abs. 1 Nr. 6 BVG. 15

Entziehungskuren für Alkohol- oder Drogenabhängige sind als medizinische Rehabilitationsmaßnahmen anzusehen.[13] Ob in diesen Fällen Entgeltfortzahlung vom Arbeitgeber zu leisten ist, hängt davon ab, ob dem Betroffenen ein Verschuldensvorwurf gemacht werden kann (zum Verschulden vgl § 3 EFZG Rn 105 ff). 16

Eine Maßnahme der medizinischen Rehabilitation liegt auch dann vor, wenn die Folgen einer **Sterilisation** oder eines **Schwangerschaftsabbruchs** dadurch ausgeheilt werden sollen.[14] 17

3. Medizinische Notwendigkeit

Ist die Maßnahme der medizinischen Vorsorge oder Rehabilitation **bewilligt** worden (Rn 32 f), steht in der Regel ihre **medizinische Notwendigkeit** und damit die Entgeltfortzahlungspflicht des Arbeitgebers fest. Die Ermessensentscheidung des Sozialleistungsträgers (§ 39 SGB I) ist im arbeitsgerichtlichen Verfahren nur daraufhin zu überprüfen, ob ein **offensichtlicher Ermessensfehlgebrauch,** zB in Verkennung des Begriffs der medizinischen Vorsorge – oder Rehabilitations- 18

12 Knorr/Krasney § 9 EFZG Rn 16.
13 Schmitt § 9 EFZG Rn 22; Kasseler Handbuch/Vossen 2.2 Rn 300; Knorr/Krasney § 9 EFZG Rn 16.
14 Knorr/Krasney § 9 EFZG Rn 32; Treber, § 9 EFZG Rn 13.

maßnahme – vorliegt.[15] Davon ist etwa auszugehen, wenn **handgreifliche Zweifel** an der medizinischen Notwendigkeit der Kur bei Kurantritt bestehen (zB erheblicher Zeitabstand zwischen Ende der Arbeitsunfähigkeit und Kurantritt – elf Monate). In einem solchen Fall muss der **Sozialversicherungsträger** die **medizinische Notwendigkeit** der Maßnahme **darlegen und beweisen,** will er den Arbeitgeber in Anspruch nehmen.

19 **Allgemeine Zweifel** an der medizinischen Notwendigkeit sind hierbei nicht ausreichend, es müssen vielmehr **besondere** durch Tatsachen begründete **Umstände** hinzutreten. Nimmt in einem solchen Fall der Träger den Arbeitgeber aus abgeleitetem Recht auf Entgeltfortzahlung in Anspruch, kann er sich nicht allein auf den formalen Akt der Bewilligung berufen, wenn er medizinisch nicht nachgeprüft hat, ob eine Maßnahme zu einem späteren Zeitpunkt notwendig war.

20 Im Streitfall hat das Gericht zur Frage der medizinischen Notwendigkeit Beweis durch Einholung eines medizinischen **Sachverständigengutachtens** zu erheben. Fragen, die dem Gebiet der ärztlichen Fachwissenschaft angehören, kann das Gericht nicht aus eigener Sachkunde beantworten.[16]

21 Der Entgeltfortzahlungsanspruch entfällt jedoch nicht dadurch, dass die medizinische Vorsorge- oder Rehabilitationsmaßnahme **keinen Erfolg** hat, weil der Arbeitnehmer die Heilmaßnahme nicht verträgt und sich deshalb sein Gesundheitszustand gegenüber dem Maßnahmebeginn noch verschlechtert.[17]

4. Stationäre Durchführung

22 Bis zum Inkrafttreten des SGB IX mit Wirkung vom 1.7.2001[18] löste eine Maßnahme iSd § 9 Abs. 1 Satz 1 EFZG einen Entgeltfortzahlungsanspruch nur dann aus, wenn sie stationär (Unterkunft und Verpflegung) durchgeführt wurde. Die nach den Vorschriften des SGB möglichen ambulanten Maßnahmen der medizinischen Vorsorge und Rehabilitation genügten nicht.[19] Mit dem Streichen des jeweiligen Wortes **„stationär"** in § 9 Abs. 1 Sätze 1 und 2 EFZG durch Art. 38 des SGB IX hat sich die Rechtslage geändert. Die Maßnahme kann nunmehr stationär oder teilstationär als auch ambulant durchgeführt werden, mit der Folge, dass ein Anspruch auf Entgeltfortzahlung besteht.[20]

23 Die Maßnahme muss in einer **Einrichtung der medizinischen Vorsorge oder Rehabilitation** durchgeführt werden. Was darunter zu verstehen ist, ergibt sich zwar nicht aus dem Entgeltfortzahlungsgesetz, wohl aber aus § 107 Abs. 2 SGB V. Die dort enthaltene Legaldefinition des Begriffs der Einrichtung der medizinischen Vorsorge oder Rehabilitation gilt zwar unmittelbar nur für das Krankenversicherungsrecht, es bestehen jedoch keine Bedenken dagegen, im Rahmen des § 9 EFZG auf diese Definition zurückzugreifen, zumal die neue

15 LAG Nürnberg 15.5.1975 – 7 Sa 254/73 – EEK I/527.
16 BAG 10.5.1978 – 5 AZR 15/77 – AP Nr. 3 zu § 7 LohnFG; vgl auch LAG Hamm 9.9.1987 – 1 Sa 992/87 – LAGE § 7 LohnFG Nr. 1, das bei einem Abstand von etwas mehr als sechs Monaten noch keine Zweifel an der medizinischen Notwendigkeit der Maßnahme annimmt.
17 LAG Hamm 30.6.1981 – 7 Sa 1246/80 – EEK I/701.
18 BGBl. I S. 1045.
19 Vgl BAG 19.1.2000 – 5 AZR 685/98 – AP Nr. 1 zu § 9 EntgeltFG.
20 ErfK/Dörner § 9 EFZG Rn 10; Knorr/Krasney § 9 EFZG Rn 19; MüKo/Müller-Glöge Anhang zu § 616 BGB, § 9 EFZG Rn 9; Treber § 9 EFZG Rn 20.

Formulierung des § 9 EFZG auch der „formalen Anpassung an die sozialversicherungsrechtlichen Regelungen“ dienen sollte.[21]

Eine Maßnahme der medizinischen Vorsorge oder Rehabilitation liegt jedoch nur bei **sachgerechter medizinischer Betreuung** und einem ausreichenden Einfluss auf die Lebensführung des Arbeitnehmers während ihrer Durchführung vor. In der Regel kann jedoch davon ausgegangen werden, dass eine vom Sozialleistungsträger (Rn 26 ff) durchgeführte Maßnahme diesen Anforderungen entspricht.[22] Auch im Reha-Bereich gilt der Grundsatz „Ambulant vor Stationär“. Selbst wenn es nur wenige Möglichkeiten für ambulante Rehamaßnahmen gibt, ist jedoch gewährleistet, dass eine Maßnahme ambulant mit derselben Qualität und Intensität durchführbar ist. Für eine Herausnahme ambulanter Maßnahmen aus dem Geltungsbereich des § 9 EFZG besteht daher kein Grund. Dem hat der Gesetzgeber richtigerweise durch die Streichung der Beschränkung auf stationäre Maßnahmen[23] Rechnung getragen.[24] 24

Andere Maßnahmen der medizinischen Vorsorge, mögen sie auch von einem Sozialleistungsträger bewilligt worden sein, wie zB reine Erholungskuren, wozu auch die sog. **Jugendgesundungskuren** oder die **„Mutter-Kind-Kuren“** des Müttergenesungswerkes gehören, lösen den Anspruch auf Entgeltfortzahlung nicht aus (vgl bzgl. der Ausnahme bei bestehender Arbeitsunfähigkeit Rn 31).[25] Dasselbe gilt auch für die **sog. Vorsorgekur,** die nur zur Kräftigung der Gesundheit gewährt wird, um die Widerstandsfähigkeit gegen Krankheit im Allgemeinen zu stärken. 25

II. Bewilligung durch Sozialleistungsträger

1. Sozialleistungsträger

Der Anspruch auf Entgeltfortzahlung während einer Maßnahme iSd § 9 Abs. 1 Satz 1 EFZG setzt ferner voraus, dass sie von einem Träger der gesetzlichen Renten-, Kranken- oder Unfallversicherung, einer Verwaltungsbehörde der Kriegsopferversorgung oder einem sonstigen Leistungsträger bewilligt wird. Träger der gesetzlichen **Rentenversicherung** sind nach § 23 Abs. 2 SGB I die Landesversicherungsanstalten, die Seekasse und die Bundesversicherungsanstalt, die Bundesversicherungsanstalt für Angestellte, die Bundesknappschaft und die landwirtschaftlichen Alterskassen. Sie gewähren Leistungen zur medizinischen Rehabilitation nach § 15 SGB VI bzw § 10 ALG iVm § 15 SGB VI. 26

Träger der gesetzlichen **Krankenversicherung** sind nach § 21 Abs. 2 SGB I und § 4 Abs. 2 SGB V die Allgemeinen Ortskrankenkassen, die Betriebskrankenkassen, die Innungskrankenkassen, die See-Krankenkasse, die Landwirtschaftlichen Krankenkassen, die Bundesknappschaft und die Ersatzkassen. Sie gewähren insbesondere medizinische Vorsorgeleistungen nach § 23 SGB V und **Vorsorgekuren für Mütter** nach § 24 SGB V. 27

Träger der gesetzlichen **Unfallversicherung** sind nach § 22 Abs. 2 SGB I die gewerblichen und landwirtschaftlichen Berufsgenossenschaften, Gemeindeunfall- 28

21 Vgl BT-Drucks. 12/5263, S. 15; Schmitt § 9 EFZG Rn 30.
22 ErfK/Dörner § 9 EFZG Rn 11; Knorr/Krasney, § 9 EFZG Rn 20.
23 Vgl Art. 38 des SGB IX vom 19.6.2001 – BGBl. I S. 1046.
24 Knorr/Krasney § 9 EFZG Rn 19.
25 Schmitt § 9 EFZG Rn 26.

versicherungsverbände, die Unfallkassen der Gemeinden, die Feuerwehr-Unfallkasse sowie die gemeinsamen Unfallkassen für den Landes- und den kommunalen Bereich und die Ausführungsbehörden des Bundes. Sie gewähren medizinische Vorsorge bzw Rehabilitationsmaßnahmen nach den §§ 27, 33 SGB VII.

29 Verwaltungsbehörden der **Kriegsopferversorgung** sind unter anderem (§ 24 Abs. 2 SGB I) Versorgungsämter und Landesversorgungsämter, die für die Erbringung von Leistungen nach dem Bundesversorgungsgesetz sowie nach den hinsichtlich des Leistungsrechts auf das Bundesversorgungsgesetz verweisenden Gesetze (Soldatenversorgungsgesetz, Bundesgrenzschutzgesetz, Zivildienstgesetz, Infektionsschutzgesetz, Opferentschädigungsgesetz, Häftlingshilfegesetz) zuständig sind. Zu den danach zu gewährenden Leistungen gehören insbesondere die Heil- und Krankenbehandlung (§§ 10 ff BVG), die nicht nur unter Mitwirkung der Krankenversicherungsträger erbracht wird, sondern die auch inhaltlich weitgehend den Leistungen der gesetzlichen Krankenversicherung entspricht (§ 11 Abs. 1 BVG) und somit unter anderem medizinische Vorsorge- und Rehabilitationsmaßnahmen umfasst.[26]

30 **Sonstige Sozialleistungsträger** sind alle übrigen öffentlich-rechtlichen Einrichtungen, die eine Maßnahme nach § 9 Abs. 1 EFZG bewilligen können. Dazu gehören nicht nur die **Gesundheitsämter, Jugendämter** oder die **Fürsorge- und Landesfürsorgeverbände**, sondern vor allem auch die örtlichen (kreisfreie Städte, Landkreise) und überörtlichen Träger der Sozialhilfe (§ 28 Abs. 2 SGB I).

31 **Private Verbände, Vereine oder Einrichtungen**, wie etwa die Verbände der freien Wohlfahrtspflege (Caritas, Evang. Hilfswerk, Arbeiterwohlfahrt, Deutsches Rotes Kreuz), das Müttergenesungswerk, private Krankenkassen oder betriebliche Einrichtungen zählen iSd § 9 Abs. 1 EFZG **nicht zu den sonstigen Sozialleistungsträgern.**[27] Folglich besteht nach dem eindeutigen Wortlaut des § 9 Abs. 1 EFZG kein Anspruch auf Entgeltfortzahlung, wenn es sich um eine „Privatkur" handelt oder um eine von einer Privatkrankenkasse oder einer anderen privaten Stelle bewilligte „Kur", es sei denn, es liegt Arbeitsunfähigkeit vor. Der Entgeltfortzahlungsanspruch folgt dann nicht aus § 9 Abs. 1 iVm §§ 3, 4 EFZG, sondern unmittelbar aus §§ 3, 4 EFZG.

2. Vorherige Bewilligung der Maßnahme

32 Der Anspruch auf Entgeltfortzahlung besteht jedoch nur dann, wenn die Maßnahme von einem der vorstehend genannten öffentlich-rechtlichen Sozialleistungsträger (Rn 26 ff) **vor ihrem Beginn bewilligt** worden ist.[28] Dies ergibt sich aus der Verweisung auf § 3 Abs. 1 EFZG, da nur mit dem öffentlich-rechtlichen Bescheid der Tatbestand der Arbeitsverhinderung iSd § 3 Abs. 1 EFZG eingetreten ist, wovon wiederum der Entgeltfortzahlungsanspruch abhängt.[29]

33 Eine **nachträgliche Bewilligung** der bereits vom Arbeitnehmer angetretenen Vorsorge- oder Rehabilitationsmaßnahme lässt den Entgeltfortzahlungsanspruch

26 Schmitt § 9 EFZG Rn 39.
27 Schmitt § 9 EFZG Rn 42; ErfK/Dörner § 9 EFZG Rn 7.
28 HM ErfK/Dörner § 9 EFZG Rn 8; Schmitt § 9 EFZG Rn 33, Kasseler Handbuch/Vossen 2.2 Rn 306; Treber § 9 EFZG Rn 19.
29 ErfK/Dörner § 9 EFZG Rn 8.

nach § 9 Abs. 1 Satz 1 EFZG nicht mehr entstehen.[30] Für eine zulässige abweichende Vereinbarung der Arbeitsvertragsparteien ist der Arbeitnehmer darlegungs- und beweispflichtig.[31]

III. Anwendbare Vorschriften

Hat ein Sozialleistungsträger (Rn 26 ff) eine medizinische Maßnahme (Rn 8 ff) bewilligt, so gelten die Vorschriften der §§ 3 bis 4 a und 6 bis 8 EFZG entsprechend (§ 9 Abs. 1 Satz 1 EFZG). 34

Nicht entsprechend anwendbar ist § 5 EFZG, an dessen Stelle die Sonderregelung des § 9 Abs. 2 EFZG (Rn 56 ff) getreten ist. Ebenso wenig gelten die Regelungen über die wirtschaftliche Sicherung für den Krankheitsfall im Bereich der **Heimarbeit** (§ 10 EFZG). 35

Obwohl § **12 EFZG** in der Aufzählung der anzuwendenden Vorschriften nicht ausdrücklich erwähnt ist, findet diese Vorschrift auch auf die Zeit der Entgeltfortzahlung bei Vorsorge- und Rehabilitationsmaßnahmen Anwendung. Dies folgt aus dem Wortlaut des § 12 EFZG, der vorsieht, dass von Vorschriften dieses Gesetzes abgesehen von § 4 Abs. 4 EFZG nicht zu Ungunsten des Arbeitnehmers abgewichen werden kann.[32] 36

1. § 3 EFZG

Aus der Bezugnahme auf § 3 EFZG folgt zunächst, dass die Verhinderung aufgrund der Maßnahme nach § 9 Abs. 1 die **alleinige Ursache** für die Arbeitsverhinderung sein muss (vgl im Einzelnen § 3 EFZG Rn 59 f). Daran fehlt es etwa, wenn dem alkoholkranken Lkw-Fahrer bereits zuvor alkoholbedingt die Fahrerlaubnis entzogen worden ist und er deshalb seine vertraglich geschuldete Arbeitsleistung – Verkaufsfahrer – nicht erbringen konnte.[33] 37

Hat der Arbeitnehmer den Gesundheitszustand, der Ursache für die Maßnahme ist, **verschuldet** herbeigeführt, entfällt der Entgeltfortzahlungsanspruch.[34] Zum Verschulden im Einzelnen § 3 EFZG Rn 105 ff. 38

Der Entgeltfortzahlungsanspruch während einer Maßnahme besteht, wie sich aus der Verweisung auf § 3 EFZG ergibt, bis zur **Höchstdauer** von **sechs Wochen** (§ 3 Abs. 1 Satz 1 EFZG). Der Arbeitnehmer hat den Anspruch jedoch erst nach Erfüllung der vierwöchigen Wartezeit des § 3 Abs. 3 EFZG (vgl § 3 EFZG Rn 179 ff). 39

Beruhen eine vorausgegangene (spätere) Krankheit und eine Vorsorge oder Rehabilitationsmaßnahme auf **verschiedenen Leiden**, findet keine Addition der Arbeitsunfähigkeitsphasen statt (vgl § 3 EFZG Rn 219 ff). 40

Besondere Bedeutung gewinnen in diesem Zusammenhang die Grundsätze für die Entgeltfortzahlung bei **Fortsetzungskrankheiten** (vgl § 3 EFZG Rn 222 ff). 41

30 Knorr/Krasney § 9 EFZG Rn 21; Schmitt § 9 EFZG Rn 34; Kasseler Handbuch/Vossen 2.2. Rn 306.
31 ArbG Berlin 10.7.2002 – 30 Ca 6881/02 – ZTR 2003, 149.
32 ErfK/Dörner § 9 EFZG Rn 19; Knorr/Krasney § 9 EFZG Rn 26; Schmitt § 9 EFZG Rn 46; ferner § 12 EFZG Rn 12.
33 LAG Niedersachsen 25.6.2003 – 15 Sa 165/03 – Blutalkohol 41, 380.
34 ErfK/Dörner § 9 EFZG Rn 14; MüKo/Müller-Glöge Anhang zu § 616 BGB § 9 EFZG Rn 13; Treber § 9 EFZG Rn 27.

Infolge der Gleichstellung der Maßnahmen der medizinischen Vorsorge und Rehabilitation der Arbeitsunfähigkeit sind innerhalb von **zwölf Monaten** die Zeiten der Arbeitsunfähigkeit und der medizinischen Maßnahmen dann zusammenzurechnen, wenn die Fehlzeiten auf **dasselbe Grundleiden** zurückzuführen sind. Die Voraussetzungen einer Zusammenrechnung werden meistens – jedenfalls bei Heil- oder Genesungskuren – gegeben sein, da eine Maßnahme nach § 9 Abs. 1 EFZG in der Regel im Anschluss an und wegen der Krankheit gewährt und durchgeführt wird. Das kann dazu führen, dass bei einer vorangegangenen längeren Arbeitsunfähigkeit wegen dieser Krankheit der Zeitraum von **sechs Wochen** im Zeitpunkt des **Antritts der Maßnahme** ganz oder teilweise abgelaufen und der Anspruch auf Entgeltfortzahlung insoweit verbraucht ist.

42 **Beispiel:** Ist der Arbeitnehmer vom 1.–17. April (17 Tage) und vom 3.–21. August (19 Tage) jeweils an derselben Krankheit erkrankt gewesen und wird ihm wegen dieser Krankheit eine Vorsorge- oder Rehabilitationsmaßnahme von vier Wochen bewilligt, die er am 1. Oktober antritt, so steht ihm aufgrund der Zusammenrechnungsvorschrift, da ein Entgeltfortzahlungsanspruch nur bis zur Dauer von sechs Wochen (42 Kalendertage) besteht, für diese Maßnahme nur noch ein Anspruch auf Entgeltfortzahlung für sechs Kalendertage zu.

43 Selbstverständlich findet eine Zusammenrechnung auch bei umgekehrter oder anderer Reihenfolge statt, wenn also der Arbeitnehmer nach der Maßnahme an derselben Krankheit arbeitsunfähig erkrankt oder wieder erkrankt. Für die Frage des Fortsetzungszusammenhangs ist das gleichzeitige Vorhandensein **anderer Krankheitserscheinungen** ohne Bedeutung. Entscheidend ist nur, dass zwischen den auf demselben Grundleiden beruhenden Krankheiten oder der bewilligten Maßnahme mindestens **sechs Monate** liegen.[35]

44 Hinsichtlich der Frage, welche von **mehreren behandlungsbedürftigen Krankheiten** einer **Maßnahme** nach § 9 Abs. 1 EFZG **zugrunde liegt** und damit eventuell anspruchsbeschränkend zu berücksichtigen ist, muss auf das Grundleiden abgestellt werden, das den **Anlass für die Bewilligung** der Maßnahme durch den Sozialleistungsträger bzw für die ärztliche Verordnung (Rn 72) gebildet hat.[36]

45 Eine **Zusammenrechnung** findet nur dann **nicht** statt, wenn zwischen Ende der Arbeitsunfähigkeit und der wegen dieser Krankheit durchgeführten Maßnahme (oder umgekehrt) – **maßgebend ist der Antritt der Maßnahme, nicht der Bewilligungszeitpunkt** – ein Zeitraum von mindestens sechs Monaten liegt. In diesem Fall hat der Arbeitnehmer erneut einen Entgeltfortzahlungsanspruch bis zur Dauer von sechs Wochen.[37]

46 Tritt also im obigen Beispiel (Rn 42) der Arbeitnehmer die medizinische Maßnahme nicht schon am 1. Oktober, sondern erst am 1. April des nächsten Jahres an, so steht ihm dafür wieder der volle Entgeltfortzahlungsanspruch bis zu sechs Wochen zu.

---

35 BAG 22.8.1984 – 5 AZR 489/81 – AP Nr. 60 zu § 1 LohnFG; BAG 18.1.1995 – 5 AZR 818/93 – AP Nr. 8 zu § 7 LohnFG; Knorr/Krasney § 9 EFZG Rn 30; MüKo/Müller-Glöge Anhang zu § 616 BGB § 9 EFZG Rn 14; Schmitt § 9 EFZG Rn 53; Kasseler Handbuch/Vossen 2.2 Rn 313; Treber § 9 EFZG Rn 29.

36 BAG 26.2.1992 – 5 AZR 120/91 – EEK I/1071.

37 BAG 2.6.1966 – 2 AZR 325/65 – AP Nr. 30 zu § 63 HGB; LAG Berlin 15.6.1981 – 9 Sa 18/81 – AP Nr. 5 zu § 7 LohnFG; Schmitt § 9 EFZG; Kasseler Handbuch/Vossen 2.2 Rn 314; Treber § 9 EFZG Rn 31.

Was die **zeitliche Lage** der medizinischen Maßnahme betrifft, ist der **Sozialversicherungsträger** gegenüber dem Arbeitgeber **nicht verpflichtet**, die Maßnahme so zu legen, dass dieser nicht mit zusätzlichen Kosten belastet wird. Die Maßnahmen der medizinischen Vorsorge und Rehabilitation sind zeitlich vielmehr so einzurichten, wie es der Gesundheitszustand des Versicherten erfordert. Insbesondere aus § 242 BGB lässt sich eine entsprechende Verpflichtung der Sozialversicherungsträger gegenüber dem Arbeitgeber des Versicherten nicht herleiten. Die Bewilligung einer Maßnahme der medizinischen Vorsorge oder Rehabilitation wie auch deren Durchführung und alle die damit im Zusammenhang stehenden organisatorischen Schritte, die der Sozialversicherungsträger zu leisten hat, beruhen ausschließlich auf der sozialversicherungsrechtlichen Rechtsbeziehung zwischen dem Sozialversicherungsträger und dem bei ihm Versicherten. **Rechtliche Beziehungen zwischen dem Sozialversicherungsträger und dem Arbeitgeber des Versicherten bestehen insoweit nicht.** Eine rechtliche Beziehung zwischen dem Sozialversicherungsträger und dem Arbeitgeber des versicherten Arbeitnehmers entsteht in diesem Zusammenhang erst dann, wenn der Sozialversicherungsträger aus übergegangenem Recht (§ 115 SGB X) Ansprüche des Arbeitnehmers auf Entgeltfortzahlung gegenüber dem Arbeitgeber geltend macht. Insoweit tritt der Sozialversicherungsträger in die Rechtsstellung des Arbeitnehmers ein. Aus diesem lediglich auf Anspruchsübergang beruhenden Rechtsverhältnis lässt sich jedoch keine Verpflichtung des Sozialversicherungsträgers ableiten, dafür zu sorgen, dass es nicht zu einem erneuten Entgeltfortzahlungsanspruch infolge der späteren Durchführung der medizinischen Rehabilitation kommt.[38] 47

Der Sozialversicherungsträger aber auch der Arbeitnehmer handeln jedoch **rechtsmissbräuchlich**, wenn sie den Antritt einer Maßnahme nach § 9 Abs. 1 Satz 1 EFZG bewusst über sechs Monate hinaus verzögern, so dass wieder der Arbeitgeber zur Entgeltfortzahlung verpflichtet ist.[39] 48

Erkrankt der Arbeitnehmer innerhalb des Zeitraums von sechs Monaten an einer **anderen Krankheit**, so ist dies unschädlich und steht dem neuen Entgeltfortzahlungsanspruch nicht entgegen (vgl § 3 EFZG Rn 222 ff). 49

Ein Entgeltfortzahlungsanspruch nach § 9 EFZG besteht auch dann, wenn eine stationäre Maßnahme der medizinischen Rehabilitation durchgeführt wird, um die Folgen einer **Sterilisation** oder eines **Schwangerschaftsabbruchs** auszuheilen. Hierbei gelten die allgemeinen Regelungen bei „Fortsetzungserkrankungen“, dh Arbeitsunfähigkeiten während der Dauer des Eingriffs und der als Folge des Eingriffs eingetretenen Erkrankungen sowie Maßnahmen nach § 9 Abs. 1 EFZG zur Ausheilung dieser Krankheiten und zur Wiederherstellung der Gesundheit sind zusammenzurechnen (Rn 40 ff). 50

2. §§ 4, 4 a EFZG

Aus der entsprechenden Anwendbarkeit des § 4 EFZG folgt, dass die Höhe des fortzuzahlenden Arbeitsentgelts bei einer Maßnahme der medizinischen Vorsor- 51

38 BAG 18.1.1995 – 5 AZR 818/93 – AP Nr. 8 zu § 7 LohnFG.
39 Vgl auch LAG Berlin 15.6.1981 – 9 Sa 18/81 – AP Nr. 5 zu § 7 LohnFG; ferner LAG Frankfurt 29.1.1982 – 6 Sa 960/81 – AR-Blattei ES 1000.3.1 Nr. 115; unentschieden geblieben in BAG 18.1.1995 – 5 AZR 818/93 – AP Nr. 8 zu § 7 LohnFG; Kasseler Handbuch/Vossen 2.2 Rn 316.

ge oder Rehabilitation sowie die Berechnung auf der Basis des Entgeltausfallprinzips den Regeln folgt, die bei der Bemessung des fortzuzahlenden Entgelts bei krankheitsbedingter Arbeitsunfähigkeit gelten (vgl im Einzelnen die Ausführungen zu § 4 EFZG). Anwendbar ist auch die **Tariföffnungsklausel** des § 4 Abs. 4 EFZG, so dass auch Abweichungen zulasten der Betroffenen während einer Maßnahme nach § 9 Abs. 1 EFZG vereinbart werden können.

52 Durch die Verweisung auf § 4 a EFZG wird klargestellt, dass der Arbeitgeber auch bei einer Maßnahme nach § 9 EFZG etwaige Sondervergütungen kürzen darf, sofern eine entsprechende Vereinbarung die Kürzung vorsieht. Wegen der weiteren Einzelheiten vgl die Ausführungen zu § 4 a EFZG.

3. § 6 EFZG

53 Steht dem Arbeitnehmer aufgrund gesetzlicher Vorschriften gegen einen Dritten ein Schadensersatzanspruch wegen Verdienstausfalls infolge einer Maßnahme nach § 9 Abs. 1 EFZG zu, so geht auch dieser Anspruch kraft Gesetzes insoweit auf den Arbeitgeber über, als dieser nach dem EFZG Arbeitsentgelt und Sozialversicherungsbeiträge gezahlt hat. Der Anwendungsbereich des § 6 EFZG dürfte jedoch im Rahmen des § 9 EFZG gering sein, da der Kurmaßnahme regelmäßig eine von Dritten verursachte Arbeitsunfähigkeit vorausgeht, für die der Dritte bis zum Ablauf der Sechswochenfrist in Anspruch genommen werden kann. Anderes gilt dann, wenn die Maßnahme erst nach Ablauf der in § 3 Abs. 1 Satz 2 Nr. 2 EFZG genannten Frist erfolgt.[40] Zum gesetzlichen Forderungsübergang bei Dritthaftung vgl im Einzelnen die Ausführungen zu § 6 EFZG.

4. § 7 EFZG

54 Auch bei einer Maßnahme der medizinischen Vorsorge oder Rehabilitation steht dem Arbeitgeber bei bestimmten Pflichtverletzungen des Arbeitnehmers ein Leistungsverweigerungsrecht zu. Ein **vorläufiges Leistungsverweigerungsrecht** gemäß § 7 Abs. 1 Nr. 1 EFZG besteht, wenn der Arbeitnehmer seinen Nachweispflichten, die sich im Falle der Vorsorge- oder Rehabilitationsmaßnahmen allerdings nicht aus § 5 Abs. 1 EFZG, sondern aus § 9 Abs. 2 EFZG (Rn 56 ff) ergeben, verletzt. Das Recht der **endgültigen Leistungsverweigerung** steht dem Arbeitgeber nach § 7 Abs. 1 Nr. 2 EFZG zu, wenn der Arbeitnehmer den Übergang eines Schadensersatzanspruches nach § 6 EFZG verhindert und dies zu vertreten hat. Im Einzelnen vgl die Ausführungen zu § 7 EFZG.

5. § 8 EFZG

55 Die Regeln über die Fortzahlung des Arbeitsentgelts bei Beendigung des Arbeitsverhältnisses (§ 8 EFZG) gelten auch für die Entgeltfortzahlung bei stationären Maßnahmen der medizinischen Vorsorge und Rehabilitation. Der Anspruch des Arbeitnehmers aus § 9 Abs. 1 EFZG wird folglich nicht dadurch berührt, dass der Arbeitgeber das Arbeitsverhältnis **aus Anlass der Vorsorge- oder Rehabilitationsmaßnahme** kündigt (§ 8 EFZG Rn 4 ff) bzw der Arbeitnehmer das Arbeitsverhältnis während dieser Maßnahme aus einem vom Arbeitgeber zu vertretenden wichtigen Grund kündigt (vgl § 8 EFZG Rn 31 ff). Der Arbeitnehmer hat somit über die Beendigung des Arbeitsverhältnisses hinaus Anspruch auf

40 ErfK/Dörner § 9 EFZG Rn 16; Treber § 9 EFZG Rn 34.

Entgeltfortzahlung bis zum Ende der Maßnahme oder einer danach noch bestehenden Arbeitsunfähigkeit, allerdings nur bis zur Höchstdauer von sechs Wochen. Im Einzelnen vgl die Ausführungen zu § 8 EFZG.

C. Anzeige- und Nachweispflicht

Die in § 9 EFZG vorgesehenen, von der allgemeinen Bestimmung des § 5 EFZG abweichenden Regelungen über die Anzeige- und Nachweispflichten sind an die Besonderheiten einer Maßnahme im Sinne des § 9 Abs. 1 EFZG angepasst. Die Bestimmung stellt gegenüber § 5 EFZG eine abschließende Sonderregelung dar. Danach hat der Arbeitnehmer dem Arbeitgeber den Zeitpunkt des Antritts der Maßnahme, deren voraussichtliche Dauer und eine eventuelle Verlängerung der Maßnahme unverzüglich mitzuteilen (Rn 57) und eine Bescheinigung über die Bewilligung der Maßnahme unverzüglich vorzulegen, wenn sie ein Sozialleistungsträger bewilligt hat (Rn 26 ff) oder eine ärztliche Bescheinigung über die Erforderlichkeit der Maßnahme, wenn sie nicht von einem Sozialleistungsträger bewilligt worden ist (Rn 72 f). 56

I. Anzeigepflicht

Der Arbeitnehmer hat den Arbeitgeber unverzüglich, dh ohne schuldhaftes Zögern (§ 121 BGB), über den Antritt der Maßnahme, deren voraussichtliche Dauer und eine etwaige Verlängerung der Maßnahme zu unterrichten. Die Anzeige kann **mündlich, telefonisch** oder **schriftlich** erfolgen. Eine besondere Form ist nicht vorgeschrieben.[41] Maßgebend ist der Zeitpunkt des Zugangs beim Arbeitgeber (vgl im Einzelnen § 5 EFZG Rn 4 ff). 57

II. Nachweispflicht

Der Arbeitnehmer hat den Bescheid über die Bewilligung der medizinischen Maßnahme dem Arbeitgeber ohne schuldhaftes Zögern vorzulegen (§ 121 Abs. 1 Satz 1 BGB). Der arbeitsfähige Mitarbeiter wird dies regelmäßig am ersten Tag nach Übersendung des Bescheids mit der Arbeitsaufnahme tun. Der arbeitsunfähige Arbeitnehmer genügt seiner Verpflichtung, wenn er nach Information des Arbeitgebers den Bescheid im Anschluss daran übersendet.[42] 58

Die Bescheinigung des Sozialleistungsträgers nach § 9 Abs. 2 lit. a EFZG muss im Hinblick auf die Überprüfbarkeit der Berechtigung des Entgeltfortzahlungsanspruches nach § 9 Abs. 1 Satz 1 EFZG folgenden **Mindestinhalt** haben: Sie muss den betroffenen Arbeitnehmer benennen, das Datum des Kurantritts und die voraussichtliche Dauer der Maßnahme. Ferner muss sie erkennen lassen, welcher **Sozialleistungsträger** die Maßnahme bewilligt hat.[43] 59

Entbehrlich ist dagegen die Angabe, ob es sich um eine Vorsorge- oder Rehabilitationsmaßnahme handelt. Anders als in § 5 Abs. 1 Satz 5 EFZG muss die Bescheinigung auch keinen Vermerk über die Unterrichtung des Trägers der gesetzlichen Krankenkasse enthalten (vgl § 5 EFZG Rn 77). Denn die Krankenkassen haben in der Regel die Notwendigkeit der medizinischen Vorsorgemaß- 60

41 BAG 5.5.1972 – 5 AZR 447/71 – AP Nr. 1 zu § 7 LohnFG.
42 ErfK/Dörner § 9 EFZG Rn 22.
43 MüKo/Müller-Glöge Anhang zu § 616 BGB § 9 EFZG Rn 22; Treber § 9 EFZG Rn 40; Schmitt § 9 EFZG Rn 95.

nahme nach § 23 Abs. 1, 2 und 4 SGB V und der medizinischen Rehabilitationsmaßnahme nach § 40 Abs. 1 und 2 SGB V unter Zugrundelegung eines ärztlichen Behandlungsplanes vor der Bewilligung und bei beantragter Verlängerung durch den medizinischen. Dienst nachprüfen lassen.[44] Eine Unterrichtung der Krankenkasse zur Überprüfung der Notwendigkeit der Maßnahme und zur Kontrolle ihrer Zweck entsprechenden Durchführung erübrigt sich damit.

61 Wird die **Maßnahme** über die in der Bescheinigung angegebenen Dauer hinaus **verlängert**, ist der Arbeitnehmer auch **ohne ausdrückliche Anordnung**, wie sie noch in § 7 Abs. 2 Satz 3 LFZG vorgesehen war, **verpflichtet**, eine **Folgebescheinigung** des Sozialleistungsträgers vorzulegen.[45] Auch die Folgebescheinigung ist unverzüglich vorzulegen. Aus ihr muss erkennbar sein, dass die Maßnahme verlängert wird.[46]

III. Rechtsfolgen bei Pflichtverletzungen

62 Hat der Arbeitnehmer die Verletzung der Anzeige- und Nachweispflicht **zu vertreten**, können Leistungsverweigerungsrechte oder Schadensersatzansprüche des Arbeitgebers entstehen. Im Einzelfall kann das Verhalten des Arbeitnehmers auch eine Kündigung rechtfertigen.

1. Leistungsverweigerungsrecht

63 Kommt der Arbeitnehmer seiner Anzeige- und Nachweispflicht gemäß § 9 Abs. 2 EFZG schuldhaft nicht nach, so **kann** der Arbeitgeber die Fortzahlung des Entgelts während der medizinischen Vorsorge oder Rehabilitation so lange verweigern, bis dieser die ihm obliegenden Verpflichtungen erfüllt. Dieses **zeitweilige Leistungsverweigerungsrecht** des Arbeitgebers ergibt sich zwar nicht aus § 9 Abs. 2 EFZG, wo es der Systematik nach und auch zur Vermeidung von Missverständnissen wohl besser geregelt worden wäre, sondern aus § 9 Abs. 1 EFZG, in welchem auf § 7 EFZG verwiesen und diese Bestimmung für entsprechend anwendbar erklärt wird.

64 Dieses Leistungsverweigerungsrecht erlischt selbst dann **rückwirkend** mit dem **Zeitpunkt** des **Beginns der Maßnahme**, wenn der Arbeitnehmer die Bescheinigung erst nach durchgeführter medizinischer Maßnahme vorlegt. Denn die Bescheinigung über die Bewilligung der Maßnahme hat nur den beschränkten Zweck, den Arbeitgeber über die rechtlichen Voraussetzungen für den Entgeltfortzahlungsanspruch zu informieren. Dies kann auch noch nach durchgeführter Maßnahme geschehen.[47]

65 Ist die Geltendmachung des Entgeltfortzahlungsanspruches **verwirkt** und stellt damit eine unzulässige Rechtsausübung nach § 242 BGB dar, verwandelt sich das zeitweilige Leistungsverweigerungsrecht in ein endgültiges (vgl § 7 EFZG Rn 18).

44 Knorr/Krasney § 9 EFZG Rn 41; Treber § 9 EFZG Rn 41.
45 Kasseler Handbuch/Vossen 2.2 Rn 324; Schmitt § 9 EFZG Rn 103.
46 Schmitt § 9 EFZG Rn 105.
47 BAG 5.5.1972 – 5 AZR 447/71 – AP Nr. 1 zu § 7 LohnFG.

2. Schadensersatzansprüche

66 Die schuldhafte Verletzung der Pflicht zur Mitteilung des Zeitpunkts des Antritts der Maßnahme kann aber auch zu Schadensersatzansprüchen (§ 280 Abs. 1 BGB) des Arbeitgebers führen. Mit einem solchen **Schadensersatzanspruch** kann der Arbeitgeber auch gegenüber dem Entgeltfortzahlungsanspruch **aufrechnen**; dies gilt auch im Falle des gesetzlichen Übergangs des Entgeltfortzahlungsanspruches auf die Krankenkasse (§ 115 Abs. 1 SGB X). Bei der Aufrechnung ist allerdings die Vorschrift des § 394 BGB zu beachten, wonach die Aufrechnung gegen eine Forderung nicht zulässig ist, soweit diese der Pfändung nicht unterworfen ist.[48]

3. Kündigung

67 Die **schuldhafte** Verletzung der Anzeigepflicht kann nach vorausgegangener **Abmahnung** eine Kündigung rechtfertigen, wenn der Arbeitgeber durch die Nichtanzeige in unzumutbarer Weise daran gehindert wurde, sich auf betriebliche Störungen infolge der Abwesenheit des Arbeitnehmers einzurichten.[49]

68 Eine Verletzung der **Nachweispflicht** wird in der Regel eine Kündigung nicht rechtfertigen, da der Arbeitnehmer durch Erfüllung seiner Anzeigepflicht vor Antritt der Maßnahme nach § 9 Abs. 1 EFZG den Arbeitgeber über den Zeitpunkt rechtzeitig informiert hat (vgl § 5 EFZG Rn 213 f).

D. Voraussetzungen des Entgeltfortzahlungsanspruches Nichtversicherter

69 Ist der Arbeitnehmer nicht Mitglied einer gesetzlichen Krankenkasse oder nicht in der gesetzlichen Rentenversicherung versichert, bestimmt sich sein Entgeltfortzahlungsanspruch während einer medizinischen Maßnahme nach § 9 Abs. 1 Satz 2 EFZG. Dass in § 9 Abs. 1 Satz 2 EFZG im Unterschied zur Rentenversicherung in der Krankenversicherung auf die Mitgliedschaft in einer gesetzlichen Krankenkasse abgestellt wird, kann nur die Bedeutung haben, dass Familienangehörige – Ehegatten, Lebenspartner und Kinder iSd § 10 Abs. 1 Satz 1 SGB V – zwar krankenversichert sind, aber selbst keine Mitgliedschaft erwerben. **Geringfügig beschäftigte Familienangehörige** können daher, da sie auf der einen Seite aufgrund der in § 7 Hs 1 SGB V angeordneten Versicherungsfreiheit nicht Mitglied einer gesetzlichen Krankenkasse sind, auf der anderen Seite aber dennoch nach § 10 Abs. 1 Satz 1 Nr. 3 SGB V krankenversichert und gemäß § 5 Abs. 2 Satz 1 Nr. 1 SGB VI nicht in der gesetzlichen Rentenversicherung versichert sind, unter die Regelung des § 9 Abs. 1 Satz 2 EFZG fallen.[50]

70 Der Anspruch auf Entgeltfortzahlung gemäß § 9 Abs. 1 **Satz 2** EFZG ist **nachrangig** gegenüber dem Anspruch aus § 9 Abs. 1 **Satz 1** EFZG. Dh, ist der Arbeitnehmer Mitglied einer gesetzlichen Krankenkasse oder in der gesetzlichen Rentenversicherung versichert, scheidet auch bei ärztlicher Verordnung (Rn 72) einer Maßnahme der medizinischen Vorsorge oder Rehabilitation ein Anspruch aus § 9 Abs. 1 Satz 2 EFZG aus, wenn eine Bewilligung eines Sozialträgers gemäß § 9 Abs. 1 Satz 1 EFZG vorliegt.[51]

48 BAG 5.5.1972 – 5 AZR 447/71 – AP Nr. 1 zu § 7 LohnFG.
49 Vgl auch ErfK/Dörner § 9 EFZG Rn 23; Knorr/Krasney § 9 EFZG Rn 48; Treber § 9 EFZG Rn 44sowie die Ausführungen zu § 5 EFZG Rn 202 ff.
50 Kasseler Handbuch/Vossen 2.2 Rn 308; ferner Geyer/Knorr/Krasney § 9 EFZG Rn 50.
51 Knorr/Krasney § 9 EFZG Rn 52; Schmitt § 9 EFZG Rn 69.

I. Maßnahme der medizinischen Vorsorge oder Rehabilitation

71 Die Maßnahmen der medizinischen Vorsorge oder Rehabilitation für nicht versicherte Arbeitnehmer müssen nach Zweck und Umfang der medizinischen Behandlung, Betreuung und Durchführung den Maßnahmen der Sozialleistungsträger entsprechen. Sie müssen stationär oder ambulant in einer Einrichtung der medizinischen Vorsorge oder Rehabilitation (Rn 22 ff) oder in einer **vergleichbaren Einrichtung** durchgeführt werden. Wird die Maßnahme in einer Einrichtung durchgeführt, mit der Krankenkassen oder Rentenversicherungsträger Versorgungsverträge abgeschlossen haben, ist davon auszugehen, dass die Einrichtung vergleichbare Behandlungs- und Betreuungsleistungen für nicht versicherte Patienten erbringt.[52] Wird die Maßnahme der medizinischen Vorsorge oder Rehabilitation nicht in einer Einrichtung eines Sozialleistungsträgers oder einer Einrichtung, mit der ein Versorgungsvertrag nach § 111 Abs. 2 SGB V besteht, sondern in einer vergleichbaren Einrichtung iSd § 9 Abs. 1 Satz 2 EFZG durchgeführt, müssen an diese Einrichtung die gleichen Anforderungen gestellt werden, wie sie hinsichtlich der ärztlichen Verantwortung, der Mitwirkung von besonders geschultem Personal und der angebotenen Behandlungsmaßnahmen für die Einrichtungen der Krankenkassen oder Rentenversicherungsträger gemäß § 107 Abs. 2 SGB V und § 15 Abs. 2 SGB VI vorgeschrieben sind.[53]

II. Ärztliche Verordnung

72 Anstelle der Bewilligung durch einen Sozialleistungsträger nach § 9 Abs. 1 Satz 1 EFZG tritt die **Verordnung** der Maßnahme durch einen **Arzt**. Verordnen kann jeder approbierte Arzt. Eine Beschränkung auf „Vertrauens“ Ärzte oder auf Ärzte mit besonderer Fachkunde in der Vorsorge oder Rehabilitationsmedizin sieht das Gesetz nicht vor.[54] Anders als in § 9 Abs. 1 Satz 1 EFZG (Rn 18 ff) kann die medizinische Notwendigkeit von den Arbeitsgerichten vollständig überprüft werden, wobei der ärztlichen Verordnung ebenso wie einer ärztlichen Arbeitsunfähigkeitsbescheinigung ein hoher Beweiswert zukommt (vgl § 5 Rn 128 ff).[55]

73 Begründete Zweifel an der Richtigkeit einer ärztlichen Anordnung wären etwa dann anzunehmen, wenn ein anderer Sozialleistungsträger als eine Krankenkasse oder ein Rentenversicherungsträger einem nicht versicherten Arbeitnehmer die Gewährung einer stationären medizinischen Maßnahme wegen fehlender Erforderlichkeit ablehnen würde.[56]

III. Nachweispflicht

74 Nach § 9 Abs. 2 lit. b EFZG ist der Arbeitnehmer verpflichtet, unverzüglich, dh ohne schuldhaftes Zögern (Rn 57) eine ärztliche Bescheinigung über die Erforderlichkeit der Maßnahme vorzulegen. Aus der Bescheinigung muss der Name des Arbeitnehmers, die Erforderlichkeit und die Dauer der Maßnahme hervorgehen sowie, dass die Maßnahme in einer medizinischen Vorsorge- oder Rehabilitationseinrichtung oder einer vergleichbaren Einrichtung durchgeführt werden muss.

52 Knorr/Krasney § 9 EFZG Rn 55.
53 Knorr/Krasney § 9 EFZG Rn 55; Kasseler Handbuch/Vossen 2.2. Rn 309.
54 Knorr/Krasney § 9 EFZG Rn 54; Treber § 9 EFZG Rn 24.
55 Treber § 9 EFZG Rn 24.
56 Knorr/Krasney § 9 EFZG Rn 53.

§ 10 Wirtschaftliche Sicherung für den Krankheitsfall im Bereich der Heimarbeit

(1) [1]In Heimarbeit Beschäftigte (§ 1 Abs. 1 des Heimarbeitsgesetzes) und ihnen nach § 1 Abs. 2 Buchstabe a bis c des Heimarbeitsgesetzes Gleichgestellte haben gegen ihren Auftraggeber oder, falls sie von einem Zwischenmeister beschäftigt werden, gegen diesen Anspruch auf Zahlung eines Zuschlags zum Arbeitsentgelt. [2]Der Zuschlag beträgt

1. für Heimarbeiter, für Hausgewerbetreibende ohne fremde Hilfskräfte und die nach § 1 Abs. 2 Buchstabe a des Heimarbeitsgesetzes Gleichgestellten 3,4 vom Hundert,
2. für Hausgewerbetreibende mit nicht mehr als zwei fremden Hilfskräften und die nach § 1 Abs. 2 Buchstabe b und c des Heimarbeitsgesetzes Gleichgestellten 6,4 vom Hundert

des Arbeitsentgelts vor Abzug der Steuern, des Beitrags zur Bundesagentur für Arbeit und der Sozialversicherungsbeiträge ohne Unkostenzuschlag und ohne die für den Lohnausfall an gesetzlichen Feiertagen, den Urlaub und den Arbeitsausfall infolge Krankheit zu leistenden Zahlungen. [3]Der Zuschlag für die unter Nummer 2 aufgeführten Personen dient zugleich zur Sicherung der Ansprüche der von ihnen Beschäftigten.

(2) Zwischenmeister, die den in Heimarbeit Beschäftigten nach § 1 Abs. 2 Buchstabe d des Heimarbeitsgesetzes gleichgestellt sind, haben gegen ihren Auftraggeber Anspruch auf Vergütung der von ihnen nach Absatz 1 nachweislich zu zahlenden Zuschläge.

(3) Die nach den Absätzen 1 und 2 in Betracht kommenden Zuschläge sind gesondert in den Entgeltbeleg einzutragen.

(4) [1]Für Heimarbeiter (§ 1 Abs. 1 Buchstabe a des Heimarbeitsgesetzes) kann durch Tarifvertrag bestimmt werden, daß sie statt der in Absatz 1 Satz 2 Nr. 1 bezeichneten Leistungen die den Arbeitnehmern im Falle ihrer Arbeitsunfähigkeit nach diesem Gesetz zustehenden Leistungen erhalten. [2]Bei der Bemessung des Anspruchs auf Arbeitsentgelt bleibt der Unkostenzuschlag außer Betracht.

(5) [1]Auf die in den Absätzen 1 und 2 vorgesehenen Zuschläge sind die §§ 23 bis 25, 27 und 28 des Heimarbeitsgesetzes, auf die in Absatz 1 dem Zwischenmeister gegenüber vorgesehenen Zuschläge außerdem § 21 Abs. 2 des Heimarbeitsgesetzes entsprechend anzuwenden. [2]Auf die Ansprüche der fremden Hilfskräfte der in Absatz 1 unter Nummer 2 genannten Personen auf Entgeltfortzahlung im Krankheitsfall ist § 26 des Heimarbeitsgesetzes entsprechend anzuwenden.

Schrifttum: *Albrecht*, Die Einrichtung von Tele- und Außenarbeitsplätzen – Rechtliche und personalpolitische Anforderungen, NZA 1996, 1240; *Hofmeister/Küpper*, Individualvertragliche Arbeitszeitgestaltung bei der alternierenden Telearbeit, NZA 1998, 1206; *Hold*, Änderungen des Rechts auf Entgeltfortzahlung im Krankheitsfall ab 1. Januar 1999, ZTR 1999, 103; *Mehrle*, Heimarbeitsrecht, AR-Blattei SD 910, Stand April 1997; *Otten*, Heimarbeit – Ein Dauerschuldverhältnis eigener Art, NZA 1995, 289.

A. Allgemeines 1
B. Anspruchsberechtigte 4
I. In Heimarbeit Beschäftigte 5
1. Heimarbeiter 6
2. Hausgewerbetreibende 9
II. Gleichgestellte 13

III. Nicht Anspruchsberechtigte 18
C. **Anspruchsverpflichtete** 21
D. **Zuschlag zum Arbeitsentgelt** 24
I. Zuschlag statt Entgeltfortzahlung 24
II. Rechtsnatur 26
III. Höhe und Berechnung 29
IV. Entgeltnachweis 33
V. Verzicht 35
E. **Ausgleichsanspruch des Zwischenmeisters** 38
F. **Entgeltschutz** 40
G. **Tarifvertragliche Regelungen** 42

A. Allgemeines

1 § 10 EFZG enthält für die in Heimarbeit Beschäftigten und die ihnen Gleichgestellten eine **Sonderregelung zur wirtschaftlichen Sicherung im Krankheitsfall.** Dies fordert zum einen die fehlende Bindung an feste Arbeitszeiten, die es unmöglich macht, einen Arbeitsausfall eindeutig als Folge einer Erkrankung nachzuweisen. Zum anderen scheidet wegen der schwankenden Bezüge – dem in Heimarbeit Beschäftigten werden in der Regelung Stückentgelte (§ 20 HAG) und keine Zeitlöhne gezahlt – eine Berechnung des fortzuzahlenden Entgelts nach § 4 EFZG aus. Der Gesetzgeber hat sich daher für eine sog. **„gespaltene Lösung“** entschieden.[1] Anstelle der „normalen“ Entgeltfortzahlung nach §§ 3, 8 und 9 EFZG erhalten die Betroffenen einen **Zuschlag zum Arbeitsentgelt** und sofern sie versichert sind (§ 5 Abs. 1 Satz 1 SGB V) einen Krankengeldanspruch nach §§ 44 ff SGB V (Rn 24 f).

2 Der Zuschlag zum Arbeitsentgelt soll die Differenz zwischen dem den versicherten Heimarbeitern zustehenden Krankengeld aus der gesetzlichen Krankenkasse, das ab Beginn der Erkrankung (§ 46 SGB V) gezahlt wird, und dem Verdienst, den sie bei Arbeitsfähigkeit erreicht hätten, ausgleichen. Der Zuschlag wird unabhängig davon gezahlt, ob der Heimarbeiter jemals arbeitsunfähig wird oder ob er in der gesetzlichen Krankenversicherung versichert ist und Anspruch auf Krankengeld hat.[2] Der Zuschlag soll den in Heimarbeit Beschäftigten ermöglichen, für den Fall der Krankheit Rücklagen zu bilden.[3]

3 Da im Falle krankheitsbedingter Arbeitsunfähigkeit kein Anspruch auf Entgeltfortzahlung besteht, ist der Ruhenstatbestand des § 49 Abs. 1 Nr. 1 SGB V nicht einschlägig. Bei Versicherung haben die Heimarbeiter Anspruch auf Krankengeld. Unabhängig von einem Krankenversicherungsverhältnis ist jedenfalls der Zuschlag (Rn 24 f) zu zahlen[4] und zwar sowohl an Heimarbeiter und Hausgewerbetreibende sowie die jeweils Gleichgestellten.[5]

B. Anspruchsberechtigte

4 Anspruch auf Zahlung eines Zuschlags zum Arbeitsentgelt haben nach § 10 Abs. 1 EFZG die in Heimarbeit Beschäftigten (§ 1 Abs. 1 HAG) sowie die ihnen nach § 1 Abs. 2 lit. a–c HAG Gleichgestellten.

---

1 ErfK/Dörner § 10 EFZG Rn 1; Schmidt/Koberski/Tiemann/Wascher HAG Anh. nach § 19 Rn 46; Treber § 10 EFZG Rn 2.
2 BAG 21.4.1961 – 1 AZR 100/60 – AP Nr. 1 zu § 5 ArbKrankhG.
3 BAG 11.7.2006 – 9 AZR 516/05 – AP Nr. 5 zu § 29 HAG; MüKo/Müller-Glöge Anhang zu § 616 BGB § 10 EFZG Rn 5.
4 BAG 21.4.1961 – 1 AZR 62/60 – AP Nr. 32 zu § 1 ArbKrankG; Treber, § 10 EFZG Rn 5.
5 Schmitt § 10 EFZG Rnn 10 ff.

I. In Heimarbeit Beschäftigte

5 In Heimarbeit Beschäftigte sind nach § 1 Abs. 1 HAG Heimarbeiter und die Hausgewerbetreibenden. Beide Begriffe werden in § 2 HAG – anders als in § 12 SGB IV – definiert.

1. Heimarbeiter

6 Heimarbeiter iSd § 2 Abs. 1 HAG ist, wer in selbst gewählter Arbeitsstätte, dh in seiner eigenen Wohnung oder in **selbst gewählter Betriebsstätte**, allein oder mit seinen Familienangehörigen im Auftrag von Gewerbetreibenden oder Zwischenmeistern gewerblich (nicht wissenschaftlich oder künstlerisch) arbeitet, jedoch die Verwertung der Arbeitsergebnisse dem unmittelbar oder mittelbar auftraggebenden Gewerbetreibenden überlässt. Beschafft der Heimarbeiter die Roh- und Hilfsstoffe selbst, so wird hierdurch seine Eigenschaft als Heimarbeiter nicht beeinträchtigt. Auf die Dauer oder den Umfang der Tätigkeit oder die Höhe der erzielten Einkünfte kommt es nicht an, auch eine geringfügige Tätigkeit kann Heimarbeit sein, sofern sie erwerbsmäßig (Rn 7) ausgeübt wird.[6]

7 Der Begriff „**erwerbsmäßig arbeiten**" besagt, dass nicht nur gewerbliche, sondern auch kaufmännische und büromäßige Tätigkeiten, wie zB Schreibarbeiten von Heimarbeitern, ausgeübt werden können. Ob die Tätigkeit, würde sie in abhängiger Arbeit geleistet, als die eines gewerblichen Arbeiters oder eines Angestellten anzusehen wäre, ist in diesem Zusammenhang ohne Bedeutung.[7] **Erwerbsmäßig** ist jede mechanische oder manuelle Tätigkeit, die auf eine gewisse Dauer angelegt ist und zum Lebensunterhalt beitragen soll; nicht erforderlich ist, dass mit den erzielten Einkünften der Lebensunterhalt bestritten werden, kann.[8]

8 Durch seine **persönliche Selbstständigkeit** unterscheidet sich der Heimarbeiter von einem Arbeitnehmer. Er unterliegt nicht dem Weisungsrecht des Auftraggebers und ist auch in zeitlicher und räumlicher Hinsicht vom Auftraggeber unabhängig. Vom Unternehmer und selbstständig Gewerbetreibenden unterscheidet sich der Heimarbeiter dadurch, dass er kein kaufmännisches Risiko trägt und nicht für den Absatzmarkt arbeitet.[9]

2. Hausgewerbetreibende

9 Hausgewerbetreibender iSd § 2 Abs. 2 HAG ist, wer in eigener Arbeitsstätte (eigene Wohnung oder Betriebsstätte) mit nicht mehr als zwei fremden Hilfskräften im Auftrag von Gewerbetreibenden oder Zwischenmeistern Waren herstellt, wer arbeitet oder verpackt, wobei er selbst wesentlich am Stück mitarbeitet, jedoch die Verwertung der Arbeitsergebnisse dem unmittelbar oder mittelbar auftraggebenden Gewerbetreibenden überlässt. Beschafft der Gewerbetreibende die Roh- und Hilfsstoffe selbst oder arbeitet er vorübergehend unmittelbar für den Absatzmarkt, so wird hierdurch seine Eigenschaft als Hausgewerbetreibender nicht beeinträchtigt.

6 BSG 18.12.1969 – 2 RU 241/65 – BB 1970, 1399.
7 BAG 10.7.1963 – 4 AZR 273/62 – AP Nr. 3 zu § 2 HAG; BSG 22.10.1971 – 7 RAr 61/69 – AP Nr. 7 zu § 2 HAG.
8 BAG 12.7.1988 – 3 AZR 569/86 – AP Nr. 10 zu § 2 HAG; Schmidt/Koberski/Tiemann/Wascher HAG § 2 Rn 9; Knorr/Krasney § 10 EFZG Rn 6.
9 Schmitt § 10 EFZG Rn 14; Treber § 10 EFZG Rn 6.

10 **Der Hausgewerbetreibende ist ein (kleiner) selbstständiger Unternehmer.** Ohne Bedeutung ist hierbei, ob er einen Gewerbebetrieb angemeldet hat oder in der Handwerksrolle eingetragen ist.[10]

11 In der Regel sind Hausgewerbetreibende (daneben die ihnen Gleichgestellten) im Gegensatz zu Heimarbeitern – gewerbe- und umsatzsteuerpflichtig – und unterliegen als Selbstständige nicht wie der Heimarbeiter dem Steuerabzug vom Arbeitslohn. Ebenso sind sie nicht pflichtversichert in der Krankenversicherung. Sie können jedoch gegen Zahlung des vollen Beitrages freiwilliges Mitglied der gesetzlichen Krankenversicherung werden, wenn sie die besonderen Voraussetzungen des § 9 SGB V erfüllen.[11]

12 Beschäftigt der Hausgewerbetreibende mehr als zwei fremde Hilfskräfte oder Heimarbeiter, ist er grundsätzlich als selbstständiger Unternehmer anzusehen. Er fällt nur dann unter das Heimarbeitsgesetz und unter § 10 EFZG, wenn er den in Heimarbeit Beschäftigten gleichgestellt ist (Rn 13 ff).

II. Gleichgestellte

13 Gleichgestellt werden können nach § 1 Abs. 2 lit. a–c HAG durch den Heimarbeitsausschuss (§ 1 Abs. 4 HAG) oder in Ermangelung eines solchen durch die zuständige Arbeitsbehörde (§ 1 Abs. 5 HAG) bestimmte Einzelpersonen oder Personengruppen, wenn dies wegen ihrer **Schutzbedürftigkeit** gerechtfertigt erscheint.

14 ▪ Personen, die in der Regel allein oder mit ihren Familienangehörigen (§ 2 Abs. 5 HAG) in eigener Wohnung oder selbst gewählter Betriebsstätte eine sich in regelmäßigen Arbeitsvorgängen wiederholende Arbeit im Auftrag eines anderen gegen Entgelt ausüben, ohne dass ihre Tätigkeit als gewerblich anzusehen oder ohne dass der Auftraggeber ein Gewerbetreibender oder Zwischenmeister ist (§ 1 Abs. 2 lit. a HAG). Hierzu zählen unter anderem Personen, die Schreibarbeiten oder Bürohilfsarbeiten für nicht Gewerbetreibende (Ärzte, Heilpraktiker, Rechtsanwälte, Notare, Steuerberater) für Versicherungsunternehmen oder juristische Personen des öffentlichen Rechts in Heimarbeit ausführen, ohne Rücksicht darauf, ob sie ein Gewerbe angemeldet haben (zB Schreibbüro) oder nicht.[12]

15 ▪ Hausgewerbetreibende, die mit mehr als zwei fremden Hilfskräften arbeiten (§ 1 Abs. 2 lit. b HAG). So sind in der Bekleidungsindustrie Haus- und Lohngewerbetreibende mit bis zu 20 fremden Hilfskräften oder Heimarbeitern nach § 1 Abs. 2 lit. b oder c HAG gleichgestellt.[13]

16 ▪ Andere im Lohnauftrag arbeitende Gewerbetreibende, die infolge ihrer wirtschaftlichen Abhängigkeit eine ähnliche Stellung wie Hausgewerbetreibende einnehmen (§ 1 Abs. 2 lit. c HAG).

17 Die **Gleichstellungsentscheidung** hat zur **Folge**, dass die Schutzbestimmungen des Heimarbeitsgesetzes automatisch für die Gleichgestellten in dem in der

10 BAG 15.12.1960 – 5 AZR 437/58 – AP Nr. 2 zu § 2 HAG.
11 Knorr/Krasney § 10 EFZG Rn 8 f.
12 Gleichstellung 5.12.1991, BAnz Nr. 85 vom 7.5.1992, geändert durch Bekanntmachung vom 7.12.1993, BAnz Nr. 54 vom 18.3.1994.
13 Vgl Gleichstellung 15.1./15.4.1988, BAanz Nr. 149 vom 12.8.1988, zuletzt geändert durch Bekanntmachung vom 20.5.1996 BAnz Nr. 159 vom 24.8.1996.

Gleichstellungsentscheidung bestimmten Umfang gelten.[14] Erstreckt sich die Gleichstellung nicht auf die Entgeltfortzahlungsregelungen – was äußerst selten sein dürfte – gilt § 10 EFZG nicht für die Gleichgestellten.[15]

III. Nicht Anspruchsberechtigte

Keinen Anspruch auf einen Zuschlag zum Arbeitsentgelt, weil nicht zum anspruchsberechtigten Personenkreis nach § 10 EFZG gehörend, haben 18

- die von einem Hausgewerbetreibenden beschäftigten **fremden Hilfskräfte**. Diese haben – wie jeder Betriebsangehörige auch – als echte Arbeitnehmer im Falle ihrer Erkrankung nach §§ 1, 3 bis 9 EFZG Anspruch auf Entgeltfortzahlung gegen den Hausgewerbetreibenden als Arbeitgeber;
- die sog. unselbstständigen **Außenarbeitnehmer** (Betriebsaußenarbeitnehmer), bei denen es sich nicht um in Heimarbeit Beschäftigte, sondern um persönlich von ihrem Arbeitgeber abhängige Personen handelt, die sich von Betriebsarbeitern oder -angestellten im Wesentlichen nur dadurch unterscheiden, dass sie außerhalb des Betriebes tätig sind. Sie sind den Weisungen des Arbeitgebers unterworfen und in der Arbeitsgestaltung weitgehend eingeschränkt. Als Arbeitnehmer haben sie Anspruch auf Entgeltfortzahlung nach § 3 EFZG.[16] 19
- **Familienangehörige** des Heimarbeiters fallen nur dann unter § 10 EFZG, wenn sie selbst Heimarbeiter iSd HAG sind. Dies wird im Zweifel anzunehmen sein, wenn für sie selbstständige Entgeltbelege ausgestellt werden. Nicht anspruchsberechtigt sind schließlich Gleichgestellte, deren Gleichstellung sich nicht auf die Entgeltfortzahlungsregelungen erstreckt.[17] Dies wird jedoch nur ausnahmsweise der Fall sein, da Gleichstellungen sich in der Regel auf die Vorschriften des Dritten, Sechsten, Siebten und Achten Abschnitts des HAG, dh auf die allgemeinen Schutzvorschriften (§§ 6–9 HAG) sowie auf die Vorschriften über Entgeltregelungen (§§ 17–22 HAG), Entgeltschutz (§§ 23–27 HAG) und die Auskunftspflicht über Entgelte (§ 28 Abs. 1 HAG) erstrecken. 20

C. Anspruchsverpflichtete

Der Anspruch auf Zahlung nach § 10 Abs. 1 Satz 1 EFZG richtet sich gegen den Auftraggeber, der die Heimarbeit vergibt und das Arbeitsergebnis wirtschaftlich verwertet. Auch Hausgewerbetreibende und Gleichgestellte können Auftraggeber sein, soweit sie ihrerseits Heimarbeiter beschäftigen. Zwischenmeister iSd § 2 Abs. 3 HAG können ebenfalls anspruchsverpflichtet sein. 21

Auftraggeber ist, wer Heimarbeit vergibt. Auch Hausgewerbetreibende und ihnen Gleichgestellte können Auftraggeber sein, wenn sie ihrerseits Heimarbeiter beschäftigen. Sie haben dann eine **Doppelfunktion** inne.[18] 22

Der Zwischenmeister nach § 2 Abs. 3 HAG seinerseits hat jedoch gegen seinen Auftraggeber keinen Anspruch auf Zuschlag nach § 10 Abs. 1 Satz 1 EFZG. Eine 23

14 Schmidt/Koberski/Tiemann/Wascher HAG § 1 Rn 117 ff.
15 Treber § 10 EFZG Rn 8.
16 Knorr/Krasney § 10 EFZG Rn 17; Schmitt § 10 EFZG Rn 24; Treber § 10 EFZG Rn 13.
17 Knorr/Krasney § 10 EFZG Rn 19; Treber § 10 EFZG Rn 14.
18 Knorr/Krasney § 10 EFZG Rn 20; Kasseler Handbuch/Vossen 2.2 Rn 466.

Ausnahme gilt allerdings für einen nach § 1 Abs. 2 lit. d HAG gleichgestellten Zwischenmeister. Er kann von seinem Auftraggeber die Erstattung der Zuschläge verlangen, die er nachweislich seinen Heimarbeitern und Hausgewerbetreibenden zu zahlen hat (§ 10 Abs. 2 EFZG). Ist die „Mittelsperson" Arbeitnehmer des Auftraggebers, so ist sie nicht Zwischenmeister iSd § 2 Abs. 3 HAG; als Arbeitnehmer erhält sie dann bei Arbeitsunfähigkeit Entgeltfortzahlung nach § 3 EFZG.[19]

D. Zuschlag zum Arbeitsentgelt

I. Zuschlag statt Entgeltfortzahlung

24 Abweichend von der allgemeinen Regelung nach § 3 EFZG hat der Gesetzgeber für die in Heimarbeit Beschäftigten die sog. „gespaltene Lösung", wie sie bereits nach § 5 ArbKrankhG bestanden hat, beibehalten. Heimarbeiter und Gleichgestellte haben somit im Krankheitsfall lediglich einen Anspruch auf Leistungen aus der gesetzlichen Krankenversicherung (§§ 44 ff SGB V). Sie haben keinen Entgeltfortzahlungsanspruch, dafür aber gegen ihren Auftraggeber oder Zwischenmeister einen Anspruch auf Zahlung eines laufenden Zuschlags zum regelmäßigen Arbeitsentgelt. Mit Hilfe dieses pauschalierten Zuschlags sollen die in Heimarbeit Beschäftigten in die Lage versetzt werden, sich selbst für den Krankheitsfall eine Rücklage zu schaffen. Der Zuschlag muss deshalb auch gesondert im Entgeltbeleg ausgewiesen werden (Rn 33 f).

25 Der Anspruch auf Zahlung des Zuschlags besteht **unabhängig davon**, ob der in Heimarbeit Beschäftigte oder Gleichgestellte **arbeitsunfähig** ist oder in der Vergangenheit arbeitsunfähig war.[20] Ob der Berechtigte in der gesetzlichen Krankenversicherung versichert ist, ist ohne Bedeutung; auch **Nichtversicherte** haben einen Anspruch nach § 10 EFZG.[21]

II. Rechtsnatur

26 Der Zuschlag zum Arbeitsentgelt ist Teil des (Heim-) Arbeitsentgelts. Für ihn gelten daher die gleichen Grundsätze wie für das Entgelt der in Heimarbeit Beschäftigten im Allgemeinen. Daraus folgt, dass der Zuschlag ebenso **pfändbar** bzw **abtretbar** wie das sonstige Arbeitsentgelt ist.[22]

27 Als Teil des Arbeitsentgelts wird der Zuschlag mit diesem **fällig**; da auf den Zuschlag gemäß § 10 Abs. 5 Satz 1 EFZG die §§ 23–25, 27 und 28 HAG Anwendung finden, **unterliegt** er ebenso wie die sonstigen Entgelte der in Heimarbeit Beschäftigten und ihnen Gleichgestellten dem staatlichen Entgeltschutz. Seine Zahlung kann also überwacht (§ 23 HAG), zu wenig gezahlte Zuschläge können durch die Länder nachgefordert (§ 24 HAG) und ggf im Wege der gesetzlichen Prozessstandschaft vor den Arbeitsgerichten eingeklagt werden (§ 25 HAG).

28 Lediglich **sozialversicherungsrechtlich** gilt eine Besonderheit. Die Zuschläge sind **beitragsfrei**, da sie nicht dem Arbeitsentgelt zuzurechnen sind (§ 1 Abs. 1 Nr. 5 SvEV iVm §§ 14 Abs. 1, 17 Abs. 1 Satz 1 SGB IV).

---

19 Knorr/Krasney § 10 EFZG Rn 21; Treber § 10 EFZG Rn 18.
20 ErfK/Dörner § 10 EFZG Rn 4; Schmitt § 10 EFZG Rn 32; Treber § 10 EFZG Rn 22.
21 BAG 21.4.1961 – 1 AZR 100/60 – AP Nr. 1 zu § 5 ArbKrankhG; Treber § 10 EFZG Rn 22.
22 ErfK/Dörner § 10 EFZG Rn 8; Schmitt § 10 EFZG Rn 29.

III. Höhe und Berechnung

29 Der Rechtslage nach dem EFZG, wonach der Arbeitnehmer nunmehr nicht nur einen Zuschuss zum Krankengeld, sondern im Krankheitsfall einen vollen Entgeltfortzahlungsanspruch auf die Dauer von sechs Wochen hat, ist durch eine wesentliche Anhebung der Zuschläge gegenüber den früheren Regelungen nach § 5 ArbKrankhG, § 8 LFZG Rechnung getragen worden. Gemäß § 10 Abs. 1 EFZG betragen die Zuschläge zum Arbeitsentgelt

- für Heimarbeiter, für Hausgewerbetreibende ohne fremde Hilfskräfte und für die nach § 1 Abs. 2 lit. a HAG Gleichgestellten **3,4 %** und
- für Hausgewerbetreibende mit nicht mehr als zwei fremden Hilfskräften und für die nach § 1 Abs. 2 lit. b und c HAG Gleichgestellten **6,4 %**.

30 Die Höhe des Zuschlags ist so zu bemessen, dass 17 Tage Arbeitsunfähigkeit ausgeglichen werden (Ausgleich der Differenz zwischen Krankengeld und Arbeitsverdienst). Nicht berücksichtigt ist dabei allerdings, dass der arbeitsunfähige Heimarbeiter während der Krankheit keine Aufträge ausführen kann und folglich kein Entgelt von seinem Auftraggeber erhält; dieser Einkommensverlust wirkt sich später wieder auf die Höhe der Zuschläge für Urlaub, Feiertage und Krankheit aus.[23]

31 Die Festsetzung eines **höheren Zuschlags** zugunsten der Hausgewerbetreibenden mit nicht mehr als zwei fremden Hilfskräften und den nach § 1 Abs. 2 lit. b und c HAG Gleichgestellten ist dadurch gerechtfertigt, dass diese ihrerseits in ihrer Eigenschaft als Arbeitgeber den von ihnen beschäftigten Arbeitnehmern im Krankheitsfall Entgeltfortzahlung nach § 3 EFZG leisten müssen. Durch den höheren Zuschlag soll diese Belastung ausgeglichen werden.[24]

32 Der **Berechnung** des Zuschlags ist das Arbeitsentgelt vor Abzug der Steuern, der Beiträge an die Bundesagentur für Arbeit und der Sozialversicherungsbeiträge zugrunde zu legen. Maßgebend ist das sog. **Bruttoarbeitsentgelt.** Die Unkostenzuschläge (zB für die Beschaffung von Roh- und Hilfsstoffen, Miete, Heizung, Beleuchtung), die Zahlung für Feiertage (§ 11 EFZG), Krankheit (§ 10 Abs. 1 Satz 1 EFZG)[25] und Urlaub (§ 12 BUrlG) bleiben dagegen unberücksichtigt, dh sie werden nicht eingerechnet und bleiben außer Ansatz.[26]

IV. Entgeltnachweis

33 Die Zuschläge sind **gesondert in den Entgeltbelegen einzutragen** (§ 10 Abs. 3 EFZG, § 12 Abs. 3 Satz 1 DVHAG idF vom 27.1.1976 – BGBl. I S. 221, zuletzt geändert durch Verordnung vom 25.11.2003, BGBl. I S. 2304). Entgeltbelege im Sinne des § 10 Abs. 3 EFZG sind in erster Linie die in § 9 Abs. 1 HAG vorgesehenen **Entgeltbücher,** die jedem in Heimarbeit Beschäftigten bzw Gleichgestellten oder gemäß § 10 Abs. 2 EFZG gleichgestellten Zwischenmeister auszuhändigen sind. In diese Entgeltbücher, die bei den Beschäftigten verbleiben, sind bei jeder Ausgabe und Abnahme von Arbeit nicht nur ihre Art und ihr Umfang sowie

23 ErfK/Dörner § 10 EFZG Rn 5; Knorr/Krasney § 10 EFZG Rn 29; Treber § 10 EFZG Rn 24.

24 Knorr/Krasney § 10 EFZG Rn 30; Schmitt § 10 EFZG Rn 30; Kasseler Handbuch/Vossen 2.2 Rn 469.

25 BAG 11.7.2006 – 9 AZR 516/05 – AP Nr. 5 zu § 29 HAG.

26 ErfK/Dörner § 10 EFZG Rn 5; Knorr/Krasney § 10 EFZG Rn 29; Schmitt § 10 EFZG Rn 34; Treber § 10 EFZG Rn 24.

die Tage der Ausgabe und die Lieferung einzutragen, sondern auch die Entgelte.[27] Durch diese, letztlich aus Nachweis- und Beweissicherungsgründen eingeführte Regelung wird nicht nur den in Heimarbeit Beschäftigten eine bessere Nachprüfung ihres Verdienstes bzw der Zuschläge, die sie sich für den Krankheitsfall zurücklegen sollen, ermöglicht, sondern auch den Entgeltprüfern der zuständigen Aufsichtsbehörden – in der Regel sind dies die Gewerbeaufsichtsämter – ihre Arbeit erleichtert (vgl § 23 Abs. 1 HAG).

34 Werden die Zuschläge nicht gesondert ausgewiesen, so trägt der Auftraggeber im Streitfall die **Darlegungs- und Beweislast**, dass sie im gezahlten Entgelt enthalten sind.[28]

V. Verzicht

35 Im Unterschied zum Entgeltfortzahlungsanspruch nach § 3 Abs. 1 Satz 1 EFZG verbietet der **Unabdingbarkeitsgrundsatz** des § 12 EFZG (vgl § 12 EFZG Rn 35 f) auch einen Verzicht auf den Zuschlag gemäß § 10 Abs. 1 EFZG nach Beendigung des Heimarbeitsverhältnisses.[29]

36 In entsprechender Anwendung des § 19 Abs. 3 Satz 3 HAG, wonach ein Verzicht auf Rechte, die aufgrund bindender Festsetzungen einem Beschäftigten entstanden sind, durch Abschluss eines von der obersten Arbeitsbehörde des Landes oder der von ihr bestimmten Stelle zulässig ist, dürften auch **Verzichtsvergleiche** über einen Anspruch nach § 10 EFZG **mit staatlicher Billigung zulässig** sein.[30]

37 **Vergleiche** über die **tatsächlichen Voraussetzungen** von Ansprüchen sind jedoch, unabhängig davon, auf welcher Rechtsgrundlage diese Ansprüche beruhen, zulässig. Für sie ist weder eine Billigung nach § 19 Abs. 3 Satz 2 HAG noch die Genehmigung der Tarifvertragsparteien nach § 17 Abs. 1 HAG iVm § 4 Abs. 4 TVG erforderlich.

E. Ausgleichsanspruch des Zwischenmeisters

38 Zwischenmeister (§ 2 Abs. 3 HAG) sind selbstständige Gewerbetreibende und haben als solchen **keinen Anspruch** auf Zahlung von Zuschlägen. Sind sie jedoch nach § 1 Abs. 2 lit. d HAG den Heimarbeitern oder Hausgewerbetreibenden gleichgestellt, so muss der Auftraggeber dem Zwischenmeister die nachweislich zu zahlenden Zuschläge, die dieser seinen beschäftigten Heimarbeitern und Hausgewerbetreibenden nach § 10 Abs. 1 EFZG zu zahlen hat, erstatten (§ 10 Abs. 2 EFZG). Wirtschaftlich trägt somit immer der Auftraggeber die Last der Zahlung der Zuschläge. Der Anspruch des Zwischenmeisters auf Vergütung geht nicht nur auf nachträgliche Erstattung, er kann die nachweislich zu zahlenden Beträge vielmehr auch im Voraus verlangen.[31]

---

27 Schmitt § 10 EFZG Rn 38.

28 BAG 13.3.1963 – 4 AZR 415/61 – AP Nr. 1 zu § 20 HAG; BAG 21.1.1965 – 5 AZR 228/64 – AP Nr. 1 zu § 1 HAG.

29 BAG 22.10.1964 – 5 AZR 492/63 – und 28.7.1966 – 5 AZR 63/66 – AP Nr. 1 und 2 zu § 25 HAG; Kasseler Handbuch/Vossen 2.2 Rn 471; Schmitt § 10 EFZG Rn 28.

30 Knorr/Krasney § 12 EFZG Rn 33; Kasseler Handbuch/Vossen 2.2 Rn 472; Treber § 10 EFZG Rn 32.

31 Knorr/Krasney § 10 EFZG Rn 34; Treber § 10 EFZG Rn 26.

Den **nicht gleichgestellten Zwischenmeister** steht weder ein Anspruch nach § 10 Abs. 1 noch nach § 10 Abs. 2 EFZG zu. Sie müssen das Arbeitsentgelt und die Zuschläge aus eigenen Mitteln leisten.[32] 39

F. Entgeltschutz

In § 10 Abs. 5 EFZG werden bezüglich der Zuschläge gemäß § 10 Abs. 1 und 2 EFZG die **Vorschriften des HAG** über den Entgeltschutz für entsprechend anwendbar erklärt. Im Einzelnen gelten somit die Vorschriften des HAG über die Entgeltprüfung (§ 23 HAG), die Aufforderung zur Nachzahlung von Minderbeträgen (§ 24 HAG), die Klagebefugnis der Länder (§ 25 HAG) und die Vorschrift des § 27 HAG über den Pfändungsschutz. Ferner gilt auch § 28 HAG bezüglich der Auskunftspflicht über Entgelte gegenüber den mit der Entgeltfestsetzung oder Entgeltprüfung beauftragten Stellen. Schließlich gilt außerdem noch die Vorschrift des § 21 Abs. 2 HAG, wonach unter den dort genannten Voraussetzungen der **Auftraggeber** neben dem **Zwischenmeister** für **Zuschläge haftet.** 40

Desgleichen wird gemäß § 10 Abs. 5 Satz 2 EFZG der Entgeltschutz auch auf die Entgeltfortzahlungsansprüche der **fremden Hilfskräfte** der Hausgewerbetreibenden und der diesen Gleichgestellten erstreckt. § 26 HAG ist insoweit entsprechend anwendbar. 41

G. Tarifvertragliche Regelungen

§ 10 Abs. 4 Satz 1 EFZG sieht für **Heimarbeiter** (§ 1 Abs. 1 lit. a HAG) die Möglichkeit vor, dass durch **Tarifvertrag** bestimmt wird, dass sie anstelle des Zuschlags nach § 10 Abs. 1 Satz 1 EFZG Entgeltfortzahlung gemäß §§ 3 ff EFZG erhalten. Nach dem klaren Wortlaut kann eine solche Regelung nur für Heimarbeiter erfolgen. Für **Hausgewerbetreibende** oder **Gleichgestellte** kann eine solche mit den Arbeitnehmern gleichstellende Regelung durch Tarifvertrag nicht getroffen werden. 42

Als Tarifverträge gelten nach § 17 Abs. 1 HAG auch schriftliche Vereinbarungen zwischen Gewerkschaften einerseits und Auftraggebern oder deren Vereinigungen andererseits über Inhalt, Abschluss oder Beendigung von Vertragsverhältnissen der in Heimarbeit Beschäftigten mit ihren Auftraggebern.[33] 43

Durch **Einzelvertrag** oder **Betriebsvereinbarung** kann eine solche Gleichstellung des Heimarbeiters mit den Betriebsarbeitern hinsichtlich der Entgeltfortzahlung im Krankheitsfall nicht erreicht werden.[34] 44

Werden Heimarbeiter durch Tarifvertrag den allgemeinen Entgeltfortzahlungsbestimmungen unterstellt, so gilt diese Regelung für **nicht tarifgebundene Heimarbeiter** nur dann, wenn der Tarifvertrag für **allgemeinverbindlich erklärt** ist. Bei Fehlen der Allgemeinverbindlicherklärung kann die tarifvertragliche Regelung mit nicht tarifgebundenen Heimarbeitern auch nicht einzelvertraglich vereinbart 45

32 ErfK/Dörner § 10 EFZG Rn 6; MüKo/Müller-Glöge Anhang zu § 616 BGB § 10 EFZG Rn 7; Treber § 10 EFZG Rn 27.
33 ErfK/Dörner § 10 EFZG Rn 9; Kasseler Handbuch/Vossen 2.2 Rn 473; Schmitt § 10 EFZG Rn 46.
34 ErfK/Dörner § 10 EFZG Rn 9; MüKo/Müller-Glöge Anhang zu § 616 BGB § 10 EFZG Rn 10; Treber § 10 EFZG Rn 33.

werden. Eine solche Möglichkeit ist im Gesetz nicht vorgesehen und kann auch nicht über § 10 Abs. 4 EFZG aus § 4 Abs. 4 Satz 2 EFZG abgeleitet werden,[35] obschon die Eröffnung einer solchen Möglichkeit im Interesse einer gleichmäßigen Behandlung aller für einen Betrieb tätigen Heimarbeiter zweckmäßig und wünschenswert wäre. Die tarifvertragliche Regelung kann mit nicht tarifgebundenen Heimarbeitern demnach nur dann wirksam vereinbart werden, wenn sie günstiger als die gesetzliche Regelung nach § 10 EFZG ist (§ 12 EFZG). Dies wird jedoch nicht ohne weiteres der Fall sein (vgl im Übrigen § 12 EFZG Rn 35 f).

46 Sieht ein Tarifvertrag die Fortzahlung des Entgelts an Heimarbeiter im Krankheitsfall vor, so bleiben bei der **Bemessung** des Anspruchs auf Arbeitsentgelt die Unkostenzuschläge (zB Unkosten für die Lieferung von Rohstoffen, Zutaten, Heizung, Beleuchtung, für Werkzeuge usw) gemäß § 10 Abs. 4 Satz 2 EFZG außer Betracht, da es sich dabei um dem Aufwendungsersatz vergleichbare Leistungen des Auftraggebers handelt.[36] Gegen eine Einbeziehung der Unkostenzuschläge bei der Berechnung des fortzuzahlenden Arbeitsentgelts bestehen allerdings, weil insofern gegenüber der gesetzlichen Regelung günstiger, keine Bedenken.[37]

§ 11 Feiertagsbezahlung der in Heimarbeit Beschäftigten

(1) [1]Die in Heimarbeit Beschäftigten (§ 1 Abs. 1 des Heimarbeitsgesetzes) haben gegen den Auftraggeber oder Zwischenmeister Anspruch auf Feiertagsbezahlung nach Maßgabe der Absätze 2 bis 5. [2]Den gleichen Anspruch haben die in § 1 Abs. 2 Buchstabe a bis d des Heimarbeitsgesetzes bezeichneten Personen, wenn sie hinsichtlich der Feiertagsbezahlung gleichgestellt werden; die Vorschriften des § 1 Abs. 3 Satz 3 und Abs. 4 und 5 des Heimarbeitsgesetzes finden Anwendung. [3]Eine Gleichstellung, die sich auf die Entgeltregelung erstreckt, gilt auch für die Feiertagsbezahlung, wenn diese nicht ausdrücklich von der Gleichstellung ausgenommen ist.

(2) [1]Das Feiertagsgeld beträgt für jeden Feiertag im Sinne des § 2 Abs. 1 0,72 vom Hundert des in einem Zeitraum von sechs Monaten ausgezahlten reinen Arbeitsentgelts ohne Unkostenzuschläge. [2]Bei der Berechnung des Feiertagsgeldes ist für die Feiertage, die in den Zeitraum vom 1. Mai bis 31. Oktober fallen, der vorhergehende Zeitraum vom 1. November bis 30. April und für die Feiertage, die in den Zeitraum vom 1. November bis 30. April fallen, der vorhergehende Zeitraum vom 1. Mai bis 31. Oktober zugrunde zu legen. [3]Der Anspruch auf Feiertagsgeld ist unabhängig davon, ob im laufenden Halbjahreszeitraum noch eine Beschäftigung in Heimarbeit für den Auftraggeber stattfindet.

(3) [1]Das Feiertagsgeld ist jeweils bei der Entgeltzahlung vor dem Feiertag zu zahlen. [2]Ist die Beschäftigung vor dem Feiertag unterbrochen worden, so ist das Feiertagsgeld spätestens drei Tage vor dem Feiertag auszuzahlen. [3]Besteht bei der Einstellung der Ausgabe von Heimarbeit zwischen den Beteiligten Einver-

35 Kasseler Handbuch/Vossen 2.2 Rn 474; Schmitt § 10 EFZG Rn 50.
36 Knorr/Krasney § 10 EFZG Rn 39; MüKo/Müller-Glöge Anhang zu § 616 BGB § 10 EFZG Rn 11.
37 Kasseler Handbuch/Vossen Rn 475; aA ErfK/Dörner § 10 EFZG Rn 10; Schmitt § 10 EFZG Rn 49.

nehmen, das Heimarbeitsverhältnis nicht wieder fortzusetzen, so ist dem Berechtigten bei der letzten Entgeltzahlung das Feiertagsgeld für die noch übrigen Feiertage des laufenden sowie für die Feiertage des folgenden Halbjahreszeitraumes zu zahlen. [4]Das Feiertagsgeld ist jeweils bei der Auszahlung in die Entgeltbelege (§ 9 des Heimarbeitsgesetzes) einzutragen.

(4) [1]Übersteigt das Feiertagsgeld, das der nach Absatz 1 anspruchsberechtigte Hausgewerbetreibende oder im Lohnauftrag arbeitende Gewerbetreibende (Anspruchsberechtigte) für einen Feiertag auf Grund des § 2 seinen fremden Hilfskräften (§ 2 Abs. 6 des Heimarbeitsgesetzes) gezahlt hat, den Betrag, den er auf Grund der Absätze 2 und 3 für diesen Feiertag erhalten hat, so haben ihm auf Verlangen seine Auftraggeber oder Zwischenmeister den Mehrbetrag anteilig zu erstatten. [2]Ist der Anspruchsberechtigte gleichzeitig Zwischenmeister, so bleibt hierbei das für die Heimarbeiter oder Hausgewerbetreibenden empfangene und weiter gezahlte Feiertagsgeld außer Ansatz. [3]Nimmt ein Anspruchsberechtigter eine Erstattung nach Satz 1 in Anspruch, so können ihm bei Einstellung der Ausgabe von Heimarbeit die erstatteten Beträge auf das Feiertagsgeld angerechnet werden, das ihm auf Grund des Absatzes 2 und des Absatzes 3 Satz 3 für die dann noch übrigen Feiertage des laufenden sowie für die Feiertage des folgenden Halbjahreszeitraumes zu zahlen ist.

(5) Das Feiertagsgeld gilt als Entgelt im Sinne der Vorschriften des Heimarbeitsgesetzes über Mithaftung des Auftraggebers (§ 21 Abs. 2), über Entgeltschutz (§§ 23 bis 27) und über Auskunftspflicht über Entgelte (§ 28); hierbei finden die §§ 24 bis 26 des Heimarbeitsgesetzes Anwendung, wenn ein Feiertagsgeld gezahlt ist, das niedriger ist als das in diesem Gesetz festgesetzte.

Schrifttum: *Mehrle*, Heimarbeitsrecht, AR-Blattei SD 910 Stand: 1997.

A. Normzweck und Regelungsinhalt 1
B. **Anspruchsberechtigte** 4
I. In Heimarbeit Beschäftigte 5
II. Gleichgestellte 6
III. Nicht Anspruchsberechtigte 8
C. **Anspruchsverpflichtete** 9
D. **Anspruchsinhalt** 11
I. Feiertagsgeld 11
II. Feiertage 14
E. **Anspruchsumfang** 15
I. Höhe 15
II. Berechnung 18
1. Grundsätzliches 18
2. Berechnungsbeispiele 21
III. Sonderregelungen nach § 11 Abs. 4 EFZG 22
IV. Fälligkeit 23
V. Pauschalabgeltung 24
F. **Entgeltschutz** 25

A. Normzweck und Regelungsinhalt

Heimarbeiter, Hausgewerbetreibende und die ihnen Gleichgestellten sind keine 1
Arbeitnehmer, da sie **persönlich** vom Auftraggeber oder Zwischenmeister **unabhängig** sind; der Auftraggeber hat kein Weisungsrecht hinsichtlich der Art und Weise oder der Zeit der Arbeitsleistung. Arbeitsrechtliche Normen finden daher nur aufgrund ausdrücklicher Anordnung Anwendung; dies ist bei § 2 EFZG hinsichtlich der Entgeltzahlung an Feiertagen nicht geschehen. Damit hat der in § 11 EFZG genannte Personenkreis keinen Anspruch auf Entgeltzahlung an Feiertagen. Wegen der **wirtschaftlichen Abhängigkeit** dieses Personenkreises besteht aber ein besonderes, **den Arbeitnehmern ähnliches Schutzbedürfnis**. Dem hat der Gesetzgeber mit der Regelung des § 11 EFZG Rechnung getragen.

2 Eine an § 2 EFZG orientierte Feiertagsentlohnung würde aber den tatsächlichen Umständen der Arbeitsleistung nicht gerecht, da Heimarbeiter an Feiertagen tatsächlich arbeiten können. Der Gesetzgeber hat deshalb anstelle der Feiertagsvergütung entsprechend der wirtschaftlichen Sicherung im Krankheitsfall nach § 10 EFZG auch in § 11 EFZG einen Ausgleich in Form eines **gesetzlichen Zuschlags zum Entgelt** geschaffen.

3 § 11 EFZG ist gemäß Art. 62 PflegeVG nahezu wortgleich an die Stelle des früheren § 2 FeiertagslohnzahlungsG getreten. Gegenüber dem Vorgängerrecht ist das Feiertagsgeld in § 11 EFZG von 2/3 vom Hundert der Bemessungsgröße (durchschnittliches Entgelt in einem sechsmonatigen Zeitraum) in § 2 Abs. 1 Satz 1 FeiertagslohnzahlungsG auf 0,72 vom Hundert in § 11 Abs. 2 Satz 1 EFZG angehoben worden.

B. Anspruchsberechtigte

4 Anspruch auf Feiertagsbezahlung haben nach § 11 Abs. 1 EFZG die iSd § 1 Abs. 1 HAG **in Heimarbeit Beschäftigten** sowie die in § 1 Abs. 2 lit. a–d HAG bezeichneten Personen, wenn sie **hinsichtlich der Feiertagsbezahlung gleichgestellt** sind. Der Kreis der Anspruchsberechtigten iSd § 11 Abs. 1 EFZG entspricht damit dem des § 10 EFZG mit dem Unterschied, dass von § 11 EFZG auch die nach § 1 Abs. 2 lit. d HAG **gleichgestellten Zwischenmeister** erfasst werden.

I. In Heimarbeit Beschäftigte

5 In Heimarbeit Beschäftigte sind nach § 1 Abs. 1 HAG **Heimarbeiter** und die **Hausgewerbetreibenden.** Beide Begriffe werden in § 2 HAG – anders als in § 12 SGB IV – definiert. Zu den Begriffen im Einzelnen siehe § 10 Rn 5 ff.

II. Gleichgestellte

6 **Gleichgestellt** werden können nach § 1 Abs. 2 lit. a–c HAG durch den Heimarbeitsausschuss (§ 1 Abs. 4 HAG) oder in Ermangelung eines solchen durch die zuständige Arbeitsbehörde (§ 1 Abs. 5 HAG) bestimmte Einzelpersonen oder Personengruppen, wenn dies wegen ihrer **Schutzbedürftigkeit** gerechtfertigt erscheint. Zum Begriff im Einzelnen siehe § 10 Rn 13 ff.

7 Gemäß § 1 Abs. 1 Satz 2 Hs 2 EFZG ist Voraussetzung für den Anspruch auf Feiertagsgeld, dass die Gleichgestellten gerade hinsichtlich der Feiertagsbezahlung gleichgestellt sind. Dies ist auch dann der Fall, wenn die Gleichstellung die Entgeltregelung nach §§ 17 ff HAG umfasst. Da die **Erstreckung der Gleichstellung** auf die **Entgeltregelung** aber **üblicher Praxis** entspricht, steht den nach § 10 EFZG anspruchsberechtigten Gleichgestellten regelmäßig auch der Anspruch auf Feiertagszuschlag nach § 11 EFZG zu, es sei denn, dieser ist ausdrücklich ausgenommen.[1]

1 Vgl ErfK/Dörner § 11 EFZG Rn 2; Knorr/Krasney § 11 EFZG Rn 6; Treber § 11 EFZG Rn 5.

III. Nicht Anspruchsberechtigte

Zum anspruchsberechtigten Personenkreis nach § 11 EFZG gehören nicht: 8

- die bei Hausgewerbetreibenden oder ihnen Gleichgestellten beschäftigten **fremden Hilfskräfte**, die als Arbeitnehmer einen Feiertagsbezahlungsanspruch nach § 2 EFZG haben;
- die so genannten unselbständigen **Außenarbeitnehmer** (vgl § 10 EFZG Rn 19), die ihre Arbeitsleistung außerhalb des Betriebs erbringen, aber vom Arbeitgeber persönlich abhängig sind (vgl § 1 EFZG Rn 37 ff). Inwieweit **Telearbeit** im Rahmen eines Arbeitsverhältnisses, der Heimarbeit oder einer selbständigen/freiberuflichen Tätigkeit erbracht wird, ist von der Ausgestaltung und Handhabung des Rechtsverhältnisses abhängig;[2]
- **mithelfende Familienangehörige** des in Heimarbeit Beschäftigten, wenn sie nicht selbst Heimarbeiter im Sinne des HAG sind (vgl § 10 EFZG Rn 20).

C. Anspruchsverpflichtete

Der Anspruch auf Zahlung nach § 11 Abs. 1 EFZG richtet sich gegen den Auftraggeber, der die Heimarbeit vergibt und das Arbeitsergebnis wirtschaftlich verwertet. Auch Hausgewerbetreibende und Gleichgestellte können Auftraggeber sein, soweit sie ihrerseits Heimarbeiter beschäftigen. Zwischenmeister iSd § 2 Abs. 3 HAG können ebenfalls anspruchsverpflichtet sein. 9

Ist ein Zwischenmeister (§ 2 Abs. 3 HAG) den in Heimarbeit Beschäftigten gemäß § 1 Abs. 2 lit. d HAG gleichgestellt, so hat er eine **Doppelfunktion** inne. Einerseits ist er Schuldner gegenüber den von ihm in Heimarbeit Beschäftigten, andererseits hat er einen eigenständigen, auf seine Person bezogenen Feiertagsgeldanspruch gegenüber seinem Auftraggeber. Der Feiertagsgeldzuschlag, den ein Zwischenmeister von seinem Auftraggeber erhält, enthält teilweise das Feiertagsgeld für die von ihm Beschäftigten, das er weitergeben muss. Es handelt sich hierbei nicht um einen **„Durchlaufbetrag"** wie bei § 10 EFZG, sondern um einen eigenständigen Anspruch und eine eigenständige Verpflichtung des Zwischenmeisters.[3] 10

D. Anspruchsinhalt

I. Feiertagsgeld

Das Feiertagsgeld besteht in einem **prozentualen Zuschlag** auf das reine Arbeitsentgelt ohne Unkostenzuschläge (§ 11 Abs. 2 Satz 1 EFZG), ist aber selbst **Entgeltbestandteil.** Es unterliegt daher in vollem Umfang der **Steuer- und Sozialversicherungspflicht.** 11

Der Zuschlag nach § 11 Abs. 1 EFZG wird, wie auch bei § 10 EFZG, unabhängig davon gezahlt, ob und in welchem Umfang Arbeit tatsächlich infolge eines Feiertags entfallen ist. **An die Stelle des Entgeltausfallprinzips tritt eine Abgeltung der Feiertage,** die im Berechnungszeitraum liegen. Unerheblich ist, ob am konkreten Feiertag ein Arbeits- und Entgeltausfall überhaupt eintritt. Dies bedeutet, dass Feiertage auch dann in die Berechnung des Feiertagsgeldes einfließen, wenn 12

2 Vgl Schmidt/Koberski/Tiemann/Wascher, § 2 HAG Rn 68 ff; Fitting, § 5 BetrVG Rn 170 ff; Wank, Telearbeit, AR-Blattei SD 1565 Rn 22 ff; ferner Danko/Plesterninks, Telearbeitsverträge.
3 ErfK/Dörner § 11 EFZG Rn 3.

sie auf einen Sonntag fallen oder der in Heimarbeit Beschäftigte arbeitsunfähig krank ist oder sich in Urlaub befindet.[4]

13 Die Gegenmeinung übersieht, dass es sich auch bei der wirtschaftlichen Sicherung für den Krankheitsfall im Bereich der Heimarbeit nach § 10 EFZG um eine Abgeltungsregelung handelt, die den Bezug zu einem konkreten Arbeits- und Entgeltausfall nicht verlangt (vgl § 10 EFZG Rn 2). Eine systematische Auslegung des § 11 EFZG spricht deshalb dafür, auch beim Feiertagsgeld den Anspruch auf den Feiertagszuschlag zum reinen Arbeitsentgelt unabhängig vom Arbeitsausfall entstehen zu lassen. Dieses Ergebnis wird auch durch die gesetzgeberischen Überlegungen bestätigt, die zur Festlegung des Berechnungsfaktors von 0,72 vom Hundert geführt haben. Der Gesetzgeber hat bei der Ermittlung des Faktors pauschal 12 Feiertage unterstellt, die auf angenommene 278 Arbeitstage im Jahr entfallen können.[5] Solche pauschal gewählten Ansatzpunkte für die gesetzliche Regelung sprechen nicht für das Erfordernis, zur Anspruchsbegründung einen einzelfallbezogenen Entgeltausfall feststellen zu müssen.

II. Feiertage

14 Als Feiertage gelten infolge der Verweisung in § 11 Abs. 2 Satz 1 EFZG auf § 2 Abs. 1 EFZG alle auch für diese Bestimmung **maßgebenden gesetzlichen Feiertage** (vgl § 2 EFZG Rn 8 ff). Entscheidend kommt es auf die an dem Arbeitsort der in Heimarbeit Beschäftigten oder Gleichgestellten und **nicht** auf die am **Ort des Betriebs** des Auftraggebers oder der Verteilstelle des Zwischenmeisters geltenden Feiertagsregelungen an.[6]

E. Anspruchsumfang

I. Höhe

15 Das Feiertagsgeld beträgt für **jeden Feiertag 0,72 vom Hundert** des in einem **Zeitraum von sechs Monaten** ausgezahlten reinen **Arbeitsentgelts ohne Unkostenzuschläge** (§ 11 Abs. 2 Satz 1 EFZG).

16 Als **„reines Arbeitsentgelt"** ist das Bruttoarbeitsentgelt vor Abzug der Steuern und Sozialversicherungsbeiträge und nach Abzug sämtlicher Unkosten und der Preise für die Lieferung von Roh- und Hilfsstoffen zu verstehen.[7] Abzuziehen sind auch die Zuschläge für Urlaub und Krankheitsvorsorge, obwohl diese in § 11 EFZG anders als in § 10 Abs. 1 Satz 2 EFZG nicht ausdrücklich aufgeführt sind.[8]

17 Der **Berechnungsfaktor** 0,72 vom Hundert ergibt sich aus der pauschalen Annahme von 12 Feiertagen, die auf durchschnittlich 278 Arbeitstage im Jahr entfallen.[9]

---

4 Knorr/Krasney, § 11 EFZG Rn 14; Treber § 11 EFZG Rn 9; Schmidt/Koberski/Tiemann/Wascher, HAG, Anh. § 19 Rn 79 ff; aA BAG 26.7.1979 – 3 AZR 813/78 – AP Nr. 34 zu § 1 FeiertagslohnzahlungsG; Schmitt, § 11 EFZG Rn 33 ff; Vossen, Rn 855; ErfK/Dörner, § 11 EFZG Rn 4.
5 Vgl Knorr/Krasney, § 11 EFZG Rn 16.
6 Knorr/Krasney, § 11 EFZG Rn 10.
7 Schmidt/Koberski/Tiemann/Wascher, HAG, Anh. § 19 Rn 82.
8 Knorr/Krasney, § 11 EFZG Rn 17.
9 Knorr/Krasney, § 11 EFZG Rn 16.

II. Berechnung

1. Grundsätzliches

18 Das Feiertagsgeld wird gemäß § 11 Abs. 2 Satz 2 EFZG unter Zugrundelegung von **Bezugszeiträumen** berechnet. Die Berechnungsvorschrift will sicher stellen, dass die Feiertagsvergütung des Heimarbeiters aus einem längeren Zeitabschnitt berechnet wird, da seine Vergütung infolge unterschiedlicher Arbeitszuweisung Schwankungen unterliegen kann und er nicht nach Stunden, Tagen oder sonstigen Zeitabschnitten bezahlt wird.[10]

19 § 11 Abs. 2 Satz 2 EFZG sieht für die Berechnung des Feiertagsgeldes **zwei Bezugszeiträume** vor:

- Für jeden Feiertag, der in den Zeitraum vom **1. Mai bis 31. Oktober eines Jahres** fällt, beträgt das Feiertagsgeld 0,72 vom Hundert des vom 1. November des Vorjahres bis 30. April des laufenden Jahres ausgezahlten reinen Arbeitsentgelts.
- Für jeden Feiertag, der in den Zeitraum vom **1. November des laufenden Jahres bis zum 30. April des Folgejahres** fällt, beträgt das Feiertagsgeld 0,72 vom Hundert des vom 1. Mai bis zum 31. Oktober des laufenden Jahres ausgezahlten reinen Arbeitsentgelts.

20 Die Halbjahreszeiträume des § 11 Abs. 2 Satz 2 EFZG stellen eine Art **Wartezeit** dar; die in Heimarbeit Beschäftigten und Gleichgestellten erhalten ihr Feiertagsgeld immer erst **nachträglich.**[11] Dies bedeutet, dass die in Heimarbeit Beschäftigten und Gleichgestellten Feiertagsgeld auch dann erhalten, wenn im laufenden Halbjahreszeitraum keine Beschäftigung in Heimarbeit stattfindet (§ 11 Abs. 2 Satz 3 EFZG). Besteht Einvernehmen, das Heimarbeitsverhältnis nicht fortzusetzen, so ist dem Berechtigten bei der letzten Entgeltzahlung das Feiertagsgeld für die noch übrigen Feiertage des laufenden sowie für die Feiertage des folgenden Halbjahreszeitraums zu zahlen (§ 11 Abs. 3 Satz 3 EFZG). Diese Regelungen dienen dem Ausgleich für die in der ersten Periode nach Aufnahme der Tätigkeit liegenden Feiertage, die in Ermangelung eines davor liegenden Berechnungszeitraums nicht vergütet werden.[12]

2. Berechnungsbeispiele

- Wird das Heimarbeitsverhältnis am 1. Februar eines Jahres aufgenommen, so entsteht für die im Zeitraum bis 30. April liegenden Feiertage kein Anspruch auf Feiertagsgeld, da im maßgebenden Bezugszeitraum (1. Mai bis 31. Oktober des vorangegangenen Zeitraums) kein Verdienst vorlag. Für die Feiertage, die in den darauf folgenden Halbjahreszeitraum des Jahres fallen, in dem die Beschäftigung aufgenommen wurde (1. Mai bis 31. Oktober), berechnet sich das Feiertagsgeld nach dem im Zeitraum vom 1. Februar bis 30. April verdienten Entgelt. 21
- Endet ein Heimarbeitsverhältnis zum 30. September eines Jahres, so entsteht ein Feiertagsgeldanspruch für die Feiertage, die in den laufenden Halbjahreszeitraum (1. Mai bis 31. Oktober) fallen. Der Berechnung des Feiertagsgeldes ist das Entgelt des vorangegangenen Halbjahresbezugszeitraums

10 BAG 26.7.1979 – 3 AZR 813/78 – AP Nr. 34 zu § 1 FeiertagslohnzahlungsG.
11 Schmidt/Koberski/Tiemann/Wascher, HAG, Anh. § 19 Rn 75.
12 Schmitt § 11 EFZG Rn 51.

(1. November bis 30. April) zugrunde zu legen. Darüber hinaus entsteht gemäß § 11 Abs. 3 Satz 3 ein Feiertagsgeldanspruch auch für die Feiertage, die in den Halbjahreszeitraum fallen, der der Beendigung des Heimarbeitsverhältnisses folgt (1. November bis 30. April). Für die Berechnung dieses Anspruchs ist das Entgelt maßgebend, das im Zeitraum 1. Mai bis 30. September erzielt wurde.

III. Sonderregelungen nach § 11 Abs. 4 EFZG

22 **Hausgewerbetreibende** und **im Lohnauftrag arbeitende Gewerbetreibende** (§§ 1 Abs. 2 lit. b und c, 2 Abs. 2 HAG) sind gemäß § 11 Abs. 1 EFZG selbst **anspruchsberechtigt**, ihren **fremden Hilfskräften** gegenüber aber auch **anspruchsverpflichtet**. Übersteigt das den fremden Hilfskräften zu leistende Feiertagsgeld den Betrag, den sie selbst erhalten, so besteht gegenüber dem Auftraggeber oder Zwischenmeister ein **Ausgleichsanspruch** (§ 11 Abs. 4 Satz 1 EFZG). Ist der anspruchsberechtigte Haus- oder Lohngewerbetreibende zugleich Zwischenmeister (§ 2 Abs. 3 HAG), so bleibt hierbei das für die Heimarbeiter oder Hausgewerbetreibende empfangene und weiter bezahlte Feiertagsgeld außer Ansatz (§ 11 Abs. 4 Satz 2 EFZG). Um Doppelansprüche des berechtigten Personenkreises zu vermeiden, können bei Einstellung der Ausgabe von Heimarbeit die erstatteten Beträge auf das noch auszuzahlende Feiertagsgeld für die noch abzugeltenden Feiertage des laufenden sowie für die Feiertage des folgenden Halbjahreszeitraums angerechnet werden (§ 11 Abs. 4 Satz 3 EFZG).

IV. Fälligkeit

23 Im laufenden Beschäftigungsverhältnis ist das Feiertagsgeld vom Auftraggeber oder Zwischenmeister jeweils bei der letzten Entgeltzahlung vor dem Feiertag zu zahlen (§ 11 Abs. 3 Satz 1 EFZG). Ist die tatsächliche Beschäftigung vor dem Feiertag unterbrochen worden, ohne dass das Heimarbeitsverhältnis rechtlich beendet wurde, so ist das Feiertagsgeld spätestens drei Tage vor dem Feiertag auszuzahlen (§ 11 Abs. 3 Satz 2 EFZG). Besteht zwischen den Vertragspartnern des Heimarbeitsverhältnisses Einvernehmen über dessen Beendigung, so ist bei der letzten Entgeltzahlung das gesamte nach § 11 Abs. 2 EFZG zu berechnende Feiertagsgeld auszuzahlen (§ 11 Abs. 3 Satz 3 EFZG).

V. Pauschalabgeltung

24 Um den Schwierigkeiten bei der Berechnung des Feiertagsgeldes zu begegnen, entscheiden sich Betriebe häufig dafür, das Feiertagsgeld nicht im Zusammenhang mit den jeweiligen Feiertagen, sondern in pauschalierter Form als Zuschlag zum Arbeitsentgelt zu zahlen. Eine solche **Pauschalierungsvereinbarung** als Abweichung zu § 11 EFZG ist **zulässig**, wenn sie für die in Heimarbeit Beschäftigten nicht ungünstiger ist als die gesetzliche Regelung (vgl § 12 EFZG Rn 48). Pauschalabgeltungen müssen deshalb so gestaltet sein, dass der zum Entgelt gewährte Zuschlag **von vornherein eindeutig erkennbar und geeignet** ist, den gesetzlichen Anspruch – auch zeitgerecht – zu erfüllen.[13]

13 BAG 22.10.1973 – 3 AZR 83/73 – AP Nr. 31 zu § 1 FeiertagslohnzahlungsG mit Anm. Herschel.

F. Entgeltschutz

Das Feiertagsgeld ist gemäß § 11 Abs. 3 Satz 4 EFZG jeweils bei der Auszahlung in die **Entgeltbelege** (§ 9 HAG) einzutragen. Um eine Überprüfung zu ermöglichen (vgl § 23 Abs. 1 HAG) ist das Feiertagsentgelt wie auch der Zuschlag gemäß § 10 Abs. 3 EFZG (vgl § 10 EFZG Rn 33) gesondert in den Entgeltbelegen einzutragen. Dies gilt auch dann, wenn das Feiertagsgeld in pauschalierter Form als Zuschlag geleistet wird.[14] 25

Gemäß § 11 Abs. 5 EFZG gilt das Feiertagsgeld als Entgelt im Sinne der Vorschriften des Heimarbeitsgesetzes hinsichtlich der Mithaftung des Auftraggebers (§ 21 Abs. 2 HAG), des Entgeltschutzes (§§ 23 bis 27 HAG) und der Auskunftspflicht über Entgelte (§ 28 HAG). Wird ein Feiertagsgeld gezahlt, das niedriger ist als das im EFZG festgesetzte, so finden die Vorschriften des Heimarbeitsgesetzes über die Aufforderung zur Nachzahlung von Minderbeträgen (§ 24 HAG), die Klagebefugnis der Länder (§ 25 HAG) und über den Entgeltschutz für fremde Hilfskräfte (§ 26 HAG) Anwendung. 26

§ 12 Unabdingbarkeit

Abgesehen von § 4 Abs. 4 kann von den Vorschriften dieses Gesetzes nicht zuungunsten des Arbeitnehmers oder der nach § 10 berechtigten Personen abgewichen werden.

Schrifttum: *Bauer/Lingemann*, Probleme der Entgeltfortzahlung nach neuem Recht, BB 1996, Beilage 17, 8; *Berenz*, Aktuelle Probleme bei der Entgeltfortzahlung im Krankheitsfall, DB 1995, 2166; *Boecken*, Probleme der Entgeltfortzahlung im Krankheitsfall, NZA 1999, 673; *Feichtinger*, Entgeltfortzahlung bei Kündigung aus Anlass der Arbeitsunfähigkeit und Verzicht, DB 1983, 1202; *Hold*, Änderung des Rechts der Entgeltfortzahlung im Krankheitsfall ab 1. Januar 1999, ZTR 1999, 103; *Kamanabrou*, Die Auslegung tarifvertraglicher Entgeltfortzahlungsklauseln – zugleich ein Beitrag zum Verhältnis der Tarifautonomie zu zwingenden Gesetzen, RdA 1997, 22; *Kleinebrink*, Vertragliche Regelungen im Zusammenhang mit der Entgeltfortzahlung im Krankheitsfall, ArbRB 2007, 186; *Korinth*, Die Tücken des Tatsachenvergleiches, ArbRB 2003, 316; *Krause*, Vereinbarte Ausschlussfristen Teil 1 und 2, RdA 2004, 36 ff und 106 ff; *Kunze*, Anspruch auf Krankengeld bei Verzicht auf Lohnfortzahlung?, DOK 1980, 77; *Lepke*, Der Verzicht des Arbeitnehmers auf den Lohnfortzahlungsanspruch im Krankheitsfall, BB 1971, 1509; *Link/Wierer*, Entgeltfortzahlung per Gesetz oder Tarifvertrag, AuA 1996, 408; *Marburger*, Krankengeld bei Verzicht auf Lohnfortzahlung und bei Beendigung des Beschäftigungsverhältnisses, BB 1982, 2055; *Maurer*, Verzicht auf Lohnfortzahlung im Krankheitsfall, DB 1972, 2481; *Ortlepp*, Die Verzichtbarkeit der Ansprüche aus dem Lohnfortzahlungsgesetz, BlStSozArbR 1971, 172; *Preis/Bleser/Rauf*, Die Inhaltskontrolle von Ausgleichsquittungen und Verzichtserklärungen, DB 2006, 2812; *Schewiola*, Ausgleichsklauseln – Vorsicht ist geboten, ArbRB 2009, 55;*Trieschmann*, Zum Verzicht des Arbeitnehmers auf unabdingbare gesetzliche Ansprüche, RdA 1976, 68; *Wedde*, Besteht auf Grund der MTV der Metall, Elektro- und Stahlindustrie trotz der gesetzlichen Neuregelung (§ 4 Abs. 1 EFZG nF) weiterhin ein Anspruch auf 100 %ige Fortzahlung des Entgelts im Krankheitsfall?, AuR 1996, 421; *Zachert*, Auslegungsgrundsätze und Auslegungsschwerpunkte bei der aktuellen Diskussion um die Entgeltfortzahlung, DB 1996, 2078.

14 Kaiser/Dunkl/Hold/Kleinsorge, § 11 EFZG Rn 25.

A. **Normzweck und Regelungsinhalt** 1
B. **Vom Gesetz abweichende Regelung** 7
I. Grundsätzliches 7
II. Regelungen, die sich auf das Entstehen oder die Höhe des Entgeltfortzahlungsanspruchs auswirken 11
1. Grundsätzliches 11
2. Einzelfälle 12
III. Regelungen, die entstandene Entgeltfortzahlungsansprüche beseitigen oder mindern 13
1. Grundsätzliches 13
2. Verzicht 14
a) Begriff 14
b) Zulässigkeit eines Verzichts 15
aa) Verzicht vor Fälligkeit des Anspruchs 16
bb) Verzicht bei oder nach Fälligkeit des Anspruchs 20
c) Verzicht auf tarifliche Entgeltfortzahlungsansprüche 21
d) Ausgleichsquittung 26
e) Tatsachenvergleich 32
f) Verzicht auf Ansprüche der Heimarbeiter 35
3. Verfall von Entgeltfortzahlungsansprüchen 37
a) Ausschlussfristen 37
b) Gesetzliche Verjährung und Verwirkung 43
4. Vertragsstrafe 44
C. **Vom Gesetz abweichende zulässige Regelungen** 45
I. Günstigkeitsprinzip 45
II. Öffnungsklauseln 50
D. **Rechtsfolgen bei Verstößen gegen § 12 EFZG** 51
I. Verstoß durch Einzelvertrag 51
II. Verstoß durch kollektivvertragliche Regelungen 53
III. Beweislast 54

A. Normzweck und Regelungsinhalt

1 Mit dem Inkrafttreten des EFZG zum 1.6.1994 hat § 12 EFZG den inhaltsgleichen § 9 LFZG abgelöst.

§ 12 EFZG gilt seither für alle Arbeitnehmer – einschließlich der zur Berufsausbildung Beschäftigten – und die Heimarbeitnehmer sowie für die Kapitäne und Besatzungsmitglieder auf Kauffahrteischiffen. Für Angestellte bedeutet die seit 1.6.1994 geltende Rechtslage, dass die vorgeschriebene Berechnung der Höhe der Vergütung im Krankheitsfall nunmehr durch Tarifvertrag änderbar ist, was nach früherem Recht nicht möglich war. Andererseits ist die früher bestehende Möglichkeit, für Angestellte den Entgeltfortzahlungszeitraum durch Tarifvertrag zu kürzen[1] seit dem 1.6.1994 entfallen.

2 Die **Entgeltfortzahlung im Krankheitsfall** bezweckt die **Existenzsicherung des kranken Arbeitnehmers**; sie dient damit mittelbar dem Schutz der Gesundheit des Arbeitnehmers. Er soll sicher sein, im Falle seiner Erkrankung das Entgelt bis zur Dauer von sechs Wochen weiter zu erhalten und soll die Krankheit ohne Sorge um seinen Lebensunterhalt ausheilen können.[2] Außerdem dient § 3 EFZG der **Entlastung der gesetzlichen Krankenkassen.**[3]

3 Durch die **Entgeltfortzahlung an Feiertagen** wird der an sich eintretende Entgeltausfall (§§ 275 Abs. 1, 326 Abs. 1 Satz 1 Hs 1 BGB) ausgeglichen. Durch die Aufnahme der Entgeltfortzahlung an Feiertagen in das EFZG erstreckt sich die

1 Vgl § 616 Abs. 2 Satz 1 BGB, § 63 Abs. 1 Satz 4 HGB, § 133 c Satz 4 GewO, jeweils in der bis zum 31.5.1994 geltenden Fassung.
2 Vgl BAG 26.4.1978 – 5 AZR 7/77 – AP Nr. 6 zu § 6 LohnFG; BT-Drucks. 12/5263 S. 10.
3 BAG 12.12.2001 – 5 AZR 255/00 – AP Nr. 10 zu Art. 30 EGBGB nF; MünchArbR/Boecken, 2. Aufl., § 82 Rn 32.

Regelung des § 12 EFZG damit ausdrücklich auch auf die Entgeltfortzahlung an Feiertagen; deren Unabdingbarkeit war zuvor durch die Rechtsprechung anerkannt worden.[4] Der Zweck des § 2 EFZG ist die **wirtschaftliche Kompensation** des durch den arbeitsfreien Feiertag eintretenden **Entgeltausfalls** und damit die Förderung der mit dem Feiertagsarbeitsverbot (§ 9 Abs. 1 ArbZG) verfolgten Zwecke, die staatlich anerkannten Feiertage als Tage der Arbeitsruhe und der seelischen Erhebung der Arbeitnehmer zu schützen (§ 1 Nr. 2 ArbZG).

Um die Zielsetzungen des EFZG nicht zu gefährden, sichert § 12 EFZG die im 4 EFZG enthaltenen gesetzlichen Regelungen zur Entgeltfortzahlung im Krankheitsfall und an Feiertagen als **Mindeststandard**. Das Gesetz schützt damit für die im Gesetz vorgesehenen Fälle die wirtschaftliche und soziale Existenz des Arbeitnehmers und unter Berücksichtigung der wirtschaftlichen Belange der Arbeitgeber eine angemessene finanzielle Sicherung der Arbeitnehmer. § 12 und § 4 Abs. 4 EFZG gewährleisten, dass dieses gesetzliche Ziel nicht umgangen werden kann. Beide Vorschriften dienen deshalb der **Verwirklichung und Durchsetzung des Sozialstaatsprinzips** (Art. 20 Abs. 1 GG) und damit verfassungsrechtlich legitimierten **Gemeinwohlbelangen.**[5]

Vom EFZG abweichende nicht gesetzliche Regelungen sind nur zulässig, soweit 5 sie von den im Gesetz selbst enthaltenen **Öffnungsklauseln** (§§ 4 Abs. 4, 10 Abs. 4 EFZG) gedeckt[6] oder für den Arbeitnehmer **günstiger** sind. Damit besitzen die §§ 1 bis 11 EFZG unmittelbare und zwingende Kraft. Von deren inhaltlichen Vorgaben darf grundsätzlich weder einzel- noch kollektivvertraglich zu Ungunsten der Arbeitnehmer oder der in Heimarbeit Beschäftigten abgewichen werden. Von § 12 EFZG werden alle individual- sowie kollektivrechtliche Regelungen erfasst, unabhängig davon, ob sie bereits das Entstehen des Anspruchs **verhindern**, ihn lediglich **beschränken** oder einen entstandenen Anspruch **beseitigen.** Regelungen, die sich in dieser Weise beeinträchtigend auf die gesetzlichen Ansprüche des EFZG auswirken, sind insoweit unwirksam (§ 134 BGB). Dies gilt auch für **Umgehungstatbestände**, die den Erfolg entgeltfortzahlungsrechtlicher Schutznormen nicht eintreten lassen.

An Stelle der nichtigen Regelungen treten die gesetzlichen Bestimmungen.

Eine Inhaltskontrolle von Entgeltfortzahlungsregelungen in vom Arbeitgeber 6 vorformulierten Arbeitsverträgen anhand des § 307 BGB kommt im Hinblick auf den spezialgesetzlichen Charakter des § 12 EFZG im Gegensatz zur Unklarheitenregel des § 305 c Abs. 2 BGB nicht in Betracht.

B. Vom Gesetz abweichende Regelung

I. Grundsätzliches

Die in § 12 EFZG normierte **Unabdingbarkeit** betrifft nur Regelungen, die vom 7 EFZG selbst abweichen. Soweit das EFZG keine Regelungen enthält, kann § 12 EFZG von vornherein keine Wirkung entfalten.

Der Schutzzweck des § 12 EFZG gebietet indes auch bei einzel- oder kollektiv- 8 vertraglichen Regelungsgegenständen, die sich nicht ausdrücklich im EFZG wie-

4 Vgl BAG 27.7.1973 – 3 AZR 604/72 – AP Nr. 30 zu § 1 FeiertagslohnzahlungsG.
5 BAG 26.9.2001 – 5 AZR 539/00 – AP Nr. 55 zu § 4 EntgeltFG.
6 Vgl § 4 Rn 183 ff und § 10 Rn 42 ff.

derfinden, sich aber auf den gesetzlichen Entgeltfortzahlungsanspruch ausschließend oder beschränkend auswirken können, sie daraufhin zu überprüfen, ob sie § 12 EFZG in unzulässiger Weise umgehen. Das **Verbot von Umgehungsgeschäften** gilt als allgemeiner Rechtsgrundsatz. Danach ist eine Regelung unwirksam, die einen verbotenen Erfolg durch Verwendung von rechtlichen Gestaltungsmöglichkeiten zu erreichen sucht, die (scheinbar) nicht von der Verbotsnorm erfasst werden.[7]

9 Von § 12 EFZG nicht erfasst werden Entgeltfortzahlungsregelungen, die in anderen Gesetzen angesiedelt sind. So ist etwa der Entgeltanspruch eines nicht arbeitsunfähigen Arbeitnehmers für die Zeit eines Arztbesuches, der sich aus § 616 Satz 1 BGB ergeben kann, auch zu Ungunsten des Arbeitnehmers einzel- oder tarifvertraglich abdingbar. Dies folgt im Wege des Umkehrschlusses aus der in § 619 BGB enthaltenen Regelung.[8] Häufig werden aber Entgeltfortzahlungsregelungen anderer Gesetze bereits aufgrund des allgemeinen arbeitsrechtlichen Günstigkeitsprinzips geschützt sein.

10 Ebenfalls keine Anwendung findet § 12 EFZG auf **kollektivvertragliche Entgeltfortzahlungsregelungen** in Bezug auf abweichende Regelungen im Arbeitsvertrag oder in einer Betriebsvereinbarung, soweit sie nicht lediglich deklaratorisch die gesetzlichen Entgeltfortzahlungsbestimmungen wiedergeben. Für Tarifverträge ergibt sich der Schutz eigenständiger Entgeltfortzahlungsregelungen aus **§ 4 Abs. 3, 4 TVG** und für solche in Betriebsvereinbarungen enthaltenen Regelungen aus **§ 77 Abs. 4 BetrVG.**

II. Regelungen, die sich auf das Entstehen oder die Höhe des Entgeltfortzahlungsanspruchs auswirken

1. Grundsätzliches

11 Von § 12 EFZG werden **alle Normen des EFZG** erfasst und nicht nur diejenigen, die unmittelbar den Entgeltfortzahlungsanspruch, seine Dauer und Höhe betreffen. Auch Abweichungen von der Nachweispflicht, der Auswahl des Arztes und die Fragen des gesetzlichen Forderungsüberganges können sich auf das Bestehen und den Umfang von Entgeltfortzahlungsansprüchen auswirken und sind somit als Mindeststandard gesichert.

2. Einzelfälle

12 Als **unzulässig** erweisen sich beispielsweise folgende Regelungen:

- Die Einführung von **Karenztagen** ohne Entgeltfortzahlungsanspruch.
- Die Verkürzung des sechswöchigen **Entgeltfortzahlungszeitraums** des § 3 Abs. 1 Satz 1 EFZG; unwirksam ist deshalb auch eine Regelung, die die Anrechnung witterungsbedingter Unterbrechungen des Arbeitsverhältnisses auf den Entgeltfortzahlungszeitraum des § 3 Abs. 1 Satz 1 EFZG vorsieht.[9]
- Die Bestimmung, dass Lohn nur für tatsächlich geleistete Arbeit bezahlt wird. Die Verpflichtung des Arbeitnehmers, infolge Feiertags oder Erkrankung versäumte Arbeitszeit nachzuarbeiten; so ist etwa eine Tarifregelung unwirksam, die dem Arbeitgeber das Recht einräumt, für jeden Tag der Ent-

7 Palandt-Ellenberger, § 134 BGB Rn 28.
8 ErfK/Dörner, § 616 BGB Rn 13.
9 BAG 22.8.2001 – 5 AZR 699/99 – AP Nr. 11 zu § 3 EntgeltFG.

geltfortzahlung im Krankheitsfall den Arbeitnehmer 1 1/2 Stunden **nacharbeiten** zu lassen oder, sofern ein **Arbeitszeitkonto** vorhanden ist, von diesem Zeitkonto 1 1/2 Stunden in Abzug zu bringen.[10] Kein Verstoß gegen § 12 EFZG liegt jedoch vor, wenn in einem Arbeitsvertrag einer in einer Schule eingesetzten Reinigungskraft das Ruhen des Arbeitsverhältnisses während der Schulferien vereinbart worden ist.[11]

- Die Verlängerung der vierwöchigen **Wartezeit** des § 3 Abs. 3 EFZG;[12] dies gilt auch für teilzeitbeschäftigte Arbeitnehmer.
- Die Absenkung der **Entgeltfortzahlungshöhe** und der Ausschluss von **Lohnbestandteilen** von der Entgeltfortzahlung außerhalb der nach § 4 Abs. 4 EFZG[13] zulässigen Regelungen.
- Der Ausschluss des Vergütungsanspruchs für regelmäßige **zusätzliche Arbeitsleistungen** für Tage, an denen die Arbeit wegen eines Feiertags ausfällt oder an denen der Arbeitnehmer wegen Arbeitsunfähigkeit an der Arbeitsleistung verhindert ist.[14] Allerdings muss ein pauschalierter Freizeitausgleich für eine Feiertagsarbeit nicht denselben zeitlichen Umfang haben wie die Feiertagsarbeit.[15]
- Die Erweiterung der sich aus § 5 Abs. 1 Satz 2 EFZG ergebenden **Nachweispflichten**, soweit sie nicht von der Gestaltungsmöglichkeit des § 5 Abs. 1 Satz 3 EFZG[16] gedeckt wird; unzulässig wäre demnach die Verpflichtung zur Vorlage zweier ärztlicher Zeugnisse oder die Beschränkung der freien Arztwahl; auch Kontrolluntersuchungen muss der Arbeitnehmer – mit der sich aus § 275 Abs. 1 SGB V ergebenden Ausnahme – auf Anordnung des Arbeitgebers nicht durchführen lassen.[17] Der endgültige Ausschluss der Entgeltfortzahlung für den Fall des **nicht rechtzeitigen Nachweises** der Arbeitsunfähigkeit (Verstoß gegen § 7 Abs. 1 Satz 1 EFZG).[18]
- Eine Abrede, die den Arbeitnehmer zur **Abtretung des gesamten Schadensersatzanspruchs** gegenüber einem Dritten an den Arbeitgeber ohne Berücksichtigung der vom Arbeitgeber an den Arbeitnehmer gezahlten Entgeltfortzahlung verpflichtet oder auch andere als gesetzliche Ansprüche erfassen will (§ 6 Abs. 1 EFZG); die Entgeltfortzahlung darf auch nicht an die **Realisierbarkeit der Regressforderung** geknüpft werden.
- Der Ausschluss der Entgeltfortzahlung bei berechtigter **außerordentlicher Arbeitnehmerkündigung** (§ 8 Abs. 1 Satz 2 EFZG) oder die Beschränkung der Entgeltfortzahlungspflicht bei **Kündigung wegen Krankheit** auf die Kündigungsfrist (§ 8 Abs. 1 Satz 1 EFZG).

---

10 BAG 26.9.2001 – 5 AZR 539/00 – und 13.2.2002 – 5 AZR 470/00 – AP Nr. 55 und Nr. 57 zu § 4 EntgeltFG; BAG 14.8.2002 – 5 AZR 417/01 – DB 2003, 155; LAG Baden-Württemberg 28.2.2000 – 15 Sa 112/99 – LAGE § 4 EFZG Tarifvertrag Nr. 39.
11 BAG 10.1.2007 – 5 AZR 84/06 – AP Nr. 6 zu § 611 BGB Ruhen des Arbeitsverhältnisses.
12 ErfK/Dörner, § 12 EFZG Rn 8.
13 Vgl § 4 Rn 183 ff.
14 BAG 16.1.2002 – 5 AZR 303/00 – AP Nr. 7 zu § 2 EntgeltFG.
15 BAG 9.7.2008 – 5 AZR 902/07 – NZA-RR 2009, 262.
16 Vgl BAG 1.10.1997 – 5 AZR 726/96 – AP Nr. 5 zu § 5 EntgeltFG; BAG 26.2.2003 – 5 AZR 112/02 – AP Nr. 8 zu § 5 EntgeltFG.
17 Vgl BAG 4.10.1978 – 5 AZR 326/77 – AP Nr. 3 zu § 3 LohnFG.
18 ErfK/Dörner, § 12 EFZG Rn 8.

- Die Beschränkung der Entgeltfortzahlung auf bestimmte **Kurmaßnahmen oder -einrichtungen** (§ 9 Abs. 1 EFZG).
- Die Vereinbarung höherer **Kürzungsraten** in Bezug auf Sondervergütungen als in § 4 a EFZG vorgesehen.

III. Regelungen, die entstandene Entgeltfortzahlungsansprüche beseitigen oder mindern

1. Grundsätzliches

13 Das EFZG enthält – anders als das BUrlG in § 7 Abs. 3 oder das TVG in § 4 Abs. 4 – selbst keine Bestimmungen über die Zulässigkeit des **Verfalls**, des **Verzichts** oder der **Verwirkung** von Entgeltfortzahlungsansprüchen. Im Entgeltfortzahlungsrecht ist deshalb bei Regelungen, die entstandene gesetzliche Entgeltfortzahlungsansprüche beseitigen oder mindern, anhand des jeweiligen **Normzwecks** zu prüfen, ob sie von § 12 EFZG erfasst werden.

2. Verzicht

a) Begriff

14 Mögliche rechtliche Gestaltungsformen für den **Verzicht auf Entgeltfortzahlungsansprüche** sind der **Erlassvertrag** (§ 397 Abs. 1 BGB) sowie das **konstitutive** und das **deklaratorische positive** oder **negative Schuldanerkenntnis** (§§ 397 Abs. 2, 781 BGB). Ein Erlassvertrag ist dann anzunehmen, wenn die Parteien vom Bestehen einer bestimmten Schuld ausgehen, diese aber übereinstimmend als nicht mehr zu erfüllen betrachten. Ein konstitutives negatives Schuldanerkenntnis liegt dann vor, wenn der Wille der Parteien darauf gerichtet ist, alle oder eine bestimmte Gruppe von bekannten oder unbekannten Ansprüchen zum Erlöschen bringen zu wollen. Ein deklaratorisches positives oder negatives Schuldanerkenntnis ist dann gegeben, wenn die Parteien nur die von ihnen angenommene Rechtslage eindeutig dokumentieren und damit fixieren wollen.[19] In der Praxis wird ein solcher Verzicht häufig durch Abschluss eines **Vergleichs** oder durch Unterzeichnung einer **Ausgleichsquittung** seinen Ausdruck finden. Folge dieser von der Rechtsordnung grundsätzlich anerkannten Gestaltungsmöglichkeiten soll die Beseitigung oder die Minderung von Entgeltfortzahlungsansprüchen sein. Damit wird aber in den Schutzbereich des Entgeltfortzahlungsgesetzes eingegriffen, so dass auch der Verzicht auf Entgeltfortzahlungsrechte zu den vom EFZG abweichenden Regelungen gehören kann und damit grundsätzlich von § 12 EFZG erfasst wird.

b) Zulässigkeit eines Verzichts

15 Das uneingeschränkte Verbot, auf Entgeltfortzahlungsansprüche verzichten zu können, würde allerdings in Widerspruch zu der für den Arbeitnehmer vorhandenen Möglichkeit stehen, über Entgeltansprüche verfügen zu können. Alle auf dem EFZG beruhenden Entgeltfortzahlungsansprüche sind rechtlich wie sonstige Lohnansprüche zu behandeln. Der Entgeltfortzahlungsanspruch des Gesetzes ist kein Anspruch mit besonderer selbstständiger Rechtsnatur; er ist vielmehr als **aufrechterhaltener Entgeltanspruch** zu werten und teilt dessen rechtlichen Cha-

19 BAG 31.7.2002 – 10 AZR 513/01 – AP Nr. 74 zu § 74 HGB.

rakter und dessen rechtliches Schicksal. **Er folgt damit grundsätzlich allen für die Lohnforderung geltenden, rechtlichen Regeln.**[20]

aa) Verzicht vor Fälligkeit des Anspruchs

Mit der Regelung des § 12 EFZG wird ein einheitlicher Mindeststandard für die Entgeltfortzahlung im Krankheitsfall und die Feiertagsvergütung sichergestellt.[21] Damit nicht zu vereinbaren wäre es, wenn Ansprüche aus dem EFZG **im Voraus** ausgeschlossen oder beschränkt werden könnten. 16

Der Zweck des § 12 EFZG macht es vielmehr erforderlich, dass ein Arbeitnehmer auf Entgeltfortzahlungsansprüche **vor** deren **Fälligkeit** nicht wirksam verzichten kann.[22] 17

Bei bestehendem Arbeitsverhältnis werden die Ansprüche aus dem EFZG nicht sofort zu Beginn des Entgeltfortzahlungszeitraums fällig. Teilansprüche auf Entgeltfortzahlung werden jeweils zu dem Termin **fällig**, zu denen die Lohnforderung normalerweise, also ohne Eintritt der Arbeitsunfähigkeit zu erfüllen gewesen wäre. **Vor dem Zeitpunkt, zu dem der Entgeltfortzahlungsanspruch zu erfüllen ist, ist er im Rechtssinne nicht entstanden.**[23] 18

Soweit der Entgeltfortzahlungsanspruch noch **nicht fällig** geworden ist, kann auch nach Beendigung des Arbeitsverhältnisses auf ihn nicht wirksam verzichtet werden. Dies ist vor allem in den Fällen des § 8 Abs. 1 Satz 1 EFZG von Bedeutung.[24] Kommt es jedoch nach Beendigung des Arbeitsverhältnisses vor dem normalen Vergütungszahlungstermin zu einer **Schlussabrechnung**, liegt darin die Vereinbarung, dass alle noch ausstehenden Ansprüche aus dem Arbeitsverhältnis, also auch ein eventuell bestehender Entgeltfortzahlungsanspruch nach § 8 Abs. 1 Satz 1 EFZG bereits mit dieser Schlussabrechnung fällig sein sollen; damit steht § 12 EFZG einem solchen Verzicht nicht entgegen.[25] 19

bb) Verzicht bei oder nach Fälligkeit des Anspruchs

Ein nach Beendigung des Arbeitsverhältnisses abgeschlossener Vergleich, durch den der Arbeitnehmer seinem früheren Arbeitgeber einen **fälligen** Entgeltfortzahlungsanspruch erlässt, ist nicht nach § 12 EFZG, § 134 BGB unwirksam.[26] Auch im Rahmen eines bestehenden Arbeitsverhältnisses kann der Arbeitnehmer auf bereits entstandene (fällige) Ansprüche rechtswirksam verzichten.[27] Verzichtet nämlich der Arbeitnehmer auf einen Entgeltfortzahlungsanspruch bei oder nach dessen Fälligkeit, wird er damit nicht rückwirkend für die Zeit der bisherigen Dauer der Arbeitsunfähigkeit in Sorge um seinen Lebensunterhalt versetzt, so dass der Schutzzweck des § 12 EFZG nicht berührt wird.[28] 20

---

20 BAG 26.10.1971 – 1 AZR 40/71 – AP Nr. 1 zu § 6 LohnFG; zur Ausnahme nach hier vertretener Auffassung vgl Rn 23.
21 Vgl Rn 4.
22 Vgl BAG 26.10.1971 – 1 AZR 40/71 – und 20.8.1980 – 5 AZR 218/78 – AP Nrn. 1 und 11 zu § 6 LohnFG; BAG 11.6.1976 – 5 AZR 506/75 – AP Nr. 2 zu § 9 LohnFG.
23 BAG 26.10.1971 – 1 AZR 40/71 – AP Nr. 1 zu § 6 LohnFG.
24 Vgl BAG 28.11.1979 – 5 AZR 955/77 – AP Nr. 10 zu § 6 LohnFG.
25 BAG 20.8.1980 – 5 AZR 218/78 – AP Nr. 11 zu § 6 LohnFG.
26 BAG 11.6.1976 – 5 AZR 506/75 – AP Nr. 2 zu § 9 LohnFG; Löwisch/Rieble, TVG, 2. Aufl., § 4 Rn 336.
27 BAG 25.5.2005 – 5 AZR 572/04 – AP Nr. 1 zu § 310 BGB Rn 12.
28 BAG 20.8.1980, aaO Fn 22; aA ErfK/Dörner, § 12 EFZG Rn 6.

c) Verzicht auf tarifliche Entgeltfortzahlungsansprüche

21 Vor dem Verlust **tariflicher Rechte** durch einen Verzicht schützt § 4 **Abs. 4 Satz 1 TVG.** Danach ist ein Verzicht auf entstandene tarifliche Rechte nur in einem von den Tarifvertragsparteien gebilligten Vergleich zulässig. Rechtliche Wirkung entfaltet § 4 Abs. 4 TVG allerdings nur hinsichtlich solcher tariflichen Rechte, die kraft **beiderseitiger Tarifbindung** (§ 4 Abs. 1 Satz 1 TVG) oder infolge **Allgemeinverbindlicherklärung** (§ 5 Abs. 4 TVG) **normativ** auf das Arbeitsverhältnis einwirken. § 4 Abs. 4 TVG gilt nicht für tarifvertragliche Bestimmungen, die aufgrund einer **einzelvertraglichen Bezugnahme** lediglich **schuldrechtlich** zwischen den Arbeitsvertragsparteien wirken. § 4 Abs. 4 Satz 1 TVG schützt nämlich nur die Wirksamkeit kollektivrechtlich begründeter tariflicher Rechte.[29]

22 Anders als § 12 EFZG verbietet § 4 Abs. 4 Satz 1 TVG nicht nur den Verzicht auf noch nicht fällige Ansprüche, sondern auch den Verzicht auf bereits entstandene, fällige tarifvertragliche Ansprüche.[30] Bei dem Entgeltfortzahlungsanspruch des § 3 EFZG handelt es sich um einen **aufrechterhaltenen Vergütungsanspruch.**[31] Ist der Entgeltanspruch selbst ein kollektivrechtlich wirkender tariflicher Anspruch, so ist auch der Anspruch auf Fortzahlung des Entgelts im Krankheitsfalle ein tariflicher Anspruch.[32] Hieraus zieht die überwiegende Meinung im Schrifttum den Schluss, dass ein Verzicht auf die Fortzahlung einer tarifvertraglich abgesicherten Vergütung nur unter den in § 4 Abs. 4 Satz 1 TVG genannten Voraussetzungen zulässig sein soll.[33]

23 Die Auffassung der herrschenden Meinung verkennt, dass § 4 Abs. 4 Satz 1 TVG nur die Wirksamkeit kollektivrechtlich **begründeter** tariflicher Rechte schützt, dh, von § 4 Abs. 4 Satz 1 TVG werden nur **tariflich entstandene** Rechte erfasst.[34] Um einen tariflichen Anspruch handelt es sich nur, wenn der Anspruch aus einem Tarifvertrag als Rechtsgrundlage hergeleitet wird.[35] Auch wenn der gesetzliche Entgeltfortzahlungsanspruch des § 3 EFZG den tariflichen Entgeltanspruch aufrecht erhält, so entsteht der Entgeltfortzahlungsanspruch – soweit der Tarifvertrag keine entgeltfortzahlungsrechtliche Rechtsgrundlage enthält – gleichwohl **aufgrund Gesetzes** und nicht aufgrund eines Tarifvertrags.[36] Damit ist für die Frage der Zulässigkeit eines Verzichts § 12 EFZG und nicht § 4 Abs. 4 Satz 1 TVG maßgebend.

---

29 BAG 31.5.1990 – 8 AZR 132/89 – AP Nr. 13 zu § 13 BUrlG Unabdingbarkeit; Wiedemann, TVG § 4 Rn 671.
30 Löwisch/Rieble, TVG, § 4 Rn 333.
31 Vgl § 3 Rn 252; BAG 26.10.1971 – 1 AZR 40/71 – und 20.8.1980 – 5 AZR 955/78 – AP Nrn. 1 und 12 zu § 6 LohnFG, BAG 16.1.2002 – 5 AZR 430/00 – AP Nr. 13 zu § 3 EntgeltFG.
32 BAG 20.8.1980, aaO Fn 24; BAG 16.1.2002, aaO Fn 27; Knorr/Krasney, § 12 EFZG Rn 37.
33 Kaiser/Dunkl/Hold/Kleinsorge, § 12 EFZG Rn 37; Vossen, Rn 618; Rieble, RdA 1997, 134 ff; aA Feichtinger, Entgeltfortzahlung Rn 822; **offen gelassen:** BAG 20.8.1980 – 5 AZR 955/78 – AP Nr. 12 zu § 6 LohnFG.
34 BAG 31.5.1990 – 8 AZR 132/89 – AP Nr. 13 zu § 13 BUrlG Unabdingbarkeit; Kempen/Zachert, TVG, § 4 Rn 445.
35 BAG 15.11.2001 – 8 AZR 95/01 – AP Nr. 121 zu § 611 BGB Haftung des Arbeitnehmers.
36 Knorr/Krasney, § 12 EFZG Rn 38.

§ 4 Abs. 4 Satz 1 TVG kommt zur Anwendung, wenn der Tarifvertrag eine eigenständige **konstitutive Entgeltfortzahlungsregelung**[37] aufweist. Dies ist bereits dann der Fall, wenn der Tarifvertrag dem Entgeltfortzahlungsanspruch eine bestimmte Struktur gibt.[38] 24

Anderes gilt, wenn der Tarifvertrag selbst keine konstitutive entgeltfortzahlungsrechtliche Regelung enthält, sondern lediglich **deklaratorisch** auf das EFZG Bezug nimmt.[39] Die übernommenen gesetzlichen Bestimmungen sind dann keine Tarifnormen.[40] Die Zulässigkeit eines Verzichts bemisst sich in diesen Fällen nicht nach § 4 Abs. 4 Satz 1 TVG, sondern nach § 12 EFZG. 25

d) Ausgleichsquittung

Anlässlich der Beendigung von Arbeitsverhältnissen wird dem Arbeitnehmer häufig eine Erklärung zur Unterzeichnung vorgelegt, in der bestätigt wird, dass keine Ansprüche aus dem Arbeitsverhältnis mehr bestehen. Der rechtliche Charakter einer solchen Erklärung (**Ausgleichsquittung**) kann der eines **Vergleiches**, eines **Erlassvertrages**, eines **deklaratorischen negativen Schuldanerkenntnisses** oder eines **konstitutiven negativen Schuldanerkenntnisses** sein.[41] Die Bedeutung im Einzelfall ist durch Auslegung unter Berücksichtigung aller Umstände zu ermitteln.[42] Entscheidend ist der in der auszulegenden Erklärung verkörperte maßgebliche Wille der Parteien. 26

Soweit mit der Unterzeichnung einer **Ausgleichsquittung** ein Verzicht auf Entgeltfortzahlungsansprüche verbunden ist, ist dessen Zulässigkeit entsprechend den in Rn 15 ff dargelegten Grundsätzen zu bestimmen.[43] Darüber hinaus muss die auch Entgeltfortzahlungsansprüche erfassende Bedeutung der vom Arbeitnehmer unterzeichneten Erklärung **zweifelsfrei** feststehen und **erkennbar** sein. 27

Hat ein Arbeitnehmer, der bei Beendigung des Arbeitsverhältnisses in einer Ausgleichsquittung bestätigt, dass er seine Arbeitspapiere und den Restlohn erhalten hat und zugleich die auf dem Formular vorgedruckte Erklärung unterschreibt, dass damit „alle seine Ansprüche aus dem Arbeitsverhältnis abgegolten seien und dass er keine Forderungen gegen die Firma – ganz gleich aus welchem Rechtsgrund – mehr habe", so quittiert er damit lediglich den Empfang der Papiere und erkennt möglicherweise die Richtigkeit der Lohnabrechnung an. Ein Verzicht auf einen etwaigen – fälligen – Entgeltfortzahlungsanspruch kann in einer solchen „Erklärung" (Ausgleichsquittung) nur dann gesehen werden, wenn sich aus dem Umständen ergibt, dass der Arbeitnehmer die Bedeutung seiner Unterschrift erkannt hat. Dies ist etwa dann anzunehmen, wenn zwischen Arbeitgeber und Arbeitnehmer die Fortzahlung der Vergütung im Krankheitsfall aus tatsächlichen Gründen (selbstverschuldete Arbeitsunfähigkeit oder nicht) umstritten war und nunmehr der Arbeitnehmer im Rahmen einer Schlussabrechnung nach Er- 28

37 Vgl § 4 Rn 14.
38 BAG 15.11.1973 – 5 AZR 226/73 – AP Nr. 53 zu § 4 TVG Ausschlussfristen.
39 Vgl § 4 Rn 14.
40 BAG 27.8.1982 – 7 AZR 190/80 – AP Nr. 133 zu § 1 TVG Auslegung mit Anm. Wiedemann.
41 Vgl Rn 14.
42 BAG 31.7.2002 – 10 AZR 513/01 – AP Nr. 74 zu § 74 HGB; BAG 11.10.2006 – 5 AZR 755/05 – AP Nr. 9 zu § 5 EntgeltFG; Schaub/Linck, § 72 Rn 7 f.
43 Zur Übersicht über den Meinungsstand: Preis/Bleser/Rauf, DB 2006, 2812.

halt des noch ausstehenden Restlohnes eine allgemein gehaltene Ausgleichsquittung unterzeichnet.[44]

29 In aller Regel muss der Arbeitgeber den Arbeitnehmer darauf hinweisen, dass mit seiner Unterschrift unter der Erklärung alle Streitpunkte erledigt sein sollen und damit auch auf einen eventuell bestehenden Entgeltfortzahlungsanspruch verzichtet wird. Daraus folgt, dass aus der bloßen Unterzeichnung einer Ausgleichsquittung – mag sie auch umfassend formuliert sein – ohne Hinzutreten sonstiger Umstände ein Wille des Arbeitnehmers, auf andere als die abgerechneten, in der Quittung genannten Ansprüche zu verzichten, nicht entnommen werden kann.[45]

30 Seit Inkrafttreten der Schuldrechtsreform zum 1.1.2002 (BGBl. I, S. 3138) ist bei einer vom Arbeitgeber **vorformulierten Ausgleichsquittung** [46] die Wirksamkeit der darin enthaltenen Regelungen unter Berücksichtigung der **§§ 305 ff BGB** zu überprüfen.[47] Danach werden **überraschende Klauseln** nicht Vertragsbestandteil (§ 305 c Abs. 1 BGB); **Zweifel** bei der **Auslegung** gehen zulasten des Arbeitgebers als Verwender (§ 305 c Abs. 2 BGB); die Unwirksamkeit einer Bestimmung kann sich auch daraus ergeben, dass sie **nicht klar und verständlich** ist (§ 307 Abs. 1 Satz 2 BGB).

31 Ob eine Ausgleichsquittung den Arbeitnehmer unangemessen entgegen den **Geboten von Treu und Glauben** benachteiligt (§ 307 Abs. 1 Satz 1 BGB), ist unter Beachtung der **Besonderheiten des Arbeitsrechts** (§ 310 Abs. 4 Satz 2 BGB) im Einzelfall zu entscheiden. Eine unangemessene Benachteiligung liegt bei einem **Anspruchsverzicht ohne Kompensation** vor,[48] wenn etwa der Inhalt der Ausgleichsquittung sich lediglich auf die Erklärung des Arbeitnehmers beschränken würde, keine Ansprüche mehr gegen den Arbeitgeber zu haben und der Arbeitgeber seinerseits sich die Möglichkeit offen lässt, Ansprüche gegen den Arbeitnehmer durchzusetzen.[49] Eine generelle Unzulässigkeit der Verwendung von Ausgleichsquittungen wird der Vorschrift des § 307 Abs. 1 Satz 1 BGB allerdings nicht zu entnehmen sein.[50]

e) Tatsachenvergleich

32 Auch Vergleiche werden vom Verbot erfasst, auf gesetzliche Entgeltfortzahlungsansprüche vor deren Fälligkeit zu verzichten.[51] Dies gilt ebenfalls für **Prozessvergleiche.**[52] Enthält der Vergleich einen unzulässigen Verzicht auf Entgeltfortzahlungsansprüche,[53] so ist der Vergleich – insoweit – unwirksam.

33 Vom Verzichtsverbot nicht betroffen sind so genannte **Tatsachenvergleiche.** Im Unterschied zum Rechtsvergleich bezieht sich der Tatsachenvergleich nicht auf

44 BAG 20.8.1980 – 5 AZR 955/78 – AP Nr. 12 zu § 6 LohnFG.
45 BAG 20.8.1980 – 5 AZR 759/78 – AP Nr. 3 zu § 9 LohnFG.
46 BAG 6.9.2007 – 2 AZR 722/06 – AP Nr. 62 zu § 4 KSchG 1969 Rn 17 ff.
47 Däubler/Dorndorf/Bonin/Deinert, AGB-Kontrolle im Arbeitsrecht, 2. Aufl., Einl. Rn 166.
48 BAG 6.9.2007 – 2 AZR 722/06 – AP Nr. 62 zu § 4 KSchG 1969 Rn 29; LAG Schleswig-Holstein 24.9.2003 – 3 Sa 6/03 – BB 2004, 608.
49 LAG Düsseldorf 13.4.2005 – 12 Sa 154/05 – DB 2005, 1463.
50 Gotthardt, Schuldrechtsreform Rn 305 ff; aA Reinecke, Kontrolle allgemeiner Arbeitsbedingungen nach dem Schuldrechtsmodernisierungsgesetz, DB 2002, 583, 586.
51 BAG 20.8.1980 – 5 AZR 218/78 – AP Nr. 11 zu § 6 LohnFG.
52 LAG München 28.3.2006 – 8 Sa 1196/05 – n.v.
53 Vgl Rn 15 ff.

den Anspruch selbst, sondern auf die **tatbestandlichen Voraussetzungen** eines Anspruchs (zB, ob Arbeitsunfähigkeit oder Verschulden im Sinne des § 3 Abs. 1 EFZG vorliegt). Unabhängig vom Zeitpunkt der Fälligkeit des Entgeltfortzahlungsanspruchs steht § 12 EFZG einer vergleichsweisen Einigung über die tatsächlichen Voraussetzungen eines solchen Anspruchs nicht entgegen.[54] Zulässig ist ein Tatsachenvergleich jedoch nur dann, wenn ein Unsicherheitsmoment hinsichtlich der tatsächlichen Voraussetzungen des Entgeltfortzahlungsanspruchs bei den vergleichsschließenden Personen vorhanden ist. Eine völlig unstreitige Forderung kann nicht Gegenstand eines wirksamen Tatsachenvergleiches sein, der nicht auf die vollständige Erfüllung des Anspruchs gerichtet ist.[55]

Ein Tatsachenvergleich kommt auch in Betracht, wenn es sich um einen tariflichen Entgeltfortzahlungsanspruch handelt. Auch § 4 Abs. 4 Satz 1 TVG verbietet nicht den Abschluss eines Vergleichs, der eine **Ungewissheit** über die **tatsächlichen Voraussetzungen** eines **tariflichen Anspruchs** ausräumen soll, weil das Bedürfnis nach gütlicher Einigung in solchen Fällen dem Schutzbedürfnis des Arbeitnehmers vorgeht.[56] Die durch § 4 Abs. 4 Satz 1 TVG geschützte **Tarifautonomie** wird durch einen Vergleich über die tatsächlichen Voraussetzungen des tariflichen Anspruchs nicht berührt.[57] 34

f) Verzicht auf Ansprüche der Heimarbeiter

Im Unterschied zu den Entgeltfortzahlungsansprüchen der Arbeitnehmer können **in Heimarbeit Beschäftigte** und ihnen **Gleichgestellte** auf den Zuschlag zum Arbeitsentgelt nach § 10 EFZG sowie auf das Feiertagsgeld nach § 11 EFZG weder vor wie nach Entstehen und Fälligkeit, und auch nicht nach Beendigung des Heimarbeitsverhältnisses rechtswirksam verzichten.[58] Der Entgeltschutz des HAG könnte nicht wirkungsvoll erfüllt werden, wenn ihm durch materielle Verzichtserklärungen des in Heimarbeit Beschäftigten der Boden entzogen werden könnte.[59] 35

Auf Rechte, die aufgrund einer bindenden Festsetzung nach § 19 Abs. 1 HAG einem Beschäftigten entstanden sind, kann nur im Rahmen eines von der obersten Arbeitsbehörde des Landes oder der von ihr bestimmten Stelle gebilligten (Prozess- oder außergerichtlichen) Vergleichs verzichtet werden (§ 19 Abs. 3 Satz 3 HAG). Dem Abschluss eines Tatsachenvergleichs steht § 19 Abs. 3 Satz 3 HAG nicht entgegen.[60] 36

3. Verfall von Entgeltfortzahlungsansprüchen

a) Ausschlussfristen

Der Verfall von Ansprüchen kann sich aus der Anwendung tariflicher oder einzelvertraglich vereinbarter **Ausschluss (Verfall-) Fristen** ergeben. Darunter sind 37

54 BAG 21.12.1972 – 5 AZR 319/72 – AP Nr. 1 zu § 9 LohnFG.
55 Korinth, Die Tücken des Tatsachenvergleiches ArbRB 2003, 316.
56 Wiedemann, TVG § 4, Rn 680 ff.
57 BAG 20.8.1980 – 5 AZR 955/78 – AP Nr. 12 zu § 6 LohnFG.
58 BAG 22.10.1964 – 5 AZR 492/63 – und 28.7.1966 – 5 AZR 63/66 – AP Nrn. 1 und 2 zu § 25 HAG; Knorr/Krasney, § 12 EFZG Rn 32; Kaiser/Dunkl/Hold/Kleinsorge, § 12 EFZG Rn 30.
59 BAG 28.7.1966, aaO Fn 45.
60 Kaiser/Dunkl/Hold/Kleinsorge, § 12 EFZG Rn 31.

Fristen zu verstehen, nach deren Ablauf ein Recht erlischt, wenn es nicht innerhalb der vorgesehenen Frist geltend gemacht worden ist.[61]

38 Die Zulässigkeit **tarifvertraglicher Ausschlussfristen** ist allgemein anerkannt (vgl § 4 Abs. 4 Satz 3 TVG). Eine inhaltliche Kontrolle solcher Fristen kann nur anhand allgemeiner Rechtsgrundsätze erfolgen, nicht aber aufgrund der §§ 305 ff BGB (vgl. § 310 Abs. 4 Satz 1 BGB). Die Ausgestaltung tariflicher Ausschlussfristen erfordert wegen der mit ihnen verbundenen harten Rechtsfolgen ein hohes Maß an Rechtssicherheit.[62]

39 **Auch einzelvertragliche Ausschlussfristen** sind nur dann wirksam und werden zum Inhalt eines Arbeitsvertrages, wenn sie klar und eindeutig ausgestaltet[63] und für den Arbeitnehmer nicht überraschend sind sowie einer an den allgemeinen Grundsätzen des Rechts (zB §§ 138, 242, 134 BGB) ausgerichteten Inhaltskontrolle standhalten.[64] Ausschlussfristen im Rahmen vorformulierter Vertragsbedingungen sind auf der Grundlage der in §§ 305 ff BGB enthaltenen spezialgesetzlichen Bestimmungen zu überprüfen. Von einer generellen Unzulässigkeit einzelvertraglicher Ausschlussfristen kann jedoch auch dann nicht ausgegangen werden, wenn die Ausschlussfristen in Formulararbeitsverträgen vereinbart werden.[65] Angesichts der weiten Verbreitung von Ausschlussfristen in Tarifverträgen, sind diese Fristen als Besonderheit im Arbeitsrecht iSd § 310 Abs. 4 Satz 2 BGB anzusehen. Die Aufnahme von Verfallklauseln in Arbeitsverträgen kann deshalb nicht von vorneherein als überraschend gewertet werden, da sie im Arbeitsleben üblich sind.[66] Ein aus den §§ 305 ff BGB abgeleitetes generelles Verbot, einzelvertraglich Ausschlussfristen vereinbaren zu können, würde die insoweit bestehenden arbeitsrechtlichen Besonderheiten nicht angemessen berücksichtigen. Während das Bundesarbeitsgericht für vor Inkrafttreten der Schuldrechtsreform vereinbarte Ausschlussklauseln eine Frist von einem Monat für die Geltendmachung von Ansprüchen unbeanstandet gelassen hat,[67] gilt für spätere Ausschlussklauseln, sowohl für die Geltendmachung von Ansprüchen auf der ersten Stufe wie für eine erforderliche gerichtliche Geltendmachung auf der zweiten Stufe, jeweils eine Mindestfrist von drei Monaten.[68] Kürzere Fristen stellen ebenso wie lediglich einseitig zum Anspruchsverlust des Arbeitnehmers

61 Grundlegend: Krause, Vereinbarte Ausschlussfristen Teil 1 und 2, RdA 2004, 36 ff und 106 ff; zum Zweck der Ausschlussfristen: BAG 14.1.2009 – 5 AZR 246/08 – NZA 2009, 448.

62 BAG 11.2.2009 – 5 AZR 168/08 – NZA 2009, 687.

63 Zur Auslegung typischer Verfallklauseln vgl Krause, RdA 2004, 43.

64 BAG 13.12.2000 – 10 AZR 168/00 – AP Nr. 2 zu § 241 BGB mit kritischer Anm. Preis, RdA 2002, 42; vgl im Einzelnen § 3 Rn 256 ff, 269 f.

65 BAG 25.5.2005 – 5 AZR 572/04 – AP Nr. 1 zu § 310 BGB; BAG 2.3.2004 – 1 AZR 271/03 – AP Nr. 31 zu § 3 TVG; Reinecke, Kontrolle allgemeiner Arbeitsbedingungen nach dem Schuldrechtsmodernisierungsgesetz, DB 2002, 583; vgl auch Fromm, Zweistufige tarifliche Ausschlussfristen nach der Schuldrechtsreform, ZTR 2003, 70; aA Nägele/Chwalisz, Das Ende arbeitsvertraglicher Ausschlussfristen, MDR 2002, 1341; Lakies, AGB-Kontrolle: Ausschlussfristen vor dem Aus? NZA 2004, 569; einschränkend Matthiesen/Shea, Wirksamkeit von tariflichen und arbeitsvertraglichen Ausschlussklauseln nach der Schuldrechtsreform, DB 2004, 1366.

66 BAG 25.5.2005 – 5 AZR 572/04 – AP Nr. 1 zu § 310 BGB; BAG 18.3.2003 – 9 AZR 44/02 – AP Nr. 28 zu § 157 BGB.

67 BAG 27.2.2002 – 9 AZR 543/00 – AP Nr. 162 zu § 4 Ausschlussfrist.

68 BAG 25.5.2005 – 5 AZR 572/04 – AP Nr. 1 zu § 310 BGB.

führende Anschlussklauseln eine unangemessene Benachteiligung des Arbeitnehmers iSd § 307 Abs. 1 Satz 1, Abs. 2 Nr. 1 BGB dar.

§ 12 EFZG steht der Anwendung tariflicher Ausschlussfristen auf gesetzliche Entgeltfortzahlungsansprüche nicht entgegen.[69] **Fristen für die Geltendmachung von Entgeltfortzahlungsansprüchen stellen keine Abweichung vom EFZG dar.** Die Ausschlussfristen betreffen nicht den Inhalt des Anspruchs, sondern deren Geltendmachung und zeitliche Begrenzung.[70] 40

In konsequenter Verfolgung des richtigen Ansatzes, dass Ausschlussfristen gesetzliche Ansprüche nicht inhaltlich ändern, müssen die gesetzlichen Entgeltfortzahlungsansprüche auch von **einzelvertraglichen Ausschlussfristen** erfasst werden.[71] 41

Jedenfalls aber sind Ausschlussfristen auch auf unabdingbare gesetzliche Ansprüche dann zur Anwendung zu bringen, wenn sie sich aus einem Tarifvertrag ergeben, auf den im Einzelvertrag als Ganzes Bezug genommen wird.[72] 42

b) Gesetzliche Verjährung und Verwirkung

§ 12 EFZG kann dem Eintritt der gleichermaßen auf Gesetz beruhenden **Verjährung**[73] und der ebenfalls aus allgemeinen Rechtsgrundsätzen abgeleiteten **Verwirkung** nicht entgegenstehen. 43

4. Vertragsstrafe

Mit der Zielsetzung des § 12 EFZG[74] nicht zu vereinbaren sind **Vertragsstrafenabreden**, die sich auf die Verletzung solcher Pflichten beziehen, die Auswirkungen auf gesetzliche Entgeltfortzahlungsansprüche haben können (zB Nachweispflicht nach § 5 Abs. 1 Satz 2 EFZG). Denkbar sind allenfalls Vertragsstrafenvereinbarungen, die **arbeitsvertragliche Nebenpflichten** betreffen, die sich zwar aus dem EFZG ergeben (zB Anzeigepflicht nach § 5 Abs. 1 Satz 1 EFZG), den Entgeltfortzahlungsanspruch selbst aber unberührt lassen.[75] § 309 Nr. 6 BGB findet wegen der Besonderheiten des Arbeitsrechts (§ 320 Abs. 4 Satz 2 BGB) im Arbeitsrecht grundsätzlich keine Anwendung[76] und würde der Zulässigkeit solcher Vertragsstrafenabreden schon vom Wortlaut her nicht entgegenstehen. Abreden über Vertragsstrafen sind insbesondere unter den Gesichtspunkten der Transparenz und der Angemessenheit einer Inhaltskontrolle nach § 307 BGB zu unterziehen.[77] 44

---

69 BAG 16.1.2001 – 5 AZR 430/00 – NZA 2002, 746.
70 BAG 30.3.1962 – 2 AZR 101/61 – AP Nr. 28 zu § 4 TVG Ausschlussfristen; BAG 16.1.2002 – 5 AZR 430/00 – AP Nr. 13 zu § 3 EntgeltFG; BAG 25.5.2005 – 5 AZR 572/04 – AP Nr. 1 zu § 310 BGB; Kaiser/Dunkl/Hold/Kleinsorge, § 12 EFZG Rn 38; aA BAG 5.4.1984 – 6 AZR 443/81 – AP Nr. 16 zu § 13 BUrlG mit Anm. Weber, wonach der gesetzliche Anspruch durch die Ausschlussfrist inhaltlich zu Ungunsten des Arbeitnehmers verändert werde, da zum Inhalt eines Rechts auch die Dauer gehöre, innerhalb derer es ausgeübt werden kann.
71 Schaub/Schaub, § 205 Rn 4.
72 BAG 5.11.1963 – 5 AZR 136/63 – AP Nr. 1 zu § 1 TVG Bezugnahme auf Tarifvertrag; zweifelnd: Schaub/Schaub, § 205 Rn 4.
73 Vgl § 3 Rn 255.
74 Vgl Rn 2 ff.
75 Zur generellen Zulässigkeit von Vertragsstrafenvereinbarungen vgl § 5 Rn 202.
76 BAG 4.3.2004 – 8 AZR 196/03 – AP Nr. 3 zu § 309 BGB.
77 BAG 4.3.2004 aaO Fn 76; BAG 14.8.2007 – 8 AZR 973/06 – AP Nr. 28 zu § 307 BGB.

C. Vom Gesetz abweichende zulässige Regelungen

I. Günstigkeitsprinzip

45 Der in § 12 EFZG statuierte Unabdingbarkeitsgrundsatz verbietet nicht, zugunsten des Arbeitnehmers eine von der gesetzlichen Regelung abweichende Vereinbarung zu treffen; es gilt das sog. **Günstigkeitsprinzip**. Ob eine günstigere einzel- oder kollektivvertragliche Regelung vorliegt, ist anhand eines Günstigkeitsvergleichs zu ermitteln, und zwar durch einen **Einzelvergleich** und nicht durch einen Gesamt- oder Sachgruppenvergleich. Jede abweichende Bestimmung ist somit einzeln mit der entsprechenden gesetzlichen Bestimmung zu vergleichen; eine **Kompensation** ungünstiger Abweichungen vom EFZG im Einzelnen mit günstigeren Regelungen in anderen Bereichen ist nicht möglich.[78] Ergibt die Prüfung, dass die einzel- oder kollektivvertragliche Regelung gegenüber der gesetzlichen Regelung günstiger oder doch zumindest gleichwertig ist, dann ist die abweichende Regelung gültig. Erweist sich die abweichende Regelung dagegen als ungünstiger, so ist diese gemäß § 134 BGB ungültig und die gesetzliche Regelung tritt an ihre Stelle.

46 **Günstiger** ist zB eine Vereinbarung, die eine Entgeltfortzahlung bei einer auf Betriebsunfall beruhenden Arbeitsunfähigkeit oder generell für die Dauer von acht Wochen vorsieht oder im Falle einer tarifvertraglichen Gleichstellung der Heimarbeiter mit den Betriebsarbeitnehmern die Unkostenzuschläge bei der Berechnung des fortzuzahlenden Lohnes mit einbezieht. **Ungünstiger** und damit unwirksam ist dagegen eine Vereinbarung, die vorsieht, dass das fortzuzahlende Entgelt immer nur auf der Basis der Grundvergütung errechnet werden soll und Zuschläge stets unberücksichtigt bleiben. Ungünstiger ist auch eine Vereinbarung, die den Entgeltfortzahlungszeitraum auf weniger als sechs Wochen beschränkt, selbst wenn dafür zum Ausgleich ein erhöhter Lohn bezahlt werden soll (zB Aufstockung des fortzuzahlenden Entgelts um 10 %).

47 Ebenfalls als **ungünstiger** erweist sich eine tarifvertragliche Regelung, die dem Arbeitnehmer weniger Zeit für die Vorlage einer Arbeitsunfähigkeitsbescheinigung einräumt, als dies in § 5 Abs. 1 Satz 2 EFZG vorgesehen ist.[79] Die Berechtigung des Arbeitgebers, nach § 5 Abs. 1 Satz 3 EFZG die Vorlage der ärztlichen Bescheinigung früher zu verlangen, kann in den Günstigkeitsvergleich nicht einfließen. § 5 Abs. 1 Satz 3 EFZG eröffnet dem Arbeitgeber einen Regelungsspielraum, ob und wann die Arbeitsunfähigkeit vor dem vierten Tag nachzuweisen ist.[80] Solche **Gestaltungsrechte sind nicht geeignet, in einen Günstigkeitsvergleich einbezogen zu werden.**[81] Im Übrigen ist § 5 Abs. 1 Satz 2 EFZG nicht tarifdispositiv.[82]

---

78 ErfK/Dörner, § 12 EFZG Rn 7; zu einzelnen für den Arbeitnehmer günstigeren Klauseln vgl Kleinebrink, ArbRB 2007, 186; zur vergleichbaren Regelung des § 13 Abs. 1 Satz 3 BUrlG vgl BAG 22.1.2002 – 9 AZR 601/01 – AP Nr. 55 zu § 11 BUrlG; siehe auch § 13 Rn 6.

79 Berenz, DB 1995, 2171; aA LAG Nürnberg 22.1.2002 – 6 Sa 193/01 – LAGE § 5 EntgeltFG Nr. 5.

80 BAG 25.1.2000 – 1 ABR 3/99 – AP Nr. 34 zu § 87 BetrVG 1972 Ordnung des Betriebes.

81 Berenz, DB 1995, 2171.

82 AA BAG 26.2.2003 – 5 AZR 112/02 – AP Nr. 8 zu § 5 EntgeltFG, das davon ausgeht, dass § 5 Abs. 1 Satz 3 EFZG einen Anspruch des Arbeitgebers begründet, der in einem Einzelfall ausgeübt, arbeitsvertraglich vereinbart oder durch Tarifvertrag geltend gemacht werden kann.

Abweichungsregelungen im Sinne des § 12 EFZG stellen auch **Pauschalierungsvereinbarungen** dar. Dabei sollen durch die Gewährung von pauschalen Zuschlägen gesetzliche Ansprüche abgegolten werden. Nachdem ein solches Verfahren vom Gesetzgeber ausdrücklich nicht vorgesehen ist, kann es Gültigkeit nur über einen **Günstigkeitsvergleich** mit der gesetzlichen Regelung entfalten. Dementsprechend verlangt die Rechtsprechung, dass Pauschalabgeltungen so gestaltet sein müssen, dass der zum Lohn gewährte Zuschlag von vornherein **eindeutig erkennbar** und **geeignet** ist, den gesetzlichen Anspruch – auch zeitgerecht – zu erfüllen.[83] 48

Im Hinblick auf die Unvorhersehbarkeit des Eintritts und der Dauer krankheitsbedingter Arbeitsunfähigkeiten kommt eine pauschalierte Abgeltung von Ansprüchen auf Entgeltfortzahlung im Krankheitsfall grundsätzlich nicht in Betracht. Anders verhält es sich bei der Feiertagsvergütung nach § 2 EFZG. Hier lässt sich im Wege des Günstigkeitsvergleichs eindeutig feststellen, ob die als Pauschalabgeltung gewährten Zuschläge ein Äquivalent für die ihrem Umfang nach beschränkte Anzahl von Feiertagen darstellen. 49

II. Öffnungsklauseln

Wird in einem Tarifvertrag von der Ermächtigung des § 4 Abs. 4 EFZG oder des § 10 Abs. 4 EFZG Gebrauch gemacht, so entfällt ein Günstigkeitsvergleich, weil insoweit auch **zu Ungunsten** des Arbeitnehmers von der gesetzlichen Regelung abgewichen werden kann. Gleiches gilt, wenn innerhalb des Geltungsbereichs eines Tarifvertrags eine **Inbezugnahme** der tarifvertraglichen Regelung durch nicht tarifgebundene Parteien erfolgt ist (§ 4 Abs. 4 Satz 2 EFZG). 50

D. Rechtsfolgen bei Verstößen gegen § 12 EFZG

I. Verstoß durch Einzelvertrag

Verstößt eine einzelvertragliche Entgeltfortzahlungsregelung gegen § 12 EFZG, so ist sie gemäß **§ 134 BGB** nichtig; an ihre Stelle treten die gesetzlichen Regelungen. 51

Soweit der Einzelvertrag gegenüber dem EFZG nur teilweise ungünstigere aber auch günstigere Bestimmungen enthält, erstreckt sich die Nichtigkeit der Regelungen auf die ungültigen Teile. Die Unwirksamkeit erfasst gemäß **§ 139 BGB** die gesamte einzelvertragliche Entgeltfortzahlungsregelung, wenn nicht näher erkennbar ist, ob und welche Bestimmungen gegenüber dem EFZG als günstiger anzusehen sind[84] oder wenn nach dem mutmaßlichen Parteiwillen anzunehmen ist, dass die günstigeren Bestimmungen auch ohne die rechtsunwirksamen ungünstigeren Regelungen vereinbart worden wären.[85] 52

II. Verstoß durch kollektivvertragliche Regelungen

Verstöße gegen das EFZG in einem Tarifvertrag oder in einer Betriebsvereinbarung haben ähnliche rechtliche Folgen wie solche in Einzelverträgen. § 139 BGB 53

83 BAG 22.10.1973 – 3 AZR 83/73 – AP Nr. 31 zu § 1 FeiertagslohnzahlungsG mit Anm. Herschel; vgl auch § 2 Rn 81.
84 ErfK/Dörner, § 12 EFZG Rn 9.
85 Kaiser/Dunkl/Hold/Kleinsorge, § 12 EFZG Rn 7; Knorr/Krasney, § 12 EFZG Rn 11; Schmitt, § 12 EFZG Rn 41.

gilt jedoch nur für Rechtsgeschäfte und ist auf kollektivrechtliche Vereinbarungen wegen ihres Normencharakters nicht anwendbar.[86] Es gelten die gleichen Regeln wie bei der Nichtigkeit einzelner gesetzlicher Vorschriften. Danach beschränkt sich die Nichtigkeit einzelner Bestimmungen auf den unwirksamen Teil. Zusammenhängende kollektivrechtliche Bestimmungen sind demgemäß nur dann insgesamt unwirksam, wenn der gültige Teil der Kollektivnorm(en) keine eigene rechtliche und wirtschaftliche Bedeutung hat oder die Gesamtregelung ihren Sinn verlieren würde, wenn sich ein Teil als nichtig erweist.[87]

III. Beweislast

54 Tatsächliche Umstände, die zur **Teilnichtigkeit** einzelvertraglicher Entgeltfortzahlungsregelungen führen, muss derjenige **beweisen**, der sich hierauf beruft. Steht die Teilnichtigkeit einer solchen Regelung fest, so muss die Faktoren, die für die Gültigkeit der Regelung im Übrigen sprechen, beweisen, wer deren Gültigkeit in Anspruch nimmt.[88]

55 Zweifel bei der Auslegung von Entgeltfortzahlungsregelungen in Einzelverträgen, auf die als Allgemeine Geschäftsbedingungen die Bestimmungen der §§ 305 ff BGB zur Anwendung kommen, gehen zulasten des Verwenders (§ 305 c Abs. 2 BGB), welcher in aller Regel der Arbeitgeber sein wird.

56 Die Folgen teilnichtiger kollektivrechtlicher Entgeltfortzahlungsregelungen auf die gesamte Regelung ergeben sich aus reiner **Rechtsanwendung**, die vom Gericht von Amts wegen vorzunehmen ist.

§ 13 Übergangsvorschrift

Ist der Arbeitnehmer von einem Tag nach dem 9. Dezember 1998 bis zum 1. Januar 1999 oder darüber hinaus durch Arbeitsunfähigkeit infolge Krankheit oder infolge einer Maßnahme der medizinischen Vorsorge oder Rehabilitation an seiner Arbeitsleistung verhindert, sind für diesen Zeitraum die seit dem 1. Januar 1999 geltenden Vorschriften maßgebend, es sei denn, daß diese für den Arbeitnehmer ungünstiger sind.

Schrifttum: *Löwisch*, Der arbeitsrechtliche Teil des so genannten Korrekturgesetzes, BB 1999, 102; *Schaub*, Entgeltfortzahlung in neuem (alten) Gewand?, NZA 1999, 177.

A. Normzweck

1 § 13 EFZG regelt die Anwendbarkeit der zum 1.1.1999 in Kraft getretenen Normen des EFZG auf Arbeitnehmer, die im Zeitraum vom 10.12.1998, dem Tag nach der 3. Lesung des Gesetzes im Bundestag, bis zum Inkrafttreten des Gesetzes am 1.1.1999 oder darüber hinaus arbeitsunfähig krank waren oder sich in einer Maßnahme der medizinischen Vorsorge und Rehabilitation befanden.

86 BAG 30.8.1995 – 1 ABR 4/95 – AP Nr. 29 zu § 87 BetrVG 1972 Überwachung; BAG 18.12.1990 – 1 ABR 11/90 – AP Nr. 98 zu § 1 TVG TV-Metallindustrie.

87 Für Tarifverträge: Wiedemann, TVG, § 1 Rn 332; für Betriebsvereinbarungen: Fitting, § 77 BetrVG Rn 32.

88 Baumgärtel, Handbuch der Beweislast im Privatrecht, § 139 BGB Rn 1.

Mit § 13 EFZG wurden die erst zum 1.1.1999 in Kraft getretenen Regelungen des EFZG faktisch mit einer beschränkten Rückwirkung versehen. Durch deren Bezug auf den Tag der Beschlussfassung im Deutschen Bundestag wurde dem Vertrauensschutz Rechnung getragen; die Rückwirkung verstößt nicht gegen verfassungsrechtliche Grundsätze.[1] 2

Die Bestimmung des § 13 EFZG dürfte **mittlerweile gegenstandslos** geworden sein. 3

B. Fortgeltung entgeltfortzahlungsrechtlicher Regelungen aus der Zeit vor dem 1.1.1999

Von **§ 13 EFZG nicht erfasst** wird die Frage der **Weitergeltung einzel- oder kollektivvertraglicher Entgeltfortzahlungsregelungen**, die unter der Geltung der zum 1.10.1996 durch das Arbeitsrechtliche Beschäftigungsförderungsgesetz vom 25.9.1996[2] geänderten Normen vor dem 1.1.1999 zustande gekommen sind. 4

Mit Inkrafttreten des Gesetzes zu Korrekturen in der Sozialversicherung und zur Sicherung der Arbeitnehmerrechte vom 19.12.1998[3] sind dessen Bestimmungen Gegenstand solcher einzel- oder kollektivvertraglicher Regelungen geworden, die lediglich **deklaratorisch** die bis zum 31.12.1998 geltende Rechtslage in Bezug genommen oder wiedergegeben haben.[4] 5

Soweit es sich um eigenständige (**konstitutive**) Entgeltfortzahlungsregelungen handelte, konnten diese über den 31.12.1998 hinaus nur Bestand haben, wenn sie gegenüber der neuen Rechtslage für den Arbeitnehmer nicht ungünstiger waren (§ 12 EFZG).[5] Dabei ist jede einzelne und nicht die gesamte Entgeltfortzahlungsregelung mit dem jeweiligen gesetzlichen Mindeststandard zu vergleichen; Kompensationen ungünstigerer durch einzelne günstigere Entgeltfortzahlungsregelungen sind im Rahmen des § 12 EFZG nicht möglich.[6] Dies bedeutet zB für eine vor dem 1.1.1999 konstitutiv erfolgte einzel- oder kollektivvertragliche Festschreibung der Einbeziehung von Überstunden in die Entgeltfortzahlung bei einer 100 % unterschreitenden Entgeltfortzahlungshöhe, dass seit 1.1.1999 die gesetzliche Mindesthöhe der Entgeltfortzahlung nach § 4 Abs. 1 EFZG gilt, daneben – weil günstiger als das Gesetz – aber auch Überstunden in die Entgeltfortzahlungsberechnung einfließen müssen. In der Regel wird der Einbeziehung von Überstunden in die Entgeltfortzahlungsberechnung in der Zeit bis 31.12.1998 jedoch lediglich deklaratorischer Charakter zukommen.[7] 6

Probleme werfen Regelungen auf, mit denen die Anhebung des Entgeltfortzahlungsanspruchs auf 100 % durch den Wegfall anderer Arbeitgeberleistungen 7

1 ErfK/Dörner, 4. Aufl., § 13 EFZG Rn 2; Kaiser/Dunkl/Hold/Kleinsorge, § 13 EFZG Rn 6; vgl zur Beseitigung des schützenswerten Vertrauens durch einen Gesetzesbeschluss BVerfG 15.10.1996 – 1 BvL 44/92 – BVerfGE 95, 64, 87.
2 BGBl. I, S. 1476.
3 BGBl. I, S. 3843.
4 Vgl auch § 4 Rn 14 f.
5 Vgl § 4 Rn 16.
6 Vgl § 12 Rn 45; kritisch hierzu Löwisch, BB 1999, 102, 105 f.
7 Vgl BAG 5.10.1995 – 2 AZR 244/95 – NZA 1996, 325, wonach zu erwarten ist, dass Tarifvertragsparteien dafür Sorge tragen, dass ihr Normsetzungswille im Tarifvertrag einen deutlichen Niederschlag findet, wenn sie mit der partiellen Übernahme von Gesetzesrecht eine eigenständige Tarifregelung beabsichtigen.

kompensiert wurde. Mit Inkrafttreten des Korrekturgesetzes zum 1.1.1999 lebten die als Ausgleich für den vollen Entgeltfortzahlungsanspruch gedachten weggefallenen Arbeitgeberleistungen nicht automatisch wieder auf.[8] Hierzu bedarf es einer Änderung der entsprechenden Regelung durch die Vertrags-, Betriebs- oder Tarifpartner. Eine an dem früheren Rechtszustand ausgerichtete Anpassung mit Hilfe des Rechtsinstituts des **Wegfalls der Geschäftsgrundlage** durch die Gerichte kommt – bei Vorliegen der von der Rechtsprechung hierzu entwickelten Voraussetzungen, die seit 1.1.2002 in § 313 BGB normiert sind – allenfalls bei einzelvertraglichen Vereinbarungen in Betracht.[9] Eine Anpassung kollektivvertraglicher Regelungen kann demgegenüber nicht von den Gerichten, sondern nur von den Tarifvertragsparteien oder den Betriebspartnern vorgenommen werden.[10]

8 Schaub, NZA 1999, 177, 178.
9 Vgl grundlegend Palandt/Grüneberg, § 313 BGB Rn 7 ff, 17 ff.
10 BAG 13.3.2002 und 26.6.2002 – 5 AZR 648/00 – und – 5 AZR 592/00 – AP Nrn. 58 und 61 zu § 4 EntgeltFG; vgl auch § 4 Rn 24.

Gesetz über den Ausgleich der Arbeitgeberaufwendungen für Entgeltfortzahlung (Aufwendungsausgleichsgesetz – AAG)

Vom 22. Dezember 2005 (BGBl. I S. 3686)
(FNA 800-19-4)
zuletzt geändert durch Art. 4 d G zur Verbesserung der Rahmenbedingungen für die Absicherung flexibler Arbeitszeitregelungen und zur Änd. anderer G vom 21. Dezember 2008 (BGBl. I S. 2940)

Einleitung

Schrifttum: *Boecken*, Probleme der Entgeltfortzahlung im Krankheitsfall, NZA 1999, 673; *Buchner*, Sicherung des Mutterschaftsgeldzuschusses durch das Aufwendungsausgleichsgesetz, NZA 2006, 121; *Canaris*, Das Fehlen einer Kleinbetriebsregelung für die Entgeltfortzahlung an Angestellte als Verfassungsverstoß, RdA 1997, 267; *Figge*, Ausweitung der Lohnfortzahlungsversicherung ab 1.1.1986 auf reine Angestelltenbetriebe, DB 1985, 2560; *Götzenberger*, Die Lohnfortzahlungsversicherung nach § 10 LFZG, SozVers 1993, 117; *Giesen*, Arbeitsmarktpolitische Maßnahmen der Großen Koalition – Neuregelungen 2006, NJW 2006, 721, 257; *Horst*, Die Einführung der Lohnfortzahlungsversicherung in den neuen Bundesländern, SGb 1992, 89; *Jahnke*, Entgeltfortzahlung und Regress des Arbeitgebers im Schadenfall seines Arbeitnehmers, NZV 1996, 169; *Kossow*, Die Praktizierung des § 19 LFZG (freiwilliges Ausgleichsverfahren), ZfS 1970, 285; *Kübler*, Das freiwillige Ausgleichsverfahren nach § 19 LFZG, KrV 1969, 317; *Marburger*, Änderungen des Mutterschutzrechts, BB 1997, 521; *ders.*, Zur aktuellen Rechtslage im Zusammenhang mit der Lohnfortzahlungsversicherung (einschl. geplantem Entgeltfortzahlungsgesetz), Die Beiträge 1993, 449; *ders.*, Zweifelsfragen im Zusammenhang mit der Lohnfortzahlungsversicherung, BB 1986, 2410; *Meydam*, Zur verfassungsrechtlichen Beurteilung der Ausgleichsumlage nach dem Lohnfortzahlungsgesetz bei Betrieben mit Kurzarbeit, KrV 1978, 217; *Nolte*, Lohnfortzahlungsversicherung – Die Durchführung bleibt gesichert, KrV 1995, 340; *Schliemann*, Neues und Bekanntes im Entgeltfortzahlungsgesetz, AuR 1994, 317; *Schneider*, Die Absicherung des Entgeltfortzahlungsrisikos für Klein- und Mittelbetriebe, SozSich 1997, 133; *ders.*, Die Erweiterung des Ausgleichsverfahrens nach dem Lohnfortzahlungsgesetz, BB 1985, 2114; *Sieg*, Versicherungsdeckung der Arbeitgeberaufwendungen nach dem Lohnfortzahlungsgesetz, SGb 1979, 249; *Sowka*, Änderungen im Mutterschutzrecht und im Jugendarbeitsschutzrecht, NZA 1997, 296; *Wältermann*, Erstattung der Arbeitgeberaufwendungen nach dem Lohnfortzahlungsgesetz, 10. Aufl. 1986; *Wussow*, Die Rückgriffsansprüche der Krankenkasse in den Fällen des § 10 Abs. 1 LFZG; *Zipperer*, Versicherungsrechtliche Lösungen zum Ausgleich schwangerschafts- und mutterschaftsbedingter betrieblicher Kosten, KrV 1990, 62.

Das Gesetz über den Ausgleich der Arbeitgeberaufwendungen für Entgeltfortzahlung (**Aufwendungsausgleichsgesetz – AAG**) vom 22.12.2005 **löste zum 1.1.2006 die §§ 10 bis 19 LFZG ab.** Bereits zum 1.10.2005 waren die § 2 Abs. 2 Satz 3, § 3 Abs. 3, § 7, § 8 Abs. 2 und § 9 AAG in Kraft getreten, um dem Verwaltungshandeln der betroffenen Krankenkassen eine sichere Rechtsgrundlage zu schaffen. 1

Grund für die Ersetzung der §§ 10–19 LFZG durch das AAG war die Entscheidung des **BVerfG vom 18.11.2003**, die § 14 Abs. 1 Satz 1 MuSchG mit Art. 12 Abs. 1 GG für nicht vereinbar erklärte.[1] Das Bundesverfassungsgericht stellte fest, dass das Ausgleichs- und Umlageverfahren nach den §§ 10 ff LFZG zwar ein geeignetes Mittel sei, um ungleiche Belastungen von Unternehmen mit unterschiedlich hohem Frauenanteil zu vermeiden und dabei der mittelbaren Dis- 2

1 BVerfG 18.11.2003 – 1 BvR 302/96 – BVerfGE 109/64; NJW 2004, 146.

kriminierung von Frauen auf dem Arbeitsmarkt entgegenzuwirken. Da das Ausgleichsverfahren nach § 10 Abs. 1 Satz 1 Nr. 2 LFZG, welches den nach § 14 Abs. 1 MuSchG zu zahlenden Zuschuss zum Mutterschaftsgeld regelte (sog. U2 – Umlageverfahren, vgl § 1 AAG Rn 28 ff.) nur auf Kleinbetriebe (nicht mehr als 20 Arbeitnehmer; § 10 Abs. 1 Satz 1 LFZG oder ggf nicht mehr als 30 Arbeitnehmer aufgrund fakultativer Satzungsregelung gem. § 16 Abs. 2 Nr. 4 LFZG) beschränkt sei, verbleibe jedoch ein erheblicher Teil der Unternehmen außerhalb des Ausgleichs- und Umlageverfahrens, die Frauen bei der Einstellung benachteiligen könnten. Der Gesetzgeber hatte daher aufgrund des hierin liegenden **Verstoßes gegen das Gleichberechtigungsgebot aus Art. 3 Abs. 2 GG**, eine **verfassungskonforme Regelung** zu finden.

3 Mit dem vorliegenden Aufwendungsausgleichsgesetz wird die festgestellte Verfassungswidrigkeit des bis zum 31.12.2005 in den §§ 10 bis 19 LFZG geregelte Ausgleichsverfahrens der Arbeitgeberaufwendungen beseitigt. Daneben erfolgt eine Angleichung und Weiterentwicklung des Ausgleichsverfahrens der Arbeitgeberaufwendungen an die aktuellen Strukturen der Sozialversicherung.

Zu den **wesentlichen Neuerungen** des Aufwendungsausgleichsgesetzes gehören:

- die Erstattung aller Arbeitgeberaufwendungen für Mutterschaftsleistungen unabhängig von der Zahl der Beschäftigten
- die Einbeziehung der Aufwendungen für die Entgeltfortzahlung der Angestellten im Arbeitsunfähigkeitsfall sowie bei Maßnahmen der medizinischen Versorgung und Rehabilitation
- die Teilnahme aller Krankenkassen, nunmehr auch der Ersatz- und Betriebskrankenkassen, am Umlageverfahren und
- die Möglichkeit der Übertragung der Durchführung des Ausgleichsverfahrens auf eine andere Krankenkasse oder einen Landes- oder Bundesverband.

4 Sinn und Zweck der Vorschriften des AAG ist es nach wie vor, die Kostenbelastung der Entgeltfortzahlung für kleinere Betriebe mit nicht mehr als 30 Arbeitnehmern (sog. U1-Verfahren) sowie für Leistungen nach den §§ 11 Abs. 1 Satz 1, 14 Abs. 1 MuSchG für **alle** Betriebe (sog. U2-Verfahren) teilweise auszugleichen.[2]

5 Das nunmehr im Aufwendungsausgleichsgesetz geregelte Ausgleichsverfahren über die Kosten der Entgeltfortzahlung beruht auf dem LFZG vom 27.7.1967, in dem allen Arbeitnehmern erstmals ein unabdingbarer arbeitsrechtlicher Anspruch auf Entgeltfortzahlung für die ersten sechs Wochen einer Arbeitsverhinderung wegen Krankheit eingeräumt wurde.

Um die finanzielle Belastung der Arbeitgeber zu mindern, sah der Gesetzgeber im Zweiten Abschnitt des LFZG (§§ 10 ff LFZG) ein Ausgleichsverfahren für die Arbeitgeberaufwendungen vor. Zwischen den beiden Neuregelungen bestand ein innerer Zusammenhang. Denn frühere Versuche, die Entgeltfortzahlung auf Arbeiter auszudehnen und dadurch die Privilegierung von Angestellten im Arbeitsrecht abzubauen, waren unter anderem daran gescheitert, dass keine Möglichkeit gesehen wurde, die damit einhergehenden finanziellen Belastungen des Arbeitgebers in angemessener Weise aufzufangen.[3] Der Arbeitgeberausgleich

2 Knorr/Krasney, Einführung LFZG/AAG.
3 Vgl Protokolle der 156. und 157. Sitzung des Bundestagsausschusses für Sozialpolitik vom 2. und 3. Mai 1957.

war daher von Anfang an mit der Einführung der Entgeltfortzahlung speziell für Arbeiter verknüpft.[4] Der entsprechende Aufwand des Arbeitgebers für Angestellte bot 1970 keinen Anlass mehr zu einer besonderen Entlastungsmaßnahme, denn für diese bestand bereits seit etwa vier Jahrzehnten eine unabdingbare Fortzahlungspflicht im Krankheitsfall (insbesondere durch § 616 Abs. 2 BGB in der bis 31. Mai 1994 geltenden Fassung).

Durch Art. 60 des Gesetzes zur sozialen Absicherung des Risikos der Pflegebedürftigkeit (Pflege-Versicherungsgesetz – PflegeVG) vom 26.5.1994 (BGBl. I S. 1014, 1069) wurden mit Inkrafttreten des Entgeltfortzahlungsgesetzes zum 1.6.1994 lediglich die §§ 1 bis 9 des Lohnfortzahlungsgesetzes aufgehoben. Die §§ 10 bis 19 Lohnfortzahlungsgesetz dagegen, die das Lohnausgleichsverfahren regelten, blieben zunächst unverändert in Kraft. 6

Dieses im Lohnfortzahlungsgesetz geregelte Verfahren über den Ausgleich der Arbeitgeberaufwendungen für Entgeltfortzahlung im Krankheitsfall und Mutterschaftsleistungen bedurfte jedoch aus Gründen der Rechtsklarheit der Anpassung an die durch das Entgeltfortzahlungsgesetz und das Gesundheitsstrukturgesetz vorgenommenen Änderungen. Zwar verwiesen die §§ 10 ff LFZG – sofern sie auf außer Kraft getretene Vorschriften des Lohnfortzahlungsgesetzes Bezug nahmen (§§ 1 und 7 LFZG in § 10 Abs. 1 Nr. 1 LFZG) – über den Umweg des Art. 67 Abs. 3 PflegeVG auf die vergleichbaren Regelungen des Entgeltfortzahlungsgesetzes. Damit hatte der Gesetzgeber zwar eine Verweisung ins „Leere“ vermieden, gesetzestechnisch jedoch einen Weg gewählt, der ein dem Rechtsstaatsprinzip widersprechendes Maß an „Rechtsunklarheit“ beinhaltete.[5]

Auch waren beispielsweise trotz der im Recht der Entgeltfortzahlung im Krankheitsfall vollzogenen **Gleichstellung zwischen Arbeitern und Angestellten** die Aufwendungen des Arbeitgebers für die Entgeltfortzahlung an Angestellte im Krankheitsfall im Rahmen des Ausgleichsverfahrens nicht zu berücksichtigen. Die Beschränkung des Arbeitgeberausgleichs auf die Entgeltfortzahlung an erkrankte Arbeiter und Auszubildende verstieß auch nicht gegen höherrangiges Recht.[6] 7

Die §§ 10–19 LFZG wurden überwiegend mit Wirkung vom 1.1.2006, teilweise schon mit Wirkung vom 1.10.2005, ersetzt durch das Gesetz über den Ausgleich der Arbeitgeberaufwendungen für Entgeltfortzahlung (Aufwendungsausgleichsgesetz – AAG) vom 11.12.2005 (BGBl. I 3686). Mit diesem Gesetz wurden die Umlageverfahren auf eine neue gesetzliche Grundlage gestellt. 8

§ 1 Erstattungsanspruch

(1) Die Krankenkassen mit Ausnahme der landwirtschaftlichen Krankenkassen erstatten den Arbeitgebern, die in der Regel ausschließlich der zu ihrer Berufsausbildung Beschäftigten nicht mehr als 30 Arbeitnehmer und Arbeitnehmerinnen beschäftigen, 80 Prozent

4 BSG 20.4.1999 – B 1 KR 1/97 R – NZA-RR 1999, 594.
5 Boecken NZA 1999, 673, 674; ferner Canaris RdA 1997, 267, 269; vgl zu den weiteren gesetzlichen Änderungen im Einzelnen: Knorr/Krasney, Einführung zum LFZG/AAG.
6 BSG 20.4.1999 – B 1 KR 1/97 R – NZA-RR 1999, 594; aA Kaiser/Dunkl/Hold/Kleinsorge Einleitung zu LFZG Rn 8; Boecken NZA 1999, 673, 683.

1. des für den in § 3 Abs. 1 und 2 und den in § 9 Abs. 1 des Entgeltfortzahlungsgesetzes bezeichneten Zeitraum an Arbeitnehmer und Arbeitnehmerinnen fortgezahlten Arbeitsentgelts,
2. der auf die Arbeitsentgelte nach der Nummer 1 entfallenden von den Arbeitgebern zu tragenden Beiträge zur Bundesagentur für Arbeit und der Arbeitgeberanteile an Beiträgen zur gesetzlichen Kranken- und Rentenversicherung, zur sozialen Pflegeversicherung und nach § 172 Abs. 2 des Sechsten Buches Sozialgesetzbuch sowie der Beitragszuschüsse nach § 257 des Fünften und nach § 61 des Elften Buches Sozialgesetzbuch.

(2) Die Krankenkassen mit Ausnahme der landwirtschaftlichen Krankenkassen erstatten den Arbeitgebern in vollem Umfang

1. den vom Arbeitgeber nach § 14 Abs. 1 des Mutterschutzgesetzes gezahlten Zuschuss zum Mutterschaftsgeld,
2. das vom Arbeitgeber nach § 11 des Mutterschutzgesetzes bei Beschäftigungsverboten gezahlte Arbeitsentgelt,
3. die auf die Arbeitsentgelte nach der Nummer 2 entfallenden von den Arbeitgebern zu tragendenBeiträge zur Bundesagentur für Arbeit und die Arbeitgeberanteile an Beiträgen zur gesetzlichen Kranken- und Rentenversicherung, zur sozialen Pflegeversicherung und nach § 172 Abs. 2 des Sechsten Buches Sozialgesetzbuch sowie der Beitragszuschüsse nach § 257 des Fünften und nach § 61 des Elften Buches Sozialgesetzbuch.

(3) Am Ausgleich der Arbeitgeberaufwendungen nach den Absätzen 1 (U1-Verfahren) und 2 (U2-Verfahren) nehmen auch die Arbeitgeber teil, die nur Auszubildende beschäftigen.

A. Allgemeines 1
B. Träger des Ausgleichsverfahrens . . 4
C. Erstattungsanspruch 10
I. Erstattungsanspruch gem. § 1 Abs. 1 AAG (U1-Verfahren) der Arbeitgeberaufwendungen bei Arbeitsunfähigkeit 10
1. Arbeitgeber 10
2. Beschäftigung von nicht mehr als 30 Arbeitnehmern 14
3. Erstattungsfähige Arbeitgeberleistungen 21
a) Fortzuzahlendes Arbeitsentgelt gem. §§ 3, 9 EFZG und fortzuzahlende Ausbildungsvergütung 21
b) Sozialversicherungsbeiträge des Arbeitgebers . . 27
II. Erstattungsanspruch gem. § 1 Abs. 2 AAG (U2-Verfahren) der Arbeitgeberaufwendungen nach dem Mutterschutzgesetz . . 28
1. Arbeitgeber 28
2. Erstattungsfähige Arbeitgeberleistungen 29
a) Zuschuss zum Mutterschaftsgeld 29
b) Arbeitsentgelt bei Beschäftigungsverboten 30
c) Sozialversicherungsbeiträge 33

A. Allgemeines

1 Die sich aus dem EFZG ergebende Verpflichtung zur vollen Entgeltfortzahlung an kranke Arbeitnehmer bedeutet insbesondere für lohnintensive Kleinbetriebe eine erhebliche finanzielle Belastung, die im Einzelfall unter Umständen sogar zu Liquiditätsschwierigkeiten führen kann. Um das damit verbundene wirtschaft-

liche Risiko für diese Betriebe zu mildern und überschaubar zu machen, hat der Gesetzgeber für Kleinbetriebe (mit nunmehr nicht mehr als 30 Arbeitnehmern) einen **überbetrieblichen Kostenausgleich** auf der Grundlage eines besonders geregelten Umlageverfahrens (sog. U1-Verfahren, vgl § 1 Abs. 3 AAG) eingeführt.[1] Durch das **Beschäftigungsförderungsgesetz** 1985 vom 30.4.1985 (BGBl. I S. 710) war der **Anwendungsbereich** des Ausgleichs- und Umlageverfahrens erweitert worden. Ab 1.1.1986 sind die **Mutterschaftsleistungen** des Arbeitgebers sowie die **Vergütungsfortzahlung an Auszubildende**, und zwar unabhängig davon, ob es sich um Auszubildende für einen Arbeiter- oder Angestelltenberuf handelt, in das Ausgleichsverfahren einbezogen worden.

§ 1 AGG tritt an die Stelle des § 10 Abs. 1 LFZG und regelt Umfang und Höhe der einzelnen Erstattungsansprüche der Arbeitgeber gegenüber der Krankenkasse. Die §§ 2 und 3 AGG geben mit gewissen Änderungen die Regelungsinhalte des § 10 Abs. 2–4 LFZG wieder.

Das Ausgleichs- und Umlageverfahren unterscheidet in § 1 AAG zwischen der Erstattung von Aufwendungen für die Entgeltfortzahlung im Krankheitsfall gem. §§ 3 und 9 EFZG sowie der hierauf entfallenden und vom Arbeitgeber zu erstattenden Sozialversicherungsbeiträge (§ 1 Abs. 1 AAG; sog. U1-Verfahren) und der Erstattung von Aufwendungen für den Zuschuss zum Mutterschaftsgeld gem. § 14 Abs. 1 MuSchG sowie die Entgeltfortzahlung bei Beschäftigungsverboten nach § 11 MuSchG (§ 1 Abs. 2 AAG; sog. U2-Verfahren). 2

Abweichend von § 10 Abs. 1 LFZG ist der Kreis der am Umlageverfahren beteiligten Träger auf **alle** Krankenkassen außer den landwirtschaftlichen Krankenkassen ausgeweitet worden. Weiterhin sind durch § 1 Abs. 1 AAG nunmehr **alle** Arbeitnehmerinnen und Arbeitnehmer in das Umlageverfahren U1 einbezogen worden, um die seit langem überholte Unterscheidung zwischen Arbeiter und Angestelltem aufheben zu können. 3

B. Träger des Ausgleichsverfahrens

Träger des Ausgleichsverfahrens sind alle Krankenkassen mit Ausnahme der landwirtschaftlichen Krankenkassen. Diese Kassen gehören nach § 4 SGB V zu den Kassenarten, in die die Krankenversicherung gegliedert ist. Sie sind Träger der Sozialversicherung iSd § 29 Abs. 1 SGB IV und rechtsfähige Körperschaften des öffentlichen Rechts mit Selbstverwaltung (§ 29 Abs. 1 SGB IV und § 4 Abs. 1 SGB V). 4

Zudem wurde die relevante Unternehmensgröße der vom Ausgleichsverfahren erfassten Arbeitgeber auf **30 Arbeitnehmerinnen und Arbeitnehmer** heraufgesetzt. Die Option des § 16 Abs. 2 Nr. 4 LFZG einer entsprechenden Anhebung der Arbeitnehmerzahl per Satzung des Ausgleichsträgers ist gleichzeitig entfallen. 5

Eine weitere Ausweitung des Aufwendungsersatzes im Vergleich zu § 10 Abs. 1 LFZG sieht § 1 Abs. 1 Nr. 2 AAG vor, da neben den vom Arbeitgeber zu tragenden Beiträgen zur Bundesagentur für Arbeit und den Arbeitgeberanteilen an Beiträgen zur gesetzlichen Kranken- und Rentenversicherung **zusätzlich** die **Beiträge zur gesetzlichen Pflegeversicherung**, die Zuschüsse zur privaten Kranken- 6

1 BSG 15.7.1993 – B 1 KR 1/97 R – ZIP 1993, 1399; BSG 20.4.1999 – B 1 KR 1/97 R – NZA-RR 1999, 594.

und Pflegeversicherung nach § 257 SGB V, § 61 SGB XI sowie zur berufsständischen Versorgung nach § 172 SGB VI zu erstatten sind.[2]

7 Die wichtigste Neuerung des AAG ist jedoch wohl die Ausweitung der Erstattung **aller** mutterschaftsbedingten Arbeitgeberaufwendungen (sog. U2-Verfahren) gem. § 1 Abs. 2 AAG auf **alle** Arbeitgeber, die nicht unter § 11 Abs. 2 AAG fallen. Der Gesetzgeber hat damit dem Beschluss des BVerfG vom 18.11.2003 Rechnung getragen und die Erstattung der Arbeitgeberaufwendungen bei Mutterschaftsleistungen von der Betriebsgröße losgelöst.

8 Die **landwirtschaftlichen Krankenkassen** sind vom Ausgleichsverfahren ausgenommen, da bei ihnen nur solche Arbeitnehmer versichert sind, die als mitarbeitende Familienangehörige eines landwirtschaftlichen Unternehmens nach § 2 Abs. 1 Nr. 3 KVLG 1989 versichert sind und auf die nach § 11 Abs. 2 Nr. 1 AAG die Vorschriften über den Ausgleich der Arbeitgeberaufwendungen keine Anwendung finden.[3]

9 Während **§ 1 Abs. 1 AAG** die Frage regelt, **wer Träger des Ausgleichsverfahrens** ist, wird nunmehr in **§ 2 AAG** näher bestimmt, **welche Krankenkasse im Einzelfall** für den Erstattungsanspruch und für die Zahlung der Umlagebeträge zuständig ist.
Weitere Ausführungen hierzu bei § 2 AAG.

C. Erstattungsanspruch

I. Erstattungsanspruch gem. § 1 Abs. 1 AAG (U1-Verfahren) der Arbeitgeberaufwendungen bei Arbeitsunfähigkeit

1. Arbeitgeber

10 Nach der Rechtsprechung des BAG ist derjenige **Arbeitgeber**, der Gläubiger des Anspruchs auf Arbeitsleistung und zugleich der jeweilige Schuldner des Arbeitsentgelts gegenüber dem Arbeitnehmer nach § 611 BGB ist.[4] Auf die Frage, wer gegenüber dem Arbeitnehmer weisungsbefugt ist, ist im Rahmen des Ausgleichsverfahrens jedoch nicht abzustellen. Dies ergibt sich aus der Funktion des Ausgleichs, der das sich aus der Entgeltfortzahlung ergebende wirtschaftliche Risiko absichern soll.

11 Auch wenn damit nur entscheidend ist, wer Arbeitsvertragspartner ist und das Arbeitsentgelt schuldet, definieren die Spitzenverbände der Krankenkassen in ihrem Rundschreiben zum AAG vom 21.12.2005 in der geänderten Fassung vom 13.2.2006 den Begriff „Arbeitgeber“ als denjenigen, der über die Arbeitskräfte, ihre Einstellung, Entlassung und Verwendung verfügen kann, der Art und Weise der Arbeit bestimmt, für dessen Rechnung gezahlt wird und dem der Erfolg der Arbeit zugute kommt.[5]

12 Arbeitgeber kann eine natürliche oder juristische Person oder eine Personengesamtheit (Gesellschaft nach §§ 705 ff BGB, oHG) sein. Bei juristischen Personen sind diese, nicht der Vorstand oder Geschäftsführer, Arbeitgeber. Bei Personengesellschaften sind diese, nicht dagegen die Einzelgesellschafter als Arbeitgeber

2 Schmitt § 1 AAG Rn 6 u. 7, Giesen NJW 2006, 721, 722.
3 Knorr/Krasney § 1 AAG Rn 5.
4 BAG 16.10.1974 – 4 AZR 29/74 – AP Nr. 1 zu § 705 BGB; BAG 9.9.1982 – 2 AZR 253/80 – AP Nr. 1 zu § 611 BGB Hausmeister.
5 Treber § 1 AAG Rn 3; Schmitt § 1 AAG Rn 12, 32; Knorr/Krasney § 1 AAG Rn 13.

anzusehen.[6] Arbeitgeber und damit ausgleichsberechtigt ist auch, wer im **Haushalt** Arbeitnehmer (Hausgehilfen) beschäftigt.

Nicht als Arbeitgeber anzusehen sind anerkannte Werkstätten für behinderte Menschen, anerkannte Blindenwerkstätten, Einrichtungen der Jugendhilfe, Berufsbildungswerke und ähnliche Einrichtungen (vgl § 5 Abs. 1 Nr. 5 bis 8 SGB V) hinsichtlich der Personen, die dort im Rahmen ihrer Unterbringung bestimmte Arbeiten verrichten, da hier in der Regel kein Arbeitsvertrag, sondern lediglich ein „arbeitnehmerähnliches" Rechtsverhältnis begründet wird. Daher sind diese Personen grundsätzlich nicht bei der Ermittlung der Arbeitnehmerzahl zu berücksichtigen, Umlagebeiträge sind nicht zu zahlen und es erfolgt auch keine Erstattung. Für das in diesen Einrichtungen beschäftigte Personal gilt dies nicht.[7] 13

2. Beschäftigung von nicht mehr als 30 Arbeitnehmern

Vom Bereich des öffentlichen Dienstes, den Dienststellen ausländischer Truppen und den Verbänden der freien Wohlfahrtspflege abgesehen (§ 11 AAG), nehmen am Ausgleichsverfahren nach § 1 Abs. 1 AAG (U1-Verfahren) die **Arbeitgeber aller Wirtschaftsbetriebe** teil, die in der Regel **ausschließlich** der zu ihrer **Berufsausbildung Beschäftigten nicht mehr als 30 Arbeitnehmer** beschäftigen (§ 1 Abs. 1 AAG). Zu den Auszubildenden gehören hierbei auch **Praktikanten** und **Volontäre.**[8] Das Ausgleichsverfahren erstreckt sich aber auch auf Arbeitgeber, die **nur Auszubildende** beschäftigen (§ 1 Abs. 3 AAG). Es ist somit deutlich zu unterscheiden zwischen der maßgeblichen Beschäftigtenzahl (ohne Auszubildende) und der Teilnahme des Arbeitgebers am Ausgleichsverfahren mit der Folge der Zahlung von Umlagebeträgen. 14

Bei der Ermittlung der Anzahl der Beschäftigten bleiben nach § 3 Abs. 5 AAG des weiteren schwerbehinderte Menschen im Sinne des SGB IX unberücksichtigt. Hierunter fallen nicht nur die in § 2 Abs. 2 SGB IX genannten schwerbehinderten Menschen, sondern auch die ihnen nach § 2 Abs. 3 SGB IX gleichgestellten Personen.[9] 15

Für die **Errechnung der Gesamtzahl** der beschäftigten Arbeitnehmer trifft § 3 Abs. 1 Satz 6 AAG für Teilzeit- und geringfügig Beschäftigte eine Sonderreglung. 16

Teilzeitbeschäftigte, die wöchentlich regelmäßig nicht mehr als zehn Stunden zu arbeiten haben, sind mit einem Faktor von 0,25, diejenigen, die regelmäßig nicht mehr als 20 Stunden Arbeit zu leisten haben, mit einem Faktor von 0,5 anzusetzen. Bei einer wöchentlichen Arbeitszeit von nicht mehr als 30 Stunden ist ein Faktor von 0,75 in Ansatz zu bringen.

6 BSG 26.5.1966 – 3 RK 31/58 – BSGE 25, 51; Knorr/Krasney § 1 AAG Rn 13; vgl auch BSG 30.10.2002 – B 1 KR 19/01 R – wonach für die Umlagepflicht (20 Beschäftigte) ausschließlich die rechtliche Stellung als Arbeitgeber maßgebend ist und nicht auf die Trägergesellschaft (weitere GmbH) abzustellen ist, die einzige Gesellschafterin der GmbH (Kleinbetrieb) ist.

7 Rundschreiben der Spitzenverbände der Krankenkasse vom 21.12.2005 in der geänderten Fassung vom 13.2.2006.

8 Schmitt § 1 AAG Rn 15.

9 Knorr/Krasney § 1 AAG Rn 20; Schmitt § 1 AAG Rn 16.

Schwankt die Arbeitszeit von Woche zu Woche, ist die regelmäßige wöchentliche Arbeitszeit in den einzelnen Kalendermonaten im Wege einer Durchschnittsberechnung zu ermitteln.[10]

17 **Nicht zu berücksichtigen** sind beim Entleiher beschäftigte **Leiharbeitnehmer** iSd AÜG, da sie zum Entleiher in keinem Arbeitsverhältnis stehen. Das Gleiche gilt für in **Heimarbeit** Beschäftigte sowie Bezieher von **Vorruhestandsleistungen.**[11] Arbeitnehmer, die **Wehr- oder Zivildienst** leisten, sind ebenfalls nicht mitzuzählen, da ihr Arbeitsverhältnis während dieser Zeit ruht (§§ 1, 10 ArbPlSchG, § 78 ZDG). **Beschäftigte Gesellschafter** bzw Organmitglieder juristischer Personen können bei der Ermittlung der Anzahl der Arbeitnehmer nur berücksichtigt werden, wenn sie Arbeitnehmer iSd Sozialversicherung sind. Das bedeutet, dass ein GmbH-Geschäftsführer, der überwiegend Gesellschaftsanteile besitzt, nicht mitzurechnen ist.[12]

18 Ob mithelfende **Familienangehörige** zu berücksichtigen sind, muss im Einzelfall entschieden werden. Sie bleiben außer Ansatz, wenn sie aufgrund familienrechtlicher Beziehungen tätig werden. Dagegen sind sie mitzuzählen, wenn sie wie andere Arbeitnehmer in einem Arbeitsverhältnis stehen.[13]
Unberücksichtigt bleiben jedoch die nach § 2 Abs. 1 Nr. 3 KVLG 1989 versicherten mitarbeitenden Familienangehörigen eines landwirtschaftlichen Unternehmers.

19 Arbeitnehmer, die **Elternzeit** in Anspruch nehmen (§15 BEEG), bleiben bei der Ermittlung der Beschäftigtenzahl iSd § 10 LFZG **außer Betracht**, solange für sie ein Vertreter eingestellt ist. Im Umkehrschluss folgt hieraus, dass Arbeitnehmer, die sich in Elternzeit befinden, mitzuzählen sind, solange der Arbeitgeber keine Ersatzkraft (Vertretung) einstellt. Handelt es sich bei der Vertretung allerdings um eine Person, die aufgrund ihres Status bei der Feststellung der Arbeitnehmerzahl außer Betracht bleibt (zB Heimarbeiter, Schwerbehinderte), so wird der Elternzeitberechtigte nicht mitgezählt.[14]

20 Hat ein **Arbeitgeber mehrere Betriebe**, in denen jeweils weniger als 30 Arbeitnehmer tätig sind, beschäftigt er jedoch insgesamt mehr als 30 Arbeitnehmer iSd AAG, nimmt er am Ausgleich der Arbeitgeberaufwendungen nach § 1 Abs. 1 AAG teil. Da § 1 Abs. 1 AAG nach seinem Wortlaut bei der Frage nach der Anzahl der beschäftigten Arbeitnehmer und Arbeitnehmerinnen allein auf die Person des Arbeitgebers abstellt, ist diese Frage für alle Betriebe einheitlich zu beurteilen, indem die Zahl der in den einzelnen Betrieben Beschäftigten zusam-

---

10 Schmitt § 1 AAG Rn 20; Rundschreiben der Spitzenverbände der Krankenkassen vom 21.12.2005 in der geänderten Fassung vom 13.2.2006.

11 Marburger BB 1986, 2410, 2411.

12 Figge, DB 1985, 2561; Schmitt § 1 AAG Rn 19.

13 Vgl LAG Rheinland-Pfalz 28.1.2002 – 7 Sa 1390/01 – AR-Blattei ES 615 Nr. 5, zum Arbeitnehmerbegriff vgl Bauschke AR-Blattei SD 110.1 »Arbeitnehmer«; sowie ferner § 1 EFZG Rn 6 ff; Knorr/Krasney § 1 AAG Rn 15.

14 AA Gemeinsames Rundschreiben der Spitzenverbände der Krankenkassen vom 21.12.2005 in der geänderten Fassung vom 13.2.2006, wonach Personen in Elternzeit grundsätzlich nicht mitzuzählen sind. Gleiches soll für Beschäftigte in der Freistellungsphase der Altersteilzeit gelten.

menzurechnen ist.[15] Dabei sind auch die im Haushalt des Arbeitgebers tätigen Arbeitnehmer zu berücksichtigen.[16]

Ebenso zählen **Haupt-, Neben-** und **Zweigbetriebe** als ein Betrieb bei der Ermittlung der Beschäftigtenzahl.[17] Keine Addition findet dagegen statt, wenn es sich um **mehrere juristisch selbstständige Betriebe** eines Unternehmens handelt.[18]

3. Erstattungsfähige Arbeitgeberleistungen

a) Fortzuzahlendes Arbeitsentgelt gem. §§ 3, 9 EFZG und fortzuzahlende Ausbildungsvergütung

Der Erstattungsanspruch nach § 1 Abs. 1 AGG erfasst das für den in § 3 Abs. 1 und 2 sowie in § 9 EFZG bezeichneten Zeitraum an **Arbeitnehmer** fortgezahlte Arbeitsentgelt. Die Höhe des fortzuzahlenden Arbeitsentgelts bestimmt sich nach den Grundsätzen des § 4 EFZG (vgl im Einzelnen die Ausführungen zu § 4 EFZG). Zahlt der Arbeitgeber aufgrund eines Tarifvertrages, einer Betriebsvereinbarung oder aus sonstigen Gründen freiwillig das Arbeitsentgelt über diesen Zeitraum hinaus, so besteht kein Erstattungsanspruch.[19] 21

Nicht erstattungsfähig ist auch die Lohnfortzahlung bei **Erkrankung eines Kindes**, da die Entgeltfortzahlung nicht auf § 3 EFZG, sondern auf § 616 BGB beruht. Das Gleiche gilt bei Fortzahlung des Entgelts gemäß § 616 BGB für die Dauer einer ärztlichen Behandlung, wenn die Erkrankung des Arbeitnehmers keine Arbeitsunfähigkeit zur Folge hat und lediglich die Terminsgestaltung des Arztes den Lohnausfall verursacht.[20] 22

Gemäß § 1 Abs. 1 AAG ist auch die **Ausbildungsvergütung** erstattungsfähig, die der Arbeitgeber nach § 3 Abs. 1 und 2 EFZG bzw § 9 EFZG bis zur Dauer von sechs Wochen an Auszubildende leistet, die infolge unverschuldeter Krankheit, einer Maßnahme der medizinischen Vorsorge oder Rehabilitation, einer Sterilisation oder eines Abbruchs der Schwangerschaft durch einen Arzt nicht an der Berufsausbildung teilnehmen können (§ 19 Abs. 1 Nr. 2 b BBiG). 23

Ferner ist die Vergütung an **Volontäre und Praktikanten** erstattungsfähig, auf die die Vorschriften des EFZG über § 26 BBiG entsprechend Anwendung finden. Gemeint sind Volontäre und Praktikanten, die nicht in einem Arbeitsverhältnis stehen, sondern eingestellt werden, um berufliche Kenntnisse, Fertigkeiten oder Erfahrungen zu erwerben, ohne dass es sich um eine Berufsausbildung iSd BBiG handelt. Hierunter fallen nicht solche Praktikanten, die ein Praktikum als Bestandteil einer Fachschul- oder Fachhochschulausbildung absolvieren. 24

Für die Erstattung von Sachbezügen sind die nach § 17 SGB IV festgesetzten Werte maßgebend. Die Vorschrift des § 17 Abs. 2 BBiG, wonach Sachleistungen 25

15 BSG 16.12.1980 – 3 RK 63/78 – USK 80 280; LSG Schleswig-Holstein 9.6.1978, DOK 1978, 837.
16 LSG Berlin 20.6.1973, EEK IV/006.
17 Schneider BB 1985, 2114, 2115; Treber § 1 AAG Rn 4.
18 Schmitt § 1 AAG Rn 21; Schneider BB 1985, 2114, 2115.
19 Knorr/Krasney § 1 AAG Rn 31; Treber § 1 AAG Rn 12; Kasseler Handbuch/Vossen 2.2 Rn 488.
20 Schmitt § 1 AAG Rn 23.

auf die Ausbildungsvergütung nur bis zu 75 v.H. der Bruttovergütung angerechnet werden dürfen, steht dem nicht entgegen.

26 **Grundlage** für die **Erstattung** ist die Bruttovergütung, womit auch die Arbeitnehmeranteile zur Sozialversicherung Berücksichtigung finden. Einmalzahlungen, die zufällig während des Entgeltfortzahlungszeitraumes fällig werden, sind jedoch außer Acht zu lassen.[21]

Eine Begrenzung der erstattungsfähigen Aufwendungen besteht nicht, soweit dies nicht ausnahmsweise die Satzung der Krankenkasse vorsieht (vgl § 9 Abs. 2 Nr. 1 AAG).

b) Sozialversicherungsbeiträge des Arbeitgebers

27 Zu den erstattungsfähigen Aufwendungen gehören neben den Entgeltfortzahlungskosten gem. § 1 Abs. 1 Nr. 2 AAG auch die auf die an Arbeitnehmer/Arbeitnehmerinnen fortgezahlten Arbeitsentgelte entfallenden und von den Arbeitgebern zu tragenden Beitragsanteile zur Bundesagentur für Arbeit, zur gesetzlichen Kranken- und Rentenversicherung, zur sozialen Pflegeversicherung, zu einer berufsständischen Versorgungseinrichtung gem. § 172 Abs. 2 SGB VI sowie die Beitragszuschüsse nach § 257 SGB V und nach § 61 SGB XI.

Damit werden nunmehr – wohl auch unter Anerkennung der Rechtsprechung des BSG vom 10.5.2005 – B1 KR 22/03 R – alle Beitragsaufwendungen der Arbeitgeber erstattet, unabhängig davon, ob die Beschäftigten Pflichtmitglieder der gesetzlichen Krankenversicherung, freiwillige Mitglieder der gesetzlichen Krankenversicherung oder privat krankenversichert sind. Gleiches gilt auch im Hinblick auf die Mitgliedschaft in der sozialen Pflegeversicherung oder in der privaten Pflegepflichtversicherung.[22]

Nicht erstattungsfähig sind Beiträge zur gesetzlichen Unfallversicherung.[23]

II. Erstattungsanspruch gem. § 1 Abs. 2 AAG (U2-Verfahren) der Arbeitgeberaufwendungen nach dem Mutterschutzgesetz

1. Arbeitgeber

28 Arbeitgeber ist ebenso wie im Anwendungsbereich des § 1 Abs. 1 AAG grundsätzlich derjenige, der Gläubiger der Arbeitsleistung und zugleich der jeweilige Schuldner des Arbeitsentgelts gegenüber dem Arbeitnehmer nach § 611 BGB ist (vgl hierzu Rn 10 mit näheren Ausführungen).

Entgegen der bis zum 31.12.2005 geltenden Regelung des § 10 Abs. 1 LFZG bezieht § 1 Abs. 2 AAG nunmehr **alle** Arbeitgeber in das Ausgleichsverfahren (U2-Verfahren) ein. Nach § 1 Abs. 3 AAG sind dies auch diejenigen Arbeitgeber, die ausschließlich Auszubildende beschäftigen. Der Gesetzgeber hat damit dem Beschluss des Bundesverfassungsgerichts vom 18.11.2003 Rechnung getragen und hat mit der Neuregelung der Gefahr einer Benachteiligung von Frauen bei der Einstellung entgegengewirkt.

---

21 Treber, § 1 AAG Rn 12, 13; Schmitt § 1 AAG Rn 24.
22 Knorr/Krasney § 1 AAG Rn 47.
23 Treber § 1 AAG Rn 16; Schmitt § 1 AAG Rn 29.

2. Erstattungsfähige Arbeitgeberleistungen

a) Zuschuss zum Mutterschaftsgeld

Während der Schutzfristen des § 3 Abs. 2 MuSchG und § 6 Abs. 1 MuSchG – 6 **29**
Wochen vor dem mutmaßlichen Tag der Entbindung, den Entbindungstag sowie 8 bzw 12 Wochen nach der Entbindung – erhalten Arbeitnehmerinnen unter den Voraussetzungen des § 200 RVO Mutterschaftsgeld als Leistung der gesetzlichen Krankenkasse. Der Arbeitgeber muss gemäß § 14 Abs. 1 MuSchG einen Zuschuss zum Mutterschaftsgeld in Höhe des Unterschiedsbetrags zwischen 13 EUR und zwischen dem um die gesetzlichen Abzüge verminderten durchschnittlichen kalendertäglichen Arbeitsentgelt leisten. Die dadurch entstehenden **Aufwendungen** des Arbeitgebers sind gemäß § 1 Abs. 2 Nr. 1 AAG erstattungsfähig.

b) Arbeitsentgelt bei Beschäftigungsverboten

Erstattungsfähig nach § 1 Abs. 2 Nr. 2 AAG ist auch das nach § 11 MuSchG bei **30**
Beschäftigungsverboten fortzuzahlende Arbeitsentgelt. Neben den generellen Beschäftigungsverboten sechs Wochen vor und acht bzw zwölf Wochen nach der Entbindung (§§ 3 Abs. 2, 6 Abs. 1 MuSchG) sieht das Mutterschutzgesetz eine Reihe weiterer Beschäftigungsverbote vor. So dürfen werdende Mütter nicht beschäftigt werden, soweit nach ärztlichem Zeugnis Leben oder Gesundheit von Mutter und Kind bei Fortdauer der Beschäftigung gefährdet sind (**§ 3 Abs. 1 MuSchG**). Nach **§ 4 MuSchG** dürfen werdende Mütter unter anderem nicht mit schweren körperlichen Arbeiten und nicht mit Arbeiten beschäftigt werden, bei denen sie schädlichen Einwirkungen oder gesundheitsgefährdenden Stoffen oder Strahlen, von Staub, Gasen oder Dämpfen, von Hitze, Kälte oder Nässe, von Erschütterungen oder Lärm ausgesetzt sind. Nach **§ 6 Abs. 2 MuSchG** dürfen Frauen, die in den ersten Monaten nach der Entbindung (und dem Ablauf der Schutzfrist nach § 6 Abs. 1 MuSchG) nach ärztlichem Attest nicht voll leistungsfähig sind, nicht zu einer ihre Leistungsfähigkeit übersteigenden Arbeit herangezogen werden. Stillende Mütter dürfen nicht mit schweren körperlichen und ähnlichen Tätigkeiten beschäftigt werden gemäß **§ 6 Abs. 3 MuSchG** und gemäß **§ 8 MuSchG** dürfen werdende und stillende Mütter schließlich nur mit Einschränkungen mit Mehrarbeit, Nacht- und Sonntagsarbeit beschäftigt werden.

Voraussetzung für den Erstattungsanspruch des Arbeitgebers ist jedoch, dass der **31**
Arbeitnehmerin das Arbeitsentgelt **gerade wegen eines Beschäftigungsverbotes** nach § 11 Abs. 1 Satz 1 MuSchG und nicht aus anderen Gründen, zB wegen Arbeitsunfähigkeit infolge Schwangerschaft,[24] fortgezahlt wird.[25] Die Erstattungspflicht gilt auch dann, wenn eine Frau wegen der gesetzlichen Beschäftigungsverbote die Entlohnungsart wechseln muss und dadurch geringeren Verdienst erzielt (§ 11 Abs. 1 Satz 2 MuSchG).

Die Krankenkasse hat das Arbeitsentgelt zu erstatten, das der Arbeitgeber auf- **32**
grund des § 11 MuSchG **zum Ausgleich für** die wegen des Beschäftigungsverbots

24 Vgl zur Abgrenzung BAG 13.2.2002 – 5 AZR 588/00 – AP Nr. 22 zu § 11 MuschG 1968 sowie § 3 EFZG Rn 82 ff.

25 BSG 17.4.1991 – 1/3 RK 21/88 – NZA 1991, 909, 910 f; BSG 8.3.1995 – 1 RK 10/94 – NZS 1995, 459, 460; Kasseler Handbuch/Vossen 2.2 Rn 492.

ausgefallene Arbeit aufgewendet hat.[26] Danach ist sowohl für den Mutterschutzlohn als auch hinsichtlich der erstattungsfähigen Arbeitgeberaufwendungen der **Durchschnittsbruttoverdienst** maßgebend, den die Arbeitnehmerin als Gegenleistung für ihre Arbeit in dem in § 11 Abs. 1 Satz 1 MuSchG genannten Berechnungszeitraum verdient hat, selbst wenn das Entgelt erst später fällig oder ausgezahlt wird.[27] **„Arbeitsleistungsbezogene" Sonderzahlungen** mit reinem Entgeltcharakter sind bei der Berechnung des im Bezugszeitraum erzielten Durchschnittsverdienstes zu berücksichtigen, wenn sie aufgrund gesetzlicher, tariflicher oder sonstiger Regelungen **ausschließlich Vergütung für geleistete Arbeit** und dem monatlich verdienten Arbeitsentgelt anteilig zuzurechnen sind.[28] Wird das in Form einer jährlichen Sonderzahlung gewährte zusätzliche Arbeitsentgelt bei Tätigkeitsunterbrechungen infolge eines Beschäftigungsverbots anteilig gemindert, so entspricht es dem Zweck der Vorschriften über die Entgeltfortzahlung, die Sonderzuwendung als Bestandteil des monatlich verdienten Arbeitsentgelts und mithin eine den Lebensstandard prägende Leistung in den Durchschnittsverdienst des § 11 MuSchG mit einzubeziehen. Anders ist es dagegen, wenn der Arbeitnehmerin die **Sonderzahlung unabhängig** davon zusteht, **ob** während des Jahres **Fehlzeiten** aufgetreten sind oder nicht.[29] Ist das der Fall, führt die Arbeitsunterbrechung während der Zeit des Beschäftigungsverbots nicht zu einem Ausfall des Arbeitsentgelts. Würde die Sonderzuwendung dennoch in den im Bezugszeitraum erzielten Durchschnittsverdienst eingerechnet, käme es zu einer ungerechtfertigten Doppelzahlung.[30]

c) Sozialversicherungsbeiträge

33 Nach § 1 Abs. 2 Nr. 3 AAG sind die auf die gemäß § 3 Abs. 1 und 2 EFZG bzw § 9 EFZG fortgezahlte Arbeits- oder Ausbildungsvergütung und die auf den Mutterschaftslohn (§ 11 Abs. 1 Satz 1 MuSchG) entfallenden von den Arbeitgebern zu tragenden **Beiträge zur Bundesagentur für Arbeit** und **Arbeitgeberanteile an Beiträgen zu den gesetzlichen Kranken- und Rentenversicherungen** erstattungsfähige Arbeitgeberaufwendungen. Beitragsanteile zur sozialen Pflegeversicherung, zu einer berufsständischen Versorgungseinrichtung gem. § 172 Abs. 2 SGB VI sowie Beitragszuschüsse nach § 257 SGB V und § 61 SGB XI gehören ebenfalls zu den erstattungsfähigen Arbeitgeberaufwendungen (vgl hierzu § 1 AAG Rn 27).

34 **Nicht** erstattungsfähig sind dagegen **Beiträge zur gesetzlichen Unfallversicherung** sowie vom Arbeitgeber übernommene **Beiträge zur Einrichtung der Altersversorgung außerhalb der gesetzlichen Rentenversicherung.**[31]

35 Abweichend von § 1 Abs. 1 AAG sind dem Arbeitgeber die erstattungsfähigen Aufwendungen nicht nur zu 80 v. H., sondern **im vollen Umfang** zu erstatten.

---

26 BSG 17.4.1991 – 1/3 RK 18/89 – NZA 1992, 298; vgl auch BSG 15.4.1997 – 1 RK 13/96 – NZA-RR 1998, 49, 50.
27 BAG 28.11.1984 – 5 AZR 243/83 – EzA § 11 MuSchG nF Nr. 11; BSG 15.4.1997 – 1 RK 13/96 – NZA-RR 1998, 49, 50; Kasseler Handbuch/Vossen 2.2 Rn 439.
28 BSG 17.4.1991 – 1/3 RK 18/89 – NZA 1992, 298.
29 Vgl BAG 25.11.1998 – 10 AZR 595/97 – und 24.2.1999 – 10 AZR 258/98 – AP Nrn. 212 und 213 zu § 611 BGB Gratifikation.
30 BSG 15.4.1997 – 1 RK 13/96 – NZA-RR 1998, 49, 50.
31 Knorr/Krasney § 1 AAG Rn 47; Schmitt § 1 AAG Rn 29; Treber § 1 AAG Rn 16.

§ 2 Erstattung

(1) [1]Die zu gewährenden Beträge werden dem Arbeitgeber von der Krankenkasse ausgezahlt, bei der die Arbeitnehmer und Arbeitnehmerinnen, die Auszubildenden oder die nach § 11 oder § 14 Abs. 1 des Mutterschutzgesetzes anspruchsberechtigten Frauen versichert sind. [2]Für geringfügig Beschäftigte nach dem Vierten Buch Sozialgesetzbuch ist zuständige Krankenkasse die Deutsche Rentenversicherung Knappschaft-Bahn-See als Träger der knappschaftlichen Krankenversicherung. [3]Für Arbeitnehmer und Arbeitnehmerinnen, die nicht Mitglied einer Krankenkasse sind, gilt § 175 Abs. 3 Satz 2 des Fünften Buches Sozialgesetzbuch entsprechend.

(2) [1]Die Erstattung wird auf Antrag erbracht. [2]Sie ist zu gewähren, sobald der Arbeitgeber Arbeitsentgelt nach § 3 Abs. 1 und 2 und § 9 Abs. 1 des Entgeltfortzahlungsgesetzes, Arbeitsentgelt nach § 11 des Mutterschutzgesetzes oder Zuschuss zum Mutterschaftsgeld nach § 14 Abs. 1 des Mutterschutzgesetzes gezahlt hat.

(3) [1]Der Arbeitgeber kann einen Antrag nach Absatz 2 Satz 1 durch gesicherte und verschlüsselte Datenfernübertragung aus systemgeprüften Programmen oder mittels maschineller Ausfüllhilfe an die zuständige Krankenkasse übermitteln. [2]Dabei ist zu gewährleisten, dass dem jeweiligen Stand der Technik entsprechende Maßnahmen zur Sicherstellung von Datenschutz und Datensicherheit getroffen werden, die insbesondere die Vertraulichkeit und Unversehrtheit der Daten sowie die Authentifizierung der übermittelnden und empfangenden Stelle gewährleisten. [3]Bei der Nutzung allgemein zugänglicher Netze sind Verschlüsselungsverfahren zu verwenden. [4]Den Übertragungsweg und die Einzelheiten des Verfahrens wie den Aufbau des Datensatzes legt der Spitzenverband Bund der Krankenkassen in Grundsätzen fest, die vom Bundesministerium für Arbeit und Soziales im Einvernehmen mit dem Bundesministerium für Gesundheit zu genehmigen sind; die Bundesvereinigung der Deutschen Arbeitgeberverbände ist anzuhören.

A. Kassenzuständigkeit

§ 2 AAG, der die Erstattung der Arbeitgeberaufwendungen regelt, legt in seinem Abs. 1 fest, welche Krankenkasse die zuständige Ausgleichsstelle ist, wobei abweichend von der bis 31.12.2005 geltenden Regelung des § 10 Abs. 3 LFZG alle Krankenkassen – mit Ausnahme der landwirtschaftlichen – grundsätzlich in Betracht kommen. § 2 Abs. 1 Satz 1 AAG bestimmt, dass primär die Krankenkasse zuständig ist, bei welcher der oder die anspruchsberechtigte Beschäftigte versichert ist. 1

Steht ein Arbeitnehmer oder eine Arbeitnehmerin gleichzeitig in mehreren versicherungspflichtigen Arbeitsverhältnissen, für die verschiedene Kassen zuständig sind, entsteht keine Doppelmitgliedschaft, sondern die Zuständigkeit richtet sich nach der überwiegenden Beschäftigung, im Zweifel danach, welches Beschäftigungsverhältnis zuerst begründet wurde.[1] 2

1 Knorr/Krasney § 2 AAG Rn 5.

3 Gemäß § 2 Abs. 1 Satz 2 AAG ist für geringfügig Beschäftigte die Deutsche Rentenversicherung Knappschaft-Bahn-See die zuständige Krankenversicherung.[2]

4 Zudem regelt § 2 Abs. 1 Satz 3 AAG nunmehr, dass für Arbeitnehmerinnen und Arbeitnehmer, die **nicht Mitglied einer Krankenkasse** sind, der § 175 Abs. 3 Satz 2 SGB V entsprechend anzuwenden ist. Hiernach hat der Arbeitgeber den Beschäftigten bei der Krankenkasse anzumelden, bei der vor Eintritt der Versicherungsfreiheit eine Mitgliedschaft bestand. Soweit zuvor keine gesetzliche Versicherung bestanden hat, ist der Versicherungspflichtige bei einer nach § 173 SGB V wählbaren Krankenkasse anzumelden.[3]

Tritt die Versicherungspflicht wieder ein, entfällt die Bestimmung des § 2 Abs. 1 Satz 3 AAG iVm § 175 SGB und die Grundregel des § 2 Abs. 1 Satz 1 AAG kommt wieder zum Tragen.

B. Erstattungsverfahren

5 Gem. § 2 Abs. 2 Satz 1 AAG wird die Erstattung auf Antrag erbracht, wobei die Antragstellung weder an die Einhaltung einer Frist noch an die Beachtung von Formerfordernissen gebunden ist.[4]

6 Das Gesetz stellt bei der Prüfung der Voraussetzungen des Erstattungsanspruchs **keine besonderen Anforderungen** an die Träger des Ausgleichsverfahrens. Lediglich aus § 2 Abs. 2 AAG in Verbindung mit § 4 Abs. 2 AAG, der die Versagung des Erstattungsanspruchs regelt, lässt sich schließen, dass diese nur zu prüfen haben, ob der Arbeitgeber vorsätzlich oder fahrlässig Leistungen erbracht hat, zu denen er nicht verpflichtet war.[5]

7 Auch kann der Erstattungsanspruch des Arbeitgebers nicht von der Vorlage ärztlicher Bescheinigungen über die Arbeitsunfähigkeit oder über die Voraussetzungen für ein Beschäftigungsverbot abhängig gemacht werden.[6]

8 Unter Geltung des LFZG bis zum 1.1.2006 hatte der Arbeitgeber gem. § 10 Abs. 5 LFZG der zuständigen Krankenkasse die für die Durchführung des Ausgleichs erforderlichen Angaben zu machen. Diese Regelung findet sich nunmehr in § 3 Abs. 2 AAG wieder, der sich jedoch ausschließlich auf die in § 3 AAG geregelte Feststellung der Umlagepflicht bezieht.

9 Dennoch sind bei der Geltendmachung des Erstattungsanspruchs die notwendigen und erforderlichen Angaben zur Bearbeitung des Ausgleichsanspruchs zu machen, da ansonsten gem. § 4 Abs. 1 AAG die Erstattung im Einzelfall versagt werden kann.
Welche Angaben im Einzelnen erforderlich sind, bestimmt die für den Ausgleich der Arbeitgeberaufwendungen zuständige Krankenkasse.[7]

C. Fälligkeit der Erstattungsbeiträge

10 Der Anspruch auf Erstattung wird gemäß § 2 Abs. 2 AAG fällig, sobald der Arbeitgeber die in § 1 Abs. 1 und Abs. 2 AAG genannten Leistungen erbracht hat.

---

2 Vgl hierzu auch § 28 S. 5 SGB IV.
3 Knorr/Krasney, § 1 AAG Rn 4.
4 Schmitt § 2 AAG, Rn 10.
5 Treber § 2 AAG Rn 5; Knorr/Krasney § 2 AAG Rn 8.
6 Vgl BSG 9.9.1981 – 3 RK 51/80.
7 Knorr/Krasney § 2 AAG Rn 9, 10.

Hierbei reichen **Abschlagszahlungen** aus.[8] Die Satzung der Krankenkasse kann die Zahlung von Vorschüssen vorsehen (§ 9 Abs. 2 Nr. 3 AAG).

Keine Voraussetzung für das Entstehen und die Fälligkeit des Erstattungsanspruchs ist, dass der Arbeitgeber eine **ärztliche Bescheinigung** über die Arbeitsunfähigkeit des erkrankten Beschäftigten bzw Auszubildenden vorlegt.[9] 11

D. Rechtsweg

Die Rechtsbeziehungen des Arbeitgebers zum Träger des Ausgleichs der Arbeitgeberaufwendungen sind öffentlich-rechtlicher Art. Öffentlich-rechtliche Streitigkeiten, die aufgrund des Aufwendungsausgleichsgesetzes entstehen, entscheiden nach § 51 Abs. 1 Nr. 8 SGG die Gerichte der Sozialgerichtsbarkeit.[10] Dies gilt sowohl für Streitigkeiten über die Zugehörigkeit eines Arbeitgebers zum Ausgleichsverfahren generell als auch für die Streitigkeiten über einzelne Umlagebeträge oder Erstattungsansprüche. Über die Streitigkeiten dieser Art haben – nach Durchführung des Vorverfahrens (§ 78 SGG) – die Gerichte der Sozialgerichtsbarkeit in der gleichen Besetzung wie in Sachen der Krankenversicherung zu entscheiden. Es wirken demnach ehrenamtliche Richter aus Kreisen der Versicherten und der Arbeitgeber mit.[11] 12

Vereinbarungen der Beteiligten über die Zuständigkeit haben nach § 59 SGB keine rechtliche Wirkung, so dass der Rechtsweg vor den Gerichten der Sozialgerichtsbarkeit in öffentlich-rechtlichen Streitigkeiten aufgrund des Lohnfortzahlungsgesetzes nicht ausgeschlossen werden kann.[12] 13

§ 3 Feststellung der Umlagepflicht

(1) ¹Die zuständige Krankenkasse hat jeweils zum Beginn eines Kalenderjahrs festzustellen, welche Arbeitgeber für die Dauer dieses Kalenderjahrs an dem Ausgleich der Arbeitgeberaufwendungen nach § 1 Abs. 1 teilnehmen. ²Ein Arbeitgeber beschäftigt in der Regel nicht mehr als 30 Arbeitnehmer und Arbeitnehmerinnen, wenn er in dem letzten Kalenderjahr, das demjenigen, für das die Feststellung nach Satz 1 zu treffen ist, vorausgegangen ist, für einen Zeitraum von mindestens acht Kalendermonaten nicht mehr als 30 Arbeitnehmer und Arbeitnehmerinnen beschäftigt hat. ³Hat ein Betrieb nicht während des ganzen nach Satz 2 maßgebenden Kalenderjahrs bestanden, so nimmt der Arbeitgeber am Ausgleich der Arbeitgeberaufwendungen teil, wenn er während des Zeitraums des Bestehens des Betriebs in der überwiegenden Zahl der Kalendermonate nicht mehr als 30 Arbeitnehmer und Arbeitnehmerinnen beschäftigt hat. ⁴Wird ein Betrieb im Laufe des Kalenderjahrs errichtet, für das die Feststellung nach Satz 1 getroffen ist, so nimmt der Arbeitgeber am Ausgleich der Arbeitgeberaufwendungen teil, wenn nach der Art des Betriebs anzunehmen ist, dass die Zahl der beschäftigten Arbeitnehmer und Arbeitnehmerinnen während der überwiegenden Kalendermonate dieses Kalenderjahrs 30 nicht überschreiten wird.

8 Knorr/Krasney § 2 AAG Rn 19.
9 BSG 9.9.1981 – EEK IV/022; BayLSG 8.12.1983 – L 4/Kr 37/82 – NZA 1984, 207, 208.
10 BSG 15.7.1993 – 1 RK 13/92 – BSGE 73, 31, 32 = SozR 3-7860 § 14 Nr. 2.
11 BSG 24.5.1973 – 3 RK 76/71 – BSGE 36, 16 = USK 7371.
12 Knorr/Krasney § 2 AAG Rn 29.

[5]Bei der Errechnung der Gesamtzahl der beschäftigten Arbeitnehmer und Arbeitnehmerinnen bleiben schwerbehinderte Menschen im Sinne des Neunten Buches Sozialgesetzbuch außer Ansatz. [6]Arbeitnehmer und Arbeitnehmerinnen, die wöchentlich regelmäßig nicht mehr als 10 Stunden zu leisten haben, werden mit 0,25, diejenigen, die nicht mehr als 20 Stunden zu leisten haben, mit 0,5 und diejenigen, die nicht mehr als 30 Stunden zu leisten haben, mit 0,75 angesetzt.

(2) Der Arbeitgeber hat der nach § 2 Abs. 1 zuständigen Krankenkasse die für die Durchführung des Ausgleichs erforderlichen Angaben zu machen.

(3) Der Spitzenverband Bund der Krankenkassen regelt das Nähere über die Durchführung des Feststellungsverfahrens nach Absatz 1.

A. **Allgemeines** 1
B. **Feststellung der beteiligten Arbeitgeber** 4
I. Achtmonatszeitraum 4
II. Sonderregelung bei Errichtung von Betrieben 8
III. Beginn und Ende der Teilnahme am Ausgleich 14
IV. Beschäftigung von nicht mehr als 30 Arbeitnehmern 17
C. **Auskunftspflicht** 20
D. **Durchführungsbestimmungen der Spitzenverbände** 24

A. Allgemeines

1 Das bis 31.12.2005 in § 10 Abs. 2 und 5 LFZG geregelte Feststellungsverfahren der Umlagepflicht ist nunmehr in § 3 Abs. 1 und 3 AAG normiert. Dabei wird abweichend von der Überschrift des § 3 AAG nicht nur die Umlagepflicht im Rahmen des U1-Verfahrens, sondern auch gem. § 3 Abs. 1 Satz 1 AAG die Teilnahme am Ausgleichsverfahren von Arbeitgeberaufwendungen festgestellt.

2 Mit dem Feststellungsverfahren sollen für die Träger des Ausgleichs und die einzelnen Betriebe für die Dauer eines Kalenderjahres klare Verhältnisse geschaffen und die Kalkulation beeinträchtigende Veränderungen vermieden werden.[1]

3 Aus Gründen der Verwaltungsvereinfachung wurde in § 3 Abs. 3 AAG nunmehr geregelt, dass die Spitzenverbände der Krankenkassen gemeinsam und einheitlich Näheres zum Feststellungsverfahren iSd § 3 Abs. 1 AAG vereinbaren.

B. Feststellung der beteiligten Arbeitgeber

I. Achtmonatszeitraum

4 Die Entscheidung, ob ein Arbeitgeber zu denjenigen gehört, für die die Beteiligung am Ausgleichsverfahren vorgeschrieben ist, trifft die zuständige Krankenkasse jeweils **zum Beginn eines Kalenderjahres** (§ 1 Abs. 1 Satz 1 AAG). Bei der Feststellung der Teilnahme am Ausgleichsverfahren handelt es sich um einen Verwaltungsakt (§ 31 Satz 1 SGB X), der sowohl begünstigende (Anspruch auf Erstattung der Arbeitgeberaufwendungen) als auch belastende (Pflicht zur Zahlung der Umlagebeträge) Elemente enthält.[2] Der jährlichen **Feststellung** nach § 1 Abs. 1 Satz 1 AAG kommt jedoch **keine konstitutive Bedeutung** zu. Der Arbeitgeber nimmt auch dann am Ausgleichsverfahren teil, wenn er von der jähr-

1 Knorr/Krasney § 3 AAG Rn 3.
2 BSG 16.12.1980 – 3 RK 63/78 – SozR 7860 § 10 LFZG Nr. 3 = USK 80280.

lichen Feststellung nicht erfasst wird, sofern die gesetzlichen Voraussetzungen erfüllt sind.[3]

Sind für den Arbeitgeber **mehrere Krankenkassen** zuständig, kann die **Entscheidung** über die Teilnahme am Ausgleichsverfahren nur **einheitlich** ergehen. Die Krankenkassen haben sich untereinander abzustimmen. Die zuerst tätig gewordene Krankenkasse hat die andere Krankenkasse gem. § 12 Abs. 2 Satz 2 SGB X hinzuzuziehen.[4] 5

Ein Arbeitgeber beschäftigt in der Regel nicht mehr als 30 Arbeitnehmer, wenn er in dem **letzten Kalenderjahr**, das demjenigen, für das die Feststellung zu treffen ist, **vorausgegangen** ist, für einen Zeitraum von mindestens acht Kalendermonaten nicht mehr als 30 Arbeitnehmer beschäftigt hat (§ 3 Abs. 1 Satz 2 AAG). Mit dieser Regelung, die der Gesetzgeber statt einer Durchschnittsberechnung gewählt hat, soll vermieden werden, dass Saisonbetriebe, die im Allgemeinen nicht zum Kreis der Kleinbetriebe gehören, in den Ausgleich der Arbeitgeberaufwendungen einbezogen werden.[5] 6

Hierbei hat es sich um Kalendermonate zu handeln; **nicht** ausreichend ist ein bloßer Zeitraum von acht **Monaten.** Beschäftigt zB ein Arbeitgeber vom 20. Januar bis 25. September 30 Arbeitnehmer, in der übrigen Zeit jedoch mehr, so nimmt er in dem folgenden Jahr nicht an dem Ausgleichsverfahren teil. Obwohl er über einen längeren Zeitraum als acht Monate nicht mehr als 30 Arbeitnehmer beschäftigt hat, umfasst dieser Zeitraum jedoch lediglich sieben volle Kalendermonate (Februar bis August). **Nicht** erforderlich ist, dass der Zeitraum von acht Kalendermonaten **zusammenhängend** verläuft. Unterbrechungen sind unschädlich, sofern insgesamt volle acht Kalendermonate vorliegen, in denen die maßgebende Beschäftigungszahl an keinem Tag in dem Acht-Monats-Zeitraum überschritten worden ist.[6] 7

II. Sonderregelung bei Errichtung von Betrieben

§ 3 Abs. 2 Satz 3 und 4 AAG sehen Sonderregelungen für die Feststellung der Beschäftigtenzahl vor, wenn ein Betrieb in dem Kalenderjahr errichtet wird, das für die Feststellung maßgebend ist (Satz 3) bzw ein Betrieb im Laufe des Kalenderjahres errichtet wird, für das die Feststellung (allgemein) bereits getroffen ist (Satz 4). 8

Hat ein Betrieb nicht während des ganzen des der Feststellung vorausgegangenen Kalenderjahres bestanden, so nimmt der Arbeitgeber am Ausgleich der Arbeitgeberaufwendungen im Rahmen des U1-Verfahrens teil, wenn er während des Zeitraums des Bestehens des Betriebes in der überwiegenden Zahl der Kalendermonate nicht mehr als 30 Arbeitnehmer beschäftigt hat. Eine weitere Voraussetzung ist, dass der Betrieb auch noch in dem Jahr, für das die Feststellung zu treffen ist, besteht.[7] **„Überwiegend"** bedeutet, dass der Arbeitgeber in dem der Feststellung vorausgegangenen Kalenderjahr mehr als die Hälfte der Kalen- 9

3 BSG 12.3.1996 – 1 RK 11/94 – AP Nr. 1 zu § 10 LohnFG; Kasseler Handbuch/Vossen 2.2 Rn 483; Schmitt § 3 AAG Rn 7.
4 Kasseler Handbuch/Vossen 2.2 Rn 483; Knorr/Krasney § 3 AAG Rn 4.
5 Vgl Schriftlicher Bericht des Ausschusses für Arbeit – zu Drucks. V/4285 – I. B. zu § 10; Schmitt § 3 AAG Rn 18; Treber § 3 AAG Rn 7; aA Knorr/Krasney § 3 AAG Rn 14.
6 Schmitt § 3 AAG Rn 18; Treber § 3 AAG Rn 7; Kasseler Handbuch/Vossen 2.2 Rn 484.
7 Knorr/Krasney § 3 AAG Rn 16.

dermonate nicht mehr als 30 Arbeitnehmer beschäftigt hat. Wird der Betrieb zB am 1. Juli errichtet, so nimmt der Arbeitgeber am Ausgleichsverfahren teil, wenn er über einen Zeitraum von vier Kalendermonaten diese Voraussetzung erfüllt. Maßgebend sind auch in diesem Fall volle Kalendermonate und nicht lediglich Monatszeiträume.[8]

10 Der Zeitpunkt des Bestehens des Betriebes beginnt in der Regel mit dem Tage, an dem der Betrieb seine Tätigkeit aufnimmt, selbst wenn zu diesem Zeitpunkt keine Arbeitnehmer iSd Absatzes 1 beschäftigt werden (zB Handwerksbetrieb, in dem zunächst nur der Meister mit einem Lehrling arbeitet) und endet mit dem 31.12. des Kalenderjahres.[9] Soweit die Überlassung von Arbeitnehmern Gegenstand des Betriebes ist, kann von der Errichtung des Betriebes erst dann gesprochen werden, wenn die für die Tätigkeit des Betriebes notwendigen Arbeitnehmer vorhanden sind.[10]

11 Der **Begriff des Betriebes** ist auch hier im weitesten Sinne zu verstehen; es gehören dazu auch der Landwirtschaftsbetrieb, das Büro eines Rechtsanwalts oder eines sonstigen Selbstständigen, die Praxis eines Arztes, die Verwaltung einer Klinik oder sonstige Verwaltungseinrichtungen.

12 Wird ein **Betrieb** erst **im Laufe des Kalenderjahres errichtet**, für das die Feststellung zu treffen ist, kommt es darauf an, ob nach Art des Betriebes anzunehmen ist, dass die Zahl der beschäftigten Arbeitnehmer während der überwiegenden Zahl der Kalendermonate (vgl Rn 9) des laufenden Jahres nicht größer als 30 Arbeitnehmer sein wird. Bei der vorzunehmenden Prüfung ist von der erfahrungsgemäßen Entwicklung derartiger Betriebe oder von dem Vergleich des neu errichteten Betriebes mit anderen Betrieben gleicher Art im Bereich des Trägers des Ausgleichsverfahrens auszugehen. Grundlage hierfür sind die Art der Tätigkeit oder die Branche des Betriebes sowie der Umfang der Betriebseinrichtungen und die Zahl der Beschäftigten bei der Errichtung. Ferner sind eine gewisse Anlaufzeit der Produktion oder der Betriebstätigkeit und die Wachstumsmöglichkeiten des errichteten Betriebes zu berücksichtigen.[11] Weichen die **tatsächlichen Verhältnisse** vom Schätzungsergebnis ab, bleibt es für das maßgebende Kalenderjahr dennoch bei der einmal getroffenen Entscheidung. Die einmal getroffene **Feststellung** der Krankenkasse ist auch dann **maßgebend**, wenn sich im laufenden Kalenderjahr die **Beschäftigtenzahl erheblich ändert**.

13 Der Neuerrichtung eines Betriebes steht es gleich, wenn ein **Betrieb** von einem anderen Arbeitgeber **übernommen** wird. Dies gilt dann nicht, wenn der Betrieb trotz der Übernahme der Kapitalanteile durch den neuen Arbeitgeber in unveränderter Rechtsform fortgeführt wird.[12]

III. Beginn und Ende der Teilnahme am Ausgleich

14 Die Teilnahme am Ausgleich beginnt in der Regel mit dem 1. Januar und endet mit dem 31. Dezember des jeweiligen Feststellungsjahres. Für die Fortsetzung der Teilnahme im folgenden Kalenderjahr bedarf es einer erneuten Feststellung

8 Kaiser/Dunkl/Hold/Kleinsorge § 10 LFZG Rn 18.
9 Knorr/Krasney § 3 AAG Rn 16.
10 Vgl etwa LSG Niedersachsen 15.3.1989 – L 4 Lf 1/89 – EEK IV/031.
11 Knorr/Krasney § 3 AAG Rn 20.
12 LSG Rheinland-Pfalz 1.3.1973 – L 5 Kr 1/72 – EEK IV/003.

durch den Träger des Ausgleichs der Arbeitgeberaufwendungen.[13] Eröffnet der Arbeitgeber im Laufe des Feststellungsjahres erstmals einen Betrieb, so beginnt die Teilnahme am Ausgleichsverfahren mit dem Tage der Aufnahme der Betriebstätigkeit (vgl Rn 10). Auch in diesen Fällen endet die Teilnahme mit dem Ende des Kalenderjahres. Auch hier wird der Anschluss durch eine neue Feststellung für das kommende Kalenderjahr nach § 3 Abs. 1 Satz 4 AAG getroffen.

Vor dem 31. Dezember des Feststellungsjahres endet die Teilnahme am Ausgleich, wenn der Betrieb endgültig (also nicht nur vorübergehend) stillgelegt wird oder der Arbeitgeber einem freiwilligen Ausgleichsverfahren nach § 12 AAG (vgl § 12 AAG Rn 3) beitritt. 15

Bei **Tod** des Arbeitgebers bzw **Veräußerung** oder **Verpachtung** des Betriebes nehmen die Erben oder Übernehmer des Betriebes bis zum Ablauf des laufenden Kalenderjahres als Rechtsnachfolger am Ausgleich der Arbeitgeberaufwendungen teil. Sie treten mit dem Zeitpunkt der Geschäftsübernahme in das Versicherungsverhältnis mit allen Rechten und Pflichten ein. Bei der Feststellung der Teilnahme am Ausgleich in dem auf den Arbeitgeberwechsel folgenden Kalenderjahr ist von der Zahl der beschäftigten Arbeitnehmer des Betriebes ohne Rücksicht auf den Wechsel in der Person des Arbeitgebers auszugehen.[14] 16

IV. Beschäftigung von nicht mehr als 30 Arbeitnehmern

Im Rahmen des Feststellungsverfahrens iSd. § 3 Abs. 1 AAG hat die Krankenkasse für die Teilnahme des Arbeitgebers am Ausgleich der Arbeitgeberaufwendungen zu prüfen, ob dieser iSd § 1 Abs. 1 AAG in der Regel nicht mehr als 30 Arbeitnehmer beschäftigt.[15] 17

Nicht mitgerechnet werden gem. § 1 Abs. 1 Satz 1 AAG zu ihrer Berufsausbildung Beschäftigte (vgl § 1 AAG Rn 14) sowie schwerbehinderte Menschen iSd SGB IX (§ 3 Abs. 1 Satz 5 AAG). Dabei sind als schwerbehinderte Menschen auch die ihnen Gleichgestellten anzusehen. 18

Für die Teilzeitbeschäftigten trifft § 3 Abs. 1 Satz 6 AAG eine differenzierende Anrechnungsregelung. Arbeitnehmer, die regelmäßig nicht mehr als zehn Stunden in der Woche beschäftigt sind, werden mit 0,25 berücksichtigt, bei nicht mehr als zwanzig Stunden 0,5 und bei einer wöchentlichen Arbeitszeit von nicht mehr als 30 Stunden 0,75 in Ansatz gebracht. 19

Bei schwankender Arbeitszeit ist auf den Durchschnitt der letzten zwölf Kalendermonate abzustellen.

C. Auskunftspflicht

Der Arbeitgeber hat gemäß § 3 Abs. 2 AAG der zuständigen Krankenkasse (vgl § 2 AAG Rn 1 ff) die für die Durchführung des Ausgleichs **erforderlichen Angaben** zu machen. Die Auskunftspflicht des § 3 Abs. 2 AAG ist umfassend. Welche Angaben im Einzelnen erforderlich sind, **bestimmt** der **Träger des Ausgleichs der Arbeitgeberaufwendungen**. Als erforderlich sind solche Angaben anzusehen, die für die Feststellung notwendig sind, ob der Arbeitgeber am Ausgleichsverfahren 20

13 Vgl auch LSG Celle 18.1.1978 – L 4 Kr 40/77 – KVRS 1565/1.
14 Knorr/ Krasney § 3 AAG Rn 25.
15 Vgl nähere Ausführungen: § 1 AAG Rn 14 ff.

teilnimmt (zB Angabe über die Beschäftigtenzahl im vergangenen Jahr oder im Falle einer Betriebsgründung über die Art und voraussichtliche Größe des Betriebes). Die **Auskunftspflicht bezieht** sich ferner **auch auf** die **Erhebung der Umlagebeträge.** Dies setzt jene Informationen voraus, die der Arbeitgeber auch für die Abführung der Beiträge zur gesetzlichen Rentenversicherung zu erheben hat.[16]

21 Für die **Berechnung der Erstattungsleistungen im Einzelfall** hat der Arbeitgeber vor allem Angaben zu machen über die Person, an die er die Vergütung fortgezahlt hat, über den Grund der Vergütungszahlung (zB Arbeitsunfähigkeit, Bewilligung einer Maßnahme der medizinischen Vorsorge oder Rehabilitation, Beschäftigungsverbot, Zuschusszahlung bei Entbindung), über den Zeitraum der Zahlung der Vergütung, über die Höhe der gezahlten Vergütung und der Beitragsanteile sowie über den behandelnden Arzt, der die Tatsache bescheinigt hat, die zur Zahlung der Vergütung geführt hat, oder über den mutmaßlichen Tag der Entbindung oder die Tatsache, die das Beschäftigungsverbot begründet hat.[17]

22 Bei Erstattungsansprüchen wegen einer Maßnahme der medizinischen Vorsorge oder Rehabilitation ist die Bescheinigung des Sozialleistungsträgers, der die Maßnahme bewilligt hat, oder bei Arbeitnehmern, die nicht Mitglied einer gesetzlichen Krankenkasse oder nicht in der gesetzlichen Rentenversicherung versichert sind, die ärztliche Bescheinigung über die Erforderlichkeit der Maßnahme vorzulegen.

23 Über den Wortlaut des § 3 Abs. 2 AAG hinaus ist der Arbeitgeber gemäß § 3 Abs. 2 iVm § 4 AAG verpflichtet, die erforderlichen Unterlagen und Belege vorzulegen (vgl auch § 98 SGB X). Bei Verletzung dieser Auskunftspflicht ist der Träger der gesetzlichen Krankenversicherung berechtigt, die Erstattung zu versagen (§ 4 Abs. 1 AAG, § 66 SGB I).

D. Durchführungsbestimmungen der Spitzenverbände

24 § 3 Abs. 3 AAG, der bereits am 1.10.2005 in Kraft trat, gab den Spitzenverbänden der Krankenkassen auf, zur Verwaltungsvereinfachung Durchführungsbestimmungen zum Feststellungsverfahren gemeinsam und einheitlich zu erlassen.

Durch das „Gemeinsame Rundschreiben der Spitzenverbände der Krankenkassen zum Gesetz über den Ausgleich der Arbeitgeberaufwendungen" vom 21.12.2005 in der ergänzten Fassung vom 13.2.2006 wurde dies umgesetzt.

§ 4 Versagung und Rückforderung der Erstattung

(1) Die Erstattung kann im Einzelfall versagt werden, solange der Arbeitgeber die nach § 3 Abs. 2 erforderlichen Angaben nicht oder nicht vollständig macht.

(2) [1]Die Krankenkasse hat Erstattungsbeträge vom Arbeitgeber insbesondere zurückzufordern, soweit der Arbeitgeber

16 Treber § 3 AAG Rn 15; Schmitt § 3 AAG Rn 24.
17 Knorr/Krasney § 2 AAG Rn 13.

1. schuldhaft falsche oder unvollständige Angaben gemacht hat oder
2. Erstattungsbeträge gefordert hat, obwohl er wusste oder wissen musste, dass ein Anspruch nach § 3 Abs. 1 und 2 oder § 9 Abs. 1 des Entgeltfortzahlungsgesetzes oder nach § 11 oder § 14 Abs. 1 des Mutterschutzgesetzes nicht besteht.

[2]Der Arbeitgeber kann sich nicht darauf berufen, dass er durch die zu Unrecht gezahlten Beträge nicht mehr bereichert sei. [3]Von der Rückforderung kann abgesehen werden, wenn der zu Unrecht gezahlte Betrag gering ist und der entstehende Verwaltungsaufwand unverhältnismäßig groß sein würde.

A. **Allgemeines** ... 1
B. **Versagung der Erstattung** ... 2
C. **Rückforderung der Erstattung** ... 7
I. Allgemeines ... 7
II. Gesetzliche Rückforderungstatbestände ... 8
III. Rückforderung in anderen Fällen ... 14
D. **Ausschluss des Entreicherungseinwands** ... 15
E. **Verzicht auf Rückforderung** ... 16

A. Allgemeines

1 Damit ein Arbeitgeber zulasten der Gemeinschaft der am Ausgleichsverfahren beteiligten Arbeitgeber keine unberechtigten Vorteile erlangt, regelt § 4 AAG, der im Wesentlichen dem früheren § 11 LFZG entspricht, unter welchen Voraussetzungen die zuständige Krankenkasse die Erstattung der Arbeitgeberaufwendungen versagen (§ 4 Abs. 1 AAG) bzw bereits gezahlte Erstattungsbeträge vom Arbeitgeber zurückfordern kann (§ 4 Abs. 2 AAG). Sowohl Abs. 1 als auch Abs. 2 stellen **keine abschließende Regelung** der Versagungs- oder Rückforderungsgründe dar. Weitere Versagungsgründe sind zB in den §§ 5, 6 AAG geregelt. Dass die **Rückforderungsgründe** in Abs. 2 nicht abschließend geregelt sind, ergibt sich bereits aus dem Wortlaut der Bestimmung (vgl „insbesondere"). Darüber hinaus schließt § 4 Abs. 2 Satz 2 AAG den Einwand der Entreicherung nach § 818 Abs. 3 BGB aus.

B. Versagung der Erstattung

2 Als Versagungsgründe nennt § 4 Abs. 1 AAG lediglich die Unterlassung oder nicht vollständige Abgabe der nach § 3 Abs. 2 AAG (vgl § 3 AAG Rn 20) erforderlichen Angaben. Hierbei handelt es sich nicht um eine abschließende Regelung, auch wenn im Gegensatz zu § 4 Abs. 2 AAG die Formulierung „insbesondere" fehlt.[1] Die Krankenkasse hat die Erstattung immer dann zu versagen, wenn die Voraussetzungen für den Erstattungsanspruch nicht erfüllt sind. Weitere Gründe für die Versagung des Erstattungsanspruchs können der Übergang des Anspruchs auf Schadensersatz gegen einen Dritten (§ 5 AAG) oder die Verjährung des Anspruchs (§ 6 Abs. 1 AAG) sein.

3 Der **Verzug des Arbeitgebers** mit der **Zahlung der Umlagebeträge** dagegen berechtigt die Krankenkasse nicht, die Erstattung zu versagen. In diesem Fall hat die Krankenkasse jedoch die Möglichkeit, den Erstattungsanspruch mit dem Anspruch auf Zahlung der geschuldeten Umlagebeträge aufzurechnen (§ 6 Abs. 2 AAG).

1 Schmitt § 4 AAG Rn 3; aA Treber § 4 AAG Rn 3.

4 Die Versagung steht im **pflichtgemäßen Ermessen** der Krankenkasse („kann ... versagt werden“). Die Krankenkasse muss somit nicht in jedem Fall die Erstattung versagen, sondern kann auch, wenn die fehlenden Angaben für die Erstattungsgewährung unbedeutend sind, von der Versagung absehen. Die Versagung kann **nur für den Einzelfall**, hinsichtlich dessen Geltendmachung die Angaben unvollständig sind, erfolgen; im Übrigen sind die – anderen – Erstattungsansprüche zu befriedigen.[2] Denn soweit der Arbeitgeber für mehrere Erstattungsfälle Ansprüche geltend macht, hat er seine Angaben so zu differenzieren, dass eine Aufteilung der Leistungsbeträge erfolgen kann.

5 Fehlen Angaben, so sind die Kassen verpflichtet, durch hinweisende Zwischenverfügungen die Möglichkeit zur Abhilfe zu schaffen. Ein **Versagungsbescheid** kommt erst nach fruchtlosem Ablauf einer eingeräumten Frist in Betracht.[3]

6 Der Krankenkasse steht jedoch **kein endgültiges Leistungsverweigerungsrecht** zu. Das Recht zur Versagung besteht nur solange, wie der Arbeitgeber die erforderlichen Angaben nicht oder nicht vollständig macht. Sobald die Mitteilung der unterlassenen Angaben nachgeholt wird, ist die Kasse zur Erstattung verpflichtet.[4]

C. Rückforderung der Erstattung

I. Allgemeines

7 § 4 Abs. 2 AAG regelt die Fälle, in denen die Krankenkasse bereits gewährte Erstattungszahlungen zurückzufordern verpflichtet ist. Aus der Formulierung **„insbesondere“** ergibt sich, dass diese Regelung **nicht abschließend** ist.[5] Im Gegensatz zu § 4 Abs. 1 AAG steht der Krankenkasse hinsichtlich der Rückforderung gemäß § 4 Abs. 2 AAG **kein Ermessen** zu. Sind die Voraussetzungen für eine Rückforderung erfüllt, ist die Krankenkasse hierzu **verpflichtet**.

II. Gesetzliche Rückforderungstatbestände

8 Die Krankenkasse **ist** zur Rückforderung bereits geleisteter Erstattungszahlungen verpflichtet, soweit der Arbeitgeber **schuldhaft falsche oder unvollständige Angaben** gemacht hat (§ 4 Abs. 2 Satz 1 Nr. 1 AAG) oder Erstattungsbeiträge gefordert hat, obwohl er wusste oder wissen musste, dass ein Anspruch nach § 3 oder § 9 EFZG, § 11 Abs. 1 oder § 14 Abs. 1 MuSchG nicht besteht (§ 4 Abs. 2 Satz 1 Nr. 2 AAG).

9 Der Arbeitgeber muss **schuldhaft** falsche oder unvollständige Angaben gemacht haben. Schuldhaftes Verhalten des Arbeitgebers umfasst Vorsatz und Fahrlässigkeit (vgl § 276 BGB); wobei auch leichte Fahrlässigkeit genügt.[6] Vom Arbeitgeber muss die erforderliche Sorgfalt für die richtige und vollständige Meldung erwartet werden. Bedient sich der Arbeitgeber zur Erfüllung seiner Meldepflichten dritter Personen, so hat er für deren **Verschulden nach § 278 BGB** einzustehen.

2 Knorr/Krasney § 4 AAG Rn 2.
3 ErfK/Dörner, 1. Aufl., § 11 LFZG Rn 3.
4 Schmitt § 4 AAG Rn 4; Knorr/Krasney § 4 AAG Rn 3.
5 Knorr/Krasney § 4 AAG Rn 4; Schmitt § 4 AAG Rn 8.
6 Knorr/Krasney § 4 AAG Rn 6; Schmitt § 4 AAG Rn 12.

Um **falsche Angaben** handelt es sich, wenn diese nicht den objektiven Tatsachen entsprechen. **Unvollständig** sind die Angaben, wenn sie nicht in dem für die Durchführung des Ausgleichsverfahrens erforderlichen Umfang gemacht worden sind. Die falschen und unvollständigen Angaben müssen für die Auszahlung des Erstattungsbetrages **ursächlich** gewesen sein. Hätte der Erstattungsbetrag auch bei korrekten Angaben ausgezahlt werden müssen, besteht kein Rückforderungsanspruch, da dann dem Arbeitgeber nichts zugeflossen ist, was ihm nicht zusteht.[7] 10

Wusste oder musste der Arbeitgeber wissen, dass ein Anspruch auf Fortzahlung des Arbeitsentgelts nicht besteht (§ 4 Abs. 2 Satz 2 Nr. 2 AAG), so ist die Krankenkasse verpflichtet, gewährte Erstattungsbeträge zurückzufordern. Damit soll verhindert werden, dass ein Arbeitgeber auf Kosten der übrigen am Ausgleich beteiligten Arbeitgeber Leistungen an seine Arbeitnehmer erbringt, zu denen er nicht verpflichtet ist.[8] 11

Voraussetzung für die Rückforderung ist, dass der Arbeitgeber wusste oder in fahrlässiger Weise nicht wusste, dass ein Anspruch nach §§ 3, 9 EFZG, §§ 11, 14 Abs. 1 MuSchG nicht bestanden hat. Die Kenntnis bzw Unkenntnis des Arbeitgebers hinsichtlich der Arbeitnehmeransprüche kann sich entweder auf die anspruchsbegründenden Tatsachen oder auf das Nichtbestehen des Anspruchs beziehen. Weiß der Arbeitgeber etwa nicht, dass es sich um eine selbstverschuldete Krankheit handelt, so bezieht sich seine Unkenntnis auf die anspruchsbegründenden Tatsachen; glaubt er irrtümlich trotz Selbstverschulden zur Entgeltfortzahlung verpflichtet zu sein, bezieht sich seine Unkenntnis auf das Nichtbestehen des Anspruchs auf Entgeltfortzahlung. Die Krankenkasse hat dem Arbeitgeber das schuldhafte Verhalten nachzuweisen. 12

Die **Nichtvorlage** einer ärztlichen **Arbeitsunfähigkeitsbescheinigung** durch den Arbeitnehmer begründet keinen Rückforderungsanspruch, da sie keine Voraussetzung für den Erstattungsanspruch ist (vgl § 2 AAG Rn 7). Kann das Fehlen der Voraussetzungen für den Entgeltfortzahlungsanspruch nicht nachgewiesen werden, ist die Krankenkasse gehindert, eine auf § 4 Abs. 2 Satz 1 Nr. 2 AAG gestützte Rückforderung geltend zu machen.[9] 13

III. Rückforderung in anderen Fällen

Die Aufzählung in § 4 Abs. 2 AAG erfasst – wie aus dem Wort „insbesondere" zu ersehen ist – nicht alle Tatbestände, die zu einer Rückforderung verpflichten (vgl Rn 1). Die Krankenkasse kann mithin in anderen Fällen sowohl verpflichtet als auch berechtigt sein, Erstattungsbeträge vom Arbeitgeber zurückzufordern. Das gilt beispielsweise für den Fall, dass eine Krankenkasse eine vorläufige Erstattung unter dem Vorbehalt der Berichtigung aufgrund späterer Betriebsprüfungen vornimmt und sich hierbei Beanstandungen ergeben, für die aber nicht die in § 4 Abs. 2 Satz 1 Nr. 1 und 2 AAG genannten Gründe maßgebend sind (zB unrichtige Anwendung des § 4 EFZG). Eine Rückforderung könnte sich auch dann ergeben, wenn der Arbeitgeber die Erstattung in voller Höhe erhalten hat, sich aber später herausstellt, dass Ansprüche nach § 6 EFZG auf ihn übergegan- 14

7 Schmitt § 4 AAG Rn 11.
8 Schmitt § 4 AAG Rn 15.
9 BSG 9.9.1981, EEK IV/022.

gen sind. Von der Rückforderung ist allerdings abzusehen, wenn die übergegangenen Ansprüche an die Krankenkasse abgetreten werden. Hat der Arbeitgeber einen Ausgleichsanspruch gegen den Arbeitnehmer, so muss sich die Krankenkasse nicht an ihn verweisen lassen (vgl zum Leistungsverweigerungsrecht § 5 AAG Rn 9 ff).

D. Ausschluss des Entreicherungseinwands

15 Gemäß § 4 Abs. 2 Satz 2 AAG kann sich der Arbeitgeber gegenüber dem Rückforderungsanspruch der Krankenkasse nicht darauf berufen, dass er durch die zu Unrecht gezahlten Beträge nicht mehr bereichert sei (§ 818 Abs. 3 BGB). Diese verschärfte Haftung des Arbeitgebers rechtfertigt sich daraus, dass er in schuldhafter Weise ungerechtfertigte Leistungen erlangt hat.[10]

E. Verzicht auf Rückforderung

16 Von der Rückforderung kann abgesehen werden gemäß § 4 Abs. 2 Satz 3 AAG, wenn der zu Unrecht gezahlte Betrag gering und der entstehende Verwaltungsaufwand unverhältnismäßig groß sein würde.[11] **Beide Voraussetzungen** – geringer Betrag einerseits und großer Verwaltungsaufwand andererseits – **müssen kumulativ vorliegen** (§ 76 Abs. 2 Nr. 2 SGB IV).[12] Ein Verzicht auf die Rückforderung wird nur selten in Betracht kommen, da die Krankenkasse gemäß § 6 Abs. 2 Nr. 3 AAG die Möglichkeit hat, gegenüber (künftigen) Erstattungsansprüchen mit den Ansprüchen auf Rückzahlung von zu Unrecht gezahlten Erstattungsbeträge aufzurechnen und eine Aufrechnung im Allgemeinen keinen unverhältnismäßig großen Verwaltungsaufwand auslösen wird. Ein Verzicht auf Rückforderung wird daher in erster Linie in den Fällen in Betracht kommen, in denen der Arbeitgeber nicht mehr am Ausgleichsverfahren teilnimmt.[13]

17 Eine Rückforderung sollte unterbleiben, wenn die **Rechtslage** nicht eindeutig ist oder die Vollstreckung aus dem Rückforderungsbescheid keine Aussicht auf Erfolg bietet.[14]

§ 5 Abtretung

Ist auf den Arbeitgeber ein Anspruch auf Schadenersatz nach § 6 des Entgeltfortzahlungsgesetzes übergegangen, so ist die Krankenkasse zur Erstattung nur verpflichtet, wenn der Arbeitgeber den auf ihn übergegangenen Anspruch bis zur anteiligen Höhe des Erstattungsbetrags an die Krankenkasse abtritt.

I. Allgemeines

1 Die Regelung des § 5 AAG soll in Ergänzung zu § 6 EFZG eine **sachgerechte Risikoverteilung** zwischen Schädiger, Arbeitgeber und Krankenkasse sicherstellen. Durch sie soll verhindert werden, dass der Arbeitgeber, soweit ein Drittschädiger die Arbeitsunfähigkeit des Arbeiters verursacht hat und diesem zum

10 Schmitt § 4 AAG Rn 16.
11 Vgl auch BayLSG 8.12.1983, NZA 1994, 207.
12 Knorr/Krasney § 4 AAG Rn 11.
13 Kaiser/Dunkl/Hold/Kleinsorge § 11 LFZG Rn 14.
14 ErfK/Dörner, 1. Aufl., § 1 LFZG Rn 9; Knorr/Krasney § 4 AAG Rn 11.

Schadenersatz verpflichtet ist, die Aufwendungen für die Entgeltfortzahlung doppelt erstattet erhält. Die Krankenkasse ist zur Erstattung der in § 1 Abs. 1 AAG genannten Arbeitgeberleistungen nur dann verpflichtet, wenn der Arbeitgeber den (zunächst) gemäß § 6 EFZG auf ihn übergegangenen Anspruch an sie bis zur anteiligen Höhe des Erstattungsbetrages abtritt. Tritt der Arbeitgeber den Anspruch ab, ist die Krankenkasse zur Erstattungsleistung verpflichtet. Sie ist dann nicht berechtigt, den Arbeitgeber auf die Realisierung der Schadensersatzforderung gegen den Dritten zu verweisen.[1]

II. Umfang der Abtretung

Der Arbeitgeber muss den auf ihn übergegangenen Schadensersatzanspruch **bis zur anteiligen Höhe des Erstattungsbetrages** abtreten. Daraus folgt für die Abtretungsverpflichtung des Arbeitgebers zweierlei. 2

Zum einen muss der Arbeitgeber den auf ihn übergegangenen Schadensersatzanspruch nur insoweit an die Krankenkasse abtreten, als dieser seinem Inhalt nach mit der Erstattungsleistung der Kasse „kongruent" ist, dh soweit die Erstattungsleistungen der Krankenkasse und die Schadensersatzleistungen des Drittschädigers inhaltlich den Ausgleich derselben Aufwendungen zum Gegenstand haben.[2] Während im Rahmen des Ausgleichsverfahrens nur das fortgezahlte Arbeitsentgelt sowie die darauf entfallenden, von dem Arbeitgeber zu tragenden Beiträge zur Bundesanstalt für Arbeit und die Arbeitgeberanteile an Beiträgen zur gesetzlichen Kranken- und Rentenversicherung erstattungsfähig sind, ist der auf den Arbeitgeber nach § 6 EFZG übergehende Schadensersatzanspruch weitergehend. So erfasst der gesetzliche Forderungsübergang nach § 6 EFZG zB auch die vom Arbeitgeber zu tragenden Beiträge zu Einrichtungen der zusätzlichen Alters- und Hinterbliebenenversorgung. Deckt die Schadensersatzverpflichtung des Drittschädigers auch derartige Aufwendungen des Arbeitgebers ab, sind sie nicht im Rahmen des Erstattungsverfahrens zu berücksichtigen. Das Gleiche gilt auch für solche Leistungen des Arbeitgebers, die der Arbeiter dem Arbeitgeber **rechtsgeschäftlich** abgetreten hat, zB im Hinblick auf Leistungen des Arbeitgebers, die über die Ansprüche nach dem Entgeltfortzahlungsgesetz hinausgehen.[3] 3

Zum anderen hat der Arbeitgeber den übergegangenen Anspruch nicht in voller Höhe, sondern nur **bis zur anteiligen Höhe des Erstattungsbetrages** abzutreten. Daraus folgt, dass der Arbeitgeber maximal 80 % des Schadensersatzanspruches abzutreten hat, da er gemäß § 1 Abs. 1 AAG nur 80 % seiner Aufwendungen erstattet erhält. Soweit die Satzung der Krankenkasse eine geringere Erstattung vorsieht (vgl § 9 Abs. 2 Nr. 1 AAG), verringert sich dementsprechend auch die Höhe des abzutretenden Teils des Schadensersatzanspruches.[4] Beträgt die Erstattungsleistung gemäß § 1 Abs. 2 AAG 100 %, erstreckt sich die Abtretungsverpflichtung des Arbeitgebers auf diese Erstattungsleistung. 4

Wurden die Aufwendungen des Arbeitgebers vom Schädiger voll befriedigt, ist für eine Abtretung kein Raum mehr; folglich entfällt auch der Erstattungsan- 5

1 Knorr/Krasney § 5 AAG Rn 1.
2 Treber § 5 AAG Rn 3.
3 Schmitt § 5 AAG Rn 7.
4 Knorr/Krasney § 5 AAG Rn 5; Schmitt § 5 AAG Rn 8.

spruch gegen die Krankenkasse. Deckt die Schadensersatzpflicht des Drittschädigers und damit der gemäß § 6 EFZG auf den Arbeitgeber übergegangene Schadensersatzanspruch nicht den vollen Entgeltfortzahlungsanspruch ab – etwa wegen eines mitwirkenden Verschuldens des verletzten Arbeiters (vgl § 6 EFZG Rn 40 ff) –, sind 80 % des tatsächlich gemäß § 6 EFZG übergegangenen – **reduzierten – Anspruchs abzutreten.**[5]

6 **Beispiel:**

Fortgezahltes Arbeitsentgelt nach § 3 EFZG	830 €
Arbeitgeberanteile an den Beiträgen zur Sozialversicherung und zur Arbeitsförderung	170 €
Arbeitgeberaufwendungen insgesamt	1.000 €
Mitverschulden des Arbeitnehmers	40 v.H.
Anspruch auf Erstattung nach § 1 Abs. 1 AAG besteht in Höhe von 80 v.H. der Arbeitgeberaufwendungen	800 €
Auf den Arbeitgeber nach § 6 EFZG übergegangener Anspruch (60 v.H. von 1000 €)	600 €
Aufteilung im Verhältnis des Anspruchs auf Erstattung (80 v.H.)	480 €
zum Selbstbehalt (20 v.H.)	120 €
Abtretung nach § 5 AAG	480 €

7 Mit der Abtretung tritt die Krankenkasse als neuer Gläubiger an die Stelle des Arbeitgebers. Die Forderung geht mit allen **Neben- und Vorzugsrechten** auf die Krankenkasse über. Der Schuldner kann der Krankenkasse gegenüber alle Einwendungen entgegensetzen, die zurzeit der Abtretung der Forderung gegen den bisherigen Gläubiger (Arbeitgeber) begründet waren (§ 404 BGB). Daraus folgt unter anderem, dass auch die Krankenkasse daran gehindert ist, die auf sie übergegangenen Schadensersatzansprüche zum Nachteil des Arbeiters geltend zu machen (§ 6 Abs. 3 EFZG). Ist dem Drittschuldner die Abtretung nicht bekannt, so sind Rechtsgeschäfte oder Verfügungen über die Forderung (zB Erfüllung der Forderung) der Krankenkasse gegenüber wirksam.[6] Die Krankenkasse kann sich davor schützen, indem sie den **Drittschuldner** (Schädiger) umgehend **von der Abtretung in Kenntnis** setzt. Hat der Schädiger an den Arbeitgeber bereits geleistet, kann die Krankenkasse nach § 6 Abs. 2 Nr. 6 AAG gegen den Erstattungsanspruch aufrechnen.

8 Da es sich bei dem abgetretenen Schadensersatzanspruch in aller Regel um bürgerlich-rechtliche Ansprüche handelt, sind bei Streitigkeiten die ordentlichen Gerichte und nicht die Sozialgerichtsbarkeit zuständig. Desgleichen ist eine Beitreibung im Verwaltungszwangsverfahren nicht zulässig.[7]

III. Leistungsverweigerungsrecht der Krankenkasse

9 Kommt der Arbeitgeber seiner Verpflichtung aus § 5 AAG nicht nach, kann die Krankenkasse die Erstattungsleistung verweigern. Ein **einklagbarer Anspruch auf Abtretung** der auf den Arbeitgeber übergegangenen Schadensersatzforderung gegen den Drittschädiger steht der Kasse jedoch **nicht** zu. Andererseits darf

5 Schmitt § 5 AAG Rn 9.
6 Kaiser/Dunkl/Hold/Kleinsorge § 12 LFZG Rn 11.
7 Knorr/Krasney § 5 AAG Rn 4.

sie die Abtretung der Forderung nicht zurückweisen und den Arbeitgeber darauf verweisen, sich (zunächst) beim Drittschädiger schadlos zu halten.[8]

Das Leistungsverweigerungsrecht besteht allerdings nur dann, wenn der Schadensersatzanspruch, der abgetreten werden soll, und der Erstattungsanspruch, der geltend gemacht wird, sich **auf denselben Arbeitnehmer** beziehen. 10

Die Erstattungsleistung der Krankenkasse besteht jedoch unabhängig davon, ob sie die abgetretene Forderung realisieren kann.[9] 11

Das **Leistungsverweigerungsrecht** kann die Krankenkasse in der Regel nur **vorübergehend** geltend machen, bis der Arbeitgeber den Schadensersatzanspruch an die Krankenkasse abtritt. Es wird jedoch zu einem endgültigen Leistungsverweigerungsrecht, wenn der Arbeitgeber nicht mehr dazu in der Lage ist, den Schadensersatzanspruch abzutreten. Dies ist insbesondere dann der Fall, wenn der Anspruch durch Erfüllung erloschen ist oder wenn der Arbeitgeber bereits anderweitig über den Anspruch verfügt hat.[10] 12

§ 6 Verjährung und Aufrechnung

(1) Der Erstattungsanspruch verjährt in vier Jahren nach Ablauf des Kalenderjahrs, in dem er entstanden ist.

(2) Gegen Erstattungsansprüche dürfen nur Ansprüche aufgerechnet werden auf

1. **Zahlung von Umlagebeträgen, Beiträge zur gesetzlichen Krankenversicherung und solche Beiträge, die die Einzugsstelle für andere Träger der Sozialversicherung und die Bundesagentur für Arbeit einzuziehen hat,**
2. **Rückzahlung von Vorschüssen,**
3. **Rückzahlung von zu Unrecht gezahlten Erstattungsbeträgen,**
4. **Erstattung von Verfahrenskosten,**
5. **Zahlung von Geldbußen,**
6. **Herausgabe einer von einem Dritten an den Berechtigten bewirkten Leistung, die der Krankenkasse gegenüber wirksam ist.**

A. **Verjährung** 1
B. **Aufrechnung** 4
I. Allgemeines 4
II. Geschuldete Umlagebeträge und Beiträge zur Sozialversicherung 8
III. Rückzahlung von Vorschüssen und Erstattungsbeträgen 10
IV. Erstattung von Verfahrenskosten 12
V. Zahlung von Geldbußen 13
VI. Herausgabe der Leistung eines Dritten 14

A. Verjährung

Gemäß § 6 Abs. 1 AAG verjährt der Erstattungsanspruch in vier Jahren nach Ablauf des Kalenderjahres, in dem er entstanden ist. Entstanden ist der Erstattungsanspruch in dem Zeitpunkt, an dem die Krankenkasse die Erstattungsleis- 1

8 Kaiser/Dunkl/Hold/Kleinsorge § 12 LFZG Rn 2.
9 Knorr/Krasney § 5 AAG Rn 5.
10 Kaiser/Dunkl/Hold/Kleinsorge § 12 LFZG Rn 4.

tung zu gewähren hat und der Arbeitgeber die Leistung fordern kann. Nach § 2 Abs. 2 Satz 2 AAG ist der Erstattungsanspruch wirksam entstanden, sobald der Arbeitgeber Arbeitsentgelt nach § 3 oder § 9 Abs. 1 EFZG, Ausbildungsvergütung nach § 19 Abs. 1 Nr. 2 b BBiG iVm dem Entgeltfortzahlungsgesetz, Arbeitsentgelt nach § 11 MuSchG oder Zuschuss zum Mutterschaftsgeld nach § 14 Abs. 1 MuSchG gezahlt hat (vgl im Einzelnen § 1 AAG Rn 28). Auf den Eintritt des Erstattungsfalles kommt es für die Verjährung nicht an. Maßgebend ist der Tag der Zahlung des Arbeitsentgelts oder des Zuschusses zum Mutterschaftsgeld, bei bargeldloser Zahlung der Tag der Lastschriftanzeige. Erkrankt ein Arbeiter etwa in der letzten Dezemberwoche 2008, so ist somit entscheidend, ob der Arbeitgeber noch im Dezember 2008 die Entgeltfortzahlung leistet. Ist dies der Fall, so entsteht der Erstattungsanspruch im Dezember 2008 und verjährt am 31.12.2012. Werden die Leistungen dagegen erst im Januar 2009 erbracht, so entsteht der Erstattungsanspruch im Jahre 2009 und verjährt am 31.12.2013. Leistet in einem solchen Fall der Arbeitgeber die Entgeltfortzahlung teilweise vor und teilweise nach dem Jahreswechsel, so gelten insoweit hinsichtlich der Erstattungsansprüche des Arbeitgebers für diesen Krankheitsfall unterschiedliche Verjährungszeiträume.

2 Für die Hemmung, Ablaufhemmung und den Neubeginn der Verjährung in der Sozialversicherung gelten sinngemäß die Vorschriften des BGB (§ 45 Abs. 2 SGB I; § 25 Abs. 2 SGB IV). Die Verjährung kann nicht von Amts wegen berücksichtigt werden. Die Erhebung der Verjährungseinrede steht grundsätzlich im Ermessen der Krankenkasse. Hat jedoch der Träger durch sein Verhalten eine verspätete Geltendmachung des Erstattungsanspruches verursacht, kann er unter dem Gesichtspunkt des sozialrechtlichen Herstellungsanspruches oder des Grundsatzes von Treu und Glauben gezwungen sein, von der Erhebung der Verjährungseinrede abzusehen.[1]

3 Die **Verjährungsfrist** des § 6 Abs. 1 AAG gilt ebenso für den **Rückforderungsanspruch** nach § 4 Abs. 2 AAG.[2]

B. Aufrechnung

I. Allgemeines

4 § 6 Abs. 2 AAG regelt die Anrechnungsbefugnis der Krankenkasse im Rahmen des Ausgleichsverfahrens. Während gemäß § 387 BGB eine Aufrechnung (nur) voraussetzt, dass zwei Personen einander Leistungen schulden, die ihrem Gegenstand nach gleichartig sind und dass der Aufrechnende die ihm gebührende Leistung fordern und die ihm obliegende Leistung bewirken kann, beschränkt § 6 Abs. 2 AAG die Aufrechnungsbefugnis der Krankenkasse. Die Krankenkasse darf nicht mit einem beliebigen (Geld-) Anspruch aufrechnen, sondern nur mit den in § 6 Abs. 2 Nr. 1 bis 6 AAG **abschließend genannten Ansprüchen.**[3] Die Aufrechnung mit anderen Forderungen gegen den Arbeitgeber ist nicht zulässig. Jedoch kann gegen mehrere der in § 6 Abs. 2 AAG genannten Ansprüche gleichzeitig aufgerechnet werden. Die Aufrechnung bewirkt, dass die Forderungen,

1 BSG 22.10.1996 – 13 RJ 17/96 – MDR 1997, 661 = SGb 1997, 475, BSG 15.6.2000 – B7 KL 64/99R.
2 BSG 25.9.2000 – B1 KR 2/00.
3 Schmitt § 6 AAG Rn 7.

soweit sie sich decken, als zu dem Zeitpunkt erloschen gelten, in welchem sie zur Aufrechnung geeignet einander gegenübergetreten sind (§ 389 BGB).

Ist die **Forderung** gegen den Arbeitgeber **verjährt**, so ist die Aufrechnung dennoch nicht ausgeschlossen, wenn die verjährte Forderung zu der Zeit, zu welcher sie gegen Erstattungsansprüche aufgerechnet werden konnte, noch nicht verjährt war (§ 390 Satz 2 BGB). 5

Wegen der Möglichkeit der Verrechnung mit Ansprüchen eines anderen Sozialleistungsträgers nach § 52 SGB I siehe § 10 AAG. 6

Die in § 6 Abs. 2 AAG genannten Ansprüche „dürfen" zur Aufrechnung gegen Erstattungsansprüche verwendet werden. Ein Zwang zur Aufrechnung besteht nicht. Vielmehr kann die Krankenkasse von einer Aufrechnung absehen und ihre Forderungen mit den allgemeinen Mitteln beitreiben.[4] Im Anwendungsbereich der beschränkten Aufrechnungsbefugnis der Krankenkasse gemäß § 6 Abs. 2 AAG besteht auch **kein Zurückbehaltungsrecht** der Krankenkasse entsprechend § 273 BGB. Dies folgt bereits daraus, dass andernfalls die Beschränkung der Aufrechnungsbefugnis der Krankenkassen umgangen würde, da durch die Zurückbehaltung der Leistung wirtschaftlich der gleiche Erfolg eintritt wie bei einer Aufrechnung.[5] 7

II. Geschuldete Umlagebeträge und Beiträge zur Sozialversicherung

Umlagebeträge sind die von den Arbeitgebern aufzubringenden Mittel zur Durchführung des Ausgleichs der Arbeitgeberaufwendungen (vgl § 7 AAG). In Betracht kommen hier jedoch nur Umlagebeträge einschließlich etwaiger **Säumniszuschläge** nach § 24 SGB IV, die der Arbeitgeber der aufrechnenden Krankenkasse schuldet. Forderungen anderer Träger können nicht aufgerechnet werden. 8

Gegen Erstattungsansprüche kann die Krankenkasse nicht nur mit geschuldeten Beiträgen zur gesetzlichen Krankenversicherung, sondern auch mit solchen Beiträgen aufrechnen, die sie **für andere Träger** der Sozialversicherung und die Bundesagentur für Arbeit einzuziehen hat (vgl § 28 d ff SGB IV). Unter „Beiträge" zur gesetzlichen Krankenversicherung einschließlich etwaiger Säumniszuschläge ist nicht nur der vom Arbeitgeber zu tragende hälftige Beitragsanteil, sondern auch der Beitrag zu verstehen, den der Arbeitgeber für seine Versicherungspflichtigen Arbeitnehmer einzuzahlen hat. 9

Zu den Beiträgen, die die Krankenkasse für andere Träger der Sozialversicherung und die Bundesagentur für Arbeit einzuziehen hat, kommen neben dem Beitrag zur Bundesagentur für Arbeit insbesondere die Beiträge zur gesetzlichen Rentenversicherung und zur Pflegeversicherung in Betracht. Auch hier ist unter „Beitrag" nicht nur der vom Arbeitgeber zu tragende Beitragsanteil, sondern auch der „Arbeitnehmeranteil" zu verstehen, den der Arbeitgeber für die Versicherungspflichtigen an die Krankenkasse abzuführen hat.[6]

4 Kaiser/Dunkl/Hold/Kleinsorge § 13 LFZG Rn 13.
5 Kaiser/Dunkl/Hold/Kleinsorge § 13 LFZG Rn 14.
6 Kaiser/Dunkl/Hold/Kleinsorge § 13 LFZG Rn 6, 7; vgl ferner § 28 e SGB IV.

III. Rückzahlung von Vorschüssen und Erstattungsbeträgen

10 Die Satzung der Krankenkasse kann nach § 9 Abs. 2 Nr. 3 AAG (vgl. § 9 AAG Rn 15) die Zahlung von Vorschüssen vorsehen. Der Vorschuss ist eine Vorleistung auf den zu erfüllenden Erstattungsanspruch und ist daher bei der endgültigen Abrechnung der Erstattung zu verrechnen. § 6 Abs. 2 Nr. 2 AAG betrifft nur auf Erstattungsforderungen geleistete Vorschüsse. Mit Vorschüssen anderer Art kann nicht gegen Erstattungsansprüche aufgerechnet werden.

11 Der Anspruch auf Rückzahlung zu Unrecht gezahlter Erstattungsbeträge ergibt sich vor allem aus dem Rückforderungsrecht der Krankenkasse gemäß § 4 Abs. 2 Nr. 2 AAG (vgl § 4 AAG Rn 7 ff). Die Rückforderung zu Unrecht gezahlter Erstattungsbeträge wird durch Verwaltungsakt festgestellt (§ 50 Abs. 3 SGB X). Eines solchen Verwaltungsaktes bedarf es jedoch bei der Aufrechnung nicht. Die Aufrechnungserklärung ersetzt diesen und bringt die Forderung auf Rückzahlung zum Erlöschen, soweit sie durch den Erstattungsanspruch gedeckt ist.[7]

IV. Erstattung von Verfahrenskosten

12 Zu den zu erstattenden Verfahrenskosten gehören die Kosten eines gerichtlichen Streitverfahrens, die dem Arbeitgeber nach §§ 193 ff SGG auferlegt werden. Hat die Krankenkasse derartige Kosten bereits entrichtet, kann sie die voraus gezahlten Beträge gegen den Erstattungsanspruch des Arbeitgeber aufrechnen. § 6 Abs. 2 Nr. 4 AAG schränkt hierbei die Aufrechnungsmöglichkeit nicht auf die Verfahrenskosten ein, die im Rahmen des Ausgleichs der Arbeitgeberaufwendungen zu erstatten sind, sondern erfasst auch Verfahrenskosten aus Anlass anderer Streitigkeiten zwischen dem Arbeitgeber und der Krankenkasse, etwa im Rahmen der Einziehung von Kranken- oder Rentenversicherungsbeiträgen.[8] Zu den Verfahrenskosten können darüber hinaus auch die Kosten gehören, die im Beitreibungs- oder Vollstreckungsverfahren der Krankenkasse entstehen und vom Arbeitgeber zu tragen sind.

V. Zahlung von Geldbußen

13 Nach § 6 Abs. 2 Nr. 5 AAG kommen für die Aufrechnung Ansprüche auf Zahlung von Geldbußen in Betracht, die die Kasse im Rahmen der Durchführung der gesetzlichen Krankenversicherung gegen den Arbeitgeber verhängt hat. Mit diesen Ansprüchen kann die Krankenkasse aufrechnen. Das Aufwendungsausgleichsgesetz selbst enthält keine Straf- oder Bußgeldvorschrift. Auch die Bußgeldvorschriften des Sozialgesetzbuches können gegen Arbeitgeber im Ausgleichsverfahren nicht angewendet werden, weil die Strafdrohungen sich nicht auf die Vorschriften des Aufwendungsausgleichsgesetzes beziehen. Dies gilt insbesondere für § 111 SGB IV und § 307 SGB V, die Geldbußen androhen bei Verstößen gegen Vorschriften über die Melde- und Auskunftspflicht. Die Verpflichtung der Arbeitgeber, die für die Durchführung des Ausgleichsverfahrens erforderlichen Meldungen und Angaben zu machen, beruht jedoch auf § 3 Abs. 2 AAG.[9]

7 Knorr/Krasney § 6 AAG Rn 12.
8 Knorr/Krasney § 6 AAG Rn 19.
9 Knorr/Krasney § 6 AAG Rn 20.

VI. Herausgabe der Leistung eines Dritten

Die Bestimmung des § 6 Abs. 2 Nr. 6 AAG regelt den Fall, dass die Leistung eines Dritten an den Berechtigten gegenüber der Krankenkasse wirksam ist. Dies ist etwa dann der Fall, wenn der Arbeitgeber, nachdem er einen auf ihn übergegangenen Schadensersatzanspruch (§ 6 EFZG) an die Krankenkasse abgetreten hat (§ 5 AAG) und gleichwohl von dem Drittschädiger die Ersatzleistungen entgegengenommen hat. In diesem Fall ist der Drittschädiger nach § 407 BGB von seiner Leistungsverpflichtung befreit, wenn er von der Abtretung an die Krankenkasse keine Kenntnis hatte. Die Krankenkasse muss sich dann die Leistung vom Arbeitgeber herausgeben lassen (§ 816 Abs. 2 BGB). Ist dagegen die Leistung an den Arbeitgeber gegenüber der Krankenkasse nicht wirksam, weil etwa der Drittschädiger die Abtretung kannte, besteht kein Anspruch der Krankenkasse auf Herausgabe des Empfangenen. Um auch in diesem Fall gegen Erstattungsansprüche des Arbeitgebers aufrechnen zu können, muss die Krankenkasse die Leistung an den Arbeitgeber genehmigen und erwirbt dadurch einen Herausgabeanspruch gegen diesen. Auch mit diesem Anspruch ist eine Aufrechnung gegen Erstattungsansprüche des Arbeitgebers zulässig. 14

§ 7 Aufbringung der Mittel

(1) Die Mittel zur Durchführung der U1- und U2-Verfahren werden von den am Ausgleich beteiligten Arbeitgebern jeweils durch gesonderte Umlagen aufgebracht, die die erforderlichen Verwaltungskosten angemessen berücksichtigen.

(2) [1]Die Umlagen sind jeweils in einem Prozentsatz des Entgelts (Umlagesatz) festzusetzen, nach dem die Beiträge zur gesetzlichen Rentenversicherung für die im Betrieb beschäftigten Arbeitnehmer, Arbeitnehmerinnen und Auszubildenden bemessen werden oder bei Versicherungspflicht in der gesetzlichen Rentenversicherung zu bemessen wären. [2]Bei der Berechnung der Umlage für Aufwendungen nach § 1 Abs. 1 sind Entgelte von Arbeitnehmern und Arbeitnehmerinnen, deren Beschäftigungsverhältnis bei einem Arbeitgeber nicht länger als vier Wochen besteht und bei denen wegen der Art des Beschäftigungsverhältnisses auf Grund des § 3 Abs. 3 des Entgeltfortzahlungsgesetzes kein Anspruch auf Entgeltfortzahlung im Krankheitsfall entstehen kann, sowie einmalig gezahlte Arbeitsentgelte nach § 23 a des Vierten Buches Sozialgesetzbuch nicht zu berücksichtigen. [3]Für die Zeit des Bezugs von Kurzarbeitergeld bemessen sich die Umlagen nach dem tatsächlich erzielten Arbeitsentgelt bis zur Beitragsbemessungsgrenze in der gesetzlichen Rentenversicherung.

A. Allgemeines 1
B. Aufbringung der Mittel 2
I. Zweck der Umlage 2
II. Umlagepflichtige Arbeitgeber ... 3
C. Berechnung der Umlagebeträge ... 5
I. Entgeltbegriff 5
II. Umlagebeträge für Aufwendungen bei Entgeltfortzahlung im Krankheitsfall 10
III. Umlagebeträge für Aufwendungen bei Mutterschaft 17
IV. Umlagebeträge bei Kurzarbeitergeld 19
D. Fälligkeit der Umlagebeträge 20

A. Allgemeines

1 § 7 Abs. 1 AAG bestimmt, dass die Mittel zur Durchführung des Ausgleichs der Arbeitgeberaufwendungen durch eine **Umlage** von den am Ausgleich beteiligten Arbeitgebern aufgebracht werden. Entgegen dem Gesetzeswortlaut wird von den teilnehmenden Arbeitgebern jedoch keine „Umlage", sondern werden Beiträge wie zu einer Versicherung erhoben.[1] § 7 AAG, der bereits zum 1.10.2005 in Kraft trat, berücksichtigt in seinem Abs. 1 nunmehr bei der Aufbringung der Mittel die Differenzierung zwischen U1-Verfahren und U2-Verfahren, für die unterschiedliche Bemessungsgrundlagen gelten.

Darüber hinaus stellt § 7 Abs. 1 AAG jetzt klar, dass bei der Bemessung der Umlage auch die erforderlichen Verwaltungskosten angemessen zu berücksichtigen sind.

B. Aufbringung der Mittel

I. Zweck der Umlage

2 Die Umlage dient zur Deckung der zulässigen Ausgaben für das gesamte Ausgleichsverfahren. Die Mittel für diesen Ausgleich dürfen nur für die gesetzlich vorgeschriebenen oder zugelassenen Zwecke verwendet werden (§ 8 Abs. 1 Satz 2 AAG). Zulässige Zwecke sind Erstattungsleistungen im Rahmen des Ausgleichs der Arbeitgeberaufwendungen sowie die zur Erfüllung dieser Aufgabe notwendigen personellen und sachlichen Verwaltungskosten einschließlich etwaiger Verfahrenskosten bei Rechtsstreitigkeiten im Rahmen des Ausgleichsverfahrens sowie die Bildung der satzungsmäßigen Betriebsmittel nach § 9 Abs. 1 Nr. 2 AAG. Die Erhebung einer Umlage für sonstige Zwecke ist dagegen nicht statthaft.[2]

II. Umlagepflichtige Arbeitgeber

3 Die Mittel für den Ausgleich der Arbeitgeberaufwendungen werden ausschließlich von den am Ausgleichsverfahren teilnehmenden Arbeitgebern aufgebracht. Welche Arbeitgeber am Ausgleichsverfahren teilnehmen, ergibt sich aus § 1 und 3 AAG (§ 1 AAG Rn 10 ff).

4 Umlagebeträge für die Vergangenheit sind selbst dann zu zahlen, wenn der Arbeitgeber nach der in § 3 Abs. 1 Satz 1 AAG angeordneten jährlichen Feststellung des Kreises der Ausgleichsberechtigten nicht erfasst war.[3]

C. Berechnung der Umlagebeträge

I. Entgeltbegriff

5 Der Berechnung der Umlagebeträge ist das **Entgelt** zugrunde zu legen, nachdem die Beiträge zur gesetzlichen Rentenversicherung für die im Betrieb beschäftigten Arbeiter bemessen werden. Die Anknüpfung an die Bemessungsgrundlage für die Rentenversicherung bedeutet, dass für die Berechnung der Umlagen nur solche Bezüge bis zur Beitragsbemessungsgrenze der gesetzlichen Rentenversicherung

1 BSG 12.3.1996 – 1 RK 11/94 – AP Nr. 1 zu § 10 LohnFG; Kasseler Handbuch/Vossen 2.2 Rn 508.
2 Knorr/Krasney § 7 AAG Rn 2.
3 BSG 12.3.1996 – 1 RK 11/94 – AP Nr. 1 zu § 10 LohnFG; Knorr/Krasney § 7 AAG Rn 3.

herangezogen werden können, die **Arbeitsentgelt im Sinne der Sozialversicherung** sind (§§ 14 bis 18 SGB IV sowie die gemäß § 17 SGB IV erlassene ArbeitsentgeltVO). Daraus folgt, dass Beträge, die **beitragsfrei** sind, bei der Bemessung der Umlagen unberücksichtigt bleiben, unabhängig davon, ob diese Beträge zu den erstattungsfähigen Aufwendungen gehören oder nicht.

Nicht zum umlagepflichtigen Arbeitsentgelt gehören auch die an Arbeitnehmer gezahlten Sonderleistungen wie Krankengeld, Versorgungskrankengeld, Mutterschaftsgeld, Übergangsgeld oder Renten der Unfall- oder Rentenversicherung.[4] Das gilt auch in den Fällen, in denen Übergangsgeld während einer Rehabilitationsmaßnahme gezahlt wird. 6

Die **Beitragsbemessungsgrenze** in der gesetzlichen Rentenversicherung wird jährlich durch den Bundesminister für Arbeit und Sozialordnung bekannt gegeben (§§ 275 a, 275 b SGB VI). Für das Jahr 2009 ist danach wohl ein Arbeitsentgelt bis zu 5.400,– € monatlich in den alten Bundesländern (§ 159 SGB VI), bis zu 4.550,– € in den neuen Bundesländern (§ 275 a SGB VI) zu berücksichtigen. 7

Einmalig gezahltes Arbeitsentgelt iSd § 23 a SGB IV ist nunmehr gem. § 7 Abs. 2 Satz 2 AAG nicht mehr zu berücksichtigen. Der Gesetzgeber wollte damit ein Ungleichgewicht zwischen Leistung und Beitrag verhindern.[5] 8

Die Umlagen werden **maximal** bis zur **Beitragsbemessungsgrenze** der gesetzlichen Rentenversicherung erhoben. Bei höherem Arbeitsentgelt werden also die die Bemessungsgrenze übersteigenden Beträge außer Acht gelassen. 9

II. Umlagebeträge für Aufwendungen bei Entgeltfortzahlung im Krankheitsfall

Bemessungsgrundlage für die Umlage bei Aufwendungen im Krankheitsfall (U1) sowie bei Mutterschaft (U2-Verfahren) nach § 1 Abs. 1 AAG ist das Arbeitsentgelt, nach dem die Beiträge zu den gesetzlichen Rentenversicherungen für die im Betrieb beschäftigten Arbeitnehmerinnen, Arbeitnehmer und Auszubildenden bemessen werden oder zu bemessen wären, wenn die betreffenden Personen rentenversicherungspflichtig wären. Der Bemessung der Umlage nach § 7 Abs. 2 Satz 1 AAG sind somit das Entgelt der Arbeitnehmer/Innen und die Vergütung **aller** Auszubildenden zugrunde zu legen, womit Angestellte nunmehr auch mit einzubeziehen sind. 10

Der Anspruch des Arbeitnehmers auf Entgeltfortzahlung entsteht nach § 3 Abs. 3 EFZG (vgl § 3 EFZG Rn 9) erst nach einer **Wartezeit** von vier Wochen. Somit haben Beschäftigte, deren **Arbeitsverhältnis** im Voraus auf höchstens **vier Wochen befristet** ist, keinen Anspruch auf Entgeltfortzahlung. Daraus folgt, dass das Arbeitsentgelt der auf bis zu vier Wochen befristet eingestellten Arbeitnehmer für die Ermittlung der Umlagebeträge nicht zu berücksichtigen ist. 11

Die **Nichtberücksichtigung des Arbeitsentgelts** für die Berechnung der Umlagebeträge gilt für das Arbeitsentgelt aller Beschäftigten, für die der Arbeitgeber nicht verpflichtet ist, das Arbeitsentgelt während der Arbeitsunfähigkeit fortzuzahlen. Soweit der Arbeitgeber aufgrund eines Tarifvertrages verpflichtet ist, 12

4 Knorr/Krasney § 7 AAG Rn 4.

5 Kasseler Handbuch/Vossen 2.2 Rn 518; Schneider BB 1985, 2119 ff; Figge DB 1985, 2561; vgl auch BSG 15.4.1997, NZA-RR 1998, 49, 51.

auch an befristet eingestellte Arbeitnehmer bei Arbeitsunfähigkeit das Arbeitsentgelt fortzuzahlen, sind auch für das Arbeitsentgelt dieser Arbeitnehmer Umlagebeträge abzuführen. Denn der Personenkreis, dessen Arbeitsentgelt für die Bemessung der Umlagebeträge zugrunde zu legen ist, deckt sich mit dem Personenkreis, für den der Arbeitgeber aufgrund des Entgeltfortzahlungsgesetzes zur Fortzahlung des Arbeitsentgelts verpflichtet ist.

13 In **Heimarbeit Beschäftigte** sind weder Arbeiter noch im Betrieb beschäftigt, so dass die an sie gezahlten Arbeitsentgelte selbst dann nicht bei der Berechnung der Umlagebeträge zu berücksichtigen sind, wenn ihnen nach § 10 Abs. 4 EFZG durch tarifvertragliche Bestimmungen ein Anspruch auf Entgeltfortzahlung im Krankheitsfall zusteht (vgl § 10 EFZG Rn 42 ff).[6]

14 Nicht zu berücksichtigen sind auch die Entgelte der nach § 2 Abs. 1 Nr. 3 KVLG 1989 in den landwirtschaftlichen Krankenkassen versicherten **mitarbeitenden Familienangehörigen eines landwirtschaftlichen Unternehmens** (§ 11 Abs. 2 Nr. 1 AAG). Das gilt auch für solche mitarbeitenden Familienangehörigen, die neben ihrer Tätigkeit im landwirtschaftlichen Unternehmen bei einem anderen Arbeitgeber in ein einem versicherungspflichtigen Beschäftigungsverhältnis stehen.[7]

15 Umlagepflichtig ist auch das Einkommen **kurzfristig oder geringfügig Beschäftigter**, soweit deren Beschäftigungsdauer vier Wochen übersteigt (vgl § 7 Abs. 2 Satz 2 AAG).

16 Das **Arbeitsentgelt** von **Schwerbehinderten** ist umlagepflichtig. Auch wenn Schwerbehinderte bei der Feststellung der Beschäftigtenzahl nach § 3 Abs. 1 Satz 5 AAG nicht mitzurechnen sind.[8]

III. Umlagebeträge für Aufwendungen bei Mutterschaft

17 Nach § 7 Abs. 1 Satz 2 AAG sind für die Aufwendungen zur Erstattung der Zuschüsse zum Mutterschaftsgeld und zur Zahlung von Arbeitsentgelten während Beschäftigungsverboten nach dem Mutterschutzgesetz die Umlagebeträge nunmehr nach einem Prozentsatz des Entgelts festzusetzen, nach dem die Beiträge zur gesetzlichen Rentenversicherung für die im Betrieb beschäftigten Arbeitnehmer, Arbeitnehmerinnen und Auszubildenden bemessen werden. Es ist daher eine zusätzliche Umlage für diese Aufwendungen mit einem besonderen Umlagesatz zu erheben, so dass zwei Umlageberechnungen aus den Arbeitsentgelten der Beschäftigten im Betrieb vorzunehmen sind.[9]

18 Die Umlagepflicht erfasst auch solche Betriebe, die weit überwiegend männliche oder überhaupt keine weiblichen Arbeitnehmer beschäftigen. Verfassungsrechtliche Bedenken bestehen gegen diese Regelung nicht.[10]

IV. Umlagebeträge bei Kurzarbeitergeld

19 Bei Beziehern von **Kurzarbeitergeld** wird nur das in der Zeit tatsächlich erzielte Arbeitsentgelt bis zur Beitragsbemessungsgrenze in der gesetzlichen Rentenver-

6 Knorr/Krasney § 7 AAG Rn 17.
7 Knorr/Krasney § 7 AAG Rn 18.
8 Kasseler Handbuch/Vossen 2.2 Rn 515; Schneider BB 1985, 2114, 2119.
9 Knorr/Krasney § 7 AAG.
10 BSG 24.6.1992 – RK 34/91 – EEK IV/035; Knorr/Krasney § 7 AAG Rn 22.

sicherung bei der Berechnung der Umlagebeträge berücksichtigt und nicht etwa der fiktive Volllohn. Dies wird durch § 7 Abs. 2 Satz 2 AAG ausdrücklich geregelt. Die Vorgängerregelung des § 14 Abs. 2 Satz 3 LFZG war 1979 eingefügt worden, nachdem das Bundesverfassungsgericht bei Kurzarbeit die Berechnung der Umlagebeträge nach dem fiktiven Volllohn für mit Art. 3 Abs. 1 GG nicht vereinbar erklärt hat.[11] Für die Zuschüsse zum Kurzarbeitergeld, soweit es zusammen mit dem Kurzarbeitergeld das Arbeitsentgelt iSd § 232 a Abs. 2 SGB V nicht übersteigt, muss somit keine Umlage abgeführt werden.

D. Fälligkeit der Umlagebeträge

Das Aufwendungsausgleichsgesetz enthält keine Regelung darüber, wann der Arbeitgeber die Umlagebeträge an die zuständige Krankenkasse abzuführen hat. Die Zahltage für die Umlagebeträge setzt die Satzung (§ 9 AAG) des Trägers fest. Nach § 23 Abs. 1 Satz 2 SGB IV werden Beiträge aus dem Arbeitsentgelt spätestens am 15. des Monats fällig, der dem Monat folgt, in dem das Arbeitsentgelt erzielt wurde. Im Übrigen gelten für die Fälligkeit der Umlagebeträge die gleichen Regelungen, die für die Erhebung der Sozialversicherungsbeiträge gelten. Das bedeutet, dass die Umlagebeträge zum gleichen Zeitpunkt abzuführen sind, an dem die übrigen Beiträge zur Sozialversicherung zu entrichten sind.[12] 20

Für Umlagebeträge, die nicht bis zum Ablauf des Fälligkeitstages gezahlt werden, ist für jeden angefangenen Monat der Säumnis ein **Säumniszuschlag** zu erheben. Ein Säumniszuschlag ist nicht zu erheben, wenn die Beitragsforderung rückwirkend festgestellt wird und der Schuldner glaubhaft macht, dass er ohne Verschulden keine Kenntnis von der Zahlungspflicht hatte (§ 24 Abs. 2 SGB IV). 21

Der Anspruch auf Zahlung der Umlagebeträge **verjährt in vier Jahren** nach Ablauf des Kalenderjahres, in dem er fällig geworden ist (§ 25 Abs. 1 Satz 1 SGB IV). Ansprüche auf vorsätzlich vorenthaltene Umlagebeträge verjähren in dreißig Jahren nach Ablauf des Kalenderjahres, in dem sie fällig geworden sind (§ 25 Abs. 1 Satz 2 SGB IV). Hierfür reicht bedingter Vorsatz aus, der Umlagepflichtige also seine Zahlungspflicht nur für möglich gehalten hat, die Nichtabführung der Umlagebeträge aber billigend in Kauf genommen hat.[13] Für die Hemmung und den Neubeginn der Verjährung gelten die §§ 203 ff BGB entsprechend. Zu Unrecht gezahlte Umlagebeträge sind nach Maßgabe des § 26 SGB IV zu erstatten. Zur Verzinsung und Verjährung des Anspruchs auf Rückzahlung zu Unrecht gezahlter Umlagebeträge (vgl § 27 SGB IV). 22

§ 8 Verwaltung der Mittel

(1) [1]Die Krankenkassen verwalten die Mittel für den Ausgleich der Arbeitgeberaufwendungen als Sondervermögen. [2]Die Mittel dürfen nur für die gesetzlich vorgeschriebenen oder zugelassenen Zwecke verwendet werden.

(2) [1]Die Krankenkasse kann durch Satzungsregelung die Durchführung der U1- und U2-Verfahren auf eine andere Krankenkasse oder einen Landes- oder Bun-

11 BVerfG 26.4.1978 – 1 BvL 29/76 – BVerfGE 48, 227.
12 Knorr/Krasney § 7 AAG Rn 32.
13 BSG 21.6.1990 – 12 RK 13/89 – DB 1992, 2090.

desverband übertragen. [2]Der Einzug der Umlagen obliegt weiterhin der übertragenden Krankenkasse, die die von den Arbeitgebern gezahlten Umlagen an die durchführende Krankenkasse oder den Verband weiterzuleiten hat. [3]§ 90 des Vierten Buches Sozialgesetzbuch gilt entsprechend.

I. Verwaltung der Mittel als Sondervermögen

1 Die Erstattung der Arbeitgeberaufwendungen nach § 1 AAG gehört nicht zu den eigentlichen Aufgaben der Krankenkasse. Die für die Erstattung erforderlichen Mittel werden auch nicht durch Beiträge der Versicherten und der Arbeitgeber zur Abdeckung der Leistungsfälle erbracht, sondern durch ein einseitiges Beitragsverfahren.[1] Dem trägt die Bestimmung des § 8 Abs. 1 AAG dadurch Rechnung, dass die Krankenkassen verpflichtet sind, die Mittel für den Ausgleich der Arbeitgeberaufwendungen als Sondervermögen zu verwalten. Zu den „Mitteln“ gehört alles, was der Krankenkasse im Rahmen des Ausgleichsverfahrens an Rechten und Pflichten zufließt oder was sie in Bezug auf das Sondervermögen an Verbindlichkeiten eingeht. Auch was an Nutzungen des Sondervermögens anfällt, gehört wiederum zum Sondervermögen.[2]

2 Das Sondervermögen hat die Krankenkasse **getrennt** von ihrem übrigen Vermögen zu **verwalten.** Das bedeutet, dass über alle die Durchführung des Ausgleichs der Arbeitgeberaufwendungen betreffenden oder mit ihr in Zusammenhang stehenden Geschäftsvorgänge eine von der übrigen Geschäftsführung der Krankenkasse getrennte Buchung, Aufbewahrung und Rechnungslegung vorgenommen werden muss.[3] Gegen eine Vermischung der Zahlungsmittel bestehen keine Einwendungen, wenn Buch- und Rechnungsführung getrennt ist. Zweckmäßigerweise sollten jedoch die Zahlungsvorgänge über getrennte Konten abgewickelt werden.[4]

II. Verwendung der Mittel

3 Nach § 8 Abs. 1 Satz 2 AAG, der inhaltlich mit § 30 Abs. 1 SGB IV vergleichbar ist, darf die Krankenkasse die Mittel für den Ausgleich der Arbeitgeberaufwendungen nur zu den gesetzlich vorgeschriebenen oder zugelassenen Zwecken verwenden. Hierzu zählen die Gewährung der Erstattungsleistung sowie die zur Durchführung des Ausgleichs der Arbeitgeberaufwendungen notwendigen Verwaltungsausgaben (einschließlich der Mittel für die Führung von Rechtsstreitigkeiten) sowie nach § 9 Abs. 1 Nr. 2 AAG die Bildung von Betriebsmitteln.[5] Für sonstige Zwecke dürfen die Mittel des Ausgleichs der Arbeitgeberaufwendungen nicht verwendet werden.

III. Übertragung der Durchführung des Ausgleichsverfahrens

4 § 8 Abs. 2 AAG, der gegenüber § 15 LFZG neu in das Gesetz aufgenommen wurde, eröffnet nun den Krankenkassen die Möglichkeit, die Durchführung der Aufgaben nach dem Aufwendungsausgleichsgesetz auf eine andere Krankenkasse oder einen Landes- oder Bundesverband zu übertragen.

---

1 ErfK/Dörner, 1. Aufl., § 16 LFZG Rn 1.
2 Schmitt § 8 AAG Rn 6.
3 Kaiser/Dunkl/Hold/Kleinsorge § 15 LFZG Rn 3.
4 Knorr/Krasney § 8 AAG Rn 1.
5 Knorr/Krasney § 8 AAG Rn 2; Kasseler Handbuch/Vossen 2.2 Rn 520.

Für die Aufgabenübertragung ist ein Satzungsbeschluss gem. § 9 Abs. 2 Nr. 5 AAG erforderlich.[6]

Auch muss die Satzung der übernehmenden Krankenkasse bzw des übernehmenden Verbandes die Ermächtigung enthalten, die Durchführung von Ausgleichsverfahren zu übernehmen.

Der Einzug der Umlage obliegt dagegen gem. § 8 Abs. 2 Satz 2 AAG weiterhin der übertragenden Krankenkasse, die die von den beteiligten Arbeitgebern gezahlten Umlagen an die durchführende Krankenkasse bzw den Verband weiterzuleiten hat. Gem. § 8 Abs. 2 Satz 3 AAG unterliegt bei der Aufgabenübertragung die durchführende Stelle (Krankenkasse oder Verband) der Rechtsansicht nach § 90 SGB IV.

§ 9 Satzung

(1) Die Satzung der Krankenkasse muss insbesondere Bestimmungen enthalten über die

1. Höhe der Umlagesätze,
2. Bildung von Betriebsmitteln,
3. Aufstellung des Haushalts,
4. Prüfung und Abnahme des Rechnungsabschlusses.

(2) Die Satzung kann

1. die Höhe der Erstattung nach § 1 Abs. 1 beschränken und verschiedene Erstattungssätze, die 40 vom Hundert nicht unterschreiten, vorsehen,
2. eine pauschale Erstattung des von den Arbeitgebern zu tragenden Teils des Gesamtsozialversicherungsbeitrags für das nach § 11 des Mutterschutzgesetzes gezahlte Arbeitsentgelt vorsehen,
3. die Zahlung von Vorschüssen vorsehen,
4. (aufgehoben)
5. die Übertragung nach § 8 Abs. 2 enthalten.

(3) Die Betriebsmittel dürfen den Betrag der voraussichtlichen Ausgaben für drei Monate nicht übersteigen.

(4) In Angelegenheiten dieses Gesetzes wirken in den Selbstverwaltungsorganen nur die Vertreter der Arbeitgeber mit; die Selbstverwaltungsorgane der Ersatzkassen haben Einvernehmen mit den für die Vertretung der Interessen der Arbeitgeber maßgeblichen Spitzenorganisationen herzustellen.

(5) Die Absätze 1 bis 4 gelten auch für die durchführende Krankenkasse oder den Verband nach § 8 Abs. 2 Satz 1.

A. **Allgemeines** 1
B. **Zwingender Satzungsinhalt** 3
I. Höhe der Umlagesätze 4
II. Betriebsmittel 6
III. Haushalt 9
IV. Rechnungsabschluss 10
C. **Fakultativer Satzungsinhalt** 11
I. Beschränkung der Erstattung ... 12
II. Pauschale Erstattung 15
III. Zahlung von Vorschüssen 16
IV. Berechnung der Umlagebeträge 18

6 Knorr/Krasney § 8 AAG Rn 4.

V. Übertragung nach § 8 Abs. 2 AAG 19
D. Selbstverwaltung 20

A. Allgemeines

1 § 9 AAG ermächtigt die Krankenkasse, für den Ausgleich der Arbeitgeberaufwendungen durch Satzung autonomes Recht zu setzen. Hierzu bedarf es **keiner gesonderten Satzung**, die nur die in § 9 AAG angesprochenen Fragen regelt. Diese Satzung kann vielmehr formell Teil der allgemeinen Satzung der Krankenkasse sein.[1]

2 Die Satzungsbestimmungen dürfen nichts enthalten, was gesetzlichen Vorschriften zuwider läuft oder den Aufgaben des Ausgleichs der Arbeitgeberaufwendungen widerspricht (§ 194 Abs. 2 SGB V). Es wäre daher unzulässig, durch die Satzung die Erstattungsleistung von 80 v.H. der erstattungsfähigen Aufwendungen zu erhöhen oder Erstattungsleistung für andere Aufwendungen des Arbeitgebers einzuführen. Die Satzungsbestimmungen nach § 9 AAG bedürfen der Genehmigung der zuständigen Aufsichtsbehörde (§ 10 AAG iVm § 195 SGB V). Während § 9 Abs. 1 AAG regelt, welche Bestimmungen die Satzung enthalten muss (zwingender Satzungsinhalt), bestimmt § 9 Abs. 2 AAG, welche Regelungen die Satzung treffen kann. Ob von der Ermächtigung nach § 9 Abs. 2 AAG Gebrauch gemacht wird, liegt im Ermessen der Vertreterversammlung. Beschränkt wird dieses Ermessen durch § 194 Abs. 2 SGB V.

B. Zwingender Satzungsinhalt

3 § 9 Abs. 1 AAG zählt die Gegenstände **abschließend** auf, die **zwingend** in der Satzung der Krankenkasse geregelt werden müssen.

I. Höhe der Umlagesätze

4 Zum notwendigen Regelungsinhalt der Satzung gehört gemäß § 9 Abs. 1 Nr. 1 AAG zunächst die **Höhe der Umlagesätze**. Nach § 7 Abs. 2 AAG sind die Umlagebeträge in Vomhundertsätzen des Arbeitsentgelts (Umlagesätze) festzusetzen. Der Umlagesatz ist so zu bemessen, dass die Umlagebeträge zusammen mit den anderen Einnahmen (zB Ersatzansprüche, Erträge aus Betriebsmitteln) die notwendigen Aufwendungen für den Ausgleich der Arbeitgeberaufwendungen und die sonstigen zulässigen Ausgaben decken. Reicht der Umlagesatz hierzu nicht aus, ist er durch Satzungsänderung entweder entsprechend zu erhöhen oder es ist gemäß § 9 Abs. 2 Nr. 1 AAG eine Minderung der Erstattungsleistungen zu beschließen.

5 Die Höhe der Umlagesätze ist für **alle Arbeitgeber** ohne Rücksicht auf die Größe des Betriebes oder das Erstattungsrisiko **einheitlich** festzusetzen.[2]

II. Betriebsmittel

6 Die Satzung muss ferner eine Regelung über die Bildung von Betriebsmitteln enthalten (§ 9 Abs. 1 Nr. 2 AAG). Betriebsmittel sind kurzfristig verfügbare Mittel zur Bestreitung der laufenden Ausgaben sowie zum Ausgleich von Einnahme-

1 Knorr/Krasney § 9 AAG Rn 1.
2 Knorr/Krasney § 9 AAG Rn 7; Schmitt § 9 AAG Rn 9; aA Kaiser/Dunkl/Hold/Kleinsorge § 9 AAG Rn 3.

und Ausgabeschwankungen (§ 81 SGB IV). Die Satzung hat die Ansammlung und die Höhe der Betriebsmittel festzulegen. Für die Anlegung und Verwaltung der Betriebsmittel gilt § 80 SGB IV, wonach die Betriebsmittel so anzulegen und zu verwalten sind, dass ein Verlust ausgeschlossen erscheint, ein angemessener Betrag erzielt wird und eine ausreichende Liquidität gewährleistet ist.[3]

Die Betriebsmittel dürfen nach § 9 Abs. 3 AAG die voraussichtlichen Ausgaben für drei Monate nicht übersteigen. Die Formulierung „dürfen" verpflichtet die Krankenkasse, die Entwicklung der Betriebsmittel sorgfältig zu beobachten. Daraus ist jedoch nicht zu schließen, dass schon bei einer geringfügigen Überschreitung der Umlagesatz zu senken ist. Ein gewisser Spielraum ergibt sich bereits daraus, dass sich die Höhe der Betriebsmittel an den „voraussichtlichen" Ausgaben orientiert. Lässt sich dagegen absehen, dass der Betriebsmittelbestand auf Dauer zu hoch sein wird, ist der Umlagesatz zu senken. 7

Da § 9 AAG nur die Bildung von Betriebsmitteln vorsieht, ist die Bildung einer darüber hinausgehenden **Rücklage** nicht zulässig.[4] 8

III. Haushalt

Zum notwendigen Satzungsinhalt gehört gemäß § 9 Abs. 1 Nr. 3 AAG ferner die **Aufstellung des Haushalts**. Nach § 67 Abs. 1 SGB IV stellen die Versicherungsträger für jedes Kalenderjahr (Haushaltsjahr) einen Haushaltsplan auf, der alle im Haushaltsjahr voraussichtlich zu leistenden Ausgaben sowie alle im Haushaltsjahr zu erwartenden Einnahmen enthält. Diese Regelung einschließlich der übrigen Vorschriften über das Haushalt- und Rechnungswesen (§§ 67–79 SGB IV) sowie die Verordnung über das Haushaltswesen in der Sozialversicherung (SVHV) vom 21.12.1977 (BGBl. I S. 3147) gelten auch für die Träger des Ausgleichs der Arbeitgeberaufwendungen, soweit sie für die Krankenkassen anzuwenden sind.[5] 9

IV. Rechnungsabschluss

Schließlich hat die Satzung gemäß § 9 Abs. 1 Nr. 4 AAG Bestimmungen über die **Prüfung** und die **Abnahme** des **Rechnungsabschlusses** zu enthalten. Der Rechnungsabschluss hat den Zweck, über Einnahmen und Ausgaben sowie über den Bestand des Vermögens Rechnung zu legen. Die näheren Einzelheiten über den Rechnungsabschluss ergeben sich aus § 77 SGB V sowie aus der Verordnung über das Haushaltswesen in der Sozialversicherung (SVHV) und der Verordnung über den Zahlungsverkehr, die Buchführung und die Rechnungslegung in der Sozialversicherung (SVRV) vom 3.8.1981 (BGBl. I S. 809). Nachdem das Sozialgesetzbuch und die Verordnung über das Haushaltswesen das Nähere über den Rechnungsabschluss geregelt haben, bleibt der Satzungsregelung nach § 9 Abs. 1 Nr. 4 AAG nur noch ein verhältnismäßig **geringer Regelungsspielraum**, der sich auf Details des Prüfungsverfahrens und des Abnahmeverfahrens, wie der Frage des Zeitpunkts der Vorlage der Jahresrechnung an die Vertreterversammlung, beschränkt. 10

3 Knorr/Krasney § 9 AAG Rn 8.
4 Knorr/Krasney § 9 AAG Rn 9.
5 Knorr/Krasney § 9 AAG Rn 13.

C. Fakultativer Satzungsinhalt

11 § 9 Abs. 2 AAG enthält keine abschließende Aufzählung der möglichen Regelungsgegenstände. Außer über die Genannten kann die Satzung auch über andere Fragen, die im Zusammenhang mit dem Ausgleich der Arbeitgeberaufwendungen nach § 1 Abs. 1 AAG stehen und seiner Durchführung dienen, eine Regelung treffen, sofern diese nicht gesetzlichen Vorschriften oder dem Zweck des Ausgleichsverfahrens widerspricht. Diese Ermächtigung erfasst nicht die Erstattung um 100 v.H. der Aufwendungen nach § 1 Abs. 2 AAG. Zudem bezieht sich die Ermächtigung des § 9 Abs. 2 Nr. 1 AAG nur auf die Höhe der Erstattungsleistungen. Sonstige Änderungen des gesetzlichen Leistungsrechts lässt § 9 Abs. 2 Nr. 1 AAG nicht zu. So ist es nicht zulässig, den Kreis der am Ausgleich teilnehmenden Arbeitgeber zu erweitern, die Erhöhung des Erstattungssatzes oder die Verringerung der Beschäftigtenzahl festzulegen.[6]

I. Beschränkung der Erstattung

12 Nach § 9 Abs. 2 Nr. 1 AAG ist eine Beschränkung der Höhe der Erstattung der Arbeitgeberaufwendungen nach § 1 Abs. 1 AAG zulässig. Die Ermächtigung nach § 9 Abs. 2 Nr. 1 AAG bezieht sich nur auf die Höhe der Erstattungsleistungen, lässt dagegen keine sonstigen Änderungen des gesetzlichen Leistungsrechts zu, wie etwa abweichende Leistungsvoraussetzungen oder die Erstattung von anderen als die in § 1 Abs. 1 AAG genannten Arbeitgeberaufwendungen.[7] Zulässig ist nur die „Beschränkung" der Höhe der Erstattung. Ein höherer Erstattungssatz oder ein **völliger Ausschluss** der Erstattung ist durch den Begriff „beschränken" nicht gedeckt und daher **unzulässig**.

13 Bei der Regelung des § 9 Abs. 2 Nr. 1 AAG ist in erster Linie an eine Kürzung des in § 1 Abs. 1 AAG genannten Vomhundertsatzes (80 v.H. der erstattungsfähigen Aufwendungen) gedacht. Eine andere Möglichkeit, den Erstattungsanspruch zu beschränken, besteht darin, die auf das fortgezahlte Arbeitsentgelt entfallenden Arbeitgeberanteile durch einen prozentualen Zuschlag zum erstattungsfähigen Arbeitsentgelt abzugelten. Unzulässig ist dagegen, den Erstattungssatz soweit abzusenken, dass die Erstattungsleistung in keinem vernünftigen Verhältnis mehr zu dem bei der Durchführung des Aufwendungsausgleichs entstehenden Verwaltungsaufwand steht. Bei der Absenkung des Erstattungssatzes auf 10 v.H. durch Satzung sah das BSG den Ausgleichszweck des AAG verfehlt.[8]

Auch als unzulässig erklärte das BSG die Festsetzung mehrerer verschiedener Erstattungssätze neben oder anstelle des nach AAG vorgesehenen Satzes von 80 v.H. durch Satzung. Argument hierfür ist laut GSB der Wortlaut des § 9 Abs. 2 Nr. 1 AAG, der nur einen (einzigen) satzungsrechtlichen Erstattungssatz unterhalb von 80 v.H. zulasse.

14 Für zulässig wurde angesehen, die auf das Arbeitsentgelt entfallenden Beiträge des Arbeitgebers zur Bundesagentur für Arbeit und Arbeitgeberanteile an den Beiträgen zur Kranken- und Rentenversicherung von der Erstattung auszuschlie-

6 Knorr/Krasney § 9 AAG Rn 17.
7 Knorr/Krasney § 9 AAG Rn 17.
8 BSG 18.7.2006 – B1 A 1/06 R – NZA-RR 2007, 84.

ßen.[9] Ob dies in Anbetracht der Rechtsprechung des BSG vom 18.7.2006 so aufrecht erhalten wird, ist jedoch fraglich.[10]

II. Pauschale Erstattung

15 § 9 Abs. 2 Nr. 2 AAG eröffnet darüber hinaus die Möglichkeit, Satzungsregelungen zu schaffen, die eine pauschale Erstattung des von den Arbeitgebern zu tragenden Teils des Gesamtsozialversicherungsbeitrags für das nach § 11 MuSchG gezahlte Arbeitsentgelt vorzusehen.

III. Zahlung von Vorschüssen

16 Die Satzung kann nach § 9 Abs. 2 Nr. 2 AAG ferner die Zahlung von Vorschüssen vorsehen. Hierbei handelt es sich um Vorschüsse an den Arbeitgeber im Hinblick auf die zu erwartende Erstattung nach § 1 AAG. Die Zahlung von Vorschüssen kann an Voraussetzungen geknüpft werden (zB überdurchschnittliche Belastung des Betriebs durch Krankheits- oder Mutterschaftsfälle und dadurch bedingte Zahlungsschwierigkeiten des Arbeitgebers). Der Vorschuss wird auf den endgültigen Erstattungsanspruch angerechnet. Bei einer Überzahlung besteht neben der Rückforderung die Möglichkeit der Aufrechnung nach § 6 Abs. 2 Nr. 2 AAG (vgl § 6 AAG Rn 4 ff).

17 Außer den durch Satzungsrecht vorgesehenen Vorschüssen kann die Krankenkasse nach § 42 SGB I Vorschüsse zahlen, wenn der Anspruch auf Erstattungsleistung dem Grunde nach besteht, aber zur Festlegung seiner Höhe voraussichtlich längere Zeit erforderlich ist. Während die Zahlung von Vorschüssen nach § 42 SGB I nur dann in Betracht kommt, wenn der Anspruch auf Erstattungsleistung entstanden und somit fällig ist, gibt die Ermächtigung nach § 9 Abs. 2 Nr. 3 AAG der Satzung die Möglichkeit zu bestimmen, dass die Vorschüsse bereits **vor** Fälligkeit eines Anspruchs auf Erstattungsleistungen gezahlt werden. Damit dürfte ein Vorschuss nach § 42 SGB I in der Regel ausscheiden, da bei Fälligkeit des Erstattungsanspruchs der Arbeitgeber Erstattung nach § 1 AAG verlangen kann, so dass sich ein Vorschuss erübrigt.

IV. Berechnung der Umlagebeträge

18 § 9 Abs. 2 Nr. 4 AAG sollte den Krankenkassen ermöglichen, die Erstattung für die Monate Januar bis März 2006 maximal bis zum 1. April 2006 zu verschieben, um die Anschlussfinanzierung des neuen Systems zu gewährleisten. Durch Zeitablauf hat die Vorschrift ihre Bedeutung verloren.

V. Übertragung nach § 8 Abs. 2 AAG

19 § 9 Abs. 2 Nr. 5 AAG stellt klar, dass die nach § 8 Abs. 2 AAG eröffnete Möglichkeit, die Durchführung der U1- und U2-Verfahren auf eine andere Krankenkasse oder einen Verband, einer Satzungsregelung bedarf.

D. Selbstverwaltung

20 Nach den allgemeinen Vorschriften sind die Organe der Selbstverwaltungskörperschaften, dh der Vorstand und die Vertreterversammlung (vgl § 31 Abs. 1

9 Hessisches LSG 25.6.1986 – L 8 Kr 800/82; Breithaupt 1987, 16.
10 Vgl hierzu: Knorr/Krasney § 9 AAG Rn 17.

SGB IV) grundsätzlich paritätisch mit gewählten Vertretern der Versicherten und der Arbeitgeber besetzt (§ 44 Abs. 1 SGB IV). Diese allgemeinen Bestimmungen werden durch § 9 Abs. 4 AAG dahingehend modifiziert, dass die Vertreter der Versicherten von der Mitwirkung im Vorstand und in der Vertreterversammlung ausgeschlossen sind, soweit diese sich mit Angelegenheiten aus dem Bereich der §§ 1 ff AAG beschäftigen. Damit wird dem Umstand Rechnung getragen, dass sich diese Bestimmungen ausschließlich mit den Rechten und Pflichten der Arbeitgeber befassen. Dies hat zur Folge, dass Vertreter der Versicherten an der Beratung und Beschlussfassung in Angelegenheiten des Ausgleichsverfahrens nicht teilnehmen dürfen. Ist der Vorsitzende des Vorstandes oder der Vertreterversammlung ein Vertreter der Versicherten, wird in Angelegenheiten des Ausgleichsverfahrens sein Stellvertreter als Vorsitzender tätig.[11]

21 Die Sonderregelung des § 9 Abs. 4 AAG gilt nur für den Selbstverwaltungsbereich einschließlich der Besetzung der Widerspruchsstelle.[12] Im sozialgerichtlichen Verfahren wirken auch in diesen Streitigkeiten sowohl Vertreter der Arbeitgeber als auch der Arbeitnehmer mit (§ 1 AAG Rn 53).

22 Durch die Einbeziehung der **Ersatzkassen** in das Ausgleichs- und Umlageverfahren wurde die Ergänzung des früheren § 16 Abs. 4 LFZG, jetzt § 9 Abs. 4 AAG, notwendig. § 9 Abs. 4 Hs 2 AAG sieht vor, dass die Selbstverwaltungsorgane der Ersatzkassen Einvernehmen mit den für die Vertretung der Interessen der Arbeitgeber maßgeblichen Spitzenverbänden herzustellen haben. Grund hierfür ist, dass gem. § 44 Abs. 1 Nr. 4 SGB V das Selbstverwaltungsorgan der Ersatzkassen nur aus Vertretern der Versicherten, das heißt Arbeitnehmervertretern besetzt ist. Als Spitzenorganisation der Arbeitgeber sind insbesondere die Bundesvereinigung der Deutschen Arbeitgeberverbände (BDA), der Bundesverband der freien Berufe (BFD) und der Zentralverband des Deutschen Handwerks (ZDH) anzusehen. Bei den öffentlichen Arbeitgebern ist das Einvernehmen für die Beschäftigten des Bundes mit dem Bundesministerium des Inneren, für die Bundesländer mit der Tarifgemeinschaft der Länder und für die Arbeitnehmerinnen und Arbeitnehmer der Kommunen mit der Vereinigung der kommunalen Arbeitgeber herzustellen.

23 § 9 Abs. 5 AAG stellt sodann – ebenso wie § 9 Abs. 2 Nr. 5 AAG – klar, dass im Fall der Übertragung der Durchführung des U1- und U2-Verfahrens auf eine andere Krankenkasse oder einen Landes- oder Bundesverband gem. § 8 Abs. 2 S. 1 AAG auch dieser Stelle die Satzungskompetenz nach § 9 Abs. 1 bis 4 AAG obliegt. Die durchführende Krankenkasse oder der durchführende Verband hat in diesen Fällen die für alle beteiligten Krankenkassen geltenden Satzungsregelungen, die etwa die Höhe der Umlagesätze oder die Einschränkung der Erstattungshöhe betreffen, zu erlassen.

§ 10 Anwendung sozialversicherungsrechtlicher Vorschriften

Die für die gesetzliche Krankenversicherung geltenden Vorschriften finden entsprechende Anwendung, soweit dieses Gesetz nichts anderes bestimmt.

11 Schmitt § 9 AAG Rn 23.
12 BSG 24.5.1973 – 3 RK 76/71 – SozR Nr. 1 zu § 10 LFZG.

I. Allgemeines

1 Nachdem der Ausgleich der Arbeitgeberaufwendungen durch die Träger der gesetzlichen Krankenversicherung durchgeführt wird, erklärt § 10 AAG die für die gesetzliche Krankenversicherung geltenden Vorschriften für entsprechend anwendbar, soweit das Aufwendungsausgleichsgesetz nichts anderes bestimmt. Eine entsprechende Anwendung der für die gesetzliche Krankenversicherung geltenden Vorschriften scheidet auch dann aus, wenn die betreffenden Vorschriften von ihrem Inhalt her nicht für die Durchführung des Ausgleichs der Arbeitgeberaufwendungen in Betracht kommen.[1]

II. Anwendbare Vorschriften

2 Verwiesen wird neben den Vorschriften aus dem SGB V auf die Bestimmungen aus dem SGB I, dem SGB IV, dem SGB X, die ebenfalls für das Recht der gesetzlichen Krankenversicherung anzuwenden sind.

3 Aus dem **SGB I** sind neben den allgemeinen Vorschriften der §§ 11 bis 17 SGB I die Grundsätze des Leistungsrechts (§§ 38 ff SGB I) als anwendbare Regelungen zu erwähnen. Hervorzuheben ist jedoch, dass bedeutsame Fragen, wie zB die Zahlung von Vorschüssen, die Verjährung, die Fälligkeit und die Aufrechnung durch das Lohnfortzahlungsgesetz speziell geregelt worden sind. Was die Bestimmungen über die Mitwirkungspflichten des Leistungsberechtigten (§§ 60 ff SGB I) betrifft, sind diese zwar im Grundsatz anwendbar, hinsichtlich der „Sanktionen" enthält jedoch das Aufwendungsausgleichsgesetz in § 4 AAG eine Sonderregelung.[2]

4 Aus dem **SGB IV** sind insbesondere die Vorschriften der §§ 14 bis 28 SGB IV über das Arbeitsentgelt und die Beiträge sowie die durch § 9 Abs. 4 AAG modifizierten Vorschriften der Selbstverwaltungsorganisation (§§ 63 ff SGB IV) und die Vorschriften über das Haushalts- und Rechnungswesen (§ 67 SGB IV) sowie über die Aufsicht (§§ 87 ff SGB IV) anwendbar.

5 Für eine entsprechende Anwendung von Bestimmungen aus dem **SGB V** im Rahmen des Erstattungsverfahrens ist nur wenig Raum. In Betracht kommen etwa die Vorschriften über die Satzung (§§ 194 ff SGB V) oder über die Verwendung von Daten (§§ 284 ff SGB V). Bestimmungen wie § 146 SGB V (Verfahren zur Vereinigung von Ortskrankenkassen) oder § 164 SGB V (Auflösung von Innungskrankenkassen) kommt nur wenig praktische Bedeutung zu.[3]

6 Hinsichtlich des **SGB X**, das in der Regel uneingeschränkt zur Anwendung kommt, sind insbesondere die Vorschriften über das Verwaltungsverfahren (§§ 1 ff SGB X), über den Schutz der Sozialdaten (§§ 67 ff SGB X) und über die Zusammenarbeit der Leistungsträger mit Dritten (§§ 97 ff SGB X) zu nennen.[4]

1 Knorr/Krasney § 10 AAG Rn 1.
2 Schmitt § 10 AAG Rn 6.
3 Schmitt § 11 AAG Rn 4.
4 Treber § 10 AAG Rn 4.

§ 11 Ausnahmevorschriften

(1) § 1 Abs. 1 ist nicht anzuwenden auf

1. den Bund, die Länder, die Gemeinden und Gemeindeverbände sowie sonstige Körperschaften, Anstalten und Stiftungen des öffentlichen Rechts sowie die Vereinigungen, Einrichtungen und Unternehmungen, die hinsichtlich der für die Beschäftigten des Bundes, der Länder oder der Gemeinden geltenden Tarifverträge tarifgebunden sind, sowie die Verbände von Gemeinden, Gemeindeverbänden und kommunalen Unternehmen einschließlich deren Spitzenverbände,
2. zivile Arbeitskräfte, die bei Dienststellen und diesen gleichgestellten Einrichtungen der in der Bundesrepublik Deutschland stationierten ausländischen Truppen und der dort auf Grund des Nordatlantikpaktes errichteten internationalen militärischen Hauptquartiere beschäftigt sind,
3. Hausgewerbetreibende (§ 1 Abs. 1 Buchstabe b des Heimarbeitsgesetzes) sowie die in § 1 Abs. 2 Satz 1 Buchstabe b und c des Heimarbeitsgesetzes bezeichneten Personen, wenn sie hinsichtlich der Entgeltregelung gleichgestellt sind,
4. die Spitzenverbände der freien Wohlfahrtspflege (Arbeiterwohlfahrt, Diakonisches Werk der Evangelischen Kirche in Deutschland, Deutscher Caritasverband, Deutscher Paritätischer Wohlfahrtsverband, Deutsches Rotes Kreuz und Zentralwohlfahrtsstelle der Juden in Deutschland) einschließlich ihrer selbstständigen und nichtselbstständigen Untergliederungen, Einrichtungen und Anstalten, es sei denn, sie erklären schriftlich und unwiderruflich gegenüber einer Krankenkasse mit Wirkung für alle durchführenden Krankenkassen und Verbände ihre Teilnahme am Umlageverfahren nach § 1 Abs. 1.

(2) § 1 ist nicht anzuwenden auf

1. die nach § 2 Abs. 1 Nr. 3 des Zweiten Gesetzes über die Krankenversicherung der Landwirte versicherten mitarbeitenden Familienangehörigen eines landwirtschaftlichen Unternehmers,
2. Dienststellen und diesen gleichgestellte Einrichtungen der in der Bundesrepublik Deutschland stationierten ausländischen Truppen und der dort auf Grund des Nordatlantikpaktes errichteten internationalen militärischen Hauptquartiere mit Ausnahme der in Absatz 1 Nr. 2 genannten zivilen Arbeitskräfte.

A. Allgemeines

1 § 11 Abs. 1 AAG regelt im Einzelnen, welche Arbeitgeber ohne Rücksicht auf die Zahl der Beschäftigten aus dem gesetzlichen Ausgleichsverfahren nach § 1 Abs. 1 AAG (U1-Verfahren) – anders noch in § 18 LFZG – ausgenommen sind, da bei ihnen aufgrund der besonderen wirtschaftlichen Unabhängigkeit eine Ausgleichsbedürftigkeit nicht besteht (Nr. 1, 2 und 4) oder das mit der Entgeltfortzahlung verbundene wirtschaftliche Risiko bereits anderweitig gesetzlich abgedeckt ist (Nr. 3). Ausnahmen für die Teilnahme am Ausgleichsverfahren der Mutterschaftsleistungen sind grundsätzlich nicht mehr zulässig. Lediglich genannte Bereiche sind auch vom U2-Verfahren ausgenommen. Die vom gesetzlichen Ausgleichsverfahren ausgenommenen Arbeitgeber werden in § 11 AAG

abschließend genannt. Die Herausnahme weiterer Arbeitgeber ist grundsätzlich nicht möglich. Nur hinsichtlich derjenigen Arbeitgeber, die einem freiwilligen Ausgleichsverfahren nach § 12 AAG beitreten, besteht eine Ausnahme, da sie gemäß § 12 Abs. 2 AAG aus dem gesetzlichen Ausgleichsverfahren ausscheiden.

B. Ausnahmetatbestände

I. Nichtteilnahme am U1-Verfahren (§ 11 Abs. 1 AAG)

Nach § 11 Abs. 1 Nr. 1 AAG sind vom Anwendungsbereich des § 1 Abs. 1 AAG 2 (U1-Verfahren) unter anderem der Bund, die Länder, die Gemeinden und die Gemeindeverbände sowie sonstige **öffentliche Arbeitgeber** ausgenommen. Der Ausnahmeregelung kommt nur geringe Bedeutung zu, da diese Arbeitgeber in der Regel mehr als 30 Arbeitnehmer beschäftigen. Die Ausnahmevorschrift gilt – über den öffentlichen Dienst im engeren Sinne hinausgehend – auch für solche – auch privatrechtliche – Vereinigungen, Einrichtungen und Unternehmungen, die nicht selbst Vertragspartner der für die Arbeitnehmer des Bundes, der Länder oder der Gemeinden geltenden Tarifverträge sind, die aber die Geltung der genannten Tarifverträge für ihren Bereich übernommen haben.[1]

Wird lediglich in einem Einzelvertrag auf entsprechende Tarifverträge Bezug genommen, findet § 11 Abs. 1 Nr. 1 AAG keine Anwendung.[2]

Auch bei den Verbänden von Gemeinden, Gemeindeverbänden und kommuna- 3 len Unternehmen einschließlich deren Spitzenverbände kommt es nicht darauf an, ob diese Verbände öffentlich-rechtlichen oder privat-rechtlichen Charakter haben.[3]

Der Ausnahmeregelung des § 11 Abs. 1 Nr. 2 AAG kommt nur deklaratorische 4 Bedeutung zu, da die in der Bundesrepublik stationierten **ausländischen Streitkräfte** und die hier errichteten militärischen Hauptquartiere des Nordatlantik-Paktes stets mehr als 30 Arbeitnehmer beschäftigen.

Die Herausnahme aus dem Anwendungsbereich des U1-Verfahrens gem. § 11 5 Abs. 1 Nr. 3 AAG der **Hausgewerbetreibenden** sowie der in § 1 Abs. 2 lit. b und c HAG bezeichneten Personen, die hinsichtlich der Entgeltregelung gleichgestellt sind, ergibt sich aus der Sonderbestimmung des § 10 Abs. 1 Satz 2 Nr. 2 EFZG. Danach erhalten diese Personen einen höheren Zuschlag zum Arbeitsentgelt, wobei dieser Zuschlag gemäß § 10 Abs. 1 Satz 3 EFZG zugleich zur Sicherung der Ansprüche der von ihnen Beschäftigten dient (vgl § 10 EFZG Rn 24 ff). Damit erübrigt sich ein Risikoausgleich für diese Personengruppe, so dass eine Beteiligung am allgemeinen Ausgleichsverfahren nach dem Aufwendungsausgleichsgesetz nicht erforderlich ist.[4]

Für den Ausschluss der in § 11 Abs. 1 Nr. 4 AAG genannten **Spitzenverbände** 6 **der freien Wohlfahrtspflege** einschließlich ihrer Untergliederungen, Einrichtungen und Anstalten gelten ähnliche Überlegungen, wie sie § 11 Abs. 1 Nr. 1 und 2 AAG (vgl Rn 2 ff) zugrunde liegen. Die Aufzählung der Spitzenverbände der freien Wohlfahrtspflege ist abschließend. Für andere Verbände der Wohl-

1 Knorr/Krasney § 11 AAG Rn 4.
2 Schmitt § 11 AAG Rn 9.
3 Kaiser/Dunkl/Hold/Kleinsorge § 18 LFZG Rn 3.
4 Knorr/Krasney § 11 AAG Rn 6; Schmitt § 11 AAG Rn 12.

fahrtspflege gilt die Ausnahmevorschrift nicht.[5] Als Untergliederung eines Spitzenverbandes der freien Wohlfahrtspflege gilt auch ein **eingetragener Verein**, der dem Spitzenverband als korporatives Mitglied angehört.[6]

Abweichend vom zuvor geltenden § 18 LFZG können nunmehr nach § 11 Abs. 1 Nr. 4 letzter Hs AAG die Spitzenverbände der freien Wohlfahrtspflege schriftlich und unwiderruflich gegenüber einer Krankenkasse mit Wirkung für alle durchführenden Krankenkassenverbände ihre Teilnahme am Umlageverfahren nach § 1 Abs. 1 AAG erklären. Wird keine Erklärung abgegeben, findet neben dem U2-Verfahren keine Teilnahme am U1-Verfahren statt.[7]

II. Nichtteilnahme am U1-Verfahren und am U2-Verfahren (§ 11 Abs. 2 AAG)

7 Der neu eingefügte Abs. 2 des § 11 AAG nennt zwei Ausnahmen, bei denen weder das U1-Verfahren (Ausgleich der Entgeltfortzahlung nach § 3 Abs. 1 und 2 sowie § 9 Abs. 1 EFZG) noch das U2-Verfahren (Ausgleich der Arbeitgeberleistungen nach den §§ 11 und 14 MuSchG) zur Anwendung kommt.

8 Die Ausnahmebestimmung des § 11 Abs. 2 Nr. 1 AAG erfasst die **mitarbeitenden Familienangehörigen eines landwirtschaftlichen Unternehmens**, die nach § 2 Abs. 1 Nr. 3 iVm § 3 Abs. 2 Nr. 1 a KVLG 1989 bei der landwirtschaftlichen Krankenkasse versichert sind. Gemeint sind nur die Familienangehörigen, die als **Arbeitnehmer**, dh aufgrund eines Arbeitsvertrages in einem Arbeitsverhältnis stehen und in einem landwirtschaftlichen Unternehmen beschäftigt sind, da nur in diesem Fall ein Entgeltfortzahlungsanspruch nach §§ 3, 9 EFZG in Betracht kommt. Für sie gelten die Bestimmungen des Ausgleichsverfahrens nach § 1 AAG nicht. Die Aufwendungen für die Entgeltfortzahlung bei Arbeitsunfähigkeit und bei Mutterschaft an mitarbeitende Familienangehörige werden dem Arbeitgeber nicht erstattet; auch haben sie keine Umlagebeträge für die mitarbeitenden Familienangehörigen zu zahlen.

9 Eine weitere Ausnahme sieht § 11 Abs. 2 Nr. 2 AAG vor. Die in § 11 Abs. 1 Nr. 2 und § 11 Abs. 2 Nr. 2 AAG aufgeführten Dienststellen der in der Bundesrepublik stationierten Truppen findet das AAG keine Anwendung. Hiervon ausgenommen sind wiederum die zivilen Arbeitnehmer, da für sie nach Art. 13 Abs. 1 des Zusatzabkommens zum NATO-Truppenstatut vom 13. August 1959 die für das Bundesgebiet geltenden Bestimmungen über die soziale Sicherheit und Fürsorge Anwendung findet. Hierzu gehört auch das AAG. Demnach werden die zivilen Arbeitskräfte in das Ausgleichsverfahren gem. § 1 Abs. 2 AAG (U2-Verfahren) einbezogen, ansonsten findet das Aufwendungsausgleichsgesetz keine Anwendung.

§ 12 Freiwilliges Ausgleichsverfahren

(1) [1]Für Betriebe eines Wirtschaftszweigs können Arbeitgeber Einrichtungen zum Ausgleich der Arbeitgeberaufwendungen errichten, an denen auch Arbeitgeber teilnehmen, die die Voraussetzungen des § 1 nicht erfüllen. [2]Die Errichtung

5 Knorr/Krasney § 11 AAG Rn 7.
6 SG Koblenz 4.11.1970 – S 2 Kr 18/70 rkr – DOK 1971, 557; Kaiser/Dunkl/Hold/Kleinsorge § 18 LFZG Rn 6.
7 TReber § 11 AAG Rn 8; Schmitt § 11 AAG Rn 15

und die Regelung des Ausgleichsverfahrens bedürfen der Genehmigung des Bundesministeriums für Gesundheit.

(2) Auf Arbeitgeber, deren Aufwendungen durch eine Einrichtung nach Absatz 1 ausgeglichen werden, finden die Vorschriften dieses Gesetzes keine Anwendung.

(3) Körperschaften, Personenvereinigungen und Vermögensmassen im Sinne des § 1 Abs. 1 des Körperschaftsteuergesetzes, die als Einrichtung der in Absatz 1 bezeichneten Art durch das Bundesministerium für Gesundheit genehmigt sind, sind von der Körperschaftsteuer, Gewerbesteuer und Vermögensteuer befreit.

A. **Allgemeines** 1
B. **Freiwilliges Ausgleichsverfahren** ... 3
I. Voraussetzungen 3
II. Genehmigung 10
C. **Auswirkungen der Genehmigung** 13
I. Befreiung von der Teilnahme am gesetzlichen Ausgleich 13
II. Steuerbefreiung 14

A. Allgemeines

1 Mit der im Gesetzgebungsverfahren des LFZG auf Anregung der Arbeitgeber – insbesondere aus Kreisen der Bauwirtschaft – eingefügten Vorschrift des § 19 LFZG wurde ermöglicht, dass sowohl Arbeitgeber, die nicht unter das gesetzliche Ausgleichsverfahren fallen, als auch solche Arbeitgeber, die vom gesetzlichen Ausgleichsverfahren erfasst werden, am freiwilligen Ausgleichsverfahren teilnehmen können. Einer solchen Bestimmung hätte es für Arbeitgeber, die nicht vom gesetzlichen Ausgleichsverfahren erfasst werden, nicht bedurft. Denn aufgrund der allgemeinen Vertragsfreiheit wäre es ohne weiteres möglich gewesen, dass sich diese Arbeitgeber auf freiwilliger Basis im Rahmen der hierfür maßgebenden Bestimmungen des Gesetzes über die Beaufsichtigung der privaten Versicherungsunternehmen und Bausparkassen eine eigene Ausgleichsregelung geschaffen hätten. Diese Möglichkeit besteht grundsätzlich auch weiterhin und wird durch § 12 AAG, vormals § 19 LFZG, nicht eingeschränkt.[1] Für die vom gesetzlichen Ausgleichsverfahren erfassten Arbeitgeber dagegen hätte ohne die Bestimmung des § 19 LFZG, jetzt § 12 AAG, eine solche Möglichkeit nicht bestanden.

2 Um Nachteile gegenüber der gesetzlichen Ausgleichsregelung zu vermeiden, sind derartige Einrichtungen von der Körperschafts-, Gewerbe- und Vermögenssteuer befreit (§ 12 Abs. 3 AAG). Die Steuerbefreiungen werden mit der Genehmigung der (freiwilligen) Einrichtung zum Ausgleich der Arbeitgeberaufwendungen durch den Bundesminister für Gesundheit wirksam.

B. Freiwilliges Ausgleichsverfahren

I. Voraussetzungen

3 Eine freiwillige Einrichtung zum Ausgleich der Arbeitgeberaufwendungen nach § 12 AAG muss folgende Voraussetzungen erfüllen, um gemäß § 12 Abs. 1 Satz 2 AAG vom Bundesminister für Gesundheit (BMG) genehmigt zu werden:

1 Kaiser/Dunkl/Hold/Kleinsorge § 19 LFZG Rn 1.

- Die Einrichtung muss für Betriebe **eines Wirtschaftszweiges** errichtet sein.
- Die Einrichtung muss **von Arbeitgebern** errichtet sein.
- Zur Teilnahme müssen sowohl Arbeitgeber berechtigt sein, die die Voraussetzungen des § 1 AAG erfüllen, als auch Arbeitgeber, die diese Voraussetzungen nicht erfüllen.
- Der Beitrag eines Arbeitgebers zur Einrichtung muss ausschließlich seiner **freien Entscheidung** unterliegen; er darf nicht durch einen Organisationsbeschluss oder eine entsprechende Satzungsregelung erzwungen werden.
- Die Einrichtung muss ausschließlich dem **Zweck** des Ausgleichs der in § 1 AAG aufgeführten Arbeitgeberaufwendungen dienen.

4 Die Einrichtung muss für Betriebe **eines Wirtschaftszweiges** errichtet werden. Unter Wirtschaftszweig ist dabei eine Gruppierung von fachlich zusammengehörigen Betriebseinheiten der Wirtschaft zu verstehen. Entscheidend ist der Gesichtspunkt der fachlichen Zusammengehörigkeit. Aus diesem Grund sind weder das Handwerk noch die Landwirtschaft als solche ein Wirtschaftszweig. Es liegt deshalb keine Einrichtung iSd § 12 AAG vor, wenn etwa auf der Ebene einer Kreishandwerkerschaft eine Ausgleichseinrichtung für alle von der Kreishandwerkerschaft erfassten Betriebe ohne Rücksicht auf ihre fachliche Zusammengehörigkeit errichtet wird.[2] Die Einrichtung muss allerdings nicht für alle Betriebe eines Wirtschaftszweiges errichtet werden. Privilegiert sind daher auch solche Einrichtungen, die für **regionale** oder für nach fachlichen Merkmalen abgegrenzte Gruppen von Betrieben eines Wirtschaftszweiges errichtet werden. Eine regionale Begrenzung oder eine Beschränkung der Größe des Betriebes hinsichtlich der Zahl der Beschäftigten ist zulässig.[3]

5 Da die Einrichtung sich auf den Bereich „eines" Wirtschaftszweiges beschränken muss, sind Einrichtungen, die mehrere Wirtschaftszweige umfassen, keine Ausgleichseinrichtungen im Sinne des § 12 AAG.[4]

6 Die Einrichtung muss **von Arbeitgebern** errichtet sein. Eine **gemeinsame Einrichtung der Tarifvertragsparteien** oder die Überlassung des Ausgleichs durch eine fremde Versicherung kommt **nicht** in Betracht.[5] Voraussetzung für die Genehmigung ist, dass der Einrichtung ausschließlich Arbeitgeber als Mitglieder angehören.

7 Die Einrichtung muss errichtet sein sowohl für Arbeitgeber, die zu den Teilnehmern am gesetzlichen Ausgleich der Arbeitgeberaufwendungen gehören, als auch für Arbeitgeber, die wegen ihrer Größe am gesetzlichen Ausgleich nicht teilnehmen. Nicht erforderlich ist jedoch, dass tatsächlich beide Gruppen am Ausgleichsverfahren teilnehmen. Jedoch muss nach dem Regelungsstatut der Einrichtung beiden Gruppen von Arbeitgebern der Beitritt offen stehen.[6]

8 Erforderlich ist jedoch, dass der Beitritt des Arbeitgebers zu dieser Einrichtung sowie der Austritt aus ihr ausschließlich seiner **freien Entscheidung** unterliegt. Er darf weder durch einen Organisationsbeschluss noch durch eine entsprechen-

2 Kaiser/Dunkl/Hold/Kleinsorge § 19 LFZG Rn 9.
3 Knorr/Krasney § 12 AAG Rn 3.
4 Knorr/Krasney § 12 AAG Rn 3.
5 Knorr/Krasney § 12 AAG Rn 3; Schmitt § 12 AAG Rn 9.
6 Knorr/Krasney § 12 AAG Rn 5; Schmitt § 12 AAG Rn 8.

de Satzungsregelung zum Beitritt gezwungen oder am Austritt gehindert werden.[7]

Einziger Zweck der Einrichtung muss schließlich der Ausgleich der Arbeitgeberaufwendungen sein. Verfolgt die Einrichtung noch andere Zwecke, so liegt keine Einrichtung im Sinne des § 12 AAG vor. 9

II. Genehmigung

Freiwillige Ausgleichseinrichtungen iSd § 12 AAG bedürfen hinsichtlich ihrer Errichtung sowie der Regelung des Ausgleichsverfahrens gem. § 12 Abs. 1 Satz 2 AAG der Genehmigung des Bundesministers für Gesundheit. Im Genehmigungsverfahren wird überprüft, ob die Voraussetzungen des § 12 Abs. 1 Satz 1 AAG vorliegen. 10

Die **Genehmigung** des BMG ist ein **Verwaltungsakt.**[8] Wird die Genehmigung versagt, so hat die Einrichtung die sozialrechtlichen Rechtsbehelfe und Rechtsmittel, da es sich um eine öffentlich-rechtliche Streitigkeit handelt, für die die Gerichte der Sozialgerichtsbarkeit zuständig sind (§ 51 Abs. 3 SGG). Dagegen unterliegen die freiwilligen Einrichtungen selbst dem Privatrecht, so dass Streitigkeiten über die Durchführung des freiwilligen Ausgleichsverfahrens die ordentlichen Gerichte zu entscheiden haben.[9] 11

Die Genehmigung durch den Bundesgesundheitsminister beschränkt sich jedoch auf die Errichtung und die Regelung des Ausgleichsverfahrens, dh **auf das Errichtungs- und Regelungsstatut**. Die laufende Geschäftsaufsicht obliegt ihm nicht. Neben der Genehmigung durch den Bundesgesundheitsminister ist, da eine freiwillige Ausgleichseinrichtung nur in der Rechtsform des Versicherungsvereins auf Gegenseitigkeit errichtet werden kann, außerdem die Erlaubnis nach §§ 5 ff VAG erforderlich. Nach den Vorschriften dieses Gesetzes bestimmt sich auch die Aufsicht über die laufende Geschäftsführung der freiwilligen Ausgleichseinrichtung.[10] 12

C. Auswirkungen der Genehmigung

I. Befreiung von der Teilnahme am gesetzlichen Ausgleich

Arbeitgeber mit in der Regel nicht mehr als 30 Arbeitnehmern nehmen vom Zeitpunkt der Genehmigung an nicht mehr am gesetzlichen Ausgleichsverfahren teil, sondern nur noch an dem der freiwilligen Einrichtung. Tritt der Arbeitgeber aus einer freiwilligen Einrichtung zum Ausgleich der Arbeitgeberaufwendungen aus, nimmt er wieder mit allen Rechten und Pflichten am gesetzlichen Ausgleich der Arbeitgeberaufwendungen teil. 13

II. Steuerbefreiung

Nach § 12 Abs. 3 AAG sind Körperschaften, Personenvereinigungen und Vermögensmassen im Sinne des § 1 Abs. 1 des Körperschaftssteuergesetzes, die als freiwillige Einrichtungen vom BMG genehmigt sind, von der Körperschaftssteuer, Gewerbesteuer und der Vermögenssteuer befreit. Eine Versicherung, die bei 14

7 Knorr/Krasney § 12 AAG Rn 6.
8 BSG 11.12.1990 – 1 RR 3/89 – NZA 1991, 698.
9 Kaiser/Dunkl/Hold/Kleinsorge § 19 LFZG Rn 8.
10 Kaiser/Dunkl/Hold/Kleinsorge § 19 LFZG Rn 14.

einer genehmigten freiwilligen Einrichtung genommen wird, ist auch von der Versicherungssteuer befreit (§ 4 Nr. 4 Versicherungssteuergesetz). Die Steuerbefreiungen werden mit der Genehmigung durch den BMG wirksam.[11]

11 Knorr/Krasney § 12 AAG Rn 14.

Bürgerliches Gesetzbuch (BGB)

In der Fassung der Bekanntmachung vom 2. Januar 2002[1] (BGBl. I S. 42, ber. S. 2909 und BGBl. 2003 I S. 738)
(FNA 400-2)
zuletzt geändert durch Art. 1 G zur Begrenzung der Haftung von ehrenamtlich tätigen Vereinsvorständen vom 28. September 2009 (BGBl. I S. 3161)

– Auszug –

§ 615 Vergütung bei Annahmeverzug und bei Betriebsrisiko

[1]Kommt der Dienstberechtigte mit der Annahme der Dienste in Verzug, so kann der Verpflichtete für die infolge des Verzugs nicht geleisteten Dienste die vereinbarte Vergütung verlangen, ohne zur Nachleistung verpflichtet zu sein. [2]Er muss sich jedoch den Wert desjenigen anrechnen lassen, was er infolge des Unterbleibens der Dienstleistung erspart oder durch anderweitige Verwendung seiner Dienste erwirbt oder zu erwerben böswillig unterlässt. [3]Die Sätze 1 und 2 gelten entsprechend in den Fällen, in denen der Arbeitgeber das Risiko des Arbeitsausfalls trägt.

A. Vorbemerkung 1
B. Anwendungsbereich des § 615 BGB im Falle der Arbeitsunfähigkeit 13
C. Voraussetzungen des Annahmeverzugs 17
I. Erfüllbares Arbeitsverhältnis 17
II. Angebot des Arbeitnehmers/Entbehrlichkeit des Angebots 21
III. Leistungswille und Leistungsfähigkeit des Arbeitnehmers 34
1. Leistungswille 35
2. Leistungsfähigkeit 39
a) Eingeschränkte Leistungsfähigkeit des Arbeitnehmers im ungekündigten Arbeitsverhältnis 40
aa) Pflicht zur Anzeige der Genesung 41
bb) Gesundheitliche Einschränkungen des Arbeitnehmers 42
cc) Fürsorgepflicht des Arbeitgebers 48
(1) Zuweisung eines leidensgerechten Arbeitsplatzes 48
(2) Arbeitsunfall 52
(3) Pflicht des Arbeitgebers zu Schutzmaßnahmen am Arbeitsplatz 56
dd) Schwerbehinderte Arbeitnehmer und Gleichgestellte 63
ee) Teilannahmeverzug 66
b) Besonderheiten im gekündigten Arbeitsverhältnis 68
aa) Keine Pflicht zur Anzeige der Genesung 68
bb) Vergütung im Rahmen einer Kündigungsschutzklage 72
IV. Nichtannahme der Arbeitsleistung durch den Arbeitgeber 74
D. Rechtsfolgen des Annahmeverzugs 76
E. Darlegungs- und Beweislast 83
F. Abdingbarkeit 86

1 Neubekanntmachung des BGB v. 18.8.1896 (RGBl. S. 195) in der ab 1.1.2002 geltenden Fassung.

A. Vorbemerkung

1 Der Arbeitnehmer verletzt seine vertraglich geschuldete Leistungspflicht aus dem Arbeitsvertrag, wenn er seine Arbeitsleistung nicht erfüllt, indem er entweder schlecht oder überhaupt nicht oder nur teilweise arbeitet. Dies ist beispielsweise der Fall, wenn ein Arbeitnehmer trotz Abschlusses eines wirksamen Arbeitsvertrages eine neue Arbeitsstelle zum vereinbarten Zeitpunkt nicht antritt oder die Arbeitsleistung rechtswidrig vor dem Ende des Arbeitsverhältnisses beendet. Die hM qualifiziert die Arbeitsleistung als **absolute Fixschuld**, mit der Folge, dass diese mit Zeitablauf unmöglich wird. Der Arbeitnehmer wird gemäß § 275 BGB von seiner Leistungspflicht befreit. Er ist nicht zur Nachholung der versäumten Arbeit verpflichtet.[1]

2 Der Arbeitgeber hat bei Nichterfüllung der Arbeitspflicht grundsätzlich ein Leistungsverweigerungsrecht aus § 273 bzw. § 320 BGB. Nach dem Prinzip „Ohne Arbeit kein Lohn“ ist er nach den Gefahrtragungsregeln des BGB nicht verpflichtet, dem vertragsbrüchigen Arbeitnehmer das Entgelt zu zahlen (§§ 614, 275, 320, 326 BGB).[2] Bereits gezahltes Entgelt kann der Arbeitgeber nach den Vorschriften der ungerechtfertigten Bereicherung zurückfordern.

3 Ausnahmen zum Grundsatz „Ohne Arbeit kein Lohn“ ergeben sich aus den §§ 615, 616 BGB sowie aus speziellen Normen über die Fortzahlung des Arbeitsentgeltes in bestimmten Fällen der Arbeitsverhinderung. Diese sind insbesondere die Entgeltfortzahlung bei Krankheit (§ 3 EFZG) und an Feiertagen (§ 2 EFZG), Freistellung nach dem BetrVG wegen der Betriebsrats-, Personalrats-, Sprecherausschuss- und Wahlvorstandstätigkeit, die Wahrnehmung der Funktion der Arbeitnehmervertreter in Aufsichtsräten und der Wahlvorstände.

4 § 615 BGB regelt die rechtlichen Folgen, wenn es zu einer Störung im Arbeitsverhältnis kommt und der Arbeitnehmer die von ihm geschuldete Arbeitsleistung nicht erbringt. Systematisch betrachtet ist im Arbeitsrecht kein Raum für § 615 BGB, da Gläubigerverzug eine bloß verzögerte Leitung betrifft, mithin die Nachholbarkeit der Leistung Voraussetzung hierfür ist. Aufgrund ihres Fixschuldcharakters ist eine Arbeitsleistung aber nicht nachholbar (s.o.).

5 Voraussetzung des Anspruchs nach § 615 BGB ist der Annahmeverzug des Arbeitgebers. Annahmeverzug ist gegeben, wenn der Arbeitnehmer arbeiten will, der Arbeitgeber den Arbeitnehmer jedoch nicht beschäftigen kann oder will. Für diesen Fall ordnet § 615 BGB an, dass der Arbeitnehmer die Vergütung verlangen kann und zur Nachleistung der Arbeit für die Zeiträume, in denen der Arbeitgeber sie nicht angenommen hat, nicht verpflichtet ist. Die infolge der vom Arbeitgeber verursachten Nichtbeschäftigung ausfallende Zeit ist deshalb gleichwohl zu entgelten. Hauptanwendungsfall des Annahmeverzuges ist die Nichtbeschäftigung des Arbeitnehmers nach Ausspruch einer arbeitgeberseitigen Kündigung, die sich im Nachhinein als rechtsunwirksam erweist.

Die Vorschrift des § 615 BGB gehört zum Bereich der Leistungsstörungen. Sie erweitert die Rechtsfolgen des Annahmeverzuges des Arbeitgebers im Sinne der §§ 293 ff BGB zugunsten des Arbeitnehmers. Arbeitet der Arbeitnehmer nicht,

1 Schaub, Arbeitsrechtshandbuch, § 51 Rn 3.
2 BAG 17.7.1970 – 3 AZR 423/69 – AP Nr. 3 zu § 11 MuSchG.

hat er wegen des Grundsatzes „Ohne Arbeit kein Lohn“ keinen Anspruch gegen seinen Arbeitgeber auf die Zahlung der Vergütung.

§ 615 BGB enthält zwei Ausnahmen dieses Grundsatzes. Hierdurch wird die Rechtsstellung des Arbeitnehmers verbessert. Zum einen wird normiert, dass der Arbeitnehmer unter bestimmten Voraussetzungen sein Entgelt selbst dann erhält, wenn er nicht gearbeitet hat. Die Vorschrift geht damit über das allgemeine Gläubigerverzugsrecht hinaus, das dem Schuldner lediglich einen Ersatz von Mehraufwendungen zubilligt (§ 304 BGB). Damit wird dem Umstand Rechnung getragen, dass der Arbeitnehmer auf kontinuierliche Einkünfte aus dem Arbeitsverhältnis zur Sicherung seines Lebensunterhaltes angewiesen ist.[3] Zum anderen drückt § 615 BGB den Grundsatz aus, dass den Gläubiger das Verwendungsrisiko trifft, soweit er die Annahme der Dienste ablehnt, weil er sie für seine Zwecke nicht nutzen kann.[4] Zudem ordnet § 615 BGB an, dass der Arbeitnehmer selbst dann nicht zur Nachleistung verpflichtet ist, wenn die Dienste an sich nachholbar wären.[5] Dem Arbeitnehmer ist es nicht zuzumuten, seine Freizeit zu opfern bzw in Kauf zu nehmen, dass künftige Verdienstmöglichkeiten geschmälert werden, wenn das Hindernis zur Leistungserbringung vom Arbeitgeber ausgeht.[6] 6

§ 615 BGB gewährt keinen eigenständigen Anspruch, sondern erhält den Vergütungsanspruch aus § 611 BGB.[7] Insoweit handelt es sich um einen Erfüllungs-, nicht um einen Schadensersatzanspruch. Etwas anders ergibt sich auch nicht daraus, wenn der Anspruchsinhalt von § 615 BGB teilweise dahin bestimmt wird, der Arbeitnehmer müsse so gestellt werden, als wenn der Arbeitgeber nicht in Annahmeverzug geraten wäre.[8] Dadurch soll nur der Inhalt des Anspruches als Erfüllungsanspruch charakterisiert werden.[9] Damit regelt § 615 BGB also lediglich die Rechtsfolgen des Annahmeverzuges im Arbeitsverhältnis, während die Voraussetzungen in den §§ 293 ff BGB niedergelegt sind. 7

Wegen des Fixschuldcharakters der Arbeitsleistung ist in der Rechtsprechung und der Literatur die Abgrenzung von Annahmeverzug (§ 615 BGB) und Unmöglichkeit (§ 326 BGB) heftig umstritten (s.o.). Die Einordnung ist entscheidend, da bei Unmöglichkeit der Vergütungsanspruch entfällt (§ 326 Abs. 1 BGB), während er bei Annahmeverzug gemäß § 615 BGB aufrechterhalten wird. Nach der Rechtsprechung schließen sich Unmöglichkeit und Annahmeverzug aus.[10] 8

Das BAG versteht unter Annahmeverzug das Unterbleiben der Arbeitsleistung, das durch die vom Arbeitgeber verweigerte Annahme der vom Arbeitnehmer angebotenen Arbeit entsteht. Unmöglichkeit soll hingegen vorliegen, wenn, unterstellt der Arbeitgeber war zur Annahme der Arbeitsleistung bereit, die Arbeitsleistung dem Arbeitnehmer unmöglich ist.[11] Der Arbeitnehmer braucht 9

3 Palandt/Weidenkaff § 615 BGB Rn 1.
4 HWK/Krause § 615 BGB Rn 2.
5 HWK/Krause § 615 BGB Rn 3.
6 Beuthien, Das Nachleisten versäumter Arbeit, RdA 1972, 20.
7 BAG 19.10.2000 – 8 AZR 20/00 – AP Nr. 11 zu § 611 BGB Haftung des Arbeitgebers.
8 BAG 23.8.1990 – 2 AZR 156/90 – DB 1991, 445 (n.v.).
9 BAG 19.9.2002 – 1 AZR 668/01 – AP Nr. 99 zu § 615 BGB, BAG 19.10.2000 – 8 AZR 20/00 – AP Nr. 11 zu § 611 BGB Haftung des Arbeitgebers.
10 BAG 18.8.1961 – 4 AZR 132/60 – AP Nr. 20 zu § 615 BGB.
11 BAG 24.11.1960 – 5 AZR 545/59 – AP Nr. 18 zu § 615 BGB.

zwar, wenn er den Arbeitgeber einmal durch ein wirksames Angebot in Annahmeverzug gesetzt hat, sein Angebot nicht zu wiederholen. Bei Dauerschuldverhältnissen setzt jedoch das Fortbestehen des Annahmeverzuges auch das Fortbestehen des Leistungsangebotes voraus. Der Annahmeverzug des Arbeitgebers entfällt, wenn und solange ein früher wirksam erklärtes Leistungsangebot durch nachträgliche Unmöglichkeit der Leistung oder nachträgliches Unvermögen des Arbeitnehmers zur Leistung gegenstandslos wird.[12]

10 Die Rechtsprechung sah lange Zeit eine Gesetzeslücke für die Fälle, in denen der Arbeitgeber aus tatsächlichen (zB Stromausfall) oder rechtlichen Gründen (zB behördliche Untersagung der Betriebsfortführung) daran gehindert wird, die Arbeitsleistung entgegenzunehmen, ohne dass dies von einer der Arbeitsvertragsparteien zu vertreten ist.[13] Diese Gesetzeslücke zunächst wurde durch die Entwicklung der Betriebsrisikolehre[14] und später durch die Regelung des § 615 Satz 3 BGB geschlossen.

11 Die Literatur stellt teilweise – unabhängig von der Annahmemöglichkeit des Arbeitgebers – darauf ab, ob dem Arbeitnehmer die Arbeitsleistung möglich ist. Eine andere Auffassung sieht bereits die Leistung in der Zurverfügungstellung der Arbeitskraft. Letztlich wird unverändert daran festgehalten, dass sich Annahmeverzug und Unmöglichkeit ausschließen. Infolge dessen schwanken die Lösungen unter anderem zwischen der Anwendung der §§ 323 ff BGB aF und des § 615 BGB analog hin und her.[15]

12 Für die praktische Handhabung des § 615 BGB sowie dessen Anwendung im Falle eines arbeitsunfähig erkrankten Arbeitnehmers kommt es jedoch nicht auf die Entscheidung dieses Meinungsstreites an.

B. Anwendungsbereich des § 615 BGB im Falle der Arbeitsunfähigkeit

13 Ist ein Arbeitnehmer aufgrund einer Krankheit arbeitsunfähig, hat er – in Abweichung des Grundsatzes „Ohne Arbeit kein Lohn“ – bis zur Dauer von sechs Wochen Anspruch auf die Fortzahlung seiner vertraglichen Vergütung (§ 3 EFZG).

14 Nach den allgemeinen Grundsätzen des Leistungsstörungsrechtes entfiele grundsätzlich die Vergütungspflicht des Arbeitgebers, da der Arbeitnehmer aufgrund der Arbeitsunfähigkeit nicht in der Lage ist, die von ihm geschuldete Arbeitsleistung zu erbringen und diese ihm mithin unmöglich wird. Weil er aber zur Sicherung seines Lebensunterhaltes auf die Vergütung angewiesen ist und krankheitsbedingte Ausfälle der Arbeitskraft jeden treffen können, regelt § 3 EFZG den Anspruch des Arbeitnehmers auf die Fortzahlung seiner vertragsgemäßen Vergütung für die Dauer von sechs Wochen.

15 Führt eine Erkrankung des Arbeitnehmers nun dazu, dass er zwar arbeitsfähig ist, seinen konkreten Arbeitspflichten jedoch nicht mehr bzw nur noch teilweise nachkommen kann, stellt sich die Frage, ob und unter welchen Voraussetzungen der Arbeitgeber zur Zahlung der Vergütung verpflichtet ist. Häufig stellt sich diese Problematik nach einer **krankheitsbedingten Kündigung des Arbeitsver-**

---

12 BAG 18.8.1961 – 4 AZR 132/60 – AP Nr. 20 zu § 615 BGB.
13 HWK/Krause § 615 BGB Rn 9.
14 BAG 8.2.1957 – 1 AZR 338/55 – AP Nr. 2 zu § 615 BGB Betriebsrisiko.
15 Ausführlicher Überblick zum Meinungsstand: ErfK/Preis § 615 BGB Rn 4 ff mwN.

hältnisses, wenn der Arbeitnehmer erfolgreich gegen die Kündigung des Arbeitgebers vorgeht, das Arbeitsverhältnis aufgrund der unwirksamen Kündigung also nicht beendet ist und der Arbeitnehmer die Nachzahlung seiner Vergütung verlangt. Arbeitgeber verweigern in dieser Konstellation oftmals die Zahlung des Annahmeverzugslohnes mit der Begründung, der Arbeitnehmer hätte aufgrund seiner Arbeitsunfähigkeit ohnehin nicht arbeiten können.

Darüber hinaus kommt es bei vielen Arbeitnehmern im Laufe des Arbeitslebens 16
zu **allgemeinen gesundheitlichen Beeinträchtigungen**, so dass einzelne Tätigkeiten des Tätigkeitsspektrums vom Arbeitnehmer nicht mehr ausgeführt werden können. Hier taucht die Fragestellung auf, ob und unter welchen Voraussetzungen ein Arbeitnehmer die **Zuweisung eines leidensgerechten Arbeitsplatzes** verlangen kann sowie im Anschluss daran, die Frage des Annahmeverzuges des Arbeitgebers, sofern der Arbeitgeber dem Wunsch des Arbeitnehmers nicht nachkommt bzw aus betrieblichen Gründen nicht nachkommen kann.

C. Voraussetzungen des Annahmeverzugs

I. Erfüllbares Arbeitsverhältnis

Grundsätzlich muss ein für den Arbeitnehmer erfüllbares Arbeitsverhältnis vor- 17
liegen, das aufgrund eines rechtswirksamen Arbeitsvertrages zustande gekommen ist.

Ist der Arbeitsvertrag unwirksam, jedoch aufgrund der Eingliederung des Ar- 18
beitnehmers in den Betrieb in Vollzug gesetzt worden, kann der Arbeitgeber solange in Verzug geraten, wie er sich nicht auf die Unwirksamkeit beruft und das Arbeitsverhältnis mit ex-nunc-Wirkung beendet.[16] Ebenfalls besteht ein erfüllbares Arbeitsverhältnis, wenn der Arbeitnehmer nach einer Kündigung oder Befristung bis zur Entscheidung über deren Wirksamkeit weiter beschäftigt wird und sich erst später die Unwirksamkeit der Beendigung herausstellt.[17]

Beispiel: Der Arbeitgeber kündigt das Arbeitsverhältnis zum 30.6.2008. Der Arbeitnehmer erhebt Kündigungsschutzklage, mit welcher er erst in der 2. Instanz vor dem Landesarbeitsgericht Erfolg hat. Hier lag nach dem 30.6.2008 ein erfüllbares Arbeitsverhältnis vor, da die Kündigung unwirksam war und das Gericht in seiner Entscheidung feststellt, dass die Kündigung das Arbeitsverhältnis nicht zum 30.6.2008 aufgelöst hat.

Ein erfüllbares Arbeitsverhältnis liegt ebenfalls vor, wenn der Arbeitnehmer nach 19
einer Kündigung zunächst einvernehmlich bis zur Entscheidung des Rechtsstreites[18] oder aufgrund des besonderen Weiterbeschäftigungsanspruches (§ 102 Abs. 5 BetrVG)[19] beschäftigt wird. Nimmt der Arbeitgeber im Kündigungsschutzprozess im Einvernehmen mit dem Arbeitnehmer eine Kündigungserklärung zurück, gehen die Arbeitsvertragsparteien, sofern keine abweichende Regelung erfolgt, sowohl von der Unwirksamkeit der Kündigung und somit vom Fortbestand des Arbeitsverhältnisses aus.[20]

16 BAG 15.11.1957 – 1 AZR 189/57 – AP Nr. 2 zu § 125 BGB.
17 BAG 12.9.1985 – 2 AZR 324/84 – AP Nr. 7 zu § 102 BetrVG 1972.
18 BAG 15.1.1986 – 5 AZR 237/84 – AP Nr. 66 zu § 1 LohnFG.
19 Ergibt sich aus dem Wortlaut des § 102 BetrVG.
20 BAG 17.4.1986 – 2 AZR 308/85 – AP Nr. 40 zu § 615 BGB.

Hat ein Arbeitgeber den Arbeitnehmer rechtswirksam von der Arbeitspflicht befreit, etwa Urlaub erteilt oder Freizeitausgleich angeordnet, kommen für diesen Zeitraum Ansprüche des Arbeitnehmers auf Annahmeverzugsentgelt nicht in Betracht. Eine während der Freistellung erklärte rechtsunwirksame fristlose Kündigung des Arbeitgebers lässt die Arbeitsbefreiung unberührt. Das Arbeitsverhältnis besteht unverändert fort.[21]

20 § 615 BGB kann daher stets in den Fällen einer krankheitsbedingten Kündigung eingreifen, da die Unwirksamkeit der Kündigung auf vielen Ursachen beruhen kann. Ob der Arbeitgeber tatsächlich zur Zahlung der Vergütung verpflichtet ist, hängt vom Vorliegen der weiteren Annahmeverzugsvoraussetzungen ab.

Beispiel: Der Arbeitgeber kündigt das Arbeitsverhältnis zum 30.6.2008 aus krankheitsbedingten Gründen. Der Arbeitnehmer ist mit seiner Kündigungsschutzklage erfolgreich, da der Betriebsrat nicht ordnungsgemäß angehört worden war. Während des Kündigungsrechtsstreits ist der Arbeitnehmer weiterhin krank geschrieben, da er ein langwieriges Rückenleiden hat. Nach dem Kündigungsrechtsstreit verlangt der Arbeitnehmer die Nachzahlung der arbeitsvertraglichen Vergütung. Der Arbeitgeber lehnt dies ab. Seiner Ansicht nach bestünde keine Pflicht zur Nachzahlung der Vergütung, da der Arbeitnehmer während des Rechtsstreits arbeitsunfähig gewesen sei.

II. Angebot des Arbeitnehmers/Entbehrlichkeit des Angebots

21 Der Arbeitnehmer hat dem Arbeitgeber die Arbeitsleistung in eigener Person, zur rechten Zeit, am rechten Ort und in der rechten Weise anzubieten.[22]

22 Nach § 293 BGB kommt der Arbeitgeber in Verzug, wenn er die ihm ordnungsgemäß angebotene Leistung nicht annimmt. Das Angebot des Arbeitnehmers muss die vertragsgemäße Leistung betreffen. Das Angebot einer anderen, nicht vertragsgemäßen Arbeit begründet keinen Annahmeverzug. Die Leistung muss nämlich unabhängig davon, ob ein wörtliches Angebot (§ 295 BGB) genügt, ihrer Art nach so angeboten werden, wie sie zu bewirken ist (§ 294 BGB).[23]

23 Hierbei ist zu berücksichtigen, dass die Konkretisierung der Arbeitspflicht nach § 106 Satz 1 GewO Sache des Arbeitgebers ist. Verlangt der Arbeitgeber eine bestimmte Arbeit in rechtlich einwandfreier Art und Weise, kommt er nicht in Annahmeverzug, wenn der Arbeitnehmer diese Arbeit ablehnt und stattdessen eine andere Arbeit anbietet.[24] Allerdings liegt eine den Annahmeverzug ausschließende Unmöglichkeit nicht schon dann vor, wenn der Arbeitnehmer aus Gründen in seiner Person nicht mehr alle Arbeiten verrichten kann, die zum Spektrum der vertraglich vereinbarten Tätigkeit zählen.[25] Sonst bliebe außer Acht, dass der Arbeitgeber gemäß § 315 BGB sein Weisungsrecht nach billigem Ermessen auszuüben und auch die Interessen des Arbeitnehmers zu berücksichtigen hat.[26] Bei beschränkter Leistungsfähigkeit aufgrund einer Behinderung ist

---

21 BAG 23.1.2001 – 9 AZR 26/00 – AP Nr. 93 zu § 615 BGB.
22 BAG 26.4.1956 – GS 1/56 – AP Nr. 5 zu § 9 MuSchG.
23 BAG 27.8.2008 – 5 AZR 16/08 – AP Nr. 124 zu §615 BGB.
24 BAG 30.4.2008 – 5 AZR 502/07 – AP Nr. 183 zu § 611 BGB Lehrer, Dozenten, BAG 27.8.2008 – 5 AZR 16/08 – AP Nr. 124 zu § 615 BGB.
25 BAG 11.3.1999 – 2 AZR 538/98; vgl auch: LAG Köln 22.9.2005 – 10 Sa 1241/04 – n.v.
26 BAG 24.9.2003 – 5 AZR 282/02 – AP Nr. 3 zu § 151 BGB, BAG 8.11.2006 – 5 AZR 51/06 – AP Nr. 120 zu § 615 BGB.

der Arbeitgeber nach § 106 Satz 3 GewO sogar verpflichtet, im Rahmen der Ausübung seines Direktionsrechtes auf Behinderungen des Arbeitnehmers Rücksicht zu nehmen.[27] Ist es dem Arbeitgeber möglich und zumutbar, dem krankheitsbedingt nur eingeschränkt leistungsfähigen Arbeitnehmer leidensgerechte Arbeiten zuzuweisen, so ist die Zuweisung anderer Arbeiten unbillig.[28] Die Einschränkung der Leistungsfähigkeit des Arbeitnehmers steht dann dem Annahmeverzug des Arbeitgebers nicht entgegen.[29]

Im **ungekündigten Arbeitsverhältnis** muss sich der Arbeitnehmer für ein ord- 24
nungsgemäßes Angebot grundsätzlich rechtzeitig an seinen Arbeitsplatz begeben und (konkludent) erklären, dass er seiner Arbeit nachgehen will. Der Arbeitnehmer muss also in eigener Person, zur vereinbarten Arbeitszeit, an seinem Arbeitsplatz sowie in der rechten Art und Weise seine Arbeitsleistung anbieten.[30] Lehnt dann der Arbeitgeber die Arbeitsleistung ab, kann er in Annahmeverzug geraten.

Nach § 295 Satz 1 BGB ist in zwei Fällen ein wörtliches Angebot anstelle eines 25
tatsächlichen Angebotes ausreichend: Ein **wörtliches Angebot des Schuldners** genügt, wenn der Gläubiger erklärt hat, dass er die (Arbeits-)Leistung nicht annehmen werde oder wenn für die Leistung des Schuldners eine Handlung des Gläubigers erforderlich ist (vgl § 295 BGB). Der Zweck der Vorschrift liegt darin, den Schuldner von unnötigen bzw sinnlosen Handlungen zu entlasten. Das Erfordernis eines wörtlichen Angebotes dient der Festlegung einer Leistungszeit, von der an der Annahmeverzug vorliegt. Eher untergeordnete Bedeutung hat das wörtliche Angebot im Hinblick auf die Dokumentation der Leistungsfähigkeit des Schuldners.[31]

Beispiel: Drei Tage vor dem Monatsende schickt der Arbeitgeber den Arbeitnehmer nach Hause, da er nichts mehr für ihn zu tun hat. Der Arbeitgeber vergütet die ausgefallene Zeit nicht, der Arbeitnehmer verlangt die vollständige Vergütung. Hier hat der Arbeitgeber durch das Wegschicken des Arbeitnehmers zu erkennen gegeben, dass er die Arbeitsleistung des Arbeitnehmers nicht annehmen wird. Zur Erhaltung seines Vergütungsanspruchs braucht der Arbeitnehmer in den Folgetagen daher nicht an seinem Arbeitsplatz erscheinen, es genügt, wenn er dem Arbeitgeber mitteilt, seine Arbeitsleistung erbringen zu wollen.

Nach § 296 Satz 1 BGB ist ein wörtliches Angebot entbehrlich, wenn für eine 26
Mitwirkungshandlung des Gläubigers im Sinne des § 295 Satz 1 Alt. 2 BGB eine Zeit nach dem Kalender bestimmt ist und der Gläubiger diese Handlung nicht rechtzeitig vornimmt.

Nach Auffassung des BAG ist das **tägliche Zurverfügungstellen eines funktions-** 27
fähigen Arbeitsplatzes eine solche kalendermäßige Mitwirkungshandlung des Arbeitgebers, da dieser den Arbeitseinsatz des Arbeitnehmers fortlaufend plant

27 BAG 4.10.2005 – 9 AZR 632/04 – AP Nr. 115 zu § 615 BGB.
28 BAG 24.9.2003 – 5 AZR 282/02 – AP Nr. 3 zu § 151 BGB.
29 BAG 11.3.1999 – 2 AZR 538/98; BAG 8.11.2006 – 5 AZR 51/06 – AP Nr. 120 zu § 615 BGB.
30 ErfK/Preis § 615 BGB Rn 18.
31 HWK/Krause § 615 BGB Rn 32.

und durch nähere Weisungen hinsichtlich Ort und Zeit näher konkretisiert.[32] Die Mitwirkungshandlung des Arbeitgebers besteht gerade darin, dem Arbeitnehmer überhaupt die Arbeitsmöglichkeit zu eröffnen, den Arbeitseinsatz fortlaufend zu planen und zu konkretisieren, mit anderen Worten, das Direktionsrecht, mit welchem eine entsprechende Pflicht des Arbeitgebers korrespondiert, wahrzunehmen. Die so verstandene allgemeine Arbeitszuweisung ist eine mit dem Kalender synchron laufende Mitwirkungshandlung des Arbeitgebers.

28 Der Arbeitgeber, der (unwirksam) gekündigt hat, verwehrt dem Arbeitnehmer die Aufnahme der Arbeit. Er kommt seiner kalendermäßig bestimmten Mitwirkungspflicht nicht nach, wobei es nicht um eine Vorleistungspflicht des Arbeitnehmers und damit auch nicht um konkrete Arbeitsanweisungen des Arbeitgebers geht. Diese setzen vielmehr voraus, dass der Arbeitgeber dem Arbeitnehmer den Arbeitsplatz überhaupt zur Verfügung stellt. Da aber der Arbeitgeber aufgrund der (unwirksamen) Kündigung den entscheidenden und auslösenden Anteil an der unterbrochenen oder nicht wieder aufgenommenen Leistung des Schuldners hat, geht dies zu seinen Lasten.[33] Jeder **unrechtmäßige** Entzug der Arbeitsmöglichkeit des Arbeitnehmers führt daher zum Annahmeverzug des Arbeitgebers, ohne dass es eines Angebotes des Arbeitnehmers bedarf.

29 Diese **Grundsätze** hat das BAG auf die fristlose[34] und die ordentliche Kündigung für die Zeit nach dem Ende der Kündigungsfrist[35] **ausgedehnt**: Aufgrund einer fristlosen Kündigung gibt der Arbeitgeber zu erkennen, auf die Arbeitsleistung des Arbeitnehmers verzichten zu wollen. Ein Arbeitsangebot des Arbeitnehmers sei entbehrlich, da durch die vorausgegangene Kündigung deutlich geworden ist, dass der Arbeitgeber die Erbringung der Arbeitsleistung durch den Arbeitnehmer ablehnt.[36] Auch bei der ordentlichen Kündigung geht das BAG davon aus, dass ein Angebot des Arbeitgebers unnötig ist, sofern sich später die Unwirksamkeit der Kündigung herausstellt. Der Arbeitgeber habe dem Arbeitnehmer die Erbringung der Arbeitsleistung zu ermöglichen, indem er täglich einen funktionsfähigen Arbeitsplatz zur Verfügung stellt und dem Arbeitnehmer konkrete Aufgaben zuweist. Nimmt der Arbeitgeber dem Arbeitnehmer durch Ausspruch einer unberechtigten Kündigung die Arbeitsmöglichkeit, unterlässt er die von ihm geforderte Mitwirkungshandlung, mit der Folge, dass der Arbeitnehmer seine Arbeitsleistung nicht anzubieten braucht, ein Angebot des Arbeitnehmers also entbehrlich ist.[37]

30 Die Rechtsprechung hat an diesen Grundsätzen festgehalten und sie auf weitere Fallgruppen erweitert. So wird § 296 BGB auch bei einer wirksamen Kündigung, deren Kündigungsfrist zu kurz bemessen ist, angewendet.[38] Gleiches soll bei einer unwirksamen Befristung gelten.[39]

32 BAG 13.7.2005 – 5 AZR 578/04 – AP Nr. 112 zu § 615 BGB, BAG 9.8.1984 – 2 AZR 374/83 – AP Nr. 34 zu § 615 BGB.
33 BAG 21.1.1993 – 2 AZR 309/92 – AP Nr. 53 zu § 615 BGB.
34 BAG 9.8.1984 – 2 AZR 374/83 – AP Nr. 34 zu § 615 BGB.
35 BAG 5.11.2003 – 5 AZR 562/02 – AP Nr. 106 zu § 615 BGB, BAG 19.1.1999 – 9 AZR 679/97 – AP Nr. 79 zu § 615 BGB, BAG 26.9.2007 – 5 AZR 870/06 – AP Nr. 13 zu § 615 BGB Böswilligkeit.
36 BAG 9.8.1984 – 2 AZR 374783 – AP Nr. 34 zu § 615 BGB.
37 BAG 26.9.2007 – 5 AZR 870/06 – AP Nr. 13 zu § 615 BGB Böswilligkeit.
38 BAG 9.4.1987 – 2 AZR 280/86 – AP Nr. 1 zu § 9 AÜG.
39 BAG 21.3.1996 – 2 AZR 362/95 – RzK I 13 b Nr. 30.

Bei der unrechtmäßigen Anordnung von Kurzarbeit kommt nach der Rechtsprechung § 296 BGB ebenfalls zur Anwendung. Will der Arbeitgeber vorübergehend **Kurzarbeit** einführen, bedarf dies einer entsprechenden rechtlichen Grundlage, zB einer Regelung im Arbeits- oder Tarifvertrag oder in einer (wirksamen) Betriebsvereinbarung. Fehlt eine solche Grundlage, ist die einseitige Anordnung von Kurzarbeit **rechtswidrig**, und zwar unabhängig davon, ob die zuständige Agentur für Arbeit die Kurzarbeit genehmigt hat und das sog. Kurzarbeitergeld zahlt. Auch in diesem Fall ist nach der Rechtsprechung ein Angebot des Arbeitnehmers entbehrlich, da der Arbeitgeber durch die (rechtswidrige) Anordnung von Kurzarbeit zu erkennen gegeben hat, auf die Arbeitsleistung des Arbeitnehmers (teilweise) verzichten zu wollen.[40] Der Arbeitgeber gerät in Annahmeverzug. 31

Stellt der Arbeitgeber den Arbeitnehmer hingegen **wirksam** von seiner Arbeitspflicht frei (zB durch Urlaubserteilung oder Gewährung von Freizeitausgleich), schließt dies einen Annahmeverzug des Arbeitgebers aus. Für die Dauer des Urlaubes oder während einer aus anderen Gründen erfolgten rechtswirksamen Freistellung von der Arbeit ist dem Arbeitnehmer die Arbeitsleistung im Sinne von § 297 BGB vorübergehend rechtlich unmöglich. Der Arbeitgeber kann nicht in Gläubigerverzug geraten.[41] 32

Verlangt ein Arbeitgeber vom Arbeitnehmer vor der Wiederaufnahme der Tätigkeit die Vorlage eines ärztlichen Gutachtens, aus dem seine Arbeitsfähigkeit hervorgeht, so erklärt er damit ausreichend, ohne ein solches Gutachten den Arbeitnehmer nicht zu beschäftigen. Damit verweigert er ihm einen funktionstüchtigen Arbeitsplatz und gerät, ohne die Notwendigkeit eines tatsächlichen oder wörtlichen Angebotes, bei Vorliegen der weiteren Voraussetzungen in den Annahmeverzug.[42] 33

III. Leistungswille und Leistungsfähigkeit des Arbeitnehmers

Annahmeverzug setzt stets voraus, dass der Arbeitnehmer willens und imstande ist, die Arbeitsleistung zu erbringen (vgl § 297 BGB). Der Annahmeverzug des Arbeitgebers ist damit ausgeschlossen, wenn der Arbeitnehmer nicht leistungsfähig oder nicht leistungswillig ist.[43] 34

1. Leistungswille

Die in § 297 BGB nicht ausdrücklich genannte Voraussetzung der Leistungswilligkeit ergibt sich daraus, dass ein leistungsunwilliger Arbeitnehmer sich selbst außerstande setzt, die Arbeitsleistung zu bewirken.[44] Die fehlende objektive oder subjektive Leistungsbereitschaft im Sinne von § 297 BGB ist eine Einwendung des Arbeitgebers gegen den Anspruch.[45] 35

---

40 ArbG Berlin 23.10.2003 – 82 Ca 16808/03 – ArbuR 2004, 434; BAG 27.1.1994 – 6 AZR 541/93 – AP Nr. 1 zu § 15 BAT-O.
41 BAG 23.1.2001 – 9 AZR 26/00 – AP Nr. 93 zu § 615 BGB; BAG 23.1.1996 – 9 AZR 554/93 – AP Nr. 10 zu § 5 BUrlG.
42 LAG Düsseldorf 23.3.2007 – 9 Sa 292/07 – NZA-RR 2007, 457 f; LAG Schleswig-Holstein 6.9.2007 – 4 Sa 2004/07.
43 BAG 19.5.2004 – 5 AZR 434/03 – AP Nr. 108 zu § 615 BGB; BAG 24.9.2003 – 5 AZR 591/02 – EzA BGB 2002 § 615 Nr. 5.
44 BAG 6.11.1986 – 2 AZR 744/85 – RzK I 13 b Nr. 4.
45 BAG 19.4.1990 – 2 AZR 591/89 – AP Nr. 45 zu § 615 BGB.

36 Der Arbeitnehmer muss zur Erbringung der von ihm geschuldeten Arbeitsleistung in dem vertraglich vereinbarten zeitlichen Umfang bereit sein. Die Leistungsbereitschaft des Arbeitnehmers muss für die gesamte Dauer des Annahmeverzuges bestehen, dh der Arbeitnehmer muss den ernsten Willen haben, die Arbeitsleistung, so wie er sie nach seinem Arbeitsvertrag schuldet, zu erbringen.[46]

37 Verweigert der Arbeitnehmer die Aufnahme seiner bzw einer ihm rechtmäßig zugewiesenen Tätigkeit, liegt lediglich in Ausnahmefällen keine Leistungsunwilligkeit vor. Steht dem Arbeitnehmer ein Leistungsverweigerungsrecht zu (zB bei einem Verstoß des Arbeitgebers gegen Arbeitsschutzbestimmungen), kann er die Arbeitsleistung zu Recht verweigern.

38 Erklärt der Arbeitnehmer in einem Kündigungsschutzprozess, das Arbeitsverhältnis sei zerrüttet und er könne dort unter keinen Umständen weiter arbeiten, scheidet ein Annahmeverzug des Arbeitgebers wegen fehlenden Leistungswillens des Arbeitnehmers aus.[47] Auch wenn der Arbeitnehmer eine neue Tätigkeit bei einem anderen Arbeitgeber aufnimmt[48] oder die Weiterarbeit beim bisherigen Arbeitgeber definitiv ausschließt,[49] fehlt es am Leistungswillen, mit der Folge, dass Annahmeverzug ausscheidet.

2. Leistungsfähigkeit

39 Im Weiteren muss der Arbeitnehmer leistungsfähig sein. Damit scheidet der Gläubigerverzug bei einem objektiven Leistungsunvermögen aus; es liegt dann Unmöglichkeit vor. Bezugspunkt der Leistungsfähigkeit ist die geschuldete Arbeit.[50]

a) Eingeschränkte Leistungsfähigkeit des Arbeitnehmers im ungekündigten Arbeitsverhältnis

40 Ist der Arbeitnehmer objektiv nicht in der Lage, die Arbeitsleistung zu erbringen, gerät der Arbeitgeber nicht in Annahmeverzug.

Beispiel: Entzug der Fahrerlaubnis bei einem als Lastwagenfahrer eingestellten Arbeitnehmer, Inhaftierung des Arbeitnehmers, Urlaub des Arbeitnehmers.

Dies gilt auch dann, wenn die Gründe hierfür aus der Sphäre des Arbeitgebers stammen.[51]

aa) Pflicht zur Anzeige der Genesung

41 Ein arbeitsunfähig erkrankter Arbeitnehmer ist im Falle seiner Genesung verpflichtet, seine Leistung gegenüber dem Arbeitgeber tatsächlich anzubieten (Rückmeldepflicht zur Arbeitsaufnahme). Das Erfordernis eines tatsächlichen Angebotes (§ 294 BGB) entspricht der Gesetzeslage, wonach der Schuldner dem Gläubiger die Leistung so, wie sie zu bewirken ist, tatsächlich anbieten muss, dh in eigener Person, am rechten Ort und in der rechten Weise.[52]

---

46 BAG 30.4.1987 – 2 AZR 299/86 – RzK I 13 a Nr. 20.
47 BAG 24.9.2003 – 5 AZR 591/02 – EzA § 615 BGB 2002 Nr. 5.
48 BAG 19.5.2004 – 5 AZR 434/03 – AP Nr. 108 zu § 615 BGB.
49 BAG 7.6.1973 – 5 AZR 563/72 – AP Nr. 28 zu § 615 BGB.
50 ErfK/Preis § 615 BGB Rn 48.
51 Palandt/Heinrichs § 297 BGB Rn 1.
52 BAG 29.10.1992 – 2 AZR 250/92 – EZA BGB § 615 Nr. 77; BAG 10.4.1963 – 4 AZR 95/62 – AP Nr. 23 zu § 615 BGB.

bb) Gesundheitliche Einschränkungen des Arbeitnehmers

Annahmeverzug ist nicht schon dann automatisch ausgeschlossen, wenn der Arbeitnehmer aufgrund **gesundheitlicher Einschränkungen** nicht mehr jede Arbeit, die zum Spektrum seiner vertraglich vereinbarten Tätigkeit zählt, erbringen kann. Ansonsten bliebe unberücksichtigt, dass der Arbeitgeber aufgrund seines **Weisungsrechtes** die Arbeitsleistung konkretisieren kann. Zudem muss er im Rahmen des billigen Ermessens die Interessen des Arbeitnehmers wahren.[53] Ist es daher dem Arbeitgeber **ohne Vertragsänderung** und ohne Auswirkung auf die Vergütung **möglich und zumutbar**, einem gesundheitlich eingeschränkten Arbeitnehmer andere – leidensgerechte – Arbeiten zuzuweisen und unterlässt der Arbeitgeber diese Zuweisung, steht die eingeschränkte Leistungsfähigkeit dem Annahmeverzug des Arbeitgebers nicht entgegen.[54] Nur wenn der Arbeitnehmer **objektiv** nicht in der Lage ist, die von ihm geschuldete Arbeitsleistung zu erbringen, scheidet ein Annahmeverzug von vornherein aus. 42

Beruht die eingeschränkte Leistungsfähigkeit des Arbeitnehmers auf einer **Behinderung**, ist der Arbeitgeber nach § 106 Satz 3 GewO sogar verpflichtet, bei der Ausübung seines Weisungsrechtes auf Behinderungen des Arbeitnehmers Rücksicht zu nehmen. Eine eingeschränkte Leistungsfähigkeit aufgrund einer Behinderung steht daher einem Annahmeverzug ebenfalls grundsätzlich nicht entgegen.[55] 43

Ob der Arbeitnehmer objektiv leistungsfähig ist, richtet sich nach der von ihm **vertraglich geschuldeten Arbeitsleistung**. Innerhalb dieses Rahmens ist der Arbeitgeber zur Beschäftigung des Arbeitnehmers verpflichtet. Ist die Tätigkeit im Arbeitsvertrag eng umschrieben, scheidet ein Annahmeverzug aus, wenn der Arbeitnehmer diese Tätigkeit objektiv nicht ausüben kann. 44

Beispiel: Ein Arbeitnehmer wird als Gerüstbauer eingestellt. Nach einiger Zeit treten schwere Rückenprobleme auf, so dass der Arbeitnehmer seiner Tätigkeit nicht mehr nachgehen kann. Hier führen die Gesundheitsprobleme des Arbeitnehmers dazu, dass dieser die vertraglich geschuldete Tätigkeit als Gerüstbauer nicht mehr ausüben kann. Eine solche Tätigkeit ist ausschließlich mit schwerer körperlicher Arbeit verbunden, die der Arbeitnehmer aufgrund des Rückenleidens nicht mehr verrichten kann. Die Zuweisung anderer Arbeiten, die noch vom Tätigkeitsbild eines Gerüstbauers umfasst wären, scheidet hier aus.

Beschreibt der Arbeitsvertrag die Arbeitsleistung demgegenüber nur dem Rahmen nach, ist zu prüfen, ob der Arbeitnehmer eine andere Tätigkeit innerhalb dieses Rahmens erbringen könnte. Ist dies der Fall, muss der Arbeitgeber dem Arbeitnehmer diese Tätigkeit zuweisen, da ihn insoweit eine **Beschäftigungspflicht** trifft. Kommt er dieser Pflicht nicht nach, gerät er in Annahmeverzug und 45

53 Ständige Rechtsprechung des BAG, vgl BAG 24.9.2003 – 5 AZR 282/02 – AP Nr. 3 zu § 151 BGB; BAG 11.3.1999 – 2 AZR 538/98 – n.v.; BAG 27.8.2008 – 5 AZR 16/08 – AP Nr. 124 zu § 615 BGB; BAG 8.11.2006 – 5 AZR 51/06 – AP Nr. 120 zu § 615 BGB; LAG Nürnberg 19.11.2008 – 3 Sa 285/08.

54 BAG 27.8.2008 – 5 AZR 16/08 – AP Nr. 124 zu § 615 BGB; BAG 8.11.2006 – 5 AZR 51/06 – AP Nr. 120 zu § 615 BGB; BAG 11.3.1999 – 2 AZR 538/98 – n.v.; LAG Nürnberg 19.11.2008 – 3 Sa 285/08.

55 BAG 4.10.2005 – 9 AZR 632/04 – EzA § 81 SGBIX Nr. 9.

muss trotz der nicht erbrachten Arbeitsleistung die entsprechende Vergütung an den Arbeitnehmer zahlen.[56]

Beispiel: Im Arbeitsvertrag einer Arbeitnehmerin wird als Tätigkeit „Lehrkraft im Angestelltenverhältnis" angegeben. Die Arbeitnehmerin war viele Jahre als Sportlehrerin tätig und unterrichtete zudem einige Stunden Kunstunterricht und Textilgestaltung. Aus gesundheitlichen Gründen ist sie nicht mehr als Sportlehrerin geeignet, das Arbeitsverhältnis wird daher gekündigt. Die Arbeitnehmerin erhebt Kündigungsschutzklage und verlangt die Nachzahlung ihrer Vergütung. Nach Feststellung der Unwirksamkeit der Kündigung wurde der Arbeitgeber zur Nachzahlung der Vergütung verurteilt, da er sich im Annahmeverzug befand: Die Arbeitnehmerin hätte auch andere Fächer unterrichten können, da sie nach ihrem Arbeitsvertrag nicht auf bestimmte Fächer festgelegt war. Die Zuweisung anderer Tätigkeiten wäre daher vertragsgemäß, zudem war die Arbeitnehmerin für diese Tätigkeiten uneingeschränkt einsetzbar (nach BAG 8.11.2006 – 5 AZR 51/06).

46 **Hinweis:** Kommt die Zuweisung einer anderen Tätigkeit durch Versetzung des Arbeitnehmers in Betracht, muss der Arbeitgeber ggf bestehende vertragliche oder tarifvertragliche **Versetzungsklauseln** beachten, die gelegentlich besondere Voraussetzungen vorsehen (zB vorherige Anhörung des betroffenen Arbeitnehmers). Ferner sind die **Mitbestimmungsrechte des Betriebs- bzw Personalrates** bei Versetzungen vom Arbeitgeber einzuhalten.

47 Scheidet die Zuweisung einer anderen Tätigkeit aus, weil zB die Arbeitsleistung im Arbeitsvertrag eng umschrieben ist, ist problematisch, ob der Arbeitgeber zur Vermeidung des Annahmeverzuges verpflichtet ist, dem Arbeitnehmer eine **Vertragsänderung** anzubieten, so dass der Arbeitnehmer zu geänderten Bedingungen weiterarbeiten kann. Zum Teil wird dies mit dem Hinweis auf den Grundsatz der Verhältnismäßigkeit bejaht, da der Arbeitgeber auch bei einer Kündigung stets prüfen müsse, ob der Ausspruch einer Änderungskündigung als weniger einschneidende Maßnahme in Betracht kommt.[57] Nach der wohl überwiegenden Gegenansicht ist der Arbeitgeber im Allgemeinen jedoch nicht zu einer Vertragsänderung verpflichtet, um einem in seiner Leistungsfähigkeit eingeschränkten Arbeitnehmer die Beschäftigung zu ermöglichen.[58] Ferner besteht **keine Pflicht des Arbeitgebers**, einen für den Arbeitnehmer geeigneten aber **besetzten Arbeitsplatz** durch Versetzung des dort beschäftigten Arbeitnehmers **frei zu machen** oder gar einen **zusätzlichen leidensgerechten Arbeitsplatz zu schaffen.**[59]

---

56 BAG 4.10.2005 – 9 AZR 632/04 – AP Nr. 115 zu § 615 BGB; BAG 24.9.2003 – 5 AZR 282/02 – AP § 151 BGB; LAG Sa.-Anh. 22.10.2000 – 3 Sa 130/00 – LAGE Nr. 3 zu § 14 SchwbG 1986.

57 LAG Hamm 11.12.1986 – 4 Sa 2166/85 – LAGE § 615 BGB Nr. 11; Stahlhacke, AuR 1992, 8 (15); ähnlich BAG 18.12.1986 – 2 AZR 34/86 – AP Nr. 2 zu § 297 BGB; anders BAG 25.3.1959 – 4 AZR 236/56 – AP Nr. 27 zu § 611 BGB – Fürsorgepflicht; ebenfalls ablehnend LAG Köln 21.1.1993 – 5 Sa 949/92 – LAGE BGB § 615 Nr. 32; HWK/Krause § 615 BGB, Rn 50.

58 LAG Köln 7.11.2006 – 9 Sa 888/06; BAG 6.12.2001 – 2 AZR 422/00 – NZA 2002, 999 f; BAG 4.10.2005 – 9 AZR 632/04 – AP Nr. 115 zu § 615 BGB.

59 LAG Köln 7.11.2006 – 9 Sa 888/06; BAG 10.5.2005 – 9 AZR 230/04 – AP Nr. 8 zu § 81 SGB IX.

cc) Fürsorgepflicht des Arbeitgebers

(1) Zuweisung eines leidensgerechten Arbeitsplatzes

Der Arbeitgeber kann in Annahmeverzug geraten, wenn er aufgrund seiner **Fürsorgepflicht** verpflichtet ist, den Arbeitnehmer **vorübergehend** mit anderen nicht vertragsgemäßen Arbeiten zu beschäftigen und er diese Arbeiten nicht zuweist.[60] Inwieweit eine solche Verpflichtung des Arbeitgebers besteht, bestimmt sich nach dem Grundsatz von Treu und Glauben (§ 242 BGB) und lässt sich nur unter Berücksichtigung aller Umstände des Einzelfalles und unter Abwägung der berechtigten beiderseitigen Interessen entscheiden.[61] 48

Unabhängig davon muss bei einem in seiner Leistungsfähigkeit eingeschränkten Arbeitnehmer ein leidensgerechter Arbeitsplatz im Unternehmen **tatsächlich vorhanden** sein, dieser darf auch nicht mit einem anderen Arbeitnehmer besetzt sein; der Arbeitgeber braucht also einen leidensgerechten Arbeitsplatz nicht extra schaffen oder für den betroffenen Arbeitnehmer frei machen.[62] 49

Zudem muss der Arbeitnehmer **ausdrücklich erklären**, dass er auf einem anderen Arbeitsplatz, der nicht mehr von seiner vertragsgemäßen Tätigkeit erfasst wird, eingesetzt werden möchte. Ein allgemeines Arbeitsangebot des Arbeitnehmers genügt hier nicht, da der Arbeitgeber wissen muss, zu welchen Änderungen seines Arbeitsvertrages der Arbeitnehmer bereit ist. 50

Ebenso ist der Arbeitgeber im Rahmen des Annahmeverzuges nicht verpflichtet, dem Arbeitnehmer eine leidensgerechte Tätigkeit anzubieten, die dieser zuvor ausdrücklich abgelehnt hat. Dies gilt selbst dann, wenn eine spätere Beendigungskündigung unwirksam ist, weil der Arbeitgeber die – bereits einmal abgelehnte – Tätigkeit nicht noch einmal als Änderungskündigung anbietet, da der für den Annahmeverzug nötige Leistungswille von der Wirksamkeit einer Kündigung unabhängig ist.[63]

Beispiel: Die Arbeitnehmerin ist als Kommissionärin im Frischdienstlager tätig. Wegen eines Rückenleidens war sie seit Januar 2004 arbeitsunfähig. Im Dezember 2004 bot der Arbeitgeber eine Tätigkeit als Hilfskraft im Labor an, welche die Arbeitnehmerin ablehnte. Im Juni 2005 meldete sie sich beim Arbeitgeber als gesund und verlangte eine Beschäftigung entsprechend ihren gesundheitlichen Möglichkeiten. Der Arbeitgeber lehnte dies ab und kündigte das Arbeitsverhältnis zum 31. Dezember 2005. Diese Kündigung war nach der Feststellung des Landesarbeitsgerichtes unwirksam. Die Arbeitnehmerin verlangte nunmehr den Annahmeverzugslohn. In seiner Entscheidung führt das BAG aus, ein allgemeines Arbeitsangebot der Arbeitnehmerin habe nicht ausgereicht. Der Annahmeverzug des Arbeitgebers könne auch nicht darauf gestützt werden, dass der Arbeitgeber die Tätigkeit im Labor hätte anbieten müssen, da die Arbeitnehmerin diese Tätigkeit zuvor ausdrücklich abgelehnt habe. In einem obiter dictum nimmt das BAG zu der Begründung des Landesarbeitsgerichtes Stellung, dem Arbeitgeber habe eine ordentliche Änderungskündigung verbunden mit dem Angebot einer Versetzung oblegen. Nach Ansicht des BAG bestehen gegen diese Begründung durchgreifende Bedenken. Hiernach hätte das Landesarbeitsgericht

60 BAG 18.12.1986 – 2 AZR 34/86 – AP Nr. 2 zu § 297 BGB.
61 BAG 25.3.1959 – 4 AZR 236/56 – AP Nr. 27 zu § 611 BGB Fürsorgepflicht.
62 BAG 27.8.2008 – 5 AZR 16/08 – AP Nr. 124 zu § 615 BGB.
63 BAG 27.8.2008 – 5 AZR 16/08 – AP Nr. 124 zu § 615 BGB.

von dem Kündigungszeitpunkt ausgehen und eine Rückschau bis zum Juni 2005 vornehmen müssen. Die Einbeziehung des Zeitraumes bis März 2005 und Dezember 2004 sei rechtsfehlerhaft. Unabhängig davon, ob die Arbeitnehmerin die Hilfstätigkeit im Labor abgelehnt hätte, könne dem Arbeitgeber kein Vorwurf (Verstoß gegen Treu und Glauben, widersprüchliches oder unredliches Verhalten, Fahrlässigkeit) gemacht werden, den Arbeitsplatz im März 2005 anderweitig besetzt zu haben, denn die Rückkehr der Arbeitnehmerin sei zu diesem Zeitpunkt nicht absehbar gewesen. Das BAG verwies den Rechtsstreit zur weiteren Sachverhaltsaufklärung an das Landesarbeitsgericht, da noch aufzuklären war, welche Tätigkeit die Arbeitnehmerin im Juni 2005 angeboten hatte und zu welcher Arbeitsleistung sie gesundheitlich noch in der Lage war.[64]

51 Eine Fürsorge-/Rücksichtnahmepflicht des Arbeitgebers kann sich auch aus tariflichen Einkommensschutzvorschriften ergeben. Verletzt der Arbeitgeber diese Fürsorge-/Rücksichtnahmepflicht kann neben Annahmeverzug ein Schadensersatzanspruch des Arbeitnehmers nach § 280 Abs. 1 BGB in Betracht kommen.

Beispiel: Der Arbeitnehmer war seit 1985 als Feuerwehrmann tätig. In der Zeit von Februar bis August 2006 war er arbeitsunfähig. Nach dem ärztlichen Attest war der Arbeitnehmer ab September 2006 wieder arbeitsfähig, jedoch nicht mehr im Feuerwehrdienst einsetzbar. Eine auf das Arbeitsverhältnis anwendbare Tarifvorschrift sah einen Einkommensschutz für Feuerwehrleute vor, wenn diese nach einer Beschäftigungszeit von mindestens 10 Jahren im Feuerwehrdienst nach dem 40. Lebensjahr für eine Beschäftigung im Feuerwehrdienst aufgrund einer ärztlichen Untersuchung nicht mehr geeignet waren. Der Arbeitnehmer begehrte den tariflichen Einkommensschutz. Das BAG ließ zwar offen, ob der Arbeitgeber aus Annahmeverzugsgesichtspunkten zur Gewährung des Einkommensschutzes verpflichtet war. Es leitete jedoch aus der tariflichen Einkommensschutzregelung eine Rücksichtnahmepflicht des Arbeitgebers ab. Dieser sei aufgrund der tariflichen Einkommensschutzregelung verpflichtet, den leistungsgeminderten Arbeitnehmer mit dessen Einverständnis auf einem seiner Leistungsfähigkeit und seinen Kenntnissen entsprechenden geeigneten, beide Parteien zumutbaren freien Arbeitsplatz jenseits der Grenzen des Direktionsrechts einzusetzen. Voraussetzung hierfür sei, dass der Arbeitnehmer auf einem anderen freien Arbeitsplatz mit vertragsfremden Tätigkeiten eingesetzt werden will. Zudem müsse ein entsprechender freier Arbeitsplatz tatsächlich vorhanden sein. Komme der Arbeitgeber seiner Fürsorge-/Rücksichtnahmepflicht nicht nach, kann der Arbeitnehmer Schadensersatz gemäß § 280 BGB in Höhe des tariflichen Einkommensschutzes geltend machen.[65]

(2) Arbeitsunfall

52 Selbst wenn die eingeschränkte Leistungsfähigkeit durch einen **Arbeitsunfall** verursacht wurde, ist der Arbeitgeber nicht zur **Schaffung** eines leidensgerechten Arbeitsplatzes – auch nicht nach einer Umschulung des Arbeitnehmers – verpflichtet.

Eine andere Frage ist, ob der Arbeitgeber abwarten muss, ob ein Arbeitsplatz frei wird, dessen Anforderungsprofil der – eingeschränkt einsetzbare – Arbeit-

64 Nach BAG 27.8.2008 – 5 AZR 16/08 – AP Nr. 124 zu § 615 BGB.
65 Nach BAG 13.8.2009 – 6 AZR 330/08.

nehmer nunmehr noch erfüllen kann. Wegen seines Interesses an einer vorausschauenden Personalplanung ist der Arbeitgeber aber auch aufgrund seiner durch den Arbeitsunfall **gesteigerten Fürsorgepflicht** nicht gehalten, das zufällige Freiwerden eines leidensgerechten Arbeitsplatzes abzuwarten. Die Planbarkeit des Personaleinsatzes wäre grundlegend in Frage gestellt, wenn der Arbeitgeber für längere Zeiträume oder gar auf Dauer auch erst künftig zufällig entstehende Beschäftigungsmöglichkeiten im Auge behalten und – zB im Falle mehrerer ruhender Arbeitsverhältnisse – eine Auswahlentscheidung treffen müsste, welches Arbeitsverhältnis zu geänderten Arbeitsbedingungen aktualisiert und welches demgegenüber weiterhin als ruhend fortgeführt werden soll.[66]

Die gleiche Fragestellung ergibt sich, wenn der Arbeitnehmer, der aufgrund eines 53
Arbeitsunfalls seine bisherige Tätigkeit nicht mehr ausüben kann, über die für eine geänderte Tätigkeit erforderliche Qualifikation verfügt, mithin gerade keine Umschulung erforderlich ist und der Arbeitnehmer sofort einsetzbar wäre. Auch hier ist maßgeblich, ob dem Arbeitgeber trotz mangelnder konkreter Aussicht auf das Freiwerden eines Arbeitsplatzes ein Abwarten mit der Kündigung zuzumuten ist. Entscheidend ist, ob ganz allgemein die bloße Chance des Arbeitnehmers, einen zufällig später frei werdenden Arbeitsplatz einnehmen zu können, mit den betrieblichen Interessen des Arbeitgebers an einer vorausschauenden Personalplanung im Einklang steht.[67]

Im Weiteren ist bei der stets durchzuführenden Interessenabwägung nicht allein 54
darauf abzustellen, dass dem Arbeitgeber in derartigen Fällen keine wirtschaftlichen Nachteile durch die Aufrechterhaltung des außer Vollzug gesetzten Arbeitsverhältnisses entstehen. Selbst wenn man von einer möglichen Belastung durch (tarifliche) Leistungen während des ruhenden Arbeitsverhältnisses absieht, bleibt hierbei das Interesse des Arbeitgebers an einer vorausschauenden Personalplanung unberücksichtigt. Diese Situation ist mit der Kündigung bei einer Langzeiterkrankung vergleichbar, bei welcher die Genesung des Arbeitnehmers ungewiss ist. Hier liegt eine erhebliche Beeinträchtigung betrieblicher Interessen allein darin, dass der Arbeitgeber sein arbeitsvertragliches Direktionsrecht nicht mehr ausüben und den Arbeitseinsatz des Arbeitnehmers in keiner Weise planen kann, so dass auch ohne weitere wirtschaftliche oder sonstige betriebliche Beeinträchtigungen eine personenbedingte Kündigung gerechtfertigt ist.[68] Ebenso ist auch und erst recht im Falle der feststehenden Leistungsunmöglichkeit der künftige betriebliche Einsatz des Arbeitnehmers in keiner Weise planbar. Die zeitliche Beschränkung einer Umschulungsmaßnahme vermag hieran nichts zu ändern. Damit steht nämlich allein der Zeitpunkt fest, ab welchem der Arbeitnehmer die für einen anderweitigen Arbeitseinsatz erforderliche Qualifikation voraussichtlich besitzen wird. Daran, dass ein Beschäftigungsbedarf weder vorhanden noch absehbar ist, ändert sich indes nichts. Ob der künftige Arbeitseinsatz des Arbeitnehmers wegen ungeklärter gesundheitlicher Probleme oder wegen fehlender Beschäftigungsmöglichkeiten vollständig ungewiss ist, macht im Ergebnis keinen Unterschied.[69]

66 LAG Hamm 20.1.2000 – 8 Sa 1420/99 – NZA-RR 2000, 239 ff.
67 LAG Hamm 20.1.2000 – 8 Sa 1420/99 – NZA-RR 2000, 239 ff.
68 BAG 29.4.1994 – 2 AZR 431/98 – AP Nr. 36 zu § 1 KSchG 1969 Krankheit; BAG 29.2.1990 – 2 AZR 401/89 – AP Nr. 1 zu § 1 KSchG 1969 Krankheit.
69 LAG Hamm 20.1.2000 – 8 Sa 1420/99 – NZA-RR 2000, 239.

55 Darüber hinaus wird der besonderen Schutzbedürftigkeit eines durch einen Arbeitsunfall geschädigten Arbeitnehmers durch die Leistungen der zuständigen Berufsgenossenschaft ausreichend Rechnung getragen.[70]

(3) Pflicht des Arbeitgebers zu Schutzmaßnahmen am Arbeitsplatz

56 Als Ausprägung der arbeitgeberseitigen Fürsorgepflicht kann auch eine Verletzung der in § 618 BGB normierten Pflicht zu Schutzmaßnahmen zum Annahmeverzug des Arbeitgebers führen. Nach § 618 BGB hat der Arbeitgeber Räume, Vorrichtungen und Arbeitsgerätschaften so einzurichten und zu unterhalten, dass der Arbeitnehmer gegen Gefahren für Leben und Gesundheit geschützt ist. Verletzt der Arbeitgeber diese Pflicht, steht dem Arbeitnehmer ein Zurückbehaltungsrecht nach § 273 BGB zu. Angesichts dessen kann der Arbeitnehmer unter Hinweis auf die verletzte Fürsorgepflicht seine Arbeitsleistung verweigern, ohne seinen Vergütungsanspruch zu verlieren.[71]

57 Die Pflicht zu Schutzmaßnahmen am Arbeitsplatz wird vor allem durch **öffentlich-rechtliche Arbeitsschutzbestimmungen** näher ausgestaltet. Diese öffentlichrechtlichen Arbeitsschutzbestimmungen gelten im Allgemeinen auch im Verhältnis zwischen Arbeitgeber und Arbeitnehmer, so dass sich der Arbeitnehmer auf ihre Einhaltung berufen kann (sog. **Doppelwirkung des öffentlich-rechtlichen Arbeitsschutzrechtes**).[72] Insbesondere bei Tätigkeiten, die mit besonderen Gefahren für die Gesundheit verbunden sind, hat der Arbeitgeber zahlreiche Arbeitsschutzregelungen zu beachten. Kommt der Arbeitnehmer bei seiner Tätigkeit beispielsweise mit Gefahrstoffen in Kontakt, so hat der Arbeitgeber den betreffenden Arbeitnehmer arbeitsmedizinisch untersuchen zu lassen (sog. **Pflichtuntersuchungen**, vgl § 2 Abs. 3 der ArbMedVV).[73] Diese Pflichtuntersuchungen müssen zum einen vor der Aufnahme der gesundheitsgefährdenden Tätigkeit (Erstuntersuchung) und zum anderen in regelmäßigen Abständen (Nachuntersuchungen) vom Arbeitgeber veranlasst werden (vgl § 4 Abs. 1 ArbMedVV).

58 Die Durchführung dieser Pflichtuntersuchungen sowie die Bescheinigung der gesundheitlichen Unbedenklichkeit sind Voraussetzung für die Ausübung der gesundheitsgefährdenden Tätigkeit (vgl § 4 Abs. 2 ArbMedVV). Über die Pflichtuntersuchungen hat der Arbeitgeber eine **Vorsorgekartei** mit Angaben über Anlass, Tag und Ergebnis der Untersuchung zu führen. Diese Angaben müssen bis zur Beendigung des Beschäftigungsverhältnisses vom Arbeitgeber aufbewahrt und anschließend dem Arbeitnehmer in Kopie ausgehändigt werden. Die zuständige Behörde für den Arbeitsschutz kann eine Kopie dieser Vorsorgekartei vom Arbeitgeber anfordern (vgl § 4 Abs. 3 ArbMedVV).

Beispiel: Ein Arbeitnehmer in einer Großbäckerei ist regelmäßig Belastungen mit Mehlstaub, die den Grenzwert der Gefahrstoffverordnung überschreiten, ausgesetzt. Hierbei handelt es sich um eine Tätigkeit mit Gefahrstoffen (vgl An-

---

70 LAG Hamm 20.1.2000 – 8 Sa 1420/99 – NZA-RR 2000, 239 f.

71 HM, vgl BAG 7.6.1973 – 5 AZR 563/72 – AP Nr. 28 zu § 615 BGB.

72 HM, vgl BAG 10.3.1976 – 5 AZR 34/75 – AP Nr. 17 zu § 618 BGB, sofern es sich um Arbeitsschutzbestimmungen handelt, die Gegenstand einer arbeitsvertraglichen Vereinbarung sein könnten. Eine individualrechtliche Wirkung scheidet daher bei Regelungen aus, die organisatorischer oder ordnungsrechtlicher Natur sind, wie zB Aufzeichnungs- oder Aushangpflichten des Arbeitgebers.

73 Die Verordnung zur arbeitsmedizinischen Vorsorge (ArbMedVV) vom 18.12.2008 ist am 24.12.2008 in Kraft getreten, BGBl. I S. 2768).

hang zur ArbMedVV Teil 1 Abs. 1 Nr. 1), so dass der Arbeitgeber die in § 4 Abs. 1 ArbMedVV vorgeschriebenen Pflichtuntersuchungen – Erst- und Nachuntersuchungen – zu veranlassen und für den betreffenden Arbeitnehmer eine Vorsorgekartei zu führen hat.

Bei einem Verstoß gegen die Pflichtuntersuchungen, kann der Arbeitnehmer die **Aufnahme der gesundheitsgefährdenden Tätigkeit verweigern**, da die gesundheitliche Unbedenklichkeit Voraussetzung der Tätigkeit ist. Der Arbeitgeber gerät hierdurch in Annahmeverzug und hat die vertragliche Vergütung zu leisten. 59

Ist dem Arbeitgeber bekannt, dass bei einem Arbeitnehmer gesundheitliche Bedenken gegen die Ausübung einer Tätigkeit bestehen, hat er zunächst unverzüglich die erforderlichen Schutzmaßnahmen zu treffen (vgl § 8 Abs. 1 Satz 1 ArbMedVV). Bleiben die gesundheitlichen Bedenken bestehen, ist der Arbeitgeber nach § 8 Abs. 1 Satz 2 ArbMedVV verpflichtet, diesem Arbeitnehmer eine andere Tätigkeit zuzuweisen, bei der die gesundheitlichen Bedenken nicht auftreten. 60

Versäumt es der Arbeitgeber vorsätzlich oder fahrlässig, die Pflichtuntersuchungen zu veranlassen oder werden sie verspätet veranlasst oder wird der Arbeitnehmer ohne die vorgeschriebene Erstuntersuchung beschäftigt oder führt der Arbeitgeber die Vorsorgekartei nicht, nicht richtig oder nicht vollständig, liegt hierin zudem eine **Ordnungswidrigkeit** (vgl § 10 Abs. 1 ArbMedVV). Verstößt der Arbeitgeber vorsätzlich gegen diese Pflichten und wird hierdurch das Leben oder die Gesundheit eines Arbeitnehmers gefährdet, kann der Arbeitgeber mit Geldstrafe oder mit einer Freiheitsstrafe bis zu einem Jahr bestraft werden (vgl §§ 10 Abs. 2 ArbMedVV, 26 ArbSchG). 61

Neben den Pflichtuntersuchungen hat der Arbeitgeber bei bestimmten gefährlichen Tätigkeiten weitere regelmäßige ärztliche Untersuchungen anzubieten (sog. **Angebotsuntersuchungen**, vgl § 5 ArbMedVV). Dies gilt gleichfalls nach der Beendigung des Arbeitsverhältnisses gegenüber dem ausgeschiedenen Arbeitnehmer (vgl § 5 Abs. 3 ArbMedVV). 62

dd) Schwerbehinderte Arbeitnehmer und Gleichgestellte

Beruht die eingeschränkte Leistungsfähigkeit des Arbeitnehmers auf einer **Behinderung**, ist der Arbeitgeber nach § 106 Satz 3 GewO verpflichtet, bei der Ausübung seines Weisungsrechtes auf Behinderungen des Arbeitnehmers Rücksicht zu nehmen. Aus der Regelung des § 81 Abs. 4 Satz 1 Nr. 1 SGB IX, wonach Schwerbehinderte einen klagbaren Anspruch auf eine ihren Fähigkeiten und Kenntnissen entsprechende Beschäftigung haben, ergibt sich für den Arbeitgeber zwar eine gesteigerte Fürsorgepflicht.[74] Allerdings führt dies im Rahmen des Annahmeverzuges bei **schwerbehinderten** bzw mit ihnen **gleichgestellten Arbeitnehmern** nicht zu einer abweichenden Beurteilung: Annahmeverzug des Arbeitgebers scheidet aus, wenn ein schwerbehinderter oder gleichgestellter Arbeitnehmer aufgrund seiner Behinderung außerstande ist, die vertraglich geschuldete Arbeitsleistung zu erbringen.[75] Der Arbeitgeber ist weder zu einer Vertragsänderung noch zum Einsatz technischer Arbeitshilfen verpflichtet. Eine einge- 63

74 BAG 13.5.1992 – 5 AZR 437/91 – EzA § 14 SchwbG 1986 Nr. 3.
75 BAG 23.1.2001 – 9 AZR 287/99 – AP Nr. 1 zu § 81 SGB IX.

schränkte Leistungsfähigkeit aufgrund einer Behinderung steht einem Annahmeverzug grundsätzlich nicht entgegen.[76]

64 **Achtung:** § 81 Abs. 4 Satz 1 Nr. 1, 4 SGB IX verpflichtet den Arbeitgeber zur **behindertengerechten Einrichtung des Arbeitsplatzes** für schwerbehinderte Arbeitnehmer. Hierbei handelt es sich um einen unmittelbar gesetzlichen Anspruch des schwerbehinderten Arbeitnehmers. Dieser Anspruch besteht aber nicht, wenn die Einrichtung eines behindertengerechten Arbeitsplatzes für den Arbeitgeber **nicht zumutbar** bzw mit **unverhältnismäßigen Aufwendungen** verbunden wäre oder staatliche bzw berufsgenossenschaftliche Arbeitsschutzvorschriften oder beamtenrechtliche Vorschriften entgegenstehen (vgl § 81 Abs. 4 Satz 3 SGB IX). Ein Verstoß gegen die Pflicht zur Einrichtung eines behindertengerechten Arbeitsplatzes führt zwar nicht zum Annahmeverzug des Arbeitgebers, wenn die Einrichtung eines behindertengerechten Arbeitsplatzes zu einer Vertragsänderung führen würde (vgl Rn 37, 42). Kommt der Arbeitgeber seiner Verpflichtung aus § 81 Abs. 4 Satz 1 Nr. 1, 4 SGB IX aber schuldhaft nicht nach, kann dies einen **Schadensersatzanspruch des Arbeitnehmers** aus §§ 280 Abs. 1, 823 Abs. 2 BGB iVm § 81 Abs. 4 Satz 1 Nr. 1, 4 SGB IX begründen. Der Arbeitgeber wäre dann unter Schadensersatzgesichtspunkten zur Zahlung der Vergütung verpflichtet, wenn sämtliche Anspruchsvoraussetzungen, wie insbesondere Verschulden des Arbeitgebers, vorliegen.[77]

65 Eine dringende ärztliche Empfehlung zum Arbeitsplatzwechsel aus gesundheitlichen Gründen berechtigt den Arbeitgeber regelmäßig, dem Arbeitnehmer einen anderen Arbeitsbereich zuzuweisen. Der Arbeitgeber ist jedoch nicht berechtigt, die Arbeitsleistung des arbeitswilligen Arbeitnehmers abzulehnen und die Zahlung des Arbeitsentgeltes einzustellen, wenn der Arbeitnehmer eine ärztliche Empfehlung zum Wechsel des Arbeitsplatzes vorlegt.[78]

ee) Teilannahmeverzug

66 Führen gesundheitliche Beeinträchtigungen dazu, dass der Arbeitnehmer seiner vertraglich geschuldeten Arbeitsleistung in einem **zeitlich geringeren Umfang** nachgehen kann, kommt ein **Teilannahmeverzug des Arbeitgebers** in Betracht, wenn der Arbeitnehmer seine Arbeitszeit berechtigterweise verringern könnte (zB nach § 8 TzBfG oder nach § 81 Abs. 5 Satz 3 SGB IX für Schwerbehinderte).[79]

67 Allerdings kann der Arbeitgeber nur dann in Annahmeverzug geraten, wenn es ihm möglich und zumutbar ist, dem Arbeitnehmer im Rahmen des Direktionsrechtes und in Ausübung des billigen Ermessens Arbeiten zuzuweisen.[80] Dies bedeutet, dass die dem Arbeitgeber nach § 296 Satz 1 BGB obliegende Mitwirkungshandlung den Arbeitgeber gerade nicht verpflichtet, eine Vertragsänderung (außerhalb des einseitigen arbeitgeberseitigen Direktionsrechtes) herbeizu-

76 BAG 4.10.2005 – 9 AZR 632/04 – AP Nr. 115 zu § 615 BGB.
77 BAG 4.10.2005 – 9 AZR 632/04 – AP Nr. 115 zu § 615 BGB.
78 BAG 17.2.1998 – 9 AZR 130/97 – AP Nr. 75 zu § 615 BGB, BAG 291.1997 – 2 AZR 9/96 – AP Nr. 32 zu § 1 KSchG Krankheit.
79 HWK/Krause § 615 BGB Rn 52; LAG Berlin 1.3.2002 – 2 Sa 2316/01 – LAGE BGB § 615 Nr. 64.
80 BAG 24.9.2003 – 5 AZR 282/02 – AP Nr. 3 zu § 151 BGB, LAG Rheinland-Pfalz 6.3.2009 – 9 Sa 704/08.

führen, um den in seiner Leistungsfähigkeit eingeschränkten Arbeitnehmer eine Beschäftigung zu ermöglichen[81] (Einzelheiten dazu vgl Rn 42).

b) Besonderheiten im gekündigten Arbeitsverhältnis

aa) Keine Pflicht zur Anzeige der Genesung

Die Frage, ob ein zunächst arbeitsunfähiger Arbeitnehmer dem Arbeitgeber seine wiederhergestellte Leistungsfähigkeit anzeigen muss, um ihn in Annahmeverzug zu versetzen, unterliegt der dynamischen Entwicklung der Rechtsprechung des BAG. **68**

Zunächst ging das BAG davon aus, ein zum Zeitpunkt des Arbeitsangebotes arbeitsunfähig erkrankter Arbeitnehmer habe dem Arbeitgeber seine Genesung anzuzeigen und seine Dienste anzubieten.[82] Sodann hat das BAG für den Fall, dass der Arbeitnehmer zum Kündigungszeitpunkt befristet arbeitsunfähig krank war, auf die Anzeige der wiederhergestellten Arbeitsfähigkeit verzichtet und den Arbeitgeber zumindest dann in Annahmeverzug geraten lassen, wenn der Arbeitnehmer seine weitere Arbeitsbereitschaft durch Erhebung einer Kündigungsschutzklage oder auf sonstige Weise deutlich gemacht hat.[83] **69**

Diese Rechtsprechung ist auf die mehrfach befristete[84] und auf die unbefristete Arbeitsunfähigkeit[85] ausgedehnt worden. In der Grundsatzentscheidung vom 9.8.1984[86] entschied das BAG, der Arbeitgeber gerate in Annahmeverzug, wenn er dem Arbeitnehmer unberechtigterweise fristlos kündigt, ohne dass es eines wörtlichen Angebotes des Arbeitnehmers bedarf, weil es eben Sache des Arbeitgebers sei, durch Zuweisung von Arbeit sowie der Annahme der geschuldeten Arbeitsleistung durch den Arbeitnehmer beizutragen. In einer weiteren Grundsatzentscheidung vom 24.11.1994[87] war der Senat der Auffassung, die Verzugsfolgen träten unabhängig von der Anzeige der Arbeitsunfähigkeit ein, wenn der Arbeitnehmer durch Erhebung einer Kündigungsschutzklage oder sonstigen Widerspruch gegen die Kündigung seine weitere Leistungsbereitschaft deutlich gemacht habe. Auch in dem Fall der lang währenden Arbeitsunfähigkeit solle dies gelten. Das Gesetz gehe in § 296 BGB davon aus, der Gläubiger müsse von sich aus durch Zuweisung von Arbeit mitwirken. Das finde seine gesetzgeberische Grundlage darin, dass der Gläubiger den entscheidenden und auslösenden Anteil an der unterbrochenen Leistung des Schuldners habe.[88] Der Arbeitgeber erscheine in einem solchen Fall nicht schutzwürdig, nachdem er deutlich erklärt habe, der Arbeitnehmer möge sich in eigenem Interesse um eine anderweitige Arbeit bemühen. Der Arbeitgeber habe mit dem Ausspruch der Kündigung zunächst deutlich gemacht, seiner Mitwirkungspflicht nicht nachkommen zu wollen. Er hätte zumindest nach Zugang der Kündigungsschutzklage den Arbeitnehmer **70**

---

81 BAG 4.10.2005 – 9 AZR 632/04 – AP Nr. 115 zu § 615 BGB, LAG Rheinland-Pfalz 6.3.2009 – 9 Sa 704/08.
82 BAG 26.8.1971 – 2 AZR 301/70 – AP Nr. 26 zu § 615 BGB; BAG 27.1.1975 – 5 AZR 404/74 – AP Nr. 31 zu § 615 BGB.
83 BAG 19.4.1990 – 2 AZR 591/89 – AP Nr. 45 zu § 615 BGB.
84 BAG 24.10.1991 – 2 AZR 112/91 – AP Nr. 50 zu § 615 BGB.
85 BAG 24.11.1994 – 2 AZR 179/94 – AP Nr. 60 zu § 615 BGB.
86 BAG 9.8.1984 – 2 AZR 374/83 – AP Nr. 34 zu § 615 BGB.
87 BAG 24.11.1994 – 2 AZR 179/94 – AP Nr. 60 zu § 615 BGB; so auch LAG Mecklenburg-Vorpommern 12.5.2005 – 2 Sa 6/05.
88 So auch BAG 19.4.1991 – 2 AZR 591/89 – AP Nr. 45 zu § 615 BGB.

darauf hinweisen müssen, er lege trotz der Kündigung auch nach dem Kündigungstermin auf seine Arbeitskraft wert; der Arbeitnehmer möge seine Arbeitsfähigkeit anzeigen, damit er – ggf unter Vorbehalt der Entscheidung über die Wirksamkeit der Kündigung – eingesetzt werden könne.

Die Grundüberlegung des Senats, die gesonderte Anzeige der Arbeitsfähigkeit in dem auf Dauer angelegten Arbeitsverhältnis nicht mehr zu verlangen, beruht zusammengefasst darauf, es sei nicht einsehbar, warum der Arbeitgeber, der unwirksam kündigt und deshalb für den Normalfall eines Arbeitsverhältnisses als Konsequenz die Vergütungsnachzahlung schuldet (§ 615 BGB), daraus einen Vorteil ziehen soll, dass der Arbeitnehmer zufällig zur Zeit der Kündigung arbeitsunfähig war. Wenn der Arbeitgeber mit der Kündigung deutlich gemacht hat, seiner Mitwirkungsverpflichtung im Sinne einer (Wieder-)Eröffnung der Arbeitsmöglichkeit, der fortlaufenden Planung und Konkretisierung des Arbeitseinsatzes und Ausübung des Direktionsrechtes nicht nachkommen zu wollen, so ist aufgrund dieser Zäsur der Arbeitnehmer jedenfalls so lange von den ihm sonst obliegenden Anzeige- und Nachweispflichten (§ 5 EFZG) befreit, als der Arbeitgeber nicht von sich aus die Kündigung "zurücknimmt" oder wenigstens eine Arbeitsmöglichkeit – ggf unter Vorbehalt – eröffnet. Dies gilt vor allem in den Fällen des Antrages auf Klageabweisung im Hinblick auf eine Kündigungsschutzklage, da hierdurch nach außen dokumentiert wird, dass nicht die Bereitschaft besteht, das Arbeitsverhältnis fortzusetzen bzw Arbeit zuzuweisen und das Direktionsrecht auszuüben. Nimmt der Arbeitgeber das Direktionsrecht nicht wahr, so sind die Arbeitnehmerpflichten vorübergehend suspendiert. Dies gilt jedenfalls solange, als nicht der Arbeitgeber den Arbeitnehmer zur (Wieder-)Aufnahme der Arbeit auffordert. Bei der Anwendung des § 296 BGB ist einzig auf die Leistungsfähigkeit und nicht auf eine Anzeige abzustellen. Der Arbeitgeber muss nach einer (unwirksamen) Kündigung den Arbeitnehmer von sich aus zur Wiederaufnahme der Arbeit auffordern, wenn er nicht in Annahmeverzug geraten möchte.

Hinweis: Will der Arbeitgeber Unsicherheiten über den Zeitpunkt der Genesung und damit des möglichen Beginns des Annahmeverzugs vermeiden, sollte er den Arbeitnehmer schriftlich auffordern, ihm die Wiederherstellung seiner Leistungsfähigkeit unverzüglich anzuzeigen.[89]

71 Im **ungekündigten Arbeitsverhältnis** muss der Arbeitnehmer hingegen seine Arbeitsleistung grundsätzlich tatsächlich anbieten und dazu nach seiner Genesung rechtzeitig an seinem Arbeitsplatz erscheinen (vgl Rn 19).

bb) Vergütung im Rahmen einer Kündigungsschutzklage

72 Einigen sich Arbeitnehmer und Arbeitgeber in einem Kündigungsschutzverfahren auf eine Beendigung des Arbeitsverhältnisses und enthält dieser Vergleich die weitere Regelung, wonach das Arbeitsverhältnis bis zum Beendigungszeitpunkt ordnungsgemäß abgerechnet und der Arbeitnehmer unwiderruflich unter Fortzahlung der Vergütung freigestellt wird, ergibt sich aus dieser Vereinbarung **kein eigenständiger Vergütungsanspruch** des in dieser Zeit arbeitsunfähig erkrankten Arbeitnehmers.[90]

89 HWK/Krause § 615 BGB Rn 59.
90 BAG v. 23.1.2008 – 5 AZR 393/07 – EzA § 615 BGB 2002 Nr. 22.

Beispiel: Der Arbeitgeber kündigte am 23.10.2003 das Arbeitsverhältnis zum 31.3.2004. Die Arbeitnehmerin war seit dem 8.10.2003 arbeitsunfähig erkrankt. Vor dem Arbeitsgericht schlossen die Parteien einen Vergleich, wonach das Arbeitsverhältnis aus betriebsbedingten Gründen zum 31.3.2004 endet. Bis zu diesem Zeitpunkt werde das Arbeitsverhältnis ordnungsgemäß abgerechnet. Zudem wurde die Klägerin ab 15.12.2003 unwiderruflich freigestellt. Die Arbeitnehmerin legte im Januar 2004 eine ärztliche Bescheinigung vor, wonach sie seit dem 15.12.2003 wieder arbeitsfähig gewesen sei. Der Arbeitgeber zahlte für den Zeitraum 15.12.2003 bis 31.12.2003 keine und für Januar 2004 lediglich eine anteilige Vergütung. Die Arbeitnehmerin klagte nun diese Vergütungen ein und war der Ansicht, bereits aufgrund des Vergleichs sei der Arbeitgeber – unabhängig von ihrer Arbeitsfähigkeit – zur Zahlung verpflichtet. Nachdem Arbeitsgericht und Landesarbeitsgericht der Ansicht der Arbeitnehmerin folgten, war der Arbeitgeber vor dem BAG erfolgreich: Nach Auffassung des BAG habe der Vergleich lediglich die Arbeitspflicht der Arbeitnehmerin aufgehoben; einen eigenständigen Vergütungsanspruch unabhängig von der Arbeitsfähigkeit haben die Parteien mit ihrer – insoweit typischen – Vergleichsvereinbarung nicht geschaffen. Dies hätte einer besonderen Regelung bedurft. Die im Vergleich ausgesprochene Pflicht zur ordnungsgemäßen Abrechnung des Arbeitsverhältnisses bis zur Beendigung weise lediglich auf die bestehende Rechtslage hin. Auch bei einer unwiderruflichen Freistellung müsse der Arbeitnehmer für den Vergütungsanspruch zur Erbringung der geschuldeten Arbeitsleistung fähig sein. Ob dies bei der Arbeitnehmerin der Fall war, hatte das LAG nicht geklärt, so dass der Rechtsstreit vom BAG an das LAG zurückverwiesen wurde.[91]

Hinweis: Um spätere Auseinandersetzungen über die Auslegung eines Vergleichstextes zu vermeiden, sollte in typischen Beendigungsstreitigkeiten allgemein gebräuchliche Formulierungen verwendet werden, wie zB: 73

▶ 1. Die Parteien sind sich darüber einig, dass das zwischen ihnen bestehende Arbeitsverhältnis aufgrund ordentlicher betriebsbedingter Kündigung zum ... sein Ende finden wird. Bis zu diesem Zeitpunkt wird das Arbeitsverhältnis ordnungsgemäß abgerechnet. Der Kläger wird ab ... unwiderruflich unter Fortzahlung seiner Vergütung und unter Anrechnung auf eventuell bestehende Urlaubs- und Freistellungsansprüche von der Erbringung seiner Arbeitsleistung freigestellt.

2. ... ◀

IV. Nichtannahme der Arbeitsleistung durch den Arbeitgeber

Der Arbeitgeber gerät schließlich in Annahmeverzug, wenn er die Arbeitsleistung des Arbeitnehmers nicht annimmt. Nichtannahme ist jedes Verhalten, das den Erfüllungseintritt verhindert.[92] Annahme liegt korrespondierend dazu nur vor, wenn der Arbeitgeber die Leistung als Erfüllung aus dem bestehenden Arbeitsverhältnis annimmt.[93] Dies führt dazu, dass der Arbeitgeber nach einer Kündigung, deren Wirksamkeit streitig ist, nur bei **gleichzeitiger Rücknahme der Kündigung** die Arbeitsleistung wirksam annehmen kann. Es genügt nicht, dass der 74

91 Nach BAG 23.1.2008 – 5 AZR 393/07 – EzA § 615 BGB 2002 Nr. 22.
92 ErfK/Preis § 615 BGB Rn 55.
93 BAG 14.11.1985 – 2 AZR 98/84 – AP Nr. 39 zu § 615 BGB; BAG 22.2.2000 – 9 AZR 194/99 – AP Nr. 2 zu § 11 KSchG 1969.

Arbeitgeber lediglich faktisch bereit ist, die Arbeitsleistung entgegenzunehmen. Beharrt er auf die Wirksamkeit der ausgesprochenen Kündigung, so bringt er zum Ausdruck, dass er die Leistung nicht als Erfüllung des mit dem Arbeitnehmer geschlossenen Arbeitsvertrages annehme. Dies ist selbst dann der Fall, wenn seine Erklärung ein Angebot an den Arbeitnehmer enthält, den bisherigen Vertrag auflösend bedingt bis zum rechtskräftigen Abschluss des Kündigungsrechtsstreits fortzusetzen. Auch in diesem Fall soll die Arbeitsleistung nicht als Erfüllung des bisherigen, sondern eines geänderten Vertrages angenommen werden. Der Arbeitnehmer würde faktisch einem Vertragszwang unterworfen, weil er sich auf eine Vertragsänderung einlassen müsste, um nicht seinen Vergütungsanspruch zu verlieren, selbst wenn er seinen Kündigungsschutzprozess gewinnt und somit feststünde, dass sein bisheriges Arbeitsverhältnis unverändert fortbesteht. Im verstärkten Maße gilt dies, wenn der Arbeitgeber dem Arbeitnehmer den Abschluss eines neuen, für die Dauer des Kündigungsrechtsstreites befristeten Arbeitsvertrages zu den bisherigen Bedingungen anbietet (ebenso bei einem Angebot des Arbeitgebers auf Abschluss eines dem § 102 Abs. 5 BetrVG entsprechenden befristeten Arbeitsvertrages) oder ihn lediglich zur faktischen Fortsetzung des Arbeitsverhältnisses zu den bisherigen Bedingungen für die Dauer des Kündigungsrechtsstreites auffordert.[94]

75 Unerheblich ist, ob den Arbeitgeber hinsichtlich der Nichtannahme der Arbeitsleistung ein Verschulden trifft. Ein Irrtum des Arbeitgebers über die tatsächliche oder rechtliche Lage ist unbedeutend.[95] Das tatsächliche Angebot der Arbeitsleistung führt auch dann zum Annahmeverzug des Arbeitgebers, wenn der objektiv arbeitsfähige Arbeitnehmer selbst Zweifel an der eigenen Arbeitsfähigkeit hat, sich aber gleichwohl zum Arbeitsangebot entschließt.[96]

D. Rechtsfolgen des Annahmeverzugs

76 Der Arbeitnehmer hat gemäß § 615 Satz 1 BGB während des Annahmeverzuges des Arbeitgebers Anspruch auf die Vergütung, ohne dass er verpflichtet ist, die ausgefallene Arbeitsleistung nachzuholen. Insoweit handelt es sich um den ursprünglichen Erfüllungsanspruch.[97] § 254 BGB findet keine Anwendung, da der Anspruch nicht auf Schadenersatz gerichtet ist. Aus dem Charakter als Erfüllungsanspruch folgt zudem, dass der Annahmeverzugslohn den steuer- und sozialversicherungsrechtlichen Abzügen unterliegt.[98] Gleichlautendes gilt für die Pfändungsschutzvorschriften der §§ 850 ff ZPO sowie die daraus folgende Einschränkung im Rahmen der Aufrechnung (§ 394 BGB) und der Abtretung (§ 400 BGB).[99]

77 Die Höhe des Vergütungsanspruches richtet sich nach dem Lohnausfallprinzip.[100] Die Rechtsfolgen des Annahmeverzuges sind mit der Entgeltfortzahlung im Krankheitsfalle vergleichbar.[101] Der Arbeitnehmer ist grundsätzlich so zu

94 BAG 14.11.1985 – 2 AZR 98/84 – AP Nr. 39 zu § 615 BGB.
95 BAG 10.5.1973 – 5 AZR 493/72 – AP Nr. 27 zu § 615 BGB.
96 BAG 10.5.1973 – 5 AZR 493/72 – AP Nr. 27 zu § 615 BGB.
97 BAG 5.9.2002 – 8 AZR 702/01 – AP Nr. 1 zu § 280 BGB nF.
98 BAG 29.10.2000 – 8 AZR 20/00 – AP Nr. 1 zu § 611 BGB Haftung des Arbeitgebers.
99 ErfK/Preis § 615 BGB Rn 75.
100 HWK/Krause § 615 BGB Rn 79.
101 BAG 23.6.1994 – 6 AZR 853/93 – AP Nr. 56 zu § 615 BGB.

stellen, als ob er während des Annahmeverzuges weitergearbeitet hätte.[102] Zum Verzugslohn zählen sämtliche Leistungen mit Entgeltcharakter. Unter § 615 BGB fallen daher Leistungszulagen, Zeitzuschläge, Sozialzulagen, Gratifikationen, Tantiemen uÄ.[103]

Zum Annahmeverzugslohn gehören dagegen nicht die Zahlungen, deren Zweck allein darin besteht, Aufwendungen des Arbeitnehmers abzugelten, solche Aufwendungen sofern infolge der unterbliebenen Arbeit nicht entstanden sind.[104]

Der aus dem Annahmeverzug begründete Entgeltanspruch wird zu demselben Zeitpunkt fällig, wie er bei der Leistung fällig geworden wäre.[105] **78**

Nach § 615 Satz 2 BGB muss sich der Arbeitnehmer den Wert desjenigen anrechnen lassen, was er infolge des Unterbleibens der Dienstleistung erspart hat. Erforderlich ist ein Kausalzusammenhang zwischen Ersparnis und dem Ausbleiben der Dienstleistung. **79**

Anzurechnen ist nicht, was der Arbeitnehmer überhaupt durch seine Arbeitskraft erwirbt, sondern nur der Erwerb, der ihm durch das Unterbleiben der Arbeitsleistung ermöglicht wird.[106] Nebenverdienste, die er auch bei Leistung der Arbeit hätte erzielen können, kommen also nicht in Betracht. Der anderweitige Erwerb muss kausal durch das Freiwerden der Arbeitskraft ermöglicht worden sein und darauf beruhen.[107] Neben dem Erwerb durch Arbeitsleistung in einem Arbeitsverhältnis kommt ein Erwerb zur Anrechnung, den der Arbeitnehmer durch Verwendung seiner Arbeitskraft auf eigene Rechnung, namentlich durch Ausübung eines Gewerbes oder sonstiger selbstständiger Tätigkeit erzielt. Der anderweitig erzielte Verdienst des Arbeitnehmers ist auf die Vergütung für die gesamte Dauer des Annahmeverzuges anzurechnen und nicht nur auf die Vergütung für den Zeitabschnitt, in dem der anderweitige Erwerb erfolgt ist (pro rata temporis). Für die deshalb erforderliche Vergleichsberechnung ist eine Gesamtberechnung durchzuführen und so die Vergütung für die infolge des Verzuges nicht geleisteten Dienste zu ermitteln. Dieser Gesamtvergütung ist gegenüberzustellen, was der Arbeitnehmer in der betreffenden Zeit anderweitig erwirbt.[108] In der Vergleichsberechnung sind zugunsten des Arbeitnehmers alle Ansprüche einzustellen, die er gegen den Arbeitgeber erworben hat. **80**

Der Arbeitnehmer muss sich weiterhin anrechnen lassen, was er zwar nicht verdient hat, aber hätte verdienen können, wenn er es nicht böswillig unterlassen hätte, eine ihm zumutbare Arbeit anzunehmen. Für die Anrechnungspflicht des § 615 Satz 2 BGB gilt die allgemeine Regel des § 242 BGB, so dass für die Anrechnung nur solche Arbeit in Frage kommt, deren Leistung nach Treu und **81**

---

102 BAG 7.11.2002 – 2 AZR 742/00 – AP Nr. 100 zu § 615 BGB.
103 BAG 18.9.2002 – 1 AZR 668/01 – AP Nr. 99 zu § 615 BGB Spät- und Nachtzuschläge; BAG 21.11.2000 – 9 AZR 665/99 – AP Nr. 35 zu § 242 BGB Auskunftspflicht; BAG 19.5.1983 – 2 AZR 171/81 – AP Nr. 25 zu § 123 BGB Tantieme; BAG 18.1.1963 – 5 AZR 200/62 – AP Nr. 22 zu § 615 BGB Weihnachtsgratifikation.
104 LAG Hamm 11.5.1989 – 17 Sa 1879/88, LAGE § 611 BGB Nr. 26 Beschäftigungspflicht.
105 BAG 13.2.2003 – 8 AZR 236/02 – AP Nr. 244 zu § 613 a BGB.
106 BAG 1.3.1958 – 2 AZR 533/55 – AP Nr. 1 zu § 9 KSchG.
107 BAG 6.9.1990 – 2 AZR 165/90 – AP Nr. 47 zu § 615 BGB.
108 BAG 6.9.1990 – 2 AZR 165/90 – AP Nr. 47 zu § 615 BGB.

Glauben vom Arbeitnehmer erwartet werden kann.[109] Böswillig handelt der Arbeitnehmer, dem ein Vorwurf daraus gemacht werden kann, dass er während des Annahmeverzuges trotz Kenntnis aller objektiven Umstände, wie Arbeitsmöglichkeit, Zumutbarkeit der Arbeit und Nachteilsfolgen für den Arbeitgeber vorsätzlich untätig bleibt oder die Aufnahme der Arbeit bewusst verhindert.[110] Bloße Fahrlässigkeit des Arbeitnehmers genügt nicht. Dagegen ist nicht erforderlich, dass der Arbeitnehmer die ihm angebotene Arbeit geradezu in der Absicht, den Arbeitgeber zu schädigen, ablehnt.[111] Es genügt, wenn der Arbeitnehmer in dem Bewusstsein handelt, durch die Ablehnung einer zumutbaren Arbeit den Arbeitgeber zu schädigen. Das BAG lässt im Einzelfall das Untätigbleiben des Arbeitnehmers bei Kenntnis der Arbeitsmöglichkeit genügen.[112] Umgekehrt begründet die Ablehnung eines Arbeitsplatzes keine Anrechnungspflicht, wenn der Arbeitnehmer für die Ablehnung einen genügenden Grund hatte.[113] Eine Anrechnung kommt auch in Betracht, wenn die Beschäftigungsmöglichkeit bei dem Arbeitgeber besteht, der sich mit der Annahme der Dienste des Arbeitnehmers in Verzug befindet.[114]

82 Letztlich hat sich der Arbeitnehmer dasjenige anrechnen zu lassen, was ihm an öffentlich-rechtlichen Leistungen infolge seiner Arbeitslosigkeit aus der Sozialversicherung für die Zwischenzeit gezahlt worden ist.[115]

E. Darlegungs- und Beweislast

83 Verweigert der Arbeitgeber die Zahlung der Annahmeverzugsvergütung mit der Begründung, der Arbeitnehmer sei nicht imstande gewesen, die geschuldete Arbeitsleistung zu erbringen, muss er die fehlende Leistungsfähigkeit des Arbeitnehmers beweisen.[116] Dazu gehört, dass der Arbeitgeber darlegt, welche Arbeiten dem Arbeitnehmer ohne Vertragsänderung hätten zugewiesen werden können und dass der Arbeitnehmer diese aufgrund seiner gesundheitlichen Einschränkungen nicht ausüben konnte. Der Arbeitgeber darf hier nicht lediglich pauschal vortragen, es gäbe keine für den Arbeitnehmer geeigneten Arbeitsplätze.[117] Vielmehr muss der Arbeitgeber konkrete Arbeitsplätze benennen und das jeweilige Aufgabenspektrum beschreiben. Sodann hat er darzulegen, dass der Arbeitnehmer diese Aufgaben aufgrund seiner eingeschränkten Leistungsfähigkeit nicht wahrnehmen kann.

84 Allerdings können an den Vortrag des Arbeitgebers zur Leistungsfähigkeit des Arbeitnehmers keine hohen Anforderungen gestellt werden, da der Arbeitgeber in aller Regel keine Informationen über den Gesundheitszustand des Arbeitnehmers hat. Ausreichend ist daher, wenn der Arbeitgeber zunächst **Indizien** vor-

---

109 BAG 18.6.1965 – 5 AZR 351/64 – AP Nr. 2 zu § 615 BGB Böswilligkeit; nach Auffassung des LAG Nürnberg (Vorlagebeschluss 9.3.2010 – 7 Sa 430/09) soll § 615 Satz 2 BGB wegen Verstoßes gegen Art. 3 Abs. 1 GG verfassungswidrig sein.
110 BAG 19.3.1998 – 8 AZR 139/97 – AP Nr. 177 zu § 613 a BGB; BAG 22.2.2000 – 9 AZR 194/99 – AP Nr. 2 zu § 11 KSchG 1969.
111 BAG 16.5.2000 – 9 AZR 203/99 – AP Nr. 7 zu § 615 BGB Böswilligkeit.
112 BAG 18.10.1958 – 2 AZR 291/58 – AP Nr. 1 zu § 615 BGB Böswilligkeit.
113 BAG 18.6.1965 – 5 AZR 351/64 – AP Nr. 2 zu § 615 BGB Böswilligkeit.
114 BAG 22.2.2000 – 9 AZR 194/99 – AP Nr. 2 zu § 11 KSchG 1969.
115 ErfK/Preis § 615 BGB Rn 94.
116 BAG 5.11.2003 – 5 AZR 562/02 – AP Nr. 106 zu § 615 BGB.
117 BAG 5.11.2003 – 5 AZR 562/02 – AP Nr. 106 zu § 615 BGB; LAG Nürnberg 19.11.2008 – 3 Sa 285/08.

trägt, die auf eine Arbeitsunfähigkeit schließen, wie zB die Krankheitszeiten des Arbeitnehmers vor und nach dem Verzugszeitraum. Es ist anschließend Sache des Arbeitnehmers, diese Indizwirkung zu erschüttern. Hierzu kann er beispielsweise vortragen, dass seine Krankheit inzwischen ausgeheilt ist oder er entbindet die ihn behandelnden Ärzte von der Schweigepflicht. Dann wiederum hat der Arbeitgeber Tatsachen darzulegen und zu beweisen, aus denen sich doch eine Leistungsunfähigkeit des Arbeitnehmers ergibt (zB durch ein Sachverständigengutachten).[118]

Die Verteilung der Darlegungs- und Beweislast kann sich jedoch ändern, wenn der betroffene Arbeitnehmer Schwerbehinderter ist: Kommt der Arbeitgeber seiner Erörterungspflicht aus § 84 Abs. 1 SGB IX nicht nach, trifft ihn die sekundäre Darlegungslast dafür, dass ihm auch unter Berücksichtigung der besonderen Arbeitgeberpflicht nach § 81 Abs. 4 SGB IX eine zumutbare Beschäftigung des schwerbehinderten Arbeitnehmers nicht möglich war.[119] Grund hierfür ist, dass dem schwerbehinderten Arbeitnehmer häufig die Informationen und Kenntnisse fehlen, wie eine behinderungsgerechte Beschäftigungsmöglichkeit für ihn geschaffen werden kann. Aufgrund seiner gesteigerten Fürsorgepflicht gegenüber schwerbehinderten Arbeitnehmern (vgl § 81 SGB IX) muss der Arbeitgeber daher beim Eintreten von personen-, verhaltens- oder betriebsbedingten Schwierigkeiten im Arbeitsverhältnis eine aktive Rolle übernehmen, um gemeinsam mit dem Integrationsamt und der Schwerbehindertenvertretung frühzeitig nach Lösungen für die Weiterbeschäftigung des schwerbehinderten Arbeitnehmers zu suchen.[120] 85

F. Abdingbarkeit

Die Regelung des § 615 BGB ist grundsätzlich dispositiv.[121] Dies ergibt sich im Umkehrschluss aus § 619 BGB, der lediglich die §§ 617, 618 BGB für unabdingbar erklärt.[122] Der Ausschluss der Vergütung setzt zunächst eine klar und eindeutig formulierte Regelung voraus. Eine Klausel mit dem Inhalt, nur geleistete Arbeit zu entlohnen, genügt diesen Anforderungen nicht. Mit ihr wird lediglich der Entgeltanspruch gemäß § 616 BGB ausgeschlossen.[123] Des Weiteren ergibt sich eine Schranke aus dem kündigungsrechtlichen Beendigungsschutz. So ist eine Klausel nichtig, die den Annahmeverzug auch bei einer unwirksamen Kündigung ausschließt.[124] Die Dispositivität des § 615 BGB kommt ebenfalls an ihre Grenzen, wenn der Arbeitgeber das ihn grundsätzlich treffende Arbeitsentgeltrisiko generell auf den Arbeitnehmer verlagern will.[125] 86

118 BAG 5.11.2003 – 5 AZR 562/02 – AP Nr. 106 zu § 615 BGB; LAG Düsseldorf 23.3.2007 – 9 Sa 292/07 – NZA-RR 2007, 457.
119 BAG 4.10.2005 – 9 AZR 632/04 – AP Nr. 115 zu § 615 BGB.
120 BAG 4.10.2005 – 9 AZR 632/04 – AP Nr. 115 zu § 615 BGB.
121 BAG 10.1.2007 – 5 AZR 84/06 – AP Nr. 6 zu § 611 BGB Ruhen des Arbeitsverhältnisses.
122 BAG 5.9.2002 – 8 AZR 702/01 – AP Nr. 1 zu § 280 BGB nF; BAG 6.2.1964 – 5 AZR 93/63 – AP Nr. 24 zu § 615 BGB; BAG 8.12.1982 – 4 AZR 134/80 – AP Nr. 58 zu § 616 BGB.
123 BAG 9.3.1983 – 4 AZR 301/80 – AP Nr. 31 zu § 615 BGB Betriebsrisiko.
124 ErfK/Preis § 615 BGB Rn 8.
125 ErfK/Preis § 615 BGB Rn 8.

§ 616 Vorübergehende Verhinderung

[1]Der zur Dienstleistung Verpflichtete wird des Anspruchs auf die Vergütung nicht dadurch verlustig, dass er für eine verhältnismäßig nicht erhebliche Zeit durch einen in seiner Person liegenden Grund ohne sein Verschulden an der Dienstleistung verhindert wird. [2]Er muss sich jedoch den Betrag anrechnen lassen, welcher ihm für die Zeit der Verhinderung aus einer auf Grund gesetzlicher Verpflichtung bestehenden Kranken- oder Unfallversicherung zukommt.

Schrifttum: *Zwanziger*, Rechtliche Rahmenbedingungen für Ein-Euro-Jobs, AuR 2005, 8 ff; *Richardi*, Leistungsstörungen und Haftung im Arbeitsverhältnis nach dem Schuldrechtsmodernisierungsgesetz, NZA 2002, 1004 ff; *Joussen*, Streitfragen aus dem Pflegezeitgesetz, NZA 2009, 69 ff; *Linck*, Offene Fragen des Pflegezeitgesetzes, BB 2008, 2738 ff; *Preis/Nehring*, Das Pflegezeitgesetz, NZA 2008, 729 ff.

I. Allgemeines ... 1
1. Gesetzeszweck und -systematik ... 1
2. Verhältnis zu anderen Entgeltfortzahlungsvorschriften ... 5

II. Voraussetzungen des Anspruchs ... 10
1. Bestehendes Dienstverhältnis ... 10
2. Verhinderung ... 13
   a) Allgemeine Grundsätze ... 13
   b) Zeitpunkt der Dienstverhinderung ... 17
   c) Flexible Dienstzeiten ... 20
   d) Dienstzeiterhöhungen und -verminderungen ... 22
   e) Teilweise Dienstverhinderung ... 23
3. Aus persönlichen Gründen ... 24
   a) Zum Begriff des persönlichen Grundes ... 24
   b) Objektive Leistungshindernisse ... 27
   c) Umstände der privaten Lebensführung ... 30
4. Für eine nicht erhebliche Zeit ... 31
   a) Bedeutung der zeitlichen Begrenzung ... 31
   b) Beurteilungsmaßstab ... 32
   c) Beurteilungsergebnis ... 37
   d) Mehrere Verhinderungsfälle ... 38
5. Kausalität ... 40
   a) Grundsatz der Monokausalität ... 40
   b) Mehrere Ursachen ... 44
6. Ohne Verschulden ... 49

III. Fallgruppen ... 54
1. Krankheit oder Arztbesuch des Dienstverpflichteten ... 55
   a) Krankheitsbedingte Dienstunfähigkeit ... 55
   b) Arztbesuch ohne Dienstunfähigkeit des Dienstverpflichteten ... 59
   c) Irrtum des Dienstverpflichteten über seine Dienstfähigkeit ... 63
2. Pflege und Betreuung von Angehörigen ... 64
   a) Pflege von Angehörigen (bisherige Rechtslage) ... 64
   b) Pflege von Angehörigen nach dem PflegeZG ... 68
   c) Pflege und Betreuung von Kindern ... 72
3. Familienereignisse ... 78
4. Ehrenamtliche Pflichten und öffentliche Ämter ... 82
5. Wahrnehmung öffentlicher Pflichten, Regelung persönlicher Angelegenheiten und Ähnliches ... 87
6. Religiöse oder weltanschauliche Pflichten ... 94
7. Arbeits- und Beschäftigungsverbote ... 98
8. Sonstiges ... 100

IV. Anzeige- und Nachweisverpflichtung ... 102

V. Anspruchsinhalt ... 107
1. Höhe der fortzuzahlenden Vergütung ... 107

2. Anrechnungsbefugnis gem. § 616 Satz 2 BGB 108
3. Anrechnung anderer Ansprüche 110
VI. **Abdingbarkeit** 112
1. Modifizierung durch Tarifvertrag 113
2. Modifizierung durch Individualvereinbarung 115
VII. **Verjährung und Ausschlussfristen** 120

I. Allgemeines

1. Gesetzeszweck und -systematik

§ 616 BGB erhält den Vergütungsanspruch des Dienstverpflichteten für die in 1
der Vorschrift genannten Fälle der Leistungsverhinderung aufrecht. Nach der Vorstellung des historischen Gesetzgebers wird damit die **Fürsorgepflicht** des Dienstberechtigten konkretisiert, die indes eine Besonderheit des Arbeitsrechts darstellt und nicht auf alle Dienstverhältnisse übertragen werden kann. Richtigerweise wird man die Norm daher zumindest auch auf den Rechtsgrundsatz **„minima non curat praetor"** stützen müssen.[1]

Die dem Anspruch gedanklich vorausgehende Befreiung des Dienstverpflichteten 2
von der Verpflichtung zur Leistung richtet sich nach den allgemeinen Vorschriften, insbesondere nach § 275 Abs. 1 und 3 BGB, und ergänzenden spezialgesetzlichen Regelungen.[2] Dabei müssen sich die Voraussetzungen der Befreiung von der Leistungspflicht einerseits und des § 616 BGB andererseits nicht decken, so dass die Verpflichtung zur Arbeitsleistung entfallen kann, ohne dass ein Entgeltfortzahlungsanspruch besteht.[3] Ein bestehender Freistellungsanspruch indiziert auch nicht etwa, dass zugleich die Voraussetzungen für die Entgeltfortzahlung vorliegen.[4]

§ 616 BGB regelt die **Gefahr der Gegenleistung**, ist aber nicht selbst Anspruchs- 3
grundlage. Anspruchsgrundlage bleibt daher § 611 BGB.[5] In ihrem Anwendungsbereich schließt die Vorschrift als Sonderregelung § 326 Abs. 1 S. 1 BGB aus.[6] Problematisch ist das Verhältnis zu § 326 Abs. 2 BGB, der den Vergütungsanspruch ohne zeitliche Höchstgrenze erhält, dabei aber eine Anrechnung anderweitigen Erwerbs vorsieht. Da § 616 BGB als Sonderregelung zu § 326 Abs. 1 BGB voraussetzt, dass das Leistungshindernis nicht vom Dienstberechtigten zu vertreten ist, geht § 326 Abs. 2 BGB vor.[7]

Außerhalb des Anwendungsbereiches der Vorschrift bleiben die allgemeinen 4
Leistungsstörungsregeln, insbesondere §§ 280, 283, 323, 326 BGB, anwendbar. Ist daher die Unmöglichkeit der Dienstleistung vom Dienstverpflichteten ver-

1 Zur Diskussion ausführlich Staudinger/Oetker § 616 BGB Rn 9 ff; BeckOK/Joussen § 616 BGB Rn 3.
2 Erman/Belling § 616 BGB Rn 1 a; MüKo/Henssler § 616 BGB Rn 3; zur Systematik Richardi NZA 2002, 1004, 1006 ff.
3 Bezogen auf § 275 Abs. 3 BGB zB MüKo/Henssler § 616 BGB Rn 9; BeckOK/Joussen § 616 BGB Rn 12.
4 BAG 13.11.1969 – 4 AZR 35/69 – AP Nr. 41 zu § 616 BGB für § 7 des Rahmentarifvertrages für die technischen und kaufmännischen Angestellten des Berliner Baugewerbes; Staudinger/Oetker § 616 BGB Rn 72; Erman/Belling § 616 BGB Rn 27; str.
5 Erman/Belling § 616 BGB Rn 10; HWK/Krause § 616 BGB Rn 2.
6 Staudinger/Oetker § 616 BGB Rn 18; Erman/Belling § 616 BGB Rn 1 a.
7 Erman/Belling § 616 BGB Rn 1 a; Matthes in: ArbR BGB § 616 BGB Rn 4; HWK/Krause § 616 BGB Rn 3; MüKo/Henssler § 616 BGB Rn 4.

schuldet, kann der Dienstberechtigte unter den gesetzlich geregelten Voraussetzungen Schadensersatz verlangen oder den Dienstvertrag – statt von ihm zurückzutreten – kündigen.[8]

2. Verhältnis zu anderen Entgeltfortzahlungsvorschriften

5 § 616 BGB wird von einer Vielzahl von – insbesondere arbeitsrechtlichen – **Sondervorschriften** verdrängt. Zu nennen sind hierbei v.a. die gesetzlichen Regelungen des EFZG über die **krankheitsbedingte Arbeitsunfähigkeit** von Arbeitnehmern, die für Seeleute auf Kauffahrteischiffen von den §§ 48, 78 SeemG ergänzt werden. Bei Inkrafttreten des § 616 BGB stellte die krankheitsbedingte Dienst- oder Arbeitsunfähigkeit noch den Hauptanwendungsbereich der Vorschrift dar.[9] Später wurden die Absätze 2 und 3 angefügt, die für Angestellte und Arbeiter besondere Regelungen über die Entgeltfortzahlung im Krankheitsfall enthielten und während ihrer Geltungsdauer mehrfach geändert wurden. Durch Art. 56 PflegeVG v. 26.5.1994 (BGBl. I S. 1014) wurden die Absätze 2 und 3 durch die §§ 3 ff EFZG ersetzt, so dass die Vorschrift wieder ihre ursprüngliche Fassung von 1896 zurückerhalten hat. Seitdem wird bei Arbeitsverhinderung wegen Krankheit, Schwangerschaftsunterbrechung, Sterilisation und Maßnahmen der medizinischen Vorsorge oder Rehabilitation Entgeltfortzahlung für Arbeitnehmer einschließlich der Auszubildenden ausschließlich nach Maßgabe der Regelungen des EFZG gewährt. Bei den dort geregelten Hinderungsgründen findet § 616 BGB daher nur noch in Dienstverhältnissen, die keine Arbeitsverhältnisse sind, Anwendung (s. Rn 55 ff).[10]

6 Weitere **arbeitsrechtliche Sonderregelungen** bestehen für die Entgeltfortzahlung an Feiertagen (§ 2 EFZG) und im Erholungsurlaub (§§ 1, 11 BUrlG), während der Teilnahme an Wehrübungen (§ 1 Abs. 2 Satz 1 ArbPlSchG), Musterung und Eignungstest zum Wehrdienst (§ 14 Abs. 1 und 3 ArbPlSchG), während des Besuchs der Berufsschule (§ 9 Abs. 3 JArbSchG), während der Teilnahme an Prüfungen (§ 10 Abs. 2 Satz 2 JArbSchG) und Vorsorgeuntersuchungen (§§ 43 Satz 2 JArbSchG, 16 Satz 3 MuSchG), für die Dauer von Beschäftigungsverboten (§§ 11 Abs. 1 Satz 1, 14 MuSchG, 31 IfSG) sowie für die persönliche Vorstellung und den Dienst im Zivilschutz (§§ 16 Abs. 2 Satz 1, 25 Abs. 4 Satz 1 ASG, 21 Abs. 1 ZivilschutzG) und beim Technischen Hilfswerk (§ 3 THW-HelfRG). Außerdem gibt es bundes- und landesrechtliche Regelungen zB für Helfer im Katastrophenschutz (zB § 13 Abs. 1 Satz 3 LKatSG BaWü), für Mitglieder der freiwilligen Feuerwehr[11] oder über Bildungsurlaub. Sie gehen § 616 BGB ebenfalls vor.[12]

7 Vergütungsfortzahlungsansprüche bestehen beispielsweise ferner für die Fortbildung von Betriebsärzten und Fachkräften für Arbeitssicherheit (§§ 2 Abs. 3 Satz 2, 5 Abs. 3 Satz 2 ASiG), bei der Wahrnehmung betriebsverfassungsrechtlicher bzw personalvertretungsrechtlicher Rechte und Pflichten (§§ 20 Abs. 3 Satz 2, 37 Abs. 2 und 6 Satz 1, 39 Abs. 3, 44 Abs. 1 Satz 2 BetrVG, 24 Abs. 2 Satz 2, 46 Abs. 2 Satz 1 BPersVG), für die Tätigkeit im Rahmen des SprAuG

8 Matthes in: ArbR BGB § 616 BGB Rn 4; Schaub/Linck § 97 Rn 3.
9 MüKo/Henssler § 616 BGB Rn 20.
10 ErfK/Dörner § 616 BGB Rn 7; Erman/Belling § 616 BGB Rn 4.
11 S. dazu Matthes in: ArbR BGB § 616 BGB Rn 36 ff.
12 MüKo/Henssler § 616 BGB Rn 6.

(§§ 8 Abs. 3 Satz 2, 14 Abs. 1 SprAuG), im Schwerbehindertenrecht (§ 96 Abs. 4 Satz 1 und Abs. 6 SGB IX) und bei der Unternehmensmitbestimmung (§§ 20 Abs. 3 Satz 2 MitbestG, 10 i Abs. 3 Satz 2 MontMitbestErgG). Im Anwendungsbereich dieser Vorschriften gilt § 616 BGB ebenfalls nicht.[13]

Bei Heimarbeitern verdrängt § 10 EFZG die allgemeine Regelung des § 616 BGB.[14] Bei Auszubildenden findet neben dem EFZG nur § 19 BBiG Anwendung.[15] 8

Zur Anrechnung anderer Ersatzansprüche s. Rn 108 ff. 9

II. Voraussetzungen des Anspruchs

1. Bestehendes Dienstverhältnis

Die Vorschrift findet auf alle Dienstverhältnisse iSd §§ 611 ff BGB Anwendung. 10 Sie gilt damit nicht nur für **Arbeitnehmer** unter Einschluss kurzfristig als Aushilfe oder geringfügig Beschäftigter[16] sondern auch für **sonstige Dienstverpflichtete,** zB freie Mitarbeiter,[17] angestellte Organmitglieder einer juristischen Person[18] und arbeitnehmerähnliche Personen.[19] **Arbeitsgelegenheiten** gem. § 16 d Satz 2 SGB II (sog. „Ein-Euro-Jobs") begründen zwar kein Arbeitsverhältnis, wohl aber ein (öffentlich-rechtliches) Dienstverhältnis, so dass die Vorschrift im Grunde ebenfalls anwendbar ist (s. aber Rn 57 ff).[20] Zu **Heimarbeitern** und **Auszubildenden** s. Rn 8.

Für Dienstverhältnisse, in denen die Vergütung nicht zumindest auch an eine 11 ablaufende Zeitspanne anknüpft, gilt § 616 BGB nicht. Deshalb – und wegen des Erfordernisses der nicht erheblichen Zeit – werden viele selbständige Dienstleister im Ergebnis keinen Entgeltfortzahlungsanspruch haben.[21] Für die Rechtsverhältnisse **freier Handelsvertreter** sowie von **Werkunternehmern** gilt § 616 BGB von vorne herein nicht.[22] In typengemischten Verträgen muss das dienstvertragliche Element eine ausreichend prägende Kraft haben.[23]

Das Dienstverhältnis muss **wirksam** sein. Der Anspruch ist ausgeschlossen, so- 12 lange das Dienstverhältnis ruht.[24] Ein vollzogenes fehlerhaftes Dienstverhältnis oder eine Weiterbeschäftigung während eines Kündigungsrechtsstreits können hingegen genügen; insoweit gelten dieselben Grundsätze wie im EFZG, so dass auf die dortige Kommentierung verwiesen werden kann (§ 1 EFZG Rn 15 ff).

---

13 Matthes in: ArbR BGB § 616 BGB Rn 6.
14 MüKo/Henssler § 616 BGB Rn 6; HWK/Krause § 616 BGB Rn 8.
15 MüKo/Henssler § 616 BGB Rn 7; Schaub/Linck § 97 Rn 6.
16 HWK/Krause § 616 BGB Rn 8; Schaub/Linck § 97 Rn 6.
17 BGH 6.4.1995 – VII ZR 36/94 – BB 1995, 1611; HWK/Krause § 616 BGB Rn 8.
18 HWK/Krause § 616 BGB Rn 8; Boecken in: Hümmerich/Boecken/Düwell § 616 BGB Rn 3.
19 Staudinger/Oetker § 616 BGB Rn 30 mwN; MüKo/Henssler § 616 BGB Rn 11.
20 Zwanziger, AuR 2005, 8, 10; Treber, § 1 EFZG Rn 16.
21 MüKo/Henssler § 616 BGB Rn 11; AnwK-BGB/Franzen § 616 BGB Rn 14.
22 MüKo/Henssler § 616 BGB Rn 11.
23 BAG 19.4.1956 – 2 AZR 416/54 – AP Nr. 5 zu § 616 BGB; BeckOK/Joussen § 616 BGB Rn 14.
24 Matthes in: ArbR BGB § 616 BGB Rn 8.

2. Verhinderung

a) Allgemeine Grundsätze

13 Es muss eine **Dienstverhinderung** vorliegen. Dies umfasst Fälle der Unmöglichkeit (§ 275 Abs. 1 BGB),[25] daneben aber bei der Verpflichtung zur persönlichen Leistung auch der Unzumutbarkeit (insbes. § 275 Abs. 3 BGB).[26] Unzumutbar ist die Dienstleistung nur dann, wenn die dieser **entgegenstehenden sittlichen oder rechtlichen Pflichten** des Dienstverpflichteten die Verpflichtung zur Dienstleistung überwiegen.[27]

14 Die Dienstverhinderung muss dazu führen, dass der Dienstverpflichtete eine **bestehende Verpflichtung zur Diensterbringung** zumutbarerweise nicht erfüllen kann. An einer Dienstverhinderung fehlt es daher, wenn der persönliche Hinderungsgrund während einer Dienstzeitverlegung, Betriebsruhe oder sonstigen Dienstbefreiung eintritt.[28]

15 Die Dienstverhinderung muss ferner **unvermeidbar** sein.[29] § 616 BGB ist daher nicht anwendbar, soweit der Dienstverpflichtete nicht an feste Dienstzeiten gebunden ist und seine Dienste außerhalb der Zeiten, an denen er verhindert ist, erbringen kann (Näheres s. Rn 20 ff).[30]

16 Der Dienstverpflichtete ist hinsichtlich der Dienstverhinderung **darlegungs- und beweisbelastet.**[31] Hinsichtlich der Unvermeidbarkeit des Arbeitsausfalls gilt dies jedenfalls dann, wenn der Dienstberechtigte Zweifel daran substantiiert vorträgt.[32]

b) Zeitpunkt der Dienstverhinderung

17 Unerheblich ist, wann die Dienstverhinderung eintritt. Der Vergütungsfortzahlungsanspruch besteht daher auch dann, wenn der Grund für die Dienstverhinderung bereits vor dem beabsichtigten **Beginn der Dienstleistung** eingetreten ist und darüber hinaus fortdauert.[33]

18 Bestand der Grund der Dienstverhinderung allerdings bereits bei **Abschluss des Dienstvertrages,** besteht der Vergütungsanspruch nicht, da der Normzweck diese Risiken nicht mehr erfasst.[34] Wusste der Dienstverpflichtete von der Dienstverhinderung und verschwieg er sie dem Dienstberechtigten, steht dem Vergütungsfortzahlungsanspruch außerdem der Einwand des Rechtsmissbrauchs (§ 242 BGB) entgegen.[35]

---

25 Erman/Belling § 616 BGB Rn 21; HWK/Krause § 616 Rn 13.
26 Erman/Belling § 616 BGB Rn 24; HWK/Krause § 616 Rn 13.
27 MünchArbR/Boewer, 3. Aufl., § 70 Rn 11; BeckOK/Joussen § 616 BGB Rn 16.
28 BAG 20.1.1972 – 5 AZR 344/71 – AP Nr. 13 zu § 1 LFZG; 9.5.1984 – 5 AZR 412/81 – AP Nr. 58 zu § 1 LohnFG; 4.9.1985 – 7 AZR 531/82 – AP Nr. 13 zu § 17 BAT.
29 BAG 7.6.1978 – 5 AZR 466/77 – AP Nr. 35 zu § 63 HGB; 19.4.1978 – 5 AZR 834/76 – AP Nr. 48 zu § 636 BGB; HWK/Krause § 616 BGB Rn 16; Matthes in: ArbR BGB § 616 BGB Rn 9.
30 Erman/Belling § 616 BGB Rn 27; HWK/Krause § 616 BGB Rn 9.
31 BeckOK/Joussen § 616 BGB Rn 55.
32 MünchArbR/Boewer, 2. Aufl., § 80 Rn 14.
33 Staudinger/Oetker § 616 BGB Rn 79; Erman/Belling § 616 BGB Rn 38.
34 BAG 26.7.1989 – 5 AZR 491/88 – AP Nr. 87 zu § 1 LohnFG; MüKo/Henssler § 616 BGB Rn 14; MünchArbR/Boewer, 2. Aufl., § 80 Rn 10.
35 Staudinger/Oetker § 616 BGB Rn 79.

Mit dem **Ende des Dienstverhältnisses** endet auch der Entgeltfortzahlungsanspruch, auch wenn der Grund der Dienstverhinderung fortbesteht.[36] 19

c) Flexible Dienstzeiten

Ein an einer **Gleitzeitregelung** teilnehmender Arbeitnehmer hat für außerhalb der Kernarbeitszeit liegende Arbeitsverhinderungen keinen Vergütungsanspruch. Dies folgt daraus, dass während der Gleitzeit keine Arbeitspflicht besteht und somit der verhindernde Grund automatisch außerhalb der Arbeitszeit liegt, der Arbeitgeber den Arbeitnehmer nicht von der Arbeitsverpflichtung befreien kann und der Arbeitnehmer die ausgefallene Arbeit innerhalb des Gleitzeitrahmens jederzeit nachholen kann.[37] Während der Kernarbeitszeit gibt es hingegen keine Besonderheiten;[38] allerdings ist der Arbeitnehmer verpflichtet, persönliche Hinderungen, auf deren zeitliche Lage er Einfluss hat, nach Möglichkeit nicht in die Kernzeit zu legen.[39] 20

Soweit bei einer flexiblen Dienstzeitgestaltung das **Bestimmungsrecht dem Dienstberechtigten** zusteht, kommt es darauf an, inwieweit es bereits ausgeübt und die Dienstzeit somit fixiert ist. Es ist die Dienstzeit zu vergüten, die der Dienstverpflichtete ohne die Verhinderung hätte leisten müssen (dh die schon fest zB in einem Dienstplan eingeplanten Zeiten), in Ermangelung solcher Zeiten ein für den Verhinderungszeitraum vereinbartes oder gesetzlich bestimmtes Mindestsoll.[40] Allerdings darf der Dienstberechtigte im Rahmen der vertraglichen Vereinbarung, insbesondere des vertraglich vereinbarten Bezugszeitraums, von einem noch nicht getätigten Abruf der Dienstleistung absehen und damit eine Vergütungspflicht gem. § 616 BGB vermeiden; § 616 BGB ist insoweit vertraglich abbedungen.[41] 21

d) Dienstzeiterhöhungen und -verminderungen

Hinsichtlich des Umfangs der ausfallenden Arbeitszeit werden **Dienstzeitverminderungen** (zB infolge von Kurzarbeit) berücksichtigt.[42] Dasselbe gilt auch hinsichtlich **Dienstzeiterhöhungen** infolge von Überstunden, dh von Arbeitsstunden, die über die individuelle regelmäßige Arbeitszeit hinausgehen, die ohne die Verhinderung geleistet worden wären.[43] 22

---

36 MüKo/Henssler § 616 BGB Rn 14.
37 BAG 22.1.2009 – 6 AZR 78/08 – NZA 2009, 735; 16.12.1993 – 6 AZR 236/93 – AP Nr. 5 zu § 52 BAT; LAG Baden-Württemberg 7.3.2005 – 3 Ta 31/05 – AuR 2006, 286; LAG Köln 10.2.1993 – 8 Sa 894/92 – LAGE § 616 BGB Nr. 7; LAG Hamm 18.3.2004 – 11 Sa 247/03 – LAG-Report SD 2004, 191; Erman/Belling § 616 BGB Rn 30; Matthes in: ArbR BGB § 616 BGB Rn 14; aA LAG Berlin-Brandenburg 6.9.2007 – 26 Sa 577/07 – EzTöD 100 § 29 TVöD-AT Nr. 1 für § 29 TvÖD.
38 BAG 16.12.1993 – 6 AZR 236/93 – AP Nr. 5 zu § 52 BAT; Matthes in: ArbR BGB § 616 BGB Rn 14.
39 BeckOK/Joussen § 616 BGB Rn 2.
40 Erman/Belling § 616 BGB Rn 65; ähnlich MüKo/Henssler § 616 BGB Rn 12.
41 MüKo/Henssler § 616 BGB Rn 12; HWK/Krause § 616 BGB Rn 10; MünchArbR/Boewer, 2. Aufl., § 80 Rn 10; BeckOK/Joussen § 616 BGB Rn 15; aA: LAG Köln 30.8.1994 – 9 Sa 1005/93 – n.v.
42 Staudinger/Oetker § 616 BGB Rn 120; Erman/Belling § 616 BGB Rn 65.
43 Staudinger/Oetker § 616 BGB Rn 120; aA unter Berufung auf die Wertung des § 4 Abs. 3 Satz 1 EFZG Erman/Belling § 616 BGB Rn 65.

e) Teilweise Dienstverhinderung

23 Bereits an einer Dienstverhinderung fehlt es regelmäßig, soweit der Dienstverpflichtete nur teilweise an der Diensterbringung verhindert ist und er auch darüber hinaus **keinerlei Dienstleistung** erbringt.[44] In diesem Fall spricht außerdem einiges dafür, dass der Dienstverpflichtete leistungsunwillig und der Entgeltfortzahlungsanspruch auch deshalb ausgeschlossen ist (s. dazu Rn 40 ff).

3. Aus persönlichen Gründen

a) Zum Begriff des persönlichen Grundes

24 Die Dienstverhinderung muss wegen eines **in der Person des Dienstverpflichteten** liegenden Grundes bestehen. Dies wird von der neueren Rechtsprechung weit ausgelegt. Erfasst sind nicht nur persönliche Eigenschaften, sondern jegliche subjektive Gründe, die in den persönlichen Verhältnissen des Dienstverpflichteten liegen.[45]

25 Eine zusätzliche, über den die Dienstbefreiung begründenden Tatbestand hinausreichende **Abwägung** des Gewichtes des persönlichen Grundes mit den Belangen des Dienstberechtigten findet bei § 616 BGB nicht allgemein, sondern nur im Rahmen der Beurteilung der Dauer der Dienstverhinderung als nicht erheblich statt (dazu s. Rn 32 ff).[46]

26 Zu den einzelnen **Fallgruppen** persönlicher Leistungshindernisse s. Rn 54 ff.

b) Objektive Leistungshindernisse

27 Vom persönlichen Grund abzugrenzen sind sogenannte **allgemeine oder objektive Leistungshindernisse**, die weder in der Person des Dienstverpflichteten noch der des Dienstberechtigten ihre Grundlage haben und nicht nur den einzelnen Dienstverpflichteten, sondern in gleicher Weise andere Dienstverpflichtete, einen unbestimmten Personenkreis oder sogar die Allgemeinheit betreffen können.[47]

28 Zu den objektiven Leistungshindernissen zählen beispielsweise Hindernisse auf dem Weg zur Arbeit (zB allgemeine Verkehrssperren, den Verkehrsfluss behindernde Demonstrationen, der Ausfall öffentlicher Verkehrsmittel oder Naturereignisse wie Hochwasser, Schneeverwehungen und Eisglätte),[48] Betriebsstörungen und behördliche Betriebsverbote[49] sowie das Fehlen eines vorgeschriebenen Befähigungsnachweises für eine bestimmte Arbeit, eines notwendigen Gesundheitszeugnisses oder einer Arbeitserlaubnis.[50]

---

44 Im Ergebnis auch Erman/Belling § 616 BGB Rn 32, der aber in diesen Fällen stattdessen auf das Fehlen eines persönlichen Grundes abstellt.

45 BAG 8.12.1982 – 4 AZR 134/80 – AP Nr. 58 zu § 616 BGB; 19.4.1978 – 5 AZR 834/76 – AP Nr. 48 zu § 616 BGB; ErfK/Dörner § 616 BGB Rn 3; HWK/Krause § 616 BGB Rn 17.

46 HWK/Krause § 616 BGB Rn 14 und 15.

47 BAG 8.9.1982 – 5 AZR 283/80 – AP Nr. 59 zu § 616 BGB; Matthes in: ArbR BGB § 616 BGB Rn 11; MüKo/Henssler § 616 BGB Rn 18; MünchArbR/Boewer, 3. Aufl., § 70 Rn 10.

48 BAG 8.12.1982 – 4 AZR 134/80 – AP Nr. 58 zu § 616 BGB; 8.9.1982 – 5 AZR 283/80 – AP Nr. 59 zu § 616 BGB; Staudinger/Oetker § 616 BGB Rn 76; Erman/Belling § 616 BGB Rn 33; HWK/Krause § 616 BGB Rn 35.

49 Staudinger/Oetker § 616 BGB Rn 76.

50 BAG 26.6.1996 – 5 AZR 872/94 – NZA 1996, 1087; 13.1.1977 – 2 AZR 423/75 – AP Nr. 2 zu § 19 AFG.

Allerdings können auch objektive Leistungshindernisse dadurch in die persönliche Sphäre des Dienstverpflichteten **ausstrahlen**, dass sie ein persönliches Leistungshindernis verursachen mit der Folge, dass ein Vergütungsfortzahlungsanspruch besteht, zB wenn ein allgemeines Hindernis den Dienstverpflichteten in besonderer Weise zu sofortigen Maßnahmen zwingt oder vom Dienstverpflichteten wegen dessen persönlicher Disposition (zB Schwerbehinderung) nicht überwunden werden kann.[51] Hierunter könnte beispielsweise ein unverschuldeter Verkehrsunfall oder eine unverschuldete Autopanne auf dem Weg zur Arbeit fallen.[52] 29

c) Umstände der privaten Lebensführung

Umstände, die in der privaten Lebensführung des Dienstverpflichteten ihren Grund haben, wie die Führerscheinprüfung,[53] ein Termin zur Hauptuntersuchung bei Kraftfahrzeugen,[54] medizinisch nicht notwendige Behandlungen,[55] der Gang zur Bank[56] sowie häusliche Arbeiten, Behördengänge und Ähnliches[57] führen zu keiner Leistungsverhinderung und somit auch zu keinem Entgeltfortzahlungsanspruch. Hier ist es dem Dienstverpflichteten im Regelfall zuzumuten, erforderlichenfalls auf andere Freistellungsansprüche (zB Urlaub, unbezahlte Freistellung) zurückzugreifen.[58] Anders kann dies nur bei einem inneren Zusammenhang des Hinderungsgrundes mit der Beschäftigung sein.[59] 30

4. Für eine nicht erhebliche Zeit

a) Bedeutung der zeitlichen Begrenzung

Weitere **Tatbestandsvoraussetzung** des Vergütungsfortzahlungsanspruchs – und nicht etwa nur eine Begrenzung der Rechtsfolge – ist, dass die Dienstverhinderung nur für eine nicht erhebliche Zeit besteht. Dauert daher die Verhinderung länger, **verliert** der Dienstverpflichtete den Anspruch **vollständig**.[60] 31

b) Beurteilungsmaßstab

Die Feststellung der verhältnismäßigen Unerheblichkeit der Verhinderung ist mit erheblichen Unsicherheiten behaftet. Schon der Maßstab ist umstritten, wobei beide vertretenen Ansichten auf den **Normzweck** Bezug nehmen. 32

Nach einer Ansicht soll auf das Verhältnis zwischen der Dauer der Verhinderung einerseits und der Gesamtdauer des bisherigen und voraussichtlichen Bestands 33

51 BAG 1983; 8.9.1982 – 5 AZR 283/80 – AP Nr. 59 zu § 616 BGB; 24.3.1982 – 5 AZR 1209/79 – DB 1982, Erman/Belling § 616 BGB Rn 33; MünchArbR/Boewer, 3. Aufl., § 70 Rn 10.
52 Matthes in: ArbR BGB § 616 BGB Rn 46; MüKo/Henssler § 616 BGB Rn 53.
53 MünchArbR/Boewer, 2. Aufl., § 80 Rn 13.
54 Erman/Belling § 616 BGB Rn 25.
55 ArbG Frankfurt 23.5.2000 – 4 Ca 8647/99 – BB 2000, 2101.
56 MünchArbR/Boewer, 2. Aufl., § 80 Rn 13.
57 MünchArbR/Boewer, 3. Aufl., § 70 Rn 14; Boecken in: Hümmerich/Boecken/Düwell § 616 BGB Rn 18.
58 Erman/Belling § 616 BGB Rn 25; HWK/Krause § 616 BGB Rn 31.
59 BeckOK/Joussen § 616 BGB Rn 34.
60 BAG 11.8.1988 – 8 AZR 721/85 – AP Nr. 7 zu § 611 BGB Gefährdungshaftung des Arbeitgebers; 18.12.1959 – GS 8/58 – AP Nr. 22 zu § 616 BGB; Staudinger/Oetker § 616 BGB Rn 90; ErfK/Dörner § 616 BGB Rn 10; Erman/Belling § 616 BGB Rn 52; MüKo/Henssler § 616 BGB Rn 61.

des Dienstverhältnisses abzustellen sein (sogenannte **belastungsbezogene Betrachtungsweise**). Dem liegt häufig ein Verständnis der Vorschrift als Konkretisierung der Fürsorgepflicht des Dienstberechtigten sowie die Erwägung zugrunde, dass die Fürsorgepflicht mit zunehmender Dauer des Dienstverhältnisses ebenfalls zunehme.[61]

34 Überzeugender ist es allerdings, die Beurteilung nach dem zur Dienstverhinderung führenden Grund und insoweit anhand der Überlegung vorzunehmen, ob der Dienstberechtigte erfahrungsgemäß mit einer derartigen Nichtleistung über einen bestimmten Zeitraum rechnen konnte (sogenannte **ereignisbezogene Betrachtungsweise**). Begründet wird dies u.a. mit dem Verständnis der Vorschrift als Ausprägung des allgemeinen Rechtsgrundsatzes „minima non curat praetor".[62]

35 Die Rechtsprechung scheint grundsätzlich eher einer belastungsbezogenen Betrachtungsweise zuzuneigen,[63] lässt aber bisweilen auch ereignisbezogene[64] sowie **sonstige Zumutbarkeitserwägungen** wie zB eine bestehende Übung[65] in die Überlegung zumindest mit einfließen. Bisweilen lässt die Rechtsprechung die Dauer des Dienstverhältnisses sogar gänzlich außer acht.[66]

36 Der Versuch, den Unsicherheiten mit **fixen Zeitstaffeln** zu begegnen (zB Beschäftigungszeit bis zu 3 Monate = 1 Tag, 3 bis 6 Monate = 3 Tage, 6 bis 12 Monate = 1 Woche, ab 1 Jahr = 2 Wochen),[67] hat den Vorteil größerer Rechtssicherheit, ist aber de lege lata nicht begründet[68] und lässt außerdem durch die maßgebliche Berücksichtigung der Dauer des Dienstverhältnisses wesentliche weitere Abwägungsgesichtspunkte – insbesondere **Dauer, Art und Schwere des Verhinderungsgrundes**, daneben uU ferner die Dringlichkeit und Art der Arbeit, den Umfang des Betriebs, die Einstellung eines Ersatzmitarbeiters, die Zahl der sonstigen von der Behinderung betroffenen Dienstverpflichteten, die allgemeine Betriebssituation oder die Länge der Kündigungsfrist als Beleg für die künftige Mindestvertragsdauer[69] – außer Betracht.

c) Beurteilungsergebnis

37 Unabhängig von der Betrachtungsweise wird der Zeitraum, für den Vergütungsfortzahlung zu leisten ist, auf **wenige Stunden oder Tage** dauernde Anlässe zu beschränken sein.[70] Ein längerer Zeitraum von bis zu zwei Wochen ist schon zu

61 Näheres bei Staudinger/Oetker § 616 BGB Rn 95; MünchArbR/Boewer, 2. Aufl., § 80 Rn 17.
62 Staudinger/Oetker § 616 BGB Rn 97; HWK/Krause § 616 BGB Rn 1; Matthes in: ArbR BGB § 616 BGB Rn 17; MüKo/Henssler § 616 BGB Rn 2 und 60; im Ergebnis auch MünchArbR/Boewer, 3. Aufl., § 70 Rn 18.
63 Vgl BAG 13.11.1969 – 4 AZR 35/69 – AP Nr. 41 zu § 616 BGB.
64 BAG 19.4.1978 – 5 AZR 834/76 – AP Nr. 48 zu § 616 BGB; 7.6.1978 – 5 AZR 466/77 – AP Nr. 35 zu § 63 HGB.
65 BAG 13.11.1969 – 4 AZR 35/69 – AP Nr. 41 zu § 616 BGB.
66 BAG 19.4.1978 – 5 AZR 834/76 – AP Nr. 48 zu § 616 BGB; 20.7.1977 – 5 AZR 325/76 – AP Nr. 47 zu § 616 BGB; 25.10.1973 – 5 AZR 156/73 – AP Nr. 43 zu § 616 BGB.
67 Erman/Belling § 616 Rn 48.
68 Staudinger/Oetker § 616 BGB Rn 100.
69 Vgl Boecken in: Hümmerich/Boecken/Düwell § 616 BGB Rn 20 mwN.
70 Auf Grundlage einer ereignisbezogenen Betrachtungsweise Staudinger/Oetker § 616 BGB Rn 97; HWK/Krause § 616 BGB Rn 41; Matthes in: ArbR BGB § 616 BGB Rn 17; für den Regelfall auch MüKo/Henssler § 616 BGB Rn 60; BeckOK/Joussen § 616 BGB Rn 48.

lange, um als „nicht erheblich“ angesehen werden zu können.[71] Erst recht gilt dies für sechs oder mehr Wochen.[72] In manchen Fällen, insbesondere bei auf sehr kurze Zeit angelegten Dienstverhältnissen oder im Falle selbständiger Dienstleister, können schon Minuten, Stunden oder Tage zu lange sein.[73] Die Rechtsprechung verfährt allerdings häufig erheblich großzügiger.[74]

d) Mehrere Verhinderungsfälle

Die Erheblichkeitsgrenze ist **für jeden Verhinderungsfall gesondert** zu bestimmen.[75] Allerdings ist hiervon eine Ausnahme dann zu machen, wenn eine **einheitliche Ursache wiederholt** zu Verhinderungen führt (zB mehrere Arztbesuche infolge eines Verkehrsunfalls, Ladung zu mehreren Gerichtsterminen in einem Verfahren).[76] **38**

Auch in diesen Fällen markiert die Erheblichkeitsgrenze nicht nur das Ende der Entgeltfortzahlung.[77] Vielmehr führt auch hier das Überschreiten der Erheblichkeitsgrenze zum – ggf rückwirkenden – **vollständigen Entfallen** der Entgeltfortzahlung.[78] Unabhängig davon liegt es bei vorhersehbaren mehrfachen Arbeitsausfällen nahe, dass die Dienstverhinderung durch zumutbare rechtzeitige Vorsorge oder eine zeitliche Verschiebung der Dienstzeiten vermeidbar war.[79] **39**

5. Kausalität

a) Grundsatz der Monokausalität

Der in der Person des Dienstverpflichteten liegende Grund muss zu der Dienstverhinderung führen und dessen **alleinige Ursache** sein. Hat der Dienstverpflichtete den Dienst auch aus anderen Gründen nicht erbringen können, müssen oder wollen, besteht der Anspruch aus § 616 BGB nicht.[80] Tatsächlich wirksam wird im Regelfall diejenige Ursache, die zuerst eingetreten ist.[81] Tritt daher eine persönliche Arbeitsverhinderung in Zeiten ein, in denen der Dienstverpflichtete ohnehin nicht tätig war, entfällt der Anspruch aus § 616 BGB. **40**

ZB besteht ein Entgeltfortzahlungsanspruch somit nicht, wenn das persönliche Leistungshindernis eintritt, während der Dienstverpflichtete im bezahlten oder **41**

71 HWK/Krause § 616 Rn 40; Erman/Belling § 616 BGB Rn 48.
72 Erman/Belling § 616 BGB Rn 48; Matthes in: ArbR BGB § 616 BGB Rn 17.
73 Erman/Belling § 616 BGB Rn 51; AnwK-BGB/Franzen § 616 BGB Rn 14.
74 Vgl zB BGH 6.4.1995 – VII ZR 36/94 – BB 1995, 1611; BAG 11.8.1988 – 8 AZR 721/85 – AP Nr. 7 zu § 611 BGB Gefährdungshaftung des Arbeitgebers; 20.7.1977 – 5 AZR 325/76 – AP Nr. 47 zu § 616 BGB; unter Heranziehung von § 242 BGB auch BGH 11.7.1953 – II ZR 126/52 – BGHZ 10, 187.
75 Erman/Belling § 616 BGB Rn 53; HWK/Krause § 616 BGB Rn 43; MünchArbR/Boewer, 3. Aufl., § 70 Rn 20.
76 LG Frankfurt 2.12.1999 – 2/1 S 163/99 – Schadenpraxis 2000, 269; MüKo/Henssler § 616 BGB Rn 60; Erman/Belling § 616 BGB Rn 53; HWK/Krause § 616 BGB Rn 43; aA MünchArbR/Boewer, 3. Aufl., § 70 Rn 20.
77 AA Erman/Belling § 616 BGB Rn 53.
78 Staudinger/Oetker § 616 BGB Rn 101.
79 MünchArbR/Boewer, 3. Aufl., § 70 Rn 20.
80 Staudinger/Oetker § 616 BGB Rn 85; Erman/Belling § 616 BGB Rn 34; MünchArbR/Boewer, 3. Aufl., § 70 Rn 15.
81 Staudinger/Oetker § 616 BGB Rn 88; Matthes in: ArbR BGB § 616 BGB Rn 13; MünchArbR/Boewer, 3. Aufl., § 70 Rn 15.

unbezahlten Urlaub ist,[82] eine Schulungsveranstaltung besucht,[83] an einem Arbeitskampf teilnimmt,[84] leistungsunwillig ist,[85] wegen fehlender Arbeitserlaubnis nicht beschäftigt werden kann[86] oder einem Beschäftigungsverbot nach dem MuSchG unterliegt.[87]

42 Wird der Dienstverpflichtete trotz eines Leistungsverweigerungsrechts oder gar entgegen eines Beschäftigungsverbotes **tatsächlich beschäftigt** und tritt dann eine persönliche Dienstverhinderung im Sinne des § 616 BGB ein, besteht der Vergütungsanspruch fort, da der persönliche Hinderungsgrund alleine ursächlich geworden ist.

43 Anders als bei § 3 EFZG fehlt es für § 616 BGB im Verhältnis zur Feiertagsvergütung an einer Kollisionsnorm wie § 4 Abs. 2 EFZG. Daher richtet sich außerhalb des Anwendungsbereichs des § 3 EFZG die Entgeltfortzahlung an **Feiertagen** unabhängig von einer persönlichen Verhinderung nach § 2 EFZG, wenn der Dienstverpflichtete wegen des Feiertags nicht arbeiten musste; hätte der Dienstverpflichtete hingegen arbeiten müssen, gilt im Falle einer persönlichen Verhinderung § 616 BGB.[88]

b) Mehrere Ursachen

44 Auch wenn **mehrere Ursachen** zeitgleich und für einen identischen Zeitraum eintreten, wird die persönliche Dienstverhinderung nicht alleine wirksam. Das hieraus streng genommen folgende gänzliche Entfallen des Vergütungsanspruchs[89] ist dann nicht zu beanstanden, wenn für den anderen, neben den persönlichen Grund tretenden Verhinderungsgrund ohnehin kein Vergütungsanspruch besteht; die Ausnahmeregelung des § 616 BGB kommt dann nicht zur Anwendung, da sie nur den ausschließlich wegen einer persönlichen Verhinderung entfallenden Vergütungsanspruch sichern und nicht Vergütungsansprüche für Zeiten, für die ohnehin keine Vergütung geschuldet ist, erzeugen soll.[90]

45 Diese Erwägung greift allerdings dann nicht ohne weiteres ein, wenn für jeden der Hinderungsgründe isoliert betrachtet der Vergütungsanspruch des Dienstverpflichteten aufrechterhalten bliebe. Hier widerspräche ein völliges Entfallen des Vergütungsanspruchs den mit den einschlägigen Entgeltfortzahlungsvorschriften verfolgten Zwecken. Deshalb wird hier, soweit keine gesetzliche Kollisionsregel besteht, nach dem Zweck der jeweiligen Bestimmungen zu differenzieren sein.[91] Auch im Annahmeverzug des Dienstberechtigten oder bei sonstiger

82 BAG 11.1.1966 – 5 AZR 383/65 – AP Nr. 1 zu § 1 BUrlG Nachurlaub; 22.6.1961 – 5 AZR 236/60 – AP Nr. 4 zu § 133 c GewO; Staudinger/Oetker § 616 BGB Rn 86; Matthes in: ArbR BGB § 616 BGB Rn 12.
83 Staudinger/Oetker § 616 BGB Rn 86.
84 BAG 1.10.1991 – 1 AZR 147/91 – AP Nr. 121 zu Art. 9 GG Arbeitskampf; Staudinger/Oetker § 616 BGB Rn 86; Erman/Belling § 616 BGB Rn 35.
85 BAG 20.3.1985 – 5 AZR 229/83 – AP Nr. 64 zu § 1 LohnFG; MünchArbR/Boewer, 3. Aufl., § 70 Rn 15; str.
86 BAG 26.6.1996 – 5 AZR 872-94 – NZA 1996, 1087; Staudinger/Oetker § 616 BGB Rn 87; Erman/Belling § 616 BGB Rn 35.
87 Erman/Belling § 616 BGB Rn 35; aA Staudinger/Oetker § 616 BGB Rn 87.
88 BAG 16.7.1980 – 5 AZR 989/78 – AP Nr. 35 zu § 1 FeiertagslohnzahlungsG; Erman/Belling § 616 BGB Rn 65.
89 Staudinger/Oetker § 616 BGB Rn 89.
90 MünchArbR/Boewer, 2. Aufl., § 80 Rn 11.
91 Staudinger/Oetker § 616 BGB Rn 89; Erman/Belling § 616 BGB Rn 37.

rechtswidriger Aussetzung der Dienstpflicht bleibt der Vergütungsanspruch bestehen.[92]

Rein **hypothetische Verläufe** bleiben im Grundsatz unberücksichtigt.[93] Allerdings können Hilfstatsachen den Schluss zulassen, dass der Dienstverpflichtete während seiner persönlichen Verhinderung auch aus anderen Gründen nicht gearbeitet hat. In diesem Fall entfällt der Anspruch nach § 616 BGB ebenfalls, wenn für den anderen, neben den persönlichen Grund tretenden Hinderungsgrund kein Entgeltfortzahlungsanspruch besteht.[94] 46

Der Dienstverpflichtete trägt die **Darlegungs- und Beweislast** dafür, dass er leistungswillig und -fähig war, wenn der Dienstberechtigte Zweifel hieran vorträgt.[95] 47

Im Ergebnis gelten auch hier dieselben Grundsätze wie bei § 3 EFZG, so dass auf die dortige Kommentierung verwiesen werden kann (s. § 3 EFZG Rn 59 ff). 48

6. Ohne Verschulden

Der zur Dienstverhinderung führende Grund darf nicht vom Dienstverpflichteten selbst verschuldet sein. Hierbei ist nicht auf § 276 BGB zurückzugreifen; vielmehr geht es um ein **Verschulden** des Dienstverpflichteten **gegen sich selbst,** das nach der Rechtsprechung immer dann vorliegt, wenn der Dienstverpflichtete „gröblich gegen das von einem verständigen Menschen im eigenen Interesse zu erwartende Verhalten verstoßen hat".[96] Ohne zu anderen Ergebnissen zu gelangen, formuliert die Literatur gelegentlich abweichend, der Dienstverpflichtete verschulde gegen sich Vorsatz und grobe Fahrlässigkeit.[97] Es gelten dieselben Grundsätze wie bei § 3 EFZG, so dass auf die dortige Kommentierung verwiesen werden kann (s. § 3 EFZG Rn 105 ff). 49

Hauptfall eines möglichen Verschuldens dürfte die **krankheitsbedingte Dienstunfähigkeit** sein, da es in anderen Fällen des Verschuldens häufig bereits an der Unmöglichkeit oder Unzumutbarkeit der Diensterbringung oder der Vermeidbarkeit der Verhinderung fehlen wird.[98] 50

Verschulden und Leistungshindernis müssen in einem **Pflichtwidrigkeitszusammenhang** stehen. Ein etwaiges Verschulden ist daher unerheblich, wenn das Leistungshindernis auch bei pflichtgemäßem und sorgfältigem Verhalten des Dienstverpflichteten eingetreten wäre[99] oder wenn die Arbeitsverhinderung zwar auf einer **willentlicher Entscheidung** des Dienstverpflichteten beruht, für diese jedoch anerkennenswerte Gründe bestehen.[100] 51

92 LAG Düsseldorf 5.11.1970 – 3 Sa 357/70 – DB 1970, 2376; Erman/Belling § 616 BGB Rn 35.
93 Erman/Belling § 616 BGB Rn 36; MüKo/Henssler § 616 BGB Rn 55.
94 BAG 6.12.1995 – 5 AZR 237/94 – AP Nr. 9 zu § 611 BGB Berufssport; 1.10.1991 – 1 AZR 147/91 – AP Nr. 121 zu Art. 9 GG Arbeitskampf; 20.3.1985 – 5 AZR 229/83 – AP Nr. 64 zu § 1 LohnFG; aA Erman/Belling § 616 BGB Rn 36.
95 MünchArbR/Boewer, 2. Aufl., § 80 Rn 11.
96 BAG 11.11.1987 – 5 AZR 497/86 – AP Nr. 75 zu § 616 BGB; 19.10.1983 – 5 AZR 195/81 – AP Nr. 62 zu § 616 BGB; Erman/Belling § 616 BGB Rn 38.
97 Vgl MüKo/Henssler § 616 BGB Rn 57.
98 Erman/Belling § 616 BGB Rn 44.
99 Erman/Belling § 616 BGB Rn 45.
100 Matthes in: ArbR BGB § 616 BGB Rn 15.

52 Am Ausschluss der Entgeltfortzahlung wegen Eigenverschuldens ändert ein überwiegendes **Mitverschulden** eines Dritten nichts.[101] Weit überwiegendes Mitverschulden des Dienstberechtigten führt hingegen zur Anwendung des § 326 Abs. 2 BGB.[102]

53 Der Dienstverpflichtete trägt die **Darlegungs- und Beweislast** dafür, dass ihm die Dienstleistung nicht infolge eines eigenen Verschuldens unmöglich war, denn dies ist tatbestandliche Voraussetzung des Fortzahlungsanspruchs.[103] Allerdings ist die Darlegungs- und Beweislast abgestuft. Der Dienstverpflichtete wird den Nachweis zumeist nur insoweit zu führen haben, als der Dienstberechtigte fehlendes Verschulden konkret behauptet und damit den Vortrag des Dienstverpflichteten, er habe das Hindernis nicht verschuldet, substantiiert bestreitet.[104] Im Ergebnis werden sich die verschiedenen vertretenen Auffassungen wohl nur bei einem non liquet unterscheiden.

III. Fallgruppen

54 In Rechtsprechung und Literatur sind verschiedene Fallgruppen jedenfalls im Grundsatz anerkannt. Allerdings liegen der Rechtsprechung häufig tarifvertragliche Modifikationen der gesetzlichen Vorschrift zugrunde, so dass die von ihr getroffenen Aussagen nicht ohne weiteres Allgemeingültigkeit beanspruchen können.

1. Krankheit oder Arztbesuch des Dienstverpflichteten

a) Krankheitsbedingte Dienstunfähigkeit

55 Krankheit des Dienstverpflichteten und die hieraus folgende Dienstunfähigkeit war ursprünglich der Hauptanwendungsfall der Vorschrift (s. Rn 5). Seit Inkrafttreten des EFZG fällt die Dienstunfähigkeit nur noch für Dienstverhältnisse, die **keine Arbeitsverhältnisse** sind, unter die Vorschrift, so zB bei freien Mitarbeitern[105] oder angestellten Organen von Kapitalgesellschaften.[106] Die Dauer der Entgeltfortzahlung bemisst sich dabei nicht analog § 3 EFZG. Sie ist vielmehr nach den allgemeinen Erheblichkeitskriterien bei § 616 BGB zu bestimmen und wird danach kaum einmal fünf Tage überschreiten können (s. Rn 37). Soweit demgegenüber bisweilen erheblich längere Zeiträume von bis zu mehreren Monaten zugesprochen werden, ist dies mit der Wertung des Gesetzgebers, der den im Vergleich zu den freien Dienstverpflichteten schutzbedürftigeren Arbeitnehmern einen Entgeltfortzahlungszeitraum von längstens sechs Wochen zugesteht, kaum zu vereinbaren.[107]

---

101 MüKo/Henssler § 616 BGB Rn 58.
102 MüKo/Henssler § 616 BGB Rn 58.
103 Staudinger/Oetker § 616 BGB Rn 155 mwN; aA die wohl hM, vgl BAG 11.11.1987 – 5 AZR 497/86 – AP Nr. 75 zu § 616 BGB; 9.4.1960 – 2 AZR 457/57 – AP Nr. 12 zu § 63 HGB; Erman/Belling § 616 BGB Rn 91 mwN; MünchArbR/Boewer, 2. Aufl., § 80 Rn 25; BeckOK/Joussen § 616 BGB Rn 55.
104 Staudinger/Oetker § 616 BGB Rn 158; Matthes in: ArbR BGB § 616 BGB Rn 16; eine Verpflichtung des Dienstverpflichteten zu konkretem Vortrag sehen in diesem Falle auch Erman/Belling § 616 BGB Rn 91 und 93; MünchArbR/Boewer, 2. Aufl., § 80 Rn 25.
105 BGH 6.4.1995 – VII ZR 36/94 – BB 1995, 1611; HWK/Krause § 616 BGB Rn 20.
106 MüKo/Henssler § 616 BGB Rn 20.
107 Erman/Belling § 616 BGB Rn 50; MüKo/Henssler § 616 BGB Rn 20.

Der Anspruch nach § 616 BGB geht allerdings insoweit über den Entgeltfortzahlungsanspruch nach § 3 EFZG, der gemäß § 3 Abs. 3 EFZG erst nach vierwöchiger ununterbrochener Dauer des Arbeitsverhältnisses entsteht, hinaus, als er bereits vom ersten Tag des Dienstverhältnisses eingreift. Gleichwohl ist bei einer Erkrankung in den ersten vier Wochen eines Arbeitsverhältnisses ein Rückgriff auf § 616 BGB ausgeschlossen, da das EFZG die Entgeltfortzahlung für Arbeitnehmer bei krankheitsbedingter Arbeitsunfähigkeit abschließend geregelt.[108] Dies führt im Ergebnis dazu, dass Arbeitnehmer in den ersten vier Wochen ihrer Beschäftigung entgeltfortzahlungsrechtlich schlechter gestellt sind als andere Dienstverpflichtete, was von einem Teil der Literatur als unbefriedigend empfunden wird,[109] als gesetzgeberische Entscheidung aber hinzunehmen ist: Arbeitnehmer, die einen Entgeltfortzahlungsanspruch für immerhin sechs Wochen haben, werden insoweit nicht besser oder schlechter, sondern nur anders gestellt als andere Dienstverpflichtete. 56

Für Beschäftigte in einer **Arbeitsgelegenheit** nach § 16 d Satz 1 SGB II bestehen keine besonderen Vergütungsfortzahlungsregelungen für den Krankheitsfall; insbesondere findet das EFZG keine Anwendung, so dass sich die Entgeltfortzahlung nach § 616 BGB richtet (s. § 1 EFZG Rn 27). 57

Gemäß § 25 SGB II in der bis 31.12.2004 geltenden Fassung wurde Arbeitslosengeld II bei Erkrankung des Arbeitslosen für die Dauer von sechs Wochen fortgezahlt. Zur Vermeidung von Wertungswidersprüchen wurde daher vertreten, dass auch die Fortzahlung der Mehraufwandsentschädigung gem. § 616 BGB sechs Wochen fortzuzahlen sei.[110] Diese Argumentation ist nicht überzeugend. Gem. § 16 d SGB II (§ 16 Abs. 3 Satz 2 SGB II in der bis 31.12.2004 geltenden Fassung) begründet die Arbeitsgelegenheit gerade kein Arbeitsverhältnis. Dennoch erklärt die Norm ausdrücklich die arbeitsrechtlichen Bestimmungen über die Arbeitssicherheit und des Bundesurlaubsgesetzes, letzteres mit Ausnahme der Regelungen über das Urlaubsentgelt, für anwendbar. Hätte der Gesetzgeber für den Krankheitsfall eine sechswöchige Fortzahlung der Mehraufwandsentschädigung gewollt, hätte es nahegelegen, auch insoweit eine Sonderregelung zu treffen. Das Fehlen einer solchen Sonderregelung und die hieraus folgende Anwendung der allgemeinen Vorschriften hat daher zur Folge, dass ein etwaiger Anspruch sich konsequent nach den allgemeinen Maßstäben zu bemessen hat und im Falle der Arbeitsunfähigkeit somit jedenfalls nicht für einen längeren Zeitraum zu zahlen ist, weshalb sechs Wochen jedenfalls zu lange sind. Dies gilt umso mehr, als die Regelung in § 25 SGB II in der bis 31.12.2004 geltenden Fassung mit Wirkung zum 1.1.2005 aufgehoben wurde. Da außerdem die Mehraufwandsentschädigung keinen Entgeltcharakter hat, ist ihre Fortzahllung im Krankheitsfall insgesamt zweifelhaft. 58

b) Arztbesuch ohne Dienstunfähigkeit des Dienstverpflichteten

§ 616 BGB ist ferner – auch in Arbeitsverhältnissen – anwendbar, wenn keine Erkrankung vorliegt oder eine vorliegende Erkrankung nicht zur Dienstunfähigkeit führt, die Dienstleistung aber infolge eines dennoch **erforderlichen Arzt-** 59

108 Staudinger/Oetker § 616 BGB Rn 80; Erman/Belling § 616 Rn 38.
109 Staudinger/Oetker § 616 BGB Rn 80.
110 Zwanziger, AuR 2005, 8, 11.

besuches oder stationären oder ambulanten **Behandlung** nicht erbracht werden kann.[111]

60 Ein Vergütungsfortzahlungsanspruch besteht aber nicht, wenn der Ausfall der Dienstleistung vermeidbar ist, weil der Arztbesuch **außerhalb der Arbeitszeit** möglich und zumutbar ist. Dem können eine medizinische Notwendigkeit (zB Untersuchung morgens in nüchternem Zustand), organisatorische Gegebenheiten (zB schwierig zu erhaltende Untersuchungstermine, die dennoch möglichst bald wahrgenommen werden sollen) oder der fehlende Einfluss des Dienstverpflichteten auf die Termingestaltung des Arztes entgegenstehen.[112] Vom Dienstverpflichteten ist insoweit zu verlangen, dass er einen Termin außerhalb seiner Dienstzeit zu erhalten versucht. Gelingt ihm dies jedoch trotz intensiver Bemühungen im Rahmen des Zumutbaren (dh insbesondere ohne den Arzt unzumutbar zu bedrängen) nicht, braucht er seine Arztwahl nicht nach der Verfügbarkeit von Terminen außerhalb der Dienstzeit auszurichten; die freie Arztwahl hat insoweit Vorrang.[113]

61 Die vorstehenden Grundsätze gelten auch für **arbeitsmedizinische Vorsorgeuntersuchungen** auf Veranlassung des Betriebsarztes oder der Berufsgenossenschaft, auch wenn keine Teilnahmeverpflichtung besteht.[114]

62 Sehen **tarifvertragliche Regelungen** eine Vergütungspflicht bei Arztbesuchen vor, gilt dies ebenfalls grundsätzlich nur für Fälle, in denen der Arbeitnehmer nicht arbeitsunfähig ist und seine Arbeit nach dem Arztbesuch alsbald wieder aufnimmt.[115]

c) Irrtum des Dienstverpflichteten über seine Dienstfähigkeit

63 Hält sich der Dienstverpflichtete irrtümlich, zB infolge einer ärztlichen **Fehldiagnose**, für dienstunfähig oder glaubt er, sich einer medizinischen Maßnahme unterziehen zu müssen, kann ebenfalls ein Fall des § 616 BGB vorliegen. Dies setzt allerdings voraus, dass der Dienstverpflichtet seinen Irrtum nicht erkennen konnte.[116]

2. Pflege und Betreuung von Angehörigen

a) Pflege von Angehörigen (bisherige Rechtslage)

64 Nach bisheriger Rechtsprechung können die Erkrankung von Familienangehörigen oder Lebenspartnern und ein hieraus folgender **Pflegebedarf** zu einer persönlichen Verhinderung im Sinne der § 616 BGB führen, wenn der Familienangehörige oder Lebenspartner auf die Hilfe und Pflege durch den Dienstverpflich-

---

111 BAG 29.2.1984 – 5 AZR 92/82 – AP Nr. 22 zu § 1 TVG Tarifverträge: Metallindustrie; 7.3.1990 – 5 AZR 189/89 – AP Nr. 83 zu § 616 BGB; BAG 23.10.1963 – 4 AZR 33/63 – AP Nr. 37 zu § 616 BGB; Erman/Belling § 616 Rn 27; HWK/Krause § 616 BGB Rn 21.

112 BAG 27.6.1990 – 5 AZR 365/89 – AP Nr. 89 zu § 616 BGB; 29.2.1984 – 5 AZR 92/82 – AP Nr. 22 zu § 1 TVG Tarifverträge: Metallindustrie; HWK/Krause § 616 BGB Rn 21.

113 BAG 29.2.1984 – 5 AZR 92/82 – AP Nr. 22 zu § 1 TVG Tarifverträge: Metallindustrie; ErfK/Dörner § 616 BGB Rn 7; HWK/Krause § 616 BGB Rn 21; MüKo/Henssler § 616 BGB Rn 22.

114 BAG 22.1.1986 – 5 AZR 34/85 – AP Nr. 1 zu § 1 TVG Tarifverträge: Bau; Matthes in: ArbR BGB § 616 BGB Rn 27.

115 BAG 27.6.1990 – 5 AZR 365/89 – AP Nr. 89 zu § 616 BGB; HWK/Krause § 616 BGB Rn 22.

116 Erman/Belling § 616 BGB Nr. 27; MüKo/Henssler § 616 BGB Rn 22.

teten **angewiesen** und das **Näheverhältnis** zwischen ihm und dem Dienstverpflichteten so eng ist, dass dessen Pflicht zur Hilfe und Pflege gegenüber der Pflicht zur Dienstleistung den Vorrang genießt.[117] Ausreichend – aber nicht erforderlich – ist eine strafrechtliche Garantenstellung des Dienstverpflichteten für seinen pflegebedürftigen Angehörigen.[118]

Das von der Rechtsprechung geforderte **Näheverhältnis** besteht insbesondere gegenüber dem Ehepartner,[119] dem eingetragenen Lebenspartner (vgl §§ 2 Satz 1, 11 Abs. 1 LPartG),[120] Abkömmlingen (vgl § 1627 BGB),[121] den Eltern[122] sowie den Geschwistern.[123] Es besteht ferner in einer eheähnlichen Gemeinschaft. Dies wird zwar zuweilen abgelehnt, da keine den übrigen Fällen vergleichbaren gesetzlich ausgeformten Beistands- und Unterstützungspflichten bestünden.[124] Tatsächlich bestehen jedoch zwischen den in einer solchen Gemeinschaft lebenden Partnern regelmäßig so enge Bindungen, dass die Rechtsordnung von ihnen „ein gegenseitiges Einstehen in den Not- und Wechselfällen des Lebens" erwartet.[125] Im Übrigen ist es auch sonst anerkannt, dass nicht nur Rechts- sondern auch sittliche Pflichten ein persönliches Hindernis im Sinne des § 616 BGB sein können. Zur Pflege und Betreuung kleiner Kinder s. Rn 72 ff. 65

Das erforderliche Näheverhältnis und hieraus folgend eine sittliche Pflicht zur Pflege wird häufig ferner voraussetzen, dass der Dienstverpflichtete und der Pflegebedürftige in einem Haushalt zusammenleben.[126] 66

Der Angehörige muss auf die Hilfe und Pflege gerade seitens des Dienstverpflichteten **angewiesen** sein. Im Allgemeinen wird deshalb dem Dienstverpflichteten die Dienstleistung nur für die ersten Tage eines unvorhergesehenen Pflegebedarfs unzumutbar sein; danach muss er sich – insbesondere dann, wenn mit längerem Pflegebedarf zu rechnen ist – um andere Pflegemöglichkeiten kümmern.[127] 67

b) Pflege von Angehörigen nach dem PflegeZG

Nunmehr ist der Freistellungsanspruch in § 2 PflegeZG ausdrücklich geregelt. Zur Frage der Vergütungspflicht verhält sich das PflegeZG jedoch nicht, sondern verweist in § 2 Abs. 3 auf andere gesetzliche Vorschriften und damit insbesondere auf § 616 BGB.[128] Die Voraussetzungen des Freistellungsanspruchs nach § 2 PflegeZG und des Vergütungsfortzahlungsanspruchs nach § 616 BGB stim- 68

117 BAG 20.6.1979 – 5 AZR 361/78 – AP Nr. 50 zu § 616 BGB; 20.6.1979 – 5 AZR 392/78 – AP Nr. 51 zu § 616 BGB; 19.4.1978 – 5 AZR 834/76 – AP Nr. 48 zu § 616 BGB.
118 Staudinger/Oetker § 616 BGB Rn 56.
119 BAG 20.7.1977 – 5 AZR 325/76 – AP Nr. 47 zu § 616 BGB.
120 HWK/Krause § 616 BGB Rn 23; MüKo/Henssler § 616 BGB Rn 34.
121 BAG 20.6.1979 – 5 AZR 361/78 – AP Nr. 50 zu § 616 BGB; 19.4.1978 – 5 AZR 834/76 – AP Nr. 48 zu § 616 BGB.
122 HWK/Krause § 616 BGB Rn 24.
123 HWK/Krause § 616 BGB Rn 24.
124 Staudinger/Oetker § 616 BGB Rn 56; HWK/Krause § 616 BGB Rn 24.
125 BVerfG 17.11.1992 – 1 BvL 8/87 – NJW 1993, 643.
126 Staudinger/Oetker § 616 BGB Rn 56; HWK/Krause § 616 BGB Rn 24; Matthes in: ArbR BGB § 616 BGB Rn 23; MüKo/Henssler § 616 BGB Rn 34.
127 BAG 19.4.1978 – 5 AZR 834/76 – AP Nr. 48 zu § 616 BGB; Erman/Belling § 616 BGB Rn 26.
128 ErfK/Gallner, § 2 PflegeZG Rn 4; Joussen, NZA 2009, 69, 70; HWK/Krause § 616 BGB Rn 6.

men aber nicht überein. S. hierzu im Einzelnen die Kommentierung zu § 2 PflegeZG. Aus dem Bestehen eines Freistellungsanspruchs nach dem PflegeZG folgt daher nicht ohne weiteres das Bestehen eines Vergütungsfortzahlungsanspruchs nach § 616 BGB.[129] Insoweit gilt für den Anspruch nach dem PflegeZG nichts anderes als für andere gesetzliche Freistellungsansprüche und Leistungsverweigerungsrechte.

69 Soweit beispielsweise bei der Pflege naher Angehöriger bislang zu Recht nur ein Zeitraum von bis zu fünf Arbeitstagen als „verhältnismäßig nicht erhebliche Zeit" im Sinne der Vergütungsfortzahlungsvorschriften angesehen wird,[130] wird hieran der Freistellungsanspruch von bis zu zehn Arbeitstagen gem. § 2 Abs. 3 PflegeZG nichts ändern,[131] zumal da eine Verhinderung im Sinne des § 616 BGB wegen Organisation einer Pflege möglicherweise auch für kürzere Zeiten als volle Tage besteht.[132] Wenn der Anspruchsberechtigte daher seinen vollen Freistellungsanspruch geltend macht, verliert er den Entgeltfortzahlungsanspruch nach § 616 BGB vollständig.[133] Zur vergleichbaren Rechtslage bei § 45 Abs. 2 SGB V s. Rn 72 ff.

70 Eine nicht mehr nur unerhebliche Dauer der Dienstverhinderung liegt auch in dem Fall der Kombination der Rechte aus §§ 2 und 3 PflegeZG, wenn der Berechtigte im Anschluss an die Arbeitsverhinderung nach § 2 Abs. 3 PflegeZG unbezahlte Pflegezeit gem. § 3 PflegeZG nimmt, vor.[134] Auch in diesem Fall verliert der Berechtigte den Anspruch aus § 616 BGB vollständig, da sich die gesamte Arbeitsverhinderung aus dem Pflegebedürfnis eines Angehörigen ergibt und somit nicht mehrere Verhinderungsfälle, die jeweils für sich gesondert zu betrachten wären, vorliegen.

71 Auch soweit § 7 Abs. 3 PflegeZG den Begriff der „nahe[n] Angehörige[n]" gegenüber der bisherigen Rechtslage erheblich ausdehnt, kann dies nicht ohne weiteres auf § 616 BGB übertragen werden.[135]

c) Pflege und Betreuung von Kindern

72 Für die Pflege erkrankter Kinder gewährt § 45 Abs. 3 Satz 1 SGB V einen Anspruch auf Arbeitsbefreiung. Richtigerweise ist wohl davon auszugehen, dass es sich dabei um ein **Leistungsverweigerungsrecht** des Arbeitnehmers handelt, neben dem das Leistungsverweigerungsrecht nach § 275 Abs. 3 BGB bestehen bleibt.[136]

73 Sind alle Familienmitglieder, denen die Pflege zumutbarerweise übertragen werden könnte, berufstätig, so steht ihnen ein **Wahlrecht** zu, wer von ihnen die Pflege des erkrankten Kindes übernimmt;[137] ansonsten hat das nicht berufstätige Fa-

129 Linck BB 2008, 2738, 2741; Preis/Nehring NZA2008, 729, 732.
130 BAG 7.6.1978 – 5 AZR 466/77 – AP Nr. 35 zu § 63 HGB; 19.4.1978 – 5 AZR 834/76 – AP Nr. 48 zu § 616 BGB.
131 Linck BB 2008, 2738, 2742.
132 Preis/Nehring NZA 2008, 729, 732.
133 Linck BB 2008, 2738, 2742; Preis/Nehring NZA2008, 729, 733; aA HWK/Krause § 616 BGB Rn 42.
134 AA wohl ErfK/Dörner § 616 BGB Rn 10.
135 Linck BB 2008, 2738, 2742.
136 Näher zum Ganzen MüKo/Henssler § 616 BGB Rn 27 ff.
137 BAG 20.6.1979 – 5 AZR 361/78 – AP Nr. 50 zu § 616 BGB; Erman/Belling § 616 Rn 26; MüKo/Henssler § 616 BGB Rn 31.

milienmitglied die Pflege zu übernehmen.[138] Sind die Familienmitglieder bei demselben Dienstberechtigten beschäftigt, haben sie auf dessen berechtigte Interessen an der jeweiligen Dienstleistung Rücksicht zu nehmen.[139]

Für die Entgeltfortzahlung werden häufig zumindest im Ergebnis die Regelungen 74
des Krankengeldanspruchs in § 45 SGB V auf § 616 BGB übertragen. Dies gilt für die **Altersgrenze** in § 45 Abs. 1 Satz 1 SGB V (früher vollendetes achtes, heute vollendetes zwölftes Lebensjahr) sowie die **Anspruchsdauer** (hier soll als Anhaltspunkt allerdings die früher geltende Rechtslage, die fünf Arbeitstage Arbeitsbefreiung gewährte, und nicht die neue Rechtslage, die 10 bzw 20 Arbeitstage gewährt, als Anhalt dienen).[140] Richtig hieran ist, dass ein erkranktes Kind jedenfalls im Alter bis zu zwölf Jahren immer dann auf die Pflege des Dienstverpflichteten angewiesen ist, wenn Beaufsichtigung, Betreuung oder Pflege geboten sind und andere im Haushalt des Arbeitnehmers lebende Personen nicht zur Verfügung stehen, da eine Betreuung und Pflege durch Dritte, zu denen das Kind bisher keine Beziehung hatte, insbesondere für die ersten Tage der Erkrankung nicht sachgemäß ist und der Dienstverpflichtete somit in der Regel nicht auf außerhalb des Haushalts lebende Pflegepersonen verwiesen werden kann.[141] Bei Kindern oberhalb der Altersgrenze in § 45 Abs. 1 SGB V sind Arbeitsbefreiung und Entgeltfortzahlung aber nicht deshalb ausgeschlossen, sondern Frage des Einzelfalls.[142] Zu berücksichtigen sind insbesondere der Entwicklungsstand und die Schwere der Erkrankung des Kindes. Dies ergibt sich jedoch bereits aus den allgemeinen Grundsätzen und bedarf keines Rückgriffs auf § 45 SGB V. Auch hinsichtlich der nicht erheblichen Dauer wird auf die allgemeinen Grundsätze zurückzugreifen sein, so dass eine generelle Fixierung des Zeitraums nicht in Betracht kommen kann; im Ergebnis wird hier allerdings mit der hM von höchstens fünf Tagen auszugehen sein.[143]

Der in § 45 Abs. 1 und 4 SGB V normierte **Krankengeldanspruch** ist gem. § 45 75
Abs. 3 SGB V subsidiär zu einem Entgeltfortzahlungsanspruch nach § 616 BGB.[144] Das schließt es nicht aus, dass ein Tarifvertrag einen Anspruch auf bezahlte Freistellung zur Pflege erkrankter Kinder nur vorsieht, wenn kein Anspruch auf Krankengeld besteht und damit den in § 45 Abs. 3 S 1 SGB V normierten Vorrang der bezahlten Freistellung umkehrt.[145]

---

138 MüKo/Henssler § 616 BGB Rn 31.

139 Staudinger/Oetker § 616 BGB Rn 58; MüKo/Henssler § 616 BGB Rn 31.

140 Staudinger/Oetker § 616 BGB Rn 59 und 99; Erman/Belling § 616 BGB Rn 26 und 49; Matthes in: ArbR BGB § 616 BGB Rn 24.

141 HWK/Krause § 616 BGB Rn 23; entsprechend zur früheren Rechtslage (acht Jahre) BAG 19.4.1978 – 5 AZR 834/76 – AP Nr. 48 zu § 616 BGB; 7.6.1978 – 5 AZR 466/77 – AP Nr. 35 zu § 63 HGB.

142 MüKo/Henssler § 616 BGB Rn 30; Beck/OK/Joussen § 616 BGB Rn 31; AnwK-BGB/Franzen § 616 BGB Rn 10; enger Staudinger/Oetker § 616 BGB Rn 58 „nur in Ausnahmefällen"; HWK/Krause § 616 BGB Rn 23 zwölf Jahre als „Richtwert"; ErfK/Dörner § 616 BGB Rn 8 „häufig zweifelhaft".

143 BAG 19.4.1978 – 5 AZR 834/76 – AP Nr. 48 zu § 616 BGB; Staudinger/Oetker § 616 BGB Rn 99; MüKo/Henssler § 616 BGB Rn 32; aA HWK/Krause § 616 BGB Rn 42.

144 BAG 31.7.2002 – 10 AZR 578/01 – AP Nr. 3 zu § 1 TVG Tarifverträge: Wohnungswirtschaft; Thüringisches LAG 20.9.2007 – 3 Sa 78/07 – LAGE § 242 BGB 2002 Kündigung Nr. 3; MüKo/Henssler § 616 BGB Rn 26.

145 Staudinger/Oetker § 616 BGB Rn 58; Matthes in: ArbR BGB § 616 BGB Rn 24.

76 Ein Anspruch nach § 616 BGB kommt auch dann in Betracht, wenn Kinder aus anderen Gründen, **ohne erkrankt** zu sein, unvorhergesehen betreut werden müssen, zB infolge eines Streiks des Kindergarten- oder Schulpersonals,[146] wegen einer Schulschließung wegen Brandes[147] oder wegen einer Erkrankung der die Kinder sonst betreuenden Person.[148] Hieran ändert nichts, wenn die Ursache des Betreuungsbedarfs für sich genommen nicht den persönlichen Verhältnissen des Dienstverpflichteten zuzurechnen ist und somit ein objektives Leistungshindernis darstellen würde, denn dies ist ein Fall, in dem dieses in die persönliche Sphäre des Dienstverpflichteten ausstrahlt.[149]

77 Der Betreuungsbedarf bei einem gesunden Kind dürfte im Regelfall allerdings geringer sein als bei erkrankten Kindern.[150] Ist außerdem der Betreuungsbedarf zB während Schul- oder Kindergartenferien längere Zeit vorhersehbar, hat sich der Dienstverpflichtete rechtzeitig um anderweitige Betreuungsmöglichkeiten zu kümmern, so dass die Dienstleistung nicht unzumutbar ist und ein Entgeltfortzahlungsanspruch nicht besteht.[151]

3. Familienereignisse

78 Im Einzelfall kann die Teilnahme an Familienereignissen unter § 616 BGB fallen. Hierfür genügt es allerdings nicht, dass die Teilnahme des Dienstverpflichteten gerne gesehen ist. Sie muss vielmehr nach allgemeiner Anschauung nachgerade **unverzichtbar** sein, so dass ein Fernbleiben des Dienstverpflichteten als anstößig gilt und deshalb ein Verzicht auf die Teilnahme zugunsten der Diensterbringung unzumutbar ist.[152]

79 Diese Voraussetzung wird im Allgemeinen erfüllt sein bei **Todesfällen** und **Begräbnissen** naher Familienangehöriger (Eltern, Ehegatten, Kinder, Geschwister, Großeltern, Enkel, Lebenspartner) oder im Haushalt des Dienstverpflichteten mit diesem in einer Lebensgemeinschaft lebender sonstiger Personen.[153] Der Anspruch besteht dabei nicht nur für die Bestattung, sondern kann auch für den Todestag selbst gelten.[154]

80 Weiter soll eine Vergütungsfortzahlung bei **herausragenden Familienfeiern** (zB Hochzeit oder Begründung der Lebenspartnerschaft des Dienstverpflichteten[155] oder der Kinder;[156] darüber hinaus sogar bei der silbernen Hochzeit des

146 HWK/Krause § 616 BGB Rn 24; MüKo/Henssler § 616 BGB Rn 35.
147 MüKo/Henssler § 616 BGB Rn 35.
148 LAG Düsseldorf 20.3.2007 – 3 Sa 30/07 – ZTR 2007, 496 für § 8 Abs. 1 Nr. 5 des Manteltarifvertrags für die Chemische Industrie; MüKo/Henssler § 616 BGB Rn 34 und 35.
149 MüKo/Henssler § 616 BGB Rn 35.
150 MüKo/Henssler § 616 BGB Rn 35.
151 MüKo/Henssler § 616 BGB Rn 35.
152 Staudinger/Oetker § 616 BGB Rn 60; ErfK/Dörner § 616 BGB Rn 4; BeckOK/Joussen § 616 BGB Rn 23.
153 Staudinger/Oetker § 616 BGB Rn 61; ErfK/Dörner § 616 BGB Rn 4; Erman/Belling § 616 BGB Rn 26; HWK/Krause § 616 BGB Rn 26.
154 MüKo/Henssler § 616 BGB Rn 39.
155 BAG 27.4.1983 – 4 AZR 506/80 – AP Nr. 61 zu § 616 BGB zum Lohntarifvertrag für die gewerblichen Arbeitnehmer der Bekleidungsindustrie in Westfalen; BAG 14.2.1962 – 4 AZR 37/61 – AP Nr. 35 zu § 616 BGB zum Manteltarifvertrag für die gewerblichen Arbeitnehmer in der Berliner Metallindustrie; Erman/Belling § 616 BGB Rn 26; HWK/Krause § 616 BGB Rn 25; MüKo/Henssler § 616 BGB Rn 37.
156 MünchArbR/Boewer, 3. Aufl., § 70 Rn 14; MüKo/Henssler § 616 BGB Rn 38.

Dienstverpflichteten[157] oder der goldenen Hochzeit der Eltern[158]) und bestimmten religiösen Feiern (zB Erstkommunion oder Konfirmation des Kindes,[159] nicht aber der Dankgottesdienst am Tage danach[160]) in Betracht kommen. Dies dürfte nicht zutreffen, da solche Anlässe der privaten Lebensführung zuzuordnen sind und es dem Dienstverpflichteten daher zuzumuten sein wird, Urlaub zu nehmen.[161] Jedenfalls aber wird hier besonderes Augenmerk auf die Unvermeidbarkeit zu legen sein, da sich solche Feiern häufig in die Freizeit, insbesondere ins Wochenende legen lassen werden.[162] Anderen Familienfeiern (zB Geburtstag des Dienstverpflichteten oder von Angehörigen) fehlt zumeist von vorne herein das nötige Gewicht, um die Vergütungsfortzahlung auszulösen.[163]

Ferner besteht der Anspruch bei der **Geburt eines Kindes.**[164] Die Auffassung, 81
dass bei nichtehelichen Kindern der Anspruch voraussetzen soll, dass die Eltern miteinander in einer nichtehelichen Lebensgemeinschaft leben,[165] ist wegen des insoweit nicht beschränkten Umgangsrechts des Kindes gem. § 1684 Abs. 1 BGB und weil die Geburt eines Kindes für den Vater und das Kind ein zentrales Ereignis ist, dem der Vater beiwohnen können muss, abzulehnen.[166] Der Anspruch kann allerdings vertraglich – insbesondere durch Tarifvertrag – auf die Niederkunft der mit dem Dienstverpflichteten zusammenlebenden Ehefrau beschränkt werden.[167]

4. Ehrenamtliche Pflichten und öffentliche Ämter

Die Inanspruchnahme durch **ehrenamtliche Pflichten** kann ebenfalls zur Anwen- 82
dung des § 616 BGB führen, soweit der Dienstverpflichtete keinen Einfluss auf die zeitliche Lage der Amtstätigkeit hat.[168] Dies gilt beispielsweise für die Tätigkeit als Schöffe oder ehrenamtlicher Richter[169] (einschließlich der Einsichtnahme

157 MüKo/Henssler § 616 BGB Rn 38.
158 BAG 25.10.1973 – 5 AZR 156/73 – AP Nr. 43 zu § 616 BGB; zum Ausschluss durch Tarifvertrag BAG 14.10.1982 – 6 AZR 1157/79 – EzBAT § 52 BAT Nr. 10; 25.8.1982 4 AZR 1064/79 – AP Nr. 55 zu § 616 BGB.
159 HWK/Krause § 616 BGB Rn 26; Matthes in: ArbR BGB § 616 BGB Rn 22.
160 MüKo/Henssler § 616 BGB Rn 38.
161 Erman/Belling § 616 Rn 26; im Grundsatz ähnlich BeckOK/Joussen § 616 BGB Rn 23.
162 Erman/Belling § 616 BGB Rn 26; MüKo/Henssler § 616 BGB Rn 37.
163 BAG 25.10.1973 – 5 AZR 156/73 – AP Nr. 43 zu § 616 BGB; HWK/Krause § 616 BGB Rn 26; MüKo/Henssler § 616 BGB Rn 36.
164 Erman/Belling § 616 BGB Rn 26; MüKo/Henssler § 616 BGB Rn 40.
165 Staudinger/Oetker § 616 BGB Rn 63; HWK/Krause § 616 BGB Rn 25; Matthes in: ArbR BGB § 616 BGB Rn 22; MüKo/Henssler § 616 BGB Rn 40.
166 Im Ergebnis auch Erman/Belling § 616 BGB Rn 26; MüKo/Henssler § 616 BGB Rn 40.
167 BVerfG 1.4.1998 – 2 BvR 1578/97 – AP Nr. 27 zu Art. 6 Abs. 1 GG Ehe und Familie; BAG 18.1.2001 – 6 AZR 492/99 – AP Nr. 8 zu § 52 BAT; 25.2.1987 – 8 AZR 430/84 – AP Nr. 3 zu § 52 BAT.
168 BAG 9.3.1983 – 4 AZR 62/80 – AP Nr. 60 zu § 616 BGB zum Manteltarifvertrag Technische Überwachungsvereine; 20.6.1995 – 3 AZR 857/94 – AP Nr. 94 zu § 616 BGB zu § 10 Nr. 1 Buchst. b MTV; Staudinger/Oetker § 616 BGB Rn 67.
169 BAG 22.1.2009 – 6 AZR 78/08 – NZA 2009, 735; LAG Berlin-Brandenburg 6.9.2007 – 26 Sa 577/07 – EzTöD 100 § 29 TVöD-AT Nr. 1; LAG Bremen 14.6.1990 – 3 Sa 132/89 – LAGE § 616 BGB Nr. 5; Staudinger/Oetker § 616 BGB Rn 67; Erman/Belling § 616 BGB Rn 25; wohl auch BAG 22.1.2009 – 6 AZR 78/07 – Pressemitteilung Nr. 9/09; verneint von BAG 25.8.1982 – 4 AZR 1147/79 – AP Nr. 1 zu § 26 ArbGG 1979 für § 6.2 des Manteltarifvertrages für die Metallindustrie in Nordwürttemberg/Nordbaden.

in die Gerichtsakten),[170] als Wahlhelfer bei öffentlichen Wahlen,[171] bei der Wahrnehmung von Aufgaben in den Verwaltungsorganen der Sozialversicherungsträger[172] oder als amtlich bestellter Vormund oder Betreuer.[173] Eine etwaige anderweitige Kompensation zB gem. § 18 JVEG ändert hieran nichts, da diese einen auszugleichenden Verdienstausfall voraussetzt, wobei dieses Verhältnis allerdings durch Vereinbarung umgekehrt werden kann.[174] Die Ausübung des aktiven Wahlrechts fällt ebenfalls unter § 616 BGB.[175]

83 Anderes gilt hingegen für die private Übernahme **politischer Ämter**. Für die Ausübung von Abgeordnetenmandaten in einem Landtag, im Bundestag oder im Europaparlament sowie für die Vorbereitung einer Wahl zu den Parlamenten sehen Art. 48 Abs. 1 GG und die Wahlgesetze ausdrücklich nur eine unbezahlte Beurlaubung vor, über deren Dauer und Aufteilung allerdings alleine der Wahlbewerber entscheidet.[176] Auch darüber hinaus fallen politische Ämter (zB als ehrenamtlicher Bürgermeister oder Mitglied einer Kommunalvertretung) nicht unter § 616 BGB.[177] Dasselbe gilt für die Tätigkeit als Beirat für Landespflege bei der Bezirksregierung.[178] Außerdem gehen auch hier etwaige Kompensationen (Aufwandsentschädigungen, Abgeordnetendiäten usw.) regelmäßig vor.[179]

84 Die **Kandidatur** zu einem Amt führt ebenfalls nicht zur Entgeltfortzahlung,[180] zumal da der Dienstverpflichtete hier in der Regel in der zeitlichen Gestaltung seiner Tätigkeit frei sein wird.[181] Hinsichtlich der Kandidatur für ein Bundestagsmandat ist ein Ausschluss der Vergütungsfortzahlung in § 3 Satz 2 AbgG sogar ausdrücklich geregelt. Entsprechende Vorschriften gibt es auch in vielen Ländern für Landtagskandidaten (zB § 3 Abs. 1 Satz 2 AbgG BaWü), so dass von einem allgemeinen Rechtsgrundsatz gesprochen werden kann, der auch ohne ausdrückliche gesetzliche Regelung gilt.[182]

85 Erst recht nicht von § 616 BGB erfasst sind allgemeines **politisches Engagement**[183] sowie die Wahrnehmung von **Aufgaben in Gewerkschaften und Verei-**

170 LAG Bremen 14.6.1990 LAGE BGB § 616 Nr. 5.
171 HWK/Krause § 616 BGB Rn 27; Matthes in: ArbR BGB § 616 BGB Rn 31.
172 HWK/Krause § 616 BGB Rn 28; ErfK/Dörner § 616 BGB Rn 5.
173 HWK/Krause § 616 BGB Rn 27; Matthes in: ArbR BGB § 616 BGB Rn 31.
174 LSG Bremen 27.12.1985 – L 5 H 8/85.
175 MünchArbR/Boewer, 2. Aufl., § 616 BGB Rn 40.
176 Einzelheiten bei MünchArbR/Boewer, 2. Aufl., § 80 Rn 39.
177 BAG 20.6.1995 – 3 AZR 857/94 – NZA 1996, 383 zu § 10 Nr. 1 Buchst b des Manteltarifvertrages für die Arbeitnehmer und Auszubildenden in der Milch-, Käse- und Schmelzkäseindustrie; LAG Bremen 17.11.2009 – 1 Sa 131/08 – juris zu § 29 Abs. 2 TV-L; MüKo/Henssler § 616 BGB Rn 43; MünchArbR/Boewer, 2. Aufl., § 80 Rn 39; Boecken in: Hümmerich/Boecken/Düwell § 616 BGB Rn 13; aA für den Fall, dass die Gemeindeordnung eine Vergütungspflicht vorsieht Matthes in: ArbR BGB § 616 BGB Rn 32.
178 BAG 9.3.1983 – 4 AZR 62/80 – AP Nr. 60 zu § 616 BGB für den Manteltarifvertrag Technische Überwachungsvereine; HWK/Krause § 616 BGB Rn 28.
179 BAG 7.12.1956 – 3 AZR 393/54 – AP Nr. 7 zu § 616 BGB zum Tarifvertrag für die Lohnempfänger der Staatsforstverwaltung des Landes Hessen.
180 Staudinger/Oetker § 616 BGB Rn 67; MüKo/Henssler § 616 BGB Rn 42; Erman/Belling § 616 Rn 8; MünchArbR/Boewer, 2. Aufl., § 80 Rn 39; ErfK/Dörner § 616 BGB Rn 5.
181 Staudinger/Oetker § 616 BGB Rn 67.
182 Erman/Belling § 616 BGB Rn 8; Einzelheiten bei MünchArbR/Boewer, 2. Aufl., § 80 Rn 39 ff.
183 LAG Schleswig-Holstein 18.1.1995 – 3 Sa 568/94 – LAGE § 611 BGB Abmahnung Nr. 39.

nen.[184] Ihre Ausübung gehört in den Bereich der privaten Lebensführung und darf nicht zulasten des Dienstberechtigten gehen.[185] Allerdings gibt es hinsichtlich der gewerkschaftlichen Betätigung oftmals abweichende tarifvertragliche Bestimmungen.[186]

Für die Tätigkeit als Helfer des Roten Kreuzes oder anderer **Hilfsorganisationen** **86**
gilt § 616 BGB, soweit die Tätigkeit als Katastrophen- oder Zivilschutzhelfer, beim Technischen Hilfswerk oder als Mitglied der freiwilligen Feuerwehr nicht spezialgesetzlich geregelt ist, für den Einsatz bei einem akuten Unglücksfall und bei Heranziehung durch die Katastrophen- und Zivilschutzbehörden, nicht jedoch bei allgemeinen Einsätzen (zB im Theater oder bei Großveranstaltungen) und Übungen.[187]

5. Wahrnehmung öffentlicher Pflichten, Regelung persönlicher Angelegenheiten und Ähnliches

Eine Entgeltfortzahlung kann in Betracht kommen, wenn der Dienstverpflichtete **87**
rechtlich oder tatsächlich gezwungen ist, während der Dienstzeit ein **Gericht** aufzusuchen. Dies ist beispielsweise der Fall, wenn ein Gericht das persönliche Erscheinen des Dienstverpflichteten als Partei,[188] Zeugen[189] oder Sachverständigen[190] anordnet. Eine etwaige anderweitige Kompensation, zB gem. § 22 JVEG, ändert hieran nichts, da sie einen auszugleichenden Verdienstausfall voraussetzt, wobei dieses Verhältnis durch Vereinbarung auch umgekehrt werden kann.[191] Auch die Ladung zu **Behörden** kann eine Dienstverhinderung begründen.[192] Allerdings darf der Termin nicht deshalb erforderlich geworden sein, weil der Dienstverpflichtete eigene Rechte gegen den Dienstberechtigten durchsetzen möchte.[193]

Die Verpflichtung des Arbeitnehmers gem. § 38 SGB III zur unverzüglichen **88**
Meldung als arbeitssuchend und die Teilnahme an **Qualifizierungsmaßnahmen** der Agentur für Arbeit verpflichten den Arbeitgeber gem. § 2 Abs. 2 Satz 2 SGB III zur Freistellung und können ein Leistungshindernis im Sinne des § 616

184 Staudinger/Oetker § 616 BGB Rn 68; HWK/Krause § 616 BGB Rn 28 und 29; Erman/Belling § 616 BGB Rn 27; ErfK/Dörner § 616 BGB Rn 5; MünchArbR/Boewer, 2. Aufl., § 80 Rn 13.
185 Erman/Belling § 616 BGB Rn 27.
186 Vgl BAG 3.11.2004 – 4 AZR 543/03 – ZTR 2005, 418; 11.9.1985 – 4 AZR 134/84 – AP Nr. 7 zu § 1 TVG Tarifverträge: Banken; 11.9.1985 – 4AZR 147/85 – AP Nr. 67 zu § 616 BGB; zu den Grenzen BAG 19.7.1983 – 1 AZR 307/81 – AP Nr. 5 zu § 87 BetrVG 1972 Betriebsbuße.
187 HWK/Krause § 616 BGB Rn 30; Matthes in: ArbR BGB § 616 BGB Rn 39; MüKo/Henssler § 616 BGB Rn 44.
188 BAG 4.9.1985 – 7 AZR 249/83 – AP Nr. 1 zu § 29 BMT-G II; Hessisches LAG 28.11.2006 – 15 Sa 1343-06 – NZA-RR 2007, 296; LAG Hamm 24.11.1971 – 8 Ta 78/71 – BB 1972, 177; Staudinger/Oetker § 616 BGB Rn 64; Erman/Belling § 616 BGB Rn 25; aA Matthes in: ArbR BGB § 616 BGB Rn 25.
189 BAG 13.12.2001 – 6 AZR 30/01 – AP Nr. 1 zu § 33 MTArb für § 33 MTArb; Staudinger/Oetker § 616 BGB Rn 64; Erman/Belling § 616 BGB Rn 25.
190 Staudinger/Oetker § 616 BGB Rn 64; Erman/Belling § 616 BGB Rn 25.
191 LSG Bremen 27.12.1985 – L 5 H 8/85.
192 HWK/Krause § 616 BGB Rn 27; MüKo/Henssler § 616 BGB Rn 41.
193 BAG 4.9.1985 – 7 AZR 249-83 – AP Nr. 1 zu § 29 BMT-G II; HWK/Krause § 616 BGB Rn 27; etwas großzügiger MüKo/Henssler § 616 BGB Rn 43: Ausschluss nur, wenn kein persönliches Erscheinen angeordnet.

BGB bilden.[194] Gleiches gilt für den Anspruch auf Freistellung zur **Stellensuche** gemäß § 629 BGB.[195] Allerdings ist hier zu beachten, dass die für die Stellensuche aufgewandte Zeit nicht nur Vorstellungsgespräche sondern sämtliche auf den Abschluss eines neuen Dienstverhältnisses gerichteten Handlungen einschließlich der Lektüre von Stellenanzeigen oder der Zusammenstellung von Bewerbungsunterlagen mitumfasst, die im Regelfall außerhalb der Dienstzeiten stattfinden können. Insoweit ist die Dienstversäumnis nicht unvermeidlich. Ferner kann die „angemessene Zeit zum Aufsuchen eines anderen Dienstverhältnisses" länger dauern als die „verhältnismäßig nicht erhebliche Zeit".[196] Hierbei sowie im Rahmen der Verschuldensprüfung ist auch der Grund für die Beendigung des Dienstverhältnisses zu berücksichtigen.[197]

89 Ferner gilt § 616 BGB in Dienstverhältnissen, die keine Arbeitsverhältnisse sind, für die Pflicht zur Teilnahme an **Musterungen, militärischen Eignungstests und Wehrübungen**; in Arbeitsverhältnissen gehen die §§ 1, 14 ArbPlSchG vor.[198] Die Verpflichtung zur Ableistung von **Wehrdienst** für einen ausländischen Staat kann ebenfalls unter § 616 BGB fallen,[199] soweit nicht das ArbPlSchG analog Anwendung findet.[200]

90 Die Teilnahme an **Prüfungen** kann hingegen nicht ohne weiteres eine Dienstverhinderung im Sinne des § 616 BGB begründen. Weitere Voraussetzung wird zumindest sein, dass die Prüfung für die Berufstätigkeit des Dienstverpflichteten erforderlich ist.[201] Ansonsten gehören Prüfungen zur privaten Lebensführung und wird es dem Dienstverpflichteten deshalb zuzumuten sein, Urlaub zu nehmen oder sich unbezahlt freistellen zu lassen.[202] Keine Entgeltfortzahlung gibt es auch für Prüfungen der Kinder.[203]

91 Der **Umzug** des Dienstverpflichteten mit eigenem Hausstand soll ebenfalls eine Dienstverhinderung im Sinne des § 616 BGB sein können.[204] Dem ist zumindest für den Regelfall nicht zu folgen. Denn es ist auch hier dem Dienstverpflichteten zuzumuten, den Umzug in seine Freizeit zu legen oder andere Freistellungsansprüche zu realisieren, insbesondere Urlaub zu nehmen.[205]

---

194 HWK/Krause § 616 BGB Rn 34; aA AnwK-BGB/Franzen § 616 BGB Rn 7.

195 BAG 13.11.1969 – 4 AZR 35/69 – AP Nr. 41 zu § 616 BGB; 11.6.1957 – 2 AZR 15-57 – AP Nr. 1 zu § 629 BGB; Erman/Belling § 616 BGB Rn 27; MüKo/Henssler § 616 BGB Rn 50.

196 BAG 13.11.1969 – 4 AZR 35/69 – AP Nr. 41 zu § 616 BGB.

197 Staudinger/Oetker § 616 BGB Rn 72; Boecken in: Hümmerich/Boecken/Düwell § 616 BGB Rn 15.

198 Erman/Belling § 616 BGB Rn 25.

199 BAG 20.5.1988 – 2 AZR 682/87 – AP Nr. 9 zu § 1 KSchG 1969 Personenbedingte Kündigung; 22.12.1982 – 2 AZR 282/82 – AP Nr. 23 zu § 123 BGB; HWK/Krause § 616 BGB Rn 7.

200 MüKo/Henssler § 616 BGB Rn 10; ErfK/Gallner § 1 ArbPlSchG Rn 1.

201 LAG München 1.4.1999 – 2 Sa 826/98 – EzBAT TV Fleischbeschaupersonal außerh. öffentl. Schlachthöfe Nr. 13; HWK/Krause § 616 BGB Rn 31.

202 Erman/Belling § 616 BGB Rn 25; HWK/Krause § 616 BGB Rn 31; großzügiger Staudinger/Oetker § 616 BGB Rn 65; MüKo/Henssler § 616 BGB Rn 43; Boecken in: Hümmerich/Boecken/Düwell § 616 BGB Rn 14.

203 ArbG Kaiserslautern 22.12.1983 – 5 Ca 170-83 – ARST 1984, 114; MüKo/Henssler § 616 BGB Rn 43.

204 Matthes in: ArbR BGB § 616 BGB Rn 22.

205 BAG 25.4.1960 – 1 AZR 16/58 – AP Nr. 23 zu § 616 BGB; Staudinger/Oetker § 616 BGB Rn 70; HWK/Krause § 616 BGB Rn 26; Erman/Belling § 616 BGB Rn 27; MüKo/Henssler § 616 BGB Rn 51; Boecken in: Hümmerich/Boecken/Düwell § 616 BGB Rn 18.

92 Ein **Wohnungseinbruch oder -brand** kann zu einer Dienstverhinderung im Sinne des § 616 BGB führen.[206]

93 Die **Wartepflicht nach § 142 StGB** nach Beteiligung an einem Verkehrsunfall oder die Verpflichtung zur **Hilfeleistung für Dritte** können ebenfalls zu einer Dienstverhinderung führen, da die Dienstpflichten keinen Notstand iSd §§ 34, 35 StGB begründen und daher die Warte- bzw Hilfspflicht nicht entfallen lassen.[207]

6. Religiöse oder weltanschauliche Pflichten

94 **Religiös begründete Pflichten** (zB zum Gebet) können in Ausnahmefällen ebenfalls unter § 616 BGB fallen.[208] Allerdings wird dabei besonders auf die Vermeidbarkeit zu achten sein: Beispielsweise werden Gebete oftmals in den Arbeitspausen oder sogar vor oder nach Dienstschluss verrichtet werden können.[209]

95 Die Feiertagsgesetze der Länder geben den Arbeitnehmern an **religiösen Feiertagen**, die nicht zugleich gesetzliche Feiertage sind, ein Recht auf unbezahlte Freistellung (zB § 4 FTG BaWü). Ein Entgeltfortzahlungsanspruch ergibt sich hier wegen der ausdrücklichen Spezialregelung auch nicht aus § 616 BGB.[210]

96 Von religiösen Pflichten zu unterscheiden ist **religiös motivierte gesellschaftliche Aktivität**, die keine Leistungsverhinderung begründet.[211] Mangels religiöser Verpflichtung zur Heirat ist auch nicht der Ansicht zu folgen, dass eine Eheschließung in kirchlich vorgeschriebener Form ohne weiteres unter § 616 BGB fällt.[212] Zur Hochzeit allgemein s. Rn 80.

97 Auch ein **Gewissenskonflikt** des Dienstberechtigten kann diesen gemäß § 275 Abs. 3 BGB berechtigen, die Dienstleistung zu verweigern Allerdings führt dies nicht zur Vergütungsfortzahlung gem. § 616 BGB, da die Norm nach dem Willen des Gesetzgebers nur bei solchen Sachverhalten anwendbar sein sollte, bei denen nicht bereits die Dienstleistung selbst die Dienstverhinderung veranlasst. Daher entfällt in diesem Fall der Vergütungsanspruch nach § 326 Abs. 1 BGB.[213] Ohnehin würde ein Anspruch oftmals auch daran scheitern, dass die Dauer der Verhinderung nicht unerheblich ist[214] und der Arbeitgeber dem Arbeitnehmer nach § 315 BGB anderweitige Tätigkeiten zuweisen kann.[215]

206 Boecken in: Hümmerich/Boecken/Düwell § 616 BGB Rn 18.
207 Erman/Belling § 616 BGB Rn 25; HWK/Krause § 616 BGB Rn 17.
208 BAG 27.4.1983 – 4 AZR 506/80 – AP Nr. 61 zu § 616 BGB; LAG Hamm 26.2.2002 – 5 Sa 1582/01 – AP Nr. 3 zu § 611 BGB Gewissensfreiheit; Erman/Belling § 616 BGB Rn 26; MüKo/Henssler § 616 BGB Rn 46; HWK/Krause § 616 BGB Rn 33; Matthes in: ArbR BGB § 616 BGB Rn 35.
209 LAG Hamm 26.2.2002 – 5 Sa 1582/01 – AP Nr. 3 zu § 611 BGB Gewissensfreiheit; Erman/Belling § 616 BGB Rn 26.
210 MüKo/Henssler § 616 BGB Rn 46.
211 HWK/Krause § 616 BGB Rn 33; MünchArbR/Boewer, 2. Aufl., § 80 Rn 13.
212 So allerdings BAG 27.4.1983 – 4 AZR 506/80 – AP Nr. 61 zu § 616 BGB.
213 Staudinger/Oetker § 616 BGB Rn 69; Erman/Belling § 616 BGB Rn 28; HWK/Krause § 616 BGB Rn 33; MüKo/Henssler § 616 BGB Rn 49; str.
214 MünchArbR/Boewer, 3. Aufl., § 70 Rn 14.
215 BAG 24.5.1989 – 2 AZR 285/88 – AP Nr. 1 zu § 611 BGB Gewissensfreiheit; MünchArbR/Boewer, 3. Aufl., § 70 Rn 14; MüKo/Henssler § 616 BGB Rn 48.

7. Arbeits- und Beschäftigungsverbote

98 Bei Arbeits- und Beschäftigungsverboten ist danach zu differenzieren, ob die Ursache für die Arbeitsverhinderung in der Person des Dienstverpflichteten oder in betrieblichen Umständen liegt. Ersteres ist beispielsweise bei einem Tätigkeitsverbot nach § 31 IfSG,[216] letzteres bei einem Beschäftigungsverbot nach § 8 MuSchG[217] der Fall. Entgeltfortzahlung nach § 616 BGB kommt nur bei ersterem in Betracht.

99 Der Entschädigungsanspruch nach § 56 IfSG ist subsidiär zum Entgeltfortzahlungsanspruch nach § 616 BGB.[218]

8. Sonstiges

100 Ein Dienstversäumnis infolge **Untersuchungshaft** kann ebenfalls von § 616 BGB erfasst werden.[219] Dies ist aber nicht schon dann der Fall, wenn der Dienstverpflichtete die Straftat, deren er verdächtig ist, nicht oder nur fahrlässig begangen hat.[220] Vielmehr setzt der Anspruch voraus, dass die Haft vom Dienstverpflichteten nicht schuldhaft herbeigeführt wurde.[221] Für diese Voraussetzung ist der Dienstverpflichtete darlegungs- und beweisbelastet; die Unschuldsvermutung, die nur den über die Anklage entscheidenden Richter bindet, gilt insoweit nicht[222] und passt auch sonst nicht recht, da es nicht um die schuldhafte Begehung einer Straftat sondern das schuldhafte Herbeiführen der – kein Verschulden voraussetzenden – Untersuchungshaft geht.

101 Schließlich soll es ein Fall des § 616 BGB sein, wenn der Dienstverpflichtete in seiner äußeren **Erscheinung erheblich entstellt** ist, zB während der Reparatur einer Zahnvollprothese.[223]

IV. Anzeige- und Nachweisverpflichtung

102 Das Gesetz normiert keine Anzeigepflichten. Aus der allgemeinen **Nebenpflicht** des Dienstverpflichteten, die Interessen des Dienstberechtigten zu wahren, folgt jedoch unabhängig von einem etwaigen Vergütungsanspruch die Verpflichtung des Dienstverpflichteten, jede Hinderung unter Angabe der voraussichtlichen Dauer unverzüglich mitzuteilen, wobei die Mitteilung im Regelfall jedenfalls so rechtzeitig zu erfolgen hat, dass der Dienstberechtigte sich darauf einstellen und insbesondere erforderlichenfalls um Ersatz bemühen kann.[224]

---

216 BGH 30.11.1978 – III ZR 43-77 – AP Nr. 1 zu § 49 BSeuchG; MüKo/Henssler § 616 BGB Rn 23; Boecken in: Hümmerich/Boecken/Düwell § 616 BGB Rn 16.

217 BAG 24.6.1960 – 1 AZR 96-58 – AP Nr. 1 zu § 8 MuSchG; Boecken in: Hümmerich/Boecken/Düwell § 616 BGB Rn 16.

218 MüKo/Henssler § 616 BGB Rn 23.

219 Matthes in: ArbR BGB § 616 BGB Rn 44; offengelassen von BAG 16.3.1967 – 2 AZR 64/66 – AP Nr. 31 zu § 63 HGB.

220 So aber MünchArbR/Boewer, 2. Aufl., § 80 Rn 16.

221 BAG 11.8.1988 – 8 AZR 721/85 – AP Nr. 7 zu § 611 BGB Gefährdungshaftung des Arbeitgebers; Erman/Belling § 616 BGB Rn 43; HWK/Krause § 616 BGB Rn 32; Matthes in: ArbR BGB § 616 BGB Rn 44; MüKo/Henssler § 616 BGB Rn 50.

222 LAG Hamm 5.5.2000 – 5 Sa 1170/99 – juris unter Hinweis auf BAG 14.9.1994 – 2 AZR 164/94 – AP Nr. 24 zu § 626 BGB Verdacht strafbarer Handlung.

223 Erman/Belling § 616 BGB Rn 29; noch weitergehend LAG Düsseldorf 10.1.1977 – 10 Sa 162/76 – BB 1977, 1652, das Arbeitsunfähigkeit annimmt.

224 BAG 9.4.1960 – 2 AZR 457/57 – AP Nr. 12 zu § 63 HGB; Staudinger/Oetker § 616 BGB Rn 113; Erman/Belling § 616 BGB Rn 54; HWK/Krause § 616 BGB Rn 45.

Aus dem Zweck dieser Verpflichtung folgt zugleich deren Entfallen, wenn der Dienstberechtigte die betreffenden Tatsachen **bereits kennt.**[225] 103

Auch Nachweispflichten kennt das Gesetz nicht. Da der Dienstberechtigte den persönlichen Verhinderungsgrund im Regelfall **nicht kennt**, darf er jedoch – und dies nicht nur im Ausnahmefall aus begründetem Anlass[226] – einen entsprechenden Nachweis verlangen.[227] 104

Die **Verletzung einer Anzeige- oder Nachweispflicht** führt zu einem Leistungsverweigerungsrecht des Dienstberechtigten.[228] Ohnehin wird der Dienstberechtigte im Ergebnis stets den Nachweis über das Leistungshindernis, dessen Dauer sowie fehlendes Verschulden erzwingen können, da der Dienstverpflichtete im Prozess um die fortzuzahlende Vergütung darlegungs- und beweisbelastet hinsichtlich der Anspruchsvoraussetzungen ist.[229] 105

Darüber hinaus kommen bei Verletzung dieser Pflichten die Einrede des Rechtsmissbrauchs,[230] Schadensersatzansprüche gemäß § 280 Abs. 1 BGB,[231] der Ausspruch einer Abmahnung sowie bei wiederholten oder besonders groben Verstößen schließlich die ordentliche Kündigung, in Extremfällen möglicherweise auch eine außerordentliche Kündigung des Dienstverhältnisses[232] in Betracht. 106

V. Anspruchsinhalt

1. Höhe der fortzuzahlenden Vergütung

Der Anspruch ist auf die Fortzahlung der vertraglich geschuldeten Vergütung gerichtet, die der Dienstverpflichtete zu beanspruchen gehabt hätte, wenn er während der Zeit seiner Dienstverhinderung seine Dienstleistung erbracht hätte (**Entgeltausfallprinzip**).[233] Insoweit kann weitgehend auf die Kommentierung zu § 4 EFZG Rn 25 ff verwiesen werden. Anders als nach § 4 Abs. 1 und 1 a EFZG gehören allerdings auch Verdiensterhöhungen infolge von Überstunden zum fortzuzahlenden Entgelt, vgl Rn 22. 107

2. Anrechnungsbefugnis gem. § 616 Satz 2 BGB

Die Anrechnungsbefugnis in § 616 Satz 2 BGB hat kaum praktische Bedeutung. Sie erfasst nur **Entgeltersatzleistungen der Kranken- oder Unfallversicherung aufgrund einer gesetzlicher Versicherung.** Nicht erfasst werden andere (zB Renten-) Leistungen aufgrund einer gesetzlichen Versicherung, Leistungen an freiwillig Versicherte oder private Versicherungen.[234] Daher beträfe die Vorschrift 108

225 Staudinger/Oetker § 616 BGB Rn 114; Erman/Belling § 616 BGB Rn 54.
226 So aber die wohl hM, vgl Staudinger/Oetker § 616 BGB Rn 115; Erman/Belling § 616 BGB Rn 55; HWK/Krause § 616 BGB Rn 45; BeckOK/Joussen § 616 BGB Rn 52.
227 MünchArbR/Boewer, 3. Aufl., § 70 Rn 21; MüKo/Henssler § 616 BGB Rn 31 und 65.
228 Erman/Belling § 616 BGB Rn 54 und 74; MünchArbR/Boewer, 3. Aufl., § 70 Rn 21; aA Staudinger/Oetker § 616 BGB Rn 117.
229 Erman/Belling § 616 BGB Rn 75 und 86; MünchArbR/Boewer, 3. Aufl., § 80 Rn 25.
230 BAG 9.4.1960 – 2 AZR 457/57 – AP Nr. 12 zu § 63 HGB; Staudinger/Oetker § 616 BGB Rn 117; Erman/Belling § 616 BGB Rn 76.
231 Staudinger/Oetker § 616 BGB Rn 117; Erman/Belling § 616 BGB Rn 74; MüKo/Henssler § 616 BGB Rn 65.
232 BAG 9.4.1960 2 AZR 457/57 – AP Nr. 12 zu § 63 HGB; Staudinger/Oetker § 616 BGB Rn 117; MüKo/Henssler § 616 BGB Rn 65.
233 Staudinger/Oetker § 616 BGB Rn 118; Erman/Belling § 616 BGB Rn 57.
234 Staudinger/Oetker § 616 BGB Rn 123 ff; Erman/Belling § 616 BGB Rn 67.

va das Krankengeld aus der gesetzlichen Krankenversicherung sowie das Verletzten- und Übergangsgeld der gesetzlichen Unfallversicherung, welche aber ihrerseits in § 44 Abs. 1 SGB V sowie § 52 SGB VII als subsidiär zur Entgeltfortzahlung ausgestaltet sind.[235]

109 Keiner Anrechnung unterliegen ferner regelmäßig Leistungen, die nicht das dem Dienstverpflichteten entgehende Entgelt ersetzen sondern einen **Mehrbedarf** des Dienstverpflichteten ausgleichen sollen wie zB das Pflegegeld nach § 44 SGB VII, Hilfen nach §§ 40–42 SGB VII, Kostenübernahmen nach §§ 35 SGB VII, 33–38 SGB IX, Reisekosten nach § 43 SBG VII, Fahrtkosten nach § 60 SGB V, Sachleistungen nach § 27 SGB V und die Leistungen nach § 43 SGB V.[236] Ausnahmsweise abzugsfähig sind allerdings Sozialleistungen, die einen Aufwand abdecken, für den der Dienstverpflichtete **Sachleistungen als Teil seiner Vergütung** erhält (so zB der Verköstigungsanteil bei der Krankenhauspflege, wenn der Dienstverpflichtete als Teil seiner Vergütung freie Kost erhält).[237]

3. Anrechnung anderer Ansprüche

110 Es ist Auslegungsfrage, ob der Ersatzanspruch gegen einen Dritten den Anspruch nach § 616 BGB ausschließt. **Gesetzliche Ersatzvorschriften** sind zumeinst subsidiär zu den Entgeltfortzahlungsvorschriften ausgestaltet. **Privatrechtliche Schadensersatzansprüche** gegen Dritte und der Anspruch des Dienstverpflichteten lassen einander hingegen regelmäßig unberührt. Die Möglichkeit des Fortbestehens des Entgeltfortzahlungsanspruchs trotz eines etwaigen Schadensersatzanspruchs gegen einen Dritten ist zwar nicht ausdrücklich gesetzlich geregelt, wurde jedoch vom Gesetzgeber der Regelung des § 6 EFZG zugrunde gelegt und damit anerkannt.[238] Umgekehrt entlastet die Entgeltfortzahlung einen Drittschädiger ebenfalls nicht, vgl § 843 Abs. 4 BGB (normativer Schaden).[239]

111 Leistet der Dienstberechtigte Entgeltfortzahlung nach § 616 BGB, geht ein Schadensersatzanspruch des Dienstverpflichteten nicht kraft Gesetzes auf den Dienstberechtigten über.[240] Der Dienstberechtigte kann sich jedoch den Schadensersatzanspruch des Dienstverpflichteten gegen einen etwaigen Drittschädiger **abtreten** lassen. Die Verpflichtung des Dienstverpflichteten zur Abtretung wird als dienstvertragliche Nebenpflicht und aus dem Rechtsgedanken des § 255 BGB hergeleitet.[241] Verweigert der Dienstverpflichtete die Abtretung, kann der Dienstberechtigte dies gem. § 273 BGB gegen den Entgeltfortzahlungsanspruch einwenden.[242] Wird die Abtretung infolge eines Verschuldens des Dienstverpflichteten (zB durch anderweitige Verfügung über den Schadensersatzanspruch)

235 Staudinger/Oetker § 616 BGB Rn 123 ff; Erman/Belling § 616 BGB Rn 68.
236 Erman/Belling § 616 BGB Rn 69.
237 BAG 22.9.1960 – 2 AZR 507/59 – AP Nr. 27 zu § 616 BGB; Erman/Belling § 616 BGB Rn 69.
238 Erman/Belling § 616 BGB Rn 80; HWK/Krause § 616 BGB Rn 48.
239 Erman/Belling § 616 BGB Rn 80; HWK/Krause § 616 BGB Rn 48.
240 BGH 23.5.1989 – VI ZR 284/88 – BGHZ 107, 325, 328; HWK/Krause § 616 BGB Rn 48.
241 BGH 23.5.1989 – VI ZR 284/88 – BGHZ 107, 325, 328; Erman/Belling § 616 BGB Rn 81; HWK/Krause § 616 BGB Rn 48.
242 Erman/Belling § 616 BGB Rn 82; Matthes in: ArbR BGB § 616 BGB Rn 51.

unmöglich, kann der Dienstberechtigte die Entgeltfortzahlung dauerhaft verweigern.[243]

VI. Abdingbarkeit

§ 619 BGB kann im Umkehrschluss entnommen werden, dass § 616 BGB auch zum Nachteil des Dienstverpflichteten dispositiv ist. Dies gilt für Voraussetzungen und Rechtsfolgen der Vorschrift.[244] 112

1. Modifizierung durch Tarifvertrag

Modifizierungen sind va in Tarifverträgen weit verbreitet. Soweit ein Tarifvertrag die Vergütungsfortzahlung für bestimmte Anlässe vorsieht, entfällt die nach der gesetzlichen Regelung erforderliche Unzumutbarkeitsprüfung.[245] Erforderlich bleibt allerdings, dass die Dienstleistung infolge des geregelten Anlasses entfällt; dies setzt zumindest einen gewissen, wenn auch je nach Tarifregelung gelockerten zeitlichen Zusammenhang zwischen Anlass und Dienstverhinderung voraus.[246] 113

Modifizierende Tarifnormen sind im Regelfall **abschließend**, so dass hinsichtlich im Tarifvertrag nicht geregelter Anlässe nicht auf die gesetzliche Bestimmung zurückgegriffen werden kann,[247] es sei denn, die tarifliche Aufzählung ist nur **beispielhaft** gemeint[248] oder ersichtlich nur eine **Teilregelung**.[249] 114

2. Modifizierung durch Individualvereinbarung

Ferner sind Modifikationen durch Individualvereinbarung möglich. Eine **sachliche Rechtfertigung** für Modifizierungen ist nicht nötig.[250] 115

Umstritten ist allerdings, ob individualvertraglich auch ein **völliger Ausschluss** vereinbart werden kann. Hieran werden Zweifel insbesondere unter Hinweis auf § 46 Abs. 2 SGB I, die Betriebsrisikolehre, das allgemeine Verbot von Verträgen zu Lasten Dritter und die ggf entstehende Eintrittspflicht der Sozialversicherungsträger geäußert.[251] 116

Diese Bedenken, die sich im Wesentlichen ohnehin nur auf das Arbeitsverhältnis und nicht auch auf das freie Dienstverhältnis beziehen können, greifen nicht durch. Die Fürsorgepflicht des Arbeitgebers – sollte § 616 BGB überhaupt auf sie zu stützen sein – kann durch Vereinbarung eingeschränkt werden, sofern sie 117

---

243 Erman/Belling § 616 BGB Rn 82.
244 Staudinger/Oetker § 616 BGB Rn 142; Erman/Belling § 616 Rn 11.
245 BAG 12.12.1973 – 4 AZR 75-73 – AP Nr. 44 zu § 616 BGB.
246 BAG 14.2.1962 – 4 AZR 37/61 – AP Nr. 35 zu § 616 BGB; 26.2.1964 – 4 AZR 257/63 – AP Nr. 38 zu § 616 BGB; Staudinger/Oetker § 616 BGB Rn 147.
247 BAG 13.12.2001 – 6 AZR 30/01 – AP Nr. 1 zu § 33 MTArb; 25.8.1982 4 AZR 1064/79 – AP Nr. 55 zu § 616 BGB; 20.6.1979 – 5 AZR 479-77 – AP Nr. 49 zu § 616 BGB; Staudinger/Oetker § 616 BGB Rn 146; MüKo/Henssler § 616 BGB Rn 66; enger BAG 13.11.1969 – 4 AZR 35/69 – AP Nr. 41 zu § 616 BGB: nur bei deutlichen Anhaltspunkten.
248 BAG 25.10.1973 – 5 AZR 156/73 – AP Nr. 43 zu § 616 BGB; 25.4.1960 – 1 AZR 16/58 – AP Nr. 23 zu § 616 BGB.
249 BAG 31.7.2002 – 10 AZR 578/01 – AP Nr. 3 zu § 1 TVG Tarifverträge: Wohnungswirtschaft.
250 Staudinger/Oetker § 616 BGB Rn 144; HWK/Krause § 616 BGB Rn 49.
251 Staudinger/Oetker § 616 BGB Rn 149; Schaub/Linck § 97 Rn 29; BeckOK/Joussen § 616 BGB Rn 8.

nicht als Ganzes ausgeschlossen werden soll.[252] Der seit der gesonderten Normierung nicht abdingbarer Ansprüche auf Entgeltfortzahlung im Krankheitsfall und auf bezahlten Erholungsurlaub verbleibende Anwendungsbereich des § 616 BGB ist aber zu gering, als dass dessen Ausschluss die Fürsorgepflichten des Arbeitgebers in ihrer Gesamtheit ernsthaft beeinträchtigen könnte.[253] Da die unter § 616 BGB fallenden Leistungshindernisse der persönlichen Sphäre des Arbeitnehmers entstammen, führt ein Ausschluss auch zu keiner unzulässigen Abwälzung des Betriebsrisikos.[254] Das Verbot von Verträgen zu Lasten Dritter, insbesondere der Sozialversicherungsträger, steht einem Ausschluss ebenfalls nicht entgegen. § 46 SGB I untersagt nur einen sich zu Lasten eines Sozialversicherungsträgers auswirkenden Verzicht auf den Anspruch auf Sozialleistungen und nicht auch auf andere (insbesondere arbeitsrechtliche) Ansprüche.[255] Im Umkehrschluss bedeutet dies, dass insoweit ein Vertrag zu Lasten der Sozialversicherungsträger möglich ist. Ferner lässt die Subsidiarität der Sozialversicherungsvorschriften erkennen, dass mit einem Ausfall des Arbeitgebers gerechnet wird. Schließlich ließe es sich unter diesem Gesichtspunkt auch nicht erklären, weshalb ein Ausschluss durch Tarifvertrag möglich sein soll. Letztlich widerspricht eine Einschränkung der Abdingbarkeit auch § 619 BGB.[256] Daher kann der Anspruch auch im Arbeitsverhältnis ohne besondere Rechtfertigung durch Individualvereinbarung vollständig ausgeschlossen werden.[257]

118 Eine arbeitsvertragliche Modifizierung bis hin zum völligen Ausschluss des Anspruches ist auch durch eine **einseitig formulierte Vertragsbedingung** möglich. Hieran hat die Schuldrechtsreform nichts geändert; § 307 BGB steht dem im Regelfall nicht entgegen. Soweit insoweit gefordert wird, der völlige Ausschluss bedürfe einer Legitimation durch besondere betriebliche Verhältnisse oder einen sonstigen Rechtfertigungsgrund,[258] kann dem nicht gefolgt werden. Ein völliger Ausschluss benachteiligt den Dienstverpflichteten aus den unter Rn 117 genannten Gründen nicht unangemessen im Sinne des § 307 BGB.[259] Daran ändert auch nichts, dass das BAG im Falle eines freien Dienstvertrages den formularmäßigen Ausschluss der Entgeltfortzahlung einer ausführlichen Interessenabwägung unterzogen hat.[260] Dies konnte dadurch gerechtfertigt werden, dass im freien Dienstverhältnis auch der Krankheitsfall unter § 616 BGB fällt und ein völliger

252 BAG 5.3.1959 – 2 AZR 268/56 – AP Nr. 26 zu § 611 BGB Fürsorgepflicht; Erman/Belling § 616 BGB Rn 15.
253 Erst recht muss ein Ausschluss möglich sein, wenn die Vorschrift nur als Konkretisierung des Grundsatzes „minima non curat praetor“ verstanden wird.
254 Matthes in: ArbR BGB § 616 BGB Rn 56; MüKo/Henssler § 616 BGB Rn 67.
255 KasselerKommentar-SozVR/Seewald § 46 SGB I Rn 5.
256 Staudinger/Oetker § 616 BGB Rn 144; MüKo/Henssler § 616 BGB Rn 67.
257 Erman/Belling § 616 BGB Rn 15; HWK/Krause § 616 BGB Rn 49; MüKo/Henssler § 616 BGB Rn 67; offengelassen von BAG 20.6.1979 – 5 AZR 479/77 – AP Nr. 49 zu § 616 BGB; im Ergebnis bejaht für das freie Dienstverhältnis von BAG 7.2.2007 – 5 AZR 270/06 – ZTR 2007, 391.
258 Erman/Belling § 616 BGB Rn 15; HWK/Krause § 616 BGB Rn 50; ebenso noch zur Rechtslage vor der Schuldrechtsreform gestützt auf § 242 BGB MünchArbR/Boewer, 3. Aufl., § 70 Rn 7; erwogen auch von Staudinger/Oetker § 616 BGB Rn 144; offengelassen von MüKo/Henssler § 616 BGB Rn 67.
259 Im Ergebnis auch Schaub/Linck § 98 Rn 30; BeckOK/Joussen § 616 BGB Rn 7.
260 BAG 7.2.2007 – 5 AZR 270/06 – ZTR 2007, 391.

Ausschluss der Entgeltfortzahlung daher größeren Rechtfertigungsbedarf hat als im Arbeitsverhältnis, in dem § 616 BGB nur noch Randbedeutung zukommt.[261]

Der Ausschluss wird allerdings im Regelfall **ausdrücklich** zu erfolgen haben. Ausreichend ist insoweit die gebräuchliche Formulierung, nach welcher „nur tatsächlich geleistete Arbeit bezahlt" werden soll.[262] An einen Ausschluss durch schlüssiges Verhalten oder durch betriebliche Übung werden aber hohe Anforderungen gestellt.[263] **119**

VII. Verjährung und Ausschlussfristen

Es gilt die dreijährige Regelverjährung des § 195 BGB.[264] Der Anspruch kann zudem tariflichen Ausschlussfristen unterliegen.[265] **120**

§ 617 Pflicht zur Krankenfürsorge

(1) ¹Ist bei einem dauernden Dienstverhältnis, welches die Erwerbstätigkeit des Verpflichteten vollständig oder hauptsächlich in Anspruch nimmt, der Verpflichtete in die häusliche Gemeinschaft aufgenommen, so hat der Dienstberechtigte ihm im Falle der Erkrankung die erforderliche Verpflegung und ärztliche Behandlung bis zur Dauer von sechs Wochen, jedoch nicht über die Beendigung des Dienstverhältnisses hinaus, zu gewähren, sofern nicht die Erkrankung von dem Verpflichteten vorsätzlich oder durch grobe Fahrlässigkeit herbeigeführt worden ist. ²Die Verpflegung und ärztliche Behandlung kann durch Aufnahme des Verpflichteten in eine Krankenanstalt gewährt werden. ³Die Kosten können auf die für die Zeit der Erkrankung geschuldete Vergütung angerechnet werden. ⁴Wird das Dienstverhältnis wegen der Erkrankung von dem Dienstberechtigten nach § 626 gekündigt, so bleibt die dadurch herbeigeführte Beendigung des Dienstverhältnisses außer Betracht.

(2) Die Verpflichtung des Dienstberechtigten tritt nicht ein, wenn für die Verpflegung und ärztliche Behandlung durch eine Versicherung oder durch eine Einrichtung der öffentlichen Krankenpflege Vorsorge getroffen ist.

I. **Allgemeines** 1
  1. Gesetzeszweck und -systematik 1
  2. Verhältnis zu anderen Vorschriften 3
II. **Voraussetzungen des Anspruchs** 4
  1. Dienstverhältnis 4
  2. Dauerndes Dienstverhältnis 6
  3. Vollständige oder hauptsächliche Inanspruchnahme der Erwerbstätigkeit 10
  4. Häusliche Gemeinschaft 13

261 AA Dorndorf/Bonin in: Däubler/Dorndorf/Bonin/Deinert, AGB-Kontrolle im Arbeitsrecht § 307 BGB Rn 237 ff, die § 616 BGB im Arbeitsverhältnis für so bedeutend halten, dass bei einem Ausschluss des Anspruchs die soziale Isolierung des Arbeitnehmers drohe, weil dieser wichtige soziale oder moralische Verpflichtungen nicht ohne unzumutbare Einschränkungen seiner Urlaubszeit erfüllen könne. Dies dürfte, insbesondere angesichts zumeist doch recht hoher Urlaubsansprüche, übertrieben sein.

262 Ebenso zu einer solchen Formulierung in Tarifverträgen Erman/Belling § 616 BGB Rn 14.

263 BGH 6.4.1995 – VII ZR 36/94 – BB 1995, 1611; Erman/Belling § 616 BGB Rn 16.

264 Boecken in: Hümmerich/Boecken/Düwell § 616 BGB Rn 29.

265 Boecken in: Hümmerich/Boecken/Düwell § 616 BGB Rn 29.

5. Krankheit 18
III. Inhalt und Dauer des Anspruchs 22
1. Verpflegung und ärztliche Behandlung 22
2. Erforderlichkeit und Zumutbarkeit 24
3. Dauer des Anspruchs 29
4. Anrechnung auf die Vergütung 30
IV. Ausschluss des Anspruchs 33
1. Verschulden 33
2. Versicherung oder anderweitige Vorsorge (Abs. 2) 34
a) Bestehen einer Versicherung 34
b) Einrichtung der öffentlichen Krankenpflege 37
V. Rechtsschutz 38

I. Allgemeines

1. Gesetzeszweck und -systematik

1 § 617 BGB sollte das in einer häuslichen Gemeinschaft tätige Gesinde, das ursprünglich von der gesetzlichen Krankenversicherung ausgenommen war, für den Krankheitsfall absichern. Die Vorschrift ist damit eine Ausprägung der **Fürsorge- und Rücksichtnahmepflicht** des Dienstberechtigten. Infolge der heute bestehenden weitgehenden Einbeziehung in die gesetzlichen Sozialversicherungssysteme und nicht zuletzt wegen der nur noch geringen Zahl der relevanten Dienstverhältnisse hat die Vorschrift indes ihre Bedeutung verloren.[1]

2 Der Anspruch ist kein Entgeltfortzahlungsanspruch, sondern ergänzt diesen hinsichtlich der Gewährung einer erforderlichen **Krankenpflege.**[2] Er ist auch nicht Bestandteil der Vergütung des Dienstverpflichteten, sondern ein eigener Anspruch mit dem Charakter einer **Nebenpflicht** außerhalb des dienstvertraglichen Synallagmas.[3] Der Anspruch ist gemäß § 619 BGB zwingend und kann daher nicht im Voraus zum Nachteil des Dienstverpflichteten **abbedungen** werden. Der Versorgungszweck der Leistung schließt auch ein **Zurückbehaltungsrecht** des Dienstberechtigten gemäß § 273 BGB aus.[4] Die Ansprüche sind wegen ihrer untrennbaren Verbindung mit der Person des Dienstverpflichteten gemäß § 399 1. Alt BGB **unabtretbar** und gemäß § 851 Abs. 1 ZPO **nicht pfändbar;**[5] § 852 Abs. 2 ZPO ändert hieran nichts.[6] Die Haftungsbeschränkung nach §§ 104, 105 SGB VII greift für den Anspruch nicht, weil dieser kein Schadensersatzanspruch ist.[7]

2. Verhältnis zu anderen Vorschriften

3 **Sonderregelungen**, die § 617 BGB verdrängen, bestehen für Jugendliche (§ 30 Abs. 1 Nr. 2 JArbSchG) und für Seeleute auf Kauffahrteischiffen (§§ 42–47 SeemG).[8] Zum Verhältnis zur Krankenversicherung s. Rn 35.

---

1 Näher unter Bezugnahme auf die Entstehungsgeschichte Staudinger/Oetker § 617 BGB Rn 1 ff.
2 Staudinger/Oetker § 617 BGB Rn 7; Matthes in: ArbR BGB § 617 BGB Rn 3.
3 Staudinger/Oetker § 617 BGB Rn 5 ff mwN; Matthes in: ArbR BGB § 617 BGB Rn 5.
4 Staudinger/Oetker § 617 BGB Rn 7.
5 Staudinger/Oetker § 617 BGB Rn 8; Erman/Belling § 617 BGB Rn 3.
6 Vgl BGH 15.5.1985 – IVb ZR 33/84 – NJW 1985, 2263.
7 Matthes in: ArbR BGB § 617 BGB Rn 6.
8 Erman/Belling § 617 BGB Rn 2; Staudinger/Oetker § 617 BGB Rn 9.

II. Voraussetzungen des Anspruchs

1. Dienstverhältnis

4 Die Vorschrift findet auf alle Dienstverhältnisse iSd §§ 611 ff BGB Anwendung. Erfasst sind somit **freie Dienstverhältnisse** ebenso wie **Arbeitsverhältnisse.**[9] Allerdings wird die Eingliederung in den Haushalt des Dienstberechtigten häufig mit dem Verlust der persönlichen Unabhängigkeit des Dienstverpflichteten und somit zum Bestehen eines Arbeitsverhältnisses führen.[10] Erfasst sind ferner, über § 10 Abs. 2 BBiG, **Berufsausbildungsverhältnisse.**[11] Für die Rechtsverhältnisse von **Werkunternehmern** gilt § 617 BGB nicht.[12] In typengemischten Verträgen muss das dienstvertragliche Element eine ausreichend prägende Kraft haben; insoweit gilt nichts anderes als bei § 616 BGB (s. dazu § 616 BGB Rn 11).

5 Voraussetzung des Anspruchs ist ein **wirksames Dienstverhältnis.** Der Anspruch ist daher ausgeschlossen, solange das Dienstverhältnis ruht, während hingegen ein vollzogenes **fehlerhaftes Dienstverhältnis** genügen kann[13] Es gelten dieselben Grundsätze wie im EFZG, so dass auf die dortige Kommentierung verwiesen werden kann (§ 1 EFZG Rn 15 ff). Der Dienstverpflichtete trägt die **Beweislast** für die Anspruchsvoraussetzungen und daher auch für das Bestehen eines Dienstverhältnisses.[14]

2. Dauerndes Dienstverhältnis

6 Das Dienstverhältnis muss ein **dauerndes** sein. Erst die u.a. durch die Dauerhaftigkeit des Rechtsverhältnisses gesteigerte **persönliche Bindung** der Vertragsparteien rechtfertigt die mit dem Anspruch einhergehende Belastung des Dienstberechtigten.[15] Das Erfordernis ist – in Übereinstimmung mit dem Verständnis desselben Rechtsbegriffs in §§ 618, 627, 630 BGB[16] – erfüllt, wenn das Dienstverhältnis nach den äußeren Umständen oder nach dem Willen der Vertragsparteien **auf längere Zeit angelegt** ist oder, ggf unabhängig davon, **tatsächlich längere Zeit dauert.**[17] Es ist jedoch umstritten, wann das der Fall ist.

7 Bisweilen wird das Erfordernis des dauernden Dienstverhältnisses rein zeitlich im Sinne einer **festen Mindestdauer** (häufig 6 Monate) verstanden.[18] Dies hat den Vorteil der Rechtssicherheit für sich; jedoch bietet der Gesetzeswortlaut für eine feste zeitliche Grenze, die der Gesetzgeber ohne weiteres in die Norm hätte aufnehmen können, keinen Anhalt.[19]

8 Richtig ist daher der andere Ansatz, dauernde und nur vorübergehende Dienstverhältnisse vornehmlich nach der **Art der Dienstleistung** voneinander abzugrenzen und auf diese Weise einmalige oder mehrmals wiederholende Einzel-

---

9 HWK/Krause § 617 BGB Rn 4.
10 Erman/Belling § 617 BGB Rn 2; MüKo/Henssler § 617 BGB Rn 4.
11 Staudinger/Oetker § 617 BGB Rn 14 mwN; MüKo/Henssler § 617 BGB Rn 4.
12 Staudinger/Oetker § 617 BGB Rn 12.
13 Staudinger/Oetker § 617 BGB Rn 15; HWK/Krause § 617 BGB Rn 4.
14 Staudinger/Oetker § 617 BGB Rn 69; MüKo/Henssler § 617 BGB Rn 27.
15 Vgl Staudinger/Oetker § 617 BGB Rn 18; HWK/Krause § 617 BGB Rn 5.
16 Staudinger/Oetker § 617 BGB Rn 16; MüKo/Henssler § 617 BGB Rn 5.
17 Erman/Belling § 617 BGB Rn 4; MüKo/Henssler § 617 BGB Rn 5; BeckOK/Joussen § 617 BGB Rn 5.
18 ZB ErfK/Dörner § 617 BGB Rn 2; Matthes in: ArbR BGB § 617 BGB Rn 9; ohne genaue Zeitangabe HWK/Krause § 617 BGB Rn 5.
19 Staudinger/Oetker § 617 BGB Rn 19; BeckOK/Joussen § 617 BGB Rn 5.

leistungen sowie ihrer Natur nach nur für eine vorübergehende Zeit gedachte Tätigkeiten auszuschließen.[20] In diese Richtung zielen auch die Formulierungen in der Rechtsprechung, dass die zeitliche Begrenzung eines Dienstvertrages dann für eine nur vorübergehende Verbindung der Parteien spricht, wenn sie sich aus der Art der übertragenen Aufgabe ergibt, und dass umgekehrt eine Verpflichtung für ständige oder langfristige Aufgaben auf ein dauerndes Dienstverhältnis hinweist, selbst wenn der Vertrag auf eine bestimmte Zeit abgeschlossen ist.[21] Ausgeschlossen sind somit zB Tätigkeiten als Urlaubs- oder Krankheitsvertretung, als Aushilfe bei besonderem Arbeitsanfall oder bei einer nur einmaligen und kurzen Veranstaltung.[22] Auch nach dieser Auffassung stellt sich allerdings die Frage nach einer **zeitlichen Mindestdauer**, für die das Dienstverhältnis nach Art der Aufgabe und nach der Vereinbarung der Parteien geplant, für möglich und zweckmäßig gehalten oder tatsächlich durchgeführt wird. Die Rechtsprechung hält es insoweit regelmäßig für ausreichend aber auch erforderlich, dass die Parteien das Dienstverhältnis auf **mindestens ein Jahr mit Verlängerungsmöglichkeiten** geplant haben, ohne sich indes hierauf als eine feste Grenze festzulegen.[23] Im Ergebnis ist das Bestehen eines dauernden Dienstverhältnisses damit eine **Tat- und Ermessensfrage**, über die nach der Verkehrsanschauung und dem Sprachgebrauch zu entscheiden ist,[24] wobei die **Beweislast** der Dienstverpflichtete trägt.[25]

9 Einigkeit besteht darüber, dass eine vereinbarte **Befristung** der Dauerhaftigkeit des Dienstverhältnisses nicht im Wege steht,[26] selbst wenn mehrere nur kurzzeitige Befristungen aufeinander folgen.[27] Auch auf Kündigungsfristen oder Entgeltzahlungsperioden kommt es nicht an.[28]

3. Vollständige oder hauptsächliche Inanspruchnahme der Erwerbstätigkeit

10 Grund für dieses Erfordernis soll sein, dass der Dienstverpflichtete infolge seiner Beanspruchung durch den Dienstberechtigten zur **Eigenvorsorge** nicht in der Lage sein soll.[29] Dies erschließt sich zumindest heute nicht mehr ohne weiteres, da die Vollzeiterwerbstätigkeit die Möglichkeit einer Absicherung gegen Krankheitsrisiken zumindest durch Abschluss entsprechender Versicherungsverträge

20 Staudinger/Oetker § 617 BGB Rn 18 f; BeckOK/Joussen § 617 BGB Rn 5; MüKo/Henssler § 617 BGB Rn 5.
21 BGH 31.3.1967 – VI ZR 288/64 – AP Nr. 1 zu § 627 BGB; 8.3.1984 – IX ZR 144/83 – BB 1984, 941; 28.2.1985 – IX ZR 92/84 – NJW 1985, 2585; 19.11.1992 – IX ZR 77/92 – BB 1993, 53; BAG 12.7.2006 – 5 AZR 277/06 – AP Nr. 5 zu § 627 BGB.
22 BGH 31.3.1967 – VI ZR 288/64 – AP Nr. 1 zu § 627 BGB; Matthes in: ArbR BGB § 617 BGB Rn 10; Staudinger/Preis § 627 BGB Rn 15.
23 BGH 31.3.1967 – VI ZR 288/64 – AP Nr. 1 zu § 627 BGB („kann in diesem Sinn durchaus eine längere Zeit darstellen"); 8.3.1984 – IX ZR 144/83 – BB 1984, 941 („kann bereits"); 28.2.1985 – IX ZR 92/84 – NJW 1985, 2585 („kann bereits"); 19.11.1992 – IX ZR 77/92 – BB 1993, 53 („kann genügen"); BAG 12.7.2006 – 5 AZR 277/06 – AP Nr. 5 zu § 627 BGB („kann bereits … ausreichen").
24 BGH 31.3.1967 – VI ZR 288/64 – AP Nr. 1 zu § 627 BGB; Staudinger/Preis § 627 BGB Rn 15.
25 Staudinger/Oetker § 617 BGB Rn 69; MüKo/Henssler § 617 BGB Rn 27.
26 Staudinger/Oetker § 617 BGB Rn 19; ebenso zu § 627 BGB BAG 12.7.2006 – 5 AZR 277/06 – AP Nr. 5 zu § 627 BGB; BGH 19.11.1992 – IX ZR 77/92 – BB 1993, 531; 31.3.1967 – VI ZR 288/64 – AP Nr. 1 zu § 627 BGB.
27 Erman/Belling § 617 BGB Rn 4.
28 MüKo/Henssler § 617 BGB Rn 5; Erman/Belling § 617 BGB Rn 4.
29 Staudinger/Oetker § 617 BGB Rn 20; MüKo/Henssler § 617 BGB Rn 6.

nicht notwendigerweise beeinträchtigt. Daher wird das Erfordernis der hauptsächlichen Inanspruchnahme eher unter dem Gesichtspunkt der infolge der in den fraglichen Dienstverhältnissen bestehenden **persönlichen Bindung** des Dienstverpflichteten an den Dienstberechtigten gesteigerten Fürsorgepflicht zu sehen sein.[30]

Unerheblich sind dabei die Intensität der Dienstleistung oder das erzielte Einkommen.[31] Entscheidend ist vielmehr die zeitliche Bindung des Dienstberechtigten, die nicht erst durch die tatsächliche Erbringung der Dienstleistung sondern schon durch die Verpflichtung zur Arbeitsbereitschaft eintritt.[32] Dabei ist von der wöchentlichen Arbeitszeit eines **vergleichbaren Vollzeitdienstverpflichteten** auszugehen; eine hauptsächliche Inanspruchnahme liegt erst bei einer **über eine Halbtagstätigkeit hinausgehenden** Beschäftigung vor.[33] Nicht zu folgen ist demgegenüber der Auffassung, die alleine auf einen Vergleich der vom jeweiligen Dienstverpflichteten ausgeübten Tätigkeiten abstellt und somit auch dann zu einer hauptsächlichen Inanspruchnahme gelangt, wenn eine noch so geringfügige Tätigkeit die einzige Erwerbstätigkeit des Dienstverpflichteten darstellt.[34] Ein solches Verständnis ist zwar nach dem Wortlaut der Vorschrift möglich, keineswegs jedoch zwingend, lässt sich mit keinem der diskutierten Normzwecke vereinbaren und wäre überdies mit einer unbilligen Belastung des geringfügigst Dienstberechtigten verbunden. 11

Wird der Dienstverpflichtete in demselben zeitlichen Umfang in **zwei oder mehr Dienstverhältnissen** tätig, nimmt keine der Tätigkeiten die Erwerbstätigkeit hauptsächlich in Anspruch.[35] Der Dienstverpflichtete trägt die **Beweislast** für den Umfang seiner Erwerbstätigkeit.[36] 12

4. Häusliche Gemeinschaft

Auch das Erfordernis der **häuslichen Gemeinschaft** der Vertragsparteien kennzeichnet den Normzweck. Das **Fehlen eines eigenen Haustandes** des Dienstverpflichteten, die notwendige Anpassung des Dienstverpflichteten an die **Ordnung im Hause des Dienstberechtigten** und die mit der Aufnahme in den Hausstand **gesteigerte persönliche Bindung** zwischen den Vertragsparteien infolge der Gemeinschaft führen zu einer gesteigerten Fürsorgepflicht des Dienstberechtigten.[37] 13

Das Erfordernis ist erfüllt, wenn der Dienstberechtigte regelmäßig **Wohnung und Verpflegung** (mindestens eine Hauptmahlzeit) im Hause des Dienstberechtigten 14

30 Hierauf stellt auch Erman/Belling § 617 BGB Rn 5 ab.
31 Erman/Belling § 617 BGB Rn 5; MüKo/Henssler § 617 BGB Rn 6; HWK/Krause § 617 BGB Rn 6.
32 Staudinger/Oetker § 617 BGB Rn 22; MüKo/Henssler § 617 BGB Rn 6; Erman/Belling § 617 BGB Rn 5.
33 ErfK/Dörner § 617 BGB Rn 2; großzügiger HWK/Krause § 617 BGB Rn 6: mindestens 15 Stunden/Woche; ähnlich Matthes in: ArbR BGB § 617 BGB Rn 11 unter Anlehnung an § 102 AFG: mindestens 18 Stunden/Woche; auf den Einzelfall und dabei die konkrete Möglichkeit zur Eigenvorsorge abstellend BeckOK/Joussen § 617 BGB Rn 6; genaue Grenze ebenfalls offengelassen von Boecken in: Hümmerich/Boecken/Düwell § 617 BGB Rn 7.
34 So aber Staudinger/Oetker § 617 BGB Rn 21; Erman/Belling § 617 BGB Rn 5.
35 Staudinger/Oetker § 617 BGB Rn 23.
36 Staudinger/Oetker § 617 BGB Rn 69; MüKo/Henssler § 617 BGB Rn 27.
37 Erman/Belling § 617 BGB Rn 6; MüKo/Henssler § 617 BGB Rn 7.

erhält,[38] wobei gelegentliche Ausnahmen, zB im Urlaub, unschädlich sind.[39] Es kommt zwar nicht auf das vollständige Vorliegen sämtlicher einzelnen Elemente für sich genommen sondern auf das durch sie vermittelte **Gesamtgepräge** an;[40] die Norm ist aber unanwendbar, wenn der Dienstverpflichtete einen eigenen Hausstand unterhält, in dem er entweder sich vollständig selbst verpflegt und beim Dienstberechtigten nur wohnt oder umgekehrt zwar Mahlzeiten beim Dienstberechtigten einnimmt aber über eine eigene Wohnung verfügt.[41]

15 Nicht ausreichend ist ferner die Unterbringung des Dienstverpflichteten in einem vom Dienstberechtigten zur Verfügung gestellten **Wohnheim** und die damit möglicherweise verbundene Bildung einer häuslichen Gemeinschaft der Dienstverpflichteten untereinander. Denn in solchen Fällen fehlt dem Dienstverhältnis die persönliche Beziehung zum Dienstberechtigten und einer Anwendung der Vorschrift daher die Legitimation.[42] Soweit bei § 618 Abs. 2 BGB dasselbe Tatbestandsmerkmal auch auf Gemeinschaftsunterkünfte angewandt wird (s. § 618 BGB Rn 11), ist dies jedenfalls nicht auf § 617 BGB übertragbar.

16 Bei **mehreren Personen** als gemeinschaftlich Dienstberechtigten genügt die Aufnahme in den Haushalt eines der Dienstberechtigten.[43] Ist der Dienstberechtigte eine **juristische Person**, ist das Erfordernis erfüllt, wenn der Dienstverpflichtete in den Haushalt eines Organmitglieds aufgenommen ist.[44] Nicht ausreichend ist hingegen, dass der Dienstverpflichtete in Räumen der juristischen Person wohnt und von dieser verpflegt wird:[45] Nicht nur, dass auch hier der Normzweck wegen Fehlens der persönlichen Komponente verfehlt würde; es fällt auch schwer, eine häusliche Gemeinschaft mit einer juristischen Person zu bilden.

17 Unerheblich ist, ob die Aufnahme in den Haushalt **Bestandteil der Vergütung** des Dienstverpflichteten ist oder ob dieser sogar umgekehrt ein **Entgelt an den Dienstberechtigten** entrichten muss.[46] Die **Beweislast** für das Bestehen einer häuslichen Gemeinschaft mit dem Dienstberechtigten trägt der Dienstverpflichtete.[47]

---

38 MüKo/Henssler § 617 BGB Rn 7; HWK/Krause § 617 BGB Rn 7.
39 Matthes in: ArbR BGB § 617 BGB Rn 16.
40 Staudinger/Oetker § 617 BGB Rn 24; MüKo/Henssler § 617 BGB Rn 7; BeckOK/Joussen § 617 BGB Rn 7.
41 Staudinger/Oetker § 617 BGB Rn 24; MüKo/Henssler § 617 BGB Rn 7; HWK/Krause § 617 BGB Rn 7; Matthes in: ArbR BGB § 617 BGB Rn 13; aA: BeckOK/Joussen § 617 BGB Rn 7.
42 Staudinger/Oetker § 617 BGB Rn 28; Erman/Belling § 617 BGB Rn 6; HWK/Krause § 617 BGB Rn 8; aA (unter Hinweis gerade auf den Normzweck oder geänderte soziale Verhältnisse für eine unmittelbare oder entsprechende Anwendung) MüKo/Henssler § 617 BGB Rn 7; BeckOK/Joussen § 617 BGB Rn 8; Matthes in: ArbR BGB § 617 BGB Rn 14; Boecken in: Hümmerich/Boecken/Düwell § 617 BGB Rn 8.
43 Staudinger/Oetker § 617 BGB Rn 30.
44 Staudinger/Oetker § 617 BGB Rn 29: „entsprechende Anwendung"; MüKo/Henssler § 617 BGB Rn 7; HWK/Krause § 617 BGB Rn 7.
45 So aber MüKo/Henssler § 617 BGB Rn 29; Matthes in: ArbR BGB § 617 BGB Rn 15; BeckOK/Joussen § 617 BGB Rn 7.
46 Staudinger/Oetker § 617 BGB Rn 25; Boecken in: Hümmerich/Boecken/Düwell § 617 BGB Rn 8.
47 Staudinger/Oetker § 617 BGB Rn 69; MüKo/Henssler § 617 BGB Rn 27.

5. Krankheit

Der Krankheitsbegriff ist derselbe wie in § 3 EFZG.[48] Daher kann insoweit auf die Kommentierung zu § 3 EFZG verwiesen werden (s. § 3 EFZG Rn 22). Schwangerschaftsabbruch und Sterilisation sind der Erkrankung allerdings nicht gleichgestellt und fallen daher nicht unter § 617 BGB.[49] Zusätzliche Anspruchsvoraussetzung ist bei § 617 BGB, dass die Erkrankung **besondere Pflege oder ärztliche Behandlung** erfordert.[50] **Dienstunfähigkeit** oder **-verhinderung** sind hingegen nicht nötig.[51] Der Grund der Erkrankung ist ebenfalls unerheblich.[52] 18

Wie Wortlaut und Zweck der Norm nahelegen, darf die Erkrankung erst **nach Beginn** des Dienstverhältnisses und Aufnahme des Dienstverpflichteten in den Haushalt des Dienstberechtigten eingetreten sein.[53] Eine Wartefrist am Beginn des Dienstverhältnisses besteht aber nicht.[54] Bei **chronischen Erkrankungen**, einer besonderen **Krankheitsdisposition** oder bestehenden **Vorerkrankungen** genügt es, wenn bei Beginn des Dienstverhältnisses und Aufnahme in die häusliche Gemeinschaft keine akute Behandlungsbedürftigkeit bestand und die Erkrankung danach neu ausbricht.[55] 19

Das Vorliegen einer **Wiederholungserkrankung** führt mangels gesetzlicher Regelung nicht zum Ausschluss des Anspruchs.[56] Die gegenteilige Auffassung, die entgeltfortzahlungsrechtlichen Bestimmungen über die Fortsetzungserkrankung seien analog heranzuziehen, weil der Anspruch aus § 617 BGB eine bloße Erweiterung des Entgeltfortzahlungsanspruchs sei,[57] ist abzulehnen. § 617 BGB gewährt einen eigenständigen, von der Aufrechterhaltung etwaiger Entgeltansprüche unabhängigen Leistungsanspruch mit eigenen gesetzlichen Voraussetzungen. 20

Der Dienstverpflichtete trägt die **Beweislast** für die Anspruchsvoraussetzungen und damit auch für Beginn und Bestehen einer behandlungsbedürftigen Erkrankung.[58] Die rechtliche Vermutung der Richtigkeit einer ärztlichen Arbeitsunfähigkeitsbescheinigung gilt allerdings auch hier.[59] 21

III. Inhalt und Dauer des Anspruchs

1. Verpflegung und ärztliche Behandlung

Der Begriff der **Verpflegung** bezieht sich auf die Versorgung mit (uU speziellen) **Nahrungsmitteln** sowie mit sämtlichen zur Krankenpflege benötigten **Sachmitteln**, insbesondere Arznei-, Verbands- und Heilmitteln, und auf die Erbringung von Pflegeleistungen.[60] Zur Konkretisierung kann der Leistungskatalog der ge- 22

48 Staudinger/Oetker § 617 BGB Rn 31; Erman/Belling § 617 BGB Rn 7.
49 MüKo/Henssler § 617 BGB Rn 8; Matthes in: ArbR BGB § 617 BGB Rn 18.
50 Staudinger/Oetker § 617 BGB Rn 31; MüKo/Henssler § 617 BGB Rn 8.
51 Staudinger/Oetker § 617 BGB Rn 31; MüKo/Henssler § 617 BGB Rn 9.
52 Staudinger/Oetker § 617 BGB Rn 32; MüKo/Henssler § 617 BGB Rn 9.
53 HM; Staudinger/Oetker § 617 BGB Rn 33 mwN auch zur Gegenansicht; MüKo/Henssler § 617 BGB Rn 15; HWK/Krause § 617 BGB Rn 9; BeckOK/Joussen § 617 BGB Rn 9.
54 MüKo/Henssler § 617 BGB Rn 15.
55 Staudinger/Oetker § 617 BGB Rn 33; MüKo/Henssler § 617 BGB Rn 15.
56 Staudinger/Oetker § 617 BGB Rn 34; Erman/Belling § 617 BGB Rn 7.
57 So Matthes in: ArbR BGB § 617 BGB Rn 30.
58 Staudinger/Oetker § 617 BGB Rn 69.
59 AnwK-BGB/Legleitner § 617 BGB Rn 11.
60 MüKo/Henssler § 617 BGB Rn 18; BeckOK/Joussen § 617 BGB Rn 13.

setzlichen Krankenversicherung herangezogen werden, da der Anspruch die gesetzliche Krankenversicherung ersetzt.[61] Anspruch auf Beschaffung und Wartung von Körperersatzstücken und orthopädischen Hilfsmitteln besteht aber nur, soweit auch diese der eigentlichen Heilung der Krankheit dienen.[62]

23 Die vom Dienstverpflichteten geschuldete **ärztliche Behandlung** erfolgt durch einen approbierten Arzt unter Einschluss der Dienstleistungen nichtärztlichen Hilfspersonals und des Transports zum Behandlungsort.[63]

2. Erforderlichkeit und Zumutbarkeit

24 Der Anspruch auf ärztliche Behandlung und Verpflegung wird durch deren **Erforderlichkeit** begrenzt, die sich insbesondere nach **Art und Schwere der Erkrankung** sowie den **persönlichen Verhältnissen der Parteien** bemisst.[64] Der Prüfungsmaßstab ist ein objektiver: Es kommt darauf an, was ein objektiv Denkender nach den gegebenen Umständen für erforderlich halten muss, um die Gesundheit des Dienstverpflichteten wieder herzustellen.[65] Daher kann der Anspruch ausgeschlossen sein, wenn eine nur leichte Erkrankung vorliegt, die nach üblicher Auffassung keiner Therapie, gar durch einen Arzt, bedarf.[66] Die **Beweislast** für Art und Umfang der erforderlichen Verpflegung und Behandlung trägt der Dienstverpflichtete.[67]

25 Stehen mehrere **gleich geeignete** Sachmittel zur Verfügung, hat der Dienstverpflichtete nur Anspruch auf das kostengünstigere.[68] Je nach Erkrankung kann aber auch ein Anspruch auf Hinzuziehung eines Facharztes oder auf Einweisung in ein (ggf spezielles) Krankenhaus bestehen.[69] Der Dienstverpflichtete hat zwar keinen Anspruch auf freie Arztwahl; jedoch sind seine Wünsche vom Dienstberechtigten im Rahmen dessen **Leistungsbestimmungsrechts** nach § 315 BGB zu berücksichtigen, so dass nur berechtigte und gewichtige Interessen des Dienstberechtigten es rechtfertigen können, den Wunsch des Dienstverpflichteten nach einem bestimmten Arzt zu übergehen.[70] Dies kann beispielsweise dann der Fall sein, wenn das Honorar, das der vom Dienstverpflichteten ausgewählte Arzt fordert, überhöht ist.[71]

26 Statt den Dienstverpflichteten in seinem Haushalt zu versorgen bzw versorgen zu lassen, kann der Dienstberechtigte auch eine **Aufnahme in eine Krankenanstalt** veranlassen. Damit wird dem Dienstberechtigten nicht nur eine Ersetzungs-

61 Erman/Belling§ 617 BGB Rn 12; MüKo/Henssler § 617 BGB Rn 16.
62 Staudinger/Oetker § 617 BGB Rn 44; MüKo/Henssler § 617 BGB Rn 18; HWK/Krause § 617 BGB Rn 12; großzügiger BeckOK/Joussen § 617 BGB Rn 13 unter Hinweis auf den Normzweck, Defizite der Krankenversicherung auszugleichen.
63 Staudinger/Oetker § 617 BGB Rn 46; MüKo/Henssler § 617 BGB Rn 17; Matthes in: ArbR BGB § 617 BGB Rn 26.
64 MüKo/Henssler § 617 BGB Rn 19.
65 Staudinger/Oetker § 617 BGB Rn 45 und 47; MüKo/Henssler § 617 BGB Rn 19.
66 Staudinger/Oetker § 617 BGB Rn 47; MüKo/Henssler § 617 BGB Rn 19.
67 Staudinger/Oetker § 617 BGB Rn 69; MüKo/Henssler § 617 BGB Rn 27.
68 Staudinger/Oetker § 617 BGB Rn 45.
69 Erman/Belling § 617 BGB Rn 11.
70 Staudinger/Oetker § 617 BGB Rn 47; strenger ErfK/Dörner § 617 BGB Rn 3.
71 Ähnlich Staudinger/Oetker § 617 BGB Rn 47.

befugnis eingeräumt, sondern es wird eine **Wahlschuld** begründet.[72] Der Schutzzweck der Vorschrift erfordert es, dass beide Erfüllungsmöglichkeiten grundsätzlich gleichwertig nebeneinander stehen und dass der Dienstberechtigte von seiner Verpflichtung nicht schon dann gemäß § 275 BGB gänzlich frei wird, wenn ihm die persönliche Betreuung des erkrankten Dienstverpflichteten in seinem Haushalt als Primärleistung unmöglich ist, sondern dass in diesem Fall gemäß § 265 Satz 1 BGB dennoch die Unterbringung in einer Krankenanstalt geschuldet wird.[73] Die Bindung des Dienstberechtigten an eine einmal getroffene Wahl (§ 263 Abs. 2 BGB) schließt es nicht aus, von einer Behandlung in einer Krankenanstalt zu einer Behandlung zu Hause und umgekehrt zu wechseln.[74]

Unabhängig von der rechtlichen Einordnung als Wahlschuld oder Ersetzungs- **27**
befugnis gilt, dass die Behandlung in einer Krankenanstalt nur soweit in Betracht kommt, als sie **zweckmäßig** ist und der Dienstverpflichtete dort angemessen und insbesondere lege artis versorgt wird.[75] Daher ist das Wahlrecht des Dienstberechtigten insoweit beschränkt, als er eine bestimmte **erforderliche** Behandlung oder Pflege, zB auf einer Intensivstation, gewähren muss.[76] Umgekehrt ist er nicht darauf beschränkt, die Behandlung nur dann in einer Krankenanstalt durchführen zu lassen, wenn dies medizinisch erforderlich ist;[77] allerdings muss die getroffene Wahl dem Dienstverpflichteten **zumutbar** sein, § 242 BGB.[78]

Wird die getroffene Wahl diesen Maßstäben nicht gerecht, kann der Dienstver- **28**
pflichtete sich ohne nachteilige Folgen **verweigern**.[79] Er hat dann für die Zukunft den Erfüllungsanspruch und für die Vergangenheit einen Anspruch auf Schadensersatz gemäß §§ 280 ff BGB.[80] Verweigert der Dienstverpflichtete die vom Dienstberechtigten gewählte Behandlung aber grundlos, gerät er in Annahmeverzug und wird der Dienstberechtigte von seiner Leistungsverpflichtung sukzessive für die Vergangenheit frei, §§ 263 Abs. 2, 275 BGB; das Entfallen des Anspruchs auch für die Zukunft lässt sich hingegen nicht begründen.[81]

3. Dauer des Anspruchs

Der Anspruch beginnt nicht bereits mit Krankheitsbeginn, sondern erst mit dem **29**
Beginn der Behandlungsbedürftigkeit der Erkrankung.[82] Er entfällt auch nicht erst mit der vollständigen Gesundung des Dienstverpflichteten, sondern bereits mit dem **Entfallen der Behandlungsbedürftigkeit** der Erkrankung.[83] Ferner entfällt der Anspruch mit der **Beendigung des Dienstverhältnisses**, es sei denn, dieses

72 MüKo/Henssler § 617 BGB Rn 20; Matthes in: ArbR BGB § 617 BGB Rn 28; aA Staudinger/Oetker § 617 BGB Rn 48; Erman/Belling § 617 BGB Rn 12; HWK/Krause § 617 BGB Rn 13; Boecken in: Hümmerich/Boecken/Düwell § 617 BGB Rn 15.
73 MüKo/Henssler § 617 BGB Rn 20.
74 Ebenso vom Standpunkt einer Ersetzungsbefugnis Staudinger/Oetker § 617 BGB Rn 50.
75 MüKo/Henssler § 617 BGB Rn 20; Staudinger/Oetker § 617 BGB Rn 51.
76 MüKo/Henssler § 617 BGB Rn 20; Erman/Belling § 617 BGB Rn 12.
77 Matthes in: ArbR BGB § 617 BGB Rn 27.
78 Erman/Belling § 617 BGB Rn 12.
79 Staudinger/Oetker § 617 BGB Rn 51.
80 Staudinger/Oetker § 617 BGB Rn 53; Erman/Belling § 617 BGB Rn 12.
81 Erman/Belling § 617 BGB Rn 12; Staudinger/Oetker § 617 BGB Rn 52; HWK/Krause § 617 BGB Rn 13; Matthes in: ArbR BGB § 617 BGB Rn 28; aA MüKo/Henssler § 617 BGB Rn 20.
82 Erman/Belling § 617 BGB Rn 14; Staudinger/Oetker § 617 BGB Rn 56.
83 Staudinger/Oetker § 617 BGB Rn 54; MüKo/Henssler § 617 BGB Rn 22.

ist vom Dienstberechtigten wegen der Erkrankung außerordentlich gekündigt worden. Letzteres ist nur dann der Fall, wenn die Erkrankung tragendes Motiv für die Kündigung war.[84] Der Anspruch besteht dann bis zum Ablauf von sechs Wochen fort.[85] Eine Erstreckung dieser Regelung auch auf ordentliche Kündigungen ist angesichts des eindeutigen Wortlauts der Vorschrift weder statthaft noch im Hinblick auf § 8 EFZG, der einen völlig anderen Anspruchsinhalt hat, erforderlich.[86] Die **Beweislast** für die Beendigung des Dienstverhältnisses trägt der Dienstberechtigte, für die Voraussetzungen des Fortbestandes über das rechtliche Ende des Dienstverhältnisses hinaus hingegen der Dienstverpflichtete.[87]

4. Anrechnung auf die Vergütung

30 Der Anspruch des Dienstverpflichteten ist auf die Erbringung von Sachleistungen gerichtet, für die der Dienstberechtigte daher zunächst die Kosten zu tragen hat.[88] Jedoch kann der Dienstberechtigte die Kosten auf die dem Dienstverpflichteten für die Zeit der Erkrankung zustehende Vergütung **anrechnen**, wobei unerheblich ist, ob die Vergütung für trotz der Erkrankung geleistete Dienste oder als Entgeltfortzahlung erfolgt.[89]

31 Die Anrechnungsbefugnis ist ein **Gestaltungsrecht**, das durch empfangsbedürftige Willenserklärung des Dienstberechtigten ausgeübt wird.[90] Die Anrechnungserklärung wirkt mit Zugang beim Dienstverpflichteten und lässt dessen Vergütungsanspruch im Umfang der anrechenbaren Kosten **erlöschen**.[91] Die für Aufrechnungen gegen oder die Pfändung von Forderungen geltenden Grenzen (§§ 394 BGB, 850 ff ZPO) greifen daher nicht.[92] Es ist auch nicht erforderlich, dass dem Dienstverpflichteten ein Taschengeld verbleibt.[93] Soweit der Dienstverpflichtete die Vergütung, auf welche angerechnet wird, bereits erhalten hat, hat der Dienstberechtigte einen Bereicherungsanspruch.[94]

32 Der Dienstberechtigte kann nur solche Kosten anrechnen, die er nicht gehabt hätte, wenn der Dienstberechtigte nicht krank gewesen wäre (**Kausalität**). Sind daher beispielsweise Kost und Logis Bestandteil der vereinbarten Vergütung, kommt insoweit eine Anrechnung auch für Zeiten der Erkrankung nicht in Betracht.[95] Dasselbe gilt, wenn der Dienstverpflichtete seinen Anspruch gegen den Dienstberechtigten auch auf andere Rechtsgrundlagen, zB auf § 823 BGB, stüt-

84 Staudinger/Oetker § 617 BGB Rn 59; Erman/Belling § 617 BGB Rn 14.
85 Staudinger/Oetker § 617 BGB Rn 58; ErfK/Dörner § 617 BGB Rn 4.
86 Staudinger/Oetker § 617 BGB Rn 60; Erman/Belling § 617 BGB Rn 14; ErfK/Dörner § 617 BGB Rn 4; aA MüKo/Henssler § 617 BGB Rn 24; Matthes in: ArbR BGB § 617 BGB Rn 31.
87 Staudinger/Oetker § 617 BGB Rn 70; Boecken in: Hümmerich/Boecken/Düwell § 617 BGB Rn 20.
88 Staudinger/Oetker § 617 BGB Rn 62; MüKo/Henssler § 617 BGB Rn 25.
89 Staudinger/Oetker § 617 BGB Rn 64; Matthes in: ArbR BGB § 617 BGB Rn 33.
90 Staudinger/Oetker § 617 BGB Rn 66; MüKo/Henssler § 617 BGB Rn 25.
91 Staudinger/Oetker § 617 BGB Rn 67; MüKo/Henssler § 617 BGB Rn 25.
92 Staudinger/Oetker § 617 BGB Rn 65; MüKo/Henssler § 617 BGB Rn 25; Boecken in: Hümmerich/Boecken/Düwell § 617 BGB Rn 19.
93 AA Matthes in: ArbR BGB § 617 BGB Rn 34 mit Erstattungsverpflichtung des Dienstverpflichteten; MüKo/Henssler § 617 BGB Rn 25.
94 Staudinger/Oetker § 617 BGB Rn 67; MüKo/Henssler § 617 BGB Rn 25.
95 Staudinger/Oetker § 617 BGB Rn 68; MüKo/Henssler § 617 BGB Rn 25; ErfK/Dörner § 617 BGB Rn 5.

zen kann;[96] hier gelten aber uU §§ 104 SGB VII. Soweit die vom Dienstberechtigten übernommenen Kosten die Vergütung des Dienstverpflichteten im Krankheitszeitraum übersteigen, trägt sie der Dienstberechtigte.[97]

IV. Ausschluss des Anspruchs

1. Verschulden

Der Anspruch nach § 617 BGB ist ausgeschlossen, wenn der Dienstverpflichtete seine Erkrankung **vorsätzlich** oder durch **grobe Fahrlässigkeit** herbeigeführt hat. Trotz des unterschiedlichen Wortlauts besteht heute im Ergebnis kein Unterschied zum Verschuldensbegriff bei §§ 616 BGB, 3 EFZG mehr,[98] so dass auf die dortige Kommentierung verwiesen werden kann (s. § 3 EFZG Rn 105 ff). Die **Beweislast** für das Verschulden des Dienstverpflichteten trägt der Dienstberechtigte.[99] 33

2. Versicherung oder anderweitige Vorsorge (Abs. 2)

a) Bestehen einer Versicherung

Dem Normzweck, die Krankenversorgung der von der Vorschrift erfassten Dienstverpflichteten sicherzustellen, entsprechend, ist der Anspruch nach § 617 BGB ausgeschlossen, wenn durch eine Versicherung für die Verpflegung und ärztliche Behandlung Vorsorge getroffen ist. Die **Beweislast** für den bestehenden Versicherungsschutz trägt der Dienstberechtigte.[100] 34

In Betracht kommt insbesondere die **gesetzliche Krankenversicherung** sowohl bei Bestehen einer Versicherungspflicht nach § 5 SGB V als auch bei freiwilliger Versicherung,[101] wobei sich allerdings eine Leistungsverpflichtung des Arbeitgebers bei einer Beschäftigung im Ausland aus § 17 SGB V ergeben kann. Auch das Bestehen einer **privaten Krankenversicherung** schließt den Anspruch aus § 617 BGB aus.[102] Dem Normzweck ist ferner genügt, wenn der Dienstverpflichtete gemäß § 6 SGB V versicherungsfrei ist und einen Versorgungs- (zB Beihilfe-) Anspruch gegen einen **sonstigen Dritten** hat.[103] Unerheblich ist, wie der Versorgungsanspruch finanziert wird, insbesondere wer die Versicherungsbeiträge entrichtet.[104] 35

Der Dienstverpflichtete ist allerdings nur soweit von seiner Versorgungspflicht befreit, wie der Leistungsanspruch des Dienstberechtigten gegen den Dritten reicht.[105] Bleibt der Anspruch des Dienstverpflichteten zeitlich oder dem Umfang nach hinter dem Anspruch aus § 617 BGB zurück, zB weil die private Krankenversicherung nicht sogleich leistet oder weil die Verpflegung bei ambulanter 36

---

96 Staudinger/Oetker § 617 BGB Rn 68; MüKo/Henssler § 617 BGB Rn 25.
97 MüKo/Henssler § 617 BGB Rn 25.
98 Staudinger/Oetker § 617 BGB Rn 35; MüKo/Henssler § 617 BGB Rn 10.
99 Staudinger/Oetker § 617 BGB Rn 70; MüKo/Henssler § 617 BGB Rn 27.
100 Staudinger/Oetker § 617 BGB Rn 70; MüKo/Henssler § 617 BGB Rn 27.
101 Staudinger/Oetker § 617 BGB Rn 39.
102 Staudinger/Oetker § 617 BGB Rn 39; MüKo/Henssler § 617 BGB Rn 12.
103 Staudinger/Oetker § 617 BGB Rn 37; MüKo/Henssler § 617 BGB Rn 12; HWK/Krause § 617 BGB Rn 11; BeckOK/Joussen § 617 BGB Rn 11.
104 Staudinger/Oetker § 617 BGB Rn 38; MüKo/Henssler § 617 BGB Rn 12; HWK/Krause § 617 BGB Rn 11.
105 Staudinger/Oetker § 617 BGB Rn 40; MüKo/Henssler § 617 BGB Rn 13; Erman/Belling § 617 BGB Rn 9; Matthes in: ArbR BGB § 617 BGB Rn 21.

ärztlicher Behandlung vom Krankenversicherungsschutz nicht gedeckt ist, kann hinsichtlich der nicht abgedeckten Versorgung ein **Teilanspruch** gemäß § 617 BGB bestehen.[106] Eine etwaige finanzielle Eigenleistung des Dienstverpflichteten (Selbstbehalt) ist insoweit aber unschädlich und führt nicht zur Aufrechterhaltung des Anspruchs aus § 617 BGB, der die Krankenversorgung des Dienstverpflichteten lediglich sicherstellen, nicht aber notwendigerweise kostenfrei gestalten will. Vielmehr bleibt der Anspruch in diesen Fällen nur dann bestehen, wenn die Versicherung ohne die Eigenbeteiligung keinerlei Leistungen erbringt.[107]

b) Einrichtung der öffentlichen Krankenpflege

37 Der Ausschluss der Verpflichtung bei Vorsorge durch eine Einrichtung der öffentlichen Krankenpflege ist **praktisch bedeutungslos.**[108]

V. Rechtsschutz

38 Der Dienstberechtigte kann seinen Anspruch aus § 617 BGB **einklagen**, wobei bei – oftmals sicherlich bestehender – Dringlichkeit eine **einstweilige Verfügung** in Gestalt einer Leistungsverfügung in Betracht kommt.[109]

39 Hat der Dienstverpflichtete die erforderlichen Maßnahmen selbst ergriffen, kann ihm ein Anspruch auf **Ersatz seiner Aufwendungen** nach den Vorschriften über die Geschäftsführung ohne Auftrag zustehen,[110] wobei ein entgegenstehender Wille des Dienstberechtigten analog § 679 BGB unbeachtlich ist.[111] Verletzt der Dienstberechtigte seine Verpflichtungen aus § 617 BGB schuldhaft, kommen auch Ansprüche des Dienstverpflichteten auf **Schadensersatz** gem. §§ 280 ff BGB sowie eine **Kündigung** aus wichtigem Grund gem. § 626 BGB in Betracht.[112]

§ 618 Pflicht zu Schutzmaßnahmen

(1) Der Dienstberechtigte hat Räume, Vorrichtungen oder Gerätschaften, die er zur Verrichtung der Dienste zu beschaffen hat, so einzurichten und zu unterhalten und Dienstleistungen, die unter seiner Anordnung oder seiner Leitung vorzunehmen sind, so zu regeln, dass der Verpflichtete gegen Gefahr für Leben und Gesundheit soweit geschützt ist, als die Natur der Dienstleistung es gestattet.

(2) Ist der Verpflichtete in die häusliche Gemeinschaft aufgenommen, so hat der Dienstberechtigte in Ansehung des Wohn- und Schlafraums, der Verpflegung sowie der Arbeits- und Erholungszeit diejenigen Einrichtungen und Anordnungen zu treffen, welche mit Rücksicht auf die Gesundheit, die Sittlichkeit und die Religion des Verpflichteten erforderlich sind.

106 Staudinger/Oetker § 617 BGB Rn 40; MüKo/Henssler § 617 BGB Rn 13; HWK/Krause § 617 BGB Rn 11; ErfK/Dörner § 617 BGB Rn 6.
107 Staudinger/Oetker § 617 BGB Rn 41.
108 Staudinger/Oetker § 617 BGB Rn 42; MüKo/Henssler § 617 BGB Rn 14.
109 Staudinger/Oetker § 617 BGB Rn 71; MüKo/Henssler § 617 BGB Rn 28.
110 Staudinger/Oetker § 617 BGB Rn 72; MüKo/Henssler § 617 BGB Rn 28.
111 Staudinger/Oetker § 679 BGB Rn 72; Erman/Belling § 617 BGB Rn 16.
112 Staudinger/Oetker § 617 BGB Rn 72; MüKo/Henssler § 617 BGB Rn 28.

(3) Erfüllt der Dienstberechtigte die ihm in Ansehung des Lebens und der Gesundheit des Verpflichteten obliegenden Verpflichtungen nicht, so finden auf seine Verpflichtung zum Schadensersatz die für unerlaubte Handlungen geltenden Vorschriften der §§ 842 bis 846 entsprechende Anwendung.

I. Allgemeines 1
1. Gesetzeszweck und -systematik 1
2. Verhältnis zu anderen Vorschriften 3
II. Voraussetzungen und Inhalt des Anspruchs (Abs. 1, 2) 5
1. Dienstverhältnis (Abs. 1, 2) 5
2. Vom Dienstberechtigten zu beschaffende Räume, Vorrichtungen und Gerätschaften 9
3. Aufnahme in häusliche Gemeinschaft (Abs. 2) 11
4. Inhalt des Anspruchs 12
5. Grenzen des Anspruchs 16
III. Rechtsfolgen bei Verletzung des Anspruchs 19
1. Erfüllungsanspruch 19
2. Leistungsverweigerungsrechte 20
3. Weitere Folgen 23
4. Beweislast 25

I. Allgemeines

1. Gesetzeszweck und -systematik

1 § 618 BGB verpflichtet den Dienstberechtigten zum vorbeugenden Schutz des Dienstverpflichteten vor mit der Dienstleistung verbundenen Gefahren für **Leben und Gesundheit** sowie, in Abs. 2, für die Persönlichkeitssphäre und konkretisiert damit die **Fürsorge- und Rücksichtnahmepflicht** des Dienstberechtigten.[1] Das Eigentum des Dienstverpflichteten wird von der Vorschrift nicht geschützt; allerdings können sich insoweit Schutzpflichten aus der allgemeinen Fürsorgepflicht ergeben.[2]

2 Die Vorschrift schien ihre Bedeutung infolge der Überlagerung durch das **öffentlich-rechtliche Arbeitsschutzrecht** sowie das Recht der **gesetzlichen Unfallversicherung** mit dessen Haftungsausschlusstatbeständen weitgehend verloren zu haben, hat sie aber in jüngerer Zeit zumindest für Teilbereiche, insbesondere im Zusammenhang mit dem Schutz vor Tabakrauch[3] und Asbest sowie hinsichtlich lenkzeitrechtlicher Vorschriften,[4] wieder zurückerlangt.[5] Der Anspruch ist gemäß § 619 BGB zwingend und kann daher nicht im Voraus zum Nachteil des Dienstverpflichteten abbedungen werden.

2. Verhältnis zu anderen Vorschriften

3 **Inhaltsgleiche Spezialregelungen** bestehen für Handlungsgehilfen (§ 62 HGB) und Seeleute auf Kauffahrteischiffen (§ 80 SeemG),[6] **weitergehende Sonderregelungen**, die § 618 BGB verdrängen, für Jugendliche (§§ 28 f JArbSchG), Heim-

1 MüKo/Henssler § 618 BGB Rn 1; Erman/Belling § 618 BGB Rn 1.
2 BAG 5.3.1959 – 2 AZR 268/56 – AP Nr. 9 zu § 618 BGB; Staudinger/Oetker § 618 BGB Rn 132 ff; MüKo/Henssler § 618 BGB Rn 4.
3 Vgl BAG 19.5.2009 – 9 AZR 241/08 – DB 2009, 1540
4 Vgl BAG 18.11.2008 – 9 AZR 737/07 – NZA-RR 2009, 354
5 Erman/Belling § 618 BGB Rn 8.
6 MüKo/Henssler § 618 BGB Rn 2.

arbeiter (§ 12 HAG), Schwangere (§ 2 MuSchG) und Schwerbehinderte (§ 81 Abs. 4 SGB IX).[7]

4 Zum Verhältnis zum öffentlich-rechtlichen Arbeitsschutzrecht s. Rn 14.

II. Voraussetzungen und Inhalt des Anspruchs (Abs. 1, 2)

1. Dienstverhältnis (Abs. 1, 2)

5 Die Vorschrift findet auf alle Dienstverhältnisse iSd §§ 611 ff BGB Anwendung. Erfasst sind somit **freie Dienstverhältnisse, Arbeitsverhältnisse** unter Einschluss von Weiterbeschäftigungsverhältnissen sowie, über § 10 Abs. 2 BBiG, **Berufsausbildungsverhältnisse.**[8]

6 In **Leiharbeitsverhältnissen** gilt § 618 BGB für den Verleiher als Vertragsarbeitgeber unmittelbar. Der Entleiher ist insoweit Erfüllungsgehilfe des Verleihers und daneben gemäß § 11 Abs. 6 AÜG selbst verpflichtet, die öffentlich-rechtlichen Arbeitsschutzrechtbestimmungen einzuhalten.[9] Eine Verpflichtung des Entleihers gegenüber dem Leiharbeitnehmer aus § 618 BGB besteht mangels unmittelbarer Vertragsbeziehung hingegen nicht; allerdings entfaltet der Arbeitnehmerüberlassungsvertrag Schutzwirkungen zugunsten des Leiharbeitnehmers.[10] Dies gilt entsprechend auch in anderen Fällen gespaltener Dienstverhältnisse.[11]

7 Auf andere Rechtsverhältnisse, die eine Einbeziehung des Verpflichteten in den Herrschafts- und Organisationsbereich des Berechtigten und hieraus für den Verpflichteten resultierende Gefahren mit sich bringen, wie zB **Auftragsverhältnisse, Geschäftsbesorgungsverhältnisse, Handelsvertreterverhältnisse, Wiedereingliederungsverhältnisse** sowie die Rechtsverhältnisse von **Werkunternehmern** findet nach annähernd einhelliger Auffassung § 618 BGB – nicht notwendigerweise aber auch § 619 BGB – entsprechende Anwendung.[12]

8 **Anspruchsberechtigt** ist der zur persönlichen Dienstleistung Verpflichtete,[13] darüber hinaus im Wege des Vertrages mit Schutzwirkung für Dritte uU aber auch etwaige Erfüllungsgehilfen[14] oder in den Schutzbereich des Vertrages sonst einbezogene Dritte.[15]

2. Vom Dienstberechtigten zu beschaffende Räume, Vorrichtungen und Gerätschaften

9 Der Begriff der „Räume, Vorrichtungen und Gerätschaften“ ist weit auszulegen: Unter „Räume“ sind sämtliche **Arbeitsstätten** iSd § 2 ArbStättV zu verstehen.[16] „Vorrichtungen und Gerätschaften“ umfasst sämtliche Gegenstände, mit denen der Dienstverpflichtete bei Erbringung der Dienstleistung bestimmungs-

7 MüKo/Henssler § 618 BGB Rn 2.
8 Staudinger/Oetker § 618 BGB Rn 25; MüKo/Henssler § 618 BGB Rn 25.
9 Staudinger/Oetker § 618 BGB Rn 94; MüKo/Henssler § 618 BGB Rn 25.
10 Staudinger/Oetker § 618 BGB Rn 95 ff; MüKo/Henssler § 618 BGB Rn 25.
11 Staudinger/Oetker § 618 BGB Rn 95 mwN.
12 Staudinger/Oetker § 618 BGB Rn 98 ff mwN.
13 Staudinger/Oetker § 618 BGB Rn 111.
14 Staudinger/Oetker § 618 BGB Rn 112.
15 OLG München 8.7.1986 – 13 U 4778/85 – NJW-RR 1987, 370.
16 Staudinger/Oetker § 618 BGB Rn 113; Erman/Belling § 618 BGB Rn 10.

gemäß in Kontakt kommt und somit sämtliche **Arbeitsmittel** unter Einschluss von Hilfsmitteln, Arbeitsstoffen und Schutzausrüstungen.[17]

Die Schutzpflicht bezieht sich allerdings nur auf Räume und Mittel, die **der Dienstberechtigte zur Verfügung** zu stellen hat, und erstreckt sich damit insbesondere nicht auf vom Dienstverpflichteten selbst zu beschaffende Arbeitsmittel. Allerdings kann insoweit eine **Hinweis- oder Anordnungspflicht** des Dienstberechtigten als allgemeine Nebenpflicht bestehen, wenn der Dienstberechtigte erkennt, dass der Dienstverpflichtete die mit dem Einsatz des Arbeitsmittels verbundenen besonderen Gefahren offensichtlich verkennt.[18] 10

3. Aufnahme in häusliche Gemeinschaft (Abs. 2)

Der weitergehende Anspruch nach Abs. 2 bedarf zusätzlich der Aufnahme des Dienstverpflichteten in die häusliche Gemeinschaft des Dienstberechtigten. Zum Begriff s. § 617 BGB Rn 13 ff. Allerdings wird bei § 618 BGB nahezu einhellig eine unmittelbare oder zumindest analoge Anwendung der Vorschrift auch auf außerhalb des Haushaltes des Dienstverpflichteten befindliche **Gemeinschaftsunterkünfte** befürwortet.[19] 11

4. Inhalt des Anspruchs

Der Anspruch nach den Abs. 1 und 2 ist auf den Schutz von **Leben und physischer Integrität** des Dienstverpflichteten, nicht hingegen auf dessen allgemeines Wohlbefinden gerichtet.[20] 12

Die Schutzmaßnahmen müssen zum **effektiven Ausschluss** bestehender Gefahren geeignet sein.[21] Hierbei umfasst der Begriff der „Regelungen" nicht nur **Anordnungen** sondern auch sämtliche auf die Benutzung der Arbeitsstätte und Arbeitsmittel bezogenen **Unterweisungen.**[22] 13

Im Arbeitsverhältnis richtet sich der genaue Anspruchsinhalt im Regelfall nach den öffentlich-rechtlichen **Arbeitsschutznormen.**[23] Der Arbeitgeber ist daher auch privatrechtlich verpflichtet, die Vorschriften des technischen und sozialen Arbeitsschutzes einzuhalten. Vorschriften hierzu finden sich insbesondere in der Arbeitsstättenverordnung mit den Arbeitsstättenrichtlinien bzw den Technischen Regeln über Arbeitsstätten, im allgemeinen Bauordnungsrecht, im Geräte- und Produktsicherheitsgesetz, in der Gefahrstoffverordnung mit den Technischen Regeln für Gefahrstoffe, in der Strahlenschutzverordnung, in der Biostoffverordnung, im Gentechnikgesetz, in der Betriebssicherheitsverordnung, im Arbeitsschutzgesetz, im Jugendarbeitsschutzgesetz, im Mutterschutzgesetz, in den landesrechtlichen Nichtraucherschutzvorschriften, im öffentlichen Arbeitszeit- 14

---

17 Staudinger/Oetker § 618 BGB Rn 120; Erman/Belling § 618 BGB Rn 11.
18 Vgl Staudinger/Oetker § 618 BGB Rn 122.
19 BAG 8.6.1955 – 2 AZR 200/54 – AP Nr. 1 zu § 618 BGB; Staudinger/Oetker § 618 BGB Rn 236 ff; MüKo/Henssler § 618 BGB Rn 61; Erman/Belling § 618 BGB Rn 20; ErfK/Wank § 618 BGB Rn 22.
20 Erman/Belling § 618 BGB Rn 9.
21 Erman/Belling § 618 BGB Rn 10.
22 Staudinger/Oetker § 618 BGB Rn 124; Erman/Belling § 618 BGB Rn 12.
23 BAG 10.3.1976 – 5 AZR 34/75 – AP Nr. 17 zu § 618 BGB; 18.8.1982 – 5 AZR 493/80 – AP Nr. 18 zu § 618 BGB; 14.12.2006 – 8 AZR 628/05 – AP Nr. 28 zu § 618 BGB; 12.8.1008 – 9 AZR 1117/06 – AP Nr. 29 zu § 618 BGB; Staudinger/Oetker § 618 BGB Rn 146; MüKo/Henssler § 618 BGB Rn 59.

recht und nicht zuletzt in den Unfallverhütungsvorschriften der Berufsgenossenschaften.[24]

15 Abs. 2 verpflichtet außerdem zur Rücksichtnahme auf **Sittlichkeit** und **Religion** des Dienstverpflichteten.

5. Grenzen des Anspruchs

16 § 618 BGB soll nur vor den mit der Dienstleistung einhergehenden besonderen Gefahren, nicht jedoch vor **allgemeinen Lebensrisiken** schützen.[25] Daher besteht beispielsweise kein Anspruch auf Schutz gegen die Belastung mit Schadstoffen in dem in der Umwelt sonst üblichen Maß.[26]

17 Eine weitere Grenze bildet die **Natur der Dienstleistung**. Daher besteht ferner kein Anspruch auf Schutz vor Gefahren, die mit der geschuldeten Dienstleistung **untrennbar verbunden** sind und nach dem **Stand der Technik** nicht abgemildert werden können.[27] Soweit allerdings öffentlich-rechtliche Arbeitsschutzvorschriften Regelungen treffen ohne Abweichungsmöglichkeiten vorzusehen, ist ein Unterschreiten der dadurch getroffenen Standards nicht zulässig, weil diese Regelungen den einzuhaltenden Arbeitsschutz auch im Hinblick auf die Natur der Dienstleistung konkretisieren.[28]

18 Schließlich müssen die Schutzmaßnahmen **erforderlich** und **zumutbar** sein.[29] Allerdings sind die Kosten von gesetzlich vorgeschriebenen Maßnahmen niemals, von dem Stand der Technik entsprechenden Maßnahmen regelmäßig weder entbehrlich noch unzumutbar.[30]

III. Rechtsfolgen bei Verletzung des Anspruchs

1. Erfüllungsanspruch

19 Während der Dauer des Dienstverhältnisses und solange eine Verpflichtung zur Beschäftigung des Dienstverpflichteten besteht oder der Dienstverpflichtete tatsächlich beschäftigt wird, hat der Dienstverpflichtete einen klagbaren **Anspruch auf Erfüllung** der Schutzpflichten.[31] Räumt eine öffentlich-rechtliche Arbeitsschutzvorschrift dem Arbeitgeber ein Ermessen ein, kann der Arbeitnehmer insoweit jedoch nur eine **fehlerfreie Ermessensausübung** verlangen.[32] Besteht ein Mitbestimmungsrecht des Betriebsrats, kann der Arbeitnehmer vom Arbeitgeber nur verlangen, dass dieser von seinem **Initiativrecht** Gebrauch macht.[33]

24 Im Einzelnen MüKo/Henssler § 618 BGB Rn 27 ff; Staudinger/Oetker § 618 BGB Rn 113 ff.
25 Erman/Belling § 618 BGB Rn 15; AnwK-BGB/Franzen § 618 BGB Rn 15.
26 BAG 8.5.1996 – 5 AZR 315/95 – AP Nr. 23 zu § 618 BGB; 19.2.1997 – 5 AZR 982/94 – AP Nr. 24 zu § 618 BGB.
27 Staudinger/Oetker § 618 BGB Rn 231; Erman/Belling § 618 BGB Rn 16; MüKo/Henssler § 618 BGB Rn 57.
28 MüKo/Henssler § 618 BGB Rn 58.
29 Erman/Belling § 618 BGB Rn 17; HWK/Krause § 618 BGB Rn 18.
30 HWK/Krause § 618 BGB Rn 18.
31 Staudinger/Oetker § 618 BGB Rn 248 ff; Erman/Belling § 618 BGB Rn 21; Friedrich in: ArbR BGB § 618 BGB Rn 198.
32 BAG 12.8.2008 – 9 AZR 1117/06 – AP Nr. 29 zu § 618 BGB; LAG Rheinland-Pfalz 19.12.2008 – 9 Sa 427/08 – juris; Staudinger/Oetker § 618 BGB Rn 255; Friedrich in: ArbR BGB § 618 BGB Rn 199; ErfK/Wank § 618 BGB Rn 24.
33 BAG 12.8.2008 – 9 AZR 1117/06 – AP Nr. 29 zu § 618 BGB; HWK/Krause § 618 BGB Rn 34.

2. Leistungsverweigerungsrechte

Verletzt der Dienstberechtigte seine Schutzpflichten aus § 618 BGB, kann der Dienstverpflichtete ein **Zurückbehaltungsrecht** gem. § 273 BGB geltend machen.[34] Bei Vorliegen der übrigen Voraussetzungen kommt der Dienstberechtigte dann in **Annahmeverzug.**[35] Die Abwendung des Zurückbehaltungsrechts durch Sicherheitsleistung gem. § 273 Abs. 3 BGB ist ausgeschlossen.[36] Nur geringfügige Pflichtverstöße berechtigen nach Treu und Glauben jedoch nicht zur Leistungsverweigerung.[37] 20

Darüber hinaus leitet sich unabhängig von § 618 BGB in Fällen einer **unmittelbaren erheblichen Gefahr für die Gesundheit** des Arbeitnehmers aus dem arbeitsschutzrechtlichen **Entfernungsrecht** des § 9 Abs. 3 Satz 1 und 3 ArbSchG ein Leistungsverweigerungsrecht ab.[38] Dabei ist eine Gefahr dann unmittelbar, wenn sie sich mit hoher Wahrscheinlichkeit verwirklicht, ein Schadenseintritt also nicht mit hinreichender Wahrscheinlichkeit ausgeschlossen werden kann.[39] Die Verpflichtung des Arbeitgebers zur Fortzahlung der Vergütung ergibt sich unabhängig vom Bestehen eines Annahmeverzugs aus § 9 Abs. 3 Satz 2 ArbSchG.[40] 21

Die Voraussetzungen des Leistungsverweigerungsrechts müssen **objektiv** bestehen; die **schuldlos irrtümliche Annahme** genügt nicht[41] und kann allenfalls zu einem Leistungsverweigerungsrecht nach § 275 Abs. 3 BGB führen. 22

3. Weitere Folgen

Ferner kommen vertragliche und deliktische **Schadensersatzansprüche** in Betracht, wobei Abs. 3 die vertraglichen Ansprüche auf der Rechtsfolgenseite erweitert.[42] Allerdings ist ggf der Haftungsausschluss bei Arbeitsunfällen gem. §§ 104 ff SGB VII zu beachten.[43] 23

In Betracht kommen schließlich **Beschwerderechte** (§§ 84, 85 BetrVG, 17 Abs. 2 ArbSchG)[44] sowie in Extremfällen eine **außerordentliche Kündigung.**[45] 24

4. Beweislast

Die **Beweislast** für die Verletzung der Vorschrift liegt im Regelfall beim Dienstverpflichteten,[46] wobei häufig der Beweis des ersten Anscheins sowie die Regeln 25

34 BAG 8.5.1996 – 5 AZR 315/95 – AP Nr. 23 zu § 618 BGB; BAG, 17.2.1998 – 9 AZR 130/97 – AP Nr. 27 zu § 618 BGB; Staudinger/Oetker § 618 BGB Rn 257 ff; Friedrich in: ArbR BGB § 618 BGB Rn 205.
35 Erman/Belling § 618 BGB Rn 24; Friedrich in: ArbR BGB § 618 BGB Rn 207.
36 Staudinger/Oetker § 618 BGB Rn 265; Friedrich in: ArbR BGB § 618 BGB Rn 205.
37 HWK/Krause § 618 BGB Rn 36.
38 Staudinger/Oetker § 618 BGB Rn 276 ff; MüKo/Henssler § 618 BGB Rn 94.
39 Staudinger/Oetker § 618 BGB Rn 273; Erman/Belling § 618 BGB Rn 22.
40 Staudinger/Oetker § 618 BGB Rn 279; MüKo/Henssler § 618 BGB Rn 95; HWK/Krause § 618 BGB Rn 38.
41 Staudinger/Oetker § 618 BGB Rn 264; HWK/Krause § 619 BGB Rn 37.
42 Staudinger/Oetker § 618 BGB Rn 284 ff; MüKo/Henssler § 618 BGB Rn 96 ff.
43 MüKo/Henssler § 618 BGB Rn 108 ff.
44 Staudinger/Oetker § 618 BGB Rn 384; MüKo/Henssler § 618 BGB Rn 89 f.
45 Staudinger/Oetker § 618 BGB Rn 383; MüKo/Henssler § 618 BGB Rn 119.
46 BAG 19.2.1997 – 5 AZR 982/94 – AP Nr. 24 zu § 618 BGB; Erman/Belling § 618 BGB Rn 21 und 23.

der §§ 282, 285 BGB herangezogen werden.[47] Auch **öffentlich-rechtliche Beweislastregeln** werden auf § 618 BGB übertragen.[48]

§ 619 Unabdingbarkeit der Fürsorgepflichten

Die dem Dienstberechtigten nach den §§ 617, 618 obliegenden Verpflichtungen können nicht im Voraus durch Vertrag aufgehoben oder beschränkt werden.

I. Allgemeines

1 Der Vorschrift liegt die Erwägung zugrunde, dass §§ 617, 618 BGB leerzulaufen drohten, wenn sie vertraglich ausgeschlossen werden könnten.[1] Allerdings sind mittlerweile im Arbeitsverhältnis die Krankenfürsorge und der Arbeitsschutz ohnehin **öffentlich-rechtlich** und **zwingend** ausgestaltet, so dass die Bedeutung der Vorschrift nunmehr recht gering ist.[2]

II. Anwendungsbereich

1. Erfasste Vertragsverhältnisse

2 Die Vorschrift erfasst die §§ 617, 618 BGB jeweils unterfallenden Vertragsverhältnisse. Soweit diese Normen allerdings außerhalb ihres Anwendungsbereiches nur **analog** angewandt werden (vgl zB § 618 BGB Rn 11), ist nicht notwendigerweise die Geltung auch des § 619 BGB indiziert, sondern muss darüber gesondert entschieden werden.[3]

2. Aufhebung oder Einschränkung der Pflichten nach §§ 617, 618 BGB

3 Die Vorschrift bezieht sich nur auf die Pflichten nach den §§ 617, 618 BGB, nicht jedoch auf die allgemeine **Fürsorgepflicht**, die eingeschränkt abdingbar ist.[4]

4 Untersagt ist die völlige **Aufhebung** sämtlicher oder einzelner der genannten Pflichten, daneben aber auch deren **Einschränkung**. Daher kann der Dienstverpflichtete beispielsweise nicht durch freiwillige Übernahme einer gefährlichen Arbeit über das nach § 618 BGB zulässige Maß hinaus in Gefahren für Leib und Leben **einwilligen.**[5] Auch die Beteiligung des Dienstverpflichteten an den **Kosten** für erforderliche **Schutzausrüstung** ist nicht zulässig; eine Ausnahme hiervon besteht nur, wenn der Dienstverpflichtete sie privat nutzen darf und freiwillig auch tatsächlich nutzt.[6] Auch die **Erschwerung** der Anspruchsdurchsetzung, wie

47 Friedrich in: ArbR BGB § 618 BGB Rn 213; vgl zB BGH 6.4.1995 – VII ZR 36/94 – BB 1995, 2629.
48 Friedrich in: ArbR BGB § 618 BGB Rn 202.
1 Staudinger/Oetker § 619 BGB Rn 1.
2 MüKo/Henssler § 619 BGB Rn 2.
3 BGH 15.6.1971 – VI ZR 262/69 – BGHZ 56, 269; Staudinger/Oetker § 619 BGB Rn 5 ff; MüKo/Henssler § 619 BGB Rn 4; Erman/Belling § 619 BGB Rn 2.
4 Staudinger/Oetker § 619 BGB Rn 12; MüKo/Henssler § 619 BGB Rn 5.
5 Staudinger/Oetker § 619 BGB Rn 14.
6 BAG 10.3.1976 – 5 AZR 34/75 – AP Nr. 17 zu § 618 BGB; 18.8.1982 – 5 AZR 493/80 – AP Nr. 18 zu § 618 BGB; 21.8.1985 – 7 AZR 199/83 – AP Nr. 19 zu § 618 BGB; LAG Hamm 9.12.1999 – 17 Sa 1455/99 – ZTR 2000, 182; LAG Düsseldorf 26.4.2001 – 13 Sa 1804/00 – LAGE § 618 BGB Nr. 10; Friedrich in: ArbR BGB § 619 BGB Rn 1.

zB durch Vereinbarung einer Vertragsstrafe oder eines selbständigen Strafversprechens, oder sonstige **mittelbare Einschränkungen** sind nicht zulässig.[7]

Vereinbarungen, die dem Dienstverpflichteten einen **höheren Schutz** gewähren, sind jederzeit zulässig.[8] Bei Vereinbarungen, die das Schutzniveau teils anheben, teils absenken, ist der **Günstigkeitsvergleich** für jede Einzelabweichung gesondert vorzunehmen; eine Gesamtbetrachtung ist unzulässig.[9] 5

3. Durch Vertrag

Der Zweck der Vorschrift gebietet eine weite Auslegung des Begriffs. Gemeint sind daher nicht nur **Individualvereinbarungen**, sondern auch **Allgemeine Arbeitsbedingungen** sowie **Kollektivvereinbarungen**, für die eine gesetzliche Öffnungsklausel fehlt.[10] Erst recht ist eine gegen §§ 617, 618 BGB verstoßende einseitige **Weisung** oder Anordnung des Dienstberechtigten ausgeschlossen,[11] aber auch **einseitige Erklärungen** des Dienstverpflichteten sind von dem Verbot erfasst.[12] 6

4. Im Voraus

Untersagt sind nicht nur Vereinbarungen, die **vor oder bei Abschluss des Dienstvertrages** getroffen werden, sondern auch Abreden **während des laufenden Dienstvertrages** vor Entstehen des einzelnen Anspruchs.[13] Möglich bleiben hingegen Vereinbarungen (insbesondere Erlass und Vergleich) nach Entstehen des Anspruchs;[14] bei Dauerverpflichtungen allerdings nur hinsichtlich des der Vereinbarung vorangegangenen Zeitraums.[15] Es ist aber nicht erforderlich, dass auch das Dienstverhältnis beendet ist.[16] 7

III. Rechtsfolge

Vereinbarungen, die gegen § 619 BGB verstoßen, sind **nichtig**. Für die Praxis dürfte unerheblich sein, ob die Rechtfolge aus § 619 BGB selbst folgt[17] (der Wortlaut der Vorschrift „können nicht" spricht dafür, dass die Norm nicht nur einen Verbotsbefehl ohne eigene Rechtsfolge enthält sondern den Parteien die Regelungsmacht nimmt) oder erst aus § 134 BGB.[18] Wird in einem Dienst- oder Arbeitsvertrag gegen § 619 BGB verstoßen, ist die Vereinbarung nur insoweit 8

7 Staudinger/Oetker § 619 BGB Rn 17; MüKo/Henssler § 619 BGB Rn 6.
8 Staudinger/Oetker § 619 BGB Rn 18; MüKo/Henssler § 619 BGB Rn 7.
9 Staudinger/Oetker § 619 BGB Rn 18.
10 BAG 18.8.1982 – 5 AZR 493/80 – AP Nr. 18 zu § 618 BGB; Staudinger/Oetker § 619 BGB Rn 9; MüKo/Henssler § 619 BGB Rn 6.
11 BAG 21.8.1985 – 7 AZR 199/83 – AP Nr. 19 zu § 618 BGB; LAG Hamm 9.12.1999 – 17 Sa 1455/99 – ZTR 2000, 182; MüKo/Henssler § 619 BGB Rn 6.
12 Staudinger/Oetker § 619 BGB Rn 10; MüKo/Henssler § 619 BGB Rn 6.
13 Staudinger/Oetker § 619 BGB Rn 20; MüKo/Henssler § 619 BGB Rn 8.
14 Staudinger/Oetker § 619 BGB Rn 21; Friedrich in: ArbR BGB § 619 BGB Rn 5.
15 Staudinger/Oetker § 619 BGB Rn 22.
16 Staudinger/Oetker § 619 BGB Rn 21.
17 So Erman/Belling § 619 BGB Rn 4.
18 So Staudinger/Oetker § 619 BGB Rn 3; MüKo/Henssler § 619 BGB Rn 9; Friedrich in: ArbR BGB § 619 BGB Rn 4.

(teil-) nichtig; im Übrigen bleibt der Vertrag wirksam, andernfalls der Schutzzweck der Norm sich in ihr Gegenteil verkehrte.[19]

9 Die Darlegungs- und Beweislast für die Nichtigkeit einer Vereinbarung nach § 619 BGB trifft denjenigen, der sich auf die Nichtigkeit beruft.[20]

19 Staudinger/Oetker § 619 BGB Rn 23; MüKo/Henssler § 619 BGB Rn 9; Friedrich in: ArbR BGB § 619 BGB Rn 4.

20 Staudinger/Oetker § 619 BGB Rn 24; MüKo/Henssler § 619 BGB Rn 10.

Gesetz über die Pflegezeit (Pflegezeitgesetz – PflegeZG)

Vom 28. Mai 2008 (BGBl. I S. 874)
(FNA 860-11-4)

– Auszug –

§ 2 Kurzzeitige Arbeitsverhinderung

(1) Beschäftigte haben das Recht, bis zu zehn Arbeitstage der Arbeit fernzubleiben, wenn dies erforderlich ist, um für einen pflegebedürftigen nahen Angehörigen in einer akut aufgetretenen Pflegesituation eine bedarfsgerechte Pflege zu organisieren oder eine pflegerische Versorgung in dieser Zeit sicherzustellen.

(2) [1]Beschäftigte sind verpflichtet, dem Arbeitgeber ihre Verhinderung an der Arbeitsleistung und deren voraussichtliche Dauer unverzüglich mitzuteilen. [2]Dem Arbeitgeber ist auf Verlangen eine ärztliche Bescheinigung über die Pflegebedürftigkeit des nahen Angehörigen und die Erforderlichkeit der in Absatz 1 genannten Maßnahmen vorzulegen.

(3) Der Arbeitgeber ist zur Fortzahlung der Vergütung nur verpflichtet, soweit sich eine solche Verpflichtung aus anderen gesetzlichen Vorschriften oder auf Grund einer Vereinbarung ergibt.

Schrifttum: *Freihube/Sasse*, Was bringt das neue Pflegezeitgesetz!?, DB 2008, 1320; *Fröhlich*, Das Pflegezeitgesetz – Neue Rechte für Arbeitnehmer, ArbR 2008, 84; *Joussen*, Streitfragen aus dem Pflegezeitgesetz, NZA 2009, 69; *Linck*, Offene Fragen des Pflegezeitgesetzes, DB 2008, 2738; *S. Müller*, Das Pflegezeitgesetz und seine Folgen für die arbeitsrechtliche Praxis, BB 2008, 1058; *O. Müller/Stuhlmann*, Das neue Pflegezeitgesetz – eine Übersicht, ZTR 2008, 290; *Oberthür/Becker*, Streitfall „Pflege" – ausgewählte Problemstellungen des Pflegezeitgesetzes, ArbRB 2009, 77; *Preis/Nehring*, Das Pflegezeitgesetz, NZA 2008, 729.

I. **Allgemeines** 2
II. **Begriffsbestimmungen** 4
1. Arbeitnehmer 5
2. Zu ihrer Berufsbildung Beschäftigte 9
3. Arbeitnehmerähnliche Personen 10
4. Arbeitgeber 11
5. Akut aufgetretene Pflegesituation 12
6. Nahe Angehörige 17
7. Pflegebedürftigkeit 19
8. Zu erwartende Pflegebedürftigkeit 20
III. **Leistungsverweigerungsrecht** ... 21
IV. **Anzeige- und Nachweispflichten** 28
V. **Entgeltfortzahlungsanspruch** ... 38
1. § 616 BGB 40
2. § 19 BBiG 48

Die vorliegenden Ausführungen beschränken sich auf die entgeltfortzahlungsrechtlich allein relevante Vorschrift des § 2 des Pflegezeitgesetzes (PflegeZG), die im Rahmen der dort gesetzlich geregelten **kurzzeitigen Arbeitsverhinderung** eine Verpflichtung des Arbeitgebers zur Fortzahlung der Vergütung anordnet, soweit sich eine solche Verpflichtung aus anderen gesetzlichen Vorschriften oder aufgrund einer Vereinbarung ergibt. Dennoch sind in diesem Zusammenhang der Vollständigkeit und des Verständnisses halber einige einführende Erläuterungen erforderlich. 1

I. Allgemeines

2 Am 1.7.2008 ist das PflegeZG, ohne dass es zuvor eine vergleichbare Vorgängerregelung gegeben hätte, durch Art. 3 des Gesetzes zur strukturellen Weiterentwicklung der Pflegeversicherung (Pflege-Weiterentwicklungsgesetz – PfWG) vom 28.5.2008 in Kraft getreten.[1]

3 Nach der Gesetzesbegründung soll mit dem PflegeZG die ambulante Pflege, insbesondere auch die häusliche Pflege durch Angehörige, gestärkt werden. Weiter sollen die arbeitsrechtlichen Rahmenbedingungen dafür geschaffen werden, dass Beschäftigten die Pflege und Sterbebegleitung naher Angehöriger in häuslicher Umgebung ermöglicht wird.[2] Hierbei wird davon ausgegangen, dass die Mehrheit der pflegebedürftigen Menschen so lange wie möglich durch vertraute Angehörige in gewohnter Umgebung gepflegt und versorgt werden möchte.[3]

II. Begriffsbestimmungen

4 Nach § 2 ebenso wie nach den anderen Vorschriften des PflegeZG können **Beschäftigte** die Rechte aus dem PflegeZG in Anspruch nehmen. Wer „Beschäftigter" iSd Gesetzes ist, bestimmt § 7 Abs. 1 PflegeZG.

1. Arbeitnehmer

5 Beschäftigte iSd PflegeZG sind gem. § 7 Abs. 1 Nr. 1 PflegeZG zunächst **Arbeitnehmer**. Insoweit gilt der allgemeine Arbeitnehmerbegriff, wobei es unerheblich ist, ob der Arbeitnehmer befristet oder unbefristet, vollzeit- oder teilzeitbeschäftigt ist. Auch bei geringfügig Beschäftigten (sog. 400-Euro-Jobs) handelt es sich gem. § 2 Abs. 2 TzBfG um teilzeitbeschäftigte Arbeitnehmer.

6 Da auch **leitende Angestellte** Arbeitnehmer sind, gelten die Regelungen des PflegeZG auch für diese.

7 Nicht zu den vom PflegeZG begünstigten Beschäftigten gehören indessen mangels Arbeitnehmereigenschaft **Selbständige, selbständige Handelsvertreter** (§ 84 HGB) und **organschaftliche Vertreter** (GmbH-Geschäftsführer, Vorstände einer AG).

8 Auch bei **Beamten** handelt es sich mangels Arbeitnehmereigenschaft nicht um Beschäftigte iSd § 7 Abs. 1 Nr. 1 PflegeZG.

2. Zu ihrer Berufsbildung Beschäftigte

9 Beschäftigte iSd PflegeZG sind gem. § 7 Abs. 1 Nr. 2 PflegeZG weiter die **zu ihrer Berufsbildung Beschäftigten**. Dieser weite, nicht auf eine Berufsausbildung beschränkte Begriff umfasst deshalb nicht nur Auszubildende in einem Berufsausbildungsverhältnis iSd § 1 Abs. 3 BBiG, sondern auch die in der Berufsausbildungsvorbereitung, der beruflichen Fortbildung, der beruflichen Umschulung oder in anderen Vertragsverhältnissen iSd § 26 BBiG Beschäftigten (zB auch Praktikanten und Volontäre).

1 BGBl. I S. 874, 896.
2 BT-Drucks. 16/7439; BR-Drucks. 718/07 S. 217 und 219.
3 BT-Drucks. 16/7439; BR-Drucks. 718/07 S. 1, 82, 85, 217.

3. Arbeitnehmerähnliche Personen

Beschäftigte iSd PflegeZG sind gem. § 7 Abs. 1 Nr. 3 PflegeZG ferner **arbeitnehmerähnliche Personen**, zu welchen auch die **in Heimarbeit Beschäftigten** und die ihnen **Gleichgestellten** gehören (zu den Definitionen vgl § 10 EFZG Rn 5 ff). Dass diese Personengruppe zu den Begünstigten des PflegeZG gehört, soll nach § 7 Abs. 1 Nr. 3 PflegeZG seinen Grund in deren wirtschaftlicher Unselbständigkeit finden. Ob arbeitnehmerähnliche Personen sich nur dann auf das PflegeZG berufen können, wenn sie einem Arbeitnehmer vergleichbar sozial schutzwürdig sind, nachdem die Gesetzesbegründung neben der wirtschaftlichen Unselbständigkeit von der sozialen Schutzbedürftigkeit spricht,[4] oder ob – worauf zu Recht hingewiesen wird – der Umstand, dass der Wortlaut des § 7 Abs. 1 Nr. 3 Hs 1 PflegeZG ein solches einschränkendes Merkmal nicht enthält, ist umstritten.[5] 10

4. Arbeitgeber

Wer **Arbeitgeber** im Sinne des PflegeZG ist, wird in § 7 Abs. 2 Satz 1 PflegeZG geregelt. Danach sind Arbeitgeber natürliche und juristische Personen sowie rechtsfähige Personengesellschaften, die Personen nach § 7 Abs. 1 PflegeZG („Beschäftigte") beschäftigen. Für arbeitnehmerähnliche Personen, insbesondere für die in Heimarbeit Beschäftigten und ihnen Gleichgestellten, tritt an die Stelle des Arbeitgebers der Auftraggeber oder Zwischenmeister. 11

5. Akut aufgetretene Pflegesituation

Von einer **akut aufgetretenen Pflegesituation** iSd § 2 Abs. 1 PflegeZG ist dann auszugehen, wenn sie plötzlich, also unerwartet und unvermittelt aufgetreten ist.[6] Die Pflegesituation, – wohl besser „Pflegebedürftigkeit", dh die Notwendigkeit pflegerischer Versorgung[7] – muss damit auf Umständen beruhen, die vom Beschäftigten nicht rechtzeitig vorhersehbar waren und eine Pflege erst organisiert und/oder durch den Beschäftigten selbst sichergestellt werden muss. Dies ist auch dann der Fall, wenn zB bei häuslicher Pflege die Pflegekraft unvorhergesehen ausfällt und eine anderweitige Versorgung nicht möglich ist.[8] 12

Ob der Beschäftigte sich im Zusammenhang mit dem Auftreten der akuten Pflegesituation nicht selbst in „Zugzwang" gesetzt haben darf,[9] bedarf vor dem Hintergrund der Zielsetzung des Gesetzes sowie dem Hintergrund der mannigfaltigen Möglichkeiten, in denen ein Beschäftigter auch „fahrlässig" in eine Situation geraten kann, in der ein akuter Pflegebedarf auftritt, der Prüfung und Entscheidung im Einzelfall und kann nicht generell entschieden werden. Die Gesetzesbegründung lässt mit dem Begriff eines „unerwarteten" Eintritts einer Pflegesituation[10] durchaus offen, ob es sich um einen objektiv unvorhersehbaren oder aber um eine subjektiv unvorhergesehenen Eintritt einer Pflegesituation handeln muss.[11] 13

4 S. Müller, BB 2008, 1058.
5 Preis/Nehring, NZA 2008, 729, 732; ErfK/Gallner, § 7 PflegeZG Rn 1 mwN.
6 BT-Drucks. 16/7439 Seite 90; Freihube/Sasse DB 2008, 1320.
7 Preis/Nehring, NZA 2008, 730; Müller, BB 2008, 1058.
8 Preis/Nehring, NZA 2008, 729, 730.
9 So zB S. Müller, BB 2008, 1059.
10 BT-Drucks. 16/7439 Seite 90.
11 AA S. Müller, BB 2008, 1059.

14 Werden Versorgungs- und Betreuungsmaßnahmen aufgrund eines **Sterbeprozesses** erforderlich, so soll nach der Gesetzesbegründung auch in diesem Falle eine akut aufgetretene Pflegesituation vorliegen können.[12]

15 Von einer akut aufgetretenen Pflegesituation kann indes nicht ausgegangen werden, wenn der Pflege- oder Organisationsbedarf sich aufgrund eines Krankheits- oder Behandlungsverlaufes oder eines längeren Krankenhausaufenthaltes erkennbar abzeichnet und dem Beschäftigten damit ausreichend Zeit und Gelegenheit verblieb, die erforderlichen organisatorischen Maßnahmen zu treffen.[13]

16 Das PflegeZG enthält keine Regelung darüber, wie oft eine akute Pflegesituation für einen nahen Angehörigen auftreten kann und damit der Beschäftigte sein Recht aus § 2 PflegeZG in Anspruch nehmen kann. Die Gesetzesbegründung geht zwar davon aus, dass das Recht des Beschäftigten, der Arbeit fernzubleiben, durch die Begrenzung auf **Akutfälle regelmäßig nur einmal je pflegebedürftigem Angehörigen** in Anspruch genommen werden kann und dieses Recht damit regelmäßig auch nur einmal pro Pflegefall ausgeübt wird.[14] Damit wird jedoch ein aber- oder mehrmaliges Auftreten einer akuten Pflegesituation, zB bei mehrfacher Erkrankung/Ausfall der Pflegekraft oder Auftreten verschiedener Krankheiten, auch für denselben nahen Angehörigen keineswegs ausgeschlossen.[15] Es existiert auch keine zeitliche Begrenzung, beispielsweise auf das Kalenderjahr. Der Vorgang der kurzzeitigen Arbeitsverhinderung kann sich somit, insbesondere auch im Hinblick auf mehrere nahe pflegebedürftige Angehörige, wiederholen.

6. Nahe Angehörige

17 Wer **naher Angehöriger** iSd PflegeZG ist, wird im Rahmen einer abschließenden Aufzählung in § 7 Abs. 3 PflegeZG bestimmt. Dies sind Eltern, Großeltern, Schwiegereltern, Ehegatten, Lebenspartner und Partner einer eheähnlichen Gemeinschaft, Geschwister, eigene Kinder, Adoptiv- oder Pflegekinder, Kinder, Adoptiv- oder Pflegekinder des Ehegatten oder Lebenspartners sowie Schwieger- und Enkelkinder.

18 Nicht als naher Angehöriger im Sinne des PflegeZG eingestuft wurden damit vom Gesetzgeber Urgroßeltern, Urenkel, Stiefeltern oder Stiefkinder, Onkel oder Tanten, Nichten, Neffen, Schwägerinnen und Schwager sowie Kinder, Adoptiv- oder Pflegekinder eines Partners außerhalb einer Ehe oder eingetragenen Lebensgemeinschaft.

7. Pflegebedürftigkeit

19 Wer **pflegebedürftig** iSd PflegeZG ist, bestimmt § 7 Abs. 4 Satz 1 PflegeZG. Danach sind solche Personen pflegebedürftig, die die Voraussetzungen der §§ 14 und 15 SGB XI erfüllen. Pflegebedürftig iSd § 14 Abs. 1 SGB XI sind Personen, die wegen einer körperlichen, geistigen oder seelischen Krankheit oder Behinderung für die gewöhnlichen und regelmäßig wiederkehrenden Verrichtungen im Ablauf des täglichen Lebens auf Dauer, voraussichtlich für mindestens sechs

---

12 BT-Drucks. 16/8525, Seite 89.
13 Freihube/Sasse, DB 2008, 1320; Schwerdle ZTR 2007, 655, 657.
14 BT-Drucks. 16/7439, S. 91, BR-Drucks. 718/07, S. 220.
15 Preis/Nehring, NZA 2008, 729, 730 f; ErfK/Gallner, § 2 PflegeZG Rn 2.

Monate, in erheblichem oder höherem Maß (§ 15 SGB XI) der Hilfe bedürfen. Diese Voraussetzungen erfüllen alle Personen, bei denen mindestens die Pflegestufe I (erheblich Pflegebedürftige gem. § 15 Abs. 1 Nr. 1 SGB XI) festgestellt ist. Die Anforderungen an die einzelnen Stufen der Pflegebedürftigkeit ergeben sich aus § 15 Abs. 1 Nr. 1 bis 3 SGB XI.

8. Zu erwartende Pflegebedürftigkeit

Nach der Gesetzesbegründung ist vor dem Hintergrund des gesetzgeberischen Ziels des § 2 PflegeZG auch eine **„voraussichtlich zu erwartende Pflegebedürftigkeit"** ausreichend, um eine kurzzeitige Arbeitsverhinderung zu rechtfertigen.[16] Nach § 7 Abs. 4 Satz 2 PflegeZG ist es deshalb für eine kurzzeitige Freistellung nach § 2 PflegeZG auch ausreichend, wenn der nahe Angehörige des Beschäftigten die Voraussetzungen nach den §§ 14, 15 SGB XI voraussichtlich erfüllt, also eine Pflegestufe voraussichtlich festgestellt wird. Wann letztlich eine „voraussichtlich zu erwartende Pflegebedürftigkeit" vorliegt, bleibt sowohl im Gesetzeswortlaut als auch der Gesetzesbegründung unbeantwortet. Die bloße Möglichkeit des Eintritts einer Pflegebedürftigkeit dürfte hierbei nicht ausreichen. Vielmehr ist das Vorliegen konkreter Umstände erforderlich, die den Eintritt der Pflegebedürftigkeit iSd §§ 14, 15 SGB XI als überwiegend wahrscheinlich erscheinen lassen.[17] Bestehen Zweifel hinsichtlich des Vorliegens einer zu erwartenden Pflegebedürftigkeit, kann der Arbeitgeber nach § 2 Abs. 2 Satz 2 PflegeZG vom Beschäftigten einen entsprechenden Nachweis durch Vorlage einer ärztlichen Bescheinigung verlangen. 20

III. Leistungsverweigerungsrecht

Nach § 2 PflegeZG hat der Beschäftigte das Recht, bei Erfüllung der weiteren Voraussetzungen des § 2 PflegeZG, **sofort** und damit **ohne Ankündigungsfrist** bis zu zehn Arbeitstage der Arbeit fernzubleiben und damit ein **Leistungsverweigerungsrecht**, ohne dass es einer Mitwirkungshandlung des Arbeitgebers bedarf.[18] 21

Anders als für den Anspruch auf Pflegezeit nach § 3 Abs. 1 Satz 2 PflegeZG, hat der Gesetzgeber **keine bestimmte Mindestbeschäftigtenzahl** als Voraussetzung für den Anspruch auf kurzzeitige Arbeitsbefreiung nach § 2 Abs. 1 PflegeZG vorgesehen, so dass dieser Anspruch auch in sog. Kleinbetrieben besteht. 22

Der Anspruch auf kurzzeitige Arbeitsbefreiung bis zu zehn Arbeitstage besteht nur in den Fällen, in denen das Auftreten einer **akuten (zu erwartenden) Pflegebedürftigkeit** (vgl Rn 18 f) bei einem **nahen Angehörigen** (vgl Rn 16 f) des Beschäftigten die Arbeitsbefreiung **erforderlich** macht, um eine bedarfsgerechte Pflege für den nahen Angehörigen zu organisieren oder eine pflegerische Versorgung eines nahen Angehörigen in dieser Zeit sicherzustellen. 23

Erforderlich im Sinne des § 2 Abs. 1 PflegeZG ist eine kurzzeitige Arbeitsbefreiung, wenn keine anderweitigen Möglichkeiten bestehen, um eine bedarfsgerechte Pflege zu organisieren oder eine pflegerische Versorgung sicherzustellen. An einer objektiven Erforderlichkeit fehlt es indessen, wenn schon durch eine andere 24

16 BT-Drucks. 16/7439, S. 94.
17 Preis/Nehring, NZA 2008, 729, 730; S. Müller, BB 2008, 1059.
18 BR-Drucks. 718/07 S. 217 und 220; S. Müller, BB 2008, 1059.

Person eine bedarfsgerechte pflegerische Versorgung organisiert oder sichergestellt wird.[19]

Ein Anspruch auf kurzzeitige Arbeitsbefreiung scheidet deshalb dann aus, wenn zB eine andere Person die erforderlichen Maßnahmen für den nahen Angehörigen schon eingeleitet hat.

25 Wird jedoch eine andere Person tätig und ist diese **objektiv oder subjektiv nicht pflegefähig,** so schließt dies die Erforderlichkeit der kurzzeitigen Arbeitsbefreiung des Beschäftigten nicht aus.[20] Ist die andere Person zB aufgrund ihrer gesundheitlichen Konstitution nicht zur Pflege geeignet oder will der Pflegebedürftige von der anderen Person nicht gepflegt werden, kann der Beschäftigte deshalb gleichwohl von seinem Leistungsverweigerungsrecht nach § 2 Abs. 1 PflegeZG Gebrauch machen.[21] Die Inanspruchnahme der kurzzeitigen Arbeitsbefreiung ist auch dann nicht erforderlich, wenn der Beschäftigte selbst subjektiv nicht gewillt und objektiv nicht in der Lage ist, eine bedarfsgerechte Pflege für den nahen Angehörigen zu organisieren oder eine pflegerische Versorgung sicherzustellen.

26 Auch die **Dauer der Inanspruchnahme der Arbeitsbefreiung** muss **erforderlich** sein. Eine Ausschöpfung der Höchstdauer der kurzzeitigen Arbeitsbefreiung von bis zu zehn Arbeitstagen wird nicht in jedem Falle erforderlich sein.[22] Die Höchstdauer der kurzzeitigen Arbeitsbefreiung von bis zu zehn Arbeitstagen bezieht sich auf ein Beschäftigungsverhältnis in einer Fünf-Tage-Woche. Daher können Teilzeitbeschäftigte, die an weniger als fünf Tagen in der Woche arbeiten, nur eine anteilig gekürzte Dauer in Anspruch nehmen. Für die Berechnung sind insoweit dieselben Grundsätze anzuwenden, wie bei der Berechnung der Urlaubsdauer teilzeitbeschäftigter Arbeitnehmer.[23]

27 Das **Verhältnis** des Leistungsverweigerungsrechts nach § 2 Abs. 1 PflegeZG **zum Leistungsverweigerungsrecht nach § 275 Abs. 3 BGB,** wonach dem Schuldner einer persönlich zu erbringenden Leistung das Recht der Leistungsverweigerung zuerkannt wird, wenn ihm die Leistung unter Abwägung des seiner Leistung entgegenstehenden Hindernisses mit dem Leistungsinteresse des Schuldners nicht zugemutet werden kann, ist umstritten. Nach zutreffender Auffassung verdrängt jedoch § 2 Abs. 1 PflegeZG nicht etwa als speziellere Norm das in § 275 Abs. 3 BGB geregelte allgemeine Leistungsverweigerungsrecht. Vielmehr stehen die Leistungsverweigerungsrechte des § 2 Abs. 1 PflegeZG und des § 275 Abs. 3 BGB nebeneinander.[24] Dabei hat das Leistungsverweigerungsrecht des § 275 Abs. 3 BGB einen weiter gehenden Anwendungsbereich und greift nicht nur in den in § 2 Abs. 1 PflegeZG genannten Fällen ein, sondern auch bei sonstigen Pflichtenkollisionen und Gewissenskonflikten, wobei § 275 Abs. 3 BGB allerdings eine Abwägung der beiderseitigen Interessen erfordert. Hingegen kommt es für das Leistungsverweigerungsrecht aus § 2 Abs. 1 PflegeZG allein darauf an, dass auf Seiten des Beschäftigten die dort

19 Preis/Nehring, NZA 2008, 729, 731; S. Müller, BB 2008, 1059.
20 BeckOK/Joussen § 2 PflegeZG Rn 8; ErfK/Gallner, § 2 PflegeZG Rn 2.
21 S. Müller, BB 2008, 1059; BeckOK/Joussen § 2 PflegeZG Rn 8.
22 Preis/Nehring, NZA 2008, 729, 731.
23 Linck, BB 2008, 2738, 2740.
24 AA S. Müller, BB 2008, 1063.

aufgeführten Voraussetzungen erfüllt sind, eine Abwägung mit Belangen des Arbeitgebers hat nicht zu erfolgen.[25]

IV. Anzeige- und Nachweispflichten

Wird das Leistungsverweigerungsrecht des § 2 Abs. 1 PflegeZG ausgeübt, treffen den Beschäftigten nach § 2 Abs. 2 PflegeZG zwar **Anzeige- und Nachweispflichten**, deren Erfüllung ist jedoch **keine Tatbestandsvoraussetzung** für das Recht des Beschäftigten, der Arbeit fernbleiben zu können. Das Leistungsverweigerungsrecht besteht auch dann, wenn der Beschäftigte diesen Pflichten nicht nachkommt. Entscheidend ist nur, dass die Voraussetzungen des Anspruchs auf kurzzeitige Arbeitsbefreiung erfüllt sind (vgl Rn 20 bis 25). 28

Nach § 2 Abs. 2 PflegeZG obliegt dem Beschäftigten eine **nicht formgebundene**[26] **eigenständige Anzeige- und Nachweispflicht** gegenüber dem Arbeitgeber in Gestalt einer Nebenpflicht, wenn er aus den in § 2 Abs. 2 PflegeZG genannten Gründen kurzzeitig an der Arbeitsleistung gehindert ist. Damit soll der Arbeitgeber in die Lage versetzt werden, sich auf die kurzfristige Abwesenheit des Beschäftigten einzustellen und die betriebliche Organisation so zu gestalten, dass es durch die Abwesenheit des Beschäftigten nicht zu Störungen im Betriebsablauf kommt oder diese jedenfalls möglichst gering gehalten werden. 29

In Erfüllung der **Anzeigepflicht** hat der Beschäftigte dem Arbeitgeber seine **Verhinderung** an der Arbeitsleistung **und deren voraussichtliche Dauer** unverzüglich, dh ohne schuldhaftes Zögern mitzuteilen. Im Zuge dieser Mitteilung muss der Beschäftigte den **genauen Verhinderungsgrund** angeben, dh der Beschäftigte muss den Namen der zu pflegenden Person, seine Beziehung zu ihr sowie den Grund des Fernbleibens von der Arbeit (Organisation einer bedarfsgerechten Pflege oder zur Sicherstellung einer pflegerischen Versorgung) angeben.[27] Nur bei Erfüllung der Anzeigepflicht mit diesen Mitteilungen ist der Arbeitgeber in der Lage, das Vorliegen eines Leistungsverweigerungsrechts nach § 2 Abs. 1 PflegeZG zu prüfen und ggf nach § 2 Abs. 2 Satz 2 PflegeZG eine Bescheinigung über die Pflegebedürftigkeit des konkret benannten Angehörigen zu verlangen.[28] Darüber hinausgehende Mitteilungen, zB zu Ursache, Art und Umfang der Pflegebedürftigkeit des nahen Angehörigen hat der Beschäftigte nicht zu machen. 30

Die **Anzeigepflicht** hat der Beschäftigte **unverzüglich** zu erfüllen, dh gem. § 121 Abs. 1 BGB **ohne schuldhaftes Zögern**. In der Regel bedeutet dies, dass der Beschäftigte verpflichtet ist, den Arbeitgeber bereits **am ersten Tag** der festgestellten (oder voraussichtlich zu erwartenden) Pflegebedürftigkeit des nahen Angehörigen **während der ersten Betriebsstunden** zu informieren.[29] Für die ordnungsgemäße Erfüllung dieser Pflicht ist maßgeblich der Zugang der Mitteilung beim Arbeitgeber, nicht deren Absendung.[30] 31

---

25 Linck, BB 2008, 2738, 2740; Preis/Nehring, NZA 2008, 729, 731; ErfK/Gallner, § 2 PflegeZG Rn 1.
26 Eine bestimmte Form ist anders als in § 3 Abs. 3 PflegeZG nicht vorgesehen.
27 S. Müller, BB 2008, 1059 f; Linck, BB 2008, 2738, 2740; BeckOK/Joussen § 2 PflegeZG Rn 11 ff; ErfK/Gallner, § 2 PflegeZG Rn 1.
28 Linck, BB 2008, 2738, 2740; BeckOK/Joussen § 2 PflegeZG Rn 12.
29 BAG vom 31.8.1989 – 2 AZR 13/89 – AP Nr. 23 zu § 1 KSchG 1969 Verhaltensbedingte Kündigung.
30 S. Müller, BB 2008, 1059 f.

32 Mit dem **Zugang der Mitteilung** beim Arbeitgeber beginnt der **Sonderkündigungsschutz** gem. § 5 Abs. 1 PflegeZG.

33 Über die Erfüllung der Anzeigepflicht hinaus ist der Beschäftigte nach § 2 Abs. 2 S. 2 PflegeZG im Rahmen einer besonderen **Nachweispflicht** verpflichtet, dem Arbeitgeber **auf Verlangen** eine ärztliche Bescheinigung über die Pflegebedürftigkeit des nahen Angehörigen und die Erforderlichkeit der in § 2 Abs. 1 PflegeZG genannten Maßnahmen vorzulegen.

34 Mit dieser **ärztlichen Bescheinigung** wird dem Arbeitgeber eine Kontrolle der Berechtigung zur Leistungsverweigerung ermöglicht. Wie bei § 5 Abs. 1 EFZG muss die Bescheinigung von einem **approbierten Arzt** ausgestellt werden. Eine Bescheinigung durch den medizinischen Dienst ist im Rahmen des § 2 Abs. 2 Satz 2 PflegeZG nicht erforderlich. In der Bescheinigung muss die pflegebedürftige Person namentlich benannt und die Erforderlichkeit der in § 2 Abs. 1 PflegeZG genannten Maßnahmen bestätigt sein. Angaben zur voraussichtlichen Dauer der Pflegebedürftigkeit sind ebenso wenig Gegenstand und Inhalt der Bescheinigung, wie die ärztliche Begründung der Pflegebedürftigkeit, die erforderlichen organisatorischen Maßnahmen oder das akute Eintreten der Pflegesituation.[31]

35 Der **Beweiswert** einer solchen ärztlichen Bescheinigung ist **nicht unumstritten**. Teile des Schrifttums nehmen an, der Bescheinigung nach § 2 Abs. 2 PflegeZG komme der gleiche Beweiswert zu, wie einer Arbeitsunfähigkeitsbescheinigung nach § 5 EFZG.[32]

36 Zutreffend erscheint indessen die differenzierende Auffassung von Linck,[33] nach der einer Bescheinigung hinsichtlich der Feststellung einer (ggf voraussichtlichen) Pflegebedürftigkeit eines Angehörigen nur dann Beweiswert zukommt, wenn der Arzt, der die Bescheinigung ausgestellt hat, die pflegebedürftige Person auch selbst behandelt bzw untersucht hat. Zudem ist, wie Linck weiter zutreffend ausführt, zu berücksichtigen, dass der Arzt in vielen Fällen kaum beurteilen kann, ob das Fernbleiben von der Arbeit zur Organisation der Pflege oder Sicherstellung einer pflegerischen Versorgung „erforderlich" ist, nachdem eine solche Beurteilung voraussetzt, dass der Arzt über die familiären Verhältnisse im Einzelnen unterrichtet ist sowie insbesondere sichere Kenntnis davon hat, dass die pflegebedürftige Person nicht von Dritten ausreichend versorgt werden kann. Richtig ist weiter, dass die Bescheinigung des Arztes insoweit typischerweise keine Feststellungen enthalten muss und wird, die der Arzt aufgrund eigener Untersuchungen und seiner medizinischen Sachkunde getroffen hat, sondern lediglich die Schilderung des Beschäftigten wiedergibt, der die Bescheinigung wünscht, weshalb der Bescheinigung nach § 2 Abs. 2 PflegeZG nicht derselbe Beweiswert zukommen kann wie einer Arbeitsunfähigkeitsbescheinigung nach § 5 EFZG.[34] Der Arbeitgeber kann daher die Erforderlichkeit des Fernbleibens bestreiten, ohne besondere Indizien darlegen zu müssen, die gegen die Richtigkeit der Bescheinigung sprechen.

31 BeckOK/Joussen § 2 PflegeZG Rn 12; ErfK/Gallner, § 2 PflegeZG Rn 3.
32 Freihube/Sasse DB 2008, 1320; Preis/Nehring, NZA 2008, 730, 731; S. Müller, BB 2008, 1060, Fn 25; ErfK/Gallner, § 2 PflegeZG Rn 3.
33 Linck, BB 2008, 2738, 2740 f.
34 Linck, BB 2008, 2738, 2740.

Die Kosten der Bescheinigung sind grundsätzlich vom Beschäftigten selbst zu tragen, nachdem sich die gesetzliche Verpflichtung zur Vorlage an den Beschäftigten und nicht an den Arbeitgeber richtet und eine ausdrückliche Kostentragungspflicht durch den Arbeitgeber (wie zB in § 5 Abs. 2 Satz 2 EFZG) nicht vorgesehen ist.[35] Die Höhe der Kosten für die ärztliche Bescheinigung richtet sich nach Nr. 70 des Gebührenverzeichnisses der Gebührenordnung für Ärzte. 37

V. Entgeltfortzahlungsanspruch

Macht der Beschäftigte von seinem Leistungsverweigerungsrecht nach § 2 Abs. 1 PflegeZG Gebrauch, **entfällt** gem. § 326 Abs. 1 Hs 1 BGB sein **Anspruch auf Vergütung**. Das PflegeZG enthält vor dem Hintergrund dieser Situation **keine eigenständige Regelung** zur Entgeltfortzahlung während einer kurzzeitigen Arbeitsverhinderung nach § 2 Abs. 1 PflegeZG, sondern lediglich die klarstellende Regelung des § 2 Abs. 3 PflegeZG, die zur Frage des Entgelts während der kurzzeitigen Arbeitsverhinderung nur auf andere bestehende Verpflichtungen außerhalb des PflegeZG verweist. 38

Nach § 2 Abs. 3 PflegeZG ist der Arbeitgeber nur dann zur Fortzahlung des Entgelts während der kurzzeitigen Arbeitsverhinderung verpflichtet, soweit sich eine solche **Verpflichtung aus anderen gesetzlichen Vorschriften oder aufgrund einer Vereinbarung** ergibt. In der Gesetzesbegründung zu § 2 Abs. 3 PflegeZG wird auf § 616 BGB, § 19 Abs. 1 Nr. 2 b BBiG sowie individual- und kollektivrechtliche Vereinbarungen hingewiesen. Zwar war noch im Referentenentwurf eine sozialversicherungsrechtliche Entgeltersatzleistung in Gestalt eines Pflegeunterstützungsgeldes enthalten, ein solches wurde jedoch nicht in den Gesetzesentwurf aufgenommen.[36] 39

1. § 616 BGB

Ein Anspruch auf die Entgeltfortzahlung während der kurzzeitigen Arbeitsverhinderung kann sich aus § 616 BGB ergeben. Nach dem Wortlaut des § 616 Satz 1 BGB bleibt der Vergütungsanspruch des zur Dienstleistung Verpflichteten erhalten, wenn dieser für eine verhältnismäßig nicht erhebliche Zeit durch einen in seiner Person liegenden Grund ohne sein Verschulden an der Dienstleistung verhindert ist. Von dieser Regelung werden eine ganze Reihe von Fallgestaltungen erfasst, in denen vom Grundsatz „ohne Arbeit kein Lohn" abgewichen wird und trotz fehlender Arbeit der Anspruch auf die Gegenleistung und damit auf die Vergütung erhalten bleibt. 40

Die Regelung des § 616 Satz 1 BGB unterscheidet sich jedoch hinsichtlich ihrer Voraussetzungen ganz erheblich von den in § 2 Abs. 1 PflegeZG für eine kurzzeitige Arbeitsverhinderung zu erfüllenden Voraussetzungen. So wird ein Entgeltfortzahlungsanspruch nach § 616 Satz 1 BGB zB nur dann zuerkannt, wenn die Arbeitsverhinderung **unvermeidbar** ist.[37] Ob dies in den Fällen der Inanspruchnahme eines bis zu zehn Tage umfassenden Leistungsverweigerungsrechts für die gesamte Zeitdauer der Fall sein muss, wenn zB die erforderliche Pflege nur stundenweise zu erbringen ist, darf durchaus bezweifelt werden.[38] In solchen 41

35 Linck, BB 2008, 2738, 2740 f.
36 Preis/Nehring, NZA 2008, 732; ErfK/Gallner, § 2 PflegeZG Rn 4 mwN.
37 MünchArbR/Boewer, 3. Aufl., § 70 Rn 12.
38 Preis/Nehring, NZA 2008, 732.

Fällen könnte der Beschäftigte lediglich für die Zeiten Entgelt verlangen, die er tatsächlich für Pflegetätigkeiten aufgewandt oder mit Organisationstätigkeiten verbracht hat.

42 Zudem sieht § 616 Satz 1 BGB eine Vergütungsfortzahlung nur für eine „**verhältnismäßig nicht erhebliche Zeit**" vor, wenn die Verhinderung des Dienstverpflichteten durch einen in seiner Person liegenden Grund ohne sein Verschulden verursacht wurde. Jedenfalls hinsichtlich der Pflege erkrankter Kinder kommt nach der Rechtsprechung in aller Regel als verhältnismäßig nicht erhebliche Zeit ein Zeitraum von fünf Tagen (vgl § 616 BGB Rn 69 f). und damit ein erheblich kürzerer Zeitraum als zehn Tage in Betracht.[39] Vor diesem Hintergrund erscheint eine Inanspruchnahme des Leistungsverweigerungsrechts zur Organisation oder Übernahme der Pflege für einen nahen Angehörigen für die Dauer von zehn Tagen deshalb höchst problematisch, weil in Fällen, in denen die Dauer der unverschuldete Verhinderung an der Arbeitsleistung eine verhältnismäßig nicht erhebliche Zeit überschreitet, im Rahmen des § 616 Satz 1 BGB der Vergütungsanspruch insgesamt entfällt und nicht nur hinsichtlich des den verhältnismäßig nicht erheblichen Zeitraums übersteigenden Teils.[40] Damit wird der Beschäftigte, der die ihm nach § 2 Abs. 1 PflegeZG eingeräumte Möglichkeit einer zehntägigen Abwesenheit ausnutzt, in der Regel keinen Vergütungsanspruch nach § 616 Satz 1 BGB haben.[41]

43 Für eine Einschränkung des Grundsatzes, dass bei einer Überschreitung eines verhältnismäßig nicht erheblichen Zeitraums der Vergütungsanspruch nach § 616 Satz 1 BGB insgesamt entfällt, besteht auch hinsichtlich der Ausübung des Leistungsverweigerungsrechts nach § 2 Abs. 1 PflegeZG keine Veranlassung. § 2 Abs. 3 PflegeZG enthält eine Rechtsgrundverweisung auf andere gesetzliche Vorschriften, deren Tatbestandsvoraussetzungen deshalb vorliegen müssen.[42]

44 Zu berücksichtigen ist weiter, dass die Rechtsprechung zu § 616 BGB einen **Angehörigenbegriff** entwickelt hat, der **erheblich enger** ist, als der Begriff des nahen Angehörigen durch das Gesetz in § 7 Abs. 3 PflegeZG definiert wird. Der zu § 616 BGB entwickelte Angehörigenbegriff umfasst nur Ehepartner, Eltern, Geschwister, Abkömmlinge und Lebenspartner iSd Lebenspartnerschaftsgesetzes.[43]

45 Bei der Regelung des § 616 BGB handelt es sich um **dispositives Recht**, dh seine Geltung kann durch einzel- oder tarifvertragliche Regelungen erweitert, **beschränkt** oder auch **gänzlich ausgeschlossen** werden. Dies folgt aus § 619 BGB, der lediglich hinsichtlich der in § 617 und § 618 BGB normierten Verpflichtungen des Dienstberechtigten eine im Voraus durch Vertrag erfolgende Aufhebung oder Beschränkung ausschließt.[44] Hieran ändert auch die in § 8 PflegeZG vorgesehene Unabdingbarkeit der Regelungen des PflegeZG nichts, nachdem diese sich allein auf die Regelungen des PflegeZG bezieht.

---

39 BAG 19.4.1978 – 5 AZR 834/76 – AP Nr. 48 zu § 616 BGB.
40 BAG 11.8.1988 – 8 AZR 721/85 – AP Nr. 7 zu § 611 BGB Gefährdungshaftung des Arbeitgebers.
41 Joussen, NZA 2009, 71; Freihube/Sasse, DB 2008, 1321; Preis/Nehring, NZA 2008, 733; Oberthür/Becker ArbRB 2009, 78.
42 Linck, BB 2008, 2738, 2741.
43 Freihube/Sasse DB 2008, 1320, 1321; Preis/Nehring, NZA 2008, 733.
44 Schaub, § 98 Rn 29 f; ErfK/Dörner, § 616 BGB Rn 13.

Von dieser Möglichkeit wird in der Praxis zahlreich sowohl in **Arbeitsvertragsklauseln** als auch in **Tarifverträgen** (vgl § 616 BGB Rn 112 ff) Gebrauch gemacht. Auf Tarifvertragsebene sind beispielhaft zu nennen, die Regelung 46

- des § 10 1. I lit. d) des Manteltarifvertrages für die Arbeitnehmer der bayerischen Metall- und Elektroindustrie, der bei akuter schwerer Erkrankung des Ehegatten, des Lebenspartners, der eigenen Kinder oder der Eltern eine bezahlte Freistellung von der Arbeit für einen Tag vorsieht;
- des § 13 2. 1. des Manteltarifvertrages für Beschäftigte in der Metall- und Elektroindustrie in Nordwürttemberg/Nordbaden (ebenso für den Tarifbezirke Südbaden sowie den Tarifbezirk Südwürttemberg-Hohenzollern), der Beschäftigten im Kalenderjahr ein bezahltes Fernbleiben bis zu 10 Arbeitstagen zur Beaufsichtigung, Betreuung oder Pflege ihres erkrankten, in häuslicher Gemeinschaft lebenden Kindes zwischen dem 12. und dem 14. Lebensjahr zubilligt, wenn dies nach ärztlichem Zeugnis erforderlich ist, eine andere im Haushalt des Beschäftigten lebende Person die Beaufsichtigung, Betreuung oder Pflege nicht übernehmen kann;
- des § 11 Abs. 2 des Manteltarifvertrages für Beschäftigte in der pfälzischen Metall- und Elektroindustrie, der unter bestimmten Voraussetzungen eine subsidiäre bezahlte Freistellung vorsieht bei plötzlich eintretender nachzuweisender schwerer Erkrankung des in häuslicher Gemeinschaft lebenden Ehegatten, die die Anwesenheit des Beschäftigten unbedingt notwendig macht für die erforderliche Zeit, höchstens jedoch 1 Tag sowie dann, wenn es nach ärztlicher Bescheinigung erforderlich ist, dass der Beschäftigte zur Beaufsichtigung, Betreuung oder Pflege seines erkrankten Kindes der Arbeit fernbleibt, eine andere im Haushalt des Beschäftigten lebende Person die Beaufsichtigung oder Pflege nicht übernehmen kann und das Kind das 14. Lebensjahr noch nicht vollendet hat für die erforderliche Zeit, höchstens jedoch 2 Tage im Kalenderjahr;
- des § 4 Nr. 2. 4. des Bundesrahmentarifvertrages für das Baugewerbe (BRTV Bau), der bei schweren Erkrankungen der zur häuslichen Gemeinschaft gehörenden Familienmitglieder, sofern der Arzt bescheinigt, dass die Anwesenheit des Arbeitnehmers zur vorläufigen Pflege erforderlich ist, eine bezahlte Freistellung für 1 Arbeitstag vorsieht;
- des § 29 Abs. 1 lit. e) des Tarifvertrages für den öffentlichen Dienst, der bei einer schweren Erkrankung aa) einer/eines Angehörigen, soweit sie/er in demselben Haushalt lebt, einen Arbeitstag im Kalenderjahr, bb) eines Kindes, das das 12. Lebensjahr noch nicht vollendet hat, wenn im laufenden Kalenderjahr kein Anspruch nach § 45 SGB V besteht oder bestanden hat, bis zu vier Arbeitstage im Kalenderjahr und cc) bei einer Betreuungsperson, wenn der Beschäftigte deshalb die Betreuung ihres Kindes, das das 8. Lebensjahr noch nicht vollendet hat oder wegen körperlicher, geistiger oder seelischer Behinderung dauernd pflegebedürftig ist, übernehmen muss, bis zu vier Arbeitstage im Kalenderjahr, vorsieht.

Diese tarifvertraglichen Regelungen, mit welchen § 616 BGB abbedungen ist, gewähren zulässigerweise einen **erheblich geringeren Anspruch** auf Vergütungsfortzahlung und/oder machen diesen vom Vorliegen weiterer Voraussetzungen abhängig, als es nach der gesetzlichen Regelung des § 616 Abs. 1 BGB der Fall wäre.

47 Die **einzelvertragliche Abdingbarkeit** des Anspruchs auf Vergütungsfortzahlung nach § 616 Abs. 1 BGB in Formulararbeitsverträgen (vgl § 616 BGB Rn 115 ff) besteht auch vor dem Hintergrund einer ggf erforderlichen Klauselkontrolle.[45]

2. § 19 BBiG

48 § 19 Abs. 1 Satz 1 Nr. 2 lit. b BBiG legt in Anlehnung an die Regelung des § 616 BGB fest, dass Auszubildenden die Vergütung bis zur Dauer von sechs Wochen auch dann zu zahlen ist, wenn sie aus einem sonstigen, in ihrer Person liegenden Grund, unverschuldet verhindert sind, ihre Pflichten aus dem Berufsausbildungsverhältnis zu erfüllen. Dieser Anspruch des Auszubildenden nach § 19 Abs. 1 Satz 1 Nr. 2 lit. b BBiG ist aber anders als § 616 BGB nach § 25 BBiG **unabdingbar**. Im Unterschied zur Regelung des § 616 BGB wird der Vergütungsfortzahlungsanspruch des Auszubildenden auch nicht auf eine „verhältnismäßig nicht erhebliche Zeit" beschränkt, sondern vielmehr im Verhinderungsfall für die Dauer von bis zu sechs Wochen gewährt (vgl auch § 19 BBiG Rn 13). Damit ist Auszubildenden bei einer kurzzeitigen Arbeitsverhinderung iSd § 2 Abs. 1 PflegeZG die Vergütung fortzuzahlen.

45 ErfK/Dörner, § 616 BGB Rn 13; Schaub, § 98 Rn 29 f.

Mindesturlaubsgesetz für Arbeitnehmer (Bundesurlaubsgesetz)

Vom 8. Januar 1963 (BGBl. I S. 2)
(FNA 800-4)
zuletzt geändert durch Art. 7 PostbereinigungsG vom 7. Mai 2002
(BGBl. I S. 1529)

– Auszug –

§ 9 Erkrankung während des Urlaubs

Erkrankt ein Arbeitnehmer während des Urlaubs, so werden die durch ärztliches Zeugnis nachgewiesenen Tage der Arbeitsunfähigkeit auf den Jahresurlaub nicht angerechnet.

§ 10 Maßnahmen der medizinischen Vorsorge oder Rehabilitation

Maßnahmen der medizinischen Vorsorge oder Rehabilitation dürfen nicht auf den Urlaub angerechnet werden, soweit ein Anspruch auf Fortzahlung des Arbeitsentgelts nach den gesetzlichen Vorschriften über die Entgeltfortzahlung im Krankheitsfall besteht.

I. Vorbemerkung 1
II. Voraussetzungen des Anspruchs auf Nachgewährung von Urlaubstagen bei Arbeitsunfähigkeit 4
1. Erkrankung des Arbeitnehmers während des Urlaubs . . 5
2. Arbeitsunfähigkeit 6
3. Nachweis durch Vorlage eines ärztliches Zeugnisses . . 8
4. Zeitpunkt der Arbeitsunfähigkeit 9
5. Rechtsfolgen 10
a) Nachgewährung des ausgefallenen Urlaubs 10
b) Entscheidung des EuGH vom 20.1.2009 („Schultz-Hoff") 12
6. Abdingbarkeit 18
III. Voraussetzungen des Anspruchs auf Nachgewährung von Urlaubstagen bei Maßnahmen der medizinischen Vorsorge oder Rehabilitation 19
1. Maßnahme der medizinischen Vorsorge oder Rehabilitation 20
2. Anspruch auf Entgeltfortzahlung nach dem EFZG . . . 21
3. Festlegung des Urlaubs durch den Arbeitgeber 25
4. Abdingbarkeit 26

I. Vorbemerkung

1 Mit der seit dem Inkrafttreten des Bundesurlaubsgesetzes unverändert gebliebenen Norm wollte der Gesetzgeber verhindern, dass der Arbeitnehmer durch krankheitsbedingte Arbeitsunfähigkeit seinen Urlaubsanspruch verliert.[1] § 9 BUrlG ist eine Sonderbestimmung zum allgemeinen Leistungsstörungsrecht

1 BT-Drucks. S. IV/785.

(§ 275 Abs. 1 bzw Abs. 3 BGB).[2] Nach der Intention des Gesetzgebers kann die Arbeitspflicht, von der ein erkrankter Arbeitnehmer bereits durch seine Arbeitsunfähigkeit befreit ist,[3] nicht noch einmal suspendiert werden.[4] Die Urlaubserfüllung wird im Krankheitsfall damit unmöglich. Fallen bewilligter Erholungsurlaub und Erkrankung zusammen, kann der mit der Festsetzung des Urlaubs bezweckte Leistungserfolg, also die Befreiung des Arbeitnehmers von der Arbeitspflicht für die Dauer des Urlaubes, nicht mehr eintreten, da die Arbeitspflicht bereits aufgrund der Arbeitsunfähigkeit entfallen ist.[5]

2 § 9 BUrlG regelt für diesen Fall den Anspruch des Arbeitnehmers auf **Nachgewährung** seines Erholungsurlaubs. Der Arbeitnehmer soll nach dem Zweck dieser Vorschrift seinen Urlaubsanspruch nicht durch eine nachgewiesene krankheitsbedingte Arbeitsunfähigkeit während des bereits vom Arbeitgeber festgesetzten Urlaubs verlieren. Demzufolge werden die Krankheitstage nicht auf den Urlaubsanspruch angerechnet; der Urlaubsanspruch gilt insoweit als nicht erfüllt. Der Arbeitgeber hat die wegen der Krankheit nicht auf den Urlaub anzurechnenden Tage zu einem späteren Zeitpunkt nachzugewähren.

3 Ebenso regelt § 9 BUrlG die Nichtanrechnung von Urlaubstagen, wenn der Arbeitnehmer **während des bereits angetretenen Erholungsurlaubs** arbeitsunfähig erkrankt.

Bei den Regelungen in §§ 9, 10 BUrlG handelt es sich nach hM um Ausnahmeregelungen, die nicht verallgemeinert werden können.[6] Dies bedeutet im Umkehrschluss, dass andere als die in §§ 9, 10 BUrlG aufgeführten Ereignisse zum allgemeinen Lebensrisiko des Arbeitnehmers gehören und keinen Anspruch des Arbeitnehmers auf Nachgewährung von Urlaubstagen begründen.[7]

Ergänzend zu § 9 BUrlG regelt § 10 BUrlG, dass Zeiten, in denen sich der Arbeitnehmer einer medizinischen Vorsorge- oder Rehabilitationsmaßnahme unterzieht, ebenfalls nicht auf den Urlaub angerechnet werden dürfen, sofern für diese Zeiten ein Anspruch auf Entgeltfortzahlung nach dem Entgeltfortzahlungsgesetz besteht.

II. Voraussetzungen des Anspruchs auf Nachgewährung von Urlaubstagen bei Arbeitsunfähigkeit

4 Der Arbeitnehmer kann die Nachgewährung einzelner Urlaubstage verlangen, wenn folgende Voraussetzungen vollständig vorliegen:

- Erkrankung während des bereits festgesetzten Urlaubs,
- durch Krankheit verursachte Arbeitsunfähigkeit des Arbeitnehmers und
- Nachweis der Arbeitsunfähigkeit durch Vorlage eines ärztlichen Zeugnisses.

2 HWK/Schinz § 9 BUrlG Rn 1.
3 BAG 9.6.1988 – 8 AZR 755/85 – AP Nr. 10 zu § 9 BUrlG; BAG 15.6.1993 – 9 AZR 65/90 – AP Nr. 3 zu § 1 BildungsUrlG.
4 ErfK/Dörner § 9 BUrlG Rn 1.
5 HWK/Schinz, § 9 BUrlG Rn 2.
6 ErfK/Dörner § 9 BUrlG Rn 4; Leinemann/Linck § 9 BUrlG Rn 2 und § 10 BUrlG Rn 13.
7 BAG 9.8.1994 – 9 AZR 384/92 – AP Nr. 19 zu § 7 BUrlG.

1. Erkrankung des Arbeitnehmers während des Urlaubs

Der im BUrlG verwendete Begriff der **Erkrankung** wird im BUrlG selbst nicht definiert. Zurückzugreifen ist daher auf die für das EFZG entwickelte Definition einer Krankheit. Danach ist unter Krankheit ein regelwidriger Körper- oder Geisteszustand, der einer Heilbehandlung bedarf, zu verstehen.[8] Eine Alkoholabhängigkeit stellt damit eine Krankheit dar,[9] nicht aber eine regulär verlaufende Schwangerschaft[10] (Einzelheiten zur Begriffsbestimmung vgl § 3 EFZG Rn 24 f). 5

Die zur Arbeitsunfähigkeit führende Erkrankung muss nach dem Gesetzeswortlaut während des Urlaubes, also während des Zeitraumes der Freistellung von der Arbeit gemäß §§ 1, 3 BUrlG bestehen. Damit umfasst die Formulierung „während des Urlaubes" zum einen den Fall, dass der Arbeitnehmer im Urlaub krank wird. Zum anderen ist aber auch die Erkrankung gemeint, die bereits vor dem Urlaubsbeginn eintritt und während des festgelegten Freistellungszeitraumes andauert. Auch in dem letztgenannten Fall ist der Arbeitnehmer während des Urlaubes erkrankt.[11]

2. Arbeitsunfähigkeit

Die Krankheit des Arbeitnehmers muss zur **Arbeitsunfähigkeit** führen. Ein Arbeitnehmer ist arbeitsunfähig, wenn er seine vertraglich geschuldete Tätigkeit objektiv nicht ausüben kann oder objektiv nicht ausüben sollte, weil die Heilung nach ärztlicher Prognose verhindert oder verzögert wird.[12] Anders als für den Anspruch des Arbeitnehmers auf Entgeltfortzahlung nach § 3 EFZG ist für den Anspruch auf Nachgewährung unerheblich, ob der Arbeitnehmer die Arbeitsunfähigkeit verschuldet hat oder nicht.[13] 6

Eine Beschränkung auf unverschuldete Arbeitsunfähigkeit ist dem Wortlaut nicht zu entnehmen und nach dem Gesetzeszweck nicht erforderlich. Bei selbstverschuldeter Arbeitsunfähigkeit wird der Arbeitgeber bereits dadurch geschützt, dass dem Arbeitnehmer kein Entgeltfortzahlungsanspruch zusteht.[14]

Eine nicht rechtswidrige Sterilisation oder ein nicht rechtswidriger Schwangerschaftsabbruch gelten gemäß § 3 Abs. 2 EFZG als (unverschuldete) Arbeitsunfähigkeit, so dass auch hierfür ein Anspruch auf Nachgewährung entsteht, wenn diese während eines festgesetzten Urlaubs vorgenommen werden.[15] 7

Demgegenüber führt ein während eines Urlaubs nach dem Mutterschutzgesetz ausgesprochenes **Beschäftigungsverbot** nicht zu einem Nachgewährungsanspruch.[16] In diesem Zusammenhang ist zu beachten, dass mit dem Beschäftigungsverbot nicht zwingend ein Erfüllungshindernis einhergehen muss. Kann die Schwangere nach ihrem Arbeitsvertrag andere – nicht vom Beschäftigungsverbot

8 BAG 7.8.1991 – 5 AZR 410/90 – AP Nr. 94 zu § 1 LohnFG.
9 BAG 7.8.1991 – 5 AZR 410/90 – AP Nr. 94 zu § 1 LohnFG.
10 BAG 14.11.1984 – 5 AZR 394/82 – AP Nr. 61 zu § 1 LohnFG.
11 ErfK/Dörner § 9 BUrlG, Rn 7, Leinemann/Linck § 9 BUrlG, Rn 5.
12 BAG 7.8.1991 – 5 AZR 410/90 – AP Nr. 94 zu § 1 LohnFG.
13 ErfK/Dörner § 9 BUrlG Rn 9; Leinemann/Linck § 9 BUrlG Rn 7; aA GK-BUrlG/Stahlhacke, § 9 Rn 10.
14 HWK/Schinz, § 9 BUrlG Rn 6.
15 ErfK/Dörner § 9 BUrlG Rn 11.
16 BAG 9.8.1994 – 9 AZR 384/92 – AP Nr. 19 zu § 7 BUrlG.

erfasste – Tätigkeiten ausüben, kann ihr der Arbeitgeber nach billigem Ermessen eine andere zumutbare Tätigkeit zuweisen (vgl § 11 MuSchG Rn 6).

3. Nachweis durch Vorlage eines ärztliches Zeugnisses

8 Der Nachgewährungsanspruch entsteht erst dann, wenn der Arbeitnehmer die Arbeitsunfähigkeit während des Urlaubs durch ein **ärztliches Attest** nachweist. Der ärztlichen Bescheinigung muss zu entnehmen sein, dass der ausstellende Arzt den Unterschied zwischen Arbeitsfähigkeit und Krankheit kennt. Dies gilt insbesondere für Atteste aus dem Ausland.[17] Angesichts dessen genügt ein Attest nicht diesen Anforderungen, wenn die Erkrankung lediglich beschrieben wird, jedoch keine Angaben zu den Folgen der Erkrankung für die Arbeitsfähigkeit enthält[18], vgl § 5 EFZG Rn 71 f. Für die Geltendmachung des Anspruchs auf Nachgewährung von Urlaubstagen hat der Arbeitnehmer also eine Arbeitsunfähigkeitsbescheinigung nach § 5 EFZG vorzulegen.

Eine bestimmte Frist für den Nachweis sieht das BUrlG – anders als das EFZG – nicht vor. § 5 Abs. 1 Satz 1 EFZG, der für den Entgeltfortzahlungsanspruch des Arbeitnehmers die unverzügliche Vorlage einer Arbeitsunfähigkeit beim Arbeitgeber verlangt, ist nicht entsprechend anwendbar.[19] Allerdings darf der Arbeitgeber die Nachgewährung des Urlaubes solange verweigern, bis der Arbeitnehmer das ärztliche Attest vorlegt, da die Vorlage der Arbeitsunfähigkeitsbescheinigung Anspruchsvoraussetzung ist.[20]

4. Zeitpunkt der Arbeitsunfähigkeit

9 Die Erkrankung des Arbeitnehmers muss nach der Festlegung des Urlaubs durch den Arbeitgeber eintreten. Der Nachgewährungsanspruch entsteht nur für Zeiten, für die der Arbeitnehmer bereits vom Arbeitgeber zu Urlaubszwecken freigestellt worden ist. Somit ist Urlaub vom Arbeitgeber nachzugewähren, wenn

- der Arbeitnehmer zunächst den Urlaub antritt und währenddessen erkrankt oder
- der Arbeitnehmer nach der Festsetzung des Urlaubs vor dem Urlaubsantritt erkrankt und die Erkrankung einen oder mehrere Tage in den Urlaub hinein andauert.[21]

5. Rechtsfolgen

a) Nachgewährung des ausgefallenen Urlaubs

10 Liegen die Voraussetzungen des § 9 BUrlG vor, hat der Arbeitgeber den durch Krankheit ausgefallenen und nachgewiesenen Zeitraum nachzugewähren. Dies bedeutet, dass der Arbeitgeber die nicht auf den früheren Urlaub anzurechnenden Tage kalendermäßig neu festlegt. Gleichfalls hat der Arbeitgeber die Neufestlegung vorzunehmen, wenn der Arbeitnehmer in den Betriebs- oder Werkfe-

17 BAG 15.12.1987 – 8 AZR 647/86 – AP Nr. 9 zu § 9 BUrlG.
18 BAG 15.12.1987 – 8 AZR 647/86 – AP Nr. 9 zu § 9 BUrlG.
19 ErfK/Dörner § 9 BUrlG Rn 16, Leinemann/Linck § 9 BUrlG Nr. 14.
20 HWK/Schinz § 9 BUrlG Rn 13.
21 ErfK/Dörner § 9 BUrlG Rn 7.

rien erkrankt war. Der Arbeitgeber kann sich insoweit nicht darauf zurückziehen, dass Urlaub stets nur in den Betriebsferien genommen werden darf.[22]

Der Nachgewährungsanspruch des § 9 BUrlG folgt dem allgemeinen Urlaubsanspruch, der grundsätzlich bis zum 31.12. eines Kalenderjahres bzw – sofern die Übertragungsvoraussetzungen des § 7 Abs. 3 Satz 2 BUrlG vorliegen – bis zum 31.3. des Folgejahres befristet ist. Aufgrund der Entscheidung des EuGH vom 20.1.2009[23] und der sich daran anschließenden BAG-Entscheidung vom 24.3.2009 erlischt der Urlaubsanspruch eines Arbeitnehmers nunmehr nicht mehr automatisch am 31.3. des Folgejahres (Einzelheiten dazu vgl Rn 12).

Ein Recht zur **Selbstbeurlaubung** steht dem Arbeitnehmer nicht zu, so dass er insbesondere nicht berechtigt ist, die Anzahl der von der Erkrankung betroffenen Tage an den Urlaub „anzuhängen“.[24] Er ist darauf angewiesen, dass der Arbeitgeber die nachzugewährenden Urlaubstage neu festlegt. 11

b) Entscheidung des EuGH vom 20.1.2009 („Schultz-Hoff“)

Nach der bisherigen Rechtsprechung des BAG konnte der Arbeitnehmer den Nachgewährungsanspruch nur solange geltend machen, wie auch sein Urlaubsanspruch dem Grunde nach bestand. Es entsprach der gefestigten Rechtsprechung des BAG, dass der gesetzliche Urlaubsanspruch nach § 1 BUrlG **für die Dauer des Urlaubsjahres befristet** ist. Der Urlaubsanspruch erlosch damit entweder mit dem Jahresende oder dem Ende des Übertragungszeitraumes am 31. März des folgenden Kalenderjahres, sofern er wegen dauernder Arbeitsunfähigkeit des Arbeitnehmers nicht erfüllt werden konnte. 12

Die Übertragung des Urlaubes am Jahresende auf den bis zum 31. März des Folgejahres dauernden Übertragungszeitraumes hing davon ab, ob der Urlaub im Kalenderjahr aus dringenden betrieblichen Gründen oder aus Gründen in der Person des Arbeitnehmers nicht genommen werden konnte (vgl § 7 Abs. 3 Satz 2 BUrlG). Übertragung im Sinne von § 7 Abs. 3 Satz 3 BUrlG bedeutet, dass der Urlaub des Vorjahres bis zum Ablauf des Übertragungszeitraumes dem Urlaub des nachfolgenden Jahres hinzugerechnet wurde. Für die Übertragung bedarf es keiner weiteren Handlung des Arbeitgebers oder Arbeitnehmers. Ein Antrag des Arbeitnehmers auf Übertragung ist ebenso wenig erforderlich wie eine entsprechende Annahmeerklärung des Arbeitgebers. Die Übertragung erfolgt kraft Gesetzes. 13

Eine bis zum Jahresende dauernde Erkrankung des Arbeitnehmers erfüllte den Übertragungstatbestand „persönliche Gründe“ nach § 7 Abs. 3 Satz 2 Alt. 2 BUrlG, so dass der noch ausstehende Erholungsurlaub in das Folgejahr bis zum 31. März übertragen wurde. Der Arbeitnehmer musste zur Geltendmachung seines Nachgewährungsanspruches lediglich das ärztliche Attest bis zum 31. Dezember des laufenden Kalenderjahres bzw im Ausnahmefall bei Vorliegen der Übertragungsvoraussetzungen bis zum 31. März des Folgejahres vorlegen, um auf diese Weise den Anspruch auf Nachgewährung auszulösen.[25] Insoweit 14

22 Düwell in Hümmerich/Boecken/Düwell, § 9 BUrlG Rn 26; LAG Niedersachsen 21.11.2008 – 10 Sa 289/08.
23 EuGH 20.1.2009 – C-350/06 – NJW 2009, 234 (Schultz-Hoff ./. Deutsche Rentenversicherung Bund).
24 ErfK/Dörner § 9 BUrlG Rn 18.
25 BAG 9.6.1998 – 8 AZR 755/85 – AP Nr. 10 zu § 9 BUrlG.

handelt es sich um eine Obliegenheit des Arbeitnehmers, den Urlaubsanspruch rechtzeitig geltend zu machen, da sonst der Urlaubsanspruch mit Ablauf des Jahres oder dem Ende des Übertragungszeitraumes erlosch.

15 Nach bisheriger Rechtsprechung schied der Nachgewährungsanspruch also dann aus, wenn der Arbeitnehmer bis zum Ende des Übertragungszeitraumes nicht wieder genesen war, da mit dem Ende des Übertragungszeitraumes der Urlaubsanspruch insgesamt erlosch. § 9 BUrlG stellte nach herrschender Meinung keine Ausnahmeregelung zu der in § 7 BUrlG geregelten Befristung des Urlaubsanspruches dar.[26] Arbeitgeber konnten daher bei langzeiterkrankten Arbeitnehmern davon ausgehen, dass deren Urlaubsansprüche spätestens am 31. März des Folgejahres erloschen sind, sofern nicht Tarifverträge längere Übertragungszeiträume vorsahen.

16 Dieses Verständnis der §§ 1, 7 Abs. 3 BUrlG wird seitens des EuGH nicht geteilt. Mit seinem Urteil vom 20.1.2009 bricht der EuGH mit der langjährigen Rechtsprechungspraxis des BAG zur Befristung und Übertragung des gesetzlichen Urlaubsanspruches. Aufgrund einer Vorlage des LAG Düsseldorf[27] setzte sich der EuGH in dem Verfahren „Schultz-Hoff" (C-350/06) mit der Auslegung der Europäischen Arbeitszeitrichtlinie (2003/88/EG) auseinander, in der auch der bezahlte Mindesturlaubsanspruch festgelegt ist.[28] Der EuGH entschied, dass Arbeitnehmer, die krankheitsbedingt ihren Urlaub nicht bis zum Jahresende bzw bis zum Ende des Übertragungszeitraumes nehmen können, **weiterhin Anspruch auf Urlaub** haben. Der Mindesturlaubsanspruch eines Arbeitnehmers nach § 3 Abs. 1 BUrlG (24 Werktage) erlischt also nicht automatisch, sondern bleibt weiter – im Allgemeinen bis zum Ablauf der regelmäßigen dreijährigen Verjährungsfrist – bestehen. Somit haben Arbeitnehmer, wenn sie wieder genesen sind, Anspruch auf ihren Mindesturlaub. Außerdem können sie gemäß § 7 Abs. 4 BUrlG die Abgeltung ihres Mindesturlaubes verlangen, wenn sie wegen Kündigung oder Erwerbsunfähigkeit aus dem Arbeitsverhältnis ausscheiden.

17 Das BAG hat sich in seiner Entscheidung vom 24.3.2009 dem EuGH angeschlossen und seine bisherige entgegenstehende Rechtsprechung ausdrücklich aufgegeben. Das BAG entschied, dass ein Anspruch auf Urlaubsabgeltung nicht erlischt, wenn der Arbeitnehmer bis zum Ende des Urlaubsjahres und/oder des Übertragungszeitraums erkrankt und deshalb arbeitsunfähig ist.[29]

Beispiel: Der Arbeitnehmer war seit September 2004 bis zum 30.9.2005 krank geschrieben. Sein Arbeitsverhältnis endete am 30.9.2005. Am 13.5.2005 beantragte der Arbeitnehmer beim Arbeitgeber, ihm ab 1.6.2005 den noch ausstehenden Jahresurlaub 2004 zu gewähren. Dies lehnte der Arbeitgeber ab, da der Arbeitnehmer bis zum 31.3.2005, also bis zum Ende des Übertragungszeitraums, krank gewesen war. Nach der Beendigung des Arbeitsverhältnisses verlangte der Arbeitnehmer die Abgeltung seines Urlaubs aus 2004 und 2005 in Höhe von EUR 14.000. Das ArbG Düsseldorf wies die Klage des Arbeitnehmers ab, hiergegen legte der Arbeitnehmer Berufung beim LAG Düsseldorf ein. Nach dessen Vorlage an den EuGH entschied dieser, dass der Arbeitnehmer Anspruch auf

26 BAG 21.1.1997 – 9 AZR 791/95 – AP Nr. 15 zu § 9 BUrlG.
27 LAG Düsseldorf 2.8.2006 – 12 Sa 486/06 – ArbuR 2006, 412.
28 EuGH 20.1.2009 – C-350/06 – NJW 2009, 234 (Schultz-Hoff ./. Deutsche Rentenversicherung Bund).
29 BAG 24.3.2009 – 9 AZR 983/07 – AP Nr. 39 zu § 7 BUrlG.

Abgeltung des in 2004 und 2005 nicht genommenen Urlaubs hat. Mit europarechtlichen Regelungen (Richtlinie 2003/88/EG) sei es nicht zu vereinbaren, dass der (Mindest-)Urlaubs- bzw Urlaubsabgeltungsanspruch nach nationalen Vorschriften davon abhängt, dass der Arbeitnehmer im Bezugszeitraum tatsächlich gearbeitet hat. Zwar haben die Mitgliedsstaaten grundsätzlich das Recht, eine nationale Vorschrift einzuführen, die einen Übertragungszeitraum für am Ende des Bezugszeitraumes nicht genommenen Jahresurlaub vorsieht. Hiermit werde das Ziel verfolgt, dem Arbeitnehmer, der daran gehindert war, seinen Jahresurlaub zu nehmen, eine zusätzliche Möglichkeit zu eröffnen, in dessen Genuss zu kommen. Daraus folgt nach Ansicht des EuGH, dass Art. 7 Abs. 1 der Richtlinie 2003/88/EG grundsätzlich nicht der nationalen Regelung entgegensteht, die den Verlust eines Anspruches auf bezahlten Urlaub am Ende des Bezugszeitraumes oder eines Übertragungszeitraumes vorsieht. § 7 Abs. 3 BUrlG soll dem Grunde nach nicht zu beanstanden sein. Nach Auffassung des EuGH hat der jeweilige Mitgliedsstaat jedoch zwingend zu beachten, dass der Anspruch auf bezahlten Urlaub nur erlöschen darf, sofern der Arbeitnehmer tatsächlich die Möglichkeit hatte, den ihm zustehenden Anspruch auf Erholungsurlaub auch auszuüben. Der in Art. 7 Abs. 1 der Richtlinie 2003/88/EG garantierte Anspruch des Arbeitnehmers auf bezahlten Jahresurlaub darf auf keinen Fall erlöschen, ohne dass der Arbeitnehmer tatsächlich die Möglichkeit hatte, den ihm durch diese Vorschrift gewährten Anspruch auszuüben. Nationale Rechtsvorschriften dürfen das jedem Arbeitnehmer durch Art. 7 der Richtlinie 2003/88/EG unmittelbar gewährte soziale Recht nicht beeinträchtigen. Diese Regelungskompetenz stehe den Mitgliedsstaaten gerade nicht zu. Folglich könne ein Mitgliedsstaat den Verlust des Anspruches auf bezahlten Jahresurlaub am Ende des Bezugszeitraumes oder eines Übertragungszeitraumes (nur) unter der Voraussetzung vorsehen, dass der betroffene Arbeitnehmer tatsächlich die Möglichkeit hatte, seinen Urlaub anzutreten. Einem Arbeitnehmer, der während des gesamten Bezugszeitraumes und über einen im nationalen Recht festgelegten Übertragungszeitraum hinaus krank geschrieben ist, werde indes jede Möglichkeit genommen, in den Genuss seines bezahlten Jahresurlaubes zu kommen. Das soll auch für einen Arbeitnehmer gelten, der während eines Teiles des Bezugszeitraumes gearbeitet hat, bevor er krankgeschrieben wurde. Dementsprechend kam der EuGH zu dem Ergebnis, dass ein Erlöschen des (Mindest-) Urlaubsanspruches zu einem bestimmten Stichtag unzulässig sei, wenn der Arbeitnehmer bis zu diesem Stichtag wegen Krankheit nicht in der Lage war, seinen Urlaub anzutreten.

6. Abdingbarkeit

Der in § 9 BUrlG geregelte Nachgewährungsanspruch kann grundsätzlich durch 18
eine **tarifliche Regelung** ausgeschlossen werden (vgl § 13 BUrlG). Allerdings muss sich eine solche Regelung auf den über den gesetzlichen Mindesturlaub hinausgehenden Urlaub beschränken, da der in § 3 BUrlG festgelegte Mindesturlaub von 24 Werktagen nicht – auch nicht mittelbar über den Ausschluss des Nachgewährungsanspruchs – unterschritten werden darf.

Nichttarifgebundene Arbeitsvertragsparteien können – mit Ausnahme der Regelungen in §§ 1, 2, 3 Abs. 1 BUrlG – in **Arbeitsverträgen** die Anwendung abweichender tariflicher Urlaubsregelungen vereinbaren, sofern diese tarifliche Urlaubsregelung in zeitlicher, räumlicher, fachlicher und persönlicher Hinsicht *einschlägig* ist, vgl § 13 Abs. 1 Satz 2 BUrlG. In diesem Fall muss aber die einschlägige tarifliche Urlaubsregelung *insgesamt* in den Arbeitsvertrag übernommen werden. Die arbeitsvertragliche Bezugnahme auf Einzelbestimmungen gilt nur, wenn diese für den Arbeitnehmer günstiger sind; der Verweis auf einzelne ungünstigere tarifliche Urlaubsbestimmungen ist unwirksam.[30] Existieren keine einschlägigen tarifvertraglichen Urlaubsregelungen, kann in einem Arbeitsvertrag, mit Ausnahme der Regelung in § 7 Abs. 2 Satz 2 BUrlG, nicht zuungunsten des Arbeitnehmers von den Bestimmungen des BUrlG abgewichen werden, vgl § 13 Abs. 1 Satz 3 BUrlG. Somit können die Arbeitsvertragsparteien den Nachgewährungsanspruch des § 9 BUrlG für den gesetzlichen Mindesturlaub nicht ausschließen. Hinsichtlich des Urlaubsanspruchs, der über den gesetzlichen Mindestanspruch von 24 Werktagen hinausgeht, können die Arbeitsvertragsparteien freie Vereinbarungen im Arbeitsvertrag treffen, also zB Ausschlussfristen oder Höchstübertragungszeiträume festlegen.[31]

Betriebsparteien können von den Vorschriften des BUrlG nur insoweit abweichen, als dies den Arbeitsvertragsparteien gestattet ist. Damit kann allenfalls die Regelung des § 7 Abs. 2 Satz 2 BUrlG, nicht aber der Nachgewährungsanspruch des § 9 BUrlG ausgeschlossen werden. Der Wortlaut des § 13 Abs. 1 Satz 1 BUrlG ist diesbezüglich eindeutig und erlaubt lediglich den Tarifvertragsparteien partiell die Vereinbarung ungünstigerer Urlaubsregelungen.[32]

III. Voraussetzungen des Anspruchs auf Nachgewährung von Urlaubstagen bei Maßnahmen der medizinischen Vorsorge oder Rehabilitation

19 Der Arbeitnehmer kann die Nachgewährung einzelner Urlaubstage verlangen, wenn folgende Voraussetzungen vollständig vorliegen:

- Keine Arbeitsunfähigkeit während des bereits festgesetzten Urlaubs,
- Teilnahme an einer bewilligten bzw ärztlich angeordneten Maßnahme der medizinischen Vorsorge oder Rehabilitation und
- Anspruch auf Entgeltfortzahlung nach dem EFZG.

1. Maßnahme der medizinischen Vorsorge oder Rehabilitation

20 Die in § 10 BUrlG verwendeten Begriffe entstammen dem Sozialrecht. Maßnahmen der medizinischen Vorsorge oder Rehabilitation sind danach solche Maßnahmen, die zur Abwendung einer Krankheit oder zur Förderung der Heilung im Anschluss an eine Krankheit durchgeführt werden (vgl § 9 EFZG, Rn 8 ff).

2. Anspruch auf Entgeltfortzahlung nach dem EFZG

21 Die Nichtanrechnung von Urlaubstagen erfolgt nur dann, wenn dem Arbeitnehmer für die Dauer der Maßnahme ein **Entgeltfortzahlungsanspruch** nach dem EFZG zusteht. Ausreichend ist das Bestehen des Entgeltfortzahlungsanspruchs, so dass unerheblich ist, ob der Arbeitgeber das Entgelt tatsächlich fortzahlt.[33]

30 HWK/Schinz § 13 BUrlG Rn 17.
31 HWK/Schinz § 13 BUrlG Rn 21.
32 HWK/Schinz § 13 BUrlG Rn 22.
33 Düwell in Hümmerich/Boecken/Düwell, § 10 BUrlG Rn 8.

Für **gesetzlich krankenversicherte Arbeitnehmer** ergibt sich ein Anspruch auf Entgeltfortzahlung aus § 9 Abs. 1 Satz 1 EFZG, wenn die Maßnahme vor ihrem Beginn bewilligt worden ist und sie auch tatsächlich in einer Einrichtung der medizinischen Vorsorge oder Rehabilitation durchgeführt wird. 22

Ist der Arbeitnehmer hingegen **privat krankenversichert**, besteht nach § 9 Abs. 1 Satz 2 EFZG ein Anspruch auf Entgeltfortzahlung, wenn die Maßnahme ärztlich verordnet wurde und sie auch tatsächlich in einer Einrichtung der medizinischen Vorsorge oder Rehabilitation oder einer vergleichbaren Einrichtung durchgeführt wird. 23

Sofern der **Entgeltfortzahlungszeitraum** von sechs Wochen **abgelaufen** ist, verliert der Arbeitnehmer seinen Anspruch auf Entgeltfortzahlung. Dennoch soll er in diesem Fall nach überwiegender Ansicht seinen Nachgewährungsanspruch nach § 10 BUrlG behalten, wenn die Maßnahme in einen Zeitraum fällt, für welchen der Arbeitgeber bereits Urlaub erteilt hat.[34] Wenn der Arbeitnehmer während einer Maßnahme schon keinen Anspruch auf Entgeltfortzahlung hat, soll er nicht auch noch seinen Urlaubsanspruch verlieren. Dies wäre mit dem von § 9 EFZG verfolgten Zweck nicht zu vereinbaren.[35] 24

3. Festlegung des Urlaubs durch den Arbeitgeber

Die Nichtanrechnung von Urlaubstagen erfolgt in folgenden Konstellationen: 25

- Festlegung des Urlaubs und anschließend Bewilligung der Maßnahme für diese Zeit bzw für einen den Urlaub teilweise überschneidenden Zeitraum (Hauptanwendungsfall),
- Bewilligung der Maßnahme nach dem Urlaubsantritt für einen den Urlaub noch überschneidenden Zeitraum,
- Bewilligung der Maßnahme und anschließend Urlaubserteilung durch den Arbeitgeber,[36]
- Bewilligung und Durchführung der Maßnahme und rückwirkend Urlaubserteilung durch den Arbeitgeber.[37]

Hat sich der Arbeitnehmer einer Maßnahme der medizinischen Vorsorge oder Rehabilitation unterzogen, kann er im **unmittelbaren Anschluss** daran von seinem Arbeitgeber verlangen, ihm – noch vorhandenen – Urlaub zu gewähren, § 7 Abs. 1 Satz 2 BUrlG.

4. Abdingbarkeit

Der in § 10 BUrlG geregelte Nachgewährungsanspruch bei medizinischen Vorsorge- und Rehabilitationsmaßnahmen kann gemäß § 13 BUrlG in **Tarifverträgen** nur ausgeschlossen werden, soweit von dem Ausschluss nicht der gesetzliche Mindesturlaub von 24 Werktagen erfasst wird. Der gesetzliche Mindesturlaub darf dem Arbeitnehmer nicht – auch nicht mittelbar über den Ausschluss des 26

34 ErfK/Dörner § 10 BUrlG Rn 12; Düwell in Hümmerich/Boecken/Düwell, § 10 BUrlG Rn 9.

35 Düwell in Hümmerich/Boecken/Düwell, § 10 BUrlG Rn 9.

36 Düwell in Hümmerich/Boecken/Düwell, § 10 BUrlG Rn 13; Leinemann/Linck § 10 BUrlG Rn 16.

37 BAG 1.10.1991 – 9 AZR 290/90 – AP Nr. 12 zu § 7 BUrlG: Der Arbeitgeber ist nicht berechtigt, nach einer durchgeführten Maßnahme rückwirkend Urlaub zu erteilen, da der Arbeitnehmer nicht nachträglich von seiner Arbeitspflicht befreit werden kann.

Nachgewährungsanspruchs – genommen werden. Zur Möglichkeit der Regelung eines Ausschlusses in Arbeitsverträgen und Betriebsvereinbarungen vgl Rn 18.

Berufsbildungsgesetz (BBiG)

Vom 23. März 2005 (BGBl. I S. 931)
(FNA 806-22)
zuletzt geändert durch Art. 15 Abs. 90 DienstrechtsneuordnungsG vom
5. Februar 2009 (BGBl. I S. 160)

– Auszug –

§ 19 Fortzahlung der Vergütung

(1) Auszubildenden ist die Vergütung auch zu zahlen

1. für die Zeit der Freistellung (§ 15),

2. bis zur Dauer von sechs Wochen, wenn sie

a) sich für die Berufsbildung bereithalten, diese aber ausfällt oder

b) aus einem sonstigen, in ihrer Person liegenden Grund unverschuldet verhindert sind, ihre Pflichten aus dem Berufsbildungsverhältnis zu erfüllen.

(2) Können Auszubildende während der Zeit, für welche die Vergütung fortzuzahlen ist, aus berechtigtem Grund Sachleistungen nicht abnehmen, so sind diese nach den Sachbezugswerten (§ 17 Abs. 2) abzugelten.

Schrifttum: *Zmarzlik, Johannes*, Freistellung Jugendlicher für Berufsschule, Prüfungen und Ausbildungsmaßnahmen, DB 1987, 2410.

I. Vorbemerkung 1

II. Fortzahlung der Vergütung für die Zeit der Freistellung (§ 19 Abs. 1 Nr. 1 BBiG) 3

III. Zeitlich begrenzte Fortzahlung der Vergütung bei unverschuldeter Versäumnis (§ 19 Abs. 1 Nr. 2 BBiG) 6

1. Fortzahlung bei Ausfall der Berufsausbildung gemäß § 19 Abs. 1 Nr. 2 a BBiG 7

2. Fortzahlung bei sonstigen Gründen unverschuldeter Versäumnis gemäß § 19 Abs. 1 Nr. 2 b BBiG ... 11

IV. Abgeltung von Sachleistungen gemäß § 19 Abs. 2 BBiG 21

V. Unabdingbarkeit 22

I. Vorbemerkung

§ 19 BBiG beruht vornehmlich auf sozialen Erwägungen.[1] Er regelt die Fortzahlung der Auszubildendenvergütung, wenn die Ausbildung ausfällt.[2] Der Auszubildende soll keine Entgelteinbußen erleiden, soweit ihn der Ausbildende gemäß § 15 BBiG für die Teilnahme am Berufsschulunterricht und an Prüfungen freistellt. Das Gleiche gilt, wenn Ausbildungsmaßnahmen außerhalb der Ausbildungsstätte durchzuführen sind. Der **Vergütungsfortzahlungsanspruch** besteht ebenfalls, allerdings nur bis zur Dauer von sechs Wochen, wenn sich der Auszubildende für die Berufsausbildung bereithält, diese jedoch ausfällt oder er aus 1

1 Leinemann/Taubert § 19 BBiG Rn 1.
2 Ausschussbericht BT-Drucks. V/4260 zu § 12 BBiG 1969.

einem sonstigen, in seiner Person liegenden Grund unverschuldet verhindert ist, seine Pflichten aus dem Berufsausbildungsverhältnis zu erfüllen.

Kann der Auszubildende während der Zeit, für welche die Vergütung fortzuzahlen ist, aus berechtigtem Grund Sachleistungen nicht abnehmen, so sind diese nach den Sachbezugswerten (§ 17 Abs. 2 BBiG) abzugelten.

Die Vorschrift des § 19 BBiG entspricht § 12 Abs. 1 Satz 1, Abs. 2 BBiG 1969.[3] Lediglich die Verweisungsvorschrift in § 12 Abs. 1 Satz 2 BBiG 1969 wurde im Zuge der Reform des BBiG ersatzlos gestrichen, wonach das Entgeltfortzahlungsgesetz Anwendung fand, wenn der Auszubildende infolge einer unverschuldeten Krankheit, einer Maßnahme der medizinischen Vorsorge oder Rehabilitation, einer Sterilisation oder eines Abbruches der Schwangerschaft durch einen Arzt an der Berufsausbildung nicht teilnehmen kann.

Die Verweisung auf das Entgeltfortzahlungsgesetz in den Fällen einer unverschuldeten Krankheit sowie auf die in §§ 3 Abs. 2, 9 EFZG genannten Fallgestaltungen wurde aufgrund der ausdrücklichen Regelung in § 1 Abs. 2 EFZG entbehrlich. In den Anwendungsbereich des EFZG fallen gerade auch die „zu ihrer Berufsbildung Beschäftigten".

2 Die Aufzählung in § 19 Abs. 1 BBiG ist **nicht abschließend**, sondern wird durch weitere gesetzliche Regelungen ergänzt, wenn in diesen die Verpflichtung zur Fortzahlung der Vergütung vorgesehen ist.[4]

So bestimmt zB § 14 Abs. 1 ArbPlSchG, dass der Arbeitgeber für die ausfallende Arbeitszeit das Arbeitsentgelt weiter zu zahlen hat, wenn ein Arbeitnehmer aufgrund der Wehrpflicht von der Erfassungsbehörde oder einer Wehrersatzbehörde aufgefordert wird, sich persönlich zu melden oder vorzustellen.

Darüber hinaus ergänzt das JArbSchG § 19 BBiG durch die Regelungen der §§ 9 Abs. 3, 10 Abs. 2 Satz 2 und 43 JArbSchG. Hiernach darf durch den Besuch der Berufsschule ein Entgeltausfall nicht eintreten, § 9 Abs. 3 JArbSchG. Durch die Teilnahme an Prüfungen und außerbetrieblichen Ausbildungsmaßnahmen darf ein Entgeltausfall ebenfalls nicht eintreten, § 10 Abs. 2 Satz 2 JArbSchG. Nach § 43 JArbSchG hat der Arbeitgeber den Jugendlichen für die Durchführung ärztlicher Untersuchungen ohne Entgeltausfall freizustellen.

Ferner ergänzen § 11 MuSchG (Arbeitsentgelt bei Beschäftigungsverboten) und § 16 MuSchG (Freistellung für Untersuchungen) den § 19 BBiG.

Schließlich gelten für Auszubildende die Vorschriften der Entgeltfortzahlung nach dem EFZG, insbesondere § 3 (Entgeltfortzahlung im Krankheitsfall) sowie § 2 EFZG (Entgeltfortzahlung an Feiertagen), vgl dazu § 1 EFZG Rn 70 ff, § 2 EFZG.

Im Weiteren ist **§ 615 BGB** anzuwenden; so zB, wenn der Auszubildende die Abschlussprüfung nicht besteht, die Verlängerung seiner Berufsausbildung gemäß § 21 Abs. 3 BBiG (§ 14 Abs. 3 BBiG aF) verlangt und der Ausbildende in Annahmeverzug gerät.[5] § 615 BGB ist im Ausbildungsverhältnis auch dann an-

3 BBiG 14.8.1969 (BGBl. I S. 1112), zuletzt geändert durch Art. 40 des Gesetzes vom 24.12.2003 (BGBl. I S. 2954).
4 Gedon/Hurlebaus § 19 BBiG Rn 2; Leinemann/Taubert § 19 BBiG Rn 3.
5 BAG 15.3.2000 – 5 AZR 622/98 – AP Nr. 10 zu § 14 BBiG; BAG 26.9.2001 – 5 AZR 630/99 – NZA 2002, 232 = EzA § 14 BBiG Nr. 11.

zuwenden, wenn die Ausbildung für einen über sechs Wochen hinausgehenden Zeitraum entfällt, weil der Auszubildende einem **Betriebsübergang** des Ausbildungsverhältnisses auf den Betriebserwerber widersprochen hat.[6] In diesen Fallgestaltungen ist § 615 BGB als Auffangtatbestand anzuwenden; die Vorschrift des § 19 BBiG ist insoweit lex specialis im Ausbildungsrecht.[7]

Neben dem in § 3 Abs. 1 BBiG iVm § 1 Abs. 1 BBiG bestimmten Anwendungsbereich der Berufsbildung gilt § 19 BBiG gleichfalls für andere Vertragsverhältnisse im Sinne des § 26 BBiG, bei welchen die erstmalige Vermittlung von Kenntnissen oder Fertigkeiten im Vordergrund steht, zB Praktikanten, Volontäre.[8]

II. Fortzahlung der Vergütung für die Zeit der Freistellung (§ 19 Abs. 1 Nr. 1 BBiG)

Die Vergütung ist dem Auszubildenden gemäß § 19 Abs. 1 Nr. 1 BBiG für die 3
Zeit der Freistellung nach § 15 BBiG zu zahlen. § 15 BBiG sieht vor, dass Auszubildende für die Teilnahme am Berufsschulunterricht und an Prüfungen freizustellen sind. Finden Ausbildungsmaßnahmen außerhalb der Ausbildungsstätte statt, ist der Auszubildende ebenfalls freizustellen.

§ 15 BBiG stellt sicher, dass der Auszubildende nicht zur Nachholung der ausgefallenen betrieblichen Ausbildungszeit verpflichtet ist. Bei Überschneidungen von Zeiten des Besuches der Berufsschule und der betrieblichen Ausbildung geht der Besuch des Berufsschulunterrichtes der betrieblichen Ausbildung vor.

Damit ist der Ausbildende kraft Gesetzes verpflichtet, den Auszubildenden von der Ausbildung im Betrieb freizustellen.[9] Flankierend hierzu verhindert § 19 Abs. 1 Nr. 1 BBiG, dass er Entgelteinbußen hinnehmen muss.

Die Zahlungsverpflichtung tritt jedoch nur ein, wenn der Auszubildende an der 4
jeweiligen Veranstaltung **tatsächlich teilnimmt oder entschuldigt fernbleibt.**[10] Fällt der Berufsschulunterricht aus und erscheint der Auszubildende unentschuldigt nicht in seiner Ausbildungsstätte, kann der Ausbildende die Vergütung entsprechend kürzen.[11]

Der Ausbildende ist ferner verpflichtet, den Auszubildenden für die Teilnahme an Prüfungen von der betrieblichen Ausbildung freizustellen. Prüfungen im Sinne des § 15 BBiG sind Zwischenprüfungen nach § 48 BBiG, Abschlussprüfungen nach § 37 BBiG und Wiederholungsprüfungen nach § 37 Abs. 1 Satz 2 BBiG.[12]

Letztlich ist der Auszubildende freizustellen, wenn Ausbildungsmaßnahmen außerhalb der Ausbildungsstätte durchgeführt werden, § 15 Satz 2 BBiG. Ausbildungsmaßnahmen außerhalb der Ausbildungsstätte können in den jeweiligen Ausbildungsordnungen vorgesehen werden, vgl § 11 Abs. 1 Nr. 3 BBiG.

Die in § 15 BBiG angeordnete Freistellungspflicht bezieht sich – unabhängig ihres Alters – auf alle Auszubildenden.

---

6 BAG 13.7.2006 – 8 AZR 382/05 – AP Nr. 1 zu § 613 a BGB.
7 Leinemann/Taubert § 19 BBiG Rn 3.
8 ErfK/Schlachter § 26 BBiG Rn 1.
9 BAG 26.3.2001 – 5 AZR 413/99 – AP Nr. 1 zu § 7 BBiG.
10 Herkert/Töltl § 19 BBiG Rn 2; Wohlgemuth/Wohlgemuth/Pieper § 19 BBiG Rn 2; Gedon/Hurlebaus § 19 BBiG Rn 10.
11 HWK/Hergenröder § 15 BBiG Rn 3.
12 Zmarzlik, DB 1987, 2410, 2412.

Für jugendliche Auszubildende (15–17 Jahre, vgl § 2 Abs. 2 JArbSchG) gelten ergänzend die Regelungen in §§ 9, 10 JArbSchG, die die Freistellungspflicht des Ausbildenden weiter konkretisieren.

5 Für die Bemessung der vom Ausbildenden fortzuzahlenden Vergütung gilt das **Lohnausfallprinzip.**[13] Der Auszubildende hat für die Dauer der Freistellung Anspruch auf die Vergütung, die ihm bei Anwesenheit in der Ausbildungsstätte gezahlt worden wäre.[14] Fehlt der Auszubildende unentschuldigt kann die Vergütung entsprechend gekürzt werden. Für jeden Tag des unentschuldigten Fehlens ist eine Kürzung um 1/30 möglich, vgl § 18 Abs. 1 BBiG.[15] Eine Verrechnung von unentschuldigten Fehltagen mit Urlaubstagen des Auszubildenden ist ausgeschlossen.[16]

III. Zeitlich begrenzte Fortzahlung der Vergütung bei unverschuldeter Versäumnis (§ 19 Abs. 1 Nr. 2 BBiG)

6 § 19 Abs. 1 Nr. 2 BBiG verpflichtet den Ausbildenden zur Fortzahlung der Vergütung für die Dauer von bis zu sechs Wochen, wenn sich der Auszubildende für die Ausbildung bereithält, diese aber ausfällt (§ 19 Abs. 1 Nr. 2 a BBiG) und bei sonstiger unverschuldeter Nichtteilnahme an der Ausbildung (§ 19 Abs. 1 Nr. 2 b BBiG).

1. Fortzahlung bei Ausfall der Berufsausbildung gemäß § 19 Abs. 1 Nr. 2 a BBiG

7 Nach § 19 Abs. 1 Nr. 2 a BBiG hat der Ausbildende die vereinbarte Vergütung für die Dauer von bis zu sechs Wochen weiterzuzahlen, wenn der Auszubildende sich für die Ausbildung **bereithält**, diese jedoch **ausfällt.**

Bereithalten setzt grundsätzlich ein ordnungsgemäßes Angebot zur Erfüllung der Pflichten voraus. Hierzu muss der Auszubildende die Erfüllung seiner Pflichten ordnungsgemäß anbieten (§§ 293 ff BGB, vgl § 615 BGB Rn 21).[17] Der Auszubildende muss daher auf telefonische oder schriftliche Nachfrage fähig sein, die Ausbildung wieder aufzunehmen.[18]

Zudem muss es sich um Gründe handeln, die in den Risikobereich des Ausbildenden fallen, ohne dass es auf ein Verschulden des Ausbildenden ankommt. Der Ausfall der Berufsausbildung darf ferner nicht durch Gründe bedingt sein, die in der Person des Auszubildenden liegen.[19]

In Betracht kommen insbesondere technische (zB Maschinenschäden), wirtschaftliche (zB Absatzschwierigkeiten, Kurzarbeit im Betrieb) und personelle (zB Erkrankung des Ausbildenden) Gründe sowie behördliche Auflagen (zB Ausbildender muss seinen Betrieb aufgrund behördlicher Auflagen vorübergehend einstellen).[20]

---

13 HWK/Hergenröder § 19 BBiG Rn 2.
14 BAG 17.11.1972 – 3 AZR 112/72 – AP Nr. 3 zu § 13 JArbSchG.
15 HWK/Hergenröder § 18 BBiG Rn 1.
16 BAG 5.2.1970 – 5 AZR 470/69 – AP Nr. 4 zu § 3 BUrlG.
17 Gedon/Hurlebaus § 19 BBiG Rn 30; Herkert/Töltl § 19 BBiG Rn 21; Wohlgemuth/Wohlgemuth/Pieper § 19 BBiG Rn 11.
18 Ausschussbericht BT-Drucks. V/4260 zu § 12 Abs. 1 Satz 2 BBiG 1969; ErfK/Schlachter § 19 BBiG Rn 5.
19 Ausschussbericht BT-Drucks. V/4260 zu § 12 Abs. 1 Nr. 2 BBiG 1969.
20 HWK/Hergenröder § 19 BBiG Rn 4; Leinemann/Taubert § 19 BBiG Rn 16.

Vor dem Hintergrund, dass der Ausfall der Ausbildung aus dem Risikobereich des Ausbildenden kommen muss, hat der Auszubildene keinen Vergütungsanspruch, wenn die Berufsausbildung aus Gründen ausfällt, die weder dem Risikobereich des Ausbildenden noch dem des Auszubildenden zuzurechnen sind, zB witterungs-, verkehrstechnische Schwierigkeiten, Streiks im Ausbildungsbetrieb etc. Hier ist der Ausbildende nicht zur Zahlung der Vergütung verpflichtet. Für diese Fälle kann sich jedoch eine Pflicht des Ausbildenden zur Fortzahlung der Vergütung aus § 616 BGB ergeben, sofern dessen Voraussetzungen vorliegen, vgl § 616 BGB Rn 10 ff.[21] 8

Der Fortzahlungsanspruch ist insgesamt auf die Dauer von sechs Wochen wegen eines Verhinderungsfalles begrenzt. Das Gesetz enthält keine weitere Beschränkung, so dass die Sechswochenfrist wegen eines Verhinderungsfalles ausgeschöpft sein und unmittelbar nach Ablauf wegen einer anderen Ursache erneut in Lauf gesetzt werden kann.[22] 9

Zweifelt der Ausbildende den Verhinderungsgrund an, trägt der Auszubildende die prozessuale **Darlegungs- und Beweislast.**[23] 10

2. Fortzahlung bei sonstigen Gründen unverschuldeter Versäumnis gemäß § 19 Abs. 1 Nr. 2 b BBiG

Dem Auszubildenden ist gemäß § 19 Abs. 1 Nr. 2 b BBiG die Vergütung bis zur Dauer von sechs Wochen zu zahlen, wenn er aus einem sonstigen in seiner Person liegenden Grund unverschuldet verhindert ist, seine Pflichten aus dem Berufsausbildungsverhältnis zu erfüllen. Die Vorschrift entspricht § 616 Satz 1 BGB.[24] 11

Ein Unterschied besteht jedoch darin, dass der Anspruch nach dem BBiG im Gegensatz zu dem Anspruch aus § 616 BGB gesetzlich bis zur Dauer von sechs Wochen vorgesehen und unabdingbar ist.[25] Der Auszubildende kann daher nicht auf das in § 19 BBiG geregelte Recht zur Entgeltfortzahlung verzichten bzw. eine Kürzung der Entgeltfortzahlung im Krankheitsfall mit seinem Ausbildungsbetrieb vereinbaren.[26] Darüber hinaus ist der Anspruch aus § 19 BBiG – anders als § 616 BGB – nicht auf "eine verhältnismäßig nicht erhebliche Zeit" begrenzt.[27] 12

Hinsichtlich der subjektiven Verhinderungsgründe sind die vom Bundesarbeitsgericht entwickelten Grundsätze zu § 616 BGB zu beachten. Hiernach sind insbesondere folgende Verhinderungsgründe von der Rechtsprechung anerkannt: Todesfälle in der Verwandtschaft, Erkrankung von Familienangehörigen, sonstige familiäre Ereignisse (Heirat, Geburt), aber auch Vorladungen vor ein Gericht oder eine Behörde sowie (insoweit nicht unbestritten) Inanspruchnahme durch öffentliche Ehrenämter.[28]

21 BAG 8.9.1982 – 5 AZR 283/80 – AP Nr. 5 zu § 616 BGB; BAG 8.12.1982 – 4 AZR 134/80 – AP Nr. 58 zu § 616 BGB.
22 Leinemann/Taubert § 19 BBiG Rn 19.
23 Wohlgemuth/Wohlgemuth/Pieper § 19 BBiG Rn 35; Leinemann/Taubert § 19 BBiG Rn 25.
24 ErfK/Schlachter § 19 BBiG Rn 6.
25 HWK/Hergenröder § 19 BBiG Rn 5.
26 ArbG Magdeburg vom 7.8.2008 – 4 Ca 347/08 – ArbuR 2009, 58.
27 Kittner/Zwanziger-Lakies § 134 Rn 136.
28 BAG 8.12.1982 – AZR 134/80 – AP Nr. 58 zu § 616 BGB; BAG 25.10.1973 – 5 AZR 156/73 – AP Nr. 43 zu § 616 BGB.

13 Im Weiteren stellt die kurzzeitige Pflege eines nahen Angehörigen durch einen Auszubildenden einen persönlichen Verhinderungsgrund dar. Seit dem 1.7.2008 gilt das **Pflegezeitgesetz** (PflegeZG).[29] Das PflegeZG sieht einen Freistellungsanspruch für Beschäftigte sowohl bei kurzfristig aufgetretenem Pflegebedarf (maximal zehn Arbeitstage) als auch bei einer Langzeitpflege (maximal sechs Monate) vor, wenn sie in dieser Zeit einen nahen Angehörigen pflegen. Auszubildende sind Beschäftigte im Sinne des PflegeZG (§ 7 Abs. 1 Nr. 2 PflegeZG).

Gemäß § 2 Abs. 3 PflegeZG ist die Vergütung für die Zeit der Freistellung nur fortzuzahlen, soweit sich dies aus anderen gesetzlichen Regelungen oder aus einer Vereinbarung ergibt. Eine solche andere gesetzliche Regelung ist § 19 Abs. 1 Nr. 2 b BBiG. Somit ist einem Auszubildenden für die Dauer von maximal zehn Arbeitstagen die Ausbildungsvergütung fortzuzahlen, wenn die Freistellung aufgrund eines akuten Pflegebedarfs eines nahen Angehörigen erfolgt.

14 Bei objektiven, nicht in der Person des Auszubildenden liegenden Hindernissen, wie zum Beispiel Überschwemmungen, Glatteis und Verkehrshindernissen, besteht kein Anspruch auf die Fortzahlung der Vergütung.[30] Ein subjektiver Grund muss den Auszubildenden hindern, seine Pflichten aus dem Ausbildungsverhältnis zu erfüllen.[31]

15 Während die frühere Regelung im damaligen § 12 Abs. 1 Satz 2 BBiG bei unverschuldeter Krankheit, einer Maßnahme der medizinischen Vorsorge oder Rehabilitation, einer Sterilisation oder eines Abbruches der Schwangerschaft durch einen Arzt einen Verweis auf das Entgeltfortzahlungsgesetz vorsah, wurde dieser in der Neufassung des Berufsbildungsgesetzes 2005 gestrichen.

16 Der ausdrückliche Verweis auf das EFZG wurde entbehrlich, weil § 1 Abs. 2 EFZG ohnehin ausdrücklich regelt, dass die zur Berufsausbildung Beschäftigten dem Arbeitnehmerbegriff des EFZG unterfallen. Somit richtet sich die Fortzahlung der Ausbildungsvergütung im Krankheitsfall allein nach den Regelungen im EFZG, vgl § 3 EFZG Rn 6 ff. Nach § 3 Abs. 1 EFZG ist der Ausbildende dem Auszubildenden zur Fortzahlung der Vergütung für Zeiten verpflichtet, in denen der Auszubildende infolge unverschuldeter Krankheit nicht an der Berufsausbildung teilnehmen kann.

17 Ferner bleibt dem Auszubildenden nach §§ 3, 9 EFZG der Vergütungsanspruch erhalten, wenn der Auszubildende an einer Maßnahme der medizinischen Vorsorge oder Rehabilitation teilnimmt, die ein Sozialversicherungsträger bewilligt hat und die in einer Einrichtung der medizinischen Vorsorge oder Rehabilitation durchgeführt wird.

18 Darüber hinaus findet das EFZG Anwendung, wenn Auszubildende aufgrund einer rechtmäßigen Sterilisation oder eines rechtmäßigen Schwangerschaftsabbruches durch einen Arzt nicht an der Berufsausbildung teilnehmen können. Durch seine Formulierung enthält das Gesetz eine gesetzliche Fiktion fehlenden Verschuldens.[32]

29 PflegeZG vom 28.5.2008 (BGBl. I S. 874).
30 BAG 8.9.1982 – 5 AZR 283/80 – AP Nr. 59 zu § 616 BGB; BAG 8.12.1982 – 4 AZR 134/80 – AP Nr. 58 zu § 616 BGB.
31 ErfK/Schlachter § 19 BBiG Rn 6.
32 Leinemann/Taubert § 19 BBiG Rn 53.

Nach § 5 EFZG ist der Auszubildende wie jeder Arbeitnehmer verpflichtet, seine Ausbildungsunfähigkeit dem Ausbildenden anzuzeigen. Dies muss unverzüglich erfolgen; der Auszubildende muss zudem die voraussichtliche Dauer der Ausbildungsunfähigkeit mitteilen. Sofern die Ausbildungsunfähigkeit voraussichtlich länger als drei Tage besteht, hat der Auszubildende eine ärztliche Bescheinigung über das Bestehen der Ausbildungsunfähigkeit sowie deren voraussichtliche Dauer spätestens an dem darauf folgenden Arbeitstag vorzulegen. Der Ausbildende kann die Vorlage der ärztlichen Bescheinigung gemäß § 5 Abs. 1 Satz 3 EFZG allerdings auch früher verlangen. Bei Erkrankungen im Ausland gilt für den Auszubildenden die Mitteilungspflicht nach § 5 Abs. 2 EFZG, vgl § 5 EFZG Rn 21 f. 19

Die **Darlegungs- und Beweislast** für ein etwaiges Verschulden des Auszubildenden trägt grundsätzlich der Ausbildende.[33] Bei der ihm obliegenden Beweisführung kann ihm – wie jeder beweisbelasteten Prozesspartei – die Erleichterung des Anscheinsbeweises (Prima-facie-Beweises) zugutekommen.[34] Der Ausbildende kann bei Zweifeln vom Auszubildenden die Schilderung der genauen Umstände verlangen, wenn der Ausbildende, wie etwa bei Unfällen, beim behaupteten krankheitsverursachenden Ereignis nicht zugegen war[35], vgl § 5 EFZG Rn 133 f. 20

IV. Abgeltung von Sachleistungen gemäß § 19 Abs. 2 BBiG

§ 19 Abs. 2 BBiG sieht eine Abgeltungspflicht für den Fall vor, dass der Auszubildende während der Zeit, für welche die Vergütung fortzuzahlen ist, Sachleistungen (§ 17 Abs. 2 BBiG) nicht annehmen kann. 21

Hierbei wird auf die Sozialversicherungsentgeltverordnung[36] verwiesen, die auf § 17 Abs. 1 Satz 1 Nr. 4 SGB IV beruht: Insoweit muss eine Abgeltung solcher Sachleistungen stattfinden, die der Auszubildende wegen der Verhinderung nicht abnehmen kann, zB Unterbringung und Verpflegung.[37]

Welche Werte für die Sachbezüge angesetzt werden, ergibt sich aus der von der Bundesregierung jeweils für das Folgejahr im Voraus erlassenen Sozialversicherungsentgeltverordnung. Die in der Verordnung ermittelten Werte enthalten nur Höchstgrenzen für die Bemessung. Es steht dem Auszubildenden und dem Ausbildenden frei, geringere Beträge zugrunde zu legen.[38]

V. Unabdingbarkeit

Zum Schutz der Auszubildenden ist es nach § 25 BBiG verboten, von den arbeitsrechtlichen Vorschriften des Gesetzes (§§ 10 bis 26 BBiG) zu Ungunsten des Auszubildenden abzuweichen. 22

Eine Vereinbarung, die zuungunsten Auszubildender von diesen Vorschriften abweicht, ist gemäß § 25 BBiG nichtig. Hierzu gehören neben den einzelvertrag-

---

33 BAG 4.12.1985 – 5 AZR 656/84 – AP Nr. 42 zu § 63 HGB; ErfK/Schlachter § 19 BBiG Rn 9.
34 BAG 4.12.1985 – 5 AZR 656/84 – AP Nr. 42 zu § 63 HGB.
35 Leinemann/Taubert § 19 BBiG Rn 51.
36 Verordnung über die sozialversicherungsrechtliche Beurteilung von Zuwendungen des Arbeitgebers als Arbeitsentgelt vom 21.12.2006 (BGBl. I S. 3385), zuletzt geändert durch Art. 1 Zweite ÄndVO vom 19.10.2009 (BGBl. I S. 3667).
37 ErfK/Schlachter § 19 BBiG Rn 10.
38 Leinemann/Taubert § 17 BBiG Rn 38.

lichen Regelungen auch verschlechternde Abreden durch kollektivrechtliche Regelungen in Tarifverträgen oder Betriebsvereinbarungen.[39]

Neben der Beschränkung aus § 25 BBiG sind die allgemeinen Inhaltsverbote der §§ 134, 138 BGB iVm § 10 Abs. 2 BBiG zu beachten.[40] Gemäß § 10 Abs. 2 BBiG gelten für das Berufsausbildungsverhältnis die für Arbeitsverhältnisse gültigen Rechtsnormen sowie die von der Lehre und Rechtsprechung entwickelten Rechtsgrundsätze. Somit sind Auszubildende mindestens im gleichen Umfang geschützt wie Arbeitnehmer.[41] Zu den gesetzlichen Schutzvorschriften zählen insbesondere das AGG, das Mutterschutzgesetz, das Jugendarbeitsschutzgesetz oder das SGB IX.[42]

Darüber hinaus können Abreden, die den Auszubildenden besserstellen, jederzeit im Berufsausbildungsvertrag vereinbart werden.[43]

39 Wohlgemuth/Wohlgemuth/Pieper § 25 BBiG Rn 2.
40 Gedon/Hurlebaus § 25 BBiG Rn 16 ff; Wohlgemuth/Wohlgemuth/Pieper § 25 BBiG Rn 1.
41 Herkert/Töltl § 25 BBiG Rn 4.
42 Leinemann/Taubert § 25 BBiG Rn 2.
43 Ausschussbericht BT-Drucks. V/4260 zu § 18 BBiG 1969.

Gesetz zum Schutze der arbeitenden Jugend (Jugendarbeitsschutzgesetz – JArbSchG)

Vom 12. April 1976 (BGBl. I S. 965)
(FNA 8051-10)
zuletzt geändert durch Art. 3 Abs. 2 G zur Umsetzung des Rahmenbeschlusses des Rates der Europäischen Union zur Bekämpfung der sexuellen Ausbeutung von Kindern und der Kinderpornographie vom 31. Oktober 2008 (BGBl. I S. 2149)

– Auszug –

§ 18 Feiertagsruhe

(1) Am 24. und 31. Dezember nach 14 Uhr und an gesetzlichen Feiertagen dürfen Jugendliche nicht beschäftigt werden.

(2) Zulässig ist die Beschäftigung Jugendlicher an gesetzlichen Feiertagen in den Fällen des § 17 Abs. 2, ausgenommen am 25. Dezember, am 1. Januar, am ersten Osterfeiertag und am 1. Mai.

(3) [1]Für die Beschäftigung an einem gesetzlichen Feiertag, der auf einen Werktag fällt, ist der Jugendliche an einem anderen berufsschulfreien Arbeitstag derselben oder der folgenden Wochen freizustellen. [2]In Betrieben mit einem Betriebsruhetag in der Woche kann die Freistellung auch an diesem Tage erfolgen, wenn die Jugendlichen an diesem Tage keinen Berufsschulunterricht haben.

§ 18 JArbSchG begründet für Jugendliche (15–17 Jahre, vgl § 2 Abs. 2 JArbSchG) ein Beschäftigungsverbot an gesetzlichen Feiertagen sowie am 24. und 31. Dezember nach 14 Uhr. Neben dem Beschäftigungsverbot an Sonntagen (vgl § 17 JArbSchG) sollen den Jugendlichen durch das Beschäftigungsverbot an gesetzlichen Feiertagen die Fünf-Tage-Woche (vgl § 15 JArbSchG) sowie weitere freie Tage und Halbtage an gesetzlichen Feiertagen gewährleistet werden. 1

Von dem Beschäftigungsverbot an gesetzlichen Feiertagen sowie am 24. und 31. Dezember nach 14 Uhr darf nur in Ausnahmefällen in bestimmten Betrieben abgewichen werden. Gemäß § 18 Abs. 2 iVm § 17 Abs. 2 JarbSchG dürfen Jugendliche ausnahmsweise an gesetzlichen Feiertagen sowie am 24. und 31. Dezember nach 14 Uhr 2

- in Krankenanstalten,
- in Alten-, Pflege- und Kinderheimen,
- in der Landwirtschaft und in der Tierhaltung mit Arbeiten, die auch an Sonn- und Feiertagen naturnotwendig vorgenommen werden müssen,
- im Familienhaushalt, wenn der Jugendliche in die häusliche Gemeinschaft aufgenommen ist,
- im Schaustellergewerbe,
- bei Musikaufführungen, Theatervorstellungen und anderen Aufführungen, bei Direktsendungen im Rundfunk (Hörfunk und Fernsehen),
- beim Sport,

- im ärztlichen Notdienst sowie
- im Gaststättengewerbe

beschäftigt werden (vgl § 18 Abs. 2 JArbSchG iVm § 17 Abs. 2 Satz 1 JArbSchG).

3 Am 25. Dezember, 1. Januar, am ersten Osterfeiertag sowie am 1. Mai eines Jahres dürfen Jugendliche überhaupt nicht – auch nicht in den vorgenannten Betrieben – zur Arbeitsleistung herangezogen werden (vgl § 18 Abs. 2, 2. Hs JArbSchG). Insgesamt soll jeder zweite Sonntag im Monat, mindestens zwei Sonntage im Monat müssen für die Jugendlichen beschäftigungsfrei bleiben (vgl § 17 Abs. 2 Satz 2 JArbSchG).

4 Um die Feiertagsbeschäftigung auszugleichen, ist dem Jugendlichen eine Freistellung an einem anderen berufsschulfreien Arbeitstag derselben oder der folgenden Woche zu gewähren, um hierdurch die Fünf-Tage-Woche sicherzustellen (vgl § 18 Abs. 3 Satz 1 JArbSchG). Fällt der gesetzliche Feiertag auf einen Sonntag, ergibt sich der Anspruch des Jugendlichen auf Ausgleich aus § 17 Abs. 3 JArbSchG. Somit ist in diesem Fall der Ausgleichstag an einem anderen berufsschulfreien Arbeitstag derselben Woche im Voraus zu gewähren. Fällt der gesetzliche Feiertag auf einen Samstag, gilt neben § 18 Abs. 3 JArbSchG auch § 16 Abs. 3 JArbSchG. Auch hier ist dem Jugendlichen der Ausgleichstag an einem anderen berufsschulfreien Arbeitstag derselben Woche im Voraus zu gewähren.[1] Auch wenn die Beschäftigung des Jugendlichen an einem gesetzlichen Feiertag nur kurzfristig war, hat er Anspruch auf Freistellung an einem berufsschulfreien Arbeitstag derselben oder der folgenden Woche. An dem Ausgleichstag muss in dem Betrieb üblicherweise gearbeitet werden bzw. in Betrieben, in denen Sonn- und Feiertagsarbeit gemäß §§ 18 Abs. 2, 17 Abs. 2 JArbSchG erlaubt ist, kann die Freistellung auch an einem solchen Tag erfolgen.[2]

Die Frage der Fortzahlung der Arbeits- bzw Ausbildungsvergütung regelt § 18 JArbSchG nicht, sondern vielmehr § 2 EFZG, da das Entgeltfortzahlungsgesetz für alle Arbeitnehmer ohne Altersbegrenzung sowie für Auszubildende gilt (vgl § 1 Abs. 2 EFZG). Danach ist der Arbeitgeber nur an gesetzlichen Feiertagen zur Fortzahlung des Arbeitsentgeltes verpflichtet (vgl § 2 Abs. 1 EFZG). Somit ist der Jugendliche zwar gemäß § 18 Abs. 1 JArbSchG am 24. und 31. Dezember ab 14 Uhr von der Arbeit freizustellen, ein gesetzlicher Anspruch auf Fortzahlung der Vergütung für diese Zeiten besteht aber – sofern keine anderslautende Tarifvorschrift existiert – an diesen Tagen nicht.

1 ErfK/Schlachter § 18 JArbSchG Rn 4.
2 ErfK/Schlachter § 16 JArbSchG Rn 18.

Gesetz zum Schutze der erwerbstätigen Mutter (Mutterschutzgesetz – MuSchG)

Vom 20. Juni 2002 (BGBl. I S. 2318)
(FNA 8052-1)
zuletzt geändert durch Art. 14 Drittes MittelstandsentlastungsG
vom 17. März 2009 (BGBl. I S. 550)

– Auszug –

§ 11 Arbeitsentgelt bei Beschäftigungsverboten

(1) [1]Den unter den Geltungsbereich des § 1 fallenden Frauen ist, soweit sie nicht Mutterschaftsgeld nach den Vorschriften der Reichsversicherungsordnung beziehen können, vom Arbeitgeber mindestens der Durchschnittsverdienst der letzten 13 Wochen oder der letzten drei Monate vor Beginn des Monats, in dem die Schwangerschaft eingetreten ist, weiter zu gewähren, wenn sie wegen eines Beschäftigungsverbots nach § 3 Abs. 1, §§ 4, 6 Abs. 2 oder 3 oder wegen des Mehr-, Nacht- und Sonntagsarbeitsverbots nach § 8 Abs. 1, 3 oder 5 teilweise oder völlig mit der Arbeit aussetzen. [2]Dies gilt auch, wenn wegen dieser Verbote die Beschäftigung oder die Entlohnungsart wechselt. [3]Wird das Arbeitsverhältnis erst nach Eintritt der Schwangerschaft begonnen, so ist der Durchschnittsverdienst aus dem Arbeitsentgelt der ersten 13 Wochen oder drei Monate der Beschäftigung zu berechnen. [4]Hat das Arbeitsverhältnis nach Satz 1 oder 3 kürzer gedauert, so ist der kürzere Zeitraum der Berechnung zugrunde zu legen. [5]Zeiten, in denen kein Arbeitsentgelt erzielt wurde, bleiben außer Betracht.

(2) [1]Bei Verdiensterhöhungen nicht nur vorübergehender Natur, die während oder nach Ablauf des Berechnungszeitraumes eintreten, ist von dem erhöhten Verdienst auszugehen. [2]Verdienstkürzungen, die im Berechnungszeitraum infolge von Kurzarbeit, Arbeitsaufällen oder unverschuldeter Arbeitsversäumnis eintreten, bleiben für die Berechnung des Durchschnittsverdienstes außer Betracht. [3]Zu berücksichtigen sind dauerhafte Verdienstkürzungen, die während oder nach Ablauf des Berechnungszeitraums eintreten und nicht auf einem mutterschutzrechtlichen Beschäftigungsverbot beruhen.

(3) Die Bundesregierung wird ermächtigt, durch Rechtsverordnung mit Zustimmung des Bundesrates Vorschriften über die Berechnung des Durchschnittsverdienstes im Sinne der Absätze 1 und 2 zu erlassen.

I. Vorbemerkung

Ziel der Regelung ist, die Arbeitnehmerin über den generellen Schutz der §§ 3 Abs. 2 und 6 Abs. 1 MuSchG hinaus gegen wirtschaftliche Nachteile zu schützen. Durch den finanziellen Entgeltausgleich soll vermieden werden, dass sich die Arbeitnehmerin Gesundheitsgefährdungen unter Umgehung der Beschäftigungsverbote aussetzt.[1] 1

1 BAG 9.8.1963 – 1 AZR 497/62 – AP Nr. 3 zu § 10 MuSchG, BAG 8.8.1990 – 5 AZR 584/89 – AP Nr. 13 zu § 11 MuSchG 1968.

Vor diesem Hintergrund regelt § 11 MuSchG den Anspruch einer schwangeren Arbeitnehmerin auf Weitergewährung ihres Arbeitsentgeltes (sog. **Mutterschutzlohn**), wenn sie einem individuellen Beschäftigungsverbot nach § 3 Abs. 1 MuSchG, einem Beschäftigungsverbot nach § 4 oder § 6 Abs. 2, 3 MuSchG unterliegt oder wenn sie wegen des Mehr-, Nacht- oder Sonntagsarbeitsverbotes ganz oder teilweise mit ihrer Arbeit aussetzt. Die schwangere Arbeitnehmerin wird wirtschaftlich so gestellt, wie sie ohne das Eingreifen dieser Verbote stünde. Bei § 11 MuSchG handelt es sich nicht um einen öffentlich-rechtlichen Anspruch, sondern um einen privatrechtlichen Anspruch der Arbeitnehmerin gegen ihren Arbeitgeber.

Arbeitgeber, die Mutterschutzlohn nach § 11 MuSchG leisten, haben gemäß §§ 1 Abs. 2, 2 AAG gegen die Krankenkassen einen entsprechenden Erstattungsanspruch in voller Höhe, einschließlich der auf den Mutterschutzlohn entfallenen Sozialabgaben, vgl § 1 AAG, Rn 30 ff.

II. Voraussetzungen des Anspruchs auf Mutterschutzlohn

2 Unter den folgenden Voraussetzungen steht der schwangeren Arbeitnehmerin ein Anspruch auf Mutterschutzlohn zu:

- Bestehendes Arbeitsverhältnis,
- Bestehen eines Beschäftigungsverbotes:
  - individuelles Beschäftigungsverbot nach § 3 Abs. 1 MuSchG,
  - Beschäftigungsverbot nach § 4 oder § 6 Abs. 2, 3 MuSchG,
  - Verbot der Mehr-, Nacht- bzw Sonntagsarbeit,
- kein Bezug von Mutterschaftsgeld nach § 200 RVO und
- keine Arbeitsunfähigkeit nach § 3 EFZG.

3 Voraussetzung für den Anspruch auf den Mutterschutzlohn ist das Bestehen eines Beschäftigungsverbotes. Das in § 3 Abs. 1 MuSchG geregelte individuelle Beschäftigungsverbot besteht, soweit nach ärztlichem Zeugnis Leben oder Gesundheit von Mutter oder Kind bei Fortdauer der Beschäftigung gefährdet ist. Für ein Beschäftigungsverbot nach § 3 Abs. 1 MuSchG sind der individuelle Gesundheitszustand und die konkrete Arbeitstätigkeit der schwangeren Arbeitnehmerin maßgebend. Es genügt, dass die Fortsetzung der Arbeiten mit einer Gefährdung der Gesundheit von Mutter oder Kind verbunden ist. Unerheblich ist die Ursache der Gefährdung. Die Arbeitstätigkeit der Schwangeren oder ihr räumlicher Arbeitsbereich müssen nicht gesundheitsgefährdend sein. Ein Beschäftigungsverbot ist auch dann auszusprechen, wenn die Beschäftigung für andere Frauen unabhängig von einer Schwangerschaft keinerlei Gefährdung ergibt, aber im Einzelfall aufgrund der individuellen Verhältnisse der schwangeren Arbeitnehmerin die Gesundheit von Mutter oder Kind gefährden würde. So können auch psychische Belastungen ein Beschäftigungsverbot nach § 3 Abs. 1 MuSchG begründen, sofern dies von einem Arzt attestiert wird. Das ärztliche Zeugnis ist für das Beschäftigungsverbot konstitutiv.[2] Weitere allgemeine Beschäftigungsverbote können sich aus §§ 4, 6 Abs. 2, 3 und § 8 MuSchG ergeben.

4 Nach der Rechtsprechung des Bundesarbeitsgerichtes besteht der Anspruch auf Mutterschutzlohn nur, wenn die durch das Aussetzen mit der Arbeit bedingte

2 BAG 7.11.2007 – 5 AZR 883/06 – AP Nr. 21 zu § 3 MuSchG 1968.

Verdienstminderung **ausschließlich** auf einem o.g. Beschäftigungsverbot beruht.[3] Ein Beschäftigungsverbot muss also die alleinige Ursache der Verdienstminderung sein (sog. Grundsatz der Monokausalität). Daher braucht der Arbeitgeber den Mutterschutzlohn nicht zahlen, wenn die Verdienstminderung andere Ursachen hat, zB Arbeitsunfähigkeit oder Wunsch der Arbeitnehmerin nach Verringerung der Arbeitszeit oder Änderung ihrer Arbeitsaufgaben.

Zum Zusammentreffen von Krankheit und Beschäftigungsverbot vgl § 3 EFZG, Rn 83 ff. 5

Treten aufgrund der Schwangerschaft Beschwerden bei der Arbeitnehmerin auf, obliegt es dem behandelnden Arzt, zu prüfen, ob eine Arbeitsunfähigkeit gegeben ist oder die Voraussetzungen eines Beschäftigungsverbotes vorliegen. Dem ärztlichen Zeugnis nach § 3 Abs. 1 MuSchG kommt ein hoher Beweiswert zu. Diesen kann der Arbeitgeber erschüttern, wenn er Tatsachen darlegt, die für eine Arbeitsfähigkeit sprechen oder er vortragen kann, dass die Arbeitnehmerin unzutreffende Angaben über ihren Gesundheitszustand gemacht hat.[4] Einfaches Bestreiten der Voraussetzungen eines Beschäftigungsverbotes durch den Arbeitgeber genügt insofern nicht.

Kann die Arbeitnehmerin zulässigerweise auf einen anderen Arbeitsplatz versetzt 6
werden und unterliegen die dort auszuübenden Tätigkeiten keinem Beschäftigungsverbot, besteht kein Anspruch auf Mutterschutzlohn.[5] Somit darf der Arbeitgeber der von einem Beschäftigungsverbot betroffenen Arbeitnehmerin eine **zumutbare Ersatztätigkeit** zuweisen. Hierbei hat der Arbeitgeber nach billigem Ermessen zu entscheiden und die gegenseitigen Interessen abzuwägen. Aufgrund ihrer vertraglichen Treuepflicht ist die schwangere Arbeitnehmerin verpflichtet, daran mitzuwirken, dass die finanziell nicht unerheblichen Folgen eines Beschäftigungsverbotes für den Arbeitgeber möglichst gering ausfallen. Daher muss die Arbeitnehmerin bis zum Beginn der Schutzfristen unter Umständen auch solche – mutterschutzrechtlich erlaubten und zumutbaren – Tätigkeiten ausüben, zu denen sie im Wege des Direktionsrechtes nicht angewiesen werden könnte.[6] Etwas anderes gilt, wenn die Arbeitnehmerin die Versetzung berechtigterweise ablehnen darf, weil zB die Aufnahme der zugewiesenen Tätigkeiten unzumutbar ist.

Der Anspruch auf Mutterschutzlohn entfällt, wenn die Arbeitnehmerin Mutter- 7
schaftsgeld nach § 200 RVO bezieht oder beziehen könnte. Auf den tatsächlichen Bezug von Mutterschaftsgeld kommt es nach dem eindeutigen Wortlaut in § 11 MuSchG nicht an. Während der Schutzfristen (sechs Wochen vor und acht Wochen nach der Entbindung, vgl §§ 3 Abs. 2, 6 MuSchG) scheidet der Anspruch auf Mutterschutzlohn aus, da für diese Zeiten ein Anspruch auf Mutterschaftsgeld besteht (vgl § 200 Abs. 1 RVO).

Beruht die Verdienstminderung auf betrieblichen oder sonstigen Umständen (zB 8
Kurzarbeit oder Teilnahme der Arbeitnehmerin an einem Streik) entfällt der Anspruch auf Mutterschutzlohn ebenfalls.[7]

3 BAG 13.2.2002 – 5 AZR 588/00 – AP Nr. 22 zu § 11 MuSchG 1968.
4 BAG 31.7.1996 – 5 AZR 474/95 – AP Nr. 8 zu § 3 MuSchG 1968.
5 BAG 15.11.2000 – 5 AZR 365/99 – AP Nr. 7 zu § 4 MuSchG 1968.
6 BAG 22.4.1998 – 5 AZR 478/97 – AP Nr. 4 zu § 4 MuSchG 1968.
7 BAG 7.4.1970 – 2 AZR 201/69 – AP Nr. 3 zu § 615 BGB Kurzarbeit; BAG 21.4.1971 – GS 1/68 – AP Nr. 43 zu Art. 9 GG Arbeitskampf.

III. Höhe des Mutterschutzlohns

9 Der vom Arbeitgeber zu zahlende Mutterschutzlohn richtet sich nach dem **Durchschnittsverdienst** der letzten 13 Wochen bzw der letzten drei Monate vor Beginn des Monats, in dem die Schwangerschaft eingetreten ist (sog. Referenz- oder Bezugsmethode, vgl § 11 Abs. 1 Satz 1 MuSchG). Der Arbeitgeber kann zwischen diesen Berechnungszeiträumen wählen. Die Arbeitnehmerin soll gerade vor wirtschaftlichen Nachteilen infolge des Beschäftigungsverbotes geschützt werden. Durch Verhinderung von Einkommenseinbußen wird zugleich der Anreiz genommen, trotz eines bestehendes Verbotes weiter zu arbeiten.[8]

Beginnt das Arbeitsverhältnis nach dem Eintritt der Schwangerschaft, ist der Mutterschutzlohn anhand des Durchschnittsverdienstes der ersten 13 Wochen oder drei Monate der Beschäftigung zu berechnen (§ 11 Abs. 1 Satz 3 MuSchG). Dauert das Arbeitsverhältnis noch keine drei Monate, gilt der kürzere Zeitraum (§ 11 Abs. 1 Satz 4 MuSchG).

Hat die Arbeitnehmerin in dem zu berücksichtigendem Zeitraum keine Vergütung erhalten, bleiben diese Zeiten ohne Entgelt für die Berechnung des Mutterschutzlohnes außen vor (§ 11 Abs. 1 Satz 5 MuSchG). In diesem Fall ist auf den Zeitabschnitt vor dem Arbeitsausfall abzustellen.[9]

10 Bei der Berechnung des Mutterschutzlohnes hat der Arbeitgeber **jede geldwerte Leistung** einzubeziehen. Neben dem Bruttoentgelt fließen also auch sonstige Verdienstbestandteile (zB Provisionen, Leistungszulagen, Überstundenvergütung, Zuschläge für Mehr-, Nacht-, Sonn- und Feiertagsarbeit), sozial motivierte Zahlungen (zB Alter-, Kinderzuschläge) sowie sonstige Entgeltfortzahlungen des Arbeitgebers (zB Urlaubsentgelt, Entgeltfortzahlung im Krankheitsfall) in die Berechnung ein. Sachbezüge sind der Arbeitnehmerin ebenfalls weiter zu gewähren (zB vermögenswirksame Leistungen, zur Privatnutzung überlassenes Dienstfahrzeug).[10]

11 **Einmalige Zahlungen**, die nur zufällig im Berechnungszeitraum an die Arbeitnehmerin geleistet wurden (zB Urlaubsgeld, 13. Gehalt) oder Aufwandsentschädigungen (zB Spesen), bleiben bei der Ermittlung des Durchschnittsverdienstes jedoch unberücksichtigt.

Erhöht sich die Vergütung der Arbeitnehmerin im oder nach Ablauf des Berechnungszeitraumes **dauerhaft** (zB durch tarifliche Steigerungen), ist dieser höhere Verdienst zugrunde zu legen (§ 11 Abs. 2 Satz 1 MuSchG).

Beispiel: Seit dem 1.4.2009 unterlag die Arbeitnehmerin einem Beschäftigungsverbot. Bereits zum 1.3.2009 erhöhte sich ihre Vergütung aufgrund einer tarifvertraglichen Erhöhung. Für die Berechnung des ab dem 1.4.2009 zu zahlenden Mutterschutzlohnes greift die Erhöhung fiktiv bereits ab dem Tag des Berechnungszeitraumes, so dass für den gesamten Berechnungszeitraum von dem erhöhten Gehalt auszugehen ist. Tritt die tarifvertragliche Erhöhung erst am 1.5.2009 ein und dauert das Beschäftigungsverbot zu diesem Zeitpunkt noch an, ist ab dem 1.5.2009 der erhöhte Mutterschutzlohn zu zahlen. Erhöhungen nach

8 BAG 6.3.1985 – 5 AZR 523/83 – AP Nr. 11 zu § 11 MuSchG 1968; BSG 17.4.1991 – 1/3 RK 21/88 – NZA 1991, 909.
9 BAG 15.1.1969 – 3 AZR 305/68 – AP Nr. 1 zu § 11 MuSchG 1968.
10 ErfK/Schlachter § 11 MuSchG Rn 9.

dem Ablauf des Beschäftigungsverbotes haben keinen (rückwirkenden) Einfluss auf den Mutterschutzlohn.

12 **Vorübergehende Verdienstkürzungen**, die im Berechnungszeitraum infolge von Kurzarbeit, Arbeitsausfällen oder unverschuldeter Arbeitsversäumnis eingetreten sind, bleiben bei der Berechnung des Mutterschutzlohnes unberücksichtigt (§ 11 Abs. 2 Satz 2 MuSchG). Treten allerdings im oder nach Ablauf des Berechnungszeitraumes **dauerhafte Verdienstkürzungen** ein, die nicht auf einem mutterschutzrechtlichen Beschäftigungsverbot beruhen, beeinflussen diese entsprechend den Mutterschutzlohn (§ 11 Abs. 2 Satz 3 MuSchG). Die Verdienstkürzung wirkt sich dabei auf den gesamten 13-wöchigen Berechnungszeitraum aus.[11] Grund hierfür ist, dass die schwangere Arbeitnehmerin im Vergleich zu den übrigen im Unternehmen Beschäftigten nicht besser gestellt werden soll.

13 Der Arbeitgeber hat den Mutterschutzlohn für die gesamte Dauer eines Beschäftigungsverbotes, also längstens bis zum Beginn der sechswöchigen Schutzfrist (§ 3 Abs. 2 MuSchG) zu zahlen.

IV. Darlegungs- und Beweislast

14 Durch Vorlage der ärztlichen Bescheinigung über das (individuelle) Beschäftigungsverbot genügt die schwangere Arbeitnehmerin zunächst ihrer Darlegungslast zur Suspendierung der Arbeitspflicht und zur Begründung eines Anspruches aus § 11 Abs. 1 MuSchG. Der schriftlichen Bescheinigung nach § 3 Abs. 1 MuSchG kommt ein hoher Beweiswert zu. Zweifelt der Arbeitgeber das attestierte Beschäftigungsverbot an, kann er vom ausstellenden Arzt Auskunft über die Gründe verlangen, soweit diese nicht der ärztlichen Schweigepflicht unterliegen. Der Arzt hat dem Arbeitgeber sodann mitzuteilen, von welchen tatsächlichen Arbeitsbedingungen der schwangeren Arbeitnehmerin er bei Erteilung seines Attestes ausgegangen ist und ob krankheitsbedingte Arbeitsunfähigkeit vorgelegen hat.

Legt die schwangere Arbeitnehmerin trotz Aufforderung des Arbeitgebers keine ärztliche Bescheinigung vor, ist der Beweiswert eines zunächst nicht näher begründeten ärztlichen Beschäftigungsverbotes erschüttert. Nur wenn der Arbeitgeber die tatsächlichen Gründe des Beschäftigungsverbotes kennt, kann er prüfen, ob er der schwangeren Arbeitnehmerin andere zumutbare Arbeit zuweisen kann, die einem Beschäftigungsverbot nicht entgegensteht.

Das Mutterschutzgesetz hindert den Arbeitgeber nicht, Umstände darzulegen, die ungeachtet der medizinischen Bewertung den Schluss zulassen, dass ein Beschäftigungsverbot auf unzutreffenden tatsächlichen Voraussetzungen beruht.[12]

15 Hat der Arbeitgeber durch seine Darlegung den Beweiswert des ärztlichen Attestes erschüttert, ist es dann Sache der Arbeitnehmerin, die Tatsachen darzulegen und ggf. zu beweisen, die das Beschäftigungsverbot rechtfertigen. Hierzu kann sie ihren behandelnden Arzt von seiner Schweigepflicht entbinden und ihn als sachverständigen Zeugen für die Verbotsgründe benennen. Dann kommt erst der näheren ärztlichen Begründung gegenüber dem Gericht ein ausreichender Beweiswert zu, wobei das Gericht den Arzt mit den festgestellten Tatsachen

11 ErfK/Schlachter § 11 MuSchG Rn 13.
12 BAG 7.11.2007 – 5 AZR 883/06 – AP Nr. 21 zu § 3 MuSchG 1968.

konfrontieren muss. Wegen der Komplexität und Schwierigkeit der Materie wird vielfach eine schriftliche Auskunft des Arztes gemäß § 377 Abs. 3 ZPO nicht genügen, sondern dessen persönliche Befragung durch das Gericht erforderlich sein. Das Gericht hat dann das nachvollziehbare fachliche Urteil des Arztes weitgehend zu respektieren.[13]

13 BAG 7.11.2007 – 5 AZR 883/06 – AP Nr. 21 zu § 3 MuSchG 1968.

Sozialgesetzbuch (SGB) Fünftes Buch (V) – Gesetzliche Krankenversicherung –

Vom 20. Dezember 1988 (BGBl. I S. 2477)
(FNA 860-5)
zuletzt geändert durch Art. 1 G zur Regelung d. Assistenzpflegebedarfs im Krankenhaus vom 30. Juli 2009 (BGBl. I S. 2495)

– Auszug –

Vorbemerkung zu §§ 44 bis 51 SGB V

Das Krankengeld ist eine **Sozialleistung**, die von der Krankenkasse an den Versicherten als Geldleistung gezahlt wird (§ 11 Satz 1 iVm § 21 Abs. 1 Nr. 2 Buchstabe g SGB I). Es ist nach § 3 Nr. 1 a EStG steuerfrei. Gemäß § 224 Abs. 1 Satz 1 SGB V besteht Beitragsfreiheit zur Gesetzlichen Krankenversicherung für die Dauer des Anspruchs auf Krankengeld. Die Beitragsfreiheit erstreckt sich nur auf das Krankengeld, so dass sich Beitragspflichten aus anderen zugleich bezogenen Einnahmen (zB § 226 SGB V) ergeben können (§ 224 Abs. 1 Satz 2 SGB V). Das Krankengeld wird bei Vorliegen der gesetzlichen Voraussetzungen auf Antrag erbracht (§ 19 Satz 1 SGB IV). Dieser Leistung kommt **Entgeltersatzfunktion** zu (vgl auch § 47 Abs. 3). Die mit der Leistung erzielte wirtschaftliche Sicherung beschränkt sich auf einen bestimmten Kreis der Versicherten. In den Fällen, in denen der Gesetzgeber davon ausgeht, dass Ersatz von Entgelt oder Entgeltersatzleistungen nicht angezeigt ist, hat er die betreffenden Personenkreise von der Anspruchsberechtigung ausgeschlossen (§ 44 Abs. 2). Auch dem Pflegekrankengeld, das in § 45 bei Erkrankungen des Kindes vorgesehen ist, kommt Entgeltersatzfunktion zu. Damit verbunden ist arbeitsrechtlich der in § 45 Abs. 3 und 5 geregelte Freistellungsanspruch. 1

Die Anspruchsinhaber und die Anspruchstatbestände sind in § 44 beschrieben. 2 Einen Sonderfall stellt das Pflegekrankengeld nach § 45 dar. Während § 46 die Entstehung des Krankengeldes zum Gegenstand hat, wird in § 47 die Höhe und die Berechnung des Krankengeldes im Einzelnen geregelt. Bei der **Berechnung des Krankengeldes** ist danach zu unterscheiden, ob der Versicherte als Arbeitnehmer, als Arbeitsloser oder als Selbständiger Anspruch auf Krankengeld hat. Zentrale Bezugsgröße für die Ermittlung der Höhe des Krankengeldes ist das **Regelentgelt**. Nach der Legaldefinition des § 47 Abs. 1 Satz 1 ist dies das regelmäßige Arbeitsentgelt und Arbeitseinkommen, soweit es der Beitragsberechnung unterliegt.

Für **Arbeitnehmer** ist das Regelentgelt in § 47 Abs. 2 festgelegt. Darin wird auch 3 der Bezugs- und Bemessungszeitraum für die Berechnung des Krankengeldes bestimmt. Es ist danach zu unterscheiden, ob das Arbeitsentgelt nach Stunden (§ 47 Abs. 2 Satz 1 und 2) oder nach Monaten zu bemessen ist (§ 47 Abs. 2 Satz 3). In den Regelungen hierzu wird auch dem Umstand Rechnung getragen, dass gem. § 47 Abs. 1 Satz 6 das Krankengeld für jeden Tag der Arbeitsunfähigkeit gezahlt wird. Im Rückgriff auf das Regelentgelt und damit auf das zuletzt verdiente Arbeitsentgelt zeigt sich die sog. **Referenzmethode**. Im **Gegensatz zum Lohnausfallfallprinzip** bleibt unberücksichtigt, wie sich das Arbeitsentgelt außerhalb des Bezugs- und Bemessungszeitraums entwickelt. Die Bezugs- und Referenzmethode hat zur Folge, dass auch künftige Veränderungen im Arbeitsverhältnis bei der Berechnung nicht mehr berücksichtigt werden, wenn diese bei Eintritt der Arbeitsunfähigkeit bereits feststehen. Dies gilt unabhängig davon, ob sich etwa die später eintretenden Lohnänderungen zugunsten oder zuungunsten des Versicherten auswirken.[1]

4 Das Krankengeld beträgt für Arbeitnehmer **70 vom Hundert des ermittelten Regelentgeltes** (§ 47 Abs. 1 Satz 1). Diese Höhe des Krankengeldes wurde mit dem Beitragsentlastungsgesetz vom 1.11.1996 (BGBl. I S. 1631) mit Wirkung vom 1.1.1997 eingeführt. Die Absenkung von 80 auf 70 v.H. ist vom BVerfG nicht beanstandet worden.[2] Ebenfalls zum 1.1.1997 wurde in § 47 Abs. 1 Satz 2 eine Höchstgrenze eingeführt. Danach darf das aus dem Arbeitsentgelt berechnete Krankengeld 90 v. H. des Nettoarbeitsentgelts nicht überschreiten. Unter Nettoarbeitsentgelt ist das um die gesetzlichen Abzüge verminderte Arbeitsentgelt zu verstehen.[3]

5 Die **Bezieher von Arbeitslosengeld oder Unterhaltsgeld** erhalten nach § 47 b Abs. 1 Krankengeld in Höhe der zuletzt bezogenen Leistung. Mit dieser Regelung wird auch berücksichtigt, dass den Empfängern von Arbeitslosengeld und Unterhaltsgeld im Falle ihrer Arbeitsunfähigkeit kein Arbeitsentgelt entgeht, sondern die jeweilige Entgeltersatzleistung. Bei Eintritt der Arbeitsunfähigkeit sollen diesen Leistungsbeziehern weder Vor- noch Nachteile entstehen.[4] Im Gegensatz zur Regelung in § 46 Satz 1 Nr. 2 wird das Krankengeld dabei vom ersten Tag der Arbeitsunfähigkeit an gewährt (§ 47 b Abs. 1 Satz 2).

6 Die Dauer des Anspruchs auf Krankengeld ist in § 48 geregelt. Ruht der Anspruch auf Krankengeld, weil einer der Tatbestände des § 49 erfüllt ist, besteht zwar der Anspruch auf Krankengeld dem Grunde nach, aber es ist für die Dauer des Ruhens kein Krankengeld auszuzahlen. Anders verhält es sich, wenn der **Anspruch auf Krankengeld ausgeschlossen** ist. In diesen Fällen entfallen die Voraussetzungen für den Krankengeldanspruch, so dass auch **kein Stammrecht** mehr besteht.[5] Solche Ausschlusstatbestände enthält § 50. Danach ist für Versicherte, die eine Rente wegen voller Erwerbsminderung, Erwerbsunfähigkeit oder Vollrente wegen Alters aus der gesetzlichen Rentenversicherung erhalten, Krankengeld ausgeschlossen (§ 50 Abs. 1 Satz 1 Nr. 1). Die Regelungen in § 50 dienen der Vermeidung von Doppelleistungen.[6] Kommt den Leistungen eine **volle Entgeltersatzfunktion** zu, sieht das Gesetz einen Leistungsausschluss vor, wie zB bei der Vollrente wegen Alters. Andere Renten und diesen gleichzusetzende Leistungen mit voller Entgeltersatzfunktion sind in § 50 Abs. 1 aufgeführt. Leistungen, die zu einer Kürzung des Krankengeldes führen können, sind in § 50 Abs. 2 abgehandelt. Ihnen kommt nur eine **Teilsicherungsfunktion** zu.[7] Ein Beispiel hierfür bildet die Rente wegen teilweiser Erwerbsminderung aus der gesetzlichen Rentenversicherung (§ 50 Abs. 2 Nr. 2). In den Fällen des § 50 Abs. 2

1 BSG 25.6.1991, 1/3 RK 6/90, SozR 3-2200 § 182 Nr. 8 = NZA 1991, 1000.
2 BVerfG 17.2.1997, 1 BvR 1903/96, SozR 3-2500 § 47 Nr. 8 = NJW 1997, 2444–2446 = NZS 1997, 226–228).
3 BSG 25.7.1979, 3 RK 74/78, SozR 2200 § 182 Nr. 49.
4 Schmidt in Peters, Handb KV II SGB V § 47 b Rn 5.
5 BSG 8.12.1992, 1 RK 9/92, BSGE 71, 294, 296 = SozR 3-2500 § 48 Nr. 4 S. 19.
6 KassKomm-Höfler, § 50 SGB V Rn 2.
7 BSG 4.5.1994, 1 RK 37/93, BSGE 74, 150, 152 = SozR 3-2500 § 50 Nr. 1, S. 2.

führt allerdings nur die Zuerkennung dieser Leistungen nach Beginn der Arbeitsunfähigkeit oder der stationären Behandlung zur Kürzung des Krankengeldes.

Die Krankenkassen können den Versicherten zur Sicherung der Subsidiarität des Krankengeldanspruches unter bestimmten Voraussetzungen unter Fristsetzung auffordern, einen Antrag auf Leistungen des Rentenversicherungsträgers nach dem SGB VI zu stellen (§ 51 Abs. 1, 2). Diese Regelung dient der Abgrenzung von Leistungsbereichen der Gesetzlichen KV und der Rentenversicherung.[8] Zugleich besteht mit der Regelung des § 51 eine Schutzvorschrift zugunsten der Krankenkassen.[9] Die Krankenkassen können den Versicherten zu einem Antrag auf Rehabilitationsmaßnahmen (§ 51 Abs. 1) oder zu einem Antrag auf Altersrente (§ 51 Abs. 2) auffordern. Dabei wird vom Gesetz für die Antragstellung die Frist von 10 Wochen vorgegeben. Es handelt sich um eine Ermessenentscheidung der Krankenkasse. Die Aufforderung stellt einen Verwaltungsakt dar.[10] Wenn der Versicherte die Antragstellung unterlässt, entfällt der Anspruch auf Krankengeld mit Ablauf der Frist (§ 51 Abs. 3 Satz 1). Wird der Antrag auf die v. g. Leistungen nicht innerhalb der Frist, aber zu einem späteren Zeitpunkt gestellt, lebt der Anspruch auf Krankengeld wieder auf (§ 51 Abs. 3 Satz 2). 7

§ 44 Krankengeld

(1) Versicherte haben Anspruch auf Krankengeld, wenn die Krankheit sie arbeitsunfähig macht oder sie auf Kosten der Krankenkasse stationär in einem Krankenhaus, einer Vorsorge- oder Rehabilitationseinrichtung (§ 23 Abs. 4, §§ 24, 40 Abs. 2 und § 41) behandelt werden.

(2) Keinen Anspruch auf Krankengeld haben

1. **die nach § 5 Abs. 1 Nr. 2 a, 5, 6, 9, 10 oder 13 sowie die nach § 10 Versicherten; dies gilt nicht für die nach § 5 Abs. 1 Nr. 6 Versicherten, wenn sie Anspruch auf Übergangsgeld haben, und für Versicherte nach § 5 Abs. 1 Nr. 13, soweit sie abhängig und nicht nach den §§ 8 und 8 a des Vierten Buches geringfügig beschäftigt sind,**
2. **hauptberuflich selbständig Erwerbstätige, es sei denn, das Mitglied erklärt gegenüber der Krankenkasse, dass die Mitgliedschaft den Anspruch auf Krankengeld umfassen soll (Wahlerklärung),**
3. **Versicherte nach § 5 Abs. 1 Nr. 1, die bei Arbeitsunfähigkeit nicht für mindestens sechs Wochen Anspruch auf Fortzahlung des Arbeitsentgelts auf Grund des Entgeltfortzahlungsgesetzes, eines Tarifvertrags, einer Betriebsvereinbarung oder anderer vertraglicher Zusagen oder auf Zahlung einer die Versicherungspflicht begründenden Sozialleistung haben, es sei denn, das Mitglied gibt eine Wahlerklärung ab, dass die Mitgliedschaft den Anspruch auf Krankengeld umfassen soll. Dies gilt nicht für Versicherte, die nach § 10 des Entgeltfortzahlungsgesetzes Anspruch auf Zahlung eines Zuschlags zum Arbeitsentgelt haben,**

8 Schmidt in Peters, Handb KV II SGB V § 51 Rn 7.
9 KassKomm-Höfler § 51 SGB V Rn 2.
10 BSG 7.8.1991, 1/3 RK 26/90, BSGE 69,187, 190 zur Vorgängerregelung des § 183 Abs. 7 RVO.

4. Versicherte, die eine Rente aus einer öffentlich-rechtlichen Versicherungseinrichtung oder Versorgungseinrichtung ihrer Berufsgruppe oder von anderen vergleichbaren Stellen beziehen, die ihrer Art nach den in § 50 Abs. 1 genannten Leistungen entspricht. Für Versicherte nach Satz 1 Nr. 4 gilt § 50 Abs. 2 entsprechend, soweit sie eine Leistung beziehen, die ihrer Art nach den in dieser Vorschrift aufgeführten Leistungen entspricht.

Für die Wahlerklärung nach Satz 1 Nummer 2 und 3 gilt § 53 Absatz 8 Satz 1 entsprechend. Für die nach Nummer 2 und 3 aufgeführten Versicherten bleibt § 53 Abs. 6 unberührt.

(3) Der Anspruch auf Fortzahlung des Arbeitsentgelts bei Arbeitsunfähigkeit richtet sich nach den arbeitsrechtlichen Vorschriften.

Schrifttum: *Beckschäfer*, Die Wahltarife nach § 53 SGB V – Bilanz und Ausblick aus der Sicht des Bundesversicherungsamtes, Die Ersatzkasse 2008, 438–441; *Fuhrmann*, Stufenweise Wiedereingliederung – Umdenken bei der Anrechnung des Wiedereingliederungsentgeltes auf das Krankengeld, NZS 2008, 299–304.

I. Vorbemerkung ... 1
II. Anspruch auf Krankengeld (Abs. 1) ... 3
1. Anspruchsberechtigter Personenkreis ... 3
2. Versicherungsfall der krankheitsbedingten Arbeitsunfähigkeit ... 9
a) Arbeitsunfähigkeit ... 9
b) Anspruchsberechtigter Personenkreis und Maßstab für die Arbeitsunfähigkeit ... 13
c) Nachgehender Leistungsanspruch (§ 19 Abs. 2) ... 18
3. Versicherungsfall der stationären Behandlung ... 19
4. Leistungsanspruch und gerichtliches Verfahren ... 20
III. Ausschlusstatbestände (Abs. 2) ... 21
1. Bezieher bestimmter Sozialleistungen und andere Pflichtversicherte ohne Krankengeldanspruch sowie Familienversicherte (Abs. 2 Satz 1 Nr. 1) ... 21
2. Hauptberuflich selbständig Erwerbstätige (Abs. 2 Satz 1 Nr. 2) ... 23
3. Personen, die von vorneherein keinen Anspruch auf Entgeltfortzahlung für längstens 6 Wochen haben (Abs. 2 Satz 1 Nr. 3) ... 24
4. Besondere Fälle des Rentenbezugs (Abs. 2 Satz 1 Nr. 4) ... 25
IV. Hinweis auf den Anspruch auf Entgeltfortzahlung (Abs. 3) ... 26

I. Vorbemerkung

1 Mit dem Gesetz zur Stärkung des Wettbewerbs in der Gesetzlichen Krankenversicherung vom 26.3.2007 (**GKV – Wettbewerbsstärkungsgesetz** – GKV-WSG; BGBl. I S. 378) wurde § 44 teilweise neu gefasst. Die Änderungen erfolgten dabei vorwiegend zum 1.1.2009. § 44 Abs. 1 Satz 2, der den Kreis der Anspruchsberechtigten begrenzte, wurde aufgehoben. Damit waren allerdings keine inhaltlichen Änderungen verbunden, da der Ausschluss des Anspruchs auf Krankengeld für die in § 44 Abs. 1 Satz 2 aF aufgeführten Personengruppen nunmehr in § 44 Abs. 2 bestimmt ist. Zu diesem Personenkreis zählen auch die Personen, deren Versicherungspflicht sich aus dem durch das GKV-WSG zum 1.4.2007 geschaffenen Versicherungspflichttatbestand des § 5 Abs. 1 Nr. 13 ergibt. Nach § 5

Abs. 1 Nr. 13 nF besteht eine Versicherungspflicht in der Gesetzlichen Krankenversicherung für Personen, die keinen anderweitigen Anspruch auf Absicherung im Krankheitsfall haben und zuletzt gesetzlich krankenversichert waren oder bisher nicht gesetzlich oder privat krankenversichert waren. Bereits in § 44 Abs. 1 Satz 2 aF war geregelt, dass Versicherte nach § 5 Abs. 1 Nr. 13 SGB V keinen Anspruch auf Krankengeld haben.

Die Neufassung des § 44 Abs. 2 durch das GKV-WSG erfasst in der Nr. 2 die hauptberuflich selbständig Erwerbstätigen. Für diese konnte nach dem bis 31.12.2008 geltenden Recht die Krankenkasse in ihrer Satzung den Anspruch auf Krankengeld, wie für andere freiwillig Versicherte auch, ausschließen oder zu einem späteren Zeitpunkt entstehen lassen (§ 44 Abs. 2 aF). Seit 1.1.2009 haben die hauptberuflich selbständig Erwerbstätigen die Möglichkeit einen Wahltarif zu wählen (§ 53 Abs. 6 SGB V). Ab 1.8.2009 besteht daneben wiederum die Option gegenüber der Krankenkasse zu erklären, dass die Mitgliedschaft den Anspruch auf Krankengeld umfassen soll (Wahlerklärung, vgl. § 44 Abs. 2 Nr. 2 in der Fassung des Gesetzes zur Änderung arzneimittelrechtlicher und anderer Vorschriften – BGBl. I 2009, 1990 ff, 2014). Für andere Gruppen von freiwillig Versicherten enthält § 44 Abs. 2 SGB V keine Regelung. Auf diesen Umstand wird auch im Gemeinsamen Rundschreiben zu den leistungsrechtlichen Vorschriften der Spitzenverbände der Krankenkassen vom 9.3.2007 hingewiesen.[1] Dies hat aber nicht zur Folge, dass diesen anderen freiwillig Versicherten im Umkehrschluss ein gesetzlicher Anspruch auf Krankengeld zustünde. Ein solcher Anspruch ließe sich auch über die Berechnungsvorschriften praktisch nicht realisieren.[2] 2

II. Anspruch auf Krankengeld (Abs. 1)

1. Anspruchsberechtigter Personenkreis

Rechtsgrund und Voraussetzung für die Gewährung des Krankengeldes ist die Zugehörigkeit als Mitglied zu einer Krankenkasse (Versicherungsverhältnis).[3] Trotz der umfassenden Bezeichnung des Anspruchsinhabers als „Versicherten" in § 44 Abs. 1 ist zu berücksichtigen, dass in § 44 Abs. 2 jene Gruppen von Versicherten aufgeführt sind, die keinen Anspruch auf Krankengeld haben. Mit der Regelung in Abs. 2 werden vor allem jene Versicherten ausgeschlossen, die nicht in einem Erwerbsverhältnis stehen, sondern aus anderen Gründen in den Kreis der Pflichtversicherten aufgenommen sind. 3

Zu den **anspruchsberechtigten Versicherten** zählen insbesondere die versicherungspflichtig Beschäftigten (§ 5 Abs. 1 Nr. 1 SGB V). Der Versicherungspflicht nach § 5 Abs. 1 Nr. 1 unterfallen Arbeiter, Angestellte und zu ihrer Berufsausbildung Beschäftigte, die gegen Arbeitsentgelt beschäftigt sind. Dabei ist unter Beschäftigung die nichtselbständige Arbeit, insbesondere in einem Arbeitsverhältnis zu verstehen (§ 7 Abs. 1 Satz 1 SGB IV). Anhaltspunkte für eine Beschäftigung sind eine Tätigkeit nach Weisungen und die Eingliederung in die Arbeitsorganisation des Weisungsgebers (§ 7 Abs. 1 Satz 2 SGB IV). 4

1 S. 46 des Rundschreibens.
2 S. 46 des v. g. Rundschreibens.
3 BSG 5.10.1977, 3 RK 35/75, BSGE 45, 11, 13 = SozR 2200 § 183 Nr. 11, S. 23.

5 Der Anspruch auf Krankengeld eines **versicherungspflichtig Beschäftigten** kann unmittelbar nach der Begründung des Versicherungsverhältnisses entstehen. Grundsätzlich beginnt das Beschäftigungsverhältnis erst mit der tatsächlichen Arbeitsaufnahme, was seinen Grund im Versicherungsprinzip hat. Erkrankt der Arbeitnehmer auf dem Weg zur Arbeit, etwa infolge eines Unfalls, verhält es sich anders und es ist von einem Versicherungsverhältnis auszugehen.[4] Es reicht aus, wenn ein Anspruch auf Entgeltfortzahlung besteht.[5] Nach Inkrafttreten des SGB V ist die Rechtsfigur des missglückten Arbeitsversuches nicht mehr anzuwenden.[6] Nach dieser Rechtsfigur, die auf richterlicher Rechtsfortbildung beruhte, war das Vorliegen eines Beschäftigungsverhältnisses davon abhängig gemacht worden, dass Arbeit von wirtschaftlichem Wert geleistet worden war. Ausschlaggebend für die Aufgabe der Rechtsfigur war unter anderem, dass das SGB V keine Rechtsvorschrift enthält, nach der die Versicherungspflicht von bestimmten gesundheitlichen Voraussetzungen oder von Arbeitsfähigkeit abhängt.[7]

6 Zu den anspruchsberechtigten Versicherten zählen auch die **Empfänger von Arbeitslosengeld nach den §§ 117 ff SGB III** (§ 5 Abs. 1 Nr. 2 SGB V). Bei diesem Personenkreis wird allerdings das Arbeitslosengeld bis zur Dauer von 6 Wochen weiter bezahlt, wenn diese während des Bezuges von Arbeitslosengeld infolge Krankheit arbeitsunfähig werden, ohne dass sie ein Verschulden trifft oder wenn sie während des Bezuges von Arbeitslosengeld auf Kosten der Krankenkasse stationär behandelt werden (§ 126 SGB III). Mit der Norm des § 126 SGB III wird somit für längstens 6 Wochen der Wechsel des Sozialleistungsträgers verhindert, wobei die Verfügbarkeit des arbeitsunfähig erkrankten Arbeitslosen fingiert wird.[8] Diese Leistungsfortzahlung für 6 Wochen tritt gleichsam an die Stelle der Entgeltfortzahlung durch den Arbeitgeber.[9] Für die Zeit der Leistungsfortzahlung nach § 126 SGB III ruht der Anspruch auf Krankengeld (§ 49 Abs. 1 Nr. 3 a).

7 Zum anspruchsberechtigten Personenkreis zählen auch die Versicherten nach dem Zweiten Gesetz über die Krankenversicherung der Landwirte (KVLG 1989), allerdings nur nach Maßgabe des KVLG 1989 (§ 5 Abs. 1 Nr. 3 SGB V) und die nach dem Künstlersozialversicherungsgesetz (KSVG) versicherungspflichtigen Künstler und Publizisten (§ 5 Abs. 1 Nr. 4 SGB V). Haben Teilnehmer an berufsfördernden Maßnahmen (§ 5 Abs. 1 Nr. 6 SGB V) Anspruch auf Übergangsgeld, zählen sie ebenfalls zu den Anspruchsberechtigten (§ 44 Abs. 2 Satz 1 Nr. 1 Halbsatz 2). Zu den Versicherten, deren Versicherungsverhältnis einen Krankengeldanspruch einschließt, gehören auch Behinderte, wenn sie aus ihrer versicherungspflichtigen Beschäftigung Arbeitentgelt erhalten (§ 5 Abs. 1 Nr. 7 und 8).

8 Als Rentner Versicherte (§ 5 Abs. 1 Nr. 11, 12 SGB V) haben nur dann Anspruch auf Krankengeld, wenn sie im Zeitpunkt der Anspruchsentstehung Regelentgelt

4 Knorr/Krasney § 44 SGB V Rn 4.
5 BSG 10.12.1998, B 12 KR 7/98 R, BSGE 83, 186, 188 = SozR 3-2500 § 186 Nr. 7 = NZS 1999, 393, 394.
6 BSG 4.12.1997, 12 RK 3/97, BSGE 81, 231 = SozR 3-2500 § 5 Nr. 37 = NZS 1998, 234.
7 BSG 4.12.1997, 12 RK 3/97, BSGE 81, 231, 236 = SozR 3-2500 § 5 Nr. 37, S. 142 = NZS 1998, 234, 236.
8 Brand in Niesel, SGB III § 126 Rn 2.
9 Kruse in LPK-SGB V, § 44 Rn 3.

aus einer neben dem Rentenbezug ausgeübten Erwerbstätigkeit beziehen.[10] Allerdings ist dabei § 50 zu beachten, der u. a. einen Anspruch auf Krankengeld ausschließt, wenn Rente wegen voller Erwerbsminderung, Erwerbsunfähigkeit oder Vollrente wegen Alters aus der gesetzlichen Rentenversicherung bezogen wird.

2. Versicherungsfall der krankheitsbedingten Arbeitsunfähigkeit

a) Arbeitsunfähigkeit

Nach der allgemeinen Begriffsbestimmung der Rechtsprechung liegt **Arbeitsunfähigkeit** vor, wenn der Versicherte seine zuletzt ausgeübte oder eine ähnlich geartete Tätigkeit nicht mehr oder nur auf die Gefahr hin, seinen Zustand zu verschlimmern, verrichten kann.[11] Somit wird nicht nur eine bereits eingetretene Unfähigkeit erfasst, der Tätigkeit nachzugehen, sondern auch die drohende Verschlimmerung der gesundheitlichen Verhältnisse. Die Verschlimmerung muss in absehbar naher Zeit zu erwarten sein.[12] 9

Die Krankheit muss Arbeitsunfähigkeit verursachen. Der Begriff der **Krankheit** ist wiederum im SGB V nicht definiert. Nach der ständigen Rechtsprechung des BSG ist Krankheit im Sinne der Gesetzlichen Krankenversicherung ein **regelwidriger körperlicher oder geistiger Zustand, der entweder Behandlungsbedürftigkeit oder Arbeitsunfähigkeit oder beides zur Folge hat.**[13] Es handelt sich um einen rechtlichen Zweckbegriff.[14] Im Rahmen des § 44 kann mit Krankheit nur der regelwidrige körperliche oder geistige Zustand gemeint sein.[15] Eine Behandlungsbedürftigkeit muss nicht vorliegen.[16] 10

Für den **ursächlichen Zusammenhang zwischen Krankheit und Arbeitsunfähigkeit** ist von der rechtlich wesentlichen Bedingung (**Relevanztheorie**) auszugehen.[17] Der Umstand der Krankheit mit den damit verbundenen Folgen muss wesentlich dazu beitragen, dass die Arbeit nicht mehr verrichtet werden kann. Muss etwa die Beinprothese wegen eines Defektes zur Reparatur gegeben werden, kann ein Ursachenzusammenhang im vorgenannten Sinne zwischen der Krankheit und der Arbeitsunfähigkeit bestehen.[18] Für den Fall, dass zur Ausübung der Tätigkeit oder zum Erreichen des Arbeitsplatzes ein Hilfsmittel (bspw ein Körperersatzstück) erforderlich ist, dieses aber nicht nutzbar ist, wird in den **Arbeitsunfähigkeits-Richtlinien** des Gemeinsamen Bundesausschusses (in der am 23.12.2006 in Kraft getretenen Fassung) in § 2 Abs. 10 eine Regelung getroffen. Danach besteht solange Arbeitsunfähigkeit, bis das Hilfsmittel repariert ist oder ein Ersatz für das defekte Hilfsmittel erfolgt ist. In den Arbeitsunfähigkeits-Richtlinien wird unter § 2 Abs. 9 auch der Fall der Dialysebehandlung aufge- 11

10 BSG 26.6.2007, B 1 KR 8/07 R, SozR 4-2500 § 44 Nr. 12 Rn 20.
11 BSG 30.5.1967, 3 RK 15/65, BSGE 26, 288, 290.
12 BSG 19.6.1963, 3 RK 37/59, BSGE 19, 179, 182 = SozR Nr. 8 zu § 182 RVO.
13 BSG 19.10.2004, B 1 KR 3/03 R, BSGE 93, 252 Rn 4 = SozR 4-2500 § 27 Nr. 3, S. 21 f.
14 KassKomm-Höfler § 27 SGB V Rn 9.
15 KassKomm-Höfler § 44 SGB V Rn 9.
16 BSG 23.11.1971, 3 RK 26/70, BSGE 33, 202 ff, 203 = SozR Nr. 48 zu § 182 RVO = NJW 1972, 1157 f.
17 KassKomm-Höfler § 44 SGB V Rn 9; Knorr/Krasney § 44 SGB V Rn 17; Schmidt in Peters, Handb KV II SGB V § 44 Rn 116.
18 BSG 23.11.1971, 3 RK 26/70, BSGE 33, 202, 204 = SozR Nr. 48 zu § 182 RVO = NJW 1972, 1157, 1158.

führt. Ist eine Dialysebehandlung lediglich während der vereinbarten Arbeitszeit möglich, besteht für deren Dauer, der Zeit der Anfahrt zur Dialyseeinrichtung und für die nach der Dialyse erforderliche Ruhezeit Arbeitsunfähigkeit. Keine Arbeitsunfähigkeit liegt vor, wenn ein Arzt zur Untersuchung und kurzfristigen Behandlung aufgesucht wird. In der Zeit der Untersuchung und Behandlung ist der Versicherte tatsächlich nicht in der Lage, seine Beschäftigung auszuüben, aber sein Gesundheitszustand steht einer weiteren Verrichtung der zuletzt ausgeübten Tätigkeit nach den ärztlichen Behandlungs- und Therapiemaßnahmen nicht entgegen.[19]

12 Es gibt **keine Teil-Arbeitsunfähigkeit** oder prozentual zu bemessende Arbeitsunfähigkeit, da sich Arbeitsfähigkeit und Arbeitsunfähigkeit gegenseitig ausschließen.[20] Eine Teil-Arbeitsunfähigkeit wurde mit dem SGB V nicht eingeführt.[21] Auch aus der Regelung der Wiedereingliederungsverhältnisse nach §§ 74 SGB V, 28 SGB IX kann kein neuer Begriff der Arbeitsunfähigkeit abgeleitet werden.[22] Werden Teilleistungen einvernehmlich im Rahmen des bestehenden Arbeitsverhältnisses erbracht, bleibt es unverändert bei der bestehenden Arbeitsunfähigkeit. Gemäß § 49 Abs. 1 Nr. 1 SGB V ergibt sich zur Vermeidung einer Überkompensation ein Ruhen des Anspruchs auf Krankengeld in Höhe des erzielten Teilentgelts.[23]

b) Anspruchsberechtigter Personenkreis und Maßstab für die Arbeitsunfähigkeit

13 Der Maßstab für die Arbeitsunfähigkeit ergibt sich allein aus dem Umfang des **Versicherungsschutzes**, der sich nach dem **konkret bestehenden Versicherungsverhältnis** bestimmt.[24] Für den **Versicherten, der einen Arbeitsplatz im Beurteilungszeitraum inne hat**, ist entscheidend, ob er die dort an ihn gestellten gesundheitlichen Anforderungen noch erfüllen kann.[25] Beurteilungsmaßstab ist diejenige Arbeit, zu welcher der Arbeitnehmer durch Arbeitsvertrag oder konkrete Direktive verpflichtet ist.[26] Dabei ist unerheblich, ob er möglicherweise eine andere Tätigkeit trotz der gesundheitlichen Beeinträchtigungen noch ausüben könnte.[27] Dem krankenversicherten Arbeitnehmer soll durch die Krankengeldgewährung nämlich gerade die Möglichkeit offen gehalten werden, nach Beseitigung des Leistungshindernisses seine bisherige Tätigkeit wieder aufzunehmen. Bietet der Arbeitgeber im Rahmen seines arbeitsrechtlichen Weisungsrechts seinem Arbeitnehmer in zulässiger Weise eine andere Arbeit/Tätigkeit an, die der Versicherte im Hinblick auf seinen Gesundheitszustand noch verrichten kann, liegt Arbeitsunfähigkeit nicht mehr vor. Die arbeitsvertragliche Zuweisung einer dem Arbeitnehmer möglichen Arbeit schlägt insoweit auf seinen Anspruch auf Krankgeld durch.[28]

19 Gerlach in Hauck/Noftz, SGB V K § 44 Rn 53.
20 BSG 12.9.1978, 5 RJ 6/77, BSGE 47, 47 ff, 50 = SozR 2200 § 1237 Nr. 9, S. 9.
21 KassKomm-Höfler § 44 SGB V Rn 19.
22 Berchtold, Krankengeld, Rn 362.
23 Berchtold; Krankengeld, Rn 367; Fuhrmann, NZS 2008, 299 ff, 303; Schmidt in Peters, Handb KV II SGB V § 44 Rn 60.
24 BSG 19.9.2002, B 1 KR 11/02 R, BSGE 90, 72, 75 = SozR 3-2500 § 44 Nr. 10, S. 32.
25 BSG 19.9.2002, B 1 KR 11/02 R, BSGE 90,72, 74 = SozR 3-2500 § 44 Nr. 10, S. 31.
26 Gerlach in Hauck/Noftz, SGB V, K § 44 Rn 68.
27 BSG 14.2.2001, B 1 KR 30/00 R, SozR 3-2500 § 44 Nr. 9, S. 22.
28 BSG 7.12.2004, B 1 KR 5/03 R, BSGE 94, 19, 21 Rn 8 = SozR 4-2500 § 44 Nr. 3 Rn 8 = NZS 2005, 650 ff, 651 Rn 5.

14 Nach dem Verlust des Arbeitsplatzes bleibt die zuletzt ausgeübte bzw gleichartige Tätigkeit nur dann für die Beurteilung der Arbeitsunfähigkeit maßgebend, wenn der Versicherte bereits **beim Ausscheiden aus dem Beschäftigungsverhältnis im Krankengeldbezug** stand. Der Maßstab für die Beurteilung der Arbeitsunfähigkeit ergibt sich in diesen Fällen auch nach Beendigung des Beschäftigungsverhältnisses aus der Mitgliedschaft des Versicherten aufgrund seiner früheren versicherungspflichtigen Beschäftigung gem. § 5 Abs. 1 Nr. 1 SGB V. Diese Mitgliedschaft wird durch den Bezug des Krankengeldes gemäß § 192 Abs. 1 Nr. 2 SGB V aufrecht erhalten. Die spätere Arbeitslosmeldung hat hierauf keinen Einfluss.[29] Für die Beurteilung der Arbeitsunfähigkeit ist es unerheblich, ob der Versicherte sich arbeitslos meldet oder sein Einverständnis mit der Vermittlung in einen anderen Beruf erklärt.[30] **Mit dem Ausscheiden aus dem Beschäftigungsverhältnis** ändert sich der rechtliche Maßstab für die Beurteilung einer während des Beschäftigungsverhältnisses eintretenden Arbeitsunfähigkeit. Die konkreten Verhältnisse am (früheren) Arbeitsplatz sind nicht mehr maßgebend. Vielmehr ist abstrakt auf die Art der zuletzt ausgeübten Tätigkeit abzustellen. Der Versicherte darf dann auf **gleich oder ähnlich geartete Tätigkeiten** „verwiesen" werden. Dabei ist der Kreis möglicher „Verweisungstätigkeiten" entsprechend der Funktion des Krankengelds eng zu ziehen.[31] Wenn es sich bei der zuletzt ausgeübten Tätigkeit um einen **anerkannten Ausbildungsberuf** handelte, so darf nicht außerhalb dieses Berufes „verwiesen" werden. Auch innerhalb des Ausbildungsberufes darf nur verwiesen werden, wenn die „Verweisungstätigkeit" hinsichtlich Aufgabenbereich, Art der Verrichtung, der körperlichen und geistigen Anforderungen, der notwendigen Kenntnisse und Fertigkeiten im Wesentlichen mit der bisher verrichteten Arbeit übereinstimmt. Arbeitsfähigkeit kann nur angenommen werden, falls der Versicherte die Arbeit **ohne größere Umstellung und Einarbeitung** verrichten könnte. Dieselben Bedingungen gelten auch bei **ungelernten Arbeiten**. Allerdings ist das Spektrum der zumutbaren Arbeiten größer, weil die Verweisung nicht durch die engen Grenzen eines Ausbildungsberufes eingeschränkt ist. Bei der Annahme gleich oder ähnlich gearteter Tätigkeiten ist nicht alleine auf die Art der Tätigkeit, sondern auch auf deren Entlohnung abzustellen. Die Übernahme einer gleichartigen Tätigkeit ist jedenfalls dann zumutbar, wenn eine damit verbundene Einkommenseinbuße 10 % des bisherigen Arbeitsentgelts nicht unterschreitet.[32]

15 Wird der Versicherte durch den Bezug von Arbeitslosengeld in der **Krankenversicherung der Arbeitslosen (KVdA)** gem. § 5 Abs. 1 Nr. 2 SGB V **versicherungspflichtig**, ändert sich der Maßstab für die Beurteilung der Arbeitsunfähigkeit. Er ergibt sich alleine aus der Versicherung in der KVdA.[33] Dieser Versicherungsschutz umfasst im Grundsatz bei krankheitsbedingter Arbeitsunfähigkeit auch einen originären **Anspruch in Höhe des Arbeitslosengeldes** (§ 47 b Abs. 1 Satz 1 SGB V). Es gibt für den gem. § 5 Abs. 1 Nr. 2 SGB V Versicherten keinen besonderen krankenversicherungsrechtlichen Berufsschutz. Dieser lässt sich aus einer früheren Beschäftigung nicht mehr herleiten, weil Grundlage der Versiche-

29 BSG, 22.3.2005, B 1 KR 22/04 R, BSGE 94, 247, 249 = SozR 4-2500 § 44 Nr. 6 Rn 6.
30 BSG 14.2.2001, B 1 KR 30/00 R, SozR 3-2500 § 44 Nr. 9, S. 23.
31 BSG 14.2.2001, B 1 KR 30/00 R, SozR 3-2500 § 44 Nr. 9, S. 23.
32 BSG 9.12.1986, 8 RK 12/85, BSGE 61, 66, 73 = SozR 2200 § 182 Nr. 104, S. 227.
33 BSG 4.4.2006, B 1 KR 21/05 R, BSGE 96, 182, 184 = SozR 4-2500 § 44 Nr. 9 Rn 11 = NZS 2007, 150 Rn 2.

rungspflicht allein der zur KVdA führende Leistungsbezug des Arbeitslosen ist. Ab Beginn des Versicherungsschutzes als Arbeitsloser sind Maßstab für die Beurteilung der Arbeitsunfähigkeit alle Beschäftigungen, die zu diesem Zeitpunkt gem. § 121 Abs. 1 u. 3 SGB III zumutbar sind. In § 121 Abs. 3 SGB III ist nur ein beschränkter zeitlich abgestufter Entgeltschutz vorgesehen. Zu den zumutbaren Tätigkeiten gehören von Beginn der Versicherung in der KVdA an nicht nur mittelschwere, sondern im Grundsatz auch alle leichten Arbeiten des Arbeitsmarktes. **Hierzu hat das BSG für die Praxis Hinweise gegeben:**[34] Hat die Arbeitsverwaltung dem Arbeitslosen ein konkretes Arbeitsangebot nicht unterbreitet, kommt es auf die Tätigkeit an, für die sich der Arbeitslose zuvor zwecks Erlangung des Anspruchs auf Arbeitslosengeld der Arbeitsverwaltung zur Verfügung gestellt hat. Allein die fehlende Fähigkeit mittelschwere oder schwere körperliche Arbeiten zu verrichten, beseitigt die objektive Verfügbarkeit nicht. Es bedarf keiner abstrakten Ermittlungen der Krankenkasse, welche Arbeiten dem krankheitsbedingt leistungsgeminderten Arbeitslosen noch nach § 121 Abs. 3 SGB III zumutbar sind. Die Krankenkasse darf regelmäßig davon ausgehen, dass sich der Arbeitslose für leichte Arbeiten zur Verfügung gestellt hat. Nur wenn Anlass zu Zweifeln besteht, muss die Krankenkasse prüfen, mit welchen gesundheitlichen Leistungsvermögen sich der Leistungsbezieher der Arbeitsverwaltung zur Verfügung gestellt hat. Anhand des Ergebnisses der Ermittlungen ist dann festzustellen, ob der Arbeitslose aufgrund der krankheitsbedingten Leistungseinschränkung noch objektiv verfügbar ist.

16 Für den Anspruch auf Krankengeld ist grundsätzlich **unerheblich, wie sich das durch das Krankengeld Ersetzte** – sei es Arbeitsentgelt, Arbeitseinkommen oder Entgeltersatzleistung – nach Eintritt der Arbeitsunfähigkeit während deren Fortdauer **entwickelt hätte.**[35] Daher ist unerheblich, wenn in der Zeit nach Eintritt der Arbeitsunfähigkeit wegen Erreichens der Höchstanspruchsdauer der Anspruch auf Arbeitslosengeld (§ 117 SGB III) erschöpft ist. Endet zB die Leistungsfortzahlung nach § 126 SGB III wegen der Erschöpfung des Arbeitslosengeldanspruches bereits nach zwei Wochen, besteht der Versicherungsschutz in der Krankenversicherung der Arbeitslosen (§ 5 Abs. 1 Nr. 2 SGB V) mit Anspruch auf Krankengeld fort. Bei fortdauernder Arbeitsunfähigkeit kann dann einem Anspruch auf Krankengeld nicht entgegengehalten werden, dass der Versicherte keinen Anspruch mehr auf Arbeitslosengeld nach § 117 SGB III habe und es deshalb am Entgeltersatz fehlen würde. Für Erwägungen zum Entgeltausfallprinzip oder Bedürftigkeitsgesichtspunkte ist im Falle eines ursprünglich in der KVdA Versicherten ebenso wenig Raum wie bei einem versicherungspflichtigen Arbeitnehmer (§ 5 Abs. 1 Nr. 1 SGB V), der arbeitsunfähig erkrankt, dessen Beschäftigungsverhältnis danach endet und dessen Arbeitsunfähigkeit über das Ende des Beschäftigungsverhältnisses fortbesteht. Dies ergibt sich aus dem Schutzzweck des § 192 Abs. 1 Nr. 2 SGB V über den Fortbestand des ursprünglichen versicherungsrechtlichen Status.[36]

17 Bei **mehreren Bewilligungsabschnitten** von Krankengeld sind die Voraussetzungen für den Krankengeldanspruch für jeden weiteren Leistungsabschnitt neu zu

34 BSG 4.4.2006, B 1 KR 21/05 R, BSGE 96, 182, 189 = SozR 4-2500 § 44 Nr. 9 Rn 24 = NZS 2007, 150, 153 Rn 14.
35 BSG 2.11.2007, B 1 KR 38/06 R, SozR 4-2500 § 44 Nr. 14 Rn 18.
36 BSG 2.11.2007, B 1 KR 38/06 R, SozR 4-2500 § 44 Nr. 14 Rn 19.

prüfen. Erst wenn nach ggf vorausgegangener Krankengeldgewährung eine erneute ärztliche Bescheinigung (§ 46 Satz 1 Nr. 2 SGB V) vorgelegt wird, besteht für die Krankenkasse überhaupt Anlass, die weiteren rechtlichen Voraussetzungen des Krankengeldanspruchs und damit eines neuen Leistungsfalls zu prüfen. Dabei ist grundsätzlich der Versicherungsschutz in diesem Zeitpunkt maßgeblich.[37]

Beispiel Versicherungsrechtlicher Status und Leistungsanspruch: Eine mehrjährig als Verkäuferin vollschichtig tätige Versicherte erkrankt am 4. Januar erstmals wegen eines neurologischen Leidens. Ihr wird danach durchgehend Arbeitsunfähigkeit bescheinigt. Nach Auslaufen der Entgeltfortzahlung für 6 Wochen (§ 3 Abs. 1 Satz 1 EFZG) bezieht sie von ihrer Krankenkasse Krankengeld. Das Beschäftigungsverhältnis endet zum 31. März. Die Arbeitsunfähigkeit wird darüber hinaus fortlaufend bis 28. April bescheinigt. Ab 29. April bezieht die Versicherte Arbeitslosengeld (§ 117 SGB III). Am 4. Juni erkrankt sie an einer Lungenentzündung. Arbeitsunfähigkeit wird ihr bis 7. August bescheinigt. Danach steht sie ab 8. August wieder im Bezug vom Arbeitslosengeld. Die bis 31. März bestehende Pflichtmitgliedschaft der Versicherten als Beschäftigte (§ 5 Abs. 1 Nr. 1 SGB V) bleibt für die Dauer des Bezuges von Krankengeld bis 28. April aufrecht erhalten (§ 192 Abs. 1 Nr. 2 SGB V). Ist für die Arbeitsunfähigkeit bis 31. März auf die konkret von der Versicherten verrichtete Tätigkeit abzustellen (vgl Rn 13), ist ab Beendigung des Beschäftigungsverhältnisses abstrakt die Art der zuletzt ausgeübten Tätigkeit heranzuziehen (vgl Rn 14). Die Höhe des bis 28. April zu zahlenden Krankengeldes beträgt 70 v. H. des Regelentgeltes (vgl Rn 4 der Vorbemerkungen). Ab 29. April besteht wegen des Bezuges von Arbeitslosengeld nach § 117 SGB III eine Pflichtversicherung nach § 5 Abs. 1 Nr. 2 SGB V. Ab 4. Juni hat die Klägerin nach Eintritt der erneuten Arbeitsunfähigkeit zunächst Anspruch auf Zahlung von Arbeitslosengeld für 6 Wochen, also auf die sog. Leistungsfortzahlung nach § 126 SGB III. Während dieser Leistungsfortzahlung ruht der Anspruch auf Krankengeld nach § 49 Abs. 1 Nr. 3 a (vgl Rn 21 zu § 49). Ein Anspruch auf Zahlung von Krankengeld besteht somit erst nach Ablauf der 6 Wochen, in denen Arbeitslosengeld weitergezahlt wurde. Das dann bis 7. August zu zahlenden Krankengeld bemisst sich nach der Höhe des zuvor geleisteten Arbeitslosengeldes (§ 47 b Abs. 1 Satz 1 SGB V). Für die Dauer des Bezuges von Krankengeld besteht die Pflichtmitgliedschaft gem. § 192 Abs. 1 Nr. 2 SGB V fort. Ab 8. August ist die Versicherte wieder gem. § 5 Abs. 1 Nr. 2 SGB V Pflichtmitglied.

c) Nachgehender Leistungsanspruch (§ 19 Abs. 2)

Endet die Mitgliedschaft Versicherungspflichtiger besteht Anspruch auf Leistungen längstens für einen Monat nach dem Ende der Mitgliedschaft, solange keine Erwerbstätigkeit ausgeübt wird (§ 19 Abs. 2 Satz 1 SGB V). Versicherungspflichtigen stehen somit im gesetzlichen Rahmen nachgehende Leistungsansprüche zu, zu denen auch der Anspruch auf Krankengeld zählt. § 19 Abs. 2 SGB V ist eine Ausnahmevorschrift zur Vermeidung sozialer Härten. Mit ihr soll verhindert werden, dass Betroffene bei kurzzeitigen Beschäftigungslücken keinen Krankenversicherungsschutz haben. Wird unmittelbar im Anschluss an die bis- 18

37 BSG 22.3.2005, B 1 KR 22/04 R, BSGE 94, 247, 255 Rn 24 = SozR 4-2500 § 44 Nr. 6 Rn 24; aA Schmidt in Peters, Handb KV II SGB V § 44 Rn 35 a.

herige Pflichtmitgliedschaft oder zu einem anderen Zeitpunkt innerhalb der Monatsfrist des § 19 Abs. 2 SGB V ein neues Versicherungsverhältnis begründet, entfällt die Schutzbedürftigkeit und somit der gesetzgeberische Grund für einen über das Ende der Mitgliedschaft hinausreichenden Versicherungsschutz.[38] Ein Versicherter hat keinen Leistungsanspruch nach § 19 Abs. 2 SGB V, wenn sich an das Ende des Beschäftigungsverhältnisses ohne Lücke die Arbeitslosmeldung mit dem Bezug von Arbeitslosengeld anschließt und eine neue Pflichtversicherung nach § 5 Abs. 1 Nr. 2 SGB V begründet wird. Ferner besteht ein Vorrang der Familienversicherung gegenüber dem nachgehenden Leistungsanspruch (§ 19 Abs. 2 Satz 2 SGB V).

3. Versicherungsfall der stationären Behandlung

19 Vorausgesetzt wird eine stationäre Behandlung in den in der Vorschrift genannten Einrichtungen. Es wird jede Form der stationären Behandlung erfasst. Eine nur ambulante Behandlung genügt jedoch nicht.[39] Erfasst wird neben der vollstationären auch die teilstationäre sowie die vor- und nachstationäre Behandlung. Dabei muss die stationäre Behandlung auf Kosten der Krankenkasse erfolgen. Ist ein anderer Leistungsträger zur Gewährung der Leistung verpflichtet, wie zB der Rentenversicherungsträger, besteht kein Anspruch auf Krankengeld gegen die Krankenkasse.[40] Da das Gesetz verlangt, dass die Behandlung „auf Kosten der Krankenkasse" erfolgt, muss auch ein tatsächlicher Rechtsanspruch auf die Leistung bestehen.[41]

4. Leistungsanspruch und gerichtliches Verfahren

20 Erteilt die Krankenkasse über den Krankengeldanspruch einen ganz oder teilweise ablehnenden Verwaltungsakt (§ 31 SGB X), der auch im Widerspruchsverfahren bestätigt wird, ist die richtige Klageart zur Durchsetzung des Krankengeldanspruchs die kombinierte Anfechtungs- und Leistungsklage (§ 54 Abs. 4 SGG). Beim Krankengeld als laufender Geldleistung kann gemäß § 130 SGG ein Grundurteil ergehen. Bei einem darauf gerichteten Antrag muss ebenso wie im (stattgebenden) Urteil der Zahlbetrag des Krankengeldes nicht beziffert werden. Allerdings ist Voraussetzung für ein Grundurteil, dass die Anspruchsvoraussetzungen dem Grunde nach sämtlich geprüft und festgestellt wurden.[42] Liegt einer kombinierten Anfechtungs- und Leistungsklage die Einstellung der Zahlung von bis dahin geleisteten Krankengeld zugrunde, ist Streitgegenstand im gerichtlichen Verfahren (§ 123 SGG), ob der Versicherte über diesen Stichtag hinaus Anspruch auf Krankengeld hat. Diese Klagen werden regelmäßig durch Grundurteile entschieden.

Ein darauf gerichteter **Antrag** lautet etwa:

▶ die Beklagte unter Aufhebung des Bescheides vom ... in der Gestalt des Widerspruchsbescheides vom ... zu verurteilen, dem Kläger über den ... hinaus Krankengeld zu gewähren. ◀

38 BSG 4.4.2006, B 1 KR 21/05 R, BSGE 96, 182 ff = BSG SozR 4-2500 § 44 Nr. 9 Rn 15 NZS 2007, 150, 151.
39 KassKomm-Höfler, § 44 SGB V Rn 23, 23 a.
40 Kruse in LPK-SGB V § 44 Rn 20.
41 KassKomm-Höfler, § 44 Rn 23 a.
42 BSG 29.9.1998, B 1 KR 5/97 R = BSGE 83, 13, 18 = SozR 3-2500 § 50 Nr. 5, S. 24.

Im Grundurteil wird auch über die Anspruchsdauer zu entscheiden sein, wenn zum Zeitpunkt der mündlichen Verhandlung bereits die Höchstbezugsdauer von Krankengeld überschritten ist. Die Festlegung der Anspruchsdauer ist auch dann angezeigt, wenn der Anspruch auf Krankengeld zu einem bestimmten Zeitpunkt nach der Einstellung der Zahlung ohnehin endet.

In einem solchen Fall sollte der **Leistungsantrag** darauf gerichtet sein „die Beklagte zu verurteilen, dem Kläger für die Zeit vom ... bis ... Krankengeld zu gewähren".

So ist es bspw denkbar, dass zum 31.3. eines Jahres das Krankengeld eingestellt wurde und der Kläger nach weiteren zwei Monaten ab 1.6. volle Erwerbsminderungsrente erhält (Ausschlusstatbestand zum Krankengeld, vgl Rn 6 zu Vorbemerkungen §§ 44 bis 51) und daher der Antrag nur auf die Krankengeldzahlung bis 31.5. gerichtet sein kann. Die Benennung von Beginn und Ende des Anspruches auf Krankengeld ist auch bei Streitigkeiten um die Höchstbezugsdauer des Krankengeldes erforderlich (vgl zur Höchstbezugsdauer Rn 1 zu § 48). Bei Streitigkeiten über die Höhe des Krankengeldes dürfte das Grundurteil eher die Ausnahme sein und den Fällen vorbehalten bleiben, in denen um eine bestimmte Berechnungsgrundlage gestritten wird. Dann ist über die zwischen den Beteiligten umstrittenen Fragen zur Höhe des Anspruchs zu entscheiden.[43] Nach der Verurteilung zur Leistung von Krankengeld dem Grunde nach ist die Krankenkasse verpflichtet, einen Ausführungsbescheid zu erteilen. Ein rechtskräftig gewordenes Grundurteil über die Gewährung von Krankengeld schließt den Einwand der fehlenden Arbeitsunfähigkeitsmeldung im nachfolgenden Verwaltungsverfahren aus[44] (vgl zu diesem Einwand Rn 27 zu § 49). Mit dem Grundurteil wird nämlich über den erhobenen Anspruch mit Ausnahme von Leistungshöhe und ggf Leistungsdauer abschließend entschieden. Deshalb ist im Regelfall davon auszugehen, dass die Arbeitsunfähigkeit und deren Meldung geprüft wurden.

III. Ausschlusstatbestände (Abs. 2)

1. Bezieher bestimmter Sozialleistungen und andere Pflichtversicherte ohne Krankengeldanspruch sowie Familienversicherte (Abs. 2 Satz 1 Nr. 1)

Mit Wirkung vom 1.1.2009 wurde § 44 Abs. 2 neu gefasst. Darin sind nunmehr 21
die Versicherten aufgeführt, die keinen Anspruch auf Krankengeld haben. Die Regelung in § 44 Abs. 2 Satz 1 Nr. 1 entspricht der bisherigen Regelung in § 44 Abs. 1 Satz 2. In der Nr. 1 sind daher als nicht anspruchsberechtigt die Bezieher von Arbeitslosengeld II (§ 5 Abs. 1 Nr. 2 a SGB V), Personen in Einrichtungen der Jugendhilfe, die zur Erwerbstätigkeit befähigt werden sollen (§ 5 Abs. 1 Nr. 5 SGB V), Studenten und Praktikanten (§ 5 Abs. 1 Nr. 9 SGB V) und Familienversicherte (§ 10 SGB V) aufgeführt. Vom Kreis der Anspruchsberechtigten ausgeschlossen sind grundsätzlich auch die Teilnehmer an berufsfördernden Maßnahmen, wobei der Gesetzgeber für den Fall eine Ausnahme macht, dass sie Anspruch auf Übergangsgeld haben.

Seit 1.4.2007 sind als nicht anspruchsberechtigt die nach § 5 Abs. 1 Nr. 13 22
SGB V Versicherten aufgenommen worden, also jener Personenkreis ohne Ab-

43 Meyer-Ladewig/Keller/Leitherer, SGG, § 130 Rn 2 d.
44 BSG 20.4.1999, B 1 KR 15/98 R = SozR 3-1500 § 141 Nr. 8.

sicherung im Krankheitsfall, für den dieser Versicherungspflichttatbestand durch das Gesetz zur Stärkung des Wettbewerbs in der Gesetzlichen Krankenversicherung vom 26.3.2007 (GKV-WSG; BGBl. I S. 378) geschaffen wurde. Ausnahmsweise sind diese Versicherten zum anspruchsberechtigten Personenkreis zu rechnen, wenn sie abhängig beschäftigt sind und nicht nach den §§ 8, 8 a SGB IV geringfügig beschäftigt sind. Für diesen Fall dürfte jedoch regelmäßig der Versicherungspflichttatbestand des § 5 Abs. 1 Nr. 1 SGB V begründet sein.[45]

2. Hauptberuflich selbständig Erwerbstätige (Abs. 2 Satz 1 Nr. 2)

23 Der mit Wirkung vom 1.1.2009 neu gefasste § 44 Abs. 2 enthielt in der Nr. 2 bis zum 31.7.2009 ausschließlich die Regelung, dass hauptberuflich selbständig Erwerbstätige keinen Anspruch auf Krankengeld haben. Nach dem bis 31.12.2008 geltenden Recht konnte die Krankenkasse in ihrer Satzung den Anspruch auf Krankengeld für freiwillig Versicherte ausschließen oder zu einem späteren Zeitpunkt entstehen lassen (§ 44 Abs. 2 aF). Das Krankengeld stellte somit für die freiwillig versicherten hauptberuflich selbständig Erwerbstätigen keine Pflichtleistung der Gesetzlichen Krankenversicherung dar.[46] Durch den Wegfall der Satzungsregelungen besteht für die freiwillig versicherten hauptberuflich Selbständigen ab 1.1.2009 die Möglichkeit, über besondere Wahltarife einen individuellen Krankengeldanspruch zu erlangen. In § 53 Abs. 6 SGB V ist bestimmt, dass die Krankenkasse in ihrer Satzung für die in § 44 Abs. 2 Satz 1 Nr. 2 genannten Mitglieder Tarife anzubieten hat, die einen Anspruch auf Krankengeld entstehen lassen. Mit dieser Leistungserweiterung sind bei Inanspruchnahme durch das Mitglied Prämienzahlungen an die Krankenkassen verbunden. Das Wahltarif-Krankengeld wird vom Bundesversicherungsamt (BVA) als Leistung eigener Art gewertet. Daher geht das BVA davon aus, dass das Leistungsprofil des Wahltarif-Krankengeldes nicht zwingend den Regelungen über das gesetzliche Krankengeld in den §§ 44 ff entsprechen muss.[47] Neben dem Wahltarif besteht für versicherte hauptberuflich selbständig Erwerbstätige ab 1.8.2009 auch die Option, eine Erklärung gegenüber der Krankenkasse abzugeben, dass die Mitgliedschaft auch den Anspruch auf Krankengeld umfassen soll (vgl. Vorbemerkung Rn 2). Dies wurde seitens des Gesetzgebers damit begründet, dass mit dieser Möglichkeit ungerechtfertigte Belastungen durch die Einführung von Krankengeldwahltarifen vermieden werden sollen.[48] Damit wird diesem Personenkreis nunmehr durch Abgabe der Wahlerklärung die Möglichkeit eröffnet, den „gesetzlichen" Krankengeldanspruch ab der siebten Woche der Arbeitsunfähigkeit gegen Zahlung des allgemeinen Beitragssatzes (§ 241 SGB V) zu erlangen (vgl auch § 46 S. 2 nF).

3. Personen, die von vorneherein keinen Anspruch auf Entgeltfortzahlung für längstens 6 Wochen haben (Abs. 2 Satz 1 Nr. 3)

24 Von dieser Regelung sind pflichtversicherte Arbeitnehmer erfasst, die bei Arbeitsunfähigkeit noch keinen Anspruch auf Entgeltfortzahlung oder die Zahlung einer die Versicherungspflicht begründenden Sozialleistung für mindestens 6

45 Wille/Koch, Die Gesundheitsreform 2007, S. 161 Rn 357.
46 BT-Drucks. 16/3100, S. 107.
47 Beckschäfer, Die Ersatzkasse 2008, S. 438 ff, 440.
48 BT-Drucks. 16/13428 S. 3.

Wochen haben. Dies ist bei unständig und kurzfristig Beschäftigten nach § 27 Abs. 3 Nr. 1 SGB III der Fall und auch bei Personen, deren Beschäftigungsverhältnis von vorneherein auf weniger als 10 Wochen befristet ist. Die letztgenannte Fallgruppe erklärt sich daraus, dass der Anspruch auf Entgeltfortzahlung erst nach einer vierwöchigen Wartezeit (§ 3 Abs. 3 EFZG) entsteht, so dass der sechswöchige Entgeltfortzahlungsanspruch erst dann voll ausgeschöpft werden kann, wenn das Arbeitsverhältnis für insgesamt 10 Wochen besteht. Dieser Personenkreis kann sich ebenso wie der nach Abs. 2 Nr. 2 für einen Wahltarif entscheiden, der den Anspruch auf Krankengeld umfasst (§ 53 Abs. 6 SGB V). Seit 1.8.2009 ist ferner die Option eingeräumt, gegenüber der Krankenkasse die Wahlerklärung abgeben, dass die Mitgliedschaft den Anspruch auf Krankengeld umfassen soll (§ 44 Abs. 2 Nr. 3 idF des Gesetzes zur Änderung arzneimittelrechtlicher und anderer Vorschriften vom 17.7.2009, BGBl. I 1990). Infolge der Abgabe einer solchen Wahlerklärung gilt der allgemeine Beitragssatz (§ 241 SGB V). Verbleibt es beim Ausschluss des Anspruchs auf Krankengeld, gilt für diese Beschäftigten der ermäßigte Beitragssatz nach § 243 SGB V.[49]

4. Besondere Fälle des Rentenbezugs (Abs. 2 Satz 1 Nr. 4)

Mit der Regelung in § 44 Abs. 2 Satz 1 Nr. 4 will der Gesetzgeber eine Ungleich- 25
behandlung beseitigen.[50] In den Fällen des Bezugs einer Rente aus einer öffentlich-rechtlichen Versicherungs- oder Versorgungseinrichtung einer Berufsgruppe oder einer vergleichbaren Stelle, die ihrer Art nach den in § 50 Abs. 1 bezogenen Leistungen entspricht und die keinen Leistungsausschluss nach § 50 Abs. 1 nach sich zieht, werden die Leistungsbezieher nunmehr mit der Neuregelung durch das GKV-WSG ab 1.1.2009 vom Kreis der Anspruchsberechtigten ausgenommen. Unter systematischen Gesichtspunkten wäre eine Einordnung der Ausschlussregelung in § 50 SGB V allerdings sachlogischer gewesen.[51] In § 44 Abs. 2 Satz 1 Nr. 4 Satz 2 wird schließlich die Geltung des § 50 Abs. 2 in entsprechender Anwendung angeordnet.

IV. Hinweis auf den Anspruch auf Entgeltfortzahlung (Abs. 3)

Mit dieser Vorschrift wird nur informatorisch auf arbeitsrechtliche Regelungen 26
hingewiesen.

§ 46 Entstehen des Anspruchs auf Krankengeld

Der Anspruch auf Krankengeld entsteht

1. **bei Krankenhausbehandlung oder Behandlung in einer Vorsorge- oder Rehabilitationseinrichtung (§ 23 Abs. 4, §§ 24, 40 Abs. 2 und § 41) von ihrem Beginn an,**
2. **im übrigen von dem Tag an, der auf den Tag der ärztlichen Feststellung der Arbeitsunfähigkeit folgt.**

Für die nach dem Künstlersozialversicherungsgesetz Versicherten sowie für Versicherte, die eine Wahlerklärung nach § 44 Absatz 2 Satz 1 Nummer 2 abgege-

49 BT-Drucks. 16/3100, S. 108.
50 BT-Drucks. 16/3100, S. 108.
51 Wille/Koch, Die Gesundheitsreform 2007, S. 162, Anm. 248 zu Rn 362.

ben haben, entsteht der Anspruch auf Krankengeld von der siebten Woche der Arbeitsunfähigkeit an. Der Anspruch auf Krankengeld für die in Satz 2 genannten Versicherten nach dem Künstlersozialversicherungsgesetz entsteht bereits vor der siebten Woche der Arbeitsunfähigkeit zu dem von der Satzung bestimmten Zeitpunkt, spätestens jedoch mit Beginn der dritten Woche der Arbeitsunfähigkeit, wenn der Versicherte bei einer Krankenkasse einen Tarif nach § 53 Abs. 6 gewählt hat.

I. Vorbemerkung

1 Die Vorschrift des § 46 SGB V wurde mit Wirkung vom 1.1.2009 durch das Gesetz zur Stärkung des Wettbewerbs in der Gesetzlichen Krankenversicherung vom 26.3.2007 (GKV-WSG; BGBl. I S. 378) neu gefasst und hat durch das Gesetz zur Änderung arzneimittelrechtlicher und anderer Vorschriften vom 17.07.2009 (BGBl I S. 1990) ab 01.08.2009 eine Änderung erfahren. Mit den Änderungen wird dem Umstand Rechnung getragen, dass den Versicherten in der Künstlersozialkasse nach dem ab 1.1.2009 in Kraft getretenen § 53 Abs. 6 SGB V Wahltarife anzubieten sind und für die Versicherten nach § 44 Abs. 2 Nr. 2, die ab 01.08.2009 eine Wahlerklärung abgeben, der Leistungszeitpunkt festzulegen ist. Die bisherigen Regelungen in § 46 Sätze 1 und 2 gelten unverändert fort.

II. Entstehungstatbestände des § 46 Satz 1

1. Entstehen des Anspruchs bei stationärer Behandlung (Satz 1 Nr. 1)

2 Bei einer stationären Behandlung in einem Krankenhaus oder einer Vorsorge- oder Rehabilitationseinrichtung (§ 23 Abs. 4, §§ 24, 40 Abs. 2 und § 41) zu Lasten der Krankenkasse entsteht der Anspruch mit Behandlungsbeginn. Dabei kommt es auf eine ärztliche Bescheinigung oder die Feststellung der Behandlungsbedürftigkeit nicht an.[1] Mit der Aufnahme des Versicherten in die Einrichtung entsteht der Anspruch. Ausnahmsweise kann auch der Antritt der Reise zu einer Vorsorge- und Rehabilitationseinrichtung in Betracht kommen, wenn die Versicherten nicht innerhalb eines Tages dorthin anreisen können.[2]

1 Knorr/Krasney § 46 SGB V Rn 6.
2 KassKomm-Höfler, § 46 Rn 3.

2. Entstehen des Anspruchs bei Arbeitsunfähigkeit (Satz 1 Nr. 2)

a) Allgemeines

Im Gegensatz zu den in § 46 Satz 1 Nr. 1 geregelten Fällen der stationären Behandlung ist in § 46 Satz 1 Nr. 2 ein späterer Beginn des Anspruchs auf Krankengeld vorgesehen. § 46 Satz 1 Nr. 2 regelt einen **Entstehungstatbestand** und ist keine bloße Zahlungsvorschrift.[3] Danach entsteht der Anspruch mit dem Tag, der dem Tag der ärztlichen Feststellung der Arbeitsunfähigkeit folgt. Die gesetzliche Regelung des § 46 Satz 1 Nr. 2 sieht somit einen Karenztag vor. Die praktische Bedeutung der Vorschrift ist durch die Entwicklung der Entgeltfortzahlung erheblich eingeschränkt worden.[4] Läuft die Entgeltfortzahlung aus und ist die ärztliche Feststellung der Arbeitsunfähigkeit auch für die Zeit danach bereits getroffen, setzt die Krankengeldzahlung ohne Karenztag am Tag nach dem Auslaufen der Entgeltfortzahlung ein. 3

Eine Besonderheit besteht für die Bezieher von Leistungen nach dem SGB III. § 47 b Abs. 1 SGB V bestimmt für die **Bezieher von Arbeitslosengeld und Unterhaltsgeld**, dass das Krankengeld vom ersten Tag der festgestellten Arbeitsunfähigkeit an gewährt wird. Sonderregelungen sind in § 46 Sätze 2 und 3 für Versicherte nach dem Künstlersozialversicherungsgesetz getroffen. Seit 01.08.2009 ist auch eine Sonderrreglung in § 46 Satz 2 für die Versicherten getroffen, die eine Wahlerklärung nach § 44 Abs. 2 Satz 1 Nr. 2 abgegeben haben (vgl. zur Wahlerklärung Rn 23 zu § 44). 4

b) Ärztliche Feststellung

aa) Feststellende Person

Die Feststellung der Arbeitsunfähigkeit ist durch **alle Ärzte** möglich. Es muss sich dabei insbesondere nicht um einen Vertragsarzt handeln.[5] Es genügt die von jedem approbierten bzw vergleichbaren Arzt getroffene Feststellung, dass die bescheinigte maßgebliche Erwerbstätigkeit nicht mehr verrichtet werden kann.[6] Die ärztliche Feststellung der Arbeitsunfähigkeit muss das Ergebnis einer Untersuchung des Versicherten durch den bescheinigenden Arzt sein (vgl auch § 31 Bundesmantelvertrag-Ärzte). Die Feststellung kann aber auch ausnahmsweise aufgrund von ärztlichen Diagnosen erfolgen, die ihrerseits auf einer ärztlichen Untersuchung beruhen.[7] 5

bb) Inhalt der Feststellung

Nicht erforderlich ist, dass der Arzt den Ausdruck „Arbeitsunfähigkeit“ verwendet.[8] Es reicht die Feststellung aus, dass der Versicherte krank ist und deshalb weder seine letzte noch eine ähnliche Tätigkeit verrichten kann. Anlass und Zweck der ärztlichen Äußerung sind unerheblich. Im Regelfall bescheinigen **Vertragsärzte** die Arbeitsunfähigkeit. Diese sind wiederum verpflichtet, die Mus- 6

---

3 BSG 26.6.2007, B 1 KR 37/06 R, SozR 4-2500 § 46 Nr. 2 Rn 12 = NZS 2008, 315 ff, Rn 2.
4 KassKomm-Höfler § 46 Rn 5.
5 Knorr/Krasney § 46 SGB V Rn 12; dabei ist unter Vertragsarzt der zur ambulanten vertragsärztlichen Versorgung von Anspruchsberechtigten der gesetzlichen Krankenkassen berechtigte Arzt zu verstehen.
6 Berchtold, Krankengeld, Rn 481; Schmidt in Peters, Handb KV II SGB V § 46 Rn 24.
7 KassKomm-Höfler § 46 SGB V Rn 6.
8 BSG 24.2.1976, 5 RKn 26/75, BSGE 41, 201, 203 = SozR 2200 § 182 Nr. 12 S. 25.

ter der **Arbeitsunfähigkeits-Richtlinien** des Gemeinsamen Bundesausschusses zu verwenden. Gem. § 6 Abs. 1 Satz 1 dieser Richtlinien ist nach Ablauf der Entgeltfortzahlung während der Zeit des Krankengeldbezuges ein Fortbestehen der Arbeitsunfähigkeit vom Arzt auf der „Bescheinigung für die Krankengeldzahlung" zu attestieren. Hierfür ist das Muster Nr. 17 vorgesehen. In der Regel soll diese Bescheinigung nicht für einen mehr als sieben Tage zurückliegenden und nicht mehr als zwei Tage vorausliegenden Zeitraum erfolgen (§ 6 Abs. 2 Satz 1 der Arbeitsunfähigkeits-Richtlinien). Ist es aufgrund der Erkrankung oder eines besonderen Krankheitsverlaufs sachgerecht, können längere Zeiträume der Arbeitsunfähigkeit bescheinigt werden (§ 6 Abs. 2 Satz 2 der Arbeitsunfähigkeits-Richtlinien). Dabei ist zu beachten, dass die **Arbeitsunfähigkeits-Richtlinien nur Vertragsärzte binden**. Die Befugnis der Vertragsärzte, im Ausnahmefall auch rückwirkend Arbeitsunfähigkeit attestieren zu können, ist für den Entstehungstatbestand des § 46 Satz 1 Nr. 2 ohne Belang.[9] Werden vertragsärztlich Arbeitsunfähigkeitsbescheinigungen nach § 31 Bundesmantelvertrag-Ärzte ausgestellt, beinhaltet die für die Krankenkasse vorgesehene Ausfertigung die Angabe der Diagnose(n) (vgl § 295 Abs. 1 Satz 1 Nr. 1 SGB V). Die Diagnose ist Bestandteil der ordnungsgemäßen Leistungsbeschreibung des Arztes. Sie ist verschlüsselt anzugeben nach der Internationalen statistischen Klassifikation der Krankheiten und verwandter Gesundheitsprobleme, die derzeit in der 10. Revision vorliegt.[10] Die Angabe der Diagnosen dient, wie auch die anderen Aufzeichnungs- und Übermittlungspflichten des Vertragsarztes, hauptsächlich der Abrechnung der Leistungen. Zugleich dient sie aber auch der Information der Krankenkassen, damit diese ihre Leistungsverpflichtungen (zB Krankengeldansprüche) gegenüber den Versicherten überprüfen können.[11]

cc) Arbeitsunfähigkeitsbescheinigung als Beweismittel

7 Die Arbeitsunfähigkeitsbescheinigung als Beweismittel im Verwaltungsverfahren (§ 21 SGB X) und im gerichtlichen Verfahren (§ 118 SGG) ist vor dem Hintergrund des im Verwaltungsverfahren geltenden Untersuchungsgrundsatzes (§ 20 SGB X) und der im sozialgerichtlichen Verfahren bestehenden Amtsermittlungspflicht (§ 103 SGG) zu sehen. Nach ständiger Rechtsprechung des BSG sind die Krankenkassen und die Gerichte nicht an den Inhalt einer ärztlichen Bescheinigung über die Arbeitsunfähigkeit gebunden. Die Krankenkassen können den MDK einschalten (vgl Rn 4 zu § 275). Das Ausmaß der Sachaufklärung und die Auswahl der Beweismittel beurteilen sich im sozialgerichtlichen Verfahren nach pflichtgemäßem richterlichen Ermessen. Einer Arbeitsunfähigkeitsbescheinigung kommt lediglich die **Bedeutung einer ärztlich-gutachtlichen Stellungnahme** zu. Im sozialgerichtlichen Verfahren ist eine ärztliche Bescheinigung ein Beweismittel wie jedes andere. Der durch sie bescheinigte Inhalt kann daher durch andere Beweismittel widerlegt werden.[12] Den Arbeitsunfähigkeitsbescheinigungen ausländischer Ärzte kommt nicht von vorneherein ein geringerer Beweiswert zu.[13] Der Aufklärung des Sachverhaltes dienen im gerichtlichen Ver-

9 BSG 26.6.2007, B 1 KR 37/06 R, SozR 4-2500 § 46 Nr. 2 Rn 15 = NZS 2008, 315 ff Rn 5.
10 ICD-10 Verzeichnis, herausgegeben vom Deutschen Institut für medizinische Dokumentation und Information (DIMDI) im Auftrag des Bundesministeriums für Gesundheit.
11 Kranig in Hauck/Noftz, SGB V K § 295 Rn 1.
12 BSG 8.11.2005, B 1 KR 18/04 R, SozR 4-2500 § 44 Nr. 7 Rn 20.
13 BSG 26.2.1992, 1/3 RK 13/90, SozR 3-2200 § 182 Nr. 12, S. 54.

fahren etwa die medizinischen Sachverständigengutachten (§ 106 Abs. 3 Nr. 5 SGG). Werden alle Beweismittel ausgeschöpft und lässt sich nicht nachweisen, dass der Versicherte aus Krankheitsgründen nicht in der Lage gewesen ist, seine Arbeit zu verrichten, wird die Klage auf Zahlung von Krankengeld ohne Erfolg bleiben. Dies ergibt sich aus den Grundsätzen der objektiven Beweislast (Feststellungslast), wonach der Versicherte (Kläger) die nachteiligen Folgen der Nichterweislichkeit der anspruchsbegründenden Tatsachen zu tragen hat. Anders kann es sich verhalten, wenn dem Versicherten analog § 444 ZPO Beweiserleichterungen bis hin zur Beweislastumkehr einzuräumen sind.[14] Dies wurde etwa für den Fall erörtert, dass eine Krankenkasse die zeitnahe Aufklärung des medizinischen Sachverhaltes unterlassen hat.[15]

c) Obliegenheit des Versicherten hinsichtlich der ärztlichen Feststellung

Mit dem Erfordernis der ärztlichen Feststellung der Arbeitsunfähigkeit für den Leistungsbeginn in § 46 Satz 1 Nr. 2 sollen Missbrauch und praktische Schwierigkeiten vermieden werden, zu denen nachträgliche Behauptungen und rückwirkende Bescheinigungen führen könnten.[16] Als Regelfall geht das Gesetz davon aus, dass der in seiner Arbeitsfähigkeit beeinträchtigte Versicherte selbst die notwendigen Schritte unternimmt, damit die mögliche Arbeitsunfähigkeit festgestellt wird und er seinen Anspruch wahren kann. Hat ein Versicherter das Ende der bescheinigten Arbeitsunfähigkeit hingenommen und währenddessen Leistungen von der Bundesagentur für Arbeit bezogen, die er bei Arbeitsunfähigkeit nicht erhalten hätte, muss er sich daran festhalten lassen. Er kann dann nachträglich nicht mehr mit der Behauptung gehört werden, er sei in der gesamten Zeit zu Unrecht als arbeitslos statt – richtigerweise – als arbeitsunfähig behandelt worden.[17] **Es handelt sich bei der ärztlichen Feststellung ebenso um eine Obliegenheit des Versicherten, wie bei der Meldung der Arbeitsunfähigkeit.** Die Folgen der nicht rechtzeitigen Feststellung oder Meldung sind regelmäßig vom Versicherten zu tragen.[18] Es entspricht der gesetzlichen Wertung, dass damit eine faktische Benachteiligung der Versicherten einhergeht, welche ihre Krankheit zunächst ohne Feststellung der Arbeitsunfähigkeit zu überwinden suchen.[19] 8

d) Ausnahme: Rückwirkender Anspruch auf Krankengeld

Von der strikten Anwendung der Regelung in § 46 Satz 1 Nr. 2 über die Entstehung des Krankengeld-Anspruches von dem Tag an, welcher der ärztlichen Feststellung folgt, erkennt die Rechtsprechung Ausnahmen an. In diesen **Ausnahmefällen** hat der Versicherte auch **rückwirkend Anspruch auf Krankengeld,** wenn die ärztliche Feststellung oder die Meldung der Arbeitsunfähigkeit durch Umstände verhindert oder verzögert worden ist, die dem **Verantwortungsbereich der Krankenkassen** und nicht dem Versicherten zuzurechnen sind. Führen ärztliche Fehldiagnosen zur Annahme von Arbeitsfähigkeit, ist zu beachten, dass die 9

14 BSG 8.11.2005, B 1 KR 18/04 R, SozR 4-2500 § 44 Nr. 7 Rn 24.
15 LSG Hessen 18.10.2007, L 8 KR 228/06.
16 BSG 8.11.2005, B 1 KR 30/04 R, BSGE 95, 219, 222 = BSG SozR 4-2500 § 46 Nr. 1 Rn 16.
17 BSG 19.9.2002, B 1 KR 11/02 R, BSGE 90, 72, 83 = BSG SozR 3-2500 § 44 Nr. 10 S. 41.
18 BSG 8.11.2005, B 1 KR 30/04 R, BSGE 95, 219, 223 = BSG SozR 4-2500 § 46 Nr. 1 Rn 17.
19 BSG 19.9.2002, B 1 KR 11/02 R, BSGE 90, 72, 82 = BSG SozR 3-2500 § 44 Nr. 10 S. 40.

Mitwirkungsobliegenheit des Versicherten auf das ihm Zumutbare beschränkt ist. Dem Versicherten kann nicht abverlangt werden, sich so lange um eine (vertrags-)ärztliche Diagnostik zu bemühen, bis ihm ein Arzt bescheinigt, er sei arbeitsunfähig. Eine solche Obliegenheit lässt sich auch nicht aus dem Grundsatz der freien Arztwahl (§ 76 Abs. 1 SGB V) und den Besitz der Krankenversichertenkarte (§ 15 Abs. 2 SGB V) ableiten. Vielmehr darf der Versicherte sich regelmäßig auf die institutionell abgesicherte Qualität der vertragsärztlichen Diagnostik verlassen.[20] Der Versicherte kommt seiner Mitwirkungsobliegenheit nach, wenn er die Untersuchung und Beurteilung der Arbeitsunfähigkeit ermöglicht. Die objektive Fehlbeurteilung eines an der vertragsärztlichen Versorgung teilnehmenden Arztes und des MDK fallen in den Verantwortungsbereich der Krankenkasse. Das Recht der Leistungserbringer geht davon aus, dass der MDK und der Vertragsarzt in dem dafür vorgesehen Verfahren (vgl auch § 62 Bundesmantelvertrag-Ärzte) die erforderlichen Beurteilungen für die Krankenkasse erstellen, um über das Bestehen und die Fortdauer der Arbeitsunfähigkeit zu entscheiden. Entsprechend sind sie in den Verantwortungsbereich der Krankenkassen einbezogen.[21]

10 Unter den folgenden **Voraussetzungen** kann die Unrichtigkeit der ärztlichen Beurteilung ggf auch durch die nachträgliche Einschätzung eines anderen ärztlichen Gutachters nachgewiesen werden und der Versicherte ausnahmsweise rückwirkend Krankengeld beanspruchen:[22] Hat der Versicherte (1.) alles in seiner Macht Stehende und ihm Zumutbare getan, um seine Ansprüche zu wahren, wurde er (2.) daran aber durch eine von der Krankenkasse zu vertretende Fehlentscheidung gehindert (zB durch die Fehlbeurteilung der Arbeitsunfähigkeit des Vertragsarztes und des MDK), und macht er (3.) – zusätzlich – seine Rechte bei der Kasse unverzüglich nach Erlangung der Kenntnis vom Fehler geltend (spätestens innerhalb der zeitlichen Grenzen des § 49 Abs. 1 Nr. 5), kann er sich auf den Mangel auch zu einem späteren Zeitpunkt berufen. Liegt hingegen der Fall vor, dass die Arbeitsfähigkeit vom behandelnden und bescheinigenden Arzt und dem MDK unterschiedlich beurteilt wird, kann eine Verantwortlichkeit der Krankenkasse für Versäumnisse des Arztes nicht entstehen.[23] Aus den divergierenden Beurteilungen von Vertragsarzt und MDK kann kein schützenswertes Vertrauen des Versicherten erwachsen. Anders verhält es sich bei einer zwar falschen, aber übereinstimmenden Beurteilung von Vertragsarzt und MDK.[24]

III. Versicherte in der Künstlersozialkasse und Versicherte nach § 44 Abs. 2 Nr. 2 mit Wahlerklärung

11 Für den Personenkreis der nach dem Künstlersozialversicherungsgesetz (KSVG) Versicherten sieht § 46 Satz 2 eine Karenzzeit von 6 Wochen vor. Eine solche Karenzzeit ist nunmehr seit 1.8.2009 auch für die freiwillig versicherten haupt-

20 BSG 8.11.2005, B 1 KR 30/04 R, BSGE 95, 219, 225 = BSG SozR 4-2500 § 46 Nr. 1 Rn 24.
21 BSG 8.11.2005, B 1 KR 30/04 R, BSGE 95, 219, 227 = BSG SozR 4-2500 § 46 Nr. 1 Rn 26.
22 BSG 8.11.2005, B 1 KR 30/04 R, BSGE 95, 219, 225 = BSG SozR 4-2500 § 46 Nr. 1 Rn 22.
23 BSG 8.11.2005, B 1 KR 18/04 R, SozR 4-2500 § 44 Nr. 7 Rn 28.
24 BSG 8.11.2005, B 1 KR 30/04 R, BSGE 95, 219, 229 = BSG SozR 4-2500 § 46 Nr. 1 Rn 30.

beruflich selbständig Erwerbstätigen festgelegt, wenn diese eine Wahlerklärung abgegeben und dadurch Anspruch auf Krankengeld haben (§ 44 Abs. 2 Nr. 2; vgl. Rn 23 zu § 44). Nach der vom 1.1.2009 an geltenden Regelung des § 46 Satz 3 entsteht für Versicherte nach dem Künstlersozialversicherungsgesetz der Anspruch schon vor Ablauf dieser Karenzzeit, wenn der Versicherte nach Maßgabe des § 53 Abs. 6 SGB V mit der Krankenkasse einen Wahltarif abgeschlossen hat. Der Begriff der Arbeitsunfähigkeit im Sinne des § 46 Satz 2 und 3 für Versicherte nach dem Künstlersozialversicherungsgesetz umfasst nicht nur die Unfähigkeit, die zuletzt ausgeübte oder eine gleichartige Tätigkeit zu verrichten, sondern auch die Fälle stationärer Behandlung, die der Ausübung der Tätigkeit entgegenstehen.[25]

§ 48 Dauer des Krankengeldes

(1) Versicherte erhalten Krankengeld ohne zeitliche Begrenzung, für den Fall der Arbeitsunfähigkeit wegen derselben Krankheit jedoch für längstens achtundsiebzig Wochen innerhalb von je drei Jahren, gerechnet vom Tage des Beginns der Arbeitsunfähigkeit an. Tritt während der Arbeitsunfähigkeit eine weitere Krankheit hinzu, wird die Leistungsdauer nicht verlängert.

(2) Für Versicherte, die im letzten Dreijahreszeitraum wegen derselben Krankheit für achtundsiebzig Wochen Krankengeld bezogen haben, besteht nach Beginn eines neuen Dreijahreszeitraumes ein neuer Anspruch auf Krankengeld wegen derselben Krankheit, wenn sie bei Eintritt der erneuten Arbeitsunfähigkeit mit Anspruch auf Krankengeld versichert sind und in der Zwischenzeit mindestens sechs Monate

1. nicht wegen dieser Krankheit arbeitsunfähig waren und
2. erwerbstätig waren oder der Arbeitsvermittlung zur Verfügung standen.

(3) Bei der Feststellung der Leistungsdauer des Krankengeldes werden Zeiten, in denen der Anspruch auf Krankengeld ruht oder für die das Krankengeld versagt wird, wie Zeiten des Bezugs von Krankengeld berücksichtigt. Zeiten, für die kein Anspruch auf Krankengeld besteht, bleiben unberücksichtigt.

25 KassKomm-Höfler § 46 SGB V Rn 16.

I. Vorbemerkung

1 Zwar stellt der Gesetzgeber den Grundsatz der Krankengeldgewährung ohne zeitliche Begrenzung auf (§ 48 Abs. 1 Satz 1 Hs 1), durchbricht diesen Grundsatz aber mehrfach (§ 48 Abs. 1 Satz 1 Hs 2, Abs. 2). Mit dem durch das Gesundheitsreformgesetz vom 20.12.1988 (GRG, BGBl. I S. 2477) eingeführten § 48 Abs. 2 sind die Leistungsvoraussetzungen erheblich verschärft worden. Damit sollte der Anreiz in dem bis 31.12.1988 geltenden Recht, das Krankengeld als eine ununterbrochene Dauerleistung mit Rentenersatzfunktion in Anspruch zu nehmen, beseitigt werden.[1] Insgesamt beruht die Begrenzung der Leistungsdauer des Krankengeldes maßgeblich auf der Erwägung, dass es in erster Linie der gesetzlichen Rentenversicherung obliegt, bei dauerhaft eingetretener Erwerbsminderung des Versicherten Entgeltersatzleistungen zur Verfügung zu stellen, während die Gesetzliche Krankenversicherung typischerweise nur für den Ausgleich bei vorübergehenden Gesundheitsstörungen eintritt.[2]

II. Unbegrenzter und begrenzter Anspruch auf Krankengeld (Abs. 1)

1. Allgemeines

2 § 48 Abs. 1 enthält drei unterschiedliche Regelungen. Er stellt zunächst den Grundsatz der Krankengeldgewährung ohne zeitliche Begrenzung auf. Nach der schon im selben Satz geregelten ersten Ausnahme führt das Vorliegen „derselben Krankheit" zur Begrenzung der Leistungsdauer. Ebenso wie „dieselbe Krankheit" führt auch die während der Arbeitsunfähigkeit hinzutretende weitere Krankheit zu einer Leistungsbegrenzung. Die „hinzutretende Krankheit" steht bezüglich der Rechtsfolge der Leistungsbegrenzung dem Fall „derselben Krankheit" rechtlich gleich.[3]

2. Keine absolute Höchstdauer des Anspruchs (Abs. 1 Satz 1 Hs 1)

3 In § 48 Abs. 1 Satz 1 Hs 1 wird der Grundsatz der unbegrenzten Anspruchsdauer postuliert, der vielfache Durchbrechungen in den nachstehenden Regelungen des § 48 erfährt. Die Ansprüche auf Krankengeld bestehen diesem Grundsatz zufolge solange, wie ihre materiellen Voraussetzungen vorliegen. Fallen die Voraussetzungen des Tatbestandes weg, endet auch der Anspruch auf Krankengeld.[4] Hierbei ist zu beachten, dass die Mitgliedschaft in der Krankenkasse, die Rechtsgrund für die Gewährung des Krankengeldes ist, durch den laufenden Bezug von Krankengeld gemäß § 192 Abs. 1 Nr. 2 SGB V aufrecht erhalten wird.

---

1 BSG 29.9.1998, B 1 KR 2/97 R, BSGE 83, 7, 10 = BSG SozR 3-2500 § 48 Nr. 8 S. 40 = NZS 1999, 294; vgl auch BT-Drucks. 11/2237, S. 181.
2 BSG 8.11.2005, B 1 KR 27/04 R, SozR 4-2500 § 48 Nr. 3 Rn 20.
3 BSG 8.11.2005, B 1 KR 27/04 R, SozR 4-2500 § 48 Nr. 3 Rn 19.
4 Berchtold, Krankengeld, Rn 604, 605.

3. Begrenzung der Bezugsdauer bei derselben Krankheit (Abs. 1 Satz 1 Hs 2)

a) Begriff „dieselbe Krankheit"

Dieselbe Krankheit iSd § 48 ist dann anzunehmen, wenn es sich um ein im **ursächlichen Sinne einheitliches Krankheitsgeschehen** handelt. Das ist der Fall, solange der regelwidrige Körper- und Geisteszustand weiterbesteht und – fortlaufend oder mit Unterbrechungen – zu Arbeitsunfähigkeit bedingenden Krankheitserscheinungen führt. Art und Ausprägungsgrad der Krankheitserscheinungen können unterschiedlich sein. Entscheidend ist, dass sie auf dasselbe **nicht ausgeheilte medizinische Grundleiden** zurückzuführen sind.[5] Es genügt somit, dass das medizinisch nicht ausgeheilte Grundleiden latent weiter bestanden hat und sich nach einem beschwerdefreien bzw beschwerdearmen Intervall erneut durch Krankheitssymptome manifestiert.[6] Ein einheitliches Krankheitsgeschehen liegt daher auch vor, wenn Arbeitsunfähigkeit und Behandlungsbedürftigkeit vorübergehend entfallen waren. Bspw stellen degenerative Veränderungen an der gesamten Wirbelsäule, die sich in gleichartigen Beschwerden in mehreren Wirbelsäulenabschnitten äußern, ein einheitliches Grundleiden dar. Dieselbe Krankheit ist auch dann anzunehmen, wenn die Wirbelsäulenabschnitte von den in kürzeren Zeitabständen auftretenden Beschwerden unterschiedlich stark betroffen sind.[7] 4

Eine stark verfeinerte, eng fachmedizinisch-anatomische Sichtweise ist daher dem Begriff „dieselbe Krankheit" nicht zugrunde zu legen.[8] Erfolgt ein Rückfall bei einer nicht ausgeheilten Lungenentzündung, liegt ein nicht ausgeheiltes Grundleiden vor.[9] Allerdings rechtfertigt alleine die Wiederholung desselben Krankheitsbildes dann nicht die Annahme, dass wieder dieselbe Krankheit iSd § 48 aufgetreten ist, wenn angenommen werden kann, dass zwischenzeitlich ein **Heilungserfolg eingetreten** ist. Dies dürfte bspw bei wiederholten grippalen Infekten innerhalb von Wochen und Monaten regelmäßig der Fall sein.[10] Auf die Krankheitsbezeichnung kommt es nicht an.[11] Es ist auch dann von „derselben Krankheit" auszugehen, wenn die „Ausgangserkrankung" in einem **Bündel nebeneinander vorhanden gewesener Erkrankungen** besteht.[12] Erleidet ein Versicherter etwa bei einem schweren, sich nur in einem Sekundenbruchteil realisierenden Unfallereignis zusammenhangslos Gesundheitsschäden in mehreren Körperregionen, sind die Voraussetzungen für die Leistungsdauer des Krankengeldes nicht gesondert anhand jedes einzelnen gesundheitlichen Defizits zu ermitteln, sondern es kommt auf eine Gesamtwürdigung der Beeinträchtigungen an. Gleiches gilt bei Versicherten, bei denen wegen des Nebeneinanders verschiedener gravierender akuter oder chronischer Leiden von Anfang an eine Multi- oder Polymorbidität besteht.[13] 5

5 BSG 29.9.1998, B 1 KR 2/97 R, BSGE 83, 7, 9 = BSG SozR 3-2500 § 48 Nr. 8, S. 38 = NZS 1999, 294 ff.
6 BSG 11.7.2000, Az: B 1 KR 43/99 B.
7 BSG 12.10.1988, 3/8 RK 28/87, NZA 1989, 287 f.
8 BSG 8.11.2005, B 1 KR 27/04 R, SozR 4-2500 § 48 Nr. 3 Rn 25.
9 KassKomm-Höfler § 48 SGB V Rn 4.
10 Hauck/Noftz, SGB V, K § 48 Rn 4.
11 Krauskopf-Vay, SozKV, § 48 SGB V Rn 8.
12 BSG 8.11.2005, B 1 KR 27/04 R, SozR 4-2500 § 48 Nr. 3 Rn 22.
13 BSG 8.11.2005, B 1 KR 27/04 R, SozR 4-2500 § 48 Nr. 3 Rn 21.

b) Blockfrist(en) und Leistungsbegrenzung auf 78 Wochen

6 Im Hinblick auf „dieselbe Krankheit" ist die Bezugsdauer nach § 48 Abs. 1 Satz 1 Hs 2 begrenzt. Das Gesetz sieht hierfür eine Rahmenfrist von 3 Jahren vor. Diese **Rahmenfrist ist starr (sog. Blockfrist)**. Für dieselbe Krankheit ergibt sich innerhalb der Blockfrist ein Anspruch auf Krankengeld höchstens bis zu **78 Wochen** (546 Kalendertage). Die auf die 78 Wochen anzurechnenden Arbeitsunfähigkeitszeiten müssen nicht zusammenhängend verlaufen. Entscheidend ist, ob die Summe von 78 Wochen im Zeitraum von drei Jahren erreicht ist. Wird diese Summe innerhalb der Blockfrist überschritten, ist mangels weiteren Anspruchs die Krankengeldzahlung durch die Krankenkasse einzustellen (sog. **Aussteuerung**).

7 Hat jemand innerhalb der Rahmenfrist von drei Jahren wegen derselben Krankheit für weniger als 78 Wochen Anspruch auf Krankengeld, hat er die Blockfrist also vor deren Ablauf nicht ausgeschöpft, kann er in der weiteren sich anschließenden Blockfrist wegen derselben Krankheit bei fortbestehenden Leistungsvoraussetzungen wieder für längstens 78 Wochen Krankengeld beanspruchen.[14] Hierbei handelt es sich um Fälle des Fortbestandes des Anspruchs aus § 48 Abs. 1 Satz 1. Mangels Erschöpfung des Anspruchs in einem früheren Dreijahreszeitraum greift die Regelung des § 48 Abs. 2, die das Wiederentstehen des Krankengeldanspruches wegen derselben Krankheit in allen späteren Rahmenfristen an besondere Voraussetzungen knüpft, nicht ein.[15]

8 Für jede Arbeitsunfähigkeit verursachende Krankheit sind eigene Blockfristen zu bilden, wobei für die hinzutretende Krankheit bei Anwendung der Regelung des § 48 Abs. 1 Satz 2 keine eigene Blockfrist zu bilden ist. Somit setzt der erstmalige Eintritt der Arbeitsunfähigkeit wegen derselben Krankheit eine **Kette aufeinander folgender Dreijahreszeiträume** in Gang.[16] Dies ist letztlich die Konsequenz der Methode der starren Rahmenfrist (Blockfrist). Die **Blockfrist** rechnet vom ersten Tag der Arbeitsunfähigkeit an. Entscheidend ist der tatsächliche Beginn der Arbeitsunfähigkeit. Auf den Tag der ärztlichen Feststellung der Arbeitsunfähigkeit kommt es nicht an. Dabei ist der Tag der Arbeitsunfähigkeit in die Berechnung der Rahmenfrist mit einzubeziehen.[17] Dies ergibt sich bereits aus dem Wortlaut des § 48 Abs. 1 Satz 1.

4. Hinzutretende weitere Krankheit (Abs. 1 Satz 2)

9 Die Anspruchsdauer bleibt auch dann auf 78 Wochen beschränkt, wenn eine neue Krankheit zu der bereits Arbeitsunfähigkeit begründenden Krankheit hinzutritt. Dabei handelt es sich um eine **Fiktion**, da die zusätzliche Krankheit für die Begrenzung des Anspruchs nach § 48 Abs. 1 S. 1 Hs 2 der ursprünglichen Erkrankung gleichgestellt wird.[18] Die neue Krankheit tritt während der Arbeitsunfähigkeit iSd § 48 Abs. 1 Satz 2 hinzu, wenn ein zeitliches Nacheinander der ersten und fortbestehenden Arbeitsunfähigkeit sowie der neuen Erkrankung vorliegt. Ausreichend ist aber auch das zeitgleiche Auftreten zweier oder meh-

14 Berchtold, Krankengeld, Rn 675.
15 BSG 29.9.1998, B 1 KR 5/97 R, BSGE 83, 13, 14 = BSG SozR 3-2500 § 50 Nr. 5, S. 19.
16 BSG 17.4.1970, B 3 RK 41/69, BSGE 31, 125, 130 = SozR Nr. 49 zu § 183 RVO.
17 Knorr/Krasney § 48 SGB V Rn 15.
18 Fastabend/Schneider, Das Leistungsrecht der gesetzlichen Krankenversicherung, Rn 305.

rerer Krankheiten.[19] § 48 Abs. 1 Satz 2 erfordert es nicht zwingend, dass zwei Krankheiten bei dem Versicherten im Falle bestehender Arbeitsunfähigkeit in der Weise aufeinandertreffen, dass eine zweite Krankheit einer schon zuvor eingetretenen und fortbestehenden ersten Krankheit folgt. Es ist erforderlich, aber auch ausreichend, dass beide Krankheiten mindestens an einem Tag, dh der kleinsten für die Gewährung von Krankengeld maßgeblichen zeitlichen Einheit (§ 47 Abs. 1 Satz 6) nebeneinander begonnen haben und auf diese Weise verklammert sind.[20] Führt in der Zeit nach dem Hinzutreten der neuen Krankheit nicht mehr dieselbe Krankheit, sondern nur noch die hinzugetretene Krankheit zur Arbeitsunfähigkeit, verbleibt es bei der Höchstbezugsdauer von 78 Wochen in der Blockfrist.[21] Allerdings entfällt die einheitliche Behandlung von bestehender und hinzugetretener Erkrankung in den nachfolgenden Blockfristen.[22]

Beispiel: Der in einem sozialversicherungspflichtigen Beschäftigungsverhältnis stehende Versicherte erkrankt an einer Lumboischialgie, die ab 23. Januar zur Arbeitsunfähigkeit führt. Zu den zunächst unveränderten Beschwerden durch die orthopädische Erkrankung tritt am 1. Februar eine Depression hinzu. Die ärztliche Therapie des orthopädischen Leidens führt schließlich dazu, das ab 27. Februar nur noch die reaktive Depression zur Arbeitunfähigkeit führt, die schließlich bis 27. März andauert. Am 6. Juni desselben Jahres erkrankt der Versicherte erneut an der (nicht ausgeheilten) Depression, die bis zum 16. November des Folgejahres zur Arbeitsunfähigkeit führt. In diesem Fall ist die Höchstanspruchsdauer zu beachten, da die Depression eine hinzugetretene Krankheit iSd § 48 Abs. 1 Satz 2 ist. In die Höchstanspruchsdauer von 78 Wochen ist die Zeit vom 23. Januar bis 27 . März (9 Wochen) in vollem Umfang einzurechnen, da gem. § 48 Abs. 3 zu den auf die Leistungsdauer anzurechnenden Zeiten auch die Fortzahlung des Arbeitsentgeltes nach § 3 Abs. 1 EFZG zählt (vgl Rn 15). Der Leistungsanspruch auf Krankengeld ist dann nach 69 Wochen, ab dem 6. Juni gerechnet, erschöpft.

III. Wiederaufleben des Anspruchs auf Krankengeld (Abs. 2)

1. Leistungsbezug wegen derselben Krankheit für 78 Wochen

Die Regelung in § 48 Abs. 2 betrifft den Fall des Wiederauflebens des Anspruchs **10**
auf Krankengeld, wenn der Versicherte iSd § 48 Abs. 1 in der Rahmenfrist von 3 Jahren bereits für 78 Wochen Krankengeld wegen derselben Krankheit bezogen hat. Hierzu wird auf den „letzten Dreijahreszeitraum" Bezug genommen. Damit ist nicht ausschließlich die unmittelbar vorhergehende Blockfrist gemeint, sondern die **letzte Blockfrist**, in welcher der Versicherte Krankengeld bezogen hat.[23] Es ist nach Auffassung des BSG mit der Entstehungsgeschichte nicht vereinbar, dass der nach § 48 Abs. 1 S. 1 bestehende Krankengeldanspruch trotz ununterbrochener Arbeitsunfähigkeit in der übernächsten Blockfrist wieder aufleben würde. Das Wiederaufleben des vorläufig erschöpften Krankengeldanspruches unter den Voraussetzungen des § 48 Abs. 2 beschränkt sich auf den

19 BSG 8.11.2005, B 1 KR 27/04 R, SozR 4-2500 § 48 Nr. 3 Rn 18.
20 BSG 8.11.2005, B 1 KR 27/04 R, SozR 4-2500 § 48 Nr. 3 Rn 24.
21 BSG 24.6.1969, 3 RK 60/66, SozR Nr. 40 zu §183 RVO.
22 KassKomm-Höfler § 48 SGB V Rn 7.
23 BSG 29.9.1998, B 1 KR 2/97 R, BSGE 83, 7, 12 = BSG SozR 3-2500 § 48 Nr. 8 S. 42 = NZS 1999, 294 ff.

Anspruch auf Krankengeld wegen derselben Krankheit. Für dieselbe Krankheit muss der Versicherte in der vorangegangenen Blockfrist Krankengeld bezogen haben.

11 **Unter derselben Krankheit ist dabei nicht die hinzugetretene Krankheit iSd § 48 Abs. 1 S. 2 zu verstehen.** Daraus folgt, dass der Versicherte in einem weiteren Dreijahreszeitraum erneut Anspruch auf Krankengeld hat, ohne die verschärften Voraussetzungen des § 48 Abs. 2 erfüllen zu müssen, wenn in der vorhergehenden Blockfrist während des Krankengeldbezuges die Arbeitsunfähigkeit zeitweise nur durch die hinzugetretene Krankheit bedingt war. Das Wiederaufleben des Krankengeldanspruches richtet sich in einem solchen Fall nach § 48 Abs. 1 und nicht nach § 48 Abs. 2.[24]

12 Die Anwendung des § 48 Abs. 2 kann nicht dadurch umgangen werden, dass der Versicherte vor Erreichen der Höchstbezugsdauer auf das weitere Krankengeld in dieser Rahmenfrist **verzichtet** und dadurch für weniger als 78 Wochen Krankengeld bezogen hat. Der **Verzicht auf Krankengeld** zum Nachteil der Krankenkasse mit dem Ziel, die Anwendung des Abs. 2 zu umgehen, ist nach § 46 Abs. 2 SGB I unwirksam.[25]

2. Voraussetzungen für das Wiederaufleben

13 Das **Wiederaufleben des vorläufig erschöpften Anspruchs** auf Krankengeld in einem weiteren Dreijahreszeitraum bei Eintritt der Arbeitsunfähigkeit wegen derselben Krankheit ist von mehreren Voraussetzungen abhängig. Für den Versicherten muss bei Eintritt der erneuten Arbeitsunfähigkeit eine Versicherung mit Krankengeldberechtigung bestehen. Es wird somit für die Versicherten im Gesetz eine **Mitgliedschaft mit Anspruch auf Krankengeld** gefordert, so dass der Versicherte bei Eintritt der erneuten Arbeitsunfähigkeit wegen derselben Krankheit bspw nicht zu den vom Krankengeldbezug ausgeschlossenen Personenkreis gehören darf.[26] Ein Kassenwechsel des Versicherten ist unschädlich.[27]

14 Vor Eintritt der erneuten Arbeitsunfähigkeit wegen derselben Krankheit darf beim Versicherten für mindestens 6 Monate keine Arbeitsunfähigkeit wegen derselben Krankheit vorgelegen haben und der Versicherte muss mindestens 6 Monate erwerbstätig gewesen sein oder ebenfalls für mindestens 6 Monate der Arbeitsvermittlung zur Verfügung gestanden haben. Nicht erforderlich ist jeweils, dass die 6 Monate zusammenhängend verlaufen. Sie können sich auch aus mehreren Teilabschnitten zusammensetzen.[28] Daher ist etwa eine Unterbrechung der Verfügbarkeit durch Arbeitsunfähigkeit oder aus sonstigen Gründen unerheblich. Erwerbstätig ist, wer als Beschäftigter gegen Arbeitsentgelt (§ 7 Abs. 1 SGB IV) oder als Selbständiger mit Arbeitseinkommen (§ 15 SGB IV) tätig ist. Bei der abhängigen Beschäftigung setzt die Annahme der Erwerbstätigkeit das Überschreiten der Geringfügigkeitsgrenze nach § 8 SGB IV voraus. Als Beschäftigung in der Sozialversicherung gilt auch der Erwerb beruflicher Kenntnisse, Fertigkeiten oder Erfahrungen im Rahmen betrieblicher Berufsbildung

24 BSG 8.12.1992, 1 RK 8/92, BSGE 71, 290, 293 = BSG SozR 3-2500 § 48 Nr. 3, S. 15/16 = NZS 1993, 165 f
25 Krauskopf-Vay, SozKV, § 48 SGB V Rn 21.
26 Knorr/Krasney § 48 SGB V Rn 23.
27 KassKomm-Höfler § 48 SGB V Rn 9 c.
28 BT-Drucks. 11/2237, S. 181.

(§ 7 Abs. 2 SGB IV). Daher liegt Beschäftigung auch vor, wenn sie im Rahmen einer beruflichen Rehabilitation zum Zwecke der Umschulung in einem Betrieb erfolgt.[29] Alternativ zur Erwerbstätigkeit reicht es aus, wenn der Versicherte für mindestens 6 Monate der Arbeitsvermittlung zur Verfügung stand. Die Erfüllung dieser Voraussetzung richtet sich nach dem Arbeitsförderungsrecht (§§ 119, 120 SGB III). Eine fortbestehende Erkrankung im bisherigen Beruf schließt nicht notwendig die objektive Verfügbarkeit im Sinne des Arbeitsförderungsrechts aus.[30]

IV. Regelungen zur Anrechnung auf die Leistungsdauer (Abs. 3)

1. Anrechnung (Abs. 3 Satz 1)

15 Auch wenn es nicht zur Zahlung von Krankengeld kommt, können Zeiten auf die Leistungsdauer anzurechnen sein. Die Fälle des **Ruhens des Krankengeldanspruchs**, die auf die Höchstbezugsdauer angerechnet werden dürfen, ergeben sich aus §§ 16 und 49 SGB V. Ruht der Anspruch auf Krankengeld, besteht das **Stammrecht** noch. Bei gleichwertigen Leistungen wollte der Gesetzgeber in den Fällen des § 49 Mehrfachleistungen verhindern und damit einer Übersicherung entgegentreten. In systematischer Ergänzung zur Ruhensregelung in § 49 hat § 48 Abs. 3 Satz 1 den Zweck, ein Nachholen des Krankengeldbezuges zu verhindern. Einen weiteren Tatbestand der Anrechnung auf die Höchstbezugsdauer bildet die **Versagung des Krankengeldes**. Gemäß § 52 SGB V kann die Krankenkasse Krankengeld ganz oder teilweise versagen, wenn sich der Versicherte eine Krankheit vorsätzlich oder bei einem von ihm begangenen Verbrechen oder vorsätzlichen Vergehen zugezogen hat. Einen weiteren Versagenstatbestand enthält § 66 SGB I als Folge fehlender Mitwirkung des Versicherten.

2. Nicht anzurechnende Zeiten (Abs. 3 Satz 2)

16 Keine Anrechnung auf die Höchstbezugsdauer erfolgt für Zeiten der Arbeitsunfähigkeit, in denen kein Anspruch auf Krankengeld bestanden hat. Besteht für gewisse Zeiten **kein Stammrecht** , weil die Anspruchsvoraussetzungen nicht gegeben oder weggefallen sind, scheidet eine Anrechnung aus.[31] Diese Zeiten werden anders als die Ruhenszeiten nicht wie Bezugszeiten nach § 48 Abs. 1 behandelt und führen demnach nicht zur Ausschöpfung der Leistungsdauer von 78 Wochen nach § 48 Abs. 2.[32] Hierunter fällt auch der **Karenztag nach § 46 Abs. 1 S. 1 Nr. 2**. Der Wegfall des Anspruchs auf Krankengeld kann sich aus einem **Tatbestand des § 50** ergeben. Liegen Zeiten im Sinne des § 50 Abs. 1 Satz 1 vor, entfällt der Anspruch auf Krankengeld wegen des Beginns der konkurrierenden Sachleistung. So endet der Anspruch auf Krankengeld etwa für Versicherte, die Rente wegen voller Erwerbsminderung, Erwerbsunfähigkeit oder Vollrente wegen Alters aus der Gesetzlichen Rentenversicherung beziehen, von Beginn dieser Leistungen an (§ 50 Abs. 1 Nr. 1). Führt der Bezug einer Erwerbsunfähigkeitsrente (oder einer vollen Erwerbsminderungsrente) auf Zeit zur Einstellung der Krankengeldzahlung, lebt dieser Anspruch auf Krankengeld bei ununterbrochener Arbeitsunfähigkeit wegen derselben Krankheit nach dem Ende der Rentenzahlung unter den Voraussetzungen des § 48 wieder auf. § 50

29 BSG 3.11.1993, 1 RK 10/93, SozR 3-2500 § 48 Nr. 5 S. 27.
30 BSG 3.11.1993, 1 RK 10/93, SozR 3-2500 § 48 Nr. 5 S. 26.
31 KassKomm-Höfler, § 48 SGB V Rn 6 e.
32 BSG 8.12.1992, 1 RK 9/92, BSGE 71, 294, 295 = BSG SozR 3-2500 § 48 Nr. 4 S. 19.

Abs. 1 Satz 4 SGB V verdrängt § 48 Abs. 2 nicht.[33] Geht es nach dem Auslaufen der gewährten Zeitrente wegen voller Erwerbsminderung oder Erwerbsunfähigkeit um das Wiederaufleben des Anspruchs bei ununterbrochener Arbeitsunfähigkeit wegen derselben Krankheit oder wegen einer nach § 48 Abs. 1 Satz 2 einzubeziehenden zusätzlichen Krankheit, kommt es nach § 48 Abs. 2 alleine darauf an, ob die Höchstbezugsdauer in der laufenden oder einer früheren Rahmenfrist ausgeschöpft war. Steht dieses Merkmal dem Anspruch nicht entgegen, bleibt es beim Grundsatz des zeitlich unbegrenzten Anspruchs nach § 48 Abs. 1 Satz 1.[34]

17 Auf die Bezugszeit von 78 Wochen werden auch die Zeiten **nicht angerechnet**, in denen der **Anspruch rückwirkend weggefallen** ist. Dies gilt auch dann, wenn dem Versicherten aus dem Krankengeld ein **Spitzbetrag** (Differenz zwischen höherem Krankengeld und der anderen Sozialleistung) verbleibt.[35] In diesen Fällen ist durch die nachträgliche Bewilligung etwa der Erwerbsunfähigkeitsrente auf Zeit das Stammrecht für den Krankengeldanspruch für den Rentenbewilligungszeitraum entfallen, auch wenn tatsächlich Krankengeld gezahlt wurde. Das BSG hat in diesem Zusammenhang auch hervorgehoben, dass die Ausschöpfung der Leistungsdauer nicht von der Arbeitsweise der Rentenversicherungsträger oder anderer Zufälligkeiten abhängen darf.

§ 49 Ruhen des Krankengeldes

(1) Der Anspruch auf Krankengeld ruht,

1. soweit und solange Versicherte beitragspflichtiges Arbeitsentgeltoder Arbeitseinkommen erhalten; dies gilt nicht für einmalig gezahltes Arbeitsentgelt,

2. solange Versicherte Elternzeit nach dem Bundeselterngeld- und Elternzeitgesetz in Anspruch nehmen; dies gilt nicht, wenn die Arbeitsunfähigkeit vor Beginn der Elternzeit eingetreten ist oder das Krankengeld aus dem Arbeitsentgelt zu berechnen ist, das aus einer versicherungspflichtigen Beschäftigung während der Elternzeit erzielt worden ist,

3. soweit und solange Versicherte Versorgungskrankengeld, Übergangsgeld, Unterhaltsgeld oder Kurzarbeitergeld beziehen,

3a. solange Versicherte Mutterschaftsgeld oder Arbeitslosengeld beziehen oder der Anspruch wegen einer Sperrzeit nach dem Dritten Buch ruht,

4. soweit und solange Versicherte Entgeltersatzleistungen, die ihrer Art nach den in Nummer 3 genannten Leistungen vergleichbar sind, von einem Träger der Sozialversicherung oder einer staatlichen Stelle im Ausland erhalten,

5. solange die Arbeitsunfähigkeit der Krankenkasse nicht gemeldet wird; dies gilt nicht, wenn die Meldung innerhalb einer Woche nach Beginn der Arbeitsunfähigkeit erfolgt,

6. soweit und solange für Zeiten einer Freistellung von der Arbeitsleistung (§ 7 Abs. 1 a des Vierten Buches) eine Arbeitsleistung nicht geschuldet wird,

33 BSG 29.9.1998, B 1 KR 5/97 R, BSGE 83, 13 = BSG, SozR 3-2500 § 50 Nr. 5, S. 22.
34 BSG 29.9.1998, B 1 KR 5/97 R, BSGE 83, 13, 17 = BSG SozR 3-2500 § 50 Nr. 5, S. 22 f.
35 BSG 8.12.1992, 1 RK 9/92, BSGE 71, 294 = BSG SozR 3-2500 § 48 Nr. 4, S. 21.

7. während der ersten sechs Wochen der Arbeitsunfähigkeit für Versicherte, die eine Wahlerklärung nach § 44 Absatz 2 Satz 1 Nummer 3 abgegeben haben.

(2) Absatz 1 Nr. 3 und 4 ist auf einen Krankengeldanspruch anzuwenden, der für einen Zeitraum vor dem 1. Januar 1990 geltend gemacht wird und über den noch keine nicht mehr anfechtbare Entscheidung getroffen worden ist. Vor dem 23. Februar 1989 ergangene Verwaltungsakte über das Ruhen eines Krankengeldanspruches sind nicht nach § 44 Abs. 1 des Zehnten Buches zurückzunehmen.

(3) Auf Grund gesetzlicher Bestimmungen gesenkte Entgelt- oder Entgeltersatzleistungen dürfen bei der Anwendung des Absatzes 1 nicht aufgestockt werden.

(4) Erbringt ein anderer Träger der Sozialversicherung bei ambulanter Ausführung von Leistungen zur medizinischen Rehabilitation Verletztengeld, Versorgungskrankengeld oder Übergangsgeld, werden diesem Träger auf Verlangen seine Aufwendungen für diese Leistungen im Rahmen der nach § 13 Abs. 2 Nr. 7 des Neunten Buches vereinbarten gemeinsamen Empfehlungen erstattet.

I. Vorbemerkung

1 In den Tatbeständen des § 49 Abs. 1 ist das Ruhen des Krankengeldanspruches als Rechtsfolge vorgesehen. Es tritt kraft Gesetzes ein. Einer Entscheidung der

Krankenkasse durch Verwaltungsakt bedarf es hierzu nicht.[1] Unberührt von der Ruhensfolge bleibt das entstandene **Stammrecht auf Krankengeld.**[2] Der Anspruch auf Krankengeld besteht während des Ruhens, aber er ist wegen des Vorliegens eines bestimmten Sachverhaltes nicht zu erfüllen. Während des Ruhens können die Ansprüche auf Einzelleistungen aus dem Stammrecht nicht entstehen.[3] Dergestalt ruhende Ansprüche auf Krankengeld sind gemäß § 48 Abs. 3 Satz 1 Alt. 1 auf die Höchstbezugsdauer des Krankengelds anzurechnen. Ferner führt auch der ruhende Anspruch auf Krankengeld zum Erhalt der Mitgliedschaft nach § 192 Abs. 1 Nr. 2 SGB V.[4]

2 Mit den Ruhenstatbeständen wird überwiegend das Ziel verfolgt, mehrfache Zahlungen von Entgelt und/oder Entgeltersatzleistungen zu verhindern.[5] Eine Ausnahme hiervon bildet § 49 Abs. 1 Nr. 2 Hs 1, weil in diesem Fall davon auszugehen ist, dass gar kein Arbeitsentgelt erzielt werden kann. Mit dem Tatbestand des § 49 Abs. 1 Nr. 5 wird dem Umstand Rechnung getragen, dass der Versicherte in einem bestimmten zeitlichen Rahmen der Meldung der Arbeitsunfähigkeit nicht nachkommt.

3 Der Umfang des Ruhens ist bei den einzelnen Tatbeständen unterschiedlich geregelt. Entweder tritt bei Bezug der anderen Leistung unabhängig von deren Höhe das vollständige Ruhen des Krankengeldanspruchs ein (§ 49 Abs. 1 Nr. 2, 3 a) oder das Krankengeld ruht nur, soweit die andere Leistung bezogen wird (§ 49 Abs. 1 Nr. 1, 3, 4 und 6). Für den Fall der verspäteten Meldung in § 49 Abs. 1 Nr. 5 ist das vollständige Ruhen vorgesehen.

II. Bezug von beitragspflichtigen Arbeitsentgelt und Arbeitseinkommen (Abs. 1 Nr. 1)

1. Arbeitsentgelt und Arbeitseinkommen

4 Zur Bestimmung des Arbeitsentgelts ist auf **§ 14 SGB IV** zurückzugreifen. **Arbeitsentgelt** sind gem. § 14 SGB IV alle laufenden oder einmaligen Einnahmen aus einer Beschäftigung. Dabei ist unerheblich, ob hierauf ein Rechtsanspruch besteht, unter welcher Bezeichnung und in welcher Form sie geleistet werden. Laufendes Arbeitsentgelt kann auch in Sachbezügen (§ 17 SGB IV) bestehen. Dabei sind die in der Sozialversicherungsentgeltverordnung festgelegten Werte zugrunde zu legen.

5 Die umfassende Berücksichtigung des Arbeitsentgeltes erfährt eine Ausnahme, weil in Nr. 1 Hs 2 **einmalig gezahltes Arbeitsentgelt** ausgenommen ist. § 23 a Abs. 1 Satz 1 SGB IV enthält eine Legaldefinition des einmalig gezahlten Arbeitsentgelts. Auf diese Definition kann zurückgegriffen werden.[6] Darunter fallen zB das regelmäßig am Ende des Jahres gezahlte Weihnachtsgeld und zu Anfang des Jahres gezahlte Gewinnbeteiligungen für das Vorjahr.[7]

1 Krauskopf-Vay, SozKV, § 49 SGB V Rn 4.
2 Berchtold, Krankengeld, Rn 806.
3 BSG 21.12.1971, GS 6/71, BSGE 33, 280, 286.
4 Krauskopf-Baier, SozKV, § 192 SGB V Rn 12; Berchtold, Krankengeld, Rn 806.
5 KassKomm-Höfler, § 49 SGB V Rn 2.
6 Schmidt in Peters, Handb KV II SGB V § 49 Rn 35; Berchtold, Krankengeld, Rn 811.
7 KassKomm-Seewald, § 23 a SGB IV Rn 8.

Wird einem Versicherten im Rahmen eines Eingliederungsverhältnisses gem. § 74 SGB V eine Vergütung gezahlt, findet das tatsächlich gezahlte Entgelt Berücksichtigung.[8] 6

Erfasst wird von der Nr. 1 nur das **beitragspflichtige Arbeitsentgelt**. Daher ist auch das Bruttoarbeitsentgelt gemeint.[9] Nicht der Beitragspflicht unterliegen die in § 23 c Abs. 1 SGB IV aufgeführten **Zuschüsse**, die daher nicht bei der Ruhensregelung zu berücksichtigen sind.[10] **§ 23 c SGB IV** wurde mit Wirkung vom 30.3.2005 durch das Gesetz zur Vereinfachung der Verfahren im Sozialrecht vom 21.3.2005 (Verwaltungsvereinfachungsgesetz, BGBl. I S. 818) in das SGB IV eingefügt. Danach gelten Zuschüsse des Arbeitgebers zum Krankengeld, Verletztengeld, Übergangsgeld oder Krankentagegeld und sonstige Einnahmen aus einer Beschäftigung, die für die Zeit des Bezuges von Krankengeld, Krankentagegeld, Versorgungskrankengeld, Verletztengeld, Übergangsgeld, Mutterschaftsgeld, Erziehungsgeld oder Elterngeld weiter erzielt werden, nicht als beitragspflichtiges Arbeitsentgelt, wenn die Einnahmen zusammen mit den genannten Sozialleistungen das Nettoarbeitsentgelt (§ 47) nicht um mehr als 50 € im Monat übersteigen. Die Bagatellgrenze von 50 € wurde allerdings erst mWv 1.1.2008 eingeführt.[11] Mit der Regelung in § 23 c SGB IV wurde der mWv 30.3.2005 aufgehobene Hs 3 der Nr. 1 des § 49 Abs. 1 entbehrlich.[12] Nach dieser aufgehobenen Regelung in Nr. 1 Hs 3 galten Zuschüsse des Arbeitgebers nicht als Arbeitsentgelt, soweit sie zusammen mit dem Krankengeld das Nettoarbeitsentgelt nicht überstiegen. Solche Leistungen des Arbeitgebers gem. § 23 c SGB IV während des Bezuges von Krankengeld sind zB Firmenrabatte, vermögenswirksame Leistungen, Prämien für Direktversicherungen oder Telefonzuschüsse. Diese Zusatzleistungen sollen nach dem Willen des Gesetzgebers nicht in die Berechnungsgrundlage späterer Sozialleistungen einfließen, sondern nur die konkrete Bedarfssituation abdecken und auch nicht zur Nachentrichtung von Sozialversicherungsbeiträgen führen.[13] 7

Ein Ruhen des Krankengeldanspruches tritt bei Bestehen eines Anspruchs auf Urlaubsabgeltung oder der Zahlung einer Urlaubsabgeltung nicht ein. Ein Fall des § 49 Abs. 1 Nr. 1 liegt nicht vor, weil die Urlaubsabgeltung kein mit der Krankengeldzahlung zeitlich konkurrierendes Arbeitsentgelt ist. Auch ist § 49 Abs. 1 Nr. 3 a auf den Fall der Zahlung einer Urlaubsabgeltung nicht analog anzuwenden, da es hierfür an einer planwidrigen Gesetzeslücke fehlt.[14] 8

Arbeitseinkommen ist gem. § 15 SGB IV der nach den allgemeinen Gewinnermittlungsvorschriften des Einkommenssteuerrechts zu ermittelnde Gewinn aus einer selbständigen Tätigkeit. Das Arbeitseinkommen als sozialrechtlicher Begriff wird somit inhaltlich durch die Bezugnahme auf das Einkommenssteuergesetz definiert.[15] 9

8 Kruse LPK SGB V § 49 Rn 3; Berchtold, Krankengeld, Rn 796 f.
9 KassKomm-Höfler, § 49 SGB V Rn 4.
10 Schmidt in Peters, Handb KV II SGB V § 49 Rn 38.
11 Kreikebohm, SGB IV § 23 c Rn 3.
12 KassKomm-Höfler § 49 SGB V Rn 6 a.
13 BT-Drucks. 15/4228, S. 22.
14 BSG 30.5.2006, B 1 KR 26/05 R, SozR 4-2500 § 49 Nr. 4 Rn 13 ff.
15 KassKomm-Seewald § 15 SGB IV Rn 3.

2. Tatsächlicher Zufluss von Arbeitsentgelt und Arbeitseinkommen

a) Allgemeines

10 Nach dem Wortlaut des Gesetzes ist entscheidend, dass der Versicherte die Leistungen erhält. Für das Ruhen kommt es daher auf den **tatsächlichen Zufluss** des Arbeitsentgeltes oder Arbeitseinkommens an. Hat die Krankenkasse keine Kenntnis von der Fortzahlung des Arbeitsentgelts und zahlt sie dem Versicherten Krankengeld, so hat sie die Leistungen zu Unrecht erbracht und der Versicherte ist ungerechtfertigt bereichert.[16] Erlischt der fällige Anspruch auf Arbeitsentgelt durch **Aufrechnung des Arbeitgebers** gilt der Anspruch des Arbeitnehmers als erfüllt, was zur Folge hat, dass das Krankengeld für den entsprechenden Zeitraum ruht.[17] Der Anspruch auf Krankengeld und die Zahlung von Arbeitsengelt müssen sich zeitlich decken, was besonders im Fall der Nachzahlung von Krankengeld zu beachten ist. Arbeitsentgelt muss für dieselbe Zeit gezahlt werden, für die Anspruch auf Krankengeld besteht.[18] Dies ergibt sich bereits aus der Einschränkung „solange“ im Tatbestand der Norm.

b) Anwendung der Ruhensregelung ohne Zufluss von Arbeitsentgelt

11 Die Fragen, ob die Regelung des **§ 49 Abs. 1 Nr. 1** auch **analog angewandt** werden kann, beziehen sich vor allem auf die Fälle der arbeitsrechtlich wirksamen Verzichtserklärungen.[19] Bezieht der Arbeitnehmer kein Arbeitsentgelt, scheidet grundsätzlich ein Ruhen des Krankengeldanspruchs aus. Anders kann es sich verhalten, wenn der Arbeitnehmer auf seinen Anspruch auf Entgeltfortzahlung gegenüber dem Arbeitgeber **wirksam verzichtet** hat, was im Wesentlichen wegen der Regelung in § 12 EFZG erst im Rahmen von Abreden bei oder nach Beendigung des Arbeitsverhältnisses in Betracht kommt.[20] Nach wirksamen Verzicht etwa mittels Vergleich, Erlassvertrag oder negativem Schuldanerkenntnis findet die Ruhensregelung nur dann Anwendung, wenn der Versicherte schuldhaft den Bezug von Arbeitsentgelt verhindert hat. In solchen Fällen kommt eine analoge Anwendung des § 49 Abs. 1 Nr. 1 in Betracht. Der Schuldvorwurf muss dabei auf die Verletzung einer Nebenpflicht aus dem Sozialversicherungsverhältnis gründen.[21] Der Versicherte muss **vorsätzlich oder bewusst** zum Schaden der Krankenkasse auf die Entgeltfortzahlung verzichtet haben. Eine analoge Anwendung des § 49 Abs. 1 Nr. 1 scheidet jedenfalls aus, wenn **grobfahrlässiges Verhalten** zum Schaden der Krankenkasse vorliegt. Andernfalls entstünde ein Widerspruch zur Regelung des § 52 SGB V, wonach der Leistungsausschluss bei Selbstverschulden auf Vorsatz beschränkt ist.[22] Das BSG[23] hat zwar die Vorgängerregelung zu § 52 SGB V und die Regelungen zur Verletzung der Mitwirkungspflichten nach §§ 60 ff SGB I in die Betrachtung einbezogen, aber im Ergebnis offen gelassen, ob die Ruhensregelung auch in Fällen grober Fahrlässig-

16 Knorr/Krasney § 49 Rn 3.
17 BSG 29.6.1994, 1 RK 45/93, BSGE 74, 287, 289 = SozR 3-1300 § 48 Nr. 33 S. 68 f = NZS 1995, 267, 268.
18 Knorr/Krasney § 49 SGB V Rn 10.
19 Schmidt in Peters Handb KV II SGB V § 49 Rn 50.
20 Berchtold, Krankengeld, Rn 827.
21 KasselerKomm-Höfler, § 49 SGB V, Rn 7 .
22 Schmidt in Peters Handb KV II SGB V § 49 Rn 51.
23 BSG 16.12.1980, 3 RK 27/79, USK 80270.

keit anzuwenden ist.[24] Wird ein Arbeitsverhältnis ohne Rechtsmissbrauch aus persönlichen Gründen gekündigt und erhält der Versicherte deshalb keine Entgeltfortzahlung, ist § 49 Abs. 1 Nr. 1 nicht analog anzuwenden.[25] In einem solchen Fall fehlt es für die analoge Anwendung auf die persönlich motivierte Eigenkündigung an der notwendigen planwidrigen unbeabsichtigten Gesetzeslücke.

c) Fälle der Vorleistung der Krankenkasse bei fehlendem Bezug von Arbeitsentgelt – §§ 115, 116 SGB X

Wird dem Versicherten das Arbeitsentgelt nicht fortgezahlt, obwohl er Anspruch darauf hat, muss die Krankenkasse dem Versicherten Krankengeld zahlen. Damit erbringt die Krankenkasse eine Leistung, die sie aufgrund der Ruhensregelung bei Zahlung durch den Arbeitgeber nicht hätte erbringen müssen. Deshalb erwirbt die Krankenkasse zum Ausgleich im Wege des **gesetzlichen Forderungsübergangs** einen Anspruch gegen den Arbeitgeber gem. § 115 SGB X. 12

Kein Fall des § 115 SGB X liegt vor, wenn der Arbeitgeber zunächst den Anspruch auf Fortzahlung des Arbeitsentgeltes erfüllt, aber zu einem späteren Zeitpunkt den gezahlten Betrag durch Aufrechnung gegen einen vom Arbeitnehmer nach der Erkrankung erworbenen Anspruch auf Arbeitsentgelt einbehält. In einem solchen Fall geht die nicht erfüllte spätere Lohnforderung des Arbeitnehmers nicht auf die Krankenkasse über, und zwar auch dann nicht, wenn die Krankenkasse nach der vom Arbeitgeber erklärten Aufrechnung nachträglich Krankengeld gezahlt hat.[26] Diese nachträgliche Zahlung ändert nichts an der erfolgten Erfüllung des Anspruches auf Entgeltfortzahlung.[27] 13

Der kraft Gesetzes eintretende Anspruchsübergang gem. **§ 115 SGB X** setzt voraus, dass die Krankenkasse dem Versicherten Krankengeld gezahlt hat und der Arbeitgeber den Anspruch auf Entgeltfortzahlung bei Fälligkeit nicht erfüllt hat.[28] Mit der Legalzession soll der Krankenkasse die Vermögensminderung ersetzt werden, die ihr entstanden ist, weil die Arbeitgeberpflicht nicht erfüllt wurde und deshalb Krankengeldzahlungen notwendig wurden.[29] Nach dem Forderungsübergang und der nachträglichen Zahlung des Arbeitgebers an die Krankenkasse kann dem Arbeitnehmer das ausgezahlte Krankengeld endgültig belassen werden. Hat die Krankenkasse dem Arbeitgeber die Zahlung von Krankengeld und den Übergang des Entgeltfortzahlungsanspruchs mitgeteilt, kann sich der Arbeitgeber nicht mehr auf die Unkenntnis vom Forderungsübergang berufen (§ 407 Abs. 1 iVm § 412 BGB). Entscheidend ist die Kenntnis über die Zahlung des Krankengeldes, egal durch wen sie erlangt wurde.[30] Der Arbeitgeber braucht nicht durch die Krankenkasse unterrichtet worden zu sein.[31] 14

Ein Fall des § 115 SGB X liegt vor, wenn sich der **Arbeitgeber zu Unrecht auf das Leistungsverweigerungsrecht nach § 7 Abs. 1 Nr. 2 EFZG beruft** und deshalb die Krankenkasse (mangels Ruhenswirkung) Krankengeld zahlt. 15

24 BSG 13.5.1992, 1/3 RK 10/90, SozR 3-2200 § 189 Nr. 1, S. 3 = NZS 1992, 61.
25 LSG Niedersachsen-Bremen 27.8.2002, L 4 KR 138/00, NZS 2003, 378 f
26 Krauskopf-Vay, SozKV § 44 SGB V Rn 40 .
27 BAG 10.2.1972, 5 AZR 393/71, USK 7221.
28 Knorr/Krasney § 44 SGB V Rn 102.
29 Berchtold, Krankengeld, Rn 844.
30 Knorr/Krasney § 44 SGB V Rn 106.
31 Schmidt in Peters, Handb KV II SGB V § 49 Rn 48.

Beruft sich hingegen der Arbeitgeber **zu Recht** auf das **Leistungsverweigerungsrecht nach § 7 Abs. 1 Nr. 2 EFZG** kommt die Augleichsregelung des **§ 116 SGB X** zum Zuge. Ein Fall des Ruhens nach § 49 liegt nicht vor, so dass das Krankengeld von der Krankenkasse zu zahlen ist. Wenn der Arbeitnehmer bspw durch einen Abfindungsvergleich mit dem Schädiger, bei dessen Abschluss er mit einem späteren Eintritt der Arbeitsunfähigkeit rechnen musste, auf Schadensersatzansprüche wirksam verzichtet hat und dem Arbeitgeber deshalb ein Leistungsverweigerungsrecht zusteht, hat die Krankenkasse Krankengeld zu zahlen. Die Krankenkasse ihrerseits kann sich gegenüber dem Schädiger auf den Forderungsübergang berufen. Für die Gutgläubigkeit des Schädigers dürfte regelmäßig kein Raum sein. Für die Kenntnis des Schädigers vom Forderungsübergang auf die Krankenkasse ist nämlich schon das Wissen von den Umständen ausreichend, nach denen der Verletzte sozialversichert ist, also zB das Wissen um die Arbeitnehmereigenschaft.[32]

III. Inanspruchnahme von Elternzeit (Abs. 1 Nr. 2)

16 Grundsätzlich ruht der Anspruch auf Krankengeld in vollem Umfang, solange Versicherte nach dem Gesetz zum Elterngeld und zur Elternzeit (BEEG) Elternzeit in Anspruch nehmen. Ruht das Arbeitsverhältnis während der Elternzeit, weil auch keine Teilzeitarbeit erbracht wird, wird während der Elternzeit kein Arbeitsentgelt erzielt und es kann kein Verdienstausfall eintreten. Es besteht jedoch kein Anlass zur Zahlung von Krankengeld, wenn kein Verdienstausfall eintreten kann.[33] Der Anspruch auf Elternzeit und deren Inanspruchnahme ist in den §§ 15 ff BEEG geregelt bzw in den Vorgängerregelungen der §§ 15 ff Bundeserziehungsgeldgesetz (BErzGG). Das Bestehen eines Anspruches auf Elternzeit alleine genügt nicht. Vielmehr muss die/der Versicherte diese Freistellung auch tatsächlich erhalten.[34]

17 In den gesetzlich geregelten Ausnahmefällen kann ein Anspruch auf Krankengeld auch während der Elternzeit bestehen. Dies ist der Fall, wenn die Arbeitsunfähigkeit bereits vor Beginn der Elternzeit eingetreten ist (Nr. 2 Hs 2). Dabei kommt es nach dem eindeutigen Wortlaut nur auf den Zeitpunkt des Eintritts der Arbeitsunfähigkeit an. Der Tag der ärztlichen Feststellung der Arbeitsunfähigkeit ist unerheblich.[35] Das Krankengeld ist dann aus dem vollen Arbeitsentgelt vor Beginn der Elternzeit weiter zu zahlen.[36] Der Anspruch auf Krankengeld ruht auch dann nicht nach Nr. 2 Hs 2, wenn das Krankengeld aus dem Arbeitsentgelt zu berechnen ist, dass aus einer versicherungspflichtigen Beschäftigung während der Elternzeit erzielt wird. Mit dieser Ausnahmeregelung wird berücksichtigt, dass während der Elternzeit eine Erwerbstätigkeit ausgeübt werden darf, wobei diese 30 Wochenstunden nicht überschreiten darf (§ 15 Abs. 4 BEEG). Macht der/die Versicherte in der Elternzeit von der Möglichkeit Gebrauch, eine versicherungspflichtige Beschäftigung auszuüben, kann im Falle der Arbeitsunfähigkeit auch Arbeitsentgelt entfallen. Insoweit besteht kein Grund für das Ruhen des Krankengeldanspruchs. Mit der Zahlung von Krankengeld aus dem bei

32 BSG 13.5.1992, 1/3 RK 10/90, SozR 3-2200 § 189 Nr. 1 = NZS 1992, 61.
33 Ausschussbericht BT-Drucks. 10/4212 zu § 22 Nr. 3.
34 Krauskopf-Vay § 49 SGB V Rn 19.
35 Krauskopf-Vay § 49 SGB V Rn 20.
36 Knorr/Krasney § 49 SGB V Rn 20.

der Beschäftigung erzielten Arbeitsentgelt wird einem berechtigten Bedürfnis der Versicherten Rechnung getragen.[37]

IV. Ruhen beim Bezug von Versorgungskrankengeld, Übergangsgeld, Unterhaltsgeld oder Kurzarbeitergeld (Abs. 1 Nr. 3)

Bei den Ruhenstatbeständen der Nr. 3 ist das Ruhen nur angeordnet solange und *soweit* die genannten Sozialleistungen bezogen werden. Falls das Krankengeld in seiner Höhe die andere Sozialleistung übersteigt, ist der Differenzbetrag als Krankengeld zu zahlen (sog. **Krankengeld-Spitzbetrag**). Entscheidend ist der tatsächliche Bezug der in Abs. 1 Nr. 3 genannten Sozialleistungen. Alleine der Anspruch hierauf genügt nicht.[38] 18

Das Versorgungskrankengeld ist eine in den §§ 16 ff des Bundesversorgungsgesetzes (BVG) geregelte Leistung des Sozialen Entschädigungsrechts. Der Begriff des Übergangsgeldes bezeichnet Geldleistungen, die während der Durchführung von Rehabilitationsmaßnahmen zu Lasten von Sozialversicherungsträgern gezahlt werden. Dies können Maßnahmen der beruflichen Rehabilitation als auch der medizinischen Rehabilitation sein (vgl § 20 SGB VI, 160 SGB III, § 49 SGB VII, 26 a BVG). Bei dem in der Nr. 3 angeführten Kurzarbeitergeld und Unterhaltsgeld handelt es sich um Leistungen nach dem Arbeitsförderungsrecht. Die bis 31.12.2004 geltende Regelung zum Unterhaltsgeld gem. § 153 SGB III betraf eine Geldleistung im Rahmen betrieblicher Weiterbildungsförderung bei bestimmten Maßnahmen. Zum 1.1.2005 wurden mit dem Dritten Gesetz für moderne Dienstleistungen am Arbeitsmarkt vom 23.12.2003 (BGBl. I S. 2848) die Leistungen von Arbeitslosengeld und Unterhaltsgeld zusammengeführt und die Leistungen, die bislang als Unterhaltsgeld erbracht wurden, als Arbeitslosengeld gewährt (vgl § 124 a SGB III). Das Kurzarbeitergeld ist in §§ 169 ff SGB III geregelt. 19

V. Ruhen beim Bezug von Mutterschaftsgeld oder Arbeitslosengeld oder des Nichtbezugs wegen Festsetzung einer Sperrzeit nach dem SGB III (§ 49 Abs. 1 Nr. 3 a)

Im Gegensatz zur Nr. 3 **ruht** gem. Nr. 3 a das Krankengeld **vollständig**, solange die darin aufgeführten Sozialleistungen bezogen werden. Welche Höhe die Sozialleistungen erreichen, ist unerheblich, da der Leistungsbezug im Tatbestand – anders als bei der Nr. 3 – nicht mit der Einschränkung „soweit“ versehen ist. Sind die genannten Sozialleistungen niedriger als das Krankengeld, wird daher kein Krankengeld-Spitzbetrag gezahlt (vgl zum Krankengeld-Spitzbetrag bereits Rn 18).[39] 20

Zu den Sozialleistungen, die das Ruhen bewirken, zählt das Mutterschaftsgeld nach § 200 RVO. Bezüglich des in der Nr. 3 a angeführten Bezuges von **Arbeitslosengeld** nach §§ 117 ff SGB III ist nicht streng auf den Wortlaut abzustellen. Wegen des Bezuges von Arbeitslosengeld ruht der Anspruch auf Krankengeld nur, soweit der Anspruch auf Arbeitslosengeld für die **Dauer der Leistungsfortzahlung** von 6 Wochen nach § 126 SGB III besteht. Dies hat seinen Grund darin, 21

37 Ausschussbericht BT-Drucks. 10/4212 zu § 22 Nr. 3.
38 KassKomm-Höfler § 49 SGB V Rn 11.
39 Knorr/Krasney § 49 SGB V Rn 32; KassKommHöfler § 49 SGB V Rn 14 a.

dass andernfalls das von § 142 Abs. 1 Satz 1 Nr. 2 SGB III vorgesehene Ruhen des Anspruches auf Arbeitslosengeld beim Bezug von Krankengeld leer liefe.[40] Das kurzzeitig ab 1.1.2005 in der Regelung aufgeführte Arbeitslosgeld II (§ 19 SGB II) wurde im Zuge des Verwaltungsvereinfachungsgesetzes vom 21.3.2005 (BGBl. I S. 818) rückwirkend zum 1.1.2005 wieder aus dem Gesetz gestrichen. Der Anspruch auf Krankengeld ist für die Bezieher von Arbeitslosengeld II gemäß § 44 Abs. 2 Satz 1 Nr. 1 (bis 31.12.2008: § 44 Abs. 1 Satz 2) ausgeschlossen.

22 Durch das Verwaltungsvereinfachungsgesetz (vgl Rn 21) ist mit Wirkung zum 1.1.2005 das **Verletztengeld (§ 45 SGB VII)** nicht mehr in der Nr. 3 a aufgeführt. Der Gesetzgeber hat wegen des Leistungsausschlusses in § 11 Abs. 5 (§ 11 Abs. 4 aF) von einer Ruhensregelung abgesehen und darauf verwiesen, dass es wegen der Nennung des Verletztengeldes in der Vergangenheit zu Irritationen gekommen sei.[41] Für die bis 31.12.2004 geltende Fassung hatte das BSG entschieden, dass im Verhältnis von Verletztengeld und Krankengeld vorrangig § 49 Abs. 1 Nr. 3 a (aF) heranzuziehen ist.[42]

23 Kein Krankengeld ist zu zahlen, wenn dem Versicherten für **Sperrzeiten** nach dem SGB III keine Leistungen nach dem Recht der Arbeitsförderung zustehen (§ 144 Abs. 1 SGB III). Die Krankenkasse ist dabei an die Festsetzung der Sperrzeit durch die Arbeitsagentur gebunden. Die Entscheidung der Arbeitsagentur entfaltet Tatbestandswirkung.[43] Die Ruhensanordnung für Sperrzeitfälle kann nur das Arbeitslosengeld betreffen.[44] Mit der Regelung wird dem Zweck der Sperrzeit Rechnung getragen, den Versicherten so zu stellen, als habe er die gesperrte Leistung erhalten.[45] Andernfalls könnten Arbeitslose die Sperrzeit unterlaufen, wenn sie in dieser Zeit erkranken.

VI. Leistungen ausländischer Versicherungsträger und staatlicher Stellen (Abs. 1 Nr. 4)

24 Die Vorschrift der Nr. 4 wurde mit Wirkung vom 1.1.1989 durch das Gesundheits-Reformgesetz vom 20.12.1988 (GRG, BGBl. I S. 2477) eingeführt. Durch die Einbeziehung ausländischer Entgeltersatzleistungen in die Ruhensregelung für das Krankengeld soll erreicht werden, dass Doppelleistungen vermieden werden.[46] Dazu bedarf es einer **Vergleichbarkeit der Leistungen**. Diese müssen nach ihrer Motivation und Funktion gleichwertig sein und im Kerngehalt den typischen Merkmalen entsprechen.[47] Auf die Bezeichnung der ausländischen Entgeltersatzleistung kommt es nicht an.[48]

25 In der Regelung wird nur auf die Vergleichbarkeit mit den in der Nr. 3 aufgeführten Leistungen abgestellt. Das Ruhen tritt jedoch auch in den Fällen ein, in denen die ausländischen Entgeltersatzleistungen mit solchen der Nr. 3 a vergleichbar sind. Ursprünglich waren in der Nr. 3 bei Einführung der Vorschrift die später in die Nr. 3 a ausgegliederten Entgeltersatzleistungen aufgeführt, so

40 BSG 3.6.2004, B 11 AL 55/03 R, BSGE 93, 59, 62 = SozR 4-4300 § 125 Nr. 1 Rn 11.
41 BT-Drucks. 15/4228, S. 26.
42 BSG 8.11.2005, B 1 KR 33/03 R, SozR 4-2500 § 48 Nr. 2.
43 Krauskopf-Vay, SozKV, § 49 SGB V Rn 33.
44 KassKomm-Höfler § 49 SGB V Rn 16.
45 Knorr/Krasney § 49 SGB V Rn 37.
46 BT-Drucks. 11/2237, S. 181.
47 BSG 6.3.1991, 13/5 RJ 39/90, BSGE 68, 184, 186 = SozR 3-2400 § 18 a Nr. 2 S. 12.
48 Krauskopf-Vay, SozKV, § 49 SGB V Rn 34.

dass im Schrifttum teilweise von einem Versehen des Gesetzgebers ausgegangen wird.[49] Unabhängig davon ist nach Sinn und Zweck der Regelung in Nr. 4 von der Verweisung auf Nr. 3 auch die der Nr. 3 a erfasst.[50]

Im Ruhenstatbestand findet sich die Einschränkung des Ruhens, „soweit“ ein Erhalt von vergleichbaren Leistungen vorliegt. Damit steht dem Versicherten ein etwa bestehender Krankengeld-Spitzbetrag (vgl zu diesem Begriff Rn 18) zu. 26

VII. Ruhen bei nicht rechtzeitiger Meldung der Arbeitsunfähigkeit (Abs. 1 Nr. 5)

1. Anforderungen an die Meldung

Die Ruhensregelung des § 49 Abs. 1 Nr. 5 soll die Krankenkasse ebenso wie die Ausschlussregelung des § 46 Satz 1 Nr. 2 davon freistellen, die Voraussetzungen eines verspätet geltend gemachten Krankengeldanspruches im Nachhinein aufklären zu müssen. Der Krankenkasse soll die Möglichkeit erhalten bleiben, die Arbeitsunfähigkeit zeitnah durch den Medizinischen Dienst der Krankenversicherung (MDK) überprüfen zu lassen, um Leistungsmissbräuchen entgegenzutreten und Maßnahmen zur Wiederherstellung der Arbeitsfähigkeit einleiten zu können.[51] Bei der Meldung der Arbeitsunfähigkeit handelt es sich um eine Obliegenheit des Versicherten. Die **Meldung** ist die Mitteilung eines bestimmten Tatbestandes, die der Krankenkasse tatsächlich zugehen muss. Für die Meldung ist eine bestimmte Form nicht vorgeschrieben. Der Vorlage des zwischen den Krankenkassen und den Kassenärzten vereinbarten Formulars bedarf es nicht unbedingt.[52] Es wird nur vorausgesetzt, dass die Arbeitsunfähigkeit gemeldet wird. Geht die rechtzeitig zur Post gegebene Mitteilung bei der Krankenkasse nicht ein, tritt somit das Ruhen des Krankengeldanspruchs ein. Dies gilt auch, wenn der Versicherte nach Kenntnis vom Verlust der Anzeige auf dem Postweg, die Meldung unverzüglich wiederholt hat.[53] 27

Wer die Meldung erstattet, ist gesetzlich nicht vorgesehen. Allerdings muss die Meldung dem Versicherten zuzurechnen sein.[54] Daher reicht es aus, wenn etwa der behandelnde Arzt nach § 5 Abs. 1 Satz 5 EFZG der Krankenkasse eine Bescheinigung über die Arbeitsunfähigkeit übersandt hat.[55] Kann ein gesetzlicher Vertreter für den minderjährigen oder geschäftsunfähigen Versicherten die Meldung erstatten, hat er dies aber nicht getan, ruht der Anspruch auf Krankengeld ebenfalls. Dabei ist unerheblich, ob der gesetzliche Vertreter ohne Verschulden verhindert war.[56] 28

Die Meldung kann innerhalb einer Woche nach der Arbeitsunfähigkeit nachgeholt werden. Die Frist beginnt gem. § 26 Abs. 1 SGB X iVm § 187 Abs. 1 BGB 29

49 Krauskopf-Vay § 49 SGB V Rn 34.
50 Knorr/Krasney § 49 SGB V Rn 47; Schmidt in Peters, Handb KV II SGB V § 49 Rn 91; aA Kasseler-Kommentar-Höfler § 49 SGB V Rn 17, wonach nur auf die Vergleichbarkeit mit den in der Nr. 3 aufgeführten Leistungen abzustellen ist.
51 BSG 8.11.2005, B 1 KR 30/04 R, BSGE 95, 219, 222 = BSG SozR 4-2500 § 46 Nr. 1 Rn 16.
52 Krauskopf/Vay, SozKV, § 49 SGB V Rn 38.
53 BSG 24.6.1969, 3 RK 64/66, BSGE 29,271 = SozR Nr. 8 zu § 216 RVO = NJW 1969, 2255.
54 Kasseler-Kommentar-Höfler § 49 SGB V Rn 18.
55 Knorr/Krasney § 49 SGB V Rn 51.
56 BSG 4.10.1973, 3 RK 26/72, SozR Nr. 11 zu § 216 RVO = USK 73180.

mit dem Tag nach dem Beginn der Arbeitsunfähigkeit und endet gemäß § 26 Abs. 1 SGB X iVm § 188 Abs. 2 BGB mit dem Ablauf des Tages, der dem Tag entspricht, an dem die Arbeitsunfähigkeit eingetreten ist. Falls die Frist danach an einem Samstag, Sonn- oder Feiertag endet, verlängert sie sich auf den Ablauf des darauf folgenden Werktages (§ 26 Abs. 3 SGB X).[57]

2. Erforderlichkeit der Meldung

30 Die Meldung der Arbeitsunfähigkeit ist nicht nur erforderlich, wenn die Arbeitsunfähigkeit erstmals eintritt. Sie trifft den Versicherten auch bei durchgehender Arbeitsunfähigkeit, wenn wegen der Befristung der bisherigen Krankschreibung von der Krankenkasse über die Weitergewährung des Krankengeldes zu entscheiden ist. Die Arbeitsunfähigkeit muss daher vor **jeder erneuten Inanspruchnahme von Krankengeld** auch dann angezeigt werden, wenn sie seit ihrem Beginn ununterbrochen bestanden hat.[58] Der Versicherte muss sich daher rechtzeitig vor Fristablauf die Fortdauer der Arbeitsunfähigkeit feststellen lassen und seiner Krankenkasse melden, will er das Ruhen des Krankengeldanspruches vermeiden (vgl zur abschnittsweisen Bewilligung von Krankengeld die Ausführungen unter § 44 Rn 17). Die Meldepflicht besteht auch, wenn in einem weiteren Dreijahreszeitraum der Krankengeldanspruch wieder auflebt (vgl zum Wiederaufleben des Anspruchs Rn 13 und 14 zu § 48).[59]

3. Folgen der unterbliebenen oder nicht rechtzeitigen Meldung

31 Wird die Wochenfrist versäumt, kann das Ruhen des Krankengeldes durch eine Nachholung der Meldung nicht mehr verhindert werden.[60] Es handelt sich um eine **Ausschlussfrist**. Gem. § 27 Abs. 5 SGB X ist eine Wiedereinsetzung in den vorigen Stand ausgeschlossen.[61] Wie bei der ärztlichen Feststellung (§ 46) handelt es sich auch bei der Meldung der Arbeitsunfähigkeit um eine Obliegenheit des Versicherten. Die Folgen der unterbliebenen bzw nicht rechtzeitigen Meldung trägt grundsätzlich der Versicherte.[62] Daher tritt die Ausschlusswirkung auch ein, wenn die Voraussetzungen des Krankengeldanspruches zweifelsfrei vorliegen.[63]

32 Die Krankenkasse kann sich jedoch dann nicht auf das Ruhen des Krankengeldanspruches berufen, wenn die unterbliebene oder nicht rechtzeitige Meldung in den **Verantwortungsbereich der Krankenkasse** fällt. Es sind dies Fälle, in denen eine Berufung auf die Fristversäumung gegen **Treu und Glauben** verstoßen würde.[64] Durfte der Versicherte von der rechtzeitigen Abgabe der Meldung ausgehen, hat diese aber den Adressaten wegen Organisationsmängeln nicht erreicht, scheidet eine Berufung der Krankenkasse auf das Fristversäumnis aus. Dies hat

57 KassKomm-Höfler § 49 SGB V Rn 20.
58 BSG 8.11.2005, B 1 KR 30/04 R, BSGE 95, 219, 223 = BSG SozR 4-2500 § 46 Nr. 1 Rn 17.
59 BSG 17.4.1970, 3 RK 41/69, BSGE 31, 125, 129 f = SozR Nr. 49 zu § 183 RVO.
60 BSG 24.6.1969, 3 RK 64/66, BSG 29, 271, 273 = SozR Nr. 8 zu § 216 RVO = NJW 1969, 2255 f.
61 KassKomm-Höfler § 49 SGB V Rn 20.
62 BSG 8.11.2005, B 1 KR 30/04 R, BSGE 95, 219, 223 = BSG SozR 4-2500 § 46 Nr. 1 Rn 17.
63 BSG 24.6.1969, 3 RK 64/66, BSGE 29, 271, 273 = SozR Nr. 8 zu § 216 RVO = NJW 1969, 2255 f.
64 KassKomm-Höfler § 49 SGB V Rn 21.

das BSG in dem Fall angenommen, dass vom Kassenarzt ein falsches Vordruckmuster verwendet wird, wonach der Arzt die Meldung erstattet. Vertraut der Versicherte auf den Vermerk des Vordruckes und meldet daher die Arbeitsunfähigkeit nicht der Krankenkasse, kann sich die Krankenkasse nicht auf die Fristversäumnis berufen.[65]

Eine Besonderheit stellen die Fälle dar, in denen seitens des **Vertragsarztes und zugleich auch des MDK** aufgrund einer fehlerhaften ärztlichen Beurteilung irrtümlich Arbeitsfähigkeit angenommen wird. Diese objektive Fehlbeurteilung hat zur Folge, dass eine ärztliche Feststellung über das (Weiter-)Bestehen der AU nicht getroffen wird und daher auch keine Meldung erfolgen kann. Fällt jedoch der Umstand der fehlenden ärztlichen Feststellung in den Verantwortungsbereich der Krankenkasse, kann der Anspruch auf Krankengeld trotz der Regelung in § 46 Satz 1 Nr. 2 rückwirkend entstehen (vgl Rn 9 und 10 zu § 46).[66] Dann ist die Meldung vom Versicherten innerhalb der zeitlichen Grenzen des § 49 Abs. 1 Nr. 5 nach Kenntnis von der Fehlbeurteilung zu machen.[67] 33

VIII. Freistellung von der Arbeitsleistung nach § 7 Abs. 1 a SGB IV (Abs. 1 Nr. 6)

Ist der Arbeitnehmer bei einer flexiblen Arbeitszeitregelung nach § 7 Abs. 1 a SGB IV von der Arbeitsleistung freigestellt, ruht der Anspruch auf Krankengeld. Während der Freistellungsphase braucht keine Arbeitsleistung erbracht zu werden. Daher lässt auch der Wegfall der Arbeitsfähigkeit infolge Krankheit den Anspruch auf Auszahlung des angesparten Arbeitsentgelts unberührt.[68] 34

IX. Wahlerklärung nach § 44 Abs. 2 Satz 1 Nr. 3 (Abs. 1 Nr. 7)

Mit dem Gesetz zur Änderung arzneimittelrechtlicher und anderer Vorschriften vom 17.7.2009 (BGB. I 1990) ist dem in § 44 Abs. 2 Satz 1 Nr. 3 genannten Personenkreis ab 1.8.2009 die Option eröffnet worden, zu erklären, dass die Mitgliedschaft den Anspruch auf Krankengeld umfassen soll (vgl Rn 24 zu § 44). Dieser Krankengeldanspruch ruht während der ersten sechs Wochen der Arbeitsunfähigkeit. 35

X. Übergangsvorschriften (Abs. 2)

In dieser Regelung sind Übergangsregelungen enthalten, die streitige Ansprüche vor dem 1.1.1990 betreffen.[69] 36

XI. Aufstockungsverbot (Abs. 3)

Die durch das Gesetz zur Entlastung der Beiträge in der gesetzlichen Krankenversicherung vom 1.11.1996 (Beitragsentlastungsgesetz; BGBl. I S. 1631) zum 1.1.1997 eingefügte Regelung hat den Zweck, zu verhindern, dass gesetzlich 37

65 BSG 28.10.1981, 3 RK 59/80, BSGE 52, 254, 260 = SozR 2200 § 216 Nr. 5 = NJW 1982, 715; vgl hierzu Schmidt in Peters Handbuch KV II SGB V § 49 Rn 116 mit dem Hinweis, dass wegen der geänderten Vordrucke idR nicht mehr von einem schützwürdigen Vertrauen des Versicherten ausgegangen werden kann.
66 BSG 8.11.2005, B 1 KR 30/04 R, BSGE 95, 219, 225 = BSG SozR 4-2500 § 46 Nr. 1 Rn 22.
67 BSG 8.11.2005, B 1 KR 30 /04 R, BSG SozR 4-2500 § 46 Nr. 1 Rn 28.
68 Schmidt in Peters, Handb KV II SGB V § 49 Rn. 117.
69 Noftz in Hauck/Noftz, SGB V K § 49 Rn 85 ff.

vorgesehene verminderte Entgelt- oder Entgeltersatzleistungen zu Lasten der Krankenversicherung ganz oder teilweise ausgeglichen werden.[70] Hierzu könnte es kommen, wenn das zustehende Krankengeld höher ist als das gesenkte Entgelt bzw die Entgeltersatzleistung. Ruht nämlich nach einzelnen Tatbeständen des § 49 Abs. 1 das Krankengeld nur, „soweit" die genannten Leistungen bezogen werden, ist grundsätzlich der Differenzbetrag zwischen der anderen Sozialleistung und dem höherem Krankengeld zu bezahlen (sog. Krankengeld-Spitzbetrag). Mit der Regelung des Abs. 3 soll die auf einem Gesetz beruhende Minderung der Entgelt- oder Entgeltersatzleistung nicht durch die Zahlung von Krankengeld ganz oder teilweise wieder ausgeglichen werden. Dabei ist unter Entgeltleistung das Arbeitsentgelt iSd § 49 Abs. 1 Nr. 1 und unter Entgeltersatzleistungen die Leistungen des § 49 Abs. 1 Nr. 3–4 zu verstehen.[71] Im Fall der Nr. 3 a kommt die Zahlung eines Krankengeld-Spitzbetrages mangels einer „Soweit"-Klausel ohnehin nicht in Betracht.

38 Die Senkung muss aufgrund gesetzlicher Vorschriften erfolgen. Dies ist etwa der Fall, wenn durch Gesetz die Regeln über die Leistungshöhe geändert werden und dadurch die Leistung niedriger wird.[72] Dabei muss die Senkung aufgrund der gesetzlichen Bestimmungen tatsächlich vorgenommen worden sein. Wird die Entgelt- oder Entgeltersatzleistung in unverminderter Höhe ausgezahlt, weil darauf nach tarifvertraglichen oder einzelvertraglichen Regelungen Anspruch besteht, greift das Aufstockungsverbot nicht.[73]

XII. Erstattungsanspruch gegen die Krankenkasse (Abs. 4)

39 Mit dem Inkrafttreten des SGB IX zum 1.7.2001 wurden die Möglichkeiten der Inanspruchnahme von Übergangsgeld wesentlich erweitert. Diese Rechtsänderung wiederum führte ebenfalls mit Wirkung vom 1.7.2001 zur Einfügung des Abs. 4 in § 49.[74] Der Gesetzgeber ging davon aus, dass mit den Rechtsänderungen eine größere Anzahl von Fällen auftritt, in denen die anderen Rehabilitationsträger finanziell belastet werden.[75] Diese Belastung wurde angenommen, weil der Anspruch auf Krankengeld wegen der Leistung dieser anderen Sozialversicherungsträger nach § 49 ruht. Diese sollen deshalb in den Fällen des Abs. 4 verlangen können, dass ihnen die Aufwendungen ganz oder teilweise erstattet werden. Die Einzelheiten sollen in den nach § 13 Abs. 2 Nr. 7 SGB IX vereinbarten gemeinsamen Empfehlungen geregelt werden.

§ 275 Begutachtung und Beratung

(1) Die Krankenkassen sind in den gesetzlich bestimmten Fällen oder wenn es nach Art, Schwere und Dauer oder Häufigkeit der Erkrankung oder nach dem Krankheitsverlauf erforderlich ist, verpflichtet,

70 BT-Drucks. 13/5099, S. 17.
71 KassKomm-Höfler § 49 SGB V Rn 24.
72 KassKomm-Höfler § 49 SGB V Rn 25.
73 Schmidt in Peters, Handb KV II SGB V § 49 Rn 119.
74 KassKomm-Höfler § 49 SGB V Rn 28; Schmidt in Peters, Handb KV II SGB V § 49 Rn 124.
75 BT-Drucks. 14/5074, S.118.

1. bei Erbringung von Leistungen, insbesondere zur Prüfung von Voraussetzungen, Art und Umfang der Leistung, sowie bei Auffälligkeiten zur Prüfung der ordnungsgemäßen Abrechnung,
2. zur Einleitung von Leistungen zur Teilhabe, insbesondere zur Koordinierung der Leistungen und Zusammenarbeit der Rehabilitationsträger nach den §§ 10 bis 12 des Neunten Buches, im Benehmen mit dem behandelnden Arzt,
3. bei Arbeitsunfähigkeit
   a) zur Sicherung des Behandlungserfolgs, insbesondere zur Einleitung von Maßnahmen der Leistungsträger für die Wiederherstellung der Arbeitsfähigkeit, oder
   b) zur Beseitigung von Zweifeln an der Arbeitsunfähigkeit

eine gutachtliche Stellungnahme des Medizinischen Dienstes der Krankenversicherung (Medizinischer Dienst) einzuholen.

(1 a) Zweifel an der Arbeitsunfähigkeit nach Absatz 1 Nr. 3 Buchstabe b sind insbesondere in den Fällen anzunehmen, in denen

a) Versicherte auffällig häufig oder auffällig häufig nur für kurze Dauer arbeitsunfähig sind oder der Beginn der Arbeitsunfähigkeit häufig auf einen Arbeitstag am Beginn oder am Ende einer Woche fällt oder
b) die Arbeitsunfähigkeit von einem Arzt festgestellt worden ist, der durch die Häufigkeit der von ihm ausgestellten Bescheinigungen über Arbeitsunfähigkeit auffällig geworden ist.

Die Prüfung hat unverzüglich nach Vorlage der ärztlichen Feststellung zu erfolgen. Der Arbeitgeber kann verlangen, dass die Krankenkasse eine gutachtliche Stellungnahme des Medizinischen Dienstes zur Überprüfung der Arbeitsunfähigkeit einholt. Die Krankenkasse kann von einer Beauftragung des Medizinisches Dienstes absehen, wenn sich die medizinischen Voraussetzungen der Arbeitsunfähigkeit eindeutig aus den der Krankenkasse vorliegenden ärztlichen Unterlagen ergeben.

(1 b) Der Medizinische Dienst überprüft bei Vertragsärzten, die nach § 106 Abs. 2 Satz 1 Nr. 2 geprüft werden, stichprobenartig und zeitnah Feststellungen der Arbeitsunfähigkeit. Die in § 106 Abs. 2 Satz 4 genannten Vertragspartner vereinbaren das Nähere.

(1 c) Bei Krankenhausbehandlung nach § 39 ist eine Prüfung nach Absatz 1 Nr. 1 zeitnah durchzuführen. Die Prüfung nach Satz 1 ist spätestens sechs Wochen nach Eingang der Abrechnung bei der Krankenkasse einzuleiten und durch den Medizinischen Dienst dem Krankenhaus anzuzeigen. Falls die Prüfung nicht zu einer Minderung des Abrechnungsbetrages führt, hat die Krankenkasse dem Krankenhaus eine Aufwandspauschale in Höhe von 300 Euro zu entrichten.

(2) Die Krankenkassen haben durch den Medizinischen Dienst prüfen zu lassen

1. die Notwendigkeit der Leistungen nach den §§ 23, 24, 40 und 41 unter Zugrundelegung eines ärztlichen Behandlungsplans in Stichproben vor Bewilligung und regelmäßig bei beantragter Verlängerung; der Spitzenverband Bund der Krankenkassen regelt in Richtlinien den Umfang und die Auswahl der Stichprobe und kann Ausnahmen zulassen, wenn Prüfungen nach Indikation und Personenkreis nicht notwendig erscheinen; dies gilt insbesondere für Leistungen zur medizinischen Rehabilitation im Anschluß an eine Krankenhausbehandlung (Anschlußheilbehandlung),

2. (aufgehoben)
3. bei Kostenübernahme einer Behandlung im Ausland, ob die Behandlung einer Krankheit nur im Ausland möglich ist (§ 18),
4. ob und für welchen Zeitraum häusliche Krankenpflege länger als vier Wochen erforderlich ist (§ 37 Abs. 1),
5. ob Versorgung mit Zahnersatz aus medizinischen Gründen ausnahmsweise unaufschiebbar ist (§ 27 Abs. 2).

(3) Die Krankenkassen können in geeigneten Fällen durch den Medizinischen Dienst prüfen lassen

1. vor Bewilligung eines Hilfsmittels, ob das Hilfsmittel erforderlich ist (§ 33); der Medizinische Dienst hat hierbei den Versicherten zu beraten; er hat mit den Orthopädischen Versorgungsstellen zusammenzuarbeiten,
2. bei Dialysebehandlung, welche Form der ambulanten Dialysebehandlung unter Berücksichtigung des Einzelfalles notwendig und wirtschaftlich ist,
3. die Evaluation durchgeführter Hilfsmittelversorgungen,
4. ob Versicherten bei der Inanspruchnahme von Versicherungsleistungen aus Behandlungsfehlern ein Schaden entstanden ist (§ 66).

(3 a) Ergeben sich bei der Auswertung von Unterlagen über die Zuordnung von Patienten zu den Behandlungsbereichen nach § 4 der Psychiatrie-Personalverordnung in vergleichbaren Gruppen Abweichungen, so können die Landesverbände der Krankenkassen und die Verbände der Ersatzkassen die Zuordnungen durch den Medizinischen Dienst überprüfen lassen; das zu übermittelnde Ergebnis der Überprüfung darf keine Sozialdaten enthalten.

(4) Die Krankenkassen und ihre Verbände sollen bei der Erfüllung anderer als der in Absatz 1 bis 3 genannten Aufgaben im notwendigen Umfang den Medizinischen Dienst und andere Gutachterdienste zu Rate ziehen, insbesondere für allgemeine medizinische Fragen der gesundheitlichen Versorgung und Beratung der Versicherten, für Fragen der Qualitätssicherung, für Vertragsverhandlungen mit den Leistungserbringern und für Beratungen der gemeinsamen Ausschüsse von Ärzten und Krankenkassen, insbesondere der Prüfungsausschüsse.

(5) Die Ärzte des Medizinischen Dienstes sind bei der Wahrnehmung ihrer medizinischen Aufgaben nur ihrem ärztlichen Gewissen unterworfen. Sie sind nicht berechtigt, in die ärztliche Behandlung einzugreifen.

I. Vorbemerkung

1 Vorgänger des Medizinischen Dienstes der Krankenversicherung (MDK) war der „Vertrauensärztliche Dienst" (VäD). Die Ablösung des VäD durch den MDK erfolgte zum 1.1.1989 durch das Gesundheits-Reformgesetz vom 20.12.1988 (GRG, BGBl. I, S. 2477). Der MDK ist als Arbeitsgemeinschaft der Krankenkassen strukturiert (§ 278). In jedem Bundesland besteht eine eigene Arbeitsgemeinschaft, wobei es in Nordrhein-Westfalen zwei Medizinische Dienste gibt. Ein länderübergreifender MDK besteht in Berlin und Brandenburg mit Sitz in Potsdam. Die Medizinischen Dienste Hamburg und Schleswig-Holstein bilden den MDK Nord. Die Zusammenarbeit mit der Krankenversicherung und die Sicherstellung einer einheitlichen Begutachtung ist Gegenstand von Richtlinien des Spitzenverbandes Bund der Krankenkassen (vgl § 282 Abs. 2 Satz 3). Diese vor dem 1.7.2008 bereits den Spitzenverbänden der Krankenkassen übertragene

Aufgabe hat zur Richtlinie vom 27.8.1990 über die Zusammenarbeit der Krankenkassen mit dem Medizinischen Diensten der Krankenversicherung geführt.

Mit der Regelung in § 275 werden die Aufgaben- und Tätigkeitsfelder des MDK 2 beschrieben. Ihm werden im Einzelnen die Aufgaben der Begutachtung, Beratung und Prüfung zugewiesen. In unterschiedlichen Ausprägungen wird die Krankenkasse verpflichtet, den MDK einzuschalten. Hat die Krankenkasse im Rahmen des § 275 Abs. 1 bei der Frage der Einholung einer gutachtlichen Stellungnahme regelmäßig einen Beurteilungsspielraum, trifft sie in den Fällen des § 275 Abs. 2 eine Verpflichtung zur Einschaltung des MDK. In den Fällen des § 275 Abs. 3 wiederum steht es im pflichtgemäßen Ermessen der Krankenkasse, den MDK in den genannten Fällen prüfen zu lassen. Darüber hinaus sind dem Aufgabenkreis des MDK auch die Prüfung von Handlungsalternativen und die Beratung von Versorgungsfragen zugewiesen worden (vgl § 275 Abs. 3 a, Abs. 4). Beim Leistungsbezug von Krankengeld durch Versicherte ist zu unterscheiden. Für die Beurteilung der Arbeitsunfähigkeit als solcher und der Sicherung des Behandlungserfolges sind in § 275 Abs. 1 Nr. 3 und Abs. 1 a Regelungen enthalten. Damit ist aber nur ein Teil des medizinischen Aufklärungsbedarfs im Zusammenhang mit der Sozialleistung Krankengeld erfasst. So können bspw auch Stellungnahmen des MDK erforderlich werden, um zu klären, ob während der Arbeitsunfähigkeit eine weitere Krankheit hinzugetreten ist (§ 48 Abs. 1 Satz 2). Die im Zusammenhang mit der Höchstanspruchsdauer des Krankengeldes nach § 48 aufklärungsbedürftigen medizinischen Sachverhalte können nach § 275 Abs. 1 Nr. 1 dem MDK zugeleitet werden, denn der Anspruch auf Krankengeld hängt bei der Beurteilung der Höchstanspruchsdauer insbesondere von der Art und der Häufigkeit der Erkrankung(en) ab. Die Einleitung einer Überprüfung im Zusammenhang mit der Höchstanspruchsdauer des Krankengeldes dürfte regelmäßig durch die in den Arbeitsunfähigkeitsbescheinigungen für die Krankenkassen angegebenen Diagnosen veranlasst sein (vgl Rn 6 zu § 46).

Beispiel: Auf einer Arbeitsunfähigkeits-Folgebescheinigung wird neben der bislang aufgeführten orthopädischen Diagnose nunmehr eine Diagnose über eine Herzerkrankung angeführt. Dies kann eine Prüfung nach sich ziehen, ob es sich bei der Herzerkrankung um eine hinzugetretene Erkrankung handelt.

II. Gutachtliche Stellungnahmen des MDK bei Arbeitsunfähigkeit (Abs. 1 Nr. 3, Abs. 1 a)

1. Zur Sicherung des Behandlungserfolges (Abs. 1 Nr. 3 a)

Eines der beiden Ziele bei der Begutachtung der Arbeitsunfähigkeit ist die Si- 3 cherstellung des Behandlungserfolges. Der MDK soll in der Stellungnahme die Leistungen bezeichnen, die zur Wiederherstellung der Arbeitsfähigkeit erforderlich sind.[1] Mit der Stellungnahme des MDK soll Aufschluss darüber gegeben werden, inwieweit etwa die Anwendung von Heilmitteln (zB physikalische Therapie, Ergotherapie) angezeigt ist oder etwa auch ambulante/stationäre Leistungen der Rehabilitation erforderlich sind. Dabei ist der MDK nicht auf das Spektrum der Leistungen der Krankenkasse beschränkt, da in der Vorschrift die „Leistungsträger" schlechthin genannt werden. Folglich kann der Vorschlag des MDK etwa auch Leistungen zur medizinischen Rehabilitation und zur Teilhabe

1 Knorr/Krasney § 275 SGB V Rn 8.

am Arbeitsleben im Sinne der § 15 ff SGB VI umfassen.[2] Mit dieser Regelung wird auch deutlich gemacht, dass dem MDK eine Leitfunktion für Rehabilitationsmaßnahmen zukommt.[3]

2. Zur Beseitigung von Zweifeln an der Arbeitsunfähigkeit (Abs. 1 Nr. 3 b, Abs. 1 a)

4 Es müssen keine „begründeten Zweifel" an der Arbeitsunfähigkeit bestehen. Seit der Gesetzesänderung durch das Pflege-Versicherungsgesetz vom 26.5.1994 (PflegeVG, BGBl. I S. 1014), mit dem Nr. 3 b ab 1.1.1995 neu gefasst wurde, genügen **Zweifel an der Arbeitsunfähigkeit** (vgl auch § 5 EFZG Rn 105). Dabei können sich die Zweifel auf das Bestehen der Arbeitsunfähigkeit und auf das Fortbestehen der Arbeitsunfähigkeit beziehen.[4] Sie können daher auch während der Arbeitsunfähigkeit auftreten.

5 Abs. 1 a trifft eine Regelung, in welchen Fällen Zweifel an der Arbeitsunfähigkeit anzunehmen sind und die Einholung einer Stellungnahme des MDK erforderlich ist. Dabei wird durch den Wortlaut des Gesetzes – „insbesondere" – deutlich gemacht, dass insoweit **keine abschließende Regelung** getroffen wurde. Hinsichtlich der **Zweifel** ist zu unterscheiden, ob diese **versichertenbezogen** (Abs. 1 a Satz 1 Buchstabe a) oder **arztbezogen** (Abs. 1 a Satz 1 Buchstabe b) sind. Zweifel sollen insbesondere anzunehmen sein, wenn Versicherte auffällig häufig oder auffällig häufig nur für kurze Dauer arbeitsunfähig sind oder der Beginn der Arbeitsunfähigkeit häufig auf einen Arbeitstag am Beginn oder am Ende einer Woche fällt (Abs. 1 a Satz 1 Buchstabe a, vgl insb. zum letztgenannten Fall, die Ausführungen zu § 5 EFZG Rn 107). Der Begriff der Häufigkeit wurde im Bericht des Ausschusses für Arbeit und Sozialordnung[5] dahingehend beschrieben, dass eine Wiederholung vorliegt, die nach allgemeiner Lebenserfahrung nicht plausibel erscheint. Um die Häufigkeit beurteilen zu können, muss aber das Auftreten der AU zur Dauer des jeweiligen zu beurteilenden Zeitabschnittes ins Verhältnis gesetzt werden.[6] Alleine die Häufigkeit genügt nicht, denn sie kann sich durchaus auch medizinisch erklären. Über die im Gesetz genannten Fälle hinaus liegen Zweifel immer vor, wenn Diagnose oder Befundbericht eine Arbeitsunfähigkeit nicht plausibel erscheinen lassen.[7] Dies kann etwa der Fall sein, wenn zweifelhaft ist, ob der angegebene Befund eine bestimmte zeitliche Fortdauer der Arbeitsunfähigkeit nach sich zieht. Arbeitsunfähigkeitsbescheinigungen, die nicht auf einer Untersuchung beruhen, können schon aus diesem Grunde eine Kontrolle erforderlich machen (vgl zur Notwendigkeit der Untersuchung durch den bescheinigenden Arzt, Rn 5 zu § 46).[8] **Arztbezogen** sind Zweifel an der Arbeitsunfähigkeit insbesondere, wenn etwa die Arbeitsunfähigkeit von einem Arzt festgestellt worden ist, der durch die Häufigkeit der von ihm ausgestellten Bescheinigungen über Arbeitsunfähigkeit auffällig geworden ist (Abs. 1 a Satz 1 Buchstabe b). Darüber hinaus können unklare Befunde des Arztes oder dessen Hinweis, dass eine Begutachtung durch den MDK angezeigt sei,

2 Gerlach in Hauck/Noftz, SGB V K § 275 Rn 18.
3 Peters, Handb KV II SGB V § 275 Rn 15.
4 Krauskopf-Baier, SozKV, § 275 SGB V Rn 9.
5 BT-Drucks. 12/5952.
6 Knorr/Krasney § 275 SGB V Rn 4.
7 Knorr/Krasney § 275 SGB V Rn 5.
8 Schmidt in Peters, Handb KV II SGB V § 44 Rn 134 mN.

Zweifel an der Arbeitsunfähigkeit begründen.[9] Ebenso kann es sich verhalten, wenn ein Arzt eine schwierig zu stellende Diagnose außerhalb seines Fachgebietes abgibt.[10] Es kann aber auch eine Überprüfung geboten sein, wenn der Versicherte selbst gegenüber der Krankenkasse ins Gewicht fallende Einwände gegen die Beurteilung des bisher behandelnden Arztes vorbringt, der den Versicherten wieder als arbeitsfähig beurteilt (vgl bezüglich weiterer Anlässe für Zweifel § 5 EFZG Rn 108).[11]

In der seit 1.1.1995 durch das Pflege-Versicherungsgesetz geltenden Fassung kann der **Arbeitgeber eine Überprüfung** der Arbeitsunfähigkeit seines Arbeitnehmers **verlangen**, ohne dass er die Zweifel an der Arbeitsunfähigkeit darlegen oder begründen zu muss (§ 275 Abs. 1 a Satz 3; vgl auch § 5 EFZG Rn 109). Es ist dann grundsätzlich eine gutachtliche Stellungnahme des MDK einzuholen. Die Krankenkasse kann davon nur absehen, wenn sich die medizinischen Voraussetzungen der Arbeitsunfähigkeit eindeutig aus den der Krankenkasse vorliegenden ärztlichen Unterlagen ergeben (§ 275 Abs. 1 a Satz 4; vgl auch § 5 EFZG Rn 110). Dies dürfte der Fall sein, wenn sich allein aus der in der Arbeitsunfähigkeit angegebenen Diagnose mit Sicherheit Arbeitsunfähigkeit ergibt. Dies ist etwa bei einem Bruch des Handgelenkes eines Schneiders, des Beinbruchs eines Fahrradboten oder des Bandscheibenvorfalls eines Maurers der Fall. Dabei kann die Krankenkasse von der vom Arzt bescheinigten Diagnose ausgehen und nach Aktenlage entscheiden.[12] Wird von der Einholung einer gutachtlichen Stellungnahme des MDK abgesehen, bedarf es keiner Begründung gegenüber dem Arbeitgeber.[13] Andernfalls könnte der Arbeitgeber indirekt Kenntnis vom Inhalt der ärztlichen Unterlagen erhalten. In § 275 Abs. 1 b sind ferner Zufälligkeitsüberprüfungen von Feststellungen der Arbeitsunfähigkeit vorgeschrieben. 6

III. Unabhängigkeit der Ärzte des MDK (Abs. 5)

Die Unabhängigkeit bei der Wahrnehmung der medizinischen Aufgaben durch die Ärzte des MDK wird umfassend gewährleistet (vgl auch § 5 EFZG Rn 111). Daher besteht die **Unabhängigkeit** insoweit nicht nur **gegenüber den Krankenkassen**, sondern auch **gegenüber ihrer eigenen Organisation.**[14] Der MDK entscheidet selbst darüber, ob er eine körperliche Untersuchung für angezeigt hält (die Regel sind dann sog. symptombezogene Untersuchungen) oder eine Beurteilung nach Aktenlage für ausreichend erachtet. Die Ärzte des MDK sind bei der Wahrnehmung ihrer Aufgaben nur ihrem ärztlichen Gewissen unterworfen. Die ausdrückliche Klarstellung in Abs. 5 dient dazu, den Anschein eines Weisungsverhältnisses zwischen den Kranken- oder Pflegekassen und den Ärzten des MDK auszuschließen.[15] Zugleich haben die Ärzte des MDK ihre Stellungnahmen aber nur mit medizinischen Erkenntnissen zu begründen. Anderes Wissen oder andere Vorstellungen, etwa politischer, konfessioneller oder sozialpolitischer Art, dürfen keinen Eingang in ihre Stellungnahmen finden.[16] Die Vorschrift stellt 7

9 Knorr/Krasney § 275 SGB V Rn 5.
10 Kruse in LPK-SGB V, § 275 SGB V Rn 10.
11 Schmidt in Peters, Handb KV II SGB V § 44 Rn 135.
12 Krauskopf-Baier § 275 SGB V Rn 11.
13 Gerlach in Hauck/Noftz, SGB V K § 275 Rn 20.
14 Krauskopf-Baier, SozKV, § 275 SGB V Rn 24.
15 BSG 14.12.2000, B 3 P 5/00 R, SozR 3-3300 § 15 Nr. 11, S. 35 = NJW 2001, 3431 f.
16 Peters, Handb KV II SGB V § 275 SGB V Rn 49.

in Abs. 5 Satz 2 klar, dass die Ärzte des MDK nicht berechtigt sind, in die ärztliche Behandlung einzugreifen. Zwar kann die gutachtliche Stellungnahme die Behandlung des Arztes beeinflussen, aber sie hat im Einzelfall dem behandelnden Arzt die Auswahl unter einer Vielzahl von Therapiemöglichkeiten zu überlassen.[17]

17 BT-Drucks. 11/2237, S. 232.

Tarifvertrag für den öffentlichen Dienst (TVöD)

Vom 13. September 2005

geändert durch Änderungs-TV Nr. 2 vom 31. März 2008

– Auszug –

Vorbemerkung zu §§ 21, 22 TVöD

Die Regelungen des Tarifvertrages für den öffentlichen Dienst (TVöD) weisen, nachdem die gesetzlichen Regelungen nach § 13 EFZG weitestgehend unabdingbar sind, im Hinblick auf die gesetzlich geregelten Sachverhalte und Tatbestände keine wesentlichen Besonderheiten oder Abweichungen hinsichtlich der gesetzlichen Entgeltfortzahlungsregelungen auf. Dennoch ergeben sich zahlreiche Besonderheiten durch Entgeltfortzahlungsregelungen, die gesetzlich nicht vorgesehen sind oder die die Handhabung bestimmter Sachverhalte im Zusammenhang mit der Entgeltfortzahlung betreffen. Auf diese Regelungen soll im Folgenden eingegangen werden. Im Übrigen wird auf die entsprechenden Ausführungen zu den Normen des EFZG verwiesen.

§ 21 Bemessungsgrundlage für die Entgeltfortzahlung

[1]In den Fällen der Entgeltfortzahlung nach § 6 Abs. 3 Satz 1, § 22 Abs. 1, § 26, § 27 und § 29 werden das Tabellenentgelt sowie die sonstigen in Monatsbeträgen festgelegten Entgeltbestandteile weitergezahlt. [2]Die nicht in Monatsbeträgen festgelegten Entgeltbestandteile werden als Durchschnitt auf Basis der dem maßgebenden Ereignis für die Entgeltfortzahlung vorhergehenden letzten drei vollen Kalendermonate (Berechnungszeitraum) gezahlt. [3]Ausgenommen hiervon sind das zusätzlich für Überstunden und Mehrarbeit gezahlte Entgelt (mit Ausnahme der im Dienstplan vorgesehenen Überstunden und Mehrarbeit), Leistungsentgelte, Jahressonderzahlungen sowie besondere Zahlungen nach § 23 Abs. 2 und 3.

Protokollerklärungen zu den Sätzen 2 und 3:

1. ***Volle Kalendermonate im Sinne der Durchschnittsberechnung nach Satz 2 sind Kalendermonate, in denen an allen Kalendertagen das Arbeitsverhältnis bestanden hat. Hat das Arbeitsverhältnis weniger als drei Kalendermonate bestanden, sind die vollen Kalendermonate, in denen das Arbeitsverhältnis bestanden hat, zugrunde zu legen. Bei Änderungen der individuellen Arbeitszeit werden die nach der Arbeitszeitänderung liegenden vollen Kalendermonate zugrunde gelegt.***
2. ***Der Tagesdurchschnitt nach Satz 2 beträgt bei einer durchschnittlichen Verteilung der regelmäßigen wöchentlichen Arbeitszeit auf fünf Tage 1/65 aus der Summe der zu berücksichtigenden Entgeltbestandteile, die für den Berechnungszeitraum zugestanden haben. Maßgebend ist die Verteilung der Arbeitszeit zu Beginn des Berechnungszeitraums. Bei einer abweichen-***

den Verteilung der Arbeitszeit ist der Tagesdurchschnitt entsprechend Satz 1 und 2 zu ermitteln. Sofern während des Berechnungszeitraums bereits Fortzahlungstatbestände vorlagen, bleiben die in diesem Zusammenhang auf Basis der Tagesdurchschnitte gezahlten Beträge bei der Ermittlung des Durchschnitts nach Satz 2 unberücksichtigt.

3. *Tritt die Fortzahlung des Entgelts nach einer allgemeinen Entgeltanpassung ein, ist die/der Beschäftigte so zu stellen, als sei die Entgeltanpassung bereits mit Beginn des Berechnungszeitraums eingetreten.*

I. Allgemeines

1 Mit § 21 TVöD wird die Bemessungsgrundlage zur Ermittlung der Höhe des Entgelts für verschiedene Entgeltfortzahlungstatbestände, unter anderem für die Entgeltfortzahlung nach § 22 TVöD bestimmt. Dabei wird unterschieden zwischen den in § 21 Satz 1 TVöD geregelten **„in Monatsbeträgen festgelegten Entgeltbestandteilen"**, für die das Lohnausfallprinzip gilt und den in § 21 Satz 2 TVöD geregelten **„nicht in Monatsbeträgen festgelegten Entgeltbestandteilen"** hinsichtlich deren Ermittlung sich die Tarifvertragsparteien für das Referenzprinzip in Gestalt eines arbeitstäglichen Tagesdurchschnitts entschieden haben.

2 Nach § 21 Satz 3 TVöD ausdrücklich von einer Berücksichtigung bei der Bemessungsgrundlage ausgenommen sind das zusätzlich für nicht im Dienstplan vorgesehene Überstunden und Mehrarbeit gezahlte Entgelt, Leistungsentgelte (§ 18 TVöD), Jahressonderzahlungen (§ 20 TVöD) sowie als besondere Zahlungen das Jubiläumsgeld (§ 23 Abs. 2 TVöD) und das Sterbegeld (§ 23 Abs. 3 TVöD).

II. In Monatsbeträgen festgelegte Entgeltbestandteile

3 Nach § 21 TVöD werden – unter anderem im Falle einer die Entgeltfortzahlungspflicht nach § 22 TVöD auslösenden Erkrankung – das Tabellenentgelt sowie die sonstigen in Monatsbeträgen festgelegten Entgeltbestandteile weitergezahlt. Damit ist das **Tabellenentgelt** nach § 15 TVöD und **alle sonstigen in Monatsbeträgen festgelegten Entgeltbestandteile** fortzuzahlen, wie zB die im TVÜ-Bund und im TVÜ-VKA geregelten Besitzstandszulagen nach deren §§ 9, 10 und 11 sowie der in deren § 12 geregelte Strukturausgleich oder die in § 14 TVöD geregelte persönliche Zulage bei vorübergehender Übertragung höherwertiger Tätigkeiten. Hierzu gehören aber auch die **vermögenswirksamen Leis-**

tungen, die nach § 23 Abs. 1 Satz 4 TVöD fortzuzahlen sind, nachdem dort geregelt ist, dass der Anspruch auf vermögenswirksame Leistungen auch für Zeiten der Entgeltfortzahlung besteht.

III. Nicht in Monatsbeträgen festgelegte Entgeltbestandteile

Die auch als „**unständige Entgeltbestandteile**" bezeichneten, **nicht in Monatsbeträgen festgelegten Entgeltbestandteile** finden nach § 21 Satz 2 TVöD als **Tagesdurchschnitt** der letzten drei vollen Kalendermonate Eingang in die Bemessungsgrundlage des fortzuzahlenden Entgelts. 4

1. Berechnungszeitraum

Als Berechnungszeitraum hinsichtlich der Berücksichtigung der nicht in Monatsbeträgen festgelegten Entgeltbestandteile in die Bemessungsgrundlage für die Entgeltfortzahlung haben die Tarifvertragsparteien in § 21 Satz 2 TVöD **die letzten drei** dem maßgebenden Ereignis **vorhergehenden vollen Kalendermonate** festgelegt. Dabei ist maßgebendes Ereignis im Sinne der Entgeltfortzahlung bei Krankheit nach § 22 TVöD der Beginn der Arbeitsunfähigkeit. Auch im Falle einer länger, dh über einen Monat andauernden Entgeltfortzahlung verbleibt es bei diesem mit dem Eintreten der Arbeitsunfähigkeit beginnenden Berechnungszeitraums, eine Neuberechnung erfolgt nicht. 5

Nach der Protokollerklärung Nr. 1 zu den Sätzen 2 und 3 des § 21 TVöD sind nur **volle Kalendermonate** und damit solche Kalendermonate in den Berechnungszeitraum einzubeziehen, in denen **an allen Kalendertagen das Arbeitsverhältnis bestanden** hat. Hat das Arbeitsverhältnis weniger als drei volle Kalendermonate bestanden, sind nur die Kalendermonate zugrunde zu legen, in denen das Arbeitsverhältnis bestanden hat. Anders als noch im BAT ändert sich der Berechnungszeitraum im bestehenden Arbeitsverhältnis auch dann nicht, wenn, aus welchen Gründen auch immer, ein Entgeltanspruch nicht bestanden hat.[1] 6

Weiter werden bei **Änderungen der individuellen Arbeitszeit** nach der Protokollerklärung Nr. 1 zu den Sätzen 2 und 3 des § 21 TVöD als Berechnungszeitraum **nur die vollen Kalendermonate nach der Arbeitszeitänderung** zugrunde gelegt. 7

2. Unständige Entgeltbestandteile und „zugestanden haben"

Nach der Protokollerklärung Nr. 2 zu den Sätzen 2 und 3 des § 21 TVöD beträgt der Tagesdurchschnitt nach § 21 Satz 2 bei einer durchschnittlichen Verteilung der regelmäßigen wöchentlichen Arbeitszeit auf fünf Tage $^{1}/_{65}$ aus der Summe der zu berücksichtigenden Entgeltbestandteile, die für den Berechnungszeitraum **zugestanden** haben. Da sich der Tagesdurchschnitt aus den unständigen Entgeltbestandteilen der vorhergehenden letzten drei vollen Kalendermonate errechnet, stellt sich hier die Frage, ob damit die Zulagen gemeint sind, die **tatsächlich in den letzten drei Monaten gezahlt** worden sind oder es sich dabei um solche Zulagen handelt, **die im Berechnungszeitraum erzielt** worden sind. 8

Nachdem nach § 24 Abs. 1 Satz 3 TVöD der Tagesdurchschnitt nach § 21 TVöD ebenso wie nicht in Monatsbeträgen festgelegte Entgeltbestandteile am Zahltag des zweiten Kalendermonats fällig sind, der auf ihre Entstehung folgt, wird dieses 9

1 Breier/Dassau/Kiefer/Lang/Langenbrinck, TVöD, § 21 Rn 11.

mögliche unterschiedliche Verständnis tatsächlich praxisrelevant. So wird der Satzteil der Protokollerklärung „*zugestanden haben*" für den Anwendungsbereich des TVöD-Bund dahin verstanden, dass die Zulagen maßgebend sind, die für die letzten drei Kalendermonate „erzielt" bzw „erarbeitet" wurden und es deshalb nicht darauf ankommt, welche unständigen Entgeltbestandteile im Berechnungszeitraum fällig waren.[2]

10 Im Bereich des TVöD-VKA wird hingegen davon ausgegangen, der Satzteil der Protokollerklärung „*zugestanden haben*" sei dahin zu verstehen, dass unständigen Entgeltbestandteile dann zugrunde zu legen sind, wenn sie im Berechnungszeitraum tatsächlich als Zahlbetrag zugestanden haben und damit auch fällig gewesen sind.[3]

3. Entgelterhöhungen und unständige Entgeltbestandteile

11 Kommt es zu einer **allgemeinen Entgeltanpassung** durch zB Tarifsteigerungen, dann ist der Beschäftigte nach der Protokollerklärung Nr. 3 zu den Sätzen 2 und 3 des § 21 TVöD so zu stellen, als sei die Entgeltanpassung bereits mit Beginn des Berechnungszeitraums eingetreten, wenn die Entgeltfortzahlungsverpflichtung zeitlich nach der allgemeinen Entgeltanpassung begonnen hat.

12 Beim Durchschnitt der unständigen Entgeltbestandteile im fortzuzahlenden Entgelt nicht zu berücksichtigen sind **individuelle Erhöhungen** des Entgelts, soweit sie **nach dem Ende des Berechnungszeitraums** eingetreten sind.

4. Tagesdurchschnitt in einer Fünftagewoche

13 Nach der Protokollerklärung Nr. 2 zu den Sätzen 2 und 3 des § 21 TVöD wird der **Tagesdurchschnitt** dadurch ermittelt, dass **bei einer Fünftagewoche** und einem Berechnungszeitraum von drei Monaten die Summe der unständigen Entgeltbestandteile gebildet und diese sodann mit dem **Faktor** $1/_{65}$ multipliziert wird, wobei es auf die tatsächliche Anzahl der Arbeitstage im zurückliegenden Dreimonatszeitraum nicht ankommt.

5. Tagesdurchschnitt bei abweichender Verteilung der Arbeitszeit

14 Nachdem das Entgelt für solche Tage gezahlt wird, an denen der Beschäftigte ohne die entgeltfortzahlungspflichtige Arbeitsunfähigkeit gearbeitet hätte, kommt es bei der Ermittlung des Tagesdurchschnitts wesentlich auf die **Verteilung der Arbeitszeit auf die Wochentage** an.

15 Bei einer von einer „regulären" Fünf-Tage-Woche **abweichenden Verteilung der Arbeitszeit** kann und **darf der Faktor** $1/_{65}$ **nicht angewendet werden.** Vielmehr soll der Tagesdurchschnitt dann nach Satz 3 der Protokollerklärung Nr. 2 zu den Sätzen 2 und 3 des § 21 TVöD „entsprechend" ermittelt werden. Deshalb ist in diesen Fällen zunächst der Monatsdurchschnitt aus der Summe der unständigen Entgeltbestandteile aus dem Berechnungszeitraum zu ermitteln. Dies geschieht dadurch, dass die Anzahl der Arbeitstage des maßgebenden Jahres stets durch 12, dh die Anzahl der Kalendermonate eines Jahres dividiert wird. Weiter ist bei dieser Berechnung zugrunde zu legen, dass das Kalenderjahr 52 Wochen umfasst.

2 Breier/Dassau/Kiefer/Lang/Langenbrinck, TVöD, § 21 Rn 15.
3 Breier/Dassau/Kiefer/Lang/Langenbrinck, TVöD, § 21 Rn 15 a.

Beispiel: Für einen an 4 Tagen pro Woche arbeitenden Beschäftigten ergäbe sich eine Tagesdurchschnitt von (4 x 52 = 208 Arbeitstage im Kalenderjahr dividiert durch 12 Monate = $^{3}/_{52}$ monatlich und damit ein Tagesdurchschnitt von ($^{3}/_{52}$ x 3 =) $^{1}/_{52}$.[4]

6. Kürzerer Berechnungszeitraum als 3 Monate

Zu einem abweichenden, nicht aus drei vollen Kalendermonaten bestehenden Berechnungszeitraum, kann es zB dann kommen, wenn sich die individuelle Arbeitszeit des Beschäftigten ändert oder ein Beschäftigter neu eingestellt wurde. Auch in diesen Fällen kann der Faktor $^{1}/_{65}$ bei der Berechnung des Tagesdurchschnitts nicht zur Anwendung kommen. Nach Satz 2 der Protokollerklärung Nr. 1 zu den Sätzen 2 und 3 des § 21 TVöD sind dann die vollen Kalendermonate, in denen das Arbeitsverhältnis bestanden hat, bzw nach Satz 3 der Protokollerklärung Nr. 1 zu den Sätzen 2 und 3 des § 21 TVöD die nach der Arbeitszeitänderung liegenden vollen Kalendermonate zugrunde zu legen. So wäre zB bei einem verkürzten Berechnungszeitraum von 2 Kalendermonaten bei einer Fünf-Tage-Woche von einem Faktor von $^{1}/_{43}$ (= 65 Arbeitstage x $^{2}/_{3}$) auszugehen.[5] 16

7. Im Berechnungszeitraum vorliegende Fortzahlungstatbestände

Nach Satz 4 der Protokollerklärung Nr. 2 zu den Sätzen 2 und 3 des § 21 TVöD bleiben, sofern während des Berechnungszeitraums bereits Fortzahlungstatbestände vorlagen, die in diesem Zusammenhang auf Basis der Tagesdurchschnitte gezahlten Beträge bei der Ermittlung des Tagesdurchschnitts unberücksichtigt. 17

§ 22 Entgelt im Krankheitsfall

(1) [1]Werden Beschäftigte durch Arbeitsunfähigkeit infolge Krankheit an der Arbeitsleistung verhindert, ohne dass sie ein Verschulden trifft, erhalten sie bis zur Dauer von sechs Wochen das Entgelt nach § 21. [2]Bei erneuter Arbeitsunfähigkeit infolge derselben Krankheit sowie bei Beendigung des Arbeitsverhältnisses gelten die gesetzlichen Bestimmungen. [3]Als unverschuldete Arbeitsunfähigkeit im Sinne der Sätze 1 und 2 gilt auch die Arbeitsverhinderung in Folge einer Maßnahme der medizinischen Vorsorge und Rehabilitation im Sinne von § 9 EFZG.

Protokollerklärung zu Absatz 1 Satz 1:

Ein Verschulden liegt nur dann vor, wenn die Arbeitsunfähigkeit vorsätzlich oder grob fahrlässig herbeigeführt wurde.

(2) [1]Nach Ablauf des Zeitraums gemäß Absatz 1 erhalten die Beschäftigten für die Zeit, für die ihnen Krankengeld oder entsprechende gesetzliche Leistungen gezahlt werden, einen Krankengeldzuschuss in Höhe des Unterschiedsbetrags zwischen den tatsächlichen Barleistungen des Sozialleistungsträgers und dem Nettoentgelt. [2]Nettoentgelt ist das um die gesetzlichen Abzüge verminderte Ent-

---

4 Breier/Dassau/Kiefer/Lang/Langenbrinck, TVöD, § 21 Rn 28 – mit weiteren Berechnungsbeispielen.

5 Breier/Dassau/Kiefer/Lang/Langenbrinck, TVöD, § 21 Rn 25 ff – mit weiteren Berechnungsbeispielen.

gelt im Sinne des § 21 (mit Ausnahme der Leistungen nach § 23 Abs. 1); bei freiwillig in der gesetzlichen Krankenversicherung versicherten Beschäftigten ist dabei deren Gesamtkranken- und Pflegeversicherungsbeitrag abzüglich Arbeitgeberzuschuss zu berücksichtigen. [3]Für Beschäftigte, die nicht der Versicherungspflicht in der gesetzlichen Krankenversicherung unterliegen und bei einem privaten Krankenversicherungsunternehmen versichert sind, ist bei der Berechnung des Krankengeldzuschusses der Krankengeldhöchstsatz, der bei Pflichtversicherung in der gesetzlichen Krankenversicherung zustünde, zugrunde zu legen. [4]Bei Teilzeitbeschäftigten ist das nach Satz 3 bestimmte fiktive Krankengeld entsprechend § 24 Abs. 2 zeitanteilig umzurechnen.

(3) [1]Der Krankengeldzuschuss wird bei einer Beschäftigungszeit (§ 34 Abs. 3)
- von mehr als einem Jahr längstens bis zum Ende der 13. Woche und
- von mehr als drei Jahren längstens bis zum Ende der 39. Woche

seit dem Beginn der Arbeitsunfähigkeit infolge derselben Krankheit gezahlt. [2]Maßgeblich für die Berechnung der Fristen nach Satz 1 ist die Beschäftigungszeit, die im Laufe der krankheitsbedingten Arbeitsunfähigkeit vollendet wird.

(4) [1]Entgelt im Krankheitsfall wird nicht über das Ende des Arbeitsverhältnisses hinaus gezahlt; § 8 EFZG bleibt unberührt. [2]Krankengeldzuschuss wird zudem nicht über den Zeitpunkt hinaus gezahlt, von dem an Beschäftigte eine Rente oder eine vergleichbare Leistung auf Grund eigener Versicherung aus der gesetzlichen Rentenversicherung, aus einer zusätzlichen Alters- und Hinterbliebenenversorgung oder aus einer sonstigen Versorgungseinrichtung erhalten, die nicht allein aus Mitteln der Beschäftigten finanziert ist. [3]Innerhalb eines Kalenderjahres kann das Entgelt im Krankheitsfall nach Absatz 1 und 2 insgesamt längstens bis zum Ende der in Absatz 3 Satz 1 genannten Fristen bezogen werden; bei jeder neuen Arbeitsunfähigkeit besteht jedoch mindestens der sich aus Absatz 1 ergebende Anspruch. [4]Überzahlter Krankengeldzuschuss und sonstige Überzahlungen gelten als Vorschuss auf die in demselben Zeitraum zustehenden Leistungen nach Satz 2; die Ansprüche der Beschäftigten gehen insoweit auf den Arbeitgeber über. [5]Der Arbeitgeber kann von der Rückforderung des Teils des überzahlten Betrags, der nicht durch die für den Zeitraum der Überzahlung zustehenden Bezüge im Sinne des Satzes 2 ausgeglichen worden ist, absehen, es sei denn, die/der Beschäftigte hat dem Arbeitgeber die Zustellung des Rentenbescheids schuldhaft verspätet mitgeteilt.

I. Allgemeines

Mit § 22 Abs. 1 Satz 1 TVöD wird ein dem **gesetzlichen Anspruch entsprechender Entgeltfortzahlungsanspruch** für die ersten **sechs Wochen** gewährt. Dies entspricht dem gesetzlich normierten Anspruch nach dem EFZG, so dass dieser Regelung keine eigene konstitutive Bedeutung zukommt, sondern lediglich der gesetzliche Anspruch wiederholt wird. 1

§ 22 Abs. 1 Satz 2 TVöD legt sodann unter Verweisung auf § 21 TVöD fest, welches Entgelt in diesem Zeitraum fortzuzahlen ist und verweist hinsichtlich des Auftretens erneuter Arbeitsunfähigkeit infolge Krankheit sowie der Regeln bei Beendigung des Arbeitsverhältnisses auf die gesetzlichen Regelungen.

Weiter wird in § 22 Abs. 1 Satz 3 TVöD mittels einer **Fiktion** bestimmt, dass als unverschuldete Arbeitsunfähigkeit im Sinne der Sätze 1 und 2 auch die Arbeitsverhinderung in Folge einer Maßnahme der medizinischen Vorsorge und Rehabilitation im Sinne von § 9 EFZG gilt.

1. Verschuldensbegriff

Die Protokollerklärung zu § 22 Abs. 1 Satz 1 TVöD scheint zwar eine ansonsten nicht in entgeltfortzahlungsrechtlichen Normen zu findende Definition des **entgeltfortzahlungsrechtlichen Verschuldensbegriffs** für den Bereich des TVöD zu enthalten, wonach ein Verschulden nur dann vorliegt, wenn die Arbeitsunfähigkeit „vorsätzlich oder grob fahrlässig herbeigeführt" wurde. Dennoch hat die Protokollerklärung lediglich deklaratorische Wirkung und weicht nicht von den zu § 3 EFZG entwickelten Grundsätzen ab, wonach von einer im entgeltfortzahlungsrechtlichen Sinne verschuldeten Arbeitsunfähigkeit auch im Bereich des TVöD dann auszugehen ist, wenn ein **gröblicher Verstoß gegen das von einem verständigen Menschen im eigenen Interesse billigerweise zu erwartende Verhalten vorliegt** (vgl § 3 EFZG Rn 105 ff).[1] 2

Auch hinsichtlich der **Darlegungs- und Beweislast** im Zusammenhang mit der Frage, ob eine krankheitsbedingte Verhinderung an der Arbeitsleistung durch 3

1 Hock, ZTR 2005, 614.

den Arbeitnehmer selbstverschuldet war, kann deshalb auf die Ausführungen zu § 3 EFZG verwiesen werden (vgl § 3 EFZG Rn 173 ff).

2. Keine Wartezeit

4 Zwar kann nach § 13 EFZG von den Vorschriften des EFZG im Wesentlichen nicht zuungunsten des Arbeitnehmers abgewichen werden, zugunsten des Arbeitnehmers ist dies jedoch durchaus der Fall. Weder § 22 Abs. 1 Satz 1 TVöD noch andere Vorschriften des TVöD enthalten eine § 3 Abs. 3 EFZG entsprechende Regelung dahin, dass ein Anspruch auf Entgeltfortzahlung im Krankheitsfall erst nach vierwöchiger Dauer des Arbeitsverhältnisses entsteht. Damit begünstigt der TVöD die Arbeitnehmer in der Weise, dass der **Anspruch auf Entgeltfortzahlung schon mit dem Beginn des Arbeitsverhältnisses** zusteht und nicht erst nach vierwöchiger Dauer des Arbeitsverhältnisses.[2]

3. Fiktion bei Maßnahmen der medizinischen Vorsorge und Rehabilitation

5 Nach § 22 Abs. 1 Satz 3 TVöD gilt auch die Arbeitsverhinderung in Folge einer **Maßnahme der medizinischen Vorsorge und Rehabilitation** im Sinne von § 9 EFZG als unverschuldete Arbeitsunfähigkeit im Sinne der Sätze 1 und 2 des § 22 TVöD. Zwar gelten schon nach § 9 EFZG bei einer Arbeitsverhinderung infolge einer Maßnahme der medizinischen Vorsorge oder Rehabilitation die Regelungen des EFZG über die Fortzahlung des Entgelts entsprechend. Allerdings geht § 22 Abs. 1 Satz 3 TVöD weiter und bestimmt im Rahmen einer Fiktion, dass eine Maßnahme der medizinischen Vorsorge und Rehabilitation **als unverschuldete Arbeitsunfähigkeit gilt**, wodurch zum einen ein originärer Entgeltfortzahlungsanspruch auch während einer Maßnahme der medizinischen Vorsorge und Rehabilitation besteht und sodann mittels dieser Fiktion die Regelungen des TVöD zum **Anspruch auf Krankengeldzuschuss auch während einer Maßnahme der medizinischen Vorsorge und Rehabilitation** Geltung entfalten. Zum Anspruch selbst und dessen Voraussetzungen kann im Übrigen ebenso wie zu den Begrifflichkeiten auf die Ausführungen zu § 9 EFZG verwiesen werden.

4. Vormalige Übergangsregelung des § 71 BAT

6 Mit der Modernisierung des gesamten Tarifrechts für den öffentlichen Dienst finden auch für solche Angestellte, die vor dem Inkrafttreten des TVöD unter die Regelung des **§ 71 BAT**[3] fielen und die deshalb einen tarifvertraglichen Entgeltfortzahlungsanspruch von bis zu 26 Wochen beanspruchen konnten, die Regelungen des § 22 TVöD Anwendung. Auch dieser Personenkreis hat damit grundsätzlich **nur noch einen Entgeltfortzahlungsanspruch für die Dauer von sechs Wochen** und erhält im Anschluss an den Entgeltfortzahlungszeitraum einen **Krankengeldzuschuss** nach Maßgabe des § 22 Abs. 2 und 3 TVöD. Für diesen

2 Hock, ZTR 2005, 614; Breier/Dassau/Kiefer/Lang/Langenbrinck, TVöD, § 22 Rn 4; Sponer/Steinherr/Matiaske/Fritz/Klassen/Martens/Rieger, TVöD/TV-L-GK, § 22 Rn 4.

3 Die Übergangsvorschrift nach § 71 BAT galt für die Arbeitnehmer, die am 30.6.1994 und darüber hinaus ununterbrochen in einem Arbeitsverhältnis zum selben Arbeitgeber im Geltungsbereich des BAT standen; BAG 18.03.2009 – 5 AZR 547/08 – ZTR 2009, 373 f.

Personenkreis enthält jedoch § 13 TVÜ eine Sonderregelung über eine besserstellende Berechnungsweise des Krankengeldzuschusses.[4]

Für die vor der Modernisierung des Tarifrechts für den öffentlichen Dienst unter den Geltungsbereich des BMT-G bzw des MTArb fallenden Arbeiter existierte eine dem § 71 BAT entsprechende Sonderregelung nicht. Auch vor der Modernisierung galt für Arbeiter bei Arbeitsunfähigkeit infolge Krankheit ein sechswöchiger Anspruch auf Fortzahlung des Entgelts, so dass sich eine Änderung für diesen Personenkreis nicht ergibt. 7

II. Höhe des fortzuzahlenden Entgelts

Die Höhe des im Falle einer Arbeitsunfähigkeit infolge Krankheit für die Dauer von sechs Wochen fortzuzahlenden Entgelts ist in § 21 TVöD geregelt, dessen Grundzüge in den Ausführungen zu § 22 TVöD dargestellt werden.[5] 8

III. Anspruch auf Krankengeldzuschuss

Mit der Gewährung eines **Anspruchs auf Krankengeldzuschuss** nach Ablauf des sechswöchigen Entgeltfortzahlungszeitraums geht die Regelung des § 22 Abs. 2 TVöD weit über die gesetzlichen Entgeltfortzahlungsansprüche hinaus. Dieser Anspruch besteht nur auf tarifvertragsrechtlicher Grundlage, weshalb der Anspruch von den Tarifvertragsparteien auch geändert, erweitert, beschränkt oder gänzlich gestrichen werden könnte.[6] 9

1. Anspruchsvoraussetzungen

Ein infolge Krankheit arbeitsunfähiger Beschäftigter erhält nach Ablauf der Entgeltfortzahlungsfrist von sechs Wochen für die Zeit, für die ihm Krankengeld aus der gesetzlichen Krankenversicherung oder entsprechende Leistungen zustehen, einen Krankengeldzuschuss, wenn er zu Beginn seiner Arbeitsunfähigkeit eine **Beschäftigungszeit von mehr als einem Jahr** erreicht hat.[7] 10

Weiter ist der Anspruch auf Krankengeldzuschuss davon abhängig, dass der Beschäftigte entweder **Krankengeld** aus der gesetzlichen Krankenversicherung oder **entsprechende Leistungen** aus der gesetzlichen Renten- oder Unfallversicherung oder nach dem Bundesversorgungsgesetz erhält. Ist der Beschäftigte nicht in der gesetzlichen Krankenversicherung versichert, so ist darauf abzustellen, ob ihm ein solcher Anspruch zustünde, wenn er pflichtversichert wäre. Damit ist die Leistung des Krankengeldzuschusses an das Bestehen eines Anspruchs auf Krankengeld oder die o.g. entsprechenden Leistungen bzw daran gebunden, dass ein solcher Anspruch für wegen Übersteigens der Jahresarbeitsentgeltgrenze nicht gesetzlich versicherte Beschäftigte bei unterstellter Pflichtversicherung bestünde. 11

Bei der Arbeitslosengeldgewährung nach § 117 SGB III ebenso wie bei einer sog. Gleichwohlgewährung nach § 143 Abs. 3 SGB III handelt es sich **nicht** um eine dem Krankengeld entsprechende sozialversicherungsrechtliche Leistung.[8] 12

4 Als Krankengeldzuschuss wird die Differenz zwischen dem Nettoentgelt und dem **Nettokrankengeld** gezahlt.
5 Hock, ZTR 2005, 615.
6 Breier/Dassau/Kiefer/Lang/Langenbrinck, TVöD, § 22 Rn 6.
7 Hock, ZTR 2005, 616; Breier/Dassau/Kiefer/Lang/Langenbrinck, TVöD, § 22 Rn 151.
8 LAG Köln 1.7.2008 – 9 Sa 383/08 – ZTR 2009, 83.

2. Dauer des Anspruchs auf Krankengeldzuschuss

13 Die Dauer des Anspruchs auf Krankengeldzuschuss richtet sich nach der vom Arbeitnehmer **zurückgelegten individuellen Beschäftigungszeit,** die sich wiederum nach § 34 Abs. 3 TVöD ermittelt. Er dauert aber längstens bis zum Ende der 13. oder 39. Woche seit Beginn der Arbeitsunfähigkeit des Arbeitnehmers.

14 Bei einer nach § 34 Abs. 3 TVöD ermittelten **Beschäftigungszeit von bis zu einem Jahr wird kein Zuschuss zum Krankengeld** geleistet. Arbeitnehmer mit einer Beschäftigungszeit von bis zu einem Jahr erhalten deshalb nach Ablauf der Entgeltfortzahlung von sechs Wochen lediglich das Krankengeld der Krankenkasse.[9]

15 Bei einer Beschäftigungszeit **von mehr als einem Jahr und bis zu drei Jahren** erhält der Arbeitnehmer den Zuschuss zum Krankengeld **längstens bis zum Ende der 13. Woche** sowie bei einer Beschäftigungszeit von **mehr als drei Jahren** längstens **bis zum Ende der 39. Woche** seit dem Beginn der Arbeitsunfähigkeit.[10]

16 Eine dem § 37 Abs. 6 BAT entsprechende Regelung, die im Falle einer vom zuständigen Unfallversicherungsträger anerkannten **Berufskrankheit** bzw eines anerkannten **Arbeitsunfalls** eine Gewährung des Krankengeldzuschusses bis zum Ende der 26. Woche ohne Rücksicht auf die individuelle Beschäftigungszeit vorsah, haben die Tarifvertragsparteien im TVöD nicht mehr vorgesehen. Damit ist auch bei Vorliegen einer Berufskrankheit bzw eines Arbeitsunfalls die in Abhängigkeit von der individuellen Beschäftigungszeit zu ermittelnde Bezugsdauer zugrunde zu legen.

17 Bei der Ermittlung der Bezugsdauer von 13 bzw 39 Wochen stellt die tarifvertragliche Regelung hinsichtlich des Endes des Anspruchs nicht etwa auf den Beginn des Krankengeldbezuges ab, sondern vielmehr auf den **Beginn der Arbeitsunfähigkeit.** Nachdem damit die Bezugsdauer jeweils vom Beginn der Arbeitsunfähigkeit an zu ermitteln ist, sind die ersten sechs Wochen, während der dem Arbeitnehmer das Entgelt fortgezahlt wird, in die Bezugsdauer mit einzurechnen. Der Zuschuss zum Krankengeld wird damit im Ergebnis für längstens 33 Wochen gezahlt. Zu beachten ist deshalb auch, dass die Bezugsdauer für den Zuschuss zum Krankengeld auch in den Fällen vom Beginn der Arbeitsunfähigkeit an berechnet wird, in denen die Entgeltfortzahlung, zB wegen des Endes eines Ruhenszeitraumes nach Eintritt der Arbeitsunfähigkeit, nicht vom Beginn der Arbeitsunfähigkeit an geleistet wurde.[11]

18 Für den Fall, dass ein Arbeitnehmer während einer laufenden Arbeitsunfähigkeit die für die Dauer der Bezugsfrist **maßgebende Grenze der Beschäftigungszeit** – sowohl hinsichtlich des Erreichens einer Beschäftigungszeit, die zu einer längeren Bezugsdauer berechtigt, als auch hinsichtlich der den Anspruch erst ermöglichenden Beschäftigung von mehr als einem Jahr – überschreitet, ist nach § 22 Abs. 3 Satz 2 TVöD die dann erreichte Dauer maßgebend. Der Arbeitnehmer wird dann behandelt, als sei die maßgebende Beschäftigungszeit **schon zu Beginn der Arbeitsunfähigkeit** vollendet gewesen. Die Dauer des Zuschusses zum Krankengeld wird auch in solchen Fällen vom Beginn der Arbeitsunfähigkeit gerechnet.

9 Hock, ZTR 2005, 616; Breier/Dassau/Kiefer/Lang/Langenbrinck, TVöD, § 22 Rn 151 ff.
10 Hock, ZTR 2005, 616.
11 Breier/Dassau/Kiefer/Lang/Langenbrinck, TVöD, § 22 Rn 169; Hock, ZTR 2005, 616.

3. Krankengeldzuschuss und Wiederholungserkrankung

Die für die Entgeltfortzahlung geltenden Grundsätze zu **Wiederholungserkrankungen** gelten auch hinsichtlich des Anspruchs auf Zuschuss zum Krankengeld, so dass der Arbeitnehmer auch bei einer Wiederholungserkrankung den Zuschuss zum Krankengeld nur einmal für bis zu längstens 39 Wochen beanspruchen kann.[12] 19

Auf den Anspruch auf Zuschuss zum Krankengeld finden auch die für die Entgeltfortzahlung geltenden Regeln zum abermaligen Entstehen des Entgeltfortzahlungsanspruchs nach Ablauf des „**Sechs-Monats-Zeitraums**“ nach § 3 Abs. 1 Satz 2 Nr. 1 EFZG bzw des „**Zwölf-Monats-Zeitraums**“ nach § 3 Abs. 1 Satz 2 Nr. 2 EFZG (vgl § 3 EFZG Rn 232 ff) Anwendung. 20

4. Höchstgrenze im Kalenderjahr

Der Anspruch auf Krankengeldzuschuss ist nach § 22 Abs. 4 Satz 3 TVöD ebenso wie der Anspruch auf Entgeltfortzahlung **auf längstens 13 bzw 39 Wochen innerhalb eines Kalenderjahres** beschränkt. Diese Höchstgrenze findet nicht nur bei Wiederholungs- bzw Fortsetzungserkrankungen Anwendung, sondern entfaltet insbesondere auch Wirkung für neue, einen Entgeltfortzahlungsanspruch auslösenden Umstände.[13] 21

5. Erstreckung in das nächste Kalenderjahr

Eine Nachfolgeregelung des § 37 Abs. 5 Satz 2 BAT, der sowohl für den Fall einer ununterbrochenen Erstreckung einer Erkrankung in das nächste Kalenderjahr, als auch für den Fall eines sich im neuen Kalenderjahr innerhalb eines Zeitraumes von 13 Wochen nach Wiederaufnahme der Arbeit ereignenden Rückfalls eine Beschränkung auf eine Bezugsdauer von längstens 13 bzw 26 Wochen festlegte, findet sich im TVöD nicht mehr. Damit kann ein Anspruch auf Krankengeldzuschuss auch dann wieder aufleben, wenn eine krankheitsbedingte Arbeitsunfähigkeit in das Folgejahr hinein andauert. 22

6. Krankengeldzuschuss und Mutterschaftsgeld

Nachdem Voraussetzung für den Anspruch auf Krankengeldzuschuss ein Anspruch auf Krankengeld ist, besteht **während des Bezuges von Mutterschaftsgeld** (während der Schutzfristen nach § 3 Abs. 2 und § 6 Abs. 1 MuSchG) **kein Anspruch** auf Krankengeldzuschuss. Der Anspruch auf Krankengeld aus der gesetzlichen Krankenversicherung ruht nach § 49 Abs. 1 Nr. 3 a SGB V während des Bezuges von Mutterschaftsgeld.[14] 23

7. Krankengeldzuschuss bei Beendigung des Arbeitsverhältnisses und Rente

Nach § 22 Abs. 4 Satz 2 TVöD wird der Krankengeldzuschuss ebenso wie die Entgeltfortzahlung selbst **nicht über das Ende des Arbeitsverhältnisses hinaus** geleistet. Damit endet der Anspruch auf Krankengeldzuschuss auch bei weiterhin bestehender Arbeitsunfähigkeit – unabhängig von den Beendigungsgründen – mit der rechtlichen Beendigung des Arbeitsverhältnisses. Dies gilt hinsichtlich 24

12 Breier/Dassau/Kiefer/Lang/Langenbrinck, TVöD, § 22 Rn 170 f.
13 Hock, ZTR 2005, 616 f; Breier/Dassau/Kiefer/Lang/Langenbrinck, TVöD, § 22 Rn 172.1 ff.
14 Breier/Dassau/Kiefer/Lang/Langenbrinck, TVöD, § 22 Rn 173.

des Anspruches auf Krankengeldzuschuss selbst dann, wenn das Arbeitsverhältnis vom Arbeitgeber **„aus Anlass" der Arbeitsunfähigkeit** gekündigt wurde. Die nach § 22 Abs. 4 TVöD ausdrücklich unberührt bleibende Vorschrift des § 8 EFZG, die für diesen Fall unter bestimmten Umständen hinsichtlich der Entgeltfortzahlung eine Fortzahlungsverpflichtung bis zur Ausschöpfung des Sechs-Wochen-Zeitraumes vorsieht (vgl § 8 EFZG Rn 4 ff) entfaltet hinsichtlich des Krankengeldzuschusses keine Wirkung. Damit endet der Anspruch auf den Krankengeldzuschuss in jedem Falle mit der rechtlichen Beendigung des Arbeitsverhältnisses.

8. Überzahlung von Krankengeldzuschuss bei Rentenbezug

25 Nach § 22 Abs. 4 Satz 3 TVöD gilt Krankengeldzuschuss, der über den Zeitpunkt hinaus geleistet wird, in dem der Arbeitnehmer eine Rente aus der gesetzlichen Rentenversicherung, aus einer zusätzlichen Alters- und Hinterbliebenenversorgung oder aus einer sonstigen Versorgungseinrichtung erhält, als **Vorschuss auf die im Zeitraum der Überzahlung zustehende Rente**; die Ansprüche gehen insoweit auf den Arbeitgeber über.[15]

26 Der Übergang der Ansprüche auf den Arbeitgeber ist begrenzt auf die für den Zeitraum der Überzahlung zustehende Rente. Ansprüche können deshalb auch nur in diesem Umfang als Vorschuss auf den Arbeitgeber übergehen.[16]

27 § 22 Abs. 4 Satz 4 TVöD räumt dem Arbeitgeber die Möglichkeit ein, von einer Rückforderung des Teils des überzahlten Betrags abzusehen, der nicht durch die für den Zeitraum der Überzahlung zustehenden Renten ausgeglichen worden ist. Ein Anspruch des Arbeitnehmers gegen den Arbeitgeber, dass dieser auf die Rückforderung verzichtet, kann daraus nicht abgeleitet werden. Ein Absehen von der Rückforderung wird immer dann angezeigt sein, wenn der im Rahmen einer Rückforderung zu erwartende Aufwand nicht in einem angemessenen Verhältnis zur Höhe des Rückforderungsbetrages steht.[17] Die Entscheidung über ein Absehen von der Rückforderung kann vom Arbeitgeber nach **freiem Ermessen** getroffen werden.[18]

9. Höhe des Krankengeldzuschusses

28 Der Krankengeldzuschuss ergibt sich aus der Differenz zwischen dem nach § 21 TVöD zu ermittelnden Nettoentgelt und dem Bruttokrankengeld der Krankenkasse. Dabei sind vermögenswirksame Leistungen nicht in die Berechnung des Nettoentgelts nach § 21 TVöD einzubeziehen. Diese sind nach § 23 Abs. 1 Satz 4 TVöD auch für Zeiträume zu zahlen, für die Krankengeldzuschuss zusteht und nach der ausdrücklichen Anordnung des § 23 Abs. 1 Satz 5 TVöD Teil des Krankengeldzuschusses. Damit ergibt sich die **Höhe des Krankengeldzuschusses** aus dem **Nettoentgelt abzüglich des Krankengeldes der Krankenkasse zuzüglich der vermögenswirksamen Leistungen.**[19]

---

15 BAG vom 29.6.2000 – 6 AZR 50/99 – AP Nr. 11 zu § 37 BAT zur vergleichbaren Vorgängerregelung des § 37 Abs. 2 Unterabs. 5 Buchst b BAT.
16 Die Grenzen des § 53 SGB I sind zu beachten.
17 Breier/Dassau/Kiefer/Lang/Langenbrinck, TVöD, § 22 Rn 183 ff.
18 BAG 30.9.1999 – 6 AZR 130/98 – AP Nr. 1 zu § 71 BAT – zur vergleichbaren Vorgängerregelung des § 71 Abs. 2 Unterabs. 5 Satz 4 BAT.
19 Hock, ZTR 2005, 617; Breier/Dassau/Kiefer/Lang/Langenbrinck, TVöD, § 22 Rn 190 ff.

Wenn § 22 Abs. 2 Satz 1 TVöD festlegt, dass als Krankengeldzuschuss der Unterschiedsbetrag zwischen den **Barleistungen des Sozialleistungsträgers** und dem Nettoentgelt geleistet wird, dann dient der Begriff der Barleistungen lediglich dazu, den Unterschied zu Sachleistungen des Sozialleistungsträgers, wie zB ärztliche Versorgung oder Medikamente zu verdeutlichen, weshalb damit nicht der tatsächliche Auszahlungsbetrag des Krankengeldes gemeint ist. Vielmehr ist der Berechnung des Krankengeldzuschusses das Krankengeld des Sozialleistungsträgers einschließlich der darin enthaltenen Sozialversicherungsbeiträge, das sog. **Bruttokrankengeld**, zugrunde zu legen.[20] 29

10. Übergangsregelung zu § 71 BAT

a) Gesetzlich krankenversicherte Arbeitnehmer

Für in der gesetzlichen Krankenversicherung versicherte Beschäftigte, die bis zum 30.9.2005 unter den **Geltungsbereich des § 71 BAT fielen** (vgl Rn 6), wird als Krankengeldzuschuss die **Differenz zwischen dem Nettoentgelt und dem Nettokrankengeld** gezahlt. Diese abweichende, besserstellende Behandlung ist in der Übergangsregelung des § 13 TVÜ-Bund ebenso vorgesehen wie im wortgleichen § 13 TVÜ-VKA. Danach wird als Krankengeldzuschuss für diesen Personenkreis die **Differenz zwischen dem Nettourlaubsentgelt und dem Nettokrankengeld** geleistet.[21] Nettokrankengeld iSd Regelungen ist das von der gesetzlichen Krankenkasse tatsächlich gezahlte und damit auch **um die Arbeitnehmeranteile zur Sozialversicherung reduzierte** Krankengeld. Allerdings wird dieser erhöhte Krankengeldzuschuss nur so lange geleistet, wie das Beschäftigungsverhältnis über den 30.9.2005 hinaus ununterbrochen fortbesteht.[22] 30

b) Nicht der gesetzlichen Krankenversicherung unterliegende Arbeitnehmer

Beschäftigte, die **nicht der Versicherungspflicht in der gesetzlichen Krankenversicherung** unterliegen, erhalten gem. § 13 Abs. 1 Satz 3 TVÜ-Bund bzw § 13 Abs. 1 Satz 3 TVÜ-VKA einen Krankengeldzuschuss in Höhe des Unterschiedsbetrags zwischen dem **Höchstsatz** des um die Arbeitnehmeranteile zur Sozialversicherung reduzierten Krankengelds (Nettokrankengeld iSd § 13 Abs. 1 Satz 2 TVÜ-Bund und § 13 Abs. 1 Satz 2 TVÜ-VKA), der bei Pflichtversicherung in der gesetzlichen Krankenversicherung zustünde und dem um die gesetzlichen Abzüge verminderten Entgelt iSd des § 21 TVöD (Nettoentgelt iSd § 22 Abs. 2 Satz 2 TVöD). 31

11. Übrige Beschäftigte und nicht pflichtversicherte Beschäftigte

Beschäftigten, die nicht unter den Geltungsbereich der Übergangsregelung des § 71 BAT fielen, wird als Krankengeldzuschuss **der Differenzbetrag zwischen dem Nettoentgelt nach § 21 TVöD und dem Bruttokrankengeld zuzüglich des Betrags der vermögenswirksamen Leistungen** nach § 23 Abs. 1 TVöD geleistet. 32

Auch außerhalb der Übergangsregelungen zu § 71 BAT erhalten Beschäftigte, die **nicht in der gesetzlichen Krankenversicherung pflichtversichert** sind und damit keinen Anspruch auf Krankengeld haben, vom Arbeitgeber einen Kranken- 33

---

20 BAG 21.8.1997 – 5 AZR 517/96 – AP Nr. 98 zu § 616 BGB.

21 Sponer/Steinherr/Matiaske/Fritz/Klassen/Martens/Rieger, TVöD/TV-L-GK, § 22 Rn 195.

22 Breier/Dassau/Kiefer/Lang/Langenbrinck, TVöD, § 22 Rn 196 f; Hock, ZTR 2005, 617 f.

geldzuschuss. Dabei spielt es auch keine Rolle, ob sie eine dem Krankengeld vergleichbare Leistung aus ihrer Krankenversicherung erhalten. Die Ermittlung des Krankengeldzuschusses für freiwillig in der gesetzlichen Krankenversicherung versicherte Beschäftigte einerseits und für privat krankenversicherte Beschäftigte andererseits erfolgt indes nach **unterschiedlichen Berechnungsmethoden.**

a) Freiwillig in der gesetzlichen Krankenversicherung versicherte Beschäftigte

34 In gleicher Weise wie bei den gesetzlich versicherten Beschäftigten ist bei den **freiwillig in einer gesetzlichen Krankenversicherung** versicherten Beschäftigten zunächst gem. § 22 Abs. 2 Satz 2 TVöD der Unterschiedsbetrag zwischen dem Nettoentgelt iSd § 21 TVöD und dem tatsächlichen Krankengeld aus der freiwilligen Versicherung in der gesetzlichen Krankenversicherung zu ermitteln und sodann die vermögenswirksamen Leistungen hinzuzurechnen, da diese nach § 23 Abs. 1 Satz 5 TVöD Bestandteil des Krankengeldzuschusses sind. Der Nettobetrag nach § 21 TVöD ist dergestalt zu ermitteln, dass zum einen die gesetzlichen Abzüge, dh Steuern, Solidaritätszuschlag sowie die Beiträge zur Renten- und Arbeitslosenversicherung, und zum anderen der Gesamtkranken- und Pflegeversicherungsbeitrag abzüglich des Arbeitgeberzuschusses nach § 257 SGB V abgesetzt werden. Die vermögenswirksamen Leistungen sind dabei nicht in die Bemessungsgrundlage nach § 21 TVöD einzubeziehen.

b) In einer privaten Krankenversicherung versicherte Beschäftigte

35 Bei Beschäftigten, die **in einer privaten Krankenversicherung versichert** sind, ist zur Bestimmung des Krankengeldzuschusses der Unterschiedsbetrag zwischen dem Nettoentgelt iSd § 21 TVöD – auch hier bleiben vermögenswirksame Leistungen nach § 23 Abs. 1 TVöD außer Betracht – und dem **in der gesetzlichen Krankenversicherung zustehenden Krankengeldhöchstsatz** zu ermitteln. Auch hier sind sodann vermögenswirksame Leistungen nach § 23 Abs. 1 Satz 5 TVöD hinzuzurechnen. Der Nettobetrag nach § 21 TVöD ist in diesem Falle dergestalt zu ermitteln, dass nur die gesetzlichen Abzüge in Abzug zu bringen sind. Anders als bei den freiwillig in der gesetzlichen Krankenversicherung versicherten Beschäftigten ist für diesen Personenkreis von den Tarifvertragsparteien ein **Abzug von Krankenkassenbeiträgen nicht vorgesehen** worden.[23]

12. Kalendertagesgenaue Berechnung

36 Die Ermittlung des Krankengeldzuschusses erfolgt grundsätzlich auf der Grundlage einer **kalendertäglichen Berechnung**, dh das um die gesetzlichen Abzüge verminderte Entgelt iSd § 21 TVöD wird nach der **tatsächlichen Anzahl der Kalendertage des jeweiligen Kalendermonats** berechnet, wohingegen das gesetzliche Krankengeld stets pauschaliert unter Zugrundelegung von 30 Kalendertagen ermittelt wird.[24]

IV. Umfang des Forderungsübergangs bei Dritthaftung

37 Hinsichtlich des Forderungsübergangs bei Dritthaftung gelten zwar, nachdem der TVöD anders als noch § 38 BAT keine tarifvertraglichen Regelung mehr

23 Breier/Dassau/Kiefer/Lang/Langenbrinck, TVöD, § 22 Rn 206.
24 Breier/Dassau/Kiefer/Lang/Langenbrinck, TVöD, § 22 Rn 199.

hierzu enthält, die Regelungen der §§ 6 **und** 7 **EFZG unmittelbar**, so dass auf die Ausführungen dort verwiesen werden kann. Dennoch ergeben sich im Bereich des öffentlichen Dienstes Besonderheiten.

So gehört zum **Umfang des Forderungsübergangs** neben dem nach § 21 TVöD fortzuzahlenden Entgelt insbesondere auch der **Krankengeldzuschuss nach § 22 TVöD** und die **Umlage zur Zusatzversorgung** des öffentlichen Dienstes einschließlich der vom Arbeitgeber zu zahlenden Pauschalsteuer ebenso wie der Arbeitnehmeranteil zur Umlage zur Zusatzversorgung. Nicht hierher gehören allerdings Sanierungsgelder.[25] 38

25 Hock, ZTR 2005, 618 f; Breier/Dassau/Kiefer/Lang/Langenbrinck, TVöD, § 2 Rn 229 ff.

Richtlinien für Arbeitsverträge in den Einrichtungen des Deutschen Caritasverbandes (AVR Caritas)

– Auszug –

Vorbemerkung zu § 12 a AVR Caritas iVm Nr. XII der Anlage 1 zu den AVR, § 24 AVR DW EKD

Die Kirchen regeln im Rahmen der ihnen mit Artikel 140 Grundgesetz iVm Artikel 137 Absatz 3 Satz 1 der Weimarer Reichsverfassung auch hinsichtlich des Arbeitsrechts eingeräumten eigenständigen Gestaltungsmöglichkeit ihre arbeitsrechtlichen Angelegenheiten selbst. Im Hinblick auf die Regelung der Rechte und Pflichten in Arbeitsverhältnissen, an denen die Kirchen als Dienstgeber beteiligt sind, geschieht dies in „Richtlinien für Arbeitsverträge“ oder „Arbeitsvertragsrichtlinien, den AVR. Dies gilt auch für die Regelungen zur Entgeltfortzahlung, die im Folgenden kursorisch anhand der Regelungen des § 12 a iVm der Anlage 1 zu den Richtlinien für Arbeitsverträge in den Einrichtungen des Deutschen Caritasverbandes (AVR Caritas) sowie des § 24 der Arbeitsvertragsrichtlinien der dem Diakonischen Werk der Evangelischen Kirche in Deutschland (AVR DW EKD) angeschlossenen Einrichtungen betrachtet werden sollen.

§ 12 a Fürsorge bei Krankheit

Wer durch Krankheit oder Unfall dienstunfähig wird, erhält Krankenbezüge nach Maßgabe der Anlage 1 zu den AVR.

Nr. XII der Anlage 1 zu den AVR

Krankenbezüge

(a) Wird der Mitarbeiter durch Arbeitsunfähigkeit infolge Krankheit an seiner Arbeitsleistung verhindert, ohne dass ihn ein Verschulden trifft, erhält er Krankenbezüge nach Maßgabe der Absätze b bis i.

Als unverschuldete Arbeitsunfähigkeit im Sinne des Unterabsatzes 1 gilt auch die Arbeitsverhinderung infolge einer Maßnahme der medizinischen Vorsorge oder Rehabilitation, die ein Träger der gesetzlichen Renten-, Kranken- oder Unfallversicherung, eine Verwaltungsbehörde der Kriegsopferversorgung oder ein sonstiger Sozialleistungsträger bewilligt hat und die in einer Einrichtung der medizinischen Vorsorge oder Rehabilitation stationär durchgeführt wird. Bei Mitarbeitern, die nicht Mitglied einer gesetzlichen Krankenkasse oder nicht in der gesetzlichen Rentenversicherung versichert sind, gilt Satz 1 dieses Unterabsatzes entsprechend, wenn eine Maßnahme der medizinischen Vorsorge oder Rehabilitation ärztlich verordnet worden ist und stationär in einer Einrichtung der medizinischen Vorsorge oder Rehabilitation oder einer vergleichbaren Einrichtung durchgeführt wird.

(b) Der Mitarbeiter erhält bis zur Dauer von sechs Wochen Krankenbezüge in Höhe der Urlaubsvergütung, die ihm zustehen würde, wenn er Erholungsurlaub hätte. Der Anspruch nach Satz 1 entsteht erstmals nach vierwöchiger ununterbrochener Dauer des Dienstverhältnisses.

Wird der Mitarbeiter infolge derselben Krankheit (Absatz a) erneut arbeitsunfähig, hat er wegen der erneuten Arbeitsunfähigkeit Anspruch auf Krankenbezüge nach Unterabsatz 1 für einen weiteren Zeitraum von sechs Wochen, wenn

aa) er vor der erneuten Arbeitsunfähigkeit mindestens sechs Monate nicht infolge derselben Krankheit arbeitsunfähig war oder

bb) seit dem Beginn der ersten Arbeitsunfähigkeit infolge derselben Krankheit eine Frist von zwölf Monaten abgelaufen ist.

Der Anspruch auf die Krankenbezüge nach den Unterabsätzen 1 und 2 wird nicht dadurch berührt, dass der Dienstgeber das Dienstverhältnis aus Anlass der Arbeitsunfähigkeit kündigt. Das gleiche gilt, wenn der Mitarbeiter das Dienstverhältnis aus einem vom Dienstgeber zu vertretenden Grund kündigt, der den Mitarbeiter zur Kündigung aus wichtigem Grund ohne Einhaltung einer Kündigungsfrist berechtigt.

Endet das Dienstverhältnis vor Ablauf der in den Unterabsätzen 1 oder 2 genannten Frist von sechs Wochen nach dem Beginn der Arbeitsunfähigkeit, ohne dass es einer Kündigung bedarf, oder infolge einer Kündigung aus anderen als den in Unterabsatz 3 bezeichneten Gründen, endet der Anspruch mit dem Ende des Dienstverhältnisses.

(c) Nach Ablauf des nach Absatz b maßgebenden Zeitraumes erhält der Mitarbeiter für den Zeitraum, für den ihm Krankengeld oder die entsprechenden Leistungen aus der gesetzlichen Renten- oder Unfallversicherung oder nach dem Bundesversorgungsgesetz gezahlt werden, als Krankenbezüge einen Krankengeldzuschuss.

Dies gilt nicht,

aa) wenn der Mitarbeiter Rente wegen voller Erwerbsminderung (43 SGB VI) oder wegen Alters aus der gesetzlichen Rentenversicherung erhält,

bb) für den Zeitraum, für den die Mitarbeiterin Anspruch auf Mutterschaftsgeld nach 200 RVO oder nach 13 Abs. 2 MuSchG hat.

Steht dem Mitarbeiter Anspruch auf Krankengeld aus der gesetzlichen Krankenversicherung für den Tag, an dem die Arbeitsunfähigkeit ärztlich festgestellt wird, nicht zu, erhält er für diesen Tag einen Krankenzuschuss in Höhe von 100 v.H. des Nettoarbeitsentgelts, wenn für diesen Tag infolge der Arbeitsunfähigkeit ein Vergütungsausfall eintritt.

(d) Der Krankengeldzuschuss wird bei einer Beschäftigungszeit (§ 11 AT AVR)

- von mehr als einem Jahr längstens bis zum Ende der 13. Woche,
- von mehr als drei Jahren längstens bis zum Ende der 26. Woche

seit dem Beginn der Arbeitsunfähigkeit, jedoch nicht über den Zeitpunkt der Beendigung des Dienstverhältnisses hinaus, gezahlt.

Vollendet der Mitarbeiter im Laufe der Arbeitsunfähigkeit eine Beschäftigungszeit von mehr als einem Jahr bzw. von mehr als drei Jahren, wird der Krankengeldzuschuss gezahlt, wie wenn er die maßgebende Beschäftigungszeit bei Beginn der Arbeitsunfähigkeit vollendet hätte.

In den Fällen des Absatzes a Unterabs. 2 wird die Zeit der Maßnahme bis zu höchstens zwei Wochen nicht auf die Fristen des Unterabsatzes 1 angerechnet.

(e) Innerhalb eines Kalenderjahres können die Bezüge nach Absatz b Unterabs. 1 oder 2 und der Krankengeldzuschuss bei einer Beschäftigungszeit

- von mehr als einen Jahr längstens für die Dauer von 13 Wochen,
- von mehr als drei Jahren längstens für die Dauer von 26 Wochen

bezogen werden; Absatz d Unterabs. 3 gilt entsprechend.

Erstreckt sich eine Erkrankung ununterbrochen von einem Kalenderjahr in das nächste Kalenderjahr oder erleidet der Mitarbeiter im neuen Kalenderjahr innerhalb von 13 Wochen nach Wiederaufnahme der Arbeit einen Rückfall, bewendet es bei dem Anspruch aus dem vorhergehenden Jahr.

Bei jeder neuen Arbeitsunfähigkeit besteht jedoch mindestens der sich aus Absatz b ergebende Anspruch.

(f) Bei der jeweils ersten Arbeitsunfähigkeit, die durch einen bei dem Dienstgeber erlittenen Arbeitsunfall oder durch eine bei dem Dienstgeber zugezogene Berufskrankheit verursacht ist, wird der Krankengeldzuschuss ohne Rücksicht auf die Beschäftigungszeit bis zum Ende der 26. Woche seit dem Beginn der Arbeitsunfähigkeit, jedoch nicht über den Zeitpunkt der Beendigung des Dienstverhältnisses hinaus, gezahlt, wenn der zuständige Unfallversicherungsträger den Arbeitsunfall oder die Berufskrankheit anerkennt.

(g) Krankengeldzuschuss wird nicht über den Zeitpunkt hinaus gezahlt, von dem an der Mitarbeiter Bezüge aufgrund eigener Versicherung aus der gesetzlichen Rentenversicherung (einschließlich eines rentenersetzenden Übergangsgeldes im Sinne des § 20 SGB VI in Verbindung mit § 8 SGB IX), aus einer zusätzlichen Alters- und Hinterbliebenenversorgung oder aus einer sonstigen Versorgungseinrichtung erhält, zu der der Dienstgeber oder ein anderer Dienstgeber, der die AVR, eine vergleichbare kircheneigene Regelung, den Bundesangestelltentarifvertrag oder einen Tarifvertrag wesentlich gleichen Inhalts angewendet hat, die Mittel ganz oder teilweise beigesteuert hat.

Überzahlter Krankengeldzuschuss und sonstige überzahlte Bezüge gelten als Vorschüsse auf die zustehenden Bezüge im Sinne des Unterabsatzes 1. Die Ansprüche des Mitarbeiters gehen insoweit auf den Dienstgeber über; § 53 SGB I bleibt unberührt.

Der Dienstgeber kann von der Rückforderung des Teils des überzahlten Betrages, der nicht durch die für den Zeitraum der Überzahlung zustehenden Bezüge im Sinne des Unterabsatzes 1 ausgeglichen worden ist, absehen, es sei denn, der Mitarbeiter hat dem Dienstgeber die Zustellung des Rentenbescheides schuldhaft verspätet mitgeteilt.

(h) Der Krankengeldzuschuss wird in Höhe des Unterschiedsbetrages zwischen der Nettourlaubsvergütung und der um die gesetzlichen Beitragsanteile des Mitarbeiters zur gesetzlichen Renten-, Arbeitslosen- und sozialen Pflegeversicherung verminderten Leistungen der Sozialleistungsträger gezahlt. Nettourlaubsvergütung ist die um die gesetzlichen Abzüge verminderte Urlaubsvergütung (§ 2 Abs. 1 der Anlage 14 zu den AVR).

(i) Anspruch auf Krankengeldzuschuss nach den Absätzen c bis h hat auch der Mitarbeiter, der in der gesetzlichen Krankenversicherung versicherungsfrei oder von der Versicherungspflicht in der gesetzlichen Krankenversicherung befreit ist. Dabei sind für die Anwendung des Absatzes h die Leistungen zugrunde zu legen, die dem Mitarbeiter als Pflichtversicherten in der gesetzlichen Krankenversicherung zustünden.

(j) Abweichend von Absatz c Unterabsatz 1 und Absatz d erhält der Mitarbeiter in den ersten vier Wochen einer ununterbrochenen Dauer seines Dienstverhältnisses für den Zeitraum, für den ihm Krankengeld oder entsprechende Leistungen aus der gesetzlichen Renten- oder Unfallversicherung oder nach dem Bundesversorgungsgesetz gezahlt werden, als Krankenbezüge einen Krankengeldzuschuss.

Anmerkung zu Absatz a

Ein Verschulden im Sinne des Absatzes a liegt nur dann vor, wenn die Arbeitsunfähigkeit vorsätzlich oder grob fahrlässig herbeigeführt wurde.

Anmerkung zu Absatz f.

Hat der Mitarbeiter in einem Fall des Absatzes f die Arbeit vor Ablauf der Bezugsfrist von 26 Wochen wieder aufgenommen und wird er vor Ablauf von sechs Monaten aufgrund desselben Arbeitsunfalls oder derselben Berufskrankheit erneut arbeitsunfähig, wird der Ablauf der Bezugsfrist, wenn dies für den Mitarbeiter günstiger ist, um die Zeit der Arbeitsfähigkeit hinausgeschoben.

Übergangsregelung

Für Mitarbeiter, die am 31. Dezember 1995 in einem Dienstverhältnis stehen, das am 1. Januar 1996 bei demselben Dienstgeber fortbesteht, gilt für die Anwendung der vorstehenden Regelungen die zu diesem Zeitpunkt erreichte Dienstzeit als Beschäftigungszeit.

I. Grundlegendes zu XII der Anlage 1 zu den AVR Caritas

Mit der Verweisung des § 12 a AVR Caritas auf die Anlage 1 zu den AVR, dort 1
Nr. XII, wurde das gesamte Recht der Krankenbezüge in die Anlage 1 zu den AVR ausgelagert.

Die Regelung zu XII der Anlage 1 zu den AVR Caritas unterscheidet sich in nur wenigen Regelungen von den AVR DW EKD und entspricht in weiten Teilen der bisherigen Regelung des § 37 BAT, so dass auch hier auf die **entsprechenden Fachkommentierungen zu § 37 BAT** verwiesen werden kann. Im Übrigen soll im Folgenden zum einen auf erhebliche Gemeinsamkeiten und zum anderen auf wesentliche Unterschiede der Regelung zu XII der Anlage 1 zu den AVR Caritas im Vergleich zu den Regelungen der AVR DW EKD eingegangen werden.

II. Gemeinsamkeiten

Buchstabe (b) der Nr. XII der Anlage 1 zu den AVR Caritas – wie auch § 24 2
Abs. 1 Unterabs. 4 AVR DW EKD – weicht insofern von den Regelungen des § 37 BAT ab, als auch dort eine § 3 Abs. 3 EFZG entsprechende Wartezeitregelung enthalten ist, nach der ein Anspruch auf Entgeltfortzahlung erst nach **vierwöchiger ununterbrochener Dauer des Arbeitsverhältnisses** entsteht (vgl § 3 EFZG Rn 179 ff).

Buchstabe (b) Unterabsatz 1 der Nr. XII der Anlage 1 zu den AVR Caritas be- 3
stimmt – ebenso wie § 24 Abs. 2 AVR DW EKD – die **Bemessung des fortzu-**

zahlenden Entgelts anhand der Urlaubsvergütung. Die Bezüge während des Erholungsurlaubs (Urlaubsentgelt) sind ebenso wie das Urlaubsgeld in Anlage 14 zu den AVR Caritas geregelt. Anders als nach den AVR DW EKD wird aber das Urlaubsentgelt in Anlage 14 zu den AVR Caritas nicht nach dem Referenzprinzip, sondern vergleichbar den Regelungen des § 22 TVöD mittels einer **Kombination aus dem Lohnausfallprinzip und dem Referenzprinzip** ermittelt.

III. Unterschiede und Besonderheiten

4 Anders als § 24 Abs. 1 Unterabsatz 3 AVR DW EKD und § 37 Abs. 1 Unterabsatz 3 enthält Buchstabe (a) der Nr. XII der Anlage 1 zu den AVR Caritas aus nachvollziehbaren Gründen keine Regelung, die bestimmt, dass eine nicht rechtswidrige Sterilisation bzw ein nicht rechtswidriger oder nicht strafbarer Abbruch der Schwangerschaft als unverschuldete Arbeitsverhinderung gilt.

5 Buchstabe (c) der Nr. XII der Anlage 1 zu den AVR Caritas regelt neben dem grundsätzlichen Anspruch auf Krankengeldzuschuss unter anderem den besonderen Sachverhalt, dass ein Mitarbeiter **nach Ablauf des Entgeltfortzahlungszeitraumes** für den Tag der ärztlichen Feststellung der Arbeitsunfähigkeit keinen Anspruch auf Krankengeld aus der gesetzlichen Krankenversicherung hat und einen Vergütungsausfall erleidet, dahin, dass dem Mitarbeiter dann für diesen Tag ein Anspruch auf **Krankenzuschuss** in Höhe von 100 % des Nettoarbeitsentgelts zusteht.

6 Buchstabe (h) der Nr. XII der Anlage 1 zu den AVR Caritas bestimmt die Höhe des Krankengeldzuschusses, die sich aus dem Unterschiedsbetrag zwischen der Nettourlaubsvergütung und der um die gesetzlichen Beitragsanteile des Mitarbeiters zur gesetzlichen Renten-, Arbeitslosen- und sozialen Pflegeversicherung **verminderten** Leistungen der Sozialleistungsträger ergibt. Damit wird als Krankengeldzuschuss die Differenz zwischen dem Nettoentgelt und dem **Nettokrankengeld** gezahlt, wie dies in § 13 TVÜ als besserstellende Sonderregelung für den Personenkreis vorgesehen ist, der unter die Regelung des § 71 BAT fiel (vgl § 22 TVöD Rn 6).

7 Mitarbeiter die zwar nach Buchstabe (b) der Nr. XII der Anlage 1 zu den AVR Caritas **während der ersten vier Wochen des Bestehens des Dienstverhältnisses** grundsätzlich keinen Anspruch auf Entgeltfortzahlung haben, erhalten jedoch nach Buchstabe (j) der Nr. XII der Anlage 1 zu den AVR Caritas einen **Krankengeldzuschuss**, wenn sie im Vier-Wochen-Zeitraum Krankengeld oder entsprechende Leistungen beziehen.

8 Zuletzt wird mittels der Anmerkung zu Absatz f hinsichtlich der Mitarbeiter, für die bei Arbeitsunfall oder Berufskrankheit ein Bezugszeitraum für den Krankengeldzuschuss bis zum Ende der 26. Woche unabhängig von der individuellen Beschäftigungszeit vorgesehen ist, festgestellt, dass bei diesen Mitarbeitern dann, wenn sie die Arbeit vor Ablauf der Bezugsfrist von 26 Wochen wieder aufgenommen haben und vor Ablauf von sechs Monaten nach der Arbeitsaufnahme aufgrund desselben Arbeitsunfalls oder derselben Berufskrankheit erneut arbeitsunfähig werden, der **Ablauf der Bezugsfrist** um die Zeit der Arbeitsfähigkeit **hinausgeschoben** wird, wenn dies für den Mitarbeiter günstiger ist. Damit wird zwar die Höchstfrist der Bezugsdauer von längstens bis zum Ende der 26. Woche seit dem Beginn der Arbeitsunfähigkeit nicht erweitert, allerdings wird damit ein

„Aufsparen eines nicht verbrauchten Teils" der Bezugsdauer und ein späteres „Verbrauchen" ermöglicht.

Arbeitsvertragsrichtlinien der dem Diakonischen Werk der Evangelischen Kirche in Deutschland angeschlossenen Einrichtungen (AVR DW EKD)

– Auszug –

§ 24 Krankenbezüge, Krankengeldzuschuss

(1) Wird die Mitarbeiterin bzw. der Mitarbeiter durch Arbeitsunfähigkeit infolge Krankheit an der Arbeitsleistung verhindert, ohne dass sie bzw. ihn ein Verschulden trifft, erhält sie bzw. er Krankenbezüge nach Maßgabe der Abs. 2 bis 9.

Als unverschuldete Arbeitsunfähigkeit im Sinne des Unterabs. 1 gilt auch die Arbeitsverhinderung infolge einer Maßnahme der medizinischen Vorsorge oder Rehabilitation, die ein Träger der gesetzlichen Renten-, Kranken- oder Unfallversicherung, eine Verwaltungsbehörde der Kriegsopferversorgung oder ein sonstiger Sozialleistungsträger bewilligt hat und die in einer Einrichtung der medizinischen Vorsorge oder Rehabilitation durchgeführt wird. Bei Mitarbeiterinnen und Mitarbeitern, die nicht Mitglied einer gesetzlichen Krankenkasse oder nicht in der gesetzlichen Rentenversicherung versichert sind, gilt Satz 1 dieses Unterabsatzes entsprechend, wenn eine Maßnahme der medizinischen Vorsorge oder Rehabilitation ärztlich verordnet worden ist und in einer Einrichtung der medizinischen Vorsorge oder Rehabilitation oder einer vergleichbaren Einrichtung durchgeführt wird.

Als unverschuldete Arbeitsunfähigkeit im Sinne des Unterabs. 1 gilt ferner eine Arbeitsverhinderung, die infolge einer nicht rechtswidrigen Sterilisation oder eines nicht rechtswidrigen oder nicht strafbaren Abbruchs der Schwangerschaft eintritt.

Der Anspruch nach Unterabs. 1 entsteht nach vierwöchiger ununterbrochener Dauer des Dienstverhältnisses.

(2) Die Mitarbeiterin bzw. der Mitarbeiter erhält für die Dauer von sechs Wochen Krankenbezüge in Höhe der Urlaubsvergütung nach § 28 Abs. 10, die ihr bzw. ihm zustehen würde, wenn sie bzw. er Erholungsurlaub hätte.

Wird die Mitarbeiterin bzw. der Mitarbeiter infolge derselben Krankheit (Abs. 1) erneut arbeitsunfähig, hat sie bzw. er wegen der erneuten Arbeitsunfähigkeit Anspruch auf Krankenbezüge nach Unterabs. 1 für einen weiteren Zeitraum von sechs Wochen, wenn

a. sie bzw er vor der erneuten Arbeitsunfähigkeit mindestens sechs Monate nicht infolge derselben Krankheit arbeitsunfähig war oder
b. seit Beginn der ersten Arbeitsunfähigkeit infolge derselben Krankheit eine Frist von zwölf Monaten abgelaufen ist.

Der Anspruch auf die Krankenbezüge nach den Unterabs. 1 und 2 wird nicht dadurch berührt, dass die Dienstgeberin bzw. der Dienstgeber das Dienstverhältnis aus Anlass der Arbeitsunfähigkeit kündigt. Das gleiche gilt, wenn die Mitarbeiterin bzw. der Mitarbeiter das Dienstverhältnis aus einem von der

Dienstgeberin bzw. von dem Dienstgeber zu vertretenden Grund kündigt, der die Mitarbeiterin bzw. den Mitarbeiter zur Kündigung aus wichtigem Grund ohne Einhaltung einer Kündigungsfrist berechtigt.

Endet das Dienstverhältnis vor Ablauf der in den Unterabs. 1 oder 2 genannten Frist von sechs Wochen nach dem Beginn der Arbeitsunfähigkeit, ohne dass es einer Kündigung bedarf, oder infolge einer Kündigung aus anderen als den in Unterabs. 3 bezeichneten Gründen, endet der Anspruch mit dem Ende des Dienstverhältnisses.

(3) Nach Ablauf des nach Abs. 2 maßgebenden Zeitraumes erhält die Mitarbeiterin bzw. der Mitarbeiter für den Zeitraum, für den ihr bzw. ihm Krankengeld oder die entsprechenden Leistungen aus der gesetzlichen Renten- oder Unfallversicherung oder nach dem Bundesversorgungsgesetz gezahlt werden, als Krankenbezüge einen Krankengeldzuschuss. Dies gilt nicht,

a. wenn die Mitarbeiterin bzw der Mitarbeiter Rente wegen voller Erwerbsunfähigkeit (§ 43 SGB VI) oder wegen Alters aus der gesetzlichen Rentenversicherung erhält,
b. in den Fällen des Abs. 1 Unterabs. 3,
c. für den Zeitraum, für den die Mitarbeiterin Anspruch auf Mutterschaftsgeld nach § 200 RVO oder nach § 13 Abs. 2 MuSchG hat.

(4) Der Krankengeldzuschuss wird bei einer Beschäftigungszeit (§ 11 a)

- von mehr als einem Jahr
  längstens bis zum Ende der 13. Woche,
- von mehr als drei Jahren
  längstens bis zum Ende der 26. Woche

seit Beginn der Arbeitsunfähigkeit, jedoch nicht über den Zeitpunkt der Beendigung des Dienstverhältnisses hinaus, gezahlt.

Vollendet die Mitarbeiterin bzw. der Mitarbeiter im Laufe der Arbeitsunfähigkeit eine Beschäftigungszeit von mehr als einem Jahr bzw. von mehr als drei Jahren, wird der Krankengeldzuschuss gezahlt, wie wenn sie bzw. er die maßgebende Beschäftigungszeit bei Beginn der Arbeitsunfähigkeit vollendet hätte.

In den Fällen des Abs. 1 Unterabs. 2 wird die Zeit der Maßnahme bis zu höchstens zwei Wochen nicht auf die Fristen des Unterabs. 1 angerechnet.

(5) Innerhalb eines Kalenderjahres können die Bezüge nach Abs. 2 Unterabs. 1 oder 2 und der Krankengeldzuschuss bei einer Beschäftigungszeit

- von mehr als einem Jahr
  längstens für die Dauer von 13 Wochen,
- von mehr als drei Jahren
  längstens für die Dauer von 26 Wochen

bezogen werden; Abs. 4 Unterabs. 3 gilt entsprechend.

Erstreckt sich eine Erkrankung ununterbrochen von einem Kalenderjahr in das nächste Kalenderjahr oder erleidet die Mitarbeiterin bzw. der Mitarbeiter im neuen Kalenderjahr innerhalb von 13 Wochen nach Wiederaufnahme des Dienstes einen Rückfall, bewendet es bei dem Anspruch aus dem vorherigen Jahr.

Bei jeder neuen Arbeitsunfähigkeit besteht jedoch mindestens der sich aus Abs. 2 ergebende Anspruch.

(6) Bei der jeweils ersten Arbeitsunfähigkeit, die durch eine bei der Dienstgeberin bzw. dem Dienstgeber erlittenen Arbeitsunfall oder durch eine bei der Dienstgeberin bzw. dem Dienstgeber zugezogene Berufskrankheit verursacht ist, wird der Krankengeldzuschuss ohne Rücksicht auf die Beschäftigungszeit bis zum Ende der 26. Woche seit dem Beginn der Arbeitsunfähigkeit, jedoch nicht über den Zeitpunkt der Beendigung des Dienstverhältnisses hinaus, gezahlt, wenn der zuständige Unfallversicherungsträger den Arbeitsunfall oder die Berufskrankheit anerkennt.

(7) Krankengeldzuschuss wird nicht über den Zeitpunkt hinaus gezahlt, von dem an die Mitarbeiterin bzw. der Mitarbeiter Bezüge aufgrund eigener Versicherung aus der gesetzlichen Rentenversicherung (einschließlich eines rentenersetzenden Übergangsgeldes im Sinne des § 20 SGB VI i.V. mit § 8 SGB IX), aus einer zusätzlichen Alters- und Hinterbliebenenversorgung oder aus einer sonstigen Versorgungseinrichtung erhält, zu der die Dienstgeberin bzw. der Dienstgeber oder ein anderer Arbeitgeber, der die AVR oder eine Arbeitsvertragsgrundlage wesentlich gleichen Inhalts (z. B. BAT) angewendet hat, die Mittel ganz oder teilweise beigesteuert hat.

Überzahlter Krankengeldzuschuss oder sonstige überzahlte Bezüge gelten als Vorschüsse auf die zustehenden Bezüge im Sinne des Unterabs. 1. Die Ansprüche der Mitarbeiterin bzw. des Mitarbeiters gehen insoweit auf die Dienstgeberin bzw. den Dienstgeber über; § 53 SGB I bleibt unberührt.

Die Dienstgeberin bzw. der Dienstgeber kann von der Rückforderung des Teils des überzahlten Betrages, der nicht durch die für den Zeitraum der Überzahlung zustehenden Bezüge im Sinne des Unterabs. 1 ausgeglichen worden ist, absehen, es sei denn, die Mitarbeiterin bzw. der Mitarbeiter hat der Dienstgeberin bzw. dem Dienstgeber die Zustellung des Rentenbescheides schuldhaft verspätet mitgeteilt.

(8) Der Krankengeldzuschuss wird in Höhe des Unterschiedsbetrages zwischen den tatsächlichen Barleistungen des Sozialleistungsträgers und der Nettourlaubsvergütung gezahlt. Nettourlaubsvergütung ist die um die gesetzlichen Abzüge verminderte Urlaubsvergütung (§ 28 Abs. 10).

(9) Anspruch auf den Krankengeldzuschuss nach den Absätzen 3 bis 8 hat auch die Mitarbeiterin bzw. der Mitarbeiter, die bzw. der in der gesetzlichen Krankenversicherung versicherungsfrei oder von der Versicherungspflicht in der gesetzlichen Krankenversicherung befreit ist. Dabei sind für die Anwendung des Abs. 8 die Leistungen zugrunde zu legen, die der Mitarbeiterin bzw. dem Mitarbeiter als Pflichtversicherte bzw. Pflichtversicherten in der gesetzlichen Krankenversicherung zustünden.

Anmerkung zu Abs. 1

Ein Verschulden im Sinne des Abs. 1 liegt nur dann vor, wenn die Arbeitsunfähigkeit vorsätzlich oder grob fahrlässig herbeigeführt wurde.

Anmerkung zu Abs. 6:

Hat die Mitarbeiterin bzw *der Mitarbeiter in einem Fall des Abs. 6 den Dienst vor Ablauf der Bezugsfrist von 26 Wochen wieder aufgenommen und wird sie* bzw *er vor Ablauf von sechs Monaten aufgrund desselben Arbeitsunfalls oder derselben Berufskrankheit erneut arbeitsunfähig, wird der Ablauf der Bezugs-*

frist, wenn dies für die Mitarbeiterin bzw *den Mitarbeiter günstiger ist, um die Zeit der Arbeitsfähigkeit hinausgeschoben.*

I. Grundlegendes zu § 24 AVR DW EKD

1 Die Regelung des § 24 AVR DW EKD entspricht mit zwei Ausnahmen der bisherigen Regelung des § 37 BAT, so dass auf die **entsprechenden Fachkommentierungen zu § 37 BAT** verwiesen werden kann.

2 § 24 Abs. 1 Unterabsatz 4 AVR DW EKD weicht insofern von den Regelungen des § 37 BAT ab, als dort eine § 3 Abs. 3 EFZG entsprechende Wartezeitregelung enthalten ist, nach der ein Anspruch auf Entgeltfortzahlung erst nach **vierwöchiger ununterbrochener Dauer des Arbeitsverhältnisses** entsteht (vgl § 3 EFZG Rn 179 ff).

3 Weiter bestimmt § 24 Abs. 2 AVR DW EKD die **Bemessung des fortzuzahlenden Entgelts anhand der Urlaubsvergütung** gem. § 28 Abs. 10 AVR DW EKD.

II. Besonderheiten

1. Fiktion bei Maßnahmen der medizinischen Vorsorge und Rehabilitation, nicht rechtswidriger Sterilisation sowie nicht rechtswidrigem oder nicht strafbarem Abbruch der Schwangerschaft

4 Wie schon in § 37 BAT und teilweise auch in § 22 Abs. 1 Satz 3 TVöD sind in den Unterabsätzen des § 24 Abs. 1 AVR DW EKD Fiktionsregelungen enthalten, wonach unter bestimmten Voraussetzungen auch die Arbeitsverhinderung infolge einer Maßnahme der medizinischen Vorsorge oder Rehabilitation sowie ferner eine Arbeitsverhinderung infolge einer nicht rechtswidrigen Sterilisation oder eines nicht rechtswidrigen oder nicht strafbaren Abbruchs der Schwangerschaft als unverschuldete Arbeitsunfähigkeit im Sinne des Unterabsatzes 1 gelten. Damit besteht zum einen auch während einer solchen Maßnahme der medizinischen Vorsorge und Rehabilitation oder einer nicht rechtswidrigen Sterilisation bzw eines nicht rechtswidrigen oder nicht strafbaren Abbruchs der Schwangerschaft ein **originärer Entgeltfortzahlungsanspruch**. Zum anderen wird mittels dieser Fiktion erreicht, dass die Regelungen zum Anspruch auf **Krankengeldzuschuss auch während einer Maßnahme der medizinischen Vorsorge und Rehabilitation** Geltung entfalten.

5 Hinzuzweisen ist allerdings darauf, dass nach § 24 Abs. 3 lit. c) AVR DW EKD in den Fällen einer nicht rechtswidrigen Sterilisation oder eines nicht rechtswidrigen oder nicht strafbaren Abbruchs der Schwangerschaft zwar ein Entgeltfortzahlungsanspruch, nicht aber ein Anspruch auf Krankengeldzuschuss besteht.

2. Mittelbares Referenzprinzip

6 Anders als § 22 TVöD und auch vormals § 37 BAT, die eine Kombination aus dem Lohnausfallprinzip und dem Referenzprinzip vorsehen, enthält § 24 Abs. 2 AVR DW EKD hinsichtlich der Berechnung der Höhe des fortzuzahlenden Entgelts durch die Verweisung auf die Ermittlung der Höhe der Urlaubsvergütung gem. § 28 Abs. 10 AVR DW EKD eine Regelung, die das Referenzprinzip zur Grundlage der Ermittlung des fortzuzahlenden Entgelts erklärt. Nach § 28 Abs. 10 AVR DW EKD bemisst sich das Urlaubsentgelt grundsätzlich nach dem durchschnittlichen Arbeitsverdienst, den der/die Mitarbeiter/in in den letzten 13 Wochen vor dem Beginn des Urlaubs erhalten hat.

3. Dauer des Anspruchs auf Krankengeldzuschuss

7 § 24 Abs. 3 AVR DW EKD gewährt bei einer **Beschäftigungszeit von mehr als einem Jahr** einen Anspruch auf Krankengeldzuschuss längstens bis zum Ende der 13. Woche seit Beginn der Arbeitsunfähigkeit. Damit besteht für Mitarbeiter/innen, die eine Beschäftigungszeit von unter einem Jahr aufweisen, kein Anspruch auf Krankengeldzuschuss. Anders als § 22 TVöD gewährt § 24 Abs. 3 AVR DW EKD allerdings, wie vormals § 37 BAT, bei einer Beschäftigungszeit von mehr als drei Jahren lediglich einen Anspruch auf Krankengeldzuschuss bis längstens zum Ende der 26. Woche (vgl § 22 TVöD Rn 15.

8 Nach § 24 Abs. 4 Unterabsatz 2 AVR DW EKD gilt für den Fall des Überschreitens der für die Dauer der Bezugsfrist **maßgebenden Grenze der Beschäftigungszeit** von mehr als einem Jahr bzw von mehr als drei Jahren während einer laufenden Arbeitsunfähigkeit, dass der/die Mitarbeiter/in dann so zu behandeln ist, als sei die maßgebende Beschäftigungszeit **schon zu Beginn der Arbeitsunfähigkeit** vollendet gewesen. Dies gilt sowohl hinsichtlich der den Anspruch erst ermöglichenden Beschäftigung als auch hinsichtlich einer längeren Bezugsdauer (vgl auch § 22 TVöD Rn 18).

9 Hinsichtlich der Regelung in § 24 Abs. 4 Unterabsatz 3 AVR DW EKD, die zu einer Verlängerung des Anspruchs auf Krankengeldzuschuss – nicht auf Entgeltfortzahlung – bei Maßnahmen der medizinischen Vorsorge und Rehabilitation führt, kann auf die Fachkommentierungen zur gleichlautenden Regelung in § 37 BAT verwiesen werden.

10 Gleiches gilt für § 24 Abs. 5 AVR DW EKD, der sowohl für den Fall einer ununterbrochenen Erstreckung einer Erkrankung in das nächste Kalenderjahr, als auch für den Fall eines sich im neuen Kalenderjahr innerhalb eines Zeitraumes von 13 Wochen nach Wiederaufnahme der Arbeit ereignenden Rückfalls wie § 37 Abs. 5 Unterabs. 2 BAT eine Beschränkung auf eine Bezugsdauer von längstens 13 bzw 26 Wochen festlegt.

11 Auch hinsichtlich § 24 Abs. 6 AVR DW EKD, der bei Arbeitsunfall oder Berufskrankheit den Bezug von Krankengeldzuschuss bis zum Ende der 26. Woche seit dem Beginn der Arbeitsunfähigkeit unabhängig von der individuellen Beschäftigungszeit vorsieht, kann auf die Kommentierungen in anderen Werken zum wortgleichen § 37 Abs. 6 BAT verwiesen werden.

4. Höhe des Anspruchs auf Krankengeldzuschuss

§ 24 Abs. 7 AVR DW EKD legt die Höhe des Krankengeldzuschusses auf den Unterschiedsbetrag zwischen den tatsächlichen „Barleistungen" des Sozialleistungsträgers und des Nettourlaubsentgeltes fest. Hinsichtlich des Begriffes der Barleistungen kann auf die Ausführungen zu § 22 TVöD (vgl § 22 TVöD Rn 30) verwiesen werden. 12

Richtlinien
des Gemeinsamen Bundesausschusses über die Beurteilung der Arbeitsunfähigkeit und die Maßnahmen zur stufenweisen Wiedereingliederung (Arbeitsunfähigkeits-Richtlinien) nach § 92 Abs. 1 Satz 2 Nr. 7 SGB V

in der Fassung vom 1. Dezember 2003
veröffentlicht im Bundesanzeiger 2004; Nr. 61: S. 6501

zuletzt geändert am 19. September 2006
veröffentlicht im Bundesanzeiger Nr. 241: S. 7356
in Kraft getreten am 23. Dezember 2006

Inhaltsverzeichnis

§ 1 Präambel

(1) Die Feststellung der Arbeitsunfähigkeit und die Bescheinigung über ihre voraussichtliche Dauer erfordern – ebenso wie die ärztliche Beurteilung zur stufenweisen Wiedereingliederung – wegen ihrer Tragweite für den Versicherten und ihrer arbeits- und sozialversicherungsrechtlichen sowie wirtschaftlichen Bedeutung besondere Sorgfalt.

(2) Diese Richtlinien haben zum Ziel, ein qualitativ hochwertiges, bundesweit standardisiertes Verfahren für die Praxis zu etablieren, das den Informationsaustausch und die Zusammenarbeit zwischen Vertragsarzt, Krankenkasse und Medizinischem Dienst verbessert.

§ 2 Definition und Bewertungsmaßstäbe

(1) $_{1}$Arbeitsunfähigkeit liegt vor, wenn der Versicherte auf Grund von Krankheit seine zuletzt vor der Arbeitsunfähigkeit ausgeübte Tätigkeit nicht mehr oder nur unter der Gefahr der Verschlimmerung der Erkrankung ausführen kann. $_{2}$Bei der Beurteilung ist darauf abzustellen, welche Bedingungen die bisherige Tätigkeit konkret geprägt haben. $_{3}$Arbeitsunfähigkeit liegt auch vor, wenn auf Grund eines bestimmten Krankheitszustandes, der für sich allein noch keine Arbeitsunfähigkeit bedingt, absehbar ist, dass aus der Ausübung der Tätigkeit für die Gesundheit oder die Gesundung abträgliche Folgen erwachsen, die Arbeitsunfähigkeit unmittelbar hervorrufen.

(2) $_{1}$Arbeitsunfähigkeit besteht auch während einer stufenweisen Wiederaufnahme der Arbeit fort, durch die dem Versicherten die dauerhafte Wiedereingliederung in das Erwerbsleben durch eine schrittweise Heranführung an die volle Arbeitsbelastung ermöglicht werden soll. $_{2}$Ebenso gilt die befristete Eingliederung eines arbeitsunfähigen Versicherten in eine Werkstatt für behinderte Menschen nicht als Wiederaufnahme der beruflichen Tätigkeit. $_{3}$Arbeitsunfähigkeit kann auch während einer Belastungserprobung und einer Arbeitstherapie bestehen.

(3) $_{1}$Arbeitslose sind arbeitsunfähig, wenn sie krankheitsbedingt nicht mehr in der Lage sind, leichte Arbeiten in einem zeitlichen Umfang zu verrichten, für den sie sich bei der Agentur für Arbeit zur Verfügung gestellt haben. $_{2}$Dabei ist es unerheblich, welcher Tätigkeit der Versicherte vor der Arbeitslosigkeit nachging.

(4) $_{1}$Versicherte, bei denen nach Eintritt der Arbeitsunfähigkeit das Beschäftigungsverhältnis endet und die aktuell keinen anerkannten Ausbildungsberuf ausgeübt haben (An- oder Ungelernte), sind nur dann arbeitsunfähig, wenn sie die letzte oder eine ähnliche Tätigkeit nicht mehr oder nur unter der Gefahr der Verschlimmerung der Erkrankung ausüben können. $_{2}$Die Krankenkasse informiert den Vertragsarzt über das Ende der Beschäftigung und darüber, dass es sich um einen an- oder ungelernten Arbeitnehmer handelt, und nennt ähnlich geartete Tätigkeiten. $_{3}$Beginnt während der Arbeitsunfähigkeit ein neues Beschäftigungsverhältnis, so beurteilt sich die Arbeitsunfähigkeit ab diesem Zeitpunkt nach dem Anforderungsprofil des neuen Arbeitsplatzes.

(5) $_{1}$Die Beurteilung der Arbeitsunfähigkeit setzt die Befragung des Versicherten durch den Arzt zur aktuell ausgeübten Tätigkeit und den damit verbundenen Anforderungen und Belastungen voraus. $_{2}$Das Ergebnis der Befragung ist bei der Beurteilung von Grund und Dauer der Arbeitsunfähigkeit zu berücksichtigen. $_{3}$Zwischen der Krankheit

und der dadurch bedingten Unfähigkeit zur Fortsetzung der ausgeübten Tätigkeit muss ein kausaler Zusammenhang erkennbar sein. 4Bei Arbeitslosen bezieht sich die Befragung des Versicherten auch auf den zeitlichen Umfang, für den der Versicherte sich der Agentur für Arbeit zur Vermittlung zur Verfügung gestellt hat.

(6) Rentner können, wenn sie eine Erwerbstätigkeit ausüben, arbeitsunfähig nach Maßgabe dieser Richtlinien sein.

(7) Für körperlich, geistig oder seelisch behinderte Menschen, die in Werkstätten für behinderte Menschen oder in Blindenwerkstätten beschäftigt werden, gelten diese Richtlinien entsprechend.

(8) 1Für die Feststellung der Arbeitsunfähigkeit bei Durchführung medizinischer Maßnahmen zur Herbeiführung einer Schwangerschaft gelten diese Richtlinien entsprechend. 2Sie gelten auch bei einer durch Krankheit erforderlichen Sterilisation oder einem unter den Voraussetzungen des § 218 a Abs. 1 StGB vorgenommenem Abbruch der Schwangerschaft (Beratungsregelung).

(9) 1Ist eine Dialysebehandlung lediglich während der vereinbarten Arbeitszeit möglich, besteht für deren Dauer, die Zeit der Anfahrt zur Dialyseeinrichtung und für die nach der Dialyse erforderliche Ruhezeit Arbeitsunfähigkeit. 2Dasselbe gilt für andere extrakorporale Aphereseverfahren. 3Die Bescheinigung für im Voraus feststehende Termine soll in Absprache mit dem Versicherten in einer für dessen Belange zweckmäßigen Form erfolgen.

(10) Ist ein für die Ausübung der Tätigkeit oder das Erreichen des Arbeitsplatzes erforderliches Hilfsmittel (z. B. Körperersatzstück) defekt, besteht Arbeitsunfähigkeit so lange, bis die Reparatur des Hilfsmittels beendet oder ein Ersatz des defekten Hilfsmittels erfolgt ist.

§ 3 Ausnahmetatbestände

(1) Arbeitsunfähigkeit besteht nicht, wenn andere Gründe als eine Krankheit des Versicherten Ursache für eine Arbeitsverhinderung sind.

(2) Arbeitsunfähigkeit liegt nicht vor

- bei Beaufsichtigung, Betreuung oder Pflege eines erkrankten Kindes. Die Bescheinigung hierfür hat auf dem vereinbarten Vordruck (Muster Nr. 21) zu erfolgen, der dem Arbeitgeber vorzulegen ist und zur Vorlage bei der Krankenkasse zum Bezug von Krankengeld ohne Vorliegen einer Arbeitsunfähigkeit des Versicherten berechtigt,
- für Zeiten, in denen ärztliche Behandlungen zu diagnostischen oder therapeutischen Zwecken stattfinden, ohne dass diese Maßnahmen selbst zu einer Arbeitsunfähigkeit führen,
- bei Inanspruchnahme von Heilmitteln (z. B. physikalisch-medizinische Therapie),
- bei Teilnahme an ergänzenden Leistungen zur Rehabilitation oder rehabilitativen Leistungen anderer Art (Koronarsportgruppen u. A.),
- bei Durchführung von ambulanten und stationären Vorsorge- und Rehabilitationsleistungen, es sei denn, vor Beginn der Leistung bestand bereits Arbeitsun-

fähigkeit und diese besteht fort oder die Arbeitsunfähigkeit wird durch eine interkurrente Erkrankung ausgelöst,
- wenn Beschäftigungsverbote nach dem Infektionsschutzgesetz oder dem Mutterschutzgesetz (Zeugnis nach § 3 Abs. 1 MuSchG) ausgesprochen wurden,
- bei Organspenden für die Zeit, in welcher der Organspender infolge seiner Spende der beruflichen Tätigkeit nicht nachkommen kann,
- bei kosmetischen und anderen Operationen ohne krankheitsbedingten Hintergrund und ohne Komplikationen oder
- bei einer nicht durch Krankheit bedingten Sterilisation (Verweis auf § 5 Abs. 1 Satz 3 der Richtlinien).

§ 4 Verfahren zur Feststellung der Arbeitsunfähigkeit

(1) $_1$Bei der Feststellung der Arbeitsunfähigkeit sind körperlicher, geistiger und seelischer Gesundheitszustand des Versicherten gleichermaßen zu berücksichtigen. $_2$Deshalb dürfen die Feststellung von Arbeitsunfähigkeit und die Empfehlung zur stufenweisen Wiedereingliederung nur auf Grund ärztlicher Untersuchungen erfolgen.

(2) Die ärztlich festgestellte Arbeitsunfähigkeit ist Voraussetzung für den Anspruch auf Entgeltfortzahlung im Krankheitsfall und für den Anspruch auf Krankengeld.

(3) $_1$Der Vertragsarzt teilt der Krankenkasse auf Anforderung vollständig und in der Regel innerhalb von drei Werktagen weitere Informationen auf den vereinbarten Vordrucken mit. $_2$Derartige Anfragen seitens der Krankenkasse sind in der Regel frühestens nach einer kumulativen Zeitdauer der Arbeitsunfähigkeit eines Erkrankungsfalles von 21 Tagen zulässig. $_3$In begründeten Fällen sind auch weitergehende Anfragen der Krankenkasse möglich.

(4) Sofern der Vertragsarzt – abweichend von der Feststellung im Entlassungsbericht der Rehabilitationseinrichtung – weiterhin Arbeitsunfähigkeit attestiert, ist diese von ihm zu begründen.

§ 5 Bescheinigung der Arbeitsunfähigkeit und Entgeltfortzahlung

(1) $_1$Arbeitsunfähigkeitsbescheinigungen auf dem dafür vorgesehenen Vordruck (Muster Nr. 1) dürfen nur von Vertragsärzten oder deren persönlichen Vertretern für die Erstfeststellung einer Arbeitsunfähigkeit und während der Zeit des Anspruchs auf Entgeltfortzahlung im Krankheitsfall ausgestellt werden. $_2$In der Arbeitsunfähigkeitsbescheinigung sind die Diagnosen einzutragen, welche die Arbeitsunfähigkeit begründen, und entsprechend den Bestimmungen des § 295 SGB V zu bezeichnen. $_3$Gleiches gilt während des Anspruchs auf Fortzahlung der Entgeltersatzleistungen (z. B. Arbeitslosengeld, Übergangsgeld). $_4$Bei einer nicht durch Krankheit erforderlichen Sterilisation ist eine Arbeitsunfähigkeitsbescheinigung ausschließlich für Zwecke der Entgeltfortzahlung erforderlich.

(2) $_1$Dauert die Arbeitsunfähigkeit länger als in der Erstbescheinigung angegeben, ist nach Prüfung der aktuellen Verhältnisse eine ärztliche Bescheinigung jeweils mit Angabe aller aktuell die Arbeitsunfähigkeit begründenden Diagnosen über das Fortbestehen der Arbeitsunfähigkeit nach Muster Nr. 1 (Folgebescheinigung) auszustellen. $_2$Symptome (z. B. Fieber, Übelkeit) sind nach spätestens sieben Tagen durch eine

Diagnose oder Verdachtsdiagnose auszutauschen. $_{3}$Dies trifft auch zu, wenn aus gesundheitlichen Gründen der Versuch der Wiederaufnahme einer Tätigkeit nach Beendigung der vom Arzt festgestellten Arbeitsunfähigkeit nicht erfolgreich war. $_{4}$Die Arbeitsunfähigkeit wird dadurch nicht unterbrochen, sondern besteht bis zur endgültigen Wiederaufnahme der Arbeit fort. $_{5}$Folgen zwei getrennte Arbeitsunfähigkeitszeiten mit unterschiedlichen Diagnosen unmittelbar aufeinander, dann ist für die zweite Arbeitsunfähigkeit eine Erstbescheinigung auszustellen.

(3) $_{1}$Die Arbeitsunfähigkeit soll für eine vor der ersten Inanspruchnahme des Arztes liegende Zeit grundsätzlich nicht bescheinigt werden. $_{2}$Eine Rückdatierung des Beginns der Arbeitsunfähigkeit auf einen vor dem Behandlungsbeginn liegenden Tag ist ebenso wie eine rückwirkende Bescheinigung über das Fortbestehen der Arbeitsunfähigkeit nur ausnahmsweise und nur nach gewissenhafter Prüfung und in der Regel nur bis zu zwei Tagen zulässig.

(4) Besteht an arbeitsfreien Tagen Arbeitsunfähigkeit, z. B. an Samstagen, Sonntagen, Feiertagen, Urlaubstagen oder an arbeitsfreien Tagen auf Grund einer flexiblen Arbeitszeitregelung (sogenannte Brückentage), ist sie auch für diese Tage zu bescheinigen.

(5) Liegen dem Vertragsarzt Hinweise auf (z. B. arbeitsplatzbezogene) Schwierigkeiten für die weitere Beschäftigung des Versicherten vor, sind diese der Krankenkasse in der Arbeitsunfähigkeitsbescheinigung mitzuteilen (Verweis auf § 7 Abs. 4 der Richtlinien).

(6) Bei Feststellung oder Verdacht des Vorliegens eines Arbeitsunfalls, auf Folgen eines Arbeitsunfalls, einer Berufskrankheit, eines Versorgungsleidens, eines sonstigen Unfalls oder bei Vorliegen von Hinweisen auf Gewaltanwendung oder drittverursachte Gesundheitsschäden ist gemäß § 294 a SGB V auf der Arbeitsunfähigkeitsbescheinigung ein entsprechender Vermerk anzubringen.

§ 6 Bescheinigung der Arbeitsunfähigkeit nach Ablauf der Entgeltfortzahlung

(1) $_{1}$Nach Ablauf der Entgeltfortzahlung bzw. der Fortzahlung von Entgeltersatzleistungen ist ein Fortbestehen der Arbeitsunfähigkeit vom Vertragsarzt auf der Bescheinigung für die Krankengeldzahlung (Muster Nr. 17) zu attestieren. $_{2}$Diese Bescheinigung ist stets mit allen aktuell die Arbeitsunfähigkeit begründenden Diagnosen – bezeichnet entsprechend den Bestimmungen des § 295 SGB V – auszustellen.

(2) $_{1}$Die Bescheinigung für die Krankengeldzahlung soll in der Regel nicht für einen mehr als sieben Tage zurückliegenden und nicht mehr als zwei Tage im Voraus liegenden Zeitraum erfolgen. $_{2}$Ist es auf Grund der Erkrankung oder eines besonderen Krankheitsverlaufs offensichtlich sachgerecht, können längere Zeiträume der Arbeitsunfähigkeit bescheinigt werden.

(3) $_{1}$Die Bescheinigung über die letzte Arbeitsunfähigkeitsperiode ist dann zu versagen, wenn der Kranke entgegen ärztlicher Anordnung und ohne triftigen Grund länger als eine Woche nicht zur Behandlung gekommen ist und bei der Untersuchung arbeitsfähig befunden wird. $_{2}$In diesem Falle darf lediglich die Arbeitsfähigkeit ohne den Tag ihres Wiedereintritts bescheinigt werden; zusätzlich ist der vorletzte Behandlungstag anzugeben. $_{3}$Erscheint ein Versicherter entgegen ärztlicher Aufforderung ohne trifti-

gen Grund nicht zum Behandlungstermin, kann eine rückwirkende Bescheinigung der Arbeitsunfähigkeit versagt werden. $_4$In diesem Fall ist von einer erneuten Arbeitsunfähigkeit auszugehen, die durch eine Erstbescheinigung zu attestieren ist.

§ 7 Zusammenwirken mit anderen Einrichtungen

(1) $_1$Der Arzt übermittelt dem Medizinischen Dienst auf Anfrage in der Regel innerhalb von drei Werktagen die Auskünfte und krankheitsspezifischen Unterlagen, die dieser im Zusammenhang mit der Arbeitsunfähigkeit zur Durchführung seiner gesetzlichen Aufgaben benötigt. $_2$Sofern vertraglich für diese Auskunftserteilung Vordrucke vereinbart worden sind, sind diese zu verwenden.

(2) $_1$Das Gutachten des Medizinischen Dienstes ist grundsätzlich verbindlich. $_2$Bestehen zwischen dem Vertragsarzt und dem Medizinischen Dienst Meinungsverschiedenheiten, kann der Vertragsarzt unter schriftlicher Darlegung seiner Gründe bei der Krankenkasse eine erneute Entscheidung auf der Basis eines Zweitgutachtens beantragen. $_3$Sofern der Vertragsarzt von dieser Möglichkeit Gebrauch macht, hat er diesen Antrag unverzüglich nach Kenntnisnahme der abweichenden Beurteilung des Medizinischen Dienstes zu stellen.

(3) Bei Feststellung oder Verdacht des Vorliegens eines Arbeitsunfalls ist der Versicherte unverzüglich einem zur berufsgenossenschaftlichen Heilbehandlung zugelassenen Arzt vorzustellen.

(4) Kann der Versicherte nach ärztlicher Beurteilung die ausgeübte Tätigkeit nicht mehr ohne nachteilige Folgen für seine Gesundheit oder den Gesundungsprozess verrichten, kann die Krankenkasse mit Zustimmung des Versicherten beim Arbeitgeber die Prüfung anregen, ob eine für den Gesundheitszustand des Versicherten unbedenkliche Tätigkeit bei demselben Arbeitgeber möglich ist.

§ 8 Grundsätze der stufenweisen Wiedereingliederung

Empfehlungen zur Ausgestaltung einer stufenweisen Wiedereingliederung in das Erwerbsleben gemäß § 74 SGB V und § 28 SGB IX finden sich in der Anlage dieser Richtlinien.

§ 9 Inkrafttreten

Diese Richtlinien treten mit Wirkung zum 1. Januar 2004 in Kraft.

Köln, den 1. Dezember 2003

Der Vorsitzende

Jung

Stichwortverzeichnis

Fette Zahlen beziehen sich auf die Paragraphen, magere auf die Randnummern.